Bodenrichtwerte in der steuerlichen Bewertung

Bochumer Schriften zum Steuerrecht

Herausgegeben von Roman Seer

BAND 48

Marco-Marcel Niebuhr

Bodenrichtwerte in der steuerlichen Bewertung

PETER LANG
Berlin · Bruxelles · Chennai · Lausanne · New York · Oxford

Bibliografische Information der Deutschen Nationalbibliothek
Die Deutsche Nationalbibliothek verzeichnet diese Publikation in der Deutschen Nationalbibliografie; detaillierte bibliografische Daten sind im Internet über http://dnb.dnb.de abrufbar.

Zugl.: Bochum, Univ., Diss., 2025

Abbildung auf dem Umschlag: Siegel der Universität Bochum.
Abdruck mit freundlicher Genehmigung der Universität Bochum.

DE-294
ISSN 1613-933X
ISBN 978-3-631-94533-9 (Print)
ISBN 978-3-631-94539-1 (ePDF)
ISBN 978-3-631-94540-7 (ePUB)
DOI 10.3726/b23329

Verlegt durch Peter Lang GmbH, Berlin, Deutschland

info@peterlang.com

www.peterlang.com

Kontakt zur Verordnung über die allgemeine Produktsicherheit (GPSR):
gpsr@peterlang.com

Vorwort

Die vorliegende Arbeit wurde Anfang Februar 2024 durch die Juristische Fakultät der Ruhr-Universität Bochum zum Promotionsverfahren zugelassen und im März 2025 angenommen. Die mündliche Prüfung fand am 2. Juli 2025 statt. Der Bearbeitungs- und Rechtsstand der Arbeit ist im Wesentlichen Januar 2024. Im Rahmen der Veröffentlichung der Arbeit wurde nachträglich hinsichtlich der Ausführungen zur Bundesgrundsteuer noch die zwischenzeitlich eingeführte Nachweismöglichkeit (§ 220 Abs. 2 BewG) berücksichtigt. Eine vollständige Auswertung und Aktualisierung der Literatur und Rechtsprechung ab dem Einreichungszeitpunkt ist im Hinblick auf den Umfang dieser Arbeit nicht mehr erfolgt.

Mein besonderer Dank gilt Herrn Prof. Dr. Roman Seer für die Anregung zu dem Thema dieser Arbeit sowie für die gute wissenschaftliche Betreuung und die kritischen und inspirierenden Fachdiskussionen, die die Entwicklung dieser Arbeit wesentlich gefördert haben. Bei Herrn Prof. Dr. Matthias Loose bedanke ich mich für die Übernahme des Zweitgutachtens.

Herrn Dr. Zacharias-Alexis Schneider danke ich für die Rücksichtnahme und Unterstützung auf unserem gemeinsamen beruflichen Weg. Ohne diese wäre die berufsbegleitende Erstellung dieser Arbeit kaum möglich gewesen.

Meiner Ehefrau danke ich von ganzem Herzen für die mir während der Dauer der Promotion entgegengebrachte Geduld, ihre Unterstützung in schwierigen Zeiten, ihr Verständnis und ihre Liebe.

Mein ganz besonderer Dank gilt zudem meinen Eltern, die mich während meiner schulischen und akademischen Ausbildung unterstützt und gefördert haben und mich stets ermuntert haben, meine Ziele zu verfolgen. Ihnen ist die vorliegende Arbeit gewidmet.

Inhaltsübersicht

Inhaltsverzeichnis

Abkürzungsverzeichnis

Bezüglich der verwendeten Abkürzungen wird auf *Kirchner*, Abkürzungsverzeichnis der Rechtssprache, 11. Aufl. 2024, verwiesen.

Ergänzend dazu wurden in dieser Arbeit die folgenden Abkürzungen verwendet:

AVN	Allgemeine Vermessungs-Nachrichten: Zeitschrift für alle Bereiche der Geodäsie und Geoinformation
AGVGA.NRW	Arbeitsgemeinschaft der Vorsitzenden der Gutachterausschüsse für Grundstückswerte in Nordrhein-Westfalen
AK OGA	Arbeitskreis der Oberen Gutachterausschüsse, Zentralen Geschäftsstellen und Gutachterausschuss in der Bundesrepublik Deutschland
BORIS	Bodenrichtwertinformationssystem
BRW	Bodenrichtwert
BRWG	Bodenrichtwertgrundstück
BRWZ	Bodenrichtwertzone
ErbSt	Erbschaftsteuer
ESt	Einkommensteuer
FG	Finanzgericht
FoStoG	Fondsstandortgesetz

FuB	Flächenmanagement und Bodenordnung: Zeitschrift für Liegenschaftswesen, Planung und Vermessung
GAA	Gutachterausschuss
GFZ	Geschossflächenzahl
gif e. V.	Gesellschaft für Immobilienwirtschaftliche Forschung e. V.
GrESt	Grunderwerbsteuer
GrSt	Grundsteuer
GrStRefG	Grundsteuer-Reformgesetz
GuG	Grundstücksmarkt und Grundstückswert (Zeitschrift)
JStG	Jahressteuergesetz
NaVKV	Nachrichten der Niedersächsischen Vermessungs- und Katasterverwaltung
Nds. FG	Niedersächsisches Finanzgericht
NÖV	Nachrichten aus dem öffentlichen Vermessungswesen Nordrhein-Westfalen
VR	Vermessungstechnische Rundschau (Zeitschrift)
VSt	Vermögensteuer
WD	Wissenschaftliche Dienste des Deutschen Bundestags
WGFZ	Wertrelevante Geschossflächenzahl
zfhf	Zeitschrift für handelswissenschaftliche Forschung
ZfV	Zeitschrift für Vermessungswesen

Einleitung

I. Gegenstand der Untersuchung

Die Grundstückswerte und -preise sind in den vergangenen Jahren stark angestiegen.[1] Dies kommt vielen Steuerpflichtigen zugute, da Immobilien regelmäßig einen wesentlichen Teil des Vermögens darstellen. Von den gestiegenen Grundstückswerten profitiert jedoch auch der Staat. An den Grundstückswert knüpfen mehrere Steuerarten in unterschiedlichem Umfang an. Hierzu zählen insbesondere die Erbschaft- und Schenkungsteuer, die Grunderwerbsteuer, die Bundesgrundsteuer sowie die Ertragsteuern. Für die Ermittlung der steuerlichen Bemessungsgrundlage ist es in diesen Fällen erforderlich, dem jeweiligen Grundstück einen Wert beizumessen. Oft ist es für die Bestimmung des steuerlichen Grundstückswertes erforderlich, einen gesonderten Bodenwert zu ermitteln. Dieser wird im Rahmen der steuerlichen Bewertung überwiegend anhand der Bodenrichtwerte bestimmt.

Bodenrichtwerte i. S. d. § 196 BauGB sind durchschnittliche Lagewerte für den Boden. Sie werden für das Gebiet einer Bodenrichtwertzone ermittelt und als ein Geldbetrag pro Quadratmeter Grundstücksfläche ausgewiesen. Ihnen kommt eine große Bedeutung zu, da sie die einzigen Orientierungswerte für Bodenpreise sind, die aus tatsächlich angefallenen Grundstücksgeschäften abgeleitet werden.[2] Ursprünglich wurden die Bodenrichtwerte eingeführt, um Preistransparenz auf dem Grundstücksmarkt zu schaffen. Im Laufe der Zeit

---

1 Vgl. z. B. AK OGA, Immobilienmarktbericht Deutschland 2023, S. 19 ff.; *Ache/Krägenbring/Voß*, ZfV 2022, 86 (86 f.).

2 AK OGA, Immobilienmarktbericht Deutschland 2023, S. 278.

wurden sie jedoch zunehmend auch für Wertermittlungen herangezogen. In der steuerlichen Bewertung werden die Bodenrichtwerte seit Jahrzehnten für die Ermittlung von Bodenwerten verwendet und stellen dort eine anerkannte Bewertungsgrundlage dar.[3] Im Zuge der Reform der Grundsteuer erweiterte sich die praktische Bedeutung der Bodenrichtwerte nun noch einmal deutlich: Waren zuvor die Bodenrichtwerte überwiegend für anlassbezogene steuerliche Einzelbewertungen relevant, werden die Bodenrichtwerte nun auch für die umfangreiche und periodisch wiederkehrende steuerliche Massenbewertung für Zwecke der Grundsteuer herangezogen.

Zuständig für die Ermittlung der Bodenrichtwerte sind die Gutachterausschüsse für Grundstückswerte i. S. d. § 192 BauGB. Die Gutachterausschüsse sind verpflichtet, die Bodenrichtwerte flächendeckend und wiederkehrend mindestens in einem zweijährigen Turnus zu ermitteln und zu veröffentlichen.[4] Das Verfahren für die Bodenrichtwertermittlung ist im Wesentlichen in § 196 BauGB und in den §§ 12 ff. der Immobilienwertermittlungsverordnung (ImmoWertV)[5] geregelt. Weitere Regelungen finden sich in den Gutachterausschussverordnungen und Verwaltungsanweisungen der Bundesländer. Auf die Konzeption der Bodenrichtwerte und auf die Ermittlung der Bodenrichtwerte durch die Gutachterausschüsse wird detailliert im ersten Kapitel eingegangen. Primär sollen die Bodenrichtwerte auf der Grundlage von tatsächlich am Grundstücksmarkt erzielten Kaufpreisen ermittelt werden.[6] Aufgrund dessen wird im Steuerrecht angenommen, dass die Bodenrichtwerte den gemeinen Wert eines unbebauten Grundstücks zumindest annäherungsweise abbilden.[7] Vor diesem Hintergrund eignen sie sich grundsätzlich als Bewertungsgrundlage für eine praktikable Ermittlung eines am gemeinen Wert ausgerichteten Bodenwerts.

Zur Gewährleistung einer einfach vollziehbaren steuerlichen Bodenwertermittlung im steuerlichen Massenverfahren knüpft der Gesetzgeber im

---

3 Vgl. z. B. BFH, Urt. v. 11.05.2005 – II R 21/02, BStBl. II 2005, 686, juris Rn. 11.

4 § 196 Abs. 1 Satz 1 und 5 BauGB.

5 Verordnung über die Grundsätze für die Ermittlung der Verkehrswerte von Immobilien und der für die Wertermittlung erforderlichen Daten (Immobilienwertermittlungsverordnung) v. 14.07.2021, BGBl. I S. 2805.

6 § 12 Abs. 2, § 14 Abs. 1 Satz 1 ImmoWertV.

7 *Halaczinsky*, in: Rössler/Troll, BewG, § 179 BewG, 37. EL, 11/2023, Rn. 3; *Seer*, in: Tipke/Lang, Steuerrecht, 24. Aufl. 2021, Rn. 16.13.

Rahmen typisierender Bodenrichtwertverfahren an die von den Gutachterausschüssen ermittelten Bodenrichtwerte an. Für die Bewertung unbebauter Grundstücke ist in § 179 BewG für Zwecke der Erbschaft- und Schenkungsteuer sowie der Grunderwerbsteuer und in § 247 BewG für Zwecke der Bundesgrundsteuer vorgesehen, dass sich der Wert des unbebauten Grundstücks regelmäßig durch Multiplikation der Grundstücksfläche mit dem Bodenrichtwert ergibt. Eine ähnliche Vorschrift findet sich für die baden-württembergische Landesgrundsteuer in § 38 Abs. 1 LGrStG BW. Die praktisch bedeutsamsten einfachgesetzlichen Anwendungsbereiche für die Bodenrichtwerte in der steuerlichen Bewertung werden im zweiten Kapitel aufgezeigt. Die Darstellung beschränkt sich aus Gründen der Schwerpunktsetzung auf die Bedeutung der Bodenrichtwerte im Rahmen der Erbschaft- und Schenkungsteuer sowie der Bundes- und Landesgrundsteuern.

Die Bodenwertermittlung im Bodenrichtwertverfahren stellt nach Auffassung des Bundesfinanzhofs eine *„verfassungsrechtlich unbedenkliche typisierende Bewertungsmethode“* dar.[8] Die Bodenrichtwerte seien als eine *„anerkannt objektive Bewertungsgrundlage“* anzusehen.[9] Diese Bewertungsgrundlage soll nach ständiger Rechtsprechung des Bundesfinanzhofs für die Beteiligten im Steuerrechtsverhältnis verbindlich und einer gerichtlichen Überprüfung regelmäßig nicht zugänglich sein.[10] Diese Rechtsprechung dürfte ein wesentlicher Grund für die bisherige hohe Akzeptanz der Bodenrichtwerte in der steuerlichen Bewertung sein. Bisher wurden die Bodenrichtwerte aus steuerlicher Sicht allenfalls nur hinsichtlich einzelner Aspekte beanstandet.[11] Ganz überwiegend beschränkt sich die Beurteilung der Qualität der Bodenrichtwerte für die Besteuerung auf die Wiedergabe der einschlägigen gesetzlichen Vorgaben. Von den Steuerpflichtigen, deren Beratern und den Finanzbeamten werden die Bodenrichtwerte meist als feststehende Werte hingenommen und nicht kritisch hinterfragt. Die Verkehrswertermittlung im Allgemeinen und die Bodenrichtwertermittlung im Speziellen erschließen

---

[8] BFH, Urt. v. 18.08.2005 – II R 62/03, BStBl. II 2006, 5, juris Rn. 10; BFH, Urt. v. 12.07.2006 – II R 1/04, BStBl. II 2006, 742, juris Rn. 7; BFH, Beschl. v. 12.01.2021 – II B 61/19, BFH/NV 2021, 529, juris Rn. 20.

[9] BFH, Urt. v. 11.05.2005 – II R 21/02, BStBl. II 2005, 686, juris Rn. 11.

[10] BFH, Urt. v. 11.05.2005 – II R 21/02, BStBl. II 2005, 686, juris Rn. 10. Siehe weitere Nachweise unter Fn. 1300.

[11] Z. B. *Hey*, ZG 2019, 297 (308); *D. Löhr*, DStR 2019, 1433 (1435); *Seer*, FR 2019, 941 (947).

sich für viele Rechtsanwender nicht ohne Weiteres. Mit dem ersten Kapitel ist es dem Verfasser daher ein Anliegen, auf ein größeres Verständnis für die Bodenrichtwertermittlung im Bereich des Steuerrechts hinzuwirken.

Bei genauer Betrachtung wirft die Ermittlung der Bodenrichtwerte und deren Verwendung in der steuerlichen Bewertung jedoch eine Vielzahl an Problemen auf. Die Bodenrichtwerte weisen als steuerliche Bewertungsgrundlage keine einheitliche (Mindest-)Qualität auf. Dies liegt einerseits an den unterschiedlichen tatsächlichen Gegebenheiten auf den regionalen Grundstücksmärkten, die in unterschiedlichem Umfang eine präzise Bodenrichtwertermittlung ermöglichen. Gemeint ist hier insbesondere die unterschiedliche Verfügbarkeit von geeigneten Vergleichspreisen für die Bodenrichtwertermittlung (vor allem in bebauten Gebieten). Andererseits ist die heterogene Qualität der Bodenrichtwerte auch in den unterschiedlichen Vorgehensweisen der Gutachterausschüsse bei der Ermittlung der Bodenrichtwerte und der unterschiedlichen Leistungsfähigkeit der Gutachterausschüsse begründet.

Eine sachgerechte Bodenwertermittlung hängt zudem nicht nur von der Qualität der Bodenrichtwerte, sondern auch von der Ausgestaltung des Bodenrichtwertverfahrens ab. Selbst qualifiziert ermittelte Bodenrichtwerte müssen nicht stets für die Bewertung jedes Grundstücks geeignet sein. Die Eignung des jeweiligen Bodenrichtwerts für die individuelle Wertermittlung ist deshalb grundsätzlich zu prüfen. Bodenrichtwerte sind zudem keine reinen Durchschnittswerte, sondern beziehen sich stets auf die Merkmale eines fiktiven Bodenrichtwertgrundstücks (§ 13 Abs. 1 ImmoWertV). Sofern die Merkmale des zu bewertenden Grundstücks von den Merkmalen des Bodenrichtwertgrundstücks abweichen, ist der Bodenrichtwert für eine sachgemäße Wertermittlung entsprechend an das zu bewertende Grundstück anzupassen.[12] Die Qualität der steuerlichen Bodenwerte hängt somit davon ab, ob und in welchem Umfang die vorgenannten Umstände im steuerlichen Bodenrichtwertverfahren berücksichtigt werden. Allein die Einbindung der Bodenrichtwerte in ein steuerliches Bewertungssystem ist kein Freifahrtschein für eine verfassungsrechtlich unbedenkliche Bewertung.

---

12 Für die Verkehrswertermittlung § 26 Abs. 2 ImmoWertV; für die steuerliche Grundbesitzbewertung R B 179.2 Abs. 1 Satz 9 ErbStR.

Die dargestellten Erkenntnisse wirken sich insbesondere auf die Eignung der Bodenrichtwerte für eine gleichheitskonforme steuerliche Bewertung aus. Denn die verfassungsrechtlich gebotene Gleichmäßigkeit der Besteuerung setzt in einem ersten Schritt voraus, dass der Gesetzgeber die steuerlichen Bewertungsverfahren derart ausgestaltet, dass diese vergleichsfähige Relationen zwischen den Besteuerungsobjekten gewährleisten. Das erste Ziel dieser Untersuchung ist es daher, die Frage zu beantworten, ob die Bodenrichtwerte als steuerliche Bewertungsgrundlage für eine gleichheitskonforme Bewertung geeignet sind und ob die anhand der Bodenrichtwerte ermittelten steuerlichen Bodenwerte den sich aus Art. 3 Abs. 1 GG ergebenden Vorgaben entsprechen (*erste Forschungsfrage*). Bei der Beantwortung dieser Forschungsfrage sind die Eignung der Bodenrichtwerte als steuerliche Bewertungsgrundlage und die Ausgestaltung der steuerlichen Bewertungsverfahren getrennt voneinander zu untersuchen. Denn ungleichmäßig oder unsachgemäß ermittelte Bodenrichtwerte als einzige wertbildende Bewertungsgrundlage bei der Bodenwertermittlung können einerseits nicht durch entsprechende Anpassungen im steuerlichen Bewertungsverfahren kompensiert werden. Andererseits bilden selbst sachgerecht ermittelte Bodenrichtwerte als Durchschnittswerte nicht das Bodenwertniveau für sämtliche in der Bodenrichtwertzone belegene Grundstücke sachgerecht ab. Im Hinblick auf eine realitäts- und relationsgerechte Bewertung kommt es daher zusätzlich darauf an, wie diese Durchschnittsqualität der Bodenrichtwerte im steuerlichen Bewertungsverfahren berücksichtigt wird. Dies soll beispielhaft anhand der Verwendung der Bodenrichtwerte für Zwecke der Erbschaftsteuer und für Zwecke der Bundesgrundsteuer erfolgen. Die Untersuchung und Beantwortung dieser Forschungsfrage erfolgt im dritten Kapitel.

Die generelle Qualität der Bodenrichtwerte und die Ausgestaltung des Bewertungsverfahrens haben auch Auswirkungen auf die finanzgerichtliche Kontrolle der Bodenrichtwerte. Der grundsätzliche Ausschluss einer finanzgerichtlichen Überprüfung der Bodenrichtwerte nach der zur Grundbesitzbewertung ergangenen Rechtsprechung des Bundesfinanzhofs[13] beeinträchtigt den durch Art. 19 Abs. 4 GG gebotenen effektiven Rechtsschutz der Steuerpflichtigen. In der steuerlichen Literatur wurde diese Situation

---

13 BFH, Urt. v. 11.05.2005 – II R 21/02, BStBl. II 2005, 686, juris Rn. 11. Siehe weitere Nachweise unter Fn. 1300.

bisher noch für erträglich gehalten. Denn dem Steuerpflichtigen wird in der Grundbesitzbewertung die Möglichkeit eingeräumt, abweichend von der typisierenden Bodenwertermittlung im Bodenrichtwertverfahren einen niedrigeren gemeinen Wert durch ein Verkehrswertgutachten nachzuweisen.[14] Eine solche Nachweismöglichkeit fehlte allerdings ursprünglich bei der Bodenwertermittlung für Zwecke der Bundesgrundsteuer. Zudem scheinen die weiteren Argumente der Rechtsprechung, mit denen im Regelfall ein Ausschluss der finanzgerichtlichen Kontrolle gerechtfertigt wird, allein auf einer Lektüre der einschlägigen Normen des BauGB und der ImmoWertV zu beruhen. Es ist nicht ersichtlich, dass der Bundesfinanzhof berücksichtigt hat, wie die Gutachterausschüsse in der Praxis arbeiten und wie diese die Bodenrichtwerte regelmäßig ermitteln. Das zweite Ziel dieser Ausarbeitung ist es daher, zu untersuchen, ob der generelle Ausschluss der finanzgerichtlichen Überprüfung der Bodenrichtwerte mit den sich aus Art. 19 Abs. 4 GG ergebenden verfassungsrechtlichen Implikationen vereinbar ist und inwieweit dabei eine bestehende Nachweismöglichkeit einen solchen Ausschluss rechtfertigen kann (*zweite Forschungsfrage*). Auch dies wird vorrangig anhand der Verwendung der Bodenrichtwerte für Zwecke der Erbschaftsteuer und für Zwecke der Bundesgrundsteuer erfolgen. Die Untersuchung und Beantwortung dieser Forschungsfrage erfolgt im vierten Kapitel.

---

14 *Seer*, FR 2019, 941 (947 f.); *Weiß*, ErbStB 2023, 111 (114).

II. Methodische Herangehensweise

Die nachfolgende Untersuchung ist vorrangig normwissenschaftlich angelegt. Ausgangspunkt der Untersuchung ist zunächst die Konzeption der Bodenrichtwerte und ihre Ermittlung durch die Gutachterausschüsse. Diese wird im *ersten Kapitel* dargestellt. Die Untersuchung knüpft dazu an die einschlägigen gesetzlichen Regelungen des BauGB und der ImmoWertV an. Bei der Ermittlung der Bodenrichtwerte durch die Gutachterausschüsse handelt es sich jedoch nicht um einen Vorgang, der vollständig durch rechtliche Rahmenbedingungen ausgestaltet ist und auch nicht ausgestaltet werden kann. Erheblichen Einfluss auf die Qualität der Bodenrichtwerte haben die tatsächlichen Gegebenheiten und die individuellen Arbeitsweisen der Gutachterausschüsse. Die Untersuchung enthält daher zu einem nicht unerheblichen Teil auch Erkenntnisse aus der geodätischen Fachwissenschaft und aus der Wertermittlungspraxis der Gutachterausschüsse. Ziel dieser Ausarbeitung ist es jedoch nicht, neue empirische Erkenntnisse über die Qualität und Arbeitsweisen der Gutachterausschüsse zu liefern. Insoweit kann die Untersuchung nur an bestehende Erkenntnisse anknüpfen und diese in Beziehung zu den geltenden rechtlichen Vorgaben setzen.

Das *zweite Kapitel* umfasst eine Darstellung der Verwendung der Bodenrichtwerte in der steuerlichen Bewertung. In methodischer Hinsicht beschränkt sich die Darstellung im Wesentlichen auf die steuerlichen Anwendungsbereiche der Bodenrichtwerte im einfachen Recht.

Im *dritten Kapitel* werden zunächst die verfassungsrechtlichen Anforderungen herausgearbeitet, die nach der Rechtsprechung des Bundesverfassungsgerichts an die gleichheitskonforme Ausgestaltung von Steuergesetzen im Allgemeinen und an die gleichheitskonforme Ausgestaltung steuerlicher Bewertungsnormen im Speziellen zu stellen sind. Die Beantwortung der ersten Forschungsfrage erfolgt auf der Grundlage der zuvor gewonnenen Erkenntnisse durch Anwendung der einschlägigen verfassungsrechtlichen Anforderungen auf die Eignung der Bodenrichtwerte als steuerliche Bewertungsgrundlage und auf die einfachrechtliche Ausgestaltung der steuerlichen Bodenrichtwertverfahren.

Im *vierten Kapitel* wird zunächst dargestellt, über welche Rechtsschutzmöglichkeiten der Steuerpflichtige nach geltendem einfachen Recht und der Rechtsprechung des Bundesfinanzhofs verfügt, um sich gegen einen fehlerhaften Bodenrichtwertansatz im Steuerbescheid zur Wehr zu setzen.

Anschließend werden die verfassungsrechtlichen Anforderungen an eine effektive Kontrolle von Verwaltungshandeln herausgearbeitet, die sich nach der Rechtsprechung des Bundesverfassungsgerichts aus Art. 19 Abs. 4 GG ergeben. Zur Beantwortung der zweiten Forschungsfrage werden diese verfassungsrechtlichen Anforderungen anschließend auf die finanzgerichtliche Kontrolle der Bodenrichtwertansätze in Steuerbescheiden übertragen.

Das *fünfte Kapitel* enthält eine Zusammenschau der wesentlichen Erkenntnisse dieser Untersuchung. Diese soll nicht nur eine Zusammenfassung darstellen, sondern vielmehr abschließend Raum für eine Gesamtbetrachtung der verschiedenen Themenkomplexe bieten.

Die Ermittlung der Bodenrichtwerte durch die Gutachterausschüsse

Die Beurteilung der Bodenrichtwerte aus der Sicht der steuerrechtlichen Literatur und Rechtsprechung beruht oftmals auf einem unvollständigen Verständnis der Bodenrichtwerte und deren Ermittlung. Damit in dieser Arbeit eine qualifizierte Aussage über die Eignung der Bodenrichtwerte und deren gerichtliche Überprüfbarkeit getroffen werden kann, soll daher im ersten Kapitel zunächst dargestellt werden, was die Bodenrichtwerte sind und wie diese ermittelt werden. Die Bodenrichtwerte stellen einen speziellen Vergleichsfaktor für die Bodenwertermittlung dar, der seit langem in der Verkehrswertermittlung zur Anwendung kommt. Da die steuerliche Bewertung die in der Verkehrswertermittlung gebräuchlichen Wertermittlungsmethoden rezipiert, werden zunächst die Grundsätze der Wertermittlung im Allgemeinen und der Verkehrswertermittlung von Grundstücken im Speziellen dargestellt (dazu sogleich unter Gliederungspunkt I.). Anschließend wird auf die Konzeption, Organisation und Arbeitsweisen der Gutachterausschüsse für Grundstückswerte eingegangen, die die Bodenrichtwerte und die sonstigen für die Wertermittlung erforderlichen Daten ermitteln und veröffentlichen. Insoweit werden auch die formellen Aspekte der Bodenrichtwertermittlung dargestellt (dazu unter Gliederungspunkt II.). Es folgt eine detaillierte Darstellung der Bodenrichtwerte. Dabei wird unter anderem dargelegt, was die Bodenrichtwerte sind (und was nicht), welche Arten von Bodenrichtwerten es gibt und wofür diese verwendet werden und wie diese im Rahmen der Verkehrswertermittlung verwendet werden (dazu unter Gliederungspunkt III.). Danach wird ausführlich dargestellt, wie die Bodenrichtwerte ermittelt werden und welche Vorgaben hierbei zu beachten sind, um an späterer Stelle eine qualifizierte Beurteilung darüber zu treffen, ob die Bodenrichtwerte gleichheitskonform ermittelt werden und inwieweit eine finanzgerichtliche Kontrolle der Bodenrichtwertermittlung geboten ist (dazu unter Gliederungspunkt IV.). Das Kapitel schließt mit einer Zusammenfassung (dazu unter Gliederungspunkt V.).

I. Verkehrswertermittlung von Grundstücken

1. Werte und Wertermittlung

Es gibt kaum einen Begriff, der so schwer fassbar ist und so vielseitig verwendet wird wie der Begriff des Wertes.[15] Seinen Ursprung hat der Wertbegriff bereits in der Philosophie der Antike. Im Laufe der Zeit wurde er insbesondere von den Wirtschaftswissenschaften, für Zwecke der steuerlichen Bewertung und für die Immobilienwertermittlung aufgegriffen.[16] Mit Wert ist im Folgenden nicht der moralische oder sittliche Wert von persönlichen Eigenschaften und Handlungen oder der Messwert, der durch ein Messgerät eindeutig ermittelt wird, gemeint, sondern allein der (materielle) Wert eines Gegenstandes. Der Begriff des Werts lässt sich allgemein definieren als die Bedeutung, die ein wirtschaftliches Gut für menschliche Zwecke haben kann.[17] Im juristischen Sinne bezeichnet der Wertbegriff den in Geld ausgedrückten Grad der Vorliebe für eine Sache.[18] Die Werte verschiedener Güter stehen nicht isoliert nebeneinander. Vielmehr beschreibt der Wert eines Gutes regelmäßig auch dessen Rang innerhalb einer Vorzugsordnung aller (oder zumindest vieler) Güter.[19] Diese allgemeinen Überlegungen zum Wertbegriff sind jedoch zu vage, um den Wert gebrauchen zu können. Es existiert kein einheitlicher Wertbegriff, der sämtliche Eigenschaften des Wertes enthält und der für jedermann und alle Zeiten die gleiche Bedeutung haben kann. Es

---

15 *Pausenberger*, Wert und Bewertung, 1962, S. 9; *Aurnhammer*, BauR 2/1981, 139 (139).

16 Zu der historischen Entwicklung des Wertbegriffs vgl. *Hartermann*, GuG 2/2012, 89; *Krumm*, Steuerliche Bewertung als Rechtsproblem, 2014, S. 27 ff. m. w. N.

17 *Rothkegel*, Schätzungslehre für Grundbesitzungen, 1930, S. 47.

18 *Fuisting*, Die preußischen direkten Steuern, Bd. II, 1899, § 9 ErgStG, S. 51; *P. Kirchhof*, DStR 1984, 575 (577).

19 *K. Vogel*, DStZ 1979, 28 (29); *Aurnhammer*, BauR 2/1981, 139 (142); *P. Kirchhof*, DStR 1984, 575 (577).

ist stets eine Konkretisierung des Wertbegriffs in Bezug auf dessen jeweilige Verwendung erforderlich.[20]

a) Konkretisierung des Wertbegriffs

Die Konkretisierung des Wertbegriffs soll im Folgenden kurz anhand der Unterscheidung zwischen Gebrauchs- und Tauschwert einerseits und zwischen subjektiven und objektiven Werten andererseits veranschaulicht werden.

aa) Gebrauchswert und Tauschwert

Welcher Wert einem Gegenstand zukommt, hängt in erster Linie von dem Grund der Wertermittlung ab. Da hierfür die verschiedensten Gründe in Betracht kommen, haben sich unterschiedliche Wertarten und -kategorien herausgebildet.[21] Eine der ältesten belegten Kategorisierung ist die auf *Aristoteles* zurückgehende Unterscheidung zwischen Gebrauchswert und Tauschwert.[22] Diese Unterscheidung beruht auf der Beobachtung, dass alle Güter auf verschiedene Art verwendet werden können, nämlich einerseits zum bestimmungsgemäßen Gebrauch und andererseits zum Verkauf. Vereinfacht gesagt wird der *Gebrauchswert* einer Sache durch ihre objektive Eignung für den Gebrauch zu einem bestimmten Zweck oder durch ihre subjektive Nützlichkeit für den Benutzer bestimmt.[23] Bei Grundstücken kann dies beispielsweise die Vermietung an Dritte sein. Der Gebrauchswert entspricht in diesem Fall dem Ertragswert des Grundstücks. Der *Tauschwert* (auch als Verkaufs- oder Verkehrswert bezeichnet)[24] entspricht dem Verhältnis, zu dem Wirtschaftsgüter am Markt getauscht werden können.[25] Gemeint ist dabei die bestimmbare Menge an Geldeinheiten, in die der Gegenstand mit einer gewissen Wahrscheinlichkeit umgewandelt werden kann.[26] Wird eine Konkretisierung des Wertbegriffs nicht vorgenommen, ist regelmäßig davon

---

20 *Müller*, Die städtische Grundrente und die Bewertung von Baugrundstücken, 1952, S. 75.

21 *Helmert*, Der Wert im Vermögenssteuerrecht, 1984, S. 6.

22 *Aristoteles*, Politik, Buch I, 9. Kapitel; *Krumm*, Steuerliche Bewertung als Rechtsproblem, 2014, S. 27; *P. Kirchhof*, Die Steuerwerte des Grundbesitzes, 1985, S. 17.

23 *P. Zimmermann*, ImmoWertV, 2. Aufl. 2019, Einf., Rn. 6.

24 *Helmert*, Der Wert im Vermögenssteuerrecht, 1984, S. 6.

25 *P. Zimmermann*, ImmoWertV, 2. Aufl. 2019, Einf., Rn. 6.

26 *Krumm*, Steuerliche Bewertung als Rechtsproblem, 2014, S. 51.

auszugehen, dass der Tauschwert gemeint ist.[27] Bei Grundstücken entspricht der Tauschwert dem Verkehrswert i. S. d. § 194 BauGB. Gebrauchswert und Tauschwert können identisch sein; oft unterscheiden sie sich jedoch. So besitzt ein Diamant beispielsweise einen hohen Tausch- aber in vielerlei Hinsicht nur einen geringen Gebrauchswert.[28] Aus diesem Grund ist es daher im Rahmen der Wertediskussion und zu Beginn der Wertbestimmung erforderlich, genau festzulegen, um welchen Wertbegriff es im Einzelfall geht. Dies gilt insbesondere auch für die Verwendung von Wertbegriffen in der steuerlichen Bewertung.[29]

bb) Subjektiver und objektiver Wert

In der allgemeinen Wertediskussion war zunächst umstritten, ob der Wert einer Sache unabhängig vom Bewertenden als „tatsächlicher“ oder „innerer“ Wert der Sache anhaftet (objektiver bzw. absoluter Wert)[30] oder ob die Wertbemessung allein durch die Subjekt-Objekt-Beziehung zwischen Bewertendem und Bewertungsobjekt vorgegeben ist (subjektiver bzw. relativer Wert).[31] Zumindest für den Bereich der Verkehrswertermittlung und der steuerlichen Bewertung ist mittlerweile jedoch allgemein anerkannt, dass ein rein objektiver Wert regelmäßig nicht existiert.[32] Denn der Wert eines Gutes ist kein dem Gut anhaftendes Merkmal oder eine Tatsache, sondern wird dem Gut durch den Menschen nach seiner Nutzungsfähigkeit im Wege der subjektiven

---

27 *Dieterich*, in: E/Z/B/K, BauGB, § 194 BauGB, 97. EL, 9/2010, Rn. 12.

28 *Aurnhammer*, BauR 2/1981, 139 (149).

29 Siehe hierzu unter Gliederungspunkt § 2, I., 4.

30 *Müller*, Die städtische Grundrente und die Bewertung von Baugrundstücken, 1952, S. 76; zur Verwendung dieses Wertverständnisses im Steuerrecht vgl. *Krumm*, Steuerliche Bewertung als Rechtsproblem, 2014, S. 24 f.

31 *Müller*, Die städtische Grundrente und die Bewertung von Baugrundstücken, 1952, S. 77 f.; *Pausenberger*, Wert und Bewertung, 1962, S. 9 f.; ausführlich zu der geschichtlichen Entwicklung auch *Krumm*, Steuerliche Bewertung als Rechtsproblem, 2014, S. 41 ff. m. w. N.

32 *Seer*, in: Tipke/Lang, Steuerrecht, 24. Aufl. 2021, Rn. 15.53; *Krumm*, Steuerliche Bewertung als Rechtsproblem, 2014, S. 45 f., 143 ff.; *Marchtaler*, Bewertung, in: Sandner/Ulrich Weber (Hrsg.), Lexikon der Immobilienwertermittlung, 2. Aufl. 2007, S. 150 (150).

Schätzung zugewiesen.[33] *Pausenberger* beschreibt die Wertrealität zutreffend wie folgt: „*Wert ist keine einem Ding anhaftende Eigenschaft, die objektiv und von vornherein gegeben ist; jedes Ding ist zunächst wertneutral, es erlangt erst dadurch Wert, daß es von jemandem für begehrenswert gehalten wird. So erwächst der Wert stets aus der Beziehung eines Subjekts zu einem Objekt …*“.[34] Der Wert ist demnach durch eine einseitige Subjekt-Objekt-Beziehung zwischen dem bewertenden Menschen und dem Bewertungsobjekt gekennzeichnet. In Abhängigkeit von der bewertenden Person verkörpern Gegenstände und Vorteile einen unterschiedlichen, nämlich jeweils individuellen Wert. Menschen schätzen Werte von Gütern, indem sie die Nutzungsfähigkeit der Güter in Beziehung setzen mit der Bedürfnisbefriedigung, die der Besitz dieser Güter ihnen vermittelt.[35] Je nach individuellen Vorlieben und der Intensität des Bedürfnisses kann ein Gegenstand nicht nur einen unterschiedlichen Wert für verschiedene Personen haben, sondern auch einen unterschiedlichen Wert für eine Person zu verschiedenen Zeitpunkten.[36] Der Wert ist daher grundsätzlich eine „Meinungssache“ und eben keine dem Gegenstand anhaftende objektive Eigenschaft, die es nur zu entdecken gilt.[37]

b) Vom Preis zum Wert

Vom Wert zu unterscheiden ist der am Markt erzielte Preis für einen Gegenstand. Wert und Preis können nicht pauschal gleichgesetzt werden.[38] Der Preis beruht auf einer sozialen Interaktion zwischen mindestens zwei Personen, die ihre jeweiligen Wertvorstellungen über den Kaufgegenstand zu einer Preisvereinbarung zusammengeführt haben.[39] Durch die Preisvereinbarung werden die subjektiven Wertvorstellungen der Parteien zu einem regelmäßig in einer

---

33 *Schnick*, ZfhF 1923, 81 (83); *H. Simon*, Die Bilanzen der Aktiengesellschaften und der Kommanditgesellschaften auf Aktien, 1886, S. 152 f.

34 *Pausenberger*, Wert und Bewertung, 1962, S. 9.

35 *Schnick*, ZfhF 1923, 81 (84).

36 *Schnick*, ZfhF 1923, 81 (84).

37 *H. Simon*, Die Bilanzen der Aktiengesellschaften und der Kommanditgesellschaften auf Aktien, 1886, S.152 f.; *Schnick*, ZfhF 1923, 81 (84); *Krumm*, Steuerliche Bewertung als Rechtsproblem, 2014, S. 45.

38 BGH, Urt. v. 25.10.1967 – VIII ZR 215/66, NJW 1968, 150, juris Rn. 13; *Dieterich*, Der Verkehrswert als zentraler Begriff der Wertermittlung, in: Dieterich/Kleiber (Hrsg.), Ermittlung von Grundstückswerten, 1991, S. 13 (14).

39 *Krumm*, Steuerliche Bewertung als Rechtsproblem, 2014, S. 50.

Geldeinheit bemessenen Tauschwert konkretisiert. Das qualitative Faktum „Wert“ wird hierbei in die Quantitätsgröße „Preis“ umgewandelt.[40] Diese Umwandlung erfolgt jedoch nicht zwingend nach allgemeingültigen und objektiven Gesetzmäßigkeiten. Insbesondere bei Gütern, die durch individuelle Merkmale gekennzeichnet sind, werden unterschiedliche Vertragsparteien regelmäßig unterschiedliche Preise für ein und denselben Gegenstand vereinbaren. Der Preis eines Gegenstandes richtet sich – vor allem auch bei Grundstücken – nach Angebot und Nachfrage und wird im Einzelfall zwischen Käufer und Verkäufer ausgehandelt.[41] Bei der Preisfindung treffen die individuellen, subjektiven Wertvorstellungen der Parteien aufeinander. Der Käufer möchte für den Erwerb des Gegenstandes einen möglichst niedrigen Preis zahlen. Er ist regelmäßig nicht bereit, einen Preis zu bezahlen, der über einem von ihm gedachten Grenzpreis liegt. Beim Verkäufer verhält es sich umgekehrt. Dieser möchte den Kaufgegenstand zu einem möglichst hohen Preis verkaufen und ist nicht bereit, einen Grenzpreis zu unterschreiten. Im Bereich zwischen den beiden Grenzpreisen – so weit sich die Vorstellungen der Parteien überlagern – kann es zu einer Einigung kommen. Der im Einzelfall ausgehandelte Preis hängt dabei vom jeweiligen Verhandlungsgeschick der Parteien, deren individuellen Präferenzen und den sonstigen Umständen ab.[42] Der allgemeine Marktpreis bzw. Verkehrswert für gleichartige Gegenstände (sofern bekannt) kann einen Einfluss auf das Verhandlungsergebnis haben, muss sich jedoch nicht zwingend auf die Preisfindung auswirken. Von erheblicher Bedeutung sind vielmehr oft auch spekulative Momente und persönliche Vorstellungen und Wünsche des Kaufinteressenten.[43] Beispielsweise dürfte ein Spielplatz auf dem Nachbargrundstück von einigen Käufern (Familie mit Kindern) mehr wertgeschätzt werden als von anderen. Der Preis eines Gegenstandes muss daher nicht zwingend seinem Wert entsprechen und ist daher grundsätzlich von diesem zu unterscheiden.[44] Trotz der subjektiven Natur der Preisfindung wird in der Wertermittlung jedoch

---

[40] *Pausenberger*, Wert und Bewertung, 1962, S. 14.

[41] BGH, Urt. v. 25.10.1967 – VIII ZR 215/66, NJW 1968, 150, juris Rn. 13.

[42] BGH, Urt. v. 25.10.1967 – VIII ZR 215/66, NJW 1968, 150, juris Rn. 13; *Pausenberger*, Wert und Bewertung, 1962, S. 14.

[43] BGH, Urt. v. 25.10.1967 – VIII ZR 215/66, NJW 1968, 150, juris Rn. 13; BFH, Urt. v. 12.06.1974 – III R 49/73, BStBl. II 1974, 602, juris Rn. 22.

[44] BGH, Urt. v. 25.10.1967 – VIII ZR 215/66, NJW 1968, 150, juris Rn. 13.

allgemein angenommen, dass aus einer Mehrzahl von Preisen ein quantifizierbarer überindividueller (Tausch-)Wert eines Gegenstandes ermittelt werden kann.[45]

c) Ermittlung von Werten

Die Verwendung von Werten setzt regelmäßig die Bezifferung dieses Werts in einer Geldeinheit voraus. Da es sich bei den zu bewertenden Gegenständen meistens nicht um Geld handelt, ist der Wert erst noch zu ermitteln. Die Tätigkeit, die auf die Ermittlung dieses Wertes gerichtet ist, wird heutzutage allgemein als Bewertung oder Wertermittlung bezeichnet.[46] Der Begriff der *Bewertung* ist jedoch weiter gefasst[47] und schon seit jeher für die Bestimmung von Werten für Zwecke der Besteuerung gebräuchlich.[48] Der Begriff der *Wertermittlung* bezieht sich hingegen ganz überwiegend nur auf die Bestimmung eines Wertes für einen Gegenstand und wird vor allem für die Bestimmung des (Verkehrs-)Werts durch einen Sachverständigen gebraucht.[49] Im Unterschied zu dem früher gebräuchlichen Begriff der *Schätzung* von Werten impliziert der Begriff Wertermittlung, dass es sich um eine nach objektiven Gesichtspunkten vorgenommene sachliche Wertermittlung handelt.[50] Inhaltlich beziehen sich die beiden Begriffe jedoch auf denselben Vorgang und können deshalb grundsätzlich synonym verwendet werden. Auch im Bewertungsgesetz werden diese beiden Begriffe inhaltsgleich verwendet.[51]

---

45 *H. Simon*, Die Bilanzen der Aktiengesellschaften und der Kommanditgesellschaften auf Aktien, 1886, S. 154; *Schnick*, ZfhF 1923, 81 (85 f.); *Pausenberger*, Wert und Bewertung, 1962, S. 14; *Krumm*, Steuerliche Bewertung als Rechtsproblem, 2014, S. 53 ff.

46 *Aurnhammer*, BauR 2/1981, 139 (143).

47 Bewertet werden können etwa auch Handlungen (z. B. in moralischer Hinsicht) oder erbrachte Leistungen (z. B. durch Schulnoten). Aus semantischer Sicht enthält der Begriff der Bewertung daher ein stärkeres subjektives Element als dies etwa beim Begriff der Wertermittlung anzunehmen ist.

48 *J. Schmidt*, GuG 2008, 150 (156 f.).

49 Vgl. *Aurnhammer*, BauR 2/1981, 139 (144).

50 Schriftlicher Bericht des Ausschusses für Wohnungswesen, Bau- und Bodenrecht über den von der BReg eingebrachten Entwurf eines BBauG v. 22.04.1960, BT-Drs. III/1794, S. 26; *O. Brückner*, AVN 10/1969, 453 (453).

51 § 177 BewG spricht etwa von „Bewertungen" nach §§ 179 und 182 bis 196 BewG. Nach § 182 BewG ist der Wert bebauter Grundstücke nach den dort genannten Verfahren „zu ermitteln".

Den „einen", allgemein gültigen („wahren") Wert eines Gegenstandes gibt es nicht.[52] Denn die Höhe des Werts, der einem Gegenstand beizumessen ist, ist primär von dem Grund der Wertermittlung abhängig. Je nach Bewertungsanlass können sich mehrere Werte für ein und denselben Gegenstand ergeben, die sich teils erheblich unterscheiden. Um diese verschiedene Werte zu differenzieren, haben sich diverse Wertbegriffe herausgebildet, die eine unterschiedliche Vorgehensweise bei der Wertermittlung erfordern. Die Wertermittlung liefert also immer nur einen Wert in Abhängigkeit von dem durch den Bewertungsanlass vorgegebenen Bewertungszweck.[53]

aa) Bewertungsanlässe, Bewertungsziele und Wertbegriffe

Wertermittlungen werden aufgrund einer Vielzahl von *Bewertungsanlässen* erforderlich. Diesen Bewertungsanlässen ist gemein, dass sie die Angabe eines Wertes in einer Geldeinheit erfordern. Beispielsweise existieren hinsichtlich der Wertermittlung von Grundstücken folgende Bewertungsanlässe: Der häufigste Bewertungsanlass ist die Bewertung für *steuerliche Zwecke*. Für die Grundsteuer ist grundsätzlich für jedes Grundstück ein steuerlicher Wert zu ermitteln. Auch für die Bemessung der Erbschaftsteuer, der Grunderwerbsteuer und der Ertragsteuern kann eine Bewertung eines Grundstücks erforderlich werden.[54] Ein weiterer häufiger Bewertungsanlass ist der *Kauf- oder Verkauf einer Immobilie*. Zur Bestimmung oder Überprüfung eines Angebots wird regelmäßig eine Einschätzung über den am wahrscheinlichsten am Markt erzielbaren Preis (Verkehrswert) benötigt. Oft ist bei Erwerb einer Immobilie auch zwecks *Besicherung* des zu gewährenden Darlehens der Wert zu ermitteln, mit dem das Grundstück für die Belastung mit einer Sicherheit herangezogen werden kann. Diese exemplarische Aufzählung zeigt, dass für ein und denselben Gegenstand Werte aus ganz unterschiedlichen Anlässen benötigt werden können.

---

52 BFH, Beschl. v. 18.12.1972 – II R 87–89/70, BStBl. II 1973, 329, juris Rn. 94; *Walterspiel*, DS 5/1975, 132 (132); *Krumm*, Steuerliche Bewertung als Rechtsproblem, 2014, S. 52.

53 *O. Brückner*, AVN 10/1969, 453 (453); *Walterspiel*, DS 5/1975, 132 (132); *Schmidbauer*, DS 2008, 258.

54 Siehe hierzu in Bezug auf die Bodenrichtwerte ausführlich unter Gliederungspunkt § 2, II.

Der im jeweiligen Fall zu ermittelnde Wert wird maßgeblich durch das *Bewertungsziel* beeinflusst, welches durch die Umstände des Bewertungsanlasses vorgegeben wird.[55] Dieses Bewertungsziel gibt die Rahmenbedingungen vor, nach denen sich die weitere Wertermittlung richtet. Je nach Bewertungsanlass können unterschiedliche Beweggründe sowie Umstände und Eigenschaften relevant sein. Für unterschiedliche Bewertungsanlässe können sich daher unterschiedliche Bewertungsziele und folglich unterschiedliche Werte ergeben. Der Wert gewinnt seine Konturen also erst durch seinen Kontext und durch die mit ihm verfolgte Funktion.[56] Beispielsweise interessiert den Verkäufer einer Immobilie primär der Wert, den ein potenzieller Käufer voraussichtlich für die Immobilie bereit ist, zu zahlen (*Verkehrswert*). Bei der Prüfung der Kreditvergabe hat das Kreditinstitut eine vorsichtigere Bewertung vorzunehmen und zukünftige (negative) Entwicklungen stärker zu berücksichtigen, sodass der Verkehrswert für diesen Zweck nur eingeschränkt geeignet ist. Das Kreditinstitut wird daher regelmäßig einen gesonderten Wert ermitteln (*Beleihungswert*). Das Bewertungsziel für die steuerliche Bewertung ergibt sich aus der Konzeption der jeweiligen Steuer, für die die Bewertung durchgeführt wird. Als Bewertungsziel kann auch hier der Verkehrswert bzw. gemeine Wert in Betracht kommen, sofern die Konzeption der jeweiligen Steuer dies erfordert bzw. zulässt. Zwingend ist dies jedoch nicht.[57]

Um eine eindeutige Ermittlung, Zuordnung und Verwendung von Werten zu gewährleisten, ist es erforderlich, dass den Werten feststehende *Wertbegriffe* zugeordnet werden. Mit einer genauen Bezeichnung wird gewährleistet, dass der Wert nur für den zugrunde liegenden Bewertungszweck verwendet wird. Eine beliebige Verwendung an anderer Stelle und zu anderen Zwecken wird auf diese Weise unterbunden.[58] Da sich der Wert für ein und denselben Gegenstand je nach Wertbegriff erheblich unterscheiden kann, ist es wichtig, den Wert konkret zu benennen und nicht allgemein vom „Wert“ eines

55 BFH, Beschl. v. 18.12.1972 – II R 87–89/70, BStBl. II 1973, 329, juris Rn. 94; *Helmert*, Der Wert im Vermögenssteuerrecht, 1984, S. 17; *Schmidbauer*, DS 2008, 258 (260).

56 *Jakob*, Rechtsgutachten zur Bewertungsvereinfachung, 1992, S. 208; siehe auch BFH, Beschl. v. 18.12.1972 – II R 87–89/70, BStBl. II 1973, 329, juris Rn. 94.

57 Siehe hierzu unter Gliederungspunkt § 2, I., 4.

58 *Schmidbauer*, DS 2008, 258 (260).

Gegenstandes zu sprechen. Allein im Zusammenhang mit der Bemessung von Grundstückswerten existieren über 200 verschiedene Wertbegriffe.[59]

Durch den Wertbegriff wird regelmäßig auch der Bewertungsmaßstab vorgegeben.[60] Für die meisten Werte existiert eine Definition, welche durch Gesetz oder in anderer Weise fixiert ist und die die Rahmenbedingungen für die Ermittlung des jeweiligen Werts angibt (*Bewertungsgrundsätze*). Diese Wertdefinition ist für die Bewertenden als verbindlich anzusehen. Für steuerliche Zwecke ist etwa der gemeine Wert in § 9 Abs. 2 BewG und der Teilwert in § 6 Abs. 1 Nr. 1 Satz 3 EStG definiert. Der Verkehrswert eines Grundstücks ist in § 194 BauGB bestimmt. Regelungen zum Beleihungswert finden sich unter anderem in § 16 Abs. 2 PfandBG und § 3 BelWertV. Die Wertermittlung ist somit stets auf einen speziellen Wert gerichtet, der sich nach Maßstäben bestimmt, die sich aus dem jeweiligen Wertermittlungsanlass ergeben.

bb) Intersubjektive Wertermittlung

Zu unterschiedlichen Werten für ein und dasselbe Bewertungsobjekt kommt es jedoch nicht nur infolge der unterschiedlichen Bewertungsanlässe und Bewertungsziele. Aufgrund der allgemeinen Umstände der Wertermittlung können sich auch für einen Bewertungsanlass mehrere gleichermaßen plausible Werte ergeben. Denn aufgrund der subjektiven Dimension der Wertermittlung ist der Wert immer durch die Subjekt-Objekt-Beziehung zwischen einem wertenden Menschen (*Wertermittler*) und dem zu bewertenden Gegenstand (*Bewertungsobjekt*) gekennzeichnet.[61] Die Bewertung vollzieht sich dabei jeweils in einer bestimmten Situation und hängt von den Entscheidungen des Wertermittlers ab.[62] Daraus folgt, dass verschiedene Menschen einem Gegenstand einen unterschiedlichen Wert beimessen. Selbst derselbe Mensch misst einem Gegenstand in unterschiedlichen Situationen oder zu unterschiedlichen Zeitpunkten (je nach Bedürfnisintensität) einen unterschiedlichen Wert bei.[63]

---

59 *O. Brückner*, AVN 10/1969, 453 (453); vgl. dazu beispielhaft auch *Halaczinsky*, in: Simon/Cors/Halaczinsky/Teß, Handbuch der Grundstückswertermittlung, 5. Aufl. 2003, S. 1.

60 *Walterspiel*, DS 5/1975, 132 (132); *Aurnhammer*, BauR 2/1981, 139 (144).

61 *Aurnhammer*, BauR 2/1981, 139 (140).

62 *Aurnhammer*, BauR 2/1981, 139 (141).

63 *Schnick*, ZfhF 1923, 81 (84); *Pausenberger*, Wert und Bewertung, 1962, S. 17.

Rein subjektive Werte, als individuelle Wertschätzung einer Person für einen Gegenstand, sind jedoch regelmäßig nicht belegbar und der Vorgang der Wertfindung kann durch andere Personen nur eingeschränkt nachvollzogen werden. Für die meisten Bewertungsanlässe sind subjektive Werte daher nicht geeignet, da es nicht auf die durch individuelle Vorlieben und Bedürfnisse beeinflusste Beziehung einer Person zu einem Gegenstand ankommt, sondern darauf, was dieser Gegenstand abstrakt wert ist. Bei den meisten Wertermittlungsanlässen besteht ein Bedürfnis nach einem „objektiven" bzw. „überindividuellen" Wert, der eine zuverlässige Vergleichbarkeit der wirtschaftlichen Güter und einen angemessenen Interessenausgleich im Streitfall oder im Verwaltungs- oder Gerichtsverfahren ermöglicht.[64] Ein solcher „objektiver" Wert existiert jedoch nicht und kann in der Form auch nicht durch Menschen „geschaffen" werden.[65]

Als Ersatz für einen „objektiven" Wert können im Rechtsverkehr intersubjektive Werte herangezogen werden. Intersubjektiv bedeutet, dass ein Ergebnis von verschiedenen Personen gleichermaßen nachvollzogen werden kann.[66] Die subjektive Natur der Wertfindung wird also anerkannt. Der Wertfindungsprozess wird jedoch einheitlich strukturiert und für andere Personen nachvollziehbar gemacht. Dazu werden für die Bewertung bestimmte Wertermittlungsverfahren verwendet, um eine einheitlichere und nachvollziehbare Wertermittlung zu gewährleisten. Um die Wertermittlung insgesamt und die subjektiven Entscheidungen innerhalb der Wertermittlung nachvollziehen und die Plausibilität des Wertes beurteilen zu können, ist eine aussagekräftige Begründung des ermittelten Werts von entscheidender Bedeutung. Die Begründung sollte das Bewertungsobjekt möglichst vollständig beschreiben, damit nachvollzogen werden kann, von welchen Merkmalen und Annahmen der Bewertende ausgegangen ist. Außerdem sollten die Auswahl und Würdigung der Bewertungsmuster sowie deren Anwendung auf das Bewertungsobjekt dargestellt werden.[67] Individuelle, willkürliche Schätzungen sollten

---

64 *Müller*, Die städtische Grundrente und die Bewertung von Baugrundstücken, 1952, S. 78.

65 Hessisches FG, Beschl. v. 09.11.1998 – 3 V 4925/98, StE 1998, 802, juris Rn. 19; *Krumm*, Steuerliche Bewertung als Rechtsproblem, 2014, S. 52; *Seer*, in: Tipke/Lang, Steuerrecht, 24. Aufl. 2021, Rn. 15.53.

66 *Duden*, Fremdwörterbuch, 6. Aufl. 2012, S. 213.

67 *Freudling*, BayVBl. 4/1982, 108 (110).

nach Möglichkeit keinen Einfluss in die Wertermittlung finden. Da sich diese jedoch oft nicht vermeiden lassen, sollten diese zumindest hinreichend und nachvollziehbar begründet werden.[68]

Aus den vorstehenden Ausführungen folgt, dass sich der Vorgang der Wertbestimmung nicht mit der Bestimmung der absoluten Wahrheit befasst, sondern mit dem Entscheidungsprozess, der zu einem Wert führt.[69] Die „Objektivität" und die damit verbundene Eignung eines Werts hängt vorwiegend von der Nachvollziehbarkeit und Überprüfbarkeit der Wertermittlung ab.[70] Es kann daher grundsätzlich nicht überprüft werden, ob ein Wert „wahr" oder „wirklich" ist, sondern nur, ob er plausibel und nachvollziehbar ermittelt und begründet wurde.[71]

2. Der Verkehrswert von Grundstücken

a) Der Verkehrswert eines Grundstücks

Der Verkehrswert einer Immobilie (§ 194 BauGB) ist der zentrale und im Wirtschafts- und Rechtsleben allgemein anerkannte Wertbegriff in der Immobilienwertermittlung.[72] Auf diesen Begriff wird in einer Vielzahl von Gesetzen ausdrücklich Bezug genommen.[73] Der Verkehrswert ist grundsätzlich auch dann zu ermitteln, wenn im materiellen Recht nur allgemein auf den Wert eines Grundstücks Bezug genommen wird, auch wenn dieser Wert nicht ausdrücklich als Verkehrswert bezeichnet wird.[74]

aa) Einflussfaktoren auf Grundstückspreise und -werte

Die individuelle Ermittlung des Verkehrswerts einer Immobilie gehört vor allem bei bebauten Grundstücken zu den schwierigsten Bereichen

68 *Aurnhammer*, BauR 2/1981, 139 (145).

69 *Aurnhammer*, BauR 2/1981, 139 (141).

70 *Reuter*, VR 6+7/1989, 377 (378); *Reuter*, fub 3/2006, 97 (100).

71 *Seer*, in: Tipke/Lang, Steuerrecht, 24. Aufl. 2021, Rn. 15.53.

72 *Reuter/Voß/Ziegenbein*, in: Kummer/Kötter/Kutterer/Ostrau (Hrsg.), Das deutsche Vermessungs- und Geoinformationswesen, 2020, S. 639 (644); *Dieterich*, in: E/Z/B/K, BauGB, § 194 BauGB, 97. EL, 9/2010, Rn. 6.

73 Im BauGB etwa: § 28 Abs. 3, § 57 Satz 2, § 59 Abs. 2 Satz 3, § 95 Abs. 1, § 103 Satz 4, § 153 Abs. 4 Satz 1 BauGB; Im Zivilrecht: § 74a Abs. 5 Satz 1 ZVG.

74 BGH, Beschl. v. 02.07.1968 – V BLw 10/68 (Hamm), NJW 1968, 2056; BGH, Urt. v. 23.01.1974 – IV ZR 92/72, NJW 1974, 701; *Dieterich*, in: E/Z/B/K, BauGB, § 194 BauGB, 97. EL, 9/2010, Rn. 6.

wirtschaftlicher Wertfindung.[75] Der Verkehrswert ist das Resultat *„einer tendenziell unendlichen Reihe objektiver und subjektiver Faktoren, deren Gewichtung und gegenseitige Interdependenz je nach Fragestellung schwankt"*.[76] Zu den maßgeblichen objektiven wertbeeinflussenden Faktoren gehören vor allem die Qualität des Grundstücks und die allgemeinen Wertverhältnisse des örtlichen lage- und artenspezifischen Grundstücksmarkts.[77]

Die *Qualität eines Grundstücks* bzw. der Grundstückszustand (vgl. § 2 Abs. 3 ImmoWertV) wird vor allem durch die Lage, die bauliche Nutzbarkeit und die Beschaffenheit des Grundstücks bestimmt.[78] Der wesentliche wertbeeinflussende Faktor ist die *Lage* des Grundstücks.[79] Allein der topografische Lageort eines Grundstücks ist für dessen Wert nicht das entscheidende Kriterium. Die Lagewertigkeit eines Grundstücks resultiert vielmehr aus den Verhältnissen und Beziehungen zu den umliegenden Grundstücken und Gebieten.[80] Für die Bestimmung der Lagewertigkeit sind die *Verkehrslage* (Erreichbarkeit von Geschäfts-, Verwaltungs- und Kulturzentren sowie von Arbeitsstätten und Erholungsgebieten), die *Nachbarschaftslage* (Einwirkung, Anziehungskraft und Ansehnlichkeit benachbarter Grundstücke) und die „Gesellschaftslage" (soziale Reputation des Stadtviertels) zu berücksichtigen (*Lagefaktoren*).[81] Je nach Ausprägung der Lagefaktoren eignen sich Grundstücke unterschiedlich zu Wohn-, Gewerbe- oder Geschäftszwecken.[82] Die *bauliche Nutzbarkeit des Grundstücks* bildet den zweiten wertbeeinflussenden Faktor.[83] Die Nutzbarkeit des Grundstücks hängt insbesondere von folgenden *Nutzbarkeitsfaktoren* ab: der Art der baulichen Nutzung (§§ 1 bis

---

75 *Jakob*, Rechtsgutachten zur Bewertungsvereinfachung, 1992, S. 137.

76 *Jakob*, Rechtsgutachten zur Bewertungsvereinfachung, 1992, S. 137 f.

77 *Reuter*, immobilien & bewerten 2/2015, 61 (63).

78 *Seele*, Ausgleich maßnahmenbedingter Bodenwerterhöhungen, 1976, S. 41; ebenso *Reuter*, Zur Umsetzung des Verkehrswertbegriffes in Wertermittlungsmethoden, 1989, S. 75.

79 *Jakob*, Rechtsgutachten zur Bewertungsvereinfachung, 1992, S. 144 ff.

80 *Seele*, Ausgleich maßnahmenbedingter Bodenwerterhöhungen, 1976, S. 41; *Jakob*, Rechtsgutachten zur Bewertungsvereinfachung, 1992, S. 129.

81 *Seele*, Ausgleich maßnahmenbedingter Bodenwerterhöhungen, 1976, S. 41; ähnlich auch *Jakob*, Rechtsgutachten zur Bewertungsvereinfachung, 1992, S. 129, 145.; vgl. auch § 5 Abs. 4 ImmoWertV.

82 *Seele*, Ausgleich maßnahmenbedingter Bodenwerterhöhungen, 1976, S. 41.

83 Vgl. auch BFH, Urt. v. 01.04.1998 – X R 150/95, BStBl. II 1998, 569, juris Rn. 37.

15 BauNVO), dem Maß der baulichen Nutzung (§§ 16 bis 21a BauNVO), dem Erschließungszustand und ggfs. der Dauer der noch durchzuführenden städtebaulichen Entwicklungs- oder Neugestaltungsmaßnahmen.[84] Schließlich ist auch die *Beschaffenheit des Grundstücks* als dritter wertbeeinflussender Faktor entscheidend. Zu den wesentlichen *Beschaffenheitsfaktoren* gehören: die Grundstücksgröße, die Grundstücksform, die Geländeform (Höhenverhältnisse), die Bodenbeschaffenheit und der Nutzungszustand des Grundstücks (Bebauung, Anpflanzungen, Belastungen etc.). Daneben sind insbesondere noch grundstücksbezogene Rechte und Belastungen (§ 2 Abs. 3 Satz 2 Nr. 12 ImmoWertV) für den Grundstückspreis maßgeblich. Bei *bebauten Grundstücken* kommen zu den Faktoren, die den Grundstückswert beeinflussen, noch die wertbeeinflussenden Faktoren des Gebäudes hinzu. Hierzu zählen insbesondere die Gebäudeart, die Bauweise, die Gebäudegröße (Wohnfläche bzw. Nutzfläche), der Gebäudezustand bzw. die Gebäudeausstattung und das Gebäudealter (vgl. § 2 Abs. 3 Satz 2 Nr. 10 ImmoWertV).[85]

Neben den vorgenannten Qualitätsmerkmalen des zu bewertenden Grundstücks haben auch die *allgemeinen Wertverhältnisse auf dem Grundstücksmarkt* wesentlichen Einfluss auf den Grundstückswert (vgl. § 2 Abs. 1 ImmoWertV). Nach § 2 Abs. 2 ImmoWertV richten sich die allgemeinen Wertverhältnisse nach der Gesamtheit der am Wertermittlungsstichtag für die Preisbildung von Grundstücken im gewöhnlichen Geschäftsverkehr maßgebenden Umständen, wie nach der allgemeinen Wirtschaftssituation, nach den Verhältnissen am Kapitalmarkt sowie nach den wirtschaftlichen und demografischen Entwicklungen.

bb) Die Definition des Verkehrswerts

Der Verkehrswert wird gemäß § 194 BauGB durch den Preis bestimmt, der zu dem Zeitpunkt, auf den sich die Ermittlung bezieht, im gewöhnlichen Geschäftsverkehr nach den rechtlichen Gegebenheiten und tatsächlichen Eigenschaften, der sonstigen Beschaffenheit und der Lage des Grundstücks oder des sonstigen Gegenstands der Wertermittlung ohne Rücksicht auf ungewöhnliche oder persönliche Verhältnisse zu erzielen wäre. Bei dieser Definition handelt es sich um eine Nominaldefinition, bei der ein bestimmter

---

84 *Seele*, Ausgleich maßnahmenbedingter Bodenwerterhöhungen, 1976, S. 42 f.

85 *Jakob*, Rechtsgutachten zur Bewertungsvereinfachung, 1992, S. 139 ff.

Preis als Verkehrswert bezeichnet wird und dieser Preis durch einen Wertungsgrundsatz erläutert wird.[86]

Mit der Definition des Verkehrswerts hat der Gesetzgeber versucht, einen Ausgleich zu schaffen zwischen einerseits den notwendigen normativen Vorgaben, die für eine einheitliche Verwendung dieses Wertes erforderlich sind, und andererseits einer praktikablen, sachgerechten und marktnahen Wertermittlung.[87] Um gewährleisten zu können, dass der Verkehrswert die tatsächlichen Wertverhältnisse widerspiegelt, muss bei dessen Ermittlung genügend Spielraum verbleiben, um alle wesentlichen Umstände des Einzelfalls berücksichtigen zu können. Dies wäre jedoch nicht möglich, wenn die Ermittlung des Verkehrswertes vollständig normiert wäre.[88] Andererseits müssen die normativen Vorgaben für die Verkehrswertermittlung hinreichend determiniert sein, um eine Verwendbarkeit der ermittelten Werte im Wirtschafts- und Rechtsverkehr gewährleisten zu können.[89] Bei Wertermittlungsanlässen besteht vielfach eine antagonistische Interessenlage, bei denen der Verkehrswert zum Ausgleich widerstreitender Interessen benötigt wird.[90] Ein Verkehrswert kann dieser Ausgleichsfunktion allerdings nur nachkommen, wenn er für alle Beteiligten nachvollziehbar ermittelt wurde und als im gewöhnlichen Geschäftsverkehr für erzielbar gehalten wird.[91] Ein subjektiver Wertansatz wäre in diesen Situationen nicht geeignet.[92] Der Verkehrswert stellt folglich keinen individuellen bzw. subjektiven Wert dar. Er ist vielmehr als ein *überindividueller, intersubjektiver Wert* ausgestaltet.[93]

Nach der Definition in § 194 BauGB wird der Verkehrswert als der fiktive Preis definiert, der bei einer gedachten Veräußerung des Grundstücks im gewöhnlichen Geschäftsverkehr zum Wertermittlungszeitpunkt zu erzielen

---

86 *Reuter*, Zur Umsetzung des Verkehrswertbegriffes in Wertermittlungsmethoden, 1989, S. 232 f.

87 *Dieterich*, in: E/Z/B/K, BauGB, § 194 BauGB, 97. EL, 9/2010, Rn. 14.

88 *Dieterich*, in: E/Z/B/K, BauGB, § 194 BauGB, 97. EL, 9/2010, Rn. 14.

89 *Dieterich*, in: E/Z/B/K, BauGB, § 194 BauGB, 97. EL, 9/2010, Rn. 14; *Schlegtendal*, AVN 7/1965, 271 (272).

90 *Hagedorn*, DS 2014, 147 (154).

91 *Hagedorn*, DS 2014, 147 (154); *Dieterich*, in: E/Z/B/K, BauGB, § 194 BauGB, 97. EL, 9/2010, Rn. 14.

92 *Freudling*, BayVBl. 4/1982, 108 (109).

93 *Dieterich*, in: E/Z/B/K, BauGB, § 194 BauGB, 97. EL, 9/2010, Rn. 14.

wäre.[94] Nach der Definition in § 194 BauGB gibt es nur einen Preis für das Bewertungsobjekt. Allein dieser Preis kann als Verkehrswert angesehen werden.[95] Der Verkehrswert ist daher der im allgemeinen Geschäftsverkehr am „wahrscheinlichsten" zu erzielende Preis.[96] Dieser Preis ist nicht real, sondern nur eine fiktive Preismöglichkeit.[97] Der Verkehrswert kann dabei mit dem Preis übereinstimmen, der tatsächlich für das bewertete Grundstück erzielt wird. Da bei der Preisfindung jedoch auch subjektive Vorstellungen und die individuellen Kenntnisse und das Verhandlungsgeschick der Vertragsparteien eine große Bedeutung haben, müssen sich der vereinbarte Kaufpreis und der Verkehrswert eines Grundstücks nicht zwingend entsprechen.[98]

cc) Folgerungen aus der Definition des Verkehrswerts

(1) Im gewöhnlichen Geschäftsverkehr erzielte Preise als Bewertungsgrundlage

Der Verkehrswert stellt den Preis dar, der im gewöhnlichen Geschäftsverkehr ohne Rücksicht auf ungewöhnliche oder persönliche Verhältnisse zu erzielen wäre. Der Begriff „gewöhnlicher Geschäftsverkehr" ist gesetzlich nicht näher definiert und stellt somit einen unbestimmten Rechtsbegriff dar.[99] Durch das Abstellen auf den im gewöhnlichen Geschäftsverkehr erzielbaren Preis wird einerseits deutlich, dass der Verkehrswert vorrangig auf der Grundlage von Preisen ermittelt wird, die im gewöhnlichen Geschäftsverkehr am Grundstücksmarkt erzielt wurden. Für die Ermittlung des Verkehrswerts ist daher auch das durchschnittliche Verhalten von Anbietern und Nachfragern („Jedermannsverhalten") beim Aushandeln von Grundstückspreisen zu berücksichtigen.[100] Daraus folgt, dass für die Ermittlung des Verkehrswerts grundsätzlich

---

[94] *Reidt*, in: Battis/Krautzberger/Löhr, BauGB, 15. Aufl. 2022, § 194 BauGB, Rn. 2.

[95] *Reuter*, VR 6+7/1989, 377 (378).

[96] *Seele*, VR 3/1982, 105 (109); Beschlußempfehlung und Bericht des Ausschusses für Raumordnung, Bauwesen und Städtebau zu dem von der BReg eingebrachten Entwurf eines Gesetzes über das Baugesetzbuch v. 15.10.1986, BT-Drs. 10/6166, S. 162.

[97] *Reuter*, Zur Umsetzung des Verkehrswertbegriffes in Wertermittlungsmethoden, 1989, S. 40 ff.

[98] Siehe hierzu bereits allgemein unter Gliederungspunkt § 1, I., 1., b).

[99] *Dieterich*, in: E/Z/B/K, BauGB, § 194 BauGB, 97. EL, 9/2010, Rn. 35.

[100] *Seele*, VR 3/1982, 105 (109); *Seele*, VR 8/1998, 393 (394); *Reuter*, Zur Umsetzung des Verkehrswertbegriffes in Wertermittlungsmethoden, 1989, S. 63–69.

nur die Vorstellungen und Verhaltensmuster herangezogen werden können, die vom durchschnittlichen Marktteilnehmer für die Ermittlung des Kaufpreises angewendet werden.[101] Hierbei handelt es sich um Menschen, die keine Sachverständigen auf dem Gebiet der Verkehrswertbestimmung sind. Marktferne Bewertungsmethoden, die von den Marktteilnehmern nicht verwendet werden, weil diese sie entweder nicht kennen oder nicht nachvollziehen können, sind regelmäßig für die Verkehrswertermittlung nicht geeignet.[102]

Andererseits erfolgt durch die Bezugnahme auf den gewöhnlichen Geschäftsverkehr auch eine Beschränkung der Datengrundlage für die Bewertung. Denn die Preise, die nicht im gewöhnlichen Geschäftsverkehr zustande gekommen sind, dürfen nicht für die Wertermittlung herangezogen werden, also insbesondere solche Preise, die von ungewöhnlichen oder persönlichen Verhältnissen beeinflusst wurden (vgl. § 9 Abs. 2 ImmoWertV).[103] Es wird in gewisser Weise für die Wertermittlung ein idealer Markt fingiert, an dem sich die Preisbildung nur an den objektiven Eigenschaften des Vertragsgegenstandes bemisst und an dem vernünftig handelnde Marktteilnehmer agieren.[104]

(2) Berücksichtigung aller wertbeeinflussenden Grundstücksmerkmale

Ein gewöhnlicher Geschäftsverkehr liegt nach der Definition des Verkehrswerts in § 194 BauGB vor, wenn bei diesem die rechtlichen Gegebenheiten und tatsächlichen Eigenschaften, die sonstige Beschaffenheit und die Lage des Grundstücks berücksichtigt werden.[105] Hierbei handelt es sich um unbestimmte Rechtsbegriffe, die als Oberbegriffe für eine Vielzahl an wertbeeinflussenden Faktoren und Eigenschaften stehen.[106] Durch diese Konkretisierung des Begriffs des gewöhnlichen Geschäftsverkehrs wird der Verkehrswertbegriff genauer umschrieben und eingegrenzt. Es wird klargestellt, welche Faktoren und Eigenschaften Einfluss auf den Verkehrswert haben

---

101 *Reuter*, Zur Umsetzung des Verkehrswertbegriffes in Wertermittlungsmethoden, 1989, S. 110; *P. Zimmermann*, ImmoWertV, 2. Aufl. 2019, Einf., Rn. 16.

102 *P. Zimmermann*, ImmoWertV, 2. Aufl. 2019, Einf., Rn. 16.

103 *Dieterich*, in: E/Z/B/K, BauGB, § 194 BauGB, 97. EL, 9/2010, Rn. 38; *Junge*, GuG 2/2021, 95 (96 f.).

104 *Junge*, GuG 2/2021, 95 (96).

105 *Dieterich*, in: E/Z/B/K, BauGB, § 194 BauGB, 97. EL, 9/2010, Rn. 48.

106 Dazu im Einzelnen *Dieterich*, in: E/Z/B/K, BauGB, § 194 BauGB, 97. EL, 9/2010, Rn. 48–54.

und deshalb bei dessen Ermittlung zu berücksichtigen sind. Ergänzt wird diese Regelung durch § 2 Abs. 3 Satz 1 ImmoWertV, der diese unbestimmten Rechtsbegriffe aufgreift, sie als Grundstücksmerkmale definiert und sie in ihrer Gesamtheit unter den Begriff des Grundstückszustands zusammenfasst. § 2 Abs. 3 Satz 2 ImmoWertV enthält eine nicht abschließende Aufzählung von Grundstücksmerkmalen, die bei der Wertermittlung zu berücksichtigen sein können. Bei der Verkehrswertermittlung sind nicht zwingend alle Grundstücksmerkmale zu berücksichtigen, sondern nur diejenigen, denen der Grundstücksmarkt einen Werteinfluss beimisst (§ 8 Abs. 1 ImmoWertV). Kommt den Grundstücksmerkmalen im Einzelfall ein Werteinfluss zu, sind diese zwingend zu berücksichtigen. Bei der Verkehrswertermittlung sind folglich alle im maßgeblichen Zeitpunkt den Wert des Bewertungsobjekts beeinflussenden tatsächlichen, rechtlichen und wirtschaftlichen Umstände in den Bewertungsvorgang einzubeziehen.[107] Dadurch unterscheidet sich die Verkehrswertermittlung insbesondere von den im Bewertungsgesetz geregelten typisierenden steuerlichen Bewertungsverfahren (insbesondere die Einheitswertbewertung, die Grundbesitzwertbewertung und die Grundsteuerwertermittlung).[108] Denn die Berücksichtigung sämtlicher wertrelevanter Grundstücksmerkmale erfordert Erfahrung und Sachkunde und ist aufwendig. Zur Gewährleistung einer praktikablen steuerlichen Bewertung werden daher unter anderem bestimmt wertbeeinflussende Grundstücksmerkmale nicht berücksichtigt, sodass sich je nach Typisierungsgrad des jeweiligen steuerlichen Bewertungsverfahrens mehr oder weniger große Abweichungen zwischen den Steuerwerten und den Verkehrswerten ergeben können.[109]

b) Überblick über die Verkehrswertermittlung nach der ImmoWertV

Um die Verkehrswertermittlung zu vereinheitlichen und insoweit eine annähernd vergleichbare Qualität der ermittelten Verkehrswerte zu gewährleisten, stellt die auf der Grundlage von § 199 Abs. 1 BauGB erlassene Immobilienwertermittlungsverordnung (ImmoWertV) Grundsätze für die Ermittlung der Verkehrswerte für Immobilien und der für die Wertermittlung erforderlichen Daten auf. Eine wesentliche Voraussetzung für die Akzeptanz und

---

107 BGH, Beschl. v. 11.03.1993 – III ZR 24/92, WKRS 1993, 16560.

108 Entwurf der BReg zum BBauG 1960 v. 16.04.1958, BT-Drs. III/336, S. 107.

109 Siehe dazu ausführlich unter Gliederungspunkt § 3, II., 1., c) und § 3, II., 2., d).

Eignung der ermittelten Verkehrswerte ist, dass diese nach den Grundsätzen der ImmoWertV ermittelt wurden. Diese Regelungen sollen im folgenden Abschnitt überblicksartig dargestellt werden.

aa) Erfordernis gleicher Grundsätze für die Verkehrswertermittlung

Die Definition des Verkehrswerts in § 194 BauGB reicht allein nicht aus, um die Verkehrswertermittlung abschließend zu regeln, da diese nur das Bewertungsziel und die wesentlichen Rahmenbedingungen angibt. Weder § 194 BauGB noch die anderen Normen des BauGB enthalten Vorgaben, auf welche Weise die Verkehrswertermittlung durchzuführen ist. Insbesondere hat der Gesetzgeber davon abgesehen, Regelungen zur Methode der Wertermittlung und zur Notwendigkeit eines Wertermittlungsspielraums zu treffen.[110] Der Gesetzgeber war bereits bei Erlass des Bundesbaugesetzes im Jahr 1960 der Auffassung, dass sich eine allgemein verbindliche Detailregelung für die Ermittlung des Verkehrswertes nicht aufstellen lässt, sondern nur allgemeine Grundsätze.[111] Um die Akzeptanz und Eignung der Verkehrswerte sicherzustellen, müssen grundlegende Regelungen vorhanden sein. Andernfalls würden die Verkehrswerte so stark von den individuellen Bewertungsentscheidungen abhängen, dass eine Vergleichbarkeit der Werte nur schwer gegeben wäre. Um sicherzustellen, dass allgemein gleiche Grundsätze bei der Wertermittlung angewendet werden, wurde bereits in § 141 Abs. 4 BBauG 1960 (mittlerweile § 199 Abs. 1 BauGB) eine Verordnungsermächtigung eingeführt.[112] Auf der Grundlage dieser Verordnungsermächtigung wurden im Laufe der Zeit mehrere Wertermittlungsverordnungen erlassen. Die aktuell geltende Verordnung ist die Immobilienwertermittlungsverordnung vom 14. Juli 2021[113] (ImmoWertV 2021 oder im Folgenden auch nur als ImmoWertV bezeichnet). Der Ermächtigung in § 199 Abs. 1 BauGB

---

110 BVerwG, Urt. v. 27.11.2014 – 4 C 31/13, NVwZ 2015, 531.

111 Entwurf der BReg zum BBauG 1960 v. 16.04.1958, BT-Drs. III/336, S. 107; Schriftlicher Bericht des Ausschusses für Wohnungswesen, Bau- und Bodenrecht über den von der BReg eingebrachten Entwurf eines BBauG v. 22.04.1960, BT-Drs. III/1794, S. 27; BVerwG, Urt. v. 27.11.2014 – 4 C 31/13, NVwZ 2015, 531 (532).

112 Entwurf der BReg zum BBauG 1960 v. 16.04.1958, BT-Drs. III/336, S. 107.

113 Verordnung über die Grundsätze für die Ermittlung der Verkehrswerte von Immobilien und der für die Wertermittlung erforderlichen Daten (Immobilienwertermittlungsverordnung – ImmoWertV) v. 14.07.2021, BGBl. I 2021, S. 2805.

folgend, enthält die ImmoWertV lediglich Regelungen zu *„Grundsätzen“* für die Ermittlung der Verkehrswerte für Immobilien und der für die Wertermittlung erforderlichen Daten einschließlich der Bodenrichtwerte.[114] Sie ist hinsichtlich der Wertermittlungsmethoden nicht abschließend und regelt nicht vollständig alle Aspekte der Verkehrswertermittlung.[115] Eine umfassende und normativ vollständig determinierte Regelung der Verkehrswertermittlung wäre auf der Grundlage von § 199 Abs. 1 BauGB nicht möglich und mit dem Charakter der Verkehrswertermittlung nicht vereinbar.[116] Ein allzu starres Regelungskorsett würde verhindern, dass die Besonderheiten des Einzelfalls berücksichtigt werden könnten. Dies würde die Ermittlung eines marktnahen Verkehrswerts erheblich erschweren. Eine abschließende Regelung aller Sonderfälle, Spezialverfahren etc. der Verkehrswertermittlung ist daher weder in der Verordnung noch in entsprechenden Richtlinien möglich.[117]

bb) Verfahren zur Verkehrswertermittlung von Grundstücken

Die in der ImmoWertV geregelten Verfahren zur Verkehrswertermittlung bei Grundstücken sind Modelle, mit denen die Überlegungen der Teilnehmer des gewöhnlichen Geschäftsverkehrs am Immobilienmarkt nachgebildet werden sollen.[118] Die Verfahren entsprechen den allgemein anerkannten Regeln und dem aktuellen Stand der Erkenntnisse auf dem Gebiet der Wertermittlungslehre.[119] Da jede Verkehrswertermittlung im Grunde eine Schätzung darstellt,[120] können die Wertermittlungsverfahren nur als Hilfsmittel für die näherungsweise Bestimmung des wahrscheinlichsten Verkehrswerts sein.[121] Die Fixierung auf ausgewählte Verfahren ist Ausdruck eines Bedürfnisses nach einer standardisierten Begründung und soll auf diese Weise die Akzeptanz

---

[114] BVerwG, Urt. v. 27.11.2014 – 4 C 31/13, NVwZ 2015, 531.

[115] BVerwG, Beschl. v. 16.01.1996 – 4 B 69/95, NVwZ-RR 1997, 155; *Kleiber*, Verkehrswertermittlung von Grundstücken, 10. Aufl. 2023, ImmoWertV (Vorbem.), Rn. 14.

[116] *Reuter/Voß/Ziegenbein*, in: Kummer/Kötter/Kutterer/Ostrau (Hrsg.), Das deutsche Vermessungs- und Geoinformationswesen, 2020, S. 639 (651).

[117] *Sprengnetter/Kierig*, ImmoWertV, 2010, S. 13.

[118] *Bischoff*, fub 3/2018, 114 (115).

[119] *P. Zimmermann*, ImmoWertV, 2. Aufl. 2019, Einf., Rn. 58.

[120] Siehe hierzu ausführlich unter Gliederungspunkt § 3, II., 1., a), aa).

[121] *Bischoff*, fub 3/2018, 114 (115); *Kleiber*, Verkehrswertermittlung von Grundstücken, 10. Aufl. 2023, § 6 ImmoWertV, Rn. 15.

des auf diese Weise ermittelten Verkehrswerts steigern. Dabei ist jedoch zu beachten, dass die Wertschätzung regelmäßig nicht vollständig begründbar ist und das Ergebnis auch hätte anders ausfallen können.[122]

(1) Verfahrensschritte

Die in der ImmoWertV geregelten Verfahren zur Ermittlung des Verkehrswerts gliedern sich nach § 6 Abs. 3 ImmoWertV grundsätzlich in drei Verfahrensschritte. Im *ersten Verfahrensschritt* wird mit Wertermittlungsmodellen mit definierten Einflussgrößen ein vorläufiger Verfahrenswert auf der Grundlage von am Grundstücksmarkt allgemein verfügbaren Daten abgeleitet.[123] Im *zweiten Verfahrensschritt* werden für den marktangepassten vorläufigen Verfahrenswert – sofern erforderlich – die allgemeinen Wertverhältnisse auf dem Grundstücksmarkt berücksichtigt.[124] Im *dritten Verfahrensschritt* erfolgt ggfs. noch eine Anpassung des marktangepassten vorläufigen Verfahrenswerts in Bezug auf besondere objektspezifische Grundstücksmerkmale des Bewertungsobjekts.[125] Der angepasste Wert stellt den (endgültigen) Verfahrenswert dar. Der Verkehrswert des Grundstücks ist gemäß § 6 Abs. 4 ImmoWertV aus dem Verfahrenswert des oder der angewendeten Wertermittlungsverfahren unter Würdigung seiner oder ihrer Aussagefähigkeit zu ermitteln.

(2) Verfahrensarten

Für den ersten Verfahrensschritt der Verkehrswertermittlung regelt die ImmoWertV drei Wertermittlungsverfahren: das Vergleichswertverfahren, das Ertragswertverfahren und das Sachwertverfahren (§ 6 Abs. 1 Satz 1 ImmoWertV). Welches Verfahren im Einzelfall zur Ermittlung des Verkehrswerts anzuwenden ist, hängt von den Umständen des Einzelfalls ab, insbesondere der Art des Wertermittlungsobjekts und der zur Verfügung stehenden Wertermittlungsdaten (§ 6 Abs. 1 Satz 2 ImmoWertV). Die normierten Verfahren können grundsätzlich gleichrangig angewendet werden.[126]

---

122 So zu den betriebswirtschaftlichen Bewertungsmethoden *Krumm*, Steuerliche Bewertung als Rechtsproblem, 2014, S. 14.

123 § 6 Abs. 3 Satz 1 Nr. 1 i. V. m. §§ 24 ff. ImmoWertV.

124 § 6 Abs. 3 Satz 1 Nr. 2 i. V. m. Satz 2 erster HS i. V. m. § 7 und § 8 Abs. 2 ImmoWertV.

125 § 6 Abs. 3 Satz 1 Nr. 3 i. V. m. Satz 2 zweiter HS i. V. m. § 8 Abs. 3 ImmoWertV.

126 BGH, Urt. v. 23.11.1962 – V ZR 148/60, BeckRS 1962, 31184939; BGH, Urt. v. 19.12.1975 – IV ZR 107/73, WKRS 1975, 12780.

Die Auswahl liegt im sachverständigen Ermessen des Bewertenden. Eine strickte Zuordnung eines bestimmten Bewertungsverfahrens für bestimmte Grundstücksarten erfolgt – anders als in den steuerlichen Bewertungsverfahren für Grundstücke[127] – nicht.

Das *Vergleichswertverfahren* orientiert sich an tatsächlich vereinbarten Kaufpreisen für Grundstücke. Es wird allgemein angenommen, dass dieses Verfahren am besten geeignet sei, den Verkehrswert zu ermitteln, sofern es in der jeweiligen Bewertungssituation anwendbar ist.[128] Die Anwendung des Vergleichswertverfahrens setzt zweierlei voraus: Zunächst müssen Kaufpreise in ausreichender Zahl verfügbar sein. Außerdem müssen die Grundstücksmerkmale der Vergleichsgrundstücke mit dem Bewertungsobjekt hinreichend vergleichbar sein. Diese Voraussetzungen können vielfach nicht erfüllt werden, sodass das Vergleichswertverfahren in diesen Fällen nicht für die Wertermittlung herangezogen werden kann. Auch die Bodenwerte (§ 40 Abs. 1 ImmoWertV) und die Bodenrichtwerte (§ 14 Abs. 1 Satz 1 ImmoWertV) sollen vorrangig im Vergleichswertverfahren ermittelt werden. Eine freie Verfahrenswahl besteht daher bei diesen Bewertungsanlässen nur eingeschränkt. Auf die konkrete Durchführung des Vergleichswertverfahrens wird im Rahmen der Bodenrichtwertermittlung unter Gliederungspunkt § 1, IV., 6., a) noch ausführlich eingegangen.

Die beiden anderen Wertermittlungsverfahren legen der Wertermittlung nicht unmittelbar die historischen Kaufpreise zugrunde, sondern stellen auf andere Marktdaten oder aus Marktdaten abgeleiteten Werte ab. Diese Verfahren sind sehr schematisch gehalten und können auch als Kalkulationsmodelle bezeichnet werden.[129] Das *Ertragswertverfahren* bildet insbesondere die Renditeerwartung der Marktteilnehmer ab. Es wird unterstellt, dass ein potenzieller Käufer zur Ermittlung des Kaufpreises den Barwert des Nutzens berechnet, den ihm der Kaufgegenstand verschaffen würde.[130] Beim *Sachwertverfahren* werden insbesondere die Herstellungskosten unter

---

[127] Vgl. §§ 182, 250 BewG.

[128] *J. Simon/T. Simon*, in: Rössler/Langer (Begr.), Schätzung und Ermittlung von Grundstückswerten, 8. Aufl. 2005, S. 1 (35).

[129] *Vogels*, Grundstücks- und Gebäudebewertung – marktgerecht, 5. Aufl. 1996, S. 237.

[130] *Kleiber*, Verkehrswertermittlung von Grundstücken, 10. Aufl. 2023, Syst. Darst. Ertragswertverfahren, Rn. 4.

Berücksichtigung des Verschleißes des Gebäudes ermittelt.[131] Darüber hinaus können auch *nicht normierte Verfahren* für die Verkehrswertermittlung zur Anwendung kommen, da die ImmoWertV insoweit nicht abschließend ist.[132]

(3) Modell- und Referenzkonformität

Im Rahmen der Verkehrswertermittlung kommen Bodenrichtwerte und/ oder sonstige zur Wertermittlung erforderliche Daten (etwa Liegenschaftszinssätze, Vergleichs- oder Sachwertfaktoren) zur Anwendung, die von den Gutachterausschüssen für Grundstückswerte zuvor ermittelt und veröffentlicht wurden. Eine marktgerechte Verkehrswertermittlung erfordert, dass diese Daten modellkonform verwendet werden, d. h. die Verkehrswertermittlung muss in dem Modell erfolgen, in dem auch die verwendeten zur Wertermittlung erforderlichen Daten abgeleitet wurden (*Grundsatz der Modellkonformität*).[133] Denn das Wertermittlungsmodell verliert seine Aussagekraft und Zielsetzung, wenn die im Modell genutzten Elemente und Faktoren, Parameter und Messgrößen nicht miteinander verbunden oder nicht eindeutig definiert sind.[134] So müssen beispielsweise Vergleichsfaktoren, die in der Verkehrswertermittlung im Vergleichswertverfahren herangezogen werden sollen, zuvor von den Gutachterausschüssen in einem Vergleichswertverfahren ermittelt worden sein. Sachwertfaktoren, die bei der Verkehrswertermittlung im Sachwertverfahren zur Anwendung kommen sollen, müssen zuvor durch den Gutachterausschuss in einem Sachwertverfahren bestimmt worden sein.[135]

---

[131] *Jardin/Roscher*, Die Immobilienwertermittlung aus steuerlichen Anlässen, 2019, S. 360; *Vogels*, Grundstücks- und Gebäudebewertung – marktgerecht, 5. Aufl. 1996, S. 237.

[132] BVerwG, Beschl. v. 16.01.1996 – 4 B 69/95, NVwZ-RR 1997, 155 (156); BVerwG, Urt. v. 27.11.2014 – 4 C 31/13, NVwZ 2015, 531; *Dieterich*, in: E/Z/B/K, BauGB, § 194 BauGB, 97. EL, 9/2010, Rn. 137.

[133] *Sprengnetter/Kierig*, immobilien & bewerten 5/2016, 52 (53); *Baltz/Dietrich/Höhn/Mann/ Schaar/Schmeck*, GuG 2017, 281; *Friedrichsen/Lözzer*, GuG 4/2017, 209 (210); *Petersen/ Schnoor/W. Seitz*, Verkehrswertermittlung von Immobilien, 3. Aufl. 2018, S. 140; *Moll-Amrein*, GuG 2/2020, 106; *Kleiber*, Verkehrswertermittlung von Grundstücken, 10. Aufl. 2023, § 10 ImmoWertV, Rn. 3.

[134] *Bischoff*, fub 3/2018, 114 (115).

[135] *Kleiber*, Verkehrswertermittlung von Grundstücken, 10. Aufl. 2023, § 10 ImmoWertV, Rn. 1.

Mit der Einführung der ImmoWertV wurde dieser Grundsatz erstmals in § 10 ImmoWertV ausdrücklich geregelt. Die Modellkonformität bezieht sich hiernach nicht nur auf die verwendeten Modelle, sondern auch auf die Modellansätze. Die Heranziehung eines Sachwertfaktors für die Verkehrswertermittlung setzt daher beispielsweise voraus, dass bei der Verkehrswertermittlung im Sachwertverfahren dieselben Normalherstellungskosten und Flächenberechnungsnormen zur Anwendung kommen, die vom Gutachterausschuss bei der Ableitung des Sachwertfaktors zugrunde gelegt wurden (vgl. § 12 Abs. 5 ImmoWertV).[136] Allerdings soll der Grundsatz der Modellkonformität sich nur auf die sonstigen für die Wertermittlung erforderlichen Daten i. S. d. § 193 Abs. 5 Satz 2 BauGB (und damit nicht auf die Bodenrichtwerte) beschränken. Der Grundsatz der Modellkonformität ist jedoch grundsätzlich auch bei der Heranziehung von Bodenrichtwerten zu beachten.[137] Allerdings würde dies für jeden Bodenrichtwert erfordern, dass die bei der Ermittlung verwendeten Modelle und Modellansätze offengelegt werden müssten, was jedoch mit § 14 Abs. 5 Satz 2 ImmoWertV nicht zu vereinbaren gewesen wäre.

Um eine entsprechende Verwendung der für die Wertermittlung erforderlichen Daten nach dem Grundsatz der Modellkonformität zu ermöglichen, müssen die Gutachterausschüsse ihre Bewertungsmodelle und Eingangsgrößen hinsichtlich der für die Wertermittlung erforderlichen Daten im Detail definieren und offenlegen.[138] Aus diesem Grund bestimmt nun § 12 Abs. 6 ImmoWertV, dass bei den sonstigen für die Wertermittlung erforderlichen Daten die zugrunde gelegten Modellansätze, Modelle und Bezugseinheiten sowie weitere Informationen in einer Modellbeschreibung anzugeben sind.

Unter *Referenzkonformität* versteht man die hinreichende Übereinstimmung und die Vergleichbarkeit der wertbestimmenden Merkmale der Grundstücke, aus denen die erforderlichen Daten abgeleitet wurden (Vergleichs- bzw. Referenzgrundstücke) mit den Grundstücksmerkmalen des Bewertungsobjekts.[139] Wurde die zur Wertermittlung erforderlichen Daten

---

136 *Kleiber*, Verkehrswertermittlung von Grundstücken, 10. Aufl. 2023, § 10 ImmoWertV, Rn. 7.

137 *Baltz/Dietrich/Höhn/Mann/Schaar/Schmeck*, GuG 2017, 281 (281); *Bischoff*, fub 3/2018, 114 (117); *Jardin/Roscher*, Die Immobilienwertermittlung aus steuerlichen Anlässen, 2019, S. 366; *Kleiber*, Verkehrswertermittlung von Grundstücken, 10. Aufl. 2023, § 10 ImmoWertV, Rn. 9.

138 *Kröll*, GuG 2/2016, 84 (85); *Kredt*, fub 1/2010, 1 (7).

139 *Moll-Amrein*, GuG 2/2020, 106.

in Abhängigkeit von bestimmten Grundstücksmerkmalen ermittelt, so sind diese Daten bei der Verkehrswertermittlung zunächst an die individuellen Grundstücksmerkmale des Bewertungsobjekts anzupassen. Beispielsweise ist bei der Verwendung von Bodenrichtwerten zunächst zu prüfen, ob die Grundstücksmerkmale des Bodenrichtwertgrundstücks, für das der Bodenrichtwert ermittelt wurde, mit den Grundstücksmerkmalen des zu bewertenden Grundstücks übereinstimmt. Ist dies nicht der Fall, weil etwa das Maß der baulichen Nutzung oder die Grundstücksgröße abweichen, so ist der Bodenrichtwert vor der Verwendung zunächst anzupassen.[140] In der ImmoWertV ist die Referenzkonformität nicht ausdrücklich als Grundsatz bezeichnet. Sie findet ihre Ausprägung jedoch implizit in diversen Vorschriften, die eine Anpassung an die Gegebenheiten des Wertermittlungsobjekts bzw. eine objektspezifische Anpassung fordern (z. B. § 25 Satz 2 i. V. m. § 9 Abs. 1 Satz 2 f., § 26 ImmoWertV).

(4) Anpassungen des vorläufigen Verfahrenswerts

Das durch die Anwendung des Wertermittlungsverfahrens erzielte Rechenergebnis kann noch nicht als „Wert“ angesehen werden. Dieses (Zwischen-) Ergebnis muss erst noch von dem Wertermittler beurteilt werden. Hierbei fließen die Erfahrung und Marktkenntnisse des Wertermittlers in das Bewertungsergebnis ein.[141] Die Anpassung erfolgt grundsätzlich in zwei Schritten:

Zunächst ist der vorläufige Verfahrenswert an die am Wertermittlungszeitpunkt geltenden *allgemeinen Wertverhältnisse* anzupassen (§ 6 Abs. 3 Satz 1 Nr. 2 i. V. m. Satz 2 und § 7 ImmoWertV).[142] Im Vergleichswertverfahren ist eine zusätzliche Anpassung des vorläufigen Vergleichswerts regelmäßig nicht erforderlich, da die Vergleichspreise bereits konjunkturell angepasst worden sind (vgl. § 7 Abs. 1 Nr. 1 ImmoWertV). Beim Ertrags- oder Sachwertverfahren können zusätzliche Anpassungen erforderlich werden (vgl. § 7 Abs. 1 Nr. 2 und 3 ImmoWertV).[143]

---

140 *Petersen/Schnoor/W. Seitz*, Verkehrswertermittlung von Immobilien, 3. Aufl. 2018, S. 140.

141 *Vogels*, Grundstücks- und Gebäudebewertung – marktgerecht, 5. Aufl. 1996, S. 236.

142 § 6 Abs. 3 Satz 1 Nr. 2 i. V. m. Satz 2 erster HS i. V. m. § 7 und § 8 Abs. 2 ImmoWertV.

143 *Kleiber*, Verkehrswertermittlung von Grundstücken, 10. Aufl. 2023, § 6 ImmoWertV, Rn. 248 ff.

Anschließend werden die *besonderen objektspezifischen Grundstücksmerkmale* des Bewertungsobjekts berücksichtigt, die sich bislang noch nicht auf das vorläufige Verfahrensergebnis ausgewirkt haben (§ 6 Abs. 3 Satz 1 Nr. 3 i. V. m. Satz 2 und § 8 Abs. 2 ImmoWertV).[144] Als besondere objektspezifische Grundstücksmerkmale sind in § 8 Abs. 3 Satz 2 ImmoWertV beispielhaft unter anderem Baumängel und Bauschäden, Bodenverunreinigungen oder grundstücksbezogene Rechte und Belastungen genannt. Das Erfordernis der gesonderten Anpassung beruht auf der Tatsache, dass die Kaufpreise und Marktdaten, die für die Wertermittlungsverfahren verwendet werden, anhand von „durchschnittlichen" Vergleichsobjekten und Daten abgeleitet wurden, bei denen objektspezifische Besonderheiten nicht berücksichtigt wurden (vgl. § 9 Abs. 1 Satz 4 ImmoWertV).[145] Die Verkehrswertermittlung gebietet es jedoch nach § 8 Abs. 1 ImmoWertV sämtliche Grundstücksmerkmale des Bewertungsobjekts zu berücksichtigen, denen der Grundstücksmarkt einen Werteinfluss beimisst.

Die Berücksichtigung der besonderen objektspezifischen Grundstücksmerkmale erfolgt regelmäßig durch marktgerechte Zu- oder Abschläge (§ 8 Abs. 3 Satz 3 ImmoWertV). Die Bestimmung der wertmäßigen Auswirkungen der jeweiligen besonderen objektspezifischen Grundstücksmerkmale bereitet in der Wertermittlungspraxis vielfach erhebliche Schwierigkeiten, da regelmäßig keine oder nur wenige Vergleichsdaten und objektive Bewertungsmaßstäbe vorliegen.[146] Die Bemessung der Zu- und Abschläge erfolgt regelmäßig auf der Grundlage des Sachverstands, der Erfahrung und der Marktkenntnisse des Bewertenden (*differenzielle Schätzverfahren*).[147] Die Anpassungen werden regelmäßig in Prozent angegeben.[148] Da die subjektiven Einflüsse bei diesem Verfahren relativ hoch sind, muss hierbei insbesondere auf eine hinreichende Dokumentation geachtet werden.[149]

---

144 *Bischoff*, fub 3/2018, 114 (115).

145 *Bischoff*, fub 3/2018, 114 (115); *Reuter/Voß/Ziegenbein*, in: Kummer/Kötter/Kutterer/Ostrau (Hrsg.), Das deutsche Vermessungs- und Geoinformationswesen, 2020, S. 639 (677).

146 *Kleiber*, Verkehrswertermittlung von Grundstücken, 10. Aufl. 2023, § 8 ImmoWertV, Rn. 22.

147 *Reuter/Voß/Ziegenbein*, in: Kummer/Kötter/Kutterer/Ostrau (Hrsg.), Das deutsche Vermessungs- und Geoinformationswesen, 2020, S. 639 (686); *Kötter/Guhl*, fub 1/2013, 1 (6).

148 *Reuter*, fub 3/2006, 97 (102); *Reuter/Voß/Ziegenbein*, in: Kummer/Kötter/Kutterer/Ostrau (Hrsg.), Das deutsche Vermessungs- und Geoinformationswesen, 2020, S. 639 (686).

149 *Reuter*, fub 3/2006, 97 (102); *Jeschke*, fub 1/2011, 1 (1).

II. Gutachterausschüsse für Grundstückswerte

Die Definition des Verkehrswerts in § 194 BauGB ist im ersten Teil des dritten Kapitels des Baugesetzbuches (§§ 192 bis 199 BauGB) enthalten. Der Teil ist mit „Wertermittlung“ überschrieben und enthält im Wesentlichen Regelungen zu der Einrichtung und den Aufgaben der Gutachterausschüsse für Grundstückswerte. Eine Hauptaufgabe der Gutachterausschüsse ist gemäß § 193 Abs. 1 Satz 1 BauGB die Erstattung von Gutachten über den Verkehrswert von Grundstücken. Daneben ermitteln und veröffentlichen die Gutachterausschüsse Bodenrichtwerte und sonstige für die (Verkehrs-)Wertermittlung erforderliche Daten. Die Verkehrswertermittlung ist somit untrennbar mit der Arbeit der Gutachterausschüsse verbunden.

Neben den Gutachterausschüssen nach § 192 BauGB gibt es noch weitere (Gutachter-)Ausschüsse (vgl. §§ 88 ff. VwVfG, § 67 BewG, § 18 BodSchätzG). Um Verwechslungen zu vermeiden, werden die Gutachterausschüsse nach § 192 BauGB vollständig als Gutachterausschüsse für Grundstückswerte bezeichnet. Sofern in dieser Arbeit zur besseren Lesbarkeit pauschal auf Gutachterausschüsse Bezug genommen wird, sind die Gutachterausschüsse für Grundstückswerte i. S. d. § 192 BauGB gemeint.

1. Schaffung von Markttransparenz als Hauptzweck der Gutachterausschüsse

Die Gutachterausschüsse für Grundstückswerte wurden mit dem BBauG 1960[150] als selbstständige und unabhängige staatliche Institutionen eingerichtet.[151] Mit § 185 BBauG 1960 wurde die seit dem Jahr 1936 geltende Preisstoppverordnung[152] für das Gebiet der alten Bundesländer aufgehoben, nach der Preiserhöhungen auf dem Bodenmarkt verboten waren.[153] Ein funktionierender Grundstücksmarkt existierte zu diesem Zeitpunkt aufgrund des Preisstopps nicht; die Marktverhältnisse waren größtenteils unbekannt. Um die Marktteilnehmer auf dem Grundstücksmarkt infolge ihrer fehlenden Marktkenntnis vor Übervorteilung zu schützen und die erforderliche Transparenz auf dem Grundstücksmarkt zu schaffen, wurden die

150 Bundesbaugesetz (BBauG) v. 23.06.1960, BGBl. I S. 341.

151 §§ 136–144 BBauG 1960.

152 Verordnung über das Verbot von Preiserhöhungen (PreistoppVO) v. 26.11.1936, RGBl. I S. 955.

153 Entwurf der BReg zum BBauG 1960 v. 16.04.1958, BT-Drs. III/336, S. 105.

Gutachterausschüsse eingerichtet.[154] Zur Erreichung dieses Zwecks wurde den Gutachterausschüssen diverse Pflichten übertragen, insbesondere die Führung und Auswertung von Kaufpreissammlungen, die den Gutachterausschüssen einen Überblick über das regionale Marktgeschehen vermitteln sollten. Auf der Grundlage dieser Marktinformationen sollten die Gutachterausschüsse anschließend Richtwerte (als Vorläufer der Bodenrichtwerte) ermitteln (§ 143 Abs. 3 BBauG 1960), die allen Marktteilnehmern und öffentlichen Stellen zugänglich gemacht werden sollten. Ihre durch die Kaufpreissammlung vermittelte Marktkenntnis sollten die Gutachterausschüsse zudem für die Erstattung von Gutachten nutzen.[155]

Die Schaffung und die anschließende Gewährleistung der Markttransparenz stellten folglich den ursprünglichen Hauptzweck der Gutachterausschüsse dar.[156] Diesen erfüllen die Gutachterausschüsse einerseits durch Schaffung von *allgemeiner Markttransparenz* (Ermittlung und Veröffentlichung von Bodenrichtwerten und der sonstigen für die Wertermittlung erforderlichen Daten, Grundstücksmarktberichten) und andererseits durch die Schaffung von *einzelfallbezogener Markttransparenz* (Erstattung von Gutachten, Auskünfte aus der Kaufpreissammlung).[157] Die Schaffung von Markttransparenz hat auch derzeit noch eine große Bedeutung.[158]

Die von den Gutachterausschüssen ermittelten und veröffentlichten Werte und Daten sind die wichtigste allgemein zugängliche Informationsquelle über den Immobilienmarkt.[159] Diese Informationen sind relevant für die Marktteilnehmer, um ein realistisches Kauf- bzw. Verkaufsangebot zu formulieren oder es auf seine Angemessenheit zu überprüfen. Außerdem sind Marktinformationen von erheblicher Bedeutung für jede Immobilienwertermittlung. Ohne diese Marktinformationen können Immobiliensachverständige oder

---

154 Entwurf der BReg zum BBauG 1960 v. 16.04.1958, BT-Drs. III/336, S. 105 f.

155 Entwurf der BReg zum BBauG 1960 v. 16.04.1958, BT-Drs. III/336, S. 106; Schriftlicher Bericht des Ausschusses für Wohnungswesen, Bau- und Bodenrecht über den von der BReg eingebrachten Entwurf eines BBauG v. 22.04.1960, BT-Drs. III/1794, S. 27.

156 *Engelken*, AVN 8+9/1977, 333 (333); *Schulte/Bodenstein*, NaVKV 4/1986, 322 (322); *Eisele*, INF 2000, 481 (482); *Voß*, in: E/Z/B/K, BauGB, § 192 BauGB, 111. EL, 9/2013, Rn. 11.

157 *Petersen/Schnoor/W. Seitz*, Verkehrswertermittlung von Immobilien, 3. Aufl. 2018, S. 83; *Ehlers*, NotBZ 2020, 128 (130).

158 Vgl. *Ache/Krägenbring*, ZfV 2023, 137 (140).

159 *J. Schmidt*, GuG 6/1996, 351 (352).

sonstige auf dem Gebiet der Wertermittlung tätige private Stellen sowie Behörden keine marktkonformen Grundstückswerte ermitteln. Denn diese haben im Vergleich zu den Gutachterausschüssen regelmäßig nur einen geringeren Überblick über das regionale Marktgeschehen. Schließlich sind diese Informationen bedeutsam für alle Personen, deren Tätigkeit vom Immobilienmarkt abhängt oder die seine Rahmenbedingungen beeinflussen (etwa durch Planungen oder Gesetze).[160]

2. Konzeption der Gutachterausschüsse

Das BauGB enthält keine Legaldefinition des Begriffs des Gutachterausschusses. In § 192 BauGB finden sich jedoch grundlegende Vorgaben zur Einrichtung der Gutachterausschüsse. Aus dem Zusammenspiel der §§ 192 bis 199 BauGB ergibt sich, dass ein Gutachterausschuss ein selbstständiges und unabhängiges Kollegialorgan ist, welches für einen bestimmten räumlichen Bereich gebildet wird, um insbesondere (Verkehrs-)Wertermittlungen durchzuführen.[161] Im Folgenden wird auf die wesentlichen Charakteristika der Gutachterausschüsse eingegangen.

a) Gutachterausschüsse als öffentlich-rechtliche Institutionen

Die Gutachterausschüsse sind regelmäßig hoheitlich tätig und sind deshalb als öffentlich-rechtliche Stellen anzusehen.[162] Zur hoheitlichen Tätigkeit gehört insbesondere die Führung und Auswertung der Kaufpreissammlung, die Ableitung und Veröffentlichung der Bodenrichtwerte und sonstigen für die Wertermittlung erforderlichen Daten sowie die Erstattung von Gutachten für öffentlich-rechtliche Zwecke.[163] Die Gutachterausschüsse sind Behörden

---

160 *Reuter/Voß/Ziegenbein*, in: Kummer/Kötter/Kutterer/Ostrau (Hrsg.), Das deutsche Vermessungs- und Geoinformationswesen, 2020, S. 639 (659).

161 *Voß*, in: E/Z/B/K, BauGB, § 192 BauGB, 111. EL, 9/2013, Rn. 12.

162 BGH, Urt. v. 04.03.1982 – III ZR 256/80, NVwZ 1982, 395; KG, Beschl. v. 18.06.1971 – W 1182/71, NJW 1971, 1848 (1848); FG Rheinland-Pfalz, Beschl. v. 23.11.2023 – 4 V 1295/23, juris Rn. 108; *P. Jacob*, NVwZ 2011, 1419 (1420); *Voß*, in: E/Z/B/K, BauGB, § 192 BauGB, 111. EL, 9/2013, Rn. 16.

163 *Kleiber*, Verkehrswertermittlung von Grundstücken, 10. Aufl. 2023, § 192 BauGB, Rn. 6.

i. S. d. der Verwaltungsverfahrensgesetze des Bundes und der Länder.[164] Die Tätigkeit der Gutachterausschüsse wird daher auch als amtliche Grundstückswertermittlung beschrieben.[165]

Die Gutachterausschüsse können als staatliche oder als kommunale Stellen eingerichtet werden.[166] Die Entscheidung hierüber treffen gemäß § 199 Abs. 1 Nr. 1 BauGB die Bundesländer. Bei den meisten Bundesländern sind die Gutachterausschüsse bei den Landkreisen, kreisfreien Städten oder bei den Kataster- oder Vermessungsbehörden angesiedelt. In Baden-Württemberg sind die Gutachterausschüsse bei den Gemeinden gebildet.[167]

Bei den Gutachterausschüssen besteht die Besonderheit, dass die von ihnen ermittelten Werte grundsätzlich unverbindlich sind (vgl. § 193 Abs. 3 BauGB).[168] Dies ist einerseits darin begründet, dass die Gutachterausschüsse außerhalb der Staatshierarchie angesiedelt sind. Andererseits bestand ihr historischer Hauptzweck darin, Transparenz auf dem Grundstücksmarkt zu schaffen.[169] Die Gutachterausschüsse sollten die Entwicklungen auf dem Grundstücksmarkt nachzeichnen, jedoch nicht aktiv Einfluss auf diese nehmen. Die von den Gutachterausschüssen durchgeführten Wertermittlungen sind daher mangels Regelungswirkung grundsätzlich nicht als Verwaltungsakte i. S. d. § 35 Satz 1 VwVfG anzusehen.[170] Die für Verwaltungsverfahren geltenden Regelungen (z. B. § 9 ff. VwVfG) sind daher für die Gutachterausschüsse zumindest nicht unmittelbar anwendbar.[171] Die

---

164 BFH, Urt. v. 04.03.2020 – II R 11/17, BStBl. II 2021, 155, juris Rn. 18; OVG Bautzen, Urt. v. 09.05.2014 – 1 C 12/12, BeckRS 2015, 41316; FG Rheinland-Pfalz, Beschl. v. 23.11.2023 – 4 V 1295/23, juris Rn. 108; *Voß*, in: E/Z/B/K, BauGB, § 192 BauGB, 111. EL, 9/2013, Rn. 17; *Krumm/Paeßens*, GrStG, 2022, § 247 BewG, Rn. 27.

165 Vgl. § 1 GrundWertVO NRW.

166 *Voß*, in: E/Z/B/K, BauGB, § 192 BauGB, 111. EL, 9/2013, Rn. 18; *Freise*, in: Brügelmann, BauGB, § 192 BauGB, 109. EL, 1/2019, Rn. 11.

167 § 1 Abs. 1 Satz 1 GuAVO BW.

168 Zu der Bindungswirkung der Bodenrichtwerte siehe unter Gliederungspunkt § 1, III., 4.

169 Entwurf der BReg zum BBauG 1960 v. 16.04.1958, BT-Drs. III/336, S. 107.

170 BVerwG, Beschl. v. 29.11.1972 – IV B 102.72, DVBl. 1973, 371; OVG Bremen, Urt. v. 15.05.1972 – II BA 114/72, BauR 1972, 304; *Kleiber*, Verkehrswertermittlung von Grundstücken, 10. Aufl. 2023, § 192 BauGB, Rn. 5.

171 BVerwG, Beschl. v. 29.11.1972 – IV B 102.72, DVBl. 1973, 371; *Kleiber*, AVN 1/1987, 33 (36).

Gutachterausschussverordnungen der Länder ordnen daher vielfach – jedoch in unterschiedlichem Umfang – eine entsprechende Anwendung einzelner Normen des VwVfG an (z. B. § 11 Nds. DVO-BauGB, § 6 Abs. 4 GrundWertVO NRW).

b) Gutachterausschüsse als Kollegialorgan

Aus dem Begriff „Ausschuss" ergibt sich, dass der Gutachterausschuss nicht durch eine Einzelperson besetzt ist, sondern dass es sich hierbei um ein Kollegialorgan handelt, welches aus mehreren fachlich kompetenten Mitgliedern, den Gutachtern, besteht.[172] Die Gutachterausschüsse setzten sich aus einem in der Regel beamteten Vorsitzenden und weiteren ehrenamtlichen Gutachtern zusammen. Dies führt in der Praxis regelmäßig zu einem fruchtbaren Austausch zwischen Mitgliedern aus den unterschiedlichsten Bereichen der Immobilienwirtschaft und Mitgliedern der öffentlichen Verwaltung.[173] Die Verkehrswerte, Bodenrichtwerte und die sonstigen für die Wertermittlung erforderlichen Daten werden von diesem pluralistisch besetzten Gremium ermittelt und beschlossen.[174] Bei Entscheidungen haben alle Gutachter ein gleichgewichtiges Stimmrecht.[175]

Die Zusammensetzung aus mehreren unabhängigen, gleichberechtigten und fachlich qualifizierten Personen aus unterschiedlichen Fachrichtungen ist besonders für eine sachgerechte Wertermittlung geeignet. Auf diese Weise kann aus den Schätzungen der einzelnen Gutachter ein überindividueller Wert aggregiert werden. Subjektive Einflüsse und individuelle Fehler bei der Wertermittlung können so verringert werden.[176] Durch die Zusammensetzung der Gutachterausschüsse wird nach Auffassung des VG Hamburg

---

172 KG, Beschl. v. 18.06.1971 – W 1182/71, NJW 1971, 1848 (1848); Entwurf der BReg zum BBauG 1960 v. 16.04.1958, BT-Drs. III/336, S. 106; *Voß*, in: E/Z/B/K, BauGB, § 192 BauGB, 111. EL, 9/2013, Rn. 13.

173 *Schmalgemeier*, GuG 6/2005, 350 (350); *Deutscher Städtetag*, Zur Zukunft der amtlichen Wertermittlung, GuG 2012, 99, (101).

174 VG Stuttgart, Urt. v. 10.11.2004 – 16 K 5676/02, juris Rn. 35.

175 *Voß*, in: E/Z/B/K, BauGB, § 192 BauGB, 111. EL, 9/2013, Rn. 13.

176 *Gläser*, AVN 10/1969, 456 (457); *Steinbrecher*, fub 1/2017, 35; *Kleiber*, Verkehrswertermittlung von Grundstücken, 10. Aufl. 2023, ImmoWertV (Vorbem.), Rn. 86.

„Gewähr für eine verobjektivierte, von sachfremden (Interessen-)Erwägungen weitestgehend befreite Entscheidungsfindung geleistet“.[177]

c) Gutachterausschüsse als Institutionen mit besonderer Bewertungskompetenz

Die Gutachterausschüsse wurden gebildet, um Grundstückswerte zu ermitteln und sonstige Wertermittlungen vorzunehmen (§ 192 Abs. 1 BauGB). Um sachgerechte Wertermittlungen vornehmen zu können, muss der Gutachterausschuss mit fachlich qualifizierten Gutachtern besetzt sein. § 192 Abs. 3 Satz 1 BauGB schreibt deshalb vor, dass die Gutachter in der Ermittlung von Grundstückswerten oder sonstigen Wertermittlungen sachkundig und erfahren sein sollen. Die Gutachter üben regelmäßig auch neben der Tätigkeit beim Gutachterausschuss eine Tätigkeit mit Bezug zum Grundstücksmarkt aus und besitzen eine gute Kenntnis der Strukturen und Besonderheiten des regionalen Grundstücksmarktes einschließlich seiner Teilmärkte.[178] Die von den Gutachterausschüssen zu führende Kaufpreissammlung vermittelt den Gutachtern zudem einen umfassenden Überblick über das Marktgeschehen in ihrem Zuständigkeitsbereich.

Die Gutachter müssen ihre Tätigkeit für den Gutachterausschuss nach bestem Wissen und Gewissen ausüben.[179] Sie sind verpflichtet, die formalen und fachlichen Vorgaben entsprechend den geltenden Rechtsvorschriften sorgfältig, vollständig sowie sach- und termingerecht zu erfüllen.[180] Die Gutachter sind grundsätzlich verpflichtet, die ihnen zugänglichen Erkenntnisquellen vollständig und sachgerecht auszuwerten und die Gründe für ihre Wertfestsetzung in nachvollziehbarer Weise darzulegen.[181]

Den Gutachterausschüssen wird von der Rechtsprechung aufgrund ihrer fachlichen Qualifikation und ihrer guten Marktkenntnisse eine besondere

---

177 VG Hamburg, Urt. v. 19.02.2015 – 7 K 5146/14, juris Rn. 66.

178 *Voß*, in: E/Z/B/K, BauGB, § 192 BauGB, 111. EL, 9/2013, Rn. 45.

179 BGH, Urt. v. 04.03.1982 – III ZR 156/80, NVwZ 1982, 395.

180 BGH, Urt. v. 04.03.1982 – III ZR 156/80, NVwZ 1982, 395; OLG Hamm, Urt. v. 29.11.2000 – 11 U 68/00, BauR 2001, 987.

181 BGH, Urt. v. 04.03.1982 – III ZR 156/80, NVwZ 1982, 395; OLG Hamm, Urt. v. 29.11.2000 – 11 U 68/00, BauR 2001, 987.

Bewertungskompetenz zuerkannt.[182] Da es sich bei der Wertermittlung stets um eine Schätzung handele,[183] seien die Gutachterausschüsse aufgrund ihrer Erfahrung und Sachkunde grundsätzlich besser geeignet, eine solche Schätzung sachgerecht durchzuführen als die Gerichte. Aus diesen Gründen erkennt die verwaltungsgerichtliche Rechtsprechung den Gutachterausschüssen einen gerichtlich nur eingeschränkt überprüfbaren Wertermittlungsspielraum zu.[184] Dieser Wertermittlungsspielraum ist nach einer Entscheidung des *VG Stuttgarts* zugleich mit der Annahme einer Einschätzungsprärogative bzw. eines Bewertungsvorrechts des Gutachterausschusses verbunden.[185] Diese Auslegung teilt auch der Bundesfinanzhof bei der Verwendung der Bodenrichtwerte und der Liegenschaftszinssätze im Rahmen der steuerlichen Bewertung. Er postuliert eine vorgreifliche Kompetenz des zuständigen Gutachterausschusses bei der Feststellung der Bodenrichtwerte und der Liegenschaftszinsätze für die steuerliche Bedarfsbewertung von Grundbesitz.[186] Zumindest die vom Gutachterausschuss ermittelten Bodenrichtwerte sollen daher regelmäßig für die Beteiligten im Steuerrechtsverhältnis verbindlich und einer gerichtlichen Überprüfung nicht zugänglich sein.[187]

d) Selbstständigkeit und Unabhängigkeit der Gutachterausschüsse

Die Idee einer gesonderten Institution für die Wertermittlung war bei Erlass des BBauG 1960 nicht neu. Zuvor gab es bereits ähnliche Einrichtungen.

---

182 BVerwG, Urt. v. 17.05.2002 – 4 C 6/01, NVwZ 2003, 211; OVG Münster, Beschl. v. 08.03.2017 – 9 A 232/15, BeckRS 2017, 104400; OVG Hamburg, Urt. v. 16.04.2015 – 4 Bf 66/13, BeckRS 2015, 45797; BGH, Urt. v. 04.03.1982 – III ZR 156/80, NVwZ 1982, 395; BFH, Urt. v. 29.08.1996 – VIII R 15/93, BStBl. II 1997, 317, juris Rn. 27; BFH, Urt. v. 11.05.2005 – II R 21/02, BStBl. II 2005, 686, juris Rn. 10; BFH, Urt. v. 18.09.2019 – II R 13/16, BStBl. II 2020, 760, juris Rn. 15.

183 Siehe hierzu ausführlich unter Gliederungspunkt § 3, II., 1., a), aa).

184 BVerwG, Urt. v. 17.05.2002 – 4 C 6/01, NVwZ 2003, 211; VG Hamburg, Urt. v. 19.02.2015 – 7 K 5146/14, juris; ebenso VG Augsburg, Urt. v. 10.02.1982 – Au 4 K 80 A 914, NJW 1983, 301; VG Leipzig, Urt. v. 07.05.2019 – 6 K 2547/17, BeckRS 2019, 12302. Siehe hierzu ausführlich unter Gliederungspunkt § 4, II., 2., b) ee).

185 VG Stuttgart, Urt. v. 10.11.2004 – 16 K 5676/02, juris Rn. 35.

186 BFH, Urt. v. 11.05.2005 – II R 21/02, BStBl. II 2005, 686, juris Rn. 10; BFH, Urt. v. 18.09.2019 – II R 13/16, BStBl. II 2020, 760, juris Rn. 15.

187 BFH, Urt. v. 11.05.2005 – II R 21/02, BStBl. II 2005, 686, juris Rn. 11. Siehe weitere Nachweise unter Fn. 1300.

Vorbild für die Gutachterausschüsse waren etwa die in Württemberg, Bremen und Preußen gebildeten Schätzstellen.[188] Auch im Bereich der steuerlichen Bewertung gab es bereits mit Beamten kollegial besetzte Bewertungsausschüsse (z. B. Grundwertausschuss, Betriebswertausschuss).[189] Auch heutzutage gibt es noch solche Einrichtungen, z. B. der für die Bewertung des land- und forstwirtschaftlichen Vermögens gebildete Gutachterausschuss i. S. d. § 67 BewG bzw. § 18 BodSchätzG. Die Gutachterausschüsse für Grundstückswerte unterscheiden sich von den vorgenannten Ausschüssen jedoch in der ihnen durch § 192 Abs. 1 BauGB zuerkannten Selbstständigkeit und Unabhängigkeit.

Selbstständigkeit bedeutet, dass die Gutachterausschüsse nicht Teil der Behörde oder der Gebietskörperschaft sind, bei der sie und ihre Geschäftsstelle eingerichtet sind.[190] Sie ermitteln eigenständig diverse Grundstückswerte, die insbesondere von anderen Behörden im Rahmen ihrer Verwaltungsverfahren benötigt werden (z. B. in Sanierungs- oder Enteignungsverfahren, aber auch in der steuerlichen Bewertung). Die Ermittlung der Grundstückswerte erfolgt losgelöst von diesen Verwaltungsverfahren, ohne dass es für den Gutachterausschuss auf das Ergebnis der Wertermittlung ankommt.[191] Die Gutachterausschüsse sind unabhängig von diesen Behörden und Gebietskörperschaften.[192] Die Unabhängigkeit der Gutachterausschüsse soll gewährleisten, dass diese die Grundstückswerte unparteiisch ermitteln. Dies gilt auch im Verhältnis zu der Gebietskörperschaft, für deren Bereich die Gutachterausschüsse gebildet worden sind.[193] Aus der Selbstständigkeit und Unabhängigkeit der Gutachterausschüsse folgt, dass sie nicht in den allgemeinen Verwaltungsaufbau

---

188 Entwurf der BReg zum BBauG 1960 v. 16.04.1958, BT-Drs. III/336, S. 106.

189 *Krumm*, Steuerliche Bewertung als Rechtsproblem, 2014, S. 8.

190 *Freudling*, BayVBl. 23, 715 (716); *Kleiber*, Verkehrswertermittlung von Grundstücken, 10. Aufl. 2023, § 192 BauGB, Rn. 12.

191 *Freudling*, BayVBl. 23, 715 (716).

192 Bericht und Antrag des Ausschusses für Raumordnung, Bauwesen und Städtebau vom 23.02.1976 zur Änderung des BBauG, BT-Drs. 7/4793, S. 51.

193 BFH, Beschl. v. 13.08.1996 – IX B 71/96, BeckRS 9998, 88842; BGH, Urt. v. 02.11.1970 – III ZR 129/68, WKRS 1970, 12064.

eingebunden sind und sich gewissermaßen außerhalb der Hierarchie des Staatsaufbaus befinden.[194]

Nicht nur die Gutachterausschüsse als Institution sind unabhängig. Genauso wichtig ist, dass auch die Gutachter bei ihren Entscheidungen nicht an Weisungen gebunden sind.[195] Dies gilt sowohl für Weisungen von außerhalb des Gutachterausschusses (etwa durch die Behörde, bei der der Gutachterausschuss angegliedert ist) als auch für Weisungen des Vorsitzenden des Gutachterausschusses gegenüber den anderen ehrenamtlichen Gutachtern. Die Gutachter sollen ihre Tätigkeit unparteiisch und allein auf Grundlage ihrer Sachkunde ausüben.[196] Auch die Geschäftsstelle des Gutachterausschusses ist regelmäßig nur den Weisungen des Vorsitzenden des Gutachterausschusses und ansonsten keinen externen Weisungen unterworfen. Dies gilt auch für Weisungen der Behörde, bei der die Bediensteten der Geschäftsstelle ansonsten tätig sind.[197] Dass die Gutachter nicht an Weisungen gebunden sind, bedeutet jedoch nicht, dass sie die Werte frei ermitteln dürfen. Bei der Wertermittlung müssen die Gutachter nach den allgemein anerkannten Regeln der Wertermittlungslehre vorgehen und müssen dabei die einschlägigen Regelungen des BauGB und der ImmoWertV beachten.[198] Außerdem müssen sie die Regelungen der Gutachterausschussverordnung des jeweiligen Bundeslands befolgen.[199]

Die durch § 192 Abs. 1 BauGB vorgesehene Unabhängigkeit der Gutachterausschüsse und deren Gutachter kann jedoch nicht in jedem Fall verhindern,

---

194 OVG Bautzen, Urt. v. 09.05.2014 – 1 C 12/12, BeckRS 2015, 41316; *Schulte/Bodenstein*, NaVKV 4/1986, 322 (323); *Dieterich/Kniep*, GuG 4/2002, 193 (193); *Voß*, in: E/Z/B/K, BauGB, § 192 BauGB, 111. EL, 9/2013, Rn. 14, 18; *Krumm*, Steuerliche Bewertung als Rechtsproblem, 2014, S. 303.

195 So zuvor ausdrücklich § 139 Abs. 1 BBauG 1960; *Voß*, in: E/Z/B/K, BauGB, § 192 BauGB, 111. EL, 9/2013, Rn. 14.

196 *Voß*, in: E/Z/B/K, BauGB, § 192 BauGB, 111. EL, 9/2013, Rn. 15.

197 *Kleiber*, Verkehrswertermittlung von Grundstücken, 10. Aufl. 2023, § 192 BauGB, Rn. 45.

198 BGH, Urt. v. 04.03.1982 – III ZR 156/80, NVwZ 1982, 395; BVerwG, Urt. v. 17.05.2002 – 4 C 6/01, NVwZ 2003, 211; BFH, Urt. v. 18.09.2019 – II R 13/16, BStBl. II 2020, 760, juris Rn. 15; *Voß*, in: E/Z/B/K, BauGB, § 192 BauGB, 111. EL, 9/2013, Rn. 15; *Krumm*, Steuerliche Bewertung als Rechtsproblem, 2014, S. 303.

199 *Kleiber*, Verkehrswertermittlung von Grundstücken, 10. Aufl. 2023, § 192 BauGB, Rn. 109.

dass deren Unabhängigkeit und Integrität wegen einer „Nähebeziehung“ zur Gebietskörperschaft, bei der der Gutachterausschuss gebildet ist, in Zweifel gezogen wird.[200] Allein die Regelung der Unabhängigkeit der Gutachterausschüsse in § 192 Abs. 1 BauGB reicht für sich genommen noch nicht aus, um diese auch tatsächlich herzustellen.[201] Erforderlich ist vielmehr auch, dass diese organisatorisch hinreichend von anderen Behörden und Gebietskörperschaften getrennt werden. Unter diesem Aspekt wird die häufige Verflechtung der Gutachterausschüsse und ihrer Geschäftsstellen und den kommunalen Katasterämtern kritisch in Bezug auf die Unabhängigkeit gesehen.[202] In der Literatur wird außerdem angegeben, dass vor allem bei kleineren Gutachterausschüssen eine Einflussnahme der (kommunalen) Politik auf die Arbeit der Gutachterausschüsse nicht ausgeschlossen werden könne. Politische Vertreter würden teilweise versuchen, Einfluss auf die Arbeit der Gutachterausschüsse, insbesondere der Festsetzung der Bodenrichtwerte, zu nehmen. Auch würden gelegentlich die ehrenamtlichen Gutachter aus parteipolitischen Gründen und nicht wegen ihrer fachlichen Befähigung ausgewählt. Die Gutachterausschüsse seien daher zum Teil mit sachunkundigen Gemeinderäten besetzt.[203] Darüber hinaus können auch persönliche oder wirtschaftliche Beziehungen der Gutachter Einfluss auf deren Unabhängigkeit haben.[204]

Die Gutachterausschüsse unterliegen der Fach- und Rechtsaufsicht des jeweiligen Bundeslandes.[205] Diese umfasst etwa die Einhaltung von Rechtsvorschriften bei der Wahrnehmung der Aufgaben des Gutachterausschusses und deren Geschäftsstelle sowie die Einhaltung der den Gutachtern auferlegten Pflichten.[206] Auf das Ergebnis einzelner Wertermittlungen kann die Aufsichtsbehörde jedoch keinen Einfluss nehmen. Das Bestehen einer

---

200 OVG Bautzen, Urt. v.09.05.2014 – 1 C 12/12, BeckRS 2015, 41316.

201 Vgl. hierzu FG Rheinland-Pfalz, Beschl. v. 23.11.2023 – 4 V 1295/23, juris Rn. 378 ff.

202 *Kleiber*, Verkehrswertermittlung von Grundstücken, 10. Aufl. 2023, § 192 BauGB, Rn. 26.

203 *Schmidt*, GuG 6/1992, 330 (330 f.); *J. Schmidt*, GuG 6/1996, 351 (353); *Hendricks*, Bodenrichtwertermittlung, 2017, S. 41; *Kleiber*, Verkehrswertermittlung von Grundstücken, 10. Aufl. 2023, § 192 BauGB, Rn. 19.

204 *H. Plenker/S. Plenker*, GuG 5/2006, 282 (288).

205 *Kleiber*, Verkehrswertermittlung von Grundstücken, 10. Aufl. 2023, § 192 BauGB, Rn. 12.

206 FG Rheinland-Pfalz, Beschl. v. 23.11.2023 – 4 V 1295/23, juris Rn. 111; *Kleiber*, Verkehrswertermittlung von Grundstücken, 10. Aufl. 2023, § 192 BauGB, Rn. 110.

Rechtsaufsicht ist nicht in allen Gutachterausschussverordnungen geregelt.[207] Zwar dürften in den Bundesländern ohne explizite Regelung (z. B. Baden-Württemberg, Hamburg, Sachsen) grundsätzlich die allgemeinen Regelungen für die Dienst- und Rechtsaufsicht auch auf die Aufsicht über die Gutachterausschüsse Anwendung finden. Gleichwohl ist zu vermuten, dass in diesen Bundesländern eine Kontrolle der Gutachterausschüsse in der Praxis eher einen geringen Stellenwert einnehmen wird.

3. Rechtsgrundlagen für die Gutachterausschüsse

Die wesentlichen gesetzlichen Rahmenbedingungen zu den Gutachterausschüssen sind in den §§ 192 bis 198 BauGB geregelt. § 192 BauGB enthält grundlegende Vorgaben zur Bildung und zur Zusammensetzung der Gutachterausschüsse. Die Pflichtaufgaben der Gutachterausschüsse sind in § 193 BauGB geregelt. Die §§ 194 bis 197 BauGB enthalten weitere Konkretisierungen zu den Aufgaben und der Tätigkeit der Gutachterausschüsse. In § 198 BauGB finden sich Regelungen zu den Oberen Gutachterausschüssen und Zentralen Geschäftsstellen. § 199 BauGB enthält in Abs. 1 eine Verordnungsermächtigung, wonach die Bundesregierung durch Rechtsverordnung Vorschriften über die Anwendung gleicher Grundsätze bei der Ermittlung der Verkehrswerte und bei der Ableitung der für die Wertermittlung erforderlichen Daten einschließlich der Bodenrichtwerte zu erlassen. Die derzeit geltende Verordnung, die auf der Grundlage dieser Verordnungsermächtigung erlassen wurde, ist die Immobilienwertermittlungsverordnung (ImmoWertV) vom 14. Juli 2021. Die Regelungen des BauGB und der ImmoWertV sind für die Gutachterausschüsse verbindlich.[208]

Darüber hinaus enthält § 199 Abs. 2 BauGB eine Verordnungsermächtigung für die Landesregierungen für die Organisation und Arbeitsweise der Gutachterausschüsse. Auf dieser Grundlage haben alle Bundesländer eigenständige Regelungen zu der Organisation und Arbeitsweise der

---

207 Vgl. die Übersicht bei *Kleiber*, Verkehrswertermittlung von Grundstücken, 10. Aufl. 2023, § 192 BauGB, Rn. 110.

208 BGH, Urt. v. 04.03.1982 – III ZR 156/80, NVwZ 1982, 395; OLG Hamm, Urt. v. 29.11.2000 – 11 U 68/00, BauR 2001, 987; BVerwG, Urt. v. 17.05.2002 – 4 C 6/01, NVwZ 2003, 211 (212); BVerwG, Urt. v. 27.11.2014 – 4 C 31/13, NVwZ 2015, 531 (532, Rn. 7); BFH, Urt. v. 18.09.2019 – II R 13/16, BStBl. II 2020, 760, juris Rn. 15; *Voß*, in: E/Z/B/K, BauGB, § 192 BauGB, 111. EL, 9/2013, Rn. 15.

Gutachterausschüsse getroffen. Teilweise sind diese in einer eigenständigen Gutachterausschussverordnung enthalten, teilweise wurden die Regelungen in die Durchführungsverordnung zum BauGB aufgenommen (beides wird im Folgenden allgemein als Gutachterausschussverordnung bezeichnet). Dass die Organisation und Arbeitsweise nicht durch Bundesrecht, sondern durch Rechtsverordnungen der Landesregierungen geregelt wurden, beruht auf den historischen Verhältnissen, wonach bereits vor Einführung der Gutachterausschüsse mit dem BBauG 1960 in einigen Regionen Schätzstellen etabliert waren. Der Bundesgesetzgeber sah es daher als untunlich an, durch eine verbindliche Regelung von Organisation und Verfahren Änderungen in der Arbeitsweise der Gutachterausschüsse vorzunehmen.[209] Sowohl das BBauG 1960 als auch das BBauG 1976 enthielten jedoch grundlegende Regelungen zur Organisation und Arbeitsweise der Gutachterausschüsse, die über die derzeit geltenden Bundesregelungen hinausgehen, etwa zu den Zuständigkeitsbereichen der Gutachterausschüsse (§ 137 Abs. 1 BBauG 1976), zu den Anforderungen und die Rechtsstellung der Gutachter (§ 139 BBauG 1976), zur Auswertung der Kaufpreissammlung (§ 143a Abs. 2 BBauG 1976). Mit Einführung des BauGB erfolgte jedoch eine weitgehende Aufhebung dieser Normen, um den Ländern die Möglichkeit einer eigenständigen Regelung durch Rechtsverordnung zu ermöglichen (vgl. § 199 Abs. 2 BauGB). Eine Änderung der Rechtslage war hiermit nicht bezweckt. Der Verzicht auf eine bundeseinheitliche Regelung war lediglich Ausdruck der Zurückhaltung des Bundesgesetzgebers in der Erwartung einer verantwortlichen und sachgerechten Regelung durch die Länder.[210]

Den Erwartungen des Bundesgesetzgebers wurde nicht von allen Bundesländern gleichermaßen entsprochen. Der Regelungsumfang und die Regelungsdichte der Gutachterausschussverordnungen der Länder unterscheiden sich zum Teil erheblich. Nordrhein-Westfalen hat etwa in 59 Paragrafen viele Detailregelungen in der GrundWertVO NRW getroffen und insbesondere dafür Sorge getragen, dass die Gutachterausschüsse sich untereinander abstimmen (§ 24), dass sie Unterstützung erhalten (§ 27). Die Führung der Kaufpreissammlung einschließlich der Datenerfassung ist den §§ 28 bis 35 detailliert geregelt. Die Gutachterausschussverordnung von Baden-Württemberg enthält

---

209 Entwurf der BReg zum BBauG 1960 v. 16.04.1958, BT-Drs. III/336, S. 107.

210 Gesetzentwurf der BReg eines Gesetzes über das BauGB, BT-Drs. 10/4630, S. 148 f.

demgegenüber beispielsweise nur 16 Paragrafen, die von Hamburg lediglich 13 Paragrafen. In der weiteren Darstellung können nicht sämtliche Unterschiede, die sich aus dem divergierenden Regelungsgehalt der Gutachterausschussverordnungen der Länder ergeben, herausgearbeitet werden. Sofern sich dies anbietet, werden Unterschiede, die für die Bodenrichtwertermittlung relevant sind, an der entsprechenden Stelle dieser Ausarbeitung aufgezeigt.

Die Detailregelung einzelner Arbeitsschritte und Vorgehensweisen bei der Wertermittlung in den Gutachterausschussverordnungen ist oft nicht zweckmäßig. Viele Bundesländer haben daher neben den Gutachterausschussverordnungen noch weitere ergänzende Verwaltungsanweisungen, Standards und Leitfäden veröffentlicht (z. B. RiWert RhPf, KPSErf-RL Brbg, BoRiWerl. NRW, BRW-Leitfaden HE).[211] Diese Veröffentlichungen sind für die unabhängigen Gutachterausschüsse, die außerhalb der Hierarchie des Verwaltungsaufbaus angesiedelt sind, grundsätzlich nicht verbindlich.[212] In *Nordrhein-Westfalen* ist daher in § 29 Abs. 3 GrundWertVO NRW geregelt, dass die Gutachterausschüsse auch die Richtlinien und ergänzenden Erläuterungen sowie Anwendungshinweise zur ImmoWertV sowie die gemeinschaftlich erarbeiteten Standards anzuwenden haben. Für die Gutachterausschüsse in *Hessen* ist in § 22 Abs. 1 BauGB-AV HE bestimmt, dass die Zentrale Geschäftsstelle verbindliche Standards für die Gutachterausschüsse festlegen kann.[213]

4. Struktur des Gutachterausschusswesens

Die gesetzlich vorgesehene Struktur des Gutachterausschusswesens ist zweistufig. Auf der örtlichen Ebene sind die Gutachterausschüsse zuständig. Überörtliche Aufgabenbereiche werden von den Oberen Gutachterausschüssen bzw. den Zentralen Geschäftsstellen wahrgenommen. Daneben existieren noch weitere überörtliche Zusammenschlüsse und Arbeitsgruppen.

---

211 Vgl. Darstellung bei *Kleiber*, in: E/Z/B/K, BauGB, § 10 ImmoWertV, 135. EL, 9/2019, Rn. 60.

212 *Kleiber*, Verkehrswertermittlung von Grundstücken, 10. Aufl. 2023, § 192 BauGB, Rn. 109.

213 Vgl. auch für Rheinland-Pfalz § 22 GAVO RhPf, der jedoch nicht ausdrücklich eine Verbindlichkeit der Verwaltungsvorschriften vorschreibt.

a) Örtliche Gutachterausschüsse

Die Regelungen in den §§ 192 bis 197 BauGB beziehen sich auf die Gutachterausschüsse für Grundstückswerte, die zumeist bei den Landkreisen, den kreisfreien Städten oder bei den Kataster- bzw. Vermessungsbehörden für den entsprechenden Zuständigkeitsbereich gebildet sind. Die Gutachterausschüsse nehmen die in den §§ 193 ff. BauGB bestimmten Pflichtaufgaben war. Darüber hinaus sind ihnen durch die Gutachterausschussverordnungen der Länder weitere Aufgaben übertragen, insbesondere veröffentlichen die meisten von ihnen Grundstücksmarktberichte und die für die Wertermittlung erforderlichen Daten und sorgen damit für Markttransparenz auf regionaler Ebene. Soweit im Folgenden allgemein auf Gutachterausschüsse Bezug genommen wird, sind diese örtlichen Gutachterausschüsse gemeint.

b) Obere Gutachterausschüsse und Zentrale Geschäftsstellen

Die verpflichtende Einrichtung von oberen Gutachterausschüssen bzw. Zentralen Geschäftsstellen wurde im Zusammenhang mit der Erbschaftsteuerreform 2009 eingeführt.[214] Nach Auffassung des Gesetzgebers war dies erforderlich, um die Richtwertermittlung zu vereinheitlichen, die Abstimmung zwischen den örtlichen Gutachterausschüssen zu verbessern und insbesondere auch bei örtlich unzureichender Datengrundlage aus regionalen und überregionalen Daten flächendeckende Daten für die Wertermittlung ableiten zu können.[215] § 198 Abs. 1 Satz 1 BauGB schreibt daher vor, dass für den Bereich einer oder mehrerer höherer Verwaltungsbehörden Obere Gutachterausschüsse oder Zentrale Geschäftsstellen zu bilden sind, wenn in dem Bereich der höheren Verwaltungsbehörde mehr als zwei Gutachterausschüsse gebildet sind. Diese Einrichtungen sind seit Dezember 2017 in allen Bundesländern vorhanden.[216] In Hessen, Saarland, Baden-Württemberg, Schleswig-Holstein und Thüringen wurden Zentrale Geschäftsstellen eingerichtet. In den anderen Bundesländern wurden Obere Gutachterausschüsse

---

214 Art. 4 Nr. 3 ErbStRG v. 24.12.2008, BGBl. I 2008, S. 3018.

215 Entwurf der BReg zum ErbStRG v. 28.01.2008, BT-Drs. 16/7918, S. 48.

216 Obwohl die Verpflichtung zur Einrichtung bereits seit dem 01.07.2009 bestand, hat Baden-Württemberg erst zum 01.12.2017 eine Zentrale Geschäftsstelle eingerichtet. Siehe hierzu die Website der Zentralen Geschäftsstelle BW, abrufbar unter https://www.zgg-bw.de/Aufgaben/ (letzter Abruf 28.09.2025).

etabliert, soweit nicht auf die Bildung dieser Institutionen verzichtet werden durfte (Stadtstaaten, Sachsen-Anhalt).[217]

Eine Hauptaufgabe dieser Stellen ist gemäß § 198 Abs. 2 Satz 1 BauGB überregionale Auswertungen und Analysen des Grundstücksmarktgeschehens im jeweiligen Bundesland zu erstellen. Dies soll insbesondere zu einer bundesweiten Grundstücksmarkttransparenz beitragen. Sinnvoll ist es dazu, alle Kaufpreise des jeweiligen Landes in einer zentralen Datenbank (Zentrale Kaufpreissammlung) zusammenzuführen, um so für eine statistisch gesicherte Auswertung hinreichend große und aussagekräftige Stichprobe zu gewinnen.[218] Eine solche Zentrale Kaufpreissammlung kann zu einer erheblichen Verbesserung der Datenqualität und der Wertermittlung insgesamt führen. In den meisten Bundesländern dürfte sich eine solche Sammlung derzeit allerdings noch im Aufbau befinden.[219] Nach § 198 Abs. 3 BauGB sind die Oberen Gutachterausschüsse zudem zur Erstattung von Obergutachten verpflichtet (nicht jedoch die Zentralen Geschäftsstellen). Die Landesregierungen können nach § 199 Abs. 2 Nr. 6 BauGB weitere Aufgaben auf den Oberen Gutachterausschuss übertragen. Eine entsprechende Ermächtigung für die Übertragung von Aufgaben auf die Zentrale Geschäftsstelle dürfte sich bereits aus § 199 Abs. 2 Nr. 1 BauGB ergeben.[220] Ihrer Hauptaufgabe nach § 198 Abs. 2 BauGB kommen die zuständigen Stellen regelmäßig durch Veröffentlichung eines landesweiten Grundstücksmarktberichts nach.[221]

Die Oberen Gutachterausschüsse und die Zentralen Geschäftsstellen haben zudem einen erheblichen Einfluss auf die Einheitlichkeit der Arbeitsweisen der Gutachterausschüsse innerhalb des jeweiligen Bundeslandes.[222] Diese können zusammen mit den örtlichen Gutachterausschüssen einheitliche

---

217 *Reuter/Voß/Ziegenbein*, in: Kummer/Kötter/Kutterer/Ostrau (Hrsg.), Das deutsche Vermessungs- und Geoinformationswesen, 2020, S. 639 (674); *Kleiber*, in: Verkehrswertermittlung von Grundstücken, 9. Aufl. 2020, III., § 198 BauGB, Rn. 17; vgl. auch die Aufstellung bei AK OGA, Immobilienmarktbericht Deutschland 2023, S. 7.

218 Vgl. etwa für NRW: § 3 Abs. 2 GrundWertVO NRW i. V. m. VO ZKPS NRW v. 14.02.2017 (GV.NRW. S. 287).

219 *Dietrich/Schaar*, GuG 5/2018, 304 (305).

220 *Voß*, in: E/Z/B/K, BauGB, § 198 BauGB, 111. EL, 9/2013, Rn. 19.

221 *Kleiber*, in: Verkehrswertermittlung von Grundstücken, 9. Aufl. 2020, III., § 198 BauGB, Rn. 22.

222 *Hendricks*, Bodenrichtwertermittlung, 2017, S. 44.

Standards entwerfen, ihnen für Fragen zur Verfügung stehen und landesweite Aus- und Fortbildungen organisieren. Vorbildlich auf diesem Gebiet ist insbesondere Nordrhein-Westfalen. In den §§ 24, 26 und 27 GrundWertVO NRW finden sich Regelungen zu einem Austausch der Gutachterausschüsse, der Unterstützung der Gutachterausschüsse in allgemeinen und bei konkreten Fragen sowie zur Förderung gemeinsamer Aus- und Fortbildungen.

c) Zusammenarbeit von Gutachterausschüssen

In vielen Bundesländern existieren zudem institutionalisierte Zusammenschlüsse der Gutachterausschüsse in Form von Arbeitsgemeinschaften. Die Zusammenschlüsse sind informeller Art, gesetzliche Regelungen existieren hierzu nicht. Auf Landesebene kann beispielsweise die seit dem Jahr 1968 existierende Arbeitsgemeinschaft der Vorsitzenden der Gutachterausschüsse für Grundstückswerte in Nordrhein-Westfalen (AGVGA.NRW) angeführt werden. Ziel der Arbeitsgemeinschaft ist es, Lösungen für fachliche Probleme und Fragestellungen zu erarbeiten, den Gedankenaustausch zwischen den Gutachterausschüssen zu ermöglichen und einheitliche Methoden für die Ermittlung der für die Wertermittlung erforderlichen Daten voranzutreiben. Die Mitglieder werden auch in fachliche Beratungen bei Gesetzgebungsvorhaben eingebunden.[223] Zudem tragen diese Arbeitsgemeinschaften erheblich zur Verbesserung des Gutachterausschusswesens bei. Von der AGVGA.NRW wurde etwa das über das Internet abrufbare Bodenrichtwertinformationssystem BORIS.NRW entwickelt, welches anschließend von den anderen Bundesländern übernommen wurde und welches auch die Grundlage des bundesweiten Bodenrichtwertinformationssystems für Deutschland bildet.[224] Erfreulich ist, dass sich Baden-Württemberg im Jahr 2018 nun auch entschlossen hat, eine solche Arbeitsgemeinschaft einzuführen (vgl. § 15 Abs. 4 GuAVO BW).[225]

Länderübergreifend existiert der Arbeitskreis der Oberen Gutachterausschüsse, Zentralen Geschäftsstellen und Gutachterausschüssen in der

---

223 *Dietrich/Schaar*, GuG 5/2018, 304 (304); *Höhn/Schaar*, NÖV 1/2007, 50 (50 f.).

224 *Dietrich/Schaar*, GuG 5/2018, 304 (304 f.).

225 Arbeitsgruppe Wertermittlung Baden-Württemberg (AG Wert BW), weitere Informationen hierzu abrufbar unter: https://www.zgg-bw.de/Gremien/ (letzter Abruf 28.09.2025).

Bundesrepublik Deutschland (AK OGA). Seine Rechtsgrundlage hat der AK OGA in einer in 2016 zwischen Bund und Ländern geschlossenen Verwaltungsvereinbarung.[226] Der Arbeitskreis veröffentlicht im zweijährigen Rhythmus für das gesamte Bundesgebiet den Immobilienmarktbericht Deutschland und leistet damit einen großen Beitrag zu der allgemeinen Markttransparenz.[227] Weitere Aufgaben sind dem AK OGA bislang nicht übertragen worden (vgl. § 3 der Verwaltungsvereinbarung).

5. Organisation der Gutachterausschüsse

Das BauGB enthält nur wenige wesentliche Vorgaben an die Organisation der Gutachterausschüsse in § 192 BauGB. Der Bundesgesetzgeber hat es den Ländern überlassen, die hierfür erforderlichen Einzelheiten in den auf der Grundlage von § 199 Abs. 2 BauGB zu erlassenden Rechtsverordnungen zu regeln. Aus diesem Grunde haben sich in den Ländern unterschiedliche Organisationen und Arbeitsweisen der Gutachterausschüsse herausgebildet.

a) Zuständigkeitsbereiche

Das BauGB enthält keine ausdrücklichen Vorgaben für die Bildung der Gutachterausschüsse (mehr).[228] Es obliegt nach geltendem Recht den Ländern gemäß § 199 Abs. 2 Nr. 1 BauGB in ihrer Gutachterausschussverordnung Regelungen zur Bildung der Gutachterausschüsse und deren räumlichen Zuständigkeitsbereichen zu treffen. Aus der Unabhängigkeit der Gutachterausschüsse und aus § 192 Abs. 3 Satz 1 Halbsatz 2 BauGB ergibt sich jedoch, dass die Gutachterausschüsse nicht „bei“ einer Gebietskörperschaft oder Behörde einzurichten sind. Sie sind vielmehr nur „für“ den Bereich der Gebietskörperschaft zu bilden. Lediglich die Geschäftsstelle kann „bei“ einer Behörde angesiedelt werden. In der Praxis bewährt hat sich die Etablierung

---

226 Verwaltungsvereinbarung über die Zusammenarbeit auf dem Gebiet der amtlichen Grundstückswertermittlung vom 20.04.2016, BAnz AT 13.05.2016 B2.

227 Dazu ausführlich *Ache/Bethmann/Teuber*, fub 2/2020, 49.; Immobilienmarktberichte abrufbar unter: https://redaktion-akoga.niedersachsen.de/startseite/download/berichte/download-berichte-201849.html (letzter Abruf 28.09.2025).

228 Zur historischen Entwicklung ausführlich *Kleiber*, Verkehrswertermittlung von Grundstücken, 10. Aufl. 2023, § 192 BauGB, Rn. 18.

eines Gutachterausschusses für den Bezirk eines Katasteramts, der im Durchschnitt zwei Landkreise umfasst.[229]

Von der Verordnungsermächtigung haben die Länder in sehr unterschiedlicher Weise Gebrauch gemacht.[230] Teilweise erfolgt die Einrichtung „bei" einer Gebietskörperschaft oder Behörde, teilweise wird der Gutachterausschuss zutreffend „für" den entsprechenden Bereich gebildet. In sieben Bundesländern werden die Gutachterausschüsse für das Gebiet von Landkreisen und kreisfreien Städten gebildet.[231] In *Hessen* wird jeweils ein Gutachterausschuss für in § 1 BauGB-AV HE aufgezählte Städte und jeweils für eine Mehrzahl von Landkreisen gebildet. In *Bayern* besteht bei jeder Kreisverwaltungsbehörde für deren Bereich ein Gutachterausschuss.[232] In *Baden-Württemberg* sind die Gutachterausschüsse bei den Gemeinden zu bilden.[233] In *Rheinland-Pfalz* ist ein Gutachterausschuss für bestimmte Städte zu bilden, solange in der jeweiligen Stadtverwaltung eine behördliche Vermessungsstelle gebildet ist, im Übrigen werden die Gutachterausschüsse für jeden Amtsbezirk eines Vermessungs- und Katasteramts gebildet.[234] *Niedersachsen* hat die Bildung der Gutachterausschüsse für den Bereich jeder Regionaldirektion des Landesamtes für Geoinformation und Landesvermessung Niedersachsen (Landesamt) angeordnet.[235] *Berlin* und *Hamburg* haben für das gesamte Stadtgebiet einen Gutachterausschuss gebildet; *Bremen* hat zwei Gutachterausschüsse gebildet.[236] Der Flächenstaat *Sachsen-Anhalt* hat ebenfalls nur einen Gutachterausschuss für das gesamte Landesgebiet gebildet.[237]

Bei den Flächenländern ergeben sich aufgrund der unterschiedlichen Regelungen deutliche Unterschiede bei der Zahl der Gutachterausschüsse. *Sachsen-Anhalt* hat für das gesamte Landesgebiet einen Gutachterausschuss

---

229 Entwurf der BReg zum JStG 1997 v. 26.08.1996, BT-Drs. 13/5359, S. 142.

230 Siehe auch die Übersicht bei *Freise*, in: Brügelmann, BauGB, § 192 BauGB, 109. EL, 1/2019, Rn. 16.

231 Vgl. § 1 Abs. 1 ThürGAVO, § 4 Abs. 1 Satz 2 GrundWertVO NRW, § 1 Abs. 1 SächsGAVO, § 1 Abs. 1 Satz 1 GAVO SH, § 1 Abs. 1 GutALVO M-V, § 1 Abs. 1 BbgGaV, § 1 Abs. 1 GutVO SL.

232 Vgl. § 1 Abs. 1 BayGaV.

233 § 1 Abs. 1 Satz 1 GuAVO BW.

234 § 1 Abs. 1 GAVO RhPf.

235 Vgl. § 9 Abs. 1 Nds. DVO-BauGB.

236 Vgl. § 5 Abs. 1 DVO-BauGB Berlin, § 1 Abs. 1 GAVO HH, § 1 Abs. 1 GAVO Br.

237 Vgl. § 1 Abs. 1 GutVO SA.

gebildet. In den Ländern *Schleswig-Holstein*, *Mecklenburg-Vorpommern*, *Niedersachsen*, *Brandenburg*, *Saarland*, *Rheinland-Pfalz*, *Hessen*, *Thüringen und Sachsen* sind derzeit zwischen 7 und 17 Gutachterausschüsse gebildet. In *Nordrhein-Westfalen* gibt es 73 und in *Bayern* gibt es 96 Gutachterausschüsse. In *Baden-Württemberg* sind 146 Gutachterausschüsse gebildet (alle Angaben Stand Dezember 2023).[238] Je größer die Anzahl der Gutachterausschüsse in einem Bundesland, desto kleiner sind regelmäßig die Zuständigkeitsbereiche der jeweiligen Gutachterausschüsse. Die Größe der Zuständigkeitsbereiche kann auch innerhalb eines Bundeslandes deutlich schwanken, etwa aufgrund unterschiedlicher Größen der Kreis- oder Gemeindegebiete.[239]

b) Mitglieder des Gutachterausschusses

Nicht der Gutachterausschuss als abstrakte Institution ermittelt die Grundstückswerte. Die Wertermittlung soll primär durch die Mitglieder des Gutachterausschusses erfolgen, die über das Ergebnis der Wertermittlung durch Mehrheitsbeschluss entscheiden. Die Gutachterausschüsse bestehen gemäß § 192 Abs. 2 BauGB aus einem Vorsitzenden und ehrenamtlichen weiteren Gutachtern. Das Gesetz regelt nicht, wie viele weitere Gutachter bestellt werden müssen. Aufgrund der Verwendung des Plurals wird jedoch allgemein angenommen, dass mindestens zwei weitere ehrenamtliche Gutachter erforderlich sind.[240] Wenn im Gesetz von Gutachterausschuss die Rede ist, ist daher grundsätzlich anzunehmen, dass die entsprechende Aufgabe durch den Vorsitzenden und mindestens zwei ehrenamtliche Gutachter als Personenmehrheit wahrzunehmen ist.[241]

aa) Vorsitzender

Der Vorsitzende repräsentiert den Gutachterausschuss und ist für den laufenden Geschäftsbetrieb verantwortlich.[242] Er leitet die Geschäftsstelle an und

---

[238] AK OGA, Immobilienmarktbericht Deutschland 2023, S. 7.

[239] Siehe anschaulich AK OGA, Immobilienmarktbericht Deutschland 2023, S. 6.

[240] *Voß*, in: E/Z/B/K, BauGB, § 192 BauGB, 111. EL, 9/2013, Rn. 24.

[241] Vgl. FG Niedersachsen, Urt. v. 11.04.2014 – 1 K 107/11, EFG 2014, 1364, juris Rn. 76.

[242] *Voß*, in: E/Z/B/K, BauGB, § 192 BauGB, 111. EL, 9/2013, Rn. 26; *Freise*, in: Brügelmann, BauGB, § 192 BauGB, 109. EL, 1/2019, Rn. 61.

überwacht diese.[243] Vorsitzender und Geschäftsstelle bilden zusammen den festen Bestandteil des Gutachterausschusses.[244] Die konkreten Anforderungen an den Vorsitzenden und dessen Aufgaben können die Landesregierungen durch Rechtsverordnung gemäß § 199 Abs. 2 Nr. 1 und 2 BauGB bestimmen. Die Gutachterausschussverordnungen der Länder bestimmen überwiegend, dass der Vorsitzende ein Bediensteter der Gebietskörperschaft oder Behörde sein muss, für dessen Gebiet der Gutachterausschuss eingerichtet ist bzw. bei der die Geschäftsstelle des Gutachterausschuss eingerichtet ist.[245] Dadurch soll eine reibungslose Kommunikation zwischen dem Vorsitzenden und den Bediensteten der Geschäftsstelle gewährleistet werden.[246] Einige Gutachterausschussverordnungen regeln zudem zusätzliche Voraussetzungen. In Nordrhein-Westfalen muss der Vorsitzende „umfassende" Kenntnisse und Erfahrungen besitzen.[247] In einigen Bundesländern muss der Vorsitzende eine Befähigung für die Laufbahngruppe 2, zweites Einstiegsamt (höherer Dienst) bezogen auf ein für den Gutachterausschuss relevanten Fachbereich besitzen, z. B. Laufbahn (vermessungs-)technischer Dienst.[248]

Die Zugehörigkeit zur regionalen Gebietskörperschaft bzw. Verwaltungsbehörde ist in Bezug auf die Unabhängigkeit des Gutachterausschusses und der zu wahrenden Interessenneutralität nicht ganz unproblematisch.[249] Der Vorsitzende ist im Gutachterausschuss die wesentliche Konstante. Die Länder haben ihm vielfach erhebliche Kompetenzen übertragen, mit denen er die Arbeit des Gutachterausschusses bestimmen kann. In einigen Ländern bestellt der Vorsitzende etwa die ehrenamtlichen Gutachter.[250] Außerdem

---

243 *Voß*, in: E/Z/B/K, BauGB, § 192 BauGB, 111. EL, 9/2013, Rn. 56; *Reidt*, in: Battis/Krautzberger/Löhr, BauGB, 15. Aufl. 2022, § 192 BauGB, Rn. 12.

244 *Kleiber*, Verkehrswertermittlung von Grundstücken, 10. Aufl. 2023, § 192 BauGB, Rn. 15.

245 Vgl. Übersicht bei *Freise*, in: Brügelmann, BauGB, § 192 BauGB, 109. EL, 1/2019, Rn. 27.

246 Vgl. § 7 Abs. 2 Satz 3 DVO-BauGB Berlin, der ausdrücklich auf die Eigenschaft als Vorgesetzter der Bediensteten der Geschäftsstelle abstellt.

247 § 5 Abs. 2 Satz 1 GrundWertVO NRW.

248 Vgl. § 2 Abs. 3 ThürGAVO, § 7 Abs. 2 Satz 1 DVO-BauGB Berlin, § 2 Abs. 2 Satz 3 BauGB-AV HE, § 5 Abs. 2 Satz 4 GrundWertVO NRW.

249 *Kleiber*, Verkehrswertermittlung von Grundstücken, 10. Aufl. 2023, § 192 BauGB, Rn. 23.

250 Vgl. § 2 Abs. 1 Satz 2 GAVO Br, § 10 Abs. 3 Satz 1 Nds. DVO-BauGB.

bestimmt er regelmäßig die Zusammensetzung des Gutachterausschusses im Einzelfall[251] und dürfte als Mitglied der Behörde mit den Abläufen deutlich besser vertraut sein als die ehrenamtlichen Gutachter. Der Vorsitzende ist zwar wie die ehrenamtlichen Mitglieder auch ein Gutachter und unterliegt insoweit im Rahmen seiner Tätigkeit für den Gutachterausschuss keinen Weisungen, auch nicht von der Behörde, bei der er tätig ist.[252] Gleichwohl kann nicht in allen Fällen ausgeschlossen werden, dass er – bewusst oder unbewusst – durch seine hauptamtliche Tätigkeit bei der Behörde beeinflusst werden kann.[253]

bb) Ehrenamtliche Gutachter

Der Großteil der Gutachter besteht aus den ehrenamtlichen Gutachtern. Der historische Gesetzgeber sah es als notwendig an, die Gutachterausschüsse vor allem auch mit ehrenamtlichen Gutachtern zu besetzen, um so das Vertrauen der Öffentlichkeit in die Unparteilichkeit der Gutachterausschüsse zu erringen und die Unabhängigkeit der Ausschüsse zu stärken.[254] Die ehrenamtlichen Gutachter stammen regelmäßig aus verschiedenen Bereichen der Immobilienwirtschaft. Dies sind unter anderem Architektur, Bauingenieurswesen, Vermessungswesen, Bankenwesen, Immobilienhandel.[255] Sie üben neben ihrer Tätigkeit für den Gutachterausschuss regelmäßig noch eine andere (haupt-)berufliche Tätigkeit aus. Anders als der Vorsitzende und die Geschäftsstelle gehören sie daher nicht zum festen Bestandteil des Gutachterausschusses. Sie werden nur fallweise für die Wertermittlungen hinzugezogen.[256]

Beamte können grundsätzlich ebenfalls als ehrenamtlicher Gutachter bestellt werden.[257] Überwiegend besteht keine Einschränkung für die Bestel-

---

251 Vgl. § 8 Satz 2 Nr. 3 i. V. m. § 20 Abs. 1 BauGB-AV HE, § 12 Nr. 4 DVO-BauGB Berlin.

252 *Voß*, in: E/Z/B/K, BauGB, § 192 BauGB, 111. EL, 9/2013, Rn. 26.

253 Vgl. *H. Plenker/S. Plenker*, GuG 5/2006, 282 (288).

254 Entwurf der BReg zum BBauG 1960 v. 16.04.1958, BT-Drs. III/336, S. 107; Schriftlicher Bericht des Ausschusses für Wohnungswesen, Bau- und Bodenrecht über den von der BReg eingebrachten Entwurf eines BBauG v. 22.04.1960, BT-Drs. III/1794, S. 26.

255 *Voß*, in: E/Z/B/K, BauGB, § 192 BauGB, 111. EL, 9/2013, Rn. 45; *Freise*, in: Brügelmann, BauGB, § 192 BauGB, 109. EL, 1/2019, Rn. 30; *Ehlers*, NotBZ 2020, 128 (129).

256 *Kleiber*, Verkehrswertermittlung von Grundstücken, 10. Aufl. 2023, § 192 BauGB, Rn. 15.

257 *Voß*, in: E/Z/B/K, BauGB, § 192 BauGB, 111. EL, 9/2013, Rn. 45.

lung von Beamten, die bei der Gebietskörperschaft beschäftigt sind, für deren Bereich der Gutachterausschuss gebildet ist. Nur drei Bundesländer haben in ihrer Gutachterausschussverordnung geregelt, dass die ehrenamtlichen Gutachter nicht der Verwaltung der entsprechenden Gebietskörperschaft angehören dürfen.[258] Immerhin bestimmen einigen Bundesländer, dass bei der Bestellung der Gutachter darauf zu achten ist, dass diese aus verschiedenen Fachdisziplinen stammen sollen.[259] Bei vielen Bundesländern kann der Gutachterausschuss jedoch grundsätzlich auch mehrheitlich mit Bediensteten der Gebietskörperschaft, für die der Gutachterausschuss gebildet wurde, oder mit anderen Bediensteten aus der öffentlichen Verwaltung (auch aus der Finanzverwaltung) besetzt sein. Dies ist jedoch in Bezug auf die Unabhängigkeit und Unparteilichkeit der Gutachterausschüsse nicht ganz unproblematisch.

cc) Bedienstete der Finanzverwaltung

Schließlich wird in § 192 Abs. 3 Satz 2 BauGB speziell für die Ermittlung der Bodenrichtwerte und der in § 193 Abs. 5 Satz 2 BauGB genannten sonstigen für die Wertermittlung erforderlichen Daten geregelt, dass ein Bediensteter der zuständigen Finanzbehörde mit Erfahrung in der steuerlichen Bewertung von Grundstücken hinzuzuziehen ist. Hierdurch soll sichergestellt werden, dass die von den Gutachterausschüssen ermittelten Werte und Daten die fachlichen Anforderungen der Finanzverwaltung für die steuerliche Bewertung erfüllen.[260]

Diese Bediensteten werden als Gutachter bei der konkreten Beschlussfassung über die für die Wertermittlung erforderlichen Daten hinzugezogen, sind aber selbst nach § 192 Abs. 2 BauGB grundsätzlich nicht Mitglied des Gutachterausschusses.[261] Sie unterliegen während ihrer Tätigkeit als

---

258 NRW: § 5 Abs. 6 GrundWertVO NRW, Brandenburg: § 2 Abs. 5 BbgGAV, Hamburg: § 2 Abs. 3 Satz 1 GAVO HH.

259 Vgl. § 6 Abs. 1 Satz 2 GrundWertVO NRW, § 2 Abs. 4 BauGB-AV HE.

260 *Freise*, in: Brügelmann, BauGB, § 192 BauGB, 109. EL, 1/2019, Rn. 68.

261 Eine entsprechende Erweiterung des § 192 Abs. 2 BauGB für Bedienstete der Finanzbehörde wurde im Zuge der Novelle des BauGB im Jahr 2013 letztendlich nicht umgesetzt, vgl. BT-Drs. 17/11468, S. 7; ebenso *Kleiber*, Verkehrswertermittlung von Grundstücken, 10. Aufl. 2023, § 192 BauGB, Rn. 32–34.

Gutachter keinen Weisungen seitens der Finanzverwaltung.[262] In vielen Gutachterausschussverordnungen werden diese Bediensteten jedoch auch als (ehrenamtliche) Gutachter[263] oder zumindest als Mitglied[264] angesehen. Als ehrenamtliche Gutachter könnten sie dann grundsätzlich auch in anderen als den in § 192 Abs. 3 Satz 2 BauGB genannten Fällen mitwirken, was jedoch vom Bundesgesetzgeber nicht gewollt war.[265] Dies ist etwa problematisch, wenn ein Gutachterausschuss unter Mitwirkung von Bediensteten der zuständigen Finanzbehörde ein Gutachten erstattet, welches der private Auftraggeber zum Nachweis des niedrigeren gemeinen Werts i. S. d. § 198 BewG verwenden möchte oder wenn der Gutachterausschuss im Einzelfall gemäß § 183 Abs. 1 Satz 2 BewG Vergleichspreise dem Finanzamt mitteilt.

dd) Gesamtanzahl der Gutachter

Eine Gesamtzahl der für den Gutachterausschuss tätigen Gutachter ist nicht vorgeschrieben. Diese hängt von den Erfordernissen des jeweiligen Zuständigkeitsbereichs ab und variiert erheblich zwischen den verschiedenen Gutachterausschüssen.[266] Einfluss auf die Zahl der Gutachter haben insbesondere die Größe des Zuständigkeitsbereichs, die Anzahl der Einwohner im Zuständigkeitsbereich, die Anzahl der anfallenden Kaufpreise und die Nachfrage nach den Leistungen des Gutachterausschusses.[267] Im Jahr 2017 umfasste der Gutachterausschuss für Saarbrücken etwa 13 Mitglieder, der für das gesamte Landesgebiet von Sachsen-Anhalt gebildete Gutachterausschuss umfasste 130 Gutachter.[268]

Wichtig für eine sachgerechte Aufgabenerfüllung des Gutachterausschusses ist, dass der Gesamtausschuss mit Personen besetzt ist, die über (besondere)

---

262 *Voß*, in: E/Z/B/K, BauGB, § 192 BauGB, 111. EL, 9/2013, Rn. 35a; *Reidt*, in: Battis/Krautzberger/Löhr, BauGB, 15. Aufl. 2022, § 192 BauGB, Rn. 2.

263 § 2 Abs. 2 Satz 1 GuAVO BW, § 2 Abs. 5 Satz 1 ThürGAVO, § 4 Abs. 3 GutVO SL; § 2 Abs. 3 GutALVO M-V.

264 § 2 Abs. 3 BauGB-AV HE, § 5 Abs. 1 GrundWertVO NRW.

265 Entwurf der BReg eines Gesetzes zur Stärkung der Innenentwicklung in den Städten und Gemeinden v. 14.11.2012, BT-Drs. 17/11468, S. 25.

266 *Freise*, in: Brügelmann, BauGB, § 192 BauGB, 109. EL, 1/2019, Rn. 34; *Friedrichsen/Lözzer*, GuG 4/2017, 209 (210 f.).

267 *Voß*, in: E/Z/B/K, BauGB, § 192 BauGB, 111. EL, 9/2013, Rn. 24.

268 *Friedrichsen/Lözzer*, GuG 4/2017, 209 (211).

Sachkunde für die verschiedenen Grundstücks- und Immobilienarten sowie Gebietsteile im Zuständigkeitsbereich des Gutachterausschusses verfügen (so zuvor ausdrücklich § 139 Abs. 2 Satz 1 BBauG 1976). Außerdem sollten Personen mit Kenntnissen zu den verschiedenen Rechtsgebieten in der Grundstückswertermittlung und aus den berührten andere Fachdisziplinen (z. B. Architekten, mit der Bewertung von Immobilien befasste Mitarbeiter von Kreditinstituten) verfügen.[269]

c) Geschäftsstellen

Die Gutachterausschüsse bedienen sich gemäß § 192 Abs. 4 BauGB einer Geschäftsstelle. Diese ist ein Organ des Gutachterausschusses.[270] Bei der konkreten Beschlussfassung durch den Gutachterausschuss in der Auswahlbesetzung wirkt sie nicht unmittelbar mit. Sie führt jedoch die Kaufpreissammlung und bereitet die Sitzungen des Gutachterausschusses vor und hat dadurch erheblichen Einfluss auf die Qualität der Arbeitsergebnisse des Gutachterausschusses.[271] Eine Geschäftsstelle ist notwendig, da die Mitglieder des Gutachterausschusses ihre Aufgaben ehrenamtlich bzw. der Vorsitzende nebenamtlich ausüben.[272] Als fester Bestandteil des Gutachterausschusses bildet die Geschäftsstelle zusammen mit dem Vorsitzenden bei der ansonsten wechselnden Besetzung des Gutachterausschusses eine wesentliche Konstante, die einen einheitlichen Auftritt des Gutachterausschusses gewährleistet.[273]

aa) Einrichtung der Geschäftsstellen

Das BauGB enthält keine Vorgaben oder Einschränkungen bezüglich der Einrichtung der Geschäftsstellen. Entsprechende Regelungen sind von den Ländern in der Gutachterausschussverordnung zu bestimmen (§ 199

---

[269] Vgl. § 6 Abs. 1 Satz 2 GrundWertVO NRW, § 2 Abs. 4 BauGB-AV HE.

[270] *Kleiber*, AVN 1/1987, 33 (38); *Petersen/Schnoor/W. Seitz*, Verkehrswertermittlung von Immobilien, 3. Aufl. 2018, S. 82.

[271] Bericht und Antrag des Ausschusses für Raumordnung, Bauwesen und Städtebau vom 23.02.1976 zur Änderung des BBauG, BT-Drs. 7/4793, S. 52; *Friedrich*, VR 2/1976, 96 (100); *Zeißler*, Zur Ermittlung von Bodenrichtwerten bei fehlenden Kaufpreisen unbebauter Grundstücke, 2012, S. 17; *Voß*, in: E/Z/B/K, BauGB, § 192 BauGB, 111. EL, 9/2013, Rn. 59.

[272] *Friedrich*, VR 2/1976, 96 (100); *Zeißler*, Zur Ermittlung von Bodenrichtwerten bei fehlenden Kaufpreisen unbebauter Grundstücke, 2012, S. 17.

[273] *Freise*, in: Brügelmann, BauGB, § 192 BauGB, 109. EL, 1/2019, Rn. 83.

Abs. 2 Nr. 3 BauGB). Unter den Bundesländern haben sich zwei Modelle durchgesetzt. Nach den Gutachterausschussverordnungen der Länder ist die Geschäftsstelle regelmäßig bei der zuständigen Kataster- bzw. Vermessungsbehörde[274] oder bei der Gebietskörperschaft, für dessen Gebiet der Gutachterausschuss gebildet wurde,[275] einzurichten.

In einigen Gutachterausschussverordnungen ist zudem geregelt, dass mehrere Gutachterausschüsse eine gemeinsame Geschäftsstelle einrichten können.[276] Dies ist vor allem bei kleineren Gutachterausschüssen sinnvoll. In Schleswig-Holstein ist zudem in § 10 Abs. 3 GAVO SH vorgesehen, dass Gebietskörperschaften die Einrichtung der Geschäftsstelle durch öffentlich-rechtlichen Vertrag auf das Landesamt für Vermessung und Geoinformation Schleswig-Holstein übertragen können.

bb) Aufgaben der Geschäftsstelle

Die Hauptaufgabe der Geschäftsstelle liegt in der Vorbereitung und der Unterstützung der Gutachter bei der Wertermittlung. Außerdem nimmt die Geschäftsstelle für den Gutachterausschuss allgemeine Verwaltungsaufgaben war.[277] Das Aufgabenspektrum der Geschäftsstellen umfasst insbesondere die Führung und Auswertung der Kaufpreissammlung, die Vorbereitung von Wertermittlungen, das Erteilen von Auskünften aus der Kaufpreissammlung sowie die Veröffentlichung der Bodenrichtwerte und aller sonstigen zur Wertermittlung erforderlichen Daten.[278] Die Geschäftsstelle erteilt auch die Auskünfte über die Bodenrichtwerte (§ 196 Abs. 3 Satz 2 BauGB).

---

274 Vgl. § 9 GAVO Br, § 19 Abs. 1 Nds. DVO-BauGB, § 8 Abs. 1 ThürGAVO, § 9 Abs. 1 Nr. 2 GAVO RhPf, § 16 Abs. 1 Satz 1 BbgGaV, § 13 Abs. 1 Satz 1 DVO-BauGB Berlin, § 10 Nr. 2 BauGB-AV HE.

275 Vgl. § 8 Abs. 1 GrundWertVO NRW, § 8 Abs. 1 Satz 1 SächsGAVO, § 8 Abs. 1 GuAVO BW, § 10 Nr. 1 BauGB-AV HE, § 10 Abs. 1 GAVO SH, § 10 Abs. 1 Satz 1 GutALVO M-V, § 2 Abs. 1 GutVO SL.

276 Vgl. § 16 Abs. 2 BbgGaV, § 10 Abs. 2 GAVO SH, § 10 Abs. 2 GutALVO M-V, § 8 Abs. 2 GrundWertVO NRW.

277 *Freise*, in: Brügelmann, BauGB, § 192 BauGB, 109. EL, 1/2019, Rn. 73, 83; *Reidt*, in: Battis/Krautzberger/Löhr, BauGB, 15. Aufl. 2022, § 192 BauGB, Rn. 12; *Voß*, in: E/Z/B/K, BauGB, § 192 BauGB, 111. EL, 9/2013, Rn. 54 f.

278 *Reuter/Voß/Ziegenbein*, in: Kummer/Kötter/Kutterer/Ostrau (Hrsg.), Das deutsche Vermessungs- und Geoinformationswesen, 2020, S. 639 (655 f.); *Voß*, in: E/Z/B/K, BauGB, § 192 BauGB, 111. EL, 9/2013, Rn. 54.

Die Bediensteten der Behörde werden regelmäßig in einer Doppelfunktion[279] einerseits für die Behörde und andererseits für den Gutachterausschuss tätig. Bei ihrer Tätigkeit für den Gutachterausschuss unterliegen die Beschäftigten der Geschäftsstelle regelmäßig den Weisungen des Vorsitzenden.[280] Der Gutachterausschuss bestimmt Inhalt und Umfang der Tätigkeit.[281] An Weisungen der Behörde, bei der die Geschäftsstelle eingerichtet ist, sind die Bediensteten bei der Tätigkeit für den Gutachterausschuss nicht gebunden.[282] Äußerungen der Geschäftsstelle ohne Beteiligung der Gutachter, etwa gegenüber dem Finanzamt, kommt keine rechtliche Bedeutung zu und ist nur als unverbindliche Meinungsäußerung zu werten.[283]

cc) Ausstattung der Geschäftsstelle

Die Geschäftsstellen müssen zur sachgerechten Wahrnehmung ihrer Aufgaben mit qualifiziertem Personal in ausreichender Stärke besetzt sein.[284] Die Mitarbeiter der Geschäftsstelle müssen die Methodik der Ermittlung von Grundstückswerten beherrschen sowie über zuverlässige Kenntnisse des regionalen Grundstücksmarkts und seiner Teilmärkte verfügen.[285] Außerdem müssen sie regelmäßig aus- und fortgebildet werden, etwa in rechtlicher Hinsicht (z. B. bei Änderung der Wertermittlungsverordnung) oder in praktischer Hinsicht (z. B. bei der Einführung oder Änderung der Auswertungssoftware, Softskills etc.).

Konkrete gesetzliche Anforderungen an die Qualifikation der Bediensteten der Geschäftsstellen existieren weder im BauGB noch in den

---

279 *Kleiber,* Verkehrswertermittlung von Grundstücken, 10. Aufl. 2023, § 192 BauGB, Rn. 45.

280 *Reidt,* in: Battis/Krautzberger/Löhr, BauGB, 15. Aufl. 2022, § 192 BauGB, Rn. 12; *Voß,* in: E/Z/B/K, BauGB, § 192 BauGB, 111. EL, 9/2013, Rn. 56.

281 *Kleiber,* AVN 1/1987, 33 (38).

282 *Kleiber,* Verkehrswertermittlung von Grundstücken, 10. Aufl. 2023, § 192 BauGB, Rn. 45.

283 FG Hessen, Urt. v. 11.12.2007 – 3 K 2095/06, EFG 2008, 776, juris Rn. 15; FG Niedersachsen, Urt. v. 11.04.2014 – 1 K 107/11, EFG 2014, 1364, juris.

284 *Tiemann,* AVN 9/1966, 374 (377); *Deutscher Städtetag,* Zur Zukunft der amtlichen Wertermittlung, GuG 2012, 99, (101); *Petersen/Schnoor/W. Seitz,* Verkehrswertermittlung von Immobilien, 3. Aufl. 2018, S. 83.

285 *Friedrich,* VR 2/1976, 96 (100 f.); *Dittrich/Plewka/Kinne,* GuG 2018, 147 (149).

Gutachterausschussverordnungen der Länder.[286] Die Qualifikation der Bediensteten hängt daher in der Praxis stark von der Organisation ab, bei der die Geschäftsstelle angegliedert ist.[287] Sofern die Geschäftsstelle bei einer Fachbehörde, insbesondere bei einer Kataster- bzw. Vermessungsbehörde, eingerichtet ist, kann regelmäßig angenommen werden, dass das dort beschäftigte Personal in der Wertermittlung ausgebildet und für die Beschaffung, Auswertung und Präsentation von Informationen gut geeignet ist.[288] In den Bundesländern, in denen die Geschäftsstelle bei der Gebietskörperschaft eingerichtet ist, für dessen Bereich der Gutachterausschuss gebildet ist (also z. B. bei der Gemeinde- oder Kreisverwaltung), können jedoch Zweifel an der fachlichen Qualifikation der Bediensteten für die Aufgaben der Geschäftsstelle auftreten. Die Verwaltungen dieser Gebietskörperschaften verfügen regelmäßig über Personal, welches eine deutlich geringere Sachkunde für die Immobilienbewertung aufweisen dürfte als die Bediensteten der Katasterämter.[289] Im Übrigen fehlt es in vielen Kommunalverwaltungen generell an ausreichend Personal zur Erledigung der Aufgaben, was sich auch auf die Erfüllung der Aufgaben der Geschäftsstelle auswirkt. In der Praxis ist daher nicht selten zu beobachten, dass die personelle Ausstattung der Geschäftsstellen nicht geeignet ist, ihre Aufgaben sachgerecht zu erfüllen.[290]

Die Leistungsfähigkeit der Geschäftsstellen hängt zudem wesentlich von den jeweils vorhandenen Arbeitsmitteln ab.[291] Zur Erfassung und Auswertung der umfangreichen Datenmengen benötigen die Geschäftsstellen aktuelle Hard- und Software in angemessenem Umfang, insbesondere ein Programm zur automatisierten Führung der Kaufpreissammlung.[292] Eine solche Fachsoftware ist bei den Geschäftsstellen, die bei kleineren Gemeinden eingerichtet

---

286 *Hendricks*, Bodenrichtwertermittlung, 2017, S. 42.

287 Vgl. *Freise*, in: Brügelmann, BauGB, § 192 BauGB, 109. EL, 1/2019, Rn. 20.

288 Bericht und Antrag des Ausschusses für Raumordnung, Bauwesen und Städtebau vom 23.02.1976 zur Änderung des BBauG, BT-Drs. 7/4793, S. 52; *Bastian*, AVN 9/1973, 338 (342); *Friedrich*, VR 2/1976, 96 (101); *Ziegenbein*, fub 3/2008, 97 (104); *Reuter/Voß/Ziegenbein*, in: Kummer/Kötter/Kutterer/Ostrau (Hrsg.), Das deutsche Vermessungs- und Geoinformationswesen, 2020, S. 639 (655).

289 *Bastian*, AVN 9/1973, 338 (342); *Friedrich*, VR 2/1976, 96 (101).

290 *Bischoff*, ImmoWertV 2021, 2021, S. 35.

291 *Deutscher Städtetag*, Zur Zukunft der amtlichen Wertermittlung, GuG 2012, 99, (101 f.); *Ziegenbein*, fub 3/2008, 97 (98); *Ziegenbein*, NaVKV 3/1999, 121 (121).

292 *K. Schneider*, BWGZ 9/2018, 330 (331).

sind, vielfach nicht in ausreichendem Maß vorhanden.[293] Zudem sind auch die Zugriffsmöglichkeiten auf die erforderlichen Informationsquellen davon abhängig, bei welcher Behörde oder Gebietskörperschaft die Geschäftsstellen angegliedert sind.[294]

6. Verzahnung der Tätigkeit der Gutachterausschüsse mit der Finanzverwaltung

Die Gutachterausschüsse wurden ursprünglich primär zur Schaffung von Markttransparenz eingerichtet. Im Laufe der Zeit wurden die von den Gutachterausschüssen ermittelten Werte, insbesondere die Bodenrichtwerte, auch zunehmend von der Finanzverwaltung für die steuerliche Bewertung herangezogen.[295] Um die Eignung der von den Gutachterausschüssen ermittelten Werte für die steuerliche Bewertung zu gewährleisten und den Austausch zwischen den Gutachterausschüssen und den Finanzbehörden zu verbessern, wurden diverse Vorschriften in das Regelungskorsett der Gutachterausschüsse aufgenommen, die zu einer zunehmenden *„Verzahnung der Tätigkeit der Gutachterausschüsse mit der steuerlichen Bewertung“*[296] geführt haben. Diese Verzahnung besteht primär in der Beteiligung der Finanzverwaltung bei der Ermittlung der für die Wertermittlung erforderlichen Daten einschließlich der Bodenrichtwerte (§ 192 Abs. 3 Satz 2 BauGB) und in diversen Mitteilungspflichten zwischen den Gutachterausschüssen und den zuständigen Finanzämtern (§ 193 Abs. 5 Satz 3, 195 Abs. 2 Satz 1, 196 Abs. 3 Satz 1 BauGB, § 197 Abs. 2 Satz 2 f. BauGB). Außerdem haben die Gutachterausschüsse besondere Bodenrichtwerte für Zwecke der steuerlichen Bewertung nach ergänzenden Vorgaben der Finanzverwaltung zu ermitteln (§ 196 Abs. 1 Satz 6, Abs. 2 BauGB, § 247 Abs. 2 BewG). Die weitere Zusammenarbeit zwischen der

---

293 *Freise*, in: Brügelmann, BauGB, § 192 BauGB, 109. EL, 1/2019, Rn. 19.

294 *Dittrich/Plewka/Kinne*, GuG 2018, 147 (149).

295 Bericht und Antrag des Ausschusses für Raumordnung, Bauwesen und Städtebau vom 23.02.1976 zur Änderung des BBauG, BT-Drs. 7/4793, S. 54; siehe auch den anschaulichen Überblick über die Entwicklung des BauGB und des BewG bei *Roscher*, DStR 2012, 122 (124).

296 *Voß*, in: E/Z/B/K, BauGB, § 192 BauGB, 111. EL, 9/2013, Rn. 36; *Kleiber*, Verkehrswertermittlung von Grundstücken, 10. Aufl. 2023, § 13 ImmoWertV, Rn. 43.

Finanzverwaltung und den Gutachterausschüssen wird darüber hinaus durch Erlasse der zuständigen Ministerien geregelt.[297]

Nach § 192 Abs. 3 Satz 2 BauGB ist zur Ermittlung der Bodenrichtwerte sowie der in § 193 Absatz 5 Satz 2 BauGB genannten sonstigen für die Wertermittlung erforderlichen Daten ein Bediensteter der zuständigen Finanzbehörde mit Erfahrung in der steuerlichen Bewertung von Grundstücken als Gutachter hinzuzuziehen. Durch die Einbindung eines Bediensteten der Finanzbehörde soll eine enge persönliche Zusammenarbeit zwischen städtebaulicher und steuerlicher Bewertung erreicht und die Sachkunde der Finanzverwaltung in den Gutachterausschuss eingebracht werden.[298] Man erhoffte sich hierdurch, die Brauchbarkeit der Arbeitsergebnisse der Gutachterausschüsse für eine steuerliche Bewertung zu erhöhen und dadurch doppelten Arbeitsaufwand bei der Finanzverwaltung zu vermeiden.[299] Denn zuvor hatten die Finanzämter eigene Daten zum Grundstücks- und Immobilienmarkt erhoben, um auf dieser Grundlage eine steuerliche Bewertung für die Feststellung der Einheitswerte vornehmen zu können. Dazu hatte die Finanzverwaltung in der Vergangenheit auch eigene Richtwerte ermittelt.[300]

Die Mitwirkung des Bediensteten der zuständigen Finanzbehörde ist auf die in § 192 Abs. 3 Satz 2 BauGB genannten Fälle beschränkt.[301] Daher ist es nicht sinnvoll und aus steuerlichen Praktikabilitätserwägungen auch nicht geboten, den Bediensteten der Finanzbehörde generell als einen ehrenamtlichen Gutachter oder ein reguläres Mitglied des Gutachterausschusses zu qualifizieren.[302] Insbesondere erscheint eine Mitwirkung des Bediensteten der Finanzbehörde bei der Mitteilung von Vergleichspreisen i. S. d. § 183 Abs. 1 Satz 2 BewG oder bei der Erstellung eines Verkehrswertgutachtens i. S. d. § 198 Abs. 2 BewG aufgrund möglicher Interessenkonflikte nicht angebracht.

Um die von den Gutachterausschüssen ermittelten Werte für die steuerliche Bewertung nutzbar zu machen, musste zudem sichergestellt werden,

---

297 *Kleiber*, Verkehrswertermittlung von Grundstücken, 10. Aufl. 2023, § 13 ImmoWertV, Rn. 42. (dort Fn. 23 m. w. N.).

298 *Reidt*, in: Battis/Krautzberger/Löhr, BauGB, 15. Aufl. 2022, § 192 BauGB, Rn. 5.

299 *Voß*, in: E/Z/B/K, BauGB, § 192 BauGB, 111. EL, 9/2013, Rn. 35.

300 Vgl. Richtlinien für die Finanzämter zur Ermittlung der Bodenwerte (Bodenwert-Richtlinien), BStBl. II 1957, S. 29.

301 So ausdrücklich etwa § 2 Abs. 4 Satz 2 BayGaV.

302 So etwa § 10 Abs. 3 Satz 2 Nds. DVO-BauGB; § 2 Abs. 2 GuAVO BW.

dass diese Informationen auch an die zuständigen Finanzämter weitergeleitet werden. Die Gutachterausschüsse sind aus diesem Grund nach §§ 193 Abs. 5 Satz 3, 196 Abs. 3 Satz 1 BauGB verpflichtet, den zuständigen Finanzämtern die Bodenrichtwerte und die sonstigen zur Wertermittlung erforderlichen Daten mitzuteilen. Außerdem regelt § 195 Abs. 2 BauGB, dass die Kaufpreissammlung als einzige externe Stelle dem zuständigen Finanzamt übermittelt werden darf. Wie die Übermittlung ausgestaltet wird, bestimmen regelmäßig die für die amtliche Wertermittlung zuständigen Ministerien der Länder.[303] Das zuständige Finanzamt erhält auf diese Weise einen unzensierten Einblick in die Kaufpreissammlung und einen umfassenden Überblick über das Marktgeschehen im Zuständigkeitsbereich des Gutachterausschusses. Aufgrund des Zugriffs auf die Kaufpreissammlungen konnte die Finanzverwaltung anstelle der Einholung von Auskünften bei den Steuerpflichtigen auf die Recherchen und Auswertungen des Gutachterausschusses zurückgreifen.[304]

In § 197 Abs. 2 Satz 2 f. BauGB ist demgegenüber eine Auskunftspflicht der Finanzbehörden gegenüber dem Gutachterausschuss geregelt. Mit dieser Vorschrift wollte der Gesetzgeber die Datengrundlage der Gutachterausschüsse verbessern, um so präzisere Bodenrichtwerte und sonstige zur Wertermittlung erforderliche Daten für die steuerliche Bewertung zu erhalten.[305] Es handelt sich hierbei um eine Auskunftspflicht der Finanzbehörden *„in eigener Sache"*.[306] Die zusätzlichen Daten sollen den Gutachterausschüssen etwa eine bessere Aufteilung von einheitlichen Kaufpreisen für bebaute Grundstücke auf den Boden und das aufstehende Gebäude ermöglichen.[307]

Um das Zusammenspiel der amtlichen Wertermittlung durch die Gutachterausschüsse und der steuerlichen Bewertung zu verbessern, sind nach

---

303 Vgl. Gemeinsames Rundschreiben des Ministeriums des Innern und für Sport und des Ministeriums der Finanzen des Landes Rheinland-Pfalz vom 13.12.1999 (IS. 358/26 532-2 MinBl. 1999, 537), veröffentlicht in GuG 2001, 95.

304 *Freise*, in: Brügelmann, BauGB, § 195 BauGB, 109. EL, 1/2019, Rn. 32.

305 Entwurf der BReg eines Gesetzes zur Stärkung der Innenentwicklung in den Städten und Gemeinden v. 14.11.2012, BT-Drs. 17/11468, S. 17.

306 *Voß*, in: E/Z/B/K, BauGB, § 197 BauGB, 111. EL, 9/2013, S. 23.

307 Entwurf der BReg eines Gesetzes zur Stärkung der Innenentwicklung in den Städten und Gemeinden v. 14.11.2012, BT-Drs. 17/11468, S. 17.

Auffassung des Gesetzgebers vor allem die Bodenrichtwerte besonders geeignet.[308] Denn die Kenntnis der Bodenrichtwerte führt bei der Finanzverwaltung zu einer beachtlichen Arbeitsersparnis.[309] Um die Bodenrichtwerte für steuerliche Zwecke nutzbar zu machen, wurden deren Definition und die Vorgaben an die Ermittlung der (Boden)Richtwerte in der Vergangenheit mehrfach angepasst.[310] Zur weiteren „Harmonisierung" der Verkehrswertermittlung und der steuerlichen Bewertung[311] ist zudem in § 196 Abs. 1 Satz 6 BauGB geregelt, dass für Zwecke der steuerlichen Bewertung des Grundbesitzes die Bodenrichtwerte nach ergänzenden Vorgaben der Finanzverwaltung zum jeweiligen Hauptfeststellungszeitpunkt oder sonstigen Feststellungszeitpunkt zu ermitteln sind.

Der steuerlichen Bewertung werden mittlerweile vielfach die von den Gutachterausschüssen ermittelten Bodenrichtwerte und die sonstigen für die Wertermittlung erforderlichen Daten zugrunde gelegt. Besonders präsent ist die Anknüpfung der steuerlichen Bewertung an die Bodenrichtwerte (§§ 145 Abs. 3, 179, 247 Abs. 1 BewG). Aber auch die sonstigen für die Wertermittlung erforderlichen Daten sind insbesondere für die steuerliche Grundbesitzbewertung von großer Bedeutung.[312]

7. Aufgaben der Gutachterausschüsse

Die wesentlichen Aufgaben der Gutachterausschüsse sind in § 193 BauGB geregelt. Die örtlichen Gutachterausschüsse für Grundstückswerte haben hiernach Gutachten zu erstatten (Absatz 1 bis 4), eine Kaufpreissammlung zu führen und auszuwerten (Absatz 5 Satz 1) und Bodenrichtwerte und sonstige zur Wertermittlung erforderliche Daten zu ermitteln (Absatz 5 Satz 1). Die erforderlichen Daten sind den zuständigen Finanzämtern für Zwecke der steuerlichen Bewertung mitzuteilen (Absatz 5 Satz 3). Zur Führung

---

308 Bericht und Antrag des Ausschusses für Raumordnung, Bauwesen und Städtebau vom 23.02.1976 zur Änderung des BBauG, BT-Drs. 7/4793, S. 54.

309 Siehe hierzu auch noch ausführlich unter Gliederungspunkt § 2, III., 2., a).

310 Vgl. die Darstellung bei *Kleiber*, in: E/Z/B/K, BauGB, § 196 BauGB, 122. EL, 8/2016, Rn. 6 ff.

311 Gesetzentwurf der BReg eines Gesetzes über das BauGB, BT-Drs. 10/4630, S. 152.

312 Siehe zu der Bedeutung dieser Daten in der Grundbesitzbewertung unter Gliederungspunkt § 2, II., 2., d), aa), (3) und allgemein in der steuerlichen Bewertung unter Gliederungspunkt § 2, III., 3.

der Kaufpreissammlung enthält § 195 BauGB ergänzende Regelungen. Die Bodenrichtwerte und deren Ermittlung werden in § 196 BauGB konkretisiert.

Als wesentliche Datengrundlage für die Wertermittlungen des Gutachterausschusses, insbesondere auch für die Bodenrichtwertermittlung, kommt der Qualität der vom Gutachterausschuss geführten Kaufpreissammlung eine herausgehobene Bedeutung zu. Im Folgenden wird daher zunächst dargestellt, wie diese Kaufpreissammlungen geführt werden und auf welche Weise die Daten erhoben und ausgewertet werden (dazu sogleich unter Gliederungspunkt a)). Anschließend wird erläutert, welche Aufgaben den Gutachterausschüssen bei der Ermittlung der für die Wertermittlung erforderlichen Daten zukommt (dazu unter Gliederungspunkt b)). Die Darstellung bezieht sich schwerpunktmäßig auf die Ermittlung der Bodenrichtwerte. Es wird jedoch auch auf die Ermittlung der sonstigen erforderlichen Daten i. S. d. § 193 Abs. 5 Satz 2 BauGB eingegangen, da deren Vorhandensein für eine qualitative Bodenrichtwertermittlung unabdingbar ist. In diesem Abschnitt werden nur die formellen, verfahrenstechnischen Anforderungen an die Ermittlung der Bodenrichtwerte und der sonstigen für die Wertermittlung erforderlichen Daten aufgezeigt, die die Gutachterausschüsse bei der Ermittlung beachten müssen. Auf die materiellen Vorgaben, die die Gutachterausschüsse bei der Ermittlung der Bodenrichtwerte zu beachten haben, wird ausführlich unter Gliederungspunkt § 1, IV. eingegangen.

a) Führung und Auswertung der Kaufpreissammlung

Eine sachgerecht geführte Kaufpreissammlung stellt die Grundlage für jede fundierte Verkehrswertermittlung und für die Ermittlung der hierfür erforderlichen Daten einschließlich der Bodenrichtwerte dar.[313] Damit der Gutachterausschuss über einen möglichst realistischen und umfassenden Überblick über die regionalen Verhältnisse auf dem Grundstücksmarkt verfügt, ordnet § 193 Abs. 5 Satz 1 BauGB verpflichtend für alle Gutachterausschüsse die Führung und Auswertung einer Kaufpreissammlung an. Für die Einrichtung

313 *Friedrich*, VR 2/1976, 96 (100); *Zeißler*, Zur Ermittlung von Bodenrichtwerten bei fehlenden Kaufpreisen unbebauter Grundstücke, 2012, S. 18; *Dittrich/Plewka/Kinne*, GuG 2018, 147 (148); *Reuter/Voß/Ziegenbein*, in: Kummer/Kötter/Kutterer/Ostrau (Hrsg.), Das deutsche Vermessungs- und Geoinformationswesen, 2020, S. 639 (656, 659).

und Verwaltung der Kaufpreissammlung sowie für die Erhebung, Auswertung und Bereitstellung der entsprechenden Daten ist die Geschäftsstelle des Gutachterausschusses zuständig.[314]

aa) Einrichtung der Kaufpreissammlung

Die Kaufpreissammlung ist eine Datenbank, die Informationen aus den nach § 195 Abs. 1 BauGB an die Gutachterausschüsse zu übermittelnden Dokumenten (insbesondere Kaufverträge über Grundstücke) und zusätzliche Informationen und Auswertungen der Geschäftsstelle enthält. Sie stellt ein originäres Abbild des Geschehens auf dem Grundstücksmarkt dar.[315] Der Zweck der Kaufpreissammlung liegt in der Auswertbarkeit der enthaltenen Daten für die Durchführung von Wertermittlungen und zur Gewährleistung der Markttransparenz sowie für die Erfüllung der weiteren Aufgaben der Gutachterausschüsse.[316] Die Kaufpreissammlung muss daher so organisiert sein, dass für einen konkreten Wertermittlungsanlass (Verkehrswertgutachten, Bodenrichtwertermittlung) die hierfür infrage kommenden Kauffälle und sonstigen erforderlichen Informationen einfach und vollständig herausgefiltert werden können.[317] Als wesentliche Datengrundlage für die Wertermittlungen der Gutachterausschüsse, insbesondere auch für die Bodenrichtwertermittlung, ist eine ordnungsgemäß geführte Kaufpreissammlung daher von entscheidender Bedeutung. Die Qualität der von den Gutachterausschüssen ermittelten Werte ist nur so gut wie die Qualität der Kaufpreissammlung.[318] Die Sammlung und Aufbereitung der Kaufverträge kann daher als erster Schritt der Wertermittlung angesehen werden.[319]

---

314 Vgl. z. B. § 51 Nr. 1 und Nr. 2 GrundWertVO NRW, § 10 Abs. 4 Nr. 1 GutALVO M-V, § 10 Satz 1 GuAVO BW, § 10 Nr. 2 GAVO RhPf, § 8 Satz 2 Nr. 1 SächsGAVO.

315 *Dieterich/Voß*, in: E/Z/B/K, BauGB, § 193 BauGB, 95. EL, 4/2010, Rn. 112; *Kleiber*, Verkehrswertermittlung von Grundstücken, 10. Aufl. 2023, § 193 BauGB, Rn. 74.

316 *Freise*, in: Brügelmann, BauGB, § 195 BauGB, 109. EL, 1/2019, Rn. 3; *Freise*, in: Brügelmann, BauGB, § 193 BauGB, 109. EL, 1/2019, Rn. 86.

317 *Schütz*, NaVKV 4/1995, 345 (345).

318 *Dieterich/Voß*, in: E/Z/B/K, BauGB, § 193 BauGB, 95. EL, 4/2010, Rn. 112; *Kleiber*, Verkehrswertermittlung von Grundstücken, 10. Aufl. 2023, § 193 BauGB, Rn. 74.

319 *Kleiber*, Verkehrswertermittlung von Grundstücken, 10. Aufl. 2023, § 193 BauGB, Rn. 74.

Nach den älteren Gutachterausschussverordnungen der Länder besteht die Kaufpreissammlung regelmäßig aus einem kartenmäßigen Nachweis der dokumentierten Rechtsvorgänge (Kaufpreiskarte) und einem beschreibenden Nachweis (Kaufpreisdatei, teilweise veraltet auch noch Kaufpreiskartei).[320] Diese Organisation stammt grundlegend noch aus Zeiten, in denen die Verwendung von Computern nicht allgemein gebräuchlich war und die Kaufpreissammlung noch physisch geführt wurde.[321] Die neueren Gutachterausschussverordnungen bestimmen, dass die Kaufpreissammlung in automatisierter Form bzw. digital geführt wird.[322] Selbst wenn eine digitale Führung der Kaufpreissammlung in einigen Ländern nicht ausdrücklich bestimmt ist, dürfte dies heutzutage die einzige geeignete Möglichkeit sein, die vielen eingehenden Daten zu erfassen und den Anforderungen entsprechend auszuwerten.[323] Um eine sachgerechte Auswertung zu ermöglichen, müssen die Datenbanken der Kaufpreissammlung so aufgebaut sein, dass sie statistisch ausgewertete werden können.[324]

Für die Führung der Kaufpreissammlungen haben sich verschiedene Softwarelösungen der Bundesländer und privater Anbieter etabliert. Am weitesten verbreitet ist die von Niedersachsen entwickelte Software „Automatisierte Kaufpreissammlung", die in Niedersachsen, Sachsen-Anhalt und Brandenburg landesweit und in acht weiteren Bundesländern teilweise genutzt wird.[325] In den Bundesländern, in denen die Geschäftsstellen bei den Verwaltungen der Gebietskörperschaften angegliedert waren, wurde in der Vergangenheit hingegen eine Vielfalt an datentechnischen Lösungen für die Führung der Kaufpreissammlung beobachtet.[326] Der Wert und die Aussagekraft der

---

320 Vgl. z. B. § 11 Abs. 2 GuAVO BW; § 10 Abs. 3 GutVO SA, § 9 Abs. 2 Satz 1 SächsGAVO.

321 Vgl. *Oelfke*, NaVKV 1/1972, 2 (6); *Friedrich*, ZfV 3/1978, 94 (96); *Bauer*, AVN 4/1978, 138 (141).

322 Vgl. z. B. § 12 Abs. 1 ThürGAVO, § 33 Abs. 4 GrundWertVO NRW, § 12 Abs. 4 GutALVO M-V.

323 *Reuter/Voß/Ziegenbein*, in: Kummer/Kötter/Kutterer/Ostrau (Hrsg.), Das deutsche Vermessungs- und Geoinformationswesen, 2020, S. 639 (658); *Ziegenbein*, NaVKV 3/1999, 121 (121).

324 *Hendricks*, Bodenrichtwertermittlung, 2017, S. 22.

325 *Zaddach/Soot/Käker/Weitkamp/Ziems*, NaVKV 1/2016, 3 (5); *Hendricks*, Bodenrichtwertermittlung, 2017, S. 45 f.; *Soot/Zaddach/Weitkamp/Käker/Ziems*, ZfV 1/2018, 24; *Voigt*, Vermessung Brandenburg 2/2017, 4.

326 *Höhn/Kösters/Schaar/Schmeck*, ZfV 4/2010, 280 (282).

Kaufpreissammlung werden maßgeblich durch die für die Einrichtung und Führung der Kaufpreissammlung angewandten Methodik bestimmt.[327] Die konkrete Gestaltung der Software zur Erfassung der Daten führt daher auch zu einer Vereinheitlichung der Führung und Auswertung der Kaufpreissammlungen.[328] Zumindest eine landesweit einheitliche Nutzung einer Software zur Erfassung der Kauffälle sollte in allen Ländern angestrebt werden, da auf diese Weise schon durch die Gestaltung der Software eine einheitlichere Datenerfassung und -verarbeitung innerhalb des Bundeslandes gewährleistet werden kann.

bb) Datenerhebung

Damit die Kaufpreissammlung ihren Zweck, dem Gutachterausschuss einen umfassenden Überblick über das regionale Marktgeschehen zu vermitteln, erfüllen kann, sind möglichst viele und zeitnahe Marktinformationen erforderlich. Da für die Ermittlung von Verkehrswerten und Bodenrichtwerten primär im gewöhnlichen Geschäftsverkehr erzielte Kaufpreise erforderlich sind, regelt § 195 Abs. 1 Satz 1 BauGB, dass jeder Grundstückskaufvertrag von der beurkundenden Stelle in Abschrift dem Gutachterausschuss zu übersenden ist.[329] Die Übersendungspflicht gilt etwa auch bei der Bestellung eines Erbbaurechtes und bei anderweitigen Grundstücksübertragungen (z. B. bei einem Zuschlag im Zwangsversteigerungsverfahren oder bei diversen städtebaulichen Maßnahmen). Kaufverträge über Anteile an grundbesitzenden Gesellschaften (sog. Share Deals) sind hingegen nicht zu übersenden, auch wenn das Gesellschaftsvermögen nur aus Grundstücken besteht.[330]

Aus dem Kaufvertrag ergeben sich regelmäßig allenfalls grobe Informationen zu den Grundstücken und Gebäuden (z. B. Grundstücksbezeichnung,

---

327 *Dieterich/Voß*, in: E/Z/B/K, BauGB, § 193 BauGB, 95. EL, 4/2010, Rn. 112.

328 Vgl. *Reuter/Voß/Ziegenbein*, in: Kummer/Kötter/Kutterer/Ostrau (Hrsg.), Das deutsche Vermessungs- und Geoinformationswesen, 2020, S. 639 (656 f.); *Voigt*, Vermessung Brandenburg 2/2017, 4 (16); vgl. *Ehlers*, Vermessung Brandenburg 1/2014, 4 (5); *Dittrich/Plewka/Kinne*, GuG 2018, 147 (149).

329 Siehe hierzu ausführlich *Ehlers*, NotBZ 2020, 128.

330 *Freise*, in: Brügelmann, BauGB, § 195 BauGB, 109. EL, 1/2019, Rn. 21; AK OGA, Immobilienmarktbericht Deutschland 2023, S. 13.

Grundstücksart, Grundstücksfläche).[331] Nähere Informationen zu etwaigen Gebäuden sind dem Gutachterausschuss häufig nicht bekannt.[332] Ebenso verhält es sich mit Angaben zu Mieten und Pachten, Modernisierungen oder Bewirtschaftungskosten.[333] Eine sachgerechte Führung der Kaufpreissammlung erfordert es jedoch, dass grundsätzlich alle Grundstücksmerkmale der verkauften Grundstücke zu erfassen sind, die für die Wertermittlung erforderlich sind.[334] Die fehlenden Informationen sind daher durch die Geschäftsstelle gesondert zu ermitteln. Die zu erhebenden Informationen stammen aus verschiedenen Quellen und sind teils rechtlicher, teils tatsächlicher Natur.[335]

Die Geschäftsstelle bezieht die fehlenden Informationen in erster Linie von den Vertragsparteien (vgl. § 197 Abs. 1 Satz 1 f. BauGB). Dazu versendet sie regelmäßig Fragebögen an die Beteiligten.[336] Der Inhalt dieses Fragebogens wird zumeist von dem jeweiligen Gutachterausschuss vorgegeben. Die Daten, die abgefragt werden, unterscheiden sich daher von Gutachterausschuss zu Gutachterausschuss.[337] Der Fragebogen wird derzeit zumeist noch in Papierform versandt. Insoweit besteht durch die Digitalisierung und Automatisierung dieses Vorgangs erhebliches Verbesserungspotenzial.[338] Die Geschäftsstelle führt zusätzlich auf der Grundlage des § 197 Abs. 1 Satz 3 f. BauGB Objektbesichtigungen zur Erfassung von baulichen Besonderheiten, Nebengebäude sowie der Zustand des Gebäudes durch.[339] Hinsicht-

---

331 *Ehlers*, NotBZ 2020, 128 (131 f.); *Kleiber*, Verkehrswertermittlung von Grundstücken, 10. Aufl. 2023, § 193 BauGB, Rn. 91.

332 AGVGA.NRW, Modellkonforme Wertermittlung, 2016, S. 13; *Kleiber*, Verkehrswertermittlung von Grundstücken, 10. Aufl. 2023, § 193 BauGB, Rn. 84.

333 *Sprengnetter/Kierig*, immobilien & bewerten 5/2016, 52 (54); *Bischoff*, fub 3/2018, 114 (116).

334 Vgl. Nr. 4.2.2.2 RiWert RhPf.

335 *Oelfke*, NaVKV 1/1972, 2 (2); *Bischoff*, fub 3/2018, 114 (116).

336 *Bischoff*, fub 3/2018, 114 (117); *Petersen/Schnoor/W. Seitz*, Verkehrswertermittlung von Immobilien, 3. Aufl. 2018, S. 84; *Friedrichsen/Lözzer*, GuG 4/2017, 209 (213); VG Sigmaringen, Urt. v. 30.01.2014 – 2 K 2218/12, GuG 2015, 125; vgl. als Bsp. für land- und forstwirtschaftliche Flächen *Dittrich/Plewka/Kinne*, GuG 2018, 147 (150 f.).

337 *Friedrichsen/Lözzer*, GuG 4/2017, 209 (213).

338 *Jardin*, GuG 1/2022, 15 (17).

339 *Petersen/Schnoor/W. Seitz*, Verkehrswertermittlung von Immobilien, 3. Aufl. 2018, S. 84; *Friedrichsen/Lözzer*, GuG 4/2017, 209 (213).

lich der Häufigkeit und dem Anlass solcher Objektbesichtigungen bestehen erhebliche Unterschiede zwischen den Gutachterausschüssen.[340]

Um die relevanten Daten von anderen Behörden zu erhalten, kann der Gutachterausschuss gemäß § 197 Abs. 2 Satz 1 BauGB außerdem Gerichte und andere Behörden um Rechts- und Amtshilfe ersuchen. Hierzu zählen etwa Informationen der Kataster- und Vermessungsbehörden (z. B. Georeferenz, Grundstücksgröße), der Baubehörden (z. B. Bauakten, Bebauungspläne) und der Flurbereinigungsbehörden (z. B. Daten über Kapitalbeträge, Geldabfindungen, Verwertungserlöse sowie über Geldentschädigungen nach dem Flurbereinigungsgesetz). Ein Auskunftsanspruch gegenüber den Finanzbehörden ist in § 197 Abs. 2 Satz 2 f. BauGB gesondert geregelt. Viele Gutachterausschussverordnungen regeln zudem eine Übermittlungspflicht für die Flurbereinigungsbehörden (z. B. § 10 Abs. 10 BayGaV).[341]

Ergänzend zur Kaufpreissammlung führen viele Gutachterausschüsse Mieten- und Pachtsammlungen oder weitere Datenbanken.[342] Ob und in welchem Umfang die Kaufpreissammlung weitere Bestandteile enthält, kann innerhalb eines Bundeslandes von Gutachterausschuss zu Gutachterausschuss stark variieren, sofern nicht eine einheitliche Ausgestaltung vorgeschrieben ist.[343] Die Gutachterausschussverordnungen schreiben eine verpflichtende Führung solcher weiteren Datenbanken regelmäßig nicht vor. Zur Verbesserung der Datengrundlage der Gutachterausschüsse wird gefordert, dass den Gutachterausschüssen Zugriff auf weitere Daten gewährt werden soll.[344] Dies können insbesondere Informationen über Mieten sein, die die Gutachterausschüsse von den Vermietern und anonymisiert von der Finanzverwaltung erhalten sollen.[345]

---

340 *Friedrichsen/Lözzer*, GuG 4/2017, 209 (213).

341 *Freise*, in: Brügelmann, BauGB, § 195 BauGB, 109. EL, 1/2019, Rn. 24.

342 Vgl. §§ 35 f. GrundWertVO NRW, § 9 Abs. 9 BbgGAV.

343 *Kleiber*, Verkehrswertermittlung von Grundstücken, 10. Aufl. 2023, § 193 BauGB, Rn. 89.

344 *Deutscher Städtetag*, Zur Zukunft der amtlichen Wertermittlung, GuG 2012, 99, (99 f.).

345 *Deutscher Landkreistag*, Umfrage zur Leistungsfähigkeit der Gutachterausschüsse im Rahmen der Grundsteuerreform, GuG 2000, 164, (170); *Strotkamp*, fub 2018, 97 (100 f.).

cc) Datenerfassung

Die Erfassung der erhobenen Daten in die Kaufpreissammlung erfolgt in der Praxis meist zweiaktig. In einem ersten Schritt werden die aus dem Vertragsdokument bekannten Informationen erfasst. Anschließend werden die fehlenden Informationen ermittelt und dann in einem zweiten Schritt ergänzt.[346] Zur Vorbereitung der Wertermittlungen, insbesondere auch der Bodenrichtwertermittlung, werden geeignete Kaufpreise regelmäßig bei der Erfassung besonders gekennzeichnet (so für Rheinland-Pfalz ausdrücklich auch Nr. 5.8.1.4 RiWert RhPf).[347] Die erforderlichen Informationen sollten zeitnah ermittelt und erfasst werden, damit der Gutachterausschuss bei seinen Wertermittlungen die aktuellen Wertverhältnisse berücksichtigt kann.[348]

Die Geschäftsstelle nimmt ggfs. bereits Anpassungen an den Kaufpreisen vor. Sofern das Kaufobjekt besondere objektspezifische Grundstücksmerkmale i. S. d. § 8 Abs. 3 ImmoWertV aufweist, wird deren Werteinfluss durch die Geschäftsstelle „bereinigt“ und der Kaufpreis entsprechend angepasst (vgl. § 9 Abs. 1 Satz 4 ImmoWertV).[349] Diese Bereinigung erfordert grundsätzlich eine eigenständige Ermittlung der Wertauswirkungen der jeweiligen besonderen objektspezifischen Grundstücksmerkmale. Subjektive Einflüsse werden sich hierbei nicht vermeiden lassen. Eine einheitliche und nachvollziehbare Vorgehensweise bei dieser Ermittlung wird in der Praxis vielfach nicht umgesetzt werden.[350] Eine Veränderung der Daten muss in der Kaufpreissammlung entsprechend kenntlich gemacht werden.[351]

dd) Auswertung der erfassten Daten

Für die Auswertung der in der Kaufpreissammlung erfassten Daten kommen regelmäßig computergestützte mathematisch-statistische Methoden

---

346 *Freise*, in: Brügelmann, BauGB, § 195 BauGB, 109. EL, 1/2019, Rn. 13; *Freise*, in: Brügelmann, BauGB, § 193 BauGB, 109. EL, 1/2019, Rn. 81.

347 *Dittrich/Plewka/Kinne*, GuG 2018, 147 (153).

348 *Freise*, in: Brügelmann, BauGB, § 195 BauGB, 109. EL, 1/2019, Rn. 13.

349 AGVGA.NRW, Modellkonforme Wertermittlung, 2016, S. 15; *Mann*, in: Kummer/Frankenberg/Kötter (Hrsg.), Das deutsche Vermessungs- und Geoinformationswesen 2014, 2013, S. 581 (584).

350 *Bischoff*, ImmoWertV 2021, 2021, S. 73.

351 *Kleiber*, Verkehrswertermittlung von Grundstücken, 10. Aufl. 2023, Syst. Darst. Vergleichswertverfahren, Rn. 20.

zur Anwendung.[352] Dies sind beispielsweise Regressionsanalysen, um die Abhängigkeit von Kaufpreisen von bestimmten Einflussgrößen nachzuweisen, z. B. Grundstücksgröße oder wirtschaftliche Restnutzungsdauer des Gebäudes.[353] Die Ergebnisse der Auswertung der Kaufpreissammlung sind vor allem deshalb von großem Wert, da sie größtenteils objektiv begründet und nachvollziehbar sind.[354] Eine sachgerechte Auswertung setzt jedoch insbesondere voraus, dass alle relevanten Informationen vollständig und mit der entsprechenden Differenzierung erfasst wurden. Fehlt es hieran, so ist die Auswertung fehlerhaft oder zumindest ungenau.[355] Die Auswertung der in der Kaufpreissammlung enthaltenen Informationen obliegt dem jeweiligen Gutachterausschuss, insbesondere dem Vorsitzenden des Gutachterausschusses.[356]

ee) Überblick über die unterschiedlichen landesrechtlichen Vorgaben

In § 195 Abs. 1 BauGB ist nur geregelt, welche Dokumente dem Gutachterausschuss zwecks Führung der Kaufpreissammlung zu übersenden sind. Die Norm enthält keine Regelungen darüber, welche Informationen aus diesen Dokumenten in die Kaufpreissammlung aufzunehmen sind.[357] Aus den §§ 192 ff. BauGB ergeben sich auch keine Vorgaben, welche weiteren Informationen der Gutachterausschuss für die Führung und Auswertung der Kaufpreissammlung zu erheben hat. Auch die ImmoWertV enthält zu der Führung und Auswertung der Kaufpreissammlung keine Regelungen.[358] Bundeseinheitliche Regelungen zur Führung und Auswertung der Kaufpreissammlung existieren nicht mehr. Die in § 143a Abs. 2 Satz 2 ff. BBauG 1976 enthaltenen Vorgaben zur Führung der Kaufpreissammlung wurden mit Einführung des BauGB aufgehoben, um den Ländern – in Erwartung

---

[352] *Soot/Zaddach/Weitkamp/Käker/Ziems*, ZfV 1/2018, 24 (25); *Bauer*, AVN 4/1978, 138 (138); *Reuter/Voß/Ziegenbein*, in: Kummer/Kötter/Kutterer/Ostrau (Hrsg.), Das deutsche Vermessungs- und Geoinformationswesen, 2020, S. 639 (657 f.).

[353] *Ehlers*, NotBZ 2020, 128 (130). (dort Fn. 9); *Bauer*, AVN 4/1978, 138 (144).

[354] *Reuter/Voß/Ziegenbein*, in: Kummer/Kötter/Kutterer/Ostrau (Hrsg.), Das deutsche Vermessungs- und Geoinformationswesen, 2020, S. 639 (657).

[355] *Hendricks*, Bodenrichtwertermittlung, 2017, S. 42; *Joeris/J. Simon*, in: Rössler/Langer (Begr.), Schätzung und Ermittlung von Grundstückswerten, 8. Aufl. 2005, S. 47 (109).

[356] *Freise*, in: Brügelmann, BauGB, § 195 BauGB, 109. EL, 1/2019, Rn. 49.

[357] *Kleiber*, Verkehrswertermittlung von Grundstücken, 9. Aufl. 2020, § 195 BauGB, Rn. 3.

[358] *Ache/Krägenbring*, ZfV 2023, 137 (142).

einer verantwortlichen und sachgerechten Handhabung – eigenständige Regelungen zu ermöglichen.[359]

Die von den Ländern hierzu erlassenen Vorgaben unterscheiden sich hinsichtlich der Regelungssystematik, dem Regelungsumfang und der Regelungstiefe jedoch teilweise erheblich.[360] Positiv hervorzuheben sind etwa die Bundesländer *Brandenburg*,[361] *Nordrhein-Westfalen*[362] und *Rheinland-Pfalz*,[363] die detaillierte Regelungen für die Datenerhebung getroffen haben. In *Baden-Württemberg* und *Hamburg* wird sich hingegen auf den Hinweis beschränkt, dass weitere Ermittlungen durchzuführen sind, falls diese zur Führung der Kaufpreissammlung erforderlich sind.[364] Die unterschiedlichen Regelungen haben Auswirkung auf die den Gutachterausschüssen bei der Wertermittlung zur Verfügung stehenden Datenbasis und damit im Ergebnis auch auf die Qualität der ermittelten Werte.[365] Unterschiede bei der Datenerhebung und -erfassung bestehen nicht nur zwischen den Bundesländern, sondern – sofern das entsprechende Bundesland keine ausreichenden verbindlichen Vorgaben gemacht hat – auch innerhalb des Bundeslandes für die dort gebildeten Gutachterausschüsse. Wegen dieser unterschiedlichen Regelungen zur Datenauswertung und Erhebung wird bereits seit langem eine Harmonisierung der Datenerfassung und Datenauswertung gefordert.[366] Insbesondere im Hinblick auf die gestiegenen Anforderungen an die Bodenrichtwerte mit der

---

359 Vgl. Gesetzentwurf der BReg eines Gesetzes über das BauGB, BT-Drs. 10/4630, S. 149 f.

360 *Freise*, in: Brügelmann, BauGB, § 195 BauGB, 109. EL, 1/2019, Rn. 11; *Voß*, in: E/Z/B/K, BauGB, § 193 BauGB, 141. EL, 2/2021, Rn. 112.

361 § 9 BbgGAV ergänzt durch die (KPSErf-RL) v. 18.12.2012, Az. 13-584-30 (Umfang mit Anlagen: über 300 DIN A4-Seiten).

362 §§ 30 ff. GrundWertVO i. V. m. § 7 Abs. 2 VO ZKPS NRW und dem Datenkatalog, der vom zuständigen Ministerium festgelegt wird (§ 33 Abs. 2 GrundwertVO); vgl. hierzu auch *Mann*, GuG 1/2023, 35.

363 § 13 GAVO RhPf ergänzt durch Nr. 4 RiWert RhPf.

364 § 10 Satz 5 GuAVO BW; § 8 Abs. 1 Satz 2 GAVO HH.

365 *Dittrich/Plewka/Kinne*, GuG 2018, 147 (149).

366 *Friedrich*, ZfV 3/1978, 94; *Jäger*, NÖV 1/1999, 11 (11); *J. Schmidt*, GuG 2008, 150 (156); *Deutscher Städtetag*, Zur Zukunft der amtlichen Wertermittlung, GuG 2012, 99, (99 f.); *Hendricks*, Bodenrichtwertermittlung, 2017, S. 46; *Dittrich/Plewka/Kinne*, GuG 2018, 147 (157); *Bischoff*, ImmoWertV 2021, 2021, S. 32; *Ache/Krägenbring*, ZfV 2023, 137 (142).

Novellierung der ImmoWertV im Jahr 2021 kommt dieser Forderung nun ein gesteigertes Gewicht zu.[367]

ff) Einfluss der Leistungsfähigkeit der Geschäftsstelle auf die Qualität der Kaufpreissammlung

Die Erhebung der erforderlichen Informationen für die Kaufpreissammlung ist häufig zeit- und arbeitsaufwendig.[368] Es kommt daher nicht selten vor, dass eine zusätzliche Erhebung der Informationen unterbleibt, sofern die Geschäftsstelle nicht mit ausreichend Personal ausgestattet ist.[369] Bei der Auswertung der Kaufverträge und der Interpretation der erhobenen Daten handelt es sich zudem um eine anspruchsvolle Tätigkeit. Für eine sachgerechte Datenerhebung, -auswertung und -erfassung müssen die hierfür zuständigen Bediensteten der Geschäftsstelle einen hinreichenden Wissens- und Qualifikationsstand aufweisen.[370] Wie gut die Geschäftsstelle an die erforderlichen Informationen der anderen Behörden gelangt, ist zudem davon abhängig, bei welcher Behörde oder bei welcher Gebietskörperschaft die Geschäftsstelle angegliedert ist.[371] Hat die Geschäftsstelle nicht alle erforderlichen Informationen erhoben, ist die Kaufpreissammlung unvollständig und für eine marktgerechte Wertermittlung nur eingeschränkt geeignet. Die Kaufpreissammlungen weisen aus den genannten Gründen gerade bei Kauffällen über bebaute Grundstücke regelmäßig erhebliche Defizite auf.[372] Die unterschiedliche Leistungsfähigkeit der Gutachterausschüsse und die unterschiedlichen Organisationsformen führen somit zu einer unterschiedlichen Qualität der Kaufpreissammlungen und letztendlich auch zu einer unterschiedlichen Qualität der Bodenrichtwerte. Eine einheitliche Qualität der Bodenrichtwerte

---

367 *Bischoff*, ImmoWertV 2021, 2021, S. 32.

368 *Ehlers*, NotBZ 2020, 128 (131); *Mann*, GuG 1/2023, 35.

369 *Friedrichsen/Lözzer*, GuG 4/2017, 209 (213); *Hendricks*, Bodenrichtwertermittlung, 2017, S. 42; *Kleiber*, Verkehrswertermittlung von Grundstücken, 10. Aufl. 2023, Syst. Darst. Vergleichswertverfahren, Rn. 20.

370 FG Rheinland-Pfalz, Beschl. v. 23.11.2023 – 4 V 1295/23, juris Rn. 191; *Friedrich*, ZfV 3/1978, 94 (94); *Bastian*, AVN 9/1973, 338 (343); *Hendricks*, Bodenrichtwertermittlung, 2017, S. 11, 42; *Dittrich/Plewka/Kinne*, GuG 2018, 147 (149).

371 *Dittrich/Plewka/Kinne*, GuG 2018, 147 (149).

372 *Kleiber*, Verkehrswertermittlung von Grundstücken, 10. Aufl. 2023, Syst. Darst. Vergleichswertverfahren, Rn. 20.

erfordert daher Geschäftsstellen, die über eine vergleichbare finanzielle, personelle und sachliche Ausstattung verfügen und deshalb gleichermaßen zu einer sachgerechten Führung und Auswertung der Kaufpreissammlung in der Lage sind.

b) Ermittlung und Veröffentlichung der für die Wertermittlung erforderlichen Daten

Die Gutachterausschüsse leiten aus der Kaufpreissammlung Werte und Daten ab, die geeignet sind, die Transparenz auf dem Grundstücksmarkt zu fördern und die von anderen Stellen für eine sachgerechte Grundstückswertermittlung benötigt werden. Hierzu zählen die Bodenrichtwerte und die sonstigen für die Wertermittlung erforderlichen Daten i. S. d. § 193 Abs. 5 Satz 2 BauGB. Im Folgenden wird zunächst vertieft auf die formellen und verfahrenstechnischen Vorgaben eingegangen, die die Gutachterausschüsse bei der Ermittlung, Führung und Veröffentlichung der Bodenrichtwerte zu beachten haben (dazu sogleich unter Gliederungspunkt aa)). Anschließend werden die formellen und verfahrenstechnischen Vorgaben in Bezug auf die sonstigen für die Wertermittlung erforderlichen Daten überblicksartig dargestellt (dazu unter Gliederungspunkt bb)).

aa) Ermittlung und Veröffentlichung von Bodenrichtwerten

Unter den für die Wertermittlung erforderlichen Daten kommt den Bodenrichtwerten eine herausgehobene Bedeutung zu. Bodenrichtwerte sind nach § 196 Abs. 1 Satz 1 BauGB durchschnittliche Lagewerte für den Boden, die jeweils für eine Bodenrichtwertzone ermittelt werden und die sich auf ein Bodenrichtwertgrundstück beziehen. Im Folgenden wird dargestellt, welche Aufgaben die Gutachterausschüsse hinsichtlich der Bodenrichtwerte zu erfüllen haben. Auf die generelle Konzeption der Bodenrichtwerte und die materiellen Vorgaben an die Bodenrichtwertermittlung wird an späterer Stelle ausführlich eingegangen.[373]

---

[373] Siehe hierzu unter Gliederungspunkt § 3, III. und § 3, IV.

(1) Flächendeckende Ermittlung der Bodenrichtwerte

Bodenrichtwerte sind gemäß § 193 Abs. 5 Satz 1 i. V. m. § 196 Abs. 1 Satz 1 BauGB flächendeckend und auf Grund der Kaufpreissammlung durch die Gutachterausschüsse zu ermitteln. Es handelt sich hierbei um eine Pflichtaufgabe der Gutachterausschüsse.[374] Die flächendeckende Ermittlung der Bodenrichtwerte wurde anlässlich der Erbschaftsteuerreform 2009 eingeführt.[375] Zuvor waren die Gutachterausschüsse nur verpflichtet gewesen, Bodenrichtwerte mindestens für erschließungsbeitragspflichtiges oder erschließungsbeitragsfreies Bauland zu ermitteln (vgl. § 196 Abs. 1 Satz 1 BauGB 1986). Mit der Gesetzesänderung wollte der Gesetzgeber insbesondere sicherstellen, dass die Bodenrichtwerte durchweg als Grundlage für die steuerliche Bewertung genutzt werden können.[376] Diese erfordert grundsätzlich eine Ermittlung der Bodenrichtwerte für sämtliche Flächen, unter anderem auch für land- und forstwirtschaftlich genutzte Flächen und für Bauerwartungsland und Rohbauland.[377] Allgemeine Bodenrichtwerte sind auch für förmlich festgelegte Sanierungsgebiete (§ 142 BauGB) und städtebauliche Entwicklungsbereiche (§ 165 BauGB) zu ermitteln.[378] Bei diesen Flächen hatten die Gutachterausschüsse in der Vergangenheit auf einer Ermittlung der Bodenrichtwerte verzichtet, da diese regelmäßig mit erheblichen Unsicherheiten behaftet ist.[379] Gleiches gilt für Flächen, für die Kaufpreise nicht in ausreichender Anzahl vorhanden waren.[380]

---

374 *Kleiber*, Verkehrswertermittlung von Grundstücken, 10. Aufl. 2023, § 14 ImmoWertV, Rn. 1.

375 Eingeführt durch Art. 4 Nr. 2 lit. a ErbStRG v. 24.12.2008, BStBl. I 2008 S. 3018, vgl. zur Bedeutung der flächendeckenden Verfügbarkeit für die steuerliche Bewertung zuvor bereits *Bizer/Joeris*, GuG 3/1998, 132 (133).

376 Entwurf der BReg zum ErbStRG v. 28.01.2008, BT-Drs. 16/7918, S. 48; *Kleiber*, Verkehrswertermittlung von Grundstücken, 10. Aufl. 2023, § 196 BauGB, Rn. 9.

377 Entwurf der BReg zum ErbStRG v. 28.01.2008, BT-Drs. 16/7918, S. 48.

378 *Kleiber*, Verkehrswertermittlung von Grundstücken, 10. Aufl. 2023, § 196 BauGB, Rn. 9.

379 *Deutscher Landkreistag*, Umfrage zur Leistungsfähigkeit der Gutachterausschüsse im Rahmen der Grundsteuerreform, GuG 2000, 164, (165); Stellungnahme des BR und Gegenäußerung der BReg zum ErbStRG v. 12.03.2008, BR-Drs. 16/8547, S. 9 f.

380 *Deutscher Landkreistag*, Umfrage zur Leistungsfähigkeit der Gutachterausschüsse im Rahmen der Grundsteuerreform, GuG 2000, 164, (165).

Nach Ansicht des Bundesfinanzhofs kann sich der Gutachterausschuss seiner Verpflichtung zur flächendeckenden Ermittlung der Bodenrichtwerte nicht mit dem Hinweis darauf entziehen, die Ermittlung sei nicht möglich.[381] Denn der Gesetzgeber sei ersichtlich davon ausgegangen, dass eine flächendeckende Ermittlung von Bodenrichtwerten möglich sei. Auch in der Literatur wird davon ausgegangen, dass für jede Bodenrichtwertzone ein Bodenrichtwert nach den allgemeinen Wertermittlungsgrundsätzen ermittelbar sei, selbst wenn keine unmittelbar heranziehbaren Vergleichspreise zur Verfügung stünden.[382] Die Interpretation des gesetzgeberischen Willens durch den Bundesfinanzhof ist jedoch unzutreffend.[383] Im Gesetzgebungsverfahren zum ErbStRG 2009 hatte schon der Bundesrat angenommen, dass es insbesondere für Bauerwartungs- und Rohbauland häufig kaum möglich sei, aussagekräftige Bodenrichtwerte zu ermitteln. Es gebe einerseits nur sehr wenige Verkaufsfälle für diese Bereiche und andererseits sei es schwer kalkulierbar, wann und mit welcher Wahrscheinlichkeit das Land tatsächliche Baureife erlangen werde.[384] Der Bundesrat schlug daher vor, die Ermittlung von Bodenrichtwerten für diese Flächen mit einem Vorbehalt zu versehen, dass Bodenrichtwerte nur dann zu ermitteln sind, soweit geeignete Daten aus der Kaufpreissammlung vorliegen.[385] Der Vorschlag des Bundesrats wurde nicht in die finale Gesetzesfassung übernommen. Die Bundesregierung sah hierfür keine Notwendigkeit, denn falls nicht ausreichend Marktdaten zur Verfügung stünden, sei es für den Gutachterausschuss unmöglich, seine Ermittlungspflicht zu erfüllen. Eine gesonderte Regelung sei hierfür nicht erforderlich. Außerdem könnten die Bodenrichtwerte auch auf der Basis überörtlicher Marktdaten ermittelt werden.[386] Zudem zeigt auch die zusammen mit der flächendeckenden Ermittlungspflicht eingeführte Regelung in

---

381 BFH, Urt. v. 25.08.2010 – II R 42/09, BStBl. II 2011, 205, juris Rn. 14.

382 *Kleiber*, Verkehrswertermittlung von Grundstücken, 10. Aufl. 2023, § 13 ImmoWertV, Rn. 8.

383 Im Ansatz auch *Freise*, in: Brügelmann, BauGB, § 196 BauGB, 109. EL, 1/2019, Rn. 44.

384 Stellungnahme des BR und Gegenäußerung der BReg zum ErbStRG v. 12.03.2008, BR-Drs. 16/8547, S. 9 f.

385 Stellungnahme des BR und Gegenäußerung der BReg zum ErbStRG v. 12.03.2008, BR-Drs. 16/8547, S. 9 f.

386 Stellungnahme des BR und Gegenäußerung der BReg zum ErbStRG v. 12.03.2008, BR-Drs. 16/8547, S. 13.

§ 179 Satz 4 BewG,[387] wonach die Finanzämter einen eigenen Bodenwert zu ermitteln haben, falls der Gutachterausschuss keinen Bodenrichtwert ermittelt hat, dass der Gesetzgeber davon ausging, dass eine Ermittlung der Bodenrichtwerte nicht in allen Fällen möglich ist.[388]

Für Flächen, die nicht am allgemeinen Grundstücksverkehr teilnehmen, insbesondere Gemeinbedarfsflächen (§ 44 ImmoWertV), aber auch Flächen mit einer großflächigen besonderen Nutzung, z. B. Messegelände sollen nach Ansicht in der Literatur[389] und nach einigen Verwaltungsanweisungen der Länder[390] Ausnahmen von der flächendeckenden Ermittlung der Bodenrichtwerte bestehen. Es wird in der Literatur angenommen, dass sich für diese Flächen überhaupt kein Verkehrswert ermitteln lasse, da ein gewöhnlicher Geschäftsverkehr für diese Flächen regelmäßig nicht existiere.[391] In den Bodenrichtwertkarten werden für größere Gemeinbedarfsflächen daher oft eigene Zonen mit dem Vermerk SN (Sondernutzung) gebildet.[392] Für diese Flächen ist in § 15 Abs. 2 ImmoWertV nun zumindest bestimmt, dass diese Bestandteil der Bodenrichtwertzone sein können, ohne dass der dort angegebene Bodenrichtwert für diese Grundstücke gilt. Von einer Ausnahme dieser Flächen von dem Grundsatz der flächendeckenden Ermittlung hat der Verordnungsgeber jedoch abgesehen. Dies dürfte vor allem auch daran liegen, dass eine solche Ausnahme aus Sicht der Finanzverwaltung kritisch gesehen wird.[393]

(2) Periodische Ermittlung der Bodenrichtwerte

Die Bodenrichtwerte sind gemäß § 196 Abs. 1 Satz 5 BauGB jeweils „zu Beginn“[394] jedes zweiten Kalenderjahres zu ermitteln, wenn nicht eine

387 Ebenso nun für die Grundsteuerwertermittlung § 247 Abs. 3 BewG.

388 *J. Schmidt*, GuG 2008, 150 (152).

389 *Kredt*, fub 1/2010, 1 (8); *Freise*, in: Brügelmann, BauGB, § 196 BauGB, 109. EL, 1/2019, Rn. 24; *Kleiber*, in: E/Z/B/K, BauGB, § 196 BauGB, 122. EL, 8/2016, Rn. 58.

390 *ZGGH*, Leitfaden IV – Bodenrichtwerte, 2020 Tz. 3; Nr. 5 Abs. 5 BRW-RL BB.

391 *J. Schmidt*, GuG 2008, 150 (153); *Ehlers*, Vermessung Brandenburg 1/2014, 4 (6 ff.); *Dieterich*, in: E/Z/B/K, BauGB, § 194 BauGB, 97. EL, 9/2010, Rn. 145.

392 *Homa/Weigt*, fub 1/2012, 9 (11).

393 *Krause/Grootens*, NWB-EV 2011, 297 (299).

394 Nach der alten Fassung des § 196 Abs. 1 Satz 5 BauGB war eine Ermittlung „zum Ende“ des Jahres vorgesehen. Zur Harmonisierung der Bodenrichtwertermittlung mit den Erfordernissen der Grundsteuerbewertung wurde der Ermittlungszeitpunkt

häufigere Ermittlung bestimmt ist (Wertermittlungsstichtag für die Bodenrichtwertermittlung: Bodenrichtwertstichtag[395]). Einen häufigeren Ermittlungsturnus können die Bundesländer gemäß § 199 Abs. 2 Nr. 4 BauGB in den Gutachterausschussverordnungen bestimmen. Die meisten Bundesländer haben zum Ermittlungsturnus der Bodenrichtwerte eine Regelung in der Gutachterausschussverordnung getroffen.[396] Nach den derzeit geltenden Gutachterausschussverordnungen ermitteln die meisten Bundesländer die Bodenrichtwerte im zweijährigen Turnus zu Beginn eines jeden Jahres mit gerader Jahreszahl.[397] In *Berlin*, *Niedersachsen* und *Nordrhein-Westfalen* werden die Bodenrichtwerte im jährlichen Turnus zu Beginn eines jeden Jahres ermitteln.[398] Einige Bundesländer haben ihre Gutachterausschussverordnung bislang noch nicht angepasst. *Brandenburg* ermittelt die Bodenrichtwerte nach der bestehenden Gutachterausschussverordnung jährlich zum 31. Dezember.[399] *Baden-Württemberg* und *Hamburg* ermitteln die Bodenrichtwerte zum Ende eines jeden Jahres mit gerader Jahreszahl.[400] *Sachsen-Anhalt* ermittelt die Bodenrichtwerte bis zum 15. Februar jedes zweiten Kalenderjahres auf den Stand zum Ende des jeweils vorangegangenen Jahres.[401] Das *Saarland* hat keine entsprechende Regelung getroffen. In diesem Land gilt daher die Verpflichtung nach § 196 Abs. 1 Satz 5 BauGB, die Bodenrichtwerte zu Beginn jedes zweiten Kalenderjahres zu ermitteln.

Außerhalb des regulären Ermittlungsturnus für die allgemeinen Bodenrichtwerte sind die Gutachterausschüsse darüber hinaus gemäß § 196 Abs. 1

---

der Bodenrichtwerte an den Zeitpunkt der Hauptfeststellung angepasst; eingeführt m. W. v. 23.06.2021 durch Art. 1 Nr. 18 Baulandmobilisierungsgesetz v. 14.06.2021 (BGBl. I S. 1802).

395 Siehe zum Begriff § 14 Abs. 1 Satz 2 ImmoWertV.

396 Siehe auch Zusammenstellung bei *Freise*, in: Brügelmann, BauGB, § 196 BauGB, 109. EL, 1/2019, Rn. 42.

397 § 12 Abs. 1 BayGaV; § 12 Abs. 1 Satz 4 GAVO Br; § 17 Abs. 2 BauGB-AV HE; § 14 Abs. 2 GutALVO M-V; § 15 Abs. 1 Nr. 1 GAVO RhPf; § 11 Abs. 1 Satz 1 SächsGAVO; § 14 Abs. 2 Satz 1 GAVO SH; § 14 Abs. 1 ThürGAVO; vgl. auch die Übersicht bei AK OGA, Immobilienmarktbericht Deutschland 2023, S. 279.

398 § 17 Abs. 1 DVO-BauGB Berlin; § 16 Abs. 2 Nds. DVO-BauGB; § 37 Abs. 1 Satz 1 GrundWertVO NRW.

399 § 12 Abs. 1 BbgGAV.

400 § 12 GuAVO BW, § 10 Abs. 1 GAVO HH.

401 § 12 Abs. 1 GutVO SA.

Satz 6 f., Abs. 2 BauGB verpflichtet, sog. besondere Bodenrichtwerte zu ermitteln.[402] Für Zwecke der steuerlichen Bewertung des Grundbesitzes hat der Gutachterausschuss gemäß § 196 Abs. 1 Satz 6 BauGB Bodenrichtwerte nach ergänzenden Vorgaben der Finanzverwaltung zum jeweiligen Hauptfeststellungszeitpunkt oder sonstigen Feststellungszeitpunkten zu ermitteln. Die Pflicht zur Ermittlung der Bodenrichtwerte zum jeweiligen Hauptfeststellungszeitpunkt wird erneut in § 247 Abs. 2 BewG für die Bewertung des Grundbesitzes für die *Grundsteuer nach den bundesgesetzlichen Regelungen* aufgegriffen. Dort werden für diese besonderen Bodenrichtwerte außerdem eine Veröffentlichungspflicht und eine Übermittlungspflicht an das Finanzamt durch Datenfernübertragung geregelt. Für *Baden-Württemberg*, welches ein eigenständiges Landesgrundsteuergesetz beschlossen hat, gilt eine vergleichbare Regelung jedoch zusätzlich mit einer Übermittlungsfrist bis zum 30. Juni des Jahres der Hauptfeststellung (§ 38 Abs. 2 LGrStG BW). In *Hessen* und *Niedersachsen* sind die Gutachterausschüsse verpflichtet, für jede Gemeinde einen Durchschnittsbodenwert zu ermitteln, der für die Bestimmung des (Lage-)Faktors im Rahmen der Landesgrundsteuergesetze dieser Länder maßgeblich ist. In *Niedersachsen* sind hierfür die Geschäftsstellen der Gutachterausschüsse zuständig,[403] in *Hessen* wird diese Aufgabe der Zentralen Geschäftsstelle der Gutachterausschüsse zugewiesen.[404]

In den Bundesländern, die sich bei der Grundsteuer für die Anwendung des Bundesrechts entschieden haben und die die Bodenrichtwerte in einem zweijährigen Turnus ermitteln, wird es zukünftig zu einer erheblichen Mehrbelastung der Gutachterausschüsse kommen.[405] Dies gilt auch für die Gutachterausschüsse in *Baden-Württemberg*. Der vorgesehene siebenjährige Hauptfeststellungsturnus (§ 221 Abs. 1 BewG, § 15 Abs. 1 LGrStG BW) ist nicht kompatibel mit einem zweijährigen Ermittlungsturnus für die Bodenrichtwerte. Die nächste Hauptfeststellung wird voraussichtlich zum 1. Januar 2029 durchgeführt werden. Die Bundesländer, die die Bodenrichtwerte im zweijährigen Turnus zu Beginn eines jeden geraden Kalenderjahres ermitteln,

---

402 Siehe hierzu auch unter Gliederungspunkt § 1, III., 3., b).
403 § 5 Abs. 3 Satz 7 NGrStG.
404 § 7 Abs. 3 Satz 2 HGrStG.
405 Vgl. Stellungnahme des BR v. 20.09.2019 zum GrStRefG, BR-Drs. 354/19 (Beschl.), S. 3.

müssten dann außerplanmäßig für diesen Zeitpunkt besondere Bodenrichtwerte für die Grundsteuer ermitteln. Dies wird sich für jeden zweiten Hauptfeststellungszeitpunkt wiederholen, vorausgesetzt, die Finanzverwaltung ist in der Lage, an den geplanten Hauptfeststellungen festzuhalten. Da bereits ohnehin schon eine erhebliche Mehrarbeit auf die Gutachterausschüsse zukommt und die personelle und finanzielle Ausstattung bereits jetzt in vielen Gutachterausschüssen kritisch ist, kann diese Situation nur gelöst werden, wenn die Hauptfeststellungen alle sechs oder acht Jahre stattfinden.[406] Vor dem Hintergrund dieser Mehrbelastung hatte der Bundesrat im Gesetzgebungsverfahren zum Grundsteuerreformgesetz sogar angezweifelt, ob gewährleistet ist, dass die Bodenrichtwerte zum 1. Januar 2022 flächendeckend zur Verfügung gestellt werden können.[407]

(3) Beschlussfassung über die Bodenrichtwerte

Zuständig für die Ermittlung der Bodenrichtwerte ist nach § 193 Abs. 5 Satz 1 BauGB der Gutachterausschuss. Dieser ist gesetzlich nicht als abstrakte Institution, sondern als eine Personengruppe konzipiert (vgl. § 192 Abs. 2 BauGB). Die Aufgaben des Gutachterausschusses, insbesondere die Erstattung von Gutachten und die Ermittlung von Bodenrichtwerten und den sonstigen für die Wertermittlung erforderlichen Werten, werden im Einzelfall nicht durch sämtliche Gutachter des Gutachterausschusses (Gesamtausschuss), sondern nur durch eine gewisse Mindestanzahl von Gutachtern (Auswahlbesetzung) durchgeführt. Der Vorsitzende ist regelmäßig berechtigt, die Auswahlbesetzung zu bestimmen. Dabei wird er sich an der im Einzelfall anstehenden Aufgabe und an den hierfür erforderlichen Erfahrungen und Fachkenntnissen der Gutachter orientieren.[408]

Die Pflichtbesetzung (Auswahlbesetzung) bei der Ermittlung von Bodenrichtwerten haben die Länder unterschiedlich geregelt. Fester Bestandteil der Besetzung ist der Vorsitzende oder sein Vertreter. Zu der Pflichtbesetzung

---

406 Stellungnahme des BR v. 20.09.2019 zum GrStRefG, BR-Drs. 354/19 (Beschl.), S. 4; Gesetzentwurf der BReg zum GrStRefG v. 23.09.2019, BT-Drs. 19/13453, S. 18.

407 Stellungnahme des BR v. 20.09.2019 zum GrStRefG, BR-Drs. 354/19 (Beschl.), S. 3; Gesetzentwurf der BReg zum GrStRefG v. 23.09.2019, BT-Drs. 19/13453, S. 18.

408 *Voß*, in: E/Z/B/K, BauGB, § 192 BauGB, 111. EL, 9/2013, Rn. 25, 38.

gehören je nach Bundesland noch mindestens drei,[409] vier,[410] fünf[411] oder sechs[412] weitere Gutachter. Der gemäß § 192 Abs. 3 Satz 2 BauGB verpflichtend hinzuzuziehende Bedienstete der zuständigen Finanzbehörde ist in den Gutachterausschussverordnungen teilweise ausdrücklich als weiterer Gutachter genannt. In einige Gutachterausschussverordnungen ist die Hinzuziehung des Bediensteten der zuständigen Finanzbehörde nicht explizit geregelt; der Bedienstete ist in diesen Fällen jedoch bereits als ehrenamtlicher Gutachter Teil des Gutachterausschusses.[413] Wurde der Bedienstete der zuständigen Finanzbehörde nicht bei der Ermittlung der Bodenrichtwerte beteiligt, so sind diese nicht ordnungsgemäß zustande gekommen.[414]

Die Gutachterausschüsse beschließen in nicht öffentlichen Sitzungen mit einfacher Stimmenmehrheit der anwesenden Mitglieder (Gutachter). Dies gilt auch für die sog. Bodenrichtwertsitzungen. Jeder Gutachter hat eine Stimme. Bei Stimmgleichheit gibt die Stimme des vorsitzenden Mitglieds den Ausschlag.[415] Von der Beschlussfassung zu trennen ist die Wertermittlung an sich. Diese erfolgt in der Praxis zumeist bereits im Vorfeld durch einzelne Gutachter oder durch die Geschäftsstelle. In den Sitzungen werden die zuvor ermittelten Werte dann regelmäßig nur noch diskutiert und anschließend beschlossen.[416]

---

409 § 6 Abs. 3 BayGaV, § 9 Abs. 1 Satz 3 GAVO SH, § 20 Abs. 3 BauGB-AV HE, § 5 Abs. 2 GutVO SL, § 5 Abs. 2 GuAVO BW.

410 § 1 Abs. 3 Satz 4 GAVO Br, § 13 Abs. 3 Nds. DVO-BauGB, § 5 Abs. 3 Satz 1 GutVO SA, § 5 Abs. 2 SächsGAVO, § 5 Abs. 2 Satz 3 DVO-BauGB Berlin, § 4 Abs. 1 Satz 3 GAVO HH; § 17 Abs. 2 Satz 1 ThürGAVO.

411 § 9 Abs. 4 Satz 1 GrundWertVO NRW, § 7 Abs. 1 Satz 1 GAVO RhPf.

412 § 17 Satz 3 f. BbgGaV.

413 Vgl. z. B. § 5 Abs. 2 GutVO SL, § 1 Abs. 3 Satz 4 GAVO Br, § 13 Abs. 3 Nds. DVO-BauGB.

414 *Voß*, in: E/Z/B/K, BauGB, § 192 BauGB, 111. EL, 9/2013, Rn. 35; *Petersen/Schnoor/W. Seitz*, Verkehrswertermittlung von Immobilien, 3. Aufl. 2018, S. 82.

415 Vgl. z. B. § 9 Abs. 3 GrundWertVO; § 21 BauGB-AV HE, § 13 Nds. DVO-BauGB.

416 Siehe zu der Vorbereitung der Bodenrichtwertsitzungen unter Gliederungspunkt § 1, IV., 7., a).

(4) Führung von Bodenrichtwerten

Die Bodenrichtwerte sind gemäß § 17 ImmoWertV in automatisierter Form auf der Grundlage der amtlichen Geobasisdaten[417] zu führen. Einige Länder haben in ihrer Gutachterausschussverordnung bereits ausdrücklich eine Führung der Bodenrichtwerte in digitaler Form geregelt.[418] Der Verordnungsgeber hat mit der Einführung der ImmoWertV ausdrücklich davon abgesehen, verbindliche Vorgaben für das automatisierte Führen der Bodenrichtwerte entsprechend der Schnittstellenbeschreibung nach der bisherigen Anlage 3 der BRW-RL zu machen.[419]

(5) Veröffentlichung und Bereitstellung von Bodenrichtwerten

Die Bodenrichtwerte sind gemäß § 196 Abs. 3 Satz 1 BauGB zu veröffentlichen. Die Einzelheiten der Veröffentlichung sind in den auf § 199 Abs. 2 Nr. 4 BauGB erlassenen Gutachterausschussverordnungen der Länder geregelt. Die Veröffentlichung der Bodenrichtwerte erfolgt in der Praxis uneinheitlich im Hinblick auf den Umfang, die Darstellung und den Zeitpunkt der Veröffentlichung.[420] Im Folgenden wird die Veröffentlichung der Bodenrichtwerte dargestellt. Auf die Darstellung der Merkmale des Bodenrichtwertgrundstücks, die bei der Veröffentlichung der Bodenrichtwerte anzugeben sind, wird unter Gliederungspunkt § 1, III., 5., b) vertieft eingegangen.

(a) Form der Veröffentlichung

Mittlerweile veröffentlichen alle Bundesländer die Bodenrichtwerte entweder in einem eigenen Bodenrichtwertinformationssystem (auch als BORIS abgekürzt) und/oder im bundesweiten Bodenrichtwertinformationssystem BORIS-D.[421] Die Portale sind über das Internet abrufbar und bieten die Möglichkeit, die Bodenrichtwerte über eine Kartenansicht einzusehen und die beschreibenden Merkmale der Bodenrichtwerte, insbesondere hinsichtlich

---

417 Vgl. zum Begriff *Kleiber*, Verkehrswertermittlung von Grundstücken, 10. Aufl. 2023, § 17 ImmoWertV, Rn. 2.

418 § 37 Abs. 4 GrundWertVO NRW, § 21 Abs. 4 Nds. DVO-BauGB.

419 Entwurf zur ImmoWertV 2021 v. 12.05.2021, BR-Drs. 407/21, S. 108.

420 *Kleiber*, Verkehrswertermittlung von Grundstücken, 9. Aufl. 2020, § 10 ImmoWertV, Rn. 73; *Dittrich/Plewka/Kinne*, GuG 2018, 147 (148).

421 Abrufbar unter https://www.bodenrichtwerte-boris.de/boris-d/?lang=de (letzter Abruf 28.09.2025).

des Bodenrichtwertgrundstücks, abzurufen.[422] BORIS-D ist mittlerweile eine bewährte Onlineplattform, die einfach und kostenlos Zugriff auf die Bodenrichtwerte gewährt. Zu begrüßen wäre es, wenn sich dort auch noch die fehlenden Länder *Baden-Württemberg, Bayern*[423] und das *Saarland* beteiligen würden (Stand November 2023). Für *Baden-Württemberg* existiert formal zwar ein gesondertes Bodenrichtwertinformationssystem BORIS BW.[424] Dieses weist jedoch für große Teile Baden-Württembergs derzeit noch keine Bodenrichtwerte aus.

Neben den von den Gutachterausschüssen betriebenen Bodenrichtwertinformationssystemen bestehen mittlerweile auch diverse Online-Angebote der Bundesländer, auf denen die auf den Hauptfeststellungszeitpunkt ermittelte Bodenrichtwerte (§ 196 Abs. 1 Satz 6 BauGB) einsehbar sind.[425] Die auf diesen Plattformen angegebenen besonderen Bodenrichtwerte für Zwecke der Grundsteuer können mit den allgemeinen Bodenrichtwerten, die auf BORIS-D oder vergleichbaren Plattformen dargestellt sind, übereinstimmen, müssen dies jedoch nicht zwangsläufig. Denn materiell-rechtlich handelt es sich bei den allgemeinen und den besonderen Bodenrichtwerten um zwei verschiedene Werte.[426]

Neben den über das Internet abrufbaren Bodenrichtwertinformationsportalen werden die Bodenrichtwerte teilweise auch noch mittels ausgedruckter Bodenrichtwertkarten oder Bodenrichtwertlisten veröffentlicht, die bei den Geschäftsstellen der Gutachterausschüsse oder bei den Gemeinden einsehbar sind.[427] Insbesondere in Baden-Württemberg reicht die Bandbreite der Veröffentlichungen in Abhängigkeit von der Größe der Gemeinde von einfachen, auf der Gemeindehomepage verlinkten Bodenrichtwerttabellen

---

422 Eine Übersicht zu den einschlägigen Portalen findest sich bei *Kleiber,* Verkehrswertermittlung von Grundstücken, 10. Aufl. 2023, § 16 ImmoWertV, Rn. 6.

423 Bayern nimmt zwar bereits formal teil, hat aber bislang nur 155 Bodenrichtwerte zur Verfügung gestellt (Stand November 2023).

424 Abrufbar unter https://www.gutachterausschuesse-bw.de/borisbw/?lang=de (letzter Abruf 28.09.2025).

425 Ein Überblick zu diesen Angeboten findet sich unter https://www.bodenrichtwerte-boris.de/boris-d/grundsteueranwendungen.html (letzter Abruf 28.09.2025).

426 Siehe hierzu unter Gliederungspunkt § 1, III., 3., b).

427 *Hild*, Die Ermittlung von Bodenrichtwerten in der Innenstadt Karlsruhes, 2018, S. 14 f.; *Kleiber,* Verkehrswertermittlung von Grundstücken, 9. Aufl. 2020, § 10 ImmoWertV, Rn. 72; *Bischoff,* ImmoWertV 2021, 2021, S. 34 f.

über Bodenrichtwertkarten im PDF-Format bis hin zu Web-Umsetzungen.[428] Sofern Bodenrichtwerte nicht über das Internet oder Veröffentlichungen des Gutachterausschusses eingesehen werden können, kann bei dem örtlich zuständigen Gutachterausschuss eine Auskunft über Bodenrichtwerte verlangt werden (§ 196 Abs. 3 Satz 2 BauGB).[429]

(b) Zeitpunkt der Veröffentlichung

Bei der Ermittlung und Veröffentlichung der Bodenrichtwerte sind drei Zeitpunkte relevant: der Zeitpunkt, auf den die Bodenrichtwerte zu ermitteln sind (Bodenrichtwertstichtag), der Zeitpunkt, bis zu dem die Ermittlung durchgeführt werden soll bzw. bis zu dem die Bodenrichtwerte bei der für die Veröffentlichung zuständigen Stelle eingereicht werden müssen (Ermittlungszeitpunkt) und der Zeitpunkt, bis zu dem die Bodenrichtwerte zu veröffentlichen sind (Veröffentlichungszeitpunkt). Auf den Bodenrichtwertstichtag wurde bereits eingegangen.[430] Regelungen zu dem Ermittlungs- und Veröffentlichungszeitpunkt der allgemeinen Bodenrichtwerte finden sich in den Gutachterausschussverordnungen der Länder. Die Bundesländer haben auch in diesem Bereich unterschiedliche Regelungen getroffen. Eine Ermittlung und Veröffentlichung der Bodenrichtwerte erfolgt – je nach Bundesland – überwiegend im Zeitraum zwischen dem 28. Februar und dem 30. Juni.[431] *Bremen* und *Mecklenburg-Vorpommern* haben keine Termine oder Fristen für die Ermittlung oder Veröffentlichung der Bodenrichtwerte bestimmt.

In Bezug auf die Bewertung des Grundbesitzes für die Grundsteuer ab dem 1. Januar 2022 ist zudem zu beachten, dass die Bodenrichtwerte nach § 247 Abs. 2 BewG zwar auf den Hauptfeststellungszeitpunkt zu ermitteln sind. Nicht geregelt ist jedoch, wann diese zu veröffentlichen und der Finanzverwaltung zu übermitteln sind (anders § 38 Abs. 2 Satz 1 LGrStG BW). Hierzu finden sich auch keine Regelungen in den Gutachterausschussverordnungen der Bundesländer. Es obliegt hier primär der Finanzverwaltung einen Ermittlungszeitpunkt und einen Veröffentlichungs- bzw. Übermittlungszeitpunkt

---

428 *Caesperlein/Weippert*, AGIT 3/2017, 237 (240).
429 *Hild*, Die Ermittlung von Bodenrichtwerten in der Innenstadt Karlsruhes, 2018, S. 14.
430 Siehe unter Gliederungspunkt § 1, II., 7., b), aa), (2).
431 § 12 Abs. 1 und Abs. 3 BbgGAV; § 15 Nr. 1 GAVO RhPf; § 17 Abs. 2 Satz 2 BauGB-AV HE; § 12 GuAVO RhPf, § 12 Abs. 2 Satz 1 BayGaV, § 14 Abs. 2 GAVO SH.

für die besonderen Bodenrichtwerte für steuerliche Zwecke zu regeln. Dies könnte ggfs. auch in einer Verwaltungsanweisung erfolgen.[432]

(6) Auskunftsanspruch über die Bodenrichtwerte

Die Geschäftsstellen der Gutachterausschüsse haben gemäß § 196 Abs. 3 Satz 2 BauGB jedermann Auskunft über die Bodenrichtwerte zu erteilen. Auskünfte werden regelmäßig telefonisch, schriftlich oder persönlich durch die Bediensteten der Geschäftsstelle gewährt.[433] Ein solcher Anspruch ist (bzw. war) etwa in den Fällen erforderlich, in denen eine Veröffentlichung im Wege einer ortsüblichen Bekanntmachung durch Auslegung der Bodenrichtwertkarte bereits durchgeführt wurde.[434] Von dem Auskunftsanspruch können auch Ortsfremde Gebrauch machen. Da die Bodenrichtwerte mittlerweile größtenteils online abrufbar sind, dürfte dieser Anspruch in erster Linie nur noch bei Gutachterausschüssen relevant sein, die die von ihnen ermittelten Bodenrichtwerte noch nicht in einem entsprechenden Onlineportal veröffentlicht haben. Allerdings beschränkt sich dieser Anspruch nicht auf die bloße Angabe des Bodenrichtwerts. Auf Anfrage hat der Gutachterausschuss grundsätzlich auch Informationen über Umstände sachlicher und zeitlicher Art mitzuteilen, die zur Ermittlung des Bodenrichtwerts beigetragen haben.[435] Der Auskunftsanspruch kann daher auch heutzutage grundsätzlich genutzt werden, um bei einem zweifelhaften Bodenrichtwert weitere Informationen zu dessen Zustandekommen zu erfahren.

(7) Mitteilung der Bodenrichtwerte an das Finanzamt und andere Stellen

Die Gutachterausschüsse sind außerdem nach §§ 193 Abs. 5 Satz 3 und 196 Abs. 3 Satz 1 BauGB verpflichtet, die von ihnen ermittelten Bodenrichtwerte den zuständigen Finanzämtern mitzuteilen. Die Mitteilungspflicht obliegt grundsätzlich dem Gutachterausschuss. Es wird jedoch für zulässig erachtet, dass in den Gutachterausschussverordnungen der Bundesländer gemäß § 199

---

432 Siehe hierzu unter Gliederungspunkt § 1, IV., 6., d).

433 *Reuter/Voß/Ziegenbein*, in: Kummer/Kötter/Kutterer/Ostrau (Hrsg.), Das deutsche Vermessungs- und Geoinformationswesen, 2020, S. 639 (672).

434 *Kleiber*, Verkehrswertermittlung von Grundstücken, 10. Aufl. 2023, § 196 BauGB, Rn. 27.

435 *Eisele*, INF 2000, 481 (482).

Abs. 2 Nr. 2 und Nr. 3 BauGB eine Delegation der Mitteilungspflicht auf den Vorsitzenden des Gutachterausschusses oder die Geschäftsstelle erfolgen kann.[436] Die Mitteilung erfolgte früher regelmäßig durch Übersendung einer Kopie der Bodenrichtwertkarte.[437] Heutzutage dürfte es ausreichen, wenn den Finanzämtern ein digitaler Zugang zu der Bodenrichtwertdatei oder dem Bodenrichtwertinformationssystem eröffnet wird. Für die Mitteilung der besonderen Bodenrichtwerte, die gesondert für den jeweiligen Hauptfeststellungszeitpunkt ermittelt wurden, ist in § 247 Abs. 2 BewG eine Übermittlung nach amtlich vorgeschriebenem Datensatz durch Datenfernübertragung geregelt.

bb) Ermittlung und Veröffentlichung der sonstigen zur Wertermittlung erforderlichen Daten

Die Gutachterausschüsse sind gemäß § 193 Abs. 5 Satz 1 Halbsatz 2 BauGB verpflichtet, sonstige zur Wertermittlung erforderliche Daten (im Folgenden auch „sonstige erforderliche Daten") zu ermitteln. Hierzu gehören nach § 193 Abs. 5 Satz 2 BauGB insbesondere Liegenschaftszinssätze, Sachwertfaktoren, Umrechnungskoeffizienten und Vergleichsfaktoren für bebaute Grundstücke (Gebäudefaktoren). Die Auflistung ist nicht abschließend. Weitere sonstige erforderliche Daten sind in § 12 Abs. 1 Satz 2 ImmoWertV aufgelistet (z. B. Indexreihen). Nähere Erläuterungen sowie grundlegende Anforderungen zu einigen sonstigen erforderlichen Daten finden sich in den §§ 12 und 18 bis 23 ImmoWertV.

Die Ermittlung und Veröffentlichung der sonstigen erforderlichen Daten versetzen Personen und Institutionen, die auf dem Gebiet der Immobilienwertermittlung tätig sind, in die Lage, marktgerechte Werte zu ermitteln. Durch diese Anpassungsfaktoren werden außerdem gesonderte Analysen für den Einzelfall der Gutachtenerstattung nicht mehr benötigt. Der hierdurch

---

436 *Kleiber*, Verkehrswertermittlung von Grundstücken, 10. Aufl. 2023, § 196 BauGB, Rn. 24.

437 *Kleiber*, Verkehrswertermittlung von Grundstücken, 10. Aufl. 2023, § 196 BauGB, Rn. 20.

eingesparte Arbeitsaufwand ist erheblich.[438] Auch die steuerliche Grundbesitzbewertung knüpft an diese sonstigen erforderlichen Daten an.[439]

(1) Ermittlung der sonstigen erforderlichen Daten

In § 193 Abs. 5 BauGB ist lediglich geregelt, welche sonstigen erforderlichen Daten die Gutachterausschüsse dem Grunde nach ermitteln müssen. Nähere Regelungen zur Ermittlung dieser Daten enthält das BauGB nicht. In § 12 ImmoWertV finden sich einige allgemeine Vorgaben, die bei der Ermittlung der Bodenrichtwerte und der sonstigen für die Wertermittlung erforderlichen Daten beachtet werden müssen. Die sonstigen erforderlichen Daten sind hiernach insbesondere aus der Kaufpreissammlung auf der Grundlage einer ausreichenden Anzahl geeigneter Kaufpreise zu ermitteln (§ 12 Abs. 2 ImmoWertV). Zur Ermittlung der sonstigen für die Wertermittlung erforderlichen Daten sind gemäß § 12 Abs. 4 ImmoWertV geeignete statistische Verfahren heranzuziehen. Was unter diesem Begriff zu verstehen ist, wird nicht näher konkretisiert. Es obliegt daher grundsätzlich dem jeweiligen Gutachterausschuss zu entscheiden, welches Verfahren er für geeignet hält.[440] Zur Gewährleistung der Modellkonformität muss der Gutachterausschuss, wenn er bei der Ermittlung auf bestimmte Modellansätze zurückgreift, die in § 12 Abs. 5 ImmoWertV vorgegebenen Modellansätze beachten. Weitere Konkretisierungen zu den verschiedenen sonstigen erforderlichen Daten finden sich in den §§ 18 ff. ImmoWertV. Detaillierte Vorgaben an die Ermittlung dieser Daten enthalten diese Normen jedoch kaum.

Aufgrund der geringen Regelungsdichte dürfte die Ermittlung der sonstigen erforderlichen Daten in der Praxis sehr uneinheitlich erfolgen. Im Jahr 2016 konnten bei einer Untersuchung 27 unterschiedliche Modelle für die Ableitung von Sachwertfaktoren und 30 Modelle für die Ableitung von Liegenschaftszinssätzen beobachtet werden.[441] Es existieren folglich keine bundeseinheitlichen Methoden und Verfahren zur Ableitung der erforderlichen Daten.[442] Infolgedessen dürften die von den Gutachterausschüssen ver-

---

438 *Friedrich*, ZfV 3/1978, 94 (95).

439 Siehe hierzu unter Gliederungspunkt § 2, II., 2., d), aa), (3).

440 Vgl. für Umrechnungskoeffizienten und Indexreihen *Mann*, ZfV 3/2016, 161 (164 ff.).

441 *Friedrichsen/Lözzer*, GuG 4/2017, 209 (212).

442 *P. Zimmermann*, ImmoWertV, 2. Aufl. 2019, § 9, Rn. 16.

öffentlichten sonstigen erforderlichen Daten nur eingeschränkt vergleichbar sein und eine uneinheitliche Qualität aufweisen.

Nach dem klaren Wortlaut des § 193 Abs. 5 Satz 1 BauGB sind die sonstigen erforderlichen Daten durch den Gutachterausschuss, also durch den Vorsitzenden und die ehrenamtlichen Gutachter, zu ermitteln. Dies wird in § 192 Abs. 3 Satz 2 BauGB ergänzt dadurch, dass auch ein Bediensteter der zuständigen Finanzbehörde als Gutachter hinzuzuziehen ist. Die meisten Länder haben dies in ihren Gutachterausschussverordnungen auch noch einmal klarstellend geregelt.[443] Einige Länder übertragen die Ermittlung der erforderlichen Daten und deren Fortschreibung jedoch der Geschäftsstelle[444] oder allein dem Vorsitzenden.[445] Der Geschäftsstelle können jedoch allenfalls vorbereitende Aufgaben für die Ermittlung der sonstigen erforderlichen Daten zugewiesen werden.[446] Die Ermittlung der erforderlichen Daten setzt einerseits die Verfügbarkeit einer ausreichenden Anzahl an aussagekräftigen Kaufpreisen und andererseits eine leistungsfähige Geschäftsstelle voraus, die die erforderlichen Informationen sachgerecht in der Kaufpreissammlung erfasst und auswertet und die Ermittlung für die Gutachter vorbereitet. Da in der Praxis insoweit häufig Mängel bestehen, werden von vielen Gutachterausschüssen die sonstigen erforderlichen Daten nicht oder nur eingeschränkt ermittelt.[447]

(2) Veröffentlichung der sonstigen erforderlichen Daten

Eine Pflicht zur Veröffentlichung der erforderlichen Daten ergibt sich aus dem BauGB nur für die Bodenrichtwerte (§ 196 Abs. 3 Satz 1 BauGB). Hinsichtlich der sonstigen erforderlichen Daten regelt § 193 Abs. 5 Satz 3 BauGB nur die Verpflichtung, diese dem Finanzamt für Zwecke der steuerlichen Bewertung mitzuteilen. Die Bundesländer können auf der Grundlage von § 199 Abs. 2 Nr. 4 BauGB die Veröffentlichung der sonstigen Daten der Wertermittlung

---

[443] Vgl. z. B. § 5 Abs. 2 Satz 3 DVO-BauGB Berlin, § 13 Abs. 3 Nds. DVO-BauGB, § 5 Abs. 2 GutVO SL.

[444] Vgl. § 10 Abs. 4 Nr. 2 GAVO SH, § 10 Abs. 4 Nr. 2 GutALVO M-V.

[445] Vgl. § 7 Satz 4 GAVO HH.

[446] So etwa § 8 Satz 2 Nr. 2 SächsGAVO, § 9 Nr. 7 BauGB-AV HE; § 9 Nr. 2 ThürGAVO.

[447] *Schmeck*, NÖV 1/1999, 27 (28); *Kröll*, GuG 2/2016, 84 (89).

regeln. Die Länder haben auch in diesem Bereich unterschiedliche Veröffentlichungsformen gewählt.[448]

Regelmäßig werden die sonstigen für die Wertermittlung erforderlichen Daten im Rahmen von Grundstücksmarktberichten veröffentlicht, die von den Gutachterausschüssen herausgegeben werden; teilweise erfolgt auch eine gesonderte Veröffentlichung.[449] Die Zugänglichkeit und Qualität der Veröffentlichungen der Gutachterausschüsse ist unterschiedlich.[450] Aus steuerlicher Sicht ist diese Rechtslage ungenügend. Die steuerliche Grundbesitzbewertung ist abhängig vom Vorliegen bestimmter sonstiger erforderlicher Daten. Hat der Gutachterausschuss Liegenschaftszinssätze oder Sachwertfaktoren veröffentlicht, richtet sich die steuerliche Bewertung nach diesen Daten. Ist dies nicht der Fall, kommen gesetzlich typisierte Bewertungsfaktoren zur Anwendung. Die Höhe des Grundbesitzwerts ist daher abhängig vom Vorliegen der durch den Gutachterausschuss ermittelten sonstigen erforderlichen Daten. Aus Gründen der Planungssicherheit muss der Steuerpflichtige jedoch bereits im Voraus (etwa im Vorfeld einer Grundstücksschenkung) ermitteln können, wie sich der Grundbesitzwert bemisst. Dazu muss er auf einfachem Wege in Erfahrung bringen können, ob der Gutachterausschuss die sonstigen erforderlichen Daten veröffentlicht hat. Dem Vorbild von *Niedersachsen* und *Nordrhein-Westfalen* folgend, sollten daher alle Gutachterausschüsse verpflichtet sein, die sonstigen erforderlichen Daten über eine Internetplattform abrufbar zu machen[451] bzw. deren Grundstücksmarktberichte kostenfrei zur Verfügung zu stellen.[452] In jedem Fall muss gewährleistet sein, dass die sonstigen erforderlichen Informationen für den Steuerpflichtigen zugänglich sind.

Die sonstigen erforderlichen Daten sind gemäß § 12 Abs. 1 Satz 3 ImmoWertV auf einen Stichtag zu beziehen. Wie dieser Stichtag zu bestimmen

---

448 Vgl. beispielhafte Darstellung bei *Freise*, in: Brügelmann, BauGB, § 193 BauGB, 109. EL, 1/2019, Rn. 112.

449 *Friedrichsen/Lözzer*, GuG 4/2017, 209 (216); *Kleiber*, Verkehrswertermittlung von Grundstücken, 10. Aufl. 2023, § 193 BauGB, Rn. 101.

450 Vgl. *Soot/Zaddach/Teuber/Homes/Schweden/Weitkamp*, ZfV 2023, 277 (281 ff.).

451 So etwa *Niedersachsen*: https://www.gag.niedersachsen.de/grundstuecksmarktinformationen/grundstucksmarktdaten-197115.html (letzter Abruf 28.09.2025).

452 So etwa *NRW*: https://www.boris.nrw.de/boris-nrw (dort unter Grundstücksmarktberichte) (letzter Abruf 28.09.2025).

ist und wie regelmäßig die sonstigen erforderlichen Daten ermittelt und veröffentlicht werden müssen, ist hingegen nicht geregelt. Einige Länder regeln in den Gutachterausschussverordnungen sinnvollerweise die Ermittlungs- und Veröffentlichungszeitpunkte identisch zu der Ermittlung der Bodenrichtwerte.[453] Dies wird auch in Nr. 12.(1).2 ImmoWertA empfohlen. Teilweise wird kein konkreter Zeitpunkt für die Ermittlung oder Veröffentlichung genannt.[454] Teilweise lassen sich den Gutachterausschussverordnungen auch überhaupt keine Angaben zu der Veröffentlichung der sonstigen erforderlichen Daten entnehmen.[455] Da die sonstigen erforderlichen Daten auch der steuerlichen Bewertung zugrunde gelegt werden (§ 177 Abs. 2 Satz 2 ff. BewG), sollte höchstens ein zweijähriger Ermittlungsturnus gewählt werden, um eine realitätsnahe steuerliche Bewertung zu gewährleisten.

Eine Veröffentlichung der sonstigen erforderlichen Daten erfolgt derzeit nicht flächendeckend.[456] Die Anzahl der veröffentlichten erforderlichen Daten schwankt teils erheblich. Nach einer Untersuchung von *Friedrichsen/Lözzer* wurden im Jahr 2016 von dem Gutachterausschuss für Leipzig sieben abgeleitete Werte veröffentlicht, der Gutachterausschuss für Düsseldorf hatte hingegen 39 Werte veröffentlicht. Für Saarbrücken wurden keine Werte veröffentlicht.[457] Die erforderlichen Daten sind zudem häufig nicht aktuell vorhanden und können zum Teil mehrere Jahre zurückliegen.[458] Im Hinblick auf die Bedeutung der sonstigen erforderlichen Daten für die Wertermittlung besteht hier eindeutig gesetzgeberischer Handlungsbedarf. Eine flächendeckende Verfügbarkeit der sonstigen erforderlichen Daten in vergleichbarer Qualität ist nicht nur für die Verkehrswertermittlung,

---

453 Vgl. § 12 Abs. 1 SächsGAVO, § 40 GrundWertVO NRW.

454 Vgl. § 13 BayGaV.

455 Vgl. GuAVO BW, GAVO Br.

456 *Mann*, ZfV 3/2016, 161 (161); *Petersen/Schnoor/W. Seitz*, Verkehrswertermittlung von Immobilien, 3. Aufl. 2018, S. 140.; vgl. aber auch Nr. 12.(1).1.

457 *Friedrichsen/Lözzer*, GuG 4/2017, 209 (212).

458 Vgl. zu den Folgen für die Besteuerung Referentenentwurf des BMF zum GrStRefUG v. 17.03.2021, S. 18; Begründung zum GrStRefUG v. 22.04.2021, BT-Drs. 19/28902, S. 20.

sondern auch für die Bodenrichtwertermittlung und für die steuerliche Bewertung erforderlich.[459]

c) Weitere Aufgaben der Gutachterausschüsse

Eine weitere wesentliche Aufgabe der Gutachterausschüsse ist gemäß § 193 Abs. 1 BauGB die Erstattung von Gutachten zur Schaffung von einzelfallbezogener Markttransparenz und als Grundlage für behördliche oder gerichtliche Verfahren. Die Gutachten werden in erster Linie für öffentlich-rechtliche Zwecke erstattet (§ 193 Abs. 1 Satz 1 Nr. 1, 2 und 4, Abs. 2 BauGB). Daneben kann der Gutachterausschuss auch Gutachten für private Zwecke erstatten (§ 193 Abs. 1 Nr. 3 BauGB, § 198 BewG). In diesen Fällen wird der Gutachterausschuss ausnahmsweise nicht hoheitlich tätig.[460] Die gutachterliche Tätigkeit des Gutachterausschusses ergänzt die Ermittlung der für die Wertermittlung erforderlichen Daten sinnvoll, da der Gutachterausschuss die von ihm ermittelten und veröffentlichten Daten und Werte in diesem Rahmen auf ihre Geeignetheit im Einzelfall überprüfen kann.[461]

Die Gutachterausschüsse haben darüber hinaus zahlreiche weitere Aufgaben zu erfüllen. Der Aufgabenkatalog in § 193 BauGB stellt keine abschließende Regelung dar.[462] Nach § 199 Abs. 2 Nr. 6 BauGB können den Gutachterausschüssen neben den vorgenannten Aufgaben weitere Aufgaben durch Rechtsverordnung der Bundesländer übertragen werden. Von dieser Möglichkeit haben die Bundesländer überwiegend Gebrauch gemacht. Nach den Gutachterausschussverordnungen der Länder sind die Gutachterausschüsse zusätzlich etwa verpflichtet, Grundstücksmarktberichte und Bodenrichtwertübersichten zu veröffentlichen sowie Gutachten über die Höhe von Mieten und Pachten zu erstatten.[463] Weitere Aufgaben können sich zudem aufgrund von anderen Bundesgesetzen ergeben (z. B. § 183 Abs. 1 Satz 2 BewG).

---

459 Siehe zu der Bedeutung der sonstigen erforderlichen Daten in der Bodenrichtwertermittlung unter Gliederungspunkt § 1, IV., 2., b).

460 FG BW, Urt. v. 28.10.1997 – 12 K 201/95, EFG 1998, 408; ebenso *FM NRW*, Erlass zur steuerlichen Behandlung der Gutachterausschüsse i. S. d. § 192 ff. BauGB v. 23.12.1998, GuG 1999, 306, S. 306.

461 Vgl. *Freise*, in: Brügelmann, BauGB, § 193 BauGB, 109. EL, 1/2019, Rn. 105.

462 Gesetzentwurf der BReg eines Gesetzes über das BauGB, BT-Drs. 10/4630, S. 150.

463 *Reuter/Voß/Ziegenbein*, in: Kummer/Kötter/Kutterer/Ostrau (Hrsg.), Das deutsche Vermessungs- und Geoinformationswesen, 2020, S. 639 (654).

III. Bodenrichtwerte

Bodenrichtwerte sind das zentrale Thema dieser Untersuchung und sollen in diesem Abschnitt vertieft dargestellt werden. Es wird insbesondere eine Definition der Bodenrichtwerte herausgearbeitet und angegeben, in welchem Verhältnis diese zu verwandten Wertbegriffen stehen (dazu sogleich unter Gliederungspunkt 1.). Anschließend wird auf die Verwendungszwecke der Bodenrichtwerte (dazu unter Gliederungspunkt 2.), die verschiedenen Arten von Bodenrichtwerten (dazu unter Gliederungspunkt 3.) und die Verbindlichkeit der Bodenrichtwerte (dazu unter Gliederungspunkt 4.) eingegangen. Von besonderer Bedeutung für die Verwendung der Bodenrichtwerte ist auch deren Darstellung bei der Veröffentlichung (dazu unter Gliederungspunkt 5.). Der Abschnitt endet mit einer Darstellung der Verwendung der Bodenrichtwerte im Rahmen der Verkehrswertermittlung (dazu unter Gliederungspunkt 6.).

1. Was ist der Bodenrichtwert und was ist er nicht?

a) Definition des Bodenrichtwerts

Das BauGB enthält nur knappe, teilweise zusammenhanglose Vorgaben für die Ermittlung und Veröffentlichung der Bodenrichtwerte. In § 196 Abs. 1 Satz 1 BauGB wird die Pflicht der Gutachterausschüsse zur Ermittlung der Bodenrichtwerte aus § 193 Abs. 5 Satz 1 BauGB näher umschrieben. Aus dem Klammerzusatz in dieser Norm lässt sich jedoch entnehmen, dass ein Bodenrichtwert i. S. d. § 196 BauGB ein durchschnittlicher Lagewert für den Boden unter Berücksichtigung des unterschiedlichen Entwicklungszustands ist. Ergänzt wird diese Vorgabe durch die folgenden Sätze 2 bis 4. In Satz 2 ist geregelt, dass in bebauten Gebieten Bodenrichtwerte mit dem Wert zu ermitteln sind, der sich ergeben würde, wenn der Boden unbebaut wäre. Satz 3 bestimmt, dass Richtwertzonen zu bilden sind, die jeweils Gebiete umfassen, die nach Art und Maß der Nutzung weitgehend übereinstimmen. Nach Satz 4 sind die wertbeeinflussenden Merkmale des Bodenrichtwertgrundstücks darzustellen, ohne dass jedoch erläutert wird, wie dieses mit der Bodenrichtwertzone oder dem Bodenrichtwert in Verbindung steht.

Die Verständlichkeit der Definition der Bodenrichtwerte wurde in der Vergangenheit auch nicht wesentlich durch § 10 ImmoWertV 2010 verbessert. Mit der Einführung der ImmoWertV 2021 wurden erfreulicherweise einige erläuternde und ergänzende Regelungen hinzugefügt. Eine vollständige Definition des Bodenrichtwerts, vergleichbar mit Nr. 2 BRW-RL, ist in der ImmoWertV 2021 jedoch nicht enthalten. Ergänzend zu § 196 BauGB bestimmt nun § 13 Abs. 1 ImmoWertV 2021, dass sich der Bodenrichtwert auf einen Quadratmeter Grundstücksfläche des Bodenrichtwertgrundstücks bezieht. In § 13 Abs. 2 Satz 2 ImmoWertV 2021 ist geregelt, dass für jede Bodenrichtwertzone ein Bodenrichtwert anzugeben ist. Damit werden die wesentlichen Begriffsmerkmale des Bodenrichtwerts nun in Beziehung gesetzt. Aus dem Regelungsgeflecht des § 196 BauGB und der §§ 13 ff. ImmoWertV 2021 lässt sich die folgende Definition des Bodenrichtwerts herleiten:

> Der Bodenrichtwert ist ein durchschnittlicher Lagewert für den Boden, der unter Berücksichtigung des jeweiligen Entwicklungszustands für das Gebiet einer Bodenrichtwertzone ermittelt wird und der sich auf einen Quadratmeter Grundstücksfläche eines unbebauten und fiktiven Bodenrichtwertgrundstücks bezieht, dessen Grundstücksmerkmale weitgehend mit den vorherrschenden grund- und bodenbezogenen wertbeeinflussenden Grundstücksmerkmalen in der betreffenden Bodenrichtwertzone übereinstimmen.

b) Verhältnis zwischen Verkehrswert, Bodenwert und Bodenrichtwert

Der *Verkehrswert* eines Grundstücks ist ein in § 194 BauGB bestimmter normativer Wert. Er stellt den Kaufpreis dar, der für ein Grundstück unter Berücksichtigung aller wertrelevanten Umstände im gewöhnlichen Geschäftsverkehr am wahrscheinlichsten zu erzielen ist. Auf diesen wurde bereits vertieft eingegangen.[464]

Der Begriff des *Bodenwerts* wird im BauGB und in der ImmoWertV an mehreren Stellen gebraucht. Es fehlt allerdings an einer Legaldefinition.[465] In der Literatur wird angenommen, dass der Bodenwert der Verkehrswert des Grund und Bodens[466] bzw. der Anteil des Grund und Bodens am Verkehrswert des Grundstücks sei.[467] Er bezieht sich stets auf ein real existierendes Grund-

---

464 Siehe dazu bereits ausführlich unter Gliederungspunkt § 1, I., 2., a)).

465 *Kleiber*, Verkehrswertermittlung von Grundstücken, 10. Aufl. 2023, § 40 ImmoWertV, Rn. 4.

466 *O. Brückner*, AVN 10/1969, 453 (454); *Seele*, VR 7+8/1988, 363 (365); *Reuter*, immobilien & bewerten 2/2015, 61 (63).

467 *Seele*, VR 7+8/1988, 363 (365); *Reuter*, immobilien & bewerten 2/2015, 61 (63).

stück. Allerdings wird bei bebauten Grundstücken die vorhandene Bebauung regelmäßig ausgeblendet.[468] Einer eventuell vorhandenen Bausubstanz wird demnach im Regelfall[469] kein irgendwie gearteter Bodenwerteinfluss, insbesondere keine *„dämpfende Wirkung“*, zugesprochen.[470] Bei unbebauten Grundstücken entspricht der Bodenwert nicht zwangsläufig dem Verkehrswert des Grundstücks. Wertdifferenzen können sich etwa durch (geringfügige) bauliche Anlagen, Anpflanzungen sowie durch dingliche Rechte oder wertbedeutsame Nutzungsrechte ergeben.[471] Diese Bestandteile und Rechte sind bei der Ermittlung des (vorläufigen) Bodenwerts zunächst nicht zu berücksichtigen (vgl. § 8 Abs. 3 ImmoWertV).[472]

Der *Bodenrichtwert* i. S. d. § 196 Abs. 1 Satz 1 BauGB ist als ein durchschnittlicher Lagewert für den Boden konzipiert, der für das Gebiet einer Bodenrichtwertzone ermittelt wird und der sich auf einen Quadratmeter Grundstücksfläche eines fiktiven unbebauten Bodenrichtwertgrundstücks bezieht. Ein Zusammenhang zwischen dem Bodenrichtwert einerseits und dem Verkehrswert oder dem Bodenwert andererseits lässt sich weder § 196 BauGB noch den §§ 13 ff. ImmoWertV entnehmen.[473] Infolge der teils zusammenhanglosen Regelung der Bodenrichtwerte in § 196 Abs. 1 Satz 1 bis 4 BauGB bestanden in der Vergangenheit Unsicherheiten, worauf sich der Bodenrichtwert konkret bezieht. Überwiegend wurde unter Berufung auf Nr. 2 Satz 2 BRW-RL angenommen, dass der Bodenrichtwert nicht einen Durchschnittswert mehrerer Grundstücke oder der gesamten Bodenrichtwertzone darstelle, sondern sich allein auf das Bodenrichtwertgrundstück mit seinen definierten Grundstücksmerkmalen beziehe.[474] Diese Ansicht hat der Verordnungsgeber nun mit § 13 Abs. 1 ImmoWertV 2021

---

468 *Kleiber*, Verkehrswertermittlung von Grundstücken, 10. Aufl. 2023, § 40 ImmoWertV, Rn. 19.

469 Ausnahmen von dieser Fiktion sind in § 40 Abs. 5 ImmoWertV geregelt.

470 *Reuter/Voß/Ziegenbein*, in: Kummer/Kötter/Kutterer/Ostrau (Hrsg.), Das deutsche Vermessungs- und Geoinformationswesen, 2020, S. 639 (699); *Kleiber*, Verkehrswertermittlung von Grundstücken, 10. Aufl. 2023, § 40 ImmoWertV, Rn. 30 ff.

471 *Seele*, VR 3/1982, 105 (113 f.); *Seele*, VR 8/1998, 393 (394).

472 *Seele*, VR 8/1998, 393 (394).

473 Zur ImmoWertV 2010 *Reuter*, immobilien & bewerten 2/2015, 61 (63).

474 *Junge*, GuG 2017, 180 (180); *Reuter*, immobilien & bewerten 2/2015, 61 (64)., ebenso Nr. 5.2.1 RiWert RhPf, a. A. *Kleiber*, GuG aktuell 6/2016, 41; *Kleiber*, GuG 2017, 243.

bestätigt.[475] Der Bodenrichtwert stellt bei diesem Verständnis den Verkehrswert[476] (bzw. den Bodenwert[477]) des unbebauten Bodenrichtwertgrundstücks dividiert durch dessen Grundstücksfläche in Quadratmetern dar. Für die Bodenrichtwertermittlung sind daher dieselben Grundsätze zu beachten, die auch bei der Ermittlung des Bodenwerts nach der ImmoWertV zur Anwendung kommen.[478]

c) Zonale und lagetypische Bodenrichtwerte

In § 196 Abs. 1 Satz 3 BauGB ist geregelt, dass Richtwertzonen[479] zu bilden sind, die jeweils Gebiete umfassen, die nach Art und Maß der Nutzung weitgehend übereinstimmen. Als durchschnittlicher Lagewert bezieht sich ein Bodenrichtwert daher immer auf eine Bodenrichtwertzone (sog. *zonaler Bodenrichtwert*[480]).[481] Bodenrichtwertzonen können wenige Grundstücke, einzelne Straßen oder ganze Stadtteile und Ortschaften umfassen.[482] Eine Bodenrichtwertzone muss mehrere Grundstücke umfassen; sie darf nicht für ein einzelnes Grundstück gebildet werden (siehe zu der Bildung und Abgrenzung der Bodenrichtwertzonen noch ausführlich unter Gliederungspunkt § 1, IV., 4.).[483]

Die Verpflichtung, die Bodenrichtwerte für eine Bodenrichtwertzone zu ermitteln, wurde erst nachträglich im Zusammenhang mit dem ErbStRG 2009 eingefügt.[484] Dadurch sollte für die steuerliche Bewertung gewährleistet werden, dass die Bodenrichtwerte flächendeckend ermittelt werden und dass eine eindeutige Zuordnung des zu bewertenden Grundstücks zu

---

475 Vgl. ebenso A 247.1 Abs. 2 Satz 2 AEBewGrSt 2021.

476 *Reuter*, immobilien & bewerten 2/2015, 61 (64); *Junge*, GuG 2017, 180 (180); *Freise*, in: Brügelmann, BauGB, § 196 BauGB, 109. EL, 1/2019, Rn. 10; *Freise*, in: Brügelmann, BauGB, § 10 ImmoWertV, 93. EL, 2/2015, Rn. 5.

477 Nr. 5.2.1 RiWert RhPf.

478 *Reuter*, immobilien & bewerten 2/2015, 61 (64).

479 Der Begriff in § 196 BauGB ist veraltet. Diese Zonen werden heutzutage als Bodenrichtwertzonen bezeichnet (vgl. §§ 13 ff. ImmoWertV).

480 *Kleiber*, in: E/Z/B/K, BauGB, § 196 BauGB, 122. EL, 8/2016, Rn. 69.

481 § 13 Abs. 2 Satz 2 ImmoWertV.

482 *Zeißler*, Zur Ermittlung von Bodenrichtwerten bei fehlenden Kaufpreisen unbebauter Grundstücke, 2012, S. 19. (dort Fn. 72).

483 *Mattiseck/Schaar*, NÖV 2/2011, 37 (38).

484 Art. 4 Nr. 2 lit. a ErbStRG v. 24.12.2008, BStBl. I 2008, S. 3018.

einem Bodenrichtwert möglich ist.[485] Zuvor wurden die Bodenrichtwerte uneinheitlich teils als zonale Bodenrichtwerte, teils als sog. *lagetypische Bodenrichtwerte* ermittelt und veröffentlicht.[486] Die lagetypischen Bodenrichtwerte werden ohne die Bildung von Bodenrichtwertzonen ermittelt und beziehen sich auf ein lagemäßig fixiertes (Boden-)Richtwertgrundstück. Eine eindeutige Zuordnung dieses Bodenrichtwerts zu dem bewertenden Grundstück war nicht ohne Weiteres möglich und erforderte eine situationsbezogene und sachverständige Zuordnung.[487] Solche lagetypischen Bodenrichtwerte erfüllen seit der Einführung des § 196 Abs. 1 Satz 3 BauGB nicht mehr die gesetzlichen Anforderungen an die Bodenrichtwerte. Auch sog. „Bodeneckwerte"[488] und „lagetypische Grundwerte"[489] beziehen sich nur auf ein Grundstück und nicht auf eine Bodenrichtwertzone und können daher nicht als Bodenrichtwerte i. S. d. § 196 Abs. 1 BauGB angesehen werden.

Die Regelung zur Bildung der Bodenrichtwertzonen in § 196 Abs. 1 Satz 3 BauGB bezieht sich nur auf bebaute Gebiete, bei denen ein Art und ein Maß der (baulichen) Nutzung feststellbar ist. Unbebaute Gebiete (etwa Flächen der Land- und Forstwirtschaft) sind vom Wortlaut dieser Regelung nicht unmittelbar erfasst.[490] Gleichwohl müssen aufgrund der Pflicht zur flächendeckenden Ermittlung der Bodenrichtwerte auch für diese Gebiete Bodenrichtwertzone gebildet werden. Mit der flächendeckenden Ermittlung der Bodenrichtwerte hatte der Gesetzgeber gerade bezweckt, dass auch für baureifes Land und für land- und forstwirtschaftliche Flächen Bodenrichtwerte ermittelt werden und für die steuerliche Bewertung zur Verfügung stehen.[491]

---

485 Entwurf der BReg zum ErbStRG v. 28.01.2008, BT-Drs. 16/7918, S. 48.

486 *Kredt*, fub 1/2010, 1 (3); *Kleiber*, in: E/Z/B/K, BauGB, § 196 BauGB, 122. EL, 8/2016, Rn. 72 f.

487 *Bizer/Joeris*, GuG 3/1998, 132 (133); *Zeißler*, Zur Ermittlung von Bodenrichtwerten bei fehlenden Kaufpreisen unbebauter Grundstücke, 2012, S. 22.

488 gif e. V., Qualitätssicherung bei der Ermittlung von Bodenrichtwerten, 2008, S. 11; *Kleiber*, Verkehrswertermittlung von Grundstücken, 10. Aufl. 2023, § 13 ImmoWertV, Rn. 11.

489 *Kleiber*, Verkehrswertermittlung von Grundstücken, 10. Aufl. 2023, § 13 ImmoWertV, Rn. 11.

490 *J. Schmidt*, GuG 2008, 150 (152).

491 Entwurf der BReg zum ErbStRG v. 28.01.2008, BT-Drs. 16/7918, S. 48.

d) Der Bodenrichtwert als Durchschnittswert

Der Bodenrichtwert ist gemäß § 196 Abs. 1 Satz 1 BauGB der *durchschnittliche Lagewert* für den Boden bezogen auf eine Bodenrichtwertzone. Jedes Grundstück weist in der Regel eigene Lage-, Nutzbarkeits- und Beschaffenheitsfaktoren auf und unterscheidet sich daher von anderen Grundstücken.[492] Dies gilt vor allem für bebaute, aber auch für unbebaute Grundstücke. Insbesondere abweichende Lagefaktoren führen dazu, dass ein Grundstück regelmäßig eine abweichende Lagewertigkeit im Vergleich zu den benachbarten Grundstücken aufweist. Homogene Zonen vollkommen gleicher Lagewertigkeit existieren daher nur im Ausnahmefall. Aus diesem Grund kann ein einheitlicher Bodenwert für mehre Grundstücke nicht angegeben werden. Der Bodenrichtwert stellt als „Richtwert" nur den durchschnittlichen Lagewert dar. Der Bodenwert eines zonenangehörigen Grundstücks kann im Verhältnis zu dem Bodenrichtwert nicht unerheblich abweichen.[493]

Der Bodenrichtwert ist jedoch kein reiner Durchschnittswert.[494] Denn die Durchschnittsqualität bezieht sich nur auf die Lagewertigkeit. Die Lage eines Grundstücks hat zwar wesentlichen Einfluss auf den Grundstückswert. Dieser wird jedoch insbesondere auch durch die Beschaffenheit des Grundstücks und durch dessen bauliche Nutzbarkeit beeinflusst.[495] Aus diesem Grunde bezieht sich der Bodenrichtwert auf ein fiktives Bodenrichtwertgrundstück, dessen Grundstücksmerkmale nach § 13 Abs. 2 Satz 1 ImmoWertV weitgehend mit den „vorherrschenden" (nicht den durchschnittlichen) grund- und bodenbezogenen wertbeeinflussenden Grundstücksmerkmalen in der Bodenrichtwertzone übereinstimmen soll. Der Bodenrichtwert ist nur im Zusammenhang mit den dargestellten wertbeeinflussenden Merkmalen des Bodenrichtwertgrundstücks aussagekräftig. Denn die dargestellten Grundstücksmerkmale geben an, welche wertbeeinflussenden Faktoren der Gutachterausschuss für die Ermittlung des Bodenrichtwerts zugrunde gelegt hat. Da sich der Bodenrichtwerte nur auf dieses Bodenrichtwertgrundstück bezieht, trifft er keine endgültige Aussage über den konkreten Bodenwert

---

492 Siehe dazu bereits unter Gliederungspunkt § 1, I., 2., a), aa).

493 *Ziegenbein*, VR 6+7/1999, 383 (384).

494 FG Rheinland-Pfalz, Beschl. v. 23.11.2023 – 4 V 1295/23, juris Rn. 223; *Bischoff*, ImmoWertV 2021, 2021, S. 76.

495 Siehe hierzu unter Gliederungspunkt § 1, I., 2., a), aa).

eines zur Bodenrichtwertzone gehörenden Grundstücks. Sofern ein innerhalb der Bodenrichtwertzone gelegenes Grundstück von den wertbeeinflussenden Eigenschaften des Bodenrichtwertgrundstücks abweicht (z. B. hinsichtlich Art und Maß der baulichen Nutzung oder der Grundstücksfläche), bedeutet dies, dass dessen Bodenwert pro Quadratmeter vom Bodenrichtwert abweicht.[496]

2. Zweck der Bodenrichtwerte

Die Ermittlung und Veröffentlichung der Bodenrichtwerte dient zwei Hauptzwecken: Einerseits tragen die Bodenrichtwerte wesentlich zur Transparenz auf dem Grundstücksmarkt bei. Andererseits werden die Bodenrichtwerte im Rahmen von Wertermittlungen verwendet. Gemäß der unterschiedlichen Zwecksetzung kommt dem Bodenrichtwert eine *Doppelnatur* zu. Einerseits handelt es sich lediglich um eine amtliche Information, die den Teilnehmern am Grundstücksmarkt als Entscheidungsgrundlage zur Verfügung steht. Andererseits wird der Bodenrichtwerte mittlerweile auch gezielt als Bewertungsgrundlage ermittelt. Insbesondere für die Verwendung der Bodenrichtwerte für Zwecke der Grundsteuer sollen die Bodenrichtwerte gesondert ermittelt und den steuerlichen Feststellungen mit verbindlicher Wirkung und grundsätzlich ohne Korrekturen zugrunde gelegt werden.[497]

a) Gewährleistung von Transparenz auf dem Grundstücksmarkt

Die Ermittlung und Veröffentlichung der Bodenrichtwerte dient in erster Linie zur Gewährleistung der Transparenz des Grundstücksmarktes.[498] Die Bodenrichtwerte sollen definitionsgemäß ein der Wirklichkeit entsprechendes Abbild der Wertverhältnisse auf dem Bodenmarkt zum Bodenrichtwertstichtag

---

[496] *DVW e. V.*, GuG 3/2000, 142 (144); *Kleiber*, Verkehrswertermittlung von Grundstücken, 9. Aufl. 2020, § 10 ImmoWertV, Rn. 75. Siehe hierzu im Zusammenhang mit der Grundsteuer auch noch ausführlich die Ausführungen unter Gliederungspunkt § 3, IV., 3., b), bb), (2), (c).

[497] Siehe hierzu unter Gliederungspunkt § 2, II., 3., b), cc), (1), (d) und (e).

[498] Nr. 1 Abs. 3 Satz 1 BRW-RL; Schriftlicher Bericht des Ausschusses für Wohnungswesen, Bau- und Bodenrecht über den von der BReg eingebrachten Entwurf eines BBauG v. 22.04.1960, BT-Drs. III/1794, S. 27; *Schulte/Bodenstein*, NaVKV 4/1986, 322 (328).

darstellen.[499] Durch ihre Veröffentlichung soll die Übersichtlichkeit des Bodenmarktes gesteigert werden und zwar insbesondere für private Belange, für die Belange der Wirtschaft, des Rechtswesens und der Besteuerung.[500] Im Gesetz wurde dieser Zweck bei Einführung der (Boden-)Richtwerte durch die Pflicht zur ortsüblichen Bekanntmachung und ggfs. Veröffentlichung (§ 143 Abs. 4 BBauG 1960) und durch einen Auskunftsanspruch über die (Boden-)Richtwerte (§ 143 Abs. 5 BBauG 1960) verankert. Nach geltender Rechtslage sind die Bodenrichtwerte nach § 196 Abs. 3 Satz 1 BauGB zu veröffentlichen. Die veröffentlichten Bodenrichtwerte können mittlerweile ganz überwiegend online über diverse Bodenrichtwert-Informationsportale eingesehen werden.[501] Daneben besteht ein Auskunftsanspruch nach § 196 Abs. 3 Satz 2 BauGB gegenüber der Geschäftsstelle. Auf diese Weise leisten die Bodenrichtwerte auch heutzutage einen großen Beitrag für die Transparenz auf dem deutschen Grundstücksmarkt.[502]

Die Bodenrichtwerte sind die einzigen Orientierungswerte für Bodenpreise, die auf tatsächlich in der Vergangenheit angefallenen Grundstücksgeschäften beruhen.[503] Sie zeichnen die vergangene Wertentwicklung nach, sollen aber hingegen keinen aktiven Einfluss auf die zukünftige Wertentwicklung selbst nehmen.[504] Es ist nicht Aufgabe der Bodenrichtwerte vorzugeben, was der Grund und Boden „wert sein darf".[505] Bodenrichtwerte können jedoch die Marktentwicklung indirekt beeinflussen, indem sie etwa bei überhöhten Kaufpreisforderungen Signalwirkung entfalten und deshalb zu einer Dämpfung der Preisentwicklung beitragen können.[506]

---

499 *Kleiber*, Verkehrswertermittlung von Grundstücken, 10. Aufl. 2023, § 13 ImmoWertV, Rn. 22.

500 *Kleiber*, Verkehrswertermittlung von Grundstücken, 10. Aufl. 2023, § 13 ImmoWertV, Rn. 20.

501 Siehe hierzu unter Gliederungspunkt § 1, II., 7., b), aa), (5), (a).

502 *Kleiber*, Verkehrswertermittlung von Grundstücken, 10. Aufl. 2023, § 13 ImmoWertV, Rn. 20 ff.

503 AK OGA, Immobilienmarktbericht Deutschland 2019, S. 239.

504 *Hansche*, GuG 3/2003, 141 (141); *Kleiber*, Verkehrswertermittlung von Grundstücken, 10. Aufl. 2023, § 13 ImmoWertV, Rn. 22.

505 *Kleiber*, Verkehrswertermittlung von Grundstücken, 10. Aufl. 2023, § 3 ImmoWertV, Rn. 22.

506 *Ziegenbein*, fub 3/2008, 97 (97); *Kleiber*, Verkehrswertermittlung von Grundstücken, 10. Aufl. 2023, § 13 ImmoWertV, Rn. 22.

b) Verwendung der Bodenrichtwerte in der Wertermittlung

Die Bodenrichtwerte dienen nicht nur der Markttransparenz. Bereits kurz nach Einführung der Bodenrichtwerte mit dem BBauG 1960 (damals noch unter der Bezeichnung Richtwerte) wurde in § 5 Satz 1 WertV 1961 für die Verkehrswertermittlung bestimmt, dass bei der Bodenwertermittlung durch Preisvergleich neben oder an Stelle von Vergleichspreisen auch geeignete Richtwerte herangezogen werden können. Die Bodenrichtwerte können insoweit als besonders geregelte Vergleichsfaktoren für die Ermittlung des Bodenwerts angesehen werden.[507] Die Eignung der (Boden-)Richtwerte für die Verkehrswertermittlung wurde in der Anfangszeit kontrovers diskutiert.[508] Mittlerweile haben sich die Bodenrichtwerte zu einer wichtigen Grundlage für die Immobilienwertermittlung durch Sachverständige, Banken und die Verwaltung entwickelt und sind als Wertermittlungsgrundlage allgemein anerkannt.[509] Mit Einführung des § 193 Abs. 3 BauGB 1986 (nun § 193 Abs. 3 BauGB) fand auch dieser zweite Hauptzweck Einfluss in den Gesetzestext. Dort wurden die Bodenrichtwerte erstmals (indirekt) als „zur Wertermittlung erforderliche Daten“ bezeichnet. Auch im Rahmen der steuerlichen Bewertung kommt den Bodenrichtwerten ein großer Stellenwert zu (dazu ausführlich im zweiten Kapitel). Darüber hinaus kommen sie auch in behördlichen Verwaltungsverfahren nach dem BauGB oder nach anderen Verwaltungsgesetzen (z. B. § 19 Abs. 5 Satz 1 SachenRBerG) zur Anwendung.

aa) Verkehrswertermittlung

Die Bodenrichtwerte kommen insbesondere bei der Ermittlung des Bodenwerts im Rahmen der Verkehrswertermittlung eines Grundstücks zur Anwendung. Gemäß § 40 Abs. 2 i. V. m. § 26 Abs. 2 ImmoWertV können zur Ermittlung von Bodenwerten auch objektspezifisch angepasste

---

[507] AGVGA.NRW, Modellkonforme Wertermittlung, 2016, S. 10; *Mann*, in: Kummer/Frankenberg/Kötter (Hrsg.), Das deutsche Vermessungs- und Geoinformationswesen 2014, 2013, S. 581 (600); *Jardin/Roscher*, Die Immobilienwertermittlung aus steuerlichen Anlässen, 2019, S. 475.

[508] *Brachmann*, AVN 11/1967, 478; *Meissner*, AVN 12/1967, 535; *Hintzsche*, AVN 3/1968, 111; *Gläser*, AVN 10/1969, 456; *Frisch*, AVN 10/1970, 445; *Engelken*, AVN 8+9/1977, 333.

[509] *Kleiber*, in: E/Z/B/K, BauGB, § 10 ImmoWertV, 135. EL, 9/2019, Rn. 19; *Kleiber*, Verkehrswertermittlung von Grundstücken, 10. Aufl. 2023, § 13 ImmoWertV, Rn. 24.

Bodenrichtwerte herangezogen werden (Bodenrichtwertverfahren).[510] In der Rechtsprechung ist dieses Verfahren allgemein anerkannt.[511] Auf die Verwendung der Bodenrichtwerte in der Verkehrswertermittlung wird unter Gliederungspunkt § 1, III., 6. ausführlich eingegangen. Daneben werden Bodenrichtwerte in der Verkehrswertermittlung regelmäßig herangezogen, um abweichende lagebedingte Wertunterschiede bei der Wertermittlung zu berücksichtigen, etwa bei der Anpassung der Kaufpreise im Vergleichswertverfahren[512] oder bei der Ermittlung von Immobilienrichtwerten.[513]

bb) Steuerliche Bewertung

Die Bodenrichtwerte sind auch für die steuerliche Bewertung von erheblicher Bedeutung.[514] Bislang kamen sie insbesondere im Rahmen der Aufteilung eines Gesamtkaufpreises eines bebauten Grundstücks für Zwecke der Ertragsteuern sowie für die Grundbesitzbewertung für Zwecke der Erbschaft- und Schenkungsteuer und teilweise auch für die Grunderwerbsteuer zur Anwendung. Die auf einzelne Erwerbsvorgänge bzw. Transaktionen beschränkte Anwendung wird nun mit der Grundsteuerreform auf eine breite Basis gestellt. Bundesweit sind 32 Mio. wirtschaftliche Einheiten des Grundvermögens neu zu bewerten.[515] Im Rahmen der Bewertung des Grundbesitzes für die Bundesgrundsteuer, welche von elf Bundesländern angewendet wird, kommt den Bodenrichtwerten sowohl für die Bewertung unbebauter als auch bebauter Grundstücke eine erhebliche Bedeutung zu.[516] *Baden-Württemberg* knüpft im vom Bundesrecht abweichenden Landesgrundsteuergesetz ausschließlich

---

510 *Kleiber*, Verkehrswertermittlung von Grundstücken, 10. Aufl. 2023, Syst. Darst. Vergleichswertverfahren, Rn. 155.

511 BGH, Urt. v. 10.03.1977 – III ZR 195/74, BeckRS 1977, 31116368; BGH, Urt. v. 04.03.1982 – III ZR 156/80, NVwZ 1982, 395; *Kleiber*, in: E/Z/B/K, BauGB, § 10 ImmoWertV, 135. EL, 9/2019, S. 24.

512 *Kleiber*, Verkehrswertermittlung von Grundstücken, 10. Aufl. 2023, Syst. Darst. Vergleichswertverfahren, Rn. 382.

513 *Weigt/Fitzner/Sloot*, GuG 4/2020, 204 (211).

514 Nr. 1 Abs. 3 Satz 2 BRW-RL; *Kleiber*, in: E/Z/B/K, BauGB, § 10 ImmoWertV, 135. EL, 9/2019, Rn. 45.

515 Entwurf der BReg zum GrStRefG 2019 v. 09.08.2019, BR-Drs. 354/19, S. 115; Stellungnahme des BR v. 21.10.2020 zum JStG 2020, BT-Drs. 19/23551, S. 47.

516 Siehe hierzu unter Gliederungspunkt § 2, II., 3., b).

an die Bodenrichtwerte an.[517] Auch in den Landesgrundsteuergesetzen von *Niedersachsen* und *Hessen* kommen die Bodenrichtwerte zur Anwendung.[518]

Die Möglichkeit, die von den Gutachterausschüssen ermittelten Bodenrichtwerte auch für die steuerliche Bewertung verwenden zu können, bedeutet für die Finanzverwaltung eine beachtliche Arbeitsersparnis.[519] Da die Bodenrichtwerte durch die explizite Anknüpfung mehrerer steuerlicher Bewertungsvorschriften in die steuerliche Bemessungsgrundlage einfließen, gebietet es nach Auffassung des Gesetzgebers der Grundsatz der Gleichmäßigkeit der Besteuerung, dass die Datengrundlage und die Ermittlung der Bodenrichtwerte möglichst einheitlich gehandhabt werden.[520] In der Vergangenheit wurden die Ausgestaltung und die Ermittlung der Bodenrichtwerte daher wiederholt an die steuerlichen Bedürfnisse angepasst.[521] Dies zeigt sich insbesondere bei der Einführung der zonalen Bodenrichtwerte und die damit verbundene flächendeckende Ermittlung der Bodenrichtwerte mit dem ErbStRG 2009 und der Erweiterung der Verordnungsermächtigung in § 199 Abs. 1 BauGB mit der anschließenden Regelung der Bodenrichtwertermittlung in § 10 ImmoWertV.[522] Auch im Zuge der Grundsteuerreform wurde die Bodenrichtwertermittlung zunächst durch Einführung des § 10 Abs. 3 ImmoWertV 2010 und anschließend durch die Novellierung der ImmoWertV weiter modifiziert. Die besondere Bedeutung der Bodenrichtwerte hat auch zu einer zunehmenden *„Verzahnung der Tätigkeit der Gutachterausschüsse mit der steuerlichen Bewertung“*[523] geführt.[524]

---

517 Siehe hierzu unter Gliederungspunkt § 2, II., 3., c), bb).

518 Siehe hierzu unter Gliederungspunkt § 2, II., 3., c), cc).

519 Siehe hierzu unter Gliederungspunkt § 2, III., 2., a).

520 Entwurf der BReg zum ErbStRG v. 28.01.2008, BT-Drs. 16/7918, S. 48; Entwurf der BReg eines Gesetzes zur Stärkung der Innenentwicklung in den Städten und Gemeinden v. 14.11.2012, BT-Drs. 17/11468, S. 17.

521 Vgl. auch die historische Darstellung bei *Kleiber*, in: E/Z/B/K, BauGB, § 196 BauGB, 122. EL, 8/2016, Rn. 6–13.

522 *Reuter/Voß/Ziegenbein*, in: Kummer/Kötter/Kutterer/Ostrau (Hrsg.), Das deutsche Vermessungs- und Geoinformationswesen, 2020, S. 639 (650).

523 *Voß*, in: E/Z/B/K, BauGB, § 192 BauGB, 111. EL, 9/2013, Rn. 36; *Kleiber*, in: E/Z/B/K, BauGB, § 10 ImmoWertV, 135. EL, 9/2019, S. 44.

524 Siehe hierzu unter Gliederungspunkt § 1, II., 6. und § 2, III., 3.

cc) *Wertermittlung für die Bestimmung des sanierungsbedingten Ausgleichsbetrags*

Städtebauliche Sanierungs- und Entwicklungsmaßnahmen (§§ 154, 169 BauGB) führen bei dem Eigentümer eines betroffenen Grundstücks regelmäßig zu einer Veränderung des Grundstückswerts.[525] Der Eigentümer eines durch die Sanierung betroffenen Grundstücks ist gemäß § 154 Abs. 1 BauGB verpflichtet, zur Finanzierung der Sanierung einen Ausgleichsbetrag in Geld zu entrichten, der der durch die Sanierung bedingten Erhöhung des Bodenwerts seines Grundstücks entspricht. Für die Bestimmung der Bodenwertdifferenz ist gemäß § 154 Abs. 2 BauGB ein Anfangsbodenwert und ein Endbodenwert zu ermitteln. Die Bodenwertermittlung richtet sich nach § 40 ImmoWertV. Da regelmäßig Vergleichspreise nicht in ausreichender Zahl verfügbar sind, kommen zur Ermittlung des Bodenwerts oft Bodenrichtwerte zur Anwendung.[526]

c) Entscheidungsgrundlage für die Planung durch öffentliche Stellen

Neben den beiden Hauptzwecken haben die Bodenrichtwerte schließlich auch eine nicht unerhebliche Bedeutung für die Planung und Durchführung von städtebaulichen, bodenordnerischen, landesplanerischen und raumordnerischen Verfahren durch öffentliche Stellen.[527] Dabei sind Bodenrichtwerte insbesondere gut geeignet, einen für die Raumplanung erforderlichen lokalen und auch regionalen Überblick über das Bodenwertgefügte zu vermitteln.[528] Für diese Zwecke sind insbesondere Bodenrichtwertübersichten geeignet,

---

525 *Reuter/Voß/Ziegenbein*, in: Kummer/Kötter/Kutterer/Ostrau (Hrsg.), Das deutsche Vermessungs- und Geoinformationswesen, 2020, S. 639 (703 f.).

526 OVG Sachsen, Urt. v. 17.06.2004 – 1 B 854/02, BeckRS 2004, 24245; OVG Rheinland-Pfalz, Urt. v. 16.02.2017 – 6 A 10137/14.OVG, juris; OVG Berlin-Brandenburg, Beschl. v. 25.01.2018 – 2 B 18/16, BeckRS 2018, 888; VG Stuttgart, Urt. v. 10.11.2004 – 16 K 5676/02, juris.

527 *Homa/Weigt*, fub 1/2012, 9 (9); *Kötter/Guhl*, fub 1/2013, 1 (1); Schriftlicher Bericht des Ausschusses für Wohnungswesen, Bau- und Bodenrecht über den von der BReg eingebrachten Entwurf eines BBauG v. 22.04.1960, BT-Drs. III/1794, S. 27.

528 *Günther*, Forum 1/2003, 28 (43).

deren Erstellung in vielen Bundesländern als zusätzliche Aufgabe der Gutachterausschüsse geregelt ist.[529]

3. Typologie der Bodenrichtwerte

a) Allgemeine Bodenrichtwerte

Die in § 196 Abs. 1 Satz 1 bis 5 BauGB geregelten Bodenrichtwerte werden in der Fachliteratur und Rechtsprechung auch als sog. *allgemeine Bodenrichtwerte* bezeichnet.[530] Soweit in dieser Arbeit nicht anders angegeben, sind mit Bodenrichtwerten diese allgemeinen Bodenrichtwerte gemeint. Die allgemeinen Bodenrichtwerte sind turnusmäßig gemäß § 196 Abs. 1 Satz 5 BauGB jeweils zum Ende eines jeden zweiten Kalenderjahres zu ermitteln. Die Bundesländer können einen häufigeren Ermittlungsturnus vorsehen. Bei der Ermittlung der allgemeinen Bodenrichtwerte ist eine Mitwirkung eines Bediensteten der zuständigen Finanzbehörde nach § 192 Abs. 3 Satz 2 BauGB vorgeschrieben. Ergänzende Vorgaben der Finanzverwaltung (§ 196 Abs. 1 Satz 6 BauGB) sind bei der Ermittlung vom Gutachterausschuss jedoch nicht zu beachten.

b) Besondere Bodenrichtwerte

Neben den zuvor dargestellten allgemeinen Bodenrichtwerten haben die Gutachterausschüsse gemäß § 196 Abs. 1 Satz 6 und 7 BauGB für Zwecke der steuerlichen Bewertung oder für städtebauliche Zwecke sog. *besondere Bodenrichtwerte* zu ermitteln.[531] Die Ermittlung bezieht sich dabei regelmäßig auf einen anderen als den in § 196 Abs. 1 Satz 5 BauGB genannten Zeitpunkt. Diese besonderen Bodenrichtwerte dienen in erster Linie als besonderer Vergleichsfaktor für eine anschließend durchzuführende amtliche Bodenwertermittlung. Die Markttransparenz wird hierdurch allenfalls als Nebeneffekt

---

529 *Reuter/Voß/Ziegenbein*, in: Kummer/Kötter/Kutterer/Ostrau (Hrsg.), Das deutsche Vermessungs- und Geoinformationswesen, 2020, S. 639 (654); *Kleiber*, Verkehrswertermittlung von Grundstücken, 10. Aufl. 2023, § 13 ImmoWertV, Rn. 54.

530 VG Hamburg, Urt. v. 19.02.2015 – 7 K 5146/14, juris Rn. 20; *Reuter*, immobilien & bewerten 2/2015, 61 (63); *P. Zimmermann*, ImmoWertV, 2. Aufl. 2019, § 10, Rn. 30; *Kleiber*, Verkehrswertermittlung von Grundstücken, 10. Aufl. 2023, § 13 ImmoWertV, Rn. 35 ff.

531 VG Hamburg, Urt. v. 19.02.2015 – 7 K 5146/14, juris Rn. 40; AK OGA, Immobilienmarktbericht Deutschland 2019, S. 241; *Kleiber*, Verkehrswertermittlung von Grundstücken, 10. Aufl. 2023, § 13 ImmoWertV, Rn. 38 ff.

gefördert. Die Pflicht zur regelmäßigen Ermittlung und Veröffentlichung der allgemeinen Bodenrichtwerte bleibt hiervon unberührt.[532] Auch bei der Ermittlung der besonderen Bodenrichtwerte ist eine Mitwirkung eines Bediensteten der zuständigen Finanzbehörde obligatorisch, selbst wenn die Bodenrichtwerte für Maßnahmen nach dem BauGB ermittelt werden. § 192 Abs. 3 Satz 2 BauGB ist nicht auf die Ermittlung bestimmter Bodenrichtwerte beschränkt.

Für Zwecke der steuerlichen Bewertung des Grundbesitzes sind die Gutachterausschüsse gemäß § 196 Abs. 1 Satz 6 BauGB verpflichtet, Bodenrichtwerte nach ergänzenden Vorgaben der Finanzverwaltung zum jeweiligen Hauptfeststellungszeitpunkt oder sonstigen Feststellungszeitpunkt zu ermitteln. Die Ermittlung der besonderen Bodenrichtwerte für Zwecke der Grundsteuer auf den Hauptfeststellungszeitpunkt wird durch § 247 Abs. 2 BewG bzw. § 38 Abs. 2 Satz 1 LGrStG BW ergänzt. Als sonstiger Feststellungszeitpunkt kommt etwa der Bewertungsstichtag der erbschaftsteuerlichen Grundbesitzbewertung in Betracht. Der Gutachterausschuss ist in diesen Fällen verpflichtet, die Bodenrichtwerte ggfs. außerhalb des regulären Turnus zu ermitteln und dabei „ergänzende Vorgaben" der Finanzverwaltung zu beachten. Denkbar wäre z. B., dass der Gutachterausschuss bei der Ermittlung von Bodenrichtwerten für werdendes Bauland auch die Wertungen in § 233 BewG und in A 247.2 BewG berücksichtigt. Durch die Berücksichtigung der Vorgaben der Finanzverwaltung kann es dazu kommen, dass der besondere Bodenrichtwert für steuerliche Zwecke vom allgemeinen Bodenrichtwert abweicht.[533] Ist dies der Fall, so hat der Gutachterausschuss zusätzlich noch einen allgemeinen Bodenrichtwert zu ermitteln, da die Ermittlung eines besonderen Bodenrichtwerts ihn nicht von der Verpflichtung nach § 196 Abs. 1 Satz 1 BauGB zur Ermittlung der allgemeinen Bodenrichtwerte entbindet, die nach den Grundsätzen der ImmoWertV zu erfolgen hat.

Eine große praktische Bedeutung hatten die für steuerliche Zwecke ermittelten besonderen Bodenrichtwerte in der Vergangenheit nicht. Da die letzte Hauptfeststellung der Einheitsbewertung auf den 1. Januar 1964 (bzw. 1. Januar 1935 in den neuen Bundesländern) datierte, war es bislang

---

532 Vgl. *Kleiber*, Verkehrswertermittlung von Grundstücken, 10. Aufl. 2023, § 196 BauGB, Rn. 16.

533 *Eisele*, INF 2000, 481 (482).

nicht erforderlich gewesen, dass die Gutachterausschüsse flächendeckend neue Bodenrichtwerte auf einen weiteren Hauptfeststellungszeitpunkt zu ermitteln hatten.[534] Lediglich für die mit dem Jahressteuergesetz 1997 eingeführte Bedarfsbewertung hatten die Gutachterausschüsse gemäß § 145 Abs. 3 Satz 2 BewG i. V. m. § 196 Abs. 1 Satz 4 BauGB a. F.[535] (mittlerweile § 196 Abs. 1 Satz 6 BauGB) Bodenrichtwerte auf den „Quasi-Feststellungszeitpunkt" 1. Januar 1996 zu ermitteln.[536] Es handelte sich hierbei jedoch um einen einmaligen Vorgang. Seit der ab dem 1. Januar 2007 geltenden Rechtslage ist für die Bedarfsbewertung von unbebauten Grundstücken (§ 145 Abs. 3 Satz 3 bzw. § 179 Satz 3 BewG) stets der Bodenrichtwert anzusetzen, „der vom Gutachterausschuss zuletzt zu ermitteln war". Dies ist regelmäßig der allgemeine, turnusmäßig zu ermittelnde Bodenrichtwert nach § 196 Abs. 1 Satz 1 BauGB. Einer Ermittlung eines besonderen Bodenrichtwerts für steuerliche Zwecke bedurfte es daher bisher kaum.

Eine wesentliche Veränderung tritt nun im Zuge der Grundsteuerreform ein. Nach § 247 Abs. 2 BewG i. V. m. § 196 Abs. 1 Satz 6 BauGB sind die Gutachterausschüsse nun verpflichtet, auf den jeweiligen Hauptfeststellungszeitpunkt (besondere) Bodenrichtwerte zu ermitteln, zu veröffentlichen und nach amtlich vorgeschriebenem Datensatz durch Datenfernübertragung an die zuständigen Finanzbehörden zu übermitteln. Der erste Hauptfeststellungszeitpunkt ist der 1. Januar 2022. Anschließend soll eine turnusmäßige Hauptfeststellung alle sieben Jahre erfolgen (§ 221 Abs. 1 BewG). Dies gilt für die Bundesländer, die sich der bundesgesetzlichen Bewertungssystematik angeschlossen haben.[537] Für *Baden-Württemberg* gilt insoweit eine vergleichbare rechtliche Ausgangslage (vgl. § 38 Abs. 2 Satz 1 LGrStG BW). Diese besonderen Bodenrichtwerte werden grundsätzlich den allgemeinen, turnusmäßig nach § 196 Abs. 1 Satz 1 BauGB zu ermittelnden Bodenrichtwerten entsprechen, da § 247 Abs. 2 BewG keine ergänzenden Vorgaben hinsichtlich der Ermittlungsweise der Bodenrichtwerte aufstellt. Die Norm enthält nur

---

534 Vgl. *Schmid*, DStZ 1982, 214 (216).

535 Ebenfalls eingeführt durch Art. 24 Nr. 1 des JStG 1997 v. 20.12.1996, BGBl. I, 1996, S. 2049; vgl. hierzu auch Entwurf des BR zum JStG 1997 v. 24.05.1996, BR-Drs. 390/96, S. 90.

536 Entwurf der BReg zum JStG 1997 v. 26.08.1996, BT-Drs. 13/5359, S. 29.

537 Siehe hierzu unter Gliederungspunkt § 2, II., 3., c), aa).

Vorgaben hinsichtlich des Bodenrichtwertstichtags und der Veröffentlichung bzw. Übermittlung der Bodenrichtwerte. Im Detail sehen die Verwaltungsanweisungen der Finanzverwaltung jedoch Verschärfungen vor.[538] Diese ergänzenden Vorgaben wären allerdings schon nach der ImmoWertV zu beachten, sodass diese besonderen Bodenrichtwerte zugleich noch als allgemeine Bodenrichtwerte angesehen werden können.

In § 196 Abs. 2 Satz 1 BauGB ist zudem ergänzend, insbesondere für die grundsteuerliche Bewertung,[539] geregelt, dass bei der Fortschreibung der Bodenrichtwerte eine veränderte Gebietsqualität derart zu berücksichtigen ist, dass auch Bodenrichtwerte bezogen auf die Wertverhältnisse zum Zeitpunkt der letzten Hauptfeststellung oder dem letzten sonstigen Feststellungszeitpunkt für steuerliche Zwecke zu ermitteln sind. Eine gesonderte Ermittlung kann nach § 196 Abs. 2 Satz 2 BauGB unterbleiben, wenn das zuständige Finanzamt darauf verzichtet.[540] Durch die Grundsteuerreform kommt nun auf die Gutachterausschüsse (zumindest in den elf Bundesländern, die sich dem bundesgesetzlichen Bewertungsmodell angeschlossen haben und in Baden-Württemberg) eine weitere erhebliche Mehrbelastung zu. Denn die Gutachterausschüsse sind bei Veränderungen in den Entwicklungszuständen nun nach § 196 Abs. 2 Satz 1 BauGB grundsätzlich verpflichtet, bei der nächsten Fortschreibung der Bodenrichtwerte auf der Grundlage der geänderten Qualität auch Bodenrichtwerte bezogen auf die Wertverhältnisse zum Zeitpunkt der letzten Hauptfeststellung zu ermitteln.[541] Eine Änderung des Entwicklungszustandes soll beispielsweise bei der Erschließung eines Neubaugebietes vorliegen oder wenn ein Gebiet im Hauptfeststellungszeitpunkt den Entwicklungszustand Bauerwartungsland hatte und im späteren Feststellungszeitpunkt nun als baureifes Land zu qualifizieren ist. Ein weiterer Anwendungsfall kann sich bei Veränderung eines Bebauungsplans ergeben.[542] Die Gutachterausschüsse und insbesondere die Geschäftsstellen haben entsprechende Vorkehrungen zu treffen, um derartige Veränderungen zu erkennen und daraus besondere Bodenrichtwerte abzuleiten.

---

538 Vgl. z. B. A 247.3 Abs. 3 Satz 1 AEBewGrSt 2021.
539 Siehe hierzu unter Gliederungspunkt § 2, II., 3., b), aa), (3).
540 A 247.3 Abs. 2 Satz 3 AEBewGrSt 2021.
541 A 247.3 Abs. 2 Satz 2 AEBewGrSt 2021.
542 *Eisele*, INF 2000, 481 (482).

Die zusätzliche Ermittlung dieser besonderen Bodenrichtwerte bedeutet eine erhebliche Mehrbelastung der Gutachterausschüsse. Es müssen nicht nur zusätzliche besondere Bodenrichtwerte bezogen auf die Wertverhältnisse zum Zeitpunkt der letzten Hauptfeststellung ermittelt werden (Ermittlung von Bodenrichtwerten auf einen Bodenrichtwertstichtag mit einem abweichenden Stichtag für die allgemeinen Wertverhältnisse). Die ImmoWertV kennt eine solche Wertermittlung nicht (vgl. § 2 Abs. 4 ImmoWertV). Zwar existiert die Regelung des § 196 Abs. 2 BauGB im Wesentlichen bereits seit Änderung des BBauG im Jahr 1976 (vgl. § 143b Abs. 3 BBauG[543]).[544] Da jedoch seit Jahrzehnten keine Hauptfeststellung durchgeführt wurde, hatte die Norm – soweit ersichtlich – keinen praktischen Anwendungsbereich.

4. Verbindlichkeit der Bodenrichtwerte

Den Bodenrichtwerten kommt grundsätzlich keine verbindliche Wirkung zu.[545] Der Gesetzgeber hat bei der Einführung der Gutachterausschüsse durch das BBauG 1960 ausdrücklich davon abgesehen, den Arbeitsergebnissen der Gutachterausschüsse eine bindende Wirkung beizumessen.[546] Dies dürfte vor allem darin begründet sein, dass die (Boden-)Richtwerte in erster Linie zur Schaffung von Transparenz auf dem Grundstücksmarkt und als Hilfsmittel für die Wertermittlung konzipiert wurden.[547] Die (Boden-)Richtwerte sollten in erster Linie für die Bürger und nicht für behördliche Zwecke ermittelt werden.[548] Zur Gewährleistung der Markttransparenz sollten die Bodenrichtwerte das Preisgefüge nur nachzeichnen, nicht jedoch auf dieses Einfluss nehmen.[549] Diese Unverbindlichkeit spiegelt sich auch in dem Begriff „*Richtwert*" wider. Ein Richtwert ist ein Wert, nach dem man sich in der

---

543 Eingeführt durch Art. 1 Nr. 70 des Gesetzes zur Änderung des BBauG v. 18.08.1976, BGBl. I 1976, S. 2221.

544 Vgl. dazu Bericht und Antrag des Ausschusses für Raumordnung, Bauwesen und Städtebau vom 23.02.1976 zur Änderung des BBauG, BT-Drs. 7/4793, S. 53 f.

545 *Engelken*, AVN 8+9/1977, 333 (336); *Josten*, GuG 6/1999, 321 (329); *Hansche*, GuG 3/2003, 141 (141); *Kleiber*, Verkehrswertermittlung von Grundstücken, 10. Aufl. 2023, § 13 ImmoWertV, Rn. 46.

546 Entwurf der BReg zum BBauG 1960 v. 16.04.1958, BT-Drs. III/336, S. 106 f.

547 *Freise*, in: Brügelmann, BauGB, § 196 BauGB, 109. EL, 1/2019, Rn. 39.

548 *Engelken*, AVN 8+9/1977, 333 (333 f.).

549 *Tiemann*, AVN 9/1966, 374 (378).

Regel richten soll, ohne dass ein Zwang dazu besteht.[550] Die Bodenrichtwerte sollten ursprünglich nur eine Orientierung für die Bodenwerte geben. In der Folgezeit wurde die Konzeption der Bodenrichtwerte mehrfach modifiziert, damit sie auch für die steuerliche Bewertung herangezogen werden konnten. Eine damit verbundene grundlegende Änderung ihrer Rechtsqualität hat jedoch nicht stattgefunden.

Auch wenn die Bodenrichtwerte an sich unverbindlich sind, genießen sie im Rechtsverkehr ein großes Vertrauen der Bürger und der öffentlichen Stellen.[551] Dies ist vor allem auf die Institution der Gutachterausschüsse zurückzuführen, die ihrem Wesen nach fachlich belastbare und unabhängige Werte ermitteln sollen und denen deshalb ein gewisser *„Behördenbonus“* zukommt.[552] Nach Auffassung des Bundesfinanzhofs haben deshalb die von einem Gutachterausschuss ermittelten Werte eine *„gewisse faktische Autorität“*.[553] Die Bodenrichtwerte haben aufgrund dieser Konzeption einen *„quasiamtlichen Charakter“*, der dazu führt, dass vielfach angenommen wird, dass die Bodenrichtwerte sachgerecht ermittelt wurden und die tatsächlichen Wertverhältnisse auf dem Grundstücksmarkt realistisch abbilden.[554] Hinzu kommt, dass vorrangig nur die Gutachterausschüsse einen umfassenden Einblick in die Kaufpreissammlung haben und die Ermittlung der Bodenrichtwerte nur eingeschränkt offengelegt wird. Von dem durchschnittlichen Verwender der Bodenrichtwerte kann daher – insbesondere mangels Begründung der Bodenrichtwerte[555] – nicht überprüft werden, ob der von ihm verwendete Bodenrichtwert sachgerecht ermittelt wurde. Er muss auf die Richtigkeit des von ihm verwendeten Bodenrichtwerts vertrauen. In der Praxis werden die Bodenrichtwerte aus diesen Gründen vielfach ohne kritische Überprüfung zur Wertermittlung herangezogen.[556]

---

550 Definition des Begriffs Richtwert, abrufbar unter https://www.fremdwort.de/suchen/bedeutung/richtwert (letzter Abruf 28.09.2025).

551 Vgl. VG Stuttgart, Urt. v. 10.11.2004 – 16 K 5676/02, juris Rn. 37; BFH, Urt. v. 29.08.1996 – VIII R 15/93, BStBl. II 1997, 317, juris Rn. 27.

552 *Streich*, Der Immobilienbewerter 2/2010, 19 (21).

553 BFH, Urt. v. 29.08.1996 – VIII R 15/93, BStBl. II 1997, 317, juris Rn. 27.

554 *Hansche*, GuG 3/2003, 141 (141); *Streich*, Der Immobilienbewerter 2/2010, 19 (21).

555 § 14 Abs. 5 Satz 2 ImmoWertV.

556 *Streich*, Der Immobilienbewerter 2/2010, 19 (20).

Eine Bindungswirkung der (Boden-)Richtwerte speziell für die Finanzverwaltung hat der Gesetzgeber im Zusammenhang mit dem BBauG 1976 ausdrücklich abgelehnt.[557] Die (Boden-)Richtwerte könnten und sollten nach den Regelungen des BauGB für die Finanzverwaltung nicht rechtsverbindlich sein, da diese die steuerlichen Werte eigenständig nach dem Bewertungsgesetz feststellen.[558] Für die Ermittlung des Grundbesitzwertes im Rahmen der Erbschaft- und Schenkungsteuer nimmt der Bundesfinanzhof hingegen an, dass der Gesetzgeber durch die Regelung in § 145 Abs. 3 Satz 1 BewG (nun § 179 BewG) eine Verbindlichkeit der Bodenrichtwerte für die Finanzämter bestimmt habe.[559] Von einer solchen Verbindlichkeit geht mittlerweile auch der Gesetzgeber für die Ermittlung des Bodenwerts im Rahmen der Bewertung des Grundbesitzes für die Bundesgrundsteuer aus.[560] Die Finanzämter haben hiernach keinen eigenen Spielraum bei der Bodenwertermittlung. Sie haben die vom Gutachterausschuss ermittelten Bodenrichtwerte verbindlich zugrunde zu legen und dürfen diese allenfalls an das Bewertungsobjekt anpassen.[561]

Da den Bodenrichtwerten allgemein keine bindende Wirkung zukommt und als amtliche Information angesehen werden, wird angenommen, dass die Veröffentlichung der Bodenrichtwerte keinen Verwaltungsakt i. S. d. § 35 Satz 1 VwVfG darstellt.[562] Dies soll nach der Auffassung von *Jörn Freise* sogar dann gelten, wenn die Bodenrichtwerte den steuerlichen Feststellungen

---

557 Bericht und Antrag des Ausschusses für Raumordnung, Bauwesen und Städtebau vom 23.02.1976 zur Änderung des BBauG, BT-Drs. 7/4793, S. 54.

558 Bericht und Antrag des Ausschusses für Raumordnung, Bauwesen und Städtebau vom 23.02.1976 zur Änderung des BBauG, BT-Drs. 7/4793, S. 54; *Federwisch*, in: BeckOK BauGB, 59. Ed. 2023, § 196, Rn. 8; *Kleiber*, Verkehrswertermittlung von Grundstücken, 10. Aufl. 2023, § 13 ImmoWertV, Rn. 10.

559 BFH, Urt. v. 11.05.2005 – II R 21/02, BStBl. II 2005, 686, juris; BFH, Urt. v. 18.08.2005 – II R 62/03, BStBl. II 2006, 5, juris; BFH, Urt. v. 26.04.2006 – II R 58/04, BStBl. II 2006, 793, juris; BFH, Urt. v. 12.07.2006 – II R 1/04, BStBl. II 2006, 742, juris; BFH, Urt. v. 16.12.2009 – II R 15/09, BFH/NV 2010, 1085, juris; BFH, Urt. v. 25.08.2010 – II R 42/09, BStBl. II 2011, 205, juris.

560 Entwurf der BReg zum GrStRefG 2019 v. 09.08.2019, BR-Drs. 354/19, S. 117.; so auch der baden-württembergische Gesetzgeber für das Landesgrundsteuergesetz, vgl. *LT BW*, Entwurf eines LGrStG v. 30.09.2020, LT-Drs. 16/8907, S. 81.

561 Siehe hierzu unter Gliederungspunkt § 2, II., 2., d), bb), (4).

562 *Freise*, in: Brügelmann, BauGB, § 196 BauGB, 109. EL, 1/2019, Rn. 39.

verbindlich zugrunde zu legen sind.[563] Im Rahmen der noch zu untersuchenden Rechtsschutzmöglichkeiten gegen die Bodenrichtwerte wird auf diese Thematik an späterer Stelle vertieft eingegangen.[564]

5. Darstellung der Bodenrichtwerte

a) Bezifferung des Bodenrichtwerts

Bodenrichtwerte sind als ein Betrag in Euro pro Quadratmeter Grundstücksfläche darzustellen.[565] Die Angabe der Bodenrichtwerte in dieser Form ist üblich und entspricht den Gepflogenheiten des Grundstücksmarkts.[566] Bodenrichtwertspannen sind gemäß § 13 Abs. 2 Satz 3 ImmoWertV ausdrücklich nicht zulässig.

Unklar ist jedoch, ob es sich bei dem auszuweisenden Wert um einen gerundeten oder einen centgenauen Betrag handelt. Die Rundung von Bodenrichtwerten ist nicht verbindlich geregelt. In der Wertermittlungspraxis werden die ermittelten Bodenrichtwerte regelmäßig kaufmännisch auf- bzw. abgerundet.[567] Der Betrag, auf den der Bodenrichtwert auf- oder abzurunden ist, hängt von der absoluten Höhe des vorläufigen Bodenrichtwerts ab. Die in der Literatur vorgeschlagenen und in der Praxis angewandten Rundungsregelungen sind uneinheitlich und führen teilweise zu unterschiedlich hohen Auf- bzw. Abrundungen der Bodenrichtwerte. Eine einheitliche Handhabung durch die Gutachterausschüsse existiert nicht.

In der Literatur wird vereinzelt vertreten, dass die Bodenrichtwerte centgenau bei der Veröffentlichung angegeben werden sollen.[568] Dieser Ansicht ist zuzustimmen. Der Bodenrichtwert ist anders als der Verkehrswert kein fiktiv im gewöhnlichen Geschäftsverkehr für das Bewertungsobjekt zu

---

563 *Freise*, in: Brügelmann, BauGB, § 196 BauGB, 109. EL, 1/2019, Rn. 39.

564 Siehe hierzu unter Gliederungspunkt § 4, I., 1., b), aa).

565 Eine entsprechende Vorgabe wurde nicht in die ImmoWertV 2021 übernommen. Offenbar handelte es sich hierbei um eine Selbstverständlichkeit, die nach Auffassung des Verordnungsgebers keiner ausdrücklichen Erwähnung bedurfte. Siehe hierzu aber auch Nr. 13.(1) ImmoWertA.

566 *Freise*, in: Brügelmann, BauGB, § 13 ImmoWertV, 123. EL, 7/2022, Rn. 2.

567 *Kleiber*, Verkehrswertermittlung von Grundstücken, 10. Aufl. 2023, § 14 ImmoWertV, Rn. 11.; Nr. 5.8.1.3 RiWert RhPf.; Nr. 6 BoRiWErl. NRW; Nr. 8 BRW-RL BB (außer Kraft seit 15.03.2021); Nr. 6.3 ZGGH, Leitfaden IV, Bodenrichtwerte.

568 *Federwisch*, in: BeckOK BauGB, 59. Ed. 2023, § 196, Rn. 2.1.

erzielender Preis, sondern ein durch Menschen in einem gesonderten Verfahren ermittelter durchschnittlicher Lagewert des Bodens. Eine Rundung der Bodenrichtwerte steht im Widerspruch zu einer präzisen Wertermittlung. Anders als bei einem ermittelten Verkehrswert ist der Bodenrichtwert kein Endbetrag. Vielmehr stellen die Bodenrichtwerte in der Bodenwertermittlung einen besonderen Vergleichsfaktor für den Boden dar, der mit der Grundstücksgröße multipliziert wird. Im Sinne einer möglichst genauen Verkehrswertermittlung erscheint es nicht sachgerecht, den Bodenrichtwert als gerundeten Wert heranzuziehen, weil dadurch das Ergebnis der Bodenwertermittlung – insbesondere bei großen Grundstücken – unnötig verfälscht wird. Aufgrund der verbindlichen Anknüpfung an die Bodenrichtwerte in der steuerlichen Bewertung ist es dem Steuerpflichtigen zudem nicht vermittelbar, dass er einen höheren Grundstückswert zu versteuern hat, weil der Gutachterausschuss sich im eigenen Ermessen dazu entschieden hat, den maßgeblichen Bodenrichtwert aufzurunden. Infolge der fehlenden einheitlichen Rundungsregelungen kommt es zudem zu einer unterschiedlichen – gleichwohl vermeidbaren – Vorgehensweise der Gutachterausschüsse bei der Rundung der Bodenrichtwerte.

b) Darstellung des Bodenrichtwertgrundstücks

Die wertbeeinflussenden Grundstücksmerkmale des Bodenrichtwertgrundstücks sind gemäß § 196 Abs. 1 Satz 4 BauGB darzustellen. Eine solche Darstellung ist erforderlich, um die Aussagekraft eines Bodenrichtwerts für die Werthaltigkeit eines einzelnen in der Bodenrichtwertzone gelegenen Grundstücks richtig würdigen zu können und den Bodenrichtwert sachgerecht an die wertbeeinflussenden Grundstücksmerkmale des zu bewertenden Grundstücks anpassen zu können. Bodenrichtwerte können ihre Funktion in der Wertermittlung nur erfüllen, soweit die maßgeblichen wertbeeinflussenden Grundstücksmerkmale des Bodenrichtwertgrundstücks bei der Veröffentlichung umfassend und vollständig konkretisiert werden bzw. feststellbar sind.[569] Ohne die Angabe der wertbeeinflussenden Grundstücksmerkmale

---

569 Nr. 9.(1).2 Satz 2 lit. b) ImmoWertA; *Kleiber*, Verkehrswertermittlung von Grundstücken, 10. Aufl. 2023, § 16 ImmoWertV, Rn. 11.

des Bodenrichtwertgrundstücks, auf das sich der Bodenrichtwert bezieht, ist dieser unbrauchbar.[570]

In § 16 Abs. 2 Satz 1 ImmoWertV wird die Vorgabe in § 196 Abs. 1 Satz 4 BauGB dahingehend präzisiert, dass von den wertbeeinflussenden Grundstücksmerkmalen des Bodenrichtwertgrundstücks stets der Entwicklungszustand gemäß § 3 ImmoWertV (Flächen der Land- und Forstwirtschaft, Bauerwartungsland, Rohbauland, baureifes Land und sonstige Flächen) und die Art der (baulichen) Nutzung (z. B. Wohngebiet, Gewerbegebiet) darzustellen sind (Mindestangaben).[571] Weitere Grundstücksmerkmale sind nach § 16 Abs. 2 Satz 2 ImmoWertV verpflichtend darzustellen, wenn sie wertbeeinflussend sind.[572] In diesem Zusammenhang werden beispielhaft einige wertbeeinflussende Grundstücksmerkmale aufgezählt: das Maß der baulichen Nutzung, die Bauweise oder die Gebäudestellung zur Nachbarbebauung sowie die Grundstücksgröße und -tiefe. In Gebieten mit Ein- und Zweifamilienhausgrundstücken und Reihenhausgrundstücken stellen regelmäßig die Grundstücksgröße und/oder -tiefe wesentliche wertbeeinflussende Grundstücksmerkmale dar.[573] In Gebieten, die durch Geschosswohnungsbau geprägt sind, ist demgegenüber regelmäßig ein Werteinfluss der Geschossflächenzahl bzw. der wertrelevante Geschossflächenzahl (Maß der baulichen Nutzung) zu beobachten.[574] Nach § 16 Abs. 2 Satz 3 ImmoWertV gehört bei baureifem Land zu den darzustellenden Grundstücksmerkmalen zusätzlich stets der beitragsrechtliche Zustand. Die wertbeeinflussenden Grundstücksmerkmale sind gemäß § 16 Abs. 3 ImmoWertV nach der Anlage 5 der ImmoWertV zu spezifizieren. Maßgeblich für die Bestimmung der wertbeeinflussenden Grundstücksmerkmale des Bodenrichtwertgrundstücks sind die tatsächlich vorherrschenden grund- und bodenbezogenen

---

570 *P. Zimmermann*, ImmoWertV, 2. Aufl. 2019, § 10, Rn. 25.

571 Vgl. zu den einzelnen Grundstücksmerkmalen eines BRWG *Jardin/Roscher*, Die Immobilienwertermittlung aus steuerlichen Anlässen, 2019, S.366 f.

572 *Kleiber*, Verkehrswertermittlung von Grundstücken, 10. Aufl. 2023, § 16 ImmoWertV, Rn. 23.

573 Roscher, GrStG-Kommentar, Erstkommentierung 2020, S. 253; *Kleiber*, Verkehrswertermittlung von Grundstücken, 10. Aufl. 2023, Syst. Darst. Vergleichswertverfahren, Rn. 283.

574 Roscher, GrStG-Kommentar, Erstkommentierung 2020, S. 253; GAA Hamburg, Immobilienmartkbericht 2022, S. 175.

wertbeeinflussenden Grundstücksmerkmale in der jeweiligen Bodenrichtwertzone (§ 13 Abs. 2 Satz 1 ImmoWertV). Das Bodenrichtwertgrundstück ist nach § 16 Abs. 2 ImmoWertV also grundsätzlich mit sämtlichen Grundstücksmerkmalen darzustellen, die in der jeweiligen Bodenrichtwertzone wertbeeinflussend sind.[575]

In welcher Form die Grundstücksmerkmale des Bodenrichtwertgrundstücks darzustellen sind, ist nicht vorgeschrieben. In der Praxis hat sich die Darstellung des Bodenrichtwerts als Bruch etabliert. Im Zähler werden der Bodenrichtwert, der Entwicklungszustand, die Beitragssituation und die Zonennummer dargestellt. Im Nenner werden die übrigen wertbeeinflussenden Grundstücksmerkmale angegeben, also insbesondere die Art und das Maß der baulichen Nutzung sowie die Grundstücksgröße und Tiefe.[576] Die Darstellungsform dürfte maßgeblich durch die Darstellung der Bodenrichtwerte auf einer (physischen) Bodenrichtwertkarte bedingt sein. Da heutzutage der Abruf der Bodenrichtwerte überwiegend über Onlineportale erfolgt, sind verständlichere Darstellungen möglich. Die zusätzlichen Merkmale des Bodenrichtwertgrundstücks können insoweit meist durch eine Selektion der jeweiligen Bodenrichtwertzone über ein Informationsfenster aufgerufen werden. Sinnvoll ist es an dieser Stelle auch auf verfügbare Umrechnungskoeffizienten oder andere hilfreiche Informationen zu verweisen oder besser noch eine Umrechnungsmöglichkeit zur Verfügung zu stellen.[577]

Aus der Durchschnittsqualität der Bodenrichtwerte folgt, dass das Bodenrichtwertgrundstück grundsätzlich über keine besonderen objektspezifischen Grundstücksmerkmale verfügt. In § 16 Abs. 1 Satz 1 ImmoWertV ist daher bestimmt, dass das Bodenrichtwertgrundstück keine Grundstücksmerkmale aufweist, die nur im Rahmen einer Einzelbegutachtung ermittelt werden können. Hiervon erfasst sein sollen insbesondere nur für einzelne Grundstücke bestehende privatrechtliche, öffentlich-rechtliche und tatsächliche Besonderheiten. Sofern jedoch innerhalb einer Bodenrichtwertzone individuelle

---

575 Zur ImmoWertV 2010 bereits *Reuter*, immobilien & bewerten 2/2015, 61 (62); zur ImmoWertV 2021 etwa *Kleiber*, Verkehrswertermittlung von Grundstücken, 10. Aufl. 2023, § 16 ImmoWertV, Rn. 11.

576 Siehe *Jardin/Roscher*, Die Immobilienwertermittlung aus steuerlichen Anlässen, 2019, S. 159.; ZGGH, Leitfaden IV, Bodenrichtwerte, Anlage 2.

577 So etwa bei BORIS HH, abrufbar unter: https://www.geoportal-hamburg.de/boris/ (letzter Abruf 28.09.2025).

Grundstücksmerkmale vorherrschend sind, etwa weil sämtliche Grundstücke mit Altlasten belastet sind, soll dieses individuelle Grundstücksmerkmal nach § 16 Abs. 1 Satz 2 ImmoWertV ausnahmsweise doch bei der Attributierung des Bodenrichtwertgrundstücks zu berücksichtigen sein.

Zur Verbesserung der anschließenden Verwendung der Bodenrichtwerte im Rahmen der Wertermittlung wird in der Fachliteratur vorgeschlagen, dass der Bodenrichtwert lagemäßig innerhalb der Richtwertzone „verortet" werden sollte.[578] Dies sei zumindest dann erforderlich, falls die Bodenrichtwertzone keine einheitlichen Lagemerkmale aufweist.[579] Denn durch die Verortung könnten Lageunterschiede zum Wertermittlungsobjekt besser erkannt und wertmäßig ausgleichen werden. Die Verortung des Bodenrichtwertgrundstücks wird beispielsweise vom Gutachterausschuss Hamburg durchgeführt.[580] Der jeweilige Bodenrichtwert gelte für das Bodenrichtwertgrundstück in der spezifischen Lage des Bodenrichtwertgrundstücks.[581] Eine solche Verortung des Bodenrichtwertgrundstücks hält der Verordnungsgeber hingegen für nicht erforderlich.[582] Der Bodenrichtwert sei als durchschnittlicher Lagewert gerade nicht an eine bestimmte Lage innerhalb der Bodenrichtwertzone gebunden. Da das Bodenrichtwertgrundstück ein fiktives Grundstück darstelle, könne diesem auch keine spezifische Lage innerhalb der Bodenrichtwertzone zugewiesen werden. Aus steuerlicher Sicht besteht für eine solche Verortung kein Bedürfnis, da eine daraus folgende Anpassung an eine abweichende Lage im steuerlichen Massenverfahren nicht erfolgen kann.[583] Sich hieraus ergebende Wertdifferenzen sind in der steuerlichen Bewertung hinnehmbar, sofern die Bodenrichtwertzone

---

578 *Reinhardt*, GuG 2009, 321 (326); *Homa/Weigt*, fub 1/2012, 9 (13); *Reuter*, immobilien & bewerten 3/2015, 106 (109); *Hendricks*, Bodenrichtwertermittlung, 2017, S. 147; *Freise*, in: Brügelmann, BauGB, § 10 ImmoWertV, 93. EL, 2/2015, Rn. 25.

579 *Freise*, in: Brügelmann, BauGB, § 10 ImmoWertV, 93. EL, 2/2015, Rn. 25; nun aber a. A. *Freise*, in: Brügelmann, BauGB, § 13 ImmoWertV, 123. EL, 7/2022, Rn. 3.

580 Siehe bei einem Abruf über BORIS HH die blauen Punkte auf den Bodenrichtwertkarten, abrufbar unter: https://geoportal-hamburg.de/boris/ (letzter Abruf 28.09.2025).

581 GAA Hamburg, Erläuterung der Bodenrichtwerte zum 01.01.2023, Tz. 2.13, abrufbar unter https://daten-hamburg.de/opendata/bodenrichtwerte/Erlaeuterungen/BRW-Erlaeuterungen2023.pdf (letzter Abruf 28.09.2025).

582 Entwurf zur ImmoWertV 2021 v. 12.05.2021, BR-Drs. 407/21, S. 103; siehe auch Nr. 13. (2) Satz 3 ImmoWertA.

583 Siehe hierzu unter Gliederungspunkt § 3, IV., 2., b), aa), (2), (c).

insgesamt ein hinreichendes Maß an Lagehomogenität aufweist und § 15 Abs. 1 Satz 2 ImmoWertV beachtet wurde.

c) Darstellung der Bodenrichtwertzone

Die Bodenrichtwerte sind jeweils für eine Bodenrichtwertzone anzugeben (vgl. § 13 Abs. 2 Satz 2 ImmoWertV). Hierdurch soll gewährleistet werden, dass bei der steuerlichen Bewertung eine eindeutige Zuordnung des Bewertungsobjekts zum jeweiligen Bodenrichtwert erfolgen kann.[584] Eine Bodenrichtwertzone besteht gemäß § 15 Abs. 1 Satz 1 ImmoWertV aus einem räumlich zusammenhängenden Gebiet. Wie diese Bodenrichtwertzone bei der Veröffentlichung konkret darzustellen ist, ist weder im BauGB noch in der ImmoWertV ausdrücklich bestimmt. In der Praxis üblich ist ganz überwiegend die Darstellung als Kartenauszug über ein Online-Portal (BORIS-D oder ein Portal des jeweiligen Bundeslandes) oder vereinzelt noch als physische Bodenrichtwertkarte. Bei dieser Darstellung werden die Bodenrichtwertzonen visuell durch Zonenlinien umschrieben und gegeneinander abgegrenzt. Die Angabe einer Zonennummer ist üblich (vgl. Nr. 5.10.3 RiWert RhPf).[585] Da die Form der Darstellung jedoch nicht vorgegeben ist, kann auch eine Darstellung der Bodenrichtwerte mittels Bodenrichtwertliste erfolgen. In diesem Fall muss jedoch darauf geachtet werden, dass die Bodenrichtwertzone eindeutig beschrieben wird.[586]

Bodenrichtwertzonen können sich nach § 15 Abs. 3 Satz 1 ImmoWertV in begründeten Fällen deckungsgleich überlagern.[587] Dies ist insbesondere in Gebieten sinnvoll, in denen unterschiedliche Nutzungen vorherrschen oder die sonstigen wertbeeinflussenden Grundstücksmerkmale stark divergieren (z. B. unbeplanter Innenbereich) und für die deshalb nur schwer ein einheitliches Bodenrichtwertgrundstück angegeben werden kann. Die Ausweisung deckungsgleicher Bodenrichtwertzonen erfordert jedoch gemäß § 15 Abs. 3 Satz 2 ImmoWertV, dass eine eindeutige Zuordnung des Bewertungsobjekts zu der jeweiligen Bodenrichtwertzone möglich ist. Der Gutachterausschuss in

---

584 Entwurf der BReg zum ErbStRG v. 28.01.2008, BT-Drs. 16/7918, S. 48.

585 *Hendricks*, Bodenrichtwertermittlung, 2017, S. 45.

586 *Kleiber*, Verkehrswertermittlung von Grundstücken, 9. Aufl. 2020, § 10 ImmoWertV, Rn. 72.

587 Nach Auffassung von *Kleiber* soll für besondere Bodenrichtwerte für Zwecke der Besteuerung auch eine nicht deckungsgleiche Überlagerung zulässig sein, so *Kleiber*, Verkehrswertermittlung von Grundstücken, 10. Aufl. 2023, § 15 ImmoWertV, Rn. 18.

Hamburg weist pauschal für jede Bodenrichtwertzone alle möglichen Nutzungen (und Entwicklungszustände) aus.[588] Die Auswahl des maßgeblichen Bodenrichtwerts erfordert deshalb, dass zunächst die für das Bewertungsobjekt passende Nutzung ausgewählt wird. Es ist jedoch höchst fraglich, wie der Gutachterausschuss in Innenstadtlagen (etwa für den Neuen Wall) einen belastbaren Bodenrichtwert für die Nutzungsarten Einfamilienhäuser oder sogar forstwirtschaftliche Flächen ermittelt haben will.[589]

6. Verwendung der Bodenrichtwerte im Rahmen der Verkehrswertermittlung

Die Bodenrichtwerte dienen neben der Gewährleistung von Transparenz auf dem Grundstücksmarkt insbesondere auch als Grundlage für die Ermittlung von Bodenwerten im Rahmen der Verkehrswertermittlung von Grundstücken. Der Bodenwert ist gemäß § 40 Abs. 1 ImmoWertV vorrangig im Vergleichswertverfahren nach den §§ 24 bis 26 ImmoWertV durch Preisvergleich zu ermitteln. Nach § 40 Abs. 2 ImmoWertV kann „neben oder anstelle" von Vergleichspreisen auch ein objektspezifisch angepasster Bodenrichtwert verwendet werden (sog. *Bodenrichtwertverfahren*). Dieses Verfahren kommt auch bei der steuerlichen Bodenwertermittlung bei vielen Bewertungsanlässen ausschließlich und in abgewandelter typisierender Form zur Anwendung.[590]

a) Anwendung des Bodenrichtwertverfahrens

Die Eignung der Bodenrichtwerte für die Ermittlung des Bodenwerts im Rahmen der Verkehrswertermittlung ist in der Literatur[591] und Rechtsprechung[592]

---

588 GAA Hamburg, Erläuterung der Bodenrichtwerte zum 01.01.2023, Tz. 2.11, abrufbar unter https://daten-hamburg.de/opendata/bodenrichtwerte/Erlaeuterungen/BRW-Erlaeuterungen2023.pdf (letzter Abruf 28.09.2025).

589 Kritisch zur Ermittlung der Bodenrichtwerte in Hamburg auch *Kleiber*, Verkehrswertermittlung von Grundstücken, 10. Aufl. 2023, § 14 ImmoWertV, Rn. 6.

590 Siehe hierzu ausführlich unter Gliederungspunkt § 2, II.

591 *Joeris/J. Simon*, in: Rössler/Langer (Begr.), Schätzung und Ermittlung von Grundstückswerten, 8. Aufl. 2005, S. 47 (111 ff.); *P. Zimmermann*, ImmoWertV, 2. Aufl. 2019, § 16, Rn. 7; *Kleiber*, Verkehrswertermittlung von Grundstücken, 10. Aufl. 2023, Syst. Darst. Vergleichswertverfahren, Rn. 155.

592 BGH, Urt. v. 10.03.1977 – III ZR 195/74, BeckRS 1977, 31116368; BGH, Urt. v. 04.03.1982 – III ZR 156/80, NVwZ 1982, 395; OVG Rheinland-Pfalz, Urt. v. 16.02.2017 – 6 A 10137/14.OVG, juris Rn. 67.

seit langem allgemein anerkannt. Bei der Ermittlung des Bodenwerts im Rahmen der Verkehrswertermittlung war bereits in § 5 Satz 1 WertV 1961 eine Heranziehung von (Boden)Richtwerten vorgesehen. Anfangs wurde diese Methodik zum Teil in der Literatur kritisiert.[593] Heutzutage dürfte jedoch nicht mehr ernsthaft in Zweifel gezogen werden können, dass Bodenrichtwerte grundsätzlich auch für die Ermittlung des Bodenwerts im Rahmen der Verkehrswertermittlung geeignet sind. In der Wertermittlungspraxis erfolgt die Ermittlung des Bodenwerts mittlerweile – zumindest bei bebauten Grundstücken – häufig anhand von Bodenrichtwerten.[594] Dies dürfte vor allem daran liegen, dass Bodenrichtwerte regelmäßig flächendeckend verfügbar sowie einfach, schnell und zumeist kostenlos über das Internet abrufbar sind. Im Vergleich dazu müssen für die Durchführung eines Vergleichswertverfahrens anhand von Vergleichspreisen zunächst geeignete Kaufpreise in ausreichender Anzahl vorhanden sein. Diese müssen vom Sachverständigen regelmäßig im Rahmen einer kostenpflichtigen Auskunft aus der Kaufpreissammlung beim Gutachterausschuss beantragt werden. Da anschließend jeder einzelne Kaufpreis auf seine Eignung zu prüfen und ggfs. anzupassen ist (§ 25 Satz 2 i. V. m. § 9 Abs. 1 ImmoWertV), ist dieses Verfahren deutlich aufwendiger als das Bodenrichtwertverfahren.

Mit § 40 Abs. 2 ImmoWertV 2021 hat der Verordnungsgeber klargestellt, dass der Bodenwert „neben oder anstelle"[595] von Vergleichspreisen auch unter Verwendung eines objektspezifisch angepassten Bodenrichtwerts ermittelt werden kann. Allerdings soll der Bodenwert gemäß § 40 Abs. 1 ImmoWertV 2021 „vorrangig" nach den §§ 24 bis 26 ImmoWertV, also mittels Preisvergleich, ermittelt werden, sofern ausreichend Vergleichspreise vorhanden sind.[596] Etwaige Unsicherheiten, ob das Bodenrichtwertverfahren subsidiär, alternativ oder gar bevorzugt zur Verwendung von Vergleichspreisen zur

593 *Brachmann*, AVN 11/1967, 478; *Gläser*, AVN 10/1969, 456; *Frisch*, AVN 10/1970, 445.

594 *Streich*, Der Immobilienbewerter 2/2010, 19 (19); *Zeißler*, Zur Ermittlung von Bodenrichtwerten bei fehlenden Kaufpreisen unbebauter Grundstücke, 2012, S. 20; *Bischoff*, ImmoWertV 2021, 2021, S. 131.

595 So bereits die vor der ImmoWertV 2010 geltende Formulierung, vgl. § 13 Abs. 2 Satz 1 WertV 1988.

596 *Kleiber*, Verkehrswertermittlung von Grundstücken, 10. Aufl. 2023, § 40 ImmoWertV, Rn. 142.

Anwendung kommen soll,[597] dürften nun durch die Regelungen in § 40 Abs. 1 und Abs. 2 ImmoWertV 2021 verringert worden sein.

b) Verwendung der Bodenrichtwerte im Bodenrichtwertverfahren

aa) Charakteristika des Bodenrichtwertverfahrens

Das Bodenrichtwertverfahren stellt kein eigenständiges Wertermittlungsverfahren dar, sondern ist eine Variante des Vergleichswertverfahrens (vgl. § 24 Abs. 2 Nr. 2 ImmoWertV). Es ist dem mittelbaren Preisvergleich zuzuordnen.[598] Die Wertermittlung erfolgt beim Bodenrichtwertverfahren in einem *zweistufigen Vergleichswertverfahren*. Auf der *ersten Stufe* wird der Bodenrichtwert als Bewertungsgrundlage durch unmittelbaren oder mittelbaren Preisvergleich ermittelt. Auf der *zweiten Stufe* folgt dann die Anwendung der Bodenrichtwerte auf das Bewertungsobjekt.[599] Die Wertermittlung erfolgt in diesem Verfahren im Unterschied zum Vergleichswertverfahren mittels Preisvergleich durch *zwei unterschiedliche Stellen*. Auf der ersten Stufe erfolgt die Wertermittlung durch den *Gutachterausschuss*, der aufgrund der von ihm geführten Kaufpreissammlung regelmäßig einen umfassenden Überblick über die Verhältnisse auf dem regionalen Grundstücksmarkt hat.[600] Auf der zweiten Stufe erfolgt die eigentliche Wertermittlung durch den *Wertermittler* (Sachverständiger, Kreditinstitut, Behörde etc.). Dieser verfügt zwar regelmäßig nur über einen eingeschränkten Überblick über das Geschehen am regionalen Grundstücksmarkt.[601] Dafür besitzt er jedoch regelmäßig Detailkenntnisse des Wertermittlungsobjekts. Er hat daher zu entscheiden, ob die herangezogenen Bodenrichtwerte für dieses Wertermittlungsobjekt geeignet sind und ob diese ggfs. an das zu bewertende Grundstück objektspezifisch

597 Vgl. BGH, Urt. v. 17.05.1991 – V ZR 104/90, NJW 1991, 2698; BFH, Urt. v. 08.09.1994 – IV R 16/94, BStBl. II 1995, 309, juris; OVG Rheinland-Pfalz, Urt. v. 16.02.2017 – 6 A 10137/14.OVG, juris Rn. 66; *Reuter*, immobilien & bewerten 3/2015, 106 (107).

598 *J. Simon*, in: Simon/Cors/Halaczinsky/Teß, Handbuch der Grundstückswertermittlung, 5. Aufl. 2003, S. 9 (23); *Joeris/J. Simon*, in: Rössler/Langer (Begr.), Schätzung und Ermittlung von Grundstückswerten, 8. Aufl. 2005, S. 47 (112).

599 *Joeris/J. Simon*, in: Rössler/Langer (Begr.), Schätzung und Ermittlung von Grundstückswerten, 8. Aufl. 2005, S. 47 (112).

600 Siehe hierzu unter Gliederungspunkt § 1, II., 7., a).

601 Ihr steht im Rahmen einer Auskunft aus der Kaufpreissammlung nur ein ausschnittsweiser Einblick in die Kaufpreissammlung zu, sofern nach den landesrechtlichen Vorgaben überhaupt ein Anspruch besteht.

angepasst werden müssen. Hierfür sind gemäß § 26 Abs. 2 ImmoWertV die in Frage kommenden Bodenrichtwerte auf ihre Eignung i. S. d. § 9 Abs. 1 Satz 1 ImmoWertV zu prüfen und bei etwaigen Abweichungen nach Maßgabe des § 9 Abs. 1 Satz 2 und 3 ImmoWertV an die Gegebenheiten des Wertermittlungsobjekts anzupassen. Eine fachgerechte Verwendung der Bodenrichtwerte setzt daher grundsätzlich voraus, dass diese durch eine sachkundige und erfahrene Person mit Kenntnissen des regionalen Grundstücksmarkts erfolgt.

bb) Auswahl des maßgeblichen Bodenrichtwerts

Nach § 40 Abs. 2 ImmoWertV kann für die Bodenwertermittlung ein objektspezifisch angepasster Bodenrichtwert verwendet werden. Nicht geregelt ist hingegen, welcher Bodenrichtwert denn überhaupt herangezogen werden kann. In erster Linie wird dies der Bodenrichtwert der Bodenrichtwertzone sein, in der das Wertermittlungsobjekt belegen ist. Sofern dieser Bodenrichtwert nicht geeignet ist oder kein Bodenrichtwert veröffentlicht wurde, sollen nach Auffassung von *Wolfgang Kleiber* auch Bodenrichtwerte aus anderen Bodenrichtwertzonen herangezogen werden können, falls der Bodenrichtwert der betreffenden Bodenrichtwertzone als ungeeignet anzusehen ist.[602] *Jörn Freise* war sogar der Auffassung, dass es auf die Lage des Wertermittlungsobjekts in einer bestimmten Bodenrichtwertzone nicht ankomme. Durch die Darstellung des Bodenrichtwertgrundstücks sei bereits ein eindeutiger Bezug hergestellt.[603] Es erscheint zwar fraglich, ob in diesem Fall eine objektspezifische Anpassung, insbesondere auch an eine ggfs. abweichende Lagewertigkeit, möglich ist. Die Regelungen der ImmoWertV stehen dieser Vorgehensweise indes nicht entgegen. Nach Auffassung des Bundesfinanzhofs ist hingegen auch in einem Verkehrswertgutachten für steuerliche Zwecke (§ 198 Abs. 2 BewG) der Bodenrichtwert der Bodenrichtwertzone heranzuziehen, in der das Bewertungsobjekt belegen ist.[604] Der Entscheidung lagen die Regelungen der WertV zugrunde. Es ist jedoch anzunehmen, dass

---

602 *Kleiber*, Verkehrswertermittlung von Grundstücken, 10. Aufl. 2023, Syst. Darst. Vergleichswertverfahren, Rn. 165.

603 *Freise*, in: Brügelmann, BauGB, § 16 ImmoWertV, 94. EL, 7/2015, Rn. 9.

604 BFH, Urt. v. 16.09.2020 – II R 1/18, BStBl. II 2021, 594, juris Rn. 17.

der Bundesfinanzhof diese Rechtsprechung auch auf die ImmoWertV 2021 übertragen wird.

cc) Eignung des herangezogenen Bodenrichtwerts

Bodenrichtwerte dürfen nicht unreflektiert übernommen und verwendet werden. Für die Wertermittlung sind sie nach § 26 Abs. 2 ImmoWertV nur dann heranzuziehen, wenn diese nach § 9 Abs. 1 Satz 1 ImmoWertV geeignet sind. Dies ist der Fall, wenn diese (1) hinsichtlich Aktualität in Bezug auf den maßgeblichen Stichtag und (2) hinsichtlich Repräsentativität den jeweiligen Grundstücksmarkt zutreffend abbilden und (3) etwaige Abweichungen in den allgemeinen Wertverhältnissen sowie wertbeeinflussende Abweichungen der Grundstücksmerkmale des Wertermittlungsobjekts (zu dem Bodenrichtwertgrundstück) hinreichend berücksichtigt werden können. Liegt eine dieser Voraussetzungen nicht vor, können die Bodenrichtwerte nicht für die Bodenwertermittlung herangezogen werden. Die Bodenrichtwerte weisen eine derartige Eignung nicht überall auf. Die mangelnde Eignung eines Bodenrichtwerts ist kein seltener zu vernachlässigender Einzelfall.[605] In der Wertermittlungspraxis ist hingegen oft zu beobachten, dass die Bodenrichtwerte ohne Überprüfung der Eignung für die Wertermittlung übernommen werden. Dies dürfte vor allem daran liegen, dass sie von den Gutachterausschüssen ermittelt werden und ihnen deshalb ein „Behördenbonus“ zukommt.[606]

Keine Voraussetzung für die Eignung des Bodenrichtwerts im Rahmen der Verkehrswertermittlung ist hingegen, dass der herangezogene Bodenrichtwert rechtmäßig, also insbesondere unter Beachtung der Vorgaben des BauGB und der ImmoWertV, ermittelt wurde. Für die Ermittlung des Verkehrswerts ist in erster Linie wichtig, dass die Bodenrichtwerte den Grundstücksmarkt zutreffend abbilden. Solange der Verkehrswert dem hypothetischen Preis entspricht, der im gewöhnlichen Geschäftsverkehr für das Wertermittlungsobjekt erzielt werden kann, ist es ohne Belang, dass einzelne Bestandteile der Wertermittlung zwar inhaltlich zutreffend, rechtlich jedoch fehlerhaft sind. Grundsätzlich kann jedoch angenommen werden, dass ein Bodenrichtwert, der unter Beachtung der rechtlichen Vorgaben auf der Grundlage einer

---

605 *Kleiber*, Verkehrswertermittlung von Grundstücken, 10. Aufl. 2023, Syst. Darst. Vergleichswertverfahren, Rn. 160.

606 *Streich*, Der Immobilienbewerter 2/2010, 19 (21).

ausreichenden Anzahl von geeigneten Vergleichspreisen ermittelt wurde, auch den regionalen Grundstücksmarkt zutreffend abbildet.

(1) Anforderungen an die Aktualität

Welche Anforderungen an die Aktualität der Bodenrichtwerte zu stellen sind, ergibt sich nicht aus der ImmoWertV. Dies ist regelmäßig nach den Umständen des Einzelfalls und insbesondere auf der Grundlage der konjunkturellen Entwicklung zu beurteilen. Bodenrichtwerte sind nach § 196 Abs. 1 Satz 5 BauGB turnusmäßig mindestens zu Beginn jedes zweiten Kalenderjahres zu ermitteln. Es kann daher grundsätzlich davon ausgegangen werden, dass ein hinreichend aktueller Bodenrichtwert verfügbar ist. Dies ist regelmäßig der zuletzt vor dem Wertermittlungsstichtag ermittelte und veröffentlichte Bodenrichtwert.[607] Bei einem Ermittlungsturnus von zwei Jahren sieht das Bundesverfassungsgericht die Aktualität der Bodenrichtwerte zumindest für die Heranziehung für die (typisierende) steuerliche Bewertung für hinreichend gewährleistet.[608] § 9 Abs. 1 Satz 1 ImmoWertV fordert keine vollständige Übereinstimmung der allgemeinen Wertverhältnisse am Bodenrichtwertstichtag und am Wertermittlungsstichtag. Die Unterschiede in den Wertverhältnissen dürfen nur nicht so erheblich sein, dass eine konjunkturelle Anpassung des Bodenrichtwerts (§ 9 Abs. 1 Satz 2 ImmoWertV) nicht mehr als sachgerecht angesehen werden kann. Die Aktualität der Bodenrichtwerte kann insbesondere dann zweifelhaft sein, wenn sich zwischen dem Bodenrichtwertstichtag und dem Wertermittlungsstichtag starke konjunkturelle Veränderungen auf dem Grundstücksmarkt ergeben haben oder wenn der Gutachterausschuss für die Bodenrichtwertzone seit über zwei Jahren keinen neuen Bodenrichtwert ermittelt hat.

---

[607] Stellungnahme des BR und Gegenäußerung der BReg zum ErbStRG v. 12.03.2008, BR-Drs. 16/8547, S. 10; *Freise*, in: Brügelmann, BauGB, § 16 ImmoWertV, 94. EL, 7/2015, Rn. 10.

[608] BVerfG v. 07.11.2006 – 1 BvL 10/02, BVerfGE 117, 1, 58 (ErbSt III); vgl. auch Stellungnahme des BR und Gegenäußerung der BReg zum ErbStRG v. 12.03.2008, BR-Drs. 16/8547, S. 10.

(2) Anforderung an die Repräsentativität

Bodenrichtwerte müssen hinsichtlich der Repräsentativität den jeweiligen Grundstücksmarkt zutreffend abbilden.[609] Sie müssen die tatsächlichen Marktverhältnisse am regionalen Grundstücksmarkt realitätsnah widerspiegeln.[610] Ob dies der Fall ist, lässt sich nicht einfach beurteilen. Der Wertermittler hat im Gegensatz zum Gutachterausschuss regelmäßig nur einen eingeschränkten Überblick über das Marktgeschehen. Eine Überprüfung der Repräsentativität des herangezogenen Bodenrichtwerts wird daher auf offensichtliche Unstimmigkeiten beschränkt werden müssen. Sofern ernsthafte Zweifel an der Stimmigkeit der Bodenrichtwerte aufkommen, sollten diese nur noch mit besonderer Vorsicht für die Wertermittlung herangezogen werden und ggfs. durch andere Wertermittlungen verifiziert werden.[611]

An der Marktnähe können etwa Zweifel aufkommen, wenn bei Verkäufen in der näheren Umgebung deutlich höhere Preise erzielt worden sind und deshalb Anhaltspunkte dafür vorliegen, dass die Bodenrichtwerte nicht den tatsächlichen Marktverhältnissen entsprechen.[612] In bebauten Gebieten ist ein unmittelbarer Vergleich jedoch meist nicht ohne Weiteres möglich. Bei den verfügbaren Kaufpreisen, sofern diese dem Wertermittler überhaupt bekannt sind, handelt es sich meist um Kaufpreise über bebaute Grundstücke. Die Bodenrichtwerte beziehen sich jedoch auf ein fiktives unbebautes Bodenrichtwertgrundstück. Offensichtliche Preissteigerungen und ggfs. auch Preisverfall müssen sich nicht zwingend in voller Höhe auf den Bodenrichtwert auswirken.[613] Bei dem anzustellenden Vergleich ist der Bodenrichtwerte zuvor an die wertbeeinflussenden Grundstücksmerkmale des Vergleichsgrundstücks anzupassen, da ein Vergleich ansonsten nicht repräsentativ wäre.

Zweifel können auch dann auftreten, wenn die Bodenrichtwerte sich über mehrere aufeinanderfolgende Stichtage nicht verändert haben, die Verhältnisse auf dem regionalen Grundstücksmarkt jedoch eine Veränderung der

---

609 Vgl. hierzu FG Rheinland-Pfalz, Beschl. v. 23.11.2023 – 4 V 1295/23, juris Rn. 187; *Ache/Krägenbring/Voß*, ZfV 2022, 86 (90 f.); *Ache/Krägenbring*, ZfV 2023, 137 (144).

610 *Reuter*, immobilien & bewerten 3/2015, 106 (108).

611 *Kleiber*, Verkehrswertermittlung von Grundstücken, 10. Aufl. 2023, Syst. Darst. Vergleichswertverfahren, Rn. 157.

612 OVG Frankfurt/Oder, Urt. v. 25.01.2001 – 8 D 12/98.G, BeckRS 9998, 54077.

613 *Reuter*, immobilien & bewerten 3/2015, 106 (108).

Bodenpreise nahelegen.[614] In der Praxis kommt es nicht selten vor, dass Bodenrichtwerte trotz geänderter Wertverhältnisse unverändert fortgeschrieben werden, da es den Gutachterausschüssen an aktuellen Kaufpreisen für die jeweilige Bodenrichtwertzone mangelt.[615] Mangelnde Kaufpreise sind jedoch kein Grund, bei der Fortschreibung der Bodenrichtwerte keine Bodenrichtwertermittlung durchzuführen. Der Bodenrichtwert ist in diesen Fällen nach Maßgabe von § 14 Abs. 2 ImmoWertV zu ermitteln.

Nicht nur aus der Höhe des Bodenrichtwerts selbst, sondern auch aus dem Zuschnitt der zugehörigen Bodenrichtwertzonen können sich Zweifel ergeben. Durch diese wird grundsätzlich das Wertniveau des Bodenrichtwerts für die zonenangehörigen Grundstücke festgeschrieben. Eine Bodenrichtwertzone gibt insbesondere Anlass zu Zweifeln, wenn die zonenangehörigen Grundstücke stark divergierende Nutzungen und/oder Grundstücksmerkmale aufweisen und dies bei der Darstellung des Bodenrichtwertgrundstücks nicht hinreichend berücksichtigt wurde. Auch bei sehr großen Bodenrichtwertzonen ist vielfach fraglich, ob diese noch eine hinreichend homogene Lagewertigkeit i. S. d. § 15 Abs. 1 Satz 2 ImmoWertV aufweisen. Schließlich können starke Wertsprünge zwischen zwei benachbarten Bodenrichtwertzonen Zweifel an der Stimmigkeit der Bodenrichtwerte begründen.

(3) Anforderungen an die konjunkturelle und qualitative Übereinstimmung

Bodenrichtwerte sind durchschnittliche Lagewerte für den Boden, die sich auf die wertbeeinflussenden Grundstücksmerkmale eines fiktiven Bodenrichtwertgrundstücks beziehen (§ 13 Abs. 1 ImmoWertV). Dieses Bodenrichtwertgrundstück repräsentiert die vorherrschenden grund- und bodenbezogenen wertbeeinflussenden Grundstücksmerkmale in der zugehörigen Bodenrichtwertzone. Die wertbeeinflussenden Grundstücksmerkmale des jeweiligen Wertermittlungsobjekts können mit dem Bodenrichtwertgrundstück übereinstimmen, oft ergeben sich jedoch Abweichungen. Generell sind derartige

---

614 *Streich*, Der Immobilienbewerter 2/2010, 19 (21).

615 *Streich*, Der Immobilienbewerter 2/2010, 19 (21); *Zeißler*, Zur Ermittlung von Bodenrichtwerten bei fehlenden Kaufpreisen unbebauter Grundstücke, 2012, S. 26 f.; *Strotkamp*, fub 2018, 97 (98); *Kleiber*, Verkehrswertermittlung von Grundstücken, 10. Aufl. 2023, § 14 ImmoWertV, Rn. 18.

Abweichungen unschädlich. § 9 Abs. 1 Satz 1 ImmoWertV erfordert allerdings, dass Abweichungen in den allgemeinen Wertverhältnissen sowie wertbeeinflussende Abweichungen der Grundstücksmerkmale des Wertermittlungsobjekts zu dem Bodenrichtwertgrundstück durch eine sachgerechte Anpassung, also nach Maßgabe von § 9 Abs. 1 Satz 2 und 3 ImmoWertV, berücksichtigt werden können (Anpassungsfähigkeit[616]). Dies setzt zweierlei voraus: Einerseits müssen die Abweichungen überhaupt erkennbar sein. Andererseits dürfen die Abweichungen nicht so erheblich sein, dass eine Anpassung zu unsachgerechten Ergebnissen führt.

(a) Konjunkturelle Übereinstimmung

Abweichungen in den allgemeinen Wertverhältnissen i. S. d. § 2 Abs. 2 ImmoWertV sind regelmäßig einfach erkennbar. Sie ergeben sich aus dem zeitlichen Auseinanderliegen des Bodenrichtwertstichtags, des herangezogenen Bodenrichtwerts und des Wertermittlungsstichtags i. S. d. § 2 Abs. 4 ImmoWertV der Verkehrswertermittlung. Sofern der herangezogene Bodenrichtwert hinreichend aktuell ist und keine wesentlichen konjunkturellen Veränderungen erfolgt sind, ist grundsätzlich von einer hinreichenden Übereinstimmung auszugehen. Sofern dennoch eine Anpassung für erforderlich gehalten werden sollte, können Abweichungen regelmäßig nach § 9 Abs. 1 Satz 2 ImmoWertV durch geeignete Indexreihen oder in anderer Weise berücksichtigt werden.

(b) Qualitative Übereinstimmung

Von besonderer Bedeutung für die „objektspezifische" Anpassung des Bodenrichtwerts sind die „wertbeeinflussenden Abweichungen der Grundstücksmerkmale". In § 9 Abs. 1 Satz 1 und Satz 3 ImmoWertV 2021 ist nicht ausdrücklich normiert, welches die Referenzobjekte für die Beurteilung der Abweichung sind. Insoweit klarer formuliert war § 16 Abs. 1 Satz 3 ImmoWertV 2010. Hiernach waren Bodenrichtwerte geeignet, wenn die Merkmale des zugrunde gelegten Bodenrichtwertgrundstücks hinreichend mit den Grundstücksmerkmalen des zu bewertenden Grundstücks übereinstimmen. Dieser Vergleich dürfte auch nach § 9 Abs. 1 Satz 1 ImmoWertV anzustellen sein, da insbesondere die Bedeutung des Bodenrichtwertgrundstücks für

---

616 *Freise*, in: Brügelmann, BauGB, § 9 ImmoWertV, 123. EL, 7/2022, Rn. 7.

den Bodenwert durch § 13 Abs. 1 ImmoWertV ausdrücklich hervorgehoben wurde.

Ein Vergleich des Wertermittlungsobjekts mit dem Bodenrichtwertgrundstück erfordert, dass sämtliche wertrelevante Grundstücksmerkmale beider Objekte bekannt sind. Dies setzt einerseits voraus, dass für das real existente Wertermittlungsobjekt alle Grundstücksmerkmale ermittelt wurden, denen ein Werteinfluss zukommt (§ 8 Abs. 1 ImmoWertV). Andererseits muss das fiktive Bodenrichtwertgrundstück mit allen wertbeeinflussenden Grundstücksmerkmalen bei der Veröffentlichung des Bodenrichtwerts dargestellt worden sein (§ 196 Abs. 1 Satz 4 BauGB, § 16 Abs. 2 ImmoWertV).[617] Nur wenn die wertbeeinflussenden Grundstücksmerkmale bei beiden Objekten bekannt sind, ist ein aussagekräftiger Quervergleich möglich.[618] Der Quervergleich darf sich nicht auf einzelne Grundstücksmerkmale beschränken, sondern muss grundsätzlich sämtliche wertbeeinflussenden Grundstücksmerkmale umfassen.[619] In der Praxis genügten die veröffentlichten Bodenrichtwerte in vielen Fällen bereits den geringeren Anforderungen an die Darstellung des Bodenrichtwertgrundstücks nach § 10 Abs. 2 ImmoWertV 2010 nicht.[620] Sofern das Bodenrichtwertgrundstück unvollständig dargestellt wurde, kann ein Quervergleich mit dem zu bewertenden Grundstück nur eingeschränkt und unvollständig erfolgen. Der entsprechende Bodenrichtwert wird daher für die Verkehrswertermittlung als ungeeignet angesehen.[621]

Sofern ein Quervergleich möglich ist, ist anschließend zu prüfen, ob die Abweichungen nach Maßgabe von § 9 Abs. 1 Satz 3 ImmoWertV berücksichtigt werden können. Hiernach sind wertbeeinflussende Abweichung der Grundstücksmerkmale durch geeignete Umrechnungskoeffizienten, durch

617 VG Hamburg, Urt. v. 19.02.2015 – 7 K 5146/14, juris Rn. 54; *Kleiber*, Verkehrswertermittlung von Grundstücken, 10. Aufl. 2023, § 16 ImmoWertV, Rn. 11.

618 OVG Rheinland-Pfalz, Urt. v. 12.04.2005 – 6 A 12246/04.OVG; VG Koblenz, Urt. v. 10.10.2005 – 8 K 3415/04.KO, juris; *Reuter*, immobilien & bewerten 3/2015, 106 (108); *Homa/Weigt*, fub 1/2012, 9 (12 f.).

619 *Reuter*, immobilien & bewerten 2/2015, 61 (62).

620 *Kleiber*, Verkehrswertermittlung von Grundstücken, 9. Aufl. 2020, § 10 ImmoWertV, Rn. 94; *Reuter*, immobilien & bewerten 2/2015, 61 (62).

621 *Reuter/Voß/Ziegenbein*, in: Kummer/Kötter/Kutterer/Ostrau (Hrsg.), Das deutsche Vermessungs- und Geoinformationswesen, 2020, S. 639 (699); *Reuter*, immobilien & bewerten 2/2015, 61 (62).

eine Anpassung mittels marktüblicher Zu- oder Abschläge oder in anderer Weise zu berücksichtigen. Eine Anpassung und damit die verbundene Eignung des Bodenrichtwerts scheidet etwa aus, wenn das Bodenrichtwertgrundstück eine komplett andere Art der baulichen Nutzung aufweist (z. B. Bodenrichtwert wurde für ein Einfamilienhaus ermittelt, das Wertermittlungsobjekt ist jedoch eine Gewerbeimmobilie oder ein unbebautes Grundstück).[622] Falls eine Anpassung grundsätzlich möglich ist, ist für die Eignung entscheidend, ob sich die Auswirkung der Anpassungen auf den Wert noch in einem vertretbaren Rahmen bewegt. Dies hängt von den Umständen des Einzelfalls ab.[623]

dd) Anpassung des herangezogenen Bodenrichtwerts

Die geeigneten Bodenrichtwerte sind, sofern die dargestellten wertbeeinflussenden Grundstücksmerkmale des Bodenrichtwertgrundstücks von denen des Wertermittlungsobjekts abweichen, gemäß § 26 Abs. 2 i. V. m. § 9 Abs. 1 Satz 2 und 3 ImmoWertV an die Gegebenheiten des Wertermittlungsobjekts anzupassen. Die Anpassung ist Ausfluss des Grundsatzes der Referenzkonformität.[624] Sofern mehrere verschiedene Anpassungen vorgenommen werden, muss sichergestellt werden, dass die Summe der Anpassungen marktgerecht ist und dass eine Doppelberücksichtigung ausgeschlossen ist.[625] In der Wertermittlungspraxis ist vielfach zu beobachten, dass der herangezogene Bodenrichtwert – auch bei offensichtlichen Wertverzerrungen – ohne entsprechende Anpassungen verwendet wird.[626] Die Verwendung eines unangepassten Bodenrichtwerts kann zu deutlich anderen Bodenwerten führen und stellt damit einen erheblichen Fehler im Rahmen der Verkehrswertermittlung dar.

Für die Anpassung von *Abweichungen in den allgemeinen Wertverhältnissen* kommen gemäß § 9 Abs. 1 Satz 2 ImmoWertV in erster Linie geeignete Indexreihen (§ 18 ImmoWertV) in Betracht. Für die Anpassung von

---

622 AGVGA.NRW, Modellkonforme Wertermittlung, 2016, S. 11; *Thietz-Bartram*, VIZ 2002, 390 (391).

623 Vgl. *Hendricks*, Bodenrichtwertermittlung, 2017, S. 34; *Kleiber*, Verkehrswertermittlung von Grundstücken, 10. Aufl. 2023, Syst. Darst. Vergleichswertverfahren, Rn. 26 ff.

624 Siehe dazu bereits unter Gliederungspunkt § 1, I., 2., b), bb), (3).

625 *Jardin/Roscher*, Die Immobilienwertermittlung aus steuerlichen Anlässen, 2019, S. 379.

626 *Streich*, Der Immobilienbewerter 2/2010, 19 (20).

Bodenrichtwerten werden hierfür hauptsächlich Bodenpreisindexreihen verwendet.[627] Die Indexierung mittels einer vom Statistischen Bundesamt für das gesamte Bundesgebiet ermittelten Bodenpreisindexreihe dürfte hingegen nicht zu brauchbaren Ergebnissen führen.[628]

Die Wertauswirkungen infolge der *Abweichung der Grundstücksmerkmale* des Bewertungsobjekts vom Bodenrichtwertgrundstück sind gemäß § 9 Abs. 1 Satz 3 ImmoWertV insbesondere durch Umrechnungskoeffizienten (§ 19 ImmoWertV) zu berücksichtigen.[629] Umrechnungskoeffizienten werden vor allem für die Umrechnung der Grundstücksgröße und des Maßes der baulichen Nutzung, insbesondere (W)GFZ, veröffentlicht.[630] Die Anpassung mittels Indexreihen und Umrechnungskoeffizienten ist vor allem deshalb vorzugswürdig, weil diese im Wege einer Berechnung erfolgt und deshalb überwiegend objektiv erfolgen kann.[631] Die Umrechnungskoeffizienten und Indexreihen dürfen nicht unreflektiert herangezogen werden. Bei ihrer Anwendung ist der Grundsatz der Modellkonformität zu beachten (vgl. § 10 ImmoWertV). Grundvoraussetzung für die Anwendung von Umrechnungskoeffizienten und Indexreihen ist allerdings, dass diese von dem zuständigen Gutachterausschuss überhaupt ermittelt und veröffentlicht wurden. Davon kann nicht überall ausgegangen werden. Wegen geringer Kauffälle oder Personalmangels werden teilweise wenige oder keine Umrechnungskoeffizienten ermittelt.[632]

In erster Linie kommen für die Anpassung nur allgemeine Grundstücksmerkmale i. S. d. § 8 Abs. 2 ImmoWertV in Betracht, also solche

---

[627] Nr. 5.5.2 RiWert RhPf.; gif e. V., Qualitätssicherung bei der Ermittlung von Bodenrichtwerten, 2008, S. 10; *J. Simon*, in: Simon/Cors/Halaczinsky/Teß, Handbuch der Grundstückswertermittlung, 5. Aufl. 2003, S. 9 (27 f.).

[628] *J. Simon*, in: Simon/Cors/Halaczinsky/Teß, Handbuch der Grundstückswertermittlung, 5. Aufl. 2003, S. 9 (27 f.).

[629] *Homa/Weigt*, fub 1/2012, 9 (15); zur Anpassung bzgl. der einzelnen Grundstücksmerkmale anschaulich *Jardin/Roscher*, Die Immobilienwertermittlung aus steuerlichen Anlässen, 2019, S. 366 ff.

[630] Siehe z. B. die für Niedersachsen veröffentlichten Umrechnungskoeffizienten, abrufbar unter: https://www.gag.niedersachsen.de/grundstuecksmarktinformationen/2023/grundstucksmarktdaten-2023-216500.html (letzter Abruf 28.09.2025).

[631] *Reuter/Voß/Ziegenbein*, in: Kummer/Kötter/Kutterer/Ostrau (Hrsg.), Das deutsche Vermessungs- und Geoinformationswesen, 2020, S. 639 (683).

[632] *Steuerlein/Staiber*, GuG 2016, 178 (178).

wertbeeinflussenden Grundstücksmerkmale, die hinsichtlich Art und Umfang auf dem jeweiligen Grundstücksmarkt regelmäßig auftreten. Da das Bodenrichtwertgrundstück nach § 16 Abs. 1 Satz 1 ImmoWertV grundsätzlich keine Grundstücksmerkmale aufweist, die nur im Rahmen einer Einzelbegutachtung ermittelt werden können (also insbesondere objektspezifische Grundstücksmerkmale i. S. d. § 8 Abs. 3 ImmoWertV), ist keine Anpassung des Bodenrichtwerts an besondere objektspezifische Grundstücksmerkmale des Wertermittlungsobjekts durchzuführen. Der Werteinfluss der besonderen objektspezifischen Grundstücksmerkmale ist an späterer Stelle bei der Ermittlung des Verfahrenswerts, außerhalb des Bodenrichtwertverfahrens, zu berücksichtigen (§ 6 Abs. 3 Satz 2 letzter Halbsatz, § 8 Abs. 3 Satz 3 ImmoWertV).[633]

Unklar ist, ob der Bodenrichtwert auch an die individuelle Lage des Wertermittlungsobjekts innerhalb der Bodenrichtwertzone anzupassen ist. Der Bodenrichtwert ist als durchschnittlicher Lagewert nicht an eine bestimmte Lage innerhalb der Bodenrichtwertzone gebunden.[634] Um eine möglichst einheitliche Lagewertigkeit innerhalb der Bodenrichtwertzone zu garantieren, ist in § 15 Abs. 1 Satz 2 ImmoWertV bestimmt, dass die Bodenrichtwertzone so abzugrenzen ist, dass die wertbedingten Lageunterschiede grundsätzlich nicht mehr als 30 % betragen. Hieraus folgt jedoch auch, dass die individuelle Lagewertigkeit des Wertermittlungsobjekts regelmäßig von der durchschnittlichen Lagewertigkeit der Bodenrichtwertzone abweichen dürfte. Aufgrund des großen Einflusses der individuellen Lage des Grundstücks auf dessen Verkehrswert, wird in der Literatur eine Anpassung des Bodenrichtwerts an die individuelle Lage des Wertermittlungsobjekts zumindest bei sehr großen Bodenrichtwertzonen mit unterschiedlichen Lagewertigkeiten oder bei starken Wertgefällen benachbarter Bodenrichtwertzonen diskutiert.[635]

---

633 Nr. 26.3 ImmoWertA.

634 Nr. 13.(2) ImmoWertA; Entwurf zur ImmoWertV 2021 v. 12.05.2021, BR-Drs. 407/21, S. 103.

635 *Streich*, Der Immobilienbewerter 2/2010, 19 (20); *Homa/Weigt*, fub 1/2012, 9 (13); *Bischoff/R. Vogel*, Das Grundeigentum 21/2016, 1314–1318 (1314); *Hendricks*, Bodenrichtwertermittlung, 2017, S. 147; *Jardin/Roscher*, Die Immobilienwertermittlung aus steuerlichen Anlässen, 2019, S. 379; vgl. VG Hamburg, Urt. v. 19.02.2015 – 7 K 5146/14, juris Rn. 80.

ee) *Ermittlung des Bodenwerts mittels der geeigneten und angepassten Bodenrichtwerte*

Der objektspezifisch angepasste Bodenrichtwert ist anschließend gemäß § 40 Abs. 1 und Abs. 2 i. V. m. § 24 Abs. 2 Nr. 2 ImmoWertV mit der entsprechenden Bezugsgröße des Wertermittlungsobjekts zu multiplizieren. Die entsprechende Bezugsgröße ist bei der Bodenwertermittlung die Grundstücksfläche. Bei diesem Schritt handelt es sich nur noch um eine mathematische Berechnung; um die rechnerische Übertragung des bereits feststehenden Wertniveaus des angepassten Bodenrichtwerts auf das individuelle Grundstück. Die eigentliche Bodenwertermittlung wurde einerseits vorab durch den Gutachterausschuss bei der Ermittlung des Bodenrichtwerts und andererseits durch den Wertermittler bei der Prüfung und Anpassung des Bodenrichtwerts vorgenommen.

Der sich nach der Berechnung ergebende Wert ist der vorläufige Vergleichswert des Bodens. Bei bebauten Grundstücken wirkt sich die tatsächliche Bebauung des Wertermittlungsobjekts grundsätzlich nicht auf den Bodenwert aus. In den in § 40 Abs. 5 ImmoWertV genannten Fällen kann der Werteinfluss der tatsächlichen Bebauung jedoch ausnahmsweise zu berücksichtigen sein. Da die Bodenrichtwerte – sofern erforderlich – bereits an die allgemeine Wertentwicklung gemäß § 9 Abs. 1 Satz 2 ImmoWertV angepasst wurde, sind die allgemeinen Wertverhältnisse nicht erneut in einem gesonderten Schritt zu berücksichtigen (§ 24 Abs. 3 ImmoWertV). Sofern das Grundstück besondere objektspezifische Grundstücksmerkmale aufweisen sollte, die bei der Anpassung der Bodenrichtwerte noch nicht berücksichtigt wurden (z. B. Altlasten oder Bodenschätze), ist deren Werteinfluss noch gesondert durch marktübliche Zu- oder Abschläge zu berücksichtigen (§§ 24 Abs. 4 i. V. m. § 8 Abs. 3 ImmoWertV).[636]

---

[636] Siehe hierzu bereits unter Gliederungspunkt § 1, I., 2., b), bb), (4).

IV. Ermittlung der Bodenrichtwerte

Bodenrichtwerte sollen in erster Linie auf der Grundlage tatsächlich erzielter Kaufpreise ermittelt werden, die der Gutachterausschuss aus der von ihm geführten Kaufpreissammlung entnimmt. Die für die Bodenrichtwertermittlung relevanten Kaufpreise und sonstigen Informationen werden regelmäßig durch mathematisch-statistische Verfahren zu einem Wert aggregiert, der dann den Bodenrichtwert darstellt. Dabei ist die Zusammenführung der Informationen jedoch nicht nur eine Rechenoperation. Bodenrichtwerte können nicht einfach ausgerechnet oder aus Daten mathematisch „abgeleitet" werden. Vielmehr erfordert die Zusammenführung der einzelnen relevanten Informationen vielfältige rechtliche Subsumtionen und auf Erfahrung und Sachkunde basierende Wertentscheidungen der Gutachterausschüsse. Bodenrichtwerte sind daher keine Rechenwerte, sondern das Ergebnis aus rechtlicher Subsumtion, der Anwendung mathematisch-statistischer Verfahren und der individuellen Wertentscheidungen der Gutachter des Gutachterausschusses.[637]

In diesem Abschnitt wird die Ermittlung der Bodenrichtwerte im Einzelnen dargestellt. Grundvoraussetzung für die Heranziehung von Bodenrichtwerten für Wertermittlungen ist ein Verständnis über das Zustandekommen dieser Werte. Dies gilt insbesondere für die Verwendung der Bodenrichtwerte für die steuerliche Bewertung und die Überprüfung der insoweit gebotenen Rechtsschutzmöglichkeiten, die im Rahmen dieser Arbeit an späterer Stelle untersucht werden. In diesem Abschnitt wird daher insbesondere dargestellt, welche materiell-rechtlichen Vorgaben bei Ermittlung der Bodenrichtwerte zu beachten sind, inwieweit den Gutachterausschüssen hierbei Wertermittlungsspielräume zukommen und welche tatsächlichen Probleme und Fehlerquellen bei der Bodenrichtwertermittlung bestehen. Auf die formellen Anforderungen an die Bodenrichtwertermittlung wurde bereits unter Gliederungspunkt § 1, II., 7., b) eingegangen.

---

[637] Vgl. *Mann*, in: Kummer/Frankenberg/Kötter (Hrsg.), Das deutsche Vermessungs- und Geoinformationswesen 2014, 2013, S. 581 (586); *Kleiber*, Verkehrswertermittlung von Grundstücken, 10. Aufl. 2023, § 14 ImmoWertV, Rn. 5.

1. Rechtsgrundlagen der Bodenrichtwertermittlung

Die anhand der Bodenrichtwerte ermittelten Boden- bzw. Verkehrswerte werden vielfach für Verwaltungs- oder Gerichtsverfahren benötigt. Die steuerliche Bewertung (z. B. § 179 Satz 1, § 247 Abs. 1 Satz 1 BewG und andere Verwaltungsgesetze (z. B. § 19 Abs. 5 Satz 1 SachenRBerG) knüpfen unmittelbar an die Bodenrichtwerte als Bewertungsgrundlage an. Die Bodenrichtwerte dienen in diesem Fällen dem Ausgleich der widerstreitenden Interessen der an den Verwaltungs- oder Gerichtsverfahren beteiligten Personen. An die Bodenrichtwerte als Bewertungsgrundlage stellt das Steuerrecht zusätzliche Anforderungen. Der Grundsatz der Gleichmäßigkeit der Besteuerung gebietet es grundsätzlich, dass die Datengrundlage und die Ermittlung der Bodenrichtwerte möglichst einheitlich gehandhabt werden (siehe hierzu noch ausführlich unter Gliederungspunkt § 3, III.).[638] Aus diesem Grund kann die Art und Weise der Ermittlung der Bodenrichtwerte nicht ohne Weiteres in das freie Belieben der Gutachterausschüsse gestellt werden, sondern muss zu einem gewissen Grad einheitlich und standardisiert erfolgen. Dafür ist es erforderlich, verbindliche Vorgaben an die Bodenrichtwertermittlung aufzustellen, die von allen Gutachterausschüssen zu beachten sind. Aufgrund der Komplexität und Einzelfallabhängigkeit der Wertermittlung kann die Bodenrichtwertermittlung jedoch nicht vollständig determiniert werden. Die Gutachterausschüsse müssen bei der Bodenrichtwertermittlung auch die Besonderheiten des regionalen Grundstücksmarkts und des jeweiligen Gebiets berücksichtigen können.

a) BauGB

Die grundlegenden Vorgaben für die Bodenrichtwertermittlung ergeben sich aus § 196 BauGB. Die Bodenrichtwerte sind hiernach als durchschnittliche Lagewerte für den Boden aufgrund der Kaufpreissammlung und unter Berücksichtigung des Entwicklungszustands zu ermitteln (Abs. 1 Satz 1). Sie sind flächendeckend zu ermitteln und es sind Richtwertzonen zu bilden (Abs. 1 Satz 1 und Satz 3). In Abs. 1 Satz 4 wird zudem die Bestimmung eines Bodenrichtwertgrundstücks vorausgesetzt, welches mit seinen

---

[638] Entwurf der BReg zum ErbStRG v. 28.01.2008, BT-Drs. 16/7918, S. 48; Entwurf der BReg eines Gesetzes zur Stärkung der Innenentwicklung in den Städten und Gemeinden v. 14.11.2012, BT-Drs. 17/11468, S. 17.

wertbeeinflussenden Merkmalen darzustellen ist (und die deshalb vorher auch zu bestimmen sind). Außerdem sind in bebauten Gebieten die Bodenrichtwerte bezogen auf ein unbebautes Grundstück zu ermitteln (Abs. 1 Satz 2). In § 196 Abs. 2 Satz 1 BauGB wird zudem noch eine Fortschreibung der Bodenrichtwerte vorausgesetzt, die jedoch nicht weiter definiert wird.

b) ImmoWertV

Die Regelung des gesamten Verfahrens der Bodenrichtwertermittlung im BauGB ist nicht zweckdienlich und auch nicht möglich. Um die Einheitlichkeit der Bodenrichtwertermittlung zu verbessern, wurde die Verordnungsermächtigung in § 199 Abs. 1 BauGB anlässlich der Erbschaftsteuerreform mit Wirkung zum 1. Juli 2009 erweitert.[639] Hiermit sollte gewährleistet werden, dass der Bund die Grundsätze für die Ermittlung aller für die Wertermittlung erforderlichen Daten einschließlich der Bodenrichtwerte regeln kann. Dadurch sollte nach Auffassung des Gesetzgebers eine bundesweit einheitliche Grundlage, insbesondere für die steuerliche Bewertung, geschaffen werden.[640] Mit Inkrafttreten der aufgrund der geänderten Verordnungsermächtigung in § 199 Abs. 1 BauGB erlassenen ImmoWertV 2010 am 1. Juli 2010 wurden in §§ 9, 10 ImmoWertV 2010 erstmals grundlegende bundeseinheitliche und für die Gutachterausschüsse verbindliche Regelung für die Ermittlung und Darstellung der Bodenrichtwerte eingeführt.

Ergänzt wurde § 10 ImmoWertV 2010 durch die im Jahr 2011 eingeführte Bodenrichtwert-Richtlinie (BRW-RL),[641] die detailliertere Standards bei der Bodenrichtwertermittlung etablieren sollte. Da diese jedoch für die Gutachterausschüsse unverbindlich war und von den Ländern nicht einheitlich umgesetzt wurde, konnte mit der BRW-RL eine weitere Vereinheitlichung der Bodenrichtwertermittlung nicht erreicht werden.[642] Aus diesem Grund wur-

---

[639] Art. 4 Nr. 4 a) und Art. 6 Abs. 2 des Gesetzes zur Reform des Erbschaftsteuer- und Bewertungsrechts (Erbschaftsteuerreformgesetz – ErbStRG) v. 24.12.2008, BStBl. I 2008 S. 3018.

[640] Entwurf der BReg zum ErbStRG v. 28.01.2008, BT-Drs. 16/7918, S. 48.

[641] Richtlinie des BMVBS zur Ermittlung von Bodenrichtwerten (Bodenrichtwertrichtlinie – BRW-RL) v. 11.01.2011, Az. SW 11 – 4124.4/1, in BAnz.-AT Nr. 24/2011 v. 11.02.2011, S. 597.

[642] *Ehlers*, Vermessung Brandenburg 1/2014, 4 (5); Entwurf zur ImmoWertV 2021 v. 12.05.2021, BR-Drs. 407/21, S. 1.

den im Zuge der Novellierung der ImmoWertV im Jahr 2021 die Inhalte der Wertermittlungsrichtlinien, einschließlich der BRW-RL, zu großen Teilen in die ImmoWertV 2021 überführt, um diese somit für die Gutachterausschüsse verbindlich vorzugeben.[643] Die Erweiterung der einschlägigen Regelungen zur Bodenrichtwertermittlung in der ImmoWertV erfolgte auf Drängen des Bundesfinanzministeriums, um die Eignung der Bodenrichtwerte für die steuerliche Bewertung zu verbessern.[644]

In der ImmoWertV 2021 sind in § 12 allgemeine Regelungen zur Ermittlung der für die Wertermittlung erforderlichen Daten enthalten. Die Ermittlung der Bodenrichtwerte, die Bildung der Bodenrichtwertzonen, die Attributierung des Bodenrichtwertgrundstücks und die Führung der Bodenrichtwerte sind nun in den §§ 13 bis 17 ImmoWertV 2021 geregelt. Die Vorgaben der ImmoWertV 2021 sind von den Gutachterausschüssen bei der Ermittlung der Bodenrichtwerte und der sonstigen für die Wertermittlung erforderlichen Daten verbindlich zu beachten (§ 1 Abs. 1 Nr. 2 ImmoWertV 2021).[645] Auf die einzelnen Regelungen wird im Folgenden an der entsprechenden Stelle noch ausführlich eingegangen. Da die ImmoWertV 2021 ab dem 1. Januar 2022 in Kraft tritt,[646] sind die allgemeinen Bodenrichtwerte, die nach dem jeweiligen Ermittlungsturnus auf diesen Bodenrichtwertstichtag zu ermitteln sind und die besonderen Bodenrichtwerte für Zwecke der Grundsteuer nach § 247 Abs. 2 BewG und § 38 Abs. 2 LGrStG BW bereits nach den Vorgaben der ImmoWertV 2021 zu ermitteln.[647]

c) BRW-RL und ImmoWertA

Die Bodenrichtwert-Richtlinie (BRW-RL)[648] wurde im Jahr 2011 als Ergänzung zu § 10 ImmoWertV 2010 eingeführt. Anders als die Bezeichnung als „Richtlinie“ vermuten lässt, handelt es sich hierbei nicht um eine allgemeine Verwaltungsvorschrift, sondern lediglich um eine Empfehlung, die auch

---

643 Entwurf zur ImmoWertV 2021 v. 12.05.2021, BR-Drs. 407/21, S. 2.

644 *Bischoff*, ImmoWertV 2021, 2021, S. 27.

645 Nr. 1.(1).2 ImmoWertA.

646 § 54 ImmoWertV 2021.

647 *Bischoff*, ImmoWertV 2021, 2021, S. 29; *Jardin*, GuG 1/2022, 15 (16).

648 Richtlinie des BMVBS zur Ermittlung von Bodenrichtwerten (Bodenrichtwertrichtlinie – BRW-RL) v. 11.01.2011, Az. SW 11 – 4124.4/1, in BAnz.-AT Nr. 24/2011 v. 11.02.2011, S. 597.

gegenüber der Verwaltung keine Bindungswirkung entfalten sollte.[649] Sie wurde von einer Arbeitsgruppe aus Vertretern des Bundesministeriums für Verkehr, Bau und Stadtentwicklung, des Bundesministeriums der Finanzen, der für das Gutachterausschusswesen zuständigen Ministerien der Länder sowie der Bundesvereinigung der Kommunalen Spitzenverbände erarbeitet.[650] Die Gutachter waren bei der Ermittlung der Bodenrichtwerte grundsätzlich nicht an den Inhalt der Bodenrichtwertrichtlinie gebunden, sofern nicht das jeweilige Bundesland eine Bindung ausdrücklich angeordnet hatte.[651] Die wesentlichen Inhalte der BRW-RL wurde mittlerweile in die ImmoWertV 2021 übernommen und sind daher insoweit bundesweit verbindlich. Die Inhalte der BRW-RL sind mit Inkrafttreten der ImmoWertV gegenstandslos geworden.[652]

Ergänzende Hinweise zu den einzelnen Regelungen der ImmoWertV 2021 finden sich in den Muster-Anwendungshinweisen zur ImmoWertV (ImmoWertA) vom 20. September 2023, welche vom Bundesministerium für Wohnen, Stadtentwicklung und Bauwesen erarbeitet wurde. Diese enthält teilweise Hinweise aus der BRW-RL, die nicht in die ImmoWertV 2021 übernommen wurden. Die Inhalte der ImmoWertA sind jedoch für die Gutachterausschüsse grundsätzlich unverbindlich.[653]

d) Gutachterausschussverordnungen der Länder

Weitere Regelungen zur Bodenrichtwertermittlung im weiteren Sinne finden sich in den aufgrund von § 199 Abs. 2 BauGB erlassenen Gutachterausschussverordnungen der Bundesländer, in denen etwa der Ermittlungsturnus, die Form der Veröffentlichung oder die Mindestbesetzung bei der Bodenrichtwertermittlung konkretisiert werden.[654] Die Länder sind nach § 199 Abs. 2 BauGB hingegen nicht berechtigt, materielle Vorgaben an die Bodenrichtwertermittlung zu stellen.

---

649 *P. Zimmermann*, ImmoWertV, 2. Aufl. 2019, Einf., Rn. 73.

650 Nr. 1 Abs. 2 BRW-RL.

651 Nr. 1 Abs. 1 Satz 1 und Abs. 2 BRW-RL; *Voß*, in: E/Z/B/K, BauGB, § 192 BauGB, 111. EL, 9/2013, Rn. 15.

652 Vorb. zur ImmoWertA, Tz. 2; *Ache/Krägenbring/Voß*, ZfV 2022, 86 (88).

653 *Ache/Krägenbring*, ZfV 2023, 137 (139). Vgl. aber für NRW: § 29 Abs. 3 Satz 1 GrundWertVO NRW.

654 Vgl. bspw. § 21 Nds. DVO-BauGB, § 11 GAVO NRW.

e) Verwaltungsanweisungen der Länder

Für die Ermittlung der Bodenrichtwerte und für die Tätigkeit der Gutachterausschüsse im Übrigen haben viele Bundesländer Verwaltungsanweisungen erlassen. Die Bundesländer haben von dieser Möglichkeit allerdings in unterschiedlichem Umfang Gebrauch gemacht. Vor Regelung der Bodenrichtwertermittlung in der ImmoWertV 2010 war diese weitgehend durch Verwaltungsanweisungen der Bundesländer determiniert. Mit Einführung der BRW-RL haben einige Bundesländer sich die BRW-RL zu eigen gemacht und zur Anwendung empfohlen oder sogar für die Gutachterausschüsse als verbindlich erklärt, andere Bundesländer haben eine modifizierte BRW-RL veröffentlicht.[655] Wiederum andere Bundesländer haben eigenständige Verwaltungsanweisungen für die Ermittlung der Bodenrichtwerte erlassen, z. B. der von Nordrhein-Westfalen herausgegebene Bodenrichtwert-Erlass (BoRiWerl. NRW), die von Rheinland-Pfalz veröffentlichten Richtlinien zur Ermittlung von Grundstückswerten nach dem BauGB (RiWert RhPf), dort Tz. 5, und der von Hessen herausgegebene Leitfaden IV – Bodenrichtwerte (BRW-Leitfaden HE).[656] Schließlich haben einige Bundesländer (z. B. Bayern, Baden-Württemberg) – so weit ersichtlich – keine weiteren Regelungen getroffen.[657]

Die Richtlinien und Erlasse der Länder sind grundsätzlich für die selbstständigen und unabhängigen Gutachterausschüsse, die außerhalb der Hierarchie des Verwaltungsaufbaus angesiedelt sind, unverbindlich.[658] In Nordrhein-Westfalen wird daher eine Verbindlichkeit dieser Verwaltungsanweisungen in der Gutachterausschussverordnung angeordnet.[659] In den übrigen Bundesländern existieren entweder keine Verwaltungsanweisungen oder diese sind für die Gutachterausschüsse nicht verbindlich.

---

655 *Ehlers*, Vermessung Brandenburg 1/2014, 4 (5).
656 Die BRW-RL des Landes Brandenburg ist am 15.03.2021 außer Kraft getreten.
657 Vgl. *Ehlers*, Vermessung Brandenburg 1/2014, 4 (5).
658 *Kleiber*, Verkehrswertermittlung von Grundstücken, 10. Aufl. 2023, § 192 BauGB, Rn. 109.
659 Vgl. für NRW § 29 Abs. 3 Satz 1 GrundWertVO NRW.

f) Gemeinschaftlich erarbeitete Standards

Die Ermittlung von Bodenrichtwerten hängt erheblich von den Besonderheiten der jeweiligen Gebiete ab. Für die Ermittlung von Bodenrichtwerten für land- und forstwirtschaftliche Flächen sind andere Aspekte zu berücksichtigen als bei der Bodenrichtwertermittlung in Innenstadtlagen. Städtebauliche Sanierungsgebiete oder werdendes Bauland stellen andere Anforderungen an die Ermittlung der Bodenrichtwerte als beispielsweise die Ermittlung von Bodenrichtwerte für bebaute Gebiete im Außenbereich. Es ist weder zweckmäßig noch unmöglich, jeden Einzelfall im Gesetz zu regeln. § 199 Abs. 1 BauGB ermächtigt die Bundesregierung daher auch nur zur Regelung von „Grundsätzen". Verwaltungsanweisungen bieten insoweit zwar größeren Raum für detailliertere Vorgaben. Als Hilfestellung für einzelne Fragen und Probleme, die bei der Bodenrichtwertermittlung auftreten, ist diese Regelungsform jedoch auch nur eingeschränkt geeignet.

In einigen Bundesländern haben die Gutachterausschüsse zur Vereinheitlichung der Arbeitsweisen und zur Unterstützung der einzelnen Gutachterausschüsse bei praktisch häufig wiederkehrenden Fragestellungen gemeinschaftliche Modell-, Leistungs- und Verfahrensstandards erarbeitet.[660] Dies gilt vor allem für das Bundesland Nordrhein-Westfalen.[661] In § 24 Abs. 1 GrundWertVO NRW ist ausdrücklich die Erarbeitung und Pflege gemeinschaftlicher Modell-, Leistungs- und Verfahrensstandards vorgesehen. Diese Standards werden von den Gutachterausschüssen in landesweiten Arbeitsgruppen (in Nordrhein-Westfalen: AGVGA NRW[662]) in Zusammenarbeit mit dem Oberen Gutachterausschuss und dem für die amtliche Wertermittlung zuständigen Ministerium erarbeitet und betreffen Bereiche der Wertermittlung, die nicht gesetzlich determiniert sind.[663] Die Anwendung dieser Standards soll zu einer einheitlicheren Wertermittlung der Gutachterausschüsse und zu einer effektiveren Aufgabenwahrnehmung der

---

660 Vgl. zu Standards in der amtlichen Wertermittlung *Höhn/Schaar*, NÖV 1/2007, 50.

661 Für die Boden(richt)wertermittlung in NRW finden sich etwa Standards in: AGVGA. NRW, Modell zur Ermittlung von Bodenwerten für Wohnbauland in NRW, 2017, S. 16 ff.; für die Bodenrichtwertermittlung im Vergleichswertverfahren gilt AGVGA. NRW, Leitfaden zur Ermittlung von Vergleichswerten in NRW, 2015.

662 Siehe hierzu bereits unter Gliederungspunkt § 1, II., 4., c).

663 Abrufbar unter https://www.boris.nrw.de, dort unter dem Reiter „Handlungsempfehlungen der AGVGA NRW" (letzter Abruf 28.09.2025).

Gutachterausschüsse führen.[664] Die einzelnen Gutachterausschüsse werden durch die vorgegebenen Standards entlastet und müssen nicht selbst eigene Modelle entwickeln. Im Vergleich mit herkömmlichen Regelwerken bieten Standards zudem den Vorteil, dass diese verständlicher strukturiert und auch Prüfschemata und Bilder enthalten können.

Diese Standards sind für die Gutachterausschüsse grundsätzlich unverbindlich. Für Nordrhein-Westfalen bestimmt § 29 Abs. 3 Satz 3 GrundWertVO NRW jedoch, dass die nach § 24 GrundWertVO NRW gemeinschaftlich erarbeiteten Standards angewendet werden sollen. Eine ähnliche Regelung findet sich für die Gutachterausschüsse in Hessen in § 22 Abs. 1 Satz 2 BauGB-AV HE. Diese Regelung trägt zu einer einheitlichen Wertermittlung bei, belässt den Gutachtern jedoch die Möglichkeit, in begründeten Fällen von den Standards abzuweichen. Die Standards schreiben den Gutachterausschüssen nicht das Ergebnis der Wertermittlung vor und greifen damit nicht in deren Unabhängigkeit ein, sondern standardisieren nur den Weg zu dem ermittelten Wert.[665]

2. Datengrundlagen für die Bodenrichtwertermittlung

a) Kaufpreissammlungen

Grundlage für Ermittlung der Bodenrichtwerte ist gemäß § 196 Abs. 1 Satz 1 BauGB i. V. m. § 12 Abs. 2 ImmoWertV primär die vom jeweiligen Gutachterausschuss für seinen Zuständigkeitsbereich geführte Kaufpreissammlung. Die Kaufpreissammlung muss durch die Geschäftsstelle des Gutachterausschusses ordnungsgemäß geführt werden und es müssen hinreichend auswertbare Daten in der Kaufpreissammlung enthalten sein, um eine belastbare Bodenrichtwertermittlung vornehmen zu können.[666] Die Bedeutung einer ordnungsgemäß geführten und ausgewerteten Kaufpreissammlung wird insbesondere auch aus dem systematischen Zusammenhang der Bodenrichtwertermittlung mit der Führung der Kaufpreissammlung in § 193 Abs. 5 Satz 1 BauGB deutlich. Eine qualitativ ausreichende

---

664 *Höhn/Schaar*, NÖV 1/2007, 50 (51).

665 *Höhn/Schaar*, NÖV 1/2007, 50 (54).

666 Siehe hierzu bereits ausführlich unter Gliederungspunkt § 1, II., 7., a).

Bodenrichtwertermittlung kann ohne eine fach- und sachgerecht geführte Kaufpreissammlung nicht durchgeführt werden.[667]

Eine ordnungsgemäß geführte Kaufpreissammlung ist vollständig, authentisch und aktuell.[668] Die für die Bodenrichtwertermittlung herangezogenen Kaufpreise müssen gemäß § 9 Abs. 1 Satz 4, § 12 Abs. 3 Satz 4 ImmoWertV um die Werteinflüsse besonderer objektspezifischer Grundstücksmerkmale bereinigt sein. Die Kaufpreise dürfen nicht durch ungewöhnliche oder persönliche Verhältnisse beeinflusst worden sein (§ 12 Abs. 3 Satz 4 i. V. m. § 9 Abs. 2 ImmoWertV). Bei der Erfassung der Kauffälle in der Kaufpreissammlung sollten diese durch Angabe der Zonennummer mit der zugehörigen Bodenrichtwertzone verknüpft worden sein, um später eine Zuordnung zu ermöglichen.[669]

Für die Bodenrichtwertermittlung ist grundsätzlich allein die Kaufpreissammlung des ermittelnden Gutachterausschusses maßgeblich. Zur Verbesserung der Datengrundlage der Gutachterausschüsse regeln einige Länder in ihrer Gutachterausschussverordnung, dass die Kaufpreissammlung eines Gutachterausschusses auch anderen Gutachterausschüssen zugänglich gemacht werden darf.[670] In *Nordrhein-Westfalen* ist sogar in § 37 Abs. 1 Satz 3 i. V. m. § 25 Abs. 1 Satz 2 ff. GrundWertVO NRW geregelt, dass die Bodenrichtwerte und die sonstigen erforderlichen Daten bei nicht ausreichendem Datenmaterial durch mehrere Gutachterausschüsse gemeinschaftlich ermittelt werden können – sofern dies datenschutzrechtlich zulässig und technisch möglich ist. Außerdem wird in der Literatur empfohlen, dass bei der Ermittlung von Bodenrichtwerten im Grenzbereich zweier Gutachterausschüsse auch die Kaufpreissammlung des benachbarten Gutachterausschusses herangezogen werden sollte.[671]

---

667 *Dittrich/Plewka/Kinne*, GuG 2018, 147 (148); *Freise*, in: Brügelmann, BauGB, § 12 ImmoWertV, 123. EL, 7/2022, Rn. 8.

668 *Kleiber*, GuG aktuell 2/2018, 9. Siehe zu den Anforderungen an eine ordnungsgemäße Führung und Auswertung der Kaufpreissammlung bereits unter Gliederungspunkt § 1, II., 7., a).

669 *Mann*, ZfV 3/2016, 161 (168).

670 Vgl. § 13 Abs. 2 BbgGAV, § 17 Abs. 1 Satz 2 GutALVO M-W, § 20 Abs. 3 Nds. DVO-BauGB, § 11 Abs. 1 GAVO RhPf.

671 *Friedrich*, ZfV 3/1978, 94 (99 f.); *Kleiber*, Verkehrswertermittlung von Grundstücken, 10. Aufl. 2023, § 196 BauGB, Rn. 3.

b) Sonstige für die Wertermittlung erforderliche Daten

Bodenrichtwerte sind gemäß § 14 Abs. 1 Satz 1 ImmoWertV primär im Vergleichswertverfahren zu ermitteln. In § 14 Abs. 1 Satz 2 ImmoWertV wird für die Bodenrichtwertermittlung ausdrücklich klargestellt, dass Abweichungen der Vergleichspreise vom Bodenrichtwertgrundstück in zeitlicher oder qualitativer Hinsicht insbesondere durch Indexreihen oder Umrechnungskoeffizienten entsprechend zu berücksichtigen sind. Ohne diese Wertanpassungsfaktoren müssten die für die Anpassung erforderlichen Zu- und Abschläge für jeden Einzelfall sachverständig geschätzt werden. Eine weitgehend automatisierte Bodenrichtwertermittlung wäre in diesem Fall nicht möglich. Durch die sachverständigen Schätzungen steigen zudem die subjektiven Einflüsse in der Wertermittlung. Bodenrichtwerte können daher erst dann sachgerecht abgeleitet werden, wenn Umrechnungskoeffizienten und Indexreihen und ggfs. weitere sonstige für die Wertermittlung erforderlichen Daten bekannt sind.[672] Auch für eine sachgerechte spätere Verwendung der Bodenrichtwerte im Bodenrichtwertverfahren und die hierfür erforderliche objektspezifische Anpassung des Bodenrichtwerts sind diese Anpassungsfaktoren erforderlich (vgl. § 26 Abs. 2 i. V. m. § 9 Abs. 1 Satz 2 und 3 ImmoWertV).[673]

aa) Umrechnungskoeffizienten

Nach § 19 ImmoWertV dienen Umrechnungskoeffizienten der Berücksichtigung von Wertunterschieden ansonsten gleichartiger Grundstücke, die sich aus den Abweichungen einzelner Grundstücksmerkmale, insbesondere aus dem unterschiedlichen Maß der baulichen Nutzung oder der Grundstücksgröße und -tiefe, ergeben. Durch die Umrechnungskoeffizienten wird ein Vergleich von Grundstücken mit abweichenden Grundstücksmerkmalen ermöglicht (sog. *interqualitativer Preisvergleich*).[674] Umrechnungskoeffizienten

---

672 *Mann*, in: Kummer/Frankenberg/Kötter (Hrsg.), Das deutsche Vermessungs- und Geoinformationswesen 2014, 2013, S. 581 (583); *Freise*, in: Brügelmann, BauGB, § 196 BauGB, 109. EL, 1/2019, Rn. 30.; vgl. auch Nr. 5.5.2 RiWert RhPf.

673 *Steuerlein/Staiber*, GuG 2016, 178.

674 *Schaar*, Umrechnungskoeffizienten, in: Sandner/Ulrich Weber (Hrsg.), Lexikon der Immobilienwertermittlung, 2. Aufl. 2007, S. 661 (661 f.); *Kleiber*, Verkehrswertermittlung von Grundstücken, 10. Aufl. 2023, Syst. Darst. Vergleichswertverfahren, Rn. 86 ff., 174 ff.

lassen sich jedoch nicht für sämtliche Grundstücksmerkmale ermitteln, da nicht alle Wertunterschiede mathematisch-statistisch erfasst werden können.[675] Dies gilt insbesondere für Lagefaktoren, die erheblich auf der subjektiven Einschätzung des Bewertenden beruhen und sich statistisch nur schwer fassen lassen.[676] Da der Entwicklungszustand, die Art der Nutzung und der Erschließungszustand innerhalb einer Bodenrichtwertzone regelmäßig überwiegend homogen sind, werden insoweit keine gesonderten Umrechnungskoeffizienten benötigt.[677]

Die Ermittlung der Umrechnungskoeffizienten ist eine Pflichtaufgabe der Gutachterausschüsse gemäß § 193 Abs. 5 Satz 2 Nr. 3 BauGB.[678] Sie sind gemäß § 12 Abs. 2 ImmoWertV insbesondere aus der Kaufpreissammlung auf der Grundlage einer ausreichenden Zahl geeigneter Kaufpreise zu ermitteln. Nach § 19 Abs. 3 ImmoWertV sind solche Kaufpreise als geeignet anzusehen, die sich abgesehen von solchen Abweichungen, die durch Anpassung der Kaufpreise nach § 9 Absatz 1 Satz 2 und Satz 3 berücksichtigt werden, im Wesentlichen nur in dem Grundstücksmerkmal unterscheiden, für das die Umrechnungskoeffizienten abgeleitet werden. Zur Ermittlung der sonstigen für die Wertermittlung erforderlichen Daten sind gemäß § 12 Abs. 4 ImmoWertV geeignete statistische Verfahren heranzuziehen. Nicht weiter bestimmt ist unter welchen Voraussetzungen ein statistisches Verfahren geeignet ist und welche Verfahren dem Grunde nach in Betracht kommen. Zur Ermittlung der Umrechnungskoeffizienten haben sich in einigen Ländern bereits Standards herausgebildet.[679]

Für welche Grundstücksmerkmale mindestens Umrechnungskoeffizienten zu ermitteln sind, ist ebenfalls nicht geregelt. Zweckmäßigerweise sind

---

675 *P. Zimmermann*, ImmoWertV, 2. Aufl. 2019, § 12, Rn. 4.

676 *Kleiber*, Verkehrswertermittlung von Grundstücken, 10. Aufl. 2023, § 19 ImmoWertV, Rn. 15.

677 *Ziegenbein*, fub 3/2008, 97 (99).

678 *Kleiber*, Verkehrswertermittlung von Grundstücken, 10. Aufl. 2023, § 19 ImmoWertV, Rn. 13.

679 *Mann*, in: Kummer/Frankenberg/Kötter (Hrsg.), Das deutsche Vermessungs- und Geoinformationswesen 2014, 2013, S. 581 (585 ff.); *Mann*, ZfV 3/2016, 161 (163 ff.); AGVGA.NRW, Leitfaden zur Ermittlung von Vergleichswerten in NRW, 2015, S. 22. (Anlage 3.1); AGVGA.NRW, Modell zur Ermittlung von Bodenwerten für Wohnbauland in NRW, 2017, S. 5 ff.

Umrechnungskoeffizienten für alle statistisch signifikanten wertbeeinflussenden Grundstücksmerkmale in allen Teilmärkten, für die Bodenrichtwerte veröffentlicht werden, von dem Gutachterausschuss zu ermitteln und zu veröffentlichen.[680] Diesen Anforderungen kommen nicht alle Gutachterausschüsse nach. Insbesondere fehlt es vor allem den kleinen Gutachterausschüssen einerseits an der erforderlichen Datengrundlage infolge zu kleiner Zuständigkeitsbereiche oder an den erforderlichen Personalkapazitäten, um diese zusätzliche Aufgabe erfüllen zu können.[681] Eine bundesweit flächendeckende Verfügbarkeit ist in naher Zukunft nicht zu erwarten.[682] Probleme bereitet außerdem noch eine uneinheitliche Darstellung.[683] Allgemeingültige Umrechnungskoeffizienten sind als Ersatz für regionale Umrechnungskoeffizienten zumindest für die Verkehrswertermittlung nicht geeignet, da sich die Verhältnisse auf den örtlichen Grundstücksmärkten teilweise erheblich unterscheiden können.[684]

bb) Indexreihen

Indexreihen dienen gemäß § 18 Abs. 1 ImmoWertV der Berücksichtigung von im Zeitverlauf eintretenden Änderungen der allgemeinen Wertverhältnisse i. S. d. § 1 Abs. 2 ImmoWertV. In § 193 Abs. 5 Satz 2 BauGB sind die Indexreihen nicht ausdrücklich als sonstige für die Wertermittlung erforderliche Daten genannt. Indexreihen gehören jedoch nach § 12 Abs. 1 Satz 2 Nr. 1 ImmoWertV zu den erforderlichen Daten und sind deshalb nach § 193 Abs. 5 Satz 1 BauGB grundsätzlich zwingend von den Gutachterausschüssen zu ermitteln. Mithilfe von geeigneten Indexreihen können Kaufpreise auf unterschiedliche Stichtage umgerechnet werden (sog. *intertemporärer Preisvergleich*).[685] Dadurch können zum Preisvergleich auch zurückliegende

---

680 *Reuter/Voß/Ziegenbein*, in: Kummer/Kötter/Kutterer/Ostrau (Hrsg.), Das deutsche Vermessungs- und Geoinformationswesen, 2020, S. 639 (668).

681 *P. Zimmermann*, ImmoWertV, 2. Aufl. 2019, § 12, Rn. 16; *Kleiber*, Verkehrswertermittlung von Grundstücken, 10. Aufl. 2023, § 19 ImmoWertV, Rn. 16.

682 *Mann*, ZfV 3/2016, 161 (161).

683 *Steuerlein/Staiber*, GuG 2016, 178 (179).

684 *P. Zimmermann*, ImmoWertV, 2. Aufl. 2019, § 12, Rn. 9.

685 *Schaar*, Indexreihen, in: Sandner/Ulrich Weber (Hrsg.), Lexikon der Immobilienwertermittlung, 2. Aufl. 2007, S. 369 (369); *Kleiber*, Verkehrswertermittlung von Grundstücken, 10. Aufl. 2023, Syst. Darst. Vergleichswertverfahren, Rn. 88.

Kaufpreise herangezogen werden (vgl. § 25 Satz 2 ImmoWertV). Für die Bodenrichtwertermittlung sind vor allem Bodenpreisindexreihen relevant.[686] Diese werden von den Gutachterausschüssen regelmäßig gesondert für Einfamilienhaus-, Mehrfamilienhaus- und Gewerbegrundstücke sowie für Ackerland und Grünland ermittelt und veröffentlicht.[687] Sofern die Wertverhältnisse innerhalb des Zuständigkeitsbereichs des Gutachterausschusses dies hergeben, kann es auch erforderlich sein, für einen bestimmten Teilmarkt verschiedene Indexreihen für unterschiedliche Gebiete des Zuständigkeitsbereichs zu ermitteln.[688]

Indexreihen sind gemäß § 12 Abs. 2, § 18 Abs. 3 ImmoWertV auf der Grundlage einer ausreichenden Anzahl geeigneter Kaufpreise für Grundstücke bestimmter räumlicher und sachlicher Teilmärkte zu ermitteln. Für die Ermittlung sind – wie bei den Umrechnungskoeffizienten auch – geeignete statistische Verfahren heranzuziehen.[689] Einheitliche Ermittlungsstandards gibt es über § 12 Abs. 4 ImmoWertV hinaus bislang jedoch auch für die Indexreihen überwiegend nicht.[690] Auch bei den Indexreihen kann es vorkommen, dass diese mangels ausreichender Marktdaten oder mangels personeller Ausstattung des Gutachterausschusses nicht ermittelt werden.[691] Im Ausnahmefall sollen jedoch auch Indexreihen anderer Gutachterausschüsse herangezogen werden können, wenn diese für vergleichbare örtliche Verhältnisse ermittelt wurden.[692] Sofern Indexreihen überhaupt veröffentlicht wurden, sollten diese

686 Nr. 5.5.2 RiWert RhPf.; gif e. V., Qualitätssicherung bei der Ermittlung von Bodenrichtwerten, 2008, S. 10.

687 *Reuter/Voß/Ziegenbein*, in: Kummer/Kötter/Kutterer/Ostrau (Hrsg.), Das deutsche Vermessungs- und Geoinformationswesen, 2020, S. 639 (667); vgl. bspw. *GAA Aachen*, Grundstücksmarktbericht 2022 für die Städteregion Aachen, S. 48 ff.

688 Vgl. *GAA Aachen*, Grundstücksmarktbericht 2022 für die Städteregion Aachen, S. 49 f.

689 Vgl. zu den einschlägigen statistischen Verfahren *Mann*, ZfV 3/2016, 161 (166); *Berhardt/Ache*, NaVKV 4/1995, 262.

690 *P. Zimmermann*, ImmoWertV, 2. Aufl. 2019, § 11, Rn. 13; vgl. aber AGVGA.NRW, Leitfaden zur Ableitung von Indexreihen in NRW, 2016; Nr. 4.5.3 RiWert RhPf.

691 *Joeris/J. Simon*, in: Rössler/Langer (Begr.), Schätzung und Ermittlung von Grundstückswerten, 8. Aufl. 2005, S. 47 (108).

692 *P. Zimmermann*, ImmoWertV, 2. Aufl. 2019, § 11, Rn. 3.

kritisch auf ihre Eignung überprüft werden. In der Vergangenheit wiesen diese häufig nicht unerhebliche Mängel auf.[693]

c) Zweckdienliche sonstige Daten und Informationen für die Bodenrichtwertermittlung

Neben den Daten der Kaufpreissammlung und den für die Wertermittlung erforderlichen Daten können zweckdienliche sonstige Daten und Informationen unterstützend herangezogen werden (Nr. 14.(1).2 ImmoWertA).[694] Relevant sind diese Informationen insbesondere in den Fällen, in denen nicht ausreichend geeignete Vergleichspreise verfügbar sind und in denen der Bodenrichtwert in deduktiver oder anderer geeigneter Weise ermittelt werden muss.[695] Zu den zweckdienlichen sonstigen Daten zählen hiernach etwa Geobasisdaten, Bauleitpläne und Satzungen zur Abgrenzung des Innen- und Außenbereichs, Daten über Art und Umfang der Erschließung, Informationen über Mieten und Pachten, Ergebnisse der Bodenschätzung, Daten zur demografischen Entwicklung etc.[696] In den Verwaltungsvorschriften der Länder sind teilweise noch weitergehende Datenkataloge enthalten (z. B. Nr. 5.5.1 RiWert RhPf).

3. Überblick über die Bodenrichtwertermittlung

Die Bodenrichtwertermittlung (im weiteren Sinne) besteht aus zwei Teilschritten:[697] In einem *ersten Schritt* sind die geeigneten Bezugsgrößen (Bodenrichtwertzone, Bodenrichtwertgrundstück) durch den Gutachterausschuss zu bestimmen. Es sind Bodenrichtwertzonen zu bilden und gegeneinander abzugrenzen. Anschließend ist für jede Bodenrichtwertzone ein Bodenrichtwertgrundstück zu definieren, welches die Wertverhältnisse innerhalb der Bodenrichtwertzone repräsentiert und auf welches sich der später ermittelte Bodenrichtwert bezieht.[698] Wegen der zunächst erforderlichen Bestimmung des Wertermittlungsobjekts unterscheidet sich die Bodenrichtwertermittlung

---

693 *J. Simon*, in: Simon/Cors/Halaczinsky/Teß, Handbuch der Grundstückswertermittlung, 5. Aufl. 2003, S. 9 (28).

694 So zuvor bereits Nr. 4 Abs. 2 BRW-RL.

695 *Reinhardt*, GuG 2009, 321 (323).

696 *Homa/Weigt*, fub 1/2012, 9 (10 f.).

697 *Freise*, in: Brügelmann, BauGB, § 193 BauGB, 109. EL, 1/2019, Rn. 90.

698 *Reinhardt*, GuG 2009, 321 (323).

grundlegend von anderen Wertermittlungen. Das Wertermittlungsobjekt bei der Bodenrichtwertermittlung, das Bodenrichtwertgrundstück, existiert nur fiktiv[699] und wird durch den Gutachterausschuss auf der Grundlage der ihm zur Verfügung stehenden Informationen konstruiert und attributiert. Erst im *zweiten Schritt* der Bodenrichtwertermittlung (Bodenrichtwertermittlung im engeren Sinne) erfolgt dann die auf das jeweilige Bodenrichtwertgrundstück bezogene Ermittlung des Bodenrichtwerts im Vergleichswertverfahren oder unter Anwendung einer anderen geeigneten Verfahrensweise.

Bei der Fortschreibung der Bodenrichtwerte kann regelmäßig auf die in der Vergangenheit gebildeten Bodenrichtwertzonen und Bodenrichtwertgrundstücke zurückgegriffen werden, sodass nur die Bodenrichtwertermittlung im engeren Sinne durchzuführen ist. Die bestehenden Bodenrichtwertzonen und die dargestellten Grundstücksmerkmale des Bodenrichtwertgrundstücks sollten jedoch bei jeder Fortschreibung überprüft und ggfs. aktualisiert werden. Eine Anpassung kann etwa aufgrund von tatsächlichen Veränderungen (z. B. Änderung des maßgeblichen Bebauungsplans, neue Erkenntnisse über die wertbeeinflussenden Grundstücksmerkmale in dem Gebiet der Bodenrichtwertzone) oder rechtlichen Veränderungen (z. B. § 10 Abs. 3 ImmoWertV 2010,[700] §§ 13 ff. ImmoWertV 2021) erforderlich werden.[701]

Die Bodenrichtwertermittlung erfolgt nicht isoliert für ein einzelnes Wertermittlungsobjekt. Zwar ist für jede Bodenrichtwertzone grundsätzlich ein Bodenrichtwert bezogen auf das zonentypische Bodenrichtwertgrundstück zu ermitteln (§ 13 Abs. 1, Abs. 2 Satz 2 ImmoWertV). Bei der Bodenrichtwertermittlung handelt es sich jedoch um ein Wertermittlungsverfahren, welches auf die flächendeckende Ermittlung von Bodenrichtwerten ausgelegt ist. Dies spiegelt sich auch in den Vorschriften der ImmoWertV wider. In § 14 Abs. 1 Satz 1 ImmoWertV wird die Ermittlung der Bodenrichtwerte im Plural geregelt. In § 14 Abs. 2 und Abs. 3 ImmoWertV ist von „Gebieten" die Rede, für die die Bodenrichtwertermittlung durchgeführt wird. Nach § 14 Abs. 4 Satz 1 ImmoWertV ist das „Verfahren für die Ermittlung der Bodenrichtwerte" zu dokumentieren. Die isolierte zonenweise Ermittlung der Bodenrichtwerte ist zwar grundsätzlich möglich und im Einzelfall auch

699 Vgl. § 13 Abs. 2 Satz 1 ImmoWertV, Nr. 13.(2) ImmoWertA.
700 In der Fassung des Art. 16 Nr. 1 des GrStRefG v. 26.11.2019, BGBl. I S. 1794.
701 *Homa/Weigt*, fub 1/2012, 9 (14).

zweckmäßig. In der Praxis erfolgt die Bodenrichtwertermittlung wegen der flächendeckenden Ermittlungspflicht meist in einem zonenübergreifenden einheitlichen Verfahren und unter Anwendung verschiedener Verfahrensweisen.[702] Die Bodenrichtwertermittlung nimmt folglich eine Art Zwischenstellung zwischen der Ermittlung eines individuellen Werts und der Erstellung eines Wertgefüges ein.

Die Bodenrichtwerte werden von den Gutachtern des Gutachterausschusses und dem hinzugezogenen Bediensteten der zuständigen Finanzbehörde i. S. d. § 192 Abs. 3 Satz 2 BauGB in sog. Bodenrichtwertsitzungen ermittelt und beschlossen. Bei der Vorbereitung werden die Gutachter regelmäßig von der Geschäftsstelle des Gutachterausschusses unterstützt.[703] Für die Bildung der Bodenrichtwertzonen, die Bestimmung des Bodenrichtwertgrundstücks und die Ermittlung der Bodenrichtwerte ist nach der gesetzlichen Zuständigkeitsverteilung allerdings allein das Beschlussgremium des Gutachterausschusses, also die Gutachter, zuständig (vgl. § 192 Abs. 2 BauGB).

4. Bildung und Abgrenzung von Bodenrichtwertzonen

Bei der Ermittlung der Bodenrichtwerte sind in einem ersten Schritt Bodenrichtwertzonen zu bilden und gegeneinander abzugrenzen.[704] Sofern in der Vergangenheit bereits Bodenrichtwertzonen gebildet wurden, kann bei der Fortschreibung der Bodenrichtwerte regelmäßig auf das bestehende Zonengefüge zurückgegriffen werden. Der Gutachterausschuss hat jedoch zu überprüfen, ob die gebildeten Bodenrichtwertzonen noch den tatsächlichen Verhältnissen und den zum Bodenrichtwertstichtag geltenden rechtlichen Anforderungen entsprechen.[705]

a) Rechtsgrundlagen

Eine Bodenrichtwertzone muss nach § 196 Abs. 1 Satz 3 BauGB ein Gebiet umfassen, das nach Art und Maß der Nutzung weitgehend übereinstimmt.

---

[702] AGVGA.NRW, Modell zur Ermittlung von Bodenwerten für Wohnbauland in NRW, 2017, S. 18 ff.; *Freise*, in: Brügelmann, BauGB, § 14 ImmoWertV, 123. EL, 7/2022, Rn. 5.

[703] Siehe hierzu unter Gliederungspunkt § 1, IV., 7., a).

[704] *Reinhardt*, GuG 2009, 321 (323); *Junge*, GuG 2017, 180 (180).

[705] FG Rheinland-Pfalz, Beschl. v. 23.11.2023 – 4 V 1295/23, juris Rn. 255; gif e. V., Qualitätssicherung bei der Ermittlung von Bodenrichtwerten, 2008, S. 5; *Reinhardt*, GuG 2011, 8 (11).

Dieses Gebiet muss gemäß § 15 Abs. 1 Satz 1 ImmoWertV räumlich zusammenhängend sein. Einzelne Grundstücke oder Grundstücksteile mit einer vom Bodenrichtwertgrundstück abweichenden Art der Nutzung oder Qualität können nach § 15 Abs. 2 ImmoWertV Teil der Bodenrichtwertzone sein (z. B. Grünflächen, Verkehrsflächen, Gemeinbedarfsflächen). Der für die Bodenrichtwertzone ausgewiesene Bodenrichtwert gilt dann jedoch nicht für diese Grundstücke.

Die ImmoWertV enthält keine Regelungen, wie die Gutachterausschüsse bei der Bildung und Abgrenzung der Bodenrichtwertzonen vorzugehen haben. Den Gutachterausschüssen kommt daher insoweit ein großer Wertermittlungsspielraum zu, wie die Bodenrichtwertzonen sachgerecht zu bilden sind. Die Gutachterausschüsse haben allerdings bei der Zonierung § 15 Abs. 1 Satz 2 ImmoWertV zu beachten, wonach die Bodenrichtwertzone so abzugrenzen sind, dass lagebedingte Wertunterschieden zwischen den Grundstücken, für die der Bodenrichtwert gelten soll, und dem Bodenrichtwertgrundstück grundsätzlich nicht mehr als 30 % betragen. Die Bodenrichtwertzonen sind darüber hinaus so abzugrenzen, dass in der Bodenrichtwertzone ein überwiegend einheitlicher Entwicklungsgrad der Grundstücke gegeben ist (§ 15 Abs. 4 Satz 2 ImmoWertV). Für den Spezialfall der Bildung von Bodenrichtwertzonen für die Entwicklungszustände Bauerwartungsland und Rohbauland stellt § 15 Abs. 4 Satz 1 ImmoWertV zusätzliche Vorgaben an die Vorgehensweise.[706]

b) Vorgehensweise bei der Bildung der Bodenrichtwertzonen

Die Bildung einer Bodenrichtwertzone hat insbesondere im Hinblick auf die Darstellung des Bodenrichtwertgrundstücks zu erfolgen. Denn dieses ist gemäß § 16 Abs. 2 und § 13 Abs. 2 Satz 1 ImmoWertV mit den wertbeeinflussenden grund- und bodenbezogenen Grundstücksmerkmalen darzustellen, welche innerhalb der Bodenrichtwertzone vorherrschend sind. Die Anzahl und die Größe der Bodenrichtwertzonen sind insbesondere abhängig von den örtlichen Gegebenheiten, dem Zweck der Bodenrichtwertermittlung und dem wirtschaftlichen Aufwand.[707] Für die Bildung und Abgrenzung

706 Siehe hierzu auch Nr. 4.7 ZGGH, Leitfaden IV, Bodenrichtwerte.

707 Vgl. Nr. 5.6.3 RiWert RhPf.; gif e. V., Qualitätssicherung bei der Ermittlung von Bodenrichtwerten, 2008, S. 4.

der Bodenrichtwertzonen sind die Verhältnisse am Bodenrichtwertstichtag maßgeblich.[708] In der Praxis hat sich die folgende Vorgehensweise bei der Bildung und Abgrenzung der Bodenrichtwertzonen etabliert:[709]

Als *erster Schritt* bei der Zonenbildung werden Zonen nach Entwicklungszuständen (§ 3 ImmoWertV) und ggfs. nach ergänzenden Entwicklungsmerkmalen gebildet.[710] In bebauten Gebieten erfolgt in einem *zweiten Schritt* eine weitere Unterteilung nach den gebietstypischen Merkmalen der Art und dem Maß der baulichen oder sonstigen Nutzung (§ 5 Abs. 1 ImmoWertV).[711] Regelmäßig können die einschlägigen Bebauungspläne als Grundlage zur Abgrenzung herangezogen werden (vgl. Nr. 5.9.2.1 RiWert RhPf).[712] Bei unterschiedlichen Gebietsstrukturen kann sich eine weitere Untergliederung anbieten, etwa wenn ein Mischgebiet aus Geschäfts- und Wohnlagen besteht und eine eindeutige Trennung möglich ist.[713] Für die Zonenbildung maßgeblich sind außerdem der erschließungsbeitragsrechtliche Zustand sowie die Grundstücksgröße, -tiefe oder -breite (vgl. § 16 Abs. 2 Satz 2 ImmoWertV).[714] Daneben können weitere Grundstücksmerkmale zu berücksichtigen sein, sofern diese in dem jeweiligen Gebiet wertbeeinflussend sind (z. B. Bauweise, Bebauungstyp).[715] Dies setzt allerdings voraus, dass die Geschäftsstelle des Gutachterausschusses alle für die Beurteilung erforderliche Informationen ermittelt und sachgerecht in der Kaufpreissammlung erfasst hat. In einem

708 *Kleiber*, in: E/Z/B/K, BauGB, § 196 BauGB, 122. EL, 8/2016, Rn. 49.

709 Eine anschauliche Darstellung der Bildung der Bodenrichtwertzonen findet sich bspw. bei *Reinhardt*, GuG 2009, 321.

710 *Reinhardt*, GuG 2009, 321 (328); *Mann*, in: Kummer/Frankenberg/Kötter (Hrsg.), Das deutsche Vermessungs- und Geoinformationswesen 2014, 2013, S. 581 (600); *Freise*, in: Brügelmann, BauGB, § 15 ImmoWertV, 123. EL, 7/2022, Rn. 3.

711 *Reinhardt*, GuG 2009, 321 (324); vgl. zur Abgrenzung der BRWZ nach GFZ *Höhn/Kösters/Schaar/Schmeck*, ZfV 4/2010, 280 (283 f.); *Mann*, in: Kummer/Frankenberg/Kötter (Hrsg.), Das deutsche Vermessungs- und Geoinformationswesen 2014, 2013, S. 581 (600); *Freise*, in: Brügelmann, BauGB, § 15 ImmoWertV, 123. EL, 7/2022, Rn. 3.

712 *W.-E. Schulz*, VR 3/1978, 108 (112); *Reinhardt*, GuG 2009, 321 (328); *Mann*, in: Kummer/Frankenberg/Kötter (Hrsg.), Das deutsche Vermessungs- und Geoinformationswesen 2014, 2013, S. 581 (600); *Schwenk*, Forum 3/2009, 138 (142).

713 *Freise*, in: Brügelmann, BauGB, § 15 ImmoWertV, 123. EL, 7/2022, Rn. 10 ff.

714 *Kleiber*, in: E/Z/B/K, BauGB, § 196 BauGB, 122. EL, 8/2016, Rn. 49; vgl. zur Wertrelevanz der Grundstücksgröße auch *Hendricks*, Bodenrichtwertermittlung, 2017, S. 36 f.

715 *Reinhardt*, GuG 2009, 321 (324 f.).

dritten Schritt kann es im Hinblick auf § 15 Abs. 1 Satz 2 ImmoWertV erforderlich sein, die Zonen weiter zu unterteilen, sofern die Lagewertigkeit innerhalb der Zone stark divergiert (dazu sogleich).[716] Bei der Zonenbildung sollte jeder Bodenrichtwertzone eine Zonennummer zugeordnet werden.[717] Die Zonennummer erlaubt eine sachgerechte Zuordnung der Kauffälle zu einer Bodenrichtwertzone.[718]

Die tatsächlichen Gegebenheiten auf dem Grundstücksmarkt erschweren vielfach eine Bildung einer größeren homogenen Bodenrichtwertzone. Bebaute Gebiete, insbesondere in Großstädten, sind vielfach geprägt durch eine heterogene Bebauung, abweichende Grundstücksgrößen und -formen sowie unterschiedliche bauliche Nutzungen (sog. Gemengelage).[719] Eine Bildung einer homogenen Bodenrichtwertzone ist in diesen Regionen entweder überhaupt nicht möglich oder würde derart kleine Bodenrichtwertzonen erfordern, dass die Bodenrichtwertermittlung einer Einzelbewertung der betroffenen Grundstücke gleichkäme.[720] In diesen Fällen lässt es § 15 Abs. 3 ImmoWertV zu, dass für ein Gebiet mehrere Bodenrichtwertzonen gebildet werden, die sich deckungsgleich überlagern können. Dabei muss jedoch gewährleistet sein, dass ein Grundstück zweifelsfrei der einen oder der anderen Bodenrichtwertzone zugeordnet werden kann. Im Hinblick auf die Verwendung der Bodenrichtwerte im Rahmen der steuerlichen Bewertung muss nach dem Willen des Gesetzgebers eindeutig feststehen, welcher Bodenrichtwert für das zu bewertende Grundstück gilt.[721] Denn bei einer unklaren Zuordnung der Grundstücke zu den Bodenrichtwertzonen wären die Bodenrichtwerte nicht ohne zusätzliche Nachbearbeitung für die Bewertung geeignet.[722] Aus diesem Grund setzt § 15 Abs. 3 Satz 2 ImmoWertV voraus,

---

716 *Freise*, in: Brügelmann, BauGB, § 15 ImmoWertV, 123. EL, 7/2022, Rn. 3.

717 *Hendricks*, Bodenrichtwertermittlung, 2017, S. 45.

718 *Hendricks*, Bodenrichtwertermittlung, 2017, S. 46.

719 Empfehlungen der Ausschüsse zur ImmoWertV v. 04.05.2009, BR-Drs. 296/1/09, S. 6; *Ehlers*, Vermessung Brandenburg 1/2014, 4 (9); *Joeris/J. Simon*, in: Rössler/Langer (Begr.), Schätzung und Ermittlung von Grundstückswerten, 8. Aufl. 2005, S. 47 (116); *Mann*, in: Kummer/Frankenberg/Kötter (Hrsg.), Das deutsche Vermessungs- und Geoinformationswesen 2014, 2013, S. 581 (601); *J. Schmidt*, GuG 2008, 150 (153).

720 Empfehlungen der Ausschüsse zur ImmoWertV v. 04.05.2009, BR-Drs. 296/1/09, S. 6.

721 Entwurf der BReg zum ErbStRG v. 28.01.2008, BT-Drs. 16/7918, S. 48.

722 IGG, Die Grundsteuerreform in Deutschland – Ein geodätischer Beitrag zur Rechtssicherheit, 2017, S. 3.

dass in diesen Fällen grundsätzlich eine eindeutige Zuordnung der Grundstücke zu einem Bodenrichtwertgrundstück möglich sein muss. Sofern eine eindeutige Zuordnung des Bewertungsobjekts zu einer Bodenrichtwertzone nicht möglich ist, können diese Bodenrichtwerte nicht für die steuerliche Bewertung herangezogen werden.[723]

Infolge der fehlenden Vorgaben an das Verfahren für die Zonenbildung und -abgrenzung haben sich in der Praxis divergierende Methoden herausgebildet. Dies betrifft sowohl die Methodik der Zonenbildung als auch die Anzahl der gebildeten Zonen.[724] Um die Vergleichbarkeit der Qualität und Aussagekraft der Bodenrichtwerte zu verbessern, sollten die Gutachterausschüsse gemeinschaftliche Standards zu der Vorgehensweise bei der Bildung und Abgrenzung der Bodenrichtwertzonen erarbeiten.

c) Berücksichtigung der Lagewertigkeit bei der Bildung der Bodenrichtwertzonen

Der Bodenrichtwert als durchschnittlicher Lagewert für den Boden muss primär die Lagewertigkeit der Grundstücke berücksichtigen. Als weiteres Abgrenzungskriterium für die Bodenrichtwertzonen sind daher insbesondere die wertrelevanten Lageunterschiede zu berücksichtigen.[725] Die Lage stellt einen oder sogar den wesentlichen wertbeeinflussenden Faktor für den Bodenwert dar.[726] Jedes Grundstück weist jedoch in der Regel unterschiedliche Lagefaktoren auf (Verkehrslage, Nachbarschaftslage, Gesellschaftslage).[727]

---

723 Nach Auffassung von *Kleiber* soll es hingegen für besondere Bodenrichtwerte, die für steuerliche Zwecke ermittelt wurden, ausnahmsweise zulässig sein, wenn sich die Bodenrichtwertzonen nicht deckungsgleich überlagern, vgl. *Kleiber*, Verkehrswertermittlung von Grundstücken, 10. Aufl. 2023, § 15 ImmoWertV, Rn. 18.

724 AGVGA.NRW, Modell zur Ermittlung von Bodenwerten für Wohnbauland in NRW, 2017, S. 16.

725 *Reinhardt*, GuG 2011, 8 (11).

726 *Seele*, Ausgleich maßnahmenbedingter Bodenwerterhöhungen, 1976, S. 41; *Jakob*, Rechtsgutachten zur Bewertungsvereinfachung, 1992, S. 144 ff.; *Reinhardt*, GuG 2009, 321 (324); AGVGA.NRW, Modell zur Ermittlung von Bodenwerten für Wohnbauland in NRW, 2017, S. 6.

727 Siehe dazu bereits unter Gliederungspunkt § 1, I., 2., a), aa); vgl. zu den Auswirkungen der einzelnen Lagefaktoren auf die Bodenrichtwerte auch *J. Simon*, in: Simon/Cors/Halaczinsky/Teß, Handbuch der Grundstückswertermittlung, 5. Aufl. 2003, S. 9 (35 ff.).

Es ist keinesfalls zwingend und dürfte auch eher die Ausnahme sein, dass zwei benachbarte Grundstücke lagebedingt exakt den gleichen Bodenwert pro Quadratmeter haben.[728] In der Realität existieren daher zumeist keine homogenen Zonen gleicher Lagewertigkeit. Außerdem ist die Beurteilung und Abgrenzung der unterschiedlichen Lagewertigkeiten häufig sehr schwierig und fehleranfällig.[729]

Der Bodenrichtwert gilt gemäß § 13 Abs. 2 Satz 2 ImmoWertV als durchschnittlicher Lagewert für die gesamte Bodenrichtwertzone. Er ist nicht an eine bestimmte Lage innerhalb der Bodenrichtwertzone gebunden.[730] Die Bodenrichtwertzone soll eine (fiktive) einheitliche durchschnittliche Lagewertigkeit repräsentieren. Durch die Ausweisung als zonale Bodenrichtwerte und die Bildung von Bodenrichtwertzonen soll insbesondere für die Verwendung der Bodenrichtwerte im Rahmen der steuerlichen Bewertung eine eindeutige Zuordnung gewährleistet werden.[731] Eine Anpassung des Bodenrichtwerts an eine abweichende Lagewertigkeit des zu bewertenden Grundstücks erfolgt in der steuerlichen Bewertung grundsätzlich nicht.[732] Um die Bodenrichtwerte ohne gesonderte Anpassung an die individuelle Lage des Bewertungsobjekts für die steuerliche Bewertung heranziehen zu können, müssen die Bodenrichtwertzonen ein möglichst großes Maß an homogener Lagewertigkeit aufweist (sog. „*Zonendichte*").[733] Um eine hinreichende Zonendichte insbesondere für steuerliche Zwecke zu gewährleisten, bestimmt § 15 Abs. 1 Satz 2 ImmoWertV, dass die Bodenrichtwertzonen so abzugrenzen sind, dass lagebedingte Wertunterschiede zwischen den Grundstücken, für die der Bodenrichtwert gelten soll, und dem Bodenrichtwertgrundstück grundsätzlich nicht mehr als 30 % betragen dürfen. Da viele Zonen bisher nicht diesen Anforderungen entsprochen haben, müssen die bestehenden

728 *Brachmann*, AVN 11/1967, 478 (478).

729 *Schmid*, DStZ 1982, 214 (217).

730 Nr. 13.(2) ImmoWertA; Entwurf zur ImmoWertV 2021 v. 12.05.2021, BR-Drs. 407/21, S. 103.

731 Entwurf zum GrStRefG 2019 v. 25.06.2019, BT-Drs. 19/11085, S. 131; Entwurf zur ImmoWertV 2021 v. 12.05.2021, BR-Drs. 407/21, S. 105; Gesetzentwurf der BReg vom 17.03.2021 zum Fondsstandortgesetz, BT-Drs. 19/27631, S. 113.

732 Für die Grundbesitzbewertung: R B 179.2 Abs. 8 ErbStR; für die Ermittlung des Grundsteuerwerts: § 247 Abs. 1 Satz 2 BewG.

733 *Kleiber*, in: E/Z/B/K, BauGB, § 196 BauGB, 122. EL, 8/2016, Rn. 50.

Bodenrichtwertzonen überprüft und ggfs. neu und kleinteiliger gegeneinander abgegrenzt werden.[734] Dies kann für den jeweiligen Gutachterausschuss einen erheblichen zusätzlichen Arbeitsaufwand bedeuten.[735] Hinzu kommt, dass eine Fortschreibung der Bodenrichtwerte bei geänderten Bodenrichtwertzonen nicht möglich ist. Diese müssen dann neu ermittelt werden. Die Umsetzung des § 15 Abs. 1 Satz 2 ImmoWertV wird daher insbesondere für eingeschränkt leistungsfähige Gutachterausschüsse eine Herausforderung darstellen.

Eine Umsetzung der Vorgabe in § 15 Abs. 1 Satz 2 ImmoWertV kann zudem in vielen Gebieten Schwierigkeiten bereiten und wird deshalb nicht flächendeckend eingehalten werden können. Die Bildung einer homogenen Zone gleicher Lagewertigkeit ist vielfach aufgrund der tatsächlichen Gegebenheiten schwierig oder sogar unmöglich. Individuelle Lagebesonderheiten einzelner Grundstücke führen teilweise zu erheblich höheren oder niedrigeren Lagewerten,[736] sodass sich diese Grundstücke nicht zu einer Zone mit einer homogenen Lagewertigkeit zusammenfassen lassen. Grundstücke, die an einer stark befahrenen Straße liegen, weisen regelmäßig einen deutlich niedrigeren Lagewert auf als die in der Nähe belegenen Grundstücke in einem verkehrsberuhigten Wohngebiet.[737] In Innenstadtbereichen wird ein Grundstück mit Ecklage einen größeren Lagewert aufweisen als die benachbarten Grundstücke.[738] Nach Auffassung des Verordnungsgebers soll diesen Situationen durch die Verwendung des Wortes „grundsätzlich“ Rechnung getragen werden. Einzelne Überschreitungen der 30-Prozent-Grenze sollen daher zulässig sein.[739]

---

734 *Krumm*, FR 2023, 957 (959).

735 *Kredt*, fub 1/2010, 1 (3); *Reuter*, immobilien & bewerten 3/2015, 106 (109).

736 Dazu ausführlich *Joeris/J. Simon*, in: Rössler/Langer (Begr.), Schätzung und Ermittlung von Grundstückswerten, 8. Aufl. 2005, S. 47 (76 ff.).

737 *Wälzholz*, ZErb 2007, 111 (116); *Streich*, Der Immobilienbewerter 2/2010, 19 (20); *Bischoff/R. Vogel*, Das Grundeigentum 21/2016, 1314–1318 (1314); vgl. auch VG Hamburg, Urt. v. 19.02.2015 – 7 K 5146/14, juris Rn. 81.

738 *Joeris/J. Simon*, in: Rössler/Langer (Begr.), Schätzung und Ermittlung von Grundstückswerten, 8. Aufl. 2005, S. 47 (85 f.).

739 Entwurf zur ImmoWertV 2021 v. 12.05.2021, BR-Drs. 407/21, S. 105.

Es ist zu beachten, dass § 15 Abs. 1 Satz 2 ImmoWertV sich nur auf die „lagebedingten“ Wertunterschiede beschränkt.[740] Bei der Abgrenzung der Bodenrichtwertzonen sind Wertunterschiede, die sich aus nicht mit dem Bodenrichtwertgrundstück übereinstimmenden Grundstücksmerkmalen einzelner Grundstücke ergeben (z. B. abweichende Grundstücksgröße, -tiefe oder Geschossflächenzahl), ausdrücklich nicht bei der Abgrenzung zu berücksichtigen (§ 15 Abs. 1 Satz 3 ImmoWertV). Derartige Abweichungen kommen nicht selten vor.[741] Die Wertauswirkung dieser Abweichungen ist zudem nicht als vernachlässigbar einzuordnen.[742] Tatsächlich können die Wertabweichungen zwischen dem unangepassten Bodenrichtwert und dem zonenangehörigen Grundstück daher auch bei Einhaltung des § 15 Abs. 1 Satz 2 ImmoWertV deutlich mehr als 30 % betragen.[743] Durch diese Norm wird daher nicht gewährleistet, dass der herangezogene unangepasste Bodenrichtwert grundsätzlich nicht mehr als 30 % von dem auf den Quadratmeter umgerechneten Bodenwert i. S. d. § 40 ImmoWertV eines zonenangehörigen Grundstücks abweicht.[744] Eine sachgerechte Verwendung der Bodenrichtwerte in der Wertermittlung setzt daher voraus, dass der Bodenrichtwert objektspezifisch an vom Bodenrichtwertgrundstück abweichende wertbeeinflussende Grundstücksmerkmale des zu bewertenden Grundstücks angepasst wird (§ 26 Abs. 2 ImmoWertV).[745] Erst diese objektspezifische Anpassung des Bodenrichtwerts gewährleistet letztendlich, dass im Bodenrichtwertverfahren ein aussagekräftiger Bodenrichtwert ermittelt wird. Dies gilt grundsätzlich auch für die steuerliche Bewertung.[746] Die Regelung in § 15 Abs. 1 Satz 2 ImmoWertV gewährleistet nicht, dass auf eine solche

---

740 *Kleiber*, Verkehrswertermittlung von Grundstücken, 10. Aufl. 2023, § 15 ImmoWertV, Rn. 13.

741 Der AGVGA NRW spricht insoweit sogar vom „Regelfall“, vgl. AGVGA.NRW, Leitfaden zur Ermittlung von Vergleichswerten in NRW, 2015, S. 8.

742 Siehe zu den Wertauswirkungen der einzelnen Grundstücksmerkmale ausführlich unter Gliederungspunkt § 3, IV., 3., b), bb), (2), (c).

743 *Grootens*, BBK 2021, 730 (736).

744 *Kleiber*, Verkehrswertermittlung von Grundstücken, 10. Aufl. 2023, § 15 ImmoWertV, Rn. 13.

745 Siehe hierzu unter Gliederungspunkt § 1, III., 6., b), dd)

746 Siehe hierzu unter Gliederungspunkt § 3, IV., 2., b), aa), (2), (c).

objektspezifische Anpassung grundsätzlich verzichtet werden kann.[747] Allein auf eine Anpassung an eine abweichende Lagewertigkeit des zu bewertenden Grundstücks kann verzichtet werden, wenn § 15 Abs. 1 Satz 2 ImmoWertV bei der Ermittlung des Bodenrichtwerts beachtet wurde.

d) Abgrenzung der Bodenrichtwertzonen zueinander

Die Bodenrichtwertzonen sind sinnvoll gegeneinander abzugrenzen. Die Bildung von zwei Bodenrichtwertzonen für ein Gebiet ist nur dann sinnvoll, wenn unterschiedliche Wertverhältnisse in den Gebieten bestehen, für die die Zonen gebildet werden sollen. Dies kann insbesondere aufgrund unterschiedlicher Lagewertigkeiten geboten sein. Andernfalls wäre die Bildung einer Bodenrichtwertzone ausreichend. Es wird daher gefordert, dass der Bodenrichtwert einer Zone mindestens um 10 % von der benachbarten Zone abweichen sollte.[748] Die Abweichung sollte grundsätzlich nicht mehr als 30 % betragen (vgl. Nr. 5.6.6 RiWert RhPf). Bei Geschäftslagen in den Innenstädten ergeben sich allerdings regelmäßig deutlich größere Wertsprünge.[749] Beispielsweise weisen in der Innenstadt von Hannover (am „Kröpcke“) die teuersten Lagen einen Bodenrichtwert von 10.500 Euro auf (Bodenrichtwertzone 04305001). Die Bodenrichtwerte der angrenzenden Bodenrichtwertzonen liegen jedoch unter 5.000 Euro, teilweise sogar unter 3.000 Euro (Stand 1. Januar 2023).[750] Wegen der fehlenden Vorgaben in der ImmoWertV zur Abgrenzung der Bodenrichtwertzonen und unzureichenden Verwaltungsanweisungen und Standards besteht in der Praxis Unsicherheit über das konkrete Vorgehen bei der Bildung und Abgrenzung der

---

747 So aber offenbar der Gesetzgeber bzgl. der Verwendung der Bodenrichtwerte in der grundsteuerlichen Bewertung, vgl. Begründung zum FoStoG v. 22.01.2021, BR-Drs. 51/21, S. 118 f.

748 *Reinhardt*, GuG 2009, 321 (324); *Hendricks*, Bodenrichtwertermittlung, 2017, S. 64.

749 *Mann*, in: Kummer/Frankenberg/Kötter (Hrsg.), Das deutsche Vermessungs- und Geoinformationswesen 2014, 2013, S. 581 (600 f.); *Streich*, Der Immobilienbewerter 2/2010, 19 (20).

750 Bodenrichtwerte abrufbar unter: https://immobilienmarkt.niedersachsen.de/bodenrichtwerte?lat=52.37603715761108&lng=9.741116849212858&zoom=14.00&teilmarkt=Bauland&stichtag=2022-01-01 (letzter Abruf 28.09.2025)

Bodenrichtwertzonen.[751] Die Bildung und Abgrenzung der Bodenrichtwertzonen erfolgt in der Praxis nicht einheitlich.[752]

Die Grenzziehung spiegelt regelmäßig nicht die tatsächlichen Verhältnisse wider.[753] Starre (Wert-)Grenzen, an denen sich der Gutachterausschuss bei der Bestimmung der Zonengrenzen richten kann, existieren in der Realität in der Regel nicht. Das Bodenwertgefälle verläuft oft fließend von dem einen zum anderen Grundstück.[754] Wertsprünge bestehen tatsächlich nur im Ausnahmefall, etwa entlang einer Bahntrasse oder einer größeren Ausfallstraße, die die gewachsene Bebauung trennt.[755] Auch an der Grenze des Innen- zum Außenbereich können sich große Wertsprünge ergeben.[756] Die Grenzziehung kann jedoch vielfach nicht mit derartigen tatsächlichen Gegebenheiten begründet werden und erfolgt oft zu einem großen Teil subjektiv. Infolgedessen kann es an den Grenzbereichen der Bodenrichtwertzonen zu schwer begründbaren Wertsprüngen kommen.[757]

Da jeder Gutachterausschuss die Bodenrichtwerte für seinen Zuständigkeitsbereich ermittelt, kann es aufgrund unterschiedlicher Datenlagen und Einschätzungen auch zu erheblichen Wertsprüngen zwischen den Bodenrichtwertzonen im Grenzbereich zweier Gutachterausschüsse kommen.[758] Um dies zu vermeiden, sollten die Bodenrichtwerte an den Bereichsgrenzen der Gutachterausschüsse mit den benachbarten Gutachterausschüssen – auch

---

751 *Homa/Weigt*, fub 1/2012, 9 (11).

752 AGVGA.NRW, Modell zur Ermittlung von Bodenwerten für Wohnbauland in NRW, 2017, S. 16.

753 *Brachmann*, AVN 11/1967, 478 (478); *Hild*, Die Ermittlung von Bodenrichtwerten in der Innenstadt Karlsruhes, 2018, S. 13.

754 *Brachmann*, AVN 11/1967, 478 (478); *Deutscher Landkreistag*, Umfrage zur Leistungsfähigkeit der Gutachterausschüsse im Rahmen der Grundsteuerreform, GuG 2000, 164, S. 167; *Kleiber*, Verkehrswertermittlung von Grundstücken, 9. Aufl. 2020, § 10 ImmoWertV, Rn. 82; *Hild*, Die Ermittlung von Bodenrichtwerten in der Innenstadt Karlsruhes, 2018, S. 14; *Jakob*, Rechtsgutachten zur Bewertungsvereinfachung, 1992, S. 145.

755 *Kleiber*, Verkehrswertermittlung von Grundstücken, 9. Aufl. 2020, § 10 ImmoWertV, Rn. 82.

756 *Hendricks*, Bodenrichtwertermittlung, 2017, S. 66.

757 BFH, Urt. v. 08.09.1994 – IV R 16/94, BStBl. II 1995, 309, juris; *Joeris/J. Simon*, in: Rössler/Langer (Begr.), Schätzung und Ermittlung von Grundstückswerten, 8. Aufl. 2005, S. 47 (116).

758 *Krause/Grootens*, NWB-EV 2011, 297 (299).

über die Landesgrenzen hinweg – abgestimmt werden (vgl. Nr. 4 Abs. 3 BRW-RL, Nr. 5.6.7 RiWert RhPf).

5. Bestimmung der wertbeeinflussenden Merkmale des Bodenrichtwertgrundstücks

Nachdem der Gutachterausschuss eine Bodenrichtwertzone gebildet und diese von anderen Bodenrichtwertzonen abgegrenzt hat, muss er die wertbeeinflussenden Merkmale des Bodenrichtwertgrundstücks feststellen. Das Bodenrichtwertgrundstück muss weitgehend mit den vorherrschenden grund- und bodenbezogenen wertbeeinflussenden Grundstücksmerkmalen in der Bodenrichtwertzone übereinstimmen. Zu den in der Bodenrichtwertzone vorherrschenden Grundstücksmerkmalen sollte sich der Gutachterausschuss bereits bei der Bildung der Bodenrichtwertzone Gedanken gemacht haben. Es können jedoch noch weitere Grundstücksmerkmale wertbeeinflussend sein, die noch nicht bei der Zonenbildung berücksichtigt wurden.[759] Da sich der Bodenrichtwert gemäß § 13 Abs. 1 ImmoWertV auf das Bodenrichtwertgrundstück bezieht, bildet dieses das Wertermittlungsobjekt für die spätere Ermittlung des Bodenrichtwerts.

a) Bodenrichtwertgrundstück

Der Begriff des Bodenrichtwertgrundstücks wird in § 196 Abs. 1 Satz 4 BauGB eingeführt. Hiernach sind die wertbeeinflussenden Merkmale des Bodenrichtwertgrundstücks darzustellen. Eine Definition war bislang weder im BauGB noch in der ImmoWertV 2010 enthalten. In § 13 Abs. 2 Satz 1 ImmoWertV 2021 ist das Bodenrichtwertgrundstück nun definiert als ein unbebautes und fiktives Grundstück, dessen Grundstücksmerkmale weitgehend mit den vorherrschenden grund- und bodenbezogenen wertbeeinflussenden Grundstücksmerkmalen in der Bodenrichtwertzone übereinstimmen. Die in der Bodenrichtwertzone vorherrschenden wertbeeinflussenden Grundstücksmerkmale sind daher für die Attributierung des Bodenrichtwertgrundstücks maßgeblich.[760]

---

[759] Vgl. Aufstellung der wertbeeinflussenden Grundstücksmerkmale in Anlage 5 zur ImmoWertV 2021.

[760] *Reinhardt*, GuG 2009, 321 (326); *P. Zimmermann*, ImmoWertV, 2. Aufl. 2019, § 10, Rn. 25; wohl auch *Kleiber*, Verkehrswertermittlung von Grundstücken, 9. Aufl. 2020, § 10 ImmoWertV, Rn. 56.

Das Bodenrichtwertgrundstück ist kein real existentes, sondern ein fiktives, unbebautes Grundstück innerhalb der Bodenrichtwertzone.[761] Es ist nach § 13 Abs. 2 Satz 1 und § 16 ImmoWertV nur partiell zu attributieren und darzustellen. Für die Attributierung maßgeblich sind allein die in der Bodenrichtwertzone vorherrschenden grund- und bodenbezogenen wertbeeinflussenden Grundstücksmerkmalen. Grundstücksmerkmale, die nicht wertbeeinflussend sind, weist das Bodenrichtwertgrundstück nicht auf. So ist etwa die Grundstücksgröße (Fläche, Zuschnitt) als konstituierendes Merkmal eines unbebauten Grundstücks bei dem Bodenrichtwertgrundstück nicht zwingend anzugeben, wenn diese in der betreffenden Bodenrichtwertzone nicht wertbeeinflussend ist (vgl. § 16 Abs. 2 Satz 2 Nr. 3 ImmoWertV).

Dem Bodenrichtwertgrundstück soll nach Auffassung des Verordnungsgebers zudem keine bestimmte Lage innerhalb der Bodenrichtwertzone zugewiesen werden.[762] Das Bodenrichtwertgrundstück entspricht daher regelmäßig keinem zur Bodenrichtwertzone zugehörigen Grundstück, selbst wenn dieses als zonentypisch angesehen werden kann.[763] Außerdem soll das Bodenrichtwertgrundstück gemäß § 16 Abs. 1 ImmoWertV grundsätzlich keine Grundstücksmerkmale aufweisen, die nur im Rahmen einer Einzelbegutachtung ermittelt werden können.

b) Bestimmung der Grundstücksmerkmale des Bodenrichtwertgrundstücks

Auf welche Weise die wertbeeinflussenden Grundstücksmerkmale des Bodenrichtwertgrundstücks zu bestimmen sind, ist weder im BauGB noch in der ImmoWertV geregelt. Entsprechende Standards, die ein einheitliches Vorgehen gewährleisten, existieren – soweit ersichtlich – nicht. § 16 Abs. 2 ImmoWertV setzt bereits voraus, dass ein Bodenrichtwertgrundstück mit seinen wertbeeinflussenden Grundstücksmerkmalen von dem Gutachterausschuss bestimmt wurde, welches bei der späteren Veröffentlichung darzustellen

---

761 Nr. 13.(2) ImmoWertA; *Reinhardt*, GuG 2009, 321 (323); *P. Zimmermann*, ImmoWertV, 2. Aufl. 2019, § 10, Rn. 25.

762 Nr. 13.(2) ImmoWertA; Entwurf zur ImmoWertV 2021 v. 12.05.2021, BR-Drs. 407/21, S. 103.

763 *Kleiber*, Verkehrswertermittlung von Grundstücken, 9. Aufl. 2020, § 10 ImmoWertV, Rn. 91.

ist.[764] Die später bei der Veröffentlichung dargestellten Grundstücksmerkmale müssen jedoch mit den Grundstücksmerkmalen identisch sein, die bei der Ermittlung des Bodenrichtwerts im Vergleichswertverfahren berücksichtigt wurden, da sich diese auf den Bodenrichtwert ausgewirkt haben. Für die Ermittlung des Bodenrichtwerts muss das Bodenrichtwertgrundstück daher mindestens mit den Grundstücksmerkmalen attributiert sein, die nach § 16 Abs. 2 ImmoWertV darzustellen sind.[765] Auf die darzustellenden Grundstücksmerkmale des Bodenrichtwertgrundstücks wurde bereits unter Gliederungspunkt § 1, III., 5., b) eingegangen. Auf die dortige Darstellung wird verwiesen. Die vollständige Darstellung sämtlicher wertbeeinflussender Grundstücksmerkmale ist vor allem für die spätere Verwendung der Bodenrichtwerte im Rahmen der Verkehrswertermittlung erforderlich. Der Grundsatz der Referenzkonformität[766] erfordert, dass Daten, die für die Wertermittlung herangezogen werden, an alle wertrelevanten Grundstücksmerkmale des Bewertungsobjekts objektspezifisch anzupassen sind (vgl. § 26 Abs. 2 i. V. m. § 9 Abs. 1 Satz 3 ImmoWertV). Daher müssen auch alle wertrelevanten Grundstücksmerkmale des Bodenrichtwertgrundstücks bekannt sein, um einen entsprechenden Vergleich zu ermöglichen.[767]

In der Praxis entspricht die Darstellung der Bodenrichtwerte in vielen Fällen nicht den Mindestvorgaben der ImmoWertV. Es kommt auch nicht selten vor, dass die Bodenrichtwerte ohne Darstellung der Merkmale des Bodenrichtwertgrundstücks veröffentlicht werden.[768] Für eine sachgerechte Attributierung benötigt der Gutachterausschuss umfassende Informationen zu den in der Bodenrichtwertzone belegenen Grundstücken. Die hierfür erforderlichen Informationen ergeben sich regelmäßig nur selten aus den Kaufverträgen. Besonders relevant sind insoweit die Informationen der Baubehörde oder der Flurbehörde. Viele Informationen müssen erst zusätzlich ermittelt und ausgewertet werden (z. B. die Angaben über die

---

764 *Freise*, in: Brügelmann, BauGB, § 16 ImmoWertV, 123. EL, 7/2022, Rn. 2.

765 Vgl. zur alten Rechtslage (§ 10 Abs. 2 ImmoWertV 2010): *Reinhardt*, GuG 2009, 321 (325).

766 Siehe hierzu unter Gliederungspunkt § 1, I., 2., b), bb), (3).

767 *Reinhardt*, GuG 2009, 321 (325); *Reuter*, immobilien & bewerten 3/2015, 106 (108); *Hendricks*, Bodenrichtwertermittlung, 2017, S. 144 f.

768 *Kleiber*, Verkehrswertermittlung von Grundstücken, 9. Aufl. 2020, § 10 ImmoWertV, Rn. 94; *Bischoff*, ImmoWertV 2021, 2021, S. 84.

Grundstücksgröße, -tiefe und die GFZ). Eine leistungsfähige Geschäftsstelle wird die fehlenden Informationen in der Kaufpreissammlung ergänzen und den Gutachtern aufbereitet zur Verfügung stellen. Gutachterausschüsse mit einer schlecht ausgestatteten Geschäftsstelle müssen insoweit regelmäßig mit weniger Informationen auskommen. Es werden dann nicht alle wertrelevanten Grundstücksmerkmale bei der Ermittlung der Bodenrichtwerte berücksichtigt oder diese werden von den Gutachtern auf der Grundlage ihrer Erfahrung geschätzt.

Zumindest nach der zum 1. Januar 2022 geltenden Regelung in § 16 Abs. 2 ImmoWertV 2021 steht den Gutachterausschüssen nur noch ein eingeschränkter Entscheidungsspielraum zu, mit welchen Grundstücksmerkmalen das Bodenrichtwertgrundstück zu attributieren ist. Neben den in § 16 Abs. 2 Satz 1, Satz 3 f. ImmoWertV genannten Merkmalen, die stets darzustellen sind (Mindestdarstellung),[769] ist der Gutachterausschuss verpflichtet, die in § 16 Abs. 2 Satz 2 ImmoWertV genannten Grundstücksmerkmale darzustellen, sofern sie wertbeeinflussend sind.[770] Dem Gutachterausschuss kommt ein Entscheidungsspielraum auf der Tatbestandsseite zu („Beurteilungsspielraum“);[771] kein Ermessen auf der Rechtsfolgenseite („sind darzustellen“). Eine sachgerechte Ausübung des dem Gutachterausschuss insoweit zugewiesenen Entscheidungsspielraums setzt jedoch grundsätzlich voraus, dass die Geschäftsstelle sämtliche Grundstücksmerkmale ermittelt hat, die in der jeweilige Bodenrichtwertzone wertbeeinflussend sind. Der Gutachterausschuss kann sich einer Attributierung und Darstellung der in § 16 Abs. 2 Satz 2 ImmoWertV genannten Merkmale nicht mit der Begründung entziehen, es seien keine weiteren Grundstücksmerkmale wertbeeinflussend, weil keine Ermittlungen durchgeführt wurden.[772] Derartige Bodenrichtwerte sind unzureichend ermittelt und rechtswidrig.

---

769 *Kleiber*, Verkehrswertermittlung von Grundstücken, 10. Aufl. 2023, § 16 ImmoWertV, Rn. 15.

770 *Kleiber*, Verkehrswertermittlung von Grundstücken, 10. Aufl. 2023, § 16 ImmoWertV, Rn. 23.

771 Siehe hierzu allgemein unter Gliederungspunkt § 4, II., 2., b), cc).

772 Vgl. *Ache/Krägenbring*, ZfV 2023, 137 (142).

6. Verfahren zur Ermittlung der Bodenrichtwerte

Nachdem die Bodenrichtwertzonen gebildet und die Bodenrichtwertgrundstücke nach den Verhältnissen in den Bodenrichtwertzonen attributiert wurden, können anschließend die Bodenrichtwerte auf dieser Grundlage ermittelt werden („Bodenrichtwertermittlung im engeren Sinne"). Wurden für ein Gebiet in der Vergangenheit bereits Bodenrichtwerte ermittelt, so kann bei der Fortschreibung der Bodenrichtwerte zum nächsten Bodenrichtwertstichtag regelmäßig auf die bestehenden Bodenrichtwertzonen und Bodenrichtwertgrundstücke zurückgegriffen werden, sodass diese Ermittlungsschritte nicht bei jeder turnusmäßigen Ermittlung der Bodenrichtwerte zu erfolgen hat. Der Gutachterausschuss kann sich in diesen Fällen daher grundsätzlich auf die Ermittlung bzw. Fortschreibung der Bodenrichtwerte beschränken. Dies setzt allerdings voraus, dass die vorhandenen Bodenrichtwertzonen und Bodenrichtwertgrundstücke noch den tatsächlichen Verhältnissen und den zum Bodenrichtwertstichtag geltenden rechtlichen Anforderungen entsprechen.[773]

In diesem Abschnitt wird zunächst die Bodenrichtwertermittlung im Vergleichswertverfahren dargestellt (dazu sogleich unter Gliederungspunkt a)). Hierbei handelt es sich um den in § 14 Abs. 1 ImmoWertV vorgesehen Regelfall der Bodenrichtwertermittlung. Da die für dieses Verfahren erforderliche Anzahl an Kaufpreisen, insbesondere in bebauten Gebieten, vielfach nicht vorhanden ist, kann die Ermittlung der Bodenrichtwerte auch nach anderen geeigneten Verfahren erfolgen, die jedoch nicht oder nur ansatzweise in der ImmoWertV geregelt sind. Die hierfür in der Wissenschaft und Praxis diskutierten Verfahren werden im Anschluss dargestellt (dazu unter Gliederungspunkt b)). Die Bodenrichtwertermittlung ist zudem erheblich von den Besonderheiten der jeweiligen Gebiete abhängig, für welche diese durchgeführt wird. Auf einige Besonderheiten und Probleme in bestimmten Gebieten wird daher gesondert hingewiesen (dazu unter Gliederungspunkt c)). Schließlich wird untersucht, welche Besonderheiten bei der Ermittlung der besonderen Bodenrichtwerte für steuerliche Zwecke gelten (dazu unter Gliederungspunkt d)).

---

773 Vgl. FG Rheinland-Pfalz, Beschl. v. 23.11.2023 – 4 V 1295/23, juris Rn. 255.

a) Bodenrichtwertermittlung im Vergleichswertverfahren

aa) Rechtliche Grundlagen

Bodenrichtwerte sind gemäß § 14 Abs. 1 Satz 1 ImmoWertV vorrangig im Vergleichswertverfahren nach den §§ 24 und 25 ImmoWertV zu ermitteln. Bei diesem Verfahren wird der Vergleichswert gemäß § 24 ImmoWertV in erster Linie aus einer ausreichenden Zahl von Vergleichspreisen ermittelt. Für die Ableitung der Vergleichspreise sind gemäß § 25 ImmoWertV die Kaufpreise solcher Grundstücke heranzuziehen, die mit dem zu bewertenden Grundstück, in diesem Fall das Bodenrichtwertgrundstück, hinreichend übereinstimmende Grundstücksmerkmale aufweisen. Für die Durchführung der Bodenrichtwertermittlung regelt § 12 Abs. 2 ImmoWertV, dass die Kaufpreise der Kaufpreissammlung zu entnehmen sind. Die Kaufpreise können nur dann für die (Bodenricht-)Wertermittlung herangezogen werden, wenn diese nach § 12 Abs. 2 i. V. m. Abs. 3 ImmoWertV als geeignet angesehen werden können.[774] Abweichende Grundstücksmerkmale der Vergleichsgrundstücke zum Bodenrichtwertgrundstück und konjunkturelle Abweichungen zum Bodenrichtwertstichtag sind nach § 14 Abs. 1 Satz 2 i. V. m. § 9 Abs. 1 Satz 2 f. ImmoWertV vorrangig mittels Umrechnungskoeffizienten oder Indexreihen zu berücksichtigen.

bb) Unmittelbarer Preisvergleich

Das Vergleichswertverfahren baut auf der Erkenntnis auf, dass sich der Tauschwert bzw. Verkehrswert einer Sache aus einer Vielzahl von Kaufpreisen ableiten lässt.[775] Aufgrund der Einfachheit und der Marktnähe wird das Vergleichswertverfahren zumindest für unbebaute Grundstücke von Literatur[776] und Rechtsprechung[777] als das am besten geeignetste Verfahren gehalten, sofern hierfür geeignete Kaufpreise in ausreichender Anzahl verfügbar sind.[778]

---

774 So auch § 25 Satz 2 ImmoWertV.

775 Siehe hierzu allgemein unter Gliederungspunkt § 1, I., 1., b).

776 *Reuter/Voß/Ziegenbein*, in: Kummer/Kötter/Kutterer/Ostrau (Hrsg.), Das deutsche Vermessungs- und Geoinformationswesen, 2020, S. 639 (696); *Freise*, in: Brügelmann, BauGB, § 40 ImmoWertV, 125. EL, 1/2022, Rn. 2; *Kleiber*, Verkehrswertermittlung von Grundstücken, 10. Aufl. 2023, Syst. Darst. Vergleichswertverfahren, Rn. 16.

777 OVG Hamburg, Urt. v. 16.04.2015 – 4 Bf 66/13, BeckRS 2015, 45797.

778 So auch der Verordnungsgeber: Entwurf der BReg zur ImmoWertV v. 26.03.2010, BR-Drs. 171/10, S. 47.

Im einfachsten Fall können die verfügbaren Originalkaufpreise als Vergleichspreise unangepasst zum Preisvergleich herangezogen werden, wenn alle wertbeeinflussenden Grundstücksmerkmale (§ 2 Abs. 3 ImmoWertV) des Bewertungsobjekts mit denen der Vergleichsgrundstücke übereinstimmen und sich die allgemeinen Wertverhältnisse zwischen den Stichtagen der Kaufpreise und dem Bodenrichtwertstichtag nicht verändert haben.[779] Zur Ermittlung des Vergleichswerts kommen mathematisch-statistische Verfahren zur Anwendung. In der Regel wird der Bodenrichtwerte durch Mittelwertbildung aus den herangezogenen Kaufpreisen bestimmt. Dieser stellt innerhalb der zugehörigen Preisspanne den am wahrscheinlichsten erzielbaren Verkehrswert dar.[780] Diese Vorgehensweise wird als *unmittelbarer bzw. direkter Preisvergleich* bezeichnet.[781]

Bei der Anwendung des Vergleichswertverfahrens bestehen grundsätzlich keine Unterschiede, ob aus Vergleichspreisen ein Vergleichswert (z. B. für ein Verkehrswertgutachten) oder ein Bodenrichtwert ermittelt wird.[782] Im Rahmen der Bodenrichtwertermittlung ist das Bewertungsobjekt das fiktive unbebaute Bodenrichtwertgrundstück.[783] Die zum Preisvergleich heranzuziehen Vergleichsgrundstücke sind mit den wertbeeinflussenden Grundstücksmerkmale des Bodenrichtwertgrundstücks abzugleichen und ggfs. an dieses anzupassen.[784] Keinesfalls darf der Bodenrichtwert als *„Durchschnittswert"* der von der Bodenrichtwertzone erfassten Grundstücke abgeleitet werden ohne dass dieser auf das Bodenrichtwertgrundstück zurückgeführt wird.

---

779 *Reuter*, Zur Umsetzung des Verkehrswertbegriffes in Wertermittlungsmethoden, 1989, S. 117; *Kleiber*, Verkehrswertermittlung von Grundstücken, 9. Aufl. 2020, IV., Syst. Darst. Vergleichswertverfahren, Rn. 20.

780 *Reuter*, Zur Umsetzung des Verkehrswertbegriffes in Wertermittlungsmethoden, 1989, S. 117 f.

781 *Reuter*, Zur Umsetzung des Verkehrswertbegriffes in Wertermittlungsmethoden, 1989, S. 117; *Schütz*, NaVKV 4/1995, 345 (346); *Kötter/Guhl*, fub 1/2013, 1 (1); *Kleiber*, Verkehrswertermittlung von Grundstücken, 9. Aufl. 2020, IV., Syst. Darst. Vergleichswertverfahren, Rn. 20.

782 *Mann*, in: Kummer/Frankenberg/Kötter (Hrsg.), Das deutsche Vermessungs- und Geoinformationswesen 2014, 2013, S. 581 (582).

783 *Reuter*, immobilien & bewerten 2/2015, 61 (63 f.).

784 *Reuter*, immobilien & bewerten 2/2015, 61 (64).

Die daraus folgende „*Durchschnittsqualität*" wäre nicht als Bodenrichtwertgrundstück darstellbar.[785]

Das unmittelbare Vergleichswertverfahren findet in der Praxis sowohl bei der Verkehrswertermittlung als auch bei der Bodenrichtwertermittlung nur selten Anwendung, da in der Wertermittlungspraxis meistens weder die Qualität der Vergleichsgrundstücke mit der des Bewertungsobjekts noch die allgemeinen Wertverhältnisse zurzeit der Preisvereinbarung (Kaufpreisdatum) mit denen zum Bodenrichtwertstichtag vollständig übereinstimmen.[786]

cc) Mittelbarer Preisvergleich

Eine Ermittlung des Vergleichswerts kann auch dann erfolgen, wenn die wertrelevanten Grundstücksmerkmale der Vergleichsgrundstücke von denen des Bodenrichtwertgrundstücks abweichen (qualitätsbedingte Wertunterschiede) oder die allgemeinen Wertverhältnisse am Kaufpreisdatum nicht mit denen am Bewertungsstichtag übereinstimmen (konjunkturbedingte Wertunterschiede).[787] Erforderlich nach § 25 Satz 1 ImmoWertV ist nur eine „hinreichende" Übereinstimmung in qualitativer und konjunktureller Hinsicht. Die Durchführung des Preisvergleichs setzt in diesen Fällen also zunächst voraus, dass die Kaufpreise für den Preisvergleich geeignet sind und sich etwaige qualitäts- oder konjunkturbedingte Abweichungen durch eine Anpassung dem Grunde nach sachgerecht berücksichtigen lassen. Anschließend ist die Wertauswirkung dieser Abweichungen durch eine Anpassung der Kaufpreise entsprechend zu berücksichtigen. Die angepassten Kaufpreise werden anschließend als „Vergleichspreise" zum Preisvergleich herangezogen.[788] Der Bodenrichtwert wird hierbei – wie im unmittelbaren

---

785 *Reuter*, immobilien & bewerten 2/2015, 61 (64); *Freise*, in: Brügelmann, BauGB, § 196 BauGB, 109. EL, 1/2019, Rn. 33; *Kleiber*, Verkehrswertermittlung von Grundstücken, 10. Aufl. 2023, § 14 ImmoWertV, Rn. 5.

786 *Seele*, VR 8/1998, 393 (399); *Schütz*, NaVKV 4/1995, 345 (346); *Zeißler*, Zur Ermittlung von Bodenrichtwerten bei fehlenden Kaufpreisen unbebauter Grundstücke, 2012, S. 25; *Hendricks*, Bodenrichtwertermittlung, 2017, S. 28; *Kleiber*, Verkehrswertermittlung von Grundstücken, 10. Aufl. 2023, ImmoWertV (Vorbem.), Rn. 85.

787 *Reuter*, Zur Umsetzung des Verkehrswertbegriffes in Wertermittlungsmethoden, 1989, S. 118.

788 *Reuter/Voß/Ziegenbein*, in: Kummer/Kötter/Kutterer/Ostrau (Hrsg.), Das deutsche Vermessungs- und Geoinformationswesen, 2020, S. 639 (680); *Jardin/Roscher*, Die Immobilienwertermittlung aus steuerlichen Anlässen, 2019, S. 474.

Preisvergleich auch – durch Mittelwertbildung aus den Vergleichspreisen „abgeleitet". Dieses Verfahren wird als *mittelbarer bzw. indirekter Preisvergleich mit Vergleichspreisen* bezeichnet.[789] Teilweise wird unter diesem Begriff auch nur die Ermittlung eines Vergleichswerts mittels geeigneter Bodenrichtwerte oder anderer Vergleichsfaktoren verstanden, die wiederum aus Kaufpreisen abgeleitet wurden.[790]

(1) Eignung von Kaufpreisen für die Bodenrichtwertermittlung

Die Eignung eines für die Bodenrichtwertermittlung herangezogenen Kaufpreises setzt nach § 12 Abs. 3 Satz 1 ImmoWertV eine hinreichende Übereinstimmung in qualitativer und konjunktureller Hinsicht voraus. In qualitativer Hinsicht müssen die Grundstücksmerkmale des Vergleichsgrundstücks, auf das sich der Kaufpreis bezieht, mit den wertbeeinflussenden Grundstücksmerkmalen des Bodenrichtwertgrundstücks hinreichend übereinstimmen. In konjunktureller Hinsicht müssen die allgemeinen Wertverhältnisse zum Vertragszeitpunkt mit den allgemeinen Wertverhältnissen zum Bodenrichtwertstichtag hinreichend übereinstimmen. Eine hinreichende Übereinstimmung liegt bei der Bodenrichtwertermittlung nach § 12 Abs. 3 Satz 2 Nr. 2 ImmoWertV vor, wenn sich etwaige Abweichungen in entsprechender Anwendung des § 9 Abs. 1 Satz 2 und 3 berücksichtigen lassen.

(a) Vorprüfung bei der Heranziehung von Kaufpreisen

Bevor überprüft werden kann, ob eine „hinreichende Übereinstimmung" gegeben ist, ist zunächst in einer Vorprüfung zu entscheiden, ob die Kaufpreise dem Grunde nach überhaupt für die Wertermittlung herangezogen werden können. Kaufpreise dürfen nach § 12 Abs. 3 Satz 4 i. V. m. § 9 Abs. 2 ImmoWertV nicht für die Bodenrichtwertermittlung herangezogen werden, wenn diese durch ungewöhnliche oder persönliche Verhältnisse beeinflusst worden sind. Eine entsprechende Beeinflussung kann nach § 9 Abs. 2 Satz 2 ImmoWertV angenommen werden, wenn die Kaufpreise erheblich von den Kaufpreisen in vergleichbaren Fällen abweichen. Der Begriff „erheblich" stellt

---

[789] *Reuter*, Zur Umsetzung des Verkehrswertbegriffes in Wertermittlungsmethoden, 1989, S. 118; *Schütz*, NaVKV 4/1995, 345 (346); *Kötter/Guhl*, fub 1/2013, 1 (1).

[790] *Kleiber*, Verkehrswertermittlung von Grundstücken, 10. Aufl. 2023, Syst. Darst. Vergleichswertverfahren, Rn. 15.

einen unbestimmten Rechtsbegriff dar. Wann im Einzelfall eine erhebliche Abweichung angenommen werden kann, ist durch den Gutachterausschuss zu entscheiden.

Eine erhebliche Abweichung von Kaufpreisen ist dann anzunehmen, wenn sie nicht mehr mit der üblichen Streuung erklärt werden kann.[791] Dies setzt eine hinreichende Anzahl an Kaufpreisen voraus.[792] In der Praxis werden als übliche Aussonderungskriterien häufig pauschale Prozentsätze um den Mittelwert, die Standardabweichung oder Interquartilsabstände verwendet.[793] Wann eine erhebliche Abweichung vorliegt, lässt sich jedoch nicht pauschal definieren, sondern hängt von der Homogenität bzw. Heterogenität des jeweiligen Grundstücksmarkts, also von der Zusammensetzung der Kauffälle, ab.[794] Eine qualifizierte Beurteilung der herangezogenen Kaufpreise setzt voraus, dass sämtliche Kaufpreise sich auf dieselben Grundstücksmerkmale beziehen bzw. entsprechend angepasst wurden.[795]

Sowohl die irrtümliche Zulassung von „beeinflussten" Kaufpreisen für die Wertermittlung als auch der unzutreffende Ausschluss von geeigneten Kaufpreisen und die damit verbundene Reduzierung der verfügbaren Vergleichspreise können sich auf das Wertermittlungsergebnis in nicht unerheblichem Maß auswirken.[796] Bei der Auswahl der heranzuziehenden Kaufpreise handelt es sich bereits um eine Entscheidung im Rahmen der Bodenrichtwertermittlung und nicht bloß um eine Vorbereitungshandlung. Eine Vorauswahl der für die Bodenrichtwertermittlung heranzuziehenden Kaufpreise darf daher nicht (abschließend) durch die Geschäftsstelle des Gutachterausschusses bei Erfassung der Kauffälle in der Kaufpreissammlung vorgenommen werden.[797]

---

791 Vgl. Nr. 5 VW-RL; Nr. 9.(2).2 ImmoWertA.

792 *Freise*, in: Brügelmann, BauGB, § 9 ImmoWertV, 123. EL, 7/2022, Rn. 16.

793 *Zeißler*, Zur Ermittlung von Bodenrichtwerten bei fehlenden Kaufpreisen unbebauter Grundstücke, 2012, S. 28; *Hendricks*, Bodenrichtwertermittlung, 2017, S. 38 f.; *Freise*, in: Brügelmann, BauGB, § 9 ImmoWertV, 123. EL, 7/2022, Rn. 16.

794 Nr. 9.(2).2 Satz 2 ImmoWertA.

795 *Kleiber*, Verkehrswertermittlung von Grundstücken, 10. Aufl. 2023, § 9 ImmoWertV, Rn. 22.

796 *Zeißler*, Zur Ermittlung von Bodenrichtwerten bei fehlenden Kaufpreisen unbebauter Grundstücke, 2012, S. 28.

797 Vgl. aber zur Handhabung in der Praxis *Freise*, in: Brügelmann, BauGB, § 9 ImmoWertV, 123. EL, 7/2022, Rn. 15.

In der Praxis ist der Anteil der ausgeschlossenen Kaufpreise erheblich. Eine von *Franz Reuter* durchgeführte Studie aus dem Jahr 2003, an der 210 Gutachterausschüsse teilnahmen, hat ergeben, dass der Anteil der ausgeschlossenen Kaufpreise in Großstädten bei 35 % sowie bei kleinen und mittelgroßen Städten und bei Landkreisen bei knapp 20 % liegt.[798] Als Hauptausschlussgrund wurden in der vorgenannten Studie persönliche Verhältnisse angegeben (> 40 %). Als weitere Ausschlussgründe werden Abweichungen vom Mittelwert (etwa 12 %), besondere Vertragsbedingungen sowie die Eigenart des Objekts (jeweils etwa 10 %) genannt.[799] Aufgrund der hohen Zahl der ausgesonderten Kauffälle aufgrund persönlicher oder ungewöhnlicher Verhältnisse, die dann später für das Vergleichswertverfahren fehlen, sollten die Gutachter vor einem Ausschluss gründlich prüfen, ob die persönlichen oder ungewöhnlichen Verhältnisse überhaupt einen Werteinfluss gehabt haben und deshalb zur Aussonderung des Kaufpreises führen müssen.[800] In der Praxis ist zudem zu beobachten, dass Kauffälle, für die in der Kaufpreissammlung nicht sämtliche relevante Daten erfasst wurden, bereits aus diesem Grund ausgeschlossen werden.[801]

Zur Vereinheitlichung eines Vorgehens der Gutachterausschüsse sollten Standards erarbeitet werden, die von den Gutachterausschüssen bei der Überprüfung und Auslegung des Tatbestandsmerkmals „erheblich" i. S. d. § 9 Abs. 2 Satz 2 ImmoWertV verbindlich zu beachten sind. Diese Standards können zwar keine pauschalen Grenzen angeben oder bestimmte Ergebnisse vorschreiben. Sie können sich jedoch auf die Vorgehensweise bei der Prüfung beziehen und somit im Ergebnis zu einer vergleichbareren Aussagekraft der Bodenrichtwerte beitragen.[802]

Eine weitere Voraussetzung für die Heranziehung der Kaufpreise ist, dass diese gemäß § 12 Abs. 3 Satz 3 ImmoWertV um die Werteinflüsse besonderer objektspezifischer Grundstücksmerkmale zu bereinigen sind. Eine solche

---

798 *Reuter*, fub 3/2006, 97 (97 f.).

799 *Reuter*, fub 3/2006, 97 (98).

800 *Zeißler*, Zur Ermittlung von Bodenrichtwerten bei fehlenden Kaufpreisen unbebauter Grundstücke, 2012, S. 29.

801 FG Rheinland-Pfalz, Beschl. v. 23.11.2023 – 4 V 1295/23, juris Rn. 397; *Soot*, Immobilienbewertung in Märkten mit geringen Transaktionen, 2021, S. 45 ff.

802 Siehe zu der Verwendung von Standards unter Gliederungspunkt § 1, IV., 1., f) und § 3, III., 4., a), cc), (2), (d).

Bereinigung erfolgt regelmäßig bereits bei der Erfassung der Kaufpreise in der Kaufpreissammlung.[803] Die konkrete Bestimmung des Werteinflusses dürfte vielfach nicht einfach möglich sein und erfordert insoweit zumindest gut geschultes Geschäftsstellenpersonal und eine abgestimmte Zusammenarbeit mit dem Vorsitzenden des Gutachterausschusses.

(b) Qualitative Übereinstimmung der wertbeeinflussenden Grundstücksmerkmale

Nachdem der Gutachterausschuss entschieden hat, welche Kaufpreise dem Grunde nach für den Preisvergleich herangezogen werden können, muss anschließend entschieden werden, ob etwaige Abweichungen der Vergleichsobjekte zum Bodenrichtwertgrundstück sich noch durch Anpassungen berücksichtigen lassen (§ 12 Abs. 3 Satz 2 Nr. 2 ImmoWertV).[804] Ob dies der Fall ist, ergibt sich durch Vergleich sämtlicher Grundstücksmerkmale des Bodenrichtwertgrundstücks mit den entsprechenden Grundstücksmerkmalen der Vergleichsgrundstücke.[805] Für den anzustellenden Vergleich kommt es entscheidend darauf an, dass der Gutachterausschuss für das Bodenrichtwertgrundstück sämtliche grund- und bodenbezogenen wertbeeinflussenden Grundstücksmerkmale, denen in der Bodenrichtwertzone ein Werteinfluss zukommt, ermittelt hat.[806] Außerdem müssen zumindest die entsprechenden Grundstücksmerkmale der Vergleichsgrundstücke vollständig bekannt sein.[807] Dazu muss die Geschäftsstelle insbesondere diejenigen wertrelevanten Grundstücksmerkmale der Vergleichsobjekte gesondert ermittelt haben, die sich nicht aus den Kaufvertragsdokumenten ergeben. Dies ist jedoch häufig nicht vollumfänglich möglich. Bewertungsungenauigkeiten sind daher beim Preisvergleich in einem gewissen Maß unvermeidbar.[808]

---

803 Nr. 9.(1).7 ImmoWertA; siehe hierzu auch unter Gliederungspunkt § 1, II., 7, a), cc).

804 Vgl. Nr. 5.8.2.2 RiWert RhPf.

805 *Reuter/Voß/Ziegenbein*, in: Kummer/Kötter/Kutterer/Ostrau (Hrsg.), Das deutsche Vermessungs- und Geoinformationswesen, 2020, S. 639 (680 f.).

806 Siehe hierzu unter Gliederungspunkt § 1, IV., 5., b).

807 *Kleiber*, Verkehrswertermittlung von Grundstücken, 10. Aufl. 2023, Syst. Darst. Vergleichswertverfahren, Rn. 20, 175.

808 *Kleiber*, in: E/Z/B/K, BauGB, § 9 ImmoWertV, 96. EL, 6/2010, Rn. 29.

(aa) Grenzen der Vergleichbarkeit

Nach § 12 Abs. 3 Satz 2 Nr. 2 ImmoWertV sind Kaufpreise nur geeignet, wenn sich etwaige Abweichungen in entsprechender Anwendung des § 9 Abs. 1 Satz 2 f. ImmoWertV berücksichtigen lassen. Der Preisvergleich kann nur dann sinnvoll durchgeführt werden, wenn Abweichungen ihrem Umfang nach in eine vergleichende Betrachtung eingebracht werden können und nicht das Maß dessen überschreiten, was auch im gewöhnlichen Geschäftsverkehr als abwegig angesehen wird.[809] Als Maßstab, wann die Grundstücksmerkmale nicht mehr hinreichend übereinstimmen, wird in der Literatur und Rechtsprechung die Summe der zur Anpassung der Vergleichsgrundstücke vorzunehmenden Zu- und Abschläge herangezogen.[810] Für die Bodenrichtwertermittlung sollten die zur Anpassung vorzunehmenden Zu- und Abschläge in der Summe idealerweise nicht mehr als 25 % des Ausgangswerts übersteigen.[811] Von der Rechtsprechung werden allgemein Abweichungen von 30 bis 35 %[812] und im Einzelfall sogar von 40 %[813] als „nicht unbedenklich", aber „noch vertretbar" eingestuft. Diese zur Verkehrswertermittlung ergangene Rechtsprechung wird man wohl auch auf die Anpassung im Rahmen der Bodenrichtwertermittlung übertragen können.[814] Um bei der Bodenrichtwertermittlung die Berücksichtigung von Abweichungen zu gewährleisten, sollte bereits bei der Bestimmung und Abgrenzung der Bodenrichtwertzonen darauf geachtet werden, dass diese möglichst homogene Wertverhältnisse aufweisen.

---

809 *Kleiber*, Verkehrswertermittlung von Grundstücken, 9. Aufl. 2020, IV., Syst. Darst. Vergleichswertverfahren, Rn. 45.

810 *Hendricks*, Bodenrichtwertermittlung, 2017, S. 34; *Kleiber*, Verkehrswertermittlung von Grundstücken, 9. Aufl. 2020, IV., Syst. Darst. Vergleichswertverfahren, Rn. 47; *Reuter/Voß/Ziegenbein*, in: Kummer/Kötter/Kutterer/Ostrau (Hrsg.), Das deutsche Vermessungs- und Geoinformationswesen, 2020, S. 639 (681).

811 *Hendricks*, Bodenrichtwertermittlung, 2017, S. 34.

812 KG, Urt. v. 01.11.1969 – U 1449/68, AVN 1970, 68.

813 LG Berlin, Urt. v. 11.08.1998 – 29.O.371/97, GuG 1999, 250.

814 *Hendricks*, Bodenrichtwertermittlung, 2017, S. 34; vgl. FG Rheinland-Pfalz, Beschl. v. 23.11.2023 – 4 V 1295/23, juris Rn. 247.

(bb) Kaufpreise für unbebaute Grundstücke

Aus der Voraussetzung der „hinreichenden Übereinstimmung" folgt für die Bodenrichtwertermittlung, dass als Vergleichspreise grundsätzlich nur Kaufpreise über unbebaute Grundstücke herangezogen werden können, da bebaute Grundstücke nicht hinreichend mit dem unbebauten Bodenrichtwertgrundstück (§ 196 Abs. 1 Satz 2 BauGB, § 13 Abs. 2 Satz 1 ImmoWertV) übereinstimmen.[815] Hiervon ging offenbar auch der Verordnungsgeber aus.[816] Kaufpreise für bebaute Grundstücke können daher grundsätzlich nicht ohne Weiteres für die Bodenrichtwertermittlung im Vergleichswertverfahren herangezogen werden. Unbeschadet dessen ist es jedoch nicht ausgeschlossen, dass im Rahmen der deduktiven oder anderen geeigneten Verfahrensweisen nach § 14 Abs. 2 Satz 2 ImmoWertV oder zur Verplausibilisierung der im Vergleichsverfahren ermittelten Bodenrichtwerte auch die aus Kaufpreisen über bebaute Grundstücke abgeleitete Bodenwerte herangezogen werden.[817]

(cc) Örtliche Nähe der Vergleichsgrundstücke zur Bodenrichtwertzone

Die Bodenrichtwertermittlung im Vergleichswertverfahren bezieht sich auf das Bodenrichtwertgrundstück als Wertermittlungsobjekt. Die Bodenrichtwertzone dient in erster Linie nur dazu, die wertbeeinflussenden Grundstücksmerkmale des Bodenrichtwertgrundstücks zu bestimmen (§ 13 Abs. 2 Satz 1 ImmoWertV) und bei der späteren Verwendung des Bodenrichtwerts eine eindeutige Zuordnung des Wertermittlungsobjekts zum Bodenrichtwert zu gewährleisten. Aus der ImmoWertV ergibt sich hingegen nicht, dass die Bodenrichtwertzone auch bei der Bodenrichtwertermittlung im Vergleichswertverfahren zu berücksichtigen ist. Den §§ 24 und 25 ImmoWertV lässt sich anders als noch § 15 Abs. 1 Satz 3 ImmoWertV 2010 kein Gebietsbezug der Kaufpreise entnehmen. Alleinige Maßgabe ist lediglich, ob die Kaufpreise eine hinreichende Übereinstimmung mit dem Wertermittlungsobjekt aufweisen.

---

815 FG Rheinland-Pfalz, Beschl. v. 23.11.2023 – 4 V 1295/23, juris Rn. 243; *Reuter*, fub 3/2006, 97 (101); *Reuter*, immobilien & bewerten 3/2015, 106 (106); *Hendricks*, Bodenrichtwertermittlung, 2017, S. 87; *Kleiber*, Verkehrswertermittlung von Grundstücken, 10. Aufl. 2023, § 14 ImmoWertV, Rn. 8.

816 Entwurf der BReg zur ImmoWertV v. 26.03.2010, BR-Drs. 171/10, S. 47.

817 *Ziegenbein*, VR 6+7/1999, 383 (387); *Reuter*, fub 3/2006, 97 (98); gif e.V., Qualitätssicherung bei der Ermittlung von Bodenrichtwerten, 2008, S. 9; *Hild*, Die Ermittlung von Bodenrichtwerten in der Innenstadt Karlsruhes, 2018, S. 16.

In der Wertermittlungspraxis erfolgt regelmäßig eine Heranziehung von Kaufpreisen, die eindeutig der Bodenrichtwertzone zugeordnet werden können.[818] Dies dürfte vor allem daran liegen, dass die Kaufpreise bei der Erfassung in der Kaufpreissammlung bereits einer Bodenrichtwertzone zugeordnet werden. Es dürfte jedoch nicht von vornherein ausgeschlossen sein, auch bei der Ermittlung zonaler Bodenrichtwerte Kaufpreise heranzuziehen, die zwar nicht aus der Bodenrichtwertzone selbst, aber aus dem Gebiet stammen, in dem die Bodenrichtwertzone belegen ist. Das nach § 14 Abs. 1 Satz 1 i. V. m. §§ 25 und 26 ImmoWertV anzuwendende Vergleichswertverfahren bezieht sich ausschließlich auf das Bewertungsobjekt (Bodenrichtwertgrundstück) und begrenzt die für die Wertermittlung geeigneten Kaufpreise und Daten nicht auf einen räumlichen Bereich. Entscheidend kommt es allein darauf an, dass die Grundstücksmerkmale hinreichend übereinstimmen. Bei der Heranziehung von Kaufpreisen für weiter entfernte Vergleichsgrundstücke ist daher insbesondere sicherzustellen, dass eine solche hinreichende Übereinstimmung auch für die Lagemerkmale gegeben ist.

(c) Konjunkturelle Übereinstimmung der Kaufpreise

Die Kaufpreise müssen sich nicht nur auf Grundstücke mit hinreichend übereinstimmenden Grundstücksmerkmalen beziehen, sondern die Vergleichsgrundstücke müssen gemäß § 25 Satz 1 ImmoWertV auch zu Zeitpunkten verkauft worden sein (Vertragszeitpunkte), die in hinreichende zeitliche Nähe zum Bodenrichtwertstichtag stehen. Die hinreichende zeitliche Nähe stellt einen unbestimmten Rechtsbegriff dar. Ein konkreter Zeitraum, innerhalb dessen zurückliegende Vergleichspreise noch als verwendbar angesehen werden können, ist in der ImmoWertV nicht geregelt.[819] Maßgeblich für die Entscheidung, ob ein zurückliegender Kaufpreis noch als Vergleichspreis herangezogen werden kann, sind die Umstände des Einzelfalls, insbesondere die Verfügbarkeit von weiteren Kaufpreisen und sonstigen für die Wertermittlung

818 FG Rheinland-Pfalz, Beschl. v. 23.11.2023 – 4 V 1295/23, juris Rn. 243; AGVGA.NRW, Modell zur Ermittlung von Bodenwerten für Wohnbauland in NRW, 2017, S. 18; *Reinhardt*, GuG 2009, 321 (331); *Hendricks*, Bodenrichtwertermittlung, 2017, S. 46; *Kleiber*, Verkehrswertermittlung von Grundstücken, 10. Aufl. 2023, § 14 ImmoWertV, Rn. 8.

819 *Kleiber*, Verkehrswertermittlung von Grundstücken, 10. Aufl. 2023, Syst. Darst. Vergleichswertverfahren, Rn. 36.

geeigneten Daten.[820] Teilweise wird empfohlen, dass die Kaufpreise nicht älter als zwei Jahre sein sollten.[821] Um eine ausreichende Anzahl von Vergleichspreisen zu erhalten, wird es jedoch für zulässig erachtet, auch Kaufpreise heranzuziehen, die bis zu vier Jahre alt sind.[822] Bei länger zurückliegenden Kaufpreisen sollte jedoch eine geeignete Indexreihe vorhanden sein, um diese Kaufpreise sachgerecht im Preisvergleich berücksichtigen zu können.[823] Zumindest Kaufpreise, die zehn Jahre oder älter sind, können als nicht mehr geeignet angesehen werden.[824] Obwohl der Bundesfinanzhof bei der Ermittlung des Verkehrswerts (gemeiner Werts) für ein unbebautes Grundstücks die Heranziehung von Kaufpreisen, die deutlich älter als ein Jahr sind, regelmäßig für ungeeignet hält,[825] soll es gleichwohl bei der Ermittlung von Bodenrichtwerten nicht generell ausgeschlossen sein, wenn solche Kaufpreise herangezogen werden.[826] Im Einzelfall können daher nach Ansicht des Bundesfinanzhofs auch Kaufpreise zum Preisvergleich geeignet sein, die drei Jahre vor dem Bewertungsstichtag liegen.[827] Bei der Fortschreibung der Bodenrichtwerte kann die Berücksichtigung von Kaufpreisen, die mehrere Jahre zurückliegen, dazu führen, dass die jüngsten Wertentwicklungen durch ältere Preise gedämpft werden. Den älteren Kaufpreisen wird daher bei der Ermittlung regelmäßig ein geringeres Gewicht beigemessen.[828]

---

[820] *Kleiber*, Verkehrswertermittlung von Grundstücken, 10. Aufl. 2023, Syst. Darst. Vergleichswertverfahren, Rn. 36.

[821] Vgl. *Caesperlein/Weippert*, AGIT 3/2017, 237 (238).

[822] *Bötel*, Neue Landwirtschaft 4/2010, 14 (15); *Hendricks*, Bodenrichtwertermittlung, 2017, S. 34, 37, 46; *Kleiber*, Verkehrswertermittlung von Grundstücken, 10. Aufl. 2023, Syst. Darst. Vergleichswertverfahren, Rn. 36; *Freise*, in: Brügelmann, BauGB, § 14 ImmoWertV, 123. EL, 7/2022, Rn. 11.

[823] *Freise*, in: Brügelmann, BauGB, § 14 ImmoWertV, 123. EL, 7/2022, Rn. 11.

[824] *Kleiber*, Verkehrswertermittlung von Grundstücken, 9. Aufl. 2020, IV., Syst. Darst. Vergleichswertverfahren, Rn. 93.

[825] BFH, Urt. v. 26.09.1980 – III R 21/78, BStBl. II 1981, 153, juris Rn. 9, 11.

[826] BFH, Urt. v. 21.07.1993 – II R 13/91, BFH/NV 1994, 610, juris Rn. 23; BFH, Urt. v. 08.09.1994 – IV R 16/94, BStBl. II 1995, 309, juris Rn. 19.

[827] BFH, Urt. v. 02.07.2004 – II R 55/01, BStBl. II 2004, 703, juris; BFH, Urt. v. 19.05.2020 – X R 27/19, BFH/NV 2021, 15, juris Rn. 42.

[828] Vgl. *Hendricks*, Bodenrichtwertermittlung, 2017, S. 195.

(2) Anpassung der Kaufpreise an das Bodenrichtwertgrundstück

Nachdem bestimmt wurde, welche Kaufpreise für den Preisvergleich geeignet sind, muss nun eine Anpassung der Kaufpreise an die wertbeeinflussenden Grundstücksmerkmale des Bodenrichtwertgrundstücks (*interqualitativer Preisvergleich*) und an die allgemeinen Wertverhältnisse auf dem Grundstücksmarkt am Wertermittlungsstichtag (*intertemporärer Preisvergleich*) erfolgen.[829] Die angepassten Kaufpreise werden als Vergleichspreise bezeichnet (vgl. § 25 Satz 1 ImmoWertV), aus denen dann der Bodenrichtwert mittels mathematisch-statistischer Verfahren abgeleitet wird. In der Literatur wird dieser Vorgang auch als *Normierung* bezeichnet.[830]

Die Anpassung der Kaufpreise richtet sich nach § 14 Abs. 1 Satz 2 i. V. m. § 9 Abs. 1 Satz 2 f. ImmoWertV. Bei *Abweichungen der allgemeinen Wertverhältnisse* (Vertragszeitpunkt des Kaufpreises weicht vom Bodenrichtwertstichtag ab) sind die Kaufpreise gemäß § 9 Abs. 1 Satz 2 ImmoWertV primär durch geeignete Indexreihen i. S. d. § 18 ImmoWertV anzupassen. *Abweichungen der wertbeeinflussenden Grundstücksmerkmale* der Vergleichsgrundstücke vom Bodenrichtwertgrundstück sind gemäß § 9 Abs. 1 Satz 3 ImmoWertV primär durch geeignete Umrechnungskoeffizienten i. S. d. § 19 ImmoWertV zu berücksichtigen.[831] Neben der Anpassung mittels Umrechnungskoeffizienten werden in der Literatur für die Anpassung vor allem deduktive und intersubjektive Preisvergleiche vorgeschlagen.[832] Wegen der mit dem deduktiven und intersubjektiven Preisvergleich verbundenen Unsicherheiten sollte dem statistischen Preisvergleich mittels Indexreihen und Umrechnungskoeffizienten jedoch nach Möglichkeit der Vorrang eingeräumt werden.[833] Aufgrund der Vielzahl an Bodenrichtwertzonen und der dafür zu ermittelnden Bodenrichtwerte ist anzunehmen, dass einerseits nicht für sämtliche Bodenrichtwertgrundstücke die wertbeeinflussenden Grundstücksmerkmale vollständig

---

829 *Kleiber*, Verkehrswertermittlung von Grundstücken, 10. Aufl. 2023, Syst. Darst. Vergleichswertverfahren, Rn. 88.; vgl. auch Nr. 5.8.2.2 Satz 1 RiWert RhPf.

830 *Mann*, in: Kummer/Frankenberg/Kötter (Hrsg.), Das deutsche Vermessungs- und Geoinformationswesen 2014, 2013, S. 581 (584); *Dittrich/Plewka/Kinne*, GuG 2018, 147 (148).

831 Nr. 9.(1).4 Satz 1 ImmoWertA.

832 *Seele*, VR 8/1998, 393 (399); *Reuter*, fub 3/2006, 97 (101).

833 *Reuter*, fub 3/2006, 97 (101); *Zeißler*, Zur Ermittlung von Bodenrichtwerten bei fehlenden Kaufpreisen unbebauter Grundstücke, 2012, S. 74.

und zutreffend ermittelt werden.[834] Andererseits wird auch die Erfassung und Wertzuweisung sämtlicher preisbildender Faktoren der Vergleichsgrundstücke dem Gutachterausschuss regelmäßig nicht möglich sein. Die Anpassung der Kaufpreise im Rahmen des Preisvergleichs zur Bodenrichtwertermittlung dürfte daher in vielen Fällen unvollkommen sein.[835]

(3) Berechnung des Bodenrichtwerts

(a) Verwendung mathematisch-statistischer Verfahren zur Bodenrichtwertermittlung

Der Bodenrichtwert wird mittels mathematisch-statistischer Verfahren aus den vorhandenen Vergleichspreisen ermittelt. Die hierfür in Betracht kommenden Verfahren sind nicht in der ImmoWertV geregelt. Es obliegt dem Gutachterausschuss, welches Verfahren er aufgrund der Datenstruktur im Einzelfall als am geeignetsten ansieht. Regelmäßig wird dafür das *arithmetische Mittel (Durchschnittswert)* zur Aggregation der Vergleichspreise verwendet.[836] Dieses ergibt sich als Quotient aus der Summe der Vergleichspreise und deren Anzahl.[837] Dieses Verfahren setzt jedoch voraus, dass die Stichprobenwerte (Vergleichspreise) gleichgewichtet, unabhängig voneinander und nur zufällig verteilt sind. Bei nicht symmetrisch verteilten Stichproben ist die Aussagequalität daher erheblich eingeschränkt.[838] Teilweise wird auch der *gewichtete bzw. gewogene Mittelwert* verwendet, bei dem einzelne Vergleichspreise stärker gewichtet werden als andere.[839] Die Gewichtung kann

---

[834] Siehe hierzu unter Gliederungspunkt § 1, IV., 5., b).

[835] *Kleiber*, Verkehrswertermittlung von Grundstücken, 9. Aufl. 2020, § 9 ImmoWertV, Rn. 29.

[836] Vgl. Nr. 7 Abs. 1 Spiegelstrich 1 VW-RL.

[837] *Hendricks*, Bodenrichtwertermittlung, 2017, S. 39; *Jardin/Roscher*, Die Immobilienwertermittlung aus steuerlichen Anlässen, 2019, S. 477; *Joeris/J. Simon*, in: Rössler/Langer (Begr.), Schätzung und Ermittlung von Grundstückswerten, 8. Aufl. 2005, S. 47 (113).

[838] *Joeris/J. Simon*, in: Rössler/Langer (Begr.), Schätzung und Ermittlung von Grundstückswerten, 8. Aufl. 2005, S. 47 (113); *T. Simon*, in: Rössler/Langer (Begr.), Schätzung und Ermittlung von Grundstückswerten, 8. Aufl. 2005, S. 611 (618); *T. Simon/Dreiocker*, GuG 6/2007, 326 (328).

[839] *Bötel*, Neue Landwirtschaft 4/2010, 14 (15); *Hendricks*, Bodenrichtwertermittlung, 2017, S. 39; *Jardin/Roscher*, Die Immobilienwertermittlung aus steuerlichen Anlässen, 2019, S. 477.

sich beispielsweise nach der Aussagefähigkeit der Vergleichspreise oder nach deren Anzahl richten.[840] Bei der Bodenrichtwertermittlung fließen in der Wertermittlungspraxis älteren Kaufpreise regelmäßig mit einem geringeren Gewicht in den Preisvergleich ein. Beispielsweise berücksichtigt der Gutachterausschuss Hameln-Hannover bei der Festsetzung der Bodenrichtwerte die Kaufpreise (und Bodenrichtwerte) der letzten vier Jahre, wobei die jüngeren Daten ein höheres Gewicht erhalten.[841]

Ob sich der Bodenwert des Bodenrichtwertgrundstücks als arithmetisches Mittel aus den für die Bodenrichtwertzone herangezogenen Vergleichspreisen ergibt, hängt maßgeblich von der Homogenität der Wertverhältnisse in der Bodenrichtwertzone ab, also der gleichmäßigen Verteilung der Zustandsmerkmale bei Grundstücken, über die die herangezogenen Kaufpreise abgeschlossen wurden.[842] Sofern die Zustandsmerkmale dieser Grundstücke hingegen derart heterogen sind, dass der aus den Kaufpreisen abgeleitete Durchschnittswert nicht repräsentativ für die Bodenrichtwertzone ist, so muss dies bei der Bodenrichtwertermittlung entsprechend berücksichtigt werden.[843] In der Literatur wird daher teilweise je nach Struktur des Datensatzes auch empfohlen, den Vergleichswert durch Ermittlung des Modalwerts (der am häufigsten auftretende Stichprobenwert) oder des Medians (der Wert, der die Stichprobe in zwei gleich große Hälften teilt) zu bestimmen.[844]

(b) Ausreichende Zahl von Vergleichspreisen

Das Vergleichswertverfahren setzt für die Ermittlung eines Bodenrichtwerts gemäß § 12 Abs. 2, § 14 Abs. 1 Satz 1 i. V. m. § 24 Abs. 1 Satz 1 ImmoWertV eine ausreichende Anzahl von Vergleichspreisen voraus, damit der Vergleichswert mit hinreichender Sicherheit ermittelt werden kann.[845] Wann eine „ausreichende" Anzahl von Vergleichspreisen vorliegt, ist in der ImmoWertV nicht

840 *Hendricks*, Bodenrichtwertermittlung, 2017, S. 39.

841 *Hendricks*, Bodenrichtwertermittlung, 2017, S. 195.

842 *Kleiber*, in: E/Z/B/K, BauGB, § 196 BauGB, 122. EL, 8/2016, Rn. 51.

843 *Kleiber*, in: E/Z/B/K, BauGB, § 196 BauGB, 122. EL, 8/2016, Rn. 51.

844 *T. Simon/Dreiocker*, GuG 6/2007, 326 (328); *Hendricks*, Bodenrichtwertermittlung, 2017, S. 40.

845 BGH, Beschl. v. 08.01.2019 – XI ZR 535/17, GuG 2019, 252; OVG Berlin-Brandenburg, Urt. v. 05.11.2009 – OVG 2 B 2.07, WKRS 2009, 32790.

definiert. Hierbei handelt es sich um einen unbestimmten Rechtsbegriff.[846] Die Einschätzung, ob eine ausreichende Zahl von Vergleichspreisen für die durchzuführende Wertermittlung vorliegt, liegt im „pflichtgemäßen Ermessen" des Gutachterausschusses.[847] Eine Entscheidung über die im Einzelfall ausreichende Zahl von Vergleichspreisen wird sich einerseits an der Quantität der Vergleichspreise und andererseits an ihrer Qualität, also der Übereinstimmung der Vergleichspreise mit dem Wertermittlungsobjekt, orientieren.[848]

In der Regel ist die Qualität der Bodenrichtwerte umso besser und belastbarer, je mehr Kauffälle für die Wertermittlung verfügbar sind.[849] Unter optimalen Bedingungen ist gemäß dem zentralen Grenzwertsatz der Statistik ein möglichst großer Stichprobenumfang anzustreben.[850] Bei 82 Vergleichspreisen ergibt sich beispielsweise eine maximal tolerierte Abweichung und eine Irrtumswahrscheinlichkeit von jeweils 5 %. Demgegenüber beträgt bei vier Vergleichspreisen die maximal tolerierte Abweichung 15 % und die Irrtumswahrscheinlichkeit 20 %.[851] Je geringer die Anzahl der zur Wertermittlung herangezogenen Vergleichspreise ist, umso größer sind also die statistischen Unsicherheiten, mit denen das Ergebnis der Vergleichswertermittlung behaftet ist. Dies gilt umso mehr, wenn zusätzlich die wertrelevanten Grundstücksmerkmale der Vergleichsgrundstücke eine heterogene Verteilung aufweisen.[852] In der einschlägigen Fachliteratur wird die für die Bodenwertermittlung (noch) ausreichende Anzahl von Vergleichspreise pauschal zwischen drei und zehn angegeben.[853] Um neue Bodenrichtwerte

---

846 *Hendricks*, Bodenrichtwertermittlung, 2017, S. 32; *P. Zimmermann*, ImmoWertV, 2. Aufl. 2019, § 15, Rn. 10; *Kleiber*, Verkehrswertermittlung von Grundstücken, 10. Aufl. 2023, Syst. Darst. Vergleichswertverfahren, Rn. 38.

847 *Freise*, in: Brügelmann, BauGB, § 12 ImmoWertV, 123. EL, 7/2022, Rn. 12.

848 *Kleiber*, Verkehrswertermittlung von Grundstücken, 10. Aufl. 2023, Syst. Darst. Vergleichswertverfahren, Rn. 40.

849 *Ziegenbein*, fub 3/2008, 97 (98).

850 *Kleiber*, Verkehrswertermittlung von Grundstücken, 10. Aufl. 2023, Syst. Darst. Vergleichswertverfahren, Rn. 39.

851 Vgl. Tabelle 4 bei *Zeißler*, Zur Ermittlung von Bodenrichtwerten bei fehlenden Kaufpreisen unbebauter Grundstücke, 2012, S. 27.

852 BGH, Urt. v. 23.11.1984 – V ZR 120/83, BeckRS 1984, 31073324.

853 *BMVBS (Hrsg.)*, Grundstückswertermittlung im Stadtbau, 2007, S. 38; *Reuter*, fub 3/2006, 97 (97); *Reuter/Voß/Ziegenbein*, in: Kummer/Kötter/Kutterer/Ostrau (Hrsg.), Das deutsche Vermessungs- und Geoinformationswesen, 2020, S. 639 (680, 715);

belastbar ableiten zu können, wird in der Literatur mindestens eine Zahl von sieben Vergleichspreisen gefordert.[854] Bei der Fortschreibung bereits bestehender Bodenrichtwerte dürften auch weniger Kaufpreise erforderlich sein. In der Praxis wird im Durchschnitt eine Anzahl von vier Kaufpreisen für die Fortschreibung für erforderlich gehalten.[855]

Aufgrund der Besonderheiten der Bodenrichtwertermittlung sind regelmäßig jedoch nur sehr wenige Vergleichspreise verfügbar. Nach einer Auswertung von *Hans-Peter Strotkamp* aus dem Jahr 2018 sind in Rheinland-Pfalz durchschnittlich etwa nur 0,3 bis 0,5 Kaufpreise pro Bodenrichtwertzone verfügbar.[856] Gebiete, in denen Vergleichspreise nicht in ausreichender Zahl zur Verfügung stehen, werden in der Literatur als *„kaufpreisarme Lagen"* bezeichnet.[857] Solche sind anzunehmen, wenn innerhalb von zwei Jahren weniger als vier bis fünf Kaufpreise für unbebaute Grundstücke anfallen.[858] Eine von *Franz Reuter* im Jahr 2003 durchgeführten Befragung von 210 Gutachterausschüssen ergab, dass Innenstadtlagen in 90 % der Fälle *„häufig bzw. immer"* kaufpreisarme Lagen darstellen. Bei innenstadtnahen Wohn- und Geschäftslagen waren es noch 70 %.[859] Dies liegt vor allem daran, dass als geeignete Kaufpreise bei der Bodenrichtwertermittlung grundsätzlich nur Kaufpreise für unbebaute Grundstücke in Betracht kommen. Aufgrund der (nahezu) lückenlosen Bebauung dieser Gebiete findet jedoch kein Grundstücksverkehr mit unbebauten Grundstücken statt.[860] Der Begriff der *„kaufpreisarmen"* Lagen ist insoweit unpräzise, da ein Grundstücksverkehr mit

---

Zeißler, Zur Ermittlung von Bodenrichtwerten bei fehlenden Kaufpreisen unbebauter Grundstücke, 2012, S. 27; *Hendricks*, Bodenrichtwertermittlung, 2017, S. 33, 86.

854 *Reuter*, fub 3/2006, 97 (97); *Hendricks*, Bodenrichtwertermittlung, 2017, S. 33.

855 *Reuter*, Ermittlung von Bodenwerten und Bodenrichtwerten in Innenstadtlagen, 2008, S. 30.

856 *Strotkamp*, fub 2018, 97 (97 f.).

857 *Reuter*, fub 3/2006, 97 (97); *BMVBS (Hrsg.)*, Grundstückswertermittlung im Stadtbau, 2007, S. 39; *Hendricks*, Bodenrichtwertermittlung, 2017, S. 12 f.; *Dittrich/Plewka/Kinne*, GuG 2018, 147 (154); *Weitkamp/Alkhatib Hamza*, AVN 1/2014, 3 (5); *Soot/Dorndorf/Alkhatib Hamza/Weitkamp*, AVN 2019, 247 (249).

858 *Reuter*, fub 3/2006, 97 (97); *Hendricks*, Bodenrichtwertermittlung, 2017, S. 13, 33.

859 *Reuter*, fub 3/2006, 97 (98).

860 *BMVBS (Hrsg.)*, Grundstückswertermittlung im Stadtbau, 2007, S. 39; *Hendricks*, Bodenrichtwertermittlung, 2017, S. 13; *Kleiber*, Verkehrswertermittlung von Grundstücken, 10. Aufl. 2023, § 14 ImmoWertV, Rn. 12, 20.

bebauten Grundstücken in diesen Gebieten regelmäßig stattfindet. Besser geeignet zur Beschreibung dieses Phänomens wäre daher der Begriff der *„bodenpreisarmen“* Lagen.[861] Im Folgenden wird jedoch der Begriff der kaufpreisarmen Lage verwendet, da er der gebräuchlichere ist. Zu den kaufpreisarmen Lagen zählen auch (vorwiegend ländliche) Regionen, in denen aufgrund des demografischen oder wirtschaftlichen Wandels nur noch ein geringer Grundstücksverkehr stattfindet.[862]

Aufgrund der Unbestimmtheit des Begriffs „ausreichende Anzahl“, fehlender Verwaltungsvorgaben und Standards und der regional unterschiedlichen Datenverfügbarkeit, ist anzunehmen, dass in der Wertermittlungspraxis die Datengrundlage, auf der die Bodenrichtwerte ermittelt werden, stark schwanken dürfte.[863] Ein gewisser Mindestqualitätsstandard der Bodenrichtwerte wird durch die Regelungen zur Bodenrichtwertermittlung nicht gewährleistet. Der Bodenrichtwerte wird teilweise anhand eines einzigen Kaufpreises bestimmt.[864] Daraus folgt, dass die veröffentlichten Bodenrichtwerte in unterschiedlichem Maß mit Unsicherheiten behaftet sind. In Bezug auf die Verwendung der Bodenrichtwerte für die Wertermittlung ist dies vor allem deshalb ungünstig, da diese Unsicherheiten für den Verwender bei der Veröffentlichung der Bodenrichtwerte nicht offengelegt werden.[865]

b) Bodenrichtwertermittlung in kaufpreisarmen Gebieten

aa) Bedürfnis nach weiteren Verfahren

Geeignete Kaufpreise für unbebaute Grundstücke stehen für die Bodenrichtwertermittlung in vielen Gebieten regelmäßig nur in sehr geringer Anzahl zur Verfügung (sog. *kaufpreisarme Lagen*).[866] Auch ist zu beobachten, dass

---

861 Vgl. *Soot/Dorndorf/Alkhatib Hamza/Weitkamp*, AVN 2019, 247 (249).

862 *Täffner*, DS 2015, 16 (16); *Hendricks*, Bodenrichtwertermittlung, 2017, S. 13; *Reuter/Voß/Ziegenbein*, in: Kummer/Kötter/Kutterer/Ostrau (Hrsg.), Das deutsche Vermessungs- und Geoinformationswesen, 2020, S. 639 (700).

863 Vgl. *Zeißler*, Zur Ermittlung von Bodenrichtwerten bei fehlenden Kaufpreisen unbebauter Grundstücke, 2012, S. 27; *P. Zimmermann*, ImmoWertV, 2. Aufl. 2019, § 15, Rn. 11.

864 BFH, Urt. v. 19.05.2020 – X R 27/19, BFH/NV 2021, 15, juris Rn. 44; *Schubert*, NWB-EV 2017, 122 (124).

865 Siehe dazu unter Gliederungspunkt § 4, III., 3.

866 *Reuter*, fub 3/2006, 97 (97); gif e. V., Qualitätssicherung bei der Ermittlung von Bodenrichtwerten, 2008, S. 8; *A. Seitz*, GuG 3/2017, 142 (143 f.); *Strotkamp*, fub 2018,

die Anzahl der Kauffälle vor allem für unbebaute Grundstücke, aber teilweise auch für bebaute Grundstücke in den vergangenen Jahren in vielen städtischen Gebieten abgenommen hat und voraussichtlich auch noch weiter abnehmen wird.[867] In diesen Fällen kann eine Bodenrichtwertermittlung im unmittelbaren Preisvergleich nicht oder nur sehr eingeschränkt erfolgen.[868] Es handelt sich hierbei um ein strukturelles Problem der Bodenrichtwertermittlung. Da in kaufpreisarmen Lagen das Vergleichswertverfahren nicht oder nur sehr eingeschränkt anwendbar ist, besteht ein Bedürfnis nach weiteren Verfahren zur Bodenrichtwertermittlung.[869] Dies hat auch der Verordnungsgeber erkannt. Nach § 14 Abs. 2 ImmoWertV kann die Bodenrichtwertermittlung in Gebieten ohne oder mit geringem Grundstücksverkehr in einem modifizierten Vergleichswertverfahren oder nach anderen geeigneten Verfahrensweisen erfolgen. Durch die Zulassung weiterer Verfahren neben dem Vergleichswertverfahren soll gewährleistet werden, dass Bodenrichtwerte für die steuerliche Bewertung flächendeckend für alle Grundstücke, also auch in kaufpreisarmen Gebieten, ermittelt werden können. Vor Einführung der ImmoWertV 2010 war eine Bodenrichtwertermittlung nach den hierzu ergangenen Verordnungen und Verwaltungsanweisungen der Länder überwiegend nur im Vergleichswertverfahren vorgesehen. Einzelne Gutachterausschüsse hatten in der Vergangenheit daher mangels ausreichender Vergleichspreise von der Ermittlung der Bodenrichtwerte abgesehen.[870]

---

97 (97 f.); *Hild*, Die Ermittlung von Bodenrichtwerten in der Innenstadt Karlsruhes, 2018, S. 16; *Schwenk*, Forum 3/2009, 138 (140); Entwurf der BReg zur ImmoWertV v. 26.03.2010, BR-Drs. 171/10, S. 47.

867 *Gutachterausschuss für die Ermittlung von Grundstückswerten*, Immobilienmarktbericht Karlsruhe 2020, S. 14; *Der Gutachterausschuss für Grundstückswerte in der Stadt Bochum*, Grundstücksmarktbericht 2021 für die Stadt Bochum, S. 12, 14; *Gutachterausschuss für Grundstückswerte Hameln-Hannover*, Grundstücksmarktbericht 2021, S. 31.

868 Vgl. Entwurf der BReg zum BeitrRLUmsG v. 22.06.2011, BT-Drs. 17/6263, S. 79.

869 *Hild*, Die Ermittlung von Bodenrichtwerten in der Innenstadt Karlsruhes, 2018, S. 17; *Kleiber*, Verkehrswertermittlung von Grundstücken, 9. Aufl. 2020, § 10 ImmoWertV, Rn. 60.

870 *Hansche*, GuG 3/2003, 141 (143); *Krause/Grootens*, NWB-EV 2011, 297 (301); *Kleiber*, Verkehrswertermittlung von Grundstücken, 9. Aufl. 2020, § 10 ImmoWertV, Rn. 61.

bb) Rechtsgrundlage und Regelungsdichte

Nach § 14 Abs. 2 Satz 1 ImmoWertV können für die Bodenrichtwertermittlung in Gebieten ohne oder mit geringem Grundstücksverkehr Kaufpreise und Bodenrichtwerte aus vergleichbaren Gebieten oder aus vorangegangenen Jahren herangezogen werden. Hierbei handelt es sich nicht um ein eigenständiges Verfahren, sondern um eine Modifikation des Vergleichswertverfahrens. Die Regelung ist unpräzise formuliert, denn vor allem in städtischen Lagen ist regelmäßig ein Grundstücksverkehr für bebaute Grundstücke zu verzeichnen. Die Anwendung des Vergleichswertverfahrens für die Bodenrichtwertermittlung scheitert in diesen Gebieten jedoch daran, dass es an geeigneten Kaufpreisen für unbebaute Grundstücke fehlt. Die Regelung würde daher für den wichtigsten Anwendungsbereich, der Bodenrichtwertermittlung für bebaute Gebiete, regelmäßig leerlaufen. Nach dem Sinn und Zweck der Norm ist diese daher so auszulegen, dass die in § 14 Abs. 2 ImmoWertV genannten Verfahrensweisen immer dann zur Anwendung kommen sollen, wenn die nach § 14 Abs. 1 Satz 1 ImmoWertV grundsätzlich vorrangige Bodenrichtwertermittlung im Vergleichswertverfahren mangels ausreichender Vergleichspreise ausscheidet.[871] Sind ausreichend Vergleichspreise verfügbar, besteht kein Bedürfnis für die in § 14 Abs. 2 ImmoWertV genannten ungenaueren Verfahrensweisen. Diese können nicht pauschal neben dem oder in Ergänzung des klassischen Vergleichswertverfahrens zur Anwendung kommen.

Da bereits (fast) flächendeckend Bodenrichtwerte ermittelt und veröffentlicht wurden, dürfte dem modifizierten Vergleichswertverfahren nach § 14 Abs. 2 Satz 1 ImmoWertV in der Praxis eine große Bedeutung zukommen. Denn hiernach können insbesondere Bodenrichtwerte, die in der Vergangenheit für die betreffende Bodenrichtwertzone oder für Bodenrichtwertzonen in vergleichbaren Gebieten ermittelt wurden, herangezogen werden. Wurde für die betreffende Bodenrichtwertzone bereits ein Bodenrichtwert ermittelt, kann der neue Bodenrichtwert durch Umrechnung des alten Bodenrichtwerts mittels einer geeigneten Indexreihe ermittelt werden.[872]

---

871 *Kleiber*, Verkehrswertermittlung von Grundstücken, 10. Aufl. 2023, § 14 ImmoWertV, Rn. 8.

872 Siehe zu der Anwendung des § 14 Abs. 2 Satz 1 ImmoWertV in der Praxis unter Gliederungspunkt § 1, IV., 7., c) und e).

Nach § 14 Abs. 2 Satz 2 ImmoWertV können darüber hinaus für die Bodenrichtwertermittlung auch deduktive oder andere geeignete Verfahrensweisen angewendet werden (nachfolgend zusammenfassend auch als „geeignete Verfahrensweisen" bezeichnet). Aufgrund der systematischen Stellung in § 14 Abs. 2 ImmoWertV und dem Zweck der Norm kommt eine Anwendung dieser Verfahren ebenfalls nur in Gebieten ohne oder mit geringem Grundstücksverkehr in Betracht. Der Wortlaut legt nahe, dass zwischen § 14 Abs. 2 Satz 1 und Satz 2 ImmoWertV kein Rangverhältnis besteht. Der Gutachterausschuss kann somit entscheiden, ob er den Bodenrichtwert nach Satz 1 oder Satz 2 ermittelt. Auch eine Kombination beider Vorgehensweisen dürfte zulässig und im Einzelfall sogar angezeigt sein.

Was unter deduktiven Verfahrensweisen zu verstehen ist, wird in der ImmoWertV nicht definiert.[873] Demzufolge bleibt es ebenfalls offen, was „andere geeignete" Verfahrensweisen sein sollen. Nach der Vorgängervorschrift in § 10 Abs. 1 Satz 2 ImmoWertV 2010 sollten die Bodenrichtwerte in diesen Fällen auf „andere geeignete und nachvollziehbare Weise" ermittelt werden. Eine inhaltliche Änderung sollte mit § 14 Abs. 2 Satz 2 ImmoWertV nicht verbunden sein.[874] Nach Auffassung des Verordnungsgebers gehören zu diesen Verfahren etwa die Zielbaummethode, Wohn-/Geschäftslagenklassifizierung, Miet- und Pachtentwicklung, Verhältnis der Mieten in Geschäftslagen, Mietsäulenverfahren.[875] Es handelt sich hierbei im Wesentlichen nicht um Verfahren, die speziell für die Bodenrichtwertermittlung konzipiert wurden, sondern um Verfahren, die sich allgemein für die Ermittlung des Bodenwerts in kaufpreisarmen Lagen etabliert haben,[876] die aber auch für die Bodenrichtwertermittlung als geeignet angesehen werden.[877] Eine Einschränkung oder ein Ausschluss bestimmter Verfahren nimmt die ImmoWertV nicht

---

873 Der Begriff wird ebenfalls im Zuge der Bodenwertermittlung nach § 40 Abs. 3 Satz 1 ImmoWertV erneut aufgegriffen.

874 Entwurf zur ImmoWertV 2021 v. 12.05.2021, BR-Drs. 407/21, S. 104.

875 Entwurf der BReg zur ImmoWertV v. 26.03.2010, BR-Drs. 171/10, S. 47; Entwurf zur ImmoWertV 2021 v. 12.05.2021, BR-Drs. 407/21, S. 104; vgl. auch Nr. 14.(2) ImmoWertA.

876 Vgl. *BMVBS (Hrsg.)*, Grundstückswertermittlung im Stadtbau, 2007, S. 39 ff.

877 *Kleiber*, Verkehrswertermittlung von Grundstücken, 10. Aufl. 2023, § 14 ImmoWertV, Rn. 14.

vor.[878] Der Verordnungsgeber hat ausdrücklich auf die Nennung einzelner Verfahren in der ImmoWertV verzichtet.[879]

Bei den Begriffen „deduktive Verfahrensweise" und „andere geeignete Verfahrensweisen" handelt es sich um Rechtsbegriffe, die in großem Maße unbestimmt sind. Der regionale Gutachterausschuss hat daher bei der Bodenrichtwertermittlung eigenverantwortlich zu entscheiden, welche Verfahren geeignet sind und wie diese Verfahren im Einzelfall auszugestalten sind.[880] Wie bereits dargestellt, handelt es sich hierbei nicht um eine Regelung für einen seltenen Ausnahmefall. Kaufpreisarme Regionen sind weit verbreitet und umfassen insbesondere auch viele Innenstadtlagen und innenstadtnahe Wohn- und Geschäftslagen.[881] Es ist zu vermuten, dass eine Bodenrichtwertermittlung, die auf diese Norm gestützt wird, in der Praxis sehr uneinheitlich erfolgt.

Im Sinne einer einheitlichen Bodenrichtwertermittlung sollten daher zumindest einige grundlegende geeignete Verfahrensweisen in groben Zügen verbindlich in der ImmoWertV vorgegeben werden.[882] Dies ist vor allem auch deshalb erforderlich, da in der Literatur zur Boden(richt)wertermittlung eine Vielzahl an verschiedenen Verfahren diskutiert werden. Zu den jeweiligen Verfahren existieren regelmäßig verschiedene Ausprägungen und Interpretationen (z. B. Lagewertverfahren nach *Hildebrandt*,[883] Lagewertverfahren nach *Hagedorn*,[884] (modifiziertes) Lagewertverfahren nach *Reuter*[885]). Die Gutachterausschüsse haben bei der Bodenrichtwertermittlung zu entscheiden, welches dieser vielen Verfahren grundsätzlich geeignet ist und wie dieses im Einzelfall umgesetzt wird. Es ist anzunehmen, dass gerade Gutachterausschüsse, die in ihrer Leistungsfähigkeit eingeschränkt sind, eine derartige

---

878 *Hendricks*, Bodenrichtwertermittlung, 2017, S. 141.

879 Entwurf zur ImmoWertV 2021 v. 12.05.2021, BR-Drs. 407/21, S. 104.

880 *P. Zimmermann*, ImmoWertV, 2. Aufl. 2019, § 10, Rn. 62; *Hild*, Die Ermittlung von Bodenrichtwerten in der Innenstadt Karlsruhes, 2018, S. 17.

881 *Reuter*, fub 3/2006, 97 (98).

882 Vgl. *P. Zimmermann*, ImmoWertV, 2. Aufl. 2019, § 10, Rn. 61.

883 *Hildebrandt*, VR 2/1976, 65.

884 Hagedorn, Ausgleichsbeträge nach Standortverbesserungen im Sanierungsgebiet, Städte- und Gemeindebund 12/1984, zitiert nach *Kanngieser/Dorn/Focht*, GuG 1/2000, 17 (S. 18 f.).

885 *Reuter*, fub 3/2006, 97 (S. 106 f.).

Entscheidung häufig nicht sachgerecht treffen werden. Ergänzend zu den Regelungen in der ImmoWertV sollten verbindliche Standards erarbeitet werden, die die insoweit geeigneten Verfahren umschreiben und zumindest die groben Verfahrensschritte angeben.[886] Hierbei können auch die individuellen Besonderheiten berücksichtigt werden, die für das jeweilige Bundesland gelten.

cc) Überblick über die weiteren geeigneten Verfahrensweisen zur Bodenrichtwertermittlung

Die Ableitung von Bodenrichtwerten für kaufpreisarme Gebiete ist grundsätzlich nach denselben Methoden möglich, wie sie auch bei der Verkehrswertermittlung für den Grund und Boden anerkannt sind.[887] Für die Ermittlung von Bodenwerten wird in der geodätischen Fachliteratur eine Vielzahl von möglichen Verfahren diskutiert. Da es sich bei den Verfahren regelmäßig um Vorschläge einzelner Autoren handelt, können zu einem Verfahren auch abweichende Modifikationen oder Interpretationen durch andere Autoren bestehen. Die verschiedenen Verfahren lassen sich grob in die von *Walter Seele* und ergänzend durch *Franz Reuter* entwickelten Typen des indirekten Preisvergleichs einteilen, also in Verfahren, die auf statistische, deduktive und intersubjektive Preisvergleiche aufbauen.[888] Die genannten Preisvergleiche wurden ursprünglich zur Anpassung von Kaufpreisen bei der Bodenwertermittlung im mittelbaren Preisvergleich vorgeschlagen.[889] Sie können auch zur Anpassung von Kaufpreisen bei der Bodenrichtwertermittlung herangezogen werden.[890] In Gebieten, in denen überhaupt keine geeigneten Kaufpreise verfügbar sind („kaufpreisarme Lagen"), können die genannten Preisvergleiche

---

886 Siehe zu der Verwendung von Standards unter Gliederungspunkt § 1, IV., 1., f) und § 3, III., 4., a), cc), (2), (d).

887 *Joeris/J. Simon*, in: Rössler/Langer (Begr.), Schätzung und Ermittlung von Grundstückswerten, 8. Aufl. 2005, S. 47 (114); *Kleiber*, Verkehrswertermittlung von Grundstücken, 10. Aufl. 2023, § 14 ImmoWertV, Rn. 14.

888 Grundlegend zur Anpassung von Kaufpreisen bei der Bodenwertermittlung *Seele*, VR 8/1998, 393 (399); ergänzend *Reuter*, fub 3/2006, 97 (101); speziell zur Bodenrichtwertermittlung in kaufpreisarmen Lagen *Zeißler*, Zur Ermittlung von Bodenrichtwerten bei fehlenden Kaufpreisen unbebauter Grundstücke, 2012, S. 30; *Kötter/Guhl*, fub 1/2013, 1 (2).

889 *Seele*, VR 8/1998, 393 (399).

890 *Reuter*, fub 3/2006, 97 (101).

jedoch auch als eigenständige Wertermittlungsverfahren angewendet werden, um den Boden(richt)wert zu bestimmen.[891]

Die Auswahl des im Einzelfall in Betracht kommenden Verfahrens hängt dabei von verschiedenen Faktoren ab. Maßgeblich sind insbesondere die Art des Gebiets, in dem sich die Bodenrichtwertzone befindet (z. B. Bauerwartungsland, Innenstadtlagen, Flächen der Land- und Forstwirtschaft)[892] und die damit verbundene Verteilung der wertbeeinflussenden Grundstücksmerkmale in der Bodenrichtwertzone.[893] Auch die Datenverfügbarkeit ist ein wesentliches Kriterium (z. B. „Kaufpreise, Umrechnungskoeffizienten und Indexreihen, zweckdienliche sonstige Daten und Informationen" i. S. d. Nr. 4 Abs. 2 BRW-RL).[894] Ein Wertermittlungsverfahren, welches in einer Region zu guten Ergebnissen führt, muss nicht zwingend auch in einer anderen Region zur Bodenrichtwertermittlung geeignet sein.[895] Außerdem hängt die Verfahrenswahl von der Ausgangssituation der Bodenrichtwertermittlung ab. Maßgeblich ist insoweit vor allem, ob bereits ein Bodenrichtwert existiert, der nur noch fortgeschrieben werden muss oder ob für die (ggfs. neu abgegrenzte) Bodenrichtwertzone erstmals ein Bodenrichtwert zu ermitteln ist. Aus Gründen der Schwerpunktsetzung kann an dieser Stelle nur ein Überblick über die einschlägigen Verfahren gegeben werden. Die Einzelheiten zu den Verfahren können über die Fundstellennachweise nachvollzogen werden.

(1) Statistische Verfahren

Zur Ermittlung von Bodenrichtwerten außerhalb des Vergleichswertverfahrens mittels Preisvergleich werden in der einschlägigen Fachliteratur vorrangig statistische Verfahren als geeignet angesehen.[896] Solche Verfahren werden einerseits eingesetzt, um Abhängigkeiten von Einflussfaktoren

---

891 *Reuter*, fub 5/2009, 193 (196).

892 Siehe zu den Besonderheiten bestimmten Gebieten noch vertieft unter Gliederungspunkt § 1, IV., 6., c).

893 *Kötter/Guhl*, fub 1/2013, 1 (1).

894 *Kötter/Guhl*, fub 1/2013, 1 (1).

895 Vgl. *Günther*, Forum 1/2003, 28 (32).

896 *Reuter*, fub 3/2006, 97 (101); *Zeißler*, Zur Ermittlung von Bodenrichtwerten bei fehlenden Kaufpreisen unbebauter Grundstücke, 2012, S. 74; *Reuter/Voß/Ziegenbein*, in: Kummer/Kötter/Kutterer/Ostrau (Hrsg.), Das deutsche Vermessungs- und Geoinformationswesen, 2020, S. 639 (683).

der Qualität und Konjunktur funktional zu erklären und stochastisch zu interpretiert (statistische Kaufpreiserklärung).[897] Andererseits existieren auch Simulationsmodelle, bei denen am regionalen Immobilienmarkt verfügbare Informationen mathematisch-statistisch mit dem zu ermittelnden Boden(richt)wert verknüpft werden.[898] Zu diesen Verfahren zählen insbesondere *hedonische Verfahren*[899] und *Regressions- oder Kovarianzanalysen*.[900] Der Vorteil dieser Verfahren besteht darin, dass sie grundsätzlich ein hohes Maß an Objektivität aufweisen.[901]

Die Anwendung statistischer Verfahren setzt regelmäßig eine umfangreiche und sachgerecht ausgewertete Kaufpreissammlung voraus.[902] Es müssen zumindest einige Kaufpreise vorhanden sein.[903] Die Qualität der Ergebnisse hängt zudem erheblich von dem Erhebungsumfang ab.[904] Je nach verwendetem Modell werden umfangreiche weitere Daten benötigt, die dem Gutachterausschuss nicht ohne Weiteres vorliegen und erst von Dritten (Industrie- und Handwerkskammern, Statistische Ämter, Verkehrsbetriebe etc.) bezogen werden müssen. Dies ist regelmäßig mit zusätzlichem Aufwand für die Gutachterausschüsse und deren Geschäftsstellen verbunden.[905] In kaufpreisarmen Lagen und bei Gutachterausschüssen mit kleinen Zuständigkeitsbereichen fehlt es häufig an den für die statistischen Verfahren erforderlichen

---

897 *Reuter*, fub 3/2006, 97 (101).

898 *Zeißler*, Zur Ermittlung von Bodenrichtwerten bei fehlenden Kaufpreisen unbebauter Grundstücke, 2012, S. 30.

899 *Thomsen/Nitsch*, GuG 2010, 82; *Knospe/Schaar*, GuG 4/2011, 193 (195); *Kötter/Guhl*, fub 1/2013, 1 (2 f.); *Moll-Amrein*, GuG 6/2023, 349.

900 *Dicke*, NÖV 1/1998, 57 (58); *Reuter*, fub 3/2006, 97 (101); *Zeißler*, Zur Ermittlung von Bodenrichtwerten bei fehlenden Kaufpreisen unbebauter Grundstücke, 2012, S. 31 ff.; *Hendricks*, Bodenrichtwertermittlung, 2017, S. 90 ff.; *Weitkamp/Köhler/Ortner*, fub 2017, 25.

901 *Zeißler*, Zur Ermittlung von Bodenrichtwerten bei fehlenden Kaufpreisen unbebauter Grundstücke, 2012, S. 74 f.; *Kötter/Guhl*, fub 1/2013, 1 (3 f.).

902 *Joeris/J. Simon*, in: Rössler/Langer (Begr.), Schätzung und Ermittlung von Grundstückswerten, 8. Aufl. 2005, S. 47 (109).

903 *Kötter/Guhl*, fub 1/2013, 1 (3 f.).

904 *Joeris/J. Simon*, in: Rössler/Langer (Begr.), Schätzung und Ermittlung von Grundstückswerten, 8. Aufl. 2005, S. 47 (109).

905 *Kötter/Guhl*, fub 1/2013, 1 (3).

Datengrundlagen, weshalb diese Verfahren in diesen Regionen nur selten Anwendung finden.[906]

Mit der Digitalisierung und den Fortschritten auf dem Gebiet der künstlichen Intelligenz dürften die statistischen Verfahren zunehmend an Bedeutung gewinnen. Durch computergestützte Systeme können Daten leichter erfasst und an die Gutachterausschüsse übermittelt werden. Die gestiegenen Rechenkapazitäten ermöglichen auch eine Auswertung komplexer und umfangreicher Informationen. Vielversprechend ist in diesem Zusammenhang auch die Bodenrichtwertermittlung mittels künstlicher Intelligenz. Der anfängliche Aufwand zur Implementierung solcher Systeme dürfte sich in der Folgezeit insbesondere vor dem Hintergrund sinkender Personalressourcen auszahlen.[907] Auch könnte in kaufpreisarmen Regionen auf diese Weise eine nachhaltige Lösung für die Ermittlung der Bodenrichtwerte geschaffen werden.[908]

(2) Deduktive Verfahren

Bei der Bodenrichtwertermittlung unter Heranziehung deduktiver Verfahrensweisen werden allgemeine Erkenntnisse und Erfahrungen herangezogen, um daraus plausible Verknüpfungen der Vergleichspreise mit den für das Bewertungsobjekt (Bodenrichtwertgrundstück) bodenpreisrelevanten Faktorleistungen zu bestimmen.[909] Der deduktiven Bodenwertermittlung sind alle Wertermittlungsverfahren zuzurechnen, mit denen der Bodenwert nicht direkt aus Vergleichspreisen, sondern aus anderen geeigneten Vergleichsparametern durch Analogieschlüsse (deduzierend) abgeleitet wird.[910] Der deduktive Preisvergleich eignet sich für Vergleichsgrundstücke, deren

---

906 *Reuter/Voß/Ziegenbein*, in: Kummer/Kötter/Kutterer/Ostrau (Hrsg.), Das deutsche Vermessungs- und Geoinformationswesen, 2020, S. 639 (683).

907 *Knospe/Schaar*, GuG 4/2011, 193 (199).

908 Anlässlich des großen Bedarfs von verfügbaren Bodenwerten für die Grundsteuer wurden auch computergestützte Massenbewertungsverfahren für die Bodenwerte mittels statistischer Methoden diskutiert: *Kolbe/R. Schulz/Wersing/Werwatz*, ZIÖ 2019, 131; dazu auch *Weitkamp/Köhler/Ortner*, fub 2017, 25.

909 *Seele*, VR 8/1998, 393 (399).

910 *Reuter*, Zur Umsetzung des Verkehrswertbegriffes in Wertermittlungsmethoden, 1989, S. 185 ff.; *Seele*, VR 8/1998, 393; *Zeißler*, Zur Ermittlung von Bodenrichtwerten bei fehlenden Kaufpreisen unbebauter Grundstücke, 2012, S. 74.

Qualität zwar eine wesentlich andere als die des Wertermittlungsobjekts (in diesem Fall das Bodenrichtwertgrundstück) ist, die aber zu diesem in einer wirtschaftlich greifbaren und mathematisch formulierbaren Beziehung steht (deduktives Wertkalkül).[911] Als geeignete Vergleichsparameter kommen insbesondere Ertragsverhältnisse (vor allem in Innenstadtlagen), aber auch Baulandproduktionskosten (bei werdendem Bauland) in Betracht.[912] Die deduktiven Verfahren lassen sich in ertragsbasierte Verfahren und Lagewertverfahren einteilen.[913]

Bei den *ertragsbasierten Verfahren* werden die Boden(richt)werte mittels der erzielbaren Grundstückserträge ermittelt. Zu diesen Verfahren zählen etwa *Mietlageverfahren*[914] und *Mietsäulenverfahren*.[915] Diese Verfahren eignen sich insbesondere für die Boden(richt)wertermittlung in Innenstadtlagen.[916] Mietlageverfahren kommen vorwiegend in Innenstadtgebieten zur Anwendung, in denen die Erdgeschossmieten dominant sind. Demgegenüber sollen Mietsäulenverfahren auch für Gebiete geeignet sein, in denen die Ertragssituation in allen Geschossen bodenwertrelevant ist und bei denen zwischen den Etagen stark differenziert wird.[917] Da insbesondere in Innenstadtlagen die Mieten auch in Abhängigkeit zu den erzielbaren Umsätzen vereinbart werden, kann auch die Umsatzentwicklung ein weiteres Kriterium im Rahmen der Bodenrichtwertermittlung sein.[918]

---

911 *Seele*, VR 8/1998, 393 (400); *Reuter/Voß/Ziegenbein*, in: Kummer/Kötter/Kutterer/Ostrau (Hrsg.), Das deutsche Vermessungs- und Geoinformationswesen, 2020, S. 639 (685).

912 *Kleiber*, Verkehrswertermittlung von Grundstücken, 10. Aufl. 2023, Syst. Darst. Vergleichswertverfahren, Rn. 421 f.

913 *Kötter/Guhl*, fub 1/2013, 1 (2).

914 *Schmalgemeier*, VR 8/1977, 422; *Paul*, VR 3/1983, 141; *Dicke*, NÖV 1/1998, 57 (58); *Ziegenbein*, VR 6+7/1999, 383 (386); *Kompart/Stoffers/Volle*, NaVKV 2004, 21; *Hendricks*, Bodenrichtwertermittlung, 2017, S. 102 ff.; *Hild*, Die Ermittlung von Bodenrichtwerten in der Innenstadt Karlsruhes, 2018, S. 27.

915 *BMVBS (Hrsg.)*, Grundstückswertermittlung im Stadtbau, 2007, S. 43 ff.; *Reuter*, fub 3/2006, 97 (106 f.); *Strotkamp*, fub 3/2006, 108; *Strotkamp*, fub 2018, 97 (100 ff.); *Hendricks*, Bodenrichtwertermittlung, 2017, S. 89, 107 ff.

916 *Kötter/Guhl*, fub 1/2013, 1 (4); *Günther*, Forum 1/2003, 28 (32).

917 *Kötter/Guhl*, fub 1/2013, 1 (4).

918 gif e. V., Qualitätssicherung bei der Ermittlung von Bodenrichtwerten, 2008, S. 19.

Da die verwendeten Parameter aus Marktdaten abgeleitet werden, liefern diese Verfahren nachvollziehbare Ergebnisse, bei denen die subjektiven Einflüsse als relativ gering einzuschätzen sind.[919] Die Anwendbarkeit dieser Verfahren setzt jedoch eine ausreichende Datengrundlage voraus. Zu den erforderlichen Daten gehören etwa Geschäfts-, Gewerbe-, Büro- und Wohnungsmieten, die je nach der vorwiegenden Nutzung in ausreichender Dichte, Aktualität und Qualität verfügbar sein müssen. Wegen des erforderlichen Marktbezugs müssen zumindest auch einige gebietsbezogene Kaufpreise verfügbar sein.[920] Eine Melde- bzw. Übermittlungspflicht der Mieten durch die Vermieter bzw. die Finanzverwaltung existiert nicht.[921] Die erforderlichen Daten müssen daher zuvor von den Geschäftsstellen der Gutachterausschüsse erhoben werden, was zeit- und arbeitsintensiv ist.[922] Die beschränkten Personalkapazitäten der Geschäftsstellen bieten häufig keine Möglichkeit, eine solche über ein Jahr andauernde Datenerhebung und Untersuchung durchzuführen.[923]

Je nach Ausgestaltung können zu den deduktiven Verfahren auch *Lagewertverfahren* zählen. Bei den Lagewertverfahren wird der Bodenwert nach dem Nachbarschaftsprinzip bestimmt, indem Gebiete lagemäßig miteinander verglichen werden.[924] Zu den deduktiven Lagewertverfahren gehören Verfahren, bei denen der Boden(richt)wert durch Ableitung von Lageunterschieden (zwischen verschiedenen Bodenrichtwertzonen) aus messbaren Indikatoren abgeleitet wird.[925] Insbesondere für Innenstadtlagen werden etwa Verfahren diskutiert, die auf *der Messung von Passantenströmen* beruhen. Diesen Verfahren liegt die Annahme zugrunde, dass eine Korrelation zwischen

---

919 *Kötter/Guhl*, fub 1/2013, 1 (5).

920 *Kötter/Guhl*, fub 1/2013, 1 (5).

921 In der Literatur wird deshalb teilweise vorgeschlagen, eine solche Melde- bzw. Übermittlungspflicht für die Finanzverwaltung einzuführen: *Strotkamp*, fub 2018, 97 (100 f.).

922 Vgl. *Hild*, Die Ermittlung von Bodenrichtwerten in der Innenstadt Karlsruhes, 2018, S. 47 ff.

923 *Kompart/Stoffers/Volle*, NaVKV 2004, 21 (29); *Dicke*, NÖV 1/1998, 57 (58).

924 *Hendricks*, Bodenrichtwertermittlung, 2017, S. 115.

925 *Kötter/Guhl*, fub 1/2013, 1 (2); *Hild*, Die Ermittlung von Bodenrichtwerten in der Innenstadt Karlsruhes, 2018, S. 42 f.

Passantenfrequenz und Bodenwert besteht.[926] Da die Passantenfrequenz jedoch nur einen Anhaltspunkt bieten kann und der Bodenwert auch durch andere Faktoren beeinflusst wird, sollten diese Verfahren nicht isoliert, sondern allenfalls als Ergänzung zur Validierung eines bereits ermittelten Bodenrichtwerts herangezogen werden. Außerdem ist die Ermittlung der Passantenströme mit einem erheblichen Aufwand verbunden.[927] Ferner weist das Verfahren eine erhebliche Fehleranfälligkeit wegen subjektiver Einschätzungen und sonstiger Werteinflüsse auf.[928]

Den deduktiven Verfahren werden teilweise auch *Residual(wert)verfahren* (auch als Extraktionsverfahren, Restwertmethode bezeichnet) zugeordnet.[929] Allgemein versteht man unter dem Residualwertverfahren ein Verfahren mit dem – ausgehend von dem bekannten oder geschätzten Wert oder Verkaufserlös eines End- oder Zwischenprodukts – die wirtschaftlich vertretbaren Herstellungs- oder Anschaffungskosten eines Vorprodukts kalkuliert werden.[930] Das klassische Residualwertverfahren ist jedoch für Verkehrswertermittlung ungeeignet.[931] In modifizierter Form kommt es nur im Ausnahmefall zur Anwendung.[932] Für die Ermittlung von Boden(richt)werten für werdendes Bauland wird jedoch vorgeschlagen, die Bodenwerte deduktiv im Rahmen eines modifizierten Residualwertverfahren aus den Bodenwerten für Bauland abzuleiten.[933]

---

926 *Ziegenbein*, VR 6+7/1999, 383 (385 f.); *Kötter/Guhl*, fub 1/2013, 1 (5); *Hild*, Die Ermittlung von Bodenrichtwerten in der Innenstadt Karlsruhes, 2018, S. 42 f.

927 *Kötter/Guhl*, fub 1/2013, 1 (5).

928 *Kötter/Guhl*, fub 1/2013, 1 (5).

929 *Kleiber*, Deduktive Bodenwertermittlung, in: Sandner/Ulrich Weber (Hrsg.), Lexikon der Immobilienwertermittlung, 2. Aufl. 2007, S. 192 (192); *Dieterich*, in: E/Z/B/K, BauGB, § 194 BauGB, 97. EL, 9/2010, Rn. 141; *Hild*, Die Ermittlung von Bodenrichtwerten in der Innenstadt Karlsruhes, 2018, S. 24.

930 *R. Groß*, Residualwertverfahren, in: Sandner/Ulrich Weber (Hrsg.), Lexikon der Immobilienwertermittlung, 2. Aufl. 2007, S. 557 (557).

931 OVG Lüneburg, Urt. v. 25.01.2001 – 1 L 5010/96, juris; *Seele*, VR 8/1998, 393 (410); *Reuter*, WertermittlungsForum Aktuell 2002, 112 (112).

932 *Joeris/J. Simon*, in: Rössler/Langer (Begr.), Schätzung und Ermittlung von Grundstückswerten, 8. Aufl. 2005, S. 147 (155); *Hild*, Die Ermittlung von Bodenrichtwerten in der Innenstadt Karlsruhes, 2018, S. 26; *Kleiber*, Verkehrswertermittlung von Grundstücken, 10. Aufl. 2023, § 6 ImmoWertV, Rn. 148.

933 Grundlegend *Seele*, VR 8/1998, 393; *Dieterich/Koch*, GuG 6/2003, 331; *Reuter*, fub 5/2009, 193; *Reuter*, WertermittlungsForum Aktuell 2002, 112.

(3) Intersubjektive Verfahren

In kaufpreisarmen Lagen, bei gestörten Marktverhältnissen oder in Gebieten mit Besonderheiten stellen freie Schätzungen vielfach die letzte Möglichkeit dar, einen Boden(richt)wert zu ermitteln. Dies gilt vor allem dann, wenn der Gutachterausschuss nicht über die für die Anwendung der statistischen oder deduktiven Verfahren erforderlichen Informationen verfügt,[934] weil diese von der Geschäftsstelle nicht ermittelt wurden oder sich diese nicht ermitteln lassen. In solchen Situationen müssen die Gutachterausschüsse wegen der Pflicht zur flächendeckenden Ermittlung der Bodenrichtwerte auch auf Schätzungen von Bodenwerten zurückgreifen.

Freie Schätzungen im Rahmen der Verkehrswertermittlung sind problematisch, da die subjektive Einschätzung verschiedener Personen erheblich divergieren kann und das getroffene Ergebnis ohne hinreichende Dokumentation nur schwer nachvollziehbar ist.[935] Im Rahmen der Verkehrswertermittlung haben solche freien Schätzungen nur dann einen Wert, wenn sie (von Fachleuten) überprüfbar und (von Laien) nachvollziehbar sind, also intersubjektiv verifizierbar sind.[936] Um eine Nachvollziehbarkeit durch Dritte zu gewährleisten, bestehen intersubjektive Verfahren mithin aus zwei Elementen: die freie Schätzung selbst und die (möglichst) hinreichende Objektivierung dieser Schätzung.[937] Für die Ermittlung der Bodenrichtwerte bei fehlenden Kaufpreisen können unter anderem die folgenden intersubjektiven Verfahren zur Anwendung kommen.

Bei intersubjektiven *Lagewertverfahren*[938] werden verschiedenen Gebieten Lagewertigkeiten beigemessen und anschließend werden diese Gebiete dann miteinander verglichen. Auf diese Weise können für die Grundstücke innerhalb einer Bodenrichtwertzone Bodenwerte ermittelt werden, die

---

934 *BMVBS (Hrsg.)*, Grundstückswertermittlung im Stadtbau, 2007, S. 56.

935 Vgl. *Reuter*, immobilien & bewerten 3/2018, 100 (101). Siehe hierzu bereits unter Gliederungspunkt § 1, I., 1., c), bb).

936 *Reuter/Voß/Ziegenbein*, in: Kummer/Kötter/Kutterer/Ostrau (Hrsg.), Das deutsche Vermessungs- und Geoinformationswesen, 2020, S. 639 (686); *Kötter/Guhl*, fub 1/2013, 1 (6); *Kühbach*, NÖV 2/2017, 44 (45).

937 *Reuter*, immobilien & bewerten 3/2018, 100 (101).

938 Grundlegend *Hildebrandt*, VR 2/1976, 65; *Jeschke*, fub 1/2011, 1 (1); *Kötter/Guhl*, fub 1/2013, 1 (6); *Hild*, Die Ermittlung von Bodenrichtwerten in der Innenstadt Karlsruhes, 2018, S. 21 ff.

danach in die Bodenrichtwertermittlung einfließen. Die Einstufungen zur Lagewertigkeit beruhen dabei bei diesen intersubjektiven Lagewertverfahren auf freien Schätzungen auf der Grundlage der besonderen Kenntnis und Erfahrung der Gutachter. Um die Intersubjektivität der Schätzungen der Lagewertigkeit zu verbessern, wird in der Literatur ein kombiniertes Lagewert- und Zielbaumverfahren (*modifiziertes Lagewertverfahren*) vorgeschlagen. Die Lagewertigkeit wird bei diesem Verfahren mittels der sog. Zielbaummethode bestimmt.[939] Bei der *Zielbaummethode*[940] handelt es sich um eine Multifaktorenanalyse, deren Prinzip darin besteht, Bewertungen zu objektivieren, indem eine Wertfeststellung in möglichst viele Einzelbewertungen aufgespalten wird. Der Gesamtwert wird zu diesem Zweck in eine hierarchische Verzweigungsstruktur zerlegt, die eine Kette in der Form eines „*Zielbaumes*" bildet. Die Einzelbewertungen werden mithilfe eines zuvor bestimmten Maßstabes ermittelt und ihrer Bedeutung nach gewichtet. Dadurch werden subjektive Werturteile differenzierter und nachvollziehbarer. Ein Bewertungsfehler im Detail schlägt sich daher nicht so stark nieder wie eine auf das Ganze bezogene Fehleinschätzung.[941] Das Zielbaumverfahren ist in der Rechtsprechung als geeignetes Verfahren allgemein anerkannt.[942] In der einschlägigen Fachliteratur wird die Ermittlung von Boden(richt)werten mittels Zielbaumverfahren hingegen vielfach

---

939 *Reuter*, fub 3/2006, 97 (106 f.); *Jeschke*, fub 1/2011, 1 (3); *Kötter/Guhl*, fub 1/2013, 1 (6); *Hild*, Die Ermittlung von Bodenrichtwerten in der Innenstadt Karlsruhes, 2018, S. 23.

940 Grundlegend für die Immobilienwertermittlung *Aurnhammer*, BauR 5/1978, 356; für die Boden(richt)wertermittlung *Reuter*, fub 3/2006, 97 (107); *Strotkamp*, immobilien & bewerten 3/2011, 106; *Strotkamp*, fub 2018, 97 (103 ff.); *Knospe/Schaar*, GuG 4/2011, 193 (194 f.); *Kötter/Guhl*, fub 1/2013, 1 (7); *Hendricks*, Bodenrichtwertermittlung, 2017, S. 118 ff.

941 BVerwG, Beschl. v. 16.11.2004 – 4 B 71/04, GuG 2005, 248; OVG Hamburg, Urt. v. 16.04.2015 – 4 Bf 66/13, BeckRS 2015, 45797; OVG Sachsen, Urt. v. 17.06.2004 – 1 B 854/02, BeckRS 2004, 24245.

942 OLG Stuttgart, Urt. v. 14.03.1989 – 12 U 29/88, BauR 1989, 611; OVG Sachsen, Urt. v. 17.06.2004 – 1 B 854/02, BeckRS 2004, 24245; OVG Berlin-Brandenburg, Urt. v. 05.11.2009 – OVG 2 B 2.07, WKRS 2009, 32790; OVG Hamburg, Urt. v. 16.04.2015 – 4 Bf 66/13, BeckRS 2015, 45797.

kritisch gesehen.[943] In der Praxis kommt daneben auch das sog. *Niedersachsenmodell* als intersubjektives Verfahren zur Anwendung.[944]

Bei den genannten intersubjektiven Verfahren sollen individuelle, subjektive Schätzungen nach Möglichkeit in einem sehr geringen Rahmen einfließen. Es wird daher empfohlen, die intersubjektiven Verfahren gleichzeitig mit mehreren Personen im Rahmen sog. *Expertenbefragungen*[945] durchzuführen, um die subjektiven Einzelmeinungen der Gutachter zusammenzufassen und auf diese Weise eine interindividuelle, möglichst objektive Schätzung zu erreichen.[946] Im Rahmen einer Expertenbefragung geben mehrere Fachleute in ausreichender Anzahl jeweils für sich eine Einschätzung eines subjektiven wertermittlungstechnischen Sachverhalts ab. Anschließend werden die Einzelmeinungen zu einem Durchschnittswert zusammengefasst, um dadurch subjektive Fehleinschätzungen auszugleichen.[947] Entscheidend für ein qualitatives Ergebnis der Expertenbefragung ist die Art und Weise der erwünschten Schätzhandlungen, die Anzahl und Kompetenz der zu befragenden Fachleute und der Umfang der ihnen vorab zur Verfügung zu stellenden Informationen.[948] In der Literatur wird angenommen, dass für die Expertenbefragungen mindestens fünf bis sieben Experten zurate gezogen werden

---

943 *Schmidt-Eichenstädt*, GuG 3/2004, 129; *W. Seitz*, GuG 4/2011, 216; *Zeißler*, Zur Ermittlung von Bodenrichtwerten bei fehlenden Kaufpreisen unbebauter Grundstücke, 2012, S. 73; *Hebbel*, GuG 4/2017, 228; *Hendricks*, Bodenrichtwertermittlung, 2017, S. 122; a. A. Kamphausen, Anm. zu BVerwG, Beschl. v. 16.11.2004 – 4 B 71/04, GuG 2005, 248 (249 f.); *Gudat/Hoffmann/Weigelt*, GuG 5/2020, 306; *H. Sattler/J. Sattler*, GuG 4/2020, 241.

944 Nr. 5.8.3.2 RiWert RhPf.; *Kanngieser/Bodenstein*, ZfV 6/1985, 233; *Kanngieser/Bodenstein*, ZfV 9/1985, 410; *Brill*, NaVKV 2/1986, 170; *Bodenstein*, NaVKV 3/1988, 199; *Kanngieser/Bodenstein*, ZfV 11/1989, 529; *Strotkamp*, fub 5/2009, 202; *Strotkamp*, fub 1/2010, 16; *Hendricks*, Bodenrichtwertermittlung, 2017, S. 133 f.

945 *Reuter*, fub 3/2006, 97 (106); *Jeschke*, fub 1/2011, 1 (2); *Kötter/Guhl*, fub 1/2013, 1 (7); *Hendricks*, Bodenrichtwertermittlung, 2017, S. 122; *Soot/Weitkamp/Dorndorf/Alkhatib Hamza*, fub 2017, 82; *Steinbrecher*, fub 1/2017, 35; *Reuter*, immobilien & bewerten 3/2018, 100 (102).

946 *Reuter*, immobilien & bewerten 3/2018, 100 (102).

947 *Reuter*, immobilien & bewerten 3/2018, 100 (102); *Reuter/Voß/Ziegenbein*, in: Kummer/Kötter/Kutterer/Ostrau (Hrsg.), Das deutsche Vermessungs- und Geoinformationswesen, 2020, S. 639 (686 f.).

948 *Steinbrecher*, fub 1/2017, 35 (S. 37 f.); *Reuter*, immobilien & bewerten 3/2018, 100 (102).

sollten, um brauchbare Ergebnisse zu erhalten.[949] Teilweise werden auch mindestens neun Experten als erforderlich angesehen.[950] Die Gutachterausschüsse als interdisziplinäre Fachgremien werden für dieses Vorgehen grundsätzlich als gut geeignet angesehen.[951] Da die Wertermittlung durch vier oder weniger Experten mit deutlich größeren Unsicherheiten behaftet ist,[952] sollten die Gutachterausschüsse, die die Bodenrichtwerte nur mit einer Pflichtbesetzung von vier Gutachtern ermitteln, anlässlich dieser Verfahren weitere Gutachter des Gutachterausschusses hinzuziehen.[953]

In der Bodenrichtwertermittlung kommen intersubjektive Verfahren relativ häufig zur Anwendung.[954] In einer von *Franz Reuter* im Jahr 2003 durchgeführten Studie gaben die meisten Gutachterausschüsse (circa 70 %) an, dass sie für die Ermittlung von Bodenrichtwerten in kaufpreisarmen Regionen ihren *„intersubjektiven Sachverstand"* verwenden.[955] Den intersubjektiven Verfahren kommt damit im Bereich der „anderen marktbezogenen Verfahren" der größte Anwendungsbereich in der Wertermittlungspraxis zu. Die Durchführung intersubjektiver Schätzungen setzt Fachkunde, Erfahrung und Kenntnisse des regionalen Grundstücksmarktes voraus.[956] Eine solche Bewertungskompetenz ist bei den Gutachterausschüssen gegeben, sofern die Gutachter das nach § 192 Abs. 3 Satz 1 BauGB erforderliche Maß an Sachkunde und Erfahrung auch tatsächlich aufweisen. Unter diesen Voraussetzungen können im Rahmen der Bodenrichtwertermittlung auch intersubjektive Schätzungen durch den Gutachterausschuss als ein geeignetes Verfahren nach § 10 Abs. 1 Satz 2 ImmoWertV angesehen werden.[957] In der

---

949 *Hendricks*, Bodenrichtwertermittlung, 2017, S. 123; *Reuter*, immobilien & bewerten 3/2018, 100 (103).

950 *Steinbrecher*, fub 1/2017, 35 (42).

951 *Hendricks*, Bodenrichtwertermittlung, 2017, S. 123; *BMVBS (Hrsg.)*, Grundstückswertermittlung im Stadtbau, 2007, S. 56.

952 *Jeschke*, fub 1/2011, 1 (6).

953 Vgl. *Hendricks*, Bodenrichtwertermittlung, 2017, S. 123.

954 *Reuter/Voß/Ziegenbein*, in: Kummer/Kötter/Kutterer/Ostrau (Hrsg.), Das deutsche Vermessungs- und Geoinformationswesen, 2020, S. 639 (686).

955 *Reuter*, Ermittlung von Bodenwerten und Bodenrichtwerten in Innenstadtlagen, 2008, S. 33; *Zeißler*, Zur Ermittlung von Bodenrichtwerten bei fehlenden Kaufpreisen unbebauter Grundstücke, 2012, S. 73.

956 Vgl. *Reuter*, immobilien & bewerten 3/2018, 100 (102).

957 *Reuter*, immobilien & bewerten 3/2018, 100 (101).

Praxis ist bei der Ermittlung der Bodenrichtwerte jedoch leider vielfach zu beobachten, dass Anpassungen der Marktdaten oder der Bodenrichtwerte frei subjektiv geschätzt werden. Eine solche Vorgehensweise ist nicht sachgerecht und kann auch nicht als geeignete Verfahrensweise angesehen werden. Schätzungen dürfen nicht als Kompensation einer unzureichend geführten und ausgewerteten Kaufpreissammlung dienen. Auch eine schlechte personelle und finanzielle Ausstattung des Gutachterausschusses rechtfertigt grundsätzlich nicht das Zurückgreifen auf einfach und schnell durchzuführende freie Schätzungen.[958]

c) Besonderheiten bei der Bodenrichtwertermittlung in bestimmten Gebieten

Die Ermittlung von Bodenrichtwerten ist regelmäßig dann einfach und sachgerecht durchführbar, wenn als Datengrundlage ausreichend Kaufpreise für unbebaute Grundstücke zur Verfügung stehen. Die Verfügbarkeit von Vergleichspreisen hängt jedoch stark von den Gegebenheiten auf dem regionalen Grundstücksmarkt und den Besonderheiten der jeweiligen Gebiete ab. Unterschiedliche Gebietsstrukturen und Entwicklungszustände stellen die Gutachterausschüsse vor Herausforderungen. In diesem Abschnitt soll beispielhaft die Bodenrichtwertermittlung in bebauten Gebieten und in Gebieten mit werdendem Bauland dargestellt werden. In diesen Gebieten ist eine Bodenrichtwertermittlung mittels Vergleichspreisen regelmäßig nicht und nur sehr eingeschränkt möglich, sodass in der Praxis insoweit andere Verfahren angewendet werden müssen.

aa) Bebaute Gebiete, insbesondere Innenstadtlagen

(1) Besonderheiten bebauter Gebiete

Die flächendeckende Ermittlung der Bodenrichtwerte erfordert auch eine Ermittlung für bebaute Gebiete, bei denen oftmals nicht ausreichend Vergleichspreise für die Ermittlung der Bodenrichtwerte im Vergleichswertverfahren zur Verfügung stehen. Hiervon betroffen sind insbesondere Innenstadtlagen und innenstadtnahen Lagen.[959] Primär mangelt es in diesen

---

958 *Reuter*, fub 3/2006, 97 (102).

959 Entwurf der BReg zur ImmoWertV v. 26.03.2010, BR-Drs. 171/10, S. 47; *Brachmann*, AVN 11/1967, 478 (478); *Reuter*, fub 3/2006, 97 (98); *Debus/Helbach*, GuG 2/2012, 65

Gebieten an Kaufpreisen für unbebaute Grundstücke. Aber auch Kaufpreise für bebaute Grundstücke können teilweise nur in geringer Anzahl verfügbar sein.[960] Als Folge der schlechten Datenverfügbarkeit in diesen Gebieten bestehen in der Praxis bei der Bodenwertermittlung teilweise große Schwierigkeiten.[961] Aus diesem Grund wurde vor Einführung der Pflicht zur flächendeckenden Ermittlung von einigen Gutachterausschüssen darauf verzichtet, Bodenrichtwerte für die Innenstadtbereiche auszuweisen.[962]

(2) Verfahren zur Bodenwertbestimmung bei Kaufpreisen über bebauten Grundstücke

(a) Bodenrichtwertermittlung mittels deduktiver oder anderer geeigneter Verfahrensweisen

In Innenstadtlagen und Stadtteilzentren korrespondiert der Bodenwert insbesondere mit der dort erzielbaren Ladenmiete. Je höher die Erdgeschossmiete, desto höher ist auch der Bodenwert.[963] Auch in anderen Gebieten (z. B. Gebiete mit Bürogebäuden) kann ggfs. eine Abhängigkeit des Bodenwerts von den erzielbaren Mieterträgen beobachtet werden. Aufbauend auf dieser Erkenntnis werden die Bodenrichtwerte daher in bebauten Gebieten, insbesondere in Innenstadtlagen, vielfach mittels deduktiver Verfahren ermittelt.[964] Infrage kommen insoweit insbesondere Mietlage- und Mietsäulenverfahren.[965] Daneben kommen auch Regressionsmodelle bezogen auf die Wohnfläche bzw. Grundstücksfläche zur Anwendung.[966] Die Anwendbarkeit dieser deduktiven Verfahren setzt jedoch voraus, dass einerseits eine

---

(65); *Kleiber*, Verkehrswertermittlung von Grundstücken, 10. Aufl. 2023, § 14 ImmoWertV, Rn. 20.

960 *Ziegenbein*, VR 6+7/1999, 383 (388).

961 *Dicke*, NÖV 1/1998, 57 (57); *Deutscher Landkreistag*, Umfrage zur Leistungsfähigkeit der Gutachterausschüsse im Rahmen der Grundsteuerreform, GuG 2000, 164, S. 167.

962 *Reuter*, Ermittlung von Bodenwerten und Bodenrichtwerten in Innenstadtlagen, 2008, S. 37; *Joeris/J. Simon*, in: Rössler/Langer (Begr.), Schätzung und Ermittlung von Grundstückswerten, 8. Aufl. 2005, S. 47 (117).

963 *Günther*, Forum 1/2003, 28 (32); *Reuter*, fub 3/2006, 97 (102); *Kötter/Guhl*, fub 1/2013, 1 (4); *Paul*, VR 3/1983, 141.

964 *Günther*, Forum 1/2003, 28 (32).

965 Siehe hierzu unter Gliederungspunkt § 1, IV., 6., b), cc), (2) m. w. N.

966 *Zeißler*, Zur Ermittlung von Bodenrichtwerten bei fehlenden Kaufpreisen unbebauter Grundstücke, 2012, S. 207 ff.; *Kolbe/R. Schulz/Wersing/Werwatz*, ZIÖ 2019, 131 (148 ff.).

lokale Abhängigkeit der Bodenwerte von den Mieterträgen feststellbar ist und andererseits, dass der Gutachterausschuss Kenntnis über die für die Durchführung dieser Verfahren relevanten Informationen hat, insbesondere Größe und Nutzung der gewerblich genutzten Räume, monatliche Nettokaltmiete, Qualität und Baujahr der Mietobjekte etc.[967] Die Verfügbarkeit dieser Daten hängt insbesondere von der Leistungsfähigkeit der Geschäftsstelle des Gutachterausschusses ab, dessen Aufgabe es ist, diese Informationen zu ermitteln. Gutachterausschüsse mit einer personell schlecht ausgestatteten Geschäftsstelle können diese Verfahren daher nicht oder nicht sachgerecht anwenden und müssen auf ungenauere Verfahren zurückgreifen.

(b) Bodenrichtwertermittlung anhand von Kaufpreisen für bebaute Grundstücke

In bebauten Gebieten mit einem ansonsten ausreichenden Grundstücksverkehr besteht ebenfalls die Möglichkeit, zusätzliche Vergleichspreise für die Bodenrichtwertermittlung im Vergleichswertverfahren dadurch zu schaffen, indem aus Kaufpreisen für bebaute Grundstücke die Bodenwerte herausgerechnet werden.[968] Kaufpreise über bebaute Grundstücke werden von den Marktteilnehmern auf dem Grundstücksmarkt regelmäßig als Gesamtkaufpreis ohne Aufschlüsselung in einen Boden- und einen Gebäudeanteil vereinbart.[969] Sollte im Einzelfall im Kaufvertrag doch eine Aufschlüsselung vorgenommen worden sein, kann diese nicht ohne Weiteres übernommen werden, da die Aufschlüsselung in diesen Fällen vielfach steuerlich motiviert ist, um dadurch einen möglichst großen Teil des Kaufpreises auf den abschreibungsfähigen Gebäudeteil zu allokieren.[970] Der Gutachterausschuss

---

[967] *Günther*, Forum 1/2003, 28 (32); *Kötter/Guhl*, fub 1/2013, 1 (5).

[968] gif e. V., Qualitätssicherung bei der Ermittlung von Bodenrichtwerten, 2008, S. 10; *Dicke*, NÖV 1/1998, 57 (57); *Reuter*, Ermittlung von Bodenwerten und Bodenrichtwerten in Innenstadtlagen, 2008, S. 169; *Debus/Helbach*, GuG 2/2012, 65; ablehnend *Schmid*, DStZ 1982, 214 (217); kritisch auch *Deutscher Landkreistag*, Umfrage zur Leistungsfähigkeit der Gutachterausschüsse im Rahmen der Grundsteuerreform, GuG 2000, 164, S. 170.

[969] *Möckel*, Bodenwert bebauter Grundstücke, in: Sandner/Ulrich Weber (Hrsg.), Lexikon der Immobilienwertermittlung, 2. Aufl. 2007, S. 170 (170). So bereits Richtlinien für die Finanzämter zur Ermittlung der Bodenwerte (Bodenwert-Richtlinien), BStBl. II 1957, S. 30, Rn. 14 Abs. 2.

[970] gif e. V., Qualitätssicherung bei der Ermittlung von Bodenrichtwerten, 2008, S. 10.

hat daher eine eigenständige und intersubjektive Aufteilung vorzunehmen, wenn er den auf den Grund und Boden entfallenden Kaufpreis eines bebauten Grundstücks für die Bodenrichtwertermittlung heranziehen möchte. Neben den genannten deduktiven Verfahren zur Bodenwertermittlung kommt diese Verfahrensweise in der Praxis relativ häufig zur Anwendung.[971] Eine solche Aufteilung wird jedoch für die Bodenrichtwertermittlung vielfach als problematisch angesehen.[972]

Mit welcher Methode eine solche Aufteilung zu erfolgen hat, ist weder im BauGB noch in der ImmoWertV geregelt. Es fehlt insoweit an einer bundeseinheitlichen Regelung.[973] In der Literatur[974] werden in diesem Zusammenhang eine Vielzahl von Verfahren diskutiert, die an dieser Stelle aus Gründen der Schwerpunktsetzung nicht dargestellt werden können. Häufig wird eine Ableitung des Bodenwerts anhand von Erfahrungssätzen vorgeschlagen.[975] Dies können prozentuale Erfahrungssätze sein, die den Anteil des Bodenwerts am Verkehrswert des Grundstücks angeben oder Bodenwertanteile, die sich grundsätzlich nach der Wohn- bzw. Nutzfläche des Gebäudes bestimmen.[976] Die Ermittlung dieser Erfahrungssätze sollte vom Gutachterausschuss für die Marktverhältnisse in dessen Zuständigkeitsbereich erfolgen. Eine belastbare Ermittlung dieser Erfahrungssätze setzt umfangreiche Datenerhebungen und -auswertungen voraus und erfordert deshalb eine hinreichende Leistungsfähigkeit des Gutachterausschusses.

Für bebaute Grundstücke in Innenstadtlagen, die mit Abbruchabsicht erworben werden, soll der Bodenwert durch einen Aufschlag der

---

[971] *Reuter*, fub 3/2006, 97 (98).

[972] *Deutscher Landkreistag*, Umfrage zur Leistungsfähigkeit der Gutachterausschüsse im Rahmen der Grundsteuerreform, GuG 2000, 164, S. 164; gif e.V., Qualitätssicherung bei der Ermittlung von Bodenrichtwerten, 2008, S. 10.

[973] *A. Seitz*, GuG 3/2017, 142 (142); *P. Zimmermann*, ImmoWertV, 2. Aufl. 2019, § 10, Rn. 10.

[974] *Freise*, VR 2/1977, 57; *Böser/Preuss*, AVN 11–12/1982, 449; *Seele*, VR 7+8/1988, 363; *Jacoby*, Kaufpreisaufteilung für bebaute Grundstücke, 2018, S. 27 ff.

[975] *Böser/Preuss*, AVN 11–12/1982, 449; *Debus/Helbach*, GuG 2/2012, 65; *Kleiber*, in: E/Z/B/K, BauGB, § 16 ImmoWertV, 135. EL, 9/2019, Rn. 30; *Kleiber*, Verkehrswertermittlung von Grundstücken, 10. Aufl. 2023, § 40 ImmoWertV, Rn. 88.

[976] *Kleiber*, in: E/Z/B/K, BauGB, § 16 ImmoWertV, 135. EL, 9/2019, Rn. 29 f.; *Kleiber*, Verkehrswertermittlung von Grundstücken, 10. Aufl. 2023, § 40 ImmoWertV, Rn. 89.

Freilegungskosten auf den (Gesamt-)Kaufpreis bestimmt werden können.[977] Teilweise wird auch vertreten, im Zusammenhang mit der Bodenrichtwertermittlung eine Herausrechnung des Bodenwertanteils aus dem Gesamtkaufpreis anhand der geltenden Bodenrichtwerte vorzunehmen.[978] Diese Vorgehensweise dürfte jedoch bei der Fortschreibung der Bodenrichtwerte nicht geeignet sein, da durch die Verwendung der alten Bodenrichtwerte im Rahmen der Kaufpreisaufteilung die alten Bodenwerte perpetuiert und die zwischenzeitliche Wertentwicklung unzureichend berücksichtigt wird. Zudem besteht zwischen Kaufpreisen für bebaute Grundstücke und den Bodenrichtwerten keine proportionale Wertentwicklung.[979] Dementsprechend dürfte auch die Anwendung der Aufteilungsverfahren nach der vom Bundesfinanzministerium veröffentlichten Arbeitshilfe zur Kaufpreisaufteilung[980] zumindest nur eingeschränkt in Betracht kommen.

Abschließend ist anzumerken, dass eine exakte Aufteilung regelmäßig nicht mit hinreichender Sicherheit möglich ist.[981] Bei der Aufspaltung eines einheitlichen Kaufpreises für ein bebautes Grundstück in einen Anteil für den Grund und Boden und in einen Anteil für das aufstehende Gebäude handelt es sich um eine „Gleichung mit zwei Unbekannten", die nicht ohne Zuhilfenahme von Hypothesen gelöst werden kann.[982] Die aus Gesamtkaufpreisen abgeleiteten Bodenwerte beruhen auf theoretischen Modellannahmen und sind hinsichtlich ihrer Qualität nicht mit tatsächlichen Vergleichskaufpreisen unbebauter Grundstücke vergleichbar. Eine Genauigkeitssteigerung der Bodenrichtwertermittlung durch Heranziehung der herausgerechneten Bodenwerte kann somit nicht erreicht werden. Die errechneten Bodenwerte

---

977 *Kleiber*, Verkehrswertermittlung von Grundstücken, 10. Aufl. 2023, § 14 ImmoWertV, Rn. 20; *P. Zimmermann*, ImmoWertV, 2. Aufl. 2019, § 10, Rn. 11.

978 *P. Zimmermann*, ImmoWertV, 2. Aufl. 2019, § 10, Rn. 43.

979 *Jacoby*, Kaufpreisaufteilung für bebaute Grundstücke, 2018, S. 121.

980 BMF, Arbeitshilfe zur Aufteilung eines Gesamtkaufpreises für ein bebautes Grundstück (Kaufpreisaufteilung), abrufbar unter: https://www.bundesfinanzministerium.de/Datenportal/Daten/frei-nutzbare-produkte/Anwendungen/Kaufpreisaufteilung-Grundstuecke/Kaufpreisaufteilung-Grundstuecke.html (letzter Abruf 28.09.2025).

981 *Kleiber*, in: E/Z/B/K, BauGB, § 196 BauGB, 122. EL, 8/2016, Rn. 64; *W.-E. Schulz*, VR 3/1978, 108 (114); *Deutscher Landkreistag*, Umfrage zur Leistungsfähigkeit der Gutachterausschüsse im Rahmen der Grundsteuerreform, GuG 2000, 164, S. 170.

982 *W.-E. Schulz*, VR 3/1978, 108 (114).

können allenfalls zur Plausibilisierung des Wertniveaus herangezogen werden.[983]

(3) Abgrenzung der Bodenrichtwertzonen in Innenstadtlagen

In Innenstadtlagen ist die Lageabhängigkeit der Bodenwerte besonders stark ausgeprägt.[984] Diese Lagen weisen häufig eine starke Differenzierung der Bodenwerte auf.[985] Die unmittelbar an eine Fußgängerzone angrenzenden Gebäude haben etwa eine deutlich bessere Lagewertigkeit als die dahinterliegenden Gebäude und dürften daher regelmäßig einen deutlich höheren Bodenwert aufweisen.[986] Die Gutachterausschüsse müssen der Differenzierung der Bodenwerte in den Innenstadtlagen hinreichend berücksichtigen und die Bodenrichtwertzone so eng bemessen, dass die lagebedingten Wertunterschiede zwischen den jeweiligen Grundstücken der Bodenrichtwertzone möglichst gering sind (vgl. § 15 Abs. 1 Satz 2 ImmoWertV). Es sind daher regelmäßig eine Vielzahl von Bodenrichtwertzonen zu bilden.[987] Dies bedeutet für den Gutachterausschuss in städtischen Gebieten einen deutlicheren Mehraufwand. Zudem ist die Ermittlung des Bodenrichtwerts als „durchschnittlichen Lagewert" in diesen Gebieten wegen der starken Differenzierung der Bodenwerte besonders anspruchsvoll und häufig fehlerbehaftet.[988] Aufgrund der großen Lagewertunterschiede in diesen Gebieten kommt es häufig zu erheblichen Wertsprüngen zwischen den Bodenrichtwertzonen, die die graduelle Veränderung der Lagewertigkeit häufig nur unzutreffend abbilden.[989]

Probleme bei der Abgrenzung der Bodenrichtwertzonen bereitet außerdem der Umstand, dass Art und Maß der baulichen Nutzung bei allen oder

---

983 *Deutscher Landkreistag*, Umfrage zur Leistungsfähigkeit der Gutachterausschüsse im Rahmen der Grundsteuerreform, GuG 2000, 164, S. 170; *Zeißler*, Zur Ermittlung von Bodenrichtwerten bei fehlenden Kaufpreisen unbebauter Grundstücke, 2012, S. 27.

984 *Günther*, Forum 1/2003, 28 (32).

985 *Kötter/Guhl*, fub 1/2013, 1 (4); *Günther*, Forum 1/2003, 28 (32).

986 *Günther*, Forum 1/2003, 28 (32).

987 *Kötter/Guhl*, fub 1/2013, 1 (4).

988 *Deutscher Landkreistag*, Umfrage zur Leistungsfähigkeit der Gutachterausschüsse im Rahmen der Grundsteuerreform, GuG 2000, 164, S. 168; *Kleiber*, Verkehrswertermittlung von Grundstücken, 10. Aufl. 2023, § 14 ImmoWertV, Rn. 21.

989 Siehe hierzu bereits unter Gliederungspunkt § 1, IV., 4., d).

zumindest den meisten Grundstücken nahezu gleich ist. Anhand dieser Kriterien ist daher keine Differenzierung möglich. Der Gutachterausschuss muss daher zusätzliche Ermittlungen anstellen, um eine Abgrenzung der Bodenrichtwertzonen nach der unterschiedlichen Lagewertigkeit durchführen zu können. Dafür können insbesondere die tatsächliche Nutzung der Grundstücke, die Passantenfrequenz und die Erdgeschossmieten Anhaltspunkte liefern.[990] Damit der Gutachterausschuss insoweit eine sachgerechte Ermittlung der Lagewertigkeit durchführen kann, sind oft aufwendige Datenerhebungen durch die Geschäftsstelle erforderlich.

bb) Werdendes Bauland

Werdendes Bauland umfasst Grundstücke, die sich in einem Übergangsstadium zu baureifem Land befinden. Für diese Gebiete stehen nur in seltenen Fällen geeignete Vergleichspreise zur Verfügung. Selbst wenn im Einzelfall Vergleichspreise vorhanden sind, handelt es sich hierbei meist nur um eine geringe Anzahl von Kaufpreisen, die zudem häufig nur eine geringe Aussagekraft aufweisen.[991] Die ImmoWertV unterscheidet bei werdendem Bauland hinsichtlich des Stands der Bauleitplanung (insbesondere in Abhängigkeit vom Stand des Bebauungsplanverfahrens) zwischen Bauerwartungsland und Rohbauland.[992] Nach § 3 Abs. 3 ImmoWertV umfasst *Bauerwartungsland* Flächen, die nach ihren weiteren Grundstücksmerkmalen, insbesondere dem Stand der Bauleitplanung und der sonstigen städtebaulichen Entwicklung des Gebiets, eine bauliche Nutzung auf Grund konkreter Tatsachen mit hinreichender Sicherheit erwarten lassen. Hiermit wird ein *„sehr labiler und flüchtigen Entwicklungszustand"* beschrieben, dessen Wertigkeit im Einzelfall je nach Wartezeit und Realisierungschance unterschiedlich ausfallen kann.[993] *Rohbauland* sind gemäß § 3 Abs. 3 ImmoWertV Flächen, die nach den §§ 30,

---

[990] *Ziegenbein*, VR 6+7/1999, 383 (384).

[991] *Reuter/Voß/Ziegenbein*, in: Kummer/Kötter/Kutterer/Ostrau (Hrsg.), Das deutsche Vermessungs- und Geoinformationswesen, 2020, S. 639 (700); *Kleiber*, Verkehrswertermittlung von Grundstücken, 10. Aufl. 2023, Syst. Darst. Vergleichswertverfahren, Rn. 418.

[992] *Reuter/Voß/Ziegenbein*, in: Kummer/Kötter/Kutterer/Ostrau (Hrsg.), Das deutsche Vermessungs- und Geoinformationswesen, 2020, S. 639 (706).

[993] *Kleiber*, Verkehrswertermittlung von Grundstücken, 10. Aufl. 2023, Syst. Darst. Vergleichswertverfahren, Rn. 418.

33 und 34 BauGB für eine bauliche Nutzung bestimmt sind, deren Erschließung aber noch nicht gesichert ist oder die nach Lage, Form oder Größe für eine bauliche Nutzung unzureichend gestaltet sind. Aufgrund der schwer einschätzbaren Realisierungschance ergibt sich für beide Entwicklungszustände eine erhebliche Wertspanne.[994]

Bodenrichtwerte sind gemäß § 196 Abs. 1 Satz 1 BauGB flächendeckend, also auch für Bauerwartungsland und Rohbauland, zu ermitteln.[995] Mangels ausreichender geeigneter Vergleichspreise ist das Vergleichswertverfahren für werdendes Bauland in der Regel nicht anwendbar.[996] In diesen Fällen werden in der Wertermittlungspraxis regelmäßig *deduktive Verfahren*[997] eingesetzt, um die Bodenwerte und die Bodenrichtwerte zu bestimmen (§ 42 i. V. m. § 40 Abs. 3 Satz 1 ImmoWertV).[998] Bei der Wertermittlung mittels deduktiver Verfahren soll der vorläufige Vergleichswert ausgehend vom Bodenwert für entsprechendes baureifes Land durch marktgerechten Abzug der kalkulierten Kosten der Baureifmachung unter Berücksichtigung der Wartezeit oder in sonstiger geeigneter Weise ermittelt werden können.[999] Entscheidend kommt es dabei auf die plausible Schätzung der jeweiligen Rechengrößen an, insbesondere auf die voraussichtliche Wartezeit bis zur Baureife (§ 11 Abs. 2 ImmoWertV).[1000] Sofern deduktive Verfahren nicht anwendbar sind, kann der Bodenrichtwert auch mittels intersubjektiver Verfahren geschätzt werden. Teilweise werden auch pauschale Abschläge auf fertiges Bauland

---

994 *Kleiber*, Verkehrswertermittlung von Grundstücken, 10. Aufl. 2023, Syst. Darst. Vergleichswertverfahren, Rn. 418.

995 Stellungnahme des BR und Gegenäußerung der BReg zum ErbStRG v. 12.03.2008, BR-Drs. 16/8547, S. 13.

996 *Reuter*, fub 5/2009, 193 (197 f.); *Mattiseck/Schaar*, NÖV 2/2011, 37 (39); *Kleiber*, Verkehrswertermittlung von Grundstücken, 10. Aufl. 2023, Syst. Darst. Vergleichswertverfahren, Rn. 418.

997 Siehe hierzu unter Gliederungspunkt § 1, IV., 6., b), cc), (2).

998 *Seele*, VR 8/1998, 393; *gif e. V.*, GuG 4/1998, 223; *BMVBS (Hrsg.)*, Grundstückswertermittlung im Stadtbau, 2007, S. 45 ff.; *Hendricks*, Bodenrichtwertermittlung, 2017, S. 74 ff.

999 Grundlegend *Seele*, VR 8/1998, 393 (402); ergänzend unter Beachtung der ImmoWertV *Reuter*, fub 5/2009, 193; vgl. auch Nr. 9.1 Abs. 2 VW-RL.

1000 *Reuter*, fub 5/2009, 193 (201).

vorgenommen.[1001] Solche pauschalen Abschläge und Prozentsätze treffen die Realität jedoch nur ungenau und berücksichtigen regionale Besonderheiten nur unzureichend.[1002]

Gerade zu Beginn der Baulandentwicklung bestehen große Unsicherheiten bezüglich der erforderlichen Parameter. Die Bodenrichtwertermittlung kann daher regelmäßig nur mit großen Unsicherheiten durchgeführt werden.[1003] Im Gesetzgebungsverfahren zum ErbStRG 2009 nahm der Bundesrat an, dass es für Bauerwartungs- und Rohbauland häufig kaum möglich sei, aussagekräftige Bodenrichtwerte zu ermitteln, da es einerseits nur sehr wenige Verkaufsfälle gebe und es andererseits schwer kalkulierbar sei, wann und mit welcher Wahrscheinlichkeit das Land tatsächliche Baureife erlangen werde.[1004] Es sei daher in der Wertermittlungspraxis zum Teil unmöglich, gesicherte Bodenrichtwerte für diese Flächen zu erheben. Der Bundesrat schlug daher vor, die Ermittlung von Bodenrichtwerten für diese Flächen mit einem Vorbehalt zu versehen, dass Bodenrichtwerte nur dann zu ermitteln seien, soweit geeignete Daten aus der Kaufpreissammlung vorlägen.[1005] Der Vorschlag des Bundesrats wurde nicht in die finale Gesetzesfassung übernommen. Die Bundesregierung sah hierfür keine Notwendigkeit und hielt eine belastbare Ermittlung von Bodenrichtwerte für diese Flächen auf der Basis überörtlicher Marktdaten für möglich.[1006] Wegen der bei der Ermittlung von Bodenrichtwerten für werdendes Bauland bestehenden Probleme haben die Gutachterausschüsse in der Vergangenheit vielfach davon abgesehen,

---

1001 Grundlegend *Gerardy*, NaVKV 3/1965, 163 (165 f.). Vgl. auch für die Bewertung von werdendem Bauland für Zwecke der Besteuerung H B 179.3 Abs. 2 ErbStH.

1002 *gif e. V.*, GuG 4/1998, 223 (223); *Hendricks*, Bodenrichtwertermittlung, 2017, S. 73 f.

1003 *Reuter*, fub 5/2009, 193 (195); *Reuter/Voß/Ziegenbein*, in: Kummer/Kötter/Kutterer/Ostrau (Hrsg.), Das deutsche Vermessungs- und Geoinformationswesen, 2020, S. 639 (661); *Kleiber*, Verkehrswertermittlung von Grundstücken, 10. Aufl. 2023, § 15 ImmoWertV, Rn. 33 ff.

1004 Stellungnahme des BR und Gegenäußerung der BReg zum ErbStRG v. 12.03.2008, BR-Drs. 16/8547, S. 9 f.

1005 Stellungnahme des BR und Gegenäußerung der BReg zum ErbStRG v. 12.03.2008, BR-Drs. 16/8547, S. 9 f.; ebenso nun auch *Eisele*, in: Rössler/Troll, BewG, § 247 BewG, 34. EL, 12/2021, Rn. 23.

1006 Stellungnahme des BR und Gegenäußerung der BReg zum ErbStRG v. 12.03.2008, BR-Drs. 16/8547, S. 13.

Bodenrichtwerte für diese Flächen zu ermitteln. Dies hat wegen der fehlenden Bodenrichtwerte teilweise zu Steuerausfällen geführt.[1007]

Um eine genauere Wertermittlung für werdendes Bauland zu gewährleisten, sind in § 15 Abs. 4 ImmoWertV 2021 nun ergänzende Regelungen zum Zuschnitt der Bodenrichtwertzonen enthalten. Bodenrichtwertzone sind hiernach für den Entwicklungszustand Bauerwartungsland und Rohbauland unter besonderer Berücksichtigung der Bauleitpläne sowie der Entwicklung am Grundstücksmarkt zu bilden. Die Zonen sind so abzugrenzen, dass in der Bodenrichtwertzone ein überwiegend einheitlicher Entwicklungsgrad der Grundstücke gegeben ist.

d) Ermittlung besonderer Bodenrichtwerte für steuerliche Zwecke

Auf die Eigenarten der besonderen Bodenrichtwerte, die für Zwecke der steuerlichen Bewertung des Grundbesitzes nach § 196 Abs. 1 Satz 6 und Abs. 2 BauGB zu ermitteln sind, wurde bereits unter Gliederungspunkt § 1, III., 3., b) eingegangen. Ein gesondertes Ermittlungsverfahren ist für diese Bodenrichtwerte nicht vorgesehen.[1008] Die ImmoWertV differenziert grundsätzlich nicht zwischen den turnusmäßig zu ermittelnden allgemeinen Bodenrichtwerten und den besonderen Bodenrichtwerten. Dort ist allgemein die Ermittlung der Bodenrichtwerte geregelt. In § 15 Abs. 3 Satz 3 ImmoWertV wird jedoch ausdrücklich für die Bodenrichtwerte nach § 196 Abs. 1 Satz 7 BauGB bestimmt, dass sich die Bodenrichtwertzone auch nicht deckungsgleich überlagern können. Daraus ist im Umkehrschluss zu folgern, dass ansonsten für die Ermittlung der besonderen Bodenrichtwerte ebenfalls die Vorgaben in den §§ 1 ff. ImmoWertV gelten. Die Gutachterausschüsse haben bei der Ermittlung der besonderen Bodenrichtwerte für Zwecke der Grundsteuer insbesondere sämtliche wertbeeinflussenden Grundstücksmerkmale des Bodenrichtwertgrundstücks zu berücksichtigen, die auch nach § 16 Abs. 2 ImmoWertV darzustellen sind.[1009] Auch wenn die Darstellung dieser Grundstücksmerkmale überwiegend nicht erforderlich ist, da eine Anpassung der Bodenrichtwerte im Regelfall ausgeschlossen ist (§ 247

1007 BFH, Urt. v. 25.08.2010 – II R 42/09, BStBl. II 2011, 205, juris; *Krause*, NWB-EV 2011, 27 (29).

1008 Vgl. VG Hamburg, Urt. v. 19.02.2015 – 7 K 5146/14, juris Rn. 54.

1009 Siehe hierzu unter Gliederungspunkt § 1, IV., 5., b).

Abs. 1 Satz 2 BewG),[1010] erfordert die Ermittlung qualitativer Bodenrichtwerte die Berücksichtigung sämtlicher wertrelevanter Grundstücksmerkmale im Rahmen der Bodenrichtwertermittlung.

Neben den allgemeinen Vorgaben der Bodenrichtwertermittlung im BauGB und in der ImmoWertV hat der Gutachterausschuss bei der Ermittlung der besonderen Bodenrichtwerte die ergänzenden Vorgaben der Finanzverwaltung zu beachten (§ 196 Abs. 1 Satz 6 BauGB). Die ergänzenden Vorgaben beziehen sich zunächst auf den Zeitpunkt der Bodenrichtwertermittlung („sonstiger Feststellungszeitpunkt“). Es steht der Finanzverwaltung nach dieser Norm jedoch auch grundsätzlich frei, ergänzende Vorgaben an die materielle Ermittlung der Bodenrichtwerte zu stellen. Die Vorgaben sollen die örtlichen Verhältnisse und den Umfang und die Dichte der für steuerliche Zwecke benötigen Bodenrichtwerte berücksichtigen.[1011] Bei den Ergänzungen der Finanzverwaltung kann es sich einerseits um abstrakte Vorgaben handeln, die sich aus Verwaltungsanweisungen und Erlassen der Finanzverwaltung ergeben.[1012] Zwar ist der Gutachterausschuss generell nicht an Verwaltungsanweisungen gebunden.[1013] In diesem Fall bewirkt § 196 Abs. 1 Satz 6 BauGB jedoch ausnahmsweise zur Gewährleistung der Eignung der Bodenrichtwerte in der steuerlichen Bewertung, dass die Gutachterausschüsse die an sie gerichteten Verwaltungsanweisungen der Finanzverwaltung zu beachten haben. Andererseits ist auch denkbar, dass der Bedienstete der zuständigen Finanzbehörde, der gemäß § 192 Abs. 3 Satz 2 BauGB bei der Bodenrichtwertermittlung zu beteiligen ist, in Vertretung der Finanzverwaltung im Einzelfall ergänzende Vorgaben macht oder zumindest auf die Beachtung der aus steuerlicher Sicht relevanten Aspekte hinwirkt.[1014]

Ein solches Vorgehen greift nicht unerheblich in die Selbstständigkeit und Unabhängigkeit der Gutachterausschüsse ein und ist deshalb nicht

---

1010 Siehe hierzu unter Gliederungspunkt § 2, II., 3., b), cc), (1), (d).

1011 *Kleiber*, Verkehrswertermittlung von Grundstücken, 9. Aufl. 2020, § 10 ImmoWertV, Rn. 51.

1012 Z. B. A 247.3 Abs. 3 Satz 1 AEBewGrSt 2021.

1013 *Kleiber*, Verkehrswertermittlung von Grundstücken, 10. Aufl. 2023, § 192 BauGB, Rn. 109.

1014 *Freise*, in: Brügelmann, BauGB, § 196 BauGB, 109. EL, 1/2019, Rn. 47; *Kleiber*, Verkehrswertermittlung von Grundstücken, 10. Aufl. 2023, § 13 ImmoWertV, Rn. 44.

unproblematisch.[1015] Da es sich bei diesen Vorgaben nur um „Ergänzungen" handelt, wird grundsätzlich angenommen, dass hierdurch die Unabhängigkeit der Gutachterausschüsse grundsätzlich nicht berührt wird.[1016] Der Gutachterausschuss entscheidet eigenständig, wie er die abstrakten Vorgaben der Finanzverwaltung im Einzelfall umsetzt. Die Bodenrichtwertermittlung darf durch diese ergänzenden Vorgaben im Einzelfall nicht vollständig determiniert werden. Ob und inwieweit die Finanzverwaltung verfassungsrechtlich befugt ist, das Verwaltungshandeln der Gutachterausschüsse, die außerhalb der Hierarchie des Verwaltungsaufbaus angesiedelt sind,[1017] durch Verwaltungsvorschriften und Vorgaben zu bestimmen, ist derzeit nicht geklärt. Zumindest aus steuerlicher Sicht wäre es jedoch wünschenswert, die Ermittlung der besonderen Bodenrichtwerte stärker in Verwaltungsanweisungen zu regeln. Es hat sich in der Praxis gezeigt, dass allein die Mitwirkung des Bediensteten der Finanzverwaltung vielfach nicht ausreicht, um eine hinreichende Qualität der Bodenrichtwerte für die steuerliche Bewertung sicherzustellen.[1018] Die steuerliche Bewertung erlaubt in größerem Maße Typisierungen und Pauschalierungen als die Verkehrswertermittlung.[1019] Dies wirkt sich letztendlich auch auf die Bewertungsgrundlagen, in diesem Fall die Bodenrichtwerte, aus, die in der steuerlichen Bewertung herangezogen werden. Gleichzeitig ergeben sich größere Anforderungen an eine einheitlichere Ermittlung der Bodenrichtwerte.[1020] Sollte sich die Finanzverwaltung dafür entscheiden, umfangreichere und ggfs. in größerem Maße typisierende Vorgaben an die Ermittlung der besonderen Bodenrichtwerte zu stellen, sollten die verantwortlichen Personen sich allerdings bewusst sein, dass die hiernach ermittelten besonderen Bodenrichtwerte nun eine andere

---

1015 Kritisch hierzu Empfehlung der Ausschüsse zum Entwurf eines JStG 1997 v. 26.06.1996, BR-Drs. 390/1/96, S. 124.

1016 *Kleiber*, Verkehrswertermittlung von Grundstücken, 10. Aufl. 2023, § 13 ImmoWertV, Rn. 45; a. A. Empfehlung der Ausschüsse zum Entwurf eines JStG 1997 v. 26.06.1996, BR-Drs. 390/1/96, S. 124.

1017 Siehe hierzu unter Gliederungspunkt § 1, II., 2., d).

1018 *Kleiber*, Verkehrswertermittlung von Grundstücken, 10. Aufl. 2023, § 13 ImmoWertV, Rn. 44.

1019 Siehe hierzu unter Gliederungspunkt § 3, II., 2., d).

1020 Siehe hierzu unter Gliederungspunkt § 3, III., 4.

Qualität aufweisen als die allgemeinen Bodenrichtwerte i. S. d. § 196 Abs. 1 Satz 1 BauGB. In diesem Fall wäre kein Gleichlauf zwischen der Ermittlung der allgemeinen und der besonderen Bodenrichtwerte gegeben. Fallen der Hauptfeststellungszeitpunkt und der Zeitpunkt der regulären Ermittlung der allgemeinen Bodenrichtwerte i. S. d. § 196 Abs. 1 Satz 5 BauGB zusammen, hätte der Gutachterausschuss sowohl die allgemeinen als auch die besonderen Bodenrichtwerte zu ermitteln. Diese doppelte Ermittlung der Bodenrichtwerte wird von vielen Gutachterausschüssen mit der derzeitigen Ausstattung nicht zu leisten sein.

Die Gutachterausschüsse sind darüber hinaus nach § 196 Abs. 2 Satz 1 BauGB für Zwecke der Fortschreibungen und Nachfeststellungen bei der Grundsteuer[1021] verpflichtet, bei der Fortschreibung der Bodenrichtwerte eine veränderte Gebietsqualität derart zu berücksichtigen, dass zusätzlich besondere Bodenrichtwerte bezogen auf die Wertverhältnisse zum Zeitpunkt der letzten Hauptfeststellung oder dem letzten sonstigen Feststellungszeitpunkt für steuerliche Zwecke zu ermitteln sind. Die Ermittlung dieser Bodenrichtwerte richtet sich grundsätzlich ebenfalls nach den Vorgaben der ImmoWertV. Es ist jedoch unklar, wie die Gutachterausschüsse die Bodenrichtwertermittlung bezogen auf die Wertverhältnisse des letzten Hauptfeststellungszeitpunkts ermitteln sollen. Weder die ImmoWertV noch die Verwaltungsanweisungen der Finanzverwaltung enthalten hierfür Regelungen oder Hinweise. Infolge der fehlenden „ergänzenden Vorgaben der Finanzverwaltung" ist mit einer sehr heterogenen Ermittlung dieser besonderen Bodenrichtwerte zu rechnen.

7. Bodenrichtwertermittlung in der Praxis

Für die Qualität der Bodenrichtwerte sind in erster Linie nicht die abstrakten gesetzlichen Vorgaben entscheidend, sondern auf welche Art und Weise diese in der Praxis tatsächlich ermittelt werden. Qualitative Bodenrichtwerte setzten dabei zwar voraus, dass diese unter Beachtung der Vorgaben des BauGB und der ImmoWertV ermittelt werden. Denn hierbei handelt es sich in der Regel um sachgerechte und in der Praxis bewährte Verfahrensweisen, die darauf abzielen, einen Wert zu ermitteln, der als Bodenrichtwert

---

[1021] Siehe hierzu unter Gliederungspunkt § 2, II., 3., b), aa), (3).

angesehen werden kann. In diesen Abschnitt wird einerseits beleuchtet, wie die bestehenden gesetzlichen Vorgaben bei der Ermittlung der Bodenrichtwerte in der Praxis gelebt werden. Andererseits werden an dieser Stelle auch einige Aspekte der Bodenrichtwertermittlung dargestellt, die gesetzlich nicht normiert sind und die deshalb bei der bisherigen Darstellung der Bodenrichtwertermittlung zu kurz gekommen sind.

a) Zusammenspiel zwischen Gutachtern und der Geschäftsstelle bei der massenhaften Ermittlung von Bodenrichtwerten

Da die Bodenrichtwerte grundsätzlich flächendeckend zu ermitteln sind, besteht der Zuständigkeitsbereich eines jeden Gutachterausschusses aus einer Vielzahl von Bodenrichtwertzonen. Je inhomogener die tatsächlichen wertrelevanten Grundstücksmerkmale verteilt sind und je kleinteiliger die Lagewertigkeit der Grundstücke ist, desto mehr Bodenrichtwertzonen muss der Gutachterausschuss bilden. Ein Gutachterausschuss hat daher je nach Größe seines Zuständigkeitsbereichs eine Vielzahl an Bodenrichtwerten zu ermitteln (oft über tausende Bodenrichtwerte). Beispielsweise sind über BORIS-D für Rheinland-Pfalz 76.448 Bodenrichtwerte verfügbar (Stand Dezember 2023). Für dieses Bundesland sind derzeit 12 Gutachterausschüsse gebildet,[1022] sodass im Durchschnitt auf jeden Gutachterausschuss circa 6.400 Bodenrichtwerte entfallen.[1023]

Die Ermittlung der Bodenrichtwerte hat nicht einmalig, sondern turnusmäßig spätestens alle zwei Jahre zu erfolgen. Die Bodenrichtwertermittlung begründet für die Gutachterausschüsse daher in regelmäßigen Zeitabständen einen großen Arbeitsaufwand. Hinzu kommt, dass im Laufe der Zeit immer größere Anforderungen an die Ermittlung der Bodenrichtwerte gestellt wurden, die mehr Kapazitäten und vertiefte Kenntnisse in der Wertermittlung und den einschlägigen rechtlichen Vorgaben erfordern. Auch die außerplanmäßige Ermittlung der Bodenrichtwerte auf den Hauptermittlungszeitpunkt für Zwecke der Grundsteuer, die nicht vollständig mit dem regulären

[1022] AK OGA, Immobilienmarktbericht Deutschland 2023, S. 7.
[1023] Siehe auch *Strotkamp*, fub 2018, 97 (98).

Ermittlungsturnus harmoniert, begründet einen erheblichen zusätzlichen Mehraufwand.[1024]

Die Konzeption der Gutachterausschüsse ist für eine solche massenhafte und wiederkehrende Ermittlung belastbarer Werte nur eingeschränkt geeignet. Die Bodenrichtwerte sind nach § 193 Abs. 5 Satz 1 BauGB durch den Gutachterausschuss, also durch die Gutachter in der durch die Gutachterausschussverordnung des jeweiligen Bundeslandes vorgesehenen Mindestbesetzung zu ermitteln. Die Mindestbesetzung besteht nach § 192 Abs. 2, Abs. 3 Satz 2 BauGB aus dem Vorsitzenden, (mindestens zwei) weiteren ehrenamtlichen Gutachtern und einem Bediensteten der zuständigen Finanzbehörde.[1025] Diese Konzeption ist generell gut geeignet, um ein Verkehrswertgutachten zu erstellen oder allgemeine Marktanalysen durchzuführen. Dies dürfte auch für die Ermittlung der Bodenrichtwerte zutreffen, sofern diese als amtliche Informationen allein zur Schaffung von Markttransparenz auf dem Grundstücksmarkt ermittelt werden. An die Bodenrichtwertermittlung nach geltender Rechtslage werden jedoch – insbesondere wegen der Verwendung als steuerliche Bewertungsgrundlage – deutlich höhere Anforderungen gestellt, als dies noch im Jahr 1960 der Fall war. Eine rechtmäßige Bodenrichtwertermittlung ist deutlich zeitaufwendiger. Die Zusammensetzung der Gutachterausschüsse und die gesetzliche Aufgabenverteilung zwischen Gutachterausschüssen und Geschäftsstellen ist jedoch seit Einrichtung der Gutachterausschüsse im Wesentlichen unverändert geblieben.

Für die ehrenamtlichen Gutachter, die in der Regel noch einem Hauptberuf nachgehen, und dem Vorsitzenden, der die Tätigkeit häufig auch nur im Nebenamt ausübt, ist es jedoch nicht zumutbar und auch nicht möglich, sämtliche Bodenrichtwerte im Rahmen der Bodenrichtwertsitzung des Gutachterausschusses von Grund auf zu ermitteln. Die Gutachter sind daher auf die Unterstützung der Geschäftsstelle des Gutachterausschusses angewiesen. Diese bereitet regelmäßig die Bodenrichtwertsitzungen in Abstimmung mit dem Vorsitzenden vor.[1026] Dazu ermittelt die Geschäftsstelle die für die

---

1024 Siehe hierzu unter Gliederungspunkt § 1, II., 7., b), aa), (2).

1025 Siehe zu den Vorgaben zur Mindestbesetzung in den einzelnen Bundesländern unter Gliederungspunkt § 1, II., 7., b), aa), (3).

1026 Vgl. § 9 Nr. 2 und Nr. 3 ThürGAVO; § 9 Nr. 7 BauGB-AV HE, § 8 Satz 2 Nr. 2 SächsGAVO.

jeweilige Bodenrichtwertzone in Betracht kommenden Kaufpreise und stellt diese den Gutachtern ggfs. zusammen mit ergänzenden Informationen und Unterlagen zur Verfügung. Regelmäßig unterbreitet die Geschäftsstelle auch schon einen Vorschlag für den zu beschließenden Bodenrichtwert für die jeweilige Bodenrichtwertzone.[1027]

Die Qualität der von der Geschäftsstelle ermittelten Bodenrichtwerte hängt vor allem von der personellen und technischen Ausstattung der Geschäftsstelle und der fachlichen Qualifikation und dem Engagement der Bediensteten ab.[1028] Auch das Zusammenspiel zwischen dem Gutachterausschuss bzw. dem Vorsitzenden und der Geschäftsstelle kommt insoweit beträchtliches Gewicht zu.[1029] Die Gutachter würdigen die von der Geschäftsstelle ermittelten Bodenrichtwerte auf der Grundlage ihrer speziellen Fach-, Sach- und Marktkenntnis.[1030] Bei unterschiedlichen Ansichten über die Höhe des Bodenrichtwerts oder bei schlechter Datenlage kommt es häufig zu Diskussionen unter den Gutachtern. Der zu veröffentlichende Bodenrichtwert wird schließlich von allen beteiligten Gutachtern mit der Mehrheit der Stimmen beschlossen.

Das Verfahren im Vorfeld der Bodenrichtwertsitzung ist von Gutachterausschuss zu Gutachterausschuss unterschiedlich. Teilweise treffen sich einige Gutachter im Vorfeld mit den Bediensteten der Geschäftsstelle und diskutieren den bisherigen Arbeitsstand und entscheiden über die weitere Vorgehensweise bei der Ermittlung. Zum Teil werden die von der Geschäftsstelle ermittelten Bodenrichtwerte erstmalig und abschließend den Gutachtern in der Bodenrichtwertsitzung vorgelegt. Eine Koordination erfolgt im Vorfeld in diesen Fällen allerdings meist über den Vorsitzenden des Gutachterausschusses. Der Umfang der Überprüfung der von der Geschäftsstelle ermittelten Bodenrichtwerte hängt ebenfalls von Gutachterausschuss zu Gutachterausschuss ab. Teilweise erfolgen hier nur eine Plausibilitätsprüfung

---

1027 *Friedrich*, ZfV 3/1978, 94 (99); *W.-E. Schulz*, VR 3/1978, 108 (117); *Freise*, in: Brügelmann, BauGB, § 192 BauGB, 109. EL, 1/2019, Rn. 83; *Freise*, in: Brügelmann, BauGB, § 193 BauGB, 109. EL, 1/2019, Rn. 102; *Voß*, in: E/Z/B/K, BauGB, § 192 BauGB, 111. EL, 9/2013, Rn. 54; gif e. V., Qualitätssicherung bei der Ermittlung von Bodenrichtwerten, 2008, S. 3.

1028 *Dittrich/Plewka/Kinne*, GuG 2018, 147 (152).

1029 *Dittrich/Plewka/Kinne*, GuG 2018, 147 (152).

1030 *Freise*, in: Brügelmann, BauGB, § 192 BauGB, 109. EL, 1/2019, Rn. 84; *Bötel*, Neue Landwirtschaft 4/2010, 14 (15).

des Wertniveaus und eine Anpassung einzelner Bodenrichtwerte. Die Ermittlung der einzelnen Bodenrichtwerte wird insoweit nur bei offensichtlichen Unstimmigkeiten hinterfragt. Teilweise überprüfen die Gutachter die ihnen präsentierten Bodenrichtwertvorschläge deutlich gründlicher. Auch die Verwendung von arbeitsaufwendigeren deduktiven oder intersubjektiven Schätzverfahren findet uneinheitlich statt.

Bei der beschriebenen Aufgabenteilung wird ein Großteil der Arbeit im Rahmen der Bodenrichtwertermittlung auf die Geschäftsstelle verlagert. Dies ist notwendig, damit die Gutachterausschüsse ihrer Pflichtaufgabe zur flächendeckenden Ermittlung der Bodenrichtwerte nachkommen können. Im Sinne eines einheitlichen Qualitätsniveaus der Bodenrichtwerte ist diese Vorgehensweise jedoch problematisch. Denn die Bodenrichtwerte werden in diesem Fall von Personen ermittelt, die anders als die Gutachter (vgl. § 192 Abs. 3 Satz 1 BauGB), keine gesetzlich vorgesehenen Qualifikationen aufweisen müssen. Sofern die Geschäftsstellen der Gutachterausschüsse bei einer Fachbehörde, etwa einem Katasteramt angegliedert sind, wird ein gewisses fachliches Niveau der Bediensteten der Geschäftsstelle regelmäßig faktisch noch gewährleistet sein. Sofern die Geschäftsstelle jedoch bei der allgemeinen Verwaltung einer Gemeinde oder eines Landkreises angesiedelt ist, ist zu bezweifeln, ob das dort tätige Personal durchweg die für die Bodenrichtwertermittlung erforderliche Qualifikation besitzt.[1031] Bei der beschriebenen Aufgabenverteilung werden die von der Geschäftsstelle ermittelten Bodenrichtwerte zwar durch die Gutachter überprüft und ggfs. modifiziert. Es dürfte jedoch vielfach die Zeit fehlen, sämtliche Bodenrichtwertvorschläge vollständig zu überprüfen. Wenn sich also darauf berufen wird, dass die Bodenrichtwerte von besonders qualifizierten Gutachtern ermittelt werden, ist dabei auch zu berücksichtigen, dass ein Großteil der Arbeit durch die regelmäßig weniger qualifizierten Bediensteten der Geschäftsstelle durchgeführt wird. Die Bodenrichtwerte werden zu einem Großteil nicht durch die Gutachter des Gutachterausschusses ermittelt, sondern nur durch diese beschlossen. Dies sollte insbesondere im Hinblick auf die vorgreifliche Kompetenz des Gutachterausschusses bei der Bodenrichtwertermittlung im Hinterkopf behalten werden, mit der der Bundesfinanzhof die Verbindlichkeit

---

1031 *J. Schmidt*, GuG 6/1996, 351 (352).

der Bodenrichtwerte und deren eingeschränkte gerichtliche Überprüfung rechtfertigt.[1032] Dies wird an späterer Stelle noch ausführlich untersucht.[1033]

b) Fortschreibung der Bodenrichtwerte

Die Gutachterausschüsse haben in der Praxis nicht sämtliche Schritte der Bodenrichtwertermittlung erneut durchzuführen. Regelmäßig können sie auf die in der Vergangenheit ermittelten Bodenrichtwerte und die dazugehörigen Bodenrichtwertzonen zurückgreifen, sofern sich die tatsächlichen und rechtlichen Gegebenheiten nicht verändert haben. Die Bodenrichtwertermittlung fängt daher nicht bei jeder turnusmäßigen Ermittlung „von null" an, sondern baut auf den Erkenntnissen der vergangenen Ermittlungen auf. In § 196 Abs. 2 BauGB wird diese Vorgehensweise auch als „*Fortschreibung der Bodenrichtwerte*" bezeichnet, ohne dass dieser praktisch bedeutsame Begriff näher definiert wird. Auch in der ImmoWertV finden sich keine Vorgaben, die sich auf die Fortschreibung der Bodenrichtwerte beziehen. Die Fortschreibung bereits ermittelter Bodenrichtwerte ist grundsätzlich nach denselben Verfahren durchzuführen, wie diese für die erstmalige Ermittlung eines Bodenrichtwerts gelten.[1034] Dies ergibt sich ausdrücklich aus dem Wortlaut des § 196 Abs. 1 Satz 5 BauGB, der von einer turnusmäßigen „Ermittlung" ausgeht und gerade keine Fortschreibung regelt. Primär ist also das Vergleichswertverfahren (ggfs. unter Zuhilfenahme von Preisen und Bodenrichtwerten aus vergleichbaren Gebieten) anzuwenden. Subsidiär können gemäß § 14 Abs. 2 Satz 2 ImmoWertV auch deduktive Verfahren oder andere geeignete Verfahrensweisen herangezogen werden.

c) Ermittlung und Fortschreibung der Bodenrichtwerte im Vergleichswertverfahren

Bodenrichtwerte sind gemäß § 14 Abs. 1 Satz 1 ImmoWertV vorrangig im Vergleichswertverfahren zu ermitteln. Die Ermittlung der Bodenrichtwerte im Preisvergleich wird regelmäßig dann für erforderlich gehalten, wenn erstmals für eine Bodenrichtwertzone ein Bodenrichtwert zu ermitteln ist

1032 So etwa BFH, Urt. v. 11.05.2005 – II R 21/02, BStBl. II 2005, 686, juris Rn. 11.

1033 Siehe hierzu unter Gliederungspunkt § 4, III., 2., a), cc), (2), (a).

1034 *Zeißler*, Zur Ermittlung von Bodenrichtwerten bei fehlenden Kaufpreisen unbebauter Grundstücke, 2012, S. 26.

oder wenn eine Fortschreibung des Bodenrichtwerts mittels Indexreihe nicht (mehr) möglich ist.[1035] In der Praxis ist das reguläre Vergleichswertverfahren jedoch in vielen Fällen nicht ohne Weiteres anwendbar. Dies liegt vor allem daran, dass in kaufpreisarmen Regionen, wozu auch viele bebaute Gebiete gehören, nicht ausreichend Kaufpreise für unbebaute Grundstücke verfügbar sind.[1036] Dem Gutachterausschuss stehen für die Bodenrichtwertermittlung daher regelmäßig nur in der Vergangenheit ermittelte Bodenrichtwerte als Basis zur Verfügung, die ggfs. durch einzelne Vergleichspreise unterstützt werden können.[1037]

In kaufpreisarmen Lagen besteht ein mitunter zu beobachtender Fehler darin, dass der in der Vergangenheit ermittelte Bodenrichtwert mangels aktueller Daten unverändert für die nachfolgenden Jahre übernommen wird. Dies ist vor allem dann problematisch, wenn die allgemeine Markt- und Wertentwicklung in der Region auch eine erhebliche Bodenwertänderung in den kaufpreisarmen Lagen vermuten lässt.[1038] Die Bodenrichtwerte „hinken" in diesen Fällen der Marktentwicklung hinterher. Bei einer Marktentwicklung mit steigenden Grundstückspreisen dürften diese Bodenrichtwerte daher ein zu niedriges Niveau aufweisen. Ebenso unzulässig ist eine pauschale, unsubstantiierte Erhöhung der Bodenrichtwerte, um eine Anpassung an die Marktentwicklung zu suggerieren.[1039]

Eine sachgerechte Vorgehensweise besteht in kaufpreisarmen Lagen bei der Durchführung des Vergleichswertverfahrens darin, die Datengrundlage auszuweiten, um auf diese Weise noch einen Preisvergleich durchführen zu können.[1040] Die Forderung einer ausreichenden Zahl an Vergleichspreisen für den Preisvergleich ist als eine Maßgabe an die Gutachterausschüsse zu

---

1035 Vgl. *Kleiber*, Verkehrswertermittlung von Grundstücken, 10. Aufl. 2023, § 14 ImmoWertV, Rn. 17.

1036 Siehe hierzu unter Gliederungspunkt § 1, IV., 6., a), cc), (3), (b) und § 1, IV., 6., b).

1037 *Mann*, in: Kummer/Frankenberg/Kötter (Hrsg.), Das deutsche Vermessungs- und Geoinformationswesen 2014, 2013, S. 581 (602).

1038 *Zeißler*, Zur Ermittlung von Bodenrichtwerten bei fehlenden Kaufpreisen unbebauter Grundstücke, 2012, S. 26; *Strotkamp*, fub 2018, 97 (98); *Kleiber*, Verkehrswertermittlung von Grundstücken, 10. Aufl. 2023, § 14 ImmoWertV, Rn. 18.

1039 gif e. V., Qualitätssicherung bei der Ermittlung von Bodenrichtwerten, 2008, S. 7.

1040 So auch der BFH bei der Ermittlung des Teilwerts des Grund und Bodens im Vergleichswertverfahren BFH, Urt. v. 19.05.202 – X R 27/19, BFH/NV 2021, 15, juris Rn. 41.

verstehen, alle Möglichkeiten der Optimierung der Beurteilungsbereiche zu nutzen, um möglichst marktgerechte Daten für die Wertermittlung zu liefern.[1041] Es kann daher bei einer schlechten Datengrundlage geboten sein, den Beurteilungsraum (sachlich, räumlich, zeitlich) zu erweitern, wobei die Besonderheiten der einzelnen Märkte zu beachten sind.[1042] Diese Vorgehensweise ist nun auch in § 14 Abs. 2 Satz 1 ImmoWertV[1043] ausdrücklich vorgesehen.[1044] Zu beachten ist jedoch, dass diese Ermittlungsweise nur nachrangig zum regulären Vergleichswertverfahren nach § 24 ImmoWertV zur Anwendung kommt, wenn die Bodenrichtwertermittlung in einem Gebiet ohne oder mit geringem Grundstücksverkehr[1045] erfolgt. Methodisch handelt es sich bei der Erweiterung der Datengrundlage noch um eine Ermittlung des Bodenrichtwerts im Vergleichswertverfahren.[1046] Zum Preisvergleich werden in diesem Fall jedoch nicht nur Vergleichspreise, sondern auch Bodenrichtwerte herangezogen.

Bei der Heranziehung von Kaufpreisen oder Bodenrichtwerten aus vergleichbaren Gebieten muss der Gutachterausschuss eine Entscheidung darüber treffen, ob eine Vergleichbarkeit der Gebiete überhaupt gegeben ist. Vergleichbare Gebiete liegen dann vor, wenn sich die jeweiligen örtlichen Verhältnisse und die jeweilige Marktsituation gleichen. Dies setzt jedoch grundsätzlich voraus, dass der Gutachterausschuss sowohl das Gebiet der Bodenrichtwertzone als auch das Vergleichsgebiet hinreichend gut kennt, um einen solchen Vergleich vornehmen zu können. Allein der Vergleich mit den dargestellten wertbeeinflussenden Grundstücksmerkmalen des herangezogenen Bodenrichtwerts dürfte insoweit nicht ausreichen. Wegen der Individualität der Grundstücke und der Besonderheiten auf den regionalen Grundstücksmärkten wird eine Vergleichbarkeit in vielen Fällen nicht

---

1041 *Hendricks*, Bodenrichtwertermittlung, 2017, S. 34; *Freise*, in: Brügelmann, BauGB, § 12 ImmoWertV, 123. EL, 7/2022, Rn. 12.

1042 *Dittrich/Plewka/Kinne*, GuG 2018, 147 (154 f.); *Freise*, in: Brügelmann, BauGB, § 12 ImmoWertV, 123. EL, 7/2022, Rn. 12.

1043 Vormals wurde diese Vorgehensweise auf Nr. 7 Abs. 2 Satz 1 BRW-RL gestützt.

1044 Siehe hierzu unter Gliederungspunkt § 1, IV., 6., b), bb).

1045 Siehe zur Auslegung des Begriffs unter Gliederungspunkt § 1, IV., 6., b), bb).

1046 Vgl. *Joeris/J. Simon*, in: Rössler/Langer (Begr.), Schätzung und Ermittlung von Grundstückswerten, 8. Aufl. 2005, S. 47 (112).

anzunehmen sein.[1047] Insbesondere die Berücksichtigung der unterschiedlichen Lagewertigkeit der Vergleichsgrundstücke und Bodenrichtwerte muss bei einer solchen Vorgehensweise gründlich geprüft werden.[1048] In Betracht kommen grundsätzlich nur Kaufpreise und Bodenrichtwerte aus Vergleichsgebieten, die im Zuständigkeitsbereich des Gutachterausschusses liegen, da ihm für Gebiete außerhalb seines Zuständigkeitsbereichs die notwendige Marktkenntnis fehlen dürfte. Die herangezogenen Bodenrichtwerte müssen, obwohl dies in § 14 Abs. 2 Satz 1 ImmoWertV nicht ausdrücklich geregelt ist, nach § 9 Abs. 1 Satz 1 ImmoWertV auf ihre Eignung überprüft werden.

d) Ermittlung und Fortschreibung der Bodenrichtwerte mittels der in § 14 Abs. 2 Satz 2 ImmoWertV genannten geeigneten Verfahrensweisen

In kaufpreisarmen Regionen können alternativ oder ergänzend zum erweiterten Vergleichswertverfahren auch deduktive oder andere geeignete Verfahrensweisen (§ 14 Abs. 2 Satz 2 ImmoWertV) zur Anwendung kommen. Die Anwendbarkeit dieser Verfahren hängt jedoch stark von der Gebietsstruktur ab.[1049] Für einige Gebiete sind diese Verfahren nicht oder nur eingeschränkt anwendbar (z. B. Flächen der Land- und Forstwirtschaft).[1050] Zudem sind diese Verfahren recht arbeitsintensiv und setzen Erfahrung und Sachkunde voraus. Die in der Literatur vorgeschlagenen Verfahren,[1051] die ursprünglich für die individuelle Bodenwertermittlung konzipiert wurden, dürften in der Praxis bei der massenhaften Ermittlung von Bodenrichtwerten nur von hinreichend leistungsfähigen Gutachterausschüssen umgesetzt werden können. Bei eingeschränkt leistungsfähigen Gutachterausschüssen dürfte es in der Praxis häufig zu einfach durchführbaren freien Schätzungen kommen, die jedoch vielfach nicht die Anforderungen an eine intersubjektive Wertermittlung erfüllen dürften.[1052]

1047 *Joeris/J. Simon*, in: Rössler/Langer (Begr.), Schätzung und Ermittlung von Grundstückswerten, 8. Aufl. 2005, S. 47 (100).

1048 *Freise*, in: Brügelmann, BauGB, § 14 ImmoWertV, 123. EL, 7/2022, Rn. 9 f.

1049 Vgl im Einzelnen *Kötter/Guhl*, fub 1/2013, 1.

1050 *Dittrich/Plewka/Kinne*, GuG 2018, 147 (153).

1051 Siehe hierzu ausführlich unter Gliederungspunkt § 1, IV., 6., b), cc).

1052 Vgl. FG Rheinland-Pfalz, Beschl. v. 23.11.2023 – 4 V 1295/23, juris Rn. 252.

Für die Bodenrichtwertermittlung in kaufpreisarmen Lagen wird für die Gutachterausschüsse in Nordrhein-Westfalen ein zonenübergreifendes, modifiziertes Lagewertverfahren[1053] als Standard vorgeschlagen.[1054] In einem ersten Schritt stellt der Gutachterausschuss Kriterien für die Lagewertigkeit der Bodenrichtwertzonen auf und ordnet den jeweiligen Zonen relative Lagewerte zu. Dabei ermittelt er auch Umrechnungskoeffizienten für die Lagemerkmale und die sonstigen wertbeeinflussenden Merkmale. In einem zweiten Schritt bestimmt der Gutachterausschuss Bodenrichtwerte für die Bodenrichtwertzonen, in denen ausreichend Kaufpreise zur Verfügung stehen (Ausgangszonen). In einem dritten Schritt ermittelt der Gutachterausschuss die Bodenrichtwerte für die kaufpreisarmen bzw. kaufpreisfreien Zonen (Zielzonen) durch Multiplikation mit den Quotienten aus dem relativen Lagewert der Ausgangszone und dem relativen Lagewert der Zielzone. Im vierten Schritt erfolgt schließlich eine Anpassung der vorläufigen Bodenrichtwerte an die sonstigen wertbeeinflussenden Merkmale in der jeweiligen Bodenrichtwertzone und eine abschließende Würdigung durch den Gutachterausschuss.[1055]

e) Fortschreibung der Bodenrichtwerte mittels Indexreihen

Nach § 14 Abs. 2 Satz 1 ImmoWertV können für die Bodenrichtwertermittlung in kaufpreisarmen Regionen auch Bodenrichtwerte aus vorangegangenen Jahren herangezogen werden.[1056] Aus der Bezugnahme auf § 14 Abs. 1 Satz 2 ImmoWertV ergibt sich, dass diese Bodenrichtwerte vergangener Jahre regelmäßig mittels Indexreihen angepasst werden sollen. Dieses Verfahren wird in der Literatur grundsätzlich für geeignet gehalten.[1057] In der Wertermittlungspraxis wird dieses Verfahren regelmäßig, ggfs. in Kombination mit weiteren Verfahren,

---

1053 Siehe zu den Lagewertverfahren bereits unter Gliederungspunkt § 1, IV., 6., b), cc), (3).

1054 AGVGA.NRW, Modell zur Ermittlung von Bodenwerten für Wohnbauland in NRW, 2017, S. 18 ff.

1055 AGVGA.NRW, Modell zur Ermittlung von Bodenwerten für Wohnbauland in NRW, 2017, S. 18 f.

1056 So zuvor bereits Nr. 7 Abs. 2 Satz 1 Spiegelstrich 2 BRW-RL und Nr. 5.8.3.1 lit. B RiWert RhPf.

1057 gif e. V., Qualitätssicherung bei der Ermittlung von Bodenrichtwerten, 2008, S. 10; *Hendricks*, Bodenrichtwertermittlung, 2017, S. 46; *Hild*, Die Ermittlung von Bodenrichtwerten in der Innenstadt Karlsruhes, 2018, S. 20 f.; *Kleiber*, Verkehrswertermittlung von Grundstücken, 10. Aufl. 2023, § 14 ImmoWertV, Rn. 17.

durchgeführt (z. B. zusätzliche Heranziehung verfügbarer Vergleichspreise und Bodenrichtwerte; Verifikation durch deduktive Verfahren).[1058] Zu beachten ist allerdings, dass die Bodenrichtwertermittlung gemäß § 14 Abs. 1 Satz 1 ImmoWertV vorrangig anhand von aktuellen Vergleichspreisen zu erfolgen hat, sofern diese vorliegen. Eine Fortschreibung der alten Bodenrichtwerte mittels Indexreihen lässt sich – sofern man dieses Verfahren § 14 Abs. 2 Satz 1 ImmoWertV zuordnet – nur dann anwenden, wenn in dem Gebiet der Bodenrichtwertermittlung kein oder nur einen geringen Grundstücksverkehr aufweist und das vorrangig anzuwendende Vergleichswertverfahren deshalb nicht anwendbar ist.

Die sachgerechte Durchführung dieses Verfahrens setzt voraus, dass der Gutachterausschuss für seinen Zuständigkeitsbereich eine Bodenpreisindexreihe „fundiert" abgeleitet hat.[1059] Grundvoraussetzung für die Verwendung der Indexreihe ist, dass sie aus der Kaufpreissammlung auf der Grundlage einer ausreichenden Zahl geeigneter Kaufpreise in einem geeigneten statistischen Verfahren ermittelt wurde (§ 12 Abs. 2 und Abs. 4, § 18 Abs. 3 ImmoWertV). Indexreihen werden von den Gutachterausschüssen nicht flächendeckend ermittelt und veröffentlicht, weil für die Ermittlung vielfach nicht ausreichend Marktdaten vorhanden sind oder der betreffende Gutachterausschuss nicht über die hierfür erforderlichen personellen Kapazitäten verfügt.[1060] Dies dürfte vor allem bei Gutachterausschuss mit kleinen Zuständigkeitsbereichen, etwa in Baden-Württemberg, der Fall sein.[1061] Die Fortschreibung der Bodenrichtwerte mittels Indexreihen setzt voraus, dass die allgemeine Marktentwicklung in dem Bereich, für die die Indexreihe ermittelt wurde (regelmäßig der Zuständigkeitsbereich des Gutachterausschusses), mit den Verhältnissen

---

1058 *Dicke*, NÖV 1/1998, 57 (57); *Debus/Helbach*, GuG 2/2012, 65 (66); *Mann*, in: Kummer/Frankenberg/Kötter (Hrsg.), Das deutsche Vermessungs- und Geoinformationswesen 2014, 2013, S. 581 (S. 602 f.).

1059 *Joeris/J. Simon*, in: Rössler/Langer (Begr.), Schätzung und Ermittlung von Grundstückswerten, 8. Aufl. 2005, S. 47 (114); *Kleiber*, Verkehrswertermittlung von Grundstücken, 10. Aufl. 2023, § 14 ImmoWertV, Rn. 17.

1060 *Joeris/J. Simon*, in: Rössler/Langer (Begr.), Schätzung und Ermittlung von Grundstückswerten, 8. Aufl. 2005, S. 47 (108); gif e. V., Qualitätssicherung bei der Ermittlung von Bodenrichtwerten, 2008, S. 10.

1061 Siehe zur Auswirkung kleiner Zuständigkeitsbereiche auf die Qualität der von den Gutachterausschüssen ermittelten Werte und Marktdaten unter Gliederungspunkt § 3, III., 4., a), aa), (2).

in der Bodenrichtwertzone vergleichbar ist.[1062] Außerdem dürfen sich die tatsächlichen und rechtlichen Gegebenheiten in der Bodenrichtwertzone nicht verändert haben, da ansonsten eine Veränderung der Bodenrichtwertzone und des Bodenrichtwertgrundstücks erforderlich wäre. Bei einer veränderten Zonengröße ist eine Fortschreibung des für die alte Bodenrichtwertzone geltenden Bodenrichtwerts regelmäßig nicht mehr sachgerecht.

Eine Fortschreibung der Bodenrichtwerte mittels Indexreihen ist grundsätzlich über mehrere Bodenrichtwertstichtage möglich. Eine solche Indexierung ist jedoch nicht unbegrenzt durchführbar.[1063] Denn einerseits wird bei diesem Verfahren ein fehlerhafter Bodenrichtwert nicht durch eine eigenständige Ermittlung überprüft, sondern ohne inhaltliche Verifizierung für die Zukunft fortgeschrieben.[1064] Andererseits kann es vorkommen, dass gebietsspezifische Marktentwicklungen in einigen Bodenrichtwertzonen nicht erkannt und deshalb nicht hinreichend berücksichtigt werden.[1065] Bodenrichtwerte können daher nicht unbegrenzt mittels Indexreihen fortgeschrieben werden. Sie müssen in gewissen Zeitabständen durch andere Verfahren überprüft werden. Hierzu können einerseits Kaufpreise aus vergleichbaren Gebieten herangezogen werden.[1066] In bebauten Gebieten können zur Kontrolle insbesondere auch das *Mietsäulenverfahren*, die *marktangepasste Zielbaummethode* und die Ableitung von Bodenwertanteilen aus Gesamtkaufpreisen bebauter Grundstücke verwendet werden.[1067]

f) Verplausibilisierung der Bodenrichtwerte

Grundsätzlich ist nach § 196 BauGB und den §§ 13 ff. ImmoWertV für jede Bodenrichtwertzone eigenständig ein Bodenrichtwert zu ermitteln. Da die Bodenrichtwertzonen jedoch auch zueinander in Beziehung stehen, muss

---

[1062] Vgl. *BMVBS (Hrsg.)*, Grundstückswertermittlung im Stadtbau, 2007, S. 41.

[1063] *Kleiber*, Verkehrswertermittlung von Grundstücken, 9. Aufl. 2020, § 10 ImmoWertV, Rn. 63.

[1064] *Debus/Helbach*, GuG 2/2012, 65 (66); *A. Seitz*, GuG 3/2017, 142 (144); *Hild*, Die Ermittlung von Bodenrichtwerten in der Innenstadt Karlsruhes, 2018, S. 20.

[1065] *Hild*, Die Ermittlung von Bodenrichtwerten in der Innenstadt Karlsruhes, 2018, S. 20.

[1066] *Kleiber*, Verkehrswertermittlung von Grundstücken, 9. Aufl. 2020, § 10 ImmoWertV, Rn. 64.

[1067] *Strotkamp*, fub 2018, 97 (100); *Debus/Helbach*, GuG 2/2012, 65 (66).

diese Beziehung auch bei der Ermittlung der Bodenrichtwerte hinreichend berücksichtigt werden.[1068] Die Bodenrichtwerte sollen in ihrer Gesamtheit das Bodenwertgefüge realitätsgerecht wiedergeben. Bodenrichtwerte sind daher nach *Jörn Freise* *„nicht das Ergebnis einer Berechnung, sondern einer Abwägung auf der Grundlage von zuvor i. d. R. durchgeführten Berechnungen (Beschl. nach Plausibilitätsprüfung).“*[1069] Der im Vergleichswertverfahren oder in einem anderen geeigneten Verfahren ermittelte Bodenrichtwert soll daher nur den vorläufigen Bodenrichtwert darstellen. Zur Ermittlung des endgültigen Bodenrichtwerts sind zusätzlich noch die Bodenrichtwerte in den umliegenden Bodenrichtwertzonen im Rahmen eines Quervergleichs zu berücksichtigen.[1070] Im Rahmen dieses Quervergleichs wird die Aussagekraft des ermittelten Bodenrichtwerts anhand der Datenlage als auch nach der Erfahrungen aus der Ermittlung der anderen Bodenrichtwerte beurteilt und es werden die weiteren wirtschaftlichen Rahmenbedingungen einbezogen.[1071] Bei schlechter Datenverfügbarkeit kann es angezeigt sein, die Ergebnisse eines Wertermittlungsverfahrens durch ein anderes Verfahren zu überprüfen und zu verplausibilisieren.[1072] Erst dieser Quervergleich gewährleistet, dass ein Bodenrichtwert auch dem Bodenwert-Gesamtgefügte einer Stadt/Gemeinde entspricht.[1073] Dieser Verfahrensschritt der Bodenrichtwertermittlung ist weder im BauGB noch in der ImmoWertV geregelt und auch sonst kaum durch Standards reglementiert. Die Anpassung „unstimmiger“ Bodenrichtwerte dürfte in großem Maß auf subjektiven Erwägungen („Bauchgefühl“ der Gutachter) beruhen. Es sollte darauf geachtet werden, dass die Anpassung so weit möglich durch objektive Daten belegt und intersubjektiv nachvollziehbar begründet werden.

1068 gif e. V., Qualitätssicherung bei der Ermittlung von Bodenrichtwerten, 2008, S. 5.

1069 *Freise*, in: Brügelmann, BauGB, § 12 ImmoWertV, 123. EL, 7/2022, Rn. 22.

1070 gif e. V., Qualitätssicherung bei der Ermittlung von Bodenrichtwerten, 2008, S. 8; *Mann*, ZfV 3/2016, 161 (168); *Dittrich/Plewka/Kinne*, GuG 2018, 147 (154); AGVGA. NRW, Modell zur Ermittlung von Bodenwerten für Wohnbauland in NRW, 2017, S. 17; *Hild*, Die Ermittlung von Bodenrichtwerten in der Innenstadt Karlsruhes, 2018, S. 16; *Freise*, in: Brügelmann, BauGB, § 14 ImmoWertV, 123. EL, 7/2022, Rn. 3, 5.

1071 gif e. V., Qualitätssicherung bei der Ermittlung von Bodenrichtwerten, 2008, S. 8 f.

1072 *Kötter/Guhl*, fub 1/2013, 1 (7); *Reuter*, fub 5/2009, 193 (196); *Hendricks*, Bodenrichtwertermittlung, 2017, S. 40; vgl. zur Verkehrswertermittlung bei schlechter Datengrundlage auch BGH, Beschl. v. 08.01.2019 – XI ZR 535/17, GuG 2019, 252.

1073 *Mann*, in: Kummer/Frankenberg/Kötter (Hrsg.), Das deutsche Vermessungs- und Geoinformationswesen 2014, 2013, S. 581 (605).

V. Zusammenfassung

Bodenrichtwerte i. S. d. § 196 BauGB haben in der Immobilienwirtschaft und im Rahmen der Ermittlung von Grundstückswerten eine große Bedeutung. Sie stellen regelmäßig eine einfache Möglichkeit dar, fundierte und neutrale Auskünfte über die Wertverhältnisse des Grund und Bodens zu erlangen.[1074] Bodenrichtwerte sollen in erster Linie aus tatsächlich erzielten Kaufpreisen abgeleitet werden und bieten daher dem Grunde nach Gewähr, die tatsächlichen Marktverhältnisse am regionalen Grundstücksmarkt realistisch und zutreffend abzubilden. Sie sind mittlerweile (fast) flächendeckend verfügbar und können deshalb grundsätzlich zur Ermittlung des Bodenwertniveaus für fast jedes zu bewertende Grundstück herangezogen werden.

Die Bodenrichtwerte sind von Anfang an durch die Gutachterausschüsse für Grundstückswerte zu ermitteln. Diese sind als öffentlich-rechtliche Institutionen mit Behördeneigenschaft konzipiert. Sie sind jedoch aufgrund der ihnen zuerkannten Selbstständigkeit und Unabhängigkeit nicht in den allgemeinen Verwaltungsaufbau eingebunden und befinden sich daher außerhalb der Hierarchie des Staatsaufbaus.[1075] Sie sollen mit sachkundigen und erfahrenen Gutachtern besetzt sein. Der Großteil der Gutachter besteht aus ehrenamtlichen Gutachtern, die in der Praxis regelmäßig aus den verschiedenen Bereichen der Immobilienwirtschaft und aus der öffentlichen Verwaltung stammen, und die den Gutachterausschuss nur anlassbezogen bei den Wertermittlungen unterstützen.[1076] Die Einrichtung einer Geschäftsstelle erfolgte lediglich zur Erleichterung der Tätigkeit der Gutachterausschüsse.[1077] Den Arbeitsergebnissen der Gutachterausschüsse als neutrale Stellen sollte keine Bindungswirkung zukommen.[1078]

1074 *Kleiber*, Verkehrswertermittlung von Grundstücken, 10. Aufl. 2023, § 13 ImmoWertV, Rn. 23.

1075 Siehe hierzu unter Gliederungspunkt § 1, II., 2., d).

1076 Siehe hierzu unter Gliederungspunkt § 1, II., 5., b).

1077 Schriftlicher Bericht des Ausschusses für Wohnungswesen, Bau- und Bodenrecht über den von der BReg eingebrachten Entwurf eines BBauG v. 22.04.1960, BT-Drs. III/1794, S. 26.

1078 Entwurf der BReg zum BBauG 1960 v. 16.04.1958, BT-Drs. III/336, S. 106 f.; Schriftlicher Bericht des Ausschusses für Wohnungswesen, Bau- und Bodenrecht über den von der BReg eingebrachten Entwurf eines BBauG v. 22.04.1960, BT-Drs. III/1794, S. 27.

Die grundlegende Konzeption der Gutachterausschüsse hat sich seit ihrer Einführung nicht wesentlich verändert. Ungeachtet dessen sind die tatsächlichen und rechtlichen Anforderungen an die Bodenrichtwerte und die sonstigen für die Wertermittlung erforderlichen Daten erheblich gestiegen. Während es sich bei den Bodenrichtwerten und den sonstigen für die Wertermittlung erforderlichen Daten ursprünglich lediglich um unverbindliche amtliche Informationen gehandelt hat, die von den Gutachterausschüssen als Service für die Bürger angeboten wurden, kommt diesen Daten heutzutage eine große Bedeutung in der Wertermittlung zu. Sachverständige und Institutionen der Privatwirtschaft stellen immer höhere Anforderungen an die Qualität der von den Gutachterausschüssen ermittelten Daten.[1079] Infolge einer eingeschränkten, unvollständigen oder nicht nachvollziehbaren Darstellung der Bodenrichtwerte und unzureichender Abgrenzungen der Bodenrichtwertzonen sind bereits erste Akzeptanzverluste zu beobachten.[1080]

Eine besonders herausragende Bedeutung als Bewertungsgrundlage haben die Bodenrichtwerte in der steuerlichen Bewertung. Vor allem bei der Bewertung für Zwecke der Grundsteuer oder der Erbschaft- und Schenkungsteuer kommt den Bodenrichtwerten ein großer Anwendungsbereich zu.[1081] Die Bodenrichtwerte sind dort mit verbindlicher Wirkung der Besteuerung zugrunde zu legen.[1082] Um die Eignung der Bodenrichtwerte für die steuerliche Bewertung zu gewährleisten, hat der Gesetzgeber im Laufe der Zeit zunehmend detailliertere Regelungen getroffen, die eine flächendeckende, einheitlichere und belastbarere Ermittlung der Bodenrichtwerte gewährleisten sollen.[1083] Die Ermittlung der Bodenrichtwerte ist heutzutage ein komplexer und arbeitsaufwendiger Vorgang, der nicht nur das Vorhandensein ausreichender Marktdaten und hinreichende Erfahrung und Sachkunde in der Wertermittlung erfordert. Die Ermittlung sachgerechter und rechtmäßiger Bodenrichtwerte gebietet auch die zunehmende Beachtung der

---

1079 *Dittrich/Plewka/Kinne*, GuG 2018, 147 (149).

1080 *Dittrich/Plewka/Kinne*, GuG 2018, 147 (157).

1081 Siehe hierzu noch ausführlich unter Gliederungspunkt § 2, II.

1082 Siehe hierzu für die Grundbesitzbewertung unter Gliederungspunkt § 2, II., 2., d), bb), (4) und für die Grundsteuerwertermittlung unter Gliederungspunkt § 2, II., 3., b), cc), (1), (d).

1083 Siehe zu den Wechselwirkungen zwischen der steuerlichen Bewertung und der Bodenrichtwertermittlung unter Gliederungspunkt § 1, II., 6. und § 2, III., 3.

verbindlichen Vorgaben des BauGB und der ImmoWertV. Bodenrichtwerte sind nach der geltenden Konzeption keine bloßen Rechenwerte, sondern das Ergebnis aus rechtlicher Subsumtion, der Anwendung mathematisch-statistischer Verfahren und der individuellen Wertentscheidungen der Gutachter des Gutachterausschusses.[1084] Bodenrichtwerte können in den meisten Fällen nicht einfach mathematisch-objektiv aus Marktdaten abgeleitet werden.

Die Pflicht zur flächendeckenden Ermittlung der Bodenrichtwerte stellt die Gutachterausschüsse vor große Herausforderungen. Die Bodenrichtwerte sind so konzipiert, dass diese vorrangig im Vergleichswertverfahren auf der Grundlage von geeigneten Kaufpreisen zu ermitteln sind (§ 14 Abs. 1 ImmoWertV). Als geeignete Kaufpreise kommen in erster Linie nur Kaufpreise über unbebaute Grundstücke in Betracht.[1085] Solche sind jedoch häufig, vor allem in bebauten Gebieten, nur eingeschränkt verfügbar.[1086] Mit zunehmender Bebauung gibt es immer weniger geeignete Vergleichspreise für die Bodenrichtwertermittlung.[1087] Eine unmittelbare Ableitung der Bodenrichtwerte aus Transaktionen am Grundstücksmarkt ist daher vielfach nicht möglich. Dies stellt ein grundlegendes und strukturelles Problem bei der Bodenrichtwertermittlung dar.[1088]

Die Gutachterausschüsse sind gleichwohl auch bei unzureichender Datengrundlage verpflichtet, die Bodenrichtwerte turnusmäßig und flächendeckend zu ermitteln. Diese Problematik war auch dem Verordnungsgeber bewusst.[1089] Um insbesondere für die steuerliche Bewertung eine flächendeckende Verfügbarkeit der Bodenrichtwerte zu gewährleisten, sind in § 14 Abs. 2 ImmoWertV weitere Verfahrensweisen für die Bodenrichtwertermittlung in kaufpreisarmen Regionen geregelt. Die Genauigkeit und Belastbarkeit der hiernach ermittelten Bodenrichtwerte nimmt erheblich ab und subjektive Einflüsse nehmen zu. Standards für eine einheitliche Vorgehensweise in

---

1084 Vgl. *Mann*, in: Kummer/Frankenberg/Kötter (Hrsg.), Das deutsche Vermessungs- und Geoinformationswesen 2014, 2013, S. 581 (586); *Kleiber*, Verkehrswertermittlung von Grundstücken, 10. Aufl. 2023, § 14 ImmoWertV, Rn. 5.

1085 Siehe hierzu unter Gliederungspunkt § 1, IV., 6., a), cc), (1), (b), (bb).

1086 Siehe hierzu unter Gliederungspunkt § 1, IV., 6., a), cc), (3), (b).

1087 Siehe auch *Strotkamp*, fub 2018, 97 (97 f.).

1088 *Mann*, in: Kummer/Frankenberg/Kötter (Hrsg.), Das deutsche Vermessungs- und Geoinformationswesen 2014, 2013, S. 581 (612 f.).

1089 Entwurf der BReg zur ImmoWertV v. 26.03.2010, BR-Drs. 171/10, S. 47.

diesen Fällen sind – soweit ersichtlich – kaum vorhanden, sodass anzunehmen ist, dass die Bodenrichtwertermittlung in diesen Fällen sehr uneinheitlich erfolgt. Vor allem die Regelung in § 14 Abs. 2 Satz 2 ImmoWertV, wonach die Ermittlung der Bodenrichtwerte auch mit deduktiven oder anderen geeigneten Verfahrensweisen erfolgen kann, öffnet die Bodenrichtwertermittlung für eine unbestimmte Vielzahl an möglichen Ermittlungsverfahren und führt somit zu einer uneinheitlichen Ermittlung der Bodenrichtwerte.[1090] Dabei handelt es sich bei dieser als Ausnahmeregelung ausgestalteten Norm in der Praxis aufgrund der weiteren Verbreitung der kaufpreisarmen Gebiete tatsächlich nicht um eine Regelung für den Ausnahmefall. In bebauten Gebieten ist eine Bodenrichtwertermittlung nach § 14 Abs. 2 ImmoWertV häufig der Normalfall.[1091] Auch im Übrigen sind wesentliche Teile der Bodenrichtwertermittlung nicht oder nur unzureichend geregelt. Es fehlt zudem an Richtlinien und Standards, an denen sich die Gutachterausschüsse bei der Bodenrichtwertermittlung orientieren können. Infolge der unterschiedlichen Datenverfügbarkeit und der unterschiedlichen Ermittlungsweisen dürften die Bodenrichtwerte vielfach nicht die gleiche Qualität aufweisen.[1092]

Für die massenhafte, belastbare und rechtmäßige Ermittlung von Bodenrichtwerten als steuerliche Bewertungsgrundlagen ist die Konzeption der Gutachterausschüsse nur eingeschränkt geeignet. Die Zusammensetzung aus einem Vorsitzenden und den weiteren ehrenamtlichen Gutachtern hat sich zwar bewährt, im Einzelfall einen Verkehrswert für ein Gutachten zu ermitteln oder die Entwicklung auf dem Grundstücksmarkt zu analysieren. Die Bodenrichtwertermittlung nach der ImmoWertV ist jedoch anspruchsvoll, aufwendig und zeitintensiv. Ein Gremium, welches aus wenigen Personen besteht, die in der Regel eine andere hauptberufliche Tätigkeit ausüben und nur an bestimmten Terminen zusammen kommen, kann nicht turnusmäßig tausende belastbare Bodenrichtwerte für den gesamten Zuständigkeitsbereich ermitteln. Aus diesem Grund dürfte in der Praxis den Großteil der Arbeit die Geschäftsstelle übernehmen. Die Bodenrichtwerte werden daher im Wesentlichen durch die eigentlich nur für Hilfstätigkeiten vorgesehene Geschäftsstelle ermittelt und durch die Gutachter in der Bodenrichtwertsitzung überprüft,

1090 Siehe hierzu unter Gliederungspunkt § 1, IV., 6., b).
1091 *Freise*, in: Brügelmann, BauGB, § 14 ImmoWertV, 123. EL, 7/2022, Rn. 8.
1092 Siehe hierzu noch ausführlich unter Gliederungspunkt § 3, III., 4.

ggfs. angepasst und dann beschlossen.[1093] Ob die Sachkunde und Erfahrung der Gutachter bei dieser Vorgehensweise noch hinreichend Gewähr für die Qualität der von der Geschäftsstelle ermittelten Bodenrichtwerte bieten, ist fraglich. Es sollte daher überdacht werden, ob die historische Konzeption der Gutachterausschüsse noch geeignet ist, die gegenwärtig an die Gutachterausschüsse gestellten Anforderungen zu erfüllen.

Viele Gutachterausschüsse und deren Geschäftsstellen arbeiten zudem bereits seit Jahren an der Belastungsgrenze. Eine schlechte Qualität der Bodenrichtwerte ist oft zu einem Großteil auf eine eingeschränkte Leistungsfähigkeit des jeweiligen Gutachterausschusses und seiner Geschäftsstelle zurückzuführen.[1094] In den Abschnitten zu der Führung der Kaufpreissammlung[1095] und zu der Ermittlung der Bodenrichtwerte[1096] wurde im Einzelnen herausgearbeitet, wie sich die Leistungsfähigkeit der Geschäftsstelle auf die Qualität der Bodenrichtwerte auswirkt. Besonders in kaufpreisarmen Regionen hat die Leistungsfähigkeit der Geschäftsstelle einen großen Einfluss, da eine sachgerechte Bodenrichtwertermittlung in diesen Fällen oft die aufwendige Ermittlung zusätzlicher Marktinformationen und die Durchführung komplexer und zeitintensiver Verfahren erfordert. Eine schlechte Leistungsfähigkeit der Gutachterausschüsse führt dabei nicht nur zu ungenauen Bodenrichtwerten. Die Qualität der Bodenrichtwerte, die von unterschiedlich leistungsfähigen Gutachterausschüssen ermittelten wurden, variiert, was sich nachteilig auf die Eignung dieser Bodenrichtwerte für eine gleichheitskonforme steuerliche Bewertung auswirkt.[1097] Es dürfte zudem anzunehmen sein, dass in der Leistungsfähigkeit eingeschränkte Gutachterausschüsse bei der Ermittlung der Bodenrichtwerte häufiger nicht sämtliche verbindlichen rechtlichen Vorgaben beachten, sofern diese arbeitsaufwendiger umzusetzen sind.

Eine Steigerung der Qualität der Bodenrichtwerte kann daher nicht allein durch weitergehende verbindliche Vorgaben an die Gutachterausschüsse erreicht werden. Die Gutachterausschüsse und ihre Geschäftsstellen müssen

---

1093 Siehe hierzu unter Gliederungspunkt § 1, IV., 7., a).

1094 Vgl. *Ache/Krägenbring*, ZfV 2023, 137 (139).

1095 Siehe hierzu insbesondere Gliederungspunkt § 1, II., 7., a), ff).

1096 Siehe hierzu bspw. unter Gliederungspunkt § 1, IV., 4., b) (Bildung der Bodenrichtwertzonen); § 1, IV., 5., b) (Attributierung des Bodenrichtwertgrundstücks); § 1, IV., 6., b), bb) (Bodenrichtwertermittlung in kaufpreisarmen Lagen).

1097 Siehe dazu noch ausführlich unter Gliederungspunkt § 3, III.

zunächst tatsächlich in die Lage versetzt werden, ihren bereits bestehenden Aufgaben und Verpflichtungen nachzukommen. Es muss sichergestellt werden, dass die Gutachter auch tatsächlich über die erforderliche Sachkunde und Erfahrung verfügen und dass die Geschäftsstellen in persönlicher, fachlicher und sachlicher Hinsicht hinreichend ausgestattet sind.[1098] Die Gewährleistung der Leistungsfähigkeit der Gutachterausschüsse obliegt primär den Bundesländern. Diese sollten im eigenen Interesse auf eine ausreichende und einheitliche Leistungsfähigkeit der Gutachterausschüsse hinwirken, um zu gewährleisten, dass die Bodenrichtwerte im Rahmen einer gleichheitskonformen steuerlichen Bewertung herangezogen werden können. Da den Bodenrichtwerten insbesondere im Rahmen der Erbschaftsteuer und im Rahmen der Grundsteuer erhebliche Bedeutung zukommt, könnten den Bundesländern bzw. den Gemeinden Steuereinnahmen entgehen, sofern die steuerliche Bewertung aufgrund der heterogen Qualität der Bodenrichtwerte vom Bundesverfassungsgericht nicht mehr als gleichheitskonform angesehen wird.[1099] Im Hinblick auf eine genauere finanzgerichtliche Überprüfung der Bodenrichtwerte[1100] sollten die Gutachterausschüsse zudem darauf achten, die einschlägigen rechtlichen Vorgaben zu beachten. Unrechtmäßig ermittelte Bodenrichtwerte führen bei entsprechender Anfechtung zu Mehrbelastungen nicht nur bei dem betroffenen Gutachterausschuss, sondern auch beim Finanzamt, das den Steuer- oder Feststellungsbescheid erlassen hat, und ggfs. der Gemeinde, sofern der angefochtene Bodenrichtwert in die Bemessungsgrundlage der Grundsteuer eingeflossen ist.

1098 *Ache/Krägenbring*, ZfV 2023, 137 (142 f.).
1099 Siehe hierzu noch ausführlich unter Gliederungspunkt § 3, III.
1100 Siehe hierzu noch ausführlich unter Gliederungspunkt § 4, III., 4.

Verwendung der Bodenrichtwerte in der steuerlichen Bewertung

Im zweiten Kapitel wird die Verwendung der Bodenrichtwerte im Rahmen der steuerlichen Bewertung dargestellt. Um die Verwendung der Bodenrichtwerte besser beurteilen zu können, wird zunächst auf die Grundlagen der steuerlichen Bewertung eingegangen (dazu unter Gliederungspunkt I.). Anschließend wird die Verwendung der Bodenrichtwerte in der steuerlichen Bewertung am Beispiel der Grundbesitzbewertung und der Grundsteuerwertermittlung erläutert (dazu unter Gliederungspunkt II.). Abschließend werden die Erkenntnisse aus der Verwendung der Bodenrichtwerte bei den unterschiedlichen Steuerarten im Rahmen einer Zusammenschau zusammengetragen (dazu unter Gliederungspunkt III.).

I. Grundlagen der steuerlichen Bewertung

1. Zweck der steuerlichen Bewertung

Steuern sind gemäß § 3 Abs. 1 AO Geldleistungen. Sie werden in Geld festgesetzt und erhoben. Grundsätzlich bedingt dies, dass auch die Bemessungsgrundlage, auf der die Steuerfestsetzung beruht, mit einem bestimmten Geldbetrag beziffert wird.[1101] Soweit Wirtschaftsgüter, die für die Besteuerung relevant sind, nicht in Geld bestehen, muss ihr Wert in Währungsgeld ausgedrückt werden, um auf diese Weise eine Bemessungsgrundlage zu

1101 *Tipke*, Steuerrecht, 7. Aufl. 1979, S. 337; *P. Kirchhof*, DStR 1984, 575 (575).

schaffen, auf die ein Steuersatz angewendet werden kann.[1102] Bei veräußerten Wirtschaftsgütern (z. B. Grundstücke bei der Grunderwerbsteuer) oder Wirtschaftsgütern, die regelmäßig im Marktverkehr gehandelt werden (z. B. Aktien), wird regelmäßig angenommen, dass sich der maßgebliche steuerliche Wert aus den Preisvereinbarungen der Beteiligten oder den Kurswerten am Markt ableiten lässt. Bei Wirtschaftsgütern, die auf Dauer demselben Rechtssubjekt zugeordnet bleiben (z. B. bei der Grundsteuer, teilweise bei der Grunderwerbsteuer) oder für die bei einer Übertragung keine Gegenleistung gezahlt wird oder sich keine (zuordenbare) Gegenleistung ermitteln lässt (z. B. bei der Erbschaft- und Schenkungsteuer oder teilweise bei der Grunderwerbsteuer), kann nur durch Annäherungsverfahren, Vermutungen, Schätzungen oder unterstellte Güterbewegungen ein Wert bestimmt werden.[1103] Eine solche Bewertung hat vor allem für die die bewertungsabhängigen Steuern (Erbschaft- und Schenkungsteuer, Grundsteuer sowie teilweise die Grunderwerbsteuer) eine große Bedeutung.[1104]

Die Charakteristika und Rahmenbedingungen, die für Werte und deren Zustandekommen gelten, wurden bereits unter Gliederungspunkt § 1, I., 1. dargelegt. Die folgenden Ausführungen beziehen sich auf die Besonderheiten, die für die steuerliche Bewertung gelten. Insbesondere ist der Steuergesetzgeber nicht an die in der Betriebswirtschaft, Nationalökonomie, Philosophie und Theologie diskutierten Wertbegriffe gebunden. Er kann oder muss sogar eigene (steuer-)rechtliche Wertbegriffe schaffen.[1105]

Im Bereich des Steuerrechts bedeutet Bewerten, nicht in Währungsgeld bestehe Wirtschaftsgüter in einen Geldwert mittels einer Bewertungsmethode umzurechnen, um eine Bemessungsgrundlage für die Steuerschuld zu erhalten.[1106] Die jeweilige Steuerbelastung ergibt sich anschließend logisch

---

[1102] BVerfG v. 27.06.1991 – 2 BvR 1493/89, BVerfGE 84, 239, 271; BVerfG v. 07.11.2006 – 1 BvL 10/02, BVerfGE 117, 1, 3 (ErbSt III); *P. Kirchhof*, DStR 1984, 575 (577).

[1103] *P. Kirchhof*, DStR 1984, 575 (575); *Jakob*, Rechtsgutachten zur Bewertungsvereinfachung, 1992, S. 3.

[1104] *Seer*, in: Tipke/Lang, Steuerrecht, 20. Aufl. 2010, § 13, Rn. 1.

[1105] *Jakob*, Rechtsgutachten zur Bewertungsvereinfachung, 1992, S. 128.

[1106] BVerfG v. 07.11.2006 – 1 BvL 10/02, BVerfGE 117, 1, 3 (ErbSt III); *Szczesny*, Allgemeine Vorschriften zum Bewertungsrecht, in: Horschitz/W. Groß et al. (Hrsg.), Erbschaft- und Schenkungsteuer, Bewertungsrecht, 19. Aufl. 2018, S. 139 (139); hierzu ausführlich *Krumm*, Steuerliche Bewertung als Rechtsproblem, 2014, S. 105 ff.

aus dem Zusammenhang zwischen der infolge der Bewertung bestimmten Bemessungsgrundlage und dem maßgeblichen Steuersatz.[1107] Die steuerliche Bewertung ist jedoch nicht nur auf die bloße Bezifferung von Werten gerichtet, sondern dient regelmäßig auch dazu, verschiedene Gegenstände in einer einheitlichen Bemessungsgrundlage zusammenzufassen und vergleichsfähige Relationen zwischen diesen herzustellen.[1108] Erst durch die Bezifferung des Werts können verschiedene Güter addiert oder mit anderen Vermögensgegenständen und Leistungen in Bezug gesetzt werden.[1109] Dadurch wird gewährleistet, dass die Werte und Wertrelationen verschiedener Gegenstände innerhalb der jeweiligen Steuerfestsetzung sachgerecht erfasst werden.

Die steuerliche Bewertung ist zudem eng verknüpft mit dem Grundsatz der Gleichmäßigkeit der Besteuerung.[1110] Aufgabe der steuerlichen Bewertung ist es stets, die verschiedenen Steuergegenstände vergleichbar zu machen und vergleichsfähige Relationen zwischen den Besteuerungsgütern herzustellen.[1111] Dies gilt nicht nur für die Zusammenfassung mehrerer Steuergegenstände eines Steuerpflichtigen, sondern insbesondere auch im Verhältnis der Steuerpflichtigen untereinander. Um eine gerechte Besteuerung zu gewährleisten, hat die steuerliche Bewertung daher sicherzustellen, *„daß durch die Bewertung gleichliegende Tatbestände auch gleichmäßig (oder wenigstens möglichst gleichmäßig) vom Steuersatz betroffen werden"*.[1112] Die steuerliche Bewertung muss grundsätzlich auch gewährleisten, dass Gegenstände, die sich in steuerrelevanten Merkmalen unterscheiden, bei der Bewertung unterschiedlich berücksichtigt werden und dementsprechend auch unterschiedlich in der steuerlichen Bemessungsgrundlage quantifiziert werden. Dem Gebot der Gleichheit im steuerlichen Belastungserfolg wird daher bereits bei der

---

1107 BVerfG v. 22.06.1995 – 2 BvL 37/91, BVerfGE 93, 121, 136 (VSt II); *P. Kirchhof*, Die Steuerwerte des Grundbesitzes, 1985, S. 3; *Kulzer*, Die Bewertung von Grundvermögen im Steuerrecht, 2000, S. 115.

1108 *P. Kirchhof*, DStR 1984, 575 (577); *P. Kirchhof*, Die Steuerwerte des Grundbesitzes, 1985, S. 18; *Krumm*, Steuerliche Bewertung als Rechtsproblem, 2014, S. 52.

1109 *Krumm*, Steuerliche Bewertung als Rechtsproblem, 2014, S. 106.

1110 Siehe hierzu ausführlich unter Gliederungspunkt § 3, I., 2., b), aa) und § 3, II., 2.

1111 *P. Kirchhof*, DStR 1984, 575 (577); *P. Kirchhof*, Die Steuerwerte des Grundbesitzes, 1985, S. 18; *Kulzer*, Die Bewertung von Grundvermögen im Steuerrecht, 2000, S. 114 f.

1112 *Hensel*, Steuerrecht, 3. Aufl. 1933, S. 83; ebenso *P. Kirchhof*, Die Steuerwerte des Grundbesitzes, 1985, S. 18.

Bestimmung der Bemessungsgrundlage Rechnung getragen.[1113] Eine gerechte Steuerbelastung ist ohne eine sachgerecht bestimmte Bemessungsgrundlage nicht möglich.[1114] Denn eine fehlerhafte und ungleiche Bemessungsgrundlage lässt sich nicht mehr auf späterer Stufe mittels differenzierender Steuersätze oder Verschonungsregelungen korrekt ausgleichen.[1115] Es ist daher trennscharf zwischen Messfunktion der Bemessungsgrundlage und der Belastungsfunktion des Steuertarifs zu unterscheiden.[1116]

2. Steuerrechtliche Bewertungsnormen

Die Ermittlung von steuerlichen Werten ist kein Selbstzweck.[1117] Vielmehr dient die Ermittlung der Bestimmung der Bemessungsgrundlage und damit letztendlich der Festsetzung von Steuern.[1118] Die steuerlichen Bewertungsnormen sind somit Teil des steuerlichen Tatbestands.[1119] Sie bestimmen, nach welchen Regeln die Umrechnung der Wirtschaftsgüter in Geldeinheiten erfolgen soll. Diese Regeln geben vor, welche Wirtschaftsgüter bewertet werden und welche Beschaffenheitsmerkmale für die Bewertung relevant sind (Bewertungsobjekt bzw. Bewertungsgegenstand), auf welchen Zeitpunkt die Bewertung durchzuführen ist (Bewertungsstichtag), welcher Bewertungsmaßstab für die Bewertung gelten soll und welche Bewertungsmethode anzuwenden ist, um das Bewertungsziel zu erreichen.[1120] Die steuerliche Bewertung

---

1113 BVerfG v. 22.06.1995 – 2 BvL 37/91, BVerfGE 93, 121, 142 f. (VSt II).

1114 *Tipke*, StRO II, 2. Aufl. 2003, S. 581.

1115 BVerfG v. 07.11.2006 – 1 BvL 10/02, BVerfGE 117, 1, 34 f. (ErbSt III); so zuvor grundlegend *Tipke*, GmbHR 1996, 8 (10); *Tipke*, StRO II, 2. Aufl. 2003, S. 1214; ebenso *Seer*, StuW 1997, 283 (286); *Seer*, StuW 2021, 111 (112).

1116 *Tipke*, GmbHR 1996, 8 (10); ebenso *Seer*, StuW 1997, 283 (286); *Seer*, StuW 2021, 111 (112).

1117 *Hensel*, Steuerrecht, 3. Aufl. 1933, S. 82; *Krumm*, Steuerliche Bewertung als Rechtsproblem, 2014, S. 133.

1118 *Schnick*, ZfhF 1923, 81 (161).

1119 *Drüen*, in: Tipke/Kruse, AO/FGO, § 38 AO, 135. EL, 1/2014, Rn. 3; *Krumm*, Steuerliche Bewertung als Rechtsproblem, 2014, S. 126.

1120 *Szczesny*, Allgemeine Vorschriften zum Bewertungsrecht, in: Horschitz/W. Groß et al. (Hrsg.), Erbschaft- und Schenkungsteuer, Bewertungsrecht, 19. Aufl. 2018, S. 139 (139, 142).

stellt dadurch einen Zwischenrechtsanwendungsschritt dar, ohne den eine Anwendung des Steuertarifs in der Regel nicht möglich ist.[1121]

Als Teil des Tatbestandes einer bestimmten Steuer muss die Bewertungsnorm mit dem übrigen Steuertatbestand abgestimmt sein. Die steuerliche Bewertung muss immer im Kontext des für den Bewertungsanlass maßgeblichen Rechtsregimes gesehen werden.[1122] Insbesondere ist die der Bestimmung der Bemessungsgrundlage dienende Bewertung eng verbunden mit dem Belastungsgrund der jeweiligen Steuer.[1123] Der Wert hat im Steuerrecht gerade die Funktion, die Bemessungsgrundlage für die Anwendung des einschlägigen Steuersatzes sachgerecht auszudrücken.[1124] Da für die verschiedenen Steuerarten unterschiedliche Belastungsgründe relevant sind, kann ein für alle Steuerarten allgemeingültiger Steuerwert nicht existieren.[1125] Bereits *Albert Hensel* hat zutreffend erkannt, dass der wirtschaftlichen Eigenart des jeweiligen Steuergesetzes bei der Auswahl des relevanten Wertes hinreichend Rechnung getragen werden muss.[1126] Nach dem derzeitigen Stand der Steuerrechtswissenschaft gilt dies vor allem für den Belastungsgrund und das Bewertungsobjekt der jeweiligen Steuer.[1127]

Bei der Ausgestaltung der steuerlichen Bewertungsnormen steht dem Gesetzgeber grundsätzlich ein großer Gestaltungsspielraum zu. Er kann den Bewertungsmaßstab als solchen als auch dessen Konkretisierung vom abstrakt generellen Maßstab zum Einzelfall grundsätzlich frei bestimmen.[1128] Er muss dabei jedoch die verfassungsrechtlichen Vorgaben beachten.[1129] Bei der Ausgestaltung wird der Gesetzgeber regelmäßig auch verwaltungstechnische Gesichtspunkte berücksichtigen, da *„die Bewertung die Steuerbehörden meist*

1121 *Krumm*, Steuerliche Bewertung als Rechtsproblem, 2014, S. 126.

1122 *Krumm*, Steuerliche Bewertung als Rechtsproblem, 2014, S. 134 f.

1123 *P. Kirchhof*, DStR 1984, 575 (577); *P. Kirchhof*, Die Steuerwerte des Grundbesitzes, 1985, S. 18 f.; *Osterloh*, in: DStJG 22, 1999, S. 177 (179).

1124 *P. Kirchhof*, DStR 1984, 575 (577).

1125 *Seer*, in: Tipke/Lang, Steuerrecht, 20. Aufl. 2010, § 13, Rn. 2; *Krumm*, Steuerliche Bewertung als Rechtsproblem, 2014, S. 133.

1126 *Hensel*, Steuerrecht, 3. Aufl. 1933, S. 83.

1127 *Krumm*, Steuerliche Bewertung als Rechtsproblem, 2014, S. 131.

1128 *Hensel*, Steuerrecht, 3. Aufl. 1933, S. 83; *Krumm*, Steuerliche Bewertung als Rechtsproblem, 2014, S. 132.

1129 *Krumm*, Steuerliche Bewertung als Rechtsproblem, 2014, S. 132.

vor die schwierigste Aufgabe der gesamten Steuerverwaltung [...] *stellt*".[1130] Um die steuerliche Wertermittlung für die Finanzverwaltung aber auch für den Steuerpflichtigen zu vereinfachen, enthalten die steuerlichen Bewertungsnormen Typisierungen und Vereinfachungen, die dazu führen, dass die steuerlichen Werte vielfach von den Verkehrs- bzw. Marktwerten der Bewertungsobjekte abweichen.[1131] Wegen der besonderen Rahmenbedingungen ist es daher eine „*Grundtatsache der Steuerbewertung*", dass die Steuerwerte grundsätzlich nicht mit dem „wirklichen" Wert einer Sache übereinstimmen brauchen und in der Regel auch nicht übereinstimmen.[1132] Wegen der bei der Bewertung bestehenden Bewertungsunsicherheiten, -ungenauigkeiten und Bewertungsspielräumen wird man den „einen" feststehenden Wert einer Sache selbst bei größter Sorgfalt nicht bestimmen können.[1133] Ein Steuerwert kann folglich nicht den Anspruch auf absolute Richtigkeit, sondern nur auf relative Vertretbarkeit für sich erheben.[1134]

3. Bewertungsobjekte in der steuerlichen Bewertung

Bewertungsobjekt in der steuerlichen Bewertung ist je nach Bewertungsanlass ein Wirtschaftsgut oder eine wirtschaftliche Einheit, die eines oder mehrere Wirtschaftsgüter umschließen kann (§ 2 BewG). Bei der Bewertung von Grundstücken ergeben sich insoweit Unterschiede zur Verkehrswertermittlung. Bewertungsobjekt ist hierbei regelmäßig das Grundstück, dessen Umfang durch die Vorgaben des Zivilrechts bestimmt wird.[1135] Dieses umfasst gemäß § 94 Abs. 1 Satz 1 BGB den Grund und Boden und die mit diesem fest verbundenen Sachen, insbesondere die aufstehenden Gebäude, sowie die Erzeugnisse des Grundstücks, solange sie mit dem Boden zusammenhängen. Ein Grundstück im zivilrechtlichen Sinne wird regelmäßig eine

---

1130 *Hensel*, Steuerrecht, 3. Aufl. 1933, S. 83.

1131 *Hensel*, Steuerrecht, 3. Aufl. 1933, S. 83. Siehe hierzu noch ausführlich unter Gliederungspunkt § 3, II., 1., c) und § 3, II., 2., d).

1132 *Hensel*, Steuerrecht, 3. Aufl. 1933, S. 82; *P. Kirchhof*, Die Steuerwerte des Grundbesitzes, 1985, S. 18.

1133 Dazu ausführlich unter Gliederungspunkt § 3, II., 1., a).

1134 *Seer*, in: Tipke/Lang, Steuerrecht, 24. Aufl. 2021, Rn. 15.53.

1135 BVerwG, Beschl. v. 05.12.1968 – IV B 191.68, DVBl. 1969, 276; BVerwG, Urt. v. 16.04.1971 – IV C 82/69, NJW 1972, 701.

wirtschaftliche Einheit darstellen, muss dies jedoch nicht zwingend.[1136] Kommt es für einen steuerlichen Bewertungsanlass auf die Bestimmung des Wertes des Wirtschaftsguts an (insbesondere für Zwecke der Ertragsteuern), sind für ein bebautes Grundstück regelmäßig mindestens zwei Werte zu ermitteln, da nach steuerlicher Betrachtung der Grund und Boden und das aufstehende Gebäude zwei Wirtschaftsgüter darstellen.[1137] Es gelten darüber hinaus im Detail steuerrechtliche Besonderheiten, die ebenfalls bei der Bestimmung des Bewertungsobjekts zu beachten sind (z. B. Betriebsvorrichtungen,[1138] abweichende Zuordnungen von Grundstücksteilen[1139]). Diese Aufspaltungen und Differenzierungen können im Einzelfall dazu führen, dass sich unterschiedliche Bezugspunkte für die (Verkehrs-)Wertermittlung einerseits und die steuerliche Bewertung andererseits ergeben. Für die abstrakte Untersuchung der Bodenrichtwerte und deren Verwendung im Steuerrecht haben diese Aspekte grundsätzlich keine Bedeutung. Im Folgenden wird aus Gründen der Lesbarkeit anstelle des Begriffs der wirtschaftlichen Einheit weiterhin der Begriff des Grundstücks oder der Immobilie verwendet, sofern es auf die konkrete Differenzierung nicht ankommt.

4. Bewertungsmaßstäbe und Wertbegriffe im Steuerrecht

a) Verhältnis zwischen Belastungsgrund und Bewertungsmaßstab

Der geeignete Steuerwert ist aus der Funktion heraus zu bestimmen, die er im jeweiligen Steuertatbestand erfüllen soll.[1140] Die Wertfindung ist notwendigerweise mit dem Besteuerungsziel, mit dem Belastungsgrund, verknüpft.[1141] Um eine gleichmäßige Belastung der Steuerpflichtigen zu gewährleisten, muss die Bemessungsgrundlage nach Auffassung des Bundesverfassungsgerichts so gewählt und ihre Erfassung so ausgestaltet sein, dass sie den mit der Steuer

---

1136 *Halaczinsky*, in: Rössler/Troll, BewG, § 2 BewG, 35. EL, 9/2022, Rn. 10.

1137 BFH, Beschl. v. 16.07.1968 – GrS 7/67, BStBl. II 1969, 108, juris Rn. 27; BFH, Urt. v. 14.03.2006 – I R 22/05, BStBl. II 2006, 680, juris Rn. 23.

1138 § 176 Abs. 2 Nr. 2, § 243 Abs. 2 Nr. 2 BewG.

1139 § 244 Abs. 3 Nr. 1 und Nr. 2 BewG.

1140 *Hensel*, Steuerrecht, 3. Aufl. 1933, S. 82; *Kulzer*, Die Bewertung von Grundvermögen im Steuerrecht, 2000, S. 114.

1141 *R. Hofmann*, in: DStJG 12, 1989, S. 145 (146); ebenso *Jakob*, Rechtsgutachten zur Bewertungsvereinfachung, 1992, S. 55.

verfolgten Belastungsgrund in der Relation der Wirtschaftsgüter zueinander realitätsgerecht und folgerichtig abbildet.[1142]

aa) Belastungsgrund

Der Belastungsgrund einer Steuer liefert die Begründung, „warum ein Steuergegenstand zu wessen Gunsten belastet wird und welche Bemessungsgrundlage deshalb mit welcher Erhebungstechnik und welchen Auswirkungen gewählt wird".[1143] Da Belastungsgrund einer jeden Steuer der Finanzbedarf des Staates ist,[1144] wäre es – wie Klaus Tipke zutreffend feststellt – präziser auf den Rechtfertigungsgrund der jeweiligen Steuer abzustellen.[1145] Der Begriff des Belastungsgrundes hat sich jedoch allgemein in Rechtsprechung und Literatur etabliert und wird daher im Folgenden verwendet. Gleichwohl muss dieser Belastungsgrund die jeweilige Steuer rechtfertigen. Untaugliche Rechtfertigungsgründe sind beispielsweise der Finanzbedarf des Staates, die Höhe bzw. die Belastungswirkung der jeweiligen Steuer, der Umstand, dass die Steuer bereits seit langer Zeit besteht oder im Katalog des Art. 106 GG ausdrücklich genannt ist.[1146] Als „allgemein anerkanntes Fundamentalprinzip gerechter Besteuerung" und damit als oberster Vergleichsmaßstab des Steuerrechts kommt dem Leistungsfähigkeitsprinzip steuerartübergreifend auch bei der Bestimmung des Belastungsgrunds der Steuern eine herausgehobene Bedeutung zu.[1147]

bb) Bewertungsziel und Bewertungsmaßstab

In konsequenter Umsetzung des jeweiligen Belastungsgrundes gibt das Bewertungsziel somit vor, welchen Wert die steuerliche Bewertung abbilden soll und welcher Steuerwert letztendlich in die steuerliche Bemessungsgrundlage

---

1142 BVerfG v. 10.04.2018 – 1 BvL 11/14 u. a., BVerfGE 148, 147, 185 (GrSt). Siehe dazu noch ausführlich unter Gliederungspunkt § 3, II., 2., c).

1143 *G. Kirchhof*, DB 2020, 2600 (2602); *G. Kirchhof*, DStR 2020, 1073 (1076).

1144 *Tipke*, StRO II, 2. Aufl. 2003, S. 578.

1145 *Tipke*, StRO II, 2. Aufl. 2003, S. 579.

1146 Dazu ausführlich *Tipke*, StRO II, 2. Aufl. 2003, S. 584 ff.

1147 *Hey*, in: Tipke/Lang, Steuerrecht, 24. Aufl. 2021, Rn. 3.40 m. w. N.; ausführlich auch *Tipke*, StRO I, 2. Aufl. 2000, S. 479 ff. Siehe hierzu noch ausführlich unter Gliederungspunkt § 3, I., 2., b), bb).

einfließt.[1148] Auf welche Weise dieses Bewertungsziel erreicht wird, hängt wesentlich vom anzuwendenden Bewertungsmaßstab und den diesen konkretisierenden Bewertungsmethoden ab.[1149] Der *Bewertungsmaßstab* ist allgemein eine Wertvorstellung, nach der umzurechnen ist.[1150] Er bildet den Steuertatbestand der Höhe nach ab und bestimmt somit im nennenswerten Umfang die Bemessungsgrundlage und damit letztendlich die Steuerbelastung.[1151] Da sich der maßgebliche Bewertungsmaßstab am jeweiligen Besteuerungsgut zu orientieren hat, kann es unterschiedliche Wertmaßstäbe im Steuerrecht geben.[1152] Als fundamentale Bewertungsmaßstäbe des Steuerrechts kommen insbesondere der gemeine Wert und der Ertragswert in Betracht.[1153] Daneben existiert als weiterer Bewertungsmaßstab noch der im Wesentlichen für ertragsteuerliche Zwecke relevante Teilwert, der nach geltender Rechtslage als eigenständiger Wertbegriff ausgestaltet ist, der von seiner Entstehungsgeschichte her jedoch auch als ein spezieller Fall des gemeinen Werts angesehen werden kann.[1154] Dieser braucht für die folgende Untersuchung der Bodenrichtwerte jedoch nicht weiter vertieft werden.

Welcher Bewertungsmaßstab im Einzelfall geeignet ist, hängt von der Art und Ausgestaltung der jeweiligen Steuer ab.[1155] Bei wiederkehrenden Steuern, die die ruhende Vermögenssubstanz besteuern (z. B. Grundsteuer, Vermögenssteuer), wird grundsätzlich die Bemessung nach dem Ertragswert vorgezogen, um einen Eingriff in die Vermögenssubstanz zu verhindern.[1156] Demgegenüber soll der gemeine Wert bei einmaligen Vorgängen der geeignetere Bewertungsmaßstab sein, insbesondere, wenn das Gesetz dem

---

1148 *Hey*, JZ 2007, 564 (565).

1149 *P. Kirchhof*, Die Steuerwerte des Grundbesitzes, 1985, S. 24.

1150 *Grootens*, in: Lippross/Seibel, BK StR, § 9 BewG, 117. EL, 12/2019, Rn. 1.

1151 *Hiller*, Ubg 2016, 341 (341).

1152 *Seer*, in: Tipke/Lang, Steuerrecht, 24. Aufl. 2021, Rn. 15.54.

1153 *K. Vogel*, DStZ 1979, 28 (28 f.); *Seer*, in: Tipke/Lang, Steuerrecht, 24. Aufl. 2021, Rn. 15.55.

1154 *Krumm*, Steuerliche Bewertung als Rechtsproblem, 2014, S. 180; *Knittel*, in: Stenger/Loose, Bewertungsrecht, § 9 BewG, 144. EL, 1/2019, Rn. 17.

1155 *P. Kirchhof*, Die Steuerwerte des Grundbesitzes, 1985, S. 18 f.

1156 *Hensel*, Steuerrecht, 3. Aufl. 1933, S. 83; *K. Vogel*, DStZ 1979, 28 (32 f.); *P. Kirchhof*, Die Steuerwerte des Grundbesitzes, 1985, S. 18; *Seer*, StuW 1997, 283 (287); *Seer*, in: Tipke/Lang, Steuerrecht, 24. Aufl. 2021, Rn. 15.56; vorsichtig in diese Richtung auch BVerfG v. 22.06.1995 – 2 BvL 37/91, BVerfGE 93, 121, 136, 143 (VSt II).

Steuerpflichtigen bewusst zumutet, für die Steuerzahlung einen Teil des erworbenen Vermögens zu veräußern.[1157]

b) Gemeiner Wert

Der gemeine Wert wird gemäß der Legaldefinition in § 9 Abs. 2 Satz 1 BewG durch den Preis bestimmt, der im gewöhnlichen Geschäftsverkehr nach der Beschaffenheit des Wirtschaftsgutes bei einer Veräußerung zu erzielen wäre. Soweit nichts anderes vorgeschrieben ist, ist im Rahmen der Besteuerung der gemeine Wert zugrunde zu legen (§ 9 Abs. 1 BewG). Dies gilt nicht nur im Anwendungsbereich des Bewertungsgesetzes, sondern über § 1 BewG generell auch bei der Bestimmung von Steuerwerten, die nicht im Bewertungsgesetz geregelt sind, sofern nicht ausdrücklich ein anderer Wertmaßstab vorgeschrieben ist.[1158] Der gemeine Wert ist ein seit langem in der steuerlichen Bewertung gebräuchlicher Wert[1159] und kann als *„fundamentaler Bewertungsmaßstab“*[1160] des Bewertungsgesetzes bezeichnet werden. Er gewährleistet bei allgemeiner und gegenwartsgerechter Wertermittlung die sachgerechte und einheitliche Ermittlung von Besteuerungsgrundlagen und damit im Ergebnis eine gleichmäßige Besteuerung.[1161]

Charakteristisch für den gemeinen Wert ist, dass es sich hierbei um einen fiktiven Einzelveräußerungspreis handelt, der im gewöhnlichen Geschäftsverkehr bei einer Veräußerung zu erzielen wäre.[1162] Es handelt sich daher – wie beim Verkehrswert auch[1163] – um einen hypothetisch am Markt erzielbaren Preis. Eine eindeutige Formel, auf welcher Weise der gemeine Wert abzuleiten ist, enthält § 9 BewG hingegen nicht und kann diese auch nicht enthalten.

1157 *Seer*, StuW 1997, 283 (287); *Seer*, in: Tipke/Lang, Steuerrecht, 24. Aufl. 2021, Rn. 15.56; *P. Kirchhof*, Die Steuerwerte des Grundbesitzes, 1985, S. 67.

1158 Vgl. etwa zu der Anwendbarkeit des § 9 BewG im Rahmen der ertragsteuerlichen Bewertung: BFH, Urt. v. 27.02.1985 – I R 235/80, BStBl. II 1985, 456; BFH, Urt. v. 29.08.1996 – VIII R 15/93, BStBl. II 1997, 317, juris Rn. 11; BFH, Urt. v. 01.04.1998 – X R 150/95, BStBl. II 1998, 569, juris Rn. 33; BFH, Urt. v. 15.02.2001 – III R 20/99, BStBl. II 2003, 635, juris Rn. 27.

1159 Vgl. zur historischen Entwicklung *Krumm*, Steuerliche Bewertung als Rechtsproblem, 2014, S. 151 ff.

1160 *Seer*, in: Tipke/Lang, Steuerrecht, 20. Aufl. 2010, § 13, Rn. 12. m. w. N.

1161 *P. Kirchhof*, Die Steuerwerte des Grundbesitzes, 1985, S. 20.

1162 *Grootens*, in: Lippross/Seibel, BK StR, § 9 BewG, 117. EL, 12/2019, Rn. 8.

1163 Siehe hierzu unter Gliederungspunkt § 1, I., 2., a), bb).

Die Bewertung hat sich nach der Eigenart des jeweiligen Bewertungsobjekts zu bestimmen. § 9 BewG kann hierfür pauschal nur einige Gesichtspunkte vorschreiben, die bei der Ermittlung des gemeinen Werts zu berücksichtigen sind.[1164] Grundsätzlich bemisst sich der gemeine Wert in erster Linie an tatsächlichen Transaktionen zwischen den Marktteilnehmern (sofern solche vorhanden sind) und soll daher eine größere Objektivität als der in jedem Fall gesondert zu ermittelnde Ertragswert bieten.[1165] Der gemeine Wert wird daher auch als „objektiver Wert" verstanden.[1166] Ungewöhnliche oder persönliche Verhältnisse sind bei der Bestimmung des gemeinen Werts ausdrücklich nicht zu berücksichtigen.

Bei der Ermittlung des gemeinen Werts ist zudem grundsätzlich die individuelle Beschaffenheit des Bewertungsobjekts zugrunde zu legen. Es sind alle Umstände zu berücksichtigen, die den Preis beeinflussen. Unter der Beschaffenheit eines Wirtschaftsgutes sind nach Auffassung des Bundesfinanzhofs die tatsächlichen und rechtlichen Verhältnisse zu verstehen, die dem zu bewertenden Wirtschaftsgut arteigen sind.[1167] In der Terminologie der Verkehrswertermittlung von Grundstücken würde man von „wertbeeinflussenden Merkmalen" des Bewertungsgegenstandes sprechen. Bei der Ermittlung des gemeinen Werts für ein Grundstück sind daher grundsätzlich sämtliche tatsächliche, rechtliche und wirtschaftliche Verhältnisse des zu bewertenden Grundstücks zu berücksichtigen (vgl. § 157 Abs. 1 BewG).[1168] Es wird daher pauschal davon ausgegangen, dass der gemeine Wert eines Grundstücks nach § 9 Abs. 2 BewG dessen Verkehrswert nach § 194 BauGB entspricht.[1169] Dies dürfte vor allem auch daran liegen, dass

---

1164 *Halaczinsky*, in: Rössler/Troll, BewG, § 9 BewG, 33. EL, 1/2021, Rn. 2.

1165 *Fuisting*, Die preußischen direkten Steuern, Bd. II, 1899, § 9 ErgStG, S. 52; *Zitzelsberger*, in: FS Ritter, 1997, S. 661 (667).

1166 BFH, Beschl. v. 22.05.2002 – II R 61/99, BStBl. II 2002, 598, juris Rn. 162; *Schnick*, ZfhF 1923, 81 (91, 101); *K. Vogel*, DStZ 1979, 28 (30); *P. Kirchhof*, Die Steuerwerte des Grundbesitzes, 1985, S. 25 f.; *Jakob*, BB 1986, 364 (364); *Grootens*, in: Lippross/Seibel, BK StR, § 9 BewG, 117. EL, 12/2019, Rn. 8.

1167 BFH, Urt. v. 17.01.1975 – III R 68/73, BStBl. II 1975, 377, juris Rn. 9.

1168 *Halaczinsky*, in: Rössler/Troll, BewG, § 9 BewG, 33. EL, 1/2021, Rn. 11.

1169 R B 177 Satz 2 ErbStR; Entwurf der BReg zum ErbStRG v. 28.01.2008, BT-Drs. 16/7918, S. 45; BFH, Urt. v. 02.02.1990 – III R 173/86, BStBl. II 1990, 497, juris; FG Berlin-Brandenburg, Urt. v. 23.03.2016 – 3 K 3009/16, EFG 2016, 879, juris Rn. 92;

die Verkehrswertdefinition des § 194 BauGB der Definition des steuerlichen gemeinen Werts nachgebildet wurde.[1170]

Die Ermittlung eines individuellen gemeinen Werts ist in der steuerlichen Bewertung jedoch vielfach nicht möglich. Die Vollziehbarkeit der steuerlichen Massenbewertung und die Gewährleistung der gleichmäßigen Ermittlung der Besteuerungsgrundlagen gebietet regelmäßig die Einführungen von Typisierungen und Pauschalierungen sowie die Nichtberücksichtigung bestimmter wertbeeinflussender Merkmale des Bewertungsgegenstandes.[1171] Für bestimmte Bewertungsanlässe und steuerlich besonders relevante, gleichwohl schwer zu bewertende Vermögensgegenstände (insbesondere Grundstücke, Betriebsvermögen, Gesellschaftsanteile, Betriebe der Land- und Forstwirtschaft) sieht das Bewertungsgesetz daher spezielle Verfahren für die Ermittlung des gemeinen Werts vor. Diese normierten Verfahren sind so ausgestaltet, dass sie eine möglichst einfache, objektive und einheitliche Ermittlung gewährleisten sollen. Die Typisierungen und Pauschalierungen führen jedoch auch dazu, dass die Bewertungsungenauigkeiten zunehmen. Beispielsweise kann bei der Bewertung von Grundstücken der nach diesen typisierenden steuerlichen Vorgaben ermittelte Steuerwert im Einzelfall erheblich vom Verkehrswert des Grundstücks abweichen, auch wenn sich der Steuerwert am Maßstab des gemeinen Wertes orientiert. *Raymond Halaczinsky* unterscheidet insoweit zutreffend zwischen dem *individuellen gemeinen Wert* nach § 9 BewG und dem *typisierten gemeinen Wert* als Ergebnis der am gemeinen Wert ausgerichteten, typisierend geregelten Bewertungsverfahren.[1172] Zumindest der nach den typisierenden steuerlichen Bewertungsverfahren ermittelte gemeine Wert eines Grundstücks kann daher begrifflich nicht pauschal mit dessen Verkehrswert gleichgesetzt werden.[1173] Mit dem

---

Halaczinsky, in: Rössler/Troll, BewG, § 9 BewG, 33. EL, 1/2021, Rn. 1; *Bock*, in: Viskorf/Schuck/Wälzholz, ErbStG/BewG, 7. Aufl. 2023, § 177 BewG, Rn. 3.

1170 Entwurf der BReg zum BBauG 1960 v. 16.04.1958, BT-Drs. III/336, S. 107.

1171 Siehe hierzu unter Gliederungspunkt § 3, II., 1., b) und c).

1172 *Halaczinsky*, in: Rössler/Troll, BewG, § 9 BewG, 33. EL, 1/2021, Rn. 5; *Halaczinsky*, in: Rössler/Troll, BewG, § 177 BewG, 17. EL, 8/2012, Rn. 5; vgl. auch BFH, Beschl. v. 05.07.2018 – II B 122/17, BStBl. II 2018, 660, juris Rn. 19.

1173 Hinzu kommt, dass es den „einen" Verkehrswert eines Grundstücks nicht gibt. Der steuerliche gemeine Wert kann daher nur innerhalb einer Spanne vertretbarer Verkehrswerte liegen; vgl. hierzu ausführlich unter Gliederungspunkt § 3, II., 1., a).

eigenständigen Wertbegriff des Verkehrswerts hatte der Gesetzgeber gerade eine individuelle Wertermittlung in Abgrenzung zu der (typisierenden) steuerlichen Wertermittlung betonen wollen.[1174] Die Unterscheidung zwischen gemeinem Wert und Verkehrswert wird daher auch im weiteren Verlauf dieser Untersuchung beibehalten.[1175]

c) Ertragswert

Der zweite leitende Wertbegriff neben dem gemeinen Wert ist der Ertragswert. Im Allgemeinen stellt der Ertragswert ein Maß für die Ertragskraft eines Bewertungsobjekts dar. Er bemisst sich regelmäßig nach den Erträgen, die aus dem Bewertungsobjekt über einen bestimmten Zeitraum erzielten erzielt werden können bzw. erzielt wurden. Diese Erträge werden ggfs. angepasst und anschließend zu einem Ertragswert kapitalisiert.[1176] Eine mit § 9 BewG vergleichbare Legaldefinition des Ertragswerts existiert nicht. Die geltenden Bewertungsnormen orientieren sich ganz überwiegend am gemeinen Wert und nicht am Ertragswert. Einen eigenständigen Anwendungsbereich hat der Ertragswert insbesondere bei der Bewertung von land- und forstwirtschaftlichem Vermögen für Zwecke der Grundsteuer (§ 236 BewG).[1177]

Eine strikte Trennung zwischen dem gemeinen Wert und dem Ertragswert nimmt das Bewertungsgesetz nicht vor.[1178] So ist etwa bei der Bewertung von Mietwohngrundstücken für Zwecke der Erbschaft- und Schenkungsteuer dem Grunde nach der gemeine Wert zugrunde zu legen (§ 177 Abs. 1 BewG). Der maßgebliche Grundbesitzwert wird in diesen Fällen jedoch mittels Ertragswertverfahren ermittelt (§§ 184 ff. BewG). Die steuerliche Bewertung knüpft in einer Art „Verschleierungsformel" an den Ertragswert eines

---

1174 Entwurf der BReg zum BBauG 1960 v. 16.04.1958, BT-Drs. III/336, S. 107.

1175 Vgl. hierzu auch *Jakob*, Rechtsgutachten zur Bewertungsvereinfachung, 1992, S. 52.

1176 *Schnick*, ZfhF 1923, 81 (89 f., 117 ff.).

1177 Vgl. auch § 252 BewG für die grundsteuerliche Bewertung von zu Wohnzwecken genutzten Grundstücken. Nach der schwammigen Aussage des Gesetzgebers soll sich dieser Wert jedoch wohl am gemeinen Wert orientieren, vgl. Entwurf zum GrStRefG 2019 v. 25.06.2019, BT-Drs. 19/11085, S. 90.

1178 *Seer*, in: Tipke/Lang, Steuerrecht, 24. Aufl. 2021, Rn. 15.57; *Krumm*, Steuerliche Bewertung als Rechtsproblem, 2014, S. 222 ff.

Grundstücks an,[1179] der in diesen Konstellationen den nach Ertragsgesichtspunkten bestimmten gemeinen Wert entsprechen soll.[1180] Der Gesetzgeber trägt bei der Grundstücksbewertung dem Umstand Rechnung, dass auf dem Grundstücksmarkt die Ertragsfähigkeit eines Grundstücks regelmäßig mit in die Kaufpreisfindung einbezogen wird.[1181] Im Rahmen der Verkehrswertermittlung haben sich Ertragswertverfahren gerade für bestimmte Grundstückstypen bewährt. Somit kommt der Ertragswert im Rahmen der typisierenden steuerlichen Bewertungsverfahren eine nicht zu vernachlässigende Bedeutung zu. Auch im Rahmen der grundsteuerlichen Bewertung nach Bundesrecht kommen Ertragswertüberlegungen eine große Bedeutung zu, auch wenn es unklar bleibt, ob der Gesetzgeber als Bewertungsziel mit dem objektiviert-realen Wert einen Wert gewählt hat, der den gemeinen Wert oder den Ertragswert abbilden soll.[1182]

5. Objektivität von steuerlichen Wertansätzen

Das Gesetz kann den Wert eines Gegenstandes nicht unmittelbar normativ im Sinne von etwas Realem erfassen. Der gesuchte Wert stellt selbst keine Tatsache dar, sondern ist nur eine Schlussfolgerung aus Tatsachen.[1183] Werte müssen daher erst von Menschen ermittelt werden. Die Wertermittlung unterliegt naturgemäß diversen subjektiven Einflüssen.[1184] Soweit die steuerlichen Bemessungsgrundlagen an ermittelte Werte anknüpfen, haftet diesen somit stets auch etwas Willkürliches an. Derartige subjektive Einflüsse stehen im Widerspruch zur Tatbestandsmäßigkeit und Gleichmäßigkeit der Besteuerung.[1185] Die steuerliche Bemessungsgrundlage und letztendlich die Höhe der darauf festzusetzenden Steuer darf letztlich nicht im Belieben des

---

1179 Vgl. für die Bedarfsbewertung: § 177 Abs. 1 i. V. m. § 184 ff. BewG; bei der Grundsteuerwertermittlung § 252 ff. BewG, wobei der Bewertungsmaßstab insoweit unklar bleibt.

1180 *P. Kirchhof*, DStR 1984, 575 (575 f.); *Jakob*, Rechtsgutachten zur Bewertungsvereinfachung, 1992, S. 7.

1181 *Schnick*, ZfhF 1923, 81 (86).

1182 Siehe hierzu unter Gliederungspunkt § 3, IV., 3., a), bb), (2).

1183 *Krumm*, Steuerliche Bewertung als Rechtsproblem, 2014, S. 143, 253 f.

1184 Siehe hierzu unter Gliederungspunkt § 1, I., 1., c), bb).

1185 *Tipke*, StRO II, 2. Aufl. 2003, S. 894.

Steuerpflichtigen, Finanzbeamten oder Richters stehen.[1186] Die steuerrechtliche Bewertung strebt daher nach größtmöglicher Objektivierung.[1187] Zur Vermeidung oder zumindest Verringerung von subjektiven Einflüssen sind die steuerrechtlichen Bewertungsnormen geprägt von Konventionalisierungen, Typisierungen und Entindividualisierungen. Ermessensentscheidungen sollen nach Möglichkeit vermieden werden.[1188] Den Grundbedingungen der Wertermittlung können sich jedoch auch die Steuerwerte nicht entziehen, sodass auch diese grundsätzlich nicht als rein objektiven Werte angesehen werden können.[1189]

Problematisch ist die Tendenz zur Objektivierung vor allem, wenn die steuerlichen Werte den individuellen gemeinen Werten (§ 9 BewG) der zu bewertenden Güter entsprechen sollen. Denn bei einer solchen Bewertung müssen grundsätzlich alle wertrelevanten Beschaffenheitsmerkmale des Gutes berücksichtigt werden. Ein vollständig gesetzlich determinierter Steuerwert, der losgelöst von den Besonderheiten des zu bewertenden Gutes ermittelt werden würde, wäre nicht geeignet, den Bewertungszweck zu erfüllen. Die steuerliche Bewertung kann sich daher der Wertermittlung innewohnenden Bewertungsspielräume und subjektiven Einflüsse nicht vollständig entziehen. Voraussetzung für die Eignung der Steuerwerte im Rahmen der Rechtsanwendung ist daher, dass der Bewertungsvorgang bzw. das Bewertungsergebnis intersubjektiv nachvollzogen werden kann.[1190] Die Steuerwerte müssen nicht objektiv sein, sollten aber anhand objektiver Kriterien festgestellt werden können.[1191] Für sämtliche Beteiligte im Besteuerungsverfahren muss nachvollziehbar sein, welche Daten der Bewertung zugrunde gelegt wurden,

---

1186 *Krumm*, Steuerliche Bewertung als Rechtsproblem, 2014, S. 143 f.

1187 *Fuisting*, Die preußischen direkten Steuern, Bd. II, 1899, § 9 ErgStG, S. 52; *Hensel*, Steuerrecht, 3. Aufl. 1933, S. 83; *P. Kirchhof*, DStR 1984, 575 (576 f.); *Jakob*, Rechtsgutachten zur Bewertungsvereinfachung, 1992, S. 21; siehe auch BFH, Beschl. v. 18.12.1972 – II R 87–89/70, BStBl. II 1973, 329, juris Rn. 99.

1188 *Krumm*, Steuerliche Bewertung als Rechtsproblem, 2014, S. 144, 405, 407 f.; *Werndl*, in: DStJG 7, 1984, S. 399 (401); *Brösel*, BFuP 2006, 128 (138); *Hinz*, BFuP 2011, 304 (321).

1189 *P. Kirchhof*, Die Steuerwerte des Grundbesitzes, 1985, S. 67.

1190 *Krumm*, Steuerliche Bewertung als Rechtsproblem, 2014, S. 146; *K. Vogel*, DStZ 1979, 28 (29).

1191 *Hensel*, Steuerrecht, 3. Aufl. 1933, S. 83; *P. Kirchhof*, Die Steuerwerte des Grundbesitzes, 1985, S. 19.

welche Bewertungsverfahren zur Anwendung gekommen sind und in welcher Weise konkret der maßgebliche Steuerwert aus den herangezogenen Daten abgeleitet wurde.

6. Steuerliche Bewertungsmethoden

Die materiellen steuerlichen Bewertungsnormen sind zu einem großen Teil im Bewertungsgesetz enthalten. Dieses enthält neben den allgemeinen Bewertungsvorschriften, die grundsätzlich über § 1 BewG im gesamten Steuerrecht gelten, unter anderem besondere Bewertungsvorschriften für die periodisch den Vermögensbestand belastende Grundsteuer und für die anlassbezogene Bedarfsbewertung für Zwecke der Erbschaft- und Schenkungsteuer sowie teilweise für die Grunderwerbsteuer. Daneben enthalten auch die Einzelsteuergesetze (z. B. § 6 EStG) und außersteuerliche Rechtsnormen, insbesondere im Handelsrecht (z. B. §§ 252 ff. HGB), steuerlich relevante Bewertungsvorschriften.[1192] Der Umfang und der Detailgrad der steuerlichen Bewertungsnormen hängen insbesondere von der gesetzlichen Zielsetzung und den Rahmenbedingungen der jeweiligen Bewertung sowie von der praktischen Umsetzbarkeit ab. Die steuerlichen Bewertungsnormen reichen von bloßen Zielvorgaben, die eine weitere gesetzliche Determinierung vermissen lassen (z. B. Verweis auf den gemeinen Wert nach § 9 BewG) bis hin zu im Detail geregelten Bewertungsverfahren (z. B. im Bereich der Bewertung des Grundbesitz- oder Grundsteuerwerts).[1193]

Ist die Anzahl der Bewertungsfälle relativ gering oder soll die Bewertungsnorm eine Vielzahl unterschiedlicher Arten von Gegenständen erfassen, so kann sich etwa ein pauschaler Verweis auf den nach § 9 BewG zu ermittelnden individuellen gemeinen Wert anbieten.[1194] Soweit nichts weiter bestimmt ist, sind maßgeblich für die Bestimmung dieses Werts die zeitnahen Kaufpreise für vergleichbare Gegenstände oder – falls keine geeigneten Kaufpreise vorhanden sind – die für den jeweiligen Bewertungsgegenstand

---

1192 *Szczesny*, Allgemeine Vorschriften zum Bewertungsrecht, in: Horschitz/W. Groß et al. (Hrsg.), Erbschaft- und Schenkungsteuer, Bewertungsrecht, 19. Aufl. 2018, S. 139 (139).

1193 Vgl. *Werndl*, in: DStJG 7, 1984, S. 399 (400).

1194 Siehe hierzu auch *Krumm*, in: DStJG 44, 2022, S. 225 (S. 229 ff.).

gebräuchlichen Bewertungsmethoden.[1195] Steuerverfahrensrechtlich stellt eine derartige Bewertung eine Schätzung i. S. d. § 162 Abs. 1 AO dar,[1196] die grundsätzlich vollständig gerichtlich überprüfbar ist.[1197]

Für bestimmte Bewertungsanlässe ist eine derartige unbestimmte Bewertungssystematik hingegen nicht geeignet. Dies ist vor allem dann der Fall, wenn sich die relevanten Werte regelmäßig nicht einfach aus Kaufpreisen ableiten lassen und eine individuelle Bewertung für die relevanten Bewertungsgegenstände komplex ist. Dies betrifft insbesondere die Bewertung von Grundstücken, Unternehmen und land- und forstwirtschaftlichen Betrieben. Eine detaillierte Regelung kann in diesen Fällen einerseits erforderlich sein, um die Wertermittlung größtmöglich zu objektivieren. Andererseits müssen die Bewertungen in der Masse auch zu vergleichbaren Ergebnissen führen, da der Grundsatz der Gleichmäßigkeit der Besteuerung auch eine gleichmäßige Bewertung gebietet.[1198] Um dies zu erreichen, kann es sich insbesondere anbieten, die Vorgehensweise bei der Bewertung in größerem Umfang durch verbindliche Regelungen zu vereinheitlichen.

7. Administrierbarkeit der steuerlichen Bewertung

Da die steuerliche Bewertung regelmäßig in einem Massenverfahren erfolgt, ist für die Ausgestaltung der Bewertungsverfahren nicht nur maßgeblich, dass diese zu möglichst objektiven und vergleichbaren Werten führen, sondern auch, dass diese Werte einfach feststellbar sind.[1199] Nach *Adam Smith* sind bei der Ausgestaltung einer Steuer nicht nur die Gleichmäßigkeit der Besteuerung nach Maßgabe der Leistungsfähigkeit und die Bestimmtheit der Besteuerung zu gewährleisten, sondern auch die Bequemlichkeit der Besteuerung für den Steuerpflichtigen und die Effektivität der Steuererhebung für den Staat.[1200]

1195 *Halaczinsky*, in: Rössler/Troll, BewG, § 9 BewG, 33. EL, 1/2021, Rn. 15 ff.; *Schnick*, ZfhF 1923, 81 (98).

1196 *Halaczinsky*, in: Rössler/Troll, BewG, § 9 BewG, 33. EL, 1/2021, Rn. 23.

1197 BFH, Urt. v. 15.02.2001 – III R 20/99, BStBl. II 2003, 635, juris Rn. 27 f.

1198 Siehe hierzu noch ausführlich unter Gliederungspunkt § 3, II., 2.

1199 *Hensel*, Steuerrecht, 3. Aufl. 1933, S. 83; *Szczesny*, Allgemeine Vorschriften zum Bewertungsrecht, in: Horschitz/W. Groß et al. (Hrsg.), Erbschaft- und Schenkungsteuer, Bewertungsrecht, 19. Aufl. 2018, S. 139 (162); *Grootens*, in: Lippross/Seibel, BK StR, § 9 BewG, 117. EL, 12/2019, Rn. 1.

1200 *Smith*, Der Reichtum der Nationen, Bd. 2, 1910, S. 243–245.

Die steuerliche Bewertung als Teil des Steuertatbestands sollte daher auch so ausgestaltet sein, dass diese einerseits möglichst einfach und im Verhältnis zum Steueraufkommen mit möglichst geringem Vollzugsaufwand durchgeführt werden kann.[1201] Bei der Ausgestaltung der steuerlichen Bewertung ist daher insbesondere die Zahl der potenziellen Bewertungsfälle und die Komplexität der Bewertungsmethode und die dafür erforderlichen Informationen zu berücksichtigen. Auch die individuelle Belastung des Steuerpflichtigen, die Höhe der Steuer, kann insoweit von Relevanz sein.

Die Administrierbarkeit einer Steuer betrifft zunächst den Vollzug des Steuergesetzes und der dazugehörigen Bewertung durch die Finanzverwaltung. Diese muss mit den verfügbaren Sach- und Personalressourcen in der Lage sein, die Bewertungen auch in der Masse sachgerecht und gleichmäßig vollziehen zu können.[1202] Gerade im Hinblick auf die in den nächsten Jahren stark zurückgehenden Personalressourcen der Finanzverwaltung und den Fachkräftemangel wird dieser Aspekt nicht nur für die Ausgestaltung neuer Steuern, sondern auch für die bereits bestehenden Steuern von größerer Relevanz werden, um eine funktionierende Steuerverwaltung gewährleisten zu können. Aus diesem Grund wird der Gesetzgeber zunehmend auch die Möglichkeit berücksichtigen müssen, die Prozesse durch Digitalisierung und Automatisierung zu beschleunigen und die Bediensteten der Finanzverwaltung dadurch zu entlasten.

Da die Durchführung der steuerlichen Bewertung regelmäßig nähere Informationen zu dem Bewertungsgegenstand und damit in der Regel die Abgabe von Feststellungserklärungen voraussetzt, ist im Rahmen der Administrierbarkeit einer Steuer auch zu berücksichtigen, in welchem Umfang und in welcher Intensität diese eine Mitwirkung des Steuerpflichtigen erfordert. Der Steuerpflichtige muss die für die Steuererklärung erforderlichen Daten ermitteln, dokumentieren und ggfs. aufbereiten. Vielfach wird er darauf angewiesen sein, sich eines Steuerberaters zu bedienen, da einige Angaben eine qualifizierte rechtliche Beurteilung erfordern. Bei der Ausgestaltung der Bewertungsregelungen wird auch zu berücksichtigen sein, dass die Mitwirkung bei der Bewertung für den Steuerpflichtigen Geld und Lebenszeit

1201 Vgl. *Smith*, Der Reichtum der Nationen, Bd. 2, 1910, S. 244.
1202 Siehe hierzu noch unter Gliederungspunkt § 3, II., 1., b).

kostet.[1203] Die Bewertung sollte aus dem Blickwinkel der Administrierbarkeit so einfach gestaltet werden, *„daß sie nach dem Durchschnittsmaß der geistigen Fähigkeiten der typischen Steuerpflichtigen ohne besondere Schwierigkeiten vorgenommen werden kann.“*[1204] Insoweit ist auch zu berücksichtigen, ob die von der Bewertung betroffenen Steuerpflichtigen überwiegend Gewerbetreibende oder Privatpersonen sind.[1205]

Um eine einfache Administrierbarkeit der Bewertung zu gewährleisten, wird der Gesetzgeber bei der Ausgestaltung der Bewertungsverfahren mit Typisierungen und Pauschalierungen arbeiten. Er wird auf Bewertungskomponenten abstellen, die bereits allgemein verfügbar oder zumindest leicht zu ermitteln sind und möglichst digital und automatisiert verarbeitet werden können. Umgekehrt wird er solche Bewertungskomponenten nach Möglichkeit aus der steuerlichen Bewertung ausklammern, für die eine individuelle Wertermittlung erforderlich ist. Infolgedessen führt das Bestreben nach einer guten Administrierbarkeit dazu, dass die ermittelten Werte weniger genau und differenziert sind. Die Administrierbarkeit steht daher im Spannungsverhältnis mit der verfassungsrechtlich gebotenen Bewertungsgenauigkeit.[1206] Praktikabilitätserwägungen finden dort ihre Grenzen, wo die Bewertung nicht mehr zu Werten führt, die dem Bewertungszweck entsprechen. Auf diese Thematik wird an späterer Stelle noch ausführlich eingegangen.[1207]

1203 *Krumm*, Sachverständige Stellungnahme zum Antrag der Fraktion BÜNDNIS 90/ DIE GRÜNEN im Landtag Nordrhein-Westfalen vom 01.11.2020, Stellungnahme 17/3252, S. 39.

1204 *Hensel*, Steuerrecht, 3. Aufl. 1933, S. 87.

1205 *Hensel*, Steuerrecht, 3. Aufl. 1933, S. 87.

1206 *Grootens*, NWB-EV 2019, 381 (385).

1207 Siehe hierzu unter Gliederungspunkt § 3, II., 2., d), bb), (2).

II. Steuerartspezifische Anwendungsbereiche der Bodenrichtwerte

1. Einleitung

Bodenrichtwerte haben steuerartübergreifend eine erhebliche Bedeutung.[1208] Im Rahmen der steuerlichen Bewertung kommen die Bodenrichtwerte zur Anwendung, um den Wert eines unbebauten Grundstücks als Bewertungsergebnis oder den Bodenwert eines bebauten Grundstücks als isolierte Bewertungskomponente zu ermitteln. Daneben werden die Bodenrichtwerte auch als Indikator für die Lagewertigkeit zur Auswahl anderer Bewertungsfaktoren bei der Bewertung von bebauten Grundstücken herangezogen.

In diesem Abschnitt werden die Anwendungsbereiche der Bodenrichtwerte gegliedert nach den unterschiedlichen Steuerarten dargestellt. Den Bodenrichtwerten kommen vor allem bei der Bewertung für Zwecke der Erbschaft- und Schenkungsteuer sowie für Zwecke der Grundsteuer eine große praktische und rechtliche Relevanz zu. Daneben werden die Bodenrichtwerte insbesondere auch bei Bewertungen für Zwecke der Grunderwerbsteuer und bei ertragsteuerlichen Bewertungsanlässen herangezogen. Aus Gründen der Schwerpunktsetzung im Hinblick auf den Untersuchungsgegenstand dieser Ausarbeitung beschränkt sich die Darstellung der Verwendung der Bodenrichtwerte in der steuerlichen Bewertung auf die Bewertung für Zwecke der Erbschaft- und Schenkungsteuer (dazu sogleich unter Gliederungspunkt 2.) und der Grundsteuer (dazu unter Gliederungspunkt 3.)

2. Erbschaft- und Schenkungsteuer

a) Einleitung

Die Einnahmen aus der Erbschaft- und Schenkungsteuer sind in den vergangenen Jahren deutlich gestiegen – von rund 7,1 Mrd. Euro im Jahr2019 auf rund 11,4 Mrd. Euro im Jahr 2022. Im Vergleich zum Jahr 2011 haben sich die Einnahmen aus der Erbschaftsteuer sogar mehr als verdoppelt.[1209] Neben der demografischen Entwicklung dürfte dies vor allem auch an den

---

1208 *Eisele*, StW 2006, 175 (175); *Roscher*, DStR 2012, 122 (122); *Grootens*, ErbStB 2012, 113 (114).

1209 Statistisches Bundesamt, Pressemitteilung Nr. 281 v. 18.07.2023, abrufbar unter: https://www.destatis.de/DE/Presse/Pressemitteilungen/2023/07/PD23_281_736.html (letzter Abruf 28.09.2025).

in den letzten Jahren stark gestiegenen Immobilienwerten liegen. Der Wert des erworbenen Grundvermögens betrug im Jahr 2021 etwa 38 Mrd. Euro.[1210] Im Vergleich dazu wurde im Jahr 2019 Grundvermögen in Höhe von rund 26,6 Mrd. Euro übertragen.[1211] Zwar hat auch die Anzahl der Übertragungen zugenommen. Durchschnittlich wurde pro Fall jedoch auch mehr Vermögen übertragen. Die genannten Werte beziehen sich auf die nach steuerlichen Vorgaben ermittelten Grundbesitzwerte, die jedoch durch die Anknüpfung an die von den Gutachterausschüssen ermittelten Marktdaten die Preisentwicklung auf dem Immobilienmarkt nachzeichnen. Dabei stellen insbesondere die Bodenrichtwerte eine wichtige Verknüpfung zwischen der tatsächlichen Marktentwicklung und der erbschaft- und schenkungsteuerlichen Bemessungsgrundlage dar.[1212] In den letzten Jahren ist ein stetiger Anstieg der Bodenrichtwerte zu beobachten gewesen.[1213] Durch die allgemeinen Wertsteigerungen am Immobilienmarkt unterliegen nun deutlich mehr Immobilien der Erbschaft- und Schenkungsteuer, da die am gemeinen Wert orientierten Grundbesitzwerte die seit Jahren unveränderten Freibeträge zunehmend übersteigen. Dieser Trend wird sich infolge der Anpassung der Bewertungsregelungen der Grundbesitzbewertung durch das JStG 2022[1214] weiter verstärken. Die anlässlich des JStG 2022 diskutierte Anhebung der Freibeträge hat letztendlich keine politische Mehrheit gefunden. Sind diese Freibeträge einmal aufgebraucht und kommen Steuerbefreiungen nicht in Betracht, kann sich für die Steuerpflichtigen wegen der hohen Steuersätze von bis zu 50 % eine erhebliche individuelle Steuerbelastung ergeben.[1215]

Der Erbschaftsteuer unterliegen gemäß § 1 Abs. 1 Nr. 1 i. V. m. § 3 ErbStG Erwerbe von Todes wegen, insbesondere der Erwerb durch Erbanfall und durch Vermächtnis. Der Schenkungsteuer unterliegen gemäß § 1 Abs. 1

1210 Statistisches Bundesamt, Erbschaft- und Schenkungsteuerstatistik 2021, S. 26.

1211 Statistisches Bundesamt, Erbschaft- und Schenkungsteuerstatistik 2019, S. 26.

1212 Vgl. hierzu mit Beispielen *Gerth/Groth*, Wirtschaftswoche 32/2022 v. 05.08.2022, S. 16.

1213 *Stein*, ErbBstg 2021, 295 (295).

1214 Jahressteuergesetz 2022 v. 16.12.2022, BGBl. I 2022, S. 2294.

1215 Kritisch zur gegenwärtigen Konzeption der Erbschaft- und Schenkungsteuer und zu einer möglichen alternativen Ausgestaltung: *Seer*, ZEV 2007, 101 (107); *Seer*, ZRP 2007, 116; *Seer*, GmbHR 2009, 225 (237); *Seer*, in: Tipke/Lang, Steuerrecht, 24. Aufl. 2021, Rn. 15.5 f. …; *M. Loose*, AD LEGENDUM 3/2022, 195 (200 f.).

Nr. 2 i. V. m. § 7 ErbStG Schenkungen unter Lebenden. Die Schenkungsteuer kann dabei als vorweggenommene Erbschaftsteuer angesehen werden.[1216] Steuerbare Vorgänge sind darüber hinaus noch Zweckzuwendungen (§ 1 Abs. 1 Nr. 3 i. V. m. § 8 ErbStG) und der fingierte Erbfall[1217] bei Familienstiftungen und -vereinen (§ 1 Abs. 1 Nr. 4 ErbStG). Bei diesen Vorgängen kann es zum steuerbaren Erwerb einer Vielzahl unterschiedlicher Vermögensgegenstände kommen. Sofern für diese Vermögensgegenstände nicht schon ein Wert existiert (z. B. Bargeld, Bankguthaben), ist dieser für jeden Vermögensgegenstand grundsätzlich gesondert zu bestimmen, um die übertragenen Vermögensgegenstände in einer einheitlichen Bemessungsgrundlage zusammenfassen zu können. Sofern Grundstücke oder Betriebe der Land- und Forstwirtschaft erworben werden, ist für diese wirtschaftlichen Einheiten für Zwecke der Erbschaft- und Schenkungsteuer der Grundbesitzwert gesondert und einheitlich durch Feststellungsbescheid festzustellen. Im Rahmen dieser Grundbesitzbewertung kommen auch die Bodenrichtwerte regelmäßig zur Anwendung. Für die Bewertung der übrigen Vermögensgegenstände sind die Bodenrichtwerte hingegen nicht oder weniger relevant. Die folgenden Ausführungen beziehen sich daher schwerpunktmäßig auf die Bewertung des Grundbesitzes, vor allem des Grundvermögens, für Zwecke der Erbschaft- und Schenkungsteuer. Im Folgenden werden beide Steuern aus Gründen der Lesbarkeit unter dem Begriff der Erbschaftsteuer zusammengefasst, soweit es nicht auf schenkungsteuerliche Besonderheiten ankommt.

b) Besteuerungsverfahren

Die gemäß § 1 Abs. 1 ErbStG steuerbaren Vorgänge sind mit Ausnahme der Erbersatzsteuer einmalige Vorgänge. Sie unterliegen daher nur dann der Besteuerung, wenn die Ereignisse eintreten, an die das Gesetz die Besteuerung knüpft. Die Erbschaftsteuer ist daher grundsätzlich eine aperiodische Steuer.[1218] Dementsprechend ist die steuerliche Bemessungsgrundlage anlassbezogen zu ermitteln. Da eine ggfs. erforderliche Bewertung des erworbenen Vermögens nur dann erfolgt, wenn der ermittelte Steuerwert für die

---

1216 *Seer*, in: Tipke/Lang, Steuerrecht, 24. Aufl. 2021, Rn. 15.4.

1217 *Seer*, in: Tipke/Lang, Steuerrecht, 24. Aufl. 2021, Rn. 15.34.

1218 *Seer*, in: Tipke/Lang, Steuerrecht, 24. Aufl. 2021, Rn. 15.50.

Festsetzung der Steuer von Bedeutung ist, wird die Bewertung für Zwecke der Erbschaftsteuer auch als Bedarfsbewertung bezeichnet.[1219] Für die Durchführung dieser Bedarfsbewertung, insbesondere für die Bewertung von Grundbesitz und Unternehmensvermögen, sind gemäß § 12 Abs. 2 f. und Abs. 5 f. ErbStG i. V. m. § 151 BewG die jeweiligen Lage- oder Betriebsstättenfinanzämter (§ 152 BewG) zuständig, da diese regelmäßig die tatsächlichen und regionalen wirtschaftlichen Verhältnisse besser kennen als die Erbschaftsteuerfinanzämter. Der auf diese Weise gesondert und einheitlich festgestellte Steuerwert wird für wirtschaftliche Einheiten des Grundvermögens (Privatgrundstücke), für wirtschaftliche Einheiten des land- und forstwirtschaftlichen Vermögens und für Betriebsgrundstücke als Grundbesitzwert bezeichnet (§ 151 Abs. 1 Satz 1 Nr. 1 i. V. m. § 157 BewG).

Um die mit dem besteuerten Erwerb eintretende Bereicherung des Erwerbers sachgerecht zu erfassen, ist es erforderlich, dass der gemeine Wert der Vermögensgegenstände auf den Zeitpunkt der Entstehung der Steuer (§ 9 ErbStG) festgestellt wird. Der Zeitpunkt der Entstehung der Steuer ist gemäß § 11 ErbStG grundsätzlich identisch mit dem Bewertungsstichtag. Die Grundbesitzwerte sind deshalb gemäß § 157 Abs. 1 Satz 1 BewG unter Berücksichtigung der tatsächlichen Verhältnisse und Wertverhältnisse am Bewertungsstichtag festzustellen. Zu den tatsächlichen Verhältnissen gehören unter anderem der konkrete Zuschnitt des Grundstücks, dessen erschließungsrechtlicher Zustand sowie die vorhandene Bebauung und das Alter des Gebäudes. Die Wertverhältnisse richten sich nach der Gesamtheit der am Stichtag für die Preisbildung von Grundstücken im gewöhnlichen Geschäftsverkehr maßgeblichen Umstände (vgl. § 2 Abs. 2 ImmoWertV). Für die steuerliche Grundbesitzbewertung werden diese allgemeinen Wertverhältnisse durch die von den Gutachterausschüssen ermittelten Bodenrichtwerte und sonstigen für die Wertermittlung erforderlichen Daten (z. B. Liegenschaftszinssätze, Sachwertfaktoren) konkretisiert.

Die Grundbesitzwerte werden von den Feststellungsfinanzämtern im Rahmen von Feststellungsbescheiden festgestellt, die für die Erbschaftsteuer als Grundlagenbescheide verbindlich sind (§§ 179 ff. AO). Die festgestellten

---

1219 Entwurf der BReg zum JStG 1997 v. 26.08.1996, BT-Drs. 13/5359, S. 24; BVerfG v. 07.11.2006 – 1 BvL 10/02, BVerfGE 117, 1, 6 (ErbSt III); *Seer*, in: Tipke/Lang, Steuerrecht, 24. Aufl. 2021, Rn. 15.50.

Grundbesitzwerte werden anschließend mit den Werten der übrigen Vermögensgegenstände (z. B. bewegliche Gegenstände, Bargeld, Bankguthaben, Geldforderungen) im Erbschaft- bzw. Schenkungsteuerbescheid zu einer einheitlichen Bemessungsgrundlage zusammengefasst. Soweit keine Steuerbefreiungen in Betracht kommen, unterliegt diese Bemessungsgrundlage als steuerpflichtiger Erwerb der Erbschaftsteuer (§§ 10, 19 ErbStG). Der Steuersatz hängt von der Steuerklasse des Erwerbers nach § 15 ErbStG ab und ist gestaffelt nach der Höhe des steuerpflichtigen Erwerbs.

c) Ausgestaltung der Bemessungsgrundlage

Die Bemessungsgrundlage der Erbschaft- und Schenkungsteuer ist der steuerpflichtige Erwerb, also die Bereicherung des Erwerbers, soweit sie nicht steuerfrei ist (§ 10 Abs. 1 Satz 1 ErbStG).[1220] Bei Erwerben von Todes wegen gilt als Bereicherung gemäß § 10 Abs. 1 Satz 2 ErbStG vereinfacht der Betrag, der sich ergibt, wenn von dem nach § 12 ErbStG zu ermittelnden Werts des gesamten Vermögensanfalls (sog. Reinnachlass) die Nachlassverbindlichkeiten abgezogen werden. Der Erbe ist nur um den Netto-Vermögenszuwachs bereichert.[1221] Bei Schenkungen unter Lebenden wird die Bereicherung durch den jeweiligen Zuwendungsgegenstand verkörpert.[1222] Die Höhe der Bereicherung bestimmt sich auch in diesem Fall nach § 12 ErbStG. Bei der Bemessung der Erbschaftsteuer ist streng zwischen der Bewertungsebene und ggfs. zu gewährenden Steuerbefreiungen zu unterscheiden. Eine Begünstigung bestimmter Gruppen von Steuerpflichtigen kann nur durch die Gewährung von Steuerbefreiungen, nicht jedoch durch Abschläge bei der Bewertung erreicht werden.[1223]

Für die Bestimmung der Bereicherung kommen die Bodenrichtwerte regelmäßig zur Anwendung, wenn Grundvermögen erworben wird. In geringerem Umfang sind sie auch für die Bewertung von land- und forstwirtschaftlichem Vermögen relevant. Bodenrichtwerte können auch bei der Bewertung von

---

1220 *Tipke*, StRO II, 2. Aufl. 2003, S. 879.

1221 *Tipke*, StRO II, 2. Aufl. 2003, S. 880.

1222 *Gebel*, in: Troll/Gebel/Jülicher/Gottschalk, ErbStG, § 10 ErbStG, 57. EL, 4/2019, Rn. 63.

1223 BVerfG v. 07.11.2006 – 1 BvL 10/02, BVerfGE 117, 1, 34 f. (ErbSt III); *Seer*, in: Tipke/Lang, Steuerrecht, 24. Aufl. 2021, Rn. 15.58; vgl. auch *Tipke*, GmbHR 1996, 8 (10).

Unternehmensvermögen und der Prüfung der Begünstigung dieses Vermögens nach § 13b ErbStG herangezogen werden, wenn zum Betriebsvermögen Betriebsgrundstücke gehören, etwa sofern das Substanzwertverfahren zur Anwendung kommt oder zur Ermittlung des Wertes des Verwaltungsvermögens (§ 13b Abs. 4 Nr. 1 ErbStG). Aus Gründen der Schwerpunktsetzung und im Hinblick auf den späteren Untersuchungsgegenstand wird im Folgenden nur auf die Bewertung des Grundvermögens eingegangen. Sofern bei der Bewertung von land- und forstwirtschaftlichem Vermögen oder bei der Bestimmung der Begünstigung von Unternehmensvermögen eine Bodenwertermittlung anhand der Bodenrichtwerte erforderlich sein sollte, sind die folgenden Ausführungen zu der Verwendung der Bodenrichtwerte im Rahmen der Bewertung des Grundvermögens grundsätzlich übertragbar.

d) Grundbesitzbewertung

aa) Bewertungsgrundsätze

Die Bewertung des Grundvermögens für Zwecke der Erbschaft- und Schenkungsteuer richtet sich nach den §§ 176 bis 198 BewG. Der nach diesen Vorgaben ermittelte Steuerwert wird als Grundbesitzwert (§ 151 Abs. 1 Satz 1 Nr. 1 i. V. m. § 157 Abs. 3 BewG) bezeichnet und fließt nach § 12 Abs. 3 ErbStG in den steuerbaren Wert der Bereicherung ein. Der Grundbesitzwert wird auch für land- und forstwirtschaftliches Vermögen ermittelt. Die Wertermittlung richtet sich in diesen Fällen jedoch nach anderen Bewertungsverfahren (§§ 158 bis 175 BewG), die im Folgenden nicht weiter vertieft werden sollen. Auch für die Grunderwerbsteuer wird dieser Grundbesitzwert in bestimmten Konstellationen als Bemessungsgrundlage der Besteuerung zugrunde gelegt (§ 8 Abs. 2 GrEStG).

(1) Bewertungsziel

Den Bewertungen des Grundvermögens nach den §§ 179 und 182 bis 196 BewG ist gemäß § 177 Abs. 1 BewG der gemeine Wert i. S. d. § 9 BewG zugrunde zu legen. Die ausdrückliche Regelung des *Bewertungsziels* beruht auf der Feststellung des Bundesverfassungsgerichts,[1224] dass für Zwecke der Erbschaftsteuer grundsätzlich der gemeine Wert zugrunde zu legen ist.[1225]

1224 BVerfG v. 07.11.2006 – 1 BvL 10/02, BVerfGE 117, 1, 33 f. (ErbSt III).

1225 Entwurf der BReg zum ErbStRG v. 28.01.2008, BT-Drs. 16/7918, S. 44 f.

Die Vorgaben in den §§ 176 bis 198 BewG stellen somit spezielle Vorschriften zur Ermittlung des gemeinen Werts für Grundstücke dar. Der nach Maßgabe dieser Vorgaben ermittelte Grundbesitzwert entspricht somit grundsätzlich dem gemeinen Wert (bzw. dem Verkehrswert), der sich stets auf die wirtschaftliche Einheit des Grundvermögens (bzw. auf das zu bewertende Betriebsgrundstück) bezieht.

(2) Bewertungsmethodik

Der Gesetzgeber hätte sich im Prinzip darauf beschränken können, den Ansatz der Grundstücke mit dem gemeinen Wert i. S. d. § 9 BewG vorzuschreiben und auf besondere Bewertungsvorschriften zu verzichten. Da der gemeine Wert nach herrschender Ansicht dem Verkehrswert entspricht, wäre der gemeine Wert des Grundstücks in diesem Fall nach der für die Verkehrswertermittlung geltenden ImmoWertV zu ermitteln gewesen.[1226] Eine solche Vorgehensweise wäre im steuerlichen Massenbewertungsverfahren jedoch nicht praktikabel gewesen, da diese zeitaufwendig ist und die Sachbearbeiter der Feststellungsfinanzämter regelmäßig nicht über die erforderliche Erfahrung und Sachkunde auf dem Gebiet der Verkehrswertermittlung verfügen. Die Ermittlung der Grundbesitzwerte nach den Regelungen der ImmoWertV hätte daher vermutlich zu einem nicht zu bewältigenden Verwaltungsaufwand geführt.[1227] Da die ImmoWertV zudem nur die Grundsätze der Verkehrswertermittlung regelt,[1228] wäre eine einheitliche Ermittlung der Grundbesitzwerte nur eingeschränkt gewährleistet worden.

Der Gesetzgeber hat daher in den §§ 176 ff. BewG spezielle Vorgaben für die Ermittlung der Grundbesitzwerte geregelt. Diese orientieren sich an den anerkannten Verfahren der Verkehrswertermittlung gemäß der Verordnung über die Grundsätze für die Ermittlung der Verkehrswerte von Grundstücken (damals WertV,[1229] jetzt ImmoWertV).[1230] Mit Einführung der Regelungen für die Grundbesitzbewertung beabsichtigte der Gesetzgeber einerseits eine

---

1226 *Drosdzol*, ZEV 2008, 10 (11); *Bock*, in: Viskorf/Schuck/Wälzholz, ErbStG/BewG, 7. Aufl. 2023, § 177 BewG, Rn. 4.

1227 *Bock*, in: Viskorf/Schuck/Wälzholz, ErbStG/BewG, 7. Aufl. 2023, § 177 BewG, Rn. 4.

1228 Siehe hierzu unter Gliederungspunkt § 1, I., 2., b), aa).

1229 WertV v. 06.12.1988 (BGBl. I S. 2209), geändert durch Artikel 3 des Bau- und Raumordnungsgesetzes vom 18.08.1997 (BGBl. I S. 2081).

1230 Entwurf der BReg zum ErbStRG v. 28.01.2008, BT-Drs. 16/7918, S. 45.

Bewertungssystematik zu schaffen, mit denen sich Werte ermitteln lassen, die annähernd den Verkehrswerten der zu bewertenden Grundstücke entsprechen. Andererseits wollte er jedoch auch ein Bewertungsverfahren schaffen, welches in der steuerlichen Massenbewertung umsetzbar ist. Zu diesem Zweck wurden die Verfahren der WertV in größerem Maße standardisiert und vereinfacht. Die Verfahren enthalten in größerem Maße Typisierungen und Pauschalierungen. Die Besonderheiten des Einzelfalls werden nur teilweise berücksichtigt.[1231] Dadurch wollte der Gesetzgeber eine *„für die Finanzverwaltung handhabbare Bewertung in Annäherung an den gemeinen Wert für den typischen Fall in einer Vielzahl von Bewertungsfällen gewährleisten“*.[1232]

Um gleichwohl den Vorgaben des Bundesverfassungsgerichts hinsichtlich des einzuhaltenden Bewertungsziels hinreichend Rechnung zu tragen, hat der Gesetzgeber einerseits in § 177 Abs. 1 BewG postuliert, dass bei der Grundbesitzbewertung der gemeine Wert „zugrunde zu legen“ ist. Die Norm soll dementsprechend auch als Auslegungsregel in Zweifelsfällen herangezogen werden können.[1233] Infolge der zahlreichen Pauschalierungen und Typisierungen ergeben sich allerdings Abweichungen zu dem individuellen gemeinen Wert nach § 9 Abs. 2 BewG, bei dem sämtliche im Einzelfall preisbeeinflussenden Umstände zu berücksichtigen sind. Das Ergebnis der Grundbesitzbewertung ist daher vielmehr ein typisierender gemeiner Wert, der vom individuellen gemeinen Wert i. S. d. § 9 Abs. 2 BewG abweichen kann.[1234] Andererseits hat der Gesetzgeber zur Wahrung des Bewertungsziels dem Steuerpflichtigen über § 198 BewG die Möglichkeit eröffnet, einen niedrigeren gemeinen Wert der zu bewertenden wirtschaftlichen Einheit nachzuweisen und diesen der Besteuerung zugrunde zu legen. Dadurch kann der Steuerpflichtige im Einzelfall Bewertungsungenauigkeiten vermeiden, die infolge der Typisierungen und Pauschalierungen auftreten können.

1231 Entwurf der BReg zum ErbStRG v. 28.01.2008, BT-Drs. 16/7918, S. 44 f.; *Bock*, in: Viskorf/Schuck/Wälzholz, ErbStG/BewG, 7. Aufl. 2023, § 177 BewG, Rn. 3.

1232 *Bock*, in: Viskorf/Schuck/Wälzholz, ErbStG/BewG, 7. Aufl. 2023, § 177 BewG, Rn. 3.

1233 *Bock*, in: Viskorf/Schuck/Wälzholz, ErbStG/BewG, 7. Aufl. 2023, § 177 BewG, Rn. 3.

1234 BFH, Beschl. v. 05.07.2018 – II B 122/17, BStBl. II 2018, 660, juris Rn. 19; BFH, Urt. v. 17.11.2021 – II R 26/20, BFH/NV 2022, 822, juris Rn. 14; *Drosdzol*, ZEV 2008, 10 (11); *Halaczinsky*, in: Rössler/Troll, BewG, § 177 BewG, 17. EL, 8/2012, Rn. 5; *A. Seitz*, DStR 2022, 1774 (1774).

(3) Anknüpfung an die von den Gutachterausschüssen ermittelten Marktinformationen

Die geltende Bewertungssystematik bei der Ermittlung der Grundsteuerwerte knüpft an vielen Stellen an die von den Gutachterausschüssen ausgewerteten Marktdaten und die von ihnen ermittelten und veröffentlichten Werte an.[1235] Neben den Bodenrichtwerten (§ 179 BewG, § 191 Abs. 2 BewG i. V. m. Anlage 25 des BewG) kommen bei der Ermittlung der Grundbesitzwerte insbesondere die folgenden Veröffentlichungen und Auswertungen der Gutachterausschüsse zur Anwendung: geeignete Vergleichspreise (§ 183 Abs. 1 Satz 2 BewG), Vergleichsfaktoren (§ 183 Abs. 2 BewG), Umrechnungskoeffizienten (R B 179.2 Abs. 2 bis 4 ErbStR), Liegenschaftszinssätze (§ 188 Abs. 2 Satz 1 BewG, § 193 Abs. 4 Satz 1 BewG), Sachwertfaktoren (§ 191 Abs. 1 BewG) und seit dem JStG 2022 auch Regionalfaktoren (§ 190 Abs. 5 BewG).[1236] Bei der Grundbesitzbewertung sind diese Daten ausschließlich oder zumindest vorrangig anzuwenden, sofern der örtlich zuständige Gutachterausschuss diese ermittelt und der Finanzverwaltung zur Verfügung gestellt hat. Hat der zuständige Gutachterausschuss nicht die erforderlichen Daten zur Verfügung gestellt, erfolgt die steuerliche Bewertung auf der Grundlage von den im BewG[1237] oder in den Erbschaftsteuer-Richtlinien[1238] enthaltenen typisierten Daten.[1239]

Um zu gewährleisten, dass die sonstigen für die Wertermittlung erforderlichen Daten in der steuerlichen Bewertung sachgerecht verwendet werden, hat der Gesetzgeber mit dem JStG 2022 den Grundsatz der Modellkonformität[1240] (§ 10 ImmoWertV) nun auch in der Grundbesitzbewertung in § 177 Abs. 2 Satz 1 i. V. m. Abs. 3 BewG verankert.[1241] Dieser Grundsatz soll – wie in der Verkehrswertermittlung auch – nur für die sonstigen für die Wertermittlung erforderlichen Daten gelten, nicht jedoch für die Bodenrichtwerte.[1242] Mit dem JStG 2022 erfolgte zudem eine Überarbeitung der Regelungen für die

---

1235 *Marquardt/Miethe*, ErbStB 2022, 266.

1236 Kritisch hierzu *Z.-A. Schneider/Niebuhr/Droll*, RFamU 2023, 106 (114 f.).

1237 Z. B. § 188 Abs. 2 Satz 2 BewG; § 191 Satz 2 BewG i. V. m. Anlage 25 des BewG.

1238 Z. B. H B 179.2 ErbStH.

1239 *Kredt*, fub 1/2010, 1 (4).

1240 Siehe hierzu bereits unter Gliederungspunkt § 1, I., 2., b), bb), (3).

1241 *Z.-A. Schneider/Niebuhr/Droll*, RFamU 2023, 106 (108 ff.).

1242 *Bock*, in: Viskorf/Schuck/Wälzholz, ErbStG/BewG, 7. Aufl. 2023, § 177 BewG, Rn. 8.

zeitliche Eignung der sonstigen für die Wertermittlung erforderlichen Daten (§ 177 Abs. 2 Satz 2 ff. BewG).[1243] Für die Bodenrichtwerte gilt hinsichtlich der zeitlichen Geltung die Vorgabe in § 179 Satz 3 BewG.

Von den für die (steuerliche) Wertermittlung erforderlichen Daten kommt den Bodenrichtwerten bei der Grundbesitzbewertung eine herausgehobene Bedeutung zu. Diese werden in erster Linie für die Bewertung unbebauter Grundstücke (§ 179 BewG) herangezogen. Sie sind jedoch auch für die Bewertung bebauter Grundstücke relevant, da der nach § 179 BewG ermittelte Bodenwert auch in diesen Fällen benötigt wird (§ 184 Abs. 2, § 189 Abs. 2 BewG).[1244] Die Ausgestaltung der Bewertungssystematik für unbebaute Grundstücke und für den Bodenwert bei bebauten Grundstücken wird im Folgenden dargestellt. Ob diese Bewertungssystematik geeignet ist, den gemeinen Wert hinreichend abzubilden, wird unter Gliederungspunkt § 3, IV., 2., a) untersucht.

bb) Bewertung von unbebauten Grundstücken

(1) Begriff des unbebauten Grundstücks

Nach § 178 Abs. 1 Satz 1 BewG sind unbebaute Grundstücke solche Grundstücke, auf denen sich keine benutzbaren Gebäude befinden. Was unter einem Gebäude zu verstehen ist, wird weder im BewG noch in den ErbStR konkretisiert. Nach H B 178 (1) ErbStH soll der Gebäudebegriff aus den gleichlautenden Ländererlassen zur Abgrenzung des Grundvermögens von den Betriebsvorrichtungen vom 5. Juni 2013[1245] auch für die Grundbesitzbewertung maßgeblich sein. Hiernach ist ein Bauwerk als Gebäude anzusehen, wenn es Menschen oder Sachen durch räumliche Umschließung Schutz gegen Witterungseinflüsse gewährt, den Aufenthalt von Menschen gestattet, fest mit dem Grund und Boden verbunden, von einiger Beständigkeit und ausreichend standfest ist.[1246] Befinden sich auf dem Grundstück Gebäude, die auf Dauer keiner Nutzung zugeführt werden können, gilt gemäß § 178 Abs. 2 Satz 1 BewG das Grundstück als unbebaut. Als unbebaut gilt gemäß § 178 Abs. 2 Satz 2 BewG auch ein Grundstück, auf dem infolge von Zerstörung

---

1243 *Z.-A. Schneider/Niebuhr/Droll*, RFamU 2023, 106 (110).

1244 *Eisele*, NWB 2011, 2289 (2300); *Grootens*, ErbStB 2012, 113 (113).

1245 BStBl. I S. 734, dort Tz. 2.2.

1246 BFH, Urt. v. 28.05.2003 – II R 41/01, BStBl. II 2003, 693, juris Rn. 9. m. w. N.

oder Verfall der Gebäude auf Dauer kein benutzbarer Raum mehr vorhanden ist. Bei Grundstücken mit im Bau befindlichen Gebäuden kommt es für die Unterscheidung zwischen bebautem und unbebautem Grundstück auf den Zeitpunkt der Bezugsfertigkeit an (§ 178 Abs. 1 Satz 2 BewG). Gebäude sind als bezugsfertig anzusehen, wenn den zukünftigen Bewohnern oder sonstigen Benutzern zugemutet werden kann, sie zu benutzen. Maßgeblich sind die Gegebenheiten am Bewertungsstichtag.[1247]

(2) Bewertungsmethode

(a) Historische Entwicklung des Bodenrichtwertverfahrens

Der Wert unbebauter Grundstücke bestimmt sich gemäß § 179 Satz 1 BewG regelmäßig nach ihrer Fläche und den Bodenrichtwerten i. S. d. § 196 BauGB. Die Vorschrift geht zurück auf § 145 Abs. 3 Satz 1 BewG,[1248] der bereits eine Ermittlung des Bodenwerts nach der Fläche und den um 20 % ermäßigten Bodenrichtwert vorsah, wobei der zum 1. Januar 1996 ermittelte Bodenrichtwert maßgeblich sein sollte. Die Neuregelung erfolgte als Reaktion auf die Einheitswertbeschlüsse des Bundesverfassungsgerichts vom 22. Juni 1995[1249] und sollte für Zwecke der Erbschaftsteuer eine realitätsnahe Bewertung des Grundbesitzes gewährleisten.[1250] Die in § 145 Abs. 3 Satz 2 BewG a. F. vorgesehene Anknüpfung an die zum 1. Januar 1996 ermittelten Bodenrichtwerte wurde bereits im Vorfeld der Entscheidung des Bundesverfassungsgerichts vom 7. November 2006[1251] aufgegeben, da der hiernach ermittelte Bodenwert nicht den Wertverhältnissen zu den späteren Besteuerungszeitpunkten entsprach.[1252]

1247 R B 178 Abs. 2 Satz 3 ErbStR.

1248 In der Fassung des Art. 1 Nr. 36 JStG 1997 v. 20.12.1996, BGBl. I 1996, S. 2049.

1249 BVerfG v. 22.06.1995 – 2 BvR 552/91, BVerfGE 93, 165 (ErbSt II); BVerfG v. 22.06.1995 – 2 BvL 37/91, BVerfGE 93, 121 (VSt II).

1250 Entwurf der BReg zum JStG 1997 v. 26.08.1996, BT-Drs. 13/5359, S. 24, 44; vgl. zur Bewertung nach dieser Norm im Einzelnen *Birgel*, UM 2/2003, 57; *Eisele*, INF 2000, 481.

1251 BVerfG v. 07.11.2006 – 1 BvL 10/02, BVerfGE 117, 1, 56 ff. (ErbSt III).

1252 Ursprünglich war in § 138 Abs. 4 BewG vorgesehen, dass die Wertverhältnisse zum 01.01.1996 nur für Feststellungen von Grundbesitzwerten bis zum 31.12.2001 gelten sollten. Mit Gesetz zur Änd. des BewG v. 10.12.2001, BGBl. I 2001, S. 3435 wurde die Geltungsdauer auf den 31.12.2006 verlängert.

Mit Einführung des ErbStRG 2009[1253] erfolgt die Bedarfsbewertung von Grundbesitz nicht mehr nach den Vorgaben im vierten Abschnitt des Bewertungsgesetzes (§§ 138 bis 150 BewG), sondern nach den Vorgaben im sechsten Abschnitt des Bewertungsgesetzes (§§ 157 bis 198 BewG). Der derzeit für die Bedarfsbewertung geltende § 179 BewG ist dem § 145 Abs. 3 BewG nachgebildet worden. Der bisher vorgesehene Abschlag auf die Bodenrichtwerte von 20 % wurde hingegen nicht übernommen.[1254] Zusammen mit Einführung des ErbStRG 2009 wurden auch die Vorgaben zum Gutachterausschusswesen und insbesondere zur Bodenrichtwertermittlung angepasst.[1255] Es wurde vorgeschrieben, dass Bodenrichtwerte flächendeckend und als zonale Bodenrichtwerte zu ermitteln sind.[1256] Die Verordnungsermächtigung in § 199 Abs. 1 BauGB wurde ausdrücklich auf die Regelung der Bodenrichtwertermittlung ausgeweitet. Im Nachgang hierzu wurde die ImmoWertV 2010[1257] erlassen, die zur Vereinheitlichung der Bodenrichtwertermittlung in § 10 erstmals bundeseinheitliche Vorgaben vorsah.

(b) Anknüpfung an die Bodenrichtwerte

Mit § 179 BewG knüpft der Gesetzgeber an die Bodenrichtwerte als Bewertungsgrundlage an, die von den Gutachterausschüssen für Grundstückswerte i. S. d. §§ 192 ff. BauGB ermittelt werden. Die Ermittlung der Bodenrichtwerte für die Grundbesitzbewertung ist von Gesetzes wegen nicht den Finanzämtern, sondern ausschließlich den außerhalb der Finanzverwaltung angesiedelten Gutachterausschüssen zugewiesen.[1258] Bei diesen handelt es sich um selbstständige und unabhängige Behörden, die sich außerhalb der Hierarchie

---

1253 Gesetz zur Reform des Erbschaftsteuer- und Bewertungsrechts (Erbschaftsteuerreformgesetz – ErbStRG v. 24.12.2008, BGBl. I 2008, 3018.

1254 Entwurf der BReg zum ErbStRG v. 28.01.2008, BT-Drs. 16/7918, S. 45.

1255 Art. 4 des ErbStRG v. 24.12.2008, BGBl. I 2008, 3018.

1256 Offenbar hat eine Aufforderung der Gutachterausschüsse zur Beachtung dieser Vorgaben in den Vorjahren nicht ausgereicht, weshalb diese Vorgaben nun ins Gesetz geschrieben wurden (vgl. Gesetzentwurf der Fraktionen CDU/CSU und FDP zum JStG 1997 v. 11.06.1996, BT-Drs. 13/4839, S. 50.).

1257 Verordnung über die Grundsätze für die Ermittlung der Verkehrswerte von Grundstücken (Immobilienwertermittlungsverordnung – ImmoWertV) v. 19.05.2010, BGBl. I 2010, S. 639.

1258 BFH, Urt. v. 11.05.2005 – II R 21/02, BStBl. II 2005, 686, juris Rn. 10.

des Staatsaufbaus befinden.[1259] Sie verfügen regelmäßig über mehr Erfahrung und Fachkenntnisse auf dem Gebiet der Ermittlung von Grundstückswerten sowie über bessere Kenntnisse der Gegebenheiten auf den regionalen Grundstücksmarkt.[1260] An der Ermittlung der Bodenrichtwerte durch die Finanzämter, wie dies in früheren Zeiten der Fall war,[1261] wird nicht mehr festgehalten.

Die Gutachterausschüsse sind gemäß § 196 Abs. 1 Satz 1 BauGB verpflichtet, die Bodenrichtwerte flächendeckend zu ermitteln, sodass diese regelmäßig für die steuerliche Bewertung zur Verfügung stehen.[1262] Da die Bodenrichtwerte – zumindest im gesetzlichen Regelfall – auf der Grundlage aktueller Kaufpreise ermittelt werden,[1263] können sie unter dieser Prämisse als eine besondere Konkretisierung der allgemeinen Wertverhältnisse angesehen werden, die gemäß § 157 Abs. 1 Satz 1 BewG der Grundbesitzbewertung zugrunde zu legen sind. Die Bodenrichtwerte werden für die Grundbesitzbewertung als bereits vorhandene Bewertungsdaten herangezogen. Sie sind grundsätzlich nicht speziell für die Grundbesitzbewertung zu ermitteln, auch wenn dies über § 196 Abs. 1 Satz 6 BauGB grundsätzlich möglich wäre („sonstigen Feststellungszeitpunkt").

(c) Ermittlung im Bodenrichtwertverfahren

Die Ermittlung des Bodenwerts gemäß § 179 Satz 1 BewG erfolgt anhand der in einem gesonderten Verfahren von den Gutachterausschüssen ermittelten Bodenrichtwerten (sog. Bodenrichtwertverfahren). Bei vollständiger Betrachtung erfolgt die Wertermittlung in einem zweistufigen Vergleichsverfahren.[1264] Auf der *ersten Stufe* wird der Bodenrichtwert durch den

---

1259 Siehe hierzu unter Gliederungspunkt § 1, II., 2., d) m. w. N.

1260 BFH, Urt. v. 26.04.2006 – II R 58/04, BStBl. II 2006, 793, juris; BFH, Urt. v. 12.07.2006 – II R 1/04, BStBl. II 2006, 742, juris; BFH, Urt. v. 25.08.2010 – II R 42/09, BStBl. II 2011, 205, juris; Nds. FG, Urt. v. 24.03.2022 – 1 K 267/19, juris Rn. 54.

1261 Vgl. Richtlinien für die Finanzämter zur Ermittlung der Bodenwerte (Bodenwert-Richtlinien), BStBl. II 1957, S. 30, Rn. 1, 36 ff.; *Jakob*, Rechtsgutachten zur Bewertungsvereinfachung, 1992, S. 31.

1262 Entwurf der BReg zum ErbStRG v. 28.01.2008, BT-Drs. 16/7918, S. 48; vgl. zu der Rechtslage vor 2009: R 160 Abs. 1 Satz 6 ErbStR 2003.

1263 Siehe hierzu unter Gliederungspunkt § 1, IV., 6., a).

1264 *Kleiber*, in: E/Z/B/K, BauGB, § 196 BauGB, 122. EL, 8/2016, Rn. 24.

zuständigen Gutachterausschuss aus Vergleichspreisen (oder auf andere Weise) abgeleitet. Auf der *zweiten Stufe* wird nun der Bodenwert anhand des ggfs. angepassten Bodenrichtwerts in einem mittelbaren Vergleichswertverfahren durch das Finanzamt ermittelt.[1265] Bei dem Bodenrichtwertverfahren handelt es sich um ein Verfahren, welches in der Verkehrswertermittlung bereits seit der WertV 1961[1266] vorgesehen und allgemein anerkannt ist. In der geltenden ImmoWertV ist die Ermittlung des Bodenwerts anhand von Bodenrichtwerten in § 40 Abs. 2 i. V. m. § 24 Abs. 2 Nr. 2 i. V. m. § 26 Abs. 2 ImmoWertV geregelt.[1267] Anders als in der Verkehrswertermittlung ist eine objektspezifische Anpassung der Bodenrichtwerte jedoch nicht ausdrücklich für die steuerliche Grundbesitzbewertung vorgeschrieben. Auch erfolgt bei der typisierenden steuerlichen Bodenwertermittlung sowie generell bei der Grundbesitzbewertung keine Berücksichtigung besonderer objektspezifischer Grundstücksmerkmale (§ 177 Abs. 4 BewG). In der Literatur wird daher angenommen, dass das Ergebnis dieses steuerlichen Bodenrichtwertverfahrens nicht zwingend der „individuelle“ Verkehrswert, sondern ein „typisierender“ Verkehrswert sei.[1268]

(d) Ausnahmen vom Bodenrichtwertverfahren

In § 179 Satz 1 BewG ist vorgesehen, dass der Wert unbebauter Grundstücke „regelmäßig“ im dargestellten Bodenrichtwertverfahren zu bestimmen ist. Die Formulierung war in § 145 BewG ursprünglich nicht vorhanden und wurde erstmals mit dem ErbStRG 2009 in § 179 BewG[1269] aufgenommen. Die Formulierung soll nach Auffassung in der Literatur lediglich zur Abgrenzung des § 179 Satz 1 BewG im Gegensatz zur Bewertung unbebauter Grundstücke durch die Finanzämter nach § 179 Satz 4 BewG dienen.[1270] Hierfür spricht auch der sonstige Inhalt des ErbStRG 2009, das auch erstmals die Vorgabe einer

---

1265 *Halaczinsky*, in: Rössler/Troll, BewG, § 179 BewG, 37. EL, 11/2023, Rn. 3.

1266 § 5 WertV 1961.

1267 Siehe hierzu unter Gliederungspunkt § 1, III., 6.

1268 *Jüptner*, StuW 2005, 126 (131); *Seer*, ZRP 2007, 116 (117); *Halaczinsky*, in: Halaczinsky/Riedel, Das neue Erbschaftsteuerrecht, 2009, (82).

1269 Art. 2 Nr. 14 ErbStRG v. 24.12.2008, BGBl. I 2008, 3018.

1270 *Bock*, in: Viskorf/Schuck/Wälzholz, ErbStG/BewG, 7. Aufl. 2023, § 179 BewG, Rn. 27; so für die Parallelvorschrift in § 247 BewG auch *Knittel*, in: Stenger/Loose, Bewertungsrecht, § 247 BewG, 160. EL, 5/2022, Rn. 79.

flächendeckenden Ermittlung der Bodenrichtwerte vorsah.[1271] Im Gesetzgebungsverfahren wurde diskutiert, ob eine flächendeckende Ermittlung der Bodenrichtwerte überhaupt möglich sei.[1272] Ebenfalls wurde in § 145 Abs. 3 Satz 1 BewG die Formulierung „regelmäßig" aufgenommen, als mit dem BeitRLUmsG[1273] § 145 Abs. 3 Satz 4 BewG eingeführt wurde. Durch diese Regelung sollte gewährleistet werden, dass die Finanzämter berechtigt sind, eigene Bodenwerte zu ermitteln, sofern der zuständige Gutachterausschuss für den betreffenden Fall keinen Bodenrichtwert ermittelt hat.[1274] Neben der Bodenwertermittlung mittels der Bodenrichtwerte (§ 179 Satz 1 BewG) und der Ermittlung des Bodenwerts aus den Werten vergleichbarer Flächen (§ 179 Satz 4 BewG) bleibt kein Raum für weitere Verfahren zur Ermittlung des Bodenwerts (z. B. Vergleichswertverfahren mittels Vergleichspreisen, deduktive Verfahren, Anknüpfung an andere Werte der Gutachterausschüsse[1275]). Denn den Finanzämtern fehlt für die Anwendung dieser Verfahren einerseits die nötige Erfahrung und Fachkunde auf dem Gebiet der Verkehrswertermittlung. Andererseits wäre eine derart individuelle Bewertung im steuerlichen Massenverfahren nicht praktikabel und gleichheitskonform durchführbar.

(3) Auswahl des heranzuziehenden Bodenrichtwerts

Bei der Wertermittlung ist gemäß § 179 Satz 3 BewG stets der Bodenrichtwert anzusetzen, der vom Gutachterausschuss zuletzt vor dem Bewertungsstichtag zu ermitteln war. Weitere Vorgaben, nach welchen Kriterien der im Einzelfall maßgebliche Bodenrichtwert – vor allem in sachlicher und räumlicher Hinsicht – zu bestimmen ist, existieren nicht.

[1271] Art. 4 Nr. 2 lit. a) ErbStRG v. 24.12.2008, BGBl. I 2008, 3018.

[1272] Stellungnahme des BR und Gegenäußerung der BReg zum ErbStRG v. 12.03.2008, BR-Drs. 16/8547, S. 9 f.

[1273] Art. 10 Nr. 1 des BeitrRLUmsG v. 07.12.2011, BGBl. I 2011, S. 2592.

[1274] Bericht des Finanzausschusses zum BeitrRLUmsG v. 26.10.2011, BT-Drs. 17/7524, S. 19 f.

[1275] Das FG Düsseldorf hielt die Anknüpfung an andere Werte des Gutachterausschusses für zulässig, falls der Steuerpflichtige dieser Wertermittlung zustimmt, vgl. FG Düsseldorf, Urt. v. 28.04.2005 – 11 K 4435/02 BG, EFG 2005, 1520, juris Rn. 24 ff.

(a) Auswahl in sachlicher Hinsicht

In sachlicher Hinsicht handelte es sich bei dem maßgeblichen Bodenrichtwert bisher um den allgemeinen, turnusmäßig zu ermittelnden Bodenrichtwert i. S. d. § 196 Abs. 1 Satz 1 BauGB (siehe zu den allgemeinen Bodenrichtwerten unter Gliederungspunkt § 1, III., 3., a)).[1276] Zukünftig kommen als Bodenrichtwerte grundsätzlich auch die auf den Hauptfeststellungszeitpunkt gemäß § 247 Abs. 2 BewG i. V. m. § 196 Abs. 1 Satz 6 BauGB zu ermittelnden besonderen Bodenrichtwerte in Betracht, sofern der Hauptfeststellungszeitpunkt nicht auf den turnusmäßigen Bodenrichtwertstichtag entfällt, also bei Bundesländern mit zweijährigem Ermittlungsturnus,[1277] und der Hauptfeststellungsstichtag vor dem Bewertungsstichtag liegt (siehe zu den besonderen Bodenrichtwerten unter Gliederungspunkt § 1, III., 3., b)). Als maßgebliche Bodenrichtwerte kommen nur die Bodenrichtwerte in Betracht, die vom zuständigen Gutachterausschuss (durch die Gutachter) beschlossen wurden. Bodenrichtwerte, die ohne Beschluss des Gutachterausschusses dem Finanzamt informell, etwa durch den Vorsitzenden oder durch die Geschäftsstelle des Gutachterausschusses, mitgeteilt wurden, können nicht der steuerlichen Bewertung zugrunde gelegt werden.[1278]

Aus dem Verweis in § 179 Satz 1 BewG auf § 196 BauGB ergibt sich, dass nur solche Bodenrichtwerte für die steuerliche Bewertung „in Betracht kommen", die nach Maßgabe der Vorgaben in § 196 BauGB ermittelt wurden. Die Bodenrichtwerte müssen daher insbesondere als sog. zonale Bodenrichtwerte ermittelt worden sein, die sich auf zonentypische Grundstücksmerkmale des Bodenrichtwertgrundstücks beziehen. Gleichwohl sollen nach Auffassung der Finanzverwaltung auch solche Bodenrichtwerte für die steuerliche Grundbesitzbewertung herangezogen werden können, die unter Verstoß gegen § 196 Abs. 1 Satz 3 BauGB als sog. *lagetypische Bodenrichtwerte*[1279] ermittelt

---

1276 R B 179.2 Abs. 1 Satz 1 ErbStR; vgl. auch Entwurf der BReg zum ErbStRG v. 28.01.2008, BT-Drs. 16/7918, S. 45; Begründung zum GrStRefUG v. 22.04.2021, BT-Drs. 19/28902, S. 21; *Jardin/Roscher*, Die Immobilienwertermittlung aus steuerlichen Anlässen, 2019, S. 157.

1277 Siehe hierzu unter Gliederungspunkt § 1, II., 7., b), aa), (2).

1278 FG Hessen, Urt. v. 11.12.2007 – 3 K 2095/06, EFG 2008, 776, juris Rn. 15 ff.; FG Nürnberg, Urt. v. 15.01.2009 – 4 K 1831/2007, juris 35; BFH, Urt. v. 25.08.2010 – II R 42/09, BStBl. II 2011, 205, juris Rn. 15.

1279 Siehe hierzu unter Gliederungspunkt § 1, III., 1., c).

wurden, sofern der zuständige Gutachterausschuss keine zonalen Bodenrichtwerte gebildet hat.[1280] Solche Bodenrichtwerte sind offensichtlich rechtswidrig und deshalb nicht der Grundbesitzbewertung zugrunde zu legen. Der Gutachterausschuss hat kein Wahlrecht, ob er zonale oder lagetypische Bodenrichtwerte ermittelt.

Bodenrichtwerte sind zudem als ein Punktwert, also als ein Betrag in Euro pro Quadratmeter Grundstücksfläche, auszuweisen. Die Bildung von *Bodenrichtwertspannen* ist ausdrücklich ausgeschlossen (§ 13 Abs. 2 Satz 3 ImmoWertV).[1281] Dies hat vor allem den Hintergrund, dass bei Ausweis einer Bodenrichtwertspanne nach Auffassung des Bundesfinanzhofs für die steuerliche Bewertung stets der untere Spannenwert (Rahmenrichtwert) maßgeblich sein soll.[1282] Eine Mittelwertbildung soll in diesen Fällen unzulässig sein.[1283] Infolge des klaren Verbots, welches nun in § 13 Abs. 2 Satz 3 ImmoWertV geregelt ist, sind Bodenrichtwertspannen offensichtlich rechtswidrig und nicht der Besteuerung zugrunde zu legen.

(b) Auswahl in räumlicher Hinsicht

Welcher Bodenrichtwert in räumlicher Hinsicht für die Bewertung heranzuziehen ist, ist nicht in § 179 BewG geregelt. Aus Sicht des Gesetzgebers handelt es sich hierbei offensichtlich um eine Selbstverständlichkeit. Denn im Zuge des ErbStRG 2009 wurde auch die zonale Ermittlung der Bodenrichtwerte eingeführt,[1284] die eine genaue Zuordnung des Bewertungsobjekts zu dem jeweiligen Bodenrichtwert sicherstellen sollte.[1285] Dementsprechend gehen die Finanzverwaltung[1286] und die finanzgerichtliche Rechtsprechung[1287] davon aus, dass zwingend der Bodenrichtwert der Bodenrichtwertzone heranzuziehen

---

1280 H B 179.2 ErbStH „Lagetypische Bodenrichtwerte".

1281 So zuvor bereits Nr. 7 Abs. 5 BRW-RL.

1282 BFH, Urt. v. 18.08.2005 – II R 62/03, BStBl. II 2006, 5, juris Rn. 15; FG Nürnberg, Urt. v. 15.01.2009 – 4 K 1831/2007, juris 25.

1283 A. A. FG Nürnberg, Urt. v. 14.03.2002 – IV 456/2000, juris Rn. 26.

1284 Art. 4 Nr. 2 lit. a) ErbStRG v. 24.12.2008, BGBl. I 2008, 3018.

1285 Entwurf der BReg zum ErbStRG v. 28.01.2008, BT-Drs. 16/7918, S. 48.

1286 R B 179.2 Abs. 1 Satz 8 f. ErbStR.

1287 Für die Grundbesitzbewertung: BFH, Urt. v. 18.08.2005 – II R 62/03, BStBl. II 2006, 5, juris Rn. 11; BFH, Urt. v. 25.08.2010 – II R 42/09, BStBl. II 2011, 205, juris Rn. 18; BFH, Urt. v. 16.09.2020 – II R 1/18, BStBl. II 2021, 594, juris Rn. 17; FG Nürnberg, Urt. v. 29.03.2001 – IV 565/2000, EFG 2001, 959, juris Rn. 24. Für die Bewertung zur

ist, in der das zu bewertende Grundstück belegen ist. Insbesondere soll es nach Auffassung des Bundesfinanzhofs im Regelfall nicht zulässig sein, bei Grundstücken, die an der Grenze zu einer anderen Bodenrichtwertzone belegen sind, den Bodenrichtwert der benachbarten Bodenrichtwertzone heranzuziehen.[1288] Auch erhebliche Wertsprünge an den Zonengrenzen würden eine Heranziehung des benachbarten Bodenrichtwerts für die Bewertung eines am Rande einer Bodenrichtwertzone belegenen Bewertungsobjekts nicht rechtfertigen.[1289] Aufgrund der Konzeption der Bodenrichtwerte scheidet eine Heranziehung des maßgeblichen zonalen Bodenrichtwerts jedoch aus, wenn das zu bewertende Grundstück im Hinblick auf die Art der Nutzung oder die Qualität vom Bodenrichtwertgrundstück abweicht (§ 15 Abs. 2 ImmoWertV). Dies wird vor allem bei Grün-, Verkehrs- oder Bedarfsflächen, aber eben auch bei Grundstücken mit einem vom Bodenrichtwertgrundstück abweichenden Entwicklungszustand oder einer abweichenden Art der baulichen Nutzung der Fall sein.[1290] Diese Norm ist auch im Rahmen der steuerlichen Bewertung zu beachten.[1291]

Anders als in § 247 Abs. 1 Satz 2 Nr. 2 BewG ist weder in § 179 BewG noch in den ErbStR geregelt, welcher Bodenrichtwert auszuwählen ist, wenn sich für das Bewertungsobjekt mehrere Bodenrichtwertzonen überlagern. Die am gemeinen Wert orientierte Bewertung dürfte es in diesen Konstellationen gebieten, dass derjenige Bodenrichtwert auszuwählen ist, bei dem die dargestellten Grundstücksmerkmale des Bodenrichtwertgrundstücks am ehesten mit denen des zu bewertenden Grundstücks übereinstimmen.[1292] Keine Regelungen finden sich außerdem zu den Fällen, in denen das zu bewertende Grundstück in zwei Bodenrichtwertzonen belegen ist (sog. „durchschnittene" Grundstücke). In diesen Fällen wird man schätzungsweise eine Aufteilung der Grundstücksfläche vornehmen müssen und die eine Hälfte der einen

---

ertragsteuerlichen Teilwertermittlung: BFH, Urt. v. 08.09.1994 – IV R 16/94, BStBl. II 1995, 309, juris Rn. 18.

1288 BFH, Urt. v. 25.08.2010 – II R 42/09, BStBl. II 2011, 205, juris Rn. 18; BFH, Urt. v. 08.09.1994 – IV R 16/94, BStBl. II 1995, 309, juris Rn. 18; ebenso FG Nürnberg, Urt. v. 29.03.2001 – IV 565/2000, EFG 2001, 959, juris Rn. 24.

1289 BFH, Urt. v. 08.09.1994 – IV R 16/94, BStBl. II 1995, 309, juris Rn. 18.

1290 *Bock*, in: Viskorf/Schuck/Wälzholz, ErbStG/BewG, 7. Aufl. 2023, § 179 BewG, Rn. 28.

1291 Vgl. *Krumm*, FR 2023, 957 (960).

1292 *Bock*, in: Viskorf/Schuck/Wälzholz, ErbStG/BewG, 7. Aufl. 2023, § 179 BewG, Rn. 48.

Bodenrichtwertzone und die andere Hälfte der anderen Bodenrichtwertzone zuordnen müssen.[1293]

(c) Auswahl in zeitlicher Hinsicht

In der geltenden Fassung des § 179 Satz 3 BewG[1294] ist klar bestimmt, dass in zeitlicher Hinsicht der Bodenrichtwert anzusetzen ist, der vom Gutachterausschuss zuletzt „vor dem Bewertungsstichtag" zu ermitteln war.[1295] Die Änderung erfolgte im Jahr 2021, um speziell für § 179 BewG den in § 177 Abs. 2 BewG a. F. aufgestellten Grundsatz umzusetzen und um klarzustellen, welcher Bodenrichtwert in zeitlicher Hinsicht maßgeblich sein soll.[1296] In Betracht kommen in erster Linie die allgemeinen Bodenrichtwerte, jedoch auch ggfs. die besonderen auf den Hauptfeststellungszeitpunkt ermittelten Bodenrichtwerte, sofern diese im betreffenden Bundesland zuletzt zu ermitteln waren. Maßgeblich ist der Bodenrichtwertstichtag,[1297] nicht der Zeitpunkt, an dem die Bodenrichtwerte tatsächlich ermittelt, beschlossen oder veröffentlicht werden.[1298] Bodenrichtwerte, die vom Gutachterausschuss erst nach dem Bewertungsstichtag veröffentlicht und dem Finanzamt mitgeteilt werden, können und müssen daher berücksichtigt werden, sofern der Bodenrichtwertstichtag vor dem Bewertungsstichtag liegt.[1299]

(4) Bindungswirkung der Bodenrichtwerte bei der Grundbesitzbewertung

Die von dem zuständigen Gutachterausschuss ermittelten und den Finanzämtern mitgeteilten Bodenrichtwerte sind nach der ständigen Rechtsprechung des Bundesfinanzhofs für die Beteiligten im Steuerrechtsverhältnis

---

[1293] *Bock*, in: Viskorf/Schuck/Wälzholz, ErbStG/BewG, 7. Aufl. 2023, § 179 BewG, Rn. 50; vgl. zur Grundsteuerbewertung: A 257.3 AEBewGrSt 2021.

[1294] Eingeführt durch Art. 1 Nr. 2 des GrStRefUG v. 16.07.2021, BGBl. I 2021, 2931.

[1295] Siehe hierzu ausführlich *Krause*, in: Stenger/Loose, Bewertungsrecht, § 179 BewG, 159. EL, 3/2022, Rn. 121 ff.

[1296] Begründung zum GrStRefUG v. 22.04.2021, BT-Drs. 19/28902, S. 21.

[1297] Siehe hierzu unter Gliederungspunkt § 1, II., 7., b), aa), (2).

[1298] R B 179.2 Abs. 1 Satz 2 ErbStR; *Krause*, in: Stenger/Loose, Bewertungsrecht, § 179 BewG, 159. EL, 3/2022, Rn. 122.

[1299] Vgl. Bsp. bei H B 179.2 ErbStH „Anzusetzender Bodenrichtwert"; siehe zur Änderung von bereits bestandskräftigen Bescheiden *Bock*, in: Viskorf/Schuck/Wälzholz, ErbStG/BewG, 7. Aufl. 2023, § 179 BewG, Rn. 66.

verbindlich und einer gerichtlichen Überprüfung regelmäßig nicht zugänglich.[1300] Die Rechtsprechung ist ursprünglich zu der Verwendung der Bodenrichtwerte im Rahmen der Grundbesitzbewertung nach den bis zum Ende des Jahres 2008 geltenden Vorschriften (§§ 138 bis 150 BewG) ergangen. Genauer lag den Entscheidungen stets der § 145 Abs. 3 BewG i. d. F. des JStG 1997[1301] zugrunde. Der Bundesfinanzhof begründet die Bindungswirkung der Bodenrichtwerte insbesondere mit der vorgreiflichen Kompetenz der Gutachterausschüsse auf dem Gebiet der Wertermittlung und mit dem Vereinfachungseffekt, der mit der Anknüpfung an die Bodenrichtwerte vom Gesetzgeber beabsichtigt war.[1302] Die Rechtsprechung wird vom Bundesfinanzhof auch auf die Bewertung des Grundvermögens nach geltendem Recht (§§ 176 bis 198 BewG) übertragen.[1303] Die steuerliche Fachliteratur[1304] macht sich die Argumentation des Bundesfinanzhofs überwiegend ohne kritische Auseinandersetzung zu eigen und geht ebenfalls davon aus, dass den Bodenrichtwerten eine entsprechende Bindungswirkung zukommt.

Aus der Verbindlichkeit der Bodenrichtwerte folgt nach Auffassung des Bundesfinanzhofs, dass die Bodenrichtwerte von den Finanzbehörden und den Finanzgerichten ungeprüft und ohne eigenen Bewertungsspielraum bei der Ermittlung des Grundbesitzwerts zugrunde zu legen sind.[1305] Ein eigenes

---

1300 BFH, Urt. v. 11.05.2005 – II R 21/02, BStBl. II 2005, 686, juris Rn. 11; BFH, Urt. v. 18.08.2005 – II R 62/03, BStBl. II 2006, 5, juris Rn. 10; BFH, Urt. v. 26.04.2006 – II R 58/04, BStBl. II 2006, 793, juris Rn. 25; BFH, Urt. v. 12.07.2006 – II R 1/04, BStBl. II 2006, 742, juris Rn. 7; BFH, Urt. v. 05.12.2007 – II R 70/05, BFH/NV 2008, 757, juris Rn. 11; BFH, Urt. v. 16.12.2009 – II R 15/09, BFH/NV 2010, 1085, juris Rn. 13; BFH, Urt. v. 25.08.2010 – II R 42/09, BStBl. II 2011, 205, juris Rn. 15; zuvor bereits Nds. FG, Urt. v. 19.03.2002 – 1 K 491/98, EFG 2002, 1572, juris Rn. 21; grundlegend FG Nürnberg, Urt. v. 27.01.2000 – IV 261/1999, EFG 2000, 610, juris Rn. 3.

1301 Eingeführt durch Art. 1 Nr. 36 JStG 1997 v. 20.12.1996, BGBl. I 1996, S. 2049.

1302 BFH, Urt. v. 11.05.2005 – II R 21/02, BStBl. II 2005, 686, juris Rn. 10 f. Siehe hierzu ausführlich unter Gliederungspunkt § 4, III., 2., a), aa) und § 4, III., 2., a), cc), (2).

1303 BFH, Beschl. v. 12.01.2021 – II B 61/19, BFH/NV 2021, 529, juris Rn. 20.

1304 *Drosdzol*, INF 2005, 858; *Roscher*, DStR 2012, 122 (122); *Krause*, in: Stenger/Loose, Bewertungsrecht, § 179 BewG, 159. EL, 3/2022, Rn. 15; *Bock*, in: Viskorf/Schuck/Wälzholz, ErbStG/BewG, 7. Aufl. 2023, § 179 BewG, Rn. 14; *Urbach*, KÖSDI 2023, 23145 (23147).

1305 BFH, Urt. v. 12.07.2006 – II R 1/04, BStBl. II 2006, 742, juris Rn. 7; BFH, Beschl. v. 12.01.2021 – II B 61/19, BFH/NV 2021, 529, juris Rn. 20; *Mandler/Schulze/Zochert*, DStR 2023, 1329 (1336).

Prüfungsrecht soll den Lagefinanzämtern nicht zustehen.[1306] Sofern also der Gutachterausschuss für die Bodenrichtwertzone, zu der das Bewertungsobjekt gehört, einen Bodenrichtwert ermittelt hat, ist das Lagefinanzamt regelmäßig verpflichtet, diesen Bodenrichtwert für die Grundbesitzbewertung heranzuziehen. Im Rahmen der Grundbesitzbewertung darf es diesen Bodenrichtwert nur noch an bestimmte wertbestimmende Grundstücksmerkmale und nur nach Maßgabe der vom Gutachterausschuss veröffentlichten Umrechnungskoeffizienten oder mittels der in H B 179.2 ErbStH veröffentlichten Umrechnungskoeffizienten anpassen. Es ist dem Finanzamt in diesen Fällen verwehrt, darüber hinausgehende Anpassungen vorzunehmen (etwa hinsichtlich des Entwicklungszustands[1307] oder der Lage), einen Bodenrichtwert einer benachbarten Bodenrichtwertzone heranzuziehen oder einen eigenen Bodenrichtwert zu ermitteln. Denn bei einer solchen Ableitung würde es sich nach Auffassung des Bundesfinanzhofs *„um eine Schätzung handeln, die mit der gesetzlichen Verteilung der Zuständigkeiten zwischen den Gutachterausschüssen und den* [Finanzämtern] *sowie mit der vom Gesetzgeber beabsichtigten Typisierung und Vereinfachung der Bedarfsbewertung nicht vereinbar wäre.*“[1308]

Die dargestellte Bindungswirkung gilt nur, wenn der Gutachterausschuss für das Bewertungsobjekt einen Bodenrichtwert veröffentlicht hat. Ein Bodenrichtwert ist nicht verbindlich heranzuziehen, wenn der Gutachterausschuss zwar für das Bewertungsobjekt eine Bodenrichtwertzone ausgewiesen und einen Bodenrichtwert veröffentlicht hat, das zu bewertende Grundstück allerdings hinsichtlich der Art der Nutzung oder seiner Qualität (einschließlich seines Entwicklungszustandes) vom Bodenrichtwertgrundstück abweicht. Denn in diesen Fällen gilt der Bodenrichtwert nicht für das zu bewertende Grundstück (§ 15 Abs. 2 ImmoWertV).[1309] Ist kein Bodenrichtwert verfügbar (und auch nur dann), ist das Lagefinanzamt nach § 179 Satz 4 BewG befugt, einen eigenen Boden(richt)wert zu ermitteln.[1310]

1306 *M. Loose*, Erbschaftsteuerrecht, 5. Aufl. 2022, Rn. D 115.

1307 BFH, Urt. v. 26.04.2006 – II R 58/04, BStBl. II 2006, 793, juris Rn. 28.

1308 BFH, Urt. v. 26.04.2006 – II R 58/04, BStBl. II 2006, 793, juris Rn. 27.

1309 *Bock*, in: Viskorf/Schuck/Wälzholz, ErbStG/BewG, 7. Aufl. 2023, § 179 BewG, Rn. 28.

1310 *Bock*, in: Viskorf/Schuck/Wälzholz, ErbStG/BewG, 7. Aufl. 2023, § 179 BewG, Rn. 54.

(5) Anpassung des herangezogenen Bodenrichtwerts

Anders als in der Verkehrswertermittlung (vgl. § 26 Abs. 2 ImmoWertV)[1311] ist eine objektspezifische Anpassung des herangezogenen Bodenrichtwerts nicht in § 179 BewG vorgesehen. Gleichwohl soll eine Anpassung der Bodenrichtwerte sowohl nach Auffassung der Finanzverwaltung[1312] als auch nach der herrschenden Ansicht in der Literatur[1313] erfolgen. Stimmen die dargestellten wertbeeinflussenden Grundstücksmerkmale des Bodenrichtwertgrundstücks mit denen des zu bewertenden Grundstücks überein, ist der Bewertung nach § 179 BewG der unangepasste Bodenrichtwert zugrunde zu legen.[1314] Weichen die dargestellten wertbeeinflussenden Grundstücksmerkmale des Bodenrichtwertgrundstücks von denen des Bewertungsobjekts ab, ist der Wert des zu bewertenden Grundstücks aus dem maßgeblichen Bodenrichtwert der jeweiligen Bodenrichtwertzone unter Beachtung der Vorgaben des Gutachterausschusses abzuleiten.[1315] Nur durch eine Anpassung des Bodenrichtwerts an das zu bewertende Grundstück wird eine realitäts- und damit relationsgerechte, am gemeinen Wert des Grundstücks orientierte Grundbesitzbewertung gewährleistet.[1316]

Bei den Bodenrichtwerten sind nach Auffassung der Finanzverwaltung vor allem die folgenden wesentlichen Grundstücksmerkmale relevant, die im Rahmen einer Anpassung zu berücksichtigen sind: die Art und das Maß der baulichen Nutzung, das sich in der Geschossflächenzahl und in der Anzahl der möglichen Geschosse ausdrücken kann, die Grundstückstiefe und die Grundstücksgröße sowie der beitragsrechtliche Zustand (erschließungsbeitragspflichtiges oder erschließungsbeitragsfreies Bauland).[1317] Als weitere wertbeeinflussende Grundstücksmerkmale kommen grundsätzlich auch die

---

1311 Siehe hierzu unter Gliederungspunkt § 1, III., 6., b), dd).

1312 R B 179. 3 ErbStR; vgl. zuvor bereits R 161 ErbStR 2003, R 161 ErbStR 1999.

1313 *Christoffel*, DStR 1997, 265 (266); *Halaczinsky*, in: Simon/Cors/Halaczinsky/Teß, Handbuch der Grundstückswertermittlung, 5. Aufl. 2003, S. 1051 (1072 ff.); *Halaczinsky*, in: Rössler/Troll, BewG, § 179 BewG, 37. EL, 11/2023, Rn. 10 f.; *Jardin/Roscher*, Die Immobilienwertermittlung aus steuerlichen Anlässen, 2019, S. 161; *Bock*, in: Viskorf/Schuck/Wälzholz, ErbStG/BewG, 7. Aufl. 2023, § 179 BewG, Rn. 26 ff.

1314 R B 179.2 Abs. 1 Satz 8 ErbStR.

1315 R B 179.2 Abs. 1 Satz 9 ErbStR.

1316 Siehe hierzu ausführlich unter Gliederungspunkt § 3, IV., 2., b), aa), (2), (c).

1317 R B 179.2 Abs. 1 Satz 7 ErbStR.

weiteren in § 16 Abs. 2 Satz 2 ImmoWertV genannten wertbeeinflussenden Grundstücksmerkmale in Betracht, insbesondere die Bauweise oder die Gebäudestellung zur Nachbarbebauung. Eine vollständige Darstellung der möglichen wertbeeinflussenden Grundstücksmerkmale findet sich in § 16 Abs. 3 ImmoWertV i. V. m. der Anlage 5 der ImmoWertV. Eine „Anpassung" an einen abweichenden Entwicklungszustand ist zutreffenderweise von der Finanzverwaltung nicht vorgesehen.[1318]

Welche Grundstücksmerkmale im Einzelfall wertbeeinflussend sind, hängt von den individuellen Verhältnissen in der jeweiligen Bodenrichtwertzone ab. Die Grundstücksmerkmale Entwicklungszustand, Art der Nutzung und bei bebauten Gebieten der beitragsrechtliche Zustand sind stets darzustellen. Darüberhinausgehende wertbeeinflussende Grundstücksmerkmale sind gemäß § 16 Abs. 2 Satz 2 ImmoWertV nur darzustellen, wenn sie in der jeweiligen Bodenrichtwertzone wertbeeinflussend sind. Einen allgemeinen Erfahrungswert, dass bestimmte Grundstücksmerkmale in bestimmten Gebieten stets wertbeeinflussend sind, gibt es nicht.[1319] In der Praxis ist davon auszugehen, dass für viele Bodenrichtwertzonen vom Gutachterausschuss nicht hinreichend untersucht wurde, welche Grundstücksmerkmale wertrelevant sind. Es ist daher anzunehmen, dass die Darstellung der wertrelevanten Merkmale des Bodenrichtwertgrundstücks in vielen Fällen unvollständig und unzutreffend ist.[1320] Dementsprechend werden diese Bodenrichtwerte folglich in Unkenntnis der tatsächlichen Umstände fälschlicherweise in unangepasster Form der Bewertung zugrunde gelegt.

In R B 179.2 ErbStR finden sich spezielle Regelungen für die Anpassung der Bodenrichtwerte bei Abweichungen des Bewertungsobjekts zur

---

1318 Siehe hierzu im Kontext des grundsteuerlichen Bodenrichtwertverfahrens unter Gliederungspunkt § 3, IV., 3., b), bb), (2), (bb).

1319 Vgl. allerdings § 257 Abs. 1 BewG bei dem der Gesetzgeber für die Grundsteuerbewertung in typisierender Weise unterstellt, dass die Grundstücksgröße bei Ein- und Zweifamilienhäusern stets wertbeeinflussend ist.

1320 *Kleiber*, Verkehrswertermittlung von Grundstücken, 9. Aufl. 2020, § 10 ImmoWertV, Rn. 94. Siehe hierzu auch unter Gliederungspunkt § 1, IV., 5., b) m. w. N.

(wertrelevanten) Geschossflächenzahl,[1321] zur Grundstücksgröße,[1322] zur Grundstückstiefe,[1323] bei Frei- und Verkehrsflächen[1324] sowie bei Abweichungen des beitragsrechtlichen Zustands.[1325] Hat der örtlich zuständige Gutachterausschuss Umrechnungskoeffizienten für die wertrelevanten Grundstücksmerkmale veröffentlicht, so sind diese primär für die Anpassung heranzuziehen. Liegen derartige Umrechnungskoeffizienten nicht vor, ist die Anpassung mittels der pauschalen Umrechnungskoeffizienten vorzunehmen, die in H B 179.2 ErbStG veröffentlicht wurden. Weicht das zu bewertende Grundstück hinsichtlich mehrerer wertbeeinflussender Grundstücksmerkmale vom Bodenrichtwertgrundstück ab, sind die Wertkorrekturen gemäß R B 179.2 Abs. 7 Satz 1 ErbStR nebeneinander zu berücksichtigten.[1326] Bei der Anpassung ist die in den folgenden Sätzen 2 bis 5 dargestellte Vorgehensweise zu befolgen. Es ist darauf zu achten, dass es nicht zu einer mehrfachen Berücksichtigung der Wertauswirkungen kommt. Hinsichtlich der konkreten Durchführung der Anpassungen wird auf die Erläuterungen in R B 179.2 ErbStR und H B 179.2 ErbStH sowie auf die ausführlichen Darstellungen in der Literatur[1327] verwiesen.

Auch wenn Anpassungen an andere, in R B 179.2 ErbStR nicht benannte allgemeine Grundstücksmerkmale i. S. d. § 8 Abs. 1 ImmoWertV nicht ausdrücklich ausgeschlossen sind, ist davon auszugehen, dass solche Anpassungen in der Praxis nicht vorgenommen werden. Hierunter dürfte insbesondere eine

---

1321 R B 179.2 Abs. 2 ErbStR; H B 179.2 ErbStH „Abweichende planungsrechtlich zulässige Geschossflächenzahl“, „Abweichende wertrelevante Geschossflächenzahl“, „Umrechnungskoeffizienten für Geschossflächenzahl“ und „Wertrelevante Geschossflächenzahl“.

1322 R B 179.2 Abs. 3 ErbStR; H B 179.2 ErbStH „Abweichende Grundstücksgröße“ und „Umrechnungskoeffizienten für Grundstücksgröße“.

1323 R B 179.2 Abs. 4 ErbStR.

1324 R B 179.2 Abs. 5 ErbStR.

1325 R B 179.2 Abs. 6 ErbStR; H B 179.2 ErbStH „Erschließungsbeitragsrechtlicher Zustand des Grundstücks“ unter Verweis auf BFH, Urt. v. 18.08.2005 – II R 62/03, BStBl. II 2006, 5, juris.

1326 *Bock*, in: Viskorf/Schuck/Wälzholz, ErbStG/BewG, 7. Aufl. 2023, § 179 BewG, Rn. 31.

1327 *Eisele*, NWB 2011, 2289 (2294 ff.); ausführlich zur Anpassung der Bodenrichtwerte bei der Verkehrswertermittlung *Jardin/Roscher*, Die Immobilienwertermittlung aus steuerlichen Anlässen, 2019, S. 366 ff.; *Bock*, in: Viskorf/Schuck/Wälzholz, ErbStG/BewG, 7. Aufl. 2023, § 179 BewG, Rn. 26 ff.

Anpassung an eine abweichende *Lagewertigkeit des Bewertungsobjekts innerhalb der Bodenrichtwertzone* fallen, falls der Gutachterausschuss das Bodenrichtwertgrundstück in der Bodenrichtwertzone verortet hat.[1328] Umrechnungskoeffizienten für eine Anpassung an eine abweichende Lagewertigkeit dürften sich regelmäßig nicht bestimmen lassen.[1329] Eine eigenständige Anpassung der Bodenrichtwerte an eine abweichende Lagewertigkeit durch das Feststellungsfinanzamt ist weder mit der zwischen den Gutachterausschüssen und den Finanzämtern bestehenden Zuständigkeitsverteilung vereinbar noch kann eine solche Anpassung in der steuerlichen Massenbewertung sachgerecht und gleichheitskonform erfolgen. Um auf etwaige Anpassungen an die Lagewertigkeit – vor allem im Hinblick auf die Bewertung für Zwecke der Grundsteuer – zukünftig weiterhin verzichten zu können, hat der Gesetzgeber mit § 15 Abs. 1 Satz 2 ImmoWertV 2021 (vormals § 10 Abs. 3 ImmoWertV 2010[1330]) eine Vorgabe geschaffen, wonach die Bodenrichtwertzonen so abzugrenzen sind, dass die lagebedingten Wertunterschiede zwischen den Grundstücken der Bodenrichtwertzone und dem Bodenrichtwertgrundstück grundsätzlich nicht mehr als 30 % betragen soll.[1331]

In praktischer Hinsicht erfordert eine Anpassung des Bodenrichtwerts zudem, dass dem Lagefinanzamt die wertrelevanten Grundstücksmerkmale des zu bewertenden Grundstücks auch bekannt sind. Ist dies nicht der Fall, muss das Feststellungsfinanzamt das jeweils wertrelevante Grundstücksmerkmal für das Bewertungsobjekt erst noch ermitteln.[1332] In der Praxis dürfte insbesondere eine wertrelevante Geschossflächenzahl (WGFZ)[1333] vielfach nicht bekannt sein und Probleme bei der Ermittlung aufwerfen. Diese Größe ergibt sich nicht aus den Unterlagen des Steuerpflichtigen und müsste daher gesondert für diesen Zweck nach Maßgabe des § 16 Abs. 4 ImmoWertV

1328 Siehe hierzu bereits für die Verkehrswertermittlung unter Gliederungspunkt § 1, III., 6., b), dd).

1329 *Kleiber*, Verkehrswertermittlung von Grundstücken, 10. Aufl. 2023, § 19 ImmoWertV, Rn. 15; a. A. *Krause*, in: Stenger/Loose, Bewertungsrecht, § 179 BewG, 159. EL, 3/2022, Rn. 45.

1330 In der Fassung des Art. 16 Nr. 1 des GrStRefG v. 26.11.2019, BGBl. I S. 1794.

1331 Siehe hierzu unter Gliederungspunkt § 1, IV., 4., c).

1332 *Geiß*, ZEV 1998, 13 (14).

1333 Nun in § 16 Abs. 4 ImmoWertV 2021 geregelt.

ermittelt werden,[1334] wobei der Steuerpflichtige regelmäßig auf kostenpflichtige sachkundige Unterstützung zurückgreifen müsste. Ohne Kenntnis der WGFZ des Bewertungsobjekts helfen den Feststellungsfinanzämtern auch nicht die pauschalen, in H B 179.2 ErbStH genannten Umrechnungskoeffizienten. Eine Anpassung unter Berücksichtigung der GFZ des zu bewertenden Grundstücks führt in diesen Fällen nicht zu sachgerechten Ergebnissen. Eine Anpassung der Bodenrichtwerte unterbleibt in der Praxis teilweise vollständig.[1335] Ein partielles Vollzugsdefizit erscheint insoweit als sehr wahrscheinlich.

Die vorgenannten Anpassungen beziehen sich auf abweichende Grundstücksmerkmale (Anpassungen in qualitativer Hinsicht). In der Verkehrswertermittlung ist es jedoch üblich, die für die Wertermittlung herangezogenen Daten ggfs. auch an die allgemeinen Wertverhältnisse (§ 2 Abs. 2 ImmoWertV) am Wertermittlungsstichtag anzupassen (Anpassungen in konjunktureller Hinsicht).[1336] Dies erfolgt in der Praxis regelmäßig mittels sog. Bodenpreisindexreihen.[1337] Offenbar aus diesem Grund ist in R B 179.2 Abs. 1 Satz 3 ErbStR die diffuse Anmerkung aufgenommen, dass vom Gutachterausschuss veröffentlichte Bodenpreisindexreihen als „Bestandteil der Bodenrichtwerte" zu berücksichtigen sind.[1338] Gemeint ist offenbar, dass die Bodenrichtwerte ggfs. mittels der Bodenpreisindexreihen an die abweichenden allgemeinen Wertverhältnisse am Bewertungsstichtag anzupassen sind. Eine konjunkturelle Anpassung kann etwa erforderlich sein, wenn der Bodenrichtwert bei zweijährigem Ermittlungsturnus bereits mehr als ein Jahr zurückliegt oder wenn das Bewertungsobjekt in einem Gebiet belegen ist, in dem der Immobilienmarkt eine starke Dynamik aufweist, also insbesondere in Großstädten.[1339] Ansonsten ist zu vermuten, dass eine konjunkturelle Anpassung der Bodenrichtwert in der Praxis eher selten durchgeführt wird. Eine derartige Anpassung erscheint auch nicht zwingend geboten. Das Bundesverfassungsgericht hatte in seiner Entscheidung vom 7. November 2006 die Heranziehung

1334 Siehe hierzu auch H B 179.2 ErbStH „Wertrelevante Geschossflächenzahl".

1335 *A. Seitz*, DStR 2022, 1774 (1777).

1336 § 9 Abs. 1 Satz 2 ImmoWertV.

1337 Siehe hierzu unter Gliederungspunkt § 1, IV., 2., b), bb).

1338 R B 179.2 Abs. 1 Satz 3 ErbStR.

1339 *Bischoff*, ImmoWertV 2021, 2021, S. 27.

der Bodenrichtwerte bei einem zweijährigen Ermittlungsturnus noch als hinreichend aktuell angesehen.[1340]

(6) Keine Berücksichtigung von weiteren wertbeeinflussenden Grundstücksmerkmalen

Weitere wertbeeinflussende Grundstücksmerkmale sollen bei der Bodenwertermittlung nach Auffassung des Bundesfinanzhofs,[1341] der Finanzverwaltung[1342] und des Gesetzgebers[1343] außer Ansatz bleiben. Seit der Änderung der Grundbesitzbewertung durch das JStG 2022 ergibt sich dies nun auch ausdrücklich aus der allgemeinen Vorschrift in § 177 Abs. 4 BewG. Zu den nicht berücksichtigungsfähigen Grundstücksmerkmalen gehören neben den Belastungen privatrechtlicher und öffentlich-rechtlicher Art unter anderem die Ecklage, der Zuschnitt des Grundstücks, die Oberflächenbeschaffenheit und Beschaffenheit des Baugrundes, Lärm-, Staub- oder Geruchsbelästigungen, Altlasten sowie Außenanlagen. Derartige besondere objektspezifische Grundstücksmerkmale sind grundsätzlich nicht von den Gutachterausschüssen bei der Ermittlung des Bodenrichtwerts einzubeziehen[1344] und wären bei der Verkehrswertermittlung in einem gesonderten Bewertungsschritt außerhalb des Bodenrichtwertverfahrens zu berücksichtigen.[1345]

Die genannten weiteren wertbeeinflussenden Grundstücksmerkmale (besondere objektspezifische Grundstücksmerkmale) wirken sich regelmäßig nicht unerheblich auf den Verkehrswert des Grundstücks aus. Zur pauschalen Abgeltung eines negativen Werteinflusses dieser Grundstücksmerkmale war für die Grundbesitzbewertung in § 145 Abs. 3 BewG ein pauschaler Wertabschlag von 20 % auf den jeweiligen Bodenrichtwert vorgesehen.[1346] Bei der Neuregelung der Grundbesitzbewertung und der diesbezüglichen Bodenwertermittlung in § 179 BewG wurde jedoch auf einen solchen pauschalen Abschlag verzichtet.[1347] Die weiteren wertbeeinflussenden Grund-

---

1340 BVerfG v. 07.11.2006 – 1 BvL 10/02, BVerfGE 117, 1, 58 (ErbSt III).

1341 BFH, Beschl. v. 12.01.2021 – II B 61/19, BFH/NV 2021, 529, juris Rn. 20.

1342 R B 179.2 Abs. 8 ErbStR.

1343 Entwurf des BR zum JStG 1997 v. 24.05.1996, BR-Drs. 390/96, S. 50.

1344 Vgl. § 12 Abs. 3 Satz 3 und § 16 Abs. 1 ImmoWertV.

1345 Vgl. § 6 Abs. 3 Satz 2, letzter Halbsatz i. V. m. § 8 Abs. 3 ImmoWertV.

1346 *Eisele*, INF 2000, 481 (484).

1347 Entwurf der BReg zum ErbStRG v. 28.01.2008, BT-Drs. 16/7918, S. 45.

stücksmerkmale bleiben daher bei der Ermittlung der Grundbesitzwerte nach geltender Rechtslage unberücksichtigt. Es handelt sich insoweit um eine Einschränkung von § 157 Abs. 1 Satz 1 BewG und § 177 Abs. 1 i. V. m. § 9 Abs. 2 Satz 2 BewG. In der Literatur wird dies zumindest seit dem Wegfall des pauschalen Wertabschlags als problematisch angesehen.[1348] Ob diese Grundstücksmerkmale bei der steuerlichen Bewertung zu berücksichtigen sind und ob die Nichtberücksichtigung dieser Grundstücksmerkmale ggfs. durch einen pauschalen Wertabschlag kompensiert werden kann, wird im dritten Kapitel untersucht.[1349]

(7) Berechnung des Bodenwerts

Der nach den Vorgaben in R B 179.2 ErbStR angepasste Bodenrichtwert verkörpert nach Auffassung der Finanzverwaltung den für das zu bewertende Grundstück maßgeblichen (steuerlichen) Bodenwert pro Quadratmeter.[1350] Vor der Multiplikation mit der Grundstücksfläche ist dieser Bodenrichtwert auf volle Cent abzurunden. Die zu berücksichtigende Grundstücksfläche bestimmt sich nach dem Umfang der wirtschaftlichen Einheit des Grundvermögens. Die im Einzelfall maßgebliche Flächengröße kann regelmäßig dem Grundbuch oder den Katasterunterlagen entnommen werden.[1351] Der sich durch die Multiplikation ergebende Bodenwert des Bewertungsobjekts ist anschließend (erneut) auf volle Euro abzurunden.[1352] Der nach § 179 BewG ermittelte Bodenwert wird mit dem Wert des unbebauten Grundstücks gleichgesetzt. Dieser umfasst nicht nur den Wert des Grund und Bodens,

---

[1348] *Seer*, GmbHR 2009, 225 (230); *Seer*, in: Tipke/Lang, Steuerrecht, 24. Aufl. 2021, Rn. 15.61; *Krumm*, Steuerliche Bewertung als Rechtsproblem, 2014, S. 246; *Tremel*, DStR 2008, 753 (759); *M. Loose*, Erbschaftsteuerrecht, 5. Aufl. 2022, Rn. D 117; a. A. *Krause/Grootens*, NWB-EV 2011, 297 (300); *Wilms*, in: Wilms/Jochum, ErbStG/BewG/GrEStG, § 145 BewG, 115. EL, 1/2020, Rn. 41; *Bock*, in: Viskorf/Schuck/Wälzholz, ErbStG/BewG, 7. Aufl. 2023, § 179 BewG, Rn. 47.

[1349] Siehe hierzu unter Gliederungspunkt § 3, III., 3., c), bb) und § 3, IV., 2., b), aa), (2), (d).

[1350] R B 179.3 Abs. 1 Satz 1 ErbStR.

[1351] *Krause*, in: Stenger/Loose, Bewertungsrecht, § 179 BewG, 159. EL, 3/2022, Rn. 28; *Bock*, in: Viskorf/Schuck/Wälzholz, ErbStG/BewG, 7. Aufl. 2023, § 179 BewG, Rn. 6.

[1352] R B 179.3 Abs. 1 Satz 2 ErbStR.

sondern schließt auch den Wert etwaiger auf dem Grundstück vorhandener Außenanlagen mit ein.[1353]

(8) Ermittlung des Bodenwerts bei fehlenden Bodenrichtwerten

Der Bundesfinanzhof hatte mit Urteil vom 25. August 2010 entschieden, dass die Finanzämter gemäß § 145 Abs. 3 BewG[1354] nur befugt sind, den steuerlichen Bodenwert anhand der vom Gutachterausschuss mitgeteilten Bodenrichtwerten zu ermitteln. Sofern keine Bodenrichtwerte für das Bewertungsobjekt vorhanden waren, durfte das Finanzamt den maßgeblichen Bodenrichtwert nicht aus anderen Bodenrichtwerten ableiten. Infolgedessen konnte bei der streitigen Feststellung des Grundbesitzwertes kein Bodenwert angesetzt werden.[1355] Der Gesetzgeber hatte mit dem durch das JStG 2007 eingeführten § 145 Abs. 3 Satz 4 BewG[1356] bereits versucht, entsprechende Vorkehrungen zu treffen. Da die Norm allerdings erst für Bewertungsstichtage ab dem 1. Januar 2007 anzuwenden war,[1357] kam es für Bewertungsstichtage bis zum 31. Dezember 2006 zu Steuerausfällen.[1358]

Die lückenhafte Formulierung in § 145 Abs. 3 Satz 4 BewG[1359] fand letztendlich in überarbeiteter Form mit dem ErbStRG 2009 Einfluss in den § 179 Satz 4 BewG. Nach der nachträglich durch das BeitrRLUmsG geänderten Fassung[1360] ermöglicht die Norm in der geltenden Fassung dem Feststellungsfinanzamt, den Bodenwert aus den Werten vergleichbarer Flächen abzuleiten, wenn von den Gutachterausschüssen kein Bodenrichtwert ermittelt wird.[1361] Die Norm ist letztendlich auch als Eingeständnis des Gesetzgebers zu sehen,

---

[1353] R B 179.1 Abs. 1 Satz 1 ErbStR.

[1354] § 145 Abs. 3 BewG i. d. F. d. Art. 1 Nr. 36 JStG 1997 v. 20.12.1996, BGBl. I 1996, S. 2049.

[1355] BFH, Urt. v. 25.08.2010 – II R 42/09, BStBl. II 2011, 205, juris Rn. 11 ff.; zuvor bereits BFH, Urt. v. 26.04.2006 – II R 58/04, BStBl. II 2006, 793, juris Rn. 29.

[1356] Eingeführt durch Art. 18 Nr. 2 lit. c) JStG 2007 v. 13.12.2006, BGBl. I 2006, S. 2878.

[1357] BFH, Urt. v. 25.08.2010 – II R 42/09, BStBl. II 2011, 205, juris Rn. 17.

[1358] Vgl. Entwurf der BReg zum BeitrRLUmsG v. 22.06.2011, BT-Drs. 17/6263, S. 79; Entwurf der BReg zum JStG 2007 v. 25.09.2006, BT-Drs. 16/2712, S. 87.

[1359] Vgl. BFH, Urt. v. 25.08.2010 – II R 42/09, BStBl. II 2011, 205, juris Rn. 17.

[1360] Geändert durch Art. 10 Nr. 3 des Gesetzes zur Umsetzung der Beitreibungsrichtlinie sowie zur Änderung steuerlicher Vorschriften (Beitreibungsrichtlinie- Umsetzungsgesetz – BeitrRLUmsG) v. 07.12.2011, BGBl. I 2011, S. 2592.

[1361] Vgl. zu den einzelnen Änderungen *Grootens*, ErbStB 2012, 113 (116).

dass die Gutachterausschüsse die Bodenrichtwerte nicht in sämtlichen Fällen flächendeckend ermitteln können.[1362] Aus welchen Gründen der zuständige Gutachterausschuss keinen Bodenrichtwert ermittelt hat, ist für die Anwendbarkeit der Norm ohne Bedeutung.[1363] Das Finanzamt hat einen Bodenwert auch nach § 179 Satz 4 BewG zu ermitteln, wenn zwar ein Bodenrichtwert vorhanden ist, dieser allerdings nicht für das zu bewertende Grundstück verwendet werden kann, weil dieses hinsichtlich der Art der Nutzung der Qualität wesentlich vom Bodenrichtwertgrundstück abweicht.[1364]

Die in § 179 Satz 4 BewG dargestellte Bodenwertermittlung erfolgt im Vergleichswertverfahren. Der Bodenwert ist aus den Werten vergleichbarer Flächen abzuleiten. In Betracht kommt hierfür vorrangig die Ableitung aus Kaufpreisen für unbebaute Grundstücke. Nachrangig wird das Finanzamt den Bodenwert auch anhand von Bodenrichtwerten für vergleichbare Gebiete ableiten können. Die Finanzverwaltung geht hingegen davon aus, dass die Bodenwertermittlung in vergleichbarer Weise wie nach § 179 Satz 1 BewG zu erfolgen hat. Dazu soll zunächst der Bodenrichtwert pro Quadratmeter aus den Bodenrichtwerten vergleichbarer Flächen abgeleitet werden.[1365] Die herangezogenen Bodenrichtwerte für vergleichbare Flächen sind ebenfalls nach Maßgabe von R B 179.2 ErbStR an das Bewertungsobjekt anzupassen.[1366] Der Bodenrichtwert ergibt sich auch in diesem Fall durch Multiplikation des aus den Bodenrichtwerten für vergleichbare Flächen ermittelten Bodenwerts pro Quadratmeter mit der Grundstücksfläche.[1367] Das Produkt ist auch in diesem Fall auf volle Euro abzurunden und ergibt den maßgeblichen Bodenwert.

Eine detaillierte Vorgehensweise bei der Ermittlung ist im Übrigen nicht geregelt. In der Praxis dürfte die Bewertung nach § 179 Satz 4 BewG daher vermutlich uneinheitlich erfolgen. Insbesondere dürfte vielfach diskutabel sein, ob die herangezogenen Bodenrichtwerte für Flächen abgeleitet wurden, die mit dem Gebiet, in dem das Bewertungsobjekt belegen ist, vergleichbar sind. Vielfach wird es sowohl dem Steuerpflichtigen als auch dem Bearbeiter

---

[1362] Siehe hierzu bereits unter Gliederungspunkt § 1, II., 7., b), aa), (1).

[1363] *Grootens*, ErbStB 2012, 113 (116); *Bock*, in: Viskorf/Schuck/Wälzholz, ErbStG/BewG, 7. Aufl. 2023, § 179 BewG, Rn. 54.

[1364] *Bock*, in: Viskorf/Schuck/Wälzholz, ErbStG/BewG, 7. Aufl. 2023, § 179 BewG, Rn. 54.

[1365] R B 179.3 Abs. 2 Satz 1 ErbStR.

[1366] R B 179.3 Abs. 2 Satz 2 ErbStR.

[1367] R B 179.3 Abs. 2 Satz 3 ErbStR.

beim Feststellungsfinanzamt an der erforderlichen Marktkenntnis und Erfahrung auf dem Gebiet der Verkehrswertermittlung fehlen. Es wird daher angeregt, dass bei Bedarf der Gutachterausschuss um Auskunft zu ersuchen ist.[1368] Darüber hinaus können sich die Finanzämter auch den in Nr. 4 Abs. 2 BRW-RL genannten Informationsquellen bedienen. Dabei besteht gegenüber der jeweils aktenführenden oder datenhaltenden Behörde gem. § 157 Abs. 1 Satz 2 i. V. m. § 29 Abs. 3 BewG ein Auskunftsanspruch der Finanzbehörde.[1369]

In der Praxis fehlen Bodenrichtwerte häufig insbesondere für Bauerwartungs- und Rohbauland.[1370] Problematisch ist in diesen Fällen, dass einerseits regelmäßig nicht ausreichend Vergleichspreise verfügbar sind. Andererseits kann bei werdendem Bauland nur schwer vorhergesagt werden, wann und mit welcher Wahrscheinlichkeit das Land tatsächlich Baureife erlangen wird.[1371] Zur Gewährleistung eines gleichmäßigen Vollzugs der Bewertung geht die Finanzverwaltung über diese Probleme hinweg und sieht in H B 179.3 ErbStH vor, dass aus Vereinfachungsgründen der zu ermittelnde Bodenrichtwert mit einem prozentualen Anteil des Bodenrichtwerts für vergleichbares erschließungsbeitragsfreies Bauland anzusetzen ist. Für Bauerwartungsland ist ein prozentualer Ansatz von 25 %, für Bruttorohbauland von 50 % und für Nettorohbauland von 75 % des Referenzbodenrichtwerts vorgesehen.[1372] Die pauschalen Abschläge beruhen auf „Erfahrungssätzen" der Finanzverwaltung.[1373] Es wird teilweise – überwiegend von Autoren aus der Finanzverwaltung – davon ausgegangen, dass diese Abschläge zu vertretbaren Ergebnissen führen würden.[1374] Der Bundesfinanzhof erkennt

---

[1368] R B 179.3 Abs. 2 Satz 2 ErbStR.

[1369] *Bock*, in: Viskorf/Schuck/Wälzholz, ErbStG/BewG, 7. Aufl. 2023, § 179 BewG, Rn. 15.

[1370] Vgl. hierzu *Bock*, in: Viskorf/Schuck/Wälzholz, ErbStG/BewG, 7. Aufl. 2023, § 179 BewG, Rn. 55 ff.; siehe zu den Problemen bei der Ermittlung der Bodenrichtwerte in diesen Gebieten bereits unter Gliederungspunkt § 1, IV., 6., c), bb).

[1371] Stellungnahme des BR und Gegenäußerung der BReg zum ErbStRG v. 12.03.2008, BR-Drs. 16/8547, S. 9 f.

[1372] Vgl. bereits zuvor A 5 Abs. 2 AEBewGrV 2009.

[1373] Nach *Eisele* handelt es sich hierbei um „Erfahrungswerte", *Eisele*, INF 2000, 481 (484). Nach *Drosdzol* wurden diese Abschläge „*in Zusammenarbeit mit Sachverständigen der Verwaltung festgelgt*", *Drosdzol*, INF 20/2006, 786 (788).

[1374] *Eisele*, INF 2000, 481 (484); *Drosdzol*, INF 20/2006, 786 (788); *Mannek/Roscher*, ZNotP 2010, 455 (459); *Jardin/Roscher*, Die Immobilienwertermittlung aus steuerlichen Anlässen, 2019, S. 167.

jedoch zurecht, dass ein allgemeiner Erfahrungssatz in dieser Hinsicht nicht existiert.[1375] Diese Erfahrungssätze dürfen daher auch nicht auf den nach § 179 Satz 1 BewG herangezogenen Bodenrichtwert angewendet werden, da dadurch der Bodenrichtwert derart verändert werden würde, dass nicht mehr ein Bodenrichtwert des Gutachterausschusses, sondern ein vom Finanzamt ermittelter Bodenrichtwert der Bewertung zugrunde gelegt werden würde.[1376] Innerhalb der Schätzungsbefugnis des Finanzamts nach § 179 Satz 4 BewG können diese Erfahrungswerte jedoch grundsätzlich herangezogen werden. Es ist jedoch im Einzelfall zu prüfen, ob diese Wertansätze zu einem sachgerechten Ergebnis führen.[1377]

Wegen der vorgreiflichen Kompetenz der Gutachterausschüsse ist es regelmäßig empfehlenswert, zunächst den Gutachterausschuss aufzufordern, für das Gebiet des Bewertungsobjekts einen Bodenrichtwert zu ermitteln (vgl. § 196 Abs. 1 Satz 6 BauGB).[1378] Bei der Bodenwertermittlung sind auch die Gutachterausschüsse befugt, gemäß § 14 Abs. 2 Satz 1 ImmoWertV den Bodenrichtwert unter Heranziehung von Kaufpreisen und Bodenrichtwerten aus vergleichbaren Gebieten und vorangegangenen Jahren zu ermitteln. Wegen der grundsätzlich bestehenden größeren Sachkunde und der Möglichkeit, weitere Marktdaten zu berücksichtigen, dürfte ein auf diese Weise ermittelter Bodenrichtwert deutlich aussagekräftiger sein als der nach § 179 Satz 4 BewG durch das Finanzamt ermittelte Bodenrichtwert. Sieht sich der Gutachterausschuss weiterhin nicht in der Lage, einen Bodenrichtwert zu ermitteln, wird er objektiv nachweisbare Gründe vortragen müssen, weshalb für ihn die Ermittlung unmöglich ist.[1379]

cc) Bewertung von bebauten Grundstücken

Für die Bewertung von bebauten Grundstücken i. S. d. § 180 BewG sind in Abhängigkeit von der Grundstücksart (§ 181 BewG) das Vergleichswertverfahren, das Ertragswertverfahren und das Sachwertverfahren vorgesehen

---

1375 BFH, Urt. v. 26.04.2006 – II R 58/04, BStBl. II 2006, 793, juris Rn. 28.

1376 BFH, Urt. v. 26.04.2006 – II R 58/04, BStBl. II 2006, 793, juris Rn. 28.

1377 Vgl. BFH, Urt. v. 26.04.2006 – II R 58/04, BStBl. II 2006, 793, juris Rn. 28.

1378 *Halaczinsky*, in: Rössler/Troll, BewG, § 145 BewG, 9. EL, 2/2007, Rn. 22; vgl. BFH, Urt. v. 26.04.2006 – II R 58/04, BStBl. II 2006, 793, juris Rn. 29.

1379 *Roscher*, DStR 2012, 122 (124).

(§ 182 BewG). Bei diesen Verfahren fließt der nach § 179 BewG ermittelte Bodenwert mal mehr, mal weniger stark bei der Bestimmung des Grundbesitzwerts als gesonderte Bewertungskomponente ein. Da für steuerliche Zwecke vermutlich deutlich mehr bebaute als unbebaute Grundstücke zu bewerten sind,[1380] kommt den Bodenrichtwerten *quantitativ* ein deutlich größerer Anwendungsbereich bei der Bewertung der bebauten als bei der Bewertung der unbebauten Grundstücke zu. *In qualitativer Hinsicht* haben die Bodenrichtwerte bei der Bewertung der bebauten Grundstücke jedoch ein geringeres Gewicht, da der nach § 179 BewG ermittelte Bodenwert nur eine Bewertungskomponente darstellt und nicht bereits das Ergebnis der Wertermittlung bildet.

(1) Vergleichswertverfahren

Im Vergleichswertverfahren i. S. d. § 183 BewG kommt dem nach § 179 BewG ermittelten Bodenwert eine verhältnismäßig geringe Bedeutung zu. Bei der Ermittlung des Vergleichswerts durch Preisvergleich gemäß § 183 Abs. 1 BewG wird ein gesondert ermittelter Bodenwert nicht benötigt. Bodenrichtwerte dienen beim Preisvergleich jedoch regelmäßig dazu, die Lagewertigkeit der Vergleichsobjekte anzugeben. Die Kaufpreise sollten nach Möglichkeit so selektiert werden, dass der Bodenrichtwert der Vergleichsgrundstücke im Wesentlichen mit dem des Bewertungsobjekts übereinstimmt. Bei Abweichungen kann eine Anpassung des Kaufpreises an die abweichende Lage des Bewertungsobjekts erforderlich werden. Diese Anpassung wird regelmäßig bereits durch den zuständigen Gutachterausschuss vorgenommen, falls dieser dem Finanzamt gemäß § 183 Abs. 1 Satz 2 BewG geeignete Vergleichspreise mitteilt.

Bei der Vergleichswertermittlung mittels Vergleichsfaktoren gemäß § 183 Abs. 2 BewG kann ein gesondert nach § 179 BewG ermittelter Bodenwert anzusetzen sein, wenn die herangezogenen Vergleichsfaktoren sich nur auf das Gebäude beziehen (§ 183 Abs. 2 Satz 2 BewG). In der Praxis enthalten die Vergleichsfaktoren jedoch oftmals bereits einen Wertanteil für den Boden, sodass nur in Ausnahmefällen eine gesonderte Bodenwertermittlung nach § 179 BewG erforderlich sein dürfte.

1380 Vgl. *M. Loose*, Erbschaftsteuerrecht, 5. Aufl. 2022, Rn. D 100.

(2) Ertragswertverfahren

Im Ertragswertverfahren nach den §§ 184 ff. BewG ergibt sich der Ertragswert eines Grundstücks aus der Summe des Gebäudeertragswerts und des Bodenwerts (§ 183 Abs. 3 BewG). Beide Bewertungskomponenten sind in diesem Verfahren gemäß § 184 Abs. 1 BewG zunächst getrennt zu ermitteln. Sonstige besondere wertbeeinflussende Umstände sollen nach Auffassung des Gesetzgebers im Rahmen der typisierenden Wertermittlung nicht gesondert ermittelt und berücksichtigt werden.[1381] Der Wert der baulichen Anlagen und sonstigen Anlagen ist gemäß § 184 Abs. 4 BewG mit dem Ertragswert abgegolten.

Der *Bodenwert* bestimmt sich gemäß § 184 Abs. 2 BewG nach Maßgabe des § 179 BewG und fließt in vollem Umfang in den Ertragswert ein. Hinsichtlich der Berechnung des Bodenwerts kann auf die vorstehenden Ausführungen zu § 179 BewG verwiesen werden. Der auf diese Weise ermittelte Bodenwert fungiert zugleich gemäß § 184 Abs. 3 Satz 2 BewG als Mindestwertansatz für den Ertragswert. Indem der Bodenwert des bebauten Grundstücks anhand der Bodenrichtwerte, die für ein fiktiv unbebautes Grundstück ermittelt werden, berechnet wird, unterstellt die steuerliche Bewertung in typisierender Weise, dass die tatsächliche Bebauung des zu bewertenden bebauten Grundstücks keinen Werteinfluss auf den Bodenwert hat. Dies wird auch aus der Formulierung in § 184 Abs. 2 BewG deutlich, wonach der Bodenwert der Wert des unbebauten Grundstücks i. S. d. § 179 BewG ist. Diese Handhabung entspricht zwar grundsätzlich auch der herrschenden Meinung in der Verkehrswertermittlung.[1382] Im Einzelfall kann die tatsächliche Bebauung jedoch einen nicht unerheblichen Einfluss auf den Bodenwert haben (vgl. § 40 Abs. 5 ImmoWertV).

Der *Gebäudeertragswert* bestimmt sich nach Maßgabe der § 185 bis 188 BewG. Bei der Ermittlung des Gebäudeertragswerts ist gemäß § 185 Abs. 1 Satz 1 BewG zunächst von dem *Reinertrag des Grundstücks* auszugehen. Dieser bestimmt sich gemäß § 185 Abs. 1 Satz 2 BewG aus dem Rohertrag des Grundstücks i. S. d. § 186 BewG, also nach der vereinbarten

---

[1381] Bericht des Finanzausschusses zum ErbStRG v. 26.11.2008, BT-Drs. 16/11107, S. 18; vgl. nun auch der mit dem JStG 2022 eingeführte § 177 Abs. 4 Satz 1 BewG.

[1382] Statt vieler *Kleiber*, Verkehrswertermittlung von Grundstücken, 10. Aufl. 2023, § 40 ImmoWertV, Rn. 23 ff.

Jahresnettokaltmiete für das Grundstück ohne Umlagen für Betriebskosten und ohne Umsatzsteuer[1383] abzüglich der Bewirtschaftungskosten i. S. d. § 187 BewG.

Der ermittelte Reinertrag des Grundstücks ist gemäß § 185 Abs. 2 Satz 1 BewG um den Betrag zu vermindern, der sich durch eine angemessene Verzinsung des Bodenwerts ergibt.[1384] Ausgangspunkt für die Bestimmung der Bodenwertverzinsung ist zunächst erneut der nach § 179 BewG ermittelte Bodenwert. Dieser ist sodann mit dem angemessenen und nutzungstypischen Liegenschaftszinssatz i. S. d. § 188 BewG zu multiplizieren.[1385] Bei großen Grundstücken kann eine selbstständig nutzbare Teilfläche vorliegen, die bei der Bestimmung des Verzinsungsbetrags nach § 185 Abs. 2 Satz 3 BewG nicht zu berücksichtigen ist. Bei gesamter Betrachtung des Ertragswertverfahrens fließt der nach § 179 BewG ermittelte Bodenwert daher zum einen ungekürzt werterhöhend als Bodenwertkomponente (§ 184 Abs. 2 BewG) und zum anderen in abgezinster Höhe wertreduzierend als Teilansatz bei der Ermittlung des Gebäudereinertrags (§ 185 Abs. 2 BewG) in den Ertragswert ein.[1386] Die Höhe des Verzinsungsbetrags des Bodens hängt allein vom jeweils maßgeblichen Liegenschaftszinssatz ab. Der nach § 179 BewG ermittelte Bodenwert hat daher im Ertragswertverfahren einen geringeren Einfluss auf den Grundbesitzwert, als dies im Sachwertverfahren der Fall ist. Das Gleiche gilt für den Werteinfluss der Bodenrichtwerte.

Der um den Verzinsungsbetrag des Bodenwerts geminderte Reinertrag des Grundstücks ergibt den *Gebäudereinertrag* (§ 185 Abs. 2 Satz 1 Halbsatz 2 BewG). Dieser Gebäudereinertrag ist anschließend gemäß § 185 Abs. 3 Satz 1 BewG mit dem sich aus Anlage 21 ergebenden Vervielfältiger zu kapitalisieren, um auf diese Weise den *Gebäudeertragswert* zu erhalten. Dieser Wert ergibt zusammen mit dem Bodenwert i. S. d. § 184 Abs. 2 BewG den Ertragswert des Grundstücks, der in diesen Fällen den Grundbesitzwert verkörpert.

1383 Vgl. R B 186.1 ErbStR.

1384 Vgl. zum Zweck der Bodenwertverzinsung: R B 185.1 Abs. 1 ErbStR.

1385 R B 185.1 Abs. 2 ErbStR.

1386 *Stein*, ErbBstg 2021, 295 (296).

(3) Sachwertverfahren

Für die Ermittlung des Sachwerts im Sachwertverfahren nach den §§ 189 ff. BewG sind zunächst die beiden Bewertungskomponenten Bodenwert und Gebäudesachwert getrennt voneinander zu ermitteln. Zusammen ergeben beide Werte den vorläufigen Sachwert, der anschließend gemäß § 189 Abs. 3 Satz 2 BewG mit einer Wertzahl nach § 191 BewG zu multiplizieren ist und danach den Sachwert ergibt. Der Wert der sonstigen baulichen Anlagen und der Wert der sonstigen Anlagen sind grundsätzlich mit dem Gebäude- und dem Bodenwert abgegolten (§ 189 Abs. 4 BewG).[1387] Sonstige besondere wertbeeinflussende Umstände (besondere objektspezifische Grundstücksmerkmale) sollen nach Auffassung des Gesetzgebers im Rahmen der typisierenden Wertermittlung nicht ermittelt und berücksichtigt werden.[1388]

Der *Bodenwert* ist im Sachwertverfahren gemäß § 189 Abs. 2 BewG mit dem nach § 179 BewG ermittelten Bodenwert anzusetzen. Hinsichtlich der Ermittlung dieses Bodenwerts wird auf die vorstehenden Ausführungen zu § 179 BewG verwiesen. Auch im Sachwertverfahren wird der Bodenwert so ermittelt, als ob das Grundstück unbebaut ist. Es wird daher auch hier unterstellt, dass die tatsächliche bauliche Nutzung keinen Einfluss auf den Bodenwert hat. Da das Sachwertverfahren als Auffangverfahren (vgl. § 182 Abs. 4 BewG) eine große Vielzahl an verschiedenen Gebäudearten und Grundstückstypen erfasst, wird es im Rahmen dieses Verfahren vermutlich häufiger als im Ertragswertverfahren Fälle geben, bei denen sich die tatsächliche Bebauung auf den Bodenwert des Grundstücks auswirkt und deshalb im Rahmen der Verkehrswertermittlung entsprechend gemäß § 40 Abs. 5 ImmoWertV zu berücksichtigen wäre. Dies dürfte insbesondere Ein- und Zweifamilienhäuser im Außenbereich betreffen (vgl. § 40 Abs. 5 Nr. 2 ImmoWertV), für die regelmäßig keine geeigneten Vergleichspreise vorhanden sein dürften und die deshalb im Sachwertverfahren zu bewerten sind (§ 182 Abs. 4 Nr. 1 BewG).

Der *Gebäudesachwert* ist nach § 190 BewG zu ermitteln. Als Ausgangspunkt der Wertermittlung sind zunächst die durchschnittlichen Herstellungskosten des Gebäudes anhand der Regelherstellungskosten, der Brutto-Grundfläche

---

1387 R B 189 Satz 4 ErbStR.

1388 Bericht des Finanzausschusses zum ErbStRG v. 26.11.2008, BT-Drs. 16/11107, S. 19.; vgl. nun auch der mit dem JStG 2022 eingeführte § 177 Abs. 4 BewG.

und des Baupreisindexes zu bestimmen (§ 190 Abs. 3 Satz 2 BewG). Die durchschnittlichen Herstellungskosten des Gebäudes sind anschließend mit dem Regionalfaktor nach § 190 Abs. 5 BewG[1389] und dem Alterswertminderungsfaktor nach § 190 Abs. 6 BewG zu multiplizieren und ergeben dadurch den Gebäudesachwert (§ 190 Abs. 3 Satz 1 BewG). Die Bodenrichtwerte sind insoweit nicht von Relevanz.

Der sich aus dem Bodenwert und dem Gebäudesachwert ergebende *vorläufige Sachwert* (§ 189 Abs. 3 BewG) ist zur Anpassung an den gemeinen Wert mit einer Wertzahl nach § 191 BewG zu multiplizieren. Als Wertzahl kommen gemäß § 191 Satz 1 BewG primär die von dem zuständigen Gutachterausschuss veröffentlichten Sachwertfaktoren (§ 21 Abs. 3 ImmoWertV) in Betracht. Da die Summe aus Bodenwert und Gebäudesachwert mit dieser Wertzahl multipliziert wird, verstärkt sich der Werteinfluss der Bodenrichtwerte, wenn der Sachwertfaktor größer als 1,0 ist.[1390] Die Bodenrichtwerte wirken sich daher regelmäßig stärker im Sachwertverfahren auf den Grundbesitzwert aus als im Ertragswertverfahren.

Soweit keine geeigneten Sachwertfaktoren zur Verfügung stehen, sind gemäß § 191 Satz 2 BewG die in der Anlage 25 bestimmten Wertzahlen zu verwenden. Für die Bestimmung der maßgeblichen Wertzahl sind in diesen Fällen die Grundstücksart des Bewertungsobjekts und der vorläufige Sachwert entscheidend. Außerdem erfolgt eine weitere Differenzierung der Wertzahlen anhand der Bodenrichtwerte; nach der durch das JStG 2022 geänderten Fassung nun für sämtliche Grundstücksarten. Dadurch soll offenbar eine Abstufung nach der Lagewertigkeit erfolgen. Zwischen den angegebenen Bodenrichtwerten soll eine lineare Interpolation erfolgen. Eine Extrapolation ist nicht vorgesehen.[1391] Unklar ist, ob für die Auswahl der Wertzahl der jeweilige unangepasste Zonenwert des Grundstücks oder der objektspezifisch angepasste Bodenrichtwert maßgeblich sein soll.[1392] Nach Auffassung der Finanzverwaltung soll insoweit auf den unangepassten

---

[1389] Kritisch zu der Verwendung der Regionalfaktoren *Z.-A. Schneider/Niebuhr/Droll*, RFamU 2023, 106 (114 f.).

[1390] *Stein*, ErbBstg 2021, 295 (296).

[1391] Siehe Beschreibung in der Anlage 25.

[1392] Hat der Gutachterausschuss Bodenrichtwerte für Vorder- und Hinterland ermittelt, soll zur Bewertung nach Auffassung von *Eisele* nur der für das Vorderland maßgebliche Bodenrichtwert herangezogen werden, *Eisele*, NWB 2011, 127 (139).

Bodenrichtwert abzustellen sein.[1393] Diese Vorgehensweise ist noch hinnehmbar, da die Bodenrichtwerte in diesem Fall nicht als Bewertungskomponente, sondern lediglich als Lageindikator fungieren. Sofern kein Bodenrichtwert vom Gutachterausschuss veröffentlicht wurde, ist auf den vom Finanzamt nach § 179 Satz 4 BewG ermittelten Bodenwert pro Quadratmeter abzustellen.[1394] Das Produkt aus der Multiplikation des vorläufigen Sachwerts mit der maßgeblichen Wertzahl ergibt schließlich den Sachwert des Grundstücks, der in diesen Fällen den Grundbesitzwert verkörpert.

dd) Sonderfälle

Der Bodenwert i. S. d. § 179 BewG ist auch in bewertungsrechtlichen Sonderfällen zu ermitteln. Hierzu gehört die Bewertung von Erbbaurechten, von Gebäuden auf fremdem Grund und Boden sowie von Grundstücken im Zustand der Bebauung. Die Ermittlung des Bodenwerts erfolgt in diesen Konstellationen ebenfalls unter Heranziehung der Bodenrichtwerte.[1395] Die Bewertung richtet sich nach den zuvor zu § 179 BewG dargestellten Grundsätzen.[1396]

ee) Möglichkeit des Nachweises eines niedrigeren gemeinen Werts

Die Grundbesitzbewertung enthält nicht unerhebliche Typisierungen und Pauschalierungen, um die Vollziehbarkeit der Bewertung durch die Finanzämter zu gewährleisten. Auf die Berücksichtigung besonderer objektspezifischer Grundstücksmerkmale wird grundsätzlich verzichtet (§ 177 Abs. 4 BewG). Um trotz der bestehenden Bewertungsungenauigkeiten zu gewährleisten, dass das Bewertungsziel des gemeinen Werts (§ 177 Abs. 1 BewG) grundsätzlich erreichbar ist[1397] und um Überbewertungen zu vermeiden,[1398] hat der Gesetzgeber in § 198 BewG für den Steuerpflichtigen im Wege einer sog. Öffnungsklausel vorgesehen, dass er im Feststellungsverfahren einen gemeinen Wert

---

1393 R B 191 Abs. 3 Satz 1 ErbStR; AEBew JStG 2022, Rn. 63.

1394 R B 191. Abs. 3 Satz 2 ErbStR; so nun auch ausdrücklich die neugefasste Anlage 25, vgl. Art. 19 Nr. 24 des JStG 2022 v. 16.12.2022, BGBl. I, 2022, S. 2294.

1395 Siehe § 193 Abs. 4 Satz 1 BewG; § 195 Abs. 3 Satz 1 BewG; § 196 Abs. 2 BewG; vgl. hierzu auch AEBew JStG 2022, Rn. 66, 78, 90.

1396 Hierzu ausführlich *Mannek/Roscher*, ZNotP 2011, 162.

1397 Bericht des Finanzausschusses zum ErbStRG v. 26.11.2008, BT-Drs. 16/11107, S. 21 f.

1398 *Wolf*, DStR 1997, 349 (353).

der zu bewertenden wirtschaftlichen Einheit nachweisen kann, wenn dieser niedriger als der nach den §§ 179, 182 bis 196 BewG ermittelte Grundbesitzwert ist. Dem Steuerpflichtigen wird hierdurch die Möglichkeit eingeräumt, sämtliche wertbeeinflussenden Umstände bei der Ermittlung des gemeinen Werts geltend zu machen.[1399] Die Nachweismöglichkeit kann unter anderem auch genutzt werden, um Umstände geltend zu machen, die zu einem niedrigeren Wert als dem nach § 179 BewG ermittelten Bodenwert führen (z. B. Altlasten). Der Nachweis muss sich jedoch auf die gesamte wirtschaftliche Einheit beziehen und kann nicht isoliert für einzelne Bewertungskomponenten, etwa den Bodenwert bei einem bebauten Grundstück, oder einzelne Bewertungsgrundlagen, z. B. die Bodenrichtwerte, geführt werden.[1400]

Als Nachweismöglichkeit kann der Steuerpflichtige einerseits gemäß § 198 Abs. 2 BewG auf ein Verkehrswertgutachten zurückgreifen, welches unter Beachtung der Vorgaben der ImmoWertV erstellt wurde (§ 198 Abs. 1 Satz 2 BewG). Die Vorschrift stellt daher ein Einfallstor für die gesamte nichtsteuerliche Wertermittlungslehre für Grundstücke dar.[1401] Die Grundsätze der ImmoWertV sind in diesem Fall auch für die steuerrechtliche Bewertung verbindlich.[1402] Im Fall eines Nachweises durch Gutachten muss sich die Finanzverwaltung eingehend mit dem Gutachten auseinandersetzen und dessen sachgerechte Erstellung von Amts wegen prüfen.[1403] Um Gefälligkeitsgutachten auszuschließen,[1404] muss dieses entweder von einem Gutachterausschuss i. S. d. § 192 BauGB oder von einem Sachverständigen erstellt worden sein, der die in § 198 Abs. 2 BewG genannten Voraussetzungen erfüllt.

Andererseits kann der Steuerpflichtige gemäß § 198 Abs. 3 BewG einen niedrigeren gemeinen Wert grundsätzlich auch mittels eines im gewöhnlichen

---

1399 Bericht des Finanzausschusses zum ErbStRG v. 26.11.2008, BT-Drs. 16/11107, S. 22; vgl. auch R B 198 Abs. 3 Satz 6 f. ErbStR.

1400 R B 198 Abs. 3 Satz 8 ErbStR 2019; *Grootens*, in: Lippross/Seibel, BK StR, § 198 BewG, 128. EL, 10/2021, Rn. 9; *Grootens*, in: Lippross/Seibel, BK StR, § 179 BewG, 140. EL, 10/2023, Rn. 63; *Krumm*, Steuerliche Bewertung als Rechtsproblem, 2014, S. 177; *Drosdzol*, INF 2005, 858 (859).

1401 *Wolf*, DStR 1997, 349 (354).

1402 *Krumm*, in: DStJG 44, 2022, S. 225 (242).

1403 *Halaczinsky/Teß*, Grundbesitzbewertung für Erbfall und Schenkung, 2. Aufl. 2004, S. 43.

1404 *Geiß*, ZEV 1998, 13 (14).

Geschäftsverkehr innerhalb eines Jahres vor oder nach dem Bewertungsstichtag zustande gekommener Kaufpreis über das zu bewertende Grundstück führen. Den Steuerpflichtigen trifft die Nachweislast für einen niedrigeren gemeinen Wert und nicht eine bloße Darlegungslast.[1405] Er hat – unabhängig von dem Erfolg des Nachweises – die Kosten, etwa für die Erstellung eines Gutachtens, zu tragen.[1406]

e) Administrierbarkeit der erbschaftsteuerlichen Bewertung

Im Jahr 2021 gab es laut dem Statistischen Bundesamt etwa 240.000 steuerpflichtige Erwerbe (Erwerbe von Todes wegen und Schenkungen). Bei rund 175.000 Erwerben kam es zu einem steuerpflichtigen Erwerb von mehr als 0 Euro.[1407] Zum erworbenen Vermögen gehören in vielen Fällen auch Grundstücke, die grundsätzlich für die Bestimmung des steuerpflichtigen Erwerbs gemäß § 12 Abs. 3 ErbStG i. V. m. den §§ 151, 157 Abs. 3 BewG mit dem Grundbesitzwert zu bewerten sind. In der *Literatur* wird davon ausgegangen, dass jährlich geschätzt etwa 800.000 Grundstücke allein im Wege der Erbfolge übergehen.[1408] Laut dem *Statistischen Bundesamt* wurden von der Finanzverwaltung deutlich weniger Grundstückserwerbe veranlagt.[1409] Im Jahr 2020 wurden 124.705 Fälle erfasst; im Jahr 2021 waren es 133.480 Fälle, in denen Grundvermögen erworben wurde.[1410] Diese Zahlen berücksichtigen jedoch insbesondere nicht diejenigen Grundstücke, die zum land- und forstwirtschaftlichen Vermögen oder zum Betriebsvermögen gehören. Für derartige Grundstücke kann eine gesonderte Grundbesitzbewertung jedoch in größerem Maß unterbleiben, als dies bei Grundvermögen der Fall ist. Zusammenfassend lässt sich festhalten, dass pro Kalenderjahr nur ein

---

1405 BFH, Urt. v. 10.11.2004 – II R 69/01, BStBl. II 2005, 259; BFH, Urt. v. 11.05.2005 – II R 21/02, BStBl. II 2005, 686, juris; BFH, Urt. v. 11.09.2013 – II R 61/11, BStBl. II 2014, 363, juris.; R B 198 Abs. 1 Satz 2 ErbStR.

1406 *Halaczinsky/Teß*, Grundbesitzbewertung für Erbfall und Schenkung, 2. Aufl. 2004, S. 43; *M. Loose*, Erbschaftsteuerrecht, 5. Aufl. 2022, Rn. D 153.

1407 Statistisches Bundesamt, Erbschaft- und Schenkungsteuerstatistik 2021, S. 9, 12.

1408 *M. Loose*, Erbschaftsteuerrecht, 5. Aufl. 2022, Rn. D 100.

1409 Nach den statistischen Auswertungen bleibt jedoch unklar, ob in der Fallzahl der Erwerb pro Immobilie abgebildet wird oder ob beim Übergang mehrerer Immobilien im Rahmen eines Erwerbs dieser als ein Fall erfasst wurde, vgl. *Krumm*, in: DStJG 44, 2022, S. 225 (232).

1410 Statistisches Bundesamt, Erbschaft- und Schenkungsteuerstatistik 2021, S. 26.

verhältnismäßig geringer Teil der in Deutschland belegenen Immobilien bewertet werden muss.[1411]

Wegen der umfangreichen Freibeträge nach § 16 ErbStG – vor allem für Ehegatten (500.000 Euro) und Kinder (400.000 Euro) – verbleibt ein Großteil der Erwerbe steuerfrei (rund 70.000 Fälle in 2021).[1412] Sofern nach der Anzeige des Erwerbs nach § 30 ErbStG für das Finanzamt absehbar ist, dass der Wert des erworbenen Vermögens unterhalb des maßgeblichen Freibetrags liegt, kann das zuständige Erbschaftsteuerfinanzamt zunächst von der Aufforderung zur Abgabe einer Schenkungsteuererklärung (§ 31 ErbStG) absehen. Werden in derartigen Fällen Grundstücke erworben, deren Wert offenbar unterhalb des maßgeblichen Freibetrags liegt, kann auch eine Grundbesitzbewertung nach den §§ 151, 157 Abs. 3 BewG vorerst unterbleiben, da dieser im „Bedarfsfall" festzustellende Wert für die Erbschaftsteuer (zumindest vorerst) nicht von Bedeutung ist.[1413] Allerdings entbindet dies die zuständigen Finanzämter nicht vollständig von der Durchführung einer Bewertung. Das Erbschaftsteuerfinanzamt hat zumindest die Angaben des Steuerpflichtigen in der Anzeige des Erwerbs kritisch zu hinterfragen und eine überschlägige Schätzung des Grundbesitzwerts durchzuführen.[1414] Wird in den nächsten zehn Jahren nach diesem Erwerb weiteres Vermögen von derselben Person erworben und wird dadurch der maßgebliche Freibetrag (voraussichtlich) überschritten, so ist die zunächst unterbliebene Grundbesitzbewertung nachzuholen.[1415] Das Gleiche gilt für Erwerbe von Familienheimen, die zunächst nach § 13 Nr. 4a ff. ErbStG von der Steuer befreit sind, falls die Steuerbefreiung nachträglich entfällt.[1416] Auch bei der Bewertung von Betriebsgrundstücken kann zunächst auf die Durchführung einer Grundbesitzbewertung verzichtet werden, wenn der Grundbesitzwert für die Bestimmung des Unternehmenswerts oder für die Gewährung der Steuerbefreiung für Unternehmensvermögen nicht von Bedeutung ist.[1417]

1411 *Krumm*, in: DStJG 44, 2022, S. 225 (232).
1412 Statistisches Bundesamt, Erbschaft- und Schenkungsteuerstatistik 2021, S. 12.
1413 Vgl. R B 151.1 Abs. 2 Satz 1 f. ErbStR, R B 151.2 Abs. 4 Satz 1 ErbStR.
1414 *M. Loose*, Erbschaftsteuerrecht, 5. Aufl. 2022, Rn. D 101.
1415 R B 151.2 Abs. 4 Satz 2 ErbStR.
1416 R B 151.2 Abs. 5 ErbStR.
1417 R B 151.2 Abs. 6 ErbStR.

Aufgrund der demografischen Entwicklung der deutschen Bevölkerung nehmen nicht nur die Fälle zu, in denen Grundstücke übertragen werden (70 % der steuerbaren Grundstückserwerbe entfallen auf Erwerbe von Todes wegen).[1418] Durch die gestiegenen Immobilienwerte werden nun auch zunehmend die erbschaft- und schenkungsteuerlichen Freibeträge überschritten. Dadurch steigt auch die Anzahl der erforderlichen Grundbesitzbewertungen, auf deren Durchführung die Finanzverwaltung in geringerem Maße verzichten kann. Dementsprechend wird der Grundbesitzbewertung im Allgemeinen und den hierbei zur Anwendung kommenden Bodenrichtwerten im Speziellen zukünftig eine gesteigerte Bedeutung zukommen.

Um die Feststellungsfinanzämter bei der Ermittlung der Bodenwerte im Rahmen der Grundbesitzbewertung zu entlasten, knüpft der Gesetzgeber an die von den Gutachterausschüssen ermittelten Bodenrichtwert an. Dadurch obliegt es regelmäßig nicht mehr den Feststellungsfinanzämtern, den Bodenwert selbst in aufwendiger Weise zu ermitteln, etwa durch Heranziehung von Vergleichspreisen oder mittels deduktiver Verfahren.[1419] Mit der Anknüpfung an die Bodenrichtwerte obliegt es den Feststellungsfinanzämtern nun nur noch, die Bodenrichtwerte an ggfs. abweichende Grundstücksmerkmale des Bewertungsobjekts anzupassen. Häufig stimmen die dargestellten Merkmale des Bodenrichtwertgrundstücks mit denen des Bewertungsobjekts überein, sodass in diesen Fällen keine Anpassung vom Finanzamt durchzuführen ist. Sofern Anpassungen vorzunehmen sind, hat das Feststellungsfinanzamt zunächst zu prüfen, ob der zuständige Gutachterausschuss für das entsprechende Grundstücksmerkmal Umrechnungskoeffizienten veröffentlicht hat. Hilfsweise sind die typisierten Umrechnungskoeffizienten in H B 179.2 ErbStH anzuwenden. Eine Anpassung mittels dieser Umrechnungskoeffizienten ist überwiegend einfach, ohne große Erfahrung und Sachkunde und objektiv möglich. Weitere Besonderheiten (etwa Altlasten) hat das Finanzamt bei der Bodenwertermittlung nicht zu berücksichtigen. Die Bodenwertermittlung ist somit für die Sachbearbeiter des Feststellungsfinanzamts im Regelfall gut vollziehbar. Sofern eine Anpassung der Bodenrichtwerte erforderlich ist, steigt jedoch der Vollzugsaufwand. Die Fallbearbeitung gestaltet sich

---

1418 Statistisches Bundesamt, Erbschaft- und Schenkungsteuerstatistik 2021, S. 26.

1419 Siehe zum Vereinfachungseffekt durch die Anknüpfung an die Bodenrichtwerte unter Gliederungspunkt § 2, III., 2.

daher aufwendiger als bei der bundesgrundsteuerlichen Bewertung, bei der im Bodenrichtwertverfahren grundsätzlich keine Anpassungen der Bodenrichtwerte vorzunehmen sind.

Durch die Bodenwertermittlung im Bodenrichtwertverfahren tritt auch für den Steuerpflichtigen eine Erleichterung ein. Der Steuerpflichtige kann die Angaben Bodenrichtwert und Grundstücksfläche regelmäßig einfach in Erfahrung bringen. Die Bodenrichtwerte sind überwiegend über Onlineportale kostenfrei abrufbar.[1420] Für eine Wertermittlung im Vergleichswertverfahren mittels Vergleichspreisen müsste er regelmäßig deutlich mehr Informationen dem Finanzamt offenlegen und ggfs. vorher noch ermitteln. Ist eine Anpassung des Bodenrichtwerts aufgrund abweichender Grundstücksmerkmale des zu bewertenden Grundstücks vom Bodenrichtwertgrundstück erforderlich, kann sich für den Steuerpflichtigen bei bestimmten Grundstücksmerkmalen, insbesondere bei der wertrelevanten Geschossflächenzahl (WGFZ),[1421] ein zusätzlicher Aufwand ergeben.

3. Grundsteuer

a) Einleitung

Die Grundsteuer hat für die Kommunalhaushalte eine enorme Bedeutung, da das Aufkommen der Grundsteuer gemäß Art. 106 Abs. 6 Satz 1 GG allein den Gemeinden zusteht. Sie stellt die drittgrößte Einnahmequelle der Kommunen dar.[1422] Im Jahr 2022 betrug das Aufkommen der Grundsteuer insgesamt rund 15 Mrd. Euro.[1423] Ein großer Vorteil liegt in der Beständigkeit und Verlässlichkeit des Grundsteueraufkommens. Die Grundsteuer ist konjunkturunabhängig und die Besteuerungsobjekte lassen sich wegen ihrer Immobilität nicht einer Besteuerung durch die Gemeinde entziehen.[1424] Ein weiterer Vorteil für die Kommunen ist, dass die Grundsteuer an den

1420 Siehe hierzu unter Gliederungspunkt § 1, II., 7., b) (5), (a).

1421 Vgl. § 16 Abs. 4 ImmoWertV.

1422 BVerfG v. 10.04.2018 – 1 BvL 11/14 u. a., BVerfGE 148, 147, 214 (GrSt); Entwurf zum GrStRefG 2019 v. 25.06.2019, BT-Drs. 19/11085, S. 80.

1423 Statistisches Bundesamt, Steuereinnahmen aus der Grundsteuer in Deutschland von 2009 bis 2022, abrufbar auf Statista unter https://de.statista.com/statistik/daten/studie/830404/umfrage/einnahmen-aus-der-grundsteuer (letzter Abruf 28.09.2025).

1424 BVerfG v. 10.04.2018 – 1 BvL 11/14 u. a., BVerfGE 148, 147, 214 (GrSt); Entwurf eines Nds. LGrStG v. 14.04.2021, LT-Drs. 18/8995, S. 12.

Finanzierungsbedarf der Kommune angepasst werden kann, da den Gemeinden in Art. 106 Abs. 6 Satz 2 GG das Recht eingeräumt wurde, den Hebesatz für die Grundsteuer im Rahmen der Gesetze selbst bestimmen zu können.[1425] Die Grundsteuer bildet daher für viele Kommunen *„die einzige quantitativ gewichtige Haushaltsposition, über die autonom ein Haushaltsausgleich ohne weitere Neuverschuldung erreicht werden kann."*[1426]

Das Bundesverfassungsgericht hat mit Urteil vom 10. April 2018 entschieden, dass die bis dahin geltenden Vorschriften zur Einheitsbewertung für die Bemessung der Grundsteuer mit dem allgemeinen Gleichheitssatz unvereinbar waren.[1427] Den Hauptgrund für die Ungleichbehandlung sah das Bundesverfassungsgericht in dem Festhalten an die auf den Hauptfeststellungszeitpunkt zum 1. Januar 1964 (bzw. 1. Januar 1935) festgestellten Einheitswerte. Durch den Verzicht auf eine turnusmäßige Hauptfeststellung habe der Gesetzgeber *„ein zentrales Element aus dem System der Einheitsbewertung* [herausgebrochen], *das unverzichtbar zur Gewinnung in ihrer Relation realitätsnaher Bewertungen ist"*.[1428] Trotz der bereits seit Jahrzehnten bestehenden Verwerfungen bei der Bemessung der Grundsteuer hat das Bundesverfassungsgericht dies nicht zum Anlass genommen, der Unvereinbarkeitserklärung Rückwirkung beizumessen. Stattdessen gab es dem Gesetzgeber auf, die verfassungswidrige Rechtslage spätestens bis zum 31. Dezember 2019 zu beheben.[1429] Außerdem räumt das Bundesverfassungsgericht dem Gesetzgeber einen Übergangszeitraum von fünf Jahren nach der Verkündung einer Neuregelung ein, während dessen die verfassungswidrigen Regelungen zur Einheitsbewertung weiterhin angewendet werden dürfen, längstens aber bis zum 31. Dezember 2024.[1430]

Der Bundesgesetzgeber hat als Reaktion auf die Entscheidung des Bundesverfassungsgerichts am 26. November 2019 ein Gesetz zur Reform des Grundsteuer- und Bewertungsrechts (Grundsteuer-Reformgesetz – GrStRefG)

1425 Entwurf zum GrStRefG 2019 v. 25.06.2019, BT-Drs. 19/11085, S. 80.
1426 Entwurf zum GrStRefG 2019 v. 25.06.2019, BT-Drs. 19/11085, S. 80.
1427 BVerfG v. 10.04.2018 – 1 BvL 11/14 u. a., BVerfGE 148, 147, 183 (GrSt).
1428 BVerfG v. 10.04.2018 – 1 BvL 11/14 u. a., BVerfGE 148, 147, 201 (GrSt).
1429 BVerfG v. 10.04.2018 – 1 BvL 11/14 u. a., BVerfGE 148, 147, 213 f. (GrSt).
1430 BVerfG v. 10.04.2018 – 1 BvL 11/14 u. a., BVerfGE 148, 147, 213 (GrSt).

erlassen (dazu sogleich unter Gliederungspunkt b)).[1431] Im Rahmen des Gesetzgebungsverfahrens wurde den Bundesländern über Art. 72 Abs. 3 Satz 1 Nr. 7 GG die Befugnis eingeräumt, von den bundesrechtlichen Regelungen zur Grundsteuer und zur Bewertung abzuweichen. Von dieser Abweichungsbefugnis haben sieben Bundesländer in unterschiedlichem Umfang Gebrauch gemacht (dazu unter Gliederungspunkt c)). Die verbleibenden Bundesländer haben sich für die unveränderte Anwendung der bundesrechtlichen Regelungen zur Grundsteuer entschieden, sodass es nun ein Nebeneinander von bundesgesetzlichen und landesgesetzlichen Regelungen auf dem Gebiet der Grundsteuer gibt.

b) Bundesgrundsteuerrecht

aa) Besteuerungsverfahren

(1) Vollzug der Grundsteuer im Massenverfahren

Der Grundsteuer unterliegt gemäß § 2 GrStG der inländische Grundbesitz. Hierzu zählen einerseits Betriebe der Land- und Forstwirtschaft als wirtschaftliche Einheiten des land- und forstwirtschaftlichen Vermögens (§§ 232 Abs. 2, 234 BewG) sowie andererseits Grundstücke als wirtschaftliche Einheiten des Grundvermögens (§§ 243, 244 BewG). Der Gesetzgeber geht insgesamt von 36 Mio. zu bewertenden wirtschaftlichen Einheiten aus.[1432] Von diesen entfällt der Großteil auf das Grundvermögen (etwa 32 Mio. wirtschaftliche Einheiten).[1433]

Bei der Grundsteuer handelt es sich – im Gegensatz zur anlassbezogenen Erbschaftsteuer oder der Grunderwerbsteuer – um eine periodische Steuer, die dem Grunde nach gemäß § 27 Abs. 1 Satz 1 GrStG für jedes Kalenderjahr erneut festzusetzen ist. Das Besteuerungsverfahren ist bei der Grundsteuer dreistufig aufgebaut: Feststellung des Grundsteuerwerts durch die Lagefinanzämter, Feststellung des Grundsteuermessbetrags durch die Lagefinanzämter und Festsetzung der Grundsteuer durch die Gemeinden.[1434] Eine Feststellung

---

[1431] Gesetz zur Reform des Grundsteuer- und Bewertungsrechts (Grundsteuer-Reformgesetz – GrStRefG) v. 26.11.2019, BStBl. I 2019, 1794.

[1432] Entwurf der BReg zum GrStRefG 2019 v. 09.08.2019, BR-Drs. 354/19, S. 3.

[1433] Entwurf der BReg zum GrStRefG 2019 v. 09.08.2019, BR-Drs. 354/19, S. 115; Stellungnahme des BR v. 21.10.2020 zum JStG 2020, BT-Drs. 19/23551, S. 47.

[1434] *Seer*, FR 2019, 941 (946); *Krumm/Paeßens*, GrStG, 2022, Grundlagen, Rn. 45.

der Grundsteuerwerte und Grundsteuermessbeträge muss nicht jährlich erfolgen. Da sich die Bundesgrundsteuer als wertabhängige Steuer mit dem objektiviert-realen Wert am Verkehrswert orientiert,[1435] muss jedoch in regelmäßigen Zeitabständen eine Neubewertung erfolgen, um auf diese Weise den Vorgaben des Bundesverfassungsgerichts[1436] zu entsprechen.[1437] Die systematische Ausgestaltung der Grundsteuer ist demnach auf eine turnusmäßige Neubewertung aller Grundstücke ausgelegt.[1438]

Es handelt sich folglich bei der Grundsteuer um eine Steuer, für die eine wiederkehrende und flächendeckende Bewertung einer sehr großen Anzahl an wirtschaftlichen Einheiten erforderlich ist.[1439] Die nach dem Bundesgrundsteuerrecht vorgesehene verkehrswertorientierte Bewertung ist wegen der Vielzahl der zu bewertenden wirtschaftlichen Einheiten sehr verwaltungsaufwendig und bedarf eines erheblichen Personaleinsatzes und einer ausgebauten und vernetzten Informationstechnologie.[1440] Nach den Berechnungen einer von Bund und Ländern eingerichteten Arbeitsgruppe Grundsteuer sind für die Durchführung der ersten Hauptfeststellung bundesweit rund 2.200 „Vollzeitäquivalente" erforderlich.[1441] Da die personellen Kapazitäten der Finanzverwaltung begrenzt sind und zukünftig wegen des Fachkräftemangels voraussichtlich nicht wesentlich weiter ansteigen werden, muss die grundsteuerliche Bewertungssystematik so ausgestaltet sein, dass sie unter den bestehenden Rahmenbedingungen noch praktisch vollziehbar ist.[1442] Um dies zu gewährleisten, hat der Bundesgesetzgeber die Bewertungssystematik derart ausgestaltet, dass die Bewertung für Zwecke der Grundsteuer weitgehend automatisiert erfolgen kann.[1443] Damit eine automationsgestützte Bewertung im Massenverfahren durchführbar ist, war es zudem für den Gesetzgeber erforderlich, sich bei der Ausgestaltung der Bemessungsgrundlage in großem

1435 Siehe hierzu ausführlich unter Gliederungspunkt § 3, IV., 3., a), bb), (2).
1436 BVerfG v. 10.04.2018 – 1 BvL 11/14 u. a., BVerfGE 148, 147, 201 (GrSt).
1437 *Seer*, FR 2019, 941 (942).
1438 *Seer*, FR 2019, 941 (946).
1439 *Seer*, in: Tipke/Lang, Steuerrecht, 24. Aufl. 2021, Rn. 16.13.
1440 *Seer*, in: Tipke/Lang, Steuerrecht, 24. Aufl. 2021, Rn. 16.37; *Seer*, FR 2019, 941 (950).
1441 Entwurf der BReg zum GrStRefG 2019 v. 09.08.2019, BR-Drs. 354/19, S. 3.
1442 *Hey*, ZG 2019, 297 (304 f.).
1443 Entwurf zum GrStRefG 2019 v. 25.06.2019, BT-Drs. 19/11085, S. 84.

Maße Typisierungen und Pauschalierungen zu bedienen.[1444] Eine für die Verkehrswertermittlung typische Berücksichtigung der individuellen wertbeeinflussenden Grundstücksmerkmale erfolgt nur noch sehr eingeschränkt, da dies zeitaufwendig und im automatisierten Massenverfahren nur eingeschränkt praktikabel ist. Viele Bewertungsfaktoren sind weitgehend von der konkreten wirtschaftlichen Einheit entkoppelt („entindividualisiert").[1445]

Der Gesetzgeber bewegt sich bei der Ausgestaltung der grundsteuerlichen Bewertung in einem Spannungsfeld zwischen der Administrierbarkeit des Vollzugs der Grundsteuer und den verfassungsrechtlichen Vorgaben, die das Bundesverfassungsgericht an eine realitätsgerechte Bewertung stellt.[1446] Der Gesetzgeber muss einerseits gewährleisten, dass die gesetzlich vorgegebenen Bewertungsdaten zukünftig fortlaufend aktualisiert werden und dass auch tatsächlich alle sieben Jahre eine Hauptfeststellung durchgeführt wird.[1447] Andererseits gewährleistet eine turnusmäßige Neubewertung für sich genommen noch keine gleichheitskonforme Bewertung. Entscheidend kommt es daher auch darauf an, ob die vorgesehen Bewertungsverfahren in der Gesamtsicht eine in der Relation realitäts- und damit gleichheitsgerechte Bemessung des steuerlichen Belastungsgrundes sicherstellen.[1448] Hierauf wird unter Gliederungspunkt § 3, IV., 3. noch ausführlich eingegangen.

(2) Hauptfeststellung der Grundsteuerwerte

Die Grundsteuerwerte sind gemäß §§ 219, 221 BewG für inländischen Grundbesitz auf den Hauptfeststellungszeitpunkt festzustellen. Der Hauptfeststellungszeitpunkt (Bewertungsstichtag) ist der Beginn des Kalenderjahres, in dem die Hauptfeststellung stattfindet. Die erste Hauptfeststellung soll auf den 1. Januar 2022 erfolgen. Anschließend ist gemäß § 221 Abs. 1 BewG eine Wiederholung der Hauptfeststellung in Zeitabständen von je sieben

---

1444 Entwurf zum GrStRefG 2019 v. 25.06.2019, BT-Drs. 19/11085, S. 83.

1445 *Krumm*, Sachverständige Stellungnahme zum Antrag der Fraktion BÜNDNIS 90/ DIE GRÜNEN im Landtag Nordrhein-Westfalen vom 01.11.2020, Stellungnahme 17/3252, S. 9.

1446 *Grootens*, NWB-EV 2019, 381 (385).

1447 *Krumm*, Sachverständige Stellungnahme zum Antrag der Fraktion BÜNDNIS 90/ DIE GRÜNEN im Landtag Nordrhein-Westfalen vom 01.11.2020, Stellungnahme 17/3252, S. 33.

1448 BVerfG v. 10.04.2018 – 1 BvL 11/14 u. a., BVerfGE 148, 147, 186 (GrSt).

Jahren vorgesehen. Die Ermittlung der Grundsteuerwerte richtet sich gemäß § 220 BewG nach den speziellen Vorgaben im siebenten Abschnitt des zweiten Teils des BewG zu der Bewertung des Grundbesitzes für die Grundsteuer ab dem 1. Januar 2022 (§§ 218 bis 263 BewG). Maßgeblich für die Bewertung sind gemäß § 221 Abs. 2 BewG die Verhältnisse (tatsächliche Verhältnisse und Wertverhältnisse) im Hauptfeststellungszeitpunkt.[1449] Für die Durchführung der gesonderten Feststellung der Grundbesitzwerte sind die Lagefinanzämter (§ 18 Abs. 1 Nr. 1 AO) zuständig. Insoweit wurde an der bisher bestehenden Aufgabenteilung zwischen der Finanzverwaltung und den Gemeinden festgehalten.[1450]

Für die erfolgreiche Durchführung der Hauptfeststellung sind nicht nur ausreichende Kapazitäten der Finanzverwaltung und eine funktionierende Automatisierung des Besteuerungsverfahrens erforderlich. Entscheidend kommt es darüber hinaus darauf an, dass die Finanzämter auch über die für die Bewertung erforderlichen Daten verfügen.[1451] Dies betrifft insbesondere die von den Gutachterausschüssen zu ermittelnden Bodenrichtwerte.[1452] Dass diese flächendeckend und zeitnah zum Hauptfeststellungszeitpunkt für die steuerliche Bewertung verfügbar sind, liegt in erster Linie in der Verantwortung der Gutachterausschüsse.[1453] Gleichwohl hat es der Bundesgesetzgeber versäumt, eine Frist festzuschreiben, innerhalb derer die Gutachterausschüsse die auf den Hauptfeststellungstag festzustellenden Bodenrichtwerte zu veröffentlichen und an die Finanzverwaltung zu übermitteln haben.[1454] Eine bundeseinheitliche Regelung dieser Veröffentlichungsfris-

---

1449 A 221 Satz 2 AEBewGrSt 2021.

1450 Die Zuständigkeit der Finanzämter für die Ermittlung der grundsteuerlichen Bemessungsgrundlage wurde historisch mit der Neuregelung der Grundsteuer als eine vom Einheitswert abhängigen Steuer begründet (vgl. *Drosdzol*, DStZ 1994, 205 (207).). Mit der Aufgabe der Einheitswerte und der Einführung eines besonderen Grundsteuerwerts hätte man die Ermittlung zurück auf die Gemeinden übertragen können (kritisch hierzu *Wolf*, DStR 1997, 349 (351).).

1451 Entwurf der BReg zum GrStRefG 2019 v. 09.08.2019, BR-Drs. 354/19, S. 93; Entwurf zum GrStRefG 2019 v. 25.06.2019, BT-Drs. 19/11085, S. 89.

1452 *Bizer/Joeris*, GuG 3/1998, 132 (133).

1453 *Krumm*, Sachverständige Stellungnahme zum Antrag der Fraktion BÜNDNIS 90/ DIE GRÜNEN im Landtag Nordrhein-Westfalen vom 01.11.2020, Stellungnahme 17/3252, S. 33.

1454 Anders etwa Baden-Württemberg: § 38 Abs. 2 Satz 1 LGrStG BW.

ten ergibt sich auch nicht aus dem BauGB. Diese sind uneinheitlich in den Gutachterausschussverordnungen der Bundesländer geregelt.[1455]

Durch die Anknüpfung an Daten, die von außerhalb der Finanzverwaltung liegenden Stellen ermittelt werden, besteht aus der Sicht des Bundes die Gefahr, „*dass die Einhaltung der verfassungsrechtlichen Vorgaben und die Gleichmäßigkeit der Besteuerung im Rahmen der Personal-, Organisations- und Finanzierungshoheit der unterschiedlichen Landesressorts oder Kommunalbehörden konterkariert werden könnte*“, zumindest sofern das entsprechende Bundesland bei der Grundsteuer nicht mitzieht.[1456] Es muss folglich gewährleistet sein, dass die Gutachterausschüsse über die erforderliche Leistungsfähigkeit verfügen, um die Bodenrichtwerte sachgerecht und rechtzeitig zu ermitteln. Dafür ist einerseits eine ausreichende personelle und finanzielle Ausstattung durch die Bundesländer und andererseits ein funktionierendes Gutachterausschusswesen innerhalb des Bundeslandes erforderlich.[1457]

Die Ermittlung der besonderen Bodenrichtwerte auf den Hauptfeststellungszeitpunkt (§ 196 Abs. 1 Satz 6 BauGB, § 247 Abs. 2 BewG) und die zusätzliche Ermittlung der Bodenrichtwerte für Fortschreibungen und Nachfeststellungen gemäß § 196 Abs. 2 BauGB stellt für die Gutachterausschüsse eine erhebliche Zusatzbelastung dar.[1458] Der Bundesrat hatte daher im Gesetzgebungsverfahren zum GrStRefG Bedenken geäußert, dass die Bodenrichtwerte nicht flächendeckend zum 1. Januar 2022 zur Verfügung stehen könnten.[1459] Um diese Situation zu verbessern, hatte der Bundesrat einerseits vorgeschlagen, den Hauptfeststellungszeitpunkt auf den 1. Januar 2021 nach vorne zu verschieben, da bei Abgabe der Feststellungserklärung im Jahr 2022 die maßgeblichen Bodenrichtwerte dann schon bekannt seien. Außerdem sollte zur Entlastung der Gutachterausschüsse der Turnus für die Hauptfeststellung auf einen achtjährigen Turnus verlängert werden.[1460] An anderer Stelle wurde vom Bundesrat auch vorgeschlagen, dass – sofern keine

1455 Siehe hierzu unter Gliederungspunkt § 1, II., 7., b), aa), (5), (b).

1456 Entwurf der BReg zum GrStRefG 2019 v. 09.08.2019, BR-Drs. 354/19, S. 93.

1457 Siehe hierzu bereits unter Gliederungspunkt § 1, V.

1458 Siehe hierzu bereits unter Gliederungspunkt § 1, II., 7., b), aa), (2) und § 1, IV., 6., d).

1459 Stellungnahme des BR v. 20.09.2019 zum GrStRefG, BR-Drs. 354/19 (Beschl.), S. 4; Gesetzentwurf der BReg zum GrStRefG v. 23.09.2019, BT-Drs. 19/13453, S. 18.

1460 Stellungnahme des BR v. 20.09.2019 zum GrStRefG, BR-Drs. 354/19 (Beschl.), S. 3 f.; Stellungnahme des BR zum GrStRefG v. 23.09.2019, BT-Drs. 19/13453, S. 18.

Bodenrichtwerte auf den Hauptfeststellungszeitpunkt ermittelt wurden – die Bodenrichtwerte herangezogen werden sollen, die zuletzt vor dem Hauptfeststellungszeitpunkt ermittelt wurden.[1461] Die Vorschläge des Bundesrats haben keinen Einfluss in die finale Gesetzesfassung gefunden. Die Bundesländer müssen daher die erforderlichen Maßnahmen treffen, diese Zusatzbelastung der Gutachterausschüsse zu kompensieren, etwa durch Einstellung weiterer Gutachter, zusätzlichen qualifizierten Personals in den Geschäftsstellen sowie die Förderung einheitlicher Hard- und Softwarestandards und die entsprechende Fortbildung der beteiligten Personen.

(3) Fortschreibungen und Nachfeststellungen

Die auf den Hauptfeststellungszeitpunkt festgestellten Grundsteuerwerte sollen aus verwaltungsökonomischen Gründen grundsätzlich für den gesamten Hauptfeststellungszeitraum gelten. Änderungen der tatsächlichen Verhältnisse werden erst bei der nächsten Hauptfeststellung berücksichtigt, sofern sich diese nicht oder nur geringfügig auf den Grundsteuerwert auswirken. Eine Änderung der Wertverhältnisse während des Hauptfeststellungszeitraums bleibt unberücksichtigt (vgl. § 227 BewG).[1462]

Führt eine Veränderung der tatsächlichen Verhältnisse hingegen zu einer Veränderung des Grundsteuerwerts nach oben oder nach unten von mehr als 15.000 Euro, ist gemäß § 222 Abs. 1 BewG eine *Wertfortschreibung* durchzuführen.[1463] Mehrere bis zu einem Fortschreibungszeitpunkt eingetretene Wertabweichungen sollen nach Auffassung der Finanzverwaltung zusammenzufassen sein.[1464] Durch die „nicht zu hohe“ Wertfortschreibungsgrenze werde nach Auffassung des Gesetzgebers unter anderem auch das Prinzip der Gleichmäßigkeit der Besteuerung durch Wahrung einer realitäts- und relationsgerechten Bewertung gewahrt.[1465]

Über die Art der wirtschaftlichen Einheit wird gemäß § 222 Abs. 2 BewG eine neue Feststellung getroffen (*Artfortschreibung*), wenn sie von der zuletzt getroffenen Feststellung abweicht und es für die Besteuerung von Bedeutung

---

1461 *Grootens*, NWB-EV 2019, 381 (382).

1462 Roscher, GrStG-Kommentar, Erstkommentierung 2020, Rn. 73.

1463 Roscher, GrStG-Kommentar, Erstkommentierung 2020, Rn. 75.

1464 A 222 Abs. 1 Satz 2 AEBewGrSt 2021.

1465 Entwurf zum GrStRefG 2019 v. 25.06.2019, BT-Drs. 19/11085, S. 94.

ist. Bei der Bewertung des Grundvermögens sind Artfortschreibungen insbesondere relevant, wenn sich der Entwicklungszustand (z. B. Rohbauland wird zu baureifem Land) oder die Art des Grundstücks (z. B. ein unbebautes Grundstück wird bebaut, ein bebautes Grundstück wird nicht mehr zu Wohnzwecken genutzt) im Hauptfeststellungszeitraum ändert.[1466] Ist eine wirtschaftliche Einheit ganz oder teilweise nicht mehr dem ursprünglichen Steuerschuldner zuzurechnen, ist gemäß § 222 Abs. 2 BewG eine *Zurechnungsfortschreibung* durchzuführen. Dies ist insbesondere der Fall, wenn ein Grundstück verkauft, verschenkt oder vererbt wurde.[1467] Eine Wertgrenze ist bei der Art- oder Zurechnungsfortschreibung nicht zu beachten.[1468]

Entsteht eine wirtschaftliche Einheit nach dem Hauptfeststellungszeitpunkt neu (z. B. bei der Begründung von Wohnungs- oder Teileigentum[1469] oder durch Parzellierung eines bestehenden Grundstücks[1470]) oder wird eine bereits bestehende wirtschaftliche Einheit erstmals zur Grundsteuer herangezogen, ist der Grundsteuerwert für die betreffende wirtschaftliche Einheit gemäß § 223 Abs. 1 BewG nachträglich festzustellen (sog. *Nachfeststellung*). Geht eine wirtschaftliche Einheit unter, ist der Grundsteuerwert gemäß § 224 Abs. 1 BewG aufzuheben.

Den Fortschreibungen und Nachfeststellungen sind gemäß § 227 BewG grundsätzlich die Wertverhältnisse im Hauptfeststellungszeitpunkt zugrunde zu legen. Für Fortschreibungen sind im Übrigen die tatsächlichen Verhältnisse im Fortschreibungszeitpunkt relevant, dies ist bei Änderungen der tatsächlichen Verhältnisse der Beginn des Kalenderjahres, das auf die Änderung folgt (§ 222 Abs. 4 Satz 2 und Satz 3 Nr. 1 BewG). Bei Nachfeststellungen sind vorbehaltlich des § 227 BewG die tatsächlichen Verhältnisse im Nachfeststellungszeitpunkt zugrunde zu legen (§ 223 Abs. 2 BewG).[1471] Eine Fortschreibung ist gemäß § 222 Abs. 4 Satz 1 BewG vorzunehmen, wenn dem Finanzamt bekannt wird, dass die Voraussetzungen für sie vorliegen. Korrespondierend dazu ist in § 228 Abs. 2 BewG eine Anzeigepflicht für

---

1466 Vgl. weitere Beispiele bei A 227 Abs. 3 Satz 3 AEBewGrSt 2021; s. a. A 247.3 Abs. 2 AEBewGrSt 2021.

1467 A 222 Abs. 2 Satz 6 AEBewGrSt 2021.

1468 A 222 Abs. 2 Satz 2 AEBewGrSt 2021.

1469 A 223 Abs. 2 Nr. 1 AEBewGrSt 2021.

1470 A 223 Abs. 2 Satz 1 Nr. 1 und Satz 5 ff. AEBewGrSt 2021.

1471 Vgl. auch A 227 Abs. 1 AEBewGrSt 2021.

wertrelevante Veränderungen zwischen den Hauptfeststellungszeitpunkten vorgesehen.[1472]

(4) Feststellung des Grundsteuermessbetrags

Die Grundsteuer wird von den Gemeinden nicht unmittelbar durch Anwendung eines Hebesatzes auf den Grundsteuerwert festgesetzt. Verfahrens- und materiell-rechtlich erfolgt eine Zwischenschaltung des Steuermessbetrags (§ 13 GrStG). Durch diesen Messbetrag wird dem Gesetzgeber die Möglichkeit eingeräumt, durch Festlegung von Steuermesszahlen die Grundsteuerbelastung zu differenzieren.[1473] Der Steuermessbetrag ergibt sich gemäß § 13 Satz 2 GrStG durch Anwendung eines Promillesatzes (Steuermesszahl) auf den maßgebenden Grundsteuerwert. Die jeweilige Steuermesszahl ergibt sich aus §§ 14, 15 GrStG. Die Steuermessbeträge werden von den zuständigen Lagefinanzämtern auf den Hauptveranlagungszeitpunkt durch Steuermessbescheide festgesetzt (§ 16 Abs. 1 GrStG). Ein gesonderter Bescheid ist nicht zwingend erforderlich. Die Festsetzung des Messbetrags kann mit der Festsetzung des Grundsteuerwerts verbunden werden.[1474] Die festgesetzten Steuermessbeträge gelten grundsätzlich von dem Kalenderjahr an, das zwei Jahre nach dem Hauptveranlagungszeitpunkt beginnt und bleiben grundsätzlich für die Grundsteuerfestsetzung bis zu dem Zeitpunkt maßgebend, von dem an die Steuermessbeträge der nächsten Hauptveranlagung wirksam werden (§ 16 Abs. 2 GrStG).

(5) Festsetzung der Grundsteuer

Die Grundsteuer wird gemäß § 27 Abs. 1 Satz 1 GrStG für das Kalenderjahr festgesetzt. Sie ist grundsätzlich jährlich mittels Grundsteuerbescheid durch die Gemeinden festzusetzen.[1475] Inhaltsadressat ist der Steuerschuldner gemäß § 10 GrStG. Der festzusetzende Jahresbetrag der Grundsteuer ergibt

---

1472 Vgl. hierzu im Einzelnen *Bräutigam/Uli Weber*, DStR 2023, 739 (743).

1473 *Krumm*, Sachverständige Stellungnahme zum Antrag der Fraktion BÜNDNIS 90/DIE GRÜNEN im Landtag Nordrhein-Westfalen vom 01.11.2020, Stellungnahme 17/3252, S. 16.

1474 *Bock*, in: Grootens, GrStG, 2. Aufl. 2022, § 13 GrStG, Rn. 41.

1475 Nach § 27 Abs. 1 Satz 2 GrStG kommt auch eine Festsetzung für mehrere Kalenderjahre in Betracht. Nach § 27 Abs. 3 GrStG kann die Grundsteuer auch durch öffentliche Bekanntmachung festgesetzt werden.

sich durch Anwendung des gemeindlichen Hebesatzes auf den festgestellten Grundsteuermessbetrag. Die Gemeinden bestimmen gemäß Art. 106 Abs. 6 Satz 2 GG und § 25 Abs. 1 GrStG, mit welchem Hundertsatz des Steuermessbetrags oder des Zerlegungsanteils die Grundsteuer zu erheben ist (Hebesatz). Die Hebesätze werden jährlich oder mehrjährig durch Satzung festgesetzt.[1476] Die Gemeinde muss grundsätzlich einen einheitlichen Hebesatz für die in der Gemeinde liegenden Betriebe der Land- und Forstwirtschaft (Grundsteuer A) und einen einheitlichen Hebesatz für die in der Gemeinde liegenden Grundstücke des Grundvermögens (Grundsteuer B) festlegen (§ 25 Abs. 4 GrStG). Mit den ab dem 1. Januar 2025 in Kraft tretenden § 25 Abs. 5 GrStG[1477] wird den Gemeinden darüber hinaus das Recht eingeräumt, zur Mobilisierung von baureifen Grundstücken eine besondere Grundstücksgruppe einzuführen, für die ein gesonderter Hebesatz gilt (sog. Grundsteuer C).[1478]

bb) Ausgestaltung der Bemessungsgrundlage

Der Steuergegenstand bei der Grundsteuer ist gemäß § 2 GrStG der inländische Grundbesitz. Dieser umfasst als Oberbegriff land- und forstwirtschaftliche Betriebe und das Grundvermögen (Privatgrundstücke sowie nicht zum land- und forstwirtschaftlichen Vermögen gehörende Betriebsgrundstücke).[1479] Für diese wirtschaftlichen Einheiten ist die Grundsteuer durch Anwendung des gemeindlichen Hebesatzes (§ 25 Abs. 1 GrStG) auf den Steuermessbetrag zu bestimmen (§ 13 Satz 1 GrStG). Der Steuermessbetrag wiederum ermittelt sich durch die Vervielfältigung des Grundsteuerwerts mit der Steuermesszahl (§ 13 Satz 2 GrStG). Der Grundsteuerwert wird gemäß § 220 BewG nach den §§ 218 bis 231 BewG ermittelt. Die Bewertung des land- und forstwirtschaftlichen Vermögens und des Grundvermögens ist in unterschiedlichen Verfahren geregelt. Der Großteil der zu bewertenden wirtschaftlichen Einheiten (fast 90 %) entfällt dabei auf die wirtschaftlichen Einheiten des Grundvermögens.[1480] Bei der Bewertung des Grundvermögens

---

1476 *Seer*, in: Tipke/Lang, Steuerrecht, 24. Aufl. 2021, Rn. 16.26.

1477 Eingeführt durch Art. 1 Nr. 1 des Gesetzes zur Änderung des Grundsteuergesetzes zur Mobilisierung von baureifen Grundstücken für die Bebauung v. 30.11.2019, BGBl. I S. 1875.

1478 *Seer*, in: Tipke/Lang, Steuerrecht, 24. Aufl. 2021, Rn. 16.27.

1479 *Seer*, in: Tipke/Lang, Steuerrecht, 24. Aufl. 2021, Rn. 16.11.

1480 *Mannek*, Die große Grundsteuer-Reform 2020, 2020, S. 232.

haben die Bodenrichtwerte eine große praktische Bedeutung. Hierauf wird im Folgenden vertieft eingegangen. Bei der Bewertung des land- und forstwirtschaftlichen Vermögens sind die Bodenrichtwerte hingegen nicht relevant.

cc) Bewertung des Grundvermögens

Der Begriff des Grundvermögens umfasst gemäß § 243 Abs. 1 BewG insbesondere den Grund und Boden, die aufstehenden Gebäude und die sonstigen Bestandteile und das Zubehör. Auch Erbbaurechte oder Wohnungs- und Teileigentum sind zu bewerten. Anders als nach dem baden-württembergischen Grundsteuergesetz zielt die grundsteuerliche Bewertung nach dem Bundesrecht darauf ab, sowohl den Wert des Grund und Bodens als auch den der aufstehenden Gebäude zu erfassen. Der Grundsteuerwert wird je nach Grundstücksart nach unterschiedlichen Bewertungsverfahren ermittelt. Diese Verfahren sind konzeptionell an die in der ImmoWertV geregelten Verfahren für die Ermittlung von Verkehrswerten angelehnt.[1481] Sie enthalten jedoch teilweise erhebliche (Vereinfachungs-)Abweichungen.[1482] Die Bewertung wird dadurch erheblich von bürokratischem Aufwand entlastet.[1483] Bei der Bewertung des Grundvermögens für Zwecke der Grundsteuer kommt den Bodenrichtwerten eine zentrale Bedeutung zu.[1484] Diese werden nicht nur für die Ermittlung des Grundsteuerwerts für unbebaute Grundstücke nach § 247 BewG herangezogen. Der nach § 247 BewG ermittelte Bodenwert fließt auch bei der Bewertung von bebauten Grundstücken sowohl im Ertragswert- als auch im Sachwertverfahren in den Grundsteuerwert ein. Außerdem ist der nach § 247 BewG ermittelte Bodenwert für den Mindestwertansatz eines bebauten Grundstücks nach § 251 BewG relevant.[1485] Die anhand der Bodenrichtwerte ermittelten Bodenwerte spiegeln nach Auffassung des Gesetzgebers typisierend den objektiviert-realen Wert für

1481 Entwurf der BReg zum GrStRefG 2019 v. 09.08.2019, BR-Drs. 354/19, S. 88.

1482 *Krumm*, Sachverständige Stellungnahme zum Antrag der Fraktion BÜNDNIS 90/ DIE GRÜNEN im Landtag Nordrhein-Westfalen vom 01.11.2020, Stellungnahme 17/3252, S. 14; *Eisele*, in: Rössler/Troll, BewG, Vorb. zu §§ 243 bis 262 BewG, 34. EL, 12/2021, Rn. 2.

1483 *Roscher*, immobilien & bewerten 2/2020, 15 (17).

1484 *Seer*, FR 2019, 941 (947); *Hey*, ZG 2019, 297 (318).

1485 *Seer*, FR 2019, 941 (947); *Eichholz*, DStR 2020, 1158 (1165).

das Grundstück lageabhängig und relationsgerecht wider.[1486] Im Folgenden werden die einschlägigen Bewertungsverfahren für die Bundesgrundsteuer und die Verwendung der Bodenrichtwerte bei diesen Verfahren dargestellt.

(1) Bewertung von unbebauten Grundstücken

(a) Begriff des unbebauten Grundstücks

Unbebaute Grundstücke sind gemäß § 246 Abs. 1 Satz 1 BewG Grundstücke, auf denen sich keine benutzbaren Gebäude befinden.[1487] Bei Grundstücken mit im Bau befindlichen Gebäuden beginnt die Benutzbarkeit der Gebäude im Zeitpunkt der Bezugsfertigkeit. Bis zu diesem Zeitpunkt gelten diese Grundstücke noch als unbebaut. Auch Grundstücke mit nicht mehr benutzbaren Gebäuden (sog. Schrottimmobilien) gelten unter den Voraussetzungen des § 246 Abs. 2 BewG als unbebaut.[1488] Im Übrigen wird auf die Ausführungen zu der im Wesentlichen inhaltsgleichen Vorschrift der Grundbesitzbewertung (§ 178 BewG) verwiesen.[1489]

(b) Bewertungsmethode

Zur Ermittlung des Grundsteuerwerts eines unbebauten Grundstücks ist gemäß § 247 Abs. 1 Satz 1 BewG regelmäßig die Grundstücksfläche als statische Größe mit dem jeweiligen Bodenrichtwert i. S. d. § 196 BauGB zu multiplizieren, der als dynamisch ausgestaltete Größe die Wertverhältnisse am Bewertungsstichtag repräsentiert.[1490] Der Wortlaut des § 247 Abs. 1 Satz 1 BewG orientiert sich stark an dem für die Bewertung unbebauter Grundstücke im Rahmen der Grundbesitzbewertung geltenden § 179 Satz 1 BewG.[1491] Der Bodenwert wird auch in diesem Fall in einem Bodenrichtwertverfahren ermittelt, welches der Verkehrswertermittlung entlehnt

---

[1486] Entwurf zum GrStRefG 2019 v. 25.06.2019, BT-Drs. 19/11085, S. 86; Entwurf der BReg zum GrStRefG 2019 v. 09.08.2019, BR-Drs. 354/19, S. 89.

[1487] Vgl. im Detail auch A 246 AEBewGrSt 2021.

[1488] *Seer*, in: Tipke/Lang, Steuerrecht, 24. Aufl. 2021, Rn. 16.12.

[1489] Siehe hierzu unter Gliederungspunkt § 2, II., 2., d), bb), (1).

[1490] Entwurf der BReg zum GrStRefG 2019 v. 09.08.2019, BR-Drs. 354/19, S. 89; *Knittel*, in: Stenger/Loose, Bewertungsrecht, § 247 BewG, 160. EL, 5/2022, Rn. 72.

[1491] Gegenäußerung der BReg v. 02.10.2019 zu der Stellungnahme des BR zum GrStRefG, BT-Drs. 19/13713, S. 2.

ist.[1492] Methodisch handelt es sich auch in diesem Fall um die Ermittlung des Bodenwerts durch mittelbaren Preisvergleich anhand von Bodenrichtwerten.[1493] Im Vergleich zu einer Wertermittlung im Rahmen der Verkehrswertermittlung und im Rahmen der steuerlichen Grundbesitzbewertung bestehen jedoch zwei bedeutsame Unterschiede: Einerseits werden die Bodenrichtwerte von den Gutachterausschüssen als besondere Bodenrichtwerte anlassbezogen speziell für die Grundsteuerwertermittlung auf den Hauptfeststellungsstichtag ermittelt (§ 247 Abs. 2 BewG).[1494] Andererseits werden bei der Feststellung der Grundbesitzwerte durch die Finanzämter im Regelfall keine objektspezifischen Anpassungen der Bodenrichtwerte vorgenommen.

(c) Auswahl des heranzuziehenden Bodenrichtwerts

Der Grundsteuerwert des unbebauten Grundstücks ist gemäß § 247 Abs. 1 Satz 1 BewG unter Anwendung des „jeweiligen“ Bodenrichtwerts zu ermitteln. Weitere explizite Vorgaben zu der Auswahl des maßgeblichen Bodenrichtwerts sind in § 247 BewG nicht enthalten.

(aa) Auswahl in sachlicher Hinsicht

In sachlicher Hinsicht dürfte für die Ermittlung des Grundsteuerwerts eindeutig sein, dass grundsätzlich der besondere Bodenrichtwert[1495] heranzuziehen ist, den der Gutachterausschuss gemäß § 247 Abs. 2 BewG i. V. m. § 196 Abs. 1 Satz 6 BauGB auf den Hauptfeststellungszeitpunkt ermittelt, veröffentlicht und nach amtlich vorgeschriebenem Datensatz durch Datenfernübertragung an die zuständigen Finanzbehörden übermittelt hat.[1496] Bei Fortschreibungen und Nachfeststellungen können hiervon abweichende Bodenrichtwerte zu berücksichtigen sein, die der Gutachterausschuss nach § 196 Abs. 2 BauGB ermittelt hat.[1497]

1492 Siehe hierzu unter Gliederungspunkt § 1, III., 6.

1493 *Bock*, in: Grootens, GrStG, 2. Aufl. 2022, § 247 BewG, Rn. 87; *Krumm/Paeßens*, GrStG, 2022, § 247 BewG, Rn. 1.

1494 Siehe hierzu unter Gliederungspunkt § 1, IV., 6., d).

1495 Siehe hierzu unter Gliederungspunkt § 1, III., 3., b).

1496 A. A. *Ehlers*, Vermessung Brandenburg 2/2021, 4 (15).

1497 A 247.3 Abs. 2 AEBewGrSt 2021.

(bb) Auswahl in räumlicher Hinsicht

In räumlicher Hinsicht enthält § 247 BewG keine Konkretisierung oder Eingrenzung des maßgeblichen Bodenrichtwerts.[1498] Der Bundesrat hatte im Gesetzgebungsverfahren gefordert, eine Konkretisierung aufzunehmen, wonach der Bodenrichtwert der Bodenrichtwertzone maßgebend sein soll, in der sich das zu bewertende Grundstück befindet.[1499] Damit sollte insbesondere klargestellt werden, dass die Bodenrichtwerte unangepasst von den Finanzämtern übernommen werden sollen.[1500] Diese Konkretisierung hat jedoch letztlich keinen Einfluss in den § 247 BewG gefunden, da die Bundesregierung es im Gesetzgebungsverfahren für offensichtlich hielt, dass stets der Bodenrichtwert der Bodenrichtwertzone heranzuziehen ist, in der das Bewertungsobjekt belegen ist.[1501] Auch die Finanzverwaltung hält eine klarstellende Regelung in ihren Verwaltungsanweisungen offenbar nicht für erforderlich. Im Hinblick auf die vom Gesetzgeber beabsichtigte stark typisierende und automatisierte Bewertungssystematik dürfte die räumliche Heranziehung des Bodenrichtwerts der Bodenrichtwertzone, in der das Bewertungsobjekt belegen ist, die einzig vertretbare Auslegung sein.

Die Bodenrichtwerte sollen offenbar auch dann herangezogen werden, wenn diese einen vom zu bewertenden Grundstück abweichenden Entwicklungszustand oder eine abweichende Art der baulichen Nutzung aufweisen. Für den Entwicklungszustand ergibt sich dies bereits aus dem Gesetz (§ 247 Abs. 1 Satz 2 Nr. 1 BewG). Für die abweichende Art der baulichen Nutzung aus A 247.2 Abs. 7 AEBewGrSt 2021.[1502] Nach der Konzeption der Bodenrichtwerte umfasst ein Bodenrichtwert jedoch nicht zonenangehörige Grundstücke mit einer abweichenden Art der Nutzung oder Qualität (§ 15 Abs. 2 ImmoWertV). Die Norm ist auch bei der steuerlichen Bewertung zu

---

1498 Ebenso § 179 BewG, anders z. B. § 38 Abs. 1 Satz 2 LGrStG BW, § 5 Abs. 2 Satz 1 NGrStG.

1499 Stellungnahme des BR v. 20.09.2019 zum GrStRefG, BR-Drs. 354/19 (Beschl.), S. 7; Stellungnahme des BR zum GrStRefG v. 23.09.2019, BT-Drs. 19/13453, S. 20.

1500 Stellungnahme des BR zum GrStRefG v. 23.09.2019, BT-Drs. 19/13453, S. 20.

1501 Gegenäußerung der BReg v. 02.10.2019 zu der Stellungnahme des BR zum GrStRefG, BT-Drs. 19/13713, S. 2.

1502 Ebenso *Knittel*, in: Stenger/Loose, Bewertungsrecht, § 247 BewG, 160. EL, 5/2022, Rn. 78.

beachten.[1503] Steuerliche Bewertung und Bodenrichtwertermittlung sind insoweit nicht aufeinander abgestimmt.[1504]

Nicht aus dem Gesetz ergibt sich zudem, welcher Bodenrichtwert herangezogen werden soll, wenn das zu bewertende Grundstück in zwei Bodenrichtwertzonen belegen ist („durchschnittene Grundstücke“). Es existiert keine Vorgabe, dass eine Bodenrichtwertzone stets ein ganzes Grundstück umfassen muss.[1505] Die Finanzverwaltung zieht in diesen Fällen beide Bodenrichtwerte für die Bewertung heran.[1506] Unklar und deshalb streitanfällig dürfte dabei regelmäßig sein, welche konkrete Grundstücksfläche nun der einen Bodenrichtwertzone und welche Fläche der anderen Bodenrichtwertzone zuzuordnen ist. Eine Aufteilung kann nicht automatisiert, sondern nur im Wege einer Schätzung erfolgen.

Bei sich überlagernden Bodenrichtwertzonen[1507] soll gemäß § 247 Abs. 1 Satz 2 Nr. 2 BewG der Bodenrichtwert für dasjenige Bodenrichtwertgrundstück heranzuziehen sein, dessen Art der Nutzung am ehesten der des zu bewertenden Grundstücks entspricht.[1508] Das Gesetz regelt dies in systematisch unzutreffender Weise im Rahmen der „Abweichungen zwischen den Grundstücksmerkmalen des Bodenrichtwertgrundstücks und des zu bewertenden Grundstücks“. Bei überlagernden Bodenrichtwertzonen gibt es jedoch (mindestens) zwei Bodenrichtwertzonen mit zwei verschiedenen

---

1503 *Krumm*, FR 2023, 957 (960).

1504 Siehe hierzu unter Gliederungspunkt § 3, IV., 3., b), bb), (2), (b), (bb) und § 3, IV., 3., b), bb), (2), (b), (cc)

1505 Siehe zur Abgrenzung der Bodenrichtwertzonen unter Gliederungspunkt § 1, IV., 4.

1506 A 257.3 AEBewGrSt 2021; *Senatsverwaltung für Finanzen Berlin*, Runderlass v. 16.06.2022 – S 3262-1/2022-1, GrStWert-Nr. 3/2022, Tz. 2.2; *Eisele*, in: Rössler/Troll, BewG, § 257 BewG, 34. EL, 12/2021, Rn. 10; *Bock*, in: Grootens, GrStG, 2. Aufl. 2022, § 247 BewG, Rn. 81.

1507 Vgl. hierzu unter Gliederungspunkt § 1, IV., 4., b).

1508 A 247.2 Abs. 7 Satz 2 AEBewGrSt 2021; Gegenäußerung der BReg v. 02.10.2019 zu der Stellungnahme des BR zum GrStRefG, BT-Drs. 19/13713, S. 2; Stellungnahme des BR v. 21.10.2020 zum JStG 2020, BT-Drs. 19/23551, S. 48; Begründung zum FoStoG v. 22.01.2021, BR-Drs. 51/21, S. 119; vgl. auch Beispiele bei *Bock*, in: Grootens, GrStG, 2. Aufl. 2022, § 247 BewG, Rn. 77 ff.

Bodenrichtwerten und dementsprechend zwei Bodenrichtwertgrundstücke.[1509] Insoweit handelt es sich um eine Frage der Auswahl des maßgeblichen Bodenrichtwerts (und des dazugehörigen Bodenrichtwertgrundstücks), nicht um deren Anpassung.[1510] In der Praxis kann es im Einzelfall zwischen dem Finanzamt und dem Steuerpflichtigen zu unterschiedlichen Auffassungen kommen, welches Bodenrichtwertgrundstück denn nun am „ehesten" dem zu bewertenden Grundstück entspricht. Zwar sind die Gutachterausschüsse nach § 15 Abs. 3 Satz 2 ImmoWertV verpflichtet, bei der Bildung von sich deckungsgleich überlagernden Bodenrichtwertzonen eine eindeutige Zuordnung zu gewährleisten. Eine Ausnahme hiervon ist mit einer automatisierten Grundsteuerwertermittlung nicht vereinbar.[1511] Es soll jedoch ausdrücklich unschädlich sein, wenn sich hierbei einzelne Grundstücke nicht eindeutig zuordnen lassen. Eine Entscheidung über die Auswahl des maßgeblichen Bodenrichtwerts muss in diesen Fällen regelmäßig unter Berücksichtigung der Umstände des Einzelfalls getroffen werden. In der Praxis wird das Feststellungsfinanzamt regelmäßig die Bodenrichtwerte eigenständig abrufen müssen, um die verschiedenen Arten der Nutzung einsehen zu können. Die Erklärungsvordrucke sehen keine Angabe für eine Art der Nutzung vor. Das Finanzamt muss daher ggfs. zusätzlich Informationen einholen, wenn es die Bewertung sachgerecht durchführen möchte. Hierdurch wird die automatisierte Umsetzbarkeit der Bewertung eingeschränkt. Bei unbebauten Grundstücken soll der niedrigere Bodenrichtwert angesetzt werden, wenn sich eine bisherige oder zukünftige Nutzung des zu bewertenden Grundstücks nicht ermitteln lässt.[1512] Bei bebauten Grundstücken soll im Zweifel die Art

---

1509 Vgl. § 15 Abs. 3 i. V. m. § 13 Abs. 1 i. V. m. Abs. 2 Satz 2 ImmoWertV; *Kleiber*, Verkehrswertermittlung von Grundstücken, 10. Aufl. 2023, § 13 ImmoWertV, Rn. 19.

1510 *Krumm/Paeßens*, GrStG, 2022, § 247 BewG, Rn. 17.

1511 Eine Abweichung von diesem Grundsatz soll nach irriger Auffassung von *Kleiber* insbesondere im Hinblick auf die Bodenrichtwerte für Zwecke der steuerlichen Bewertung gelten, vgl. *Kleiber*, Verkehrswertermittlung von Grundstücken, 10. Aufl. 2023, § 15 ImmoWertV, Rn. 18. § 15 Abs. 3 Satz 3 ImmoWertV bezieht sich allerdings nicht auf die Bodenrichtwerte für die steuerliche Bewertung.

1512 *Senatsverwaltung für Finanzen Berlin*, Runderlass v. 16.06.2022 – S 3262-1/2022-1, GrStWert-Nr. 3/2022, Tz. 2.3.

der Nutzung gewählt werden, die der Art der Nutzung des zu bewertenden Grundstücks am ehesten entspricht.[1513]

(cc) Auswahl in zeitlicher Hinsicht

In zeitlicher Hinsicht ist der vom zuständigen Gutachterausschuss für den jeweiligen Hauptfeststellungszeitpunkt ermittelte und veröffentlichte Bodenrichtwert anzusetzen. Dieser Bodenrichtwert gilt grundsätzlich für den gesamten Hauptfeststellungszeitraum.[1514] Da die Hauptfeststellungen jeweils zu Beginn des betreffenden Kalenderjahres durchzuführen sind (§ 221 Abs. 2 BewG), war eine Änderung des § 196 Abs. 1 Satz 5 BauGB dahingehend erforderlich, dass die Bodenrichtwerte „zu Beginn" des Kalenderjahres zu ermitteln sind.[1515] Zuvor war eine Ermittlung „zum Ende" eines Kalenderjahres vorgesehen.[1516]

Bei Fortschreibungen oder Nachfeststellungen sollen die Wertverhältnisse im Hauptfeststellungszeitpunkt und die tatsächlichen Verhältnisse im Feststellungszeitpunkt zugrunde gelegt werden (§ 227 BewG).[1517] Änderungen im Entwicklungszustand sollen von den Gutachterausschüssen bei der nächsten Fortschreibung der Bodenrichtwerte nach § 196 Abs. 2 Satz 1 BauGB grundsätzlich derart zu berücksichtigen sein, dass auch besondere Bodenrichtwerte bezogen auf die tatsächlichen Verhältnisse am jeweiligen Bodenrichtwertstichtag, aber unter Berücksichtigung der Wertverhältnisse zum Zeitpunkt der letzten Hauptfeststellung zu ermitteln sind.[1518] Dies wird zu einer nicht unerheblichen Mehrbelastung der Gutachterausschüsse führen.[1519] Dementsprechend räumt A 247.3 Abs. 2 Satz 3 AEBewGrSt 2021 dem Finanzamt die

---

1513 *Senatsverwaltung für Finanzen Berlin*, Runderlass v. 16.06.2022 – S 3262-1/2022-1, GrStWert-Nr. 3/2022, Tz. 3.2.

1514 A 247.1 Abs. 1 Satz 3 f. AEBewGrSt 2021; *Eisele*, in: Rössler/Troll, BewG, § 247 BewG, 34. EL, 12/2021, Rn. 4.

1515 Eingeführt mit Art. 1 Nr. 18 des Baulandmodernisierungsgesetzes v. 14.06.2021, BGBl. I S. 1802.

1516 Begründung zum Baulandmodernisierungsgesetz v. 30.11.2020, BT-Drs. 19/24838, S. 31.

1517 A 247.3 Abs. 2 Satz 1 AEBewGrSt 2021.

1518 A 247.3 Abs. 2 Satz 2 AEBewGrSt 2021.

1519 Siehe hierzu bereits unter Gliederungspunkt § 1, IV., 6., d).

Möglichkeit ein, auf die Ermittlung dieser besonderen Bodenrichtwerte zu verzichten, wenn eine sachgerechte Wertableitung gewährleistet bleibt.[1520]

(d) Bindungswirkung der Bodenrichtwerte bei der Grundsteuerbewertung

Die Bodenrichtwerte sollen nach Auffassung des Gesetzgebers unter Berufung auf die zur Grundbesitzbewertung ergangenen Rechtsprechung des Bundesfinanzhofs[1521] auch bei der Bewertung für Zwecke der Grundsteuer für die Beteiligten im Steuerrechtsverhältnis verbindlich sein.[1522] Dem Gesetzgeber stehe es frei, bestimmte Bewertungsparameter typisierend festzulegen und deren Rechtsverbindlichkeit bei der Bewertung von Grundbesitz anzuordnen, solange die Grenzen der Typisierung eingehalten sind. Es dürfte vom Gesetzgeber aus denselben Gründen auch nicht beabsichtigt oder gewollt sein, dass die Feststellungsfinanzämter die Bodenrichtwerte auf ihre Eignung für die Wertermittlung überprüfen.[1523] Die Übertragbarkeit der Rechtsprechung des Bundesfinanzhofs und die verbindliche Heranziehung der Bodenrichtwerte werden auch von der Finanzverwaltung[1524] und von der herrschenden Meinung in der Literatur[1525] angenommen. Nach Auffassung des Finanzgerichts Rheinland-Pfalz haben die Finanzgerichte hingegen die Bodenrichtwerte umfassend daraufhin zu überprüfen, ob diese durch den konkret tätigen Gutachterausschuss unter Beachtung aller verfahrensrechtlichen

---

1520 A 247.3 Abs. 2 Satz 3 AEBewGrSt 2021.

1521 BFH, Urt. v. 26.04.2006 – II R 58/04, BStBl. II 2006, 793, juris; BFH, Urt. v. 12.07.2006 – II R 1/04, BStBl. II 2006, 742, juris; BFH, Urt. v. 25.08.2010 – II R 42/09, BStBl. II 2011, 205, juris.; siehe hierzu bereits unter Gliederungspunkt § 2, II., 2., d), bb), (4).

1522 Entwurf zum GrStRefG 2019 v. 25.06.2019, BT-Drs. 19/11085, S. 109 f.; vgl. dazu auch *Seer*, FR 2019, 941 (947).

1523 Roscher, GrStG-Kommentar, Erstkommentierung 2020, S. 159; *Eisele*, in: Rössler/Troll, BewG, § 247 BewG, 34. EL, 12/2021, Rn. 16; *Mandler/Schulze/Zochert*, DStR 2023, 1329 (1336).

1524 *Senatsverwaltung für Finanzen Berlin*, Runderlass v. 16.06.2022 – S 3262-1/2022-1, GrStWert-Nr. 3/2022, Tz. 5.

1525 *Seer*, FR 2019, 941 (947); *Roscher*, immobilien & bewerten 2/2020, 15 (20); Roscher, GrStG-Kommentar, Erstkommentierung 2020, Rn. 159; *Eisele*, in: Rössler/Troll, BewG, § 247 BewG, 34. EL, 12/2021, Rn. 16; *Bock*, in: Grootens, GrStG, 2. Aufl. 2022, § 247 BewG, Rn. 91; *Schnitter*, in: GrStG – eKommentar, § 247 BewG, 12/2022, Rn. 19; *Weiß*, ErbStB 2023, 111 (114); *Krumm*, FR 2023, 957 (958).

und materiell-rechtlichen Vorgaben zustande gekommen sind.[1526] Die für die Begründung dieser Forderung relevanten rechtlichen Argumente werden unter Gliederungspunkt § 4, III. dargestellt.

(e) Anpassung des herangezogenen Bodenrichtwerts
(aa) Entwicklung der Norm

Bei § 247 Abs. 1 BewG in der Fassung des GrStRefG vom 26. November 2019[1527] war zunächst unklar, ob und in welchem Umfang die Bodenrichtwerte an die wertbeeinflussenden Grundstücksmerkmale des zu bewertenden Grundstücks anzupassen sind. Der Wortlaut des § 247 Abs. 1 BewG entsprach überwiegend dem des § 179 Satz 1 BewG, sodass auch in diesem Fall eine Anpassung der Bodenrichtwerte nahegelegen hätte. Schließlich ist auch die grundsteuerliche Bewertung prinzipiell an den Verkehrswert angelehnt.[1528] Eine Anpassung der Bodenrichtwerte war ursprünglich offenbar auch von der Bundesregierung bei Erstellung des ersten Entwurfs des GrStRefG intendiert.[1529] Allerdings handelt es sich bei der Ermittlung der Grundsteuerwerte um ein Massenverfahren, in dem wegen der limitierten Kapazitäten der Finanzverwaltung erhebliche Typisierungen und Pauschalierungen zur Anwendung kommen. Der Bundesrat hatte daher bereits im Gesetzgebungsverfahren zum Grundsteuerreformgesetz gefordert, dass klargestellt werden sollte, dass die Bodenrichtwerte unangepasst übernommen werden sollten.[1530] Maßgeblich solle nur der „Zonenwert“ sein. Begründet wurde dies im Wesentlichen mit der Ausgestaltung der Bodenrichtwerte als durchschnittliche Lagewerte des Bodens. Dieser Änderungswunsch fand jedoch keinen Einfluss in den finalen Entwurf des GrStRefG vom 26. November 2019. Die Bundesregierung hatte insoweit die Auffassung vertreten, dass die Negierung der von den Gutachterausschüssen für Grundstückswerte vorgegebenen Differenzierungen die realitäts- und relationsgerechte Bewertung

1526 FG Rheinland-Pfalz, Beschl. v. 23.11.2023 – 4 V 1295/23, juris Rn. 300 ff.
1527 BGBl. 2019 I S. 1794.
1528 Siehe hierzu unter Gliederungspunkt § 3, IV., 3., a), bb), (2).
1529 Gegenäußerung der BReg v. 02.10.2019 zu der Stellungnahme des BR zum GrStRefG, BT-Drs. 19/13713, S. 2.
1530 Stellungnahme des BR v. 20.09.2019 zum GrStRefG, BR-Drs. 354/19 (Beschl.), S. 7; Stellungnahme des BR zum GrStRefG v. 23.09.2019, BT-Drs. 19/13453, S. 20.

der Grundstücke beeinträchtige und in einigen Fällen zu Bewertungsergebnissen über den gemeinen Werten führen werde.[1531]

Im Rahmen der Erstellung des JStG 2020 brachte der Bundesrat einen Änderungsvorschlag hinsichtlich des § 247 Abs. 1 BewG in das Gesetzgebungsverfahren ein.[1532] Mit dem neu eingeführten § 247 Abs. 1 Satz 2 BewG sollte klargestellt werden, dass individuelle Abweichungen zwischen den Grundstücksmerkmalen des Bodenrichtwertgrundstücks und des zu bewertenden Grundstücks grundsätzlich nicht zu berücksichtigen sind.[1533] Eine Berücksichtigung von Abweichungen sollte nur ausnahmsweise erfolgen, nämlich bei Abweichungen zwischen den Entwicklungszuständen i. S. d. § 3 ImmoWertV und bei Arten der Nutzung bei sich überlagernden Bodenrichtwertzonen (vgl. § 15 Abs. 3 ImmoWertV). Die vorgeschlagenen Anpassung des § 247 Abs. 1 BewG war nach Auffassung des Bundesrats insbesondere deshalb notwendig, weil eine individuelle Anpassung der Bodenrichtwerte nur schwer mit dem im grundsteuerlichen Massenverfahren bestehenden Automationsbedürfnis vereinbar sei.[1534] Die vom Bundesrat vorgeschlagene Regelung wurde zwar nicht in das JStG 2020 übernommen, fand dann jedoch letztlich unverändert Einfluss in das Bewertungsgesetz über das insoweit sachfremde Fondsstandortgesetz[1535].[1536] Das insoweit bestehende Spannungsverhältnis[1537] ist somit im Ergebnis zulasten der Bewertungsgenauigkeit und zugunsten der Administrierbarkeit der Grundsteuerreform aufgelöst worden.

(bb) Anpassung des Bodenrichtwerts bei abweichendem Entwicklungszustand

Nach dem Willen des Gesetzgebers soll gemäß § 247 Abs. 1 Satz 2 Nr. 1 BewG nur eine Anpassung bei abweichenden Entwicklungszuständen erfolgen. Als

---

1531 Gegenäußerung der BReg v. 02.10.2019 zu der Stellungnahme des BR zum GrStRefG, BT-Drs. 19/13713, S. 2; zustimmend auch Roscher, GrStG-Kommentar, Erstkommentierung 2020, Rn. 160.

1532 Stellungnahme des BR v. 21.10.2020 zum JStG 2020, BT-Drs. 19/23551, S. 47.

1533 Stellungnahme des BR v. 21.10.2020 zum JStG 2020, BT-Drs. 19/23551, S. 47.

1534 Stellungnahme des BR v. 21.10.2020 zum JStG 2020, BT-Drs. 19/23551, S. 47; vgl. später auch Gesetzentwurf der BReg vom 17.03.2021 zum Fondsstandortgesetz, BT-Drs. 19/27631, S. 113.

1535 Art. 6 des Fondsstandortgesetz v. 03.06.2021, BGBl. I 2021, S. 1498.

1536 *Bock*, in: Grootens, GrStG, 2. Aufl. 2022, § 247 BewG, Rn. 14.

1537 Vgl. Roscher, GrStG-Kommentar, Erstkommentierung 2020, Rn. 160.

Entwicklungszustände kommen in Betracht: Flächen der Land- oder Forstwirtschaft (§ 3 Abs. 1 ImmoWertV), Bauerwartungsland (§ 3 Abs. 2 ImmoWertV), Rohbauland (§ 3 Abs. 4 ImmoWertV) und baureifes Land (§ 3 Abs. 5 ImmoWertV).[1538] Flächen, die sich keinem der vorgenannten Entwicklungszustände zuordnen lassen, werden als sonstige Flächen bezeichnet.[1539]

Die Gutachterausschüsse ermitteln Bodenrichtwerte im Regelfall für die Entwicklungszustände baureifes Land und ggfs. für Flächen der Land- und Forstwirtschaft.[1540] Nach Auffassung der Finanzverwaltung entspricht der Entwicklungszustand des Bodenrichtwertgrundstücks daher im Regelfall dem Bewertungsobjekt, sodass der Entwicklungszustand des Bodenrichtwertgrundstücks grundsätzlich zu übernehmen ist.

Im Einzelfall können sich jedoch insbesondere Abweichungen hinsichtlich der Entwicklungszustände Bauerwartungsland und Rohbauland ergeben. Die Bodenrichtwerte sollen in diesen Fällen angepasst werden. Die Abweichungen sollen nach Auffassung der Finanzverwaltung durch pauschalierte Ab- oder Zuschläge berücksichtigt werden.[1541] Wie diese Ab- oder Zuschläge zu bestimmen sind, wird nicht explizit durch Verwaltungsanweisungen geregelt. Teilweise veröffentlichen die Gutachterausschüsse in den Grundstücksmarktberichten entsprechende Ab- oder Zuschläge in der Form von prozentualen Spannen, die dann auch von den Finanzbehörden verwendet werden können.[1542] Fehlt es an einer solchen Veröffentlichung (was häufig der Fall sein dürfte), sollen gemäß A 247.2 Abs. 6 Satz 2 AEBewGrSt 2021 die in A 247.3 AEBewGrSt 2021 genannten Wertansätze bei der Anpassung zur Anwendung kommen. Es handelt sich hierbei um eine grob pauschalierende Umrechnung mittels „Erfahrungssätzen“, die auch bei der Grundbesitzbewertung zur Anwendung kommen, die jedoch nicht fundiert begründet

1538 A 247.2 Abs. 2–5 AEBewGrSt 2021.

1539 A 247.2 Abs. 2 Satz 2 f. AEBewGrSt 2025.

1540 A 247.2 Abs. 5 Satz 2 AEBewGrSt 2021; *Jardin/Roscher*, Die Immobilienwertermittlung aus steuerlichen Anlässen, 2019, S. 368; *Eisele*, in: Rössler/Troll, BewG, § 247 BewG, 34. EL, 12/2021, Rn. 10.

1541 A 247.2 Abs. 6 Satz 2 AEBewGrSt 2021; Stellungnahme des BR v. 21.10.2020 zum JStG 2020, BT-Drs. 19/23551, S. 48; Begründung zum FoStoG v. 22.01.2021, BR-Drs. 51/21, S. 119; *Eisele*, in: Rössler/Troll, BewG, § 247 BewG, 34. EL, 12/2021, Rn. 11.

1542 *Bock*, in: Grootens, GrStG, 2. Aufl. 2022, § 247 BewG, Rn. 117; *Krumm/Paeßens*, GrStG, 2022, § 247 BewG, Rn. 16.

sind.[1543] Der Bundesfinanzhof hat die Anwendung dieser Erfahrungssätze in der Grundbesitzbewertung daher zu Recht beanstandet.[1544] Zutreffenderweise ist bei einer derartigen Vorgehensweise nicht mehr von einer „Anpassung" des Bodenrichtwerts, sondern von einer eigenen Boden(richt)wertermittlung des Finanzamts nach § 247 Abs. 3 BewG auszugehen.[1545]

Bei Grundstücken im bebauten Außenbereich soll eine Anpassung eines Bodenrichtwerts, der für den Entwicklungszustand Land- und Forstwirtschaft ermittelt wurde, hingegen nicht vorgenommen werden.[1546] Zum Außenbereich i. S. d. § 35 BauGB gehören alle Teile des Gemeindegebiets, die weder im Geltungsbereich eines Bebauungsplans noch innerhalb des nicht überplanten Zusammenhangs bebauter Ortsteile i. S. d. § 34 BauGB belegen sind.[1547] Wegen der erheblichen Wertdifferenzen geht auch die Finanzverwaltung offenbar davon aus, dass ein Bodenrichtwert für land- und forstwirtschaftliche Flächen nicht für baureifes Land (oder andere Entwicklungszustände) angewendet werden kann und umgekehrt.[1548] Die Gutachterausschüsse sollen für diese Gebiete verpflichtet sein, besondere Bodenrichtwerte zu ermitteln.[1549] Werden geeignete Bodenrichtwerte nicht veröffentlicht, soll eine Anpassung mittels Umrechnungskoeffizienten erfolgen, die vom Gutachterausschuss, vom Oberen Gutachterausschuss oder der Zentralen Geschäftsstelle in Bezug auf den Bodenrichtwert vergleichbarer baureifer Grundstücke benachbarter Baugebiete ermittelt und veröffentlicht worden ist.[1550] Auch bei einer solchen Anpassung der Bodenrichtwerte handelt es sich zutreffend um eine eigenständige Bodenwertermittlung durch das Finanzamt gemäß § 247 Abs. 3 BewG.[1551]

1543 Siehe hierzu unter Gliederungspunkt § 2, II., 2., d), bb), (8).
1544 BFH, Urt. v. 26.04.2006 – II R 58/04, BStBl. II 2006, 793, juris Rn. 28.
1545 *Krumm/Paeßens*, GrStG, 2022, § 247 BewG, Rn. 16; *Krumm*, FR 2023, 957 (960).
1546 A 247.3 Abs. 3 Satz 2 AEBewGrSt 2021; vgl. hierzu auch ausführlich *Freikamp*, DB 2023, 2785.
1547 *Eisele*, in: Rössler/Troll, BewG, § 247 BewG, 34. EL, 12/2021, Rn. 26.
1548 *Bock*, in: Grootens, GrStG, 2. Aufl. 2022, § 247 BewG, Rn. 67.
1549 A 247.3 Abs. 3 Satz 1 AEBewGrSt 2021.
1550 A 247.3 Abs. 3 Satz 3 AEBewGrSt 2021.
1551 A 247.3 Abs. 3 Satz 4 AEBewGrSt 2021.

(cc) Weitere Anpassungen des Bodenrichtwerts

Weitere Anpassungen der Bodenrichtwerte über den Entwicklungszustand hinaus sind vom Gesetzgeber im Rahmen des § 247 BewG grundsätzlich nicht vorgesehen.[1552] Bei der in § 247 Abs. 1 Satz 2 Nr. 2 BewG genannten „Berücksichtigung" unterschiedlicher Arten der Nutzung bei überlagernden Bodenrichtwertzonen handelt es sich lediglich um eine Frage der Auswahl des maßgeblichen Bodenrichtwerts und nicht um eine Anpassung.[1553] Zu den nicht berücksichtigungsfähigen Grundstücksmerkmalen, die im Zusammenhang mit den Bodenrichtwerten Wertrelevanz aufweisen können, gehören insbesondere der beitrags- und abgabenrechtlichen Zustand, die Art und das Maß der baulichen Nutzung, die Grundstücksgröße (mit Ausnahme bei Ein- und Zweifamilienhäusern)[1554] und die Grundstückstiefe.[1555] Infolge der unterbleibenden Anpassung der Bodenrichtwerte ergeben sich nicht unerhebliche Wertverzerrungen bei der Bodenwertermittlung. Auf die Folgen, die dies für eine relationsgerechte steuerliche Bewertung hat, wird im dritten Kapitel eingegangen.[1556]

Anpassungen der Bodenrichtwerte sollen nach § 247 Abs. 1 Satz 2 BewG nicht generell ausgeschlossen sein. Abweichende Grundstücksmerkmale zwischen dem Bodenrichtwertgrundstück und dem Bewertungsobjekt sollen berücksichtigungsfähig bleiben, soweit in den §§ 243 bis 262 BewG sowie in den Anlagen 36 bis 43 des BewG etwas anderes bestimmt ist. Für die Bodenwertermittlung von Ein- und Zweifamilienhäusern im Ertragswertverfahren ist eine Anpassung des Bodenwerts an eine abweichende Grundstücksgröße des zu bewertenden Grundstücks vorgesehen (§ 257 Abs. 1 Satz 2 BewG). Hierbei wird jedoch nicht der Bodenrichtwert, sondern nur der Bodenwert angepasst.[1557] Die Merkmale des Bodenrichtwertgrundstücks

---

1552 A 247.2 Abs. 1 Satz 2 AEBewGrSt 2021.

1553 Siehe hierzu bereits unter Gliederungspunkt § 2, II., 3., b), cc), (1), (c), (bb).

1554 Die Berücksichtigung erfolgt jedoch unsachgemäß nicht durch Anpassung des Bodenrichtwerts, sondern des Bodenwerts.

1555 Stellungnahme des BR zum GrStRefG v. 23.09.2019, BT-Drs. 19/13453, S. 20; *Grootens*, NWB-EV 2022, 110 (110 f.); *Bock*, in: Grootens, GrStG, 2. Aufl. 2022, § 247 BewG, Rn. 58.

1556 Siehe hierzu unter Gliederungspunkt § 3, IV., 3., b), bb), (2), (c).

1557 Siehe hierzu unter Gliederungspunkt § 2, II., 3., b), cc), (2), (a), (cc).

sind für diese Anpassung nicht von Bedeutung.[1558] Daher handelt es sich genau genommen nicht um eine in § 247 Abs. 1 Satz 2 BewG zugelassene Ausnahme. Darüberhinausgehende Ausnahmen sind im geltenden Recht nicht vorgesehen.[1559]

(dd) Keine Berücksichtigung von besonderen objektspezifischen Grundstücksmerkmalen

Besondere objektspezifische Grundstücksmerkmale i. S. d. § 8 Abs. 3 ImmoWertV (z. B. Außenanlagen, Altlasten, Zuschnitt, Vorder- und Hinterland, Oberflächenbeschaffenheit, Beschaffenheit des Baugrunds, Lärm-, Staub-, Geruchsbelästigungen) sind bei der steuerlichen Bodenwertermittlung nicht zu berücksichtigen.[1560] Die Bezifferung der Wertauswirkung setzt Erfahrung und Sachkunde voraus und kann nicht typisiert im steuerlichen Massenverfahren erfolgen.[1561] Abweichungen zum Verkehrswert sind daher nach Auffassung der Finanzverwaltung hinzunehmen.[1562] Sofern, wie ursprünglich vorgesehen, keine Möglichkeit für den Steuerpflichtigen besteht, die sich hierdurch häufig ergebenden erheblichen Wertverzerrungen durch einen gesonderten Wertnachweis zu korrigieren, kann dies zu einem Verstoß gegen das Übermaßverbot führen und ist deshalb problematisch.[1563] Dies haben inzwischen auch die Rechtsprechung und die Finanzverwaltung erkannt. Der Gesetzgeber hat sich in der Folge veranlasst gesehen, eine Nachweismöglichkeit in § 220 Abs. 2 BewG zu regeln, wodurch sich diese Problematik etwas abschwächt (siehe zum Ganzen ausführlich unter Gliederungspunkt § 2, II., 3., cc) (4)).

(f) Berechnung des Bodenwerts

Der nach § 247 BewG zu bestimmende Grundsteuerwert des unbebauten Grundstücks (bzw. der Wert des Grund und Bodens in den Fällen des § 257

1558 A 257.2 Abs. 1 Satz 3 AEBewGrSt 2021.

1559 *Knittel*, in: Stenger/Loose, Bewertungsrecht, § 247 BewG, 160. EL, 5/2022, Rn. 112.

1560 A 247.2 Abs. 8 AEBewGrSt 2021; *Senatsverwaltung für Finanzen Berlin*, Runderlass v. 16.06.2022 – S 3262-1/2022-1, GrStWert-Nr. 3/2022, Tz. 4.

1561 Siehe hierzu unter Gliederungspunkt § 3, III., 3., c), bb) und § 3, IV., 2., b), aa), (2), (d).

1562 A 220.2 Abs. 1 Satz 1 AEBewGrSt 2025.

1563 Siehe hierzu unter Gliederungspunkt § 3, IV., 3., b), dd).

Abs. 1 Satz 1 und § 258 Abs. 2 BewG) ergibt sich im Regelfall durch Multiplikation der Grundstücksfläche mit dem unangepassten Bodenrichtwert. Die maßgebliche Grundstücksfläche richtet sich nach dem Umfang der wirtschaftlichen Einheit des Grundvermögens.[1564] Die Grundstücksfläche ist in Quadratmetern anzugeben und lässt sich regelmäßig dem Grundbuch oder den Katasterunterlagen entnehmen.[1565] Da eine Anpassung des Bodenrichtwerts an die individuellen Verhältnisse des Bewertungsobjekts regelmäßig nicht vorgenommen werden soll, kann insoweit nicht mehr von einer Bewertung im eigentlichen Sinne gesprochen werden. Es handelt sich vielmehr um die mathematische Berechnung des Grundsteuerwerts durch Multiplikation der Grundstücksfläche mit der Bodenrichtwertzahl. Das Feststellungsfinanzamt nimmt im Regelfall keine eigenständige Bewertung vor, da es weder den Bodenwert selbst ermittelt noch den Werteinfluss abweichender Grundstücksmerkmale berücksichtigt. Die eigentliche Bodenwertermittlung wurde durch die Gutachterausschüsse bei der Ermittlung des Bodenrichtwerts durchgeführt.[1566] Da die Bodenrichtwerte vom Finanzamt regelmäßig nicht objektspezifisch angepasst werden, verkommen diese speziellen Vergleichsfaktoren zu einer bloßen Rechengröße. Bei unbebauten Grundstücken stellt der sich hiernach ergebende (Rechen-)Wert den Grundsteuerwert dar, der auch den Wert etwaiger Außenanlagen und von unbenutzbaren Gebäuden mitumfasst.[1567]

(g) Ermittlung des Bodenwerts bei fehlenden Bodenrichtwerten

Sofern von dem zuständigen Gutachterausschuss im Einzelfall kein Bodenrichtwert ermittelt (und veröffentlicht bzw. mitgeteilt) worden ist, ist der Wert des unbebauten Grundstücks gemäß § 247 Abs. 3 BewG aus den Werten vergleichbarer Flächen abzuleiten (sog. Reservezuständigkeit der Finanzbehörden).[1568] Die Reservezuständigkeit greift hingegen grundsätzlich nicht

---

1564 *Knittel*, in: Stenger/Loose, Bewertungsrecht, § 247 BewG, 160. EL, 5/2022, Rn. 74.

1565 *Knittel*, in: Stenger/Loose, Bewertungsrecht, § 247 BewG, 160. EL, 5/2022, Rn. 74; *Krumm/Paeßens*, GrStG, 2022, § 247 BewG, Rn. 4; vgl. aber auch FG Rheinland-Pfalz, Beschl. v. 23.11.2023 – 4 V 1295/23, juris Rn. 165.

1566 Siehe zur zweistufigen Bodenwertermittlung im Bodenrichtwertverfahren unter Gliederungspunkt § 1, III., 6., b), aa).

1567 A 247.1 Abs. 1 Satz 2 AEBewGrSt 2021.

1568 *Krumm/Paeßens*, GrStG, 2022, § 247 BewG, Rn. 31.

ein, wenn ein Bodenrichtwert existiert, allerdings von den Beteiligten im Besteuerungsverfahren als ungeeignet oder realitätsfern erachtet wird.[1569] Die typisierende Bewertung gebietet es auch in diesen Fällen grundsätzlich den vorhandenen Bodenrichtwert zugrunde zu legen.[1570] Durch die Reservezuständigkeit der Finanzbehörde nach § 247 Abs. 3 BewG soll eine vollständige Bewertung aller wirtschaftlichen Einheiten sichergestellt werden.[1571]

Auf welche Art und Weise die Wertermittlung in den Fällen des § 247 Abs. 3 BewG zu erfolgen hat, ist nicht näher konkretisiert. Unter „Wert des unbebauten Grundstücks" ist nach Auffassung der Finanzverwaltung der Bodenwert pro Quadratmeter zu verstehen.[1572] „Ableitung" aus „vergleichbaren Flächen" meint nach Auffassung der Finanzverwaltung, dass Bodenrichtwerte für vergleichbare Flächen herangezogen bzw. übernommen werden.[1573] Der Grundsteuerwert des unbebauten Grundstücks ermittelt sich anschließend durch Multiplikation der Grundstücksfläche mit dem vom Finanzamt ermittelten Bodenwert pro Quadratmeter.[1574] Nach dem Wortlaut des § 247 Abs. 3 BewG wäre auch eine Wertermittlung anhand von Vergleichspreisen denkbar. Bei § 247 Abs. 3 BewG tritt die mangelhafte Konzeption der Bewertungssystematik besonders stark hervor. Da kein gesetzliches Bewertungsziel vorgegeben wird, ist nicht ersichtlich, welchen Wert der Gutachterausschuss in diesen Fällen konkret für das unbebaute Grundstück ermitteln soll und welche Grundsätze und Vorgehensweisen er beachten soll.[1575] Eine strenge Ermittlung des Bodenwerts nach den Vorgaben der Verkehrswertermittlung würde einen Fremdkörper in der ansonsten stark typisierenden Grundbesitzbewertung, die an einem konturenlosen objektiviert-realen Wert ausgerichtet ist,[1576] bedeuten.

1569 *Krumm/Paeßens*, GrStG, 2022, § 247 BewG, Rn. 31.

1570 Siehe hierzu für die Grundbesitzbewertung unter Gliederungspunkt § 2, II., 2., d), bb), (4).

1571 Entwurf zum GrStRefG 2019 v. 25.06.2019, BT-Drs. 19/11085, S. 110.; vgl. im Übrigen die Ausführungen unter Gliederungspunkt § 2, II., 2., d), bb), (8).

1572 A 247.3 Abs. 1 Satz 1 AEBewGrSt 2021.

1573 A 247.3 Abs. 1 Satz 1 AEBewGrSt 2021.

1574 A 247.3. Abs. 1 Satz 3 AEBewGrSt 2021.

1575 Siehe zu dieser Problematik ausführlich *Knittel*, in: Stenger/Loose, Bewertungsrecht, § 247 BewG, 160. EL, 5/2022, Rn. 161 ff.

1576 Siehe hierzu unter Gliederungspunkt § 3, IV., 3., a), bb), (2).

Besonders häufig fehlen Bodenrichtwerte für die Entwicklungszustände Bauerwartungsland und Rohbauland. Denn eine Wertermittlung ist in diesen Fällen oft mit erheblichen Ungewissheiten hinsichtlich der zukünftigen Entwicklung und mit Unsicherheiten hinsichtlich der verfügbaren Daten behaftet.[1577] Die bei der Ermittlung der Bodenrichtwerte für werdendes Bauland bestehenden Unsicherheiten übergeht die Finanzverwaltung in stark typisierender Weise, indem sie für Bauerwartungsland 25 % des Bodenrichtwerts für vergleichbares erschließungsbeitragsfreies Bauland ansetzt. Für Rohbauland soll das Verhältnis 50 % betragen.[1578] In Fällen fehlender Bodenrichtwerte wird diese Vorgehensweise aus Vereinfachungsgründen bereits seit Jahren von der Finanzverwaltung im Rahmen der Grundbesitzbewertung angewendet (vgl. H 179.3 (2) ErbStR).[1579] Anders als bei der Grundbesitzbewertung erfolgt jedoch keine Differenzierung mehr zwischen Brutto- und Nettorohbauland.[1580] Außerdem ist nicht mehr primär auf eventuell veröffentlichte Angaben der Gutachterausschüsse abzustellen. Im Übrigen wird auf die entsprechenden Ausführungen zur Grundbesitzbewertung verwiesen.[1581]

Weitere besonders benannte Anwendungsfälle des § 247 Abs. 3 BewG sind nach Auffassung der Finanzverwaltung einerseits die Ermittlung eines Bodenwerts für im Außenbereich belegene bebaute Grundstücke, falls kein Bodenrichtwert speziell für diesen Entwicklungszustand ermittelt wurde,[1582] und andererseits die Ermittlung eines Bodenwerts in Fällen der Fortschreibung oder Nachfeststellung des Grundsteuerwerts, wenn das Finanzamt gemäß § 196 Abs. 2 Satz 2 BauGB auf die Ermittlung eines besonderen Bodenrichtwerts verzichtet hat.[1583] Denkbar sind darüber hinaus auch Fälle

---

[1577] *Jardin/Roscher*, Die Immobilienwertermittlung aus steuerlichen Anlässen, 2019, S. 368; *Eisele*, in: Rössler/Troll, BewG, § 247 BewG, 34. EL, 12/2021, Rn. 10; Roscher, GrStG-Kommentar, Erstkommentierung 2020, Rn. 161. Siehe hierzu bereits unter Gliederungspunkt § 1, IV., 6., c), bb).

[1578] A 247.3 Abs. 1 Satz 2 AEBewGrSt 2021.

[1579] *Eisele*, in: Rössler/Troll, BewG, § 247 BewG, 34. EL, 12/2021, Rn. 24.

[1580] A 247.2 Abs. 4 Satz 3 AEBewGrSt 2021; *Eisele*, in: Rössler/Troll, BewG, § 247 BewG, 34. EL, 12/2021, Rn. 24.

[1581] Siehe hierzu unter Gliederungspunkt § 2, II., 2., d), bb), (8).

[1582] A 247.3 Abs. 3 Satz 4 AEBewGrSt 2021.

[1583] A 247.3 Abs. 2 Satz 4 AEBewGrSt 2021.

i. S. d. § 15 Abs. 2 ImmoWertV, bei denen der Bodenrichtwert nicht für die zu bewertende Fläche gilt (z. B. Gemeinbedarfs- und Grünflächen).[1584]

(2) Bewertung von bebauten Grundstücken

Die Bewertung der bebauten Grundstücke erfolgt je nach Grundstücksart im Ertragswert- oder Sachwertverfahren. Anders als bei der Grundbesitzbewertung ist eine Bewertung im Vergleichswertverfahren nicht vorgesehen. Für zu Wohnzwecken genutzte Grundstücke (Einfamilienhäuser, Zweifamilienhäuser, Mietwohngrundstücke, Wohneigentum) ist in § 250 Abs. 2 BewG eine Bewertung nach dem Ertragswertverfahren geregelt. Dies betrifft nach Einschätzung des Gesetzgebers den Großteil der zu bewertenden Grundstücke (circa 24 Mio. wirtschaftliche Einheiten).[1585] Für Geschäftsgrundstücke, gemischt genutzte Grundstücke, Teileigentum und sonstige bebaute Grundstücke findet nach § 250 Abs. 3 BewG das Sachwertverfahren Anwendung. Im Vergleich zur Grundbesitzbewertung kommt dem Sachwertverfahren ein deutlich größerer Anwendungsbereich und nicht bloß eine Auffangfunktion zu.[1586] Dies gilt auch im Vergleich zur Einheitsbewertung, bei der das Sachwertverfahren nur ausnahmsweise in den Fällen zur Anwendung kommen sollte, in denen keine vergleichbaren Grundstücke mit Mieteinnahmen vorhanden waren.[1587]

(a) Ertragswertverfahren

(aa) Ausgestaltung des Verfahrens

Aufgrund der Konzeption der Grundsteuer als Sollertragsteuer stellt das Ertragswertverfahren nach Auffassung des Gesetzgebers die vorrangige Bewertungsmethode dar.[1588] Es kommt für die Bewertung von zu Wohnzwecken genutzten Immobilien zur Anwendung und zwar unabhängig davon, ob die Immobilie vermietet ist oder nicht. Dem Ertragswertverfahren liegt die Überlegung zugrunde, dass sich der objektiviert-reale Wert eines Grundstücks

---

[1584] *Krumm/Paeßens*, GrStG, 2022, § 247 BewG, Rn. 32; *Krumm*, FR 2023, 957 (960).

[1585] Entwurf zum GrStRefG 2019 v. 25.06.2019, BT-Drs. 19/11085, S. 112.

[1586] *Seer*, FR 2019, 941 (949); *Seer*, in: Tipke/Lang, Steuerrecht, 24. Aufl. 2021, Rn. 16.18.

[1587] BVerfG v. 22.06.1995 – 2 BvL 37/91, BVerfGE 93, 121, 125 f. (VSt II).

[1588] Entwurf zum GrStRefG 2019 v. 25.06.2019, BT-Drs. 19/11085, S. 86.

aus seinem nachhaltig erzielbaren Reinertrag ermitteln lässt.[1589] Der Grundsteuerwert des Grundstücks ermittelt sich im Ertragswertverfahren gemäß § 252 Satz 1 BewG aus der Summe von zwei Bewertungskomponenten: dem kapitalisierten Reinertrag des Grundstücks nach § 253 BewG und dem abgezinsten Bodenwert nach § 257 BewG. Das vereinfachte Ertragswertverfahren ist an das Ertragswertverfahren nach § 17 Abs. 2 Satz 1 Nr. 2 ImmoWertV 2010 angelehnt.[1590] Es unterscheidet sich von dem für die Grundbesitzbewertung geltenden Ertragswertverfahren gemäß § 184 ff. BewG. Beispielsweise kommt es nicht auf die tatsächliche Ertragslage des Grundstücks an. Außerdem fließt der Bodenwert anders als in § 184 Abs. 2 BewG vorgesehen nicht in ungekürzter Form in den Ertragswert ein und wird durch eine Bodenwertverzinsung im Rahmen der Ermittlung des Gebäudeertragswerts teilweise kompensiert. Vielmehr erfolgt in diesem Verfahren direkt eine Ermittlung des abgezinsten Bodenwerts als gesonderte Bewertungskomponente.

Mit dem Grundsteuerwert sind nach § 252 Satz 2 BewG die Werte für den Grund und Boden, die Gebäude, die baulichen Anlagen, insbesondere Außenanlagen, und die sonstigen Anlagen abgegolten. Besondere Umstände und besondere objektspezifische Grundstücksmerkmale des zu bewertenden Grundstücks, wie z. B. von den marktüblichen Erträgen erheblich abweichende Erträge, Baumängel, Bauschäden oder Bodenverunreinigungen, sind im Ertragswertverfahren im Rahmen der typisierenden Wertermittlung nicht gesondert zu ermitteln und zu berücksichtigen.[1591]

(bb) Ermittlung des kapitalisierten Reinertrags

Bei der Ermittlung des kapitalisierten Reinertrags ist gemäß § 253 Abs. 1 Satz 1 BewG zunächst von dem Reinertrag des Grundstücks auszugehen. Dieser ergibt sich aus dem Rohertrag des Grundstücks i. S. d. § 254 BewG abzüglich der pauschalen Bewirtschaftungskosten i. S. d. § 255 BewG i. V. m. Anlage 40 des BewG. Der Rohertrag bestimmt sich in sehr pauschaler Weise anhand der in Tz. I. der Anlage 39 des BewG festgelegten landeseinheitlich geltender Nettokaltmieten, die nach Gebäudeart, Wohnfläche und Baujahr des Gebäudes differenziert sind. Zur Berücksichtigung von

---

1589 Entwurf zum GrStRefG 2019 v. 25.06.2019, BT-Drs. 19/11085, S. 86.

1590 *Roscher*, immobilien & bewerten 4/2020, 33 (34).

1591 A 252 Abs. 2 AEBewGrSt 2021.

Mietniveauunterschieden zwischen den Gemeinden eines Landes ist die sich aus der Anlage ergebende Nettokaltmiete entsprechend dem jeweiligen Mietniveau der Gemeinde ggfs. durch einen Zu- oder Abschlag anzupassen (Tz. II der Anlage 39 des BewG). Eine Differenzierung nach den unterschiedlichen Mietniveaus innerhalb einer Gemeinde findet nicht statt.[1592] Die tatsächlichen Ertragsverhältnisse des Gebäudes bzw. Grundstücks sind nicht zu berücksichtigen.[1593]

Der sich durch Anwendung der vorstehenden Regelungen ergebende Reinertrag des Grundstücks ist anschließend gemäß § 253 Abs. 2 BewG mit dem sich aus Anlage 37 ergebenden Vervielfältiger zu kapitalisieren und ergibt sodann den kapitalisierten Reinertrag als erste Bewertungskomponente des Ertragswertverfahrens. Für die Bestimmung des Kapitalisierungsfaktors sind die Restnutzungsdauer des Gebäudes und die in § 256 BewG festgelegten Liegenschaftszinssätze maßgeblich. Der vom Gutachterausschuss ermittelte einschlägige Liegenschaftszinssatz ist nicht anzuwenden.[1594]

Um eine realitäts- und relationsgerechte Bewertung von Ein- und Zweifamilienhäusern und von Wohnungseigentum im Ertragswertverfahren zu gewährleisten, hat sich der Gesetzgeber veranlasst gesehen, die maßgeblichen Liegenschaftszinssätze in Korrelation zu steigenden Bodenrichtwertniveaus abzustufen.[1595] Bei der Bestimmung des Liegenschaftszinssatzes für Ein- und Zweifamilienhäuser (§ 256 Abs. 2 BewG) und für Wohnungseigentum (§ 256 Abs. 3 BewG) verringert sich der maßgebliche Liegenschaftszinssatz daher um jeweils 0,1 Prozentpunkte für jede vollen 100 Euro, soweit der für das Bewertungsobjekt maßgebliche Bodenrichtwert die in § 256 Abs. 2 BewG (500 Euro) bzw. § 256 Abs. 3 BewG (2.000 Euro) genannten Schwellen überschreitet.[1596] Den Bodenrichtwerten kommt insoweit nicht unmittelbar die Funktion einer Bewertungsgrundlage, sondern vielmehr die Funktion als typisierender Indikator für die Lagewertigkeit zu. Die Verringerung des Liegenschaftszinssatzes ist für Ein- und Zweifamilienhäuser auf 1,5 % und

---

1592 *Hey*, ZG 2019, 297 (309); *D. Löhr*, fub 4/2020, 171 (172).

1593 Entwurf zum GrStRefG 2019 v. 25.06.2019, BT-Drs. 19/11085, S. 115.

1594 A 256 Abs. 1 Satz 5 AEBewGrSt 2021; Roscher, GrStG-Kommentar, Erstkommentierung 2020, Rn. 248.

1595 Entwurf zum GrStRefG 2019 v. 25.06.2019, BT-Drs. 19/11085, S. 115 f.

1596 Vgl. hierzu auch A 256 Abs. 2 AEBewGrSt 2021.

für Wohnungseigentum auf 2 % gedeckelt. Eine Differenzierung erfolgt nur, wenn das Bodenrichtwertniveau innerhalb der Gemeinde die genannten Schwellenwerte überhaupt überschreitet. „Schlechte Lagen" unterhalb der im Gesetz genannten Schwellen wirken sich nicht auf den kapitalisierten Reinertrag des Grundstücks aus. Für Mietwohngrundstücke ist keine Kürzung des Liegenschaftszinssatzes vorzunehmen, sodass Mietwohngrundstücke in höherwertigen Lagen ohne ersichtlichen Grund privilegiert werden.[1597]

Die Kürzung des Liegenschaftszinssatzes soll regelmäßig nach dem „die Lagequalität prägenden Bodenrichtwert" vorgenommen werden.[1598] Dies ist regelmäßig der Bodenrichtwert der Bodenrichtwertzone, in der das Bewertungsobjekt belegen ist.[1599] Maßgeblich soll in diesem Fall nur der unangepasste „Zonenwert" sein. Nach der Auffassung der Finanzverwaltung soll es alternativ auch zulässig sein, einen nach Flächenanteilen gewichteten Bodenrichtwert anzusetzen.[1600] Wie dies konkret erfolgen soll, bleibt unklar. Durch die Kürzung des Liegenschaftszinssatzes für bessere Lagen ergibt sich nach Anlage 37 ein höherer Vervielfältiger. Dies wirkt sich insbesondere bei längeren Restnutzungsdauern aus.[1601] Für Ein- und Zweifamilienhäuser mit einer langen Restnutzungsdauer führt eine Absenkung des Liegenschaftszinssatzes um 0,1 Prozentpunkten beispielsweise zu einer Erhöhung des Grundsteuerwerts um bis zu 5 %.[1602]

(cc) Ermittlung des abgezinsten Bodenwerts

Die zweite Bewertungskomponente besteht aus dem abgezinsten Bodenwert. Ausgangspunkt der Wertermittlung ist zunächst der nach Maßgabe des § 247 BewG ermittelte Bodenwert (§ 257 Abs. 1 Satz 1 BewG).[1603] Es wird also unterstellt, dass die tatsächliche Bebauung keinen Einfluss auf

---

1597 *Bock*, in: Grootens, GrStG, 2. Aufl. 2022, § 247 BewG, Rn. 54.

1598 A 256 Abs. 2 Satz 3 AEBewGrSt 2021; *Senatsverwaltung für Finanzen Berlin*, Runderlass v. 16.06.2022 – S 3262-1/2022-1, GrStWert-Nr. 3/2022, Tz. 3.4.

1599 A 256 Abs. 2 Satz 4 AEBewGrSt 2021.

1600 A 256 Abs. 2 Satz 5 AEBewGrSt 2021.

1601 *Grootens*, NWB-EV 2019, 381 (384 f.).

1602 Roscher, GrStG-Kommentar, Erstkommentierung 2020, Rn. 249.

1603 A 257.1 Satz 1 AEBewGrSt 2021.

den Bodenwert hat.[1604] Bei der Bewertung von Ein- und Zweifamilienhäusern ist gemäß § 257 Abs. 1 Satz 2 BewG eine Korrektur des Bodenwerts zur Berücksichtigung abweichender Grundstücksgrößen unter Anwendung von pauschalen Umrechnungskoeffizienten nach Anlage 36 des BewG vorgesehen. Mit dieser Modifikation möchte der Gesetzgeber der Erkenntnis Rechnung tragen, dass der Bodenwert pro Quadratmeter Grundstücksfläche bei kleiner werdenden Grundstücken ab einer bestimmten Grundstücksgröße regelmäßig stark ansteigt. Umgekehrt verringert sich bei Grundstücken mit größer werdender Grundstücksfläche der Bodenwert pro Quadratmeter Grundstücksfläche. Ab einer Grundstücksgröße von über 2.000 qm kann regelmäßig nur noch eine marginale Auswirkung auf den Quadratmeterpreis beobachtet werden.[1605] Diese Wertabhängigkeit der Bodenrichtwerte sei nach Auffassung des Gesetzgebers insbesondere bei Ein- und Zweifamilienhäusern gegeben.[1606] Hiervon ausgehend legt der Gesetzgeber in der Anlage 36 für ein Grundstück mit einer Grundstücksgröße von 500 qm (Standardgrundstück) einen Umrechnungskoeffizienten von 1,0 fest. Es erfolgt also durch die Anwendung des Umrechnungskoeffizienten keine Veränderung des Bodenwerts. Für Grundstücksgrößen von weniger als 500 qm ergeben sich gestaffelte Umrechnungskoeffizienten von mehr als 1,0 (bis zu 1,24), die dementsprechend zu einer Erhöhung des Bodenwerts führen. Umgekehrt sind für Grundstücke mit einer Grundstücksgröße von mindestens 550 qm gestaffelte Umrechnungskoeffizienten von weniger als 1,0 (bis zu 0,64) vorgesehen, die zu einer Reduzierung des Bodenwerts führen.

Für die Bestimmung des Umrechnungskoeffizienten soll nach Auffassung der Finanzverwaltung die gleiche Flächengröße maßgeblich sein, die auch zur Ermittlung des abgezinsten Bodenwerts herangezogen wird.[1607] Dementsprechend ist bei der Bestimmung des maßgeblichen Umrechnungskoeffizienten eine selbstständig nutzbare Teilfläche nicht zu berücksichtigen.[1608] Liegt eine selbstständig nutzbare Teilfläche nicht vor, ist der

---

1604 Siehe hierzu bei der Grundbesitzbewertung unter Gliederungspunkt § 2, II., 2., d), cc), (2).

1605 Entwurf zum GrStRefG 2019 v. 25.06.2019, BT-Drs. 19/11085, S. 116.

1606 Entwurf zum GrStRefG 2019 v. 25.06.2019, BT-Drs. 19/11085, S. 116.

1607 A 257.2 Abs. 1 Satz 5 AEBewGrSt 2021.

1608 Vgl. Beispiel bei § 257.4 Abs. 2 AEBewGrSt 2021; kritisch hierzu *Freikamp*, DB 2023, 2785 (2789 ff.).

Umrechnungskoeffizienten auf die gesamte Grundstücksfläche anzuwenden.[1609] Die Anpassung des Bodenwerts soll im Regelfall problemlos automationsgestützt möglich sein.[1610] Liegt die Grundstücksfläche des Bewertungsobjekts zwischen zwei Umrechnungskoeffizienten, soll eine Interpolation bei der Bestimmung des maßgeblichen Umrechnungskoeffizienten – anders als bei der Grundbesitzbewertung – nicht erfolgen.[1611] Falls das Bewertungsobjekt in zwei oder mehr Bodenrichtwertzonen belegen ist, sind alle Bodenrichtwerte für die Ermittlung des Bodenwerts zugrunde zu legen.[1612] Der maßgebliche Umrechnungskoeffizient ist in diesen Fällen grundsätzlich unter Berücksichtigung der gesamten Grundstücksfläche zu bestimmen und auf diese anzuwenden.[1613]

Deutlich komplizierter wird eine Anpassung, wenn eine selbstständig nutzbare Teilfläche des Grundstücks i. S. d. § 257 Abs. 3 BewG vorhanden ist. Denn diese ist bei der Anpassung nicht zu berücksichtigen, sodass zwei Bodenwerte zu ermitteln sind. Das Vorgehen wird in diesen Fällen nicht automatisiert durchführbar und streitanfällig sein.[1614] Die sich hiernach ergebenden Probleme dürften jedoch eher eine geringe praktische Bedeutung haben, da der Steuerpflichtige einerseits kein Interesse haben dürfte, eine solche Teilfläche zu identifizieren und zu deklarieren. Die Finanzverwaltung wird andererseits im grundsteuerlichen Massenverfahren regelmäßig weder über die erforderlichen Informationen noch über die notwendigen Kapazitäten verfügen, um im Einzelfall eine konkrete Prüfung vornehmen zu können.[1615]

Die Umrechnungskoeffizienten gemäß Anlage 36 des BewG sollen nach § 257 Abs. 1 Satz 2 BewG „beim Bodenwert“ angewendet werden. Sofern das Bodenrichtwertgrundstück mit einer bestimmten, in der Bodenrichtwertzone wertbeeinflussenden Grundstücksfläche dargestellt worden sein sollte, ist diese Grundstücksfläche für die Bestimmung des Umrechnungskoeffizienten

---

1609 A 257.2 Abs. 2 AEBewGrSt 2021.

1610 *Mannek*, Die große Grundsteuer-Reform 2020, 2020, S. 285.

1611 A 257.2 Abs. 1 Satz 4 AEBewGrSt 2021.

1612 A 257.3 Satz 1 AEBewGrSt 2021.

1613 A 257.3 AEBewGrSt 2021.

1614 *Mannek*, Die große Grundsteuer-Reform 2020, 2020, S. 286.

1615 Roscher, GrStG-Kommentar, Erstkommentierung 2020, Rn. 254; *Grootens*, NWB-EV 2022, 110 (112); *Grootens*, in: Grootens, GrStG, 2. Aufl. 2022, § 257 BewG, Rn. 85 f.

nicht relevant.[1616] Nach Auffassung der Finanzverwaltung ergibt sich folgende Formel zur Ermittlung des angepassten Bodenwerts: Bodenrichtwert x Grundstücksfläche x Umrechnungskoeffizienten nach Anlage 36.[1617] Der Umrechnungskoeffizienten wird also nicht direkt auf den Bodenrichtwert, sondern auf den nach § 247 BewG ermittelten Bodenwert angewendet. Dementsprechend erfolgt auch keine „Anpassung" des maßgeblichen Bodenrichtwerts.

Im Ertragswertverfahren ist der nach § 247 BewG ermittelte und ggfs. nach § 257 Abs. 1 Satz 2 BewG angepasste Bodenwert (mit Ausnahme des Werts einer selbstständig nutzbaren Teilfläche) nur als abgezinster Bodenwert zu berücksichtigen. Zu diesem Zweck ist der (angepasste) Bodenwert gemäß § 257 Abs. 2 Satz 1 BewG grundsätzlich mit dem sich aus Anlage 41 des BewG ergebenden Abzinsungsfaktors abzuzinsen. Der jeweils maßgebliche Abzinsungsfaktor bestimmt sich gemäß § 257 Abs. 2 Satz 2 BewG nach dem Liegenschaftszinssatz und der Restnutzungsdauer des Gebäudes. Die Durchführung der Bodenwertverzinsung unterscheidet sich insoweit von der Verzinsung des Bodenwerts im Rahmen der Grundbesitzbewertung nach § 185 Abs. 2 BewG, da hierfür allein der Liegenschaftszinssatz und nicht die Restnutzungsdauer des Gebäudes maßgeblich ist. Wegen der Abzinsung fließt der maßgebliche Bodenwert nicht ungekürzt, sondern nur in abgezinster Höhe in den Grundsteuerwert ein. Der Bodenwert und damit auch die zu Grunde liegenden Bodenrichtwerte haben somit im Ertragswertverfahren einen geringeren Einfluss auf die Höhe des Grundsteuerwerts als bei der Bewertung von unbebauten Grundstücken oder bei der Bewertung im Sachwertverfahren (dazu sogleich). Der Bodenwert hat dabei ein umso geringeres Gewicht, je länger die Restnutzungsdauer des Gebäudes ist.[1618] Dadurch werden insbesondere bebaute Grundstücke in guten Lagen mit einer langen Restnutzungsdauer besonders privilegiert, also vor allem in den Innenstädten belegene Mietwohngrundstücke oder Ein- und Zweifamilienhausgrundstücke in herausgehobenen Lagen.

1616 A 257.2 Abs. 1 Satz 3 AEBewGrSt 2021.

1617 Vgl. Beispiel bei A 257.2 Abs. 1 AEBewGrSt 2021.

1618 *D. Löhr*, ZKF 2019, 169 (170); *D. Löhr*, fub 4/2020, 171 (172).

(b) Sachwertverfahren

Bei der Bewertung der sonstigen bebauten Grundstücke (Geschäftsgrundstücke, gemischt genutzte Grundstücke, Teileigentum und sonstige bebaute Grundstücke) im Sachwertverfahren ergibt sich der Grundsteuerwert gemäß § 258 Abs. 3 Satz 2 BewG aus der Multiplikation des vorläufigen Sachwerts des Grundstücks mit einer Wertzahl gemäß § 260 BewG i. V. m. Anlage 43 des BewG. Der vorläufige Sachwert des Grundstücks setzt sich wiederum aus den beiden getrennt zu ermittelnden Bewertungskomponenten Gebäudesachwert und Bodenwert zusammen (§ 258 Abs. 1 und Abs. 3 Satz 1 BewG). Mit dem Grundsteuerwert sind gemäß § 258 Abs. 3 Satz 3 BewG die Werte für den Grund und Boden, die Gebäude, die baulichen Anlagen, insbesondere Außenanlagen, und die sonstigen Anlagen abgegolten.[1619] Besondere objektspezifische Grundstücksmerkmale (z. B. Baumängel, besonders werthaltige Außenanlagen etc.) sollen im Rahmen der typisierenden steuerrechtlichen Wertermittlung im Sachwertverfahren aus Vereinfachungs- und Automationsgründen nicht gesondert ermittelt und berücksichtigt werden.[1620]

Der *Gebäudesachwert* ist nach Maßgabe des § 259 BewG zu ermitteln. Als Ausgangswert ist dabei zunächst der Gebäudenormalherstellungswert zu ermitteln (§ 259 Abs. 2 BewG). Zu diesem Zweck sind zunächst die maßgeblichen Normalherstellungskosten des Gebäudes in Euro pro Quadratmeter gemäß § 259 Abs. 1 i. V. m. Anlage 42 des BewG zu bestimmen und nach Maßgabe des vom Statistischen Bundesamts veröffentlichten Baupreisindizes an die Verhältnisse im Hauptfeststellungszeitpunkt anzupassen (§ 259 Abs. 3 BewG). Für die Ermittlung des Gebäudenormalherstellungswerts sind anschließend die angepassten Normalherstellungskosten mit der Brutto-Grundfläche des Gebäudes zu multiplizieren. Anschließend ist der Gebäudenormalherstellungswert um eine Alterswertminderung nach Maßgabe von § 259 Abs. 4 BewG zu verringern und ergibt so den Gebäudesachwert. Dieser ist gemäß § 259 Abs. 4 Satz 4 BewG mit mindestens 30 % des Gebäudenormalherstellungswerts anzusetzen.

Bei der Ermittlung des *Bodenwerts* im Sachwertverfahren soll der Bodenwert gemäß § 258 Abs. 2 BewG dem Wert des unbebauten Grundstücks

---

1619 A 258 Abs. 1 Satz 1 AEBewGrSt 2021.

1620 A 258 Abs. 1 Satz 5 AEBewGrSt 2021; Entwurf zum GrStRefG 2019 v. 25.06.2019, BT-Drs. 19/11085, S. 116.

nach § 247 BewG entsprechen. Der Bodenwert ist wie bei § 247 BewG zu ermitteln.[1621] Ein möglicher Werteinfluss der tatsächlichen Bebauung auf den Bodenwert wird nicht berücksichtigt.[1622] Zudem erfolgt bei der Ermittlung des Bodenwerts keine Anpassung des maßgeblichen Bodenrichtwerts an ggfs. abweichende wertrelevante Grundstücksmerkmale des Bewertungsobjekts. Anders als im Ertragswertverfahren bei Ein- und Zweifamilienhäusern (§ 257 Abs. 1 Satz 2 BewG) erfolgt zudem auch keine Berücksichtigung einer abweichenden Grundstücksgröße. Der nach Maßgabe von § 247 BewG ermittelte Bodenwert fließt ungekürzt in die Ermittlung des vorläufigen Sachwerts des Grundstücks und damit letztendlich auch in den Grundbesitzwert des bebauten Grundstücks ein. Im Gegensatz zum Ertragswertverfahren erfolgt keine Abzinsung des Bodenwerts.[1623]

(c) Mindestwertansatz

Der für ein bebautes Grundstück anzusetzende Wert darf gemäß § 251 Satz 1 BewG nicht geringer sein als 75 % des Werts, mit dem der Grund und Boden allein als unbebautes Grundstück zu bewerten wäre. Die Vorschrift gilt sowohl für die Bewertung bebauter Grundstücke im Ertrags- als auch im Sachwertverfahren.[1624] Der Wert des Grund und Bodens ist nach Maßgabe des § 247 BewG zu bestimmen. Bei der Bestimmung dieses Bodenwerts sind die Bodenrichtwerte grundsätzlich nur an einen abweichenden Entwicklungszustand anzupassen. Darüberhinausgehende Anpassungen sind nicht vorzunehmen. Eine Ausnahme gilt bei Ein- und Zweifamilienhausgrundstücken i. S. d. § 249 Abs. 2 und 3 BewG. Wie schon bei der Bestimmung des Bodenwerts im Ertragswertverfahren ist auch bei der Ermittlung des Bodenwerts für Zwecke des Mindestwertansatzes eine Berücksichtigung einer abweichenden Grundstücksfläche mittels pauschaler Umrechnungskoeffizienten für diese Grundstücke vorzunehmen (§ 251 Satz 2 i. V. m. § 257 Abs. 1 Satz 2 i. V. m. Anlage 36 des BewG). Bei allen anderen in § 249 BewG genannten Grundstücksarten ist eine Anpassung der Bodenrichtwerte für die Ermittlung des

1621 A 258 Abs. 1 Satz 2 AEBewGrSt 2021.

1622 Siehe hierzu bei der Grundbesitzbewertung unter Gliederungspunkt § 2, II., 2., d), cc), (3).

1623 *Mannek*, Die große Grundsteuer-Reform 2020, 2020, S. 142.

1624 A 258 Abs. 3 AEBewGrSt 2021.

Mindestwerts hingegen nicht vorgesehen. Mit dem 25%igen Abschlag auf den Bodenwert sollen nach der Intention des Gesetzgebers die in den Liquidationsfällen üblichen Freilegungskosten typisiert abgebildet werden.[1625] Diese Typisierung geht jedoch fehl, da es in vielen Fällen zu einem Mindestwertansatz nicht aufgrund eines abbruchbedürftigen Gebäudes kommt. Der eigentliche Grund für den Mindestwertansatz wird in vielen Fällen, vor allem in Lagen mit hohen Bodenrichtwerten, in der schlechten Konzeption der steuerlichen Bewertungsverfahren begründet sein.[1626]

(3) Sonderfälle

Zum Grundvermögen gehören nach § 243 Abs. 1 Nr. 2 BewG auch *Erbbaurechte*. Diese sind für Zwecke der Grundsteuer gemäß § 244 Abs. 3 Nr. 1 BewG mit dem Erbbaurechtsgrundstück zu einer wirtschaftlichen Einheit zusammenzufassen. Für diese wirtschaftliche Einheit ist gemäß § 261 Satz 1 BewG ein Gesamtwert nach den §§ 243 bis 260 BewG zu ermitteln, der festzustellen wäre, wenn die Belastung mit dem Erbbaurecht nicht bestünde. Bei dieser Wertermittlung fließen auch die Bodenrichtwerte nach Maßgabe der dargestellten Grundsätze ein. Der hiernach ermittelte Wert wird gemäß § 261 Satz 2 BewG dem Erbbauberechtigten zugerechnet.

Gebäude auf fremdem Grund und Boden werden gemäß § 244 Abs. 3 Nr. 2 BewG für Zwecke der Grundsteuer zu einer wirtschaftlichen Einheit zusammengefasst. Gemäß § 262 Satz 1 BewG ist für den Grund und Boden sowie für das Gebäude auf fremdem Grund und Boden ein Gesamtwert nach den §§ 243 bis 260 zu ermitteln. Auch bei dieser Wertermittlung fließen die Bodenrichtwerte nach Maßgabe der dargestellten Grundsätze ein. Der ermittelte Wert ist gemäß § 262 Satz 2 BewG dem Eigentümer des Grund und Bodens zuzurechnen.

(4) Nachweismöglichkeit eines niedrigeren Grundsteuerwerts

Der Nachweis eines niedrigeren Wertes war ursprünglich nicht vorgesehen (anders als in der Grundbesitzbewertung[1627]). Die Einführung einer solchen Klausel war wohl bereits zu Beginn des Gesetzgebungsverfahrens

---

1625 Entwurf der BReg zum GrStRefG 2019 v. 09.08.2019, BR-Drs. 354/19, S. 121.

1626 Siehe hierzu noch ausführlicher unter Gliederungspunkt § 3, IV., 3., b), cc).

1627 Siehe hierzu unter Gliederungspunkt § 2, II., 2., d), ee).

umstritten. Im finalen Referentenentwurf war diese jedoch schon nicht mehr enthalten.[1628] Hintergrund dürfte in erster Linie sein, dass eine solche Nachweismöglichkeit die Vollziehbarkeit der grundsteuerlichen Massenbewertung beeinträchtigen könnte.[1629] Das Fehlen einer solchen Klausel wurde in der Literatur vielfach kritisch beurteilt.[1630] Ohne diese Nachweismöglichkeit fehle ein Ventil, um typisierungsbedingte Wertverzerrungen zu kompensieren. Dies wirke sich nachteilig auf die Gleichheitskonformität der grundsteuerlichen Bewertung aus.[1631]

Am 27. Mai 2024 entschied allerdings der BFH im einstweiligen Rechtsschutz, dass die Bewertungsvorschriften der §§ 218 ff. BewG bei summarischer Prüfung verfassungskonform dahin auszulegen seien, dass auf der Ebene der Grundsteuerwertfeststellung im Einzelfall der Nachweis eines niedrigeren (gemeinen) Werts erfolgen könne.[1632] Hierfür sei regelmäßig der Nachweis erforderlich, dass der Wert der wirtschaftlichen Einheit den festgestellten Grundsteuerwert derart unterschreitet, dass sich der festgestellte Wert als erheblich über das normale Maß hinausgehend erweise. Unter Berufung auf die bisherige Rechtsprechung des Senats zur Erbschaftsteuer[1633] sieht das Gericht eine Abweichung dann als erheblich an, wenn der vom Finanzamt festgestellte Wert den nachgewiesenen niedrigeren gemeinen Wert um 40 % oder mehr übersteigt.[1634] Zu beachten ist dabei allerdings, dass der isolierte Nachweis eines niedrigeren Bodenrichtwerts nicht zulässig ist. Der Wertnachweis muss sich stets auf die gesamte wirtschaftliche Einheit beziehen. Auf welche Art und Weise ein solcher Nachweis erbracht werden kann, blieb in den Entscheidungen allerdings unklar.[1635]

[1628] *Beck*, Das Grundeigentum 2019, 483 (484).

[1629] *Seer*, FR 2019, 941 (948); *Hey*, ZG 2019, 297 (318); *Marx*, DStZ 2020, 758 (762); *Roscher*, immobilien & bewerten 2/2020, 15 (18).

[1630] *Hey*, ZG 2019, 297 (318); *Seer*, FR 2019, 941 (947 f.); *Krumm/Paeßens*, GrStG, 2022, § 250 BewG, Rn. 5.

[1631] Siehe hierzu unter Gliederungspunkt § 3, IV., 3., b), dd).

[1632] BFH, Beschl. v. 27.05.2024 – II B 78/23 (AdV), BStBl. II, 543, juris; BFH, Beschl. v. 27.05.2024 – II B 79/23 (AdV), BStBl. II, 546, juris; so zuvor bereits FG Rheinland-Pfalz, Beschl. v. 23.11.2023 – 4 V 1295/23, juris Rn. 341 ff.

[1633] BFH, Urt. v. 16.11.2022 – II R 39/20, BStBl. II 2024, 246, juris.

[1634] BFH, Beschl. v. 27.05.2024 – II B 78/23 (AdV), BStBl. II, 543, juris Rn. 31.

[1635] Die Vorinstanz hatte explizit geringere Anforderungen an den Nachweis vorgesehen, vgl. FG Rheinland-Pfalz, Beschl. v. 23.11.2023 – 4 V 1295/23, juris Rn. 342.

Die Finanzverwaltung nahm zu den Beschlüssen des BFH vom 27. Mai 2024 zunächst mit koordinierten Ländererlassen vom 24. Juni 2024 Stellung[1636] und schloss sich der Entscheidungen des BFH im Wesentlichen an. Als Nachweis für einen niedrigeren gemeinen Wert sei in dieser Konstellation einerseits ein Verkehrswertgutachten geeignet, welches in entsprechender Anwendung des § 198 Abs. 1 Satz 2 und Abs. 2 BewG erstellt wurde. Andererseits könne, in entsprechender Anwendung des § 198 Abs. 3 BewG, auch ein im gewöhnlichen Geschäftsverkehr innerhalb eines Jahres vor oder nach dem Hauptfeststellungszeitpunkt zustande gekommener Kaufpreis über den zu bewertenden Grundbesitz dienen, wenn die maßgeblichen Verhältnisse der wirtschaftlichen Einheit gegenüber den Verhältnissen am Hauptfeststellungszeitpunkt unverändert sind.[1637]

Aufgrund der unbefriedigenden Rechtslage sah sich der Gesetzgeber jedoch offenbar veranlasst, die von Rechtsprechung und Finanzverwaltung anerkannte Nachweismöglichkeit nun ausdrücklich zu regeln. Mit dem Jahressteuergesetz 2024[1638] führte der Gesetzgeber einen § 220 Abs. 2 BewG ein, der dem Steuerpflichtigen nun ausdrücklich die Möglichkeit einräumt, einen niedrigeren gemeinen Wert anzusetzen. Der Ansatz des niedrigeren gemeinen Werts ist allerdings nur bei einer erheblichen Abweichung des Grundsteuerwerts vom nachgewiesenen Wert von mindestens 40 % möglich (§ 220 Abs. 2 Satz 2 BewG). Der Nachweis ist über ein formelles Verkehrswertgutachten[1639] oder über einen zeitnahen Kaufpreis[1640] möglich. Die zuvor erwähnte Auffassung der Finanzverwaltung wurde entsprechend in Gesetzesform gegossen.

Dem Steuerpflichtigen ist über diese Nachweismöglichkeit allerdings nur in Extremfällen geholfen. Denn ihn trifft jedenfalls nach Auffassung der Finanzverwaltung sowohl dem Grunde nach als auch hinsichtlich der Höhe die Nachweislast für einen niedrigeren gemeinen Wert und nicht eine bloße Darlegungslast.[1641] Ein Verkehrswertgutachten muss von einem entsprechend qualifizierten Sachverständigen unter Beachtung der Vorgaben des BauGB

1636 Koordinierte Erlasse der obersten Finanzbehörden der Länder v. 24.06.2024, BStBl. I S. 1073.

1637 Ländererlasse v. 24.06.2024, BStBl. I S. 1073, Tz. II.

1638 Jahressteuergesetz (JStG 2024) v. 02.12.2024, BGBl. I 2024, Nr. 387.

1639 Vgl. A 220.3 AEBewGrSt 2025.

1640 Vgl. A 220.4 AEBewGrSt 2025.

1641 A 220.2 Abs. 3 Satz 1 AEBewGrSt 2025.

und der ImmoWertV erstellt werden.[1642] Eine unzureichende Qualifikation oder Fehler im Gutachten, ggfs. auch nur formeller Art,[1643] gehen zu Lasten des Steuerpflichtigen. Im Hinblick darauf, dass so ein Gutachten mehrere Tausend Euro kostet und der Wertnachweis grundsätzlich nur für den auf den Hauptfeststellung folgenden Hauptveranlagungszeitraum von sieben Jahren gilt, werden die meisten Steuerpflichtigen an einem solchen Wertnachweis jedenfalls aus wirtschaftlichen Gründen gehindert sein.

dd) Administrierbarkeit des Bundesgrundsteuerrechts

Der Administrierbarkeit kommt bei der Bundesgrundsteuer in Anbetracht der Bewertung im steuerlichen Massenverfahren (36 Mio. zu bewertende wirtschaftliche Einheiten[1644] im siebenjährigen Hauptfeststellungsturnus) eine entscheidende Bedeutung zu.[1645] Aufgrund der Dreistufigkeit des Besteuerungsverfahrens sind dem Grunde nach im Rahmen der Hauptfeststellung und -veranlagung 108 Millionen Bescheide zu erlassen (Grundsteuerwertbescheide, Grundsteuermessbetragsbescheide, Grundsteuerbescheide).[1646] Das Bundesverfassungsgericht spricht im Hinblick auf die Grundsteuerreform von einem *„außergewöhnlichen Umsetzungsaufwand im Hinblick auf Zeit und Personal"*.[1647]

Um zu gewährleisten, dass die Ermittlung der grundsteuerlichen Bemessungsgrundlage nicht erneut in die Verfassungswidrigkeit hineinwächst, muss die Bundesgrundsteuer so ausgestaltet werden, dass die turnusmäßige Hauptfeststellung einerseits von der Finanzverwaltung mit den bestehenden Kapazitäten auch tatsächlich vollzogen werden kann. Andererseits sollten sich infolge der durchzuführenden Bewertungen auch keine allzu großen Belastungen der Bürger ergeben, um die Akzeptanz der Grundsteuer weiterhin zu gewährleisten. Hinzu kommt für die erste Hauptveranlagung, dass diese spätestens bis zum 31. Dezember 2024 abgeschlossen sein muss. Denn nach dem Ausspruch des Bundesverfassungsgerichts ist eine Erhebung der

---

1642 A 220.3 AEBewGrSt 2025.
1643 Vgl. A 220.3 Abs. 5 AEBewGrSt 2025.
1644 Entwurf zum GrStRefG 2019 v. 25.06.2019, BT-Drs. 19/11085, S. 91.
1645 Siehe hierzu bereits unter Gliederungspunkt § 2, II., 3., b), aa), (1).
1646 *Mannek*, Die große Grundsteuer-Reform 2020, 2020, S. 146.
1647 BVerfG v. 10.04.2018 – 1 BvL 11/14 u. a., BVerfGE 148, 147, 215 f. (GrSt).

Grundsteuer auf Basis der Einheitswerte nach diesem Datum nicht mehr zulässig.[1648] Dass eine Hauptfeststellung eine sehr zeitraubende Tätigkeit ist, haben die Erfahrungen aus der letzten Hauptfeststellung zum 1. Januar 1964 gezeigt. Bei dieser waren nur etwa 12 Mio. wirtschaftliche Einheiten zu bewerten.[1649] Die Hauptfeststellung der Einheitswerte war für das Grundvermögen zu 95 % erst Ende des Jahres 1970 und für den übrigen Grundbesitz zu 95 % erst Ende des Jahres 1972 abgeschlossen.[1650] Aufgrund der Konzeption der Neuregelung und den aufgrund der Digitalisierung mittlerweile bestehenden Möglichkeiten zur Automatisierung dürfte die Hauptfeststellung zum 1. Januar 2022 deutlich schneller umsetzbar sein. Gleichwohl sollten die derzeit bestehenden digitalen Kompetenzen der Finanzverwaltung in Bezug auf den Vollzug der grundsteuerlichen Bewertung auch nicht überschätzt werden.[1651] Insbesondere konnte die Übermittlung der Bodenrichtwerte nach § 247 Abs. 2 BewG für die Hauptfeststellung auf den 1. Januar 2022 in vielen Bundesländern nicht durchgeführt werden, da die Schnittstellen hierfür nicht rechtzeitig geschaffen werden konnten.[1652]

Um eine tatsächlich vollziehbare Bewertungssystematik zu schaffen, hat der Gesetzgeber bereits bei der Ausgestaltung der grundsteuerlichen Bemessungsgrundlage und den dazugehörigen Verfahrensvorschriften darauf geachtet, dass die grundsteuerliche Bewertung in großen Teilen automatisierbar ist, also so ausgestaltet ist, dass eine Bewertung mit wenigen Daten und möglichst wenig Arbeitsaufwand der zuständigen Finanzbeamten computergestützt erfolgen kann.[1653]

Die Anknüpfung an eine geringe Anzahl erforderlicher Daten ist auch im Interesse der Steuerpflichtigen, da sich hierdurch der für die Erstellung der Feststellungserklärung für die erste Hauptfeststellung erforderliche Aufwand

---

1648 BVerfG v. 10.04.2018 – 1 BvL 11/14 u. a., BVerfGE 148, 147, 215 (GrSt).

1649 BVerfG v. 10.02.1976 – 1 BvL 8/73, BVerfGE 41, 269, Rn. 34 (ErbSt I).

1650 BVerfG v. 10.02.1976 – 1 BvL 8/73, BVerfGE 41, 269, Rn. 36 (ErbSt I); BVerfG v. 10.04.2018 – 1 BvL 11/14 u. a., BVerfGE 148, 147, 151 (GrSt).

1651 Vgl. *Pesch/Schwenker*, DStR 2022, 1088; *Ehlers*, Vermessung Brandenburg 2/2021, 4 (6).

1652 *Roscher*, immobilien & bewerten 2/2020, 15 (20); Roscher, GrStG-Kommentar, Erstkommentierung 2020, Rn. 158; *Mannek*, Die große Grundsteuer-Reform 2020, 2020, S. 248; *Ehlers*, Vermessung Brandenburg 2/2021, 4 (11).

1653 Entwurf der BReg zum GrStRefG 2019 v. 09.08.2019, BR-Drs. 354/19, S. 84 ff.

reduziert. Bei der (ersten) Hauptfeststellung werden die Feststellungsfinanzämter zudem dadurch entlastet, dass die Feststellungserklärungen gemäß § 228 Abs. 6 Satz 1 BewG grundsätzlich nach amtlich vorgeschriebenem Datensatz durch Datenfernübertragung (via ELSTER) zu übermitteln sind. Die elektronische Datenübermittlung wird vom Gesetzgeber als Grundvoraussetzung für eine weitgehend automatisierte Umsetzung des Massenbewertungsverfahrens angesehen.[1654] Die Erklärungen sollen nach Eingang bei den Feststellungsfinanzämtern rein automationsgestützt verarbeitet werden können. Eine papierbasierte Aktenführung soll nicht erforderlich sein.[1655]

Von den 36 Mio. zu bewertenden wirtschaftlichen Einheiten handelt es sich bei etwa 32 Mio. um wirtschaftliche Einheiten des Grundvermögens.[1656] Der Großteil des Erfüllungsaufwands der Grundsteuerreform wird daher auf die Bewertung des Grundvermögens entfallen.[1657] Im Vergleich zu den Landesgrundsteuergesetzen der Länder *Baden-Württemberg*, *Hessen* und *Niedersachsen* sind für die Bewertung des Grundvermögens für Zwecke der Bundesgrundsteuer deutlich mehr Angaben der Steuerpflichtigen erforderlich, da sich die Grundsteuerwerte am Verkehrswert orientieren und sowohl den Grund und Boden als auch die aufstehenden Gebäude in die Bewertung mit einbeziehen. Die Umsetzung der Bundesgrundsteuer verursacht daher trotz der erheblichen Pauschalierungen und Typisierungen immer noch einen deutlich größeren Verwaltungsaufwand.[1658] Das Niedersächsische Finanzministerium geht beispielsweise davon aus, dass im Vergleich zur Umsetzung des Bundesgrundsteuergesetzes für das Niedersächsische Grundsteuergesetz nur halb so viel Personal benötigt wird.[1659]

Die *Bewertung des Grund und Bodens* erfolgt mittels der im Regelfall unangepassten Bodenrichtwerte. Dabei stellt die verbindliche Anknüpfung an die unangepassten Bodenrichtwerte, die nach amtlich vorgeschriebenem Datensatz durch Datenfernübertragung an die zuständigen Finanzbehörden

---

[1654] Entwurf zum GrStRefG 2019 v. 25.06.2019, BT-Drs. 19/11085, S. 98.

[1655] Entwurf der BReg zum GrStRefG 2019 v. 09.08.2019, BR-Drs. 354/19, S. 3.

[1656] Entwurf der BReg zum GrStRefG 2019 v. 09.08.2019, BR-Drs. 354/19, S. 115; Stellungnahme des BR v. 21.10.2020 zum JStG 2020, BT-Drs. 19/23551, S. 47.

[1657] Entwurf zum GrStRefG 2019 v. 25.06.2019, BT-Drs. 19/11085, S. 3.

[1658] *I. Schmidt*, KommP spezial 3/2021, 120 (121).

[1659] So der Abteilungsleiter des MF Niedersachsen, Herr *Hüdepohl*, anlässlich eines Vortrags am 26.04.2022.

zu übermitteln sind, eine „wesentliche Säule“ einer möglichst automatisiert ablaufenden Grundsteuerbewertung im Massenverfahren dar.[1660] Für die Bewertung erforderlich sind die vom Steuerpflichtigen zu beschaffenden Angaben über die Grundstücksgröße und den Bodenrichtwert. Zusätzlich ist ggfs. die Angabe über einen abweichenden Entwicklungszustand erforderlich. Da die Bodenrichtwerte im Regelfall nicht anzupassen sind, sind weitergehende Daten zu den im jeweiligen Einzelfall ggfs. wertrelevanten Grundstücksmerkmalen des Bodenrichtwertgrundstücks und den korrespondierenden Merkmalen des zu bewertenden Grundstücks (z. B. GFZ) nicht erforderlich. Eine gesonderte Nachweismöglichkeit für einen niedrigeren gemeinen Wert wurde ursprünglich nicht zugelassen, wodurch Diskussionen über vom Steuerpflichtigen eingereichte Verkehrswertgutachten vermieden werden sollten.[1661] Zwar ist in § 247 Abs. 2 BewG vorgesehen, dass die Gutachterausschüsse die Bodenrichtwerte nach amtlich vorgeschriebenem Datensatz durch Datenfernübertragung an die zuständigen Finanzbehörden zu übermitteln haben, sodass eine Angabe des Bodenrichtwerts für den Steuerpflichtigen grundsätzlich nicht erforderlich ist. Eine derartige Datenfernübertragung war jedoch für die Hauptfeststellung auf den 1. Januar 2022 technisch in vielen Fällen nicht möglich, sodass die Bodenrichtwerte den Finanzämtern nicht flächendeckend von den Gutachterausschüssen zur Verfügung gestellt wurden.[1662] Im Erklärungsvordruck war daher die Angabe eines Bodenrichtwerts durch den Steuerpflichtigen vorgesehen. Sofern eine flächendeckende Übermittlung der Bodenrichtwerte für zukünftige Hauptfeststellungen technisch möglich sein sollte, sind für die Ermittlung der Bodenwerte keine Angaben des Steuerpflichtigen mehr erforderlich, sofern die Grundstücksfläche unverändert geblieben ist.[1663] Die im bundesgesetz-

---

1660 *Krumm/Paeßens*, GrStG, 2022, § 247 BewG, Rn. 1.

1661 Vgl. nun aber die in § 220 Abs. 2 BewG vorgesehene Nachweismöglichkeit. Hierzu im Einzelnen unter Gliederungspunkt § 2, II., 3., cc) (4).

1662 *Roscher*, immobilien & bewerten 2/2020, 15 (20); Roscher, GrStG-Kommentar, Erstkommentierung 2020, Rn. 158; *Mannek*, Die große Grundsteuer-Reform 2020, 2020, S. 248; *Ehlers*, Vermessung Brandenburg 2/2021, 4 (11).

1663 Für die erste Hauptfeststellung konnte die automatisierte Übermittlung der Bodenrichtwerte noch nicht etabliert werden, weshalb die Bodenrichtwerte von den Steuerpflichtigen zu erklären sind, vgl. Roscher, GrStG-Kommentar, Erstkommentierung 2020, Rn. 158.

lichen Bewertungssystem vorgesehene Ermittlung des Bodenwerts ist im Großen und Ganzen einfach administrierbar.

Bei der Umsetzung der Bewertung werden sich jedoch Einzelfälle ergeben, die nicht automatisiert bearbeitet werden können und eine individuelle Entscheidung erfordern, z. B. die Auswahl des Bodenrichtwerts bei sich überlagernden Bodenrichtwertzonen, die Bewertung bei in mehreren Bodenrichtwertzonen belegenen Grundstücken, die Anpassung des Bodenrichtwerts an einen abweichenden Entwicklungszustand des zu bewertenden Grundstücks, die Ermittlung des Bodenwerts bei fehlenden Bodenrichtwerten nach § 247 Abs. 3 BewG. Voraussichtlich werden diese Fälle nur bei einem geringen Teil der Bewertungsfälle relevant werden, sie stellen jedoch keine vollständig zu vernachlässigenden Ausnahmefälle dar und werden sich daher nachteilig auf die Vollziehbarkeit der Hauptfeststellung durch die Finanzämter auswirken.

Für die *Bewertung bebauter Grundstücke* sind darüber hinaus weitergehende Angaben des Steuerpflichtigen erforderlich. Die für das *Ertragswertverfahren*, welches für die Mehrheit der Steuerpflichtigen relevant ist (circa 24 Mio. wirtschaftliche Einheiten),[1664] erforderlichen Angaben sind überschaubar und dem Steuerpflichtigen regelmäßig bereits bekannt. Zu den Angaben gehören: die Lage des Grundstücks, die Grundstücksart, die Grundstücksfläche, das Jahr der Bezugsfertigkeit und die Wohnfläche.[1665] Für viele Steuerpflichtige wird die Wohn- und Nutzfläche bereits bekannt sein. Infolge von Umbauarbeiten kann sich die Wohn- und Nutzfläche jedoch verändert haben, sodass diese ggfs. durch den Steuerpflichtigen neu zu bestimmen ist. Dies ist mit einem zusätzlichen, aber überschaubaren Aufwand verbunden. Regelmäßig bleibt die Wohn- und Nutzfläche für zukünftige Hauptfeststellungszeitpunkte unverändert und kann daher einfach übernommen werden.[1666]

Die Bewertung der Grundstücke im *Sachwertverfahren* stellt sich demgegenüber deutlich aufwendiger dar. Vielfach wird etwa die maßgebliche Brutto-Grundfläche nicht bekannt und daher noch gesondert zu ermitteln

---

1664 Entwurf zum GrStRefG 2019 v. 25.06.2019, BT-Drs. 19/11085, S. 112.

1665 *Scheffler/Feldner*, Umsetzung der Grundsteuerreform in den Bundesländern, ifSt-Schrift 542, 2021, S. 61.

1666 *Krumm*, Steuerliche Bewertung als Rechtsproblem, 2014, S. 3.

sein.[1667] Außerdem dürfte sich insbesondere für Fertigungs-, Lager-, Industrie- und Montagehallen sowie Spezialgebäude (z. B. Einkaufszentren etc.) ein nicht unerheblicher Aufwand ergeben, die erforderlichen Daten zu ermitteln und zusammenzustellen.[1668] Allerdings wird es sich auch bei den meisten zu ermittelnden Angaben um einen einmalig anfallenden Aufwand handeln. Hinzu kommt, dass derartige Steuerpflichtige regelmäßig (steuerlich) beraten sind und auf die Unterstützung ihres Steuerberaters und fachkundiger Sachverständiger zählen können.

Die Bewertungssystematik ist nach dem Willen des Gesetzgebers so ausgestaltet, dass für zukünftige Hauptfeststellungszeitpunkte größtenteils auf die Abgabe einer Feststellungserklärung verzichtet werden kann, da den Feststellungsfinanzämtern die Angaben über die tatsächlichen Verhältnisse bereits aus der letzten Hauptfeststellung bekannt sind.[1669] Die für die Berücksichtigung der allgemeinen Wertverhältnisse in den zukünftigen Hauptfeststellungszeitpunkten erforderlichen Daten sollen automatisiert an die Finanzverwaltung übermittelt und von dieser überwiegend automatisiert verarbeitet werden. Infolgedessen soll der mit der Grundsteuer verbundene Aufwand für zukünftige Hauptfeststellungen sowohl für die Finanzverwaltung als auch für die Steuerpflichtigen noch einmal deutlich reduziert werden. Die Steuerpflichtigen müssen zukünftig dann nur noch Änderungen der tatsächlichen Verhältnisse im Wege einer vereinfachten elektronischen Anzeige dem Feststellungsfinanzamt mitteilen.[1670] Hierdurch ergibt sich auch für die Steuerpflichtigen eine erhebliche Entlastung. Allerdings werden Steuerpflichtige zukünftig tatsächliche Veränderungen für steuerliche Zwecke nachhalten müssen, um diese dem Feststellungsfinanzamt für Zwecke der Grundsteuer anzuzeigen (§ 19 GrStG, § 228 BewG).

Zur Administrierbarkeit der Grundsteuer gehört jedoch nicht nur der Erfüllungsaufwand für die Steuerpflichtigen und die Finanzverwaltung. Entscheidend kommt es für die Durchführung der Hauptfeststellungen auch darauf an, dass die Finanzämter über aktuelle Bewertungsdaten, insbesondere

---

1667 *Scheffler/Feldner*, Umsetzung der Grundsteuerreform in den Bundesländern, ifSt-Schrift 542, 2021, S. 62.

1668 *Krumm*, Steuerliche Bewertung als Rechtsproblem, 2014, S. 3 f.

1669 Entwurf zum GrStRefG 2019 v. 25.06.2019, BT-Drs. 19/11085, S. 87.

1670 Entwurf zum GrStRefG 2019 v. 25.06.2019, BT-Drs. 19/11085, S. 87.

über die von den Gutachterausschüssen ermittelten Bodenrichtwerte, verfügen.[1671] *Roman Seer* geht daher zurecht davon aus, dass die Umsetzung der Hauptfeststellung bei einer auf Daten der Gutachterausschüsse beruhenden Bewertung auch eine verbesserte Ausstattung der Gutachterausschüsse erfordert.[1672] Dementsprechend wäre im Gesetzgebungsverfahren auch der Erfüllungsaufwand für die Gutachterausschüsse bei der Grundsteuerreform zu berücksichtigen gewesen. Dieser Aspekt wurde im Gesetzgebungsverfahren zum GrStRefG jedoch – soweit ersichtlich – nicht thematisiert. Sofern belastbare Daten für die steuerliche Bewertung zeitnah zum Hauptfeststellungszeitpunkt verfügbar sein sollen, erfordert dies eine entsprechende Leistungsfähigkeit der Gutachterausschüsse. Dass eine solche Leistungsfähigkeit flächendeckend anzunehmen ist, wird jedoch bereits seit Jahrzehnten angezweifelt.[1673] Eine unzureichende personelle, finanzielle und sachliche Ausstattung ist bei den Gutachterausschüssen leider kein Einzelfall. Diese wirkt sich erheblich nachteilig auf die Qualität der ermittelten Daten, insbesondere auf die Bodenrichtwerte, aus.[1674] Zudem kommen im Zuge der Grundsteuerreform erhebliche Mehrbelastungen auf die Gutachterausschüsse zu. Dies liegt einerseits an der Verschärfung der einschlägigen Regelungen für die Ermittlung der Bodenrichtwerte (zunächst § 10 Abs. 3 ImmoWertV 2010;[1675] anschließend Einführung der ImmoWertV 2021). Andererseits ergeben sich weitere erhebliche Belastungen durch die Anknüpfung der grundsteuerlichen Bewertung an die Bodenrichtwerte. So haben viele Gutachterausschüsse wegen des siebenjährigen Hauptfeststellungszeitraums außerplanmäßig besondere Bodenrichtwerte für steuerliche Zwecke zu ermitteln. Auch haben sie nach § 196 Abs. 2 Satz 1 BauGB nun grundsätzlich auch bei der turnusmäßigen Fortschreibung der allgemeinen Bodenrichtwerte zusätzlich besondere Bodenrichtwerte für steuerliche Zwecke zu ermitteln.[1676] Es ist wahrscheinlich, dass diese erheblichen Zusatzbelastungen nicht durch alle

---

[1671] Entwurf der BReg zum GrStRefG 2019 v. 09.08.2019, BR-Drs. 354/19, S. 93; Entwurf zum GrStRefG 2019 v. 25.06.2019, BT-Drs. 19/11085, S. 89.

[1672] *Seer*, DB 2018, 1488 (1491); siehe hierzu ausführlich unter Gliederungspunkt § 1, V. und § 3, III., 4., a), dd).

[1673] Siehe hierzu unter Gliederungspunkt § 3, III., 4., a), dd), (2).

[1674] Siehe hierzu unter Gliederungspunkt § 3, III., 4., a), dd), (1).

[1675] In der Fassung des Art. 16 Nr. 1 des GrStRefG v. 26.11.2019, BGBl. I S. 1794.

[1676] A 247.3 Abs. 2 AEBewGrSt 2021.

Bundesländer und nicht in gleicher Weise (insbesondere durch finanzielle und personelle Ausstattung) kompensiert werden. Es ist daher nicht unwahrscheinlich, dass viele Gutachterausschüsse erhebliche Schwierigkeiten haben werden, die für die steuerliche Bewertung benötigten Daten sachgerecht zu ermitteln und zeitnah zum Hauptfeststellungszeitpunkt zur Verfügung zu stellen. Letztendlich kommt es für die Bodenrichtwerte als steuerliche Bewertungsgrundlage nicht nur darauf an, dass diese den Finanzämtern für die rechtzeitige Durchführung der Bewertung vorliegen, sondern vor allem auch, dass diese sachgerecht und belastbar ermittelt wurden.[1677]

Im Ergebnis ist festzuhalten, dass die Bewertung für Zwecke der Bundesgrundsteuer auf den ersten Blick gut für die Finanzverwaltung und die Steuerpflichtigen administrierbar erscheint.[1678] Für die an der Grundsteuerreform beteiligten Gutachterausschüsse ist die Bundesgrundsteuer hingegen mit erheblichen Mehrbelastungen verbunden. Sofern die Gutachterausschüsse infolge eingeschränkter Leistungsfähigkeit nicht rechtzeitig die für die steuerliche Bewertung erforderlichen Daten ermitteln und veröffentlichen, kann sich dies auch nachteilig auf die Vollziehbarkeit durch die Finanzverwaltung auswirken (vgl. § 247 Abs. 3 BewG). Die Ausgestaltung des Bundesgrundsteuerrechts erscheint ansonsten überwiegend geeignet, um mit den bestehenden Kapazitäten der Finanzverwaltung vollzogen werden zu können. Eine automationsgestützte Umsetzung des Bewertungsverfahrens ist zwar in großen Bereichen möglich, allerdings verbleiben bei der Bewertung Einzelfragen, die sich nicht automatisiert bewältigen lassen. Außerdem weisen einzelne Bewertungsnormen ein nicht unerhebliches Streitpotenzial auf. Insbesondere wenn sich die vom Gesetzgeber vorgesehene verbindliche Heranziehung der im Regelfall unangepassten und ungeprüften Bodenrichtwerte nicht halten lässt,[1679] kommt auf die Feststellungsfinanzämter eine deutliche Mehrbelastung zu. Hiervon betroffen wären nicht nur die Bewertungsstellen, die ggfs.

1677 Siehe hierzu noch ausführlich unter Gliederungspunkt § 3, III.

1678 *Krumm*, Sachverständige Stellungnahme zum Antrag der Fraktion BÜNDNIS 90/DIE GRÜNEN im Landtag Nordrhein-Westfalen vom 01.11.2020, Stellungnahme 17/3252, S. 40 ff.; so wohl auch *Scheffler/Feldner*, Umsetzung der Grundsteuerreform in den Bundesländern, ifSt-Schrift 542, 2021, S. 62; a. A. *I. Schmidt*, KommP spezial 3/2021, 120 (121); *G. Kirchhof*, DB 2023, 1116 (1119).

1679 Siehe zur gleichheitsrechtlich gebotenen Anpassung der Bodenrichtwerte im grundsteuerlichen Bodenrichtwertverfahren unter Gliederungspunkt § 3, IV., 3., b), bb), etwaige Angaben für die Anpassung der Bodenrichtwerte zusätzlich erheben müssten, sondern auch die Rechtsbehelfsstellen und Finanzgerichte, die sich verstärkt mit dem Zustandekommen der Bodenrichtwerte beschäftigen müssten. Etwaige Anfechtungen der Bodenrichtwerte würden auch Kapazitäten bei den Gutachterausschüssen binden, die dann zukünftig für die Ermittlung der Bodenrichtwerte fehlen würden, was sich wiederum nachteilig auf die Qualität der Bodenrichtwerte auswirken kann.

c) Grundsteuergesetze der Bundesländer

aa) Überblick über die abweichenden Grundsteuergesetze der Bundesländer

Im Zuge der Grundsteuer-Reform wurde es den Bundesländern durch den neu eingeführten Art. 72 Abs. 3 Satz 1 Nr. 7 GG gestattet, eine vom Bundesrecht abweichende Regelung über die Grundsteuer zu treffen.[1680] Diese sog. Abweichungsbefugnis ermöglicht es den Ländern, ein eigenständiges Grundsteuergesetz mit einer abweichenden Bewertungssystematik zu erlassen.[1681] Auch teilweise Abweichungen in Form eines eigenständigen Bewertungssystems unter Verweis im Übrigen auf das Grundsteuergesetz des Bundes oder die Übernahme der bundesgesetzlichen Regelungen unter Festlegung abweichender Steuermesszahlen für die unterschiedlichen Grundstücksarten sind möglich.[1682] Dieses abweichende Landesrecht darf gemäß Art. 125b Abs. 3 GG frühestens für die Erhebung der Grundsteuer für Zeiträume ab dem 1. Januar 2025 zugrunde gelegt werden.

Die Bundesländer haben von der Abweichungsbefugnis in unterschiedlichem Maß Gebrauch gemacht. Als erstes Bundesland hat *Baden-Württemberg*

---

(2), (c); siehe zur verfassungsrechtlich gebotenen Kontrolle der Bodenrichtwerte durch die Finanzgerichte unter Gliederungspunkt § 4, III., 4.

1680 Kritisch zur systematischen Stellung innerhalb des GG; *Hey*, ZG 2019, 297 (301 f.).

1681 *Krumm*, Sachverständige Stellungnahme zum Antrag der Fraktion BÜNDNIS 90/DIE GRÜNEN im Landtag Nordrhein-Westfalen vom 01.11.2020, Stellungnahme 17/3252, S. 16.

1682 *Krumm*, Sachverständige Stellungnahme zum Antrag der Fraktion BÜNDNIS 90/DIE GRÜNEN im Landtag Nordrhein-Westfalen vom 01.11.2020, Stellungnahme 17/3252, S. 16.

ein eigenes Landesgrundsteuergesetz (LGrStG BW)[1683] beschlossen. Das Gesetz sieht sowohl eigenständige Vorschriften für die Bewertung des land- und forstwirtschaftlichen Vermögens (sog. Grundsteuer A) als auch für die Bewertung des Grundvermögens (sog. Grundsteuer B) sowie eigenständige verfahrensrechtliche Vorgaben für die Grundsteuer vor.[1684] Die Möglichkeit der Abweichung wird durch das Gesetz erschöpfend und vollumfänglich wahrgenommen.[1685] Während sich das im baden-württembergischen Landesgrundsteuergesetz geregelte Bewertungssystem für das land- und forstwirtschaftliche Vermögen stark an den bundesgesetzlichen Regelungen orientiert, ist für die Bewertung des Grundvermögens eine grundlegend andere Bewertungssystematik vorgesehen. Die Grundsteuer B ist als sog. Bodenwertsteuer ausgestaltet, die für die Bewertung sowohl bebauter als auch unbebauter Grundstücke lediglich den Bodenwert des zu bewertenden Grundstücks zugrunde legt.[1686]

Die Länder *Bayern*,[1687] *Hamburg*,[1688] *Hessen*[1689] und *Niedersachsen*[1690] haben ebenfalls eigenständige Grundsteuergesetze erlassen. Diese Landesgrundsteuergesetze sehen in Bezug auf die Grundsteuer A nur punktuelle Abweichungen oder Ergänzungen vor; im Übrigen wird für die Bewertung des land- und forstwirtschaftlichen Vermögens bis auf einige Modifikationen die bundesgesetzliche Bewertungssystematik übernommen. Wesentliche Abweichungen enthalten diese Landesgrundsteuergesetze jedoch insbesondere im Hinblick auf die Bewertung des Grundvermögens (Grundsteuer B).

1683 Gesetz zur Regelung einer Landesgrundsteuer (LGrStG BW) v. 04.11.2020, BW GBl. 2020, S. 974.

1684 *Krumm*, Sachverständige Stellungnahme zum Antrag der Fraktion BÜNDNIS 90/ DIE GRÜNEN im Landtag Nordrhein-Westfalen vom 01.11.2020, Stellungnahme 17/3252, S. 18.

1685 *LT BW*, Entwurf eines LGrStG v. 30.09.2020, LT-Drs. 16/8907, S. 48.

1686 Vgl. zur Ausgestaltung der Grundsteuer als Bodenwertsteuer allgemein: *Josten*, GuG 6/1999, 321; *D. Löhr/Kempny*, DStR 2019, 537. Vgl. speziell zum LGrStG BW: *G. Kirchhof*, DB 2020, 2600; *F. Schmidt*, NWB-EV 2021, 64–66.

1687 Bayrisches Grundsteuergesetz (BayGrStG) v. 10.12.2021, BayGVBl. S. 638.

1688 Hamburgisches Grundsteuergesetz (HmbGrStG) v. 24.08.2021, HmbGVBl. 2021, 600.

1689 Hessisches Grundsteuergesetz (HGrStG) v. 15.12.2021, HE GVBl. 2021, 906.

1690 Niedersächsisches Grundsteuergesetz (NGrStG) v. 07.07.2021, Nds. GVBl. 2021, 502.

Bayern hat sich für die Bewertung des Grundvermögens für ein reines Flächenmodell entschieden. Der Grundsteuermessbetrag ergibt sich gemäß Art. 1 Abs. 2 Satz 1 BayGrStG durch Multiplikation der maßgeblichen Flächen (Grundstücksfläche, Wohn- und Nutzfläche) mit der jeweils maßgeblichen Äquivalenzzahl. Eine Lagekomponente ist bei diesem Modell nicht vorgesehen. Dementsprechend sind auch die Bodenrichtwerte bei dem reinen Flächenmodell nicht relevant.

Die Bewertungssystematik des Landesgrundsteuergesetzes von *Hamburg* ähnelt dem von Bayern. Auch bei dem hamburgischen Landesgrundsteuergesetz bestimmt sich der Grundsteuermessbetrag anhand der Multiplikation der maßgeblichen Flächen mit der jeweiligen Äquivalenzzahl. Anders als in Bayern sieht das hamburgische Landesgrundsteuergesetz in § 4 Abs. 2 Satz 1 HmbGrStG eine Ermäßigung der auf den Grundsteuermessbetrag anzuwendenden Grundsteuermesszahl für „normale Wohnlagen“ vor (sog. Wohnlagenmodell). Nach § 4 Abs. 2 Satz 2 HmbGrStG wird der Senat ermächtigt, durch Rechtsverordnung für Zwecke der Grundsteuer ein Verzeichnis für gute und normale Wohnlagen zu erlassen. Weisen Steuerpflichtige eine andere Wohnlage nach, so ist diese anzusetzen. Für die Einordnung der Lagequalität stellt der (durchschnittliche) Bodenrichtwert einen unter mehreren Indikatoren dar.[1691] Unmittelbar haben die Bodenrichtwerte in diesem Bewertungsmodell jedoch keine Relevanz.

Niedersachsen und *Hessen* haben sich jeweils für ein modifiziertes Flächenmodell entschieden. Im Unterschied zum bayerischen Flächenmodell wird die Berechnung des Grundsteuermessbetrags um einen Faktor ergänzt, der die individuelle Lagewertigkeit des Bewertungsobjekts berücksichtigen soll. Dieser Faktor wird in beiden Bundesländern unter Heranziehung von Bodenrichtwerten bestimmt. Die Ermittlung des Lagefaktors ist in beiden Bundesländern ähnlich, unterscheidet sich jedoch im Detail. Dabei kommt dem Lagefaktor nach dem Willen des Gesetzgebers nicht die Funktion einer Wertkomponente zu. Dieser soll lediglich einen Indikator für die Lagequalität des Grundstücks darstellen.[1692]

1691 Methodenbericht vom 29.03.2022 zur Aktualisierung des Hamburger Wohnlagenverzeichnisses 2021, S. 5 f.

1692 Entwurf eines Nds. LGrStG v. 14.04.2021, LT-Drs. 18/8995, S. 24; Gesetzesentwurf der LReg. zum HGrStG v. 21.09.2021, Korrektur zu Drucksache 20/6379, S. 20.

Die verbleibenden elf Bundesländer haben sich grundsätzlich dazu entschieden, keine abweichenden Grundsteuergesetze zu erlassen und die Grundsteuer nach den bundesrechtlichen Vorgaben zu erheben. Dies trifft auch auf *Sachsen* und das *Saarland* zu. Allerdings haben diese Länder in eigenen Landesgesetzen[1693] vom Bundesgesetz abweichende landesspezifische Steuermesszahlen für Grundstücke des Grundvermögens festgelegt. Dadurch soll die Grundsteuerbelastung von Wohngrundstücken gegenüber den Nichtwohngrundstücken verringert werden.[1694]

bb) Baden-Württemberg: Bodenwertsteuer

Die baden-württembergische Landesgrundsteuer ist hinsichtlich der Bewertung des Grundvermögens (Grundsteuer B) abweichend von der bundesrechtlichen Bewertungssystematik als sog. Bodenwertsteuer ausgestaltet. Bei der Bodenwertsteuer ist die zu bewertende wirtschaftliche Einheit des Grundvermögens zwar weiterhin das jeweilige Grundstück, allerdings umfasst der Steuergegenstand abweichend von der zivilrechtlichen Betrachtung nur den ganzen oder anteiligen Grund und Boden (§ 37 Abs. 1 LGrStG BW). Bei bebauten Grundstücken sind die aufstehenden Gebäude also nicht Teil des Steuergegenstandes. Folglich ermittelt sich der Grundsteuerwert gemäß § 38 Abs. 1 Satz 1 LGrStG BW durch Multiplikation der Fläche des Grund und Bodens des zu bewertenden Grundstücks mit dem jeweiligen Bodenrichtwert gemäß § 196 BauGB. Durch die Anknüpfung an die Bodenrichtwerte als einzigen wertbildenden Faktor kommt diesen bei der baden-württembergischen Grundsteuer eine noch größere Bedeutung zu als im Bundesgrundsteuerrecht, bei dem die Bodenrichtwerte nur eine unter mehreren Bewertungsgrundlagen darstellen.

Die Anknüpfung an die Bodenrichtwerte als zentrales Bewertungskriterium ermöglicht nach Auffassung des Gesetzgebers eine genaue, transparente und eindeutige Differenzierung der unterschiedlichen Grundstücke.[1695]

1693 Gesetz Nr. 2040 zur Einführung einer Landesgrundsteuer (Saarländisches Grundsteuergesetz – GrStG-Saar) v. 15.09.2021, Sarl. Amtsblatt I 2021, 2372; Sächsisches Gesetz über die Festsetzung der Steuermesszahlen bei der Grundsteuer v. 21.12.2021 (Sächsisches Grundsteuermesszahlengesetz – SächsGrStMG), SächsGVBl. 2022, 9.

1694 *Grootens*, NWB-EV 2022, 110 (116); *Scheffler/Feldner*, Umsetzung der Grundsteuerreform in den Bundesländern, ifSt-Schrift 542, 2021, S. 58.

1695 *LT BW*, Entwurf eines LGrStG v. 30.09.2020, LT-Drs. 16/8907, S. 53.

Dadurch werde einerseits eine realitätsgerechte und folgerichtige Darstellung der Wertverhältnisse und somit eine gleichheitsgerechte und effektive Besteuerung gewährleistet.[1696] Andererseits werde hierdurch auch einer möglichst einfachen Ermittlung der Besteuerungsgrundlagen und damit einer praktischen Umsetzbarkeit der Massenbewertung hinreichend Rechnung getragen.[1697] Im Übrigen handele es sich bei der Wertermittlungsmethode für Grundstücke unter Heranziehung der Bodenrichtwerte um eine verfassungsrechtlich unbedenkliche typisierende Bewertungsmethode in einem neuen System.[1698] Die Bodenrichtwerte sollen für die Steuerpflichtigen und Finanzämter nach Auffassung des Gesetzgebers verbindlich sein.[1699]

Obwohl der nach Maßgabe von § 38 Abs. 1 LGrStG BW ermittelte Bodenwert nach Auffassung des Gesetzgebers den Verkehrswert des zu bewertenden (unbebauten) Grundstücks lage- und relationsgerecht widerspiegeln soll,[1700] ist eine in der Verkehrswertermittlung zwingende objektspezifische Anpassung der Bodenrichtwerte (vgl. § 24 Abs. 2 Nr. 2 i. V. m. § 26 Abs. 2 ImmoWertV) nicht gesetzlich vorgesehen und vom Gesetzgeber auch nicht gewollt.[1701] Im Vergleich zum Bundesgrundsteuerrecht ist in Baden-Württemberg nicht einmal eine Anpassung an einen abweichenden Entwicklungszustand vorgesehen. Die Anknüpfung an den unangepassten Zonenwert ist nach Auffassung des Gesetzgebers essenziell, um die Administrierbarkeit der Grundsteuer in einem Massenverfahren herstellen zu können. Eine individuelle Anpassung der Bodenrichtwerte würde nach Auffassung des Gesetzgebers die rechtzeitige Umsetzung der Grundsteuerreform gefährden.[1702]

Methodisch handelt es sich bei der in § 38 Abs. 1 LGrStG BW vorgesehen Bewertungssystematik auf den ersten Blick zwar auch um einen mittelbaren Preisvergleich anhand von Bodenrichtwerten. Da allerdings die

---

1696 *LT BW*, Entwurf eines LGrStG v. 30.09.2020, LT-Drs. 16/8907, S. 54; so zuvor bereits *Seer*, DB 2018, 1488 (1493).

1697 *LT BW*, Entwurf eines LGrStG v. 30.09.2020, LT-Drs. 16/8907, S. 55; so zuvor bereits *Josten*, GuG 6/1999, 321 (322, 330); *Seer*, DB 2018, 1488 (1493).

1698 *LT BW*, Entwurf eines LGrStG v. 30.09.2020, LT-Drs. 16/8907, S. 81.

1699 *LT BW*, Entwurf eines LGrStG v. 30.09.2020, LT-Drs. 16/8907, S. 81.

1700 *LT BW*, Entwurf eines LGrStG v. 30.09.2020, LT-Drs. 16/8907, S. 55.

1701 *LT BW*, Entwurf eines LGrStG v. 30.09.2020, LT-Drs. 16/8907, S. 81; Entwurf zum ÄndGLGrStG v. 26.10.2021, BW LT-Drs. 17/1076, S. 19.

1702 Entwurf zum ÄndGLGrStG v. 26.10.2021, BW LT-Drs. 17/1076, S. 19.

Grundstücksmerkmale des Bodenrichtwertgrundstücks keine Berücksichtigung finden und keine Anpassungen vorgenommen werden, verkommen die Bodenrichtwerte zu bloßen Rechenwerten (Bodenrichtwertzahlen). Als Bewertung kann diese Rechenoperation an sich nicht mehr bezeichnet werden.[1703]

Mit der nachträglich eingeführten Öffnungsklausel in § 38 Abs. 4 LGrStG BW[1704] wurde dem Steuerpflichtigen eine mit § 198 BewG vergleichbare Nachweismöglichkeit eröffnet, um im Einzelfall einer Überbewertung des Grund und Bodens durch die typisierende Bewertung mittels der Bodenrichtwerte entgegenwirken zu können.[1705] Auf Antrag des Steuerpflichtigen kann ein anderer Wert des Grundstücks nachgewiesen werden, wenn der durch ein qualifiziertes Gutachten nachgewiesene tatsächliche Wert des Grund und Bodens zum Zeitpunkt der Hauptfeststellung mehr als 30 % von dem Wert nach § 38 Abs. 1 oder 3 LGrStG abweicht. Als Bewertungsmaßstab ist mit dem „tatsächlichen Wert" offenbar der Verkehrswert gemeint. Als Grundstück gilt nach § 37 Abs. 1 LGrStG BW nur der ganze oder anteilige Grund und Boden. Der Nachweis hat sich daher auf ein (fiktiv) unbebautes Grundstück zu beziehen.[1706]

Die Administrierbarkeit des Landesgrundsteuergesetzes wird entscheidend von der Belastbarkeit und Verbindlichkeit der Bodenrichtwerte abhängen. Das Landesgrundsteuergesetz fußt auf der zur Grundbesitzbewertung ergangenen Rechtsprechung des Bundesfinanzhofs, nach der die Bodenrichtwerte für die Beteiligten im Steuerrechtsverhältnis verbindlich sind und nur sehr eingeschränkt gerichtlich überprüft werden können.[1707] Eine Änderung dieser Rechtsprechung zugunsten einer genaueren Überprüfung im Einzelfall würde sowohl die Feststellungsfinanzämter als auch die für die

---

1703 Vgl. hierzu bereits zur Bundesgrundsteuer unter Gliederungspunkt § 2, II., 3., b), cc), (1), (f).

1704 Art. 1 Nr. 2 c) des Gesetzes zur Änderung des Landesgrundsteuergesetzes und zur Einführung eines gesonderten Hebesatzrechts zur Mobilisierung von Bauland (ÄndGLGrStG) v. 22.12.2021, GBl. 2021, 1029.

1705 Entwurf zum ÄndGLGrStG v. 26.10.2021, BW LT-Drs. 17/1076, S. 19 f.; vgl. zu der Erforderlichkeit einer solchen Klausel *D. Löhr/Kempny*, DStR 2019, 537 (541); *Marx*, DStZ 2020, 758 (762, 764); *G. Kirchhof*, DB 2020, 2600 (2603).

1706 Entwurf zum ÄndGLGrStG v. 26.10.2021, BW LT-Drs. 17/1076, S. 19.

1707 Siehe hierzu unter Gliederungspunkt § 2, II., 2., d), bb), (4).

Bodenrichtwertermittlung zuständigen Gutachterausschüsse deutlich mehr belasten und die Administrierbarkeit deutlich einschränken.[1708]

Eine solche finanzgerichtliche Kontrolle dürfte vermutlich in Baden-Württemberg große Mängel aufdecken. Der Gesetzgeber überschätzt die Qualität der Bodenrichtwerte in Baden-Württemberg erheblich. Die Gutachterausschüsse waren zumindest in der Vergangenheit in ihrer Leistungsfähig häufig stark eingeschränkt. Zu nennen sind an dieser Stelle insbesondere die vielfach zu kleinen Zuständigkeitsbereiche, aber auch die oftmals schlechte personelle und sachliche Ausstattung der Gutachterausschüsse und deren Geschäftsstellen, die bei den Gemeinden angesiedelt sind.[1709] Diese Missstände dürften zumindest teilweise durch die Zusammenlegung vieler Gutachterausschüsse reduziert worden sein. Es ist jedoch nicht davon auszugehen, dass alleine die Zusammenlegung sämtliche Mängel beseitigen wird. Insbesondere dürfte die Leistungsfähigkeit vieler Gutachterausschüsse immer noch deutliche Defizite aufweisen. Auch das Gutachterausschusswesen an sich ist deutlich schlechter organisiert als in anderen Bundesländern. Eine Zentrale Geschäftsstelle und eine Arbeitsgemeinschaft zur Verbesserung der Zusammenarbeit der Gutachterausschüsse wurden erst wesentlich später als in anderen Bundesländern eingerichtet.[1710] Die schlechte Leistungsfähigkeit und die Uneinheitlichkeit der Datenerhebung werden beispielsweise bei der Datenbereitstellung der Gutachterausschüsse für den Immobilienmarktbericht Deutschland offenbar. Von den Gutachterausschüssen in Baden-Württemberg wurden im Kalenderjahr 2020 lediglich für 9 % der Gebietsfläche Grundstücksmarktdaten zur Verfügung gestellt. Im Jahr 2022 wurden die Daten immerhin für 20 % der Gebietsfläche bereitgestellt. Die meisten anderen Bundesländer weisen eine Quote von 100 % auf.[1711] Für große Teile des Landesgebiets sind derzeit über die einschlägigen Onlineplattformen (BORIS-D, BORIS-BW) keine

---

1708 *Krumm*, Sachverständige Stellungnahme zum Antrag der Fraktion BÜNDNIS 90/ DIE GRÜNEN im Landtag Nordrhein-Westfalen vom 01.11.2020, Stellungnahme 17/3252, S. 4, 43 f.

1709 *Schmidt*, GuG 6/1992, 330; *J. Schmidt*, GuG 6/1996, 351; *Staiber/Meidinger*, GuG 3/2019, 159.

1710 Obwohl die Verpflichtung zur Einrichtung bereits seit dem 01.07.2009 bestand, hat Baden-Württemberg erst zum 01.12.2017 eine Zentrale Geschäftsstelle eingerichtet, vgl. https://www.zgg-bw.de/Aufgaben/ (letzter Abruf 28.09.2025).

1711 AK OGA, Immobilienmarktbericht Deutschland 2023, S. 9.

Bodenrichtwerte abrufbar. Da die Bodenrichtwerte den einzigen wertbildenden Faktor in der Bewertung darstellen, hat die Qualität der Bodenrichtwerte erheblichen Einfluss auf die Qualität der Grundsteuerwerte.[1712] Der Bestand des baden-württembergischen Landesgrundsteuergesetzes wird daher maßgeblich von der Qualität der Bodenrichtwerte in diesem Bundesland abhängen. Derzeit sind bereits mehrere Verfahren beim Finanzgericht Baden-Württemberg anhängig, die unter anderem auch die Verfassungsmäßigkeit des Bodenrichtwertansatzes betreffen.[1713]

cc) Niedersachsen: Flächen-Lage-Modell

Niedersachsen und Hessen haben ebenfalls eigene Landesgrundsteuergesetze beschlossen, bei denen die Bewertung des Grundvermögens nach einem sog. Flächen-Lage-Modell erfolgt. Die Bewertungssystematiken beider Länder entsprechen sich weitgehend. Detailabweichungen ergeben sich jedoch wegen der in den Ländern unterschiedlichen Datenverfügbarkeit.[1714] Die folgenden Ausführungen beziehen sich auf das niedersächsische Grundsteuergesetz. Sie sind jedoch grundsätzlich auch auf das hessische Grundsteuergesetz übertragbar.

Die Bewertungssystematik für das Grundvermögen zielt nicht auf die Ermittlung eines individuellen gemeinen Werts bzw. eines Verkehrswerts für das zu bewertende Grundstück ab. Der im Flächen-Lage-Modell ermittelte Grundsteuerwert ist vielmehr das Ergebnis einer schematischen Berechnung. Sowohl die Äquivalenzzahlen als auch der Lage-Faktor stellen nur Rechengrößen dar.[1715] Anhand der maßgeblichen Äquivalenzzahlen sollen nach dem Willen des Gesetzgebers lediglich Relationen abgebildet werden, *„anhand derer das kommunale Nutzungsangebot zugeordnet wird, das dem örtlichen Grundstückseigentümer bezogen auf sein Steuerobjekt zugute kommt und nicht bereits*

[1712] *Bräutigam/Uli Weber*, DStR 2023, 739 (741).

[1713] Az. 8 K 2368/22, 8 K 1582/23, 2 K 1606/23 und 2 K 1862/23; siehe hierzu auch *Bräutigam/Uli Weber*, DStR 2023, 739 (741).

[1714] Entwurf eines Nds. LGrStG v. 14.04.2021, LT-Drs. 18/8995, S. 2.

[1715] Entwurf eines Nds. LGrStG v. 14.04.2021, LT-Drs. 18/8995, S. 14; *Niebuhr*, NWB 2020, 860 (861); zu dieser Ausgestaltung der Grundsteuer bereits *Zitzelsberger*, in: FS Ritter, 1997, S. 661 (670).

durch das besondere Kommunalabgabenrecht abgegolten wird“.[1716] Es handelt sich folglich um ein wertunabhängiges Bewertungsmodell. Das Ergebnis der Berechnung soll nach dem Willen des Gesetzgebers den Äquivalenznutzen repräsentieren, den das jeweilige Grundstück dem Eigentümer vermittelt.[1717]

Der flächen- und nutzungsabhängige Äquivalenzbetrag wird zunächst anhand des Flächenprinzips ermittelt.[1718] Hierzu bestimmt § 2 Abs. 3 NGrStG, dass für die Ermittlung des Äquivalenzbetrags des Grund und Bodens zunächst die Fläche des Grund und Bodens (in Quadratmeter) mit der maßgeblichen pauschalen Äquivalenzzahl (0,04 Euro) zu multiplizieren ist.[1719] Bei bebauten Grundstücken ist zusätzlich der Wert für das Gebäude durch Multiplikation der Wohn- oder Nutzfläche (in Quadratmetern) mit der maßgeblichen pauschalen Äquivalenzzahl (0,50 Euro) zu bestimmen. Im Landesgrundsteuergesetz ist nicht bestimmt, nach welchen Vorgaben die maßgeblichen Flächen, insbesondere Wohn- und Nutzfläche, bestimmt werden sollen.[1720] Die niedersächsische Finanzverwaltung geht hingegen davon aus, dass diese Begriffe hinreichend festlegen, dass die Flächen nach den üblich anerkannten Methoden zu berechnen sind.[1721] Die Wohnfläche ist hiernach insbesondere nach den Regelungen der aktuellen Wohnflächenverordnung (WoFlV) vom 25. November 2003[1722] zu berechnen.[1723] In der Praxis wird es jedoch vermutlich in vielen Fällen zu einer sehr unterschiedlichen und ungenauen Berechnung der maßgeblichen Flächen durch die Steuerpflichtigen kommen.

Um einen differenzierten Belastungsverteilung zu gewährleisten, wird bei der Ermittlung des Äquivalenzbetrags ein Lage-Faktor ergänzend herangezogen.[1724] Die sich aus der Multiplikation der Grundstücksfläche oder der Wohn- oder Nutzfläche ergebenden Produkte sind jeweils mit dem sich

---

1716 Entwurf eines Nds. LGrStG v. 14.04.2021, LT-Drs. 18/8995, S. 14; kritisch hierzu: *D. Löhr*, BB 2022, 87 (90 f.).

1717 Entwurf eines Nds. LGrStG v. 14.04.2021, LT-Drs. 18/8995, S. 12 f.; kritisch hierzu: *D. Löhr*, BB 2019, 2589 (2591); *D. Löhr*, BB 2022, 87 (88).

1718 Entwurf eines Nds. LGrStG v. 14.04.2021, LT-Drs. 18/8995, S. 13.

1719 Bei großen Grundstücken gelten Besonderheiten gemäß § 4 Abs. 2 Satz 2 NGrStG.

1720 Kritisch hierzu auch *Arconanda Valbuena/Rennar*, AStW 2022, 400.

1721 A 3 Abs. 1 Satz 5 AENGrStG.

1722 BGBl. I S. 2346.

1723 A 3 Abs. 1 Satz 6 AENGrStG.

1724 Entwurf eines Nds. LGrStG v. 14.04.2021, LT-Drs. 18/8995, S. 14.

nach § 5 NGrStG ergebenden Lage-Faktor zu multiplizieren und ergeben so jeweils den Äquivalenzbetrag des Grund und Bodens oder des Gebäudes. Der Lage-Faktor besteht aus zwei Komponenten: Die *Hauptkomponente* setzt sich aus dem Verhältnis des Bodenrichtwerts für das jeweilige Grundstück zum durchschnittlichen Bodenwert (bzw. Bodenrichtwert) in der jeweiligen Gemeinde zusammen. Dadurch soll bewirkt werden, dass der Äquivalenzbetrag eines Grundstücks, welches in einer Bodenrichtwertzone mit einem im Vergleich zum Gemeindemittel unterdurchschnittlichen Bodenrichtwert liegt, gemindert wird. Eine überdurchschnittliche Lage hat eine Erhöhung des Äquivalenzbetrags zur Folge. Bei einem durchschnittlichen Lagewert verändert sich der Äquivalenzbetrag nicht.[1725] Die *zweite Komponente* besteht aus einem auf diese Lagerelation anzuwendenden Exponent in Höhe von 0,3.[1726] Durch die zweite Komponente soll verhindert werden, dass der Grundsteuerausgangsbetrag in eine lineare Beziehung zu dem Lage-Faktor gesetzt wird.[1727] Die gedämpfte Heranziehung des anhand der Bodenrichtwerte ermittelten Lage-Faktor beruht auf der Erkenntnis, dass sich nicht nur die kommunalen Leistungen auf die Bodenrichtwerte auswirken, sondern auch andere Umstände die Höhe der Bodenrichtwerte im Einzelfall beeinflussen.[1728] Bei dem Lage-Faktor handelt es sich nicht um eine gesonderte Wertkomponente. Dieser dient nach Auffassung des Gesetzgebers allein dazu, ein weiteres sachgerechtes Indiz für das Ausmaß der möglichen Inanspruchnahme kommunaler Leistungen darzustellen.[1729] Dementsprechend ist auch keine Anpassung des zonalen Bodenrichtwerts vorzunehmen.[1730]

1725 Entwurf eines Nds. LGrStG v. 14.04.2021, LT-Drs. 18/8995, S. 14.

1726 Entwurf eines Nds. LGrStG v. 14.04.2021, LT-Drs. 18/8995, S. 14; kritisch hierzu: *D. Löhr*, BB 2022, 87 (91 f.).

1727 Entwurf eines Nds. LGrStG v. 14.04.2021, LT-Drs. 18/8995, S. 14.

1728 Entwurf eines Nds. LGrStG v. 14.04.2021, LT-Drs. 18/8995, S. 13.

1729 Entwurf eines Nds. LGrStG v. 14.04.2021, LT-Drs. 18/8995, S. 13.

1730 Entwurf eines Nds. LGrStG v. 14.04.2021, LT-Drs. 18/8995, S. 24.

III. Zusammenschau der Verwendung der Bodenrichtwerte im Steuerrecht

Aus den Erkenntnissen zu der Verwendung der Bodenrichtwerte in der steuerlichen Bewertung lassen sich die folgenden Punkte für die weitere Untersuchung zusammenfassend herausarbeiten:

1. Bodenrichtwerte als anerkannte Bewertungsgrundlage

Im Rahmen der Verkehrswertermittlung werden die (Boden-)Richtwerte bereits seit der WertV 1961 für die Ermittlung des Bodenwerts herangezogen.[1731] Auch für Zwecke der Einheitswertermittlung war in Abschnitt 7 Abs. 2 Satz 1 BewRGr[1732] vorgesehen, dass *„bei der Ermittlung der Bodenwerte* [...] *im allgemeinen von durchschnittlichen Werten auszugehen"* ist, *„die sich für ein Gebiet, eine Straße oder einen Straßenabschnitt ohne Beachtung der Grundstücksgrenzen und ohne Rücksicht auf die besonderen Eigenschaften der einzelnen Grundstücke je Quadratmeter ergeben"*. Bei diesen „durchschnittlichen Werten" handelte es sich jedoch zunächst nicht um die mit dem BBauG 1960 eingeführten (Boden-)Richtwerte, sondern um gesonderte Richtwerte für den Boden, die von den Finanzämtern ermittelt wurden.[1733] In der Folgezeit entschied der Bundesfinanzhof zur Ermittlung des gemeinen Werts eines unbebauten Grundstücks im Rahmen der Einheitsbewertung, dass es sich bei der Bodenwertermittlung auf der Grundlage von Durchschnittswerten um ein gebräuchliches Verfahren handele.[1734] Da meist nicht ausreichend geeignete Vergleichspreise für die Wertermittlung durch Preisvergleich vorhanden waren und die Bodenwertermittlung anhand der (Boden-)Richtwerte einfach vollziehbar war, wurde dieses Verfahren in der Praxis im Regelfall

---

1731 Vgl. § 5 WertV 1961.

1732 Allgemeine Verwaltungsvorschrift über die Richtlinien zur Bewertung des Grundvermögens v. 19.09.1966 (BewRGr), BStBl. 1966 I S. 890.

1733 Richtlinien für die Finanzämter zur Ermittlung der Bodenwerte (Bodenwert-Richtlinien), BStBl. II 1957, S. 30, Rn. 1, 36 ff.; vgl. auch *Janssen*, NaVKV 1/1972, 40 (42 f.).

1734 BFH, Urt. v. 26.09.1980 – III R 21/78, BStBl. II 1981, 153, juris Rn. 8; BFH, Beschl. v. 21.05.1982 – III B 32/81, BStBl. II 1982, 604, juris Rn. 16; BFH, Urt. v. 21.07.1993 – II R 13/91, BFH/NV 1994, 610, juris Rn. 16; BFH, Urt. v. 20.10.2004 – II R 34/02, BStBl. II 2005, 256, juris Rn. 12.

genutzt. Diese Rechtsprechung übertrug der Bundesfinanzhof später auch auf die Bodenwertermittlung für ertragsteuerliche Bewertungsanlässe.[1735]

Mit der Einführung des § 145 Abs. 3 BewG[1736] durch das JStG 1997 knüpfte nun erstmals auch der Gesetzgeber ausdrücklich an die Bodenrichtwerte für Zwecke der Erbschaftsteuer an. Diese Norm hat über das ErbStRG 2009[1737] Einfluss in den derzeit für die Grundbesitzbewertung für Zwecke der Erbschaftsteuer geltenden § 179 BewG gefunden. Für die Bestimmung der Ersatzbemessungsgrundlage der Grunderwerbsteuer waren zunächst noch die Vorgaben der Einheitsbewertung anzuwenden. Mit dem Steueränderungsgesetz 2015 wurde bestimmt, dass sich die Ersatzbemessungsgrundlage nach § 8 Abs. 2 GrEStG nun ausdrücklich auch nach den Vorgaben der Grundbesitzbewertung bestimmt.[1738] Die Bodenrichtwerte werden daher in der steuerlichen Bewertung bereits seit Jahrzehnten als Bewertungsgrundlage herangezogen.[1739] Ihnen kommt steuerartübergreifend eine erhebliche Bedeutung bei der Bewertung von Grundstücken zu.[1740] Aus Sicht des Gesetzgebers,[1741] der Rechtsprechung[1742] und der Literatur[1743] stellen die Bodenrichtwerte daher eine anerkannte Bewertungsgrundlage in der steuerlichen Bewertung dar.

2. Bodenrichtwerte als typisierende Bewertungsgrundlage

Die Bodenwertermittlung im Rahmen der Grundbesitzbewertung (§ 179 BewG), der Bewertung für Zwecke der bundesrechtlichen Grundsteuer

---

1735 BFH, Urt. v. 08.09.1994 – IV R 16/94, BStBl. II 1995, 309, juris Rn. 14; BFH, Urt. v. 21.09.2016 – X R 58/14, BFH/NV 2017, 275, juris Rn. 30; BFH, Urt. v. 19.05.2020 – X R 27/19, BFH/NV 2021, 15, juris Rn. 32 ff.

1736 § 145 Abs. 3 BewG i. d. F. d. Art. 1 Nr. 36 JStG 1997 v. 20.12.1996, BGBl. I 1996, S. 2049.

1737 Gesetz zur Reform des Erbschaftsteuer- und Bewertungsrechts (Erbschaftsteuerreformgesetz – ErbStRG v. 24.12.2008, BGBl. I 2008, 3018.

1738 Art. 8 Nr. 2 des Steueränderungsgesetzes 2015 v. 02.11.2015, BGBl. I 2015, 1834.

1739 So auch ausdrücklich der Gesetzgeber, siehe Entwurf zum GrStRefG 2019 v. 25.06.2019, BT-Drs. 19/11085, S. 109.

1740 *Roscher*, DStR 2012, 122 (122).

1741 Entwurf der BReg zum ErbStRG v. 28.01.2008, BT-Drs. 16/7918, S. 45; Entwurf zum GrStRefG 2019 v. 25.06.2019, BT-Drs. 19/11085, S. 109.

1742 BFH, Urt. v. 11.05.2005 – II R 21/02, BStBl. II 2005, 686, juris Rn. 11.

1743 *Hey*, ZG 2019, 297 (308); *D. Löhr/Kempny*, DStR 2019, 537 (540); *Kleiber*, Verkehrswertermittlung von Grundstücken, 10. Aufl. 2023, § 13 ImmoWertV, Rn. 24; *Richter/Wagner*, DB 2023, 1254.

(§ 247 BewG) und der baden-württembergischen Grundsteuer (§ 38 LGrStG BW) erfolgt durch Multiplikation des Bodenrichtwerts mit der Grundstücksfläche. Die jeweilige steuerliche Bewertungsnorm knüpft also ausdrücklich an die Bodenrichtwerte als Bewertungsgrundlage an. Der Gesetzgeber beabsichtigt mit der Beschränkung der Bodenwertermittlung auf ein typisiertes Bodenrichtwertverfahren eine Verwaltungsvereinfachung.[1744] Im Rahmen der Grundsteuerbewertung ist eine Anpassung der Bodenrichtwerte sogar (ganz überwiegend) ausgeschlossen, was zu einer weiteren Vereinfachung des Verfahrens führt. Im Folgenden wird zusammenfassend herausgearbeitet, inwieweit eine solche Bodenwertermittlung die Finanzämter entlastet und inwieweit die steuerlichen Bodenrichtwertverfahren zu typisierten Bodenwerten führen.

a) Entlastung der Finanzverwaltung durch Anknüpfung an die Bodenrichtwerte

Um eine einfache Administrierbarkeit der steuerlichen Bewertung von Grundstücken zu gewährleisten und die Finanzverwaltung bei der Feststellung von Grundstückswerten zu entlasten, wurde für die Bewertung von unbebauten Grundstücken und für die Ermittlung des Bodenwerts als Wertkomponente bei der Bewertung von bebauten Grundstücken eine Anknüpfung an die von den Gutachterausschüssen ermittelten Bodenrichtwerte vorgesehen. Hierdurch werden nicht nur die Finanzämter im Regelfall von der Ermittlung eigener Boden(richt)werte befreit. Das Bodenrichtwertverfahren ist auch deutlich einfacher durchführbar als andere Verfahren der Bodenwertermittlung und entlastet dadurch die Finanzämter und die Steuerpflichtigen.

aa) Entlastung der Finanzämter durch Übertragung der (Boden-)Richtwertermittlung für steuerliche Zwecke auf die Gutachterausschüsse

Die für die Einheitsbewertung maßgeblichen (Boden-)Richtwerte wurden ursprünglich von den Finanzämtern ermittelt.[1745] Die Ermittlung dieser Richtwerte erfolgte dabei parallel und unabhängig von der Ermittlung der

---

[1744] Vgl. BFH, Urt. v. 11.05.2005 – II R 21/02, BStBl. II 2005, 686, juris Rn. 11.

[1745] Vgl. Richtlinien für die Finanzämter zur Ermittlung der Bodenwerte (Bodenwert-Richtlinien), BStBl. II 1957, S. 30, Rn. 1, 36 ff.

(Boden-)Richtwerte durch die Gutachterausschüsse. Es wurden daher bereits früh Rufe laut, dass für zukünftige Hauptfeststellungen ausschließlich die vom örtlichen Gutachterausschuss ermittelten Richtwerte maßgeblich sein sollen.[1746] Offenbar griffen die Finanzverwaltungen einiger Bundesländer bereits für die Durchführung der ersten Hauptfeststellung 1964 auf die von den Gutachterausschüssen ermittelten Richtwertkarten zurück.[1747]

Eigene (Boden-)Richtwerte ermitteln die Finanzämter heutzutage nicht mehr.[1748] Mit der Anknüpfung an die Bodenrichtwerte im Rahmen der Ermittlung des Grundbesitzwerts und des Grundsteuerwerts hat der Gesetzgeber bestimmt, dass die Ermittlung von Bodenrichtwerten nur noch von den Gutachterausschüssen für Grundstückswerte und nicht mehr durch die Finanzämter durchzuführen ist. Die Übertragung beruht insbesondere auf der Überlegung, dass den Gutachterausschüssen *„aufgrund ihrer besonderen Sach- und Fachkenntnis und ihrer größeren Ortsnähe sowie der in hohem Maße von Beurteilungs- und Ermessenserwägungen abhängigen Wertfindung eine vorgreifliche Kompetenz bei der Feststellung eines Bodenrichtwerts* [...] *zukommt“*.[1749] Ausschlaggebend dürfte zusätzlich auch gewesen sein, dass die eigenständige Führung einer Kaufpreissammlung und die Ermittlung eigener Richtwerte für den Boden finanzielle und vor allem personelle Ressourcen innerhalb der Finanzverwaltung gebunden hat. Da Bodenrichtwerte ohnehin von einer anderen Stelle ermittelt wurden, war es für die Finanzverwaltung opportun, an die Arbeitsergebnisse der Gutachterausschüsse anzuknüpfen und die an die Ermittlung der Richtwerte gebundenen Ressourcen anderweitig zu verwenden. Insbesondere bei der Bewertung sämtlicher Grundstücke für Zwecke der reformierten Grundsteuer stellt diese Kompetenzverschiebung eine erhebliche Entlastung der Finanzverwaltung dar. Die Gutachterausschüsse ermittelten flächendeckend besondere Bodenrichtwerte auf den jeweiligen

---

1746 *Schmid*, DStZ 1982, 214 (216).

1747 *Janssen*, NaVKV 1/1972, 40 (43).

1748 Die nach § 179 Satz 4 und § 247 Abs. 3 BewG ermittelten Bodenwerte können allenfalls als grobe Schätzungen, jedoch nicht als Bodenrichtwerte angesehen werden. Die Normen sind auf die Ermittlung des Bodenwerts und nicht eines Richtwerts gerichtet.

1749 Für die Bedarfsbewertung: BFH, Urt. v. 11.05.2005 – II R 21/02, BStBl. II 2005, 686, juris Rn. 10 f.; für die Grundsteuerbewertung: Entwurf zum GrStRefG 2019 v. 25.06.2019, BT-Drs. 19/11085, S. 109.

Hauptfeststellungszeitpunkt speziell für die grundsteuerliche Bewertung (§ 247 Abs. 2 BewG, § 38 Abs. 2 LGrStG BW, § 196 Abs. 1 Satz 6 BauGB) und erfüllen damit eine Aufgabe, die früher von den Finanzämtern auszuüben war.

bb) Entlastung der Finanzämter und der Steuerpflichtigen durch Anknüpfung an die Bodenrichtwerte

Die ausschließliche Anknüpfung an die von den Gutachterausschüssen ermittelten und grundsätzlich flächendeckend verfügbaren Bodenrichtwerten stellt eine erhebliche Vereinfachung des Bewertungsverfahrens dar.[1750] Eine steuerliche Bodenwertermittlung ist grundsätzlich nur im Bodenrichtwertverfahren zulässig. Das durchschnittliche Wertniveau des Bodens ist bereits in dem Bodenrichtwert verkörpert, der vom Gutachterausschuss in einem gesonderten Verfahren ermittelt wurde. Sofern keine Abweichungen zwischen Bewertungsobjekt und Bodenrichtwertgrundstück bestehen, kann der Bodenwert mathematisch durch Multiplikation mit der Grundstücksfläche berechnet werden. Das Finanzamt muss hierbei keine eigenständige Bewertung des Bodens durchführen. Sofern Anpassungen erforderlich sind, lassen sich diese in den meisten Fällen ebenfalls mathematisch und daher mit einem hohen Grad an Objektivität durch Anwendung von Umrechnungskoeffizienten an die individuellen Verhältnisse des Bewertungsobjekts anpassen. Dies führt zu einer beachtlichen Arbeitsersparnis bei der Finanzverwaltung.[1751]

Für das Bodenrichtwertverfahren werden grundsätzlich nur zwei Informationen benötigt: Grundstücksfläche des Bewertungsobjekts und maßgeblicher Bodenrichtwert. Der Bodenwert kann – bei Bedarf grundsätzlich auch automatisiert – durch Multiplikation dieser beiden Größen errechnet werden. Allerdings setzt eine sachgerechte Heranziehung der Bodenrichtwerte grundsätzlich voraus, dass der maßgebliche Bodenrichtwert ggfs. noch an abweichende Grundstücksmerkmale des Bodenrichtwertgrundstücks

---

1750 Bericht und Antrag des Ausschusses für Raumordnung, Bauwesen und Städtebau vom 23.02.1976 zur Änderung des BBauG, BT-Drs. 7/4793, S. 54; BFH, Urt. v. 11.05.2005 – II R 21/02, BStBl. II 2005, 686, juris Rn. 11; *Wolf*, DStR 1997, 349 (352); *Krumm*, Steuerliche Bewertung als Rechtsproblem, 2014, S. 308; *Hey*, ZG 2019, 297 (317).

1751 Bericht und Antrag des Ausschusses für Raumordnung, Bauwesen und Städtebau vom 23.02.1976 zur Änderung des BBauG, BT-Drs. 7/4793, S. 54; *Friedrich*, VR 2/1976, 96 (98).

anzupassen ist.[1752] In diesem Fall sind zusätzliche Informationen für die Anpassung der Bodenrichtwerte erforderlich. Für die Anpassung müssen einerseits die wertbeeinflussenden Grundstücksmerkmale des Bodenrichtwertgrundstücks bekannt sein (§ 16 ImmoWertV) und andererseits die korrespondierenden Grundstücksmerkmale des zu bewertenden Grundstücks. Welche Grundstücksmerkmale wertbeeinflussend sind und deshalb bei einer Anpassung zu berücksichtigen sind, hängt von den individuellen Verhältnissen in der jeweiligen Bodenrichtwertzone ab. Die Informationen sind deshalb grundsätzlich im Einzelfall zu ermitteln. Eine Automatisierung einer solchen Anpassung kann nur eingeschränkt erfolgen. Liegen geeignete Umrechnungskoeffizienten für das entsprechende Grundstücksmerkmal vor, kann die Anpassung durch das Finanzamt regelmäßig einfach vorgenommen werden. Sind diese jedoch nicht vorhanden, sind Abweichungen durch marktübliche Zu- oder Abschläge oder in anderer Weise zu berücksichtigen.[1753] In einem steuerlichen Massenverfahren bringt eine derartige Anpassung Probleme mit sich. Die steuerlichen Bodenrichtwertverfahren sehen daher allenfalls eine Anpassung an bestimmte Grundstücksmerkmale vor, für die zumindest gesetzlich typisierte Umrechnungskoeffizienten vorliegen. Bei der grundsteuerlichen Bewertung, bei der ein erhebliches Praktikabilitätsbedürfnis besteht, wird sogar im Regelfall auf eine Anpassung verzichtet.

Im Vergleich zu den anderen Methoden der Bodenwertermittlung ist das Bodenrichtwertverfahren deutlich einfacher und gleichmäßiger durchzuführen. Die (verbindliche) Anknüpfung an die Bodenrichtwerte bedeutet umgekehrt nämlich auch, dass die anderen Verfahren der Bodenwertermittlung für die Bestimmung des steuerlichen Bodenwerts zumindest im Regelfall nicht anwendbar sind. Weder der Steuerpflichtige noch die Finanzämter haben die Wahl, den Bodenwert mittels anderer Verfahren zu ermitteln. Insbesondere kommt hier das grundsätzlich vorrangig anzuwendende Vergleichswertverfahren durch Preisvergleich nicht zur Anwendung.[1754] Um dieses Verfahren sachgerecht durchführen zu können, müssten deutlich mehr Informationen über das zu bewertende Grundstück erhoben werden (z. B.

1752 Siehe hierzu unter Gliederungspunkt § 1, III., 6., b), dd) und § 2, II., 2., d), bb), (5).

1753 Siehe für die Verkehrswertermittlung: § 9 Abs. 1 Satz 3 ImmoWertV.

1754 *Halaczinsky/Teß*, Grundbesitzbewertung für Erbfall und Schenkung, 2. Aufl. 2004, S. 36.

Zuschnitt, Grundstückstiefe, Bodenbeschaffenheit). Das Finanzamt müsste anschließend ermitteln, ob Kaufpreise in ausreichender Anzahl vorhanden sind.[1755] Sofern diese im Einzelfall vorhanden sind, wäre anschließend zu beurteilen, ob die Vergleichsgrundstücke hinreichend mit dem Bewertungsobjekt übereinstimmen und ob und in welchem Umfang die Kaufpreise ggfs. an das Bewertungsobjekt anzupassen sind. Durch dieses Verfahren entstünde insbesondere den Finanzämtern ein deutlicher Mehraufwand im Vergleich zum Bodenrichtwertverfahren. Außerdem wären die in diesem Verfahren durch die Finanzämter vorgenommenen Wertungen deutlich streitanfälliger. Eine Ermittlung des Bodenwerts mittels deduktiver oder anderer geeigneter Verfahren wäre wahrscheinlich sogar noch aufwendiger, setzt fundierte Erfahrungen und Kenntnisse auf dem Gebiet der Verkehrswertermittlung voraus und wäre daher im steuerlichen Massenverfahren nicht durchführbar.

Vorteilhaft für den Steuerpflichtigen ist die Anwendung des Bodenrichtwertverfahrens nicht nur, weil er hierfür nur wenige Informationen beschaffen muss und diese ihm regelmäßig bereits bekannt oder einfach zugänglich sind. Die Anknüpfung an die Bodenrichtwerte ermöglicht ihm außerdem, im Vorfeld einer Disposition einen konkreten Bodenwert abzuschätzen und daraus weitere steuerliche Folgen ableiten zu können (z. B. ob der Wert eines zu übertragenden unbebauten Grundstücks unterhalb des erbschaftsteuerlichen Freibetrags liegt).[1756] Außerdem kann er nach Erhalt des Feststellungsbescheids in der Regel einfach nachvollziehen, ob das Finanzamt den Bodenwert rechtmäßig ermittelt hat. Die Ermittlung des Bodenrichtwerts, der das Wertniveau vorgibt und im Kern die eigentliche Bodenwertermittlung enthält, ist für den Steuerpflichtigen mangels Begründung der Bodenrichtwerte jedoch nicht einsehbar.[1757]

[1755] Die Finanzämter haben als einzige externe Stelle einen dauerhaften Zugang zu den von den Gutachterausschüssen geführten Kaufpreissammlungen (§ 195 Abs. 2 Satz 1 BauGB).

[1756] Zur freiheitsrechtlichen Relevanz der Berechenbarkeit und Vorhersehbarkeit des Rechtsanwendungsergebnisses ausführlich *Krumm*, Steuerliche Bewertung als Rechtsproblem, 2014, S. 308, 458 ff.

[1757] Siehe hierzu unter Gliederungspunkt § 4, III., 3.

b) Ermittlung typisierter Bodenwerte mittels der Bodenrichtwerte

aa) Bodenrichtwertverfahren als typisierende Bewertungsmethode

Bei der Ermittlung des steuerlichen Werts für ein unbebautes Grundstück und für die Ermittlung des Bodenwerts von bebauten Grundstücken unter Heranziehung der Bodenrichtwerte handelt es sich nach Auffassung der Rechtsprechung[1758] und des Gesetzgebers[1759] um eine typisierende Bewertungsmethode, die der Vereinfachung der steuerlichen Bewertung dient. Diese pauschale Aussage ist jedoch nur teilweise zutreffend. Das Bodenrichtwertverfahren ist eine seit Jahrzehnten gebräuchliche Bewertungsmethode in der Verkehrswertermittlung. Das Verfahren dient zur Ermittlung des individuellen Bodenwerts. Zwar soll nach herrschender Meinung der Bodenwert vorzugsweise durch Preisvergleich ermittelt werden, sofern ausreichend geeignete Vergleichspreise vorhanden sind.[1760] Es ist jedoch grundsätzlich anerkannt, dass auch das Bodenrichtwertverfahren zu realitätsgerechten Ergebnissen führt. Nach § 40 Abs. 1 i. V. m. § 16 Abs. 2 ImmoWertV kommen beide Verfahren gleichrangig bei der Bodenwertermittlung für Zwecke der Verkehrswertermittlung zur Anwendung. Im Steuerrecht stellt daher die Anknüpfung an die Bodenrichtwerte bzw. die Ermittlung der Bodenwerte im Bodenrichtwertverfahren für sich genommen noch keine Typisierung dar. Zwar stellten die Bodenrichtwerte nur durchschnittliche Richtwerte dar und weisen nach ihrer Konzeption und Ermittlungen ebenfalls nicht unerhebliche Typisierungen auf (z. B. § 15 Abs. 1 Satz 2 ImmoWertV). In der Realität der Verkehrswertermittlung lassen sich solche Wertverzerrungen jedoch nicht vermeiden.[1761] Bodenrichtwerte stellen deshalb allenfalls eine Typisierung im Vergleich zu einem fiktiven „wahren" Verkehrswert des Grundstücks dar; nicht jedoch im Vergleich zu einem in der Praxis unter Beachtung der Grundsätze der Verkehrswertermittlung sachgerecht ermittelten Verkehrswert.

1758 BFH, Beschl. v. 22.05.2002 – II R 61/99, BStBl. II 2002, 598, juris Rn. 75; BFH, Urt. v. 18.08.2005 – II R 62/03, BStBl. II 2006, 5, juris Rn. 10; BFH, Urt. v. 12.07.2006 – II R 1/04, BStBl. II 2006, 742, juris Rn. 7.

1759 Entwurf zum GrStRefG 2019 v. 25.06.2019, BT-Drs. 19/11085, S. 109.

1760 *Kleiber*, in: E/Z/B/K, BauGB, § 16 ImmoWertV, 135. EL, 9/2019, Rn. 18; BFH, Urt. v. 26.09.1980 – III R 21/78, BStBl. II 1981, 153, juris Rn. 9; BFH, Urt. v. 21.07.1993 – II R 13/91, BFH/NV 1994, 610, juris Rn. 16.

1761 Siehe zu den unvermeidbaren Wertverzerrungen bei der Verkehrswertermittlung unter Gliederungspunkt § 3, II., 1., a), aa).

Zu einer Typisierung kommt es erst durch die Ausgestaltung des steuerlichen Bodenrichtwertverfahrens und der Einbindung dieses Verfahrens in die Ermittlung des Steuerwerts. Maßgeblich für den Grad der Typisierung des steuerlichen Bodenrichtwertverfahrens ist zunächst, wie verbindlich die Bodenrichtwerte für dieses Verfahren ausgewählt und herangezogen werden sollen. Weiterhin kommt es darauf an, ob die Eignung der Bodenrichtwerte zu überprüfen ist bzw. ob pauschal unterstellt wird, dass die Bodenrichtwerte für jeden Einzelfall geeignet sind. Einen großen Einfluss auf den Grad der Typisierung des jeweiligen steuerlichen Bodenrichtwertverfahrens hat ferner, ob und in welchem Umfang Abweichungen zwischen dem Bodenrichtwertgrundstück und dem zu bewertenden Grundstück durch Anpassung des Bodenrichtwerts berücksichtigt werden. Die in § 179 BewG und in § 247 BewG geregelten Bodenrichtwertverfahren werden im Hinblick auf die dort enthaltenen Typisierungen unter Gliederungspunkt § 3, IV. ausführlich untersucht, weshalb an dieser Stelle nicht näher auf die konkrete Wirkung der einzelnen Typisierungen eingegangen wird.

Eine Typisierung erfolgt nicht nur durch die Ausgestaltung des steuerlichen Bodenrichtwertverfahrens, sondern auch durch dessen Einbettung in die steuerliche Bewertung insgesamt. Indem die steuerliche Bewertung für Zwecke der Bodenwertermittlung ausschließlich auf das Bodenrichtwertverfahren abstellt, erfolgt gewissermaßen eine Typisierung, da die Bodenwertermittlung nicht mehr durch andere, im Einzelfall ggfs. besser geeignete Verfahren der Bodenwertermittlung erfolgen kann, insbesondere durch Preisvergleich, ggfs. aber auch durch deduktive Verfahren. Außerdem ist in der typisierenden steuerlichen Bewertung die Berücksichtigung von besonderen objektspezifischen Grundstücksmerkmalen regelmäßig ausgeschlossen. In der Verkehrswertermittlung sind diese besonderen objektspezifischen Grundstücksmerkmale zwar nicht im Rahmen des Bodenrichtwertverfahrens, dafür aber in einem gesonderten Wertermittlungsschritt zu berücksichtigen. Die steuerliche Bewertung setzt jedoch in typisierender Weise die Ermittlung des Werts des unbebauten Grundstücks mit dem Ergebnis des Bodenrichtwertverfahrens gleich, welches in der Verkehrswertermittlung hingegen nur ein noch zu modifizierendes Zwischenergebnis darstellt (vgl. § 6 ImmoWertV). Eine sachkundige Beurteilung des Ergebnisses des steuerlichen Bodenrichtwertverfahrens und eine ggfs. vorzunehmende Modifikation sind nicht vorgesehen.

bb) Bodenrichtwertverfahren als verfassungsrechtlich unbedenkliche typisierende Bewertungsmethode

Das Bundesverfassungsgericht hat die generelle Ermittlung der Bodenwerte im Bodenrichtwertverfahren in seinem Beschluss vom 7. November 2006 zur erbschaftsteuerlichen Bewertung nicht generell beanstandet.[1762] Das Gericht hatte jedoch keinen Anlass, sich vertieft mit dem Bodenrichtwertverfahren auseinanderzusetzen, da die nach dem damals geltenden Bodenrichtwertverfahren ermittelten Bodenwerte „jedenfalls inzwischen" nicht mehr den Wertverhältnissen entsprachen.[1763] Auch im Grundsteuerurteil vom 10. April 2018 hat sich das Bundesverfassungsgericht nicht zur Ermittlung der Bodenwerte anhand von (Boden-)Richtwerten geäußert.[1764]

Demgegenüber hat der Bundesfinanzhof ausdrücklich in ständiger Rechtsprechung festgestellt, dass die Wertermittlungsmethode für unbebaute Grundstücke unter Heranziehung der Bodenrichtwerte eine *„verfassungsrechtlich unbedenkliche typisierende Bewertungsmethode"* darstelle.[1765] Die Rechtsprechung erging zur Bodenwertermittlung nach § 145 Abs. 3 Satz 1 BewG[1766] im Rahmen der Grundbesitzbewertung für Zwecke der Erbschaftsteuer. Die herrschende Meinung in der Literatur geht ebenfalls davon aus, dass das für die Grundbesitzbewertung geregelte Bodenrichtwertverfahren verfassungsrechtlich grundsätzlich nicht zu beanstanden ist.[1767] Bei der Grundsteuerreform sind die Gesetzgeber für die Bundesgrundsteuer[1768] und für

1762 BVerfG v. 07.11.2006 – 1 BvL 10/02, BVerfGE 117, 1, 56 ff. (ErbSt III).

1763 BVerfG v. 07.11.2006 – 1 BvL 10/02, BVerfGE 117, 1, 56 (ErbSt III).

1764 Auch wenn das BVerfG in Rn. 9 des Urteils die Bodenwertermittlung anhand von Bodenrichtwerten dargestellt hat, ist es auf diese Bewertung an späterer Stelle nicht mehr eingegangen.

1765 BFH, Urt. v. 18.08.2005 – II R 62/03, BStBl. II 2006, 5, juris Rn. 10; BFH, Urt. v. 12.07.2006 – II R 1/04, BStBl. II 2006, 742, juris Rn. 7; zuvor bereits BFH, Beschl. v. 22.05.2002 – II R 61/99, BStBl. II 2002, 598, juris Rn. 157; später zu § 179 BewG auch BFH, Beschl. v. 12.01.2021 – II B 61/19, BFH/NV 2021, 529, juris Rn. 20.

1766 I. d. F. d. Art. 1 Nr. 36 d. JStG 1997 v. 20.12.1996, BGBl. I 1996, S. 2049.

1767 *Seer*, ZEV 2007, 101 (104); *Bock*, in: Grootens, GrStG, 2. Aufl. 2022, § 247 BewG, Rn. 48; *Krause*, in: Stenger/Loose, Bewertungsrecht, § 179 BewG, 159. EL, 3/2022, Rn. 15; *Schnitter*, in: Wilms/Jochum, ErbStG/BewG/GrEStG, § 179 BewG, 119. EL, 5/2022, Rn. 11.

1768 Entwurf zum GrStRefG 2019 v. 25.06.2019, BT-Drs. 19/11085, S. 109; Entwurf der BReg zum GrStRefG 2019 v. 09.08.2019, BR-Drs. 354/19, S. 117.

die Landesgrundsteuer des Landes Baden-Württemberg[1769] davon ausgegangen, dass sich diese Aussage abstrahieren lässt und dass die Feststellung des Bundesfinanzhofs auch auf die Bodenwertermittlung nach § 247 BewG bzw. § 38 LGrStG BW übertragbar ist. Dem schließt sich die herrschende Meinung in der Literatur an.[1770]

Die Bodenwertermittlung anhand der Bodenrichtwerte ist nicht bereits deshalb verfassungsrechtlich unbedenklich, weil sich die Bewertung an einem Verfahren orientiert, welches bereits seit Jahrzehnten in der Wertermittlung zur Anwendung kommt. Vielmehr kommt es zunächst darauf an, dass das Ergebnis des Bodenrichtwertverfahrens das Bewertungsziel der jeweiligen Steuer folgerichtig umsetzt. Da sich die Bewertungsziele der Steuern unterscheiden können, ist das Bodenrichtwertverfahren nicht zwingend für jede steuerliche Bodenwertermittlung geeignet. Außerdem muss das jeweilige Bodenrichtwertverfahren so ausgestaltet sein, dass es eine gleichheitskonforme steuerliche Bewertung gewährleistet. Maßgeblich ist hierfür nicht bereits die Anknüpfung an die Bodenrichtwerte, sondern vor allem die Ausgestaltung des konkreten steuerlichen Bodenrichtwertverfahrens. Je ähnlicher die Ausgestaltung dieses Verfahrens dem Bodenrichtwertverfahren der Verkehrswertermittlung entspricht, desto besser dürfte dies für eine realitäts- und damit relationsgerechte Bewertung geeignet sein. Weicht der Gesetzgeber jedoch bei der Ausgestaltung der steuerlichen Bewertung – etwa wie bei der bundesgrundsteuerlichen Bewertung – erheblich von den Grundsätzen der Verkehrswertermittlung ab, gewährleistet die Bezeichnung als Bodenrichtwertverfahren oder die Anknüpfung an die Bodenrichtwerte nicht für sich genommen eine gleichheitskonforme Bewertung. Hierauf wird unter Gliederungspunkt § 3, IV. noch ausführlich eingegangen.

1769 *LT BW*, Entwurf eines LGrStG v. 30.09.2020, LT-Drs. 16/8907, S. 81.

1770 Roscher, GrStG-Kommentar, Erstkommentierung 2020, Rn. 154; *Schaffner*, in: Kreuziger/Schaffner/Stephany, BewG, 5. Aufl. 2021, § 247 BewG, Rn. 1; *Eisele*, in: Rössler/Troll, BewG, § 247 BewG, 34. EL, 12/2021, Rn. 16; *Schnitter*, in: GrStG – eKommentar, § 247 BewG, 12/2022, Rn. 11; *Bock*, in: Grootens, GrStG, 2. Aufl. 2022, § 247 BewG, Rn. 21, 48.

3. Bodenrichtwerte als Bindeglied zwischen Verkehrswertermittlung und steuerlicher Bewertung

Die Bodenrichtwerte werden von den Gutachterausschüssen einerseits zur Schaffung und Gewährleistung von Markttransparenz ermittelt. Andererseits handelt es sich hierbei um für die Wertermittlung erforderliche Daten i. S. d. § 193 Abs. 5 BauGB. Über die Anknüpfung der steuerlichen Bewertung an diese Daten fließen diese auch in die steuerlichen Grundstückswerte ein. Von den für die Wertermittlung erforderlichen Daten kommt den Bodenrichtwerten in der steuerlichen Bewertung eine herausgehobene Bedeutung zu. Dies gilt vor allem für die Bewertung für Zwecke der Bundesgrundsteuer und der baden-württembergischen Landesgrundsteuer. Durch die Anknüpfung an diese Daten fließen jedoch auch die im Rahmen der Verkehrswertermittlung im Allgemeinen[1771] und die bei der Bodenrichtwertermittlung im Speziellen bestehenden Probleme und Unzulänglichkeiten[1772] in die steuerliche Bewertung ein. Die Grenzen der typisierenden steuerlichen Verfahren stehen daher in einem engen Zusammenhang mit den Grenzen der von den Gutachterausschüssen ermittelten Werte und Daten.[1773]

Durch die Anknüpfung an die von den Gutachterausschüssen für Grundstückswerte ermittelten Daten wird nach Auffassung des Gesetzgebers das Zusammenspiel von steuerlicher Bewertung und städtebaulicher Wertermittlung vertieft.[1774] Um die Eignung der von den Gutachterausschüssen ermittelten Bodenrichtwerte und der sonstigen für die steuerliche Wertermittlung relevanten Daten (z. B. Liegenschaftszinssätze, Sachwertfaktoren, Umrechnungskoeffizienten) zu gewährleisten bzw. zu verbessern, gab es in der Vergangenheit wiederholt Anpassungen hinsichtlich der Organisation der Gutachterausschüsse und der Ermittlung der Bodenrichtwerte. Auch die Einführung der ImmoWertV 2010 und die Novellierung durch die ImmoWertV 2021 sind wesentlich auch auf die Bedeutung der von den Gutachterausschüssen ermittelten Daten für die steuerliche Bewertung zurückzuführen. Infolge der Anpassung der §§ 192 ff. BauGB kam es im Verlauf

---

[1771] Siehe hierzu unter Gliederungspunkt § 3, II., 1., a).

[1772] Siehe hierzu unter Gliederungspunkt § 1, IV.

[1773] *A. Seitz*, DStR 2022, 1774 (1774).

[1774] Bericht und Antrag des Ausschusses für Raumordnung, Bauwesen und Städtebau vom 23.02.1976 zur Änderung des BBauG, BT-Drs. 7/4793, S. 54.

der Jahre auch zu einer größeren Verzahnung der Gutachterausschüsse mit der Finanzverwaltung.[1775] Umgekehrt führt die Anknüpfung an die für die (Verkehrswert-)Ermittlung erforderlichen Daten auch zu einer Änderung der steuerlichen Bewertungssystematik. Der in der Verkehrswertermittlung prägende Grundsatz der Modellkonformität[1776] wurde nun mit dem JStG 2022 auch in die steuerliche Bewertung übernommen (§ 177 Abs. 2 Satz 1 i. V. m. Abs. 3 BewG), um eine sachgerechte Verwendung der sonstigen erforderlichen Daten in der steuerlichen Bewertung zu gewährleisten.[1777]

4. Bodenrichtwerte als objektive Bewertungsgrundlage

Im Steuerrecht hat die Objektivität der steuerlichen Wertansätze eine große Bedeutung.[1778] Die mit der Bewertung verbundenen subjektiven Einflüsse sollen so gering wie möglich gehalten werden. Im Hinblick auf die Bodenrichtwerte wird davon ausgegangen, dass diese in gewisser Weise eine besondere Verkörperung des Bewertungsmaßstabs „gemeiner Wert“ darstellen,[1779] der allgemein als objektiver Wert verstanden wird.[1780] Es wird überwiegend unter Bezugnahme auf die gesetzlichen Regelungen in § 196 Abs. 1 Satz 1 BauGB und § 14 Abs. 1 ImmoWertV (vormals § 10 Abs. 1 Satz 1 ImmoWertV 2010) angenommen, dass sich die Bodenrichtwerte anhand der Kaufpreissammlung überwiegend durch unmittelbaren Preisvergleich (mathematisch objektiv) ableiten lassen.[1781] Nach Auffassung des Bundesfinanzhofs ist es eine „*Tatsache*“, dass „mit den *Bodenrichtwerten auf der Basis von Verkaufsfällen eine anerkannt objektive Bewertungsgrundlage vorgegeben wird*“.[1782] Die hohe Akzeptanz der Bodenrichtwerte in der steuerlichen Bewertung wird sicherlich auch

---

1775 Siehe hierzu bereits unter Gliederungspunkt § 1, II., 6.

1776 Siehe hierzu unter Gliederungspunkt § 1, I., 2., b), bb), (3).

1777 *Z.-A. Schneider/Niebuhr/Droll*, RFamU 2023, 106 (108 f.).

1778 Siehe dazu unter Gliederungspunkt § 2, I., 5.

1779 *Seer*, in: Tipke/Lang, Steuerrecht, 24. Aufl. 2021, Rn. 15.54.

1780 Z. B. *Schnick*, ZfhF 1923, 81 (91, 101); *P. Kirchhof*, Die Steuerwerte des Grundbesitzes, 1985, S. 25 f.; *Grootens*, in: Lippross/Seibel, BK StR, § 9 BewG, 117. EL, 12/2019, Rn. 8.

1781 *Eisele*, NWB 2011, 2289 (2290); *Seer*, in: Tipke/Lang, Steuerrecht, 24. Aufl. 2021, Rn. 15.60, 16.13; *Krause*, in: Stenger/Loose, Bewertungsrecht, § 179 BewG, 159. EL, 3/2022, Rn. 42; *Halaczinsky*, in: Rössler/Troll, BewG, § 179 BewG, 37. EL, 11/2023, Rn. 8.

1782 BFH, Urt. v. 11.05.2005 – II R 21/02, BStBl. II 2005, 686, juris Rn. 11; BFH, Beschl. v. 27.10.2004 – II B 129/03, BFH/NV 2005, 507, juris Rn. 17.

dadurch begründet, dass die Bodenrichtwerte durch ein selbstständiges und unabhängiges Expertengremium, den Gutachterausschüssen für Grundstückswerte, zu ermitteln sind und dass die konkrete Ermittlung der Bodenrichtwerte nicht offengelegt wird.[1783] Tatsächlich beruhen die Bodenrichtwerte in der Realität häufig auf einer unzureichenden Datengrundlage und sind deshalb mit erheblichen tatsächlichen und statistischen Unsicherheiten behaftet. Die Ermittlung erfolgt in der Praxis zudem infolge eingeschränkter Leistungsfähigkeit der Gutachterausschüsse nicht immer sachgerecht. Zur Kompensation der in der Praxis bestehenden Unzulänglichkeiten kommen häufig subjektive Schätzungen der Gutachterausschüsse zur Anwendung. Eine generell anzunehmende Objektivität der Bodenrichtwerte besteht nur vordergründig. Auf die subjektiven Einflüsse bei der Bodenrichtwertermittlung wird unter Gliederungspunkt § 3, III., 2., b), cc) noch vertiefter eingegangen.

1783 Vgl. FG Rheinland-Pfalz, Beschl. v. 23.11.2023 – 4 V 1295/23, juris Rn. 378 ff.

Verfassungsrechtliche Beurteilung der steuerlichen Bodenwertermittlung unter Verwendung von Bodenrichtwerten

Im dritten Kapitel soll zur Beantwortung der ersten Forschungsfrage untersucht werden, ob die Bodenrichtwerte als steuerliche Bewertungsgrundlage für eine gleichheitskonforme Bewertung geeignet sind und ob die anhand der Bodenrichtwerte ermittelten steuerlichen Bodenwerte den verfassungsrechtlichen Vorgaben entsprechen. Zur Beantwortung dieser Forschungsfrage sind die Eignung der Bodenrichtwerte als steuerliche Bewertungsgrundlage und die Ausgestaltung der steuerlichen Bewertungsverfahren getrennt voneinander zu untersuchen. Denn ungleichmäßig oder unsachgemäß ermittelte Bodenrichtwerte als einzige wertbildende Bewertungsgrundlage bei der Bodenwertermittlung können einerseits nicht durch entsprechende Anpassungen im steuerlichen Bewertungsverfahren kompensiert werden. Andererseits bilden selbst sachgerecht ermittelte Bodenrichtwerte als Durchschnittswerte regelmäßig nicht das Bodenwertniveau für sämtliche in der Bodenrichtwertzone belegene Grundstücke sachgerecht ab. In der Verkehrswertermittlung sind Bodenrichtwerte daher auf ihre Eignung für die Bewertung im Einzelfall zu überprüfen und ggfs. an das zu bewertende Grundstück objektspezifisch anzupassen.[1784] Im Hinblick auf eine realitäts- und relationsgerechte steuerliche Bewertung ist es daher fraglich, ob allein die Multiplikation des maßgeblichen Bodenrichtwerts mit der Grundstücksfläche ausreichend ist oder ob es auch einer Überprüfung der Eignung der Bodenrichtwerte und/oder ggfs. einer (typisierten) Anpassung der Bodenrichtwerte

1784 Siehe hierzu ausführlich unter Gliederungspunkt § 1, III., 6.

bedarf. Auch die übrige Ausgestaltung des Bewertungsverfahrens wirkt sich auf die Gleichheitskonformität der Bewertungsergebnisse aus, z. B. ob das Bewertungssystem die Berücksichtigung besonderer objektspezifischer (bodenbezogener) Grundstücksmerkmale zulässt oder dem Steuerpflichtigen wenigstens die Möglichkeit eröffnet, einen niedrigeren Wert nachzuweisen. Letztendlich maßgeblich für die gleichheitsrechtliche Beurteilung ist das Ergebnis des steuerlichen Bewertungsvorgangs, welches in die steuerliche Bemessungsgrundlage einfließt. Auf dieses Bewertungsergebnis haben die vorgenannten Aspekte gleichermaßen wesentlichen Einfluss.

Um eine qualifizierte Beurteilung durchführen zu können, werden zunächst die allgemeinen steuerverfassungsrechtlichen Rahmenbedingungen aufgezeigt (dazu sogleich unter Gliederungspunkt I.). Diese werden anschließend für die steuerliche Bewertung konkretisiert (dazu unter Gliederungspunkt II.). Auf dieser Grundlage wird sodann untersucht, ob die Bodenrichtwerte generell als steuerliche Bewertungsgrundlage für eine gleichheitskonforme steuerliche Bewertung geeignet sind (dazu unter Gliederungspunkt III.). Schließlich wird beispielhaft für die Erbschaftsteuer und die Bundesgrundsteuer untersucht, ob auch die in den steuerlichen Bodenrichtwertverfahren ermittelten Bodenwerte den Anforderungen des Art. 3 Abs. 1 GG genügen (dazu unter Gliederungspunkt IV.).

In diesem Kapitel wird vorwiegend die Frage untersucht, ob die durch die Finanzämter im Besteuerungsverfahren anhand der Bodenrichtwerte ermittelten Bodenwerte den sich aus Art. 3 Abs. 1 GG ergebenden gleichheitsrechtlichen Anforderungen genügen. Ob die bestehenden Rechtsschutzmöglichkeiten gegen die in den Steuerbescheiden berücksichtigten Bodenrichtwerte den verfassungsrechtlichen Anforderungen aus Art. 19 Abs. 4 GG genügen, wird gesondert im vierten Kapitel untersucht.

I. Verfassungsmäßigkeit von Steuergesetzen

1. Umfang und Grenzen des Gestaltungsspielraums des Gesetzgebers

Die Gesetzgebung ist nach Art. 20 Abs. 3 GG an die verfassungsmäßige Ordnung gebunden. Ob der Gesetzgeber die für ihn einschlägigen verfassungsrechtlichen Vorgaben bei der Gesetzgebung eingehalten hat, unterliegen der Kontrolle des Bundesverfassungsgerichts (Art. 93 Nr. 4a, Art. 100 GG).

Dabei räumt das Bundesverfassungsgericht dem Gesetzgeber prinzipiell einen weiten Gestaltungsspielraum ein, da es unter Beachtung der Gewaltenteilung nicht überprüft, ob der demokratisch legitimierte Gesetzgeber die jeweils *„zweckmäßigste, vernünftigste oder gerechteste Lösung“* gewählt hat.[1785] Der dem Gesetzgeber eingeräumte Gestaltungsspielraum wird jedoch insbesondere durch die Bindung des Gesetzgebers an die Grundrechte begrenzt (Art. 1 Abs. 3 GG). Insoweit ist der Gesetzgeber an die Auslegung der Verfassung durch das Bundesverfassungsgericht gebunden. Durch seine Entscheidungen schränkt das Bundesverfassungsgericht den Gestaltungsspielraum des Gesetzgebers ein. Es besteht somit ein Spannungsverhältnis zwischen dem Gestaltungsspielraum des demokratisch legitimierten Gesetzgebers und einer wirksamen verfassungsgerichtlichen Kontrolle. Bezogen auf den Bereich der Steuergesetzgebung hat das Bundesverfassungsgericht einen angemessenen Ausgleich zu gewähren zwischen der Kompetenz und Verantwortung des Gesetzgebers für die Finanzierung des Staates einerseits und dem Schutz der Grundrechte der Steuerbürger andererseits.[1786]

Um zu verhindern, dass das Bundesverfassungsgericht zu stark in den Kompetenzbereich des Gesetzgebers eingreift, räumt es diesem bei den grundlegenden Entscheidungen zur Konzeption einer Steuer, also bei der Auswahl des Steuergegenstandes und bei der Bestimmung des Steuersatzes, einen weitreichenden Entscheidungsspielraum ein.[1787] Die Entscheidungen des Gesetzgebers sind insoweit nur am Willkürverbot zu messen.[1788] Der Steuergesetzgeber ist nach der Rechtsprechung des Bundesverfassungsgerichts

---

1785 BVerfG v. 17.12.1953 – 1 BvR 323/51, BVerfGE 3, 162, 182; BVerfG v. 16.03.1955 – 2 BvK 1/54, BVerfGE 4, 144, 155; BVerfG v. 29.11.1989 – 1 BvR 1402/87 u. a., BVerfGE 81, 108, 117 f.; BVerfG v. 04.04.2001 – 2 BvL 7/98, BVerfGE 103, 310, 320.

1786 *Mellinghoff*, in: FS Spindler, 2011, S. 153 (155 f.); vgl. zur Rezeption steuerverfassungsrechtlicher Vorgaben in Gesetzgebungsverfahren auch *Hey*, in: FS BFH 100 I, 2018, S. 451 (465).

1787 BVerfG v. 27.06.1991 – 2 BvR 1493/89, BVerfGE 84, 239, 271; BVerfG v. 07.11.2006 – 1 BvL 10/02, BVerfGE 117, 1, 30 (ErbSt III); ähnlich BVerfG v. 19.11.2019 – 2 BvL 22/14 u. a., BVerfGE 152, 274, 313; *Seer*, StuW 1997, 283 (285); *Hey*, in: FS BFH 100 I, 2018, S. 451 (479).

1788 BVerfG v. 05.11.2014 – 1 BvF 3/11, BVerfGE 137, 350, 366 f.; *P. Kirchhof*, StuW 1984, 297 (308) m. w. N.; *Hey*, in: FS BFH 100 I, 2018, S. 451 (479).

jedoch verpflichtet, „*gewisse äußere Grenzen*“ einzuhalten.[1789] Diese äußeren Grenzen bilden insbesondere die Grundrechte, wobei dem allgemeinen Gleichheitssatz des Art. 3 Abs. 1 GG in seinen steuerspezifischen Ausformungen eine besondere Bedeutung zukommt.[1790]

2. Die Bedeutung des allgemeinen Gleichheitssatzes für die verfassungsgerichtliche Überprüfung von Steuergesetzen

a) Der allgemeine Gleichheitssatz des Art. 3 Abs. 1 GG

Der in Art. 3 Abs. 1 GG geregelte allgemeine Gleichheitssatz bestimmt, dass alle Menschen vor dem Gesetz gleich sind. Der Gleichheitssatz bezieht sich nicht nur auf die gleichmäßige Anwendung der Gesetze durch die Exekutive und Judikative (sog. Rechtsanwendungsgleichheit).[1791] Auch der Gesetzgeber ist über Art. 1 Abs. 3 und Art. 20 Abs. 3 GG an den Gleichheitssatz gebunden (sog. Rechtssetzungsgleichheit).[1792] Dem Gleichheitssatz kommt gerade bei der verfassungsrechtlichen Überprüfung von Steuergesetzen eine herausgehobene Bedeutung zu.[1793] Die Rechtssetzungsgleichheit bedeutet für den Gesetzgeber die allgemeine Weisung (bei steter Orientierung am Gerechtigkeitsgedanken)[1794] wesentlich Gleiches gleich und wesentlich Ungleiches seiner Eigenart entsprechend verschieden zu behandeln.[1795] Der Gleichheits-

---

1789 BVerfG v. 17.12.1953 – 1 BvR 323/51, BVerfGE 3, 162, 182; BVerfG v. 20.12.1966 – 1 BvR 320/57 u. a., BVerfGE 21, 12, 27.

1790 *Mellinghoff*, in: FS Spindler, 2011, S. 153 (160); *Hey*, in: Tipke/Lang, Steuerrecht, 24. Aufl. 2021, Rn. 3.110; *Eichberger*, in: FS BFH 100 I, 2018, S. 501 (502).

1791 Hierzu ausführlich in Bezug auf den Vollzug von Steuergesetzen *Eckhoff*, Rechtsanwendungsgleichheit im Steuerrecht, 1999.

1792 BVerfG v. 23.10.1951 – 2 BvG 1/51, BVerfGE 1, 14, 52; BVerfG v. 17.12.1953 – 1 BvR 147/52, BVerfGE 3, 58, 135; BVerfG v. 23.02.1972 – 2 BvL 36/71, BVerfGE 32, 346, 360; BVerfG v. 24.03.1976 – 2 BvR 804/75, BVerfGE 42, 64, 72.

1793 Z. B. BVerfG v. 22.06.1995 – 2 BvL 37/91, BVerfGE 93, 121, 134 ff. (VSt II); BVerfG v. 07.11.2006 – 1 BvL 10/02, BVerfGE 117, 1, 30 (ErbSt III); BVerfG v. 29.03.2017 – 2 BvL 6/11, BVerfGE 145, 106, 141 ff.; BVerfG v. 10.04.2018 – 1 BvL 11/14 u. a., BVerfGE 148, 147, 183 ff. (GrSt); BVerfG v. 19.11.2019 – 2 BvL 22/14 u. a., BVerfGE 152, 274, 311 f.

1794 So noch BVerfG v. 17.12.1953 – 1 BvR 147/52, BVerfGE 3, 58, 135.

1795 Grundlegend BVerfG v. 17.12.1953 – 1 BvR 147/52, BVerfGE 3, 58, 135; BVerfG v. 17.12.2014 – 1 BvL 21/12, BVerfGE 138, 136, 180 (ErbSt IV); BVerfG v. 10.04.2018 – 1 BvL 11/14 u. a., BVerfGE 148, 147, 183 (GrSt); BVerfG v. 19.11.2019 – 2 BvL 22/14 u. a., BVerfGE 152, 274, 311.

satz gilt sowohl für ungleiche Belastungen als auch für ungleiche Begünstigungen.[1796] Diese allgemeine Weisung hat der Gesetzgeber nach ständiger Rechtsprechung des Bundesverfassungsgerichts auch auf dem Gebiet des Steuerrechts zu beachten.[1797] Dort findet der Gleichheitssatz seine besondere Ausprägung unter Beachtung der gebietsspezifischen Besonderheiten in Form des Grundsatzes der Steuergerechtigkeit.[1798]

Während dem Steuergesetzgeber auf der ersten Stufe des Gesetzgebungsverfahrens bei den Grundentscheidungen zur Ausgestaltung von Steuergesetzen vom Bundesverfassungsgericht ein großer Gestaltungsspielraum eingeräumt wurde, ist er auf der zweiten Stufe im Binnenbereich eines Steuergesetzes strenger an die grundgesetzlichen Vorgaben, insbesondere Art. 3 Abs. 1 GG, gebunden.[1799] Dabei darf der Gesetzgeber in gewissem Maße auch Gleiches ungleich bzw. Ungleiches gleich behandeln. Art. 3 Abs. 1 GG verwehrt dem Steuergesetzgeber in der Sprache des Bundesverfassungsgerichts nicht jede „*Differenzierung*".[1800] Derartige Differenzierungen prüft das Bundesverfassungsgericht jedoch am Maßstab des Art. 3 Abs. 1 GG.[1801]

Für die Feststellung einer solchen Differenzierung kommt es wesentlich auf den anzuwendenden Vergleichsmaßstab an. Genauere Maßstäbe und Kriterien dafür, unter welchen Voraussetzungen der Gesetzgeber den Gleichheitssatz verletzt, lassen sich nach Auffassung des Bundesverfassungsgerichts nicht abstrakt und allgemein, sondern nur in Bezug auf die jeweils betroffenen unterschiedlichen Sach- und Regelungsbereiche bestimmen.[1802]

1796 BVerfG v. 21.06.2006 – 2 BvL 2/99, BVerfGE 116, 164, 180; BVerfG v. 12.10.2010 – 1 BvL 12/07, BVerfGE 127, 224, 244; BVerfG v. 17.12.2014 – 1 BvL 21/12, BVerfGE 138, 136, 180 (ErbSt IV); BVerfG v. 10.04.2018 – 1 BvL 11/14 u. a., BVerfGE 148, 147, 183 (GrSt).

1797 *Jakob*, Rechtsgutachten zur Bewertungsvereinfachung, 1992, S. 112.

1798 BVerfG v. 07.11.2006 – 1 BvL 10/02, BVerfGE 117, 1, 30 f. (ErbSt III).

1799 BVerfG v. 17.12.2014 – 1 BvL 21/12, BVerfGE 138, 136, 181 (ErbSt IV); *Tipke*, StRO I, 2. Aufl. 2000, S. 301.

1800 BVerfG v. 22.06.1995 – 2 BvL 37/91, BVerfGE 93, 121, 134 (VSt II); BVerfG v. 17.12.2014 – 1 BvL 21/12, BVerfGE 138, 136, 180 (ErbSt IV); BVerfG v. 10.04.2018 – 1 BvL 11/14 u. a., BVerfGE 148, 147, 183 f. (GrSt).

1801 BVerfG v. 17.12.2014 – 1 BvL 21/12, BVerfGE 138, 136, 181 (ErbSt IV); BVerfG v. 10.04.2018 – 1 BvL 11/14 u. a., BVerfGE 148, 147, 183 f. (GrSt); BVerfG v. 19.11.2019 – 2 BvL 22/14 u. a., BVerfGE 152, 274, 312.

1802 BVerfG v. 08.04.1987 – 2 BvR 909/82 u. a., BVerfGE 75, 108, 157; BVerfG v. 29.03.2017 – 2 BvL 6/11, BVerfGE 145, 106, 142; BVerfG v. 19.11.2019 – 2 BvL 22/14 u. a., BVerfGE 152, 274, 312.

Der Vergleichsmaßstab muss nicht ausdrücklich im Grundgesetz kodifiziert sein. Vielmehr leitet sich der maßgebliche Vergleichsmaßstab aus den systemtragenden Prinzipien des jeweiligen Rechtsgebiets ab.[1803] Auf dem Gebiet des Steuerrechts hat der Gesetzgeber die Besteuerung grundsätzlich an der Leistungsfähigkeit des Steuerpflichtigen auszurichten.[1804] Diese stellt daher grundsätzlich den anzuwendenden Vergleichsmaßstab dar, an dem sich Differenzierungen des Gesetzgebers zu messen haben.[1805]

Auf die steuerrechtsspezifischen Ausprägungen des Gleichheitssatzes wird sogleich unter Gliederungspunkt b) eingegangen. Ist unter Anwendung des maßgeblichen Vergleichsmaßstabs eine relevante Differenzierung durch ein Steuergesetz festgestellt worden, stellt sich bei der weiteren verfassungsrechtlichen Kontrolle die Frage, mit welchem Prüfungsmaßstab bzw. mit welcher Prüfungsintensität die Differenzierung zu überprüfen ist und mit welchen Gründen eine derartige Differenzierung vom Gesetzgeber gerechtfertigt werden kann (dazu unter Gliederungspunkt c)).

b) Steuerrechtsspezifische Ausprägungen des Gleichheitssatzes

aa) Grundsatz der Steuergerechtigkeit

Im Bereich des Steuerrechts kommt der sachgerechten Verteilung der Steuerlast und der Gleichmäßigkeit der Besteuerung eine herausgehobene Bedeutung zu.[1806] Der Gerechtigkeitsgedanke ist im Steuerrecht nach Auffassung des Bundesverfassungsgerichts einerseits von besonderer Relevanz, da Steuergesetze einen „*besonders empfindlichen Eingriff in die Vermögens- und Rechtssphäre der Steuerpflichtigen enthalten*", bei dem der Gesetzgeber „*dem Gedanken einer möglichst gleichmäßigen Belastung aller Steuerpflichtigen besonders sorgfältig Rechnung tragen*" muss.[1807] Andererseits werden die auf fiskalische Einnahmeerzielung gerichteten Steuergesetze von der Bevölkerung meist nicht von sich aus als gerecht empfunden.[1808] Der Zweck der Besteuerung, den staatlichen Haushalt mit Finanzmitteln auszustatten, bildet keinen Anhaltspunkt für

---

1803 *Tipke*, StRO I, 2. Aufl. 2000, S. 319 f.

1804 BVerfG v. 07.11.2006 – 1 BvL 10/02, BVerfGE 117, 1, 30 (ErbSt III); BVerfG v. 19.11.2019 – 2 BvL 22/14 u. a., BVerfGE 152, 274, 313.

1805 BVerfG v. 07.11.2006 – 1 BvL 10/02, BVerfGE 117, 1, 30 (ErbSt III); BVerfG v. 19.11.2019 – 2 BvL 22/14 u. a., BVerfGE 152, 274, 313.

1806 *Mellinghoff*, in: FS Spindler, 2011, S. 153 (160).

1807 BVerfG v. 20.12.1966 – 1 BvR 320/57 u. a., BVerfGE 21, 12, 27.

1808 *Jakob*, Rechtsgutachten zur Bewertungsvereinfachung, 1992, S. 111.

ein als gerecht empfundenes Steuerrecht.[1809] Das Gerechtigkeitsempfinden erwächst bei der Besteuerung erst aus der Eigenart der Steuer. Diese ist eine Gemeinlast, die alle Inländer je nach ihrem Einkommen, Vermögen und ihrer Nachfragekraft zur Finanzierung der allgemeinen Staatsaufgaben heranzieht.[1810] Die Verteilung der finanzstaatlichen Lasten richtet sich daher nach der Belastbarkeit des Einzelnen.[1811] Die Akzeptanz der Besteuerung in der Bevölkerung hängt daher primär davon ab, dass die Steuerlast alle nach gleichen Bedingungen trifft.[1812] Diese soll durch den Grundsatz der Steuergerechtigkeit erreicht werden.

Das Bundesverfassungsgericht leitet in ständiger Rechtsprechung den Grundsatz der Steuergerechtigkeit (auch als Gebot der Steuergleichheit[1813] oder Grundsatz der Lastengleichheit[1814] bezeichnet) aus dem Gleichheitssatz des Art. 3 Abs. 1 GG ab.[1815] Es sieht diesen als einen Anwendungsfall des allgemeinen Gleichheitssatzes[1816] bzw. als dessen gebietsspezifische Ausprägung im Bereich des Steuerrechts an.[1817] Dem Art. 3 Abs. 1 GG lassen sich für das Steuerrecht zwei gebietsspezifische Gleichheiten entnehmen: zum einen die Allgemeinheit der Besteuerung im Sinne einer Statusgleichheit und zum anderen die Gleichmäßigkeit der Besteuerung im Sinne einer Belastungsgleichheit.[1818] Die Allgemeinheit der Besteuerung betrifft die persönliche Reichweite der Steuerpflicht[1819] und ist für diese Untersuchung nicht rele-

---

1809 BVerfG v. 22.06.1995 – 2 BvL 37/91, BVerfGE 93, 121, 134 (VSt II).

1810 BVerfG v. 22.06.1995 – 2 BvL 37/91, BVerfGE 93, 121, 134 (VSt II).

1811 *P. Kirchhof*, StuW 1984, 297 (301).

1812 *Isensee*, StuW 1994, 3 (7); *Mellinghoff*, in: FS Spindler, 2011, S. 153 (160).

1813 BVerfG v. 10.11.1998 – 2 BvR 1057/91 u. a., BVerfGE 99, 216, 232; BVerfG v. 12.10.2010 – 1 BvL 12/07, BVerfGE 127, 224, 247.

1814 BVerfG v. 17.12.2014 – 1 BvL 21/12, BVerfGE 138, 136, 181 (ErbSt IV); BVerfG v. 10.04.2018 – 1 BvL 11/14 u. a., BVerfGE 148, 147, 184 (GrSt).

1815 BVerfG v. 07.11.2006 – 1 BvL 10/02, BVerfGE 117, 1, 30 (ErbSt III); BVerfG v. 19.11.2019 – 2 BvL 22/14 u. a., BVerfGE 152, 274, 313; *Tipke*, StRO I, 2. Aufl. 2000, S. 305 m. w. N.

1816 BVerfG v. 17.01.1957 – 1 BvL 4/54, BStBl. I, 193, 70 f.; BVerfG v. 14.04.1959 – 1 BvL 23/57, 1 BvL 34/57, BVerfGE 9, 237, 244.

1817 BVerfG v. 07.11.2006 – 1 BvL 10/02, BVerfGE 117, 1, 30 f. (ErbSt III).

1818 BVerfG v. 05.11.1975 – 2 BvR 193/74, BVerfGE 40, 296, 327–329 ff.; BVerfG v. 08.07.2021 – 1 BvR 2237/14, u. a., BVerfGE 158, 282, 335 f.; *Blum*, Bewertungsgleichmaß und Verschonungsregelungen, 2012, S. 18 f.

1819 *Tipke*, StRO I, 1993, S. 315; *Blum*, Bewertungsgleichmaß und Verschonungsregelungen, 2012, S. 19 ff.

vant. Demgegenüber kommt der Gleichmäßigkeit der Besteuerung eine besondere Bedeutung für die Beurteilung steuerlicher Bewertungsnormen zu. Der Grundsatz der Gleichmäßigkeit der Besteuerung gebietet, dass die Steuerpflichtigen durch ein Steuergesetz *rechtlich* und *tatsächlich* gleichmäßig belastet werden.[1820] Das nach diesem Grundsatz gebotene Gleichmaß verwirklicht sich in dem Belastungserfolg, den die Anwendung der Steuergesetze beim einzelnen Steuerpflichtigen bewirkt.[1821] Wird dieses Gleichmaß verletzt, so kann dies die Verfassungswidrigkeit der gesetzlichen Besteuerungsgrundlage nach sich ziehen.[1822]

Bereichsspezifischer Vergleichsmaßstab, an dem die Steuergerechtigkeit zu messen ist, ist grundsätzlich das Leistungsfähigkeitsprinzip.[1823] Zur Erreichung der verfassungsrechtlich gebotenen steuerlichen Lastengleichheit ist der Gesetzgeber nach Auffassung des Bundesverfassungsgerichts in erster Linie verpflichtet, Steuerpflichtige bei gleicher Leistungsfähigkeit auch gleich hoch zu besteuern (sog. horizontale Steuergerechtigkeit). Darüber hinaus muss die Besteuerung in Ansehung der unterschiedlichen Leistungsfähigkeit der Steuerpflichtigen dem Gerechtigkeitsgebot genügen (sog. vertikale Steuergerechtigkeit).[1824]

Bei der Ausgestaltung von Steuergesetzen erkennt das Bundesverfassungsgericht dem Gesetzgeber grundsätzlich einen großen Gestaltungsspielraum zu.[1825] Es ist Aufgabe des Gesetzgebers zu entscheiden, welche Elemente der zu ordnenden Lebensverhältnisse er als maßgebend dafür ansieht, sie im Recht

---

1820 BVerfG v. 27.06.1991 – 2 BvR 1493/89, BVerfGE 84, 239, 268; BVerfG v. 22.06.1995 – 2 BvL 37/91, BVerfGE 93, 121, 134 (VSt II); BVerfG v. 07.11.2006 – 1 BvL 10/02, BVerfGE 117, 1, 30 f. (ErbSt III); BVerfG v. 10.04.2018 – 1 BvL 11/14 u. a., BVerfGE 148, 147, 184 (GrSt).

1821 BVerfG v. 22.06.1995 – 2 BvL 37/91, BVerfGE 93, 121, 134 (VSt II); BVerfG v. 07.11.2006 – 1 BvL 10/02, BVerfGE 117, 1, 30 f. (ErbSt III).

1822 BVerfG v. 27.06.1991 – 2 BvR 1493/89, BVerfGE 84, 239, 268.

1823 BVerfG v. 07.11.2006 – 1 BvL 10/02, BVerfGE 117, 1, 30 (ErbSt III); BVerfG v. 19.11.2019 – 2 BvL 22/14 u. a., BVerfGE 152, 274, 313.

1824 BVerfG v. 04.12.2002 – 2 BvR 400/98 u. a., BVerfGE 107, 27, 46 f.; BVerfG v. 21.06.2006 – 2 BvL 2/99, BVerfGE 116, 164, 180; BVerfG v. 09.12.2008 – 2 BvL 1/07, u. a., BVerfGE 122, 210, 231; BVerfG v. 19.11.2019 – 2 BvL 22/14 u. a., BVerfGE 152, 274, 313; *Birk*, Das Leistungsfähigkeitsprinzip als Maßstab der Steuernormen, 1983, S. 165 ff., 170 ff.

1825 BVerfG v. 17.12.1953 – 1 BvR 147/52, BVerfGE 3, 58, 135; BVerfG v. 10.02.1987 – 1 BvL 18/81, u. a., BVerfGE 74, 182, 200.

gleich oder verschieden zu behandeln.[1826] Für einen zu regelnden Sachverhalt sind grundsätzlich eine Vielzahl an möglichen Regelungen denkbar. Es ist Aufgabe des Gesetzgebers und nicht des Bundesverfassungsgerichts, unter den bestehenden Möglichkeiten die geeignetste auszuwählen.[1827] Hinzu kommt einerseits, dass sich die zu regelnden Sachverhalte in der Lebenswirklichkeit nie völlig gleichen und dass Verschiedenheiten im gewissen Maße daher zu vernachlässigen sind.[1828] Außerdem umfassen Steuergesetze andererseits regelmäßig Massenvorgänge des Wirtschaftslebens und müssen daher, um praktikabel zu sein die Sachverhalte, an die sie dieselben steuerrechtlichen Folgen knüpfen, typisieren und damit nicht nur die Besonderheiten des einzelnen Falles, sondern auch ganzer Gruppen außer Acht lassen. Eine gewisse ungleiche Auswirkung der Steuergesetze auf die einzelnen Steuerschuldner ist daher unvermeidbar und hinzunehmen.[1829] Beide Aspekte sind vor allem auch bei der Ausgestaltung steuerlicher Bewertungsnormen relevant.[1830]

Der Gesetzgeber ist bei der Ausgestaltung von Steuergesetzen indes nicht völlig frei. Nach ständiger Rechtsprechung des Bundesverfassungsgerichts wird der Gestaltungsspielraum des Steuergesetzgebers *„vor allem durch zwei eng miteinander verbundene Leitlinien begrenzt: durch die Ausrichtung der Steuerlast an den Prinzipien der finanziellen Leistungsfähigkeit und der Folgerichtigkeit"*.[1831] Diese Leitlinien hat der Gesetzgeber bei der Gesetzgebung zu beachten und auf dieser Grundlage beurteilt das Bundesverfassungsgericht, ob vom Gesetzgeber vorgenommene Differenzierungen mit Art. 3 Abs. 1 GG vereinbar sind. Auf sie wird im Folgenden gesondert eingegangen.

bb) Leistungsfähigkeitsprinzip

Bei der gleichheitsgerechten Ausgestaltung von Steuernormen hat der Gesetzgeber nach ständiger Rechtsprechung des Bundesverfassungsgerichts

---

1826 BVerfG v. 20.12.1966 – 1 BvR 320/57, u. a., BVerfGE 21, 12, 26 f.; BVerfG v. 10.02.1987 – 1 BvL 18/81, u. a., BVerfGE 74, 182, 200.

1827 BVerfG v. 17.12.1953 – 1 BvR 147/52, BVerfGE 3, 58, 135.

1828 BVerfG v. 20.12.1966 – 1 BvR 320/57, u. a., BVerfGE 21, 12, 26 f.

1829 BVerfG v. 20.12.1966 – 1 BvR 320/57 u. a., BVerfGE 21, 12, 27.

1830 Siehe hierzu noch vertieft unter Gliederungspunkt § 3, II., 1., b) und c).

1831 BVerfG v. 06.03.2002 – 2 BvL 17/99, BVerfGE 105, 73, 125; BVerfG v. 04.12.2002 – 2 BvR 400/98 u. a., BVerfGE 107, 27, 46 f.; BVerfG v. 07.11.2006 – 1 BvL 10/02, BVerfGE 117, 1, 30 (ErbSt III); BVerfG v. 12.10.2010 – 1 BvL 12/07, BVerfGE 127, 224, 245.

insbesondere das Prinzip der Besteuerung nach der wirtschaftlichen bzw. finanziellen Leistungsfähigkeit (kurz: Leistungsfähigkeitsprinzip) zu berücksichtigen. Dem Art. 3 Abs. 1 GG in seiner gebietsspezifischen Ausformung als Gebot der Steuergerechtigkeit ist nach Auffassung des Bundesverfassungsgerichts zu entnehmen, dass die Besteuerung grundsätzlich an der Leistungsfähigkeit des Steuerpflichtigen auszurichten ist.[1832] Das Leistungsfähigkeitsprinzip bildet somit grundsätzlich den steuerbereichsspezifischen Vergleichsmaßstab im Rahmen des Art. 3 Abs. 1 GG.[1833]

In der Literatur wird das Leistungsfähigkeitsprinzip von der herrschenden Meinung als das fundamentale und systemtragende Prinzip[1834] des Steuerrechts angesehen.[1835] Nach der Rechtsprechung des Bundesverfassungsgerichts gilt das Leistungsfähigkeitsprinzip jedenfalls im Einkommensteuerrecht.[1836] Es ist außerdem auch bei der Erbschaftsteuer in der derzeitigen Ausgestaltung zu beachten.[1837] Darüber hinaus soll es auch für den Bereich der direkten Steuern allgemein gelten.[1838] Sofern man die Grundsteuer als direkte Steuer einordnet,[1839] könnte dies so interpretiert werden, dass das Leistungsfähigkeitsprinzip auch für diese Steuer gilt. Ausdrücklich hat sich

---

1832 BVerfG v. 23.11.1976 – 1 BvR 150/75, BVerfGE 43, 108, 120; BVerfG v. 28.11.1984 – 1 BvR 1157/82, BVerfGE 68, 287, 310; BVerfG v. 07.11.2006 – 1 BvL 10/02, BVerfGE 117, 1, 30 (ErbSt III); BVerfG v. 29.03.2017 – 2 BvL 6/11, BVerfGE 145, 106, 142 f.; BVerfG v. 19.11.2019 – 2 BvL 22/14 u. a., BVerfGE 152, 274, 131; das BVerfG leitet das Leistungsfähigkeit teilweise auch unmittelbar aus Art. 3 Abs. 1 GG bzw. aus der Lastengleichheit ab, s. *Desens*, StuW 2016, 240 (241).

1833 *Birk*, Das Leistungsfähigkeitsprinzip als Maßstab der Steuernormen, 1983, S. 147 f.; *Hey*, in: Tipke/Lang, Steuerrecht, 24. Aufl. 2021, Rn. 3.13; *Seer*, StuW 1996, 323 (327) m. w. N.

1834 Vgl. zum Begriff des (Fundamental-)Prinzips *Tipke*, JZ 2009, 533 (534); *Hey*, in: Tipke/Lang, Steuerrecht, 24. Aufl. 2021, Rn. 3.13.

1835 Statt vieler *Hey*, in: Tipke/Lang, Steuerrecht, 24. Aufl. 2021, Rn. 340 m. w. N.; vgl. zum Streitstand allgemein *Drüen*, in: Tipke/Kruse, AO/FGO, § 3 AO, 169. EL, 2/2022, Rn. 50 m. w. N. auch zu den a. A.

1836 BVerfG v. 23.11.1976 – 1 BvR 150/75, BVerfGE 43, 108, 120; BVerfG v. 19.11.2019 – 2 BvL 22/14 u. a., BVerfGE 152, 274, 313.

1837 Vgl. BVerfG v. 07.11.2006 – 1 BvL 10/02, BVerfGE 117, 1, 33 f. (ErbSt III).

1838 BVerfG v. 10.11.1998 – 2 BvR 1057/91 u. a., BVerfGE 99, 216, 232; BVerfG v. 12.10.2010 – 1 BvL 12/07, BVerfGE 127, 224, 247; *P. Kirchhof*, StuW 1985, 319 (324).

1839 *Hey*, in: Tipke/Lang, Steuerrecht, 24. Aufl. 2021, Rn. 7.20; *Krumm/Paeßens*, GrStG, 2022, Grundlagen, Rn. 18.

das Bundesverfassungsgericht hierzu bislang jedoch nicht geäußert.[1840] Das Bundesverfassungsgericht verwehrt es dem Gesetzgeber daher nicht, seine Belastungsentscheidung bei der Grundsteuer auch auf der Grundlage des Äquivalenzprinzips zu treffen.[1841]

Das Leistungsfähigkeitsprinzip stellt zunächst auf die wirtschaftliche Leistungsfähigkeit des Steuerpflichtigen ab.[1842] Hierunter wird überwiegend die in Geldwert vorhandene Ist-Leistungsfähigkeit verstanden, also die individuelle Zahlungsfähigkeit des Steuerpflichtigen vor allem in Bezug auf die Steuerlast.[1843] Als Indikatoren[1844] bzw. Ausdrucksformen[1845] für die finanzielle Leistungsfähigkeit werden üblicherweise das Einkommen, das Vermögen und der Konsum unterschieden. Die wirtschaftliche Leistungsfähigkeit wird im Steuerrecht durch Freiheitsgrundrechte modifiziert.[1846] So gebieten etwa Art. 1 Abs. 1 GG i. V. m. mit dem Sozialstaatsgrundsatz des Art. 20 Abs. 1 GG bzw. Art. 6 Abs. 1 GG, dass ein (Familien-)Existenzminimum steuerlich nicht belastet werden darf.[1847] Nur was hiernach als disponibles Einkommen für die Steuerzahlung verbleibt, macht die steuerliche Leistungsfähigkeit des Steuerpflichtigen aus und ist in diesem Zusammenhang relevant.[1848]

Das Leistungsfähigkeitsprinzip ist in der steuerlichen Prinzipienhierarchie an oberster Stelle angesiedelt.[1849] Es bedarf als abstraktes Prinzip weiterer

---

1840 *Desens*, StuW 2016, 240 (241 f.); in der Entscheidung zur GrSt hat sich das BVerfG hierzu nicht geäußert, s. BVerfG v. 10.04.2018 – 1 BvL 11/14 u. a., BVerfGE 148, 147 (GrSt).

1841 Siehe hierzu ausführlich *Freund*, jM 2022, 203.

1842 *Tipke*, StRO I, 2. Aufl. 2000, S. 481.

1843 *P. Kirchhof*, StuW 1985, 319 (324 f.); *Birk*, Das Leistungsfähigkeitsprinzip als Maßstab der Steuernormen, 1983, S. 167; *Seer*, StuW 1996, 323 (327); *Desens*, StuW 2016, 240 (242 f.); *Grunow*, Die verfassungsrechtliche Rechtfertigung der Steuerlast und Steuererhebung, 2017, S. 217 f.

1844 *Lang*, in: FS Kruse, 2001, S. 313 (327); *Hey*, in: Tipke/Lang, Steuerrecht, 24. Aufl. 2021, Rn. 3.55 ff.

1845 *Desens*, StuW 2016, 240 (243).

1846 *Birk*, Das Leistungsfähigkeitsprinzip als Maßstab der Steuernormen, 1983, S. 173 ff.; *Grunow*, Die verfassungsrechtliche Rechtfertigung der Steuerlast und Steuererhebung, 2017, S. 225.

1847 BVerfG v. 29.05.1990 – 1 BvL 20/84 u. a., BVerfGE 82, 60, 85 f.; BVerfG v. 25.09.1992 – 2 BvL 5/91 u. a., BVerfGE 87, 153, 164; *P. Kirchhof*, StuW 1984, 297 (306).

1848 *Tipke*, StRO I, 2. Aufl. 2000, S. 481.

1849 *Hey*, in: Tipke/Lang, Steuerrecht, 24. Aufl. 2021, Rn. 3.13, 3.41.

Konkretisierung durch Subprinzipien, Legislativakte, Judikatur und wissenschaftliche Dogmatik.[1850] Eine Konkretisierung ist sowohl in persönlicher als auch in sachlicher Hinsicht erforderlich.[1851] In persönlicher Hinsicht ist zu konkretisieren, wer Zuordnungssubjekt steuerlicher Leistungsfähigkeit sein kann. In sachlicher Hinsicht ist zu bestimmen, auf welche Art und Weise steuerliche Leistungsfähigkeit zu messen ist.[1852] Letzteres erfolgt wesentlich durch die Auswahl und Gestaltung der Steuerbemessungsgrundlagen.[1853] Die Steuerbemessungsgrundlage muss so ausgestaltet sein, dass sie eine gleichmäßige Besteuerung nach der Leistungsfähigkeit gewährleistet.[1854]

Nach Auffassung der Rechtsprechung und der herrschenden Meinung in der Literatur begründet ein Verstoß gegen das Leistungsfähigkeitsprinzip zumindest bei Fiskalzwecksteuern[1855] einen Verstoß gegen Art. 3 Abs. 1 GG, der grundsätzlich rechtfertigungsbedürftig ist.[1856] Dies gilt eingeschränkt im Bereich der vertikalen Leistungsfähigkeit (Existenzminimum, Steuertarif), in dem der Gesetzgeber einen großen Gestaltungsspielraum besitzt. Im Bereich der horizontalen Leistungsfähigkeit liegt hingegen eine strikte Bindung an das Gleichheitsgebot vor. Eine gleiche Leistungsfähigkeit muss insoweit grundsätzlich zu einer nominell gleichen Besteuerung führen.[1857] Entscheidend kommt es dabei vor allem auch auf die gleichheitsgerechte Ausgestaltung der Bemessungsgrundlage an. Denn durch die Ausgestaltung der Bemessungsgrundlage bestimmt der Gesetzgeber insbesondere auch, welche wirtschaftlichen Sachverhalte gleiche steuerliche Leistungsfähigkeit aufweisen.[1858] Ob dem Leistungsfähigkeitsprinzip eine derartige verfassungs-

---

1850 *Hey*, in: Tipke/Lang, Steuerrecht, 24. Aufl. 2021, Rn. 3.41; *Lang*, in: FS Kruse, 2001, S. 313 (326 ff.).

1851 *Hey*, in: Tipke/Lang, Steuerrecht, 24. Aufl. 2021, Rn. 3.49.

1852 *Hey*, in: Tipke/Lang, Steuerrecht, 24. Aufl. 2021, Rn. 3.49.

1853 *Tipke*, StRO I, 2. Aufl. 2000, S. 499 ff.; *Hey*, in: Tipke/Lang, Steuerrecht, 24. Aufl. 2021, Rn. 3.52.

1854 *Tipke*, StRO I, 2. Aufl. 2000, S. 501.

1855 Vgl. zur Geltung des Leistungsfähigkeitsgebots bei Sozial- und Vereinfachungszwecknormen *Lang*, in: FS Kruse, 2001, S. 313 (320 ff.).

1856 BVerfG v. 10.04.2018 – 1 BvR 1236/11, BVerfGE 148, 217, 244 ff.; *Tipke*, BB 1973, 157 (159); *P. Kirchhof*, StuW 1985, 319 (323 f.); *Desens*, StuW 2016, 240 (244 ff.).

1857 BVerfG v. 29.05.1990 – 1 BvL 20/84 u. a., BVerfGE 82, 60, 89; BVerfG v. 12.10.2010 – 1 BvL 12/07, BVerfGE 127, 224, 245; *Birk*, Das Leistungsfähigkeitsprinzip als Maßstab der Steuernormen, 1983, S. 178; *Desens*, StuW 2016, 240 (242 f.).

1858 *Kempny*, StuW 2021, 85 (93 f.).

rechtliche Reichweite zukommt, ist in der Literatur gleichwohl umstritten.[1859] Während sich überwiegende Einigkeit noch verhältnismäßig einfach für die generelle Sachgerechtigkeit der Anknüpfung staatlicher Geldforderungen an die finanzielle Leistungsfähigkeit der Bürger erzielen lassen wird. Ist es schon deutlich schwieriger, weitergehende Schlussfolgerungen der konkreten Bemessung von Leistungsfähigkeit verfassungsrechtlich zu verorten.[1860]

cc) Gebot der Folgerichtigkeit

(1) Bedeutung der Folgerichtigkeit in der Rechtsprechung des Bundesverfassungsgerichts

Der durch eine gewisse Inhaltsleere geprägt allgemeine Gleichheitssatz wird zwar bereits durch den Grundsatz der Steuergerechtigkeit und den gebietsspezifischen Vergleichsmaßstab der Leistungsfähigkeit konkretisiert. Eindeutige Schlüsse lassen sich hieraus jedoch in vielen Fällen nicht ableiten. Um die gleichheitsrechtliche Prüfung weiter zu systematisieren und zu operationalisieren, stellt das Bundesverfassungsgericht daher bei der Prüfung des allgemeinen Gleichheitssatzes ergänzend zum Leistungsfähigkeitsprinzip auf den Gedanken der Folgerichtigkeit ab.[1861] Nach Auffassung von *Paul Kirchhof* erreicht der Gleichheitssatz im Steuerrecht dadurch seine praktisch bedeutsamste Wirkung.[1862]

Den Gedanken der Folgerichtigkeit bezieht das Bundesverfassungsgericht bereits von Anfang an in seine verfassungsrechtliche Prüfung von Gesetzen ein.[1863] Dass der Gesetzgeber bei der Gesetzgebung auf eine folgerichtige Umsetzung achten muss, ist zudem keine Besonderheit des Steuerrechts. Erhebliche praktische Bedeutung hat das Folgerichtigkeitsgebot etwa auch im Sozialrecht.[1864] Im Steuerrecht blieben die Überlegungen zur Folgerichtig-

---

1859 *Drüen*, in: Tipke/Kruse, AO/FGO, § 3 AO, 169. EL, 2/2022, Rn. 50. m. w. N.

1860 *Hey*, in: FS BFH 100 I, 2018, S. 451 (471).

1861 *Schwarz*, in: FS Isensee, 2007, S. 949 (949); *Weber-Grellet*, FR 2011, 1028 (1034); *Döring/Garz*, FR 2021, 834 (836).

1862 *P. Kirchhof*, StuW 2006, 3 (14); zustimmend *Tipke*, JZ 2009, 533 (533 f.); *Englisch*, in: FS Lang, 2011, S. 167 (171).

1863 Vgl. z. B. BVerfG v. 05.04.1952 – 2 BvH 1/52, BVerfGE 1, 208, 246 f.; BVerfG v. 13.07.1965 – 1 BvR 771/59 u. a., BVerfGE 19, 100, 116.

1864 *Mellinghoff*, Ubg 2012, 369 (Tz. 2.1.); s. hierzu und zu der Anwendung in anderen Rechtsgebieten *P. Kirchhof*, in: HStR VIII, 3. Aufl. 2010, § 181, Rn. 225–230.

keit lange Zeit diffus.[1865] In den 1990er-Jahren erfolgte dann eine deutliche Konkretisierung des Folgerichtigkeitsgedankens in der steuerrechtsbezogenen Rechtsprechung des Bundesverfassungsgerichts unter maßgeblicher Mitwirkung von *Paul Kirchhof*.[1866] Nach der seither ergangenen ständigen Rechtsprechung des Bundesverfassungsgerichts hat der Gesetzgeber bei der Gesetzgebung auf der ersten Stufe „*bei der Auswahl des Steuergegenstandes und bei der Bestimmung des Steuersatzes einen weitreichenden Entscheidungsspielraum*“. Im Binnenbereich eines Steuergesetzes – also bei der „*Ausgestaltung des Ausgangstatbestands*“ – hat der Gesetzgeber auf der zweiten Stufe „*die einmal getroffene Belastungsentscheidung folgerichtig im Sinne der Belastungsgleichheit umzusetzen.*“[1867] Diese folgerichtige Umsetzung erhebt das Bundesverfassungsgericht in späteren Entscheidungen zu einem *Gebot bzw. Prinzip der Folgerichtigkeit* und stellt dieses mit dem Leistungsfähigkeitsprinzip auf eine Stufe („*zwei eng miteinander verbundene Leitlinien*“).[1868] Der Bundesfinanzhof spricht insoweit sogar von einem „*verfassungsrechtlichen Gebot einer folgerichtigen Gesetzgebung*“.[1869] Später verwendete das Bundesverfassungsgericht eine Zeit lang dann zunächst eine einschränkendere Bezeichnung: „*Gebot der folgerichtigen Ausgestaltung des steuerrechtlichen Ausgangstatbestands*“.[1870] In neueren Entscheidungen ist sogar nur noch von einer „*folgerichtigen Umsetzung*

1865 Vgl. BVerfG v. 13.07.1965 – 1 BvR 771/59 u. a., BVerfGE 19, 100, 116; BVerfG v. 07.05.1968 – 1 BvR 420/64, BVerfGE 23, 242, 256 (VSt I).

1866 *Schön*, StuW 2013, 289 (296).

1867 Grundlegend BVerfG v. 27.06.1991 – 2 BvR 1493/89, BVerfGE 84, 239, 271; BVerfG v. 22.06.1995 – 2 BvL 37/91, BVerfGE 93, 121, 136 (VSt II); BVerfG v. 30.09.1998 – 2 BvR 1818/91, BVerfGE 99, 88, 95; BVerfG v. 11.11.1998 – 2 BvL 10/95, BVerfGE 99, 280, 290; BVerfG v. 07.11.2006 – 1 BvL 10/02, BVerfGE 117, 1, 31 (ErbSt III); BVerfG v. 12.05.2009 – 2 BvL 1/00, BVerfGE 123, 111, 120 f.; s. *Schwarz*, in: FS Isensee, 2007, S. 949 (956) m. w. N. (dort Fn. 63).

1868 BVerfG v. 06.03.2002 – 2 BvL 17/99, BVerfGE 105, 73, 125; BVerfG v. 04.12.2002 – 2 BvR 400/98 u. a., BVerfGE 107, 27, 46 f.; BVerfG v. 07.11.2006 – 1 BvL 10/02, BVerfGE 117, 1, 30 (ErbSt III); BVerfG v. 09.12.2008 – 2 BvL 1/07 u. a., BVerfGE 122, 210, 230 f.; BVerfG v. 12.05.2009 – 2 BvL 1/00, BVerfGE 123, 111, 120; BVerfG v. 12.10.2010 – 1 BvL 12/07, BVerfGE 127, 224, 245.

1869 BFH, Beschl. v. 22.10.2014 – II R 16/13, BStBl. II 2014, 957, juris Rn. 64.

1870 BVerfG v. 05.11.2014 – 1 BvF 3/11, BVerfGE 137, 350, 366; BVerfG v. 17.12.2014 – 1 BvL 21/12, BVerfGE 138, 136, 181 (ErbSt IV); BVerfG v. 23.06.2015 – 1 BvL 13/11 u. a., BVerfGE 139, 285, 309 f. (GrESt); BVerfG v. 10.04.2018 – 1 BvL 11/14 u. a., BVerfGE 148, 147, 184 (GrSt).

des steuerrechtlichen Ausgangstatbestandes“ die Rede.[1871] Die Qualifikation des Folgerichtigkeitsgedanken als ein Grundsatz bzw. Prinzip, das bei der Ausgestaltung von Steuernormen zu beachten ist, wurde somit offenbar vom Bundesverfassungsgericht zurückgenommen.

(2) Bedeutung des Folgerichtigkeitsgebots für die Verfassungsmäßigkeit von Steuergesetzen

(a) Rechtsnatur des Folgerichtigkeitsgebots

Das Bundesverfassungsgericht leitete seine Überlegungen zur Folgerichtigkeit aus dem „*Gebot möglichst gleichmäßiger Belastung aller Steuerpflichtigen*“[1872] und damit letztendlich aus Art. 3 Abs. 1 GG ab.[1873] Ob sich daraus folgern lässt, dass es sich bei diesem Gedanken um eine spezielle Ausprägung des Art. 3 Abs. 1 GG handelt,[1874] ist fraglich. Verfassungsrechtlich lassen sich den Gesetzgeber betreffende Anforderungen an eine folgerichtige Gesetzgebung neben Art. 3 Abs. 1 GG auch aus dem Rechtsstaats- und Bundesstaatsprinzip,[1875] aus dem Staatsorganisationsrecht[1876] oder aus den finanzverfassungsrechtlichen Vorgaben[1877] ableiten. Feststellen lässt sich jedenfalls, dass das Bundesverfassungsgericht und die herrschende Meinung in der Literatur die Überlegungen zur Folgerichtigkeit dogmatisch beim allgemeinen Gleichheitssatz verankern und effektuieren.[1878]

Auch wenn sich das Gebot der Folgerichtigkeit aus der Verfassung ableiten lässt, handelt es sich hierbei nicht um einen Verfassungsgrundsatz oder

---

1871 BVerfG v. 29.03.2017 – 2 BvL 6/11, BVerfGE 145, 106, 144; BVerfG v. 19.11.2019 – 2 BvL 22/14 u. a., BVerfGE 152, 274, 314; BVerfG v. 08.12.2021 – 2 BvL 1/13, BVerfGE 160, 41, 65 f.

1872 BVerfG v. 27.06.1991 – 2 BvR 1493/89, BVerfGE 84, 239, 271; vgl. auch *P. Kirchhof*, StuW 2000, 316 (322).

1873 So etwa BVerfG v. 07.05.1968 – 1 BvR 420/64, BVerfGE 23, 242, 256 (VSt I); BVerfG v. 09.02.1982 – 2 BvL 6/78 u. a., BVerfGE 60, 16, 40; *Bernert*, Das Bundesverfassungsgericht und die Erbschaftsteuer, 2017, S. 72 dort Fn. 236 m. w. N.

1874 So etwa *Eichberger*, in: FS BFH 100 I, 2018, S. 501 (511); *Bernert*, Das Bundesverfassungsgericht und die Erbschaftsteuer, 2017, S. 71 f.

1875 *P. Kirchhof*, StuW 2000, 316 (322); *Döring/Garz*, FR 2021, 834 (835).

1876 *Lepsius*, JZ 2009, 255 (262).

1877 *Jakob*, Rechtsgutachten zur Bewertungsvereinfachung, 1992, S. 93 ff., insb. S. 104.

1878 *Mellinghoff*, Ubg 2012, 369. (dort unter Tz. 2.4.1.); *Englisch*, in: FS Lang, 2011, S. 167 (179).

Gebot mit Verfassungsrang.[1879] Ein Verstoß gegen dieses Gebot begründet für sich genommen noch nicht die Verfassungswidrigkeit einer Norm.[1880] Es ist auch kein oberstes Prinzip des Steuerrechts, sondern dient lediglich dazu, die steuerrechtsspezifische Prüfung des Gleichheitssatzes zu systematisieren und insbesondere dem Leistungsfähigkeitsprinzip im Rahmen dieser Prüfung zur Wirksamkeit zu verhelfen.[1881] Bei dem Folgerichtigkeitsgebot handelt es sich lediglich um eine „*Argumentationshilfe zur Operationalisierung des allgemeinen Gleichheitssatzes*".[1882] Dieser Auffassung ist offenbar auch das Bundesverfassungsgericht. In jüngerer Rechtsprechung stellte es ausdrücklich klar, dass das Folgerichtigkeitsgebot nicht über die Anforderungen aus Art. 3 Abs. 1 GG hinausgeht.[1883]

Wie sich aus der engen Beziehung zum Leistungsfähigkeitsprinzip[1884] und der Bezugnahme auf die Belastungsgleichheit[1885] ergibt, zielt die Rechtsprechung des Bundesverfassungsgerichts zur Folgerichtigkeit primär auf die Schaffung horizontaler Steuergerechtigkeit.[1886] Die folgerichtige Ausgestaltung soll zu einer rechtlichen und tatsächlichen Belastungsgleichheit der Steuerpflichtigen führen.[1887] Systematisch wird dies insbesondere bei der Ausgestaltung der steuerlichen Bemessungsgrundlage erreicht.[1888]

(b) Ausnahmen von einer folgerichtigen Umsetzung

Das Bundesverfassungsgericht belässt dem Gesetzgeber auf der ersten Stufe bei der Belastungsentscheidung und bei der Auswahl des Steuergegenstandes

---

1879 *Schwarz*, in: FS Isensee, 2007, S. 949 (957); *Weber-Grellet*, FR 2011, 1028 (1034); *Eichberger*, in: FS BFH 100 I, 2018, S. 501 (511).; a. A. *Breinersdorfer*, StuW 2009, 211 (213).

1880 *Eichberger*, in: FS BFH 100 I, 2018, S. 501 (510).

1881 *Tipke*, StuW 2014, 273 (278).

1882 *Weber-Grellet*, FR 2011, 1028 (1034).

1883 BVerfG v. 06.06.2018 – 1 BvL 7/14 u. a., BVerfGE 149, 126, 153.

1884 BVerfG v. 06.03.2002 – 2 BvL 17/99, BVerfGE 105, 73, 125; BVerfG v. 07.11.2006 – 1 BvL 10/02, BVerfGE 117, 1, 30 (ErbSt III); BVerfG v. 12.05.2009 – 2 BvL 1/00, BVerfGE 123, 111, 120; BVerfG v. 12.10.2010 – 1 BvL 12/07, BVerfGE 127, 224, 245.

1885 BVerfG v. 12.05.2009 – 2 BvL 1/00, BVerfGE 123, 111, 120 f.

1886 *Desens*, StuW 2016, 240 (244).

1887 *Mellinghoff*, Ubg 2012, 369.

1888 Siehe zur Bedeutung des Folgerichtigkeitsgebots bei der Ausgestaltung der steuerlichen Bewertungsnormen unter Gliederungspunkt § 3, II., 2. b) und c).

einen weiten Gestaltungsspielraum (sog. steuerlicher Ausgangstatbestand).[1889] Insoweit überprüft es gesetzgeberische Handlungen nur anhand des Willkürverbots.[1890] Eine Überprüfung einer folgerichtigen Gesetzgebung erfolgt erst im Binnenbereich einer Steuer.[1891] Ausgangspunkt der folgerichtigen Überprüfung sind der vom Gesetzgeber gewählte Steuergegenstand und die hiermit zusammenhängende Belastungsentscheidung.[1892] Endpunkt der folgerichtigen Überprüfung ist der Belastungserfolg, den die Anwendung der Steuergesetze beim einzelnen Steuerpflichtigen bewirkt. Denn in diesem Belastungserfolg muss sich das gebotene Gleichmaß verwirklichen.[1893] Ausnahmen von dieser folgerichtigen Umsetzung der gesetzgeberischen Grundentscheidung verstoßen grundsätzlich gegen das Folgerichtigkeitsgebot. Ob darüber hinaus Anforderungen an die Qualität und Quantität der Abweichungen zu stellen sind, wird in der Rechtsprechung des Bundesverfassungsgerichts wenig thematisiert. Richtigerweise sind in die Folgerichtigkeitsprüfung jedoch nur verfassungsrechtlich erhebliche Abweichungen einzubeziehen.[1894]

(c) Rechtfertigung von Ausnahmen einer folgerichtigen Umsetzung

Der Verstoß gegen das Folgerichtigkeitsgebot führt nicht per se zu einem Verstoß gegen Art. 3 Abs. 1 GG,[1895] sondern stellt nach ständiger Rechtsprechung des Bundesverfassungsgerichts lediglich ein Indiz für das Vorliegen einer

---

1889 BVerfG v. 27.06.1991 – 2 BvR 1493/89, BVerfGE 84, 239, 271; BVerfG v. 07.11.2006 – 1 BvL 10/02, BVerfGE 117, 1, 30 (ErbSt III); BVerfG v. 15.01.2008 – 1 BvL 2/04, BVerfGE 120, 1, 29; BVerfG v. 09.12.2008 – 2 BvL 1/07 u. a., BVerfGE 122, 210, 231; ähnlich BVerfG v. 19.11.2019 – 2 BvL 22/14 u. a., BVerfGE 152, 274, 313; *Seer*, StuW 1997, 283 (285); *Schön*, StuW 2013, 289 (295).

1890 BVerfG v. 05.11.2014 – 1 BvF 3/11, BVerfGE 137, 350, 366 f.; *P. Kirchhof*, StuW 1984, 297 (308); *Hey*, in: FS BFH 100 I, 2018, S. 451 (479).

1891 *Englisch*, in: FS Lang, 2011, S. 167 (189).

1892 Kritisch hierzu *Tipke*, StRO I, 2. Aufl. 2000, S. 328; *Tipke*, JZ 2009, 533 (539).

1893 BVerfG v. 22.06.1995 – 2 BvL 37/91, BVerfGE 93, 121, 136 (VSt II); BVerfG v. 07.11.2006 – 1 BvL 10/02, BVerfGE 117, 1, 30 f. (ErbSt III); *Krumm*, Steuerliche Bewertung als Rechtsproblem, 2014, S. 347.

1894 Vgl. *Mellinghoff*, Ubg 2012, 369 (Tz. 2.4.2.).

1895 So z. B. *F. Kirchhof*, StuW 2002, 185 (189).

Ungleichbehandlung dar.[1896] Ausnahmen von einer folgerichtigen Umsetzung bedürfen daher zur Rechtfertigung nach ständiger Rechtsprechung des Bundesverfassungsgerichts eines *„besonderen sachlichen Grundes“*.[1897] Als rechtfertigende Gründe kommen vor allem außerfiskalische Förderungs- und Lenkungszwecke sowie Typisierungs- und Vereinfachungserfordernisse in Betracht.[1898] In der Literatur wird teilweise vertreten, dass der „besondere“ sachliche Grund dem Gesetzgeber höhere Begründungsanforderungen auferlegt.[1899] Ob dies der Fall ist, hat das Bundesverfassungsgericht jedoch ausdrücklich offengelassen.[1900] Umstritten ist in der Literatur außerdem, ob im Falle einer Ausnahme von einer folgerichtigen Umsetzung nicht nur ein besonderer sachlicher Grund erforderlich ist, sondern ob darüber hinaus zwingend eine verschärfte Prüfungsintensität durch das Bundesverfassungsgericht – gemeint ist eine Verhältnismäßigkeitsprüfung – anzuwenden ist.[1901] Speziell für Verstöße gegen eine folgerichtige Umsetzung lassen sich der Rechtsprechung des Bundesverfassungsgerichts keine erhöhten Anforderungen entnehmen.[1902]

Zusammenfassend lässt sich festhalten, dass der Folgerichtigkeitsgedanke die verfassungsrechtliche Prüfung von Steuergesetzen operationalisieren kann. Der Gesetzgeber ist gehalten, die Steuergesetze folgerichtig auszugestalten. Ausnahmen von einer folgerichtigen Umsetzung sind im

---

1896 BVerfG v. 16.12.1958 – 1 BvL 3/57 u. a., BVerfGE 9, 20, 28; BVerfG v. 07.11.1970 – 1 BvR 338/68, BVerfGE 34, 103, 115; *Eichberger*, in: FS BFH 100 I, 2018, S. 501 (512 f.).

1897 BVerfG v. 04.12.2002 – 2 BvR 400/98 u. a., BVerfGE 107, 27, 47; BVerfG v. 07.11.2006 – 1 BvL 10/02, BVerfGE 117, 1, 31 (ErbSt III); BVerfG v. 12.05.2009 – 2 BvL 1/00, BVerfGE 123, 111, 121; BVerfG v. 23.06.2015 – 1 BvL 13/11 u. a., BVerfGE 139, 285, 310 (GrESt); ebenso BFH, Vorlagebeschluss v. 27.09.2012 – II R 9/11, BStBl. II 2012, 899, juris Rn. 54.

1898 BVerfG v. 12.10.2010 – 1 BvL 12/07, BVerfGE 127, 224, 245; *Mellinghoff*, in: FS Spindler, 2011, S. 153 (165).

1899 *Hey*, in: Tipke/Lang, Steuerrecht, 24. Aufl. 2021, Rn. 3.125.

1900 BVerfG v. 29.03.2017 – 2 BvL 6/11, BVerfGE 145, 106, 145.

1901 Dafür: *Tipke*, StRO I, 2. Aufl. 2000, S. 327 f., 332; *Hey*, DStR 2009, 2561 (2567); *Englisch*, in: FS Lang, 2011, S. 167 (199 ff.). Dagegen: *Eichberger*, in: FS BFH 100 I, 2018, S. 501 (512 f.); *Kischel*, in: BeckOK GG, Art. 3, 56. Ed., 8/2023, Rn. 155. Siehe zum Streitstand auch *Englisch*, in: FS Lang, 2011, S. 167 (195 f.).

1902 Vgl. besonders restriktiv insoweit BVerfG v. 12.05.2009 – 2 BvL 1/00, BVerfGE 123, 111, 122.

Gesetzgebungsverfahren hinreichend zu begründen.[1903] Ein Verstoß gegen das Folgerichtigkeitsgebot gebietet jedoch für sich genommen keine strengere Prüfung durch das Bundesverfassungsgericht. Vielmehr richtet sich sowohl der Umfang als auch die Intensität der Prüfung des Bundesverfassungsgerichts und korrespondieren damit die Rechtfertigungslasten des Gesetzgebers nach der allgemein zu Art. 3 Abs. 1 GG entwickelten Dogmatik.[1904] Auf diese wird sogleich eingegangen.

c) Umfang und Intensität der verfassungsgerichtlichen Kontrolle von Steuergesetzen

Ungleichbehandlungen lassen sich aufgrund der Vielgestaltigkeit der Lebenswirklichkeit und der notwendigen Abstraktheit von (Steuer-)Gesetzen nicht vermeiden. Es ist die Aufgabe des demokratisch legitimierten Gesetzgebers, diejenigen Sachverhalte auszuwählen, an die er dieselben Rechtsfolgen knüpft und die er damit im Rechtssinne als „gleich" ansieht. Das Bundesverfassungsgericht beanstandet durch (Steuer-)Gesetze hervorgerufene Ungleichbehandlungen daher erst dann, wenn der Gesetzgeber seine Auswahl nicht „sachgerecht" getroffen hat.[1905] Auf das zwischen dem Gestaltungsspielraum des demokratisch legitimierten Gesetzgebers und einer wirksamen verfassungsgerichtlichen Kontrolle bestehende Spannungsverhältnis wurde bereits zuvor eingegangen.[1906] Um einen Eingriff in den gesetzgeberischen Gestaltungsspielraum zu vermeiden, stellt das Bundesverfassungsgericht an eine sachgerechte Auswahl des Gesetzgebers keine allgemeingültigen, pauschalen Vorgaben auf. Die vom Gesetzgeber bei der Ausgestaltung von (Steuer-)Gesetzen zu beachtenden verfassungsrechtlichen Grenzen hängen eng mit dem jeweiligen Prüfungsmaßstab und der damit verbundenen Prüfungsintensität des Bundesverfassungsgerichts zusammen.

1903 *Schwarz*, in: FS Isensee, 2007, S. 949 (957); *Breinersdorfer*, StuW 2009, 211 (213).

1904 Vgl. BVerfG v. 29.03.2017 – 2 BvL 6/11, BVerfGE 145, 106, 145; *Eichberger*, in: FS BFH 100 I, 2018, S. 501 (512 f.).

1905 BVerfG v. 20.12.1966 – 1 BvR 320/57 u. a., BVerfGE 21, 12, 26 f.; BVerfG v. 13.03.1979 – 2 BvR 72/76, BVerfGE 50, 386, 391 f.; BVerfG v. 08.04.1987 – 2 BvR 909/82 u. a., BVerfGE 75, 108, 157; BVerfG v. 12.02.2003 – 2 BvL 3/00, BVerfGE 107, 218, 244; BVerfG v. 15.12.2015 – 2 BvL 1/12, BVerfGE 141, 1, 38.

1906 Siehe hierzu unter Gliederungspunkt § 3, I., 1.

aa) Prüfungsmaßstab

In seiner früheren Rechtsprechung hatte das Bundesverfassungsgericht als Maßstab für die Prüfung, ob der Gesetzgeber eine sachgerechte Auswahl getroffen hat, zunächst die sog. Willkürformel entwickelt. Der Gesetzgeber hatte hiernach eine sachgerechte Auswahl bereits dann getroffen, wenn er einen sachlichen Grund für die Differenzierung vorweisen konnte. Später wurde diese durch die sog. neue Formel ergänzt, die im Wesentlichen eine Verhältnismäßigkeitsprüfung vorsieht. Die neuere Rechtsprechung des Bundesverfassungsgerichts bezieht beide Formeln in einen einheitlichen und stufenlosen verfassungsrechtlichen Prüfungsmaßstab mit ein, dessen Inhalt und Grenzen sich nicht abstrakt, sondern nur nach den jeweils betroffenen unterschiedlichen Sach- und Regelungsbereichen bestimmen lassen. Die genannten Prüfungsmaßstäbe werden im Folgenden einzeln vorgestellt.

(1) Willkürformel

Nach der ursprünglich vom Bundesverfassungsgericht entwickelten Willkürformel ist eine Verletzung des Gleichheitssatzes anzunehmen, *„wenn sich ein vernünftiger, sich aus der Natur der Sache ergebender oder sonstwie einleuchtender Grund für die gesetzliche Differenzierung oder Gleichbehandlung nicht finden läßt, kurzum, wenn die Bestimmung als willkürlich bezeichnet werden muß“*.[1907] Der Gesetzgeber muss nicht zwingend die zweckmäßigste oder vernünftigste Lösung wählen.[1908] Die Gestaltungsfreiheit des Gesetzgebers endet jedoch dort, *„wo die ungleiche Behandlung der geregelten Sachverhalte nicht mehr mit einer am Gerechtigkeitsgedanken orientierten Betrachtungsweise vereinbar ist“*.[1909] Dies ist dann der Fall, wenn es an einem „sachlich *einleuchtenden Grund für die gesetzliche Differenzierung*“ fehlt und die infrage stehende Regelung deshalb

---

[1907] Grundlegend BVerfG v. 23.10.1951 – 2 BvG 1/51, BVerfGE 1, 14, 52; BVerfG v. 06.03.2002 – 2 BvL 17/99, BVerfGE 105, 73, 110; BVerfG v. 04.12.2002 – 2 BvR 400/98 u. a., BVerfGE 107, 27, 45 f.; BVerfG v. 29.03.2017 – 2 BvL 6/11, BVerfGE 145, 106, 143; BVerfG v. 19.11.2019 – 2 BvL 22/14 u. a., BVerfGE 152, 274, 312.

[1908] BVerfG v. 17.12.1953 – 1 BvR 323/51, BVerfGE 3, 162, 182; BVerfG v. 16.03.1955 – 2 BvK 1/54, BVerfGE 4, 144, 155; BVerfG v. 29.11.1989 – 1 BvR 1402/87 u. a., BVerfGE 81, 108, 117 f.; BVerfG v. 04.04.2001 – 2 BvL 7/98, BVerfGE 103, 310, 320; BVerfG v. 19.11.2019 – 2 BvL 22/14 u. a., BVerfGE 152, 274, 312.

[1909] BVerfG v. 19.11.2019 – 2 BvL 22/14 u. a., BVerfGE 152, 274, 312 f.

als willkürlich anzusehen ist.[1910] Willkür soll nach Auffassung des Bundesverfassungsgerichts zudem erst dann festgestellt werden können, *„wenn die Unsachlichkeit der Differenzierung evident ist"*.[1911]

Im Wesentlichen kommt es für die Prüfung des Gleichheitssatzes nach der Willkürformel somit darauf an, dass die vom Gesetzgeber gewählte Differenzierung auf sachgerechten Erwägungen beruht. Dabei kann sich der Gesetzgeber auch von finanzpolitischen, volkswirtschaftlichen, sozialpolitischen oder steuertechnischen Erwägungen leiten lassen.[1912] Es genügt, wenn die unterschiedliche Behandlung mit einer dieser Erwägungen gerechtfertigt werden kann.[1913] *„Dogmatisch überzeugende"* bzw. *„systematisch richtige"* Gründe sind nicht erforderlich.[1914] Das Bundesverfassungsgericht prüft den Gleichheitssatz daher (ohne konkrete Auseinandersetzung mit dem Begriff der Willkür) lediglich, ob sich überhaupt irgendein sachlicher Grund finden lässt.[1915] Ein solcher Grund lässt sich vom Gesetzgeber aller Erfahrung nach immer finden.[1916] Die Willkürformel führt daher im Ergebnis regelmäßig zu keiner spürbaren Einschränkung der gesetzgeberischen Freiheit.

(2) Neue Formel

In den 1980er-Jahren entwickelte das Bundesverfassungsgericht die sog. neue Formel.[1917] Eine Verletzung von Art. 3 Abs. 1 GG ist hiernach dann anzunehmen, *„wenn eine Gruppe von Normadressaten im Vergleich zu anderen Normadressaten anders behandelt wird, obwohl zwischen beiden Gruppen keine Unterschiede von solcher Art und solchem Gewicht bestehen, daß sie die ungleiche*

1910 BVerfG v. 29.03.2017 – 2 BvL 6/11, BVerfGE 145, 106, 143; BVerfG v. 19.11.2019 – 2 BvL 22/14 u. a., BVerfGE 152, 274, 313.

1911 BVerfG v. 09.05.1961 – 2 BvR 49/60, BVerfGE 12, 326, 333; BVerfG v. 02.03.1999 – 1 BvL 2/91, BVerfGE 99, 367, 389; BVerfG v. 29.03.2017 – 2 BvL 6/11, BVerfGE 145, 106, 143.

1912 BVerfG v. 13.03.1979 – 2 BvR 72/76, BVerfGE 50, 386, 392.

1913 BVerfG v. 06.12.1983 – 2 BvR 1275/79, BVerfGE 65, 325, 354.

1914 *Hey*, FR 2020, 578 (581 f.).

1915 BVerfG v. 13.03.1979 – 2 BvR 72/76, BVerfGE 50, 386, 392; BVerfG v. 06.12.1983 – 2 BvR 1275/79, BVerfGE 65, 325, 354; *Eichberger*, in: FS BFH 100 I, 2018, S. 501 (503).

1916 *Tipke*, StRO I, 2. Aufl. 2000, S. 306; *Mellinghoff*, in: FS Spindler, 2011, S. 153 (161).

1917 *Eichberger*, in: FS BFH 100 I, 2018, S. 501 (503).

Behandlung rechtfertigen könnten".[1918] Mit der sog. neuen Formel stellt das Bundesverfassungsgericht klar, dass Ungleichbehandlung und der diese rechtfertigende Grund in einem angemessenen Verhältnis zueinander stehen müssen.[1919] Darin liegt eine Verschärfung im Vergleich zur Willkürformel (und zugleich eine Beschränkung des gesetzgeberischen Gestaltungsspielraums), da nun nicht mehr nur ein sachlicher Grund ausreicht, sondern dieser auch darauf zu überprüfen ist, ob er auch geeignet und angemessen ist.[1920] Der Gesetzgeber verstößt daher gegen den Gleichheitssatz, wenn „*sich für diese Ungleichbehandlung kein in angemessenem Verhältnis zu dem Grad der Ungleichbehandlung stehender Rechtfertigungsgrund finden läßt.*"[1921]

Die Verhältnismäßigkeitsprüfung kann auch im Steuerrecht den klassischen dreistufigen Aufbau (Geeignetheit, Erforderlichkeit, Angemessenheit) umfassen.[1922] Dieser entspricht grundsätzlich dem Verhältnismäßigkeitsaufbau bei einer Eingriffsprüfung, es können sich jedoch Besonderheiten bei der einzunehmenden Kontrollperspektive ergeben.[1923] Sehr anschaulich zeigen dies etwa die Entscheidungen des Bundesverfassungsgerichts zur Erbschaftsteuer vom 17. Dezember 2014[1924] oder zur Vollverzinsung vom 8. Juli 2021.[1925] Es fällt jedoch auf, dass das Bundesverfassungsgericht oftmals zwar als Prüfungsmaßstab eine strenge Verhältnismäßigkeitsprüfung annimmt, dieser jedoch keine erkennbare Auswirkung auf die weitere Prüfung in der Entscheidung hat.[1926] Eine abwägende Angemessenheitsprüfung wird in der Sache zumeist nur vereinzelt und eher oberflächlich praktiziert.[1927]

1918 BVerfG v. 07.10.1980 – 1 BvL 50/79 u. a., BVerfGE 55, 72, 88; BVerfG v. 16.11.1982 – 1 BvL 16/75, BVerfGE 62, 256, 274; BVerfG v. 04.10.1983 – 1 BvL 2/81, BVerfGE 65, 104, 112 f.; BVerfG v. 28.11.1984 – 1 BvR 1157/82, BVerfGE 68, 287, 301; BVerfG v. 08.06.2004 – 2 BvL 5/00, BVerfGE 110, 412, 432.

1919 BVerfG v. 30.05.1990 – 1 BvL 2/83 u. a., BVerfGE 82, 126, 146.

1920 *Eckhoff*, in: Leitgedanken des Rechts, Bd. II 2013, § 148, Rn. 7; *Kischel*, in: BeckOK GG, Art. 3, 56. Ed., 8/2023, Rn. 24.

1921 BVerfG v. 10.11.1998 – 1 BvL 50/92, BVerfGE 99, 165, 178; BVerfG v. 15.03.2000 – 1 BvL 16/96, BVerfGE 102, 68, 87.

1922 *Kischel*, in: BeckOK GG, Art. 3, 56. Ed., 8/2023, Rn. 169.2.

1923 *Eichberger*, in: FS BFH 100 I, 2018, S. 501 (516).

1924 BVerfG v. 17.12.2014 – 1 BvL 21/12, BVerfGE 138, 136, 183 ff. (ErbSt IV).

1925 BVerfG v. 08.07.2021 – 1 BvR 2237/14 u. a., BVerfGE 158, 282, 333 ff.

1926 Z. B. BVerfG v. 10.04.2018 – 1 BvL 11/14 u. a., BVerfGE 148, 147, 199 ff. (GrSt).

1927 *Hey*, in: StBJb 2007/2008, 2008, S. 19 (38); *Englisch*, in: FS Lang, 2011, S. 167 (198 f.); *Kischel*, in: BeckOK GG, Art. 3, 56. Ed., 8/2023, Rn. 169.2.

(3) Stufenloser verfassungsrechtlicher Prüfungsmaßstab

Die Einführung der sog. neuen Formel führte nicht zu einer Verwerfung der Willkürformel. Diese wendet das Bundesverfassungsgericht weiterhin an.[1928] Das Bundesverfassungsgericht hatte auch schon zuvor die Willkürformel teilweise nicht in Reinform angewendet und diese bei Bedarf bereits mit Verhältnismäßigkeitsabwägungen angereichert.[1929] Hintergrund war scheinbar ein Bedürfnis nach einer flexibleren Handhabung der Prüfungsdichte für den zu entscheidenden Einzelfall.[1930] Dieses Bedürfnis hat letztlich auch Ausdruck in der Rechtsprechung des Bundesverfassungsgerichts gefunden. Dieses wendet auf Art. 3 Abs. 1 GG nun einen einheitlichen, stufenlosen verfassungsrechtlichen Prüfungsmaßstab an, der von einer bloßen Prüfung des Willkürverbots bis zu einer strengen Prüfung der Verhältnismäßigkeit reichen kann.[1931] Dadurch ergibt sich ein Kontinuum, welches von einer sehr großzügigen Prüfung bis hin zu einer sehr strengen Prüfung reicht.[1932]

Das Bundesverfassungsgericht eröffnet sich mit diesem stufenlosen Prüfungsmaßstab einen erheblichen Spielraum für die verfassungsrechtliche Beurteilung und gleichzeitig für das Austarieren der Grenzen des Gestaltungsspielraums des Gesetzgebers. Die Auswahl des maßgeblichen Prüfungsmaßstabs hat wesentlichen Einfluss auf das Ergebnis der Entscheidung oder nimmt dieses teilweise sogar vorweg. Denn eine reine Willkürkontrolle führt regelmäßig nicht zu einer Beanstandung eines Gesetzes durch das Bundesverfassungsgericht, da sich vertretbare Gründe für eine gesetzliche Regelung fast immer finden lassen.[1933] Ob das Bundesverfassungsgericht einen Verstoß eines Steuergesetzes gegen Art. 3 Abs. 1 GG feststellen wird, lässt sich daher

---

1928 Z. B. BVerfG v. 06.12.1983 – 2 BvR 1275/79, BVerfGE 65, 325, 354; BVerfG v. 10.02.1987 – 1 BvL 18/81 u. a., BVerfGE 74, 182, 200.

1929 *Eichberger*, in: FS BFH 100 I, 2018, S. 501 (505).

1930 *Eichberger*, in: FS BFH 100 I, 2018, S. 501 (504).

1931 BVerfG v. 21.06.2011 – 1 BvR 2035/07, BVerfGE 129, 49, 69; BVerfG v. 17.12.2014 – 1 BvL 21/12, BVerfGE 138, 136, 180 (ErbSt IV); BVerfG v. 10.04.2018 – 1 BvL 11/14 u. a., BVerfGE 148, 147, 184 (GrSt); BVerfG v. 19.11.2019 – 2 BvL 22/14 u. a., BVerfGE 152, 274, 312; BVerfG v. 08.07.2021 – 1 BvR 2237/14 u. a., BVerfGE 158, 282, 327; *Jarass*, in: Jarass/Pieroth, GG, 17. Aufl. 2022, Art. 3, Rn. 20.

1932 *Jarass*, in: Jarass/Pieroth, GG, 17. Aufl. 2022, Art. 3, Rn. 20.

1933 *Tipke*, StRO I, 2. Aufl. 2000, S. 306; *Mellinghoff*, in: FS Spindler, 2011, S. 153 (161); *Hey*, FR 2020, 578 (582).

nicht annähernd voraussehen.[1934] Jede Beurteilung der Konformität eines (Steuer-)Gesetzes mit Art. 3 Abs. 1 GG kann daher nur eine Einschätzung sein. Dies gilt auch für die im Folgenden anzustellende Untersuchung.

bb) Bestimmung der Prüfungsintensität

Damit das Bundesverfassungsgericht im jeweils zu entscheidenden Fall den Inhalt und die Grenzen des stufenlosen Prüfungsmaßstabs sachgerecht bestimmen kann, hat es Kriterien aufgestellt, nach denen die Prüfungsintensität (oder auch Prüfungsdichte) zu bestimmen ist. Dabei gilt allgemein, dass sich der Inhalt und die Grenzen des Prüfungsmaßstabs nicht abstrakt, sondern nur nach den jeweils betroffenen unterschiedlichen Sach- und Regelungsbereichen bestimmen lassen.[1935]

Für die Bestimmung der Prüfungsintensität stellte das Bundesverfassungsgericht zunächst drei (nicht abschließende)[1936] Kriterien auf, nach denen sich eine strengere Bindung des Gesetzgebers und damit verbunden eine größere Prüfungsintensität des Bundesverfassungsgerichts ergibt: *Erstens*, die Differenzierung knüpft an Persönlichkeitsmerkmale an. Der Prüfungsmaßstab verschärft sich dabei umso mehr, je weniger die Merkmale für den Einzelnen verfügbar sind oder je mehr sie sich denen des Art. 3 Abs. 3 GG annähern.[1937] Die Ungleichbehandlung von Personengruppen unterliegt daher strengeren Anforderungen.[1938] *Zweitens*, die Differenzierung betrifft Freiheitsrechte. Die vom Bundesverfassungsgericht vorgenommene Kontrolle ist dabei umso strenger, je stärker sich die Ungleichbehandlung von Personen oder Sachverhalten

---

[1934] *Tipke*, StRO I, 2. Aufl. 2000, S. 306.

[1935] BVerfG v. 21.07.2010 – 1 BvR 611/07 u. a., BVerfGE 126, 400, 416; BVerfG v. 21.06.2011 – 1 BvR 2035/07, BVerfGE 129, 49, 69; BVerfG v. 17.12.2014 – 1 BvL 21/12, BVerfGE 138, 136, 180 (ErbSt IV).

[1936] Vgl. die Verwendung der Formulierung „insbesondere", z. B. in BVerfG v. 21.06.2011 – 1 BvR 2035/07, BVerfGE 129, 49, 69.

[1937] BVerfG v. 26.01.1993 – 1 BvL 38/92 u. a., BVerfGE 88, 87, 96; BVerfG v. 07.07.2009 – 1 BvR 1164/07, BVerfGE 124, 199, 220; BVerfG v. 21.06.2011 – 1 BvR 2035/07, BVerfGE 129, 49, 69; BVerfG v. 17.12.2014 – 1 BvL 21/12, BVerfGE 138, 136, 181 (ErbSt IV); BVerfG v. 10.04.2018 – 1 BvL 11/14 u. a., BVerfGE 148, 147, 184 (GrSt); BVerfG v. 08.07.2021 – 1 BvR 2237/14 u. a., BVerfGE 158, 282, 327 f.

[1938] *Jarass*, in: Jarass/Pieroth, GG, 17. Aufl. 2022, Art. 3, Rn. 24.

auf die grundrechtlich geschützten Freiheiten auswirken.[1939] *Drittens* hängt das Maß der Bindung unter anderem davon ab, inwieweit die Betroffenen in der Lage sind, durch ihr Verhalten die Verwirklichung der Kriterien zu beeinflussen, nach denen unterschieden wird.[1940]

Das Bundesverfassungsgericht zieht mittlerweile ein weiteres Kriterium heran, welchem im Bereich des Steuerrechts eine herausgehobene Bedeutung zukommt.[1941] Die Anforderungen an den Rechtfertigungsgrund steigen mit dem Umfang und dem Ausmaß der Ungleichbehandlung.[1942] Dem Ausmaß der Ungleichbehandlung kommt insbesondere bei der Bestimmung der Prüfungsintensität von steuerlichen Bewertungsnormen eine besondere Bedeutung zu. Das Ausmaß der Abweichung lässt sich sowohl in sachlicher als auch in personeller Hinsicht betrachten. In *sachlicher Hinsicht* ist hiermit die Intensität der Ungleichbehandlung gemeint.[1943] In Bezug auf die am gemeinen Wert orientierte steuerliche Bewertung von Grundstücken ist insoweit insbesondere relevant, in welchem Umfang die Steuerwerte von den Verkehrswerten abweichen. Abweichungen können sich einerseits ergeben, wenn die steuerliche Bewertungssystematik derart konzipiert ist, dass das Niveau der Steuerwerte generell von den Verkehrswerten abweicht.[1944] Andererseits kann sich insbesondere aufgrund von Typisierungen und Pauschalierungen in der steuerlichen Bewertung eine größere oder anders differenzierte Wertbandbreite im Vergleich zu den Verkehrswerten ergeben.[1945] Beide Aspekte

---

1939 BVerfG v. 26.01.1993 – 1 BvL 38/92 u. a., BVerfGE 88, 87, 96; BVerfG v. 21.06.2011 – 1 BvR 2035/07, BVerfGE 129, 49, 69; BVerfG v. 10.04.2018 – 1 BvL 11/14 u. a., BVerfGE 148, 147, 184 (GrSt); BVerfG v. 19.11.2019 – 2 BvL 22/14 u. a., BVerfGE 152, 274, 313; BVerfG v. 08.07.2021 – 1 BvR 2237/14 u. a., BVerfGE 158, 282, 327 f.

1940 BVerfG v. 26.01.1993 – 1 BvL 38/92 u. a., BVerfGE 88, 87, 96; BVerfG v. 12.10.2010 – 1 BvL 14/09, BVerfGE 127, 263, 280; BVerfG v. 21.06.2011 – 1 BvR 2035/07, BVerfGE 129, 49, 69.

1941 *Eichberger*, in: FS BFH 100 I, 2018, S. 501 (509 f.); *Hey*, FR 2020, 578 (581).

1942 BVerfG v. 17.12.2014 – 1 BvL 21/12, BVerfGE 138, 136, 181 (ErbSt IV); BVerfG v. 23.06.2015 – 1 BvL 13/11 u. a., BVerfGE 139, 285, 310 (GrESt); BVerfG v. 10.04.2018 – 1 BvR 1236/11, BVerfGE 148, 217, 243; BVerfG v. 10.04.2018 – 1 BvL 11/14 u. a., BVerfGE 148, 147, 184 f. (GrSt); *Krumm*, Steuerliche Bewertung als Rechtsproblem, 2014, S. 391; *Eichberger*, in: FS BFH 100 I, 2018, S. 501 (510).

1943 *Krumm*, Steuerliche Bewertung als Rechtsproblem, 2014, S. 391.

1944 Vgl. BVerfG v. 07.11.2006 – 1 BvL 10/02, BVerfGE 117, 1, 52 f. (ErbSt III).

1945 Vgl. BVerfG v. 10.04.2018 – 1 BvL 11/14 u. a., BVerfGE 148, 147, 191 ff. (GrSt).

können sich auch vermischen und dadurch das Ausmaß der Abweichungen noch verstärken. In *personeller Hinsicht* ist relevant, ob die Ungleichbehandlungen nur vereinzelt und in seltenen Ausnahmefällen vorkommen oder ob sie systembedingt in einer sehr großen Anzahl an Fällen auftreten.[1946] Das persönliche und sachliche Ausmaß der Ungleichbehandlung stehen in einem Wechselverhältnis zueinander. Je größere die sachliche Intensität der Ungleichbehandlung ausfällt, desto geringere Anforderungen sind an die persönliche Breitenwirkung zu stellen und umgekehrt.[1947] Hiernach ist beispielsweise eine strenge Verhältnismäßigkeitsprüfung geboten, wenn die Ungleichbehandlungen *„flächendeckend"*, *„zahlreich"* und *„in ihrem jeweiligen individuellen Ausmaß vielfach erheblich"* auftreten, wie dies bei der Einheitsbewertung der Fall war.[1948]

cc) Differenzierungsgründe

Ungleichbehandlungen bzw. Differenzierungen bedürfen nach ständiger Rechtsprechung des Bundesverfassungsgerichts stets der Rechtfertigung durch Sachgründe, die dem Differenzierungsziel und dem Ausmaß der Ungleichbehandlung angemessen sind.[1949] Dem Gesetzgeber steht bei der Auswahl dessen, was als legitimes Gemeinwohlziel verfolgt werden soll, ein besonders weiter Einschätzungs- und Ermessensspielraum zu.[1950] Zu den anerkannten Differenzierungsgründen zählen insbesondere Vereinfachungs- und Praktikabilitätserwägungen sowie die damit verbundenen Typisierungen und Pauschalierungen, die Verfolgung außerfiskalischer Förderungs- und Lenkungsziele und die Vermeidung von Umgehungsgestaltungen.[1951] Für die Ausgestaltung steuerlicher Bewertungsnormen sind vor allem die

---

[1946] *Krumm*, Steuerliche Bewertung als Rechtsproblem, 2014, S. 391.

[1947] *Krumm*, Steuerliche Bewertung als Rechtsproblem, 2014, S. 392.

[1948] BVerfG v. 10.04.2018 – 1 BvL 11/14 u. a., BVerfGE 148, 147, 199 (GrSt); *Jarass*, in: Jarass/Pieroth, GG, 17. Aufl. 2022, Art. 3, Rn. 29; *Mayer*, DB 2018, 2200 (2206).

[1949] BVerfG v. 21.06.2011 – 1 BvR 2035/07, BVerfGE 129, 49, 68; BVerfG v. 19.12.2012 – 1 BvL 18/11, BVerfGE 133, 1, 13; BVerfG v. 29.03.2017 – 2 BvL 6/11, BVerfGE 145, 106, 142; BVerfG v. 10.04.2018 – 1 BvL 11/14 u. a., BVerfGE 148, 147, 183 f. (GrSt); BVerfG v. 19.11.2019 – 2 BvL 22/14 u. a., BVerfGE 152, 274, 312; BVerfG v. 17.12.2014 – 1 BvL 21/12, BVerfGE 138, 136, 180 (ErbSt IV).

[1950] *Eichberger*, in: FS BFH 100 I, 2018, S. 501 (514).

[1951] BVerfG v. 09.12.2008 – 2 BvL 1/07 u. a., BVerfGE 122, 210, 231; *Eichberger*, in: FS BFH 100 I, 2018, S. 501 (514); *Hey*, in: Tipke/Lang, Steuerrecht, 24. Aufl. 2021, Rn. 3.129.

Vereinfachungs- und Praktikabilitätserwägungen von besonderer Relevanz. Auf diese wird an späterer Stelle noch ausführlicher eingegangen.[1952] Der rein fiskalische Zweck staatlicher Einnahmenerzielung bzw. -erhöhung stellt hingegen keinen tauglichen Differenzierungsgrund dar.[1953] Damit die Differenzierungsgründe vom Bundesverfassungsgericht bewertet werden können, setzt dies voraus, dass der Gesetzgeber diese in den Gesetzgebungsmaterialien zugrunde gelegt hat. Der Gesetzgeber ist daher auch gehalten, seine Überlegungen und insbesondere den (besonderen) sachlichen Grund für eine Abweichung in der Gesetzesbegründung lücken- und widerspruchsfrei zu dokumentieren.[1954]

Welche qualitativen Anforderungen an den Differenzierungsgrund zu stellen sind, hängt im Wesentlichen von dem gefundenen Prüfungsmaßstab ab.[1955] Während bei einer Prüfung des Willkürverbots keine gesteigerten Anforderungen an den Differenzierungsgrund gestellt werden, ergeben sich bei einer Prüfung der Verhältnismäßigkeit weitere Anforderungen. Die Differenzierungsgründe müssen dem Differenzierungsziel und dem Ausmaß der Ungleichbehandlung angemessen sein.[1956] Sie müssen regelmäßig *„von solcher Art und solchem Gewicht* [sein], *dass sie die ungleichen Rechtsfolgen rechtfertigen können*".[1957]

3. Freiheitsrechtliche Implikationen für die Ausgestaltung von Steuergesetzen

Freiheitsgrundrechte spielen in der verfassungsrechtlichen Überprüfung des materiellen Steuerrechts im Vergleich zu Art. 3 Abs. 1 GG eine deutlich untergeordnete Rolle.[1958] Zwar kann der Schutzbereich von Art. 14 Abs. 1 GG

1952 Siehe hierzu unter Gliederungspunkt § 3, II., 1., c) und § 3, II., 2, d).

1953 BVerfG v. 21.06.2006 – 2 BvL 2/99, BVerfGE 116, 164, 182; BVerfG v. 09.12.2008 – 2 BvL 1/07 u. a., BVerfGE 122, 210, 233; BVerfG v. 29.03.2017 – 2 BvL 6/11, BVerfGE 145, 106, 144 f.

1954 *Breinersdorfer*, StuW 2009, 211 (213 f.); *Drüen*, in: FS Spindler, 2011, S. 29 (42 f.).

1955 BVerfG v. 10.04.2018 – 1 BvL 11/14 u. a., BVerfGE 148, 147, 184 (GrSt).

1956 BVerfG v. 21.06.2011 – 1 BvR 2035/07, BVerfGE 129, 49, 68.

1957 BVerfG v. 30.05.1990 – 1 BvL 2/83 u. a., BVerfGE 82, 126, 146; BVerfG v. 26.01.1993 – 1 BvL 38/92 u. a., BVerfGE 88, 87, 97; BVerfG v. 09.04.2003 – 1 BvL 1/01 u. a., BVerfGE 108, 52, 68; *Jarass*, in: Jarass/Pieroth, GG, 17. Aufl. 2022, Art. 3, Rn. 21.

1958 *Drüen*, in: Stenger/Loose, Bewertungsrecht, GrStG, Grundsteuer und Verfassungsrecht, 152. EL, 11/2020, Rn. 43; *Hey*, in: Tipke/Lang, Steuerrecht, 24. Aufl. 2021, Rn. 3.182.

auch durch den Steuerzugriff an sich betroffen sein.[1959] Im Rahmen der zur Rechtfertigung eines solchen Eingriffs durchzuführenden Verhältnismäßigkeitsprüfung verfangen die Einwände gegen den legitimen Zweck der Besteuerung jedoch regelmäßig nicht. Dieser liegt in der Einnahmeerzielung zur Deckung des staatlichen Finanzbedarfs.[1960] Gemessen an diesem legitimen Zweck sind Steuern nach Auffassung des Bundesverfassungsgerichts grundsätzlich immer geeignet und erforderlich, um den staatlichen Finanzbedarf zu decken.[1961] Im Rahmen der Angemessenheitsprüfung bereitet die Herstellung einer Zweck-Mittel-Relation zwischen dem Steuereingriff und dem staatlichen Finanzierungsanspruch erhebliche Schwierigkeiten.[1962] Das Bundesverfassungsgericht ist zudem bei der Abwägung zurückhaltend, da es vermeiden möchte, durch eine wertende Einschränkung in den Zuständigkeits- und Kompetenzbereich des Gesetzgebers einzugreifen.[1963] Die vom Bundesverfassungsgericht aus Art. 14 Abs. 1 GG zunächst in der Entscheidung zur Vermögensteuer[1964] abgeleitete absolute Belastungsobergrenze (sog. Halbteilungsgrundsatz), die zeitweise eine gewisse (wenn auch vage) Effektuierung des Art. 14 Abs. 1 GG in der Rechtsprechung des Bundesverfassungsgerichts andeutete, verwarf das Bundesverfassungsgericht nach kurzer Zeit wieder.[1965] Bedeutsame Entscheidungen, die das materielle Steuerrecht auch an den Freiheitsgrundrechten messen, sind danach nicht mehr ergangen.

Freiheitsgrundrechte erlangen Bedeutung in der verfassungsrechtlichen Kontrolle von Steuergesetzen vor allem im Zusammenwirken mit Art. 3 Abs. 1 GG. Denn einerseits modifizieren Freiheitsgrundrechte die wirtschaftliche Leistungsfähigkeit, die den Vergleichsmaßstab bei der steuerrechtsspezifischen Prüfung des Gleichheitssatzes bildet.[1966] Andererseits verschärft

---

[1959] BVerfG v. 22.06.1995 – 2 BvL 37/91, BVerfGE 93, 121, 137 (VSt II); BVerfG v. 18.01.2006 – 2 BvR 2194/99, BVerfGE 115, 97, 113 f.

[1960] BVerfG v. 18.01.2006 – 2 BvR 2194/99, BVerfGE 115, 97, 115.

[1961] BVerfG v. 18.01.2006 – 2 BvR 2194/99, BVerfGE 115, 97, 115; *Birk*, Das Leistungsfähigkeitsprinzip als Maßstab der Steuernormen, 1983, S. 189.

[1962] *Hey*, in: Tipke/Lang, Steuerrecht, 24. Aufl. 2021, Rn. 3.182.

[1963] BVerfG v. 18.01.2006 – 2 BvR 2194/99, BVerfGE 115, 97, 115.

[1964] BVerfG v. 22.06.1995 – 2 BvL 37/91, BVerfGE 93, 121, 138 (VSt II).

[1965] BVerfG v. 18.01.2006 – 2 BvR 2194/99, BVerfGE 115, 97, 114.

[1966] BVerfG v. 29.05.1990 – 1 BvL 20/84 u. a., BVerfGE 82, 60, 85 f.; BVerfG v. 25.09.1992 – 2 BvL 5/91 u. a., BVerfGE 87, 153, 164; *P. Kirchhof*, StuW 1984, 297 (306).

sich die verfassungsgerichtliche Kontrolle anhand des Gleichheitssatzes, je stärker sich die Ungleichbehandlung von Personen oder Sachverhalten auf die grundrechtlich geschützten Freiheiten auswirken.[1967] Vom Gesetzgeber sind die Freiheitsgrundrechte zudem insbesondere bei der Ausgestaltung des Besteuerungsverfahrens zu beachten, da es in diesem Bereich zu verfahrensrechtlichen Eingriffen in die Freiheitsgrundrechte der Steuerpflichtigen kommen kann.[1968]

Die steuerliche Bewertung anhand von Bodenrichtwerten betrifft die Bestimmung der steuerlichen Bemessungsgrundlage. Die sich hierbei stellenden Fragen betreffen primär den Gleichheitssatz und werden vom Bundesverfassungsgericht aller Voraussicht nach auch an diesem gemessen.[1969] Denkbar wäre es zwar auch eine durch die Bodenrichtwerte hervorgerufene Überbewertung als einen Eingriff in Art. 14 Abs. 1 GG zu werten. *Marcel Krumm* hat anschaulich dargelegt, dass die Bewertung als Einzelschritt zur Gesamtsteuerlast eigenständig freiheitsrechtlich gewürdigt werden kann und dass die insoweit durchzuführende Verhältnismäßigkeitsprüfung den Freiheitsrechten eine größere Wirkung verleihen kann, als dies nach herkömmlicher Betrachtung im Steuerrecht der Fall ist.[1970] Das Bundesverfassungsgericht misst steuerliche Bewertungsnormen allerdings nach ständiger Rechtsprechung ausschließlich anhand von Art. 3 Abs. 1 GG. Aus Gründen der Schwerpunktsetzung beschränkt sich die folgende Untersuchung auf die Konformität der Bewertung der Bodenrichtwerte mit dem allgemeinen Gleichheitssatz.

1967 BVerfG v. 26.01.1993 – 1 BvL 38/92 u. a., BVerfGE 88, 87, 96; BVerfG v. 21.06.2011 – 1 BvR 2035/07, BVerfGE 129, 49, 69; BVerfG v. 10.04.2018 – 1 BvL 11/14 u. a., BVerfGE 148, 147, 184 (GrSt); BVerfG v. 19.11.2019 – 2 BvL 22/14 u. a., BVerfGE 152, 274, 313; *Jarass*, in: Jarass/Pieroth, GG, 17. Aufl. 2022, Art. 3, Rn. 27.

1968 *Hey*, in: Tipke/Lang, Steuerrecht, 24. Aufl. 2021, Rn. 3.181.

1969 Vgl. BVerfG v. 07.11.2006 – 1 BvL 10/02, BVerfGE 117, 1, 56 ff. (ErbSt III).

1970 *Krumm*, Steuerliche Bewertung als Rechtsproblem, 2014, S. 447 ff.

II. Anforderungen an eine gleichheitskonforme steuerliche Bewertung

1. Rahmenbedingungen für die Ausgestaltung steuerlicher Bewertungsnormen

Bevor auf die verfassungsrechtlichen Anforderungen an steuerliche Bewertungsnormen eingegangen wird, sollen zunächst die tatsächlichen und rechtlichen Rahmenbedingungen aufgezeigt werden, die für die steuerliche Bewertung von Bedeutung sind. Da die Bodenrichtwerte ein Wertermittlungsfaktor der Verkehrswertermittlung (vgl. § 193 Abs. 5 BauGB, § 24 Abs. 2 Nr. 2 ImmoWertV) sind und im Steuerrecht primär dazu verwendet werden, eine am gemeinen Wert orientierte Bewertung des Grund und Bodens zu gewährleisten, bezieht sich die folgende Darstellung vorrangig auf die Rahmenbedingungen für eine am gemeinen Wert orientierte steuerliche Bewertung.

Grundproblem jeder Wertermittlung ist zunächst, dass sich der „eine" „richtige" Wert zumeist nicht mit Absolutheit ermitteln lässt.[1971] Am gemeinen Wert orientierte steuerliche Grundstücksbewertungen können daher allenfalls versuchen, einen Steuerwert zu ermitteln, der dem Niveau der Verkehrswerte i. S. d. § 194 BauGB nahekommt und innerhalb der Spanne üblicher Verkehrswert liegt (dazu sogleich unter Gliederungspunkt a)). Allerdings lässt sich eine präzise Ermittlung eines Verkehrswerts unter Berücksichtigung sämtlicher wertbeeinflussender Grundstücksmerkmale im Besteuerungsverfahren nicht umsetzen. Denn einerseits sind die Kapazitäten der Finanzverwaltung begrenzt. Die steuerliche Bewertung als Massenverfahren muss daher so ausgestaltet werden, dass diese von der Finanzverwaltung in der Praxis auch tatsächlich gleichheitsgerecht vollzogen werden kann. Dabei lassen sich die praktischen Bedürfnisse der Finanzverwaltung und der Steuerpflichtigen nur eingeschränkt mit den Anforderungen an eine individuelle und präzise Verkehrswertermittlung in Einklang bringen (dazu unter Gliederungspunkt b)). Andererseits ist der Steuergesetzgeber bei der Ausgestaltung der Bewertungssystematik gehalten, Bewertungsregelungen zu schaffen, die in einer Vielzahl von Fällen möglichst gleichmäßig vollzogen werden können und die aufgrund der Abstraktheit der Gesetze nicht in

---

1971 Siehe hierzu bereits unter Gliederungspunkt § 1, I., 1., c), bb).

jedem Einzelfall jedem Werteinfluss hinreichend Rechnung tragen können (dazu unter Gliederungspunkt c)). Bei der Ausgestaltung der Bewertungssystematik für die steuerliche Grundstücksbewertung muss der Gesetzgeber daher eine Balance finden zwischen einem genauen Steuerwert, der dem Verkehrswertniveau zumindest angenähert sein muss, und einem praktikablen Steuerwert, der in der Verwaltungspraxis auch tatsächlich gleichheitsgerecht ermittelt werden kann.[1972]

a) Ungenauigkeit der Verkehrswertermittlung

aa) Gründe für Unschärfen bei der Verkehrswertermittlung

Für Grundstücke gibt es keinen exakten, auf den maßgeblichen Stichtag feststellbaren Wert. Die Wertermittlung bei Grundstücken stellt daher nach Auffassung des Bundesfinanzhofs – selbst im Bereich der Verkehrswertermittlung – *„ein ungenaues Näherungsverfahren an einen ungenauen Wert“* dar.[1973] Nach Auffassung des Bundesverfassungsgerichts kann die Verkehrswertermittlung von Grundstücken von vornherein nur einen Annäherungswert an den ohnehin nicht exakt zu bestimmenden gemeinen Wert erreichen.[1974] Dies ist darin begründet, dass bei der Ermittlung von (Verkehrs-)Werten vielschichtige Einflussfaktoren existieren, die sich auf den ermittelten Wert auswirken können.[1975] Für die Ermittlung des Verkehrswerts sind vor allem die folgenden Einflussfaktoren maßgeblich:

(a) Grundstücke sind Unikate. Die Bewertungsobjekte zeichnen sich durch ein hohes Maß an Individualität aus.[1976] Sofern überhaupt ein Markt für vergleichbare Grundstücke existiert, so weisen diese Grundstücke

---

1972 *Krumm*, Steuerliche Bewertung als Rechtsproblem, 2014, S. 363; *Seer*, in: Tipke/Lang, Steuerrecht, 24. Aufl. 2021, Rn. 15.58; *Bock*, in: Viskorf/Schuck/Wälzholz, ErbStG/BewG, 7. Aufl. 2023, Vorb. zu §§ 176–198, Rn. 13.

1973 BFH, Beschl. v. 22.05.2002 – II R 61/99, BStBl. II 2002, 598, juris Rn. 158; so bereits zuvor *Jakob*, Rechtsgutachten zur Bewertungsvereinfachung, 1992, S. 126.

1974 Grundlegend zur VSt BVerfG v. 07.05.1968 – 1 BvR 420/64, BVerfGE 23, 242, 251 (VSt I); zur ErbSt BVerfG v. 07.11.2006 – 1 BvL 10/02, BVerfGE 117, 1, 36 (ErbSt III).

1975 Vgl. *Krumm*, Steuerliche Bewertung als Rechtsproblem, 2014, S. 48, 234 ff.

1976 *Reuter*, Zur Umsetzung des Verkehrswertbegriffes in Wertermittlungsmethoden, 1989, S. 74; vgl. auch BVerfG v. 07.11.2006 – 1 BvL 10/02, BVerfGE 117, 1, 53 (ErbSt III).

regelmäßig eine Vielzahl von Besonderheiten und individuellen Eigenschaften auf. Die Lage-, Nutzbarkeits- und Beschaffenheitsfaktoren eines Grundstücks unterscheiden sich von denen anderer Grundstücke.[1977] Dies gilt vor allem für bebaute Grundstücke, aber auch für unbebaute Grundstücke. Auch rechtliche Gegebenheiten (Bestandsschutz, Denkmalschutz) können die Wertermittlung erschweren.[1978] Für die Verkehrswertermittlung ist daher regelmäßig eine Einzelbewertung des Grundstücks unter Würdigung der Gesamtumstände und sämtlicher wertrelevanter Merkmale des Grundstücks erforderlich.[1979] Die der Verkehrswertermittlung zugrunde liegenden Befund- und Anknüpfungstatsachen sind in vielen Fällen allerdings auch bei sorgfältigster Recherche mit Unsicherheiten behaftet.[1980] Diese sind etwa überhaupt nicht ermittelbar oder erfordern die Hinzuziehung eines Experten (z. B. Beurteilung von Bodenverunreinigungen oder Bauschäden).[1981] Dies gilt sowohl für das Bewertungsobjekt als auch für die Vergleichsobjekte. Sofern künftige Entwicklungen bei der Verkehrswertermittlung zu berücksichtigen sind (z. B. bei werdendem Bauland), ist die Prognose regelmäßig mit Unsicherheiten behaftet.[1982]

(b) Die Verkehrswertermittlung kann nicht genauer sein als der Grundstücksmarkt. Auch im Geschäftsverkehr lässt sich regelmäßig nicht ein exakter Kaufpreis begründen. Für ein und dasselbe Kaufobjekt kommen in Abhängigkeit von den Kaufvertragsparteien und dem Zeitpunkt unterschiedliche Preise zu Stand. Diese hängen insbesondere von den unterschiedlichen Vorstellungen der Parteien, von dem Kaufgegenstand, den individuellen Bedürfnissen und Vorlieben der Vertragsparteien, der

---

1977 *Ballwieser/Küting/Schildbach*, BFuP 6/2004, 529 (539).

1978 *Reuter*, Zur Umsetzung des Verkehrswertbegriffes in Wertermittlungsmethoden, 1989, S. 13.

1979 *Kleiber*, Verkehrswertermittlung von Grundstücken, 10. Aufl. 2023, ImmoWertV (Vorbem.), Rn. 14.

1980 *Seele*, VR 3/1982, 105 (111); *Kleiber*, Verkehrswertermittlung von Grundstücken, 10. Aufl. 2023, ImmoWertV (Vorbem.), Rn. 81, 87–93.

1981 *Gaentzsch*, Die Bodenwertabschöpfung im Städtebauförderungsgesetz, 1975, S. 152; *Kleiber*, Verkehrswertermittlung von Grundstücken, 10. Aufl. 2023, ImmoWertV (Vorbem.), Rn. 88 f.

1982 *Kleiber*, Verkehrswertermittlung von Grundstücken, 10. Aufl. 2023, ImmoWertV (Vorbem.), Rn. 90.

Situation, in der sich die Parteien befinden und von dem individuellen Verhandlungsgeschick der Parteien ab.[1983] Es kann daher regelmäßig beobachtet werden, dass die im gewöhnlichen Geschäftsverkehr erzielten Kaufpreise innerhalb einer gewissen Spanne streuen, ohne dass hierbei anzunehmen ist, dass diese durch ungewöhnliche oder persönliche Verhältnisse beeinflusst wurden. Die Breite der Preisspanne kann nicht allgemein angegeben werden, sondern hängt von den Umständen und Verhältnissen des örtlichen Grundstücksmarkts ab.[1984] In Gebieten mit homogeneren Wertverhältnissen ist die Bandbreite der noch im gewöhnlichen Geschäftsverkehr erzielten Preise enger zu ziehen als in Gebieten mit unübersichtlichen Marktverhältnissen.[1985] Innerhalb des jeweiligen örtlichen Grundstücksmarkts bestehen zudem teilweise erhebliche Unterschiede auf den verschiedenen Teilmärkten.

(c) Die Verkehrswertermittlung beruht auf Marktdaten und Auswertungen der Gutachterausschüsse, die in unterschiedlichem Umfang vorhanden sind und im Rahmen der Wertermittlung auf unterschiedliche Art und Weise in die Wertermittlung einbezogen werden können. *Erstens* wirken sich die Verfügbarkeit und die statistische Verteilung der Kaufpreise auf die Genauigkeit der Verkehrswertermittlung aus.[1986] Je weniger Marktdaten (insbesondere Kaufpreise) verfügbar sind und je mehr sich die diesen Daten zugrunde liegenden Vergleichsobjekte unterscheiden, desto größer werden die statistischen Unsicherheiten.[1987] In kaufpreisarmen Regionen ist die Verkehrswertermittlung daher bereits aus diesem Grund mit größeren Unsicherheiten behaftet. Ein gewöhnlicher Geschäftsverkehr zur Gewinnung von (zusätzlichen) Preisen kann eigens für die Wertermittlung nicht „erzeugt“ werden.[1988] *Zwei-*

1983 Siehe dazu bereits unter Gliederungspunkt § 1, I., 1., b).

1984 *Kleiber*, Verkehrswertermittlung von Grundstücken, 10. Aufl. 2023, § 9 ImmoWertV, Rn. 28.

1985 *Kleiber*, Verkehrswertermittlung von Grundstücken, 10. Aufl. 2023, § 9 ImmoWertV, Rn. 28.

1986 *Kleiber*, Verkehrswertermittlung von Grundstücken, 10. Aufl. 2023, ImmoWertV (Vorbem.), Rn. 81.

1987 BGH, Urt. v. 23.11.1984 – V ZR 120/83, BeckRS 1984, 31073324.

1988 *Seele*, VR 3/1982, 105 (110); *Reuter*, Zur Umsetzung des Verkehrswertbegriffes in Wertermittlungsmethoden, 1989, S. 79.

tens hängt die Verkehrswertermittlung maßgeblich von der Auswahl der verfügbaren Daten ab.[1989] Dem Wertermittler kommt insoweit ein großer Entscheidungsspielraum zu, sich bei der der Auswahl der Bewertungsverfahren und der Heranziehung der hierfür erforderlichen Daten so oder anders zu entscheiden. *Drittens* müssen die als Bewertungsgrundlagen herangezogenen Marktdaten (insbesondere Kaufpreise) und Auswertungen der Gutachterausschüsse (z. B. Bodenrichtwerte) meistens erst noch auf das Bewertungsobjekt bezogen werden. Dies gilt einerseits in qualitativer Hinsicht bei ggfs. abweichenden Grundstücksmerkmalen, aber auch in konjunktureller bzw. zeitlicher Hinsicht. Die hierbei vorzunehmenden Anpassungen der Bewertungsgrundlagen erfordern teilweise eine auf individueller Erfahrung basierende *subjektive Einschätzung* des Bewertenden. Diese subjektive (Ein-)Schätzung des Bewertenden können zu unterschiedlichen Ergebnissen bei der Wertermittlung führen.[1990]

(d) Maßgeblichen Einfluss auf die Verkehrswertermittlung hat außerdem die Qualität der vom regionalen Gutachterausschuss ermittelten und veröffentlichten Marktdaten (Bodenrichtwerte, Liegenschaftszinssatz, Umrechnungskoeffizienten, Indexreihen etc.).[1991] Den Gutachterausschüssen obliegt die Führung und Auswertung der Kaufpreissammlung, die diesen einen umfassenden und privilegierten Überblick über das regionale Marktgeschehen vermittelt. Die anderen auf dem Gebiet der Verkehrswertermittlung tätigen Akteure haben demgegenüber nur einen eingeschränkten Überblick über dieses Marktgeschehen und sind deshalb auf die Auswertungen und Auskünfte der Gutachterausschüsse angewiesen. Die Qualität der vom regionalen Gutachterausschuss bereitgestellten Marktdaten und damit die Qualität der Verkehrswertermittlung hängt somit auch von der „Auswertungsqualität" der

---

1989 *Krumm*, in: DStJG 44, 2022, S. 225 (S. 228 f.).

1990 *Ballwieser/Küting/Schildbach*, BFuP 6/2004, 529 (539); *Kleiber*, Verkehrswertermittlung von Grundstücken, 9. Aufl. 2020, IV., Syst. Darst. Vergleichswertverfahren, Rn. 177; vgl. auch *Krumm*, FR 2015, 481 (482).

1991 *Kleiber*, Verkehrswertermittlung von Grundstücken, 10. Aufl. 2023, ImmoWertV (Vorbem.), Rn. 81.

Kaufpreissammlung ab.[1992] Die Qualität der Arbeitsergebnisse der Gutachterausschüsse variiert jedoch teilweise erheblich.[1993]

(e) Bei der Verkehrswertermittlung ist außerdem zu beachten, dass das Ergebnis der Ermittlung ein hypothetischer Wert ist, der im „gewöhnlichen", im konkreten Zusammenhang aber nur „gedachten" Geschäftsverkehr zustande kommt.[1994] Die gesetzliche Definition des Verkehrswerts enthält eine Vielzahl von *unbestimmten Rechtsbegriffen* (z. B. „gewöhnlicher Geschäftsverkehr", „sonstige Beschaffenheit", „ungewöhnliche Verhältnisse"). Diese Rechtsbegriffe werden durch die ImmoWertV nur zum Teil konkretisiert; teilweise führt die ImmoWertV auch weitere unbestimmte Rechtsbegriffe ein (z. B. „hinreichende Übereinstimmung", „erheblich" etc.).[1995] Eine unterschiedliche Interpretation des Verkehrswerts und der Tatbestandsmerkmale im Rahmen der Wertermittlung durch verschiedene Bewertende ist daher wahrscheinlich. Die Unbestimmtheit vieler Tatbestandsmerkmale führt vielfach auch zu Rechtsanwendungsproblemen. Wertermittlungen durch verschiedene Personen führen daher nicht zu deckungsgleichen Verkehrswerten, selbst wenn sie von denselben Eigenschaften und Annahmen ausgehen und auf derselben Datengrundlage durchgeführt werden.[1996]

Die vorgenannten Einflussfaktoren treten bei der Verkehrswertermittlung regelmäßig nicht isoliert, sondern kumulativ auf. Es ist davon auszugehen, dass hierdurch die Unschärfen und Unsicherheiten bei der Verkehrswertermittlung nicht kompensiert, sondern vielmehr noch verstärkt werden. Der Verkehrswert lässt sich unter diesen Bedingungen nach

---

1992 *Kleiber*, Verkehrswertermittlung von Grundstücken, 10. Aufl. 2023, ImmoWertV (Vorbem.), Rn. 81.

1993 Siehe zusammenfassend unter § 1, V. und speziell für die Bodenrichtwerte ausführlich unter Gliederungspunkt § 3, III., 4.

1994 BVerwG, Urt. v. 24.11.1978 – 4 C 56/76, NJW 1979, 2578; *Gaentzsch*, Die Bodenwertabschöpfung im Städtebauförderungsgesetz, 1975, S. 153; *Kleiber*, Verkehrswertermittlung von Grundstücken, 10. Aufl. 2023, ImmoWertV (Vorbem.), Rn. 81.

1995 BVerwG, Urt. v. 24.11.1978 – 4 C 56/76, NJW 1979, 2578 (2579); *Dieterich*, in: E/Z/B/K, BauGB, § 194 BauGB, 97. EL, 9/2010, Rn. 34; *Gaentzsch*, Die Bodenwertabschöpfung im Städtebauförderungsgesetz, 1975, S. 153.

1996 *Schlegtendal*, AVN 7/1965, 271 (274).

allgemeiner Ansicht in der Rechtsprechung[1997] und Literatur[1998] nicht exakt im mathematischen Sinne berechnen. Mit der Verkehrswertermittlung ist zwangsläufig eine gewisse Unsicherheit verbunden. Selbst bei optimaler Datengrundlage ist die Bestimmung des Verkehrswerts nicht mit einer niedrigen Irrtumswahrscheinlichkeit und einem engen Vertrauensbereich im statistischen Sinne möglich.[1999] Demzufolge kann der Verkehrswert keinesfalls ein „absoluter" Wert, sondern allenfalls ein „Näherungswert" sein.[2000] Es hat sich daher allgemein die Erkenntnis durchgesetzt, dass jede Verkehrswertermittlung stets nur eine Schätzung darstellt.[2001] Allgemein lässt sich daher festhalten, dass eine Wertermittlung *„nicht den Anspruch auf absolute Richtigkeit, sondern nur auf relative Vertretbarkeit für sich erheben"* kann.[2002]

1997 BGH, Urt. v. 22.01.1959 – III ZR 186/57, BGHZ 29, 217, juris Rn. 10; BGH, Urt. v. 04.06.1962 – III ZR 207/60, MDR 1962, 720, juris Rn. 26; BGH, Urt. v. 23.11.1962 – V ZR 148/60, BeckRS 1962, 31184939; BGH, Urt. v. 25.06.1964 – III ZR 111/61, BB 1964, 1197; BGH, Beschl. v. 21.10.2014 – XI ZB 12/12, GuG 2015, 240; BVerwG, Urt. v. 24.11.1978 – 4 C 56/76, NJW 1979, 2578 (2579); Bay. VGH, Urt. v. 13.06.1990 – M 9 K 89.2465, GuG 1992, 29.

1998 *Seele*, Ausgleich maßnahmenbedingter Bodenwerterhöhungen, 1976, S. 145; *Seele*, VR 3/1982, 105 (110); *Reuter*, VR 6+7/1989, 377 (378); *Seer*, StuW 1997, 283 (289); *J. Simon/T. Simon*, in: Rössler/Langer (Begr.), Schätzung und Ermittlung von Grundstückswerten, 8. Aufl. 2005, S. 1 (39); *Kleiber*, Verkehrswertermittlung von Grundstücken, 10. Aufl. 2023, ImmoWertV (Vorbem.), Rn. 80.

1999 *Seele*, Ausgleich maßnahmenbedingter Bodenwerterhöhungen, 1976, S. 145; *Seele*, VR 8/1998, 393 (394); *Kleiber*, Verkehrswertermittlung von Grundstücken, 9. Aufl. 2020, IV., Syst. Darst. Vergleichswertverfahren, Rn. 177; BGH, Urt. v. 22.05.1967 – III ZR 145/66, NJW 1967, 2011, juris.

2000 *Sandner*, Verkehrswert (Marktwert), in: Sandner/Ulrich Weber (Hrsg.), Lexikon der Immobilienwertermittlung, 2. Aufl. 2007, S. 689 (691).

2001 BVerwG, Urt. v. 17.05.2002 – 4 C 6/01, NVwZ 2003, 211, Rn. 29; BVerwG, Urt. v. 27.11.2014 – 4 C 31/13, NVwZ 2015, 531, Rn. 12; OVG Rheinland-Pfalz, Urt. v. 16.02.2017 – 6 A 10137/14.OVG, juris Rn. 64; BGH, Beschl. v. 02.07.1968 – V BLw 10/68 (Hamm), NJW 1968, 2056; OLG Schleswig, Urt. v. 06.07.2007 – 14 U 61/06, openJur 2011, 93914; BFH, Urt. v. 02.02.1990 – III R 173/86, BStBl. II 1990, 497, juris Rn. 27; *J. Simon/T. Simon*, in: Rössler/Langer (Begr.), Schätzung und Ermittlung von Grundstückswerten, 8. Aufl. 2005, S. 1 (24); *Kleiber*, Verkehrswertermittlung von Grundstücken, 10. Aufl. 2023, ImmoWertV (Vorbem.), Rn. 70.

2002 *Seer*, in: Tipke/Lang, Steuerrecht, 24. Aufl. 2021, Rn. 15.53; *Seer*, StuW 2021, 111 (112 f.).

bb) Verkehrswertspannen

Der Verkehrswert eines Grundstücks wird in der Regel nicht um seiner selbst willen ermittelt. Oft werden Verkehrswerte in Verwaltungs- oder Gerichtsverfahren benötigt und dienen dabei regelmäßig dem Ausgleich widerstreitender Interessen (z. B. Bemessung einer gerechten Entschädigung für eine Enteignung oder zur Bestimmung des wertmäßigen Ausgleichs bei Erbstreitigkeiten).[2003] Auch im Rahmen der steuerlichen Grundbesitzbewertung kann der Steuerpflichtige nach § 198 Abs. 2 BewG ein Verkehrswertgutachten zum Nachweis des niedrigeren gemeinen Werts in Auftrag geben und diesen Wert so der Besteuerung zugrunde legen.[2004]

Die ermittelten Verkehrswerte werden also für die Rechtsanwendung benötigt, die schließlich in einem Rechtserkenntnisakt mündet, insbesondere in einem Verwaltungsakt oder einem Urteil.[2005] Damit die Entscheidungen, die auf den Verkehrswerten beruhen, rechtmäßig sind und zu einem gerechten Ausgleich führen, ist zunächst erforderlich, dass der verwendete Verkehrswert möglichst exakt und unter Beachtung der rechtlichen Vorgaben ermittelt worden ist. Wie bereits dargestellt, ist jedoch jede Verkehrswertermittlung zwangsläufig mit gewissen Unsicherheiten verbunden. Der Verkehrswert kann nicht auf den Euro genau ausgerechnet oder einer Tabelle entnommen, sondern allenfalls nur geschätzt werden. Da die Verkehrswertermittlung nicht zu einem, sondern zu vielen gleichermaßen plausiblen Ergebnissen führen kann, ist überwiegend anerkannt, dass die jeweilige Bewertungsnorm nicht einen ganz bestimmten Verkehrswert voraussetzt und dass es deshalb nicht nur eine richtige Entscheidung geben kann.[2006] Der Begriff des Verkehrswerts innerhalb der Bewertungsnorm ist beim Bewertungsvorgang *„für einen bestimmten Bereich vertretbarer Ergebnisse offen"*.[2007] Als maßgeblicher Verkehrswert, der für die Subsumtion im Rahmen der Rechtsanwendung

---

2003 *Dieterich*, ZfBR 6/1979, 223 (226); *Hagedorn*, DS 2014, 147 (154).

2004 Siehe hierzu unter Gliederungspunkt § 2, II., 2., d), ee) und § 4, I., 2. Siehe zur Nachweismöglichkeit im Rahmen der Bundesgrundsteuer nun unter Gliederungspunkt § 2, II., 3., cc) (4).

2005 Vgl. *Krumm*, Steuerliche Bewertung als Rechtsproblem, 2014, S. 234.

2006 *Gaentzsch*, Die Bodenwertabschöpfung im Städtebauförderungsgesetz, 1975, S. 155; *Reuter*, Zur Umsetzung des Verkehrswertbegriffes in Wertermittlungsmethoden, 1989, S. 22; vgl. *Krumm*, Steuerliche Bewertung als Rechtsproblem, 2014, S. 235.

2007 *Gaentzsch*, Die Bodenwertabschöpfung im Städtebauförderungsgesetz, 1975, S. 152 f.

benötigt wird, kommt also dem Grunde nach zunächst einer von vielen, in gleichem Maße möglichen Werten in Betracht. Gleichwohl ist nach dem Wortlaut des § 194 BauGB der Verkehrswert als ein einzelner Punktwert anzugeben.[2008] Eine Verkehrswertspanne wäre nicht geeignet, ein eindeutiges Ergebnis und einen gerechten Ausgleich in einem behördlichen oder gerichtlichen Verfahren herbeizuführen. Es bliebe unklar, welcher Wert innerhalb der Spanne denn nun der Entscheidung zugrunde gelegt werden kann und soll und warum.[2009] Dies wäre mit dem verfassungsrechtlich erforderlichen Bestimmtheitsgebot nicht vereinbar.[2010] Die Angabe einer Verkehrswertspanne in behördlichen oder gerichtlichen Entscheidungen wird daher als unzulässig erachtet.[2011] Dies gilt insbesondere auch im Steuerrecht.[2012] Aus diesem Grund wurde beispielsweise auch für die Bodenrichtwerte in § 13 Abs. 2 Satz 3 ImmoWertV ausdrücklich festgeschrieben, dass die Angabe einer Bodenrichtwertspanne unzulässig ist.

Um abstrakt die Bestimmung des Verkehrswerts als Punktwert aus der Vielzahl möglicher Werte im behördlichen oder gerichtlichen Verfahren zu erklären, wird in der Literatur[2013] und Rechtsprechung[2014] teilweise der

2008 *Dieterich*, ZfBR 6/1979, 223 (224); *Seele*, VR 3/1982, 105 (109); *Mampel*, DÖV 13/1992, 556 (561).

2009 *Dieterich*, ZfBR 6/1979, 223 (225 f.).

2010 VG Stuttgart, Urt. v. 10.11.2004 – 16 K 5676/02, juris Rn. 25; *Reidt*, in: Battis/Krautzberger/Löhr, BauGB, 15. Aufl. 2022, § 154 BauGB, Rn. 10.

2011 *Dieterich*, ZfBR 6/1979, 223 (224); *Seele*, VR 3/1982, 105 (111); *Dieterich*, in: E/Z/B/K, BauGB, § 194 BauGB, 97. EL, 9/2010, Rn. 34.

2012 *Krumm*, Steuerliche Bewertung als Rechtsproblem, 2014, S. 248 f.; *Krumm*, in: DStJG 44, 2022, S. 225 (229).

2013 *Gaentzsch*, Die Bodenwertabschöpfung im Städtebauförderungsgesetz, 1975, S. 153; *Mampel*, DÖV 13/1992, 556 (561); *Vogels*, Grundstücks- und Gebäudebewertung – marktgerecht, 5. Aufl. 1996, S. 235; *Ballwieser/Küting/Schildbach*, BFuP 6/2004, 529 (539 f.); *J. Simon/T. Simon*, in: Rössler/Langer (Begr.), Schätzung und Ermittlung von Grundstückswerten, 8. Aufl. 2005, S. 1 (11, 24); *Seer*, StuW 1997, 283 (289); *Seer*, in: DStJG 36, 2013, S. 337 (S. 342 f.); *Krumm*, Steuerliche Bewertung als Rechtsproblem, 2014, S. 235 ff.; *Krumm*, in: DStJG 44, 2022, S. 225 (227 ff.).

2014 BVerfG v. 07.11.2006 – 1 BvL 10/02, BVerfGE 117, 1, 46 (ErbSt III); BFH, Beschl. v. 22.05.2002 – II R 61/99, BStBl. II 2002, 598, juris Rn. 158; BVerwG, Urt. v. 24.11.1978 – 4 C 56/76, NJW 1979, 2578; BVerwG, Urt. v. 21.08.1981 – 4 C 16/78, NJW 1982, 398; OVG Rheinland-Pfalz, Urt. v. 16.02.2017 – 6 A 10137/14.OVG, juris Rn. 82.

Begriff der „*Wertspanne*", „*Wertbandbreite*" bzw. „*Streubreite von Werten*" verwendet. Innerhalb dieser Wertbandbreite gibt es weder einen richtigen, einen zu hohen oder zu niedrigen Wert. Jeder Wert ist in gleichem Maß rational begründbar. Ein Rangverhältnis der verschiedenen Werte der Bandbreite lässt sich somit nicht aufstellen.[2015] Eine Auswahl eines Wertes aus dieser Bandbreite heraus kann nur noch aufgrund subjektiver, nicht eindeutig beweisbarer oder widerlegbarer Wertungen erfolgen.[2016] Die zu beobachtende Streubreite ist keine Besonderheit der (Verkehrs-)Wertermittlung, sondern ein allgemeines bei menschlichen Entscheidungen und fachliche Urteile zu beobachtendes Phänomen.[2017]

Durch die Annahme einer Verkehrswertspanne wird der Institution oder Person, die von Gesetzes wegen zur Ermittlung des Wertes vorgesehen ist, ein erheblicher Freiraum eröffnet. Denn der im Einzelfall der Entscheidung zugrunde zu legende Verkehrswert muss sich nur innerhalb dieser befinden. Die Auswahl, welcher der vielen möglichen Werte heranzuziehen ist, obliegt allein der zuständigen Institution oder Person und kann durch andere Personen, Institutionen oder Gerichte grundsätzlich nicht oder zumindest nur eingeschränkt beanstandet werden.[2018] Im behördlichen oder gerichtlichen Verfahren kommt es somit entscheidend darauf an, wer letztverbindlich entscheidet, welcher der vielen möglichen Werte innerhalb der Wertspanne der maßgebliche sein soll. Wer diese „*Einwertigkeitsentscheidung*" trifft, lässt sich nicht allgemein angeben, sondern ist anhand der jeweiligen Bewertungsnorm zu bestimmen.[2019] Grundsätzlich ist behördliches Handeln vollständig gerichtlich überprüfbar. Daher entscheidet letztverbindlich grundsätzlich das zuständige Gericht über den „richtigen" Verkehrswert.[2020] Der Gesetzgeber kann jedoch unter gewissen Bedingungen eine abweichende

---

2015 BFH, Beschl. v. 22.05.2002 – II R 61/99, BStBl. II 2002, 598, juris Rn. 158; *Seer*, StuW 1997, 283 (289); *Krumm*, Steuerliche Bewertung als Rechtsproblem, 2014, S. 336.

2016 *Gaentzsch*, Die Bodenwertabschöpfung im Städtebauförderungsgesetz, 1975, S. 153; *Krumm*, Steuerliche Bewertung als Rechtsproblem, 2014, S. 336.

2017 Vgl. *Kahneman/Sibony/Sunstein*, Noise, 2021, S. 29 ff.

2018 *Mampel*, DÖV 13/1992, 556 (561); *Krumm*, Steuerliche Bewertung als Rechtsproblem, 2014, S. 248 ff., 492 ff.

2019 *Krumm*, Steuerliche Bewertung als Rechtsproblem, 2014, S. 250.

2020 Vgl. etwa OLG Schleswig, Urt. v. 06.07.2007 – 14 U 61/06, openJur 2011, 93914; *Krumm*, in: DStJG 44, 2022, S. 225 (245 ff.).

Kompetenzverteilung vorsehen. Es ist durch Auslegung der Norm zu bestimmen, welchem Akteur (Bürger, Behörde, Gutachterausschuss, Gericht) der Gesetzgeber die Entscheidung zur Konkretisierung des Verkehrswerts überlässt und inwieweit diese Entscheidung gegenüber den anderen Beteiligten Letztverbindlichkeit zukommen soll.[2021] Hierauf wird an späterer Stelle noch ausführlich eingegangen.[2022]

Die Annahme einer solchen (Verkehrs-)Wertspanne ist abstrakt geeignet, behördliche oder gerichtliche Auswahlentscheidungen und die gerichtliche Überprüfbarkeit von Wertansätzen argumentativ zu begründen. In der Rechtsanwendungspraxis kann eine Wertspanne jedoch nicht herangezogen werden, um konkret zu bestimmen, ob ein Wert noch als vertretbar anzusehen ist oder nicht.[2023] Denn es ist nicht möglich, eine solche Spanne mit hinreichender Sicherheit zu bemessen.[2024] Es kann daher grundsätzlich nicht überprüft werden, ob der infrage stehende Wert noch innerhalb der Spanne oder schon außerhalb liegt. Eine solche Spanne würde sich allenfalls für eindeutige Fälle eignen, in denen der jeweilige Wert offensichtlich innerhalb oder außerhalb dieser Spanne liegt.

Die Bemessung einer solchen Spanne scheitert bereits an dem nicht sicher ermittelbaren Bezugspunkt, von dem aus durch pauschale Prozentangaben die zu ermittelnde Spannenbreite gebildet wird. Zwar wird in Literatur[2025] und Rechtsprechung[2026] insoweit teilweise auf den „wirklichen“ oder „wahren“ Wert Bezug genommen. Doch den einen „objektiven“ bzw. „allgemeingültigen“ Verkehrswert gibt es nicht, schon gar nicht den „wahren“ Wert.[2027] Es kann nicht angenommen werden, dass ein späterer, im gerichtlichen Verfahren ermittelter Verkehrswert zwangsläufig „richtiger“ ist als ein zuvor ermittelter Verkehrswert und dass dieser als der „wahre“ Verkehrswert

---

2021 *Krumm*, Steuerliche Bewertung als Rechtsproblem, 2014, S. 250.

2022 Siehe hierzu unter Gliederungspunkt § 4, II.

2023 Vgl. Wortbeitrag von *Niebuhr*, in DStJG 44, 2022, S. 277 f.; a. A. *Krumm*, in: DStJG 44, 2022, S. 225 (249 f.).

2024 So auch *Krumm*, Steuerliche Bewertung als Rechtsproblem, 2014, S. 416; *Krumm*, in: DStJG 44, 2022, S. 225 (237).

2025 *J. Simon/T. Simon*, in: Rössler/Langer (Begr.), Schätzung und Ermittlung von Grundstückswerten, 8. Aufl. 2005, S. 1 (11).

2026 Vgl. *Dieterich*, ZfBR 6/1979, 223 (225). m. w. N.

2027 Vgl. dazu auch *Krumm*, Steuerliche Bewertung als Rechtsproblem, 2014, S. 23 ff.

angesehen werden kann. Mag dieser Wert auch innerhalb der Bandbreite möglicher Verkehrswerte liegen, so muss er nicht zwangsläufig die Mitte der Wertspanne bilden.

Eine solche Bandbreite lässt sich alternativ auch nicht aus den vorhandenen Marktdaten bestimmen. Die Verkehrswertspanne könnte dabei zwar grundsätzlich definiert werden entweder als Spanne der Preise, die als im gewöhnlichen Geschäftsverkehr erzielt gelten (gewöhnliche Preisspanne) oder als Teilbereich dieser gewöhnlichen Preisspanne, der als Bereich der Ungewissheit den wahrscheinlichsten Verkehrswert umgibt (ungewisse Preisspanne).[2028] Die konkrete statistische Bestimmung des oberen und unteren Werts dieser Spannen wäre jedoch mit erheblichen Unsicherheiten behaftet.[2029] Die Preisspanne (Streuung der Kaufpreise) kann auch nicht automatisch mit der Wertspanne (Wertermittlung als Schätzung) gleichgesetzt werden. Die Preisspanne beruht im Wesentlichen auf den unterschiedlichen Kenntnissen, Präferenzen und den jeweiligen Gesamtumständen bei der Kaufpreisbildung. Die Streuung der Kaufpreise wirkt sich zwar auch auf die Genauigkeit der Schätzung aus. Im Rahmen der Verkehrswertermittlung führen jedoch auch andere Einflussfaktoren zu einer Streuung der ermittelten Werte, die auf die Kaufpreise hingegen keinen Einfluss haben.[2030]

Im Bereich des Steuerrechts wird von der Literatur[2031] und von der Rechtsprechung[2032] unter Verweis auf Literaturstellen aus der Verkehrswertermittlung[2033] pauschal davon ausgegangen, dass die am Grundstücksmarkt feststellbare Bandbreite von ± 20 % (oder mehr) um einen rechnerischen

---

2028 *Seele*, VR 3/1982, 105 (110).

2029 *Seele*, VR 3/1982, 105 (110 f.).

2030 Siehe hierzu zuvor unter Gliederungspunkt § 3, II., 1., a), aa).

2031 *Seer*, StuW 1997, 283 (289); *Wolf*, DStR 1997, 349 (354); *Kulzer*, Die Bewertung von Grundvermögen im Steuerrecht, 2000, S. 123; ausgehend von einer Streubreite von bis zu 30 % *Balke*, Einheitswert oder Verkehrswert für Grundbesitz, 1984, S. 61; *Jakob*, Rechtsgutachten zur Bewertungsvereinfachung, 1992, S. 53 f.; Roscher, GrStG-Kommentar, Erstkommentierung 2020, Rn. 7.

2032 BFH, Beschl. v. 22.05.2002 – II R 61/99, BStBl. II 2002, 598, juris Rn. 158; nachfolgend BVerfG v. 07.11.2006 – 1 BvL 10/02, BVerfGE 117, 1, 46 (ErbSt III).

2033 Insbesondere *J. Simon*, in: Simon/Cors/Halaczinsky/Teß, Handbuch der Grundstückswertermittlung, 5. Aufl. 2003, S. 9 (13); ähnlich *Josten*, GuG 6/1999, 321 (328); *Kleiber*, Verkehrswertermittlung von Grundstücken, 10. Aufl. 2023, § 194 BauGB, Rn. 58.

Mittelwert betragen kann. Während *Roman Seer* die Streubreite noch zutreffend ausschließlich auf die Verkehrswerte bezieht,[2034] spricht der Bundesfinanzhof in seinem Vorlagebeschluss zur Verfassungsmäßigkeit der Erbschaftsteuer von einer *„am Grundstücksmarkt feststellbare Bandbreite von Werten“*.[2035] Das Bundesverfassungsgericht vermischt Preise und Verkehrswerte in seiner darauf folgenden Entscheidung zu einer *„Streubreite der Verkaufspreise für ein und dasselbe Objekt [...], innerhalb derer ein festgestellter Verkehrswert noch vertretbar angesehen wird.“*[2036] Richtig ist zwar, dass ein Verkehrswert gemäß § 194 BauGB den fiktiven Kaufpreis für das zu bewertende Objekt darstellen soll. Die am Grundstücksmarkt bestehende Spanne der Kaufpreise ist jedoch wie bereits dargelegt nicht deckungsgleich mit der Spanne der Verkehrswerte. Da es in diesem Zusammenhang auf die Nähe der Steuerwerte zu den Verkehrswerten ankommt, ist daher auch nur auf die Verkehrswertspanne Bezug zu nehmen.

Eine pauschale Aussage über die Breite der Verkehrswertspanne lässt sich nicht treffen.[2037] Dies liegt einerseits an den bereits beschriebenen Schwierigkeiten zur Bestimmung dieser Spanne. Andererseits unterstellte diese Annahme einen bundesweit homogenen Grundstücksmarkt. Ein solcher existiert jedoch nicht, sondern vielmehr eine Vielzahl regionaler Teilmärkte. Dementsprechend existiert auch nicht nur eine Verkehrswertspanne, sondern eine Vielzahl unterschiedlicher Verkehrswertspannen mit unterschiedlichen Bandbreiten.[2038] Die jeweilige Bandbreite wird unter anderem beeinflusst durch die Marktaktivität auf dem jeweiligen regionalen Teilmarkt (Eigentumswohnungen, Ein- und Zweifamilienhäuser, Mietwohngrundstücke, Geschäfts- und Industriegrundstücke etc.). Von Region zu Region und von Teilmarkt zu Teilmarkt können sich insoweit erhebliche Unterschiede ergeben. In einer großen Reihenhaussiedlung mit überwiegend identischen und häufig gehandelten Reihenhäusern wird man in einem relativ engen Wertekorridor den Verkehrswert bestimmen können. Bei einem einsam gelegenen

---

2034 *Seer*, StuW 1997, 283 (289).
2035 BFH, Beschl. v. 22.05.2002 – II R 61/99, BStBl. II 2002, 598, juris Rn. 158.
2036 BVerfG v. 07.11.2006 – 1 BvL 10/02, BVerfGE 117, 1, 46 (ErbSt III).
2037 Ebenso *Krumm*, in: DStJG 44, 2022, S. 225 (237).
2038 *Drosdzol*, DStZ 2001, 689 (691); *Kleiber*, Verkehrswertermittlung von Grundstücken, 10. Aufl. 2023, § 9 ImmoWertV, Rn. 28.

Einfamilienhaus in einer weitläufigen Landschaft oder bei Industriegrundstücken ist demgegenüber von einer entsprechend größeren Streubreite auszugehen.[2039] Erschwert wird die Bestimmung einer solchen Spanne dadurch, dass vielfach nicht ausreichend Verkaufsfälle für den regionalen Teilmarkt vorhanden sein dürften, um überhaupt eine statistisch gesicherte Beurteilung abgeben zu können.[2040]

Für die Beurteilung, ob ein Wert noch vertretbar ist, ist es sinnvoller, auf den Grad der Abweichung des in Frage stehenden Werts zu einem später – etwa durch das Gericht – ermittelten Wert abzustellen, da hierdurch die Bestimmung einer abstrakten Wertbandbreite vermieden werden kann. Dieses Vorgehen ist häufig in der Rechtsprechung zur Verkehrswertermittlung im Zivilrecht und im Öffentlichen Recht zu finden. Die Toleranzgrenze bei Schätzungen wird in der Rechtsprechung im Allgemeinen auf etwa 20–25 % festgesetzt.[2041] Speziell für die Verkehrswertermittlung geht die Rechtsprechung überwiegend von einer Toleranzgrenze von 18–25 % aus.[2042] Begründet werden die Toleranzgrenzen – wenn überhaupt – dem Grunde und der Höhe nach lediglich mit den *„allgemeinen gemachten Erfahrungen"* oder mit der Aussage des im gerichtlichen Verfahren herbeigezogenen Sachverständigen.[2043] Die einschlägige Fachliteratur nimmt auf diese Rechtsprechung Bezug und übernimmt diese Grenzen (i. d. R. 20–25 %) im Wesentlichen.[2044]

2039 *Bock*, in: Viskorf/Schuck/Wälzholz, ErbStG/BewG, 7. Aufl. 2023, Vorb. zu §§ 176–198, Rn. 15.

2040 BFH, Urt. v. 12.06.1974 – III R 49/73, BStBl. II 1974, 602, juris Rn. 22.

2041 OLG München, Urt. v. 15.05.1959 – 8 U 1490/56, VersR 1959, 1017; OLG Rostock, Urt. v. 26.05.2004 – 6 U 13/00, BeckRS 2005, 13171.

2042 BGH, Beschl. v. 21.10.2014 – XI ZB 12/12, GuG 2015, 240; BGH, Urt. v. 26.04.1991 – V ZR 61/90, NJW 1991, 2761; BGH, Urt. v. 26.04.1961 – V ZR 183/59, BeckRS 1961, 31348737; BGH, Urt. v. 30.05.1963 – III ZR 230/61, VerwRspr 1964, 438; BGH, Urt. v. 01.04.1987 – IVa ZR 139/85, ZSW 1988, 153; BGH, Beschl. v. 02.12.2015 – I ZR 47/15, GuG 2016, 399; Bay. VGH, Urt. v. 13.06.1990 – M 9 K 89.2465, GuG 1992, 29.

2043 Bay. VGH, Urt. v. 13.06.1990 – M 9 K 89.2465, GuG 1992, 29.

2044 *J. Simon*, in: Simon/Cors/Halaczinsky/Teß, Handbuch der Grundstückswertermittlung, 5. Aufl. 2003, S. 9 (13); *Ballwieser/Küting/Schildbach*, BFuP 6/2004, 529 (540); *J. Simon/T. Simon*, in: Rössler/Langer (Begr.), Schätzung und Ermittlung von Grundstückswerten, 8. Aufl. 2005, S. 1 (11, 24); *Petersen/Schnoor/W. Seitz*, Verkehrswertermittlung von Immobilien, 3. Aufl. 2018, S. 44; *Kleiber*, Verkehrswertermittlung von Grundstücken, 10. Aufl. 2023, ImmoWertV (Vorbem.), Rn. 82.

Die Toleranzgrenze soll im Ausnahmefall bis zu 30 % betragen können.[2045] Tatsächlich dürfte es in der Rechtsprechung und Literatur häufig auch zur Vermischung der Wertspannen und der Toleranzgrenzen kommen.

In welchem Umfang Abweichungen noch zu tolerieren sind (und vor allem wann nicht mehr), lässt sich allerdings ebenfalls nicht zufriedenstellend rational begründen. Ein Verkehrswert kann nicht schon alleine aus dem Grunde für unzutreffend erklärt werden, weil er zu einem bestimmten Prozentsatz von dem später ermittelten Verkehrswert abweicht. Das *OLG Köln* hat zutreffend etwa eine Abweichung des ursprünglich ermittelten Verkehrswerts zum nachträglich ermittelten Verkehrswerts von etwa 32 % als unerheblich angesehen, weil ein Fehler des Gutachtens für den ursprünglichen Verkehrswert nicht feststellbar war.[2046] Überspitzt gesagt kann ein Verkehrswert, der sachgerecht ermittelt und nachvollziehbar begründet wurde, nicht „falsch" sein.[2047] Die Wertermittlung durch die Person, die von Gesetzes berechtigt ist, die Einwertigkeitsentscheidung zu treffen, ist daher nicht zu beanstanden, sofern der von ihr ermittelte Wert sachgerecht ermittelt wurde und die Entscheidungen im Rahmen der Wertermittlung vertretbar sind. Erforderlich ist dafür in erster Linie eine intersubjektive Begründung der Wertermittlung.[2048] Wertspannen und Toleranzgrenzen können bei der konkreten Überprüfung von Werten allenfalls geeignet sein, geringfügige Beanstandungen des ermittelten Werts auszuschließen oder ein Indiz für eine nicht sachgerechte Wertermittlung darzustellen, das Anlass zur genaueren Überprüfung der ursprünglichen Wertermittlung gibt.[2049]

2045 *Kleiber*, Verkehrswertermittlung von Grundstücken, 10. Aufl. 2023, ImmoWertV (Vorbem.), Rn. 82; in diese Richtung, aber ohne konkrete Zahl auch *Ballwieser/Küting/Schildbach*, BFuP 6/2004, 529 (540); vgl. zu einem kriegsbeschädigten Gebäude BGH, Urt. v. 28.06.1966 – VI ZR 287/64, BeckRS 1966, 153; vgl. hinsichtlich eines Grundstücks im Außenbereich OLG Hamm, Urt. v. 15.01.2009 – 22 U 39/08, openJur 2011, 63793.

2046 OLG Köln, Urt. v. 20.12.2012 – 10 U 12/12, BauR, 611.

2047 *S. Brückner/Neumann*, MDR 16/2003, 906 (908).

2048 Siehe hierzu bereits unter Gliederungspunkt § 1, I., 1., c), bb). Vgl. auch BFH, Beschl. v. 30.01.2014 – X B 63/13, BFH/NV 2014, 689, juris Rn. 5.

2049 Vgl. BFH, Urt. v. 30.01.2019 – II R 9/16, BStBl. II 2019, 599, juris Rn. 26; BFH, Urt. v. 16.11.2022 – II R 39/20, BStBl. II 2024, 246, juris Rn. 22.

cc) *Bedeutung von Wertspannen für die Ausgestaltung von steuerlichen Bewertungsnormen*

Der Gesetzgeber hat die vorgenannten Unsicherheiten und die sich daraus ergebenden Wertbandbreiten bei der Verkehrswertermittlung zu berücksichtigen, wenn er die Bewertungssystematik von Grundstücken am gemeinen Wert ausrichten möchte. Aus der Unsicherheit der Verkehrswertermittlung folgt für den Gesetzgeber einerseits, dass er den „einen" „richtigen" Verkehrswert nicht mit der von ihm zu entwerfenden Bewertungssystematik treffen kann. Dies eröffnet ihm jedoch einen größeren gesetzgeberische Gestaltungsspielraum, da es grundsätzlich ausreichend ist, wenn sich der angestrebte Steuerwert innerhalb der Bandbreite der Verkehrswerte befindet.[2050] Dies zeigt sich anschaulich in den Gesetzgebungsmaterialien zur reformierten Bundesgrundsteuer, in denen der Gesetzgeber als Bewertungsziel einen „objektiviert-realen Wert" anstrebt, der sich innerhalb des „Wertekorridors des gemeinen Werts" befinden soll.[2051]

Die Ermittlung von Steuerwerten gebietet es, dass das Ergebnis des Bewertungsverfahrens ein punktueller Steuerwert ist, da die Verwendung von Wertspannen im Steuerrecht nicht geeignet ist.[2052] Will der Gesetzgeber einen Steuerwert am Verkehrswert ausrichten, muss er durch Ausgestaltung der Bewertungssystematik gewährleisten, dass sich dieser innerhalb der Bandbreite der Verkehrswerte befindet. Der Gesetzgeber muss sich also Gedanken dazu machen, wie er sich zu der Wertbandbreite verhält und ob er ggfs. steuernd in diese Wertbandbreite eingreift.[2053] Entscheidet der Gesetzgeber sich dazu, steuernd auf die Wertermittlung einzuwirken, kann er dies auf unterschiedliche Weise und in unterschiedlichem Maß tun. Er kann dazu einerseits die Methodik vorgeben und konkretisieren. Er kann außerdem bestimmen, welche Daten für die Bewertung relevant sein sollen, diese konkretisieren oder die Bewertungsgrundlagen sogar selbst vorgeben. Schließlich kann er auch weitere Vorgaben für die Bestimmung des Punktwerts machen.[2054]

2050 *Jakob*, Rechtsgutachten zur Bewertungsvereinfachung, 1992, S. 54, 168.

2051 Entwurf zum GrStRefG 2019 v. 25.06.2019, BT-Drs. 19/11085, S. 90.

2052 BFH, Urt. v. 18.08.2005 – II R 62/03, BStBl. II 2006, 5, juris Rn. 15; *Krumm*, Steuerliche Bewertung als Rechtsproblem, 2014, S. 248.

2053 *Krumm*, in: DStJG 44, 2022, S. 225 (229, 232).

2054 *Krumm*, in: DStJG 44, 2022, S. 225 (232); *Krumm*, Steuerliche Bewertung als Rechtsproblem, 2014, S. 245 ff.

Der Gesetzgeber muss sich schließlich auch überlegen, welchem Akteur (Steuerpflichtiger, Finanzbehörde, Gericht) er die Entscheidung über den im Besteuerungsverfahren maßgeblichen Steuerwert mit Letztverbindlichkeit gegenüber den anderen beteiligten Akteuren zuweist.[2055] Die möglichen Steuerungsansätze des Gesetzgebers reichen dabei von einer *steuerungsarmen Rezeption der Bewertungsüberlegung*, die eine uneingeschränkte präzise aber ggfs. uneinheitliche Wertermittlung im Einzelfall ermöglicht, über eine *normative Konkretisierung der Bewertungsüberlegungen*, die einen Ausgleich zwischen einer präzisen und standardisierten Wertermittlung erreicht, bis hin zu einer *Vollsteuerung des Bewertungsvorgangs*, bei dem die massenhafte, automatisierte und einheitliche Ermittlung im Vordergrund steht, allerdings zulasten einer präzisen Wertermittlung geht.[2056] Für welchen Steuerungsansatz sich der Gesetzgeber entscheidet, hängt vor allem von den praktischen Anforderungen an die Administrierbarkeit der Bewertung ab.[2057]

b) Erfordernisse eines praktikablen und gleichheitskonformen Steuervollzugs

Die Finanzbehörden müssen die Steuergesetze unter Beachtung des Art. 3 Abs. 1 GG gleichheitsgerecht vollziehen (sog. Rechtsanwendungsgleichheit). Einfachgesetzlich verpflichtet § 85 Satz 1 AO die Finanzbehörden, die Steuern nach Maßgabe der Gesetze gleichmäßig festzusetzen und zu erheben. Damit die Finanzbehörden im steuerlichen Massenverfahren mit den vorhandenen personellen und sachlichen Kapazitäten auch tatsächlich in der Lage sind, diesen Vorgaben nachzukommen, muss der Gesetzgeber bereits im Gesetzgebungsverfahren auf eine praktikable Ausgestaltung der Steuergesetze achten. Dies gilt insbesondere auch für steuerliche Bewertungsnormen.[2058]

Der allgemeine Gleichheitssatz verlangt vom Gesetzgeber nicht nur, dass er die Steuergesetze so ausgestaltet, dass die Steuerpflichtigen *rechtlich* gleichmäßig belasten werden. Vielmehr muss der Gesetzgeber auch sicherstellen, dass dies

---

[2055] *Krumm*, Steuerliche Bewertung als Rechtsproblem, 2014, S. 250.
[2056] *Krumm*, in: DStJG 44, 2022, S. 225 (229 ff.).
[2057] *Krumm*, in: DStJG 44, 2022, S. 225 (232, 234).
[2058] BVerfG v. 07.11.2006 – 1 BvL 10/02, BVerfGE 117, 1, 36 (ErbSt III).

auch *tatsächlich* der Fall ist.[2059] Er muss also die Steuergesetze nicht nur gleichheitsgerecht ausgestalten, sondern muss sie auch so konzipieren, dass diese *„gleichheitseffizient"* durch die Finanzverwaltung erfüllt werden können („Gebot tatsächlich gleicher Steuerbelastung durch gleichen Gesetzesvollzug"[2060]).[2061] Das materielle Steuergesetz muss daher bereits *„die Gewähr seiner regelmäßigen Durchsetzbarkeit"* so weit wie möglich in sich tragen.[2062] Die Steuergleichheit setzt nämlich auch voraus, dass das gleichheitskonforme Gesetz auch gleichmäßig angewendet werden kann (und letztlich auch angewendet wird).[2063] Ein Verstoß gegen diese gleichheitseffiziente Ausgestaltung kann bereits die Verfassungswidrigkeit der gesetzlichen Besteuerungsgrundlage begründen.[2064] Erforderlich ist insoweit allerdings ein *„normatives Defizit des widersprüchlich auf Ineffektivität angelegten Rechts"* oder auch kurz strukturelles Vollzugsdefizit genannt.[2065] Die Verpflichtung zur gleichheitseffizienten Konzeption von Steuergesetzen betrifft nach der Rechtsprechung des Bundesverfassungsgerichts insbesondere die Ausgestaltung des Steuerverfahrensrechts im Allgemeinen und die Regelungen für die Steuererhebung im Speziellen.[2066] Von dieser Verpflichtung ist jedoch grundsätzlich auch die Ausgestaltung des

---

[2059] BVerfG v. 27.06.1991 – 2 BvR 1493/89, BVerfGE 84, 239, 268; BVerfG v. 07.11.2006 – 1 BvL 10/02, BVerfGE 117, 1, 30 (ErbSt III); BVerfG v. 10.04.2018 – 1 BvL 11/14 u. a., BVerfGE 148, 147, 184 (GrSt).

[2060] BFH, Urt. v. 15.07.2015 – II R 32/14, BStBl. II 2015, 1031, juris Rn. 41.

[2061] BVerfG v. 09.03.2004 – 2 BvL 17/02, BVerfGE 110, 94, 112; *Tipke*, in: Leitgedanken des Rechts, Bd. II 2013, § 146, Rn. 5; *Hey*, in: Tipke/Lang, Steuerrecht, 24. Aufl. 2021, Rn. 3.113 ff.

[2062] BVerfG v. 27.06.1991 – 2 BvR 1493/89, BVerfGE 84, 239, 271.

[2063] BVerfG v. 27.06.1991 – 2 BvR 1493/89, BVerfGE 84, 239, 271 f.; *Hey*, in: Tipke/Lang, Steuerrecht, 24. Aufl. 2021, Rn. 3.111; *Seer*, in: Tipke/Kruse, AO/FGO, § 85 AO, 147. EL, 1/2017, Rn. 14.

[2064] BVerfG v. 27.06.1991 – 2 BvR 1493/89, BVerfGE 84, 239, 268; BVerfG v. 09.03.2004 – 2 BvL 17/02, BVerfGE 110, 94, 112 f.; BFH, Urt. v. 20.10.2010 – I R 117/08, BStBl. II 2022, 254, juris Rn. 21; BFH, Urt. v. 15.07.2015 – II R 32/14, BStBl. II 2015, 1031, juris Rn. 40; *Seer*, StuW 2003, 40 (44).

[2065] BVerfG v. 09.03.2004 – 2 BvL 17/02, BVerfGE 110, 94, 113; BFH, Urt. v. 20.10.2010 – I R 117/08, BStBl. II 2022, 254, juris Rn. 21; *Eckhoff*, Rechtsanwendungsgleichheit im Steuerrecht, 1999, S. 527 ff.; *Hey*, in: Tipke/Lang, Steuerrecht, 24. Aufl. 2021, Rn. 3.114 f.; *Seer*, StuW 2021, 111 (129).

[2066] BVerfG v. 09.03.2004 – 2 BvL 17/02, BVerfGE 110, 94, 115; BFH, Urt. v. 20.10.2010 – I R 117/08, BStBl. II 2022, 254, juris Rn. 21.

Feststellungsverfahrens und der materiellen Regelungen der steuerlichen Bewertung betroffen.[2067] Denn gerade die Durchführung einer sachgerechten Bewertung trägt wesentlich dazu bei, dass die Steuerpflichtigen entsprechend ihrer Leistungsfähigkeit auch tatsächlich gleichmäßig belastet werden.[2068]

Ein in der Praxis gut vollziehbares Bewertungssystem enthält aus Sicht der Finanzverwaltung klare, einfach verständliche und schnell zu vollziehende Regelungen. Da die Personalkapazitäten der Finanzverwaltung begrenzt sind, sollten die Bewertungen nach Möglichkeit größtenteils automatisiert von der Datenerfassung bis zur Erstellung der Bescheide mittels digitaler Verfahren erfolgen können.[2069] Außerdem sollten die Verfahren so ausgestaltet sein, dass diese möglichst kein Streitpotenzial begründen.[2070] Umgekehrt darf der Gesetzgeber auch die für die Durchführung der Bewertung erforderlichen Mitwirkungspflichten der Steuerpflichtigen nicht aus dem Auge verlieren.[2071] Denn auch diesen kommt grundrechtliche Relevanz zu.[2072] Der Gesetzgeber sollte daher nach Möglichkeit an Daten anknüpfen, die den Finanzbehörden bereits vorliegen, von anderen Behörden im Wege der Amtshilfe beschafft werden können oder den Steuerpflichtigen bereits bekannt oder zumindest einfach für ihn zu beschaffen sind. Zur Vermeidung von freiheitsrechtlichen Beeinträchtigungen durch umfangreiche und kostenintensive Mitwirkungspflichten können daher auch gleichheitsrechtliche Abstriche geboten sein.[2073] Der Steuerpflichtige hat darüber hinaus Interesse an einer Bewertungssystematik, die vorhersehbare und belastbare Steuerwerte erzeugt. Rechtssichere Steuerwerte sind für die Abschätzung der steuerlichen Folgen von Planungen

---

2067 Das BVerfG hält dies in Bezug auf die GrSt wohl für möglich, hat dies jedoch ausdrücklich offen gelassen, BVerfG v. 10.04.2018 – 1 BvL 11/14 u. a., BVerfGE 148, 147, 205 f. (GrSt). *Jakob*, Rechtsgutachten zur Bewertungsvereinfachung, 1992, S. 134 f.; *Krumm*, Steuerliche Bewertung als Rechtsproblem, 2014, S. 363 f.; zur Vermögensteuer *Tipke*, StRO II, 2. Aufl. 2003, S. 946 ff.; *Birk*, in: DStJG 22, 1999, S. 7 (18); *Kube*, DStR-Beih 2013, 37 (47); allgemein zur Vollziehbarkeit des materiellen Rechts *Seer*, BB 2021, 1433 (1436).

2068 *Eichberger*, in: FS BFH 100 I, 2018, S. 501 (518).

2069 Vgl. Entwurf zum GrStRefG 2019 v. 25.06.2019, BT-Drs. 19/11085, S. 80.

2070 *Balke*, Einheitswert oder Verkehrswert für Grundbesitz, 1984, S. 72.

2071 BVerfG v. 09.03.2004 – 2 BvL 17/02, BVerfGE 110, 94, 115.

2072 *Krumm*, Steuerliche Bewertung als Rechtsproblem, 2014, S. 438 ff.; *Hey*, in: Tipke/Lang, Steuerrecht, 24. Aufl. 2021, Rn. 3.181.

2073 *Krumm*, Steuerliche Bewertung als Rechtsproblem, 2014, S. 442 f.

und Dispositionen des Steuerpflichtigen von erheblicher Bedeutung.[2074] Weniger aus verfassungsrechtlichen als aus fiskalischen Gründen sollte der Gesetzgeber außerdem darauf achten, dass der mit der Durchführung der Bewertung und der Erhebung der Steuer verbundene Vollzugsaufwand nicht außer Verhältnis zu den zu erwartenden Steuereinnahmen steht.[2075] Gerade dieser Aspekt und der Grad der Mitwirkungspflichten der Steuerpflichtigen haben großen Einfluss auf die Akzeptanz der Steuer in der Bevölkerung.[2076]

c) Gesetzessystematisch notwendige Typisierungen und Pauschalierungen

Entscheidet sich der Gesetzgeber dazu, eine Bewertungssystematik für die Ermittlung des Steuerwerts vorzugeben, muss er die Bewertungsregelungen gesetzlich ausgestalten.[2077] Dies ist bei Massenvorgängen regelmäßig geboten, um eine gleichmäßige Bewertung und damit auch eine gleichmäßige Besteuerung sicherzustellen.[2078] Aufgrund der Allgemeinheit der Besteuerung ist der Gesetzgeber gezwungen, die Tatbestände generell abstrakt zu formulieren.[2079] Die gebotene Abstraktheit von gesetzlichen Regelungen[2080] macht es unmöglich, dass der Gesetzgeber für jede Besonderheit der Wertermittlung in allen möglichen Einzelfällen eine Bewertungsregelung erlässt. Gesetzliche Regelungen müssen notwendigerweise verallgemeinern.[2081] Dies gilt auch für steuerliche Bewertungsnormen.[2082]

2074 *Krumm*, Steuerliche Bewertung als Rechtsproblem, 2014, S. 363 f., 458 ff.; *Hey*, Steuerplanungssicherheit als Rechtsproblem, 2002, S. 133 ff.

2075 Vgl. BVerfG v. 10.04.2018 – 1 BvL 11/14 u. a., BVerfGE 148, 147, 201 (GrSt); *Smith*, Der Reichtum der Nationen, Bd. 2, 1910, S. 244 f.; *Loritz*, DStR-Beih 1995, 3 (3); *Birk*, in: DStJG 22, 1999, S. 7 (18); *Hey*, JZ 2007, 564 (569); *Kube*, DStR-Beih 2013, 37 (46).

2076 *Smith*, Der Reichtum der Nationen, Bd. 2, 1910, S. 244 f.

2077 *Isensee*, StuW 1994, 3 (7).

2078 *Krumm*, Steuerliche Bewertung als Rechtsproblem, 2014, S. 408 f.

2079 *P. Kirchhof*, StuW 1984, 297 (307); *P. Kirchhof*, in: HStR VIII, 3. Aufl. 2010, § 181, Rn. 128; *Kulzer*, Die Bewertung von Grundvermögen im Steuerrecht, 2000, S. 145.

2080 *Osterloh*, Gesetzesbindung und Typisierungsspielräume bei der Anwendung der Steuergesetze, 1992, S. 100 ff.; *P. Kirchhof*, in: HStR V, 2. Aufl. 2000, § 124, Rn. 295.

2081 BVerfG v. 30.05.1990 – 1 BvL 2/83, u. a., BVerfGE 82, 126, 151 f.; BVerfG v. 10.04.1997 – 2 BvL 77/92, BVerfGE 96, 1, 6; BVerfG v. 11.11.1998 – 2 BvL 10/95, BVerfGE 99, 280, 290; BVerfG v. 09.12.2008 – 2 BvL 1/07, u. a., BVerfGE 122, 210, 232; BVerfG v. 12.10.2010 – 1 BvL 12/07, BVerfGE 127, 224, 257.

2082 *Krumm*, Steuerliche Bewertung als Rechtsproblem, 2014, S. 362.

Vor dem Hintergrund der Vielzahl der zu regelnden Sachverhalte braucht der Gesetzgeber nicht um die Gleichbehandlung aller denkbaren Einzelfälle besorgt sein.[2083] Er hat vielmehr einfache, für die Betroffenen verständliche Regelungen zu wählen, die verlässlich und effizient vollzogen werden können.[2084] Daher ist der Gesetzgeber nach Auffassung des Bundesverfassungsgerichts unter bestimmten Bedingungen berechtigt, generalisierende, typisierende und pauschalierende Regelungen zu treffen, ohne wegen der damit unvermeidlich verbundenen Härten gegen den allgemeinen Gleichheitssatz zu verstoßen.[2085] Durch die Verwendung von Generalisierungen, Typisierungen und Pauschalierungen[2086] soll der Vollzug der Steuergesetze in der Masse ermöglicht bzw. erleichtert werden; Überkompliziertheit und Undurchführbarkeit der Steuergesetze sollen dadurch verhindert werden (sog. Praktikabilitätsprinzip).[2087]

Aufgrund der im vorigen Abschnitt dargestellten Anforderungen an die praktikable und gleichheitseffiziente Ausgestaltung der Steuergesetze ist der Gesetzgeber zum Erlass typisierender Rechtsnormen nicht nur berechtigt. Zur Gewährleistung eines gleichmäßig vollziehbaren Besteuerungsverfahrens kann sich sogar eine verfassungsrechtliche Verpflichtung des Gesetzgebers zur Typisierung ergeben.[2088] Denn im steuerlichen Massenfallrecht verwirk-

---

2083 BVerfG v. 08.10.1991 – 1 BvL 50/86, BVerfGE 84, 348, 359; BVerfG v. 08.07.2021 – 1 BvR 2237/14, u. a., BVerfGE 158, 282, 344.

2084 BVerfG v. 11.11.1998 – 2 BvL 10/95, BVerfGE 99, 280, 290.

2085 BVerfG v. 08.10.1991 – 1 BvL 50/86, BVerfGE 84, 348, 359; BVerfG v. 10.04.1997 – 2 BvL 77/92, BVerfGE 96, 1, 6; BVerfG v. 11.11.1998 – 2 BvL 10/95, BVerfGE 99, 280, 290; BVerfG v. 12.10.2010 – 1 BvL 12/07, BVerfGE 127, 224, 257; BVerfG v. 19.11.2019 – 2 BvL 22/14 u. a., BVerfGE 152, 274, 314; BVerfG v. 08.07.2021 – 1 BvR 2237/14, u. a., BVerfGE 158, 282, 329; *P. Kirchhof*, in: HStR VIII, 3. Aufl. 2010, § 181, Rn. 132; *Nußberger*, in: Sachs, GG, 9. Aufl. 2021, Art. 3, Rn. 108.

2086 Siehe hierzu noch ausführlich unter Gliederungspunkt § 3, II., 2., d).

2087 *Isensee*, Die typisierende Verwaltung, 1976, S. 155 ff.; *Hey*, in: Tipke/Lang, Steuerrecht, 24. Aufl. 2021, Rn. 3.145.

2088 BVerfG v. 24.01.1962 – 1 BvR 845/58, BVerfGE 13, 331, 341; BVerfG v. 20.12.1966 – 1 BvR 320/57, u. a., BVerfGE 21, 12, 27; BVerfG v. 07.11.2006 – 1 BvL 10/02, BVerfGE 117, 1, 31 (ErbSt III); BVerfG v. 04.02.2009 – 1 BvL 8/05, BVerfGE 123, 1, 19; BVerfG v. 12.10.2010 – 1 BvL 12/07, BVerfGE 127, 224, 246; BVerfG v. 17.12.2014 – 1 BvL 21/12, BVerfGE 138, 136, 234 (ErbSt IV); *Nußberger*, in: Sachs, GG, 9. Aufl. 2021, Art. 3, Rn. 105.

licht sich Gleichheit im Gesetzesvollzug gerade erst durch Typisierung.[2089] Bei dieser sog. Typengerechtigkeit[2090] geht es weniger darum, eine Optimierung des Gleichbehandlungsgebots zu erreichen, sondern vielmehr darum, durch Typisierungen bewirkte Ungleichbehandlungen im Interesse der Vollziehbarkeit zu legitimieren.[2091] Der Grundsatz der „individuellen Gleichmäßigkeit" der Besteuerung tritt insoweit hinter dem Grundsatz der „generellen Gleichmäßigkeit" zurück.[2092] Darüber hinaus kann eine Typisierung auch geboten sein, um freiheitsrechtliche Eingriffe in die Rechtssphäre des Steuerpflichtigen zu vermeiden.[2093] So kann etwa durch Nichtberücksichtigung individueller Grundstücksmerkmale auf eine Objektbesichtigung einschließlich eines ggfs. erforderlichen Betretens der Wohnung des Steuerpflichtigen verzichtet werden, welches einen Eingriff in Art. 13 GG darstellen kann. Auf die Anforderungen, die das Bundesverfassungsgericht an typisierende Steuergesetze stellt, wird unter Gliederungspunkt § 3, II., 2., d) eingegangen.

2. Verfassungsrechtliche Anforderungen an die Ausgestaltung steuerlicher Bewertungsnormen

a) Gestaltungsspielraum des Gesetzgebers

Dem Gesetzgeber kommt bei der Ausgestaltung der steuerlichen Bemessungsgrundlage grundsätzlich ein weiter Gestaltungsspielraum zu.[2094] Es liegt primär in der Kompetenz des Gesetzgebers, diejenigen Sachverhalte zu bestimmen, die er im Rechtssinn als gleich ansehen will.[2095] Dies umfasst in der

---

2089 *Tipke*, StRO I, 1993, S. 371; *Seer*, StuW 1997, 283 (288 f.); *Seer*, BB 2021, 1433 (1436); *P. Kirchhof*, in: HStR V, 2. Aufl. 2000, § 124, Rn. 300 f.

2090 BVerfG v. 03.12.1958 – 1 BvR 488/57, BVerfGE 9, 3, 13; BVerfG v. 18.05.1971 – 1 BvL 7/69, BVerfGE 31, 119, 131; BVerfG v. 06.12.1983 – 2 BvR 1275/79, BVerfGE 65, 325, 354; *Seer*, StuW 1997, 283 (289); *Tipke*, StRO I, 2. Aufl. 2000, S. 348 ff.; *Isensee*, Die typisierende Verwaltung, 1976, S. 136; *Jachmann-Michel/M. Vogel*, in: v. Mangoldt/Klein/Starck, GG, 7. Aufl. 2018, Art. 105, Rn. 37.

2091 BVerfG v. 18.05.1971 – 1 BvL 7/69, BVerfGE 31, 119, 130 f.; *Jakob*, Rechtsgutachten zur Bewertungsvereinfachung, 1992, S. 113; *Seer*, StuW 1997, 283 (289).

2092 BVerfG v. 03.12.1958 – 1 BvR 488/57, BVerfGE 9, 3, 13.

2093 *P. Kirchhof*, in: HStR V, 2. Aufl. 2000, § 124, Rn. 296.

2094 BVerfG v. 10.04.2018 – 1 BvL 11/14 u. a., BVerfGE 148, 147, 185, 200 (GrSt); *Eisele*, NWB 2018, 1299 (1301); *Drüen*, in: Leitgedanken des Rechts, Bd. II 2013, § 158, Rn. 17.

2095 Vgl. BVerfG v. 07.05.1968 – 1 BvR 420/64, BVerfGE 23, 242, 252 (VSt I).

steuerlichen Bewertung von Grundstücken insbesondere die Konkretisierung der Bewertungsgegenstände und die für die steuerliche Bewertung relevanten Grundstücksmerkmale. Die unter Gliederungspunkt § 3, I., 2., b) dargestellten allgemeinen verfassungsrechtlichen Anforderungen an gleichheitskonforme Steuergesetze entfalten jedoch bei der Ausgestaltung der steuerlichen Bemessungsgrundlage eine gesteigerte Bedeutung und ziehen die vom Gesetzgeber zu beachtenden verfassungsrechtlichen Grenzen enger, als dies etwa bei Entscheidungen im Bereich des steuerlichen Ausgangstatbestands der Fall ist.

Einerseits kommt der steuerlichen Bemessungsgrundlage im Allgemeinen und den Regelungen zur steuerlichen Bewertung im Besonderen eine herausgehobene Bedeutung bei der Schaffung von Steuergerechtigkeit zu. Es ist nicht nur Aufgabe der Bewertung, Gegenstände in Geldeinheiten umzurechnen, sondern vor allem auch diese vergleichbar zu machen und vergleichsfähige Relationen zwischen den Besteuerungsgütern herzustellen.[2096] Der Gleichheitssatz verlangt stets auch eine gleichheitsgerechte Ausgestaltung der steuerlichen Bemessungsgrundlage.[2097] Um eine gleichheitsgerechte Bewertung zu gewährleisten, muss der Gesetzgeber nach ständiger Rechtsprechung des Bundesverfassungsgerichts die steuerlichen Bewertungsregelungen so ausgestaltet, dass die hiernach ermittelten Bemessungsgrundlagen für die zu bewertenden wirtschaftlichen Einheiten und Wirtschaftsgüter deren Relation realitätsgerecht abbilden (sog. Gebot der realitätsgerechten Werterelation).[2098] Hierauf wird sogleich unter Gliederungspunkt c) eingegangen.

Andererseits ist der Gesetzgeber nach ständiger Rechtsprechung des Bundesverfassungsgerichts zur *„folgerichtigen Umsetzung des steuerrechtlichen Ausgangstatbestandes“* verpflichtet.[2099] Für den Gesetzgeber folgt daraus

---

2096 *P. Kirchhof*, DStR 1984, 575 (577); *P. Kirchhof*, Die Steuerwerte des Grundbesitzes, 1985, S. 18; *Kulzer*, Die Bewertung von Grundvermögen im Steuerrecht, 2000, S. 114 f.

2097 BVerfG v. 10.04.2018 – 1 BvL 11/14 u. a., BVerfGE 148, 147, 185 (GrSt).

2098 BVerfG v. 10.02.1976 – 1 BvL 8/73, BVerfGE 41, 269, 283 f. (ErbSt I); BVerfG v. 22.06.1995 – 2 BvR 552/91, BVerfGE 93, 165, 173 (ErbSt II); BVerfG v. 22.06.1995 – 2 BvL 37/91, BVerfGE 93, 121, 136 (VSt II); BVerfG v. 07.11.2006 – 1 BvL 10/02, BVerfGE 117, 1, 33 (ErbSt III); BVerfG v. 23.06.2015 – 1 BvL 13/11 u. a., BVerfGE 139, 285, 310 (GrESt); BVerfG v. 10.04.2018 – 1 BvL 11/14 u. a., BVerfGE 148, 147, 185 (GrSt); *Seer*, DB 2018, 1488 (1489); *Seer*, in: Tipke/Lang, Steuerrecht, 24. Aufl. 2021, Rn. 15.58; *Krumm*, Steuerliche Bewertung als Rechtsproblem, 2014, S. 348.

2099 BVerfG v. 29.03.2017 – 2 BvL 6/11, BVerfGE 145, 106, 144; BVerfG v. 19.11.2019 – 2 BvL 22/14 u. a., BVerfGE 152, 274, 314; BVerfG v. 08.12.2021 – 2 BvL 1/13, BVerfGE 160, 41, 65 f.

insbesondere, dass er zunächst die Bemessungsgrundlagen so auszugestalten hat, dass diese den Steuergegenstand und den Belastungsgrund der Steuer folgerichtig ausdrückt.[2100] Dabei beeinflusst das Gebot der Folgerichtigkeit auch den einschlägigen Bewertungsmaßstab und den damit verbundenen Grad der erforderlichen Realitätsgerechtigkeit der anzustrebenden Werterelation. Es finden sich daher auch Judikate, in denen das Bundesverfassungsgericht die Überlegungen zur Folgerichtigkeit mit denen der Werterelation vermischt.[2101] Die verfassungsrechtlichen Vorgaben an die Auswahl des Bewertungsmaßstabs werden sogleich unter Gliederungspunkt b) vertieft.

Der Gesetzgeber hat nach Auffassung des Bundesverfassungsgerichts ausgehend von diesen Vorgaben „für die Wahl der Bemessungsgrundlage und die Ausgestaltung der Regeln ihrer Ermittlung einen großen Spielraum, solange sie nur prinzipiell geeignet sind, den Belastungsgrund der Steuer zu erfassen.“[2102] Dieser weite Spielraum gilt nach ständiger Rechtsprechung auch für die Auswahl des Steuergegenstandes, ohne dass dieser den Belastungsgrund der Steuer erfassen muss.[2103] Die Auswahl des jeweils maßgeblichen Bewertungsmaßstabs kann jedoch durch das Folgerichtigkeitsgebot vorgegeben sein.[2104] In der Wahl der Wertermittlungsmethode ist der Gesetzgeber grundsätzlich frei.[2105] Insbesondere bei der Ausgestaltung der Wertermittlungsmethode(n) ist der Gesetzgeber zudem berechtigt und aufgrund der an den Vollzug der Bewertungsregelungen zu stellenden Anforderungen regelmäßig auch verpflichtet, typisierende und pauschalierende

2100 BVerfG v. 10.04.2018 – 1 BvL 11/14 u. a., BVerfGE 148, 147, 185 (GrSt); *P. Kirchhof*, StuW 1984, 297 (301); *P. Kirchhof*, in: HStR V, 3. Aufl. 2007, § 118, Rn. 267; *Hey*, JZ 2007, 564 (565).

2101 Z. B. BVerfG v. 22.06.1995 – 2 BvL 37/91, BVerfGE 93, 121, 136 (VSt II); BVerfG v. 10.04.2018 – 1 BvL 11/14 u. a., BVerfGE 148, 147, 185 (GrSt).

2102 BVerfG v. 10.04.2018 – 1 BvL 11/14 u. a., BVerfGE 148, 147, 185 (GrSt); WD v. 31.10.2019: Verfassungsrechtliche Aspekte des GrStRefG, WD 4 – 3000 – 142/19, S. 14.

2103 BVerfG v. 27.06.1991 – 2 BvR 1493/89, BVerfGE 84, 239, 271; BVerfG v. 07.11.2006 – 1 BvL 10/02, BVerfGE 117, 1, 30 (ErbSt III); BVerfG v. 15.01.2008 – 1 BvL 2/04, BVerfGE 120, 1, 29; BVerfG v. 09.12.2008 – 2 BvL 1/07 u. a., BVerfGE 122, 210, 231; ähnlich BVerfG v. 19.11.2019 – 2 BvL 22/14 u. a., BVerfGE 152, 274, 313; *Seer*, StuW 1997, 283 (285).

2104 So für die ErbSt BVerfG v. 07.11.2006 – 1 BvL 10/02, BVerfGE 117, 1, 34 f. (ErbSt III); *P. Kirchhof*, DStR 1984, 575 (578).

2105 BVerfG v. 07.11.2006 – 1 BvL 10/02, BVerfGE 117, 1, 36 (ErbSt III); WD v. 31.10.2019: Verfassungsrechtliche Aspekte des GrStRefG, WD 4 – 3000 – 142/19, S. 6.

Bewertungsregelungen zu verwenden.[2106] Der Gesetzgeber verfügt insoweit über einen großen Typisierungs- und Pauschalierungsspielraum.[2107] Allerdings können Typisierungen und Pauschalierungen die Realitätsgerechtigkeit der Steuerwerte erheblich beeinträchtigen. Hierdurch entstehende Differenzierungen sind nach Auffassung des Bundesverfassungsgerichts nur hinzunehmen, sofern der Gesetzgeber die verfassungsrechtlichen Grenzen der Typisierungen beachten.[2108] Diese werden unter Gliederungspunkt d) erläutert.

b) Verfassungsrechtliche Vorgaben an die Auswahl des Bewertungsmaßstabs

Verfassungsrechtliche Anforderungen an den Bewertungsmaßstab ergeben sich insbesondere aus dem in Art. 3 Abs. 1 GG verorteten Grundsatz der Folgerichtigkeit.[2109] Der Gesetzgeber hat die steuerliche Bemessungsgrundlage so auszugestalten, dass diese den Steuergegenstand und den Belastungsgrund der Steuer folgerichtig ausdrückt.[2110] Dies erfordert in erster Linie, dass sich die steuerliche Bewertung an einem folgerichtigen Bewertungsmaßstab orientiert.[2111] *Wolfgang Jakob* stellt insoweit zutreffend fest: „*Idealtypisch ist der folgerichtige Maßstab zugleich ein gerechter Maßstab, wie ein gerechter Maßstab zugleich ein folgerichtiger Maßstab ist.*“[2112] Je nach Konzeption der jeweiligen Steuer ergeben sich unterschiedliche Anforderungen an einen folgerichtig umgesetzten gleichheitsgerechten Bewertungsmaßstab.

2106 BVerfG v. 07.11.2006 – 1 BvL 10/02, BVerfGE 117, 1, 36 (ErbSt III); BVerfG v. 10.04.2018 – 1 BvL 11/14 u. a., BVerfGE 148, 147, 185, 200 (GrSt); *Jakob*, Rechtsgutachten zur Bewertungsvereinfachung, 1992, S. 98; *Drüen*, in: Leitgedanken des Rechts, Bd. II 2013, § 158, Rn. 17.

2107 BVerfG v. 10.04.1997 – 2 BvL 77/92, BVerfGE 96, 1, 6; BVerfG v. 10.04.2018 – 1 BvL 11/14 u. a., BVerfGE 148, 147, 213 (GrSt); *Isensee*, Die typisierende Verwaltung, 1976, S. 167.

2108 BVerfG v. 10.04.2018 – 1 BvL 11/14 u. a., BVerfGE 148, 147, 185 f. (GrSt).

2109 Siehe hierzu bereits unter Gliederungspunkt § 3, I., 2., b), cc).

2110 BVerfG v. 10.04.2018 – 1 BvL 11/14 u. a., BVerfGE 148, 147, 185 (GrSt); *P. Kirchhof*, StuW 1984, 297 (301); *P. Kirchhof*, in: HStR V, 3. Aufl. 2007, § 118, Rn. 267; *Seer*, StuW 1997, 283 (286); *Hey*, JZ 2007, 564 (565).

2111 *P. Kirchhof*, Die Steuerwerte des Grundbesitzes, 1985, S. 24.

2112 *Jakob*, Rechtsgutachten zur Bewertungsvereinfachung, 1992, S. 124.

Die *Erbschaftsteuer* besteuert die beim Erwerber durch einen unentgeltlichen Vermögenstransfer eingetretene steuerliche Leistungsfähigkeit.[2113] Die erbschaftsteuerliche Bemessungsgrundlage umfasst dabei nicht nur zu bewertende Grundstücke und Unternehmensvermögen, sondern unter anderem auch Zahlungsmittel, Geldforderungen und Wertpapiere. Damit der durch den Erwerb der Grundstücke eingetretene Leistungsfähigkeitszuwachs sachgerecht erfasst werden kann und die Grundstücke in eine Relation mit den Zahlungsmitteln, Geldforderungen und Wertpapieren gesetzt werden können, erfordert die erbschaftsteuerliche Bewertung von Grundstücken zwingend eine Orientierung am gemeinen Wert i. S. d. § 9 Abs. 2 BewG.[2114] Die häufig zitierte Aussage von *Albert Hensel, dass „kein einziger Steuerwert irgendwie mit dem „wirklichen" Wert des zu bewertenden Gegenstandes übereinstimmen braucht"*,[2115] ist daher auf die geltende Steuerrechtsordnung nicht pauschal übertragbar. Die Funktion, die der Grundbesitzwert im Rahmen der Erbschaftsteuer erfüllt, gebietet gerade einen Ansatz mit dem gemeinen Wert i. S. d. § 9 Abs. 2 BewG.

Bei der Bewertung für Zwecke der *Grundsteuer* ergeben sich hingegen andere Anforderungen an einen folgerichtigen Bewertungsmaßstab. Diese umfasst ausschließlich zu bewertenden Grundbesitz. Für die beiden betroffenen Vermögensarten (land- und forstwirtschaftliches Vermögen, Grundvermögen) gilt jeweils ein einheitlicher Steuersatz (§ 25 Abs. 4 Satz 1 GrStG). Die zu bewertenden wirtschaftlichen Einheiten müssen nicht in eine Relation mit Wirtschaftsgütern gebracht werden, die mit dem gemeinen Wert bewertet werden, sodass eine Orientierung am gemeinen Wert nicht zwingend geboten ist.[2116] Vor allem in Bezug auf die Vermögenssteuer wird diskutiert, dass diese zwingend am Bewertungsmaßstab des Ertragswerts auszurichten ist. Da die Besteuerung auf dem ruhenden Vermögen laste, erfordere eine folgerichtige und eigentumsschonende Besteuerung eine Anknüpfung an die durch das Vermögen erzielbaren Erträge. Dies wiederum gebiete eine Ausrichtung an

---

2113 BVerfG v. 07.11.2006 – 1 BvL 10/02, BVerfGE 117, 1, 33 (ErbSt III).

2114 BVerfG v. 07.11.2006 – 1 BvL 10/02, BVerfGE 117, 1, 33 f. (ErbSt III).

2115 *Hensel*, Steuerrecht, 3. Aufl. 1933, S. 82.

2116 Vgl. BVerfG v. 10.04.2018 – 1 BvL 11/14 u. a., BVerfGE 148, 147, 190 f. (GrSt).

dem Bewertungsmaßstab des Ertragswerts.[2117] Diese Überlegungen lassen sich grundsätzlich auch auf die Grundsteuer übertragen, die ausgewählte Teile des Vermögens besteuert. Das Bundesverfassungsgericht hat in seiner Entscheidung zur Grundsteuer hingegen davon abgesehen, nähere Vorgaben an die folgerichtige Auswahl des Bewertungsmaßstabs für die Grundsteuer aufzustellen. Die Orientierung der alten Bewertung am gemeinen Wert hat es jedenfalls nicht beanstandet.[2118]

c) Gebot der realitätsgerechten Werterelation

aa) Relationsgerechtigkeit der Bewertung

Das steuerliche Bewertungsrecht ist primär am Gleichheitssatz zu messen.[2119] Denn die steuerliche Bewertung schafft die Grundvoraussetzung für eine lastengleiche Besteuerung. Zwar verwirklicht sich das nach Art. 3 Abs. 1 GG gebotene Gleichmaß in dem Belastungserfolg, den die Anwendung der Steuergesetze beim einzelnen Steuerpflichtigen bewirken,[2120] sodass letztendlich nur auf die Steuerbelastung und nicht auf die Steuerbemessung abzustellen wäre. Die Bewertungsvorschriften haben jedoch einen maßgeblichen Einfluss auf den Belastungserfolg.[2121] Denn eine ungleichmäßige Ermittlung von Steuerwerten auf der Bewertungsebene lässt sich nicht mehr auf späterer Stufe durch Verschonungsregelungen oder differenzierende Steuersätze korrekt ausgleichen.[2122] Eine ungleiche Steuerbemessung führt daher zwangsläufig zu einer ungleichen Steuerbelastung.

2117 *Hensel*, Steuerrecht, 3. Aufl. 1933, S. 83; *K. Vogel*, DStZ 1979, 28 (32 f.); *P. Kirchhof*, Die Steuerwerte des Grundbesitzes, 1985, S. 18; *Seer*, StuW 1997, 283 (287); *Seer*, in: Tipke/Lang, Steuerrecht, 24. Aufl. 2021, Rn. 15.56; vorsichtig in diese Richtung auch BVerfG v. 22.06.1995 – 2 BvL 37/91, BVerfGE 93, 121, 136, 143 (VSt II).

2118 Vgl. BVerfG v. 10.04.2018 – 1 BvL 11/14 u. a., BVerfGE 148, 147, 190 f. (GrSt).

2119 BVerfG v. 10.04.2018 – 1 BvL 11/14 u. a., BVerfGE 148, 147, 185 (GrSt); *P. Kirchhof*, Die Steuerwerte des Grundbesitzes, 1985, S. 37.

2120 BVerfG v. 22.06.1995 – 2 BvL 37/91, BVerfGE 93, 121, 134 (VSt II); BVerfG v. 07.11.2006 – 1 BvL 10/02, BVerfGE 117, 1, 30 f. (ErbSt III).

2121 BFH, Beschl. v. 22.10.2014 – II R 16/13, BStBl. II 2014, 957, juris Rn. 50; s. a. BVerfG v. 22.06.1995 – 2 BvL 37/91, BVerfGE 93, 121, 136 (VSt II).

2122 BVerfG v. 07.11.2006 – 1 BvL 10/02, BVerfGE 117, 1, 35 (ErbSt III); *Tipke*, GmbHR 1996, 8 (10); *Tipke*, StRO II, 2. Aufl. 2003, S. 1214; *Seer*, StuW 1997, 283 (286); *Seer*, StuW 2021, 111 (112).

Bei der Ermittlung der steuerlichen Bemessungsgrundlage ist zwischen zwei Ebenen zu unterscheiden. Die steuerliche Bemessungsgrundlage muss im ersten Schritt – auf der *Bewertungsebene* – das gebotene Bewertungsgleichmaß im Sinne einer folgerichtigen Umsetzung der vom Gesetzgeber getroffenen Belastungsentscheidung gewährleisten.[2123] Die Bewertung muss als „*Spiegel des Steuergegenstandes in Zahlen*" ausgestaltet sein.[2124] Es bleibt dem Gesetzgeber jedoch unbenommen, bei der weiteren Ermittlung der Bemessungsgrundlage in einem zweiten Schritt auf der *Vergünstigungsebene* steuerliche Lenkungsziele zu verfolgen.[2125] Bewertungs- und Vergünstigungsebene sind jedoch streng zu trennen, um zu verhindern, dass der Gesetzgeber „*im Kleid von Bewertungsvorschriften Lenkungszwecke*" verfolgt.[2126]

Auf der Bewertungsebene muss der Gesetzgeber grundsätzlich die unterschiedliche Leistungsfähigkeit der von der Steuer betroffenen Steuerpflichtigen, die in den zu bewertenden wirtschaftlichen Einheiten und Wirtschaftsgütern zum Ausdruck kommt, gleichmäßig erfassen.[2127] Bei der Bewertung von Grundstücken setzt dies voraus, dass Grundstücke, die identische oder zumindest annähernd vergleichbare steuerrelevante Grundstücksmerkmale aufweisen, mit dem gleichen oder zumindest einem annähernd gleichen Steuerwert bewertet werden und dass umgekehrt Grundstücke, die sich in ihren steuerrelevanten Grundstücksmerkmalen unterscheiden – entsprechend der unterschiedlichen Auswirkungen der Abweichungen – unterschiedlich bewertet werden. Um eine gleichmäßige steuerliche Erfassung der Bewertungsgegenstände in der steuerlichen Bemessungsgrundlage zu gewährleisten, muss der Gesetzgeber nach Auffassung des Bundesverfassungsgerichts Die unterschiedlichen Steuergegenstände mittels der Bewertungsnormen in eine vergleichsfähige Relation zueinander bringen.[2128]

2123 BVerfG v. 22.06.1995 – 2 BvL 37/91, BVerfGE 93, 121, 142 f. (VSt II); *Seer*, ZEV 2007, 101 (101); *P. Kirchhof*, in: HStR V, 3. Aufl. 2007, § 118, Rn. 267.

2124 *P. Kirchhof*, in: HStR V, 3. Aufl. 2007, § 118, Rn. 267.

2125 BVerfG v. 07.11.2006 – 1 BvL 10/02, BVerfGE 117, 1, 36 f. (ErbSt III); *Hey*, JZ 2007, 564 (565); *Seer*, ZEV 2007, 101 (101); *P. Kirchhof*, in: HStR V, 3. Aufl. 2007, § 118, Rn. 267.

2126 *Seer*, ZEV 2007, 101 (101).

2127 *Eichberger*, in: FS BFH 100 I, 2018, S. 501 (518).

2128 So bereits BVerfG v. 07.05.1968 – 1 BvR 420/64, BVerfGE 23, 242, 252 (VSt I); BVerfG v. 10.02.1976 – 1 BvL 8/73, BVerfGE 41, 269, 271 f. (ErbSt I); *P. Kirchhof*, DStR 1984, 575 (576 f.).

Diese Rechtsprechung entwickelte das Bundesverfassungsgericht zum *Gebot der realitätsgerechten Werterelation* weiter, wonach die steuerlichen Bewertungsregelungen so ausgestaltet sein müssen, dass die hiernach ermittelten Bemessungsgrundlagen für die zu bewertenden wirtschaftlichen Einheiten und Wirtschaftsgüter deren Relation realitätsgerecht abbilden.[2129] Auch wenn das Bundesverfassungsgericht neben der Relationsgerechtigkeit nun auch auf die Realitätsgerechtigkeit abstellt, liegt der Schwerpunkt des Gebots in der Schaffung von nachvollziehbaren Relationen zwischen den zu bewertenden wirtschaftlichen Einheiten und Wirtschaftsgütern.[2130] Denn theoretisch ist eine gleichheitskonforme Bewertung ohne Realitätsbezug denkbar, sofern sie alle Steuerpflichtigen gleichmäßig und regelhaft belastet.[2131] Es ist primär Sache des Gesetzgebers, wie er eine solche Relation unter folgerichtiger Umsetzung des steuerlichen Ausgangstatbestandes sachgerecht im Sinne einer Belastungsgleichheit ausgestaltet.[2132] In einem notwendigerweise abstrakten steuerlichen Bewertungssystem ist jedoch eine relationsgerechte Bewertung, die der unterschiedlichen Leistungsfähigkeit der Steuerpflichtigen hinreichend Rechnung trägt und keinen Bezug zu den realen Werten aufweist, bei realistischer Betrachtung kaum denkbar. Es wird daher von der Rechtsprechung und der Literatur grundsätzlich unterstellt, dass die Ermittlung von realitätsgerechten Werten stets zu einer relations- und damit gleichheitsgerechten Bewertung führt („*eine in der Relation realitäts- und damit gleichheitsgerechten Bemessung des steuerlichen Belastungsgrundes*“).[2133] Die Realitätsgerechtigkeit der Bewertung stellt daher zumindest ein Indiz für die Relationsgerechtigkeit der Bewertung dar.

2129 BVerfG v. 10.02.1976 – 1 BvL 8/73, BVerfGE 41, 269, 283 f. (ErbSt I); BVerfG v. 22.06.1995 – 2 BvR 552/91, BVerfGE 93, 165, 173 (ErbSt II); BVerfG v. 22.06.1995 – 2 BvL 37/91, BVerfGE 93, 121, 136 (VSt II); BVerfG v. 07.11.2006 – 1 BvL 10/02, BVerfGE 117, 1, 33 (ErbSt III); BVerfG v. 23.06.2015 – 1 BvL 13/11 u. a., BVerfGE 139, 285, 310 (GrESt); BVerfG v. 10.04.2018 – 1 BvL 11/14 u. a., BVerfGE 148, 147, 185 (GrSt).

2130 *Lammers*, DStZ 2018, 866 (867).

2131 *Lammers*, DStZ 2018, 866 (867); vgl. BVerfG v. 10.04.2018 – 1 BvL 11/14 u. a., BVerfGE 148, 147, 190 (GrSt).

2132 BVerfG v. 22.06.1995 – 2 BvL 37/91, BVerfGE 93, 121, 136 (VSt II).

2133 BVerfG v. 10.04.2018 – 1 BvL 11/14 u. a., BVerfGE 148, 147, 186 (GrSt); ebenso *Seer*, DB 2018, 1488 (1489); *Krumm*, in: DStJG 44, 2022, S. 225 (236 f.).

bb) Realitätsgerechtigkeit der Bewertung

Eine realitätsgerechte Bewertung ist nicht zwingend synonym mit einer Verkehrswertermittlung. Eine realitätsgerechte Bewertung kann etwa auch eine sachgerechte Abbildung der Ertragsfähigkeit des Bewertungsobjekts sein.[2134] Sofern die steuerliche Bewertung von Grundstücken – wie im Regelfall – am gemeinen Wert i. S. d. § 9 Abs. 2 BewG ausgerichtet ist, ist jedoch unter einer realitätsgerechten Bewertung grundsätzlich eine Bewertung zu verstehen, die am Verkehrswert i. S. d. § 194 BauGB orientiert ist und die dem Verkehrswertniveau daher zumindest nahekommt.[2135] Damit das Bundesverfassungsgericht beurteilen kann, ob der Gesetzgeber mit den gesetzlichen Bemessungsregelungen eine in der Relation realitätsgerechte Bewertung der erfassten Güter anstrebt und damit die Vergleichbarkeit der Bewertungsergebnisse im Einzelfall sicherstellt, muss das Gesetz das für den steuerlichen Belastungsgrund als maßgeblich erachtete Bemessungsziel erkennen lassen.[2136] Welche Anforderungen an die Realitätsgerechtigkeit der Bewertung zu stellen sind, hängt von den Besonderheiten der jeweiligen Steuerart ab.

Bei der Bewertung von Vermögensgegenständen für Zwecke der *Erbschaftsteuer* geht das Bundesverfassungsgericht davon aus, dass die Bewertungsmethodik den Anforderungen des Art. 3 Abs. 1 GG gerecht wird, wenn alle Vermögensgegenstände mit einem „*Annäherungswert*" an den gemeinen Wert erfasst werden.[2137] In Bezug auf die Bewertung von Grundvermögen wird ein solcher Annäherungswert und damit eine realitätsgerechte Bewertung erreicht, wenn sich der am gemeinen Wert orientierte Steuerwert innerhalb des „*Korridors vertretbarer Verkehrswerte bewegt*".[2138] Wie bereits unter Gliederungspunkt § 3, II., 1., a), bb) dargelegt, geht das Bundesverfassungsgericht

---

2134 BVerfG v. 22.06.1995 – 2 BvL 37/91, BVerfGE 93, 121, 136 (VSt II).

2135 Grundlegend zur VSt BVerfG v. 07.05.1968 – 1 BvR 420/64, BVerfGE 23, 242, 251 (VSt I); zur ErbSt BVerfG v. 07.11.2006 – 1 BvL 10/02, BVerfGE 117, 1, 36 (ErbSt III); s. a. BFH, Beschl. v. 05.07.2018 – II B 122/17, BStBl. II 2018, 660, juris Rn. 19.

2136 BVerfG v. 10.04.2018 – 1 BvL 11/14 u. a., BVerfGE 148, 147, 185 (GrSt); *Hey*, JZ 2007, 564 (565).

2137 Grundlegend zur VSt BVerfG v. 07.05.1968 – 1 BvR 420/64, BVerfGE 23, 242, 251 (VSt I); zur ErbSt BVerfG v. 07.11.2006 – 1 BvL 10/02, BVerfGE 117, 1, 36 (ErbSt III); s. a. BFH, Beschl. v. 05.07.2018 – II B 122/17, BStBl. II 2018, 660, juris Rn. 19; *Hey*, JZ 2007, 564 (569).

2138 BVerfG v. 07.11.2006 – 1 BvL 10/02, BVerfGE 117, 1, 46 (ErbSt III).

dabei von einer Streubreite von ± 20 % der Verkaufspreise für ein und dasselbe Objekt aus, innerhalb derer ein festgestellter Verkehrswert als noch vertretbar angesehen werden kann.[2139] In Bezug auf die Wertermittlung für unbebaute Grundstücke hat das Bundesverfassungsgericht ein Wertniveau der Steuerwerte von 70 % der Verkehrswerte noch als verfassungsrechtlich hinnehmbar angesehen.[2140] Befinden sich die Steuerwerte innerhalb dieser Streubreite, können sie ohne Weiteres mit dem individuellen Verkehrswert gleichgesetzt werden.[2141] Dies setzt voraus, dass die Steuerwerte im Durchschnitt zumindest ein annähernd gleiches Wertniveau erreichen und dass die Streubreite der Steuerwerte mit der Streubreite der Verkehrswerte vergleichbar ist.

Auf die *Grundsteuer* ist die Rechtsprechung zur Verkehrswertbandbreite demgegenüber wohl nicht oder zumindest nur eingeschränkt übertragbar. Aus Sicht des Bundesverfassungsgerichts müssen die Steuerwerte bei der Grundsteuer nicht zwingend den Verkehrswerten entsprechen.[2142] Denn bei der Grundsteuer ist – anders als bei der Erbschaftsteuer – nur eine Art von Vermögensgegenständen[2143] zu bewerten.[2144] Demgegenüber sind bei der Erbschaftsteuer ganz verschiedenartige, nach unterschiedlichen Verfahren zu bewertende Wirtschaftsgüter in einer Bemessungsgrundlage zusammenzufassen, weshalb hier eine realitätsgerechtere Bewertung erforderlich ist.[2145] Außerdem bedingt der hohe Vollzugsaufwand der Grundsteuer in deutlich größerem Maße Typisierungen und Pauschalierungen,[2146] die sich notwendigerweise nachteilig auf die Realitätsgerechtigkeit der Grundsteuerwerte auswirken. Der Gesetzgeber ist nach Auffassung des Bundesverfassungsgerichts gleichwohl auch bei der Grundsteuer grundsätzlich verpflichtet, den mit der Steuer verfolgten Belastungsgrund in der Relation der Wirtschaftsgüter

---

2139 BVerfG v. 07.11.2006 – 1 BvL 10/02, BVerfGE 117, 1, 46 (ErbSt III).

2140 BVerfG v. 07.11.2006 – 1 BvL 10/02, BVerfGE 117, 1, 56 f. (ErbSt III).

2141 *Jakob*, Rechtsgutachten zur Bewertungsvereinfachung, 1992, S. 54.

2142 BVerfG v. 10.04.2018 – 1 BvL 11/14 u. a., BVerfGE 148, 147, 190 (GrSt).

2143 Der Grundsteuer unterliegen sowohl Grundstücke (Grundsteuer B) als auch Betriebe der Land- und Forstwirtschaft (Grundsteuer A). Beide Steuergegenstände werden jedoch nach verschiedenen Bewertungsmethoden bewertet und es kommt jeweils ein gesonderter Steuersatz, zusammengesetzt aus Messzahl und Hebesatz, zur Anwendung.

2144 So bereits *Zitzelsberger*, in: FS Ritter, 1997, S. 661 (670).

2145 BVerfG v. 10.04.2018 – 1 BvL 11/14 u. a., BVerfGE 148, 147, 190 (GrSt).

2146 BVerfG v. 10.04.2018 – 1 BvL 11/14 u. a., BVerfGE 148, 147, 185 f. (GrSt).

zueinander realitätsgerecht abzubilden.[2147] Auch wenn die Bewertung für Zwecke der Grundsteuer nur eine Vermögensart umfasst, muss der Gesetzgeber insbesondere sicherstellen, dass die unterschiedlichen Grundstücksarten in den unterschiedlichen Bewertungsverfahren im Sinne der zu gewährleistenden Binnengleichheit innerhalb der Vermögensart gleichmäßig bewertet werden.[2148] Das Maß der Typisierung muss daher bei allen Bewertungsverfahren vergleichbar sein und die Wertverzerrungen zum Verkehrswert müssen sich infolgedessen in einem vergleichbaren Rahmen bewegen. Dies scheint bei einer Bewertung ohne Verkehrswertbezug nur eingeschränkt umsetzbar zu sein. Die Anforderungen an die Realitätsgerechtigkeit sind für die Grundsteuer daher zwar niedriger, eine gewisse realitätsgerechte Relation muss jedoch zur Gewährleistung einer lastengleichen Besteuerung sichergestellt werden.[2149] Die Ausführungen des Bundesverfassungsgerichts zur Verkehrswertorientierung der Grundsteuer[2150] können aus meiner Sicht so interpretiert werden, dass der Gesetzgeber – entscheidet er sich für eine verkehrswertorientierte Bewertung – zwar weiterhin den Verkehrswert bzw. den individuellen gemeinen Wert i. S. d. § 9 Abs. 2 BewG anstreben muss, das Bundesverfassungsgericht jedoch eine größere Streuung der Steuerwerte um das (wie auch immer konkret zu bestimmende) durchschnittliche Niveau der Verkehrswerte (z. B. ± 30–40 %)[2151] nicht beanstandet.[2152]

Eine realitätsgerechte, am Verkehrswert orientierte Bewertung erfordert zudem, dass die allgemeinen Wertverhältnisse im Bewertungszeitpunkt (vgl. § 2 Abs. 2 ImmoWertV) berücksichtigt werden. Bei den einzelfallbezogenen Bewertungen für Zwecke der Erbschaftsteuer reicht es nach der derzeitigen Ausgestaltung insbesondere aus, wenn der Gesetzgeber bei der Bewertung der Grundstücke an aktuelle Marktauswertungen der Gutachterausschüsse zum Bewertungsstichtag anknüpft. Bei der periodisch erhobenen Grundsteuer (und bei einer ggfs. zukünftig reformierten Vermögenssteuer)

2147 BVerfG v. 10.04.2018 – 1 BvL 11/14 u. a., BVerfGE 148, 147, 185 f. (GrSt); siehe auch BFH, Urt. v. 30.06.2010 – II R 12/09, BStBl. II 2011, 48, juris Rn. 17.

2148 Vgl. *Drosdzol*, DStZ 2001, 689 (691).

2149 BVerfG v. 10.04.2018 – 1 BvL 11/14 u. a., BVerfGE 148, 147, 186 (GrSt).

2150 BVerfG v. 10.04.2018 – 1 BvL 11/14 u. a., BVerfGE 148, 147, 190 f. (GrSt).

2151 *Hey*, ZG 2019, 297 (310).

2152 A. A. Krumm, der annimmt, dass das BVerfG an der alten Rechtsprechung nicht mehr festhält, vgl. *Krumm*, in: DStJG 44, 2022, S. 225 (237).

muss der Gesetzgeber jedoch sicherstellen, dass die zum Hauptfeststellungszeitpunkt ermittelten Steuerwerte in regelmäßigen Zeitabständen aktualisiert werden, um mit der Zeit eintretende Wertverzerrungen auszugleichen.[2153] Nach Auffassung des Bundesverfassungsgerichts kann „jedenfalls" bei Steuerwerten, die auf einen fast elf Jahre zurückliegenden Zeitpunkt festgestellt wurden, nicht mehr von Werten ausgegangen werden, die die Wertverhältnisse realitätsgerecht abbilden.[2154]

Das Bundesverfassungsgericht trägt mit seiner Rechtsprechung zur Realitätsgerechtigkeit der Bewertung den Erkenntnissen zu den Wertbandbreiten und den Bedürfnissen eines praktikablen Steuervollzugs Rechnung und versucht, für die jeweiligen Steuerarten einen angemessenen Ausgleich zu finden. Vor dem Hintergrund der bei der Verkehrswertermittlung bestehenden Unsicherheiten kann es keine vollständig individuelle Gleichbehandlung aller Steuerpflichtigen, sondern allenfalls eine *„Streubreitengleichheit"* geben.[2155] Diese stellt keine steuerrechtsspezifische Abweichung von den tatsächlichen Verhältnissen dar, sondern bildet die bei (Verkehrs-)Wertermittlungen bestehenden Wertunsicherheiten realitätsgerecht ab.[2156]

Die Ausführungen des Bundesverfassungsgerichts zu der Verkehrswertspanne sind allerdings nicht derart zu verstehen, dass der Gesetzgeber bereits von vornherein nur einen Steuerwert von 80 % oder 70 % (oder weniger) der Verkehrswerte ansteuern darf.[2157] Bedient sich der Gesetzgeber als Bewertungsmaßstab des gemeinen Werts, muss er mit der steuerlichen Bewertung auch den individuellen gemeinen Wert als Bewertungsziel haben. Der Gesetzgeber darf mit der von ihm gewählten Bewertungssystematik keine *„Phantasiewerte"* anstreben, *„die überhaupt nicht an dem folgerichtigen*

2153 BVerfG v. 07.11.2006 – 1 BvL 10/02, BVerfGE 117, 1, 57 (ErbSt III); BVerfG v. 10.04.2018 – 1 BvL 11/14 u. a., BVerfGE 148, 147, 187 ff. (GrSt).

2154 BVerfG v. 07.11.2006 – 1 BvL 10/02, BVerfGE 117, 1, 57 (ErbSt III).

2155 *Lang*, StuW 2008, 189 (195); ebenso *Seer*, GmbHR 2009, 225 (227); *Seer*, StuW 2021, 111 (113); *Krumm*, Steuerliche Bewertung als Rechtsproblem, 2014, S. 361.

2156 *Krumm*, Steuerliche Bewertung als Rechtsproblem, 2014, S. 356 ff.; *Krumm*, FR 2015, 481 (482); *Seer*, StuW 2021, 111 (113); *Jakob*, Rechtsgutachten zur Bewertungsvereinfachung, 1992, S. 54.

2157 *H.-U. Viskorf*, FR 2007, 624 (625); a. A. *Balke*, Einheitswert oder Verkehrswert für Grundbesitz, 1984, S. 61.

Vergleichsmaßstab des Verkehrswerts orientiert sind".[2158] Bildlich gesprochen muss der Gesetzgeber bei Ausgestaltung der Bewertungssystematik weiterhin auf die Mitte der Zielscheibe, die den gemeinen Wert repräsentiert, zielen. Davon zu trennen ist die Frage der bewertungsbedingten Streubreite, die das Bundesverfassungsgericht mit den Verkehrswertspannen thematisiert, also der Bereich, in dem die Pfeile auf der Zielscheibe um den Mittelpunkt einschlagen.[2159] Wertniveau (systematische Abweichung – „Bias") und Streubreite (Zufallsstreuung – „Noise") sind zwei unterschiedliche Phänomene, die zu trennen sind.[2160] Sie wirken unterschiedlich voneinander. Sie heben sich nicht gegenseitig auf, sondern verstärken die Ungenauigkeit der Bewertung.[2161]

Der Erkenntnisgewinn, den die Bandbreitenvorgaben des Bundesverfassungsgerichts suggerieren, darf jedoch nicht überbewertet werden. Auf die Schwierigkeiten zur konkreten Bestimmung einer solchen Wertbandbreite und der Vielzahl von unterschiedlichen Bandbreiten wurde bereits unter Gliederungspunkt § 3, II., 1., a), bb) hingewiesen. Die Aussagekraft dieser Bandbreitenvorgaben erschöpft sich daher einerseits darin, solche Steuerwerte zu legitimieren, die sich innerhalb der Wertspanne befinden, und solche Steuerwerte als nicht mehr realitätsgerecht auszusortieren, die sich offensichtlich außerhalb dieser Verkehrswertspanne bewegen.[2162] Da sich die Grenzen der Verkehrswertspanne nicht exakt erfassen lassen, ist diese vom Bundesverfassungsgericht gemachte Bandbreitenvorgabe daher untauglich, die Zweifelsfälle sachgerecht zu entscheiden.[2163] Nachvollziehbarer ist es daher – wie *Marcel Krumm* überzeugend darlegt – nicht auf die quantitativen Abweichungen abzustellen, sondern die systematisch-qualitativen Inkonsequenzen in den Vordergrund der Prüfung zu rücken.[2164]

2158 *Seer*, StuW 2021, 111 (113).

2159 Dieses Beispiel wird an späterer Stelle in Bezug auf die Konzeption der grundsteuerlichen Bewertung noch unter Gliederungspunkt § 3, IV., 3., a), bb), (2) vertieft werden.

2160 Vgl. *Kahneman/Sibony/Sunstein*, Noise, 2021, S. 9 ff., insb. S. 11; so auch *Ache/Krägenbring*, ZfV 2023, 137 (143).

2161 Vgl. *Kahneman/Sibony/Sunstein*, Noise, 2021, S. 36.

2162 Vgl. die Schwankung der Ertragswerte zwischen 20 % und über 100 %, BVerfG v. 07.11.2006 – 1 BvL 10/02, BVerfGE 117, 1, 47 (ErbSt III).

2163 *Krumm*, in: DStJG 44, 2022, S. 225 (237).

2164 *Krumm*, in: DStJG 44, 2022, S. 225 (237 ff.).

Ein am Verkehrswert orientierter Steuerwert ist nach dieser Betrachtung nicht mehr als realitätsgerecht anzusehen, „*wenn systematisch-qualitative Mängel eines gesetzlichen Bewertungsverfahrens so gravierend sind, dass der Rechtsverkehr das gesetzliche Bewertungsergebnis noch nicht einmal als Verhandlungsbasis akzeptieren würde*".[2165] Es kommt also maßgeblich darauf an, dass der Gesetzgeber sich an den im Rechtsverkehr üblichen Bewertungsübungen[2166] orientiert. Anknüpfungspunkt können für den Bereich der Verkehrswertermittlung von Grundstücken die Grundsätze der ImmoWertV sein.[2167] Der Gesetzgeber gewährleistet daher eine realitätsgerechte Bewertung insbesondere dann, wenn er die steuerlichen Bewertungsverfahren der ImmoWertV nachbildet. Wie bei der Verkehrswertermittlung üblich, wird er bei der Ausgestaltung der Bewertungsverfahren zudem an für die (Verkehrs-)Wertermittlung erforderliche Daten i. S. d. § 193 Abs. 5 BauGB anknüpfen, die von den Gutachterausschüssen ermittelt werden.[2168] Dadurch gewährleistet der Gesetzgeber nicht nur die Marktnähe der Steuerwerte, sondern auch deren Aktualität – zumindest, wenn die Gutachterausschüsse ihren Aufgaben pflichtgemäß nachkommen. Der Gesetzgeber darf die in der ImmoWertV geregelten Verfahren zwar für steuerliche Zwecke vereinfachen, die Vereinfachungen dürfen jedoch nicht ein solches Maß überschreiten, dass diese von den Marktteilnehmern grundlegend nicht mehr anerkannt werden.[2169] Quantitative Abweichungen zwischen Steuer- und Verkehrswerten können bei dieser Betrachtung eine Indizwirkung für eine fehlende Akzeptanz der Marktteilnehmer begründen.[2170] Bei der Vereinfachung der steuerlichen Bewertungsverfahren mittels Typisierungen und Pauschalierungen hat der Gesetzgeber zudem die im folgenden Abschnitt vom Bundesverfassungsgericht aufgestellten verfassungsrechtlichen Grenzen zu beachten.

2165 *Krumm*, in: DStJG 44, 2022, S. 225 (237).
2166 S. hierzu ausführlich *Krumm*, Steuerliche Bewertung als Rechtsproblem, 2014, S. 53 ff.
2167 Vgl. *Krumm*, in: DStJG 44, 2022, S. 225 (243).
2168 *Mayer*, DB 2018, 2200 (2208).
2169 *Krumm*, in: DStJG 44, 2022, S. 225 (237).
2170 *Krumm*, in: DStJG 44, 2022, S. 225 (238).

d) Anforderungen an typisierende steuerliche Bewertungsregelungen

aa) Typisierungen und Pauschalierungen

Steuergesetze im Allgemeinen und steuerliche Bewertungsnormen im Besonderen müssen praktikabel ausgestaltet sein, damit diese im steuerlichen Massenverfahren gleichheitsgerecht vollzogen werden können.[2171] Um Steuergesetze praktikabel auszugestalten, ist der Gesetzgeber nach ständiger Rechtsprechung des Bundesverfassungsgerichts berechtigt und verpflichtet, Vereinfachungszwecknormen[2172] einzuführen.[2173] Um die Steuerverwaltung zu entlasten, verwendet der Gesetzgeber insbesondere Typisierungen und Pauschalierungen, Durchschnittssätze, Vereinfachungsbefreiungen, Freibeträge und Freigrenzen.[2174] Die Verwendung von Typisierungen ist dabei nach Auffassung des Bundesverfassungsgerichts insbesondere dann geboten, *„wenn eine Regelung über ungewisse Umstände oder Geschehnisse zu treffen ist, die sich selbst bei detaillierter Einzelfallbetrachtung nicht mit Sicherheit bestimmen lassen"*.[2175] Dies trifft aufgrund der unter Gliederungspunkt § 3, II. 1., a) beschriebenen Umstände auch auf die Bewertung von Grundstücken zu. Typisierung bedeutet nach Auffassung des Bundesverfassungsgerichts *„bestimmte in wesentlichen Elementen gleich geartete Lebenssachverhalte normativ zusammenzufassen"*[2176] und dadurch die Besonderheiten des einzelnen Falls zu vernachlässigen.[2177] Pauschalierungen sind ein Unterfall der Typisierung. Das Bundesverfassungsgericht verwendet diesen Begriff zur Typisierung

---

2171 Siehe hierzu bereits unter Gliederungspunkt § 3, II., 1., b).

2172 *Hey*, in: Tipke/Lang, Steuerrecht, 24. Aufl. 2021, Rn. 3.23.

2173 BVerfG v. 11.11.1998 – 2 BvL 10/95, BVerfGE 99, 280, 290; BVerfG v. 10.04.1997 – 2 BvL 77/92, BVerfGE 96, 1, 6; BVerfG v. 08.10.1991 – 1 BvL 50/86, BVerfGE 84, 348, 359; BVerfG v. 12.10.2010 – 1 BvL 12/07, BVerfGE 127, 224, 246; BVerfG v. 17.12.2014 – 1 BvL 21/12, BVerfGE 138, 136, 234 (ErbSt IV); *P. Kirchhof*, in: HStR VIII, 3. Aufl. 2010, § 181, Rn. 132.

2174 *Hey*, in: Tipke/Lang, Steuerrecht, 24. Aufl. 2021, Rn. 3.147.

2175 BVerfG v. 08.07.2021 – 1 BvR 2237/14 u. a., BVerfGE 158, 282, 344; ähnlich bereits zuvor *Seer*, StuW 1997, 283 (289).

2176 BVerfG v. 23.06.2004 – 1 BvL 3/98 u. a., BVerfGE 111, 115, 137; BVerfG v. 09.12.2008 – 2 BvL 1/07 u. a., BVerfGE 122, 210, 232; BVerfG v. 08.07.2021 – 1 BvR 2237/14 u. a., BVerfGE 158, 282, 329.

2177 BVerfG v. 05.11.2014 – 1 BvF 3/11, BVerfGE 137, 350, 375.

rechnerischer Grundlagen.[2178] Im Folgenden werden Typisierung und Pauschalierung unter dem Begriff Typisierung zusammengefasst.

Durch die Verwendung von Vereinfachungszwecknormen, insbesondere Typisierungen, wird eine Durchschnittsnormalität fixiert.[2179] Dies ermöglicht der Finanzverwaltung einen einfacheren und gleichmäßigeren Vollzug der Steuergesetze und gewährleistet dadurch formale Gleichheit. Aufgrund der Fokussierung auf die Durchschnittsnormalität wird jedoch die Möglichkeit reduziert, den Besonderheiten jedes Einzelfalles hinreichend Rechnung zu tragen.[2180] Dies führt letztendlich dazu, dass verschiedene Gegenstände gleich behandelt werden, obwohl sie verschieden sind, *„weil nämlich ihre Individualität und damit ihre Breite an Wahrscheinlichkeiten vernachlässigt wird"*.[2181] Die formale Gleichheit entspricht daher nicht zwingend der im Rahmen des Art. 3 Abs. 1 GG vorrangig geforderten materiellen Gleichheit.[2182]

bb) Anforderungen an typisierende steuerliche Wertansätze

Bei der steuerlichen Bewertung weicht der Gesetzgeber regelmäßig aus Praktikabilitätsgründen von dem Belastungsgrund der Steuer und dem verfolgten Bewertungsziel ab und verstößt damit gegen das Folgerichtigkeitsgebot. In ständiger Rechtsprechung des Bundesverfassungsgerichts ist dabei jedoch anerkannt, dass Typisierungs- und Vereinfachungserfordernisse einen besonderen sachlichen Grund darstellen können, der gleichheitsrechtlich relevante Differenzierungen im Allgemeinen und einen Verstoß gegen das Folgerichtigkeitsgebot im Speziellen rechtfertigen kann.[2183] Über die allgemeine Dogmatik zum Gleichheitssatz hinaus hat das Bundesverfassungsgericht in ständiger Rechtsprechung speziell für die Verwendung von Typisierungen zu beachtende weitere verfassungsrechtliche Anforderungen hergeleitet, die

---

[2178] *Hey*, in: Tipke/Lang, Steuerrecht, 24. Aufl. 2021, Rn. 3.147; vgl. z. B. BVerfG v. 12.10.2010 – 1 BvL 12/07, BVerfGE 127, 224.

[2179] *Hey*, in: Tipke/Lang, Steuerrecht, 24. Aufl. 2021, Rn. 3.147.

[2180] *Hey*, in: FS BFH 100 I, 2018, S. 451 (485).

[2181] *Krumm*, Steuerliche Bewertung als Rechtsproblem, 2014, S. 366.

[2182] *Krumm*, Steuerliche Bewertung als Rechtsproblem, 2014, S. 364.

[2183] BVerfG v. 09.12.2008 – 2 BvL 1/07 u. a., BVerfGE 122, 210, 231; BVerfG v. 06.07.2010 – 2 BvL 13/09, BVerfGE 126, 268, 278; BVerfG v. 12.10.2010 – 1 BvL 12/07, BVerfGE 127, 224, 245; BVerfG v. 17.12.2014 – 1 BvL 21/12, BVerfGE 138, 136, 225 (ErbSt IV).

den Gestaltungsspielraum des Gesetzgebers weiter beschränken. Auf diese wird im Folgenden eingegangen.

(1) Realitätsgerechte Erfassung der Lebenswirklichkeit

Grundvoraussetzung für die Verwendung von Typisierungen ist, dass der Gesetzgeber die Lebenswirklichkeit realitätsgerecht erfasst.[2184] Eine sachgerechte Typisierung muss dazu *„von einer möglichst breiten, alle betroffenen Gruppen und Regelungsgegenstände einschließenden Beobachtung ausgehen"*.[2185] Erforderlich ist also ein tragfähiges empirisches Fundament, auf dem die Typisierung aufbaut.[2186] Der Gesetzgeber ist allerdings grundsätzlich nicht zur umfassenden Datenerhebung verpflichtet, sondern vielmehr berechtigt, *„die Vielzahl der Einzelfälle in dem Gesamtbild zu erfassen, das nach den ihm vorliegenden Erfahrungen die regelungsbedürftigen Sachverhalte zutreffend wiedergibt."*[2187] Dabei darf sich der Gesetzgeber *„grundsätzlich am Regelfall orientieren und ist nicht gehalten, Besonderheiten jeweils durch Sonderregelungen aufzunehmen"*.[2188] Der Gesetzgeber ist berechtigt, in einer gewissen Bandbreite zum Zwecke der Verwaltungsvereinfachung nach oben und unten pauschalierende Regelungen zu treffen.[2189] Der Gesetzgeber darf bei der Ausgestaltung der Typisierung allerdings *„keinen atypischen Fall als Leitbild wählen, sondern*

2184 BVerfG v. 11.01.2005 – 2 BvR 167/02, BVerfGE 112, 164, 181; BVerfG v. 10.04.2018 – 1 BvL 11/14 u. a., BVerfGE 148, 147, 202 (GrSt); BVerfG v. 08.07.2021 – 1 BvR 2237/14 u. a., BVerfGE 158, 282, 344; *Seer*, StuW 1997, 283 (289); *P. Kirchhof*, in: Dürig/Herzog/Scholz, GG, Art. 3, 75. EL, 9/2015, Rn. 391; *Nußberger*, in: Sachs, GG, 9. Aufl. 2021, Art. 3, Rn. 108.

2185 BVerfG v. 06.07.2010 – 2 BvL 13/09, BVerfGE 126, 268, 279; ähnlich BVerfG v. 10.04.1997 – 2 BvL 77/92, BVerfGE 96, 1, 6; BVerfG v. 19.11.2019 – 2 BvL 22/14 u. a., BVerfGE 152, 274, 314 f.; BVerfG v. 08.07.2021 – 1 BvR 2237/14 u. a., BVerfGE 158, 282, 344.

2186 *Isensee*, Die typisierende Verwaltung, 1976, S. 175.

2187 BVerfG v. 09.12.2008 – 2 BvL 1/07 u. a., BVerfGE 122, 210, 232; BVerfG v. 19.11.2019 – 2 BvL 22/14 u. a., BVerfGE 152, 274, 314; ähnlich bereits zuvor BVerfG v. 08.10.1991 – 1 BvL 50/86, BVerfGE 84, 348, 359; BVerfG v. 17.11.1992 – 1 BvL 8/87, BVerfGE 87, 234, 255; BVerfG v. 16.03.2005 – 2 BvL 7/00, BVerfGE 112, 268, 280.

2188 BVerfG v. 31.05.1990 – 2 BvL 12/88 u. a., BVerfGE 82, 159, 186; BVerfG v. 19.11.2019 – 2 BvL 22/14 u. a., BVerfGE 152, 274, 314.

2189 BVerfG v. 23.06.2004 – 1 BvL 3/98 u. a., BVerfGE 111, 115, 137; BVerfG v. 19.11.2019 – 2 BvL 22/14 u. a., BVerfGE 152, 274, 314 f.

muss realitätsgerecht den typischen Fall als Maßstab zugrunde legen".[2190] Der Gesetzgeber bildet bei der Ausgestaltung von Typisierungen somit „*seine Tatbestände nach sozialtypischen Befunden, erfaßt dabei das Individuelle im Typus, verallgemeinert das Konkrete, vergröbert Unterschiedlichkeiten.*"[2191] In der Rechtsprechung des Bundesverfassungsgerichts ist allerdings zu beobachten, dass auf die zitierten Obersätzen zur Realitätsgerechtigkeit der Typisierung nicht immer eine angemessene Subsumtion folgt.[2192]

(2) Angemessenes Verhältnis zwischen Typisierungszweck und Ungleichbehandlung

Die durch die typisierende Norm erzeugte Ungleichbehandlung darf nach ständiger Rechtsprechung des Bundesverfassungsgerichts ein gewisses Maß nicht übersteigen. Der Gesetzgeber muss darauf achten, dass die mit der Typisierung angestrebten Vorteile im rechten Verhältnis zu der mit der Typisierung zwangsläufig verbundenen Ungleichheit stehen.[2193] Wahrt der Gesetzgeber dieses Verhältnis nicht, kann die typisierende Norm gegen Art. 3 Abs. 1 GG verstoßen.[2194] Das Bundesverfassungsgericht legt somit als Prüfungsmaßstab für typisierungsbedingte Ungleichbehandlungen den Grundsatz der Verhältnismäßigkeit an. Die Typisierung muss daher grundsätzlich geeignet, erforderlich und angemessen sein.[2195] Der legitime Zweck

---

2190 BVerfG v. 16.03.2005 – 2 BvL 7/00, BVerfGE 112, 268, 280 f.; BVerfG v. 21.06.2006 – 2 BvL 2/99, BVerfGE 116, 164, 183; BVerfG v. 07.11.2006 – 1 BvL 10/02, BVerfGE 117, 1, 31 (ErbSt III); BVerfG v. 09.12.2008 – 2 BvL 1/07 u. a., BVerfGE 122, 210, 233; BVerfG v. 19.11.2019 – 2 BvL 22/14 u. a., BVerfGE 152, 274, 315; BVerfG v. 08.07.2021 – 1 BvR 2237/14 u. a., BVerfGE 158, 282, 344; *Seer*, StuW 1996, 323 (329).

2191 BVerfG v. 31.05.1990 – 2 BvL 12/88 u. a., BVerfGE 82, 159, 185 f.

2192 *Hey*, FR 2020, 578 (583).

2193 BVerfG v. 20.12.1966 – 1 BvR 320/57 u. a., BVerfGE 21, 12, 27; BVerfG v. 07.11.2006 – 1 BvL 10/02, BVerfGE 117, 1, 31 (ErbSt III); BVerfG v. 17.12.2014 – 1 BvL 21/12, BVerfGE 138, 136, 234 (ErbSt IV); BVerfG v. 19.11.2019 – 2 BvL 22/14 u. a., BVerfGE 152, 274, 315; BVerfG v. 08.07.2021 – 1 BvR 2237/14 u. a., BVerfGE 158, 282, 344.

2194 BVerfG v. 20.12.1966 – 1 BvR 320/57 u. a., BVerfGE 21, 12, 27 f.

2195 *Krumm*, Steuerliche Bewertung als Rechtsproblem, 2014, S. 390 f.; *Nußberger*, in: Sachs, GG, 9. Aufl. 2021, Art. 3, Rn. 109 f.; *Desens*, StuW 2016, 240 (245); *P. Kirchhof*, StuW 1984, 297 (307).

(auch „*vernünftiger einleuchtender Grund*" für die Typisierung[2196]) besteht regelmäßig in der Verwaltungsvereinfachung.[2197] Er kann jedoch grundsätzlich auch in der einmaligen Vermeidung eines besonderen Verwaltungsaufwandes liegen.[2198] Die Typisierung ist *geeignet*, wenn sie die mit ihr verbundene Verwaltungsvereinfachung erreicht. Der Gesetzgeber darf sich bei der Verwendung von Typisierungen nicht von Erwägungen leiten lassen, die mit einer zulässigen Typisierung in keinem erkennbaren Zusammenhang stehen (z. B. rein fiskalische Zwecke).[2199] Zudem muss überhaupt ein Bedürfnis für die Typisierung bestehen.[2200] Bestehen verschiedene, gleich effektive Vereinfachungsmöglichkeiten, hat der Gesetzgeber die für die Steuerpflichtigen am wenigsten belastende zu wählen.[2201]

Die Typisierung muss letztendlich auch angemessen, also verhältnismäßig im engeren Sinne, sein. Die mit der Typisierung notwendig verbundene Ungleichheit der steuerlichen Belastung muss im rechten Verhältnis zu den Vorteilen der Typisierung, insbesondere ein praktikabler und gleichheitseffizienter Vollzug, stehen.[2202] Setzt man allein die Praktikabilitätserwägungen mit den durch die Typisierung entstehenden Ungleichbehandlungen ins Verhältnis (ohne etwa der Steuergerechtigkeit eine generell höhere Gewichtung beizumessen[2203]), ergibt sich aus der Angemessenheit im steuerlichen Massenverfahren für den Gesetzgeber keine nennenswerte Beschränkung. Denn im steuerlichen Massenverfahren kommt den Praktikabilitätserwägungen grundsätzlich eine immense Bedeutung zu, sodass diese grundsätzlich

---

2196 BVerfG v. 04.02.2009 – 1 BvL 8/05, BVerfGE 123, 1, 19; BVerfG v. 05.11.2014 – 1 BvF 3/11, BVerfGE 137, 350, 375.

2197 *Isensee*, Die typisierende Verwaltung, 1976, S. 166 f.; *Desens*, StuW 2016, 240 (245).

2198 BVerfG v. 10.04.2018 – 1 BvL 11/14 u. a., BVerfGE 148, 147, 199 ff. (GrSt); s. a. BVerfG v. 10.02.1976 – 1 BvL 8/73, BVerfGE 41, 269, 283 (ErbSt I); s. zur Vermeidung eines Verwaltungsnotstandes *Jakob*, Rechtsgutachten zur Bewertungsvereinfachung, 1992, S. 162 ff.

2199 BVerfG v. 09.12.2008 – 2 BvL 1/07 u. a., BVerfGE 122, 210, 240; *Hey*, in: Tipke/Lang, Steuerrecht, 24. Aufl. 2021, Rn. 3.148; *Isensee*, Die typisierende Verwaltung, 1976, S. 168.

2200 *Hey*, in: Tipke/Lang, Steuerrecht, 24. Aufl. 2021, Rn. 3.147.

2201 *Hey*, in: Tipke/Lang, Steuerrecht, 24. Aufl. 2021, Rn. 3.147.

2202 Siehe Nachweise bei Fn. 2193.

2203 Zu der Nachrangigkeit des Praktikabilitätsprinzips zutreffend *Hey*, in: Tipke/Lang, Steuerrecht, 24. Aufl. 2021, Rn. 3.145.

durch die Typisierung bewirkte Ungleichbehandlungen in erheblichem Maße rechtfertigen können. Je gewichtiger die Erfordernisse von Praktikabilität und Effizienz sind, desto größer ist die Befugnis des Gesetzgebers zur Typisierung.[2204] Im steuerlichen Massenbewertungsverfahren, insbesondere bei der Bewertung für Zwecke der Grundsteuer, können erhebliche Praktikabilitätserfordernisse nach Auffassung des Bundesverfassungsgerichts daher auch *„beträchtliche Bewertungs- und Ermittlungsunschärfen"* rechtfertigen.[2205]

Um im Rahmen der Steuergesetze der Steuergerechtigkeit gegenüber den Praktikabilitätserwägungen hinreichend Rechnung zu tragen, hat das Bundesverfassungsgericht weitere verfassungsrechtliche Anforderungen an Typisierungen hergeleitet und damit der gesetzgeberischen Freiheit deutliche Grenzen vorgeben.[2206] Eine verfassungsgemäße Typisierung setzt nach dieser Rechtsprechung ergänzend voraus, *„dass die durch sie eintretenden Härten und Ungerechtigkeiten nur unter Schwierigkeiten vermeidbar wären, lediglich eine verhältnismäßig kleine Zahl von Personen betreffen und das Ausmaß der Ungleichbehandlung gering ist"*,[2207] der Verstoß gegen den Gleichheitssatz also nicht sehr intensiv ist.[2208] Nur geringfügige oder nur in besonderen Fällen auftretende Ungleichheiten sind hingegen unbeachtlich.[2209] Im Rahmen der Abwägung ist ferner relevant, *„ob eine durch sie entstehende Ungerechtigkeit nur unter Schwierigkeiten vermeidbar wäre"*.[2210] Insoweit sind auch praktische

---

2204 *Jakob*, Rechtsgutachten zur Bewertungsvereinfachung, 1992, S. 136.

2205 BVerfG v. 10.04.2018 – 1 BvL 11/14 u. a., BVerfGE 148, 147, 200 f. (GrSt); ebenso für die GrSt *Krumm*, in: DStJG 44, 2022, S. 225 (240 f.).

2206 *P. Kirchhof*, StuW 1984, 297 (307).

2207 BVerfG v. 29.03.2017 – 2 BvL 6/11, BVerfGE 145, 106, 147 f.; BVerfG v. 19.11.2019 – 2 BvL 22/14 u. a., BVerfGE 152, 274, 315; ähnlich BVerfG v. 02.07.1969 – 1 BvR 669/64, BVerfGE 26, 265, 276; BVerfG v. 08.02.1983 – 1 BvL 28/79, BVerfGE 63, 119, 128; BVerfG v. 08.07.2021 – 1 BvR 2237/14 u. a., BVerfGE 158, 282, 344.

2208 BVerfG v. 22.06.1977 – 1 BvL 2/74, BVerfGE 45, 376, 390; BVerfG v. 08.02.1983 – 1 BvL 28/79, BVerfGE 63, 119, 128; BVerfG v. 07.05.2013 – 2 BvR 909/06 u. a., BVerfGE 133, 377, 413; BVerfG v. 08.07.2021 – 1 BvR 2237/14 u. a., BVerfGE 158, 282, 344.

2209 BVerfG v. 24.01.1962 – 1 BvR 845/58, BVerfGE 13, 331, 341; BVerfG v. 20.12.1966 – 1 BvR 320/57 u. a., BVerfGE 21, 12, 27 f.

2210 BVerfG v. 22.06.1977 – 1 BvL 2/74, BVerfGE 45, 376, 390; BVerfG v. 08.02.1983 – 1 BvL 28/79, BVerfGE 63, 119, 128.

Erfordernisse der Verwaltung in die Abwägung einzubeziehen.[2211] Eine Einschränkung der gesetzgeberischen Gestaltungsfreiheit kann sich schließlich auch aus anderen Verfassungsnormen ergeben.[2212] Der gesetzgeberische Spielraum für Typisierungen ist nach Auffassung des Bundesverfassungsgerichts umso enger, je dichter die verfassungsrechtlichen Vorgaben außerhalb des Art. 3 Abs. 1 GG sind.[2213] Differenziert der Gesetzgeber beispielsweise zum Nachteil von Ehe und Familie, so hat er den besonderen Schutz zu beachten, den der Staat nach Art. 6 Abs. 1 GG der Ehe und der Familie schuldet.[2214] Die Gestaltungsfreiheit des Gesetzgebers endet dort, wo die speziellen Diskriminierungsverbote des Art. 3 Abs. 2 und 3 GG betroffen sind.[2215]

Das Bundesverfassungsgericht erkennt jedoch auch, dass weder Praktikabilitätserwägungen noch eine bessere Kosten/Nutzenrelation der Steuer eine gesetzliche Regelung mehr rechtfertigen können, wenn die Steuer in substanziellem Umfang gleichheitswidrig ist.[2216] Typisierungen und Pauschalierungen haben nach Ansicht des Bundesfinanzhofs dort ihre Grenzen, *„wo im Hinblick auf den Belastungsgrund eine gleiche oder verhältnismäßige Besteuerung von Falltypen mit rechtserheblicher Ähnlichkeit nicht mehr erfolgt oder rechtserheblich unterschiedliche Falltypen gleich behandelt werden.“*[2217] Liegt somit ein großes Ausmaß an Ungleichbehandlung vor, welches allgemein zu einem strengen Prüfungsmaßstab für den Gleichheitssatz führt,[2218] so wirkt sich dies auch auf die Beurteilung von Typisierungen im Speziellen aus.[2219]

Typisierungen in der steuerlichen Bewertung sind nach Auffassung des Bundesverfassungsgerichts daher nicht mehr als verfassungskonform anzusehen, wenn das gewählte und ausgestaltete Bemessungssystem in der Gesamtsicht eine in der Relation realitäts- und damit gleichheitsgerechte Bemessung

---

2211 BVerfG v. 08.02.1983 – 1 BvL 28/79, BVerfGE 63, 119, 128; BVerfG v. 08.10.1991 – 1 BvL 50/86, BVerfGE 84, 348, 360; BVerfG v. 08.07.2021 – 1 BvR 2237/14 u. a., BVerfGE 158, 282, 344.

2212 *Isensee*, Die typisierende Verwaltung, 1976, S. 169 f.

2213 BVerfG v. 07.05.2013 – 2 BvR 909/06 u. a., BVerfGE 133, 377, 413.

2214 BVerfG v. 17.11.1992 – 1 BvL 8/87, BVerfGE 87, 234, 256.

2215 BVerfG v. 07.05.2013 – 2 BvR 909/06 u. a., BVerfGE 133, 377, 413; BVerfG v. 17.11.1992 – 1 BvL 8/87, BVerfGE 87, 234, 255 f.; *Isensee*, Die typisierende Verwaltung, 1976, S. 169 f.

2216 BVerfG v. 10.04.2018 – 1 BvL 11/14 u. a., BVerfGE 148, 147, 201 (GrSt).

2217 BFH, Beschl. v. 22.05.2002 – II R 61/99, BStBl. II 2002, 598, juris Rn. 128.

2218 Vgl. hierzu unter Gliederungspunkt § 3, I., 2., c), bb).

2219 So wohl auch *Krumm*, Steuerliche Bewertung als Rechtsproblem, 2014, S. 390 ff.

des steuerlichen Belastungsgrundes nicht mehr sicherstellt.[2220] Wird das Bewertungsziel in einer großen Zahl an Fällen verfehlt, überwiegen die mit den Typisierungen verbundenen Vorteile nicht mehr.[2221] Dies kann etwa der Fall sein, wenn eine folgerichtige steuerliche Bewertung am gemeinen Wert orientiert sein muss, der Gesetzgeber jedoch nur ein Wertniveau von 50 % des gemeinen Werts anstrebt.[2222] Denkbar ist in einem solchen Fall jedoch auch eine steuerliche Wertbandbreite, die aufgrund der Typisierungen ein deutlich größeres und im Verhältnis zur Verkehrswertermittlung ggfs. auch abweichendes Maß an Streuung aufweist.[2223] Möglich ist auch eine Vermischung eines vom Verkehrswertniveau abweichenden steuerlichen Wertniveaus mit einer steuerrechtsspezifischen Streuung, wodurch das Ausmaß der Ungleichbehandlung noch zunimmt. Da der Gesetzgeber gleichheitsrechtlich nur eine Bandbreitengerechtigkeit erreichen kann, kann sich ein zur Ungleichbehandlung führendes Differenzierungsdefizit bei einer am Verkehrswert orientierten Bewertung grundsätzlich nur auswirken, wenn die Steuerwerte außerhalb der Verkehrswertbandbreite liegen.[2224]

Liegen derart erhebliche Wertverzerrungen bei der steuerlichen Bewertung vor, kann die Verfassungswidrigkeit der typisierenden Bewertungsnormen auch nicht mit dem Argument abgewendet werden, das Grundvermögen sei generell unterbewertet. Denn durch eine Unterbewertung werden gleichheitsrechtlich bedenkliche Wertverzerrungen nicht kompensiert.[2225] Ob Wertverzerrungen, die durch typisierende steuerliche Bewertungsnormen entstehen, eher gerechtfertigt sein können, wenn die absolute Belastung der Steuerpflichtigen als gering anzusehen ist,[2226] hat das Bundesverfas-

---

2220 BVerfG v. 10.04.2018 – 1 BvL 11/14 u. a., BVerfGE 148, 147, 186 (GrSt).

2221 BVerfG v. 07.11.2006 – 1 BvL 10/02, BVerfGE 117, 1, 52 f. (ErbSt III).

2222 BVerfG v. 07.11.2006 – 1 BvL 10/02, BVerfGE 117, 1, 52 f. (ErbSt III).

2223 Vgl. BVerfG v. 10.04.2018 – 1 BvL 11/14 u. a., BVerfGE 148, 147, 191 ff. (GrSt).

2224 *Jakob*, Rechtsgutachten zur Bewertungsvereinfachung, 1992, S. 180; *Krumm*, Steuerliche Bewertung als Rechtsproblem, 2014, S. 366.

2225 BVerfG v. 10.04.2018 – 1 BvL 11/14 u. a., BVerfGE 148, 147, 203 (GrSt).

2226 So zuvor BFH, Urt. v. 12.06.1974 – III R 49/73, BStBl. II 1974, 602, juris Rn. 22; BFH, Urt. v. 02.02.2005 – II R 36/03, BFHE 209, 138, juris Rn. 11; BFH, Urt. v. 21.02.2006 – II R 31/04, BFH/NV 2006, 1450, juris Rn. 11; BFH, Urt. v. 30.06.2010 – II R 60/08, BStBl. II 2010, 897, juris Rn. 40.

sungsgericht bislang ausdrücklich offengelassen.[2227] Jedenfalls vermögen substanzielle und weitgreifende Ungleichbehandlungen im Kernbereich der Steuererhebung derartige Geringfügigkeitserwägungen nicht zu rechtfertigen.[2228] Einer geringfügigen individuellen Steuerbelastung kann daher allenfalls im Randbereich der Bemessungsgrundlage eine kompensierende Wirkung zukommen.[2229]

Bei der Rechtsprechung des Bundesverfassungsgerichts zu Typisierungen handelt es sich eindeutig um eine Konkretisierung der Anforderungen des Art. 3 Abs. 1 GG, auch wenn das Bundesverfassungsgericht bei der Überprüfung von Typisierungen oft nicht ausdrücklich auf den Gleichheitssatz Bezug nimmt.[2230] Die Frage nach der maßgeblichen Prüfungsintensität des Bundesverfassungsgerichts[2231] ist in diesem Bereich aufgrund der stark standardisierten Obersätze, die leicht nach den vorgegebenen Merkmalen „durchgeprüft" werden können, weniger relevant.[2232] Die Strenge der verfassungsgerichtlichen Überprüfung von Typisierungen kann jedoch nicht losgelöst von der allgemeinen Prüfungsintensität des Bundesverfassungsgerichts betrachtet werden. Ebenso wenig wie die Anforderungen des Folgerichtigkeitsgebots nicht über die Anforderungen aus Art. 3 Abs. 1 GG hinausgehen können,[2233] können auch die an die Typisierungen zu stellenden Anforderungen nicht strenger als die allgemeinen Anforderungen des Gleichheitssatzes sein. Dies gilt vor allem auch deshalb, weil der Gesetzgeber zur Gewährleistung eines gleichheitskonformen Gesetzesvollzugs zur Verwendung von Typisierungen sogar verpflichtet sein kann, er also gerade im Sinne des Gleichheitssatzes handelt. Richtigerweise hat der allgemeine Prüfungsmaßstab damit auch Einfluss auf die Prüfungsintensität von Typisierungen.[2234] Entscheidet sich das Bundesverfassungsgericht im Einzelfall etwa dafür, als Prüfungsmaßstab

---

2227 BVerfG v. 10.04.2018 – 1 BvL 11/14 u. a., BVerfGE 148, 147, 204 (GrSt); ablehnend *Hey*, ZG 2019, 297 (314 f.).

2228 BVerfG v. 10.04.2018 – 1 BvL 11/14 u. a., BVerfGE 148, 147, 204 (GrSt); zustimmend *Grootens*, in: Grootens, GrStG, 2. Aufl. 2022, § 252 BewG, Rn. 104.

2229 *Lammers*, DStZ 2018, 866 (868).

2230 *Eichberger*, in: FS BFH 100 I, 2018, S. 501 (514 f.).

2231 Siehe hierzu unter Gliederungspunkt § 3, I., 2., c).

2232 *Eichberger*, in: FS BFH 100 I, 2018, S. 501 (515).

2233 BVerfG v. 06.06.2018 – 1 BvL 7/14 u. a., BVerfGE 149, 126, 153.

2234 Vorsichtig in diese Richtung *Eichberger*, in: FS BFH 100 I, 2018, S. 501 (515).

die Willkürformel anzuwenden, verbleibt bei der Überprüfung von Typisierungen an sich kein Raum mehr für eine Verhältnismäßigkeitsprüfung.[2235] Daher könnte sich eine zu beobachtende Absenkung der verfassungsgerichtlichen Prüfungsintensität[2236] auch nachteilig auf die Überprüfung von Typisierungen auswirken. Da das Bundesverfassungsgericht in der letzten großen Entscheidung zum steuerlichen Bewertungsrecht (zumindest im Obersatz) eine strengen Verhältnismäßigkeitsprüfung gefordert hat[2237] und auf die dargestellten verfassungsrechtlichen strengeren Anforderungen an Typisierungen Bezug genommen hat,[2238] sind die zuvor dargestellten verfassungsrechtlichen Anforderungen an typisierende Steuernormen auch bei der folgenden Untersuchung zu berücksichtigen.

cc) *Kompensierung von nicht realitätsgerechten Steuerwerten durch Öffnungsklausel*

Das Bundesverfassungsgericht geht davon aus, dass Ungleichbehandlungen durch bestimmte Ausgleichsmechanismen (z. B. Härtefallklauseln, Billigkeitsregelungen, Wahlrechte, Nachweismöglichkeiten) ganz oder zumindest teilweise kompensiert werden können.[2239] Bei einer vollständigen Kompensation liegt keine Ungleichbehandlung mehr vor, sodass sich die Frage nach der Rechtfertigung der Ungleichbehandlungen nicht mehr stellt.[2240] Sofern derartige Ausgleichsmechanismen nicht eine vollständige Kompensierung erreichen, können sich diese jedoch positiv im Rahmen der Rechtfertigung von Ungleichbehandlungen auswirken.[2241] Die Möglichkeit der Kompensierung von Ungleichbehandlungen kann dem Grunde nach auch für eine grundsätzlich gleichheitswidrige Bewertung zur Anwendung kommen (Kompensation von Wertverzerrungen).[2242] Zu der Einheitsbewertung für Zwecke der Grundsteuer entschied das Bundesverfassungsgericht in seiner Entscheidung vom

---

2235 Vgl. *Hey*, FR 2020, 578 (582).

2236 *Hey*, FR 2020, 578 (580); *Hey*, DStR 2009, 2561 (2562 ff.).

2237 BVerfG v. 10.04.2018 – 1 BvL 11/14 u. a., BVerfGE 148, 147, 198 f. (GrSt).

2238 BVerfG v. 10.04.2018 – 1 BvL 11/14 u. a., BVerfGE 148, 147, 203 (GrSt).

2239 BVerfG v. 08.07.2021 – 1 BvR 2237/14 u. a., BVerfGE 158, 282, 326.

2240 *Eichberger*, in: FS BFH 100 I, 2018, S. 501 (509).

2241 *Krumm*, Steuerliche Bewertung als Rechtsproblem, 2014, S. 392; *Nußberger*, in: Sachs, GG, 9. Aufl. 2021, Art. 3, Rn. 111.

2242 BVerfG v. 10.04.2018 – 1 BvL 11/14 u. a., BVerfGE 148, 147, 205 (GrSt).

10. April 2018, dass weder Nachfeststellungen und Wertfortschreibungen oder die Anpassung der Hebesätze geeignet waren, derartige Wertverzerrungen auszugleichen.[2243] In der Entscheidung zur Erbschaftsteuer vom 7. November 2006 prüfte das Bundesverfassungsgericht im Zusammenhang mit der Bewertung unbebauter Grundstücke, ob die Möglichkeit des Nachweises eines niedrigeren gemeinen Wertes (damals § 145 Abs. 3 Satz 3 BewG, ähnlich nun § 198 BewG) einer verfassungswidrigen Bewertung abhelfen kann.[2244] Die Berücksichtigung dieser Nachweismöglichkeit (in diesem Fall wohl auf der Rechtfertigungsebene) lehnte das Gericht jedoch ab, weil eine solche Nachweismöglichkeit bezogen auf die erbschaftsteuerliche Bewertung weder geeignet war, eine generelle Unterbewertung zu vermeiden, noch im Einzelfall eine Angleichung auf das generelle steuerliche Wertniveau zu erreichen.

Bei einer stark typisierenden, am Verkehrswert orientierten steuerlichen Bewertung kann eine derartige Nachweismöglichkeit (sog. Öffnungsklausel) nicht nur hilfreich für die Rechtfertigung von Typisierungen sein, sie kann sogar verfassungsrechtlich geboten sein.[2245] Sieht der Gesetzgeber eine derartige Nachweismöglichkeit nicht vor, kann nach Auffassung des Bundesfinanzhofs eine verfassungskonforme Auslegung ergeben, dass eine derartige Nachweismöglichkeit zur Kompensation von bewertungsbedingten Härten zuzulassen ist, auch wenn diese nach dem Wortlaut des Bewertungsgesetzes nicht ausdrücklich vorgesehen ist.[2246] Demgegenüber kann die Einführung einer Öffnungsklausel nach Auffassung des Bundesverfassungsgerichts dann nicht geboten sein, wenn dadurch vom Gesetzgeber verfolgte Zwecke (z. B. Verhinderung von Umgehungsgestaltungen) unterlaufen würden.[2247]

Damit diese Nachweismöglichkeit auch geeignet ist, den mit ihr verfolgen Zweck zu erreichen, muss sie sich harmonisch in die allgemeine Bewertungssystematik einfügen. Eine Kompensation bzw. Rechtfertigung

---

2243 BVerfG v. 10.04.2018 – 1 BvL 11/14 u. a., BVerfGE 148, 147, 205 (GrSt).

2244 BVerfG v. 07.11.2006 – 1 BvL 10/02, BVerfGE 117, 1, 58 (ErbSt III).

2245 *Hey*, JZ 2007, 564 (569 f.); *Krumm*, Steuerliche Bewertung als Rechtsproblem, 2014, S. 392; zur Gebotenheit verfahrensrechtlicher Ausgleichsvorschriften bei der vereinfachenden Bewertung bereits *Hensel*, Steuerrecht, 3. Aufl. 1933, S. 94.

2246 BFH, Urt. v. 05.05.2004 – II R 45/01, BStBl. II 2004, 1036, juris Rn. 15; BFH, Urt. v. 11.12.2013 – II R 22/11, BFH/NV 2014, 1086, juris Rn. 13; BFH, Urt. v. 30.01.2019 – II R 9/16, BStBl. II 2019, 599, juris Rn. 22.

2247 BVerfG v. 12.10.2010 – 1 BvL 12/07, BVerfGE 127, 224, 255 ff.

von typisierungsbedingten Wertverzerrungen durch eine solche Nachweismöglichkeit kann nur gelingen, wenn sowohl die steuerliche Bewertungssystematik als auch die für die Nachweismöglichkeit vorgesehenen Bewertungsverfahren am selben Wert orientiert sind, also ein vergleichbares Wertniveau anstreben. Die Nachweismöglichkeit kann nur typisierungsbedingte Wertverzerrungen ausgleichen, also insbesondere die infolge der Nichtberücksichtigung einzelner Grundstücksmerkmale entstehenden Wertauswirkungen. Eine derartige Öffnungsklausel ist nicht geeignet, ein generell zu hohes oder zu niedriges steuerliches Bewertungsniveau auszugleichen. Bei einem zu niedrigen steuerlichen Wertniveau läuft die Nachweismöglichkeit leer.[2248] Ein zu hohes steuerliches Wertniveau würde bewirken, dass sich die Steuerpflichtigen in der Masse gezwungen sehen würden, einen niedrigeren Verkehrswert auf ihre Kosten nachzuweisen.[2249] Da infolgedessen die Steuerpflichtigen, die sich einen solchen Nachweis nicht leisten können oder wollen, strukturell benachteiligt werden, würde eine derartige Nachweismöglichkeit die Ungleichbehandlung nicht kompensieren, sondern ggfs. sogar noch verstärken.[2250]

Im Hinblick auf die Streubreite der Steuerwerte kann die Möglichkeit, einen niedrigeren Steuerwert nachzuweisen, zudem nur die eine Hälfte der Streubreite, nämlich die Steuerwerte, die über dem Durchschnitt der Verkehrswerte liegen, abdecken. Durch den Nachweis eines niedrigeren Werts kann nicht vermieden werden, dass die Steuerwerte im Einzelfall deutlich unter den Verkehrswerten liegen. Insoweit wäre zwar eine entsprechende Nachweismöglichkeit für die Finanzverwaltung denkbar. Diese wäre im steuerlichen Massenbewertungsverfahren jedoch nicht praktikabel. Die Schaffung einer Öffnungsklausel entbindet den Gesetzgeber daher nicht davon, eine Bewertungssystematik zu schaffen, die im Wesentlichen zu realitäts- und damit relationsgerechten Steuerwerten führt. Bei einer am Verkehrswert orientierten steuerlichen Bewertung muss diese das Verkehrswertniveau anstreben und auch annäherungsweise erreichen. Die Streubreite der Steuerwerte muss im Wesentlichen mit der Streubreite der Verkehrswerte vergleichbar sein. Ist dies der Fall, kann eine Nachweismöglichkeit typisierungsbedingte

---

2248 BVerfG v. 07.11.2006 – 1 BvL 10/02, BVerfGE 117, 1, 58 (ErbSt III).

2249 Vgl. *Hey*, JZ 2007, 564 (570).

2250 Vgl. auch FG Rheinland-Pfalz, Beschl. v. 23.11.2023 – 4 V 1295/23, juris Rn. 365 ff.

Ungleichbehandlungen teilweise kompensieren oder zumindest zu deren Rechtfertigung beitragen. Jedenfalls können auf diese Weise gegen das Übermaßverbot verstoßende Überbewertungen vermieden werden.

3. Zwischenergebnis

Zusammenfassend lässt sich festhalten, dass sich für den Gesetzgeber aus Art. 3 Abs. 1 GG gesteigerte Anforderungen an eine gleichheitsgerechte Ausgestaltung der steuerlichen Bewertungsregelungen ergeben. Diese betrifft zum einen den materiellen Inhalt der Bewertungsnormen. Diese müssen so ausgestaltet sein, dass sie den mit der Steuer verfolgten Belastungsgrund folgerichtig und in der Relation der Wirtschaftsgüter zueinander realitätsgerecht abbilden. Orientiert sich der Gesetzgeber mit seinem Bewertungssystem am Verkehrswert, muss er gewährleisten, dass die Steuerwerte den Verkehrswerten zumindest angenähert sind. Dies setzt einerseits voraus, dass die Steuerwerte und Verkehrswerte ungefähr ein ähnliches durchschnittliches Wertniveau aufweisen. Andererseits muss die Streubreiter der Steuerwerte sowohl in qualitativer als auch in quantitativer Hinsicht mit der Streubreite der Verkehrswerte vergleichbar sein. Welche Anforderungen hieran konkret zu stellen sind, hängt von der Ausgestaltung der jeweiligen Steuer ab. Während bei der Grundstücksbewertung für Zwecke der Erbschaftsteuer und für die grunderwerbsteuerliche Ersatzbemessungsgrundlage höhere Anforderungen an realitätsgerechte Steuerwerte zu stellen sind, kann der Gesetzgeber bei der Grundsteuer Abstriche bei der Realitätsgerechtigkeit machen, solange in der Gesamtsicht eine gleichheitskonforme Werterelation sichergestellt werden kann.

Der Gesetzgeber hat außerdem bereits bei der Ausgestaltung der materiellen Bewertungsnormen und der formellen Regelungen des Bewertungsverfahrens zu berücksichtigen, dass die steuerliche Bewertung mit den vorhandenen Kapazitäten der Finanzverwaltung gleichmäßig vollzogen werden kann, damit die Steuerpflichtigen nicht nur rechtlich, sondern auch tatsächlich gleichmäßig belastet werden. Um eine gleichheitseffiziente Vollziehbarkeit der steuerlichen Bewertung sicherzustellen, wird sich der Gesetzgeber insbesondere Typisierungen und Pauschalierungen bedienen. Dabei muss er jedoch darauf achten, dass er die Typisierungen realitätsgerecht am typischen Fall ausrichtet und dass die steuerlichen Vorteile der Typisierung im rechten Verhältnis zu der mit der Typisierung notwendig verbundenen Ungleichheit der steuerlichen Belastung stehen. Im Rahmen dieser Abwägung kommen Praktikabilitätserwägungen vor allem im Rahmen der steuerlichen Massenbewertung eine große Bedeutung zu. Diese sind jedoch nicht geeignet, sämtliche Ungleichbehandlungen zu rechtfertigen. Das steuerliche Bewertungssystem ist daher als verfassungswidrig anzusehen, wenn dieses in der Gesamtsicht eine in der Relation realitäts- und damit gleichheitsgerechte Bemessung des steuerlichen Belastungsgrundes nicht mehr sicherstellt und daher zu einer substanziellen Ungleichbehandlung der Steuerpflichtigen führt. Eröffnet der Gesetzgeber dem Steuerpflichtigen die Möglichkeit, anstelle des Steuerwerts einen anderen niedrigeren Wert nachzuweisen, kann dies eine Differenzierung bereits dem Grunde nach kompensieren oder zumindest zur Rechtfertigung der Typisierung beitragen.

III. Eignung der Bodenrichtwerte als Bewertungsgrundlage für eine gleichheitskonforme steuerliche Bewertung

Aufbauend auf den dargestellten verfassungsrechtlichen Anforderungen an steuerliche Bewertungsnormen wird in diesem Abschnitt die generelle Eignung der Bodenrichtwerte für eine gleichheitskonforme steuerliche Bewertung untersucht. Dieser Abschnitt behandelt die generelle, steuerartübergreifende Eignung der Bodenrichtwerte als steuerliche Bewertungsgrundlage. Die Untersuchung bezieht sich dabei insbesondere auf die Eignung der Bodenrichtwerte für die Bewertung für Zwecke der Erbschaftsteuer und der Grundsteuer. Grundsätzlich lassen sich die Erkenntnisse dieses Abschnitts jedoch allgemein auf die steuerliche Bodenwertermittlung anhand von Bodenrichtwerten übertragen, also insbesondere auch auf ertragsteuerliche Bewertungsanlässe.

Die Untersuchung umfasst die generelle Qualität der Bodenrichtwerte und die Einheitlichkeit der Bodenrichtwertermittlung. Auf die zwischen den Bundesländern bestehenden, teils erheblichen Unterschiede hinsichtlich der landesrechtlichen Vorgaben an die Bodenrichtwertermittlung einerseits und hinsichtlich der Leistungsfähigkeit der Gutachterausschüsse andererseits wird überblicksartig eingegangen. Ein länderübergreifender Vergleich der Bodenrichtwerte ist an dieser Stelle – auch mangels geeigneter empirischer Erhebungen – nicht beabsichtigt.

Für die abschließende gleichheitsrechtliche Beurteilung der steuerlichen Bewertungsverfahren ist letztendlich das Ergebnis dieser Verfahren entscheidend. Die Bodenrichtwerte sind selbst keine Bewertungsmethode. Als einzige wertbildende Bewertungsgrundlage bei der Bodenwertermittlung im Bodenrichtwertverfahren haben sie jedoch einen erheblichen Einfluss auf die letztendlich ermittelten Steuerwerte. Aufgrund dieser erheblichen Bedeutung werden die Bodenrichtwerte als Bewertungsgrundlage im Folgenden gesondert – „vor die Klammer gezogen" – untersucht. Ob die Ausgestaltung der steuerlichen Bodenrichtwertverfahren im Übrigen für die Ermittlung gleichheitskonformer Steuerwerte geeignet ist, wird bezogen auf die Bewertung für Zwecke der Erbschaftsteuer und der Bundesgrundsteuer unter Gliederungspunkt § 3, IV. untersucht.

1. Gleichheitsrechtliche Anforderungen an die Bodenrichtwerte

Knüpft der Gesetzgeber bei der Ausgestaltung der steuerlichen Bewertung an die Bodenrichtwerte an, so dient diese Anknüpfung in erster Linie dazu, den

Bodenwert des jeweils zu bewertenden Grundstücks zu bestimmen. Dieser ergibt sich im Bodenrichtwertverfahren durch Multiplikation des ggfs. an das Bewertungsobjekt angepassten Bodenrichtwerts mit der jeweiligen Grundstücksfläche. Die Grundstücksfläche des zu bewertenden Grundstücks dient in diesem Verfahren als Multiplikator. Als Grundstücksmerkmal enthält sie selbst keine Aussage über den Bodenwert. Im Bodenrichtwertverfahren ist der Bodenrichtwert daher die einzige wertbildende Komponente. Der auf diese Weise ermittelte Bodenwert kann einerseits den Wert eines unbebauten Grundstücks darstellen, welcher als Bewertungsergebnis direkt in der steuerlichen Bemessungsgrundlage berücksichtigt wird. Andererseits kann es sich um den Bodenwert eines bebauten Grundstücks handeln, der je nach Bewertungsverfahren als Bewertungskomponente in die Bewertung des bebauten Grundstücks einfließt und auf diese Weise in modifizierter Form in der steuerlichen Bemessungsgrundlage berücksichtigt wird.

Um zu gewährleisten, dass die steuerliche Bodenwertermittlung dem Gleichheitssatz entspricht, muss der Gesetzgeber insbesondere das Gebot der realitätsgerechten Werterelation beachten.[2251] Die Bodenrichtwerte müssen als Bewertungsgrundlage also grundsätzlich so beschaffen sein, dass sie (ggfs. in angepasster Form) vergleichsfähige Relationen gewährleisten[2252]

- zwischen den verschiedenen unbebauten Grundstücken untereinander,
- zwischen den verschiedenen bebauten Grundstücken hinsichtlich deren Bodenwertanteile untereinander und hinsichtlich des Verhältnisses der Bodenwertkomponente zur Gebäudekomponente und
- zwischen unbebauten und bebauten Grundstücken.[2253]

Damit die steuerliche Bodenwertermittlung unter Verwendung der Bodenrichtwerte zu Bewertungsergebnissen führt, die die Wertverhältnisse der unterschiedlichen zu bewertenden Grundstücke realitäts- und relationsgerecht abbildet, müssen die Bodenrichtwerte grundsätzlich eine vergleichbare

---

2251 Siehe hierzu bereits ausführlich unter Gliederungspunkt § 3, II., 2., c).

2252 Vgl. *LT BW*, Entwurf eines LGrStG v. 30.09.2020, LT-Drs. 16/8907, S. 53 f.

2253 Vgl. BVerfG v. 10.02.1976 – 1 BvL 8/73, BVerfGE 41, 269, 283 (ErbSt I); FG Rheinland-Pfalz, Beschl. v. 23.11.2023 – 4 V 1295/23, juris Rn. 414.

Qualität aufweisen.[2254] Die Bodenrichtwerte müssen dazu einerseits die Wertverhältnisse auf dem jeweiligen regionalen Grundstücksmarkt realitätsgerecht repräsentieren und hinreichend aktuell sein. Da sie zudem auf die wertbeeinflussenden Grundstücksmerkmale eines Bodenrichtwertgrundstücks bezogen sind, müssen sie an abweichende Grundstücksmerkmale der zu bewertenden Grundstücke angepasst werden können. Andererseits sollten sie auf einer vergleichbaren Datengrundlage beruhen und nach einheitlichen Verfahren ermittelt werden, um bei einer steuerlichen Bewertung einer Vielzahl an Grundstücken relationsgerechte Ergebnisse zu gewährleisten. Der Bedeutung der Bodenrichtwerte für eine gleichheitskonforme steuerliche Bewertung ist sich auch der Gesetzgeber bewusst,[2255] der aus diesem Grund die Rahmenbedingungen der Bodenrichtwertermittlung mehrfach an die Bedürfnisse der steuerlichen Bewertung angepasst hat.[2256]

Das Bundesverfassungsgericht hat die Anknüpfung an die Bodenrichtwerte als steuerliche Bewertungsgrundlage bislang zwar nicht ausdrücklich beanstandet. Allerdings gab es zu einer vertieften Auseinandersetzung bislang auch noch keinen Anlass. In der Erbschaftsteuerentscheidung vom 7. November 2006 konnte das Gericht die Verfassungswidrigkeit der Bewertung unbebauter Grundstücke bereits damit begründen, dass die anhand der Bodenrichtwerte ermittelten Bodenwerte *„jedenfalls inzwischen"* nicht mehr den Wertverhältnissen entsprachen.[2257] In seiner Entscheidung zur Grundsteuer vom 10. April 2018 hat das Bundesverfassungsgericht sich nur mit der Bewertung von bebauten Grundstücken auseinandergesetzt und ist nicht näher auf die Bodenrichtwerte eingegangen.[2258] In seiner Ausarbeitung zu den verfassungsrechtlichen Aspekten der Grundsteuerreform geht der Wissenschaftliche Dienst des Bundestags davon aus, dass zwar Bedenken gegen die Qualität der Bodenrichtwerte in der Steuerrechtswissenschaft[2259] vorgetragen werden. Diese Bedenken seien jedoch nicht von derartig

---

[2254] *Freise*, in: Brügelmann, BauGB, § 199 BauGB, 109. EL, 1/2019, Rn. 10.

[2255] Entwurf der BReg zum ErbStRG v. 28.01.2008, BT-Drs. 16/7918, S. 48; Entwurf der BReg eines Gesetzes zur Stärkung der Innenentwicklung in den Städten und Gemeinden v. 14.11.2012, BT-Drs. 17/11468, S. 17.

[2256] Siehe hierzu unter Gliederungspunkt § 1, II., 6. und Gliederungspunkt § 2, III., 3.

[2257] BVerfG v. 07.11.2006 – 1 BvL 10/02, BVerfGE 117, 1, 56 (ErbSt III).

[2258] BVerfG v. 10.04.2018 – 1 BvL 11/14 u. a., BVerfGE 148, 147, 191 ff. (GrSt).

[2259] Unter Verweis auf *Hey*, Stellungnahme zur Reform der Grundsteuer, 2019, S. 10.

grundsätzlicher Natur, dass daraus verfassungsrechtliche Zweifel an der Legitimation des Bodenrichtwertverfahrens entstünden.[2260] Ob diese Einschätzung zutreffend ist, soll im Folgenden untersucht werden.

2. Einschätzung der Gutachterausschüsse zur Eignung der Bodenrichtwerte als steuerliche Bewertungsgrundlage

In einer Umfrage zur Leistungsfähigkeit der Gutachterausschüsse zur damals geplanten Grundsteuerreform aus dem Jahr 1999/2000 gab die Mehrzahl der Gutachterausschüsse an, dass die Bodenrichtwerte nicht geeignet wären, um *„als Grundlage für eine ausreichend exakte aber auch differenzierende Besteuerung zu dienen"*.[2261] Dies liege nach Auffassung einiger Gutachterausschüsse vor allem daran, dass die Bodenrichtwerte nur Durchschnittswerte seien und daher weder selbst noch ohne aufwendige Modifikation eine geeignete steuerliche Bewertungsgrundlage darstellen würden.[2262] Andere Gutachterausschüsse hielten die allgemein verfügbare Datenmenge zu gering, um eine flächendeckend differenzierende Ermittlung der Bodenrichtwerte zu gewährleisten.[2263] Lediglich einige wenige Gutachterausschüsse waren der Auffassung, dass die Bodenrichtwerte als steuerliche Bewertungsgrundlage grundsätzlich geeignet seien, räumten jedoch ein, dass sich Probleme vor allem aus *„fehlenden Grundlagen"* ergäben würden.[2264] Als Hauptproblem für die Gutachterausschüsse gaben die befragten Gutachterausschüsse die erforderliche Genauigkeit der Bodenrichtwerte an, die eine umfangreiche periodische Aktualisierung des Datenmaterials erfordere.[2265] Diese Selbsteinschätzung der Gutachterausschüsse deckte sich mit der durch *Kilian Bizer* und *Dagmar Joeris* einige Jahre zuvor vorgenommenen Untersuchung

---

2260 WD v. 31.10.2019: Verfassungsrechtliche Aspekte des GrStRefG, WD 4 – 3000 – 142/19, S. 8.

2261 *Deutscher Landkreistag*, Umfrage zur Leistungsfähigkeit der Gutachterausschüsse im Rahmen der Grundsteuerreform, GuG 2000, 164, S. 166.

2262 *Deutscher Landkreistag*, Umfrage zur Leistungsfähigkeit der Gutachterausschüsse im Rahmen der Grundsteuerreform, GuG 2000, 164, S. 166.

2263 *Deutscher Landkreistag*, Umfrage zur Leistungsfähigkeit der Gutachterausschüsse im Rahmen der Grundsteuerreform, GuG 2000, 164, S. 167.

2264 *Deutscher Landkreistag*, Umfrage zur Leistungsfähigkeit der Gutachterausschüsse im Rahmen der Grundsteuerreform, GuG 2000, 164, S. 167.

2265 *Deutscher Landkreistag*, Umfrage zur Leistungsfähigkeit der Gutachterausschüsse im Rahmen der Grundsteuerreform, GuG 2000, 164, S. 171.

zu der Eignung der Bodenrichtwerte als Bemessungsgrundlage für die Grundsteuer.[2266]

Derartige Bedenken hinsichtlich der generellen Eignung der Bodenrichtwerte dürften inzwischen nicht mehr bestehen. Im Zuge des ErbStRG 2009 wurde in § 196 Abs. 1 Satz 3 BauGB vorgeschrieben, dass Bodenrichtwerte zwingend als zonale Bodenrichtwerte zu ermitteln sind, die auf ein Bodenrichtwertgrundstück bezogen sind.[2267] Dadurch wird eine konkrete Zuordnung und eine Anpassung des Bodenrichtwerts an das zu bewertende zonenangehörige Grundstück ermöglicht. Für die Grundbesitzbewertung hat die Finanzverwaltung in R B 179.2 ErbStR Vorgaben für die Anpassung der Bodenrichtwerte gemacht, die primär anhand der Vorgaben des örtlichen Gutachterausschusses und nachrangig nach typisierenden Umrechnungskoeffizienten der Finanzverwaltung erfolgen sollen. Diese Regelungen gewährleisten zumindest für Zwecke der Grundbesitzbewertung eine hinreichende Anpassung der Bodenrichtwerte für die typisierende steuerliche Bewertung. Ob diese Vorgaben von der Finanzverwaltung und den Steuerpflichtigen in der Praxis auch tatsächlich hinreichend beachtet werden, ist jedoch fraglich. Häufig werden Bodenrichtwerte unangepasst der Bewertung zugrunde gelegt, da die Durchschnittsqualität der Bodenrichtwerte und das Erfordernis einer Anpassung den Praktikern häufig nicht hinreichend bekannt sind.

Von den durch die Gutachterausschüsse geäußerten Bedenken ist jedoch die oftmals mangelnde Datenqualität für die Bodenrichtwertermittlung auch heutzutage noch relevant. Sollen die Bodenrichtwerte mit verbindlicher Wirkung der steuerlichen Bewertung zugrunde gelegt werden, muss grundsätzlich gewährleistet sein, dass die Datengrundlage für die Bodenrichtwertermittlung so umfassend ist, dass der ermittelte Bodenrichtwert mit hinreichender Sicherheit ermittelt werden kann. Die Bodenrichtwertermittlung darf keine Spekulation oder rein subjektive Schätzung sein.[2268] Der steuerlichen Bewertung dürfen keine Werte zugrunde gelegt werden, die mit erheblichen Unsicherheiten behaftet sind.[2269]

2266 *Bizer/Joeris*, Bodenrichtwerte als Bemessungsgrundlage für eine reformierte Grundsteuer, Finanzwissenschaftliche Diskussionsbeiträge, Nr. 97-3; *Bizer/Joeris*, GuG 3/1998, 132.

2267 Entwurf der BReg zum ErbStRG v. 28.01.2008, BT-Drs. 16/7918, S. 48.

2268 *Schmid*, DStZ 1982, 214 (217); *Kredt*, fub 1/2010, 1 (6).

2269 Vgl. *Krumm*, Steuerliche Bewertung als Rechtsproblem, 2014, S. 357 f.

3. Eignung der Bodenrichtwerte für eine realitätsgerechte steuerliche Bewertung

Eine Eignung der Bodenrichtwerte für eine realitätsgerechte steuerliche Bewertung setzt zunächst voraus, dass die Bodenrichtwerte nach ihrer Konzeption das mit der steuerlichen Bewertung verfolgte Bewertungsziel realitätsgerecht abbilden, also eine Bewertungskomponente in der steuerlichen Bewertungsmethode darstellen, die geeignet ist, den maßgeblichen Bewertungsmaßstab zu verkörpern (dazu sogleich unter Gliederungspunkt a)). Damit dieses Bewertungsziel nicht nur theoretisch, sondern auch praktisch durch die Bodenrichtwerte erreicht wird, müssen die Bodenrichtwerte in der Praxis den an sie gestellten qualitativen Anforderungen entsprechen. Die Bodenrichtwerte sind keine objektiven Werte und lassen sich regelmäßig nicht ohne Weiteres mit hoher mathematisch-statistischer Sicherheit aus der Kaufpreissammlung ableiten. Vielmehr handelt es sich hierbei – wie bei den Verkehrswerten auch[2270] – um bloße Schätzwerte (dazu unter Gliederungspunkt b)). Da gewisse Unsicherheiten zur Natur der Wertermittlung gehören, ist die Eignung der Bodenrichtwerte für steuerliche Zwecke nicht bereits aus diesem Grund zu versagen. Vielmehr kann grundsätzlich davon ausgegangen werden, dass die Bodenrichtwerte im Rahmen einer realitätsgerechten steuerlichen Bewertung jedenfalls dann herangezogen werden können, wenn diese nach § 9 Abs. 1 Satz 1 ImmoWertV als für die Verkehrswertermittlung geeignet anzusehen sind. Dies ist der Fall, wenn die Bodenrichtwerte hinsichtlich Aktualität in Bezug auf den maßgeblichen Stichtag und hinsichtlich Repräsentativität den jeweiligen Grundstücksmarkt zutreffend abbilden (dazu unter Gliederungspunkt c)) und etwaige Abweichungen in den allgemeinen Wertverhältnissen sowie insbesondere wertbeeinflussende Abweichungen der Grundstücksmerkmale des Wertermittlungsobjekts berücksichtigt werden können. Dies setzt in Bezug auf die Bodenrichtwerte insbesondere voraus, dass die wertbeeinflussenden Grundstücksmerkmale des Bodenrichtwertgrundstücks zutreffend und vollständig dargestellt wurden (dazu unter Gliederungspunkt d)).

Schwankungen in der Qualität der Bodenrichtwerte wirken sich im Einzelfall nicht nur auf die Realitätsgerechtigkeit der Bewertung, sondern auch auf

---

[2270] Siehe hierzu unter Gliederungspunkt § 3, II., 1., a), aa).

die herzustellende Werterelation aus. Umgekehrt führen etwa verbindliche Vorgaben an die Bodenrichtwertermittlung und eine gute und einheitliche Leistungsfähigkeit der Gutachterausschüsse nicht nur zu einer einheitlicheren Bodenrichtwertermittlung, sondern auch zu einer besseren Qualität der Bodenrichtwerte. Es bestehen daher Wechselwirkungen zwischen der zu untersuchenden Realitätsgerechtigkeit und der Relationsgerechtigkeit der Bodenrichtwerte. Zur Strukturierung der Untersuchung ist gleichwohl eine Trennung zwischen den beiden Aspekten vorgesehen. Unter dem Aspekt der Realitätsgerechtigkeit wird vorwiegend untersucht, ob die Bodenrichtwerte geeignet sind, das Bewertungsziel der steuerlichen Bewertung sachgerecht abzubilden. Der Aspekt der Relationsgerechtigkeit bezieht sich hingegen überwiegend auf die Frage, ob die Bodenrichtwerte für steuerliche Zwecke vergleichsfähige Wertrelationen herstellen können.

a) Bewertungsmaßstab für die Bewertung unbebauter Grundstücke

Bodenrichtwerte sind nur dann für eine realitätsgerechte steuerliche Bewertung geeignet, wenn sie den jeweiligen Bewertungsmaßstab zutreffend abbilden. Als Bewertungsmaßstäbe kommen im Wesentlichen der gemeine Wert (Verkehrswert) und der Ertragswert in Betracht.[2271]

In der steuerlichen Bewertung werden Bodenrichtwerte vorwiegend zur Abbildung des *gemeinen Werts*[2272] herangezogen. Bodenrichtwerte sollen grundsätzlich zunächst anhand von Kaufpreisen in einem Vergleichswertverfahren ermittelt werden, sodass sie bereits aus diesem Grund als ein typisierter Verkehrswert angesehen werden können.[2273] Die Eignung der Bodenrichtwerte für eine am gemeinen Wert orientierte steuerliche Bewertung ergibt sich darüber hinaus insbesondere aus der Verwendung als Bewertungsfaktor im Rahmen der Verkehrswertermittlung. Bodenrichtwerte gehören zu den für die (Verkehrs-)Wertermittlung erforderlichen Daten i. S. d. § 193 Abs. 5 BauGB und werden seit Jahrzehnten zur Ermittlung von Bodenwerten herangezogen. Dazu werden sie mit der jeweiligen Grundstücksfläche multipliziert und ergeben sodann – vorbehaltlich keiner Abweichungen der

---

2271 Siehe allgemein zu den Bewertungsmaßstäben im Steuerrecht unter Gliederungspunkt § 2, I., 4.

2272 Siehe zur Definition des gemeinen Werts unter Gliederungspunkt § 2, I., 4., b).

2273 *Seer*, in: Tipke/Lang, Steuerrecht, 24. Aufl. 2021, Rn. 16.13.

wertrelevanten Grundstücksmerkmale des Bewertungsobjekts zum Bodenrichtwertgrundstück – den Bodenwert. Bodenrichtwerte können daher als Verkehrswert des Bodenrichtwertgrundstücks bzw. als ein spezieller Verkehrswert angesehen werden.[2274] In der Verkehrswertermittlung stellt das Bodenrichtwertverfahren eine anerkannte Methode zur Ermittlung des Bodenwerts dar. Die Bodenrichtwerte werden grundsätzlich als geeignet angesehen, die Wertverhältnisse zutreffend abzubilden. Für eine am Verkehrswert orientierte steuerliche Bewertung stellen die Bodenrichtwerte daher – ihrer Grundkonzeption nach – eine geeignete Bewertungsgrundlage dar.[2275] Bodenrichtwerte gewährleisten jedoch nicht für sich genommen eine realitätsgerechte steuerliche Bewertung. Ob die Bodenrichtwerte im steuerlichen Bewertungsverfahren zu einem realitätsgerechten Steuerwert führen, hängt auch maßgeblich von der Ausgestaltung des steuerlichen Bodenrichtwertverfahrens ab.[2276]

Für eine am *Ertragswert*[2277] orientierte steuerliche Bewertung sind Bodenrichtwerte ihrer Konzeption nach nicht unmittelbar geeignet. Sie sind nicht als ein Indikator für die Ertragsfähigkeit des Bodens oder den Nutzen des Grundstücks konzipiert. In der Bodenrichtwertermittlung gibt es zwar innerhalb der deduktiven Verfahren auch ertragsbasierte Verfahren. Diese zielen jedoch nicht darauf ab, die Ertragskraft des Bodens zu bestimmen, sondern aus der Ertragslage für bebaute Grundstücke auf den Boden(richt)wert im Sinne eines Tauschwertes zu schließen.[2278] Die Bestimmung einer potenziellen Ertragskraft des Grund und Bodens ist generell schwierig, da unbebaute Grundstücke des Grundvermögens regelmäßig nicht zur Ertragserzielung eingesetzt werden. Vielmehr handelt es sich hierbei um sog. Reserveobjekte, die primär erworben werden, um sie später selbst zu bebauen oder mit Gewinn wieder zu veräußern. Ertragswerte lassen sich für diese Reserveobjekte nur schwer ermitteln. Es wird daher für zulässig erachtet, für den Ertragswert bei unbebauten Grundstücken auf die Veräußerungsmöglichkeit abzustellen

---

2274 *Reuter*, immobilien & bewerten 2/2015, 61 (64); *Junge*, GuG 2017, 180 (180); *Freise*, in: Brügelmann, BauGB, § 196 BauGB, 109. EL, 1/2019, Rn. 10; *Freise*, in: Brügelmann, BauGB, § 10 ImmoWertV, 93. EL, 2/2015, Rn. 5.

2275 Siehe hierzu unter Gliederungspunkt § 3, IV., 2, a), cc) und § 3, IV., 3, a), cc).

2276 Siehe hierzu noch ausführlich unter Gliederungspunkt § 3, IV.

2277 Siehe zur Definition des Ertragswerts unter Gliederungspunkt § 2, I., 4., c).

2278 Siehe hierzu unter Gliederungspunkt § 1, IV., 6., b), cc), (2).

und ein Verkehrswertniveau anzustreben.[2279] Bodenrichtwerte können daher unter dieser Prämisse geeignet sein, mittelbar einen steuerlichen Ertragswert für die unbebauten Grundstücke abzubilden.

b) Bodenrichtwerte als Schätzwerte

Auf den ersten Blick scheinen die Bodenrichtwerte perfekt geeignet zu sein, um den gemeinen Wert des Bodens realitätsgerecht zu bewerten. Nach § 196 Abs. 1 Satz 1 BauGB sollen diese „*aufgrund der Kaufpreissammlung*" ermittelt werden. Die Bodenrichtwertermittlung soll primär durch Preisvergleich anhand der in der Kaufpreissammlung enthaltenen Kaufpreise ermittelt werden (§ 12 Abs. 2, § 14 Abs. 1 Satz 1 i. V. m. § 24 f. ImmoWertV). Auf dieser Grundlage wird im steuerrechtlichen Schrifttum davon ausgegangen, dass die Bodenrichtwerte (mathematisch objektiv) aus den Kaufpreisen der Kaufpreissammlung „abgeleitet"[2280] werden bzw. der Kaufpreissammlung „entnommen"[2281] werden können. Der Steuergesetzgeber geht davon aus, dass die Bodenrichtwerte so abgeleitet werden, dass der individuelle Bodenwert der zonenangehörigen Grundstücke nur unerheblich vom jeweiligen Bodenrichtwert abweicht.[2282] Diese Einschätzung deckt sich jedoch nicht mit der Realität der Bodenrichtwertermittlung. Der Bodenrichtwert ist – wie der Verkehrswert auch[2283] – kein rein objektiver Wert, der ohne Weiteres aus den Kaufpreisen allein durch mathematisch-statistische Methoden „abgeleitet" werden kann.[2284]

aa) Bodenrichtwert als gesetzlich geregelter Wert

Der Bodenrichtwert ist ein besonderer, gesetzlich definierter Wert, der in § 196 BauGB (teilweise) definiert und dessen weitere Ausgestaltung und

---

2279 *R. Hofmann*, in: DStJG 12, 1989, S. 145 (147); *Zitzelsberger*, in: FS Ritter, 1997, S. 661 (668); *Kulzer*, Die Bewertung von Grundvermögen im Steuerrecht, 2000, S. 121.

2280 Ebenso der Gesetzgeber Gesetzentwurf der Fraktionen CDU/CSU und FDP zum JStG 1997 v. 11.06.1996, BT-Drs. 13/4839, S. 50.

2281 *Blum*, Bewertungsgleichmaß und Verschonungsregelungen, 2012, S. 182; *Seer*, in: Tipke/Lang, Steuerrecht, 24. Aufl. 2021, Rn. 15.60.

2282 Gesetzentwurf der Fraktionen CDU/CSU und FDP zum JStG 1997 v. 11.06.1996, BT-Drs. 13/4839, S. 50.

2283 Siehe hierzu unter Gliederungspunkt § 1, I., 2., a) und § 3, II., 1., a).

2284 *Kleiber*, Verkehrswertermittlung von Grundstücken, 10. Aufl. 2023, § 14 ImmoWertV, Rn. 5.

Ermittlung in den §§ 13 ff. ImmoWertV geregelt ist. Die Bodenrichtwertermittlung erfordert die Anwendung und Beachtung von verbindlichen Vorgaben – Bodenrichtwertermittlung ist daher stets auch Gesetzesanwendung. Die Gutachterausschüsse für Grundstückswerte werden bei der Ermittlung der Bodenrichtwerte hoheitlich tätig und haben daher insbesondere die einschlägigen Vorgaben des BauGB und der ImmoWertV sowie der Gutachterausschussverordnung des jeweiligen Bundeslandes zwingend zu beachten.[2285]

Die Vorgaben für die Bodenrichtwertermittlung enthalten eine Vielzahl unbestimmter Rechtsbegriffe, die durch den Gutachterausschuss zu konkretisieren sind. Große Teile der Bodenrichtwertermittlung sind zudem überhaupt nicht geregelt, sodass der Gutachterausschuss zu entscheiden hat, wie eine sachgerechte Bodenrichtwertermittlung in diesen Bereichen zu erfolgen hat.[2286] Die Beurteilungs- und Ermessensspielräume bei der Bodenrichtwertermittlung werden nur in Teilen durch Verwaltungsvorschriften und Standards der Bundesländer konkretisiert. Die bestehenden Entscheidungsspielräume sind überwiegend durch die Gutachterausschüsse auszufüllen. Die Gutachterausschüsse können sich innerhalb dieser Entscheidungsspielräume so oder anders entscheiden. Die Realitätsgerechtigkeit des Bodenrichtwerts hängt daher nicht nur von den vorhandenen Marktdaten, sondern maßgeblich auch von den auf Erfahrung und Sachkunde basierenden Entscheidungen des Gutachterausschusses ab. Verschiedene Gutachterausschüsse oder sogar verschiedene Besetzungen desselben Gutachterausschusses können daher zu unterschiedlichen Subsumtionsergebnissen im Rahmen der Bodenrichtwertermittlung kommen und werden dies vermutlich in der Praxis auch oft tun.

Die sich bei der Bodenrichtwertermittlung ergebenden Wertermittlungsspielräume sind zudem ungleich größer als bei der Verkehrswertermittlung von Grundstücken. Denn bei der Verkehrswertermittlung ist ein Wertermittlungsobjekt zumindest vorgegeben und real existent. Demgegenüber ist bei der Bodenrichtwertermittlung die Bodenrichtwertzone und das Bodenrichtwertgrundstück erst noch durch den Gutachterausschuss zu bestimmen. Dies setzt jedoch zusätzliche Wertungen und Subsumtionen („vorherrschende grund- und bodenbezogene wertbeeinflussende Grundstücksmerkmale“ in

2285 Siehe hierzu unter Gliederungspunkt § 1, II., 2., a) und § 1, II., 3.

2286 Siehe hierzu noch ausführlich unter Gliederungspunkt § 3, III., 4., a), cc), (2).

der Bodenrichtwertzone) sowie ausreichend Informationen über das jeweilige Gebiet voraus.

Bodenrichtwerte werden nicht bloß aus Marktdaten „abgeleitet" oder „ausgerechnet", sondern unter Beachtung der gesetzlichen Vorgaben „ermittelt". In der Praxis und der einschlägigen Fachliteratur ist jedoch teilweise zu beobachten, dass die größtenteils technisch vorgebildeten Geodäten, Ingenieure oder Grundstückssachverständigen sich primär an mathematischen Fragestellungen zu den für die Bodenrichtwertermittlung in Betracht kommenden Verfahren und weniger an den normativen Vorgaben des BauGB und der ImmoWertV orientieren.[2287] Es mag für die Gutachter bei der Ermittlung der Bodenrichtwerte befriedigend sein, wenn diese verschiedene Marktinformationen und Kaufpreise zu einem für sie (subjektiv) „stimmigen" Ergebnis zusammenführen.[2288] Dabei darf jedoch nicht vergessen werden, dass einerseits stets geprüft werden muss, ob diese Daten nach den einschlägigen Vorgaben überhaupt für die Bodenrichtwertermittlung herangezogen werden können (z. B. Vergleichbarkeit der Gebiete, aus denen die Daten stammen, Beeinflussung durch ungewöhnliche oder persönliche Verhältnisse, Eignung der Kaufpreise und Bodenrichtwerte) und ob das verwendete Verfahren nicht nur geeignet ist, einen Rechenwert auszugeben, sondern auch einen Wert, der den verbindlichen Vorgaben an die Bodenrichtwertermittlung entspricht und deshalb als Bodenrichtwert bezeichnet werden kann.

bb) Bodenrichtwert als mathematisch-statistischer Wert

Bodenrichtwerte sollen vorrangig im Vergleichswertverfahren ermittelt werden (§ 14 Abs. 1 Satz 1 ImmoWertV). Regelmäßig wird der Bodenrichtwert im Vergleichswertverfahren als Mittelwert der herangezogenen und ggfs. an das Bodenrichtwertgrundstück angepassten Kaufpreise mittels mathematisch-statistischer Verfahren ermittelt.[2289] Der Bodenrichtwert ist daher auch das Ergebnis der im Einzelfall angewandten Berechnungsmethoden und der hierfür zur Verfügung stehenden statistischen Daten.

2287 *P. Zimmermann*, ImmoWertV, 2. Aufl. 2019, § 10, Rn. 63.

2288 Vgl. zu diesem Phänomen auch *Kahneman/Sibony/Sunstein*, Noise, 2021, S. 152 ff.

2289 *Hendricks*, Bodenrichtwertermittlung, 2017, S. 39; *Jardin/Roscher*, Die Immobilienwertermittlung aus steuerlichen Anlässen, 2019, S. 477.

Eine Ermittlung eines belastbaren Bodenrichtwerts kann regelmäßig problemlos erfolgen, wenn eine ausreichende Anzahl geeigneter Kaufpreise für unbebaute Grundstücke in der Bodenrichtwertzone vorhanden ist (z. B. in Neubaugebieten). Sofern für die Bodenrichtwertzone jedoch nur wenige geeignete Kaufpreise vorhanden sind, ergeben sich bei Anwendung mathematisch-statistischer Verfahren erhebliche Unsicherheiten. Dies kommt in der Praxis nicht selten vor.[2290] Zwar lässt sich auch aus wenigen und ggfs. stark divergierenden Kaufpreisen ein arithmetischer Mittelwert bilden. Der so gefundene Wert ist jedoch mit großen Unsicherheiten behaftet und nur eingeschränkt belastbar.[2291] In der Vergangenheit haben Gutachterausschüsse vielfach Bodenrichtwerte mit einer Wertspanne angegeben, da es mangels verfügbarer Daten für die Wertermittlung oder wegen heterogener Wertverhältnisse nicht ansatzweise möglich war, einen belastbaren Bodenrichtwert zu bestimmen. Die Schwankungsbreite betrug häufig ± 30 % um einen rein rechnerischen Mittelwert.[2292] Diese Bodenrichtwertspannen sind für die steuerliche Bewertung ungeeignet[2293] und wurden deshalb verboten (vgl. § 13 Abs. 2 Satz 3 ImmoWertV). Durch die verpflichtende Angabe als Punktwert werden die bestehenden Unsicherheiten jedoch nicht beseitigt, sondern nur verdeckt. Die dem Bodenrichtwert zugrunde liegende Wertspanne wird nun nur nicht mehr offen ausgewiesen.[2294] Es ist zu vermuten, dass die Gutachterausschüsse aufgrund der Pflicht zur flächendeckenden Ermittlung der Bodenrichtwerte[2295] nicht nur in seltenen Ausnahmefällen Bodenrichtwerte ausweisen, die auf einer statistisch nicht gesicherten Datengrundlage beruhen und daher mit erheblichen statistischen Unsicherheiten behaftet sind.

Der letztendlich gefundene „Rechenwert“ hängt maßgeblich von dem angewandten mathematisch-statistischen Verfahren und der Gewichtung der Einzelwerte ab. In der Regel wird der Bodenrichtwerte als arithmetischer

---

2290 Siehe hierzu unter Gliederungspunkt § 1, IV., 6., a), cc), (3), (b).

2291 *Joeris/J. Simon*, in: Rössler/Langer (Begr.), Schätzung und Ermittlung von Grundstückswerten, 8. Aufl. 2005, S. 47 (113).

2292 *Ballwieser/Küting/Schildbach*, BFuP 6/2004, 529 (540).

2293 BFH, Urt. v. 18.08.2005 – II R 62/03, BStBl. II 2006, 5, juris.

2294 Vgl. *Krumm*, Steuerliche Bewertung als Rechtsproblem, 2014, S. 241.

2295 Siehe hierzu unter Gliederungspunkt § 1, II., 7., b), aa), (1).

Mittelwert errechnet.[2296] Je nach Struktur der verfügbaren Daten kann das Mittelwertverfahren jedoch zu unzutreffenden Ergebnissen führen.[2297] Eine sach- und damit realitätsgerechte Bodenrichtwertermittlung erfordert daher im Einzelfall eine Analyse der gegebenen Datenstruktur und eine daran angepasste Auswahl des anzuwendenden mathematisch-statistischen Verfahrens.[2298]

cc) Bodenrichtwert als subjektiver Wert

Der Bodenrichtwert ist ein von Menschen ermittelter Wert. Aufgrund des großen Informationsbedarfs bei der Bodenrichtwertermittlung und der regelmäßig nicht optimalen Datenverfügbarkeit befinden sich die Gutachter bei ihrer Entscheidungsfindung in einem Zustand der „suboptimalen Informiertheit".[2299] Dies führt dazu, dass die ermittelten Bodenrichtwerte nicht den tatsächlichen, „wirklichen" Marktverhältnissen entsprechen, sondern nur den Marktverhältnissen, die den Gutachtern aufgrund der ihnen vorliegenden Informationen bekannt sind. Außerdem belassen die Regelungen zur Bodenrichtwertermittlung dem Gutachterausschuss in großen Bereichen einen Entscheidungsspielraum. Die Mitglieder des Gutachterausschusses treffen auf der Grundlage der (unvollständigen) Tatsachenkenntnis an vielen Stellen der Bodenrichtwertermittlung wertende und prädiktive Entscheidungen, die mit subjektiven Einflüssen behaftet sind.

In der Praxis fließen in nicht unerheblichem Maß die subjektiven Werturteile der Gutachter in die Ermittlung des Bodenrichtwerts ein. Bei einer von *Franz Reuter* im Jahr 2003 durchgeführten Umfrage gaben 70 % der befragten Gutachterausschüsse an, dass sie bei der Bodenrichtwertermittlung ihren „*intersubjektiven Sachverstand*" verwenden.[2300] Die starke Verbreitung der intersubjektiven Verfahren lässt sich einerseits durch die vielfach schlechte

---

[2296] *Hendricks*, Bodenrichtwertermittlung, 2017, S. 39; *Jardin/Roscher*, Die Immobilienwertermittlung aus steuerlichen Anlässen, 2019, S. 477.

[2297] *T. Simon*, in: Rössler/Langer (Begr.), Schätzung und Ermittlung von Grundstückswerten, 8. Aufl. 2005, S. 611 (618); *T. Simon/Dreiocker*, GuG 6/2007, 326 (328).

[2298] Siehe hierzu unter Gliederungspunkt § 1, IV., 6., a), cc), (3).

[2299] Vgl. *Kahneman/Sibony/Sunstein*, Noise, 2021, S. 155.

[2300] Reuter, Ermittlung von Bodenrichtwerten in kaufpreisarmen Lagen, Schriftenreihe des geodätischen Instituts der Universität Dresden, Heft 4, 2005 (unveröffentlichter Entwurf), S. 12, zitiert nach Vgl. *Zeißler*, Zur Ermittlung von Bodenrichtwerten bei

Verfügbarkeit von Marktinformationen und die aufwendige Datenerfassung und andererseits durch die Komplexität der Bodenrichtwertermittlung erklären.[2301] Einen bedeutsamen Einfluss hat insoweit auch die jeweilige Leistungsfähigkeit des Gutachterausschusses. Die ermittelten Bodenrichtwerte beruhen somit häufig auf individuellen, subjektiven Entscheidungen, die sich nicht unerheblich auf den jeweiligen Bodenrichtwert auswirken. Es ist daher zutreffender, von einer „Schätzung", als von einer „Ableitung" der Bodenrichtwerte zu sprechen, da letzterer Begriff eine mathematische Genauigkeit suggeriert, die tatsächlich nicht vorhanden ist. Die Auffassung des Bundesfinanzhofs, wonach die Bodenrichtwerte eine objektive Bewertungsgrundlage darstellen,[2302] lässt sich mit der Realität der Bodenrichtwertermittlung zumindest nur eingeschränkt vereinbaren.

c) Repräsentativität der Bodenrichtwerte

Damit die Bodenrichtwerte eine realitätsgerechte Bewertung gewährleisten können, müssen diese die Wertverhältnisse auf dem regionalen Grundstücksmarkt zum jeweiligen Bodenrichtwertstichtag hinreichend widerspiegeln. Sie sollten dazu nach Möglichkeit aufgrund einer hinreichenden und aktuellen Datengrundlage belastbar ermittelt werden. Idealerweise ist das Wertniveau der Bodenrichtwerte dem Wertniveau der Verkehrswerte angenähert und die Bodenrichtwerte weisen eine geringe Schwankungsbreite auf. Diese Idealvorstellung wird in der Praxis zwar in vielen Fällen nicht erreicht werden können, sollte jedoch zumindest angestrebt werden.

aa) Auswirkung der Datenqualität der Kaufpreissammlung auf die Bodenrichtwerte

Sollen die Bodenrichtwerte die Marktverhältnisse möglichst realitätsnah repräsentieren, müssen sie an tatsächliche Vorgänge auf dem Grundstücksmarkt anknüpfen. Die Bodenrichtwertermittlung beruht dazu primär auf tatsächlich auf dem Grundstücksmarkt angefallenen Kaufpreisen (§ 14

---

fehlenden Kaufpreisen unbebauter Grundstücke, 2012, S. 73; *Reuter*, Ermittlung von Bodenwerten und Bodenrichtwerten in Innenstadtlagen, 2008, S. 33.

2301 *Hendricks*, Bodenrichtwertermittlung, 2017, S. 141.

2302 BFH, Urt. v. 11.05.2005 – II R 21/02, BStBl. II 2005, 686, juris Rn. 11; BFH, Beschl. v. 27.10.2004 – II B 129/03, BFH/NV 2005, 507, juris Rn. 17.

Abs. 1 ImmoWertV). Da die Bodenrichtwerte für ein fiktiv unbebautes Bodenrichtwertgrundstück (§ 13 Abs. 2 Satz 1 ImmoWertV) ermittelt werden, können für den Preisvergleich primär nur Kaufpreise für unbebaute Grundstücke herangezogen werden.[2303] Eine statistisch belastbare Aussage setzt dafür eine ausreichende Anzahl an Kaufpreisen voraus (§§ 12 Abs. 2, 24 Abs. 1 Satz 1 ImmoWertV).[2304] Je größer die Anzahl an Kaufpreisen ist und je homogener diese verteilt sind, desto geringer sind die statistischen Unsicherheiten. Umgekehrt bestehen bei einer geringen Anzahl an Kaufpreisen, die zusätzlich noch eine breite Streuung aufweisen, größere statistische Unsicherheiten.[2305] Da die statistischen Unsicherheiten auch von der Zusammensetzung der vorhandenen Kaufpreise abhängen, lässt sich eine pauschale Aussage über eine ausreichende Anzahl der Kaufpreise für die Bodenrichtwertermittlung nicht treffen. In der einschlägigen Fachliteratur finden sich hierzu unterschiedliche Meinungen, wie viele Kaufpreise für eine sachgerechte Bodenrichtwertermittlung erforderlich sind. Das Meinungsbild reicht von drei bis zehn Vergleichspreisen.[2306] Letztendlich geht es darum, welchen Grad an statistischer Unsicherheit man bereit ist zu akzeptieren.

Eine ausreichende Anzahl an Vergleichspreisen, also Kaufpreise für unbebaute Grundstücke, liegt jedoch vielfach nicht vor, da in der jeweiligen Region kaum oder kein Grundstücksverkehr stattgefunden hat oder weil nicht ausreichend unbebaute Grundstücke verkauft wurden (sog. kaufpreisarme Regionen).[2307] Die Bodenrichtwerte beruhen daher vielfach auf einer geringeren Zahl an Kaufpreisen. Nach einer Auswertung von *Hans-Peter Strotkamp* aus dem Jahr 2018 sind in Rheinland-Pfalz durchschnittlich etwa

---

2303 Siehe hierzu ausführlich unter Gliederungspunkt § 1, IV., 6., a), cc), (1), (b), (bb).

2304 *Deutscher Landkreistag*, Umfrage zur Leistungsfähigkeit der Gutachterausschüsse im Rahmen der Grundsteuerreform, GuG 2000, 164, S. 169.

2305 BGH, Urt. v. 23.11.1984 – V ZR 120/83, BeckRS 1984, 31073324; *Ziegenbein*, fub 3/2008, 97 (98).

2306 *Reuter*, fub 3/2006, 97 (97); *BMVBS (Hrsg.)*, Grundstückswertermittlung im Stadtbau, 2007, S. 38; *Zeißler*, Zur Ermittlung von Bodenrichtwerten bei fehlenden Kaufpreisen unbebauter Grundstücke, 2012, S. 27; *Steinbrecher*, fub 1/2017, 35 (42); *Reuter/Voß/Ziegenbein*, in: Kummer/Kötter/Kutterer/Ostrau (Hrsg.), Das deutsche Vermessungs- und Geoinformationswesen, 2020, S. 639 (680, 715); *Kleiber*, Verkehrswertermittlung von Grundstücken, 9. Aufl. 2020, IV., Syst. Darst. Vergleichswertverfahren, Rn. 53; *Hendricks*, Bodenrichtwertermittlung, 2017, S. 33, 86.

2307 Siehe hierzu unter Gliederungspunkt § 1, IV., 6., b).

nur 0,3 bis 0,5 Kaufpreise pro Bodenrichtwertzone vorhanden.[2308] Dass ein Bodenrichtwert auf einem einzigen Kaufpreis beruht,[2309] dürfte keine Seltenheit sein. Eine Bodenrichtwertermittlung ist in kaufpreisarmen Regionen daher notwendigerweise mit größeren statistischen Unsicherheiten und größeren subjektiven Einflüssen behaftet. Dies thematisieren auch Teile der steuerrechtlichen Literatur im Ansatz.[2310] Das Ausmaß der kaufpreisarmen Regionen wird jedoch nicht vollständig erkannt.

Die teilweise schlechte Datenlage bei der Bodenrichtwertermittlung ist jedoch im Rahmen einer realitätsgerechten Bewertung hinzunehmen. Ein Bodenrichtwert, der anhand eines Vergleichspreises ermittelt wurde, ist immer noch realitätsgerechter als ein gesetzlich vorgegebener typisierender Lagefaktor. Das Finanzamt kann in diesen Fällen auch kein Bodenwert im Vergleichspreisverfahren ermitteln, da es gerade an Vergleichspreisen mangelt. Die tolerierbare Grenze ist jedoch dort erreicht, wo ein Bodenrichtwert nur noch ganz entfernt auf einem Kaufpreis beruht, weil dieser lange Zeit zurückliegt oder für die Bodenrichtwertermittlung erheblich modifiziert wurde. Problematisch ist diese regelmäßig unvermeidliche Ausgangssituation zudem dann, wenn der Gutachterausschuss infolge eingeschränkter Leistungsfähigkeit nicht in der Lage ist, die erforderlichen zusätzlichen Informationen zu ermitteln oder eine sachgerechte Wertermittlung durchzuführen.[2311]

Eine sachgerechte Boden(richt)wertermittlung kann grundsätzlich auch in kaufpreisarmen Regionen erfolgen. In der Geodäsie werden diverse Verfahren vorgeschlagen, anhand derer ein Bodenwert auch auf andere Weise ermittelt werden kann (z. B. statistische oder deduktive Verfahren). Diese Verfahren sind auch teilweise in der Rechtsprechung als sachgerechte Ermittlungsverfahren anerkannt (siehe hierzu ausführlich unter Gliederungspunkt § 1, IV., 6., b), cc)). Es kann daher auch grundsätzlich gewährleistet werden, dass die Bodenrichtwerte auch in kaufpreisarmen Regionen die Wertverhältnisse auf dem regionalen Grundstücksmarkt repräsentieren. Dies setzt jedoch zunächst voraus, dass die Geschäftsstelle des Gutachterausschusses die für

---

2308 *Strotkamp*, fub 2018, 97 (97 f.).

2309 BFH, Urt. v. 19.05.2020 – X R 27/19, BFH/NV 2021, 15, juris Rn. 44; *Schubert*, NWB-EV 2017, 122 (124).

2310 *Eisele*, INF 2000, 481 (481); *Wünsche*, BB 2019, 1821 (1822).

2311 *Schmid*, DStZ 1982, 214 (217).

diese Verfahren zusätzlich erforderlichen Marktdaten (z. B. Mieten) erhoben hat. Darüber hinaus muss der Gutachterausschuss hinreichend leistungsfähig sein und insbesondere über ausreichend Kapazitäten verfügen, um Bodenrichtwerte mit diesen aufwendigeren Methoden zu ermitteln. Die Mitglieder des Gutachterausschusses müssen zudem über die entsprechende Qualifikation und Erfahrung verfügen, um derartige Verfahren sachgerecht anwenden zu können. Eine schlechte Datengrundlage kann daher im Ergebnis durch einen leistungsfähigen Gutachterausschuss (zumindest teilweise) kompensiert werden. In der Praxis ist jedoch vielfach eine schlechte Leistungsfähigkeit der Gutachterausschüsse zu beobachten,[2312] sodass die Bodenrichtwerte in kaufpreisarmen Regionen die tatsächlichen Verhältnisse des regionalen Grundstücksmarkts häufig nur eingeschränkt repräsentieren dürften.

bb) Nichtberücksichtigung besonderer objektspezifischer Grundstücksmerkmale

In der steuerrechtlichen Fachliteratur wird teilweise angenommen, dass Bodenrichtwerte im Hinblick auf eine realitätsgerechte Bewertung nur eingeschränkt geeignet seien, weil Bodenrichtwerte regelmäßig keine Grundstücksmerkmale berücksichtigen, die nur im Wege einer Einzelbegutachtung ermittelt werden können (§ 16 Abs. 1 ImmoWertV).[2313] Dies betrifft insbesondere besondere objektspezifische Grundstücksmerkmale i. S. d. § 8 Abs. 3 ImmoWertV, also insbesondere Bodenverunreinigungen, eine schlechte Bodenqualität (z. B. Bodenunebenheiten, abrutschgefährdete Grundstücke), ein ungünstiger Grundstückszuschnitt usw. Die für die Bodenrichtwertermittlung herangezogenen Kaufpreise sind zuvor von den Werteinflüssen solcher Grundstücksmerkmale zu bereinigen (§ 9 Abs. 1 Satz 4 ImmoWertV).[2314] Die Bodenrichtwerte als Durchschnittswerte für eine Mehrzahl an Grundstücken sind jedoch weder dazu konzipiert noch geeignet, die Werteinflüsse von besonderen objektspezifischen Grundstücksmerkmalen zu berücksichtigen.

Die Berücksichtigung der Werteinflüsse von besonderen objektspezifischen Grundstücksmerkmalen erfolgt in der Verkehrswertermittlung nicht bereits

---

[2312] Siehe hierzu unter Gliederungspunkt § 3, III., 4., a), dd), (2).
[2313] *Wünnemann/Koller*, BB 2020, 215 (218); *Eichholz*, DStR 2020, 1158 (1166).
[2314] Siehe hierzu unter Gliederungspunkt § 1, II., 7., a), cc).

über die Bewertungsgrundlage, sondern im Rahmen der Wertermittlung. Im steuerrechtlichen Schrifttum wird daher teilweise angenommen, dass besondere objektspezifische Grundstücksmerkmale im Rahmen der steuerlichen Bewertung im Bodenrichtwertverfahren (etwa durch Anpassung des Bodenrichtwerts) zu berücksichtigen sind, um eine realitäts- und relationsgerechte Bewertung zu gewährleisten.[2315] In der Grundbesitzbewertung ist eine Berücksichtigung derartiger Grundstücksmerkmale allerdings nach § 177 Abs. 4 BewG[2316] und R B 179.2 Abs. 8 ErbStR ausgeschlossen. Bei der Bewertung für Zwecke der Bundesgrundsteuer kommt eine Anpassung der Bodenrichtwerte nach § 247 Abs. 1 Satz 2 BewG im Regelfall ohnehin nicht in Betracht.[2317] Kritisiert wird auch, dass die Bodenrichtwerte bei der Grundbesitzbewertung an (allgemeine) Grundstücksmerkmale des Bewertungsobjekts (z. B. Grundstücksfläche, GFZ) anzupassen sind, nicht jedoch auch an besondere objektspezifische Grundstücksmerkmale und dass dadurch eine Ungleichbehandlung entstehe.[2318]

Nach den in der ImmoWertV geregelten Grundsätzen der Verkehrswertermittlung sind besondere objektspezifische Grundstücksmerkmale nicht unmittelbar im Bodenrichtwertverfahren zur Ermittlung des vorläufigen Verfahrenswerts zu berücksichtigen. In diesem Verfahren können für die Anpassung des Bodenrichtwerts nur die Grundstücksmerkmale des Bodenrichtwertgrundstücks (§ 16 Abs. 2 f. ImmoWertV) berücksichtigt werden. Hierbei handelt es sich regelmäßig um allgemeine Grundstücksmerkmale i. S. d. § 8 Abs. 2 ImmoWertV, die hinsichtlich Art und Umfang auf dem jeweiligen Grundstücksmarkt regelmäßig auftreten (z. B. Grundstücksgröße, Maß der baulichen Nutzung). Hierzu gehören auch die in R B 179.2 Abs. 2 bis Abs. 7 ErbStR genannten Grundstücksmerkmale.

[2315] Für eine Berücksichtigung *Tremel*, DStR 2008, 753 (759); *Seer*, GmbHR 2009, 225 (230); *Seer*, in: Tipke/Lang, Steuerrecht, 24. Aufl. 2021, Rn. 15.61; *Krumm*, Steuerliche Bewertung als Rechtsproblem, 2014, S. 246; wohl auch *M. Loose*, Erbschaftsteuerrecht, 5. Aufl. 2022, Rn. D 117; gegen eine Berücksichtigung *Krause/Grootens*, NWB-EV 2011, 297 (300); *Wilms*, in: Wilms/Jochum, ErbStG/BewG/GrEStG, § 145 BewG, 115. EL, 1/2020, Rn. 41; *Bock*, in: Viskorf/Schuck/Wälzholz, ErbStG/BewG, 7. Aufl. 2023, § 179 BewG, Rn. 47.

[2316] I. d. F. d. Art. 19 Nr. 3 lit. b) d. JStG 2022 v. 16.12.2022, BGBl. I 2022, S. 2294.

[2317] A 247.2 Abs. 8 AEBewGrSt 2021.

[2318] *Blum*, Bewertungsgleichmaß und Verschonungsregelungen, 2012, S. 185.

Demgegenüber sind besondere objektspezifische Grundstücksmerkmale i. S. d. § 8 Abs. 3 ImmoWertV erst in einem späteren Verfahrensschritt bei der Ermittlung des Verfahrenswerts zu berücksichtigen.[2319] Bei den in R B 179.2 Abs. 8 ErbStR genannten weiteren wertbeeinflussenden Grundstücksmerkmalen handelt es sich überwiegend um besondere objektspezifische Grundstücksmerkmale. Die Berücksichtigung erfolgt regelmäßig durch sachverständig ermittelte bzw. geschätzte Zu- oder Abschläge. Oftmals ist eine isolierte und fachkundige Untersuchung erforderlich, ob ein derartiges Grundstücksmerkmal vorliegt und wenn dies der Fall ist, welchen Werteinfluss dieses Grundstücksmerkmal konkret hat (z. B. Altlasten). Methodisch gesehen stellt die Berücksichtigung derartiger besonderer objektspezifischer Grundstücksmerkmale also einen Verfahrensschritt außerhalb des Bodenrichtwertverfahrens dar. Die gesetzgeberische Entscheidung, diese weiteren wertbeeinflussenden Grundstücksmerkmale nicht zu berücksichtigen, ist somit eine generelle Fragestellung im Rahmen der steuerlichen Bewertung, die sich nicht explizit auf die Bodenrichtwerte oder das Bodenrichtwertverfahren bezieht.[2320] Dies zeigt sich nun auch in der mit JStG 2022 eingeführten Regelung des § 177 Abs. 4 BewG,[2321] die allgemein für sämtliche Bewertungsverfahren gilt. Ob ein Verzicht auf die Berücksichtigung der Werteinflüsse etwaiger besonderer objektspezifischer Grundstücksmerkmale des Bewertungsobjekts mit einer gleichheitskonformen steuerlichen Bewertung vereinbar ist, wird an späterer Stelle gesondert untersucht.[2322]

cc) Bodenrichtwertniveau und -bandbreiten

(1) Bodenrichtwertbandbreite

Bei der Überprüfung der Bodenrichtwerte zeigt sich regelmäßig, dass diese eine Schwankungsbreite aufweisen.[2323] Hierbei handelt es sich um die Zufalls-

---

2319 § 6 Abs. 3 Satz 2, § 8 Abs. 3 Satz 3, § 24 Abs. 4 ImmoWertV.

2320 Zum Ganzen im Ansatz *Krause/Grootens*, NWB-EV 2011, 297 (300).

2321 I. d. F. d. Art. 19 Nr. 3 lit. b) d. JStG 2022 v. 16.12.2022, BGBl. I 2022, S. 2294.

2322 Siehe hierzu unter Gliederungspunkt § 3, IV., 2., b), aa), (d) und § 3, IV., 3., b), bb), (2), (d).

2323 Vgl. *Hendricks*, Bodenrichtwertermittlung, 2017, S. 168 ff., 194 ff., 202 ff., 210 ff.; *GAA Berlin*, Erste Ergebnisse der Bodenrichtwert-Kampagne 2005, GuG aktuell 2005, 11; *Deutscher Landkreistag*, Umfrage zur Leistungsfähigkeit der Gutachterausschüsse im Rahmen der Grundsteuerreform, GuG 2000, 164, S. 170.

streuung, die bei einer Vielzahl von menschlichen Entscheidungen beobachtet werden kann.[2324] Hiermit ist nicht das unterschiedliche Wertniveau von einer Bodenrichtwertzone zu einer anderen Bodenrichtwertzone gemeint. Bei der Schwankungsbreite der Bodenrichtwerte geht es abstrakt darum, dass unterschiedliche Gutachterausschüsse (oder auch unterschiedliche Beschlussgremien innerhalb eines Gutachterausschusses) im Rahmen der Bodenrichtwertermittlung unterschiedliche Entscheidungen treffen und unterschiedliche Wertungen vornehmen. Daraus folgt, dass unterschiedliche Gutachterausschüsse (hypothetisch) für dasselbe Gebiet unterschiedlich große Bodenrichtwertzonen ausweisen, die Bodenrichtwertgrundstücke abweichend attributieren und letztendlich auch unterschiedliche Bodenrichtwerte ermitteln würden. Die Schwankungsbreite darf nicht verwechselt werden mit der durchschnittlichen Abweichung des Bodenrichtwertniveaus vom Niveau der Verkehrswerte oder eines konkreten Bodenrichtwerts vom (durchschnittlichen) Verkehrswert. Bodenrichtwertniveau (dazu sogleich noch) und Bodenrichtwertbandbreite sind zwei verschiedene Phänomene, die unabhängig voneinander bestehen.

Nach einer Umfrage des Deutschen Landkreistags aus den Jahren 1999 und 2000 wird die Schwankungsbreite der Bodenrichtwerte von den Gutachterausschüssen regelmäßig in der Größenordnung von 10 bis 30 % angegeben.[2325] Nach Auffassung der Gutachter wären Abweichungen bis zu 30 % auch fachlich nicht zu beanstanden.[2326] Auch für steuerliche Zwecke werden Bodenrichtwerte mit einer Schwankungsbreite von bis zu ± 30 % noch für eine gleichheitskonforme Bewertung als geeignet angesehen.[2327]

Eine Schwankungsbreite von ± 30 % wird hingegen nicht durch § 15 Abs. 1 Satz 2 gewährleistet. Diese Vorschrift regelt nur eine Toleranzgrenze für „lagebedingte“ Wertunterschiede. Die Lage hat zwar einen wesentlichen

2324 Vgl. *Kahneman/Sibony/Sunstein*, Noise, 2021, passim; *Ache/Krägenbring*, ZfV 2023, 137 (144).

2325 *Deutscher Landkreistag*, Umfrage zur Leistungsfähigkeit der Gutachterausschüsse im Rahmen der Grundsteuerreform, GuG 2000, 164, S. 170; ähnlich *Mann*, in: Kummer/Frankenberg/Kötter (Hrsg.), Das deutsche Vermessungs- und Geoinformationswesen 2014, 2013, S. 581 (605).

2326 Ebenso *Josten*, GuG 6/1999, 321 (329); vgl. auch Nr. 4.4 Abs. 4 Musterrichtlinie über Bodenrichtwerte, abgedruckt in GuG 2001, 44.

2327 *Seer*, FR 2019, 941 (947); *Seer*, in: Tipke/Lang, Steuerrecht, 24. Aufl. 2021, Rn. 16.13.

Einfluss auf den Bodenwert. Daneben wirken sich jedoch insbesondere die bauliche Nutzbarkeit und die Beschaffenheit des Grundstücks erheblich auf den Bodenwert aus.[2328] Wertunterschiede, die auf anderen Grundstücksmerkmalen außer der Lage beruhen (z. B. Grundstücksgröße, GFZ etc.) sind von dieser Vorschrift ausdrücklich nicht erfasst (§ 15 Abs. 1 Satz 3 ImmoWertV). Die Regelung gewährleistet daher nicht, dass die Bodenrichtwerte – unter Berücksichtigung aller wertbeeinflussenden Grundstücksmerkmale des Bodenrichtwertgrundstücks – eine Schwankungsbreite von weniger als 30 % aufweisen. Die Norm liefert keinen Freifahrtschein für eine unpräzise Bodenrichtwertermittlung.

Die tatsächliche Schwankungsbreite der Bodenrichtwerte wird sich mathematisch nur schwer ermitteln lassen. Der „wahre" Bodenrichtwert als Mittelpunkt der Spanne ist regelmäßig nicht sicher identifizierbar. Die äußeren Ränder der Spanne dürften sich regelmäßig nicht mit mathematischer Sicherheit bestimmen lassen.[2329] Da die individuellen regionalen Verhältnisse einer Bodenrichtwertzone regelmäßig nicht vollständig mit denen in einer anderen Bodenrichtwertzone vergleichbar sind, lässt sich das Wertniveau eines Bodenrichtwerts nicht ohne zusätzliche Anpassungen mit dem eines anderen Bodenrichtwerts vergleichen. Die Schwankungsbreite der Bodenrichtwerte lässt sich daher nicht einfach beobachten. Dies ändert jedoch nichts an der Existenz dieser Schwankungsbreite.

Die Gründe für die Schwankungsbreite der Bodenrichtwerte liegen vor allem in der Schätznatur der Bodenrichtwertermittlung.[2330] Die Einflussfaktoren, die eine Schwankungsbreite der Bodenrichtwerte begründen, sind vielschichtig. Wesentliche Einflussfaktoren sind insbesondere die regionale Datenverfügbarkeit, das Vorhandensein von landesweiten Verwaltungsvorschriften und Standards, die Sachkunde und Erfahrung der Gutachter sowie die Leistungsfähigkeit der Geschäftsstellen. Da die genannten Aspekte regional in unterschiedlicher Ausprägung auftreten, dürfte eine einheitliche Streubreite der Bodenrichtwerte nicht anzunehmen sein. Auch innerhalb eines Zuständigkeitsbereichs können sich insbesondere aufgrund unterschiedlicher Datenverfügbarkeit für verschiedene Gebiete unterschiedlich

[2328] Siehe hierzu unter Gliederungspunkt § 1, I., 2., a), aa).
[2329] Vgl. zur Verkehrswertspanne *Seele*, VR 3/1982, 105 (110).
[2330] Siehe hierzu unter Gliederungspunkt § 3, III., 3., b).

stark ausgeprägte Streubreiten ergeben.[2331] Unter Berücksichtigung der vielschichtigen Einflussfaktoren auf die Schwankungsbreite, ergibt sich vermutlich in vielen Fällen eine Streuung der Bodenrichtwerte, die deutlich größer als ± 30 % sein dürfte. Zu einer belastbaren Aussage hierzu bedarf es jedoch gebietsübergreifender empirischer Untersuchungen.

Eine gewisse Schwankungsbreite bei der Wertermittlung wird sich nicht vollständig vermeiden lassen. Die Streuung von menschlichen Urteilen ist jedoch kein unveränderliches Phänomen. Durch Einwirken auf die vorgenannten Einflussfaktoren und durch die Verbesserung der „Entscheidungshygiene" bei der Entscheidungsfindung im Rahmen der Bodenrichtwertermittlung lässt sich die Schwankungsbreite reduzieren.[2332] Dies führt letztendlich auch zu einer einheitlicheren Bodenrichtwertermittlung und zu Bodenrichtwerten, die eine vergleichbarere Qualität aufweisen.

(2) Bodenrichtwertniveau

Für die Realitätsgerechtigkeit der steuerlichen Bodenrichtwertverfahren ist die generelle Marktnähe der Bodenrichtwerte bzw. das Bodenrichtwertniveau von besonderem Interesse. Das Bodenrichtwertniveau gibt an, auf welchem Wertniveau sich die Bodenrichtwerte bei einer Gesamtbetrachtung im Durchschnitt befinden. Aufgrund der Verwendung der Bodenrichtwerte für die Ermittlung des Verkehrswerts bzw. des gemeinen Werts eines Grundstücks ist insoweit insbesondere von Relevanz, wie sich das Bodenrichtwertniveau zum durchschnittlichen Niveau der Verkehrswerte verhält. Maßgeblicher Bezugspunkt für die Beurteilung einer realitätsgerechten Werterelation ist zwar das Ergebnis des steuerlichen Bodenrichtwertverfahrens, welches ggfs. Anpassungen der Bodenrichtwerte erfordert. Weisen die Bodenrichtwerte jedoch bereits von sich aus ein unzutreffendes Wertniveau auf, kann dies im Bodenrichtwertverfahren grundsätzlich nicht mehr durch die Anpassung des Bodenrichtwerts an abweichende Grundstücksmerkmale des Bewertungsobjekts korrigiert werden. Sollte sich eine derart generelle Abweichung des Bodenrichtwertniveaus abzeichnen, kann es für den Gesetzgeber zur

---

2331 Siehe hierzu das Beispiel unter Gliederungspunkt § 3, III., 4., a), aa), (1) zu der unterschiedlichen Datenverfügbarkeit in Neubau- und Bestandsgebieten.

2332 Vgl. zur Verbesserung der Entscheidungsfindung *Kahneman/Sibony/Sunstein*, Noise, 2021, S. 245 ff.

Gewährleistung einer realitätsgerechten Bewertung geboten sein, einen pauschalen Zu- oder Abschlag auf die Bodenrichtwerte anzuwenden.

Ob die Bodenrichtwerte das Bodenwertniveau zutreffend abbilden, lässt sich nicht einfach feststellen. Es fehlt insoweit an einem klaren Referenzwert oder einem real existenten Bezugspunkt. Der Bodenrichtwert ist kein objektiver Messwert. Ein „wahrer" Bodenrichtwert existiert nicht. Anders als der Verkehrswert beziehen sich die Bodenrichtwerte nicht auf ein reales Bewertungsobjekt, sodass Bodenrichtwerte nicht unmittelbar mit Kaufpreisen verglichen werden können. Gleichwohl ist die Überprüfung ermittelter Bodenrichtwerte in der Praxis insbesondere bei der Fortschreibung der Bodenrichtwerte sinnvoll und geboten. Die hierfür verwendeten Methoden, etwa deduktive Verfahren oder die Zielbaummethode,[2333] erfordern jedoch, dass ein alternativer Bodenrichtwert ermittelt wird. Die Ergebnisse dieser Verfahren können einen Hinweis darüber geben, ob der bisher ausgewiesene Bodenrichtwert das Bodenwertniveau realistisch wiedergibt. Sofern jedoch bereits der ursprüngliche Bodenrichtwert sachgemäß ermittelt wurde, kann nicht mit Sicherheit festgestellt werden, ob denn nun der „alte" oder der „neue" Bodenrichtwert marktnäher ist. Es ist zudem schwierig, Bodenrichtwerte isoliert zu betrachten, da sich diese in ein Gesamtgefüge einfügen müssen. Hinzu kommt, dass in erster Linie nur der Gutachterausschuss selbst Einblick in die Kaufpreissammlung hat. Ob der Gutachterausschuss die Kaufpreissammlung ordnungsgemäß geführt und ausgewertet hat sowie bei der Ermittlung der Bodenrichtwerte die sich aus der Kaufpreissammlung ergebenden Marktinformationen richtig interpretiert und gewürdigt hat, lässt sich für Außenstehende nur eingeschränkt beurteilen.

Zur Beurteilung eines generellen Wertniveaus der Bodenrichtwerte fehlt es an empirisch gesichertem Datenmaterial. In der einschlägigen Fachliteratur und in der Wissenschaft gibt es einzelne Untersuchungen zu dem Bodenrichtwertniveau einzelner Städte oder Gebiete.[2334] Bei diesen Unter-

---

2333 *Strotkamp*, fub 2018, 97 (100 ff.). Siehe hierzu auch unter Gliederungspunkt § 1, IV., 6., b), cc).

2334 *Ziegenbein*, VR 6+7/1999, 383; *Günther*, Forum 1/2003, 28; *D. Loose*, GuG 2009, 216; *Zeißler*, Zur Ermittlung von Bodenrichtwerten bei fehlenden Kaufpreisen unbebauter Grundstücke, 2012, S. 115 ff.; *Hendricks*, Bodenrichtwertermittlung, 2017, S. 167 ff.; *Hild*, Die Ermittlung von Bodenrichtwerten in der Innenstadt Karlsruhes, 2018.

suchungen kommen regelmäßig deduktive oder andere geeignete Verfahren zur Anwendung, anhand derer erneut Bodenrichtwerte ermittelt werden und die anschließend mit den alten Bodenrichtwerten verglichen werden. Teilweise werden die Bodenrichtwerte auch mit Kaufpreisen über unbebaute Grundstücke verglichen (sofern diese vorhanden sind). Eine bundesweite oder gebietsübergreifende Untersuchung existiert nicht. Der Gesetzgeber geht gleichwohl im Rahmen der Grundsteuerreform davon aus, dass der mittels der Bodenrichtwerte ermittelte Bodenwert den typisierten objektiviert-realen Wert eines unbebauten Grundstücks lageabhängig und relationsgerecht widerspiegelt.[2335]

In älteren Untersuchungen (Leipzig, 2009) wurde festgestellt, dass die Bodenrichtwerte erheblich über den Kaufpreisen pro m^2 Grundstücksfläche der entsprechenden Grundstücke lagen.[2336] Die umgerechneten Kaufpreise betrugen dabei teilweise ein Zehntel des Bodenrichtwerts. Auch der Bundesrat vertrat anlässlich der Erbschaftsteuerreform 2009 die Auffassung, dass die Heranziehung der Bodenrichtwerte für die steuerliche Bodenwertermittlung in einer größeren Zahl von Fällen zu Überbewertungen führen würde (vermutlich auch aufgrund der Nichtberücksichtigung besonderer objektspezifischer Grundstücksmerkmale im Bodenrichtwertverfahren).[2337] Älteren Untersuchungen vor dem Jahr 2010 dürfte heutzutage jedoch nur noch ein eingeschränkter Erkenntnisgewinn zukommen, da die §§ 12 ff. ImmoWertV deutlich einheitliche und detailliertere Regelungen für die Ermittlung der Bodenrichtwerte enthalten. Vor dem Jahr 2010 gab es weder eine bundeseinheitliche Regelung (vgl. § 10 ImmoWertV 2010) noch die Bodenrichtwert-Richtlinie. Im Einzelfall können Bodenrichtwerte jedoch auch heutzutage noch zu einer massiven Überbewertung führen. So hat beispielsweise eine Auswertung des Gutachterausschusses im Kreis Rendsburg-Eckernförde in den Jahren 2016 und 2017 ergeben, dass bei Bauerwartungsland der tatsächlich gezahlte Bodenpreis nur 30 % des geltenden Bodenrichtwerts betrug.[2338]

[2335] Entwurf der BReg zum GrStRefG 2019 v. 09.08.2019, BR-Drs. 354/19, S. 89.

[2336] *D. Loose*, GuG 2009, 216 (216 f.).

[2337] Stellungnahme des BR und Gegenäußerung der BReg zum ErbStRG v. 12.03.2008, BR-Drs. 16/8547, S. 9.

[2338] GAA Rendsburg, Grundstücksmarktbericht 2017, S. 152.

In der steuerrechtlichen Literatur wird hingegen ohne Nachweis pauschal davon ausgegangen, dass die Bodenrichtwerte etwa 10 % bis 20 % unter dem Verkehrswertniveau lägen und damit im Ergebnis ein leicht unterbewertetes Niveau aufweisen würden.[2339] In seiner Entscheidung vom 7. November 2006 nahm das Bundesverfassungsgericht ein Bewertungsniveau der mittels Bodenrichtwertverfahren ermittelten steuerlichen Bodenwerte bei der Grundbesitzbewertung von 70 % an.[2340] Diese Annahme beruht letztendlich auf einer im Jahr 1998 (!) durchgeführten Untersuchung der Finanzämter, die 7.000 unbebaute und bebaute Grundstücke umfasste.[2341] Da das damalige steuerliche Bodenrichtwertverfahren einen pauschalen Abschlag von 20 % vorsah, könnte man daraus schlussfolgern, dass das Bodenrichtwertniveau 10 % unterhalb des Verkehrswertniveaus lag. Die Untersuchung bezieht sich jedoch auf das Ergebnis des Bodenrichtwertverfahrens und nicht auf die Bodenrichtwerte als Bewertungsgrundlage. Zwar lässt dies gewisse Schlüsse auf das generelle Niveau der Bodenrichtwerte zu. Es gilt jedoch zu beachten, dass im steuerlichen Bodenrichtwertverfahren auch eine Anpassung der Bodenrichtwerte erfolgt[2342] und diese schließlich mit der Grundstücksfläche zu multiplizieren sind. Beide Aspekte können für sich genommen zu unterschiedlichen Wertauswirkungen führen. Auf eine tendenzielle Unterbewertung der Bodenrichtwerte lässt sich jedoch auch aufgrund neuerer wissenschaftlicher Untersuchungen schließen (Karlsruhe, 2016).[2343] Die für den Innenstadtbereich von Karlsruhe bereits ermittelten Bodenrichtwerte waren laut dieser Untersuchung überwiegend zu niedrig. Teilweise betrug der alte Bodenrichtwert weniger als 50 % des in der Untersuchung festgestellten Bodenrichtwerts.

Ein zu niedriges Bodenrichtwertniveau kann sich einerseits aus einem falschen Verständnis des Gutachterausschusses von den Bodenrichtwerten ergeben, z. B. wenn der Gutachterausschuss die Bodenrichtwerte zur

2339 *Halaczinsky*, in: Rössler/Troll, BewG, § 145 BewG, 9. EL, 2/2007, Rn. 32; *Hey*, ZG 2019, 297 (308); zu einer Unterbewertung bereits *Schmid*, DStZ 1982, 214 (217).; so pauschal auch Gert/Groth, Wirtschaftswoche 32/2022 v. 05.08.2022, S. 21.

2340 BVerfG v. 07.11.2006 – 1 BvL 10/02, BVerfGE 117, 1, 56 (ErbSt III).

2341 *Drosdzol*, DStZ 2001, 689 (691).

2342 So bereits in R 161 ErbStR 1999 vorgesehen.

2343 *Hild*, Die Ermittlung von Bodenrichtwerten in der Innenstadt Karlsruhes, 2018, S. 101, 108.

Abmilderung der zukünftigen Bodenpreisentwicklung am regionalen Grundstücksmarkt unzutreffend mit einem Abschlag ermittelt.[2344] Auch die Ermittlung von sog. „gedämpften" Bodenrichtwerten[2345] zur Berücksichtigung eines möglichen Werteinflusses der Bebauung (entgegen § 196 Abs. 1 Satz 2 BauGB) kann in der Praxis beobachtet werden. Ein zu niedriges Bodenrichtwertniveau kann andererseits durch eine unsachgemäße Bodenrichtwertermittlung entstehen. Für die Bodenrichtwertermittlung werden nicht nur die Kaufpreise herangezogen, die nach dem letzten Bodenrichtwertstichtag angefallen sind, sondern auch ältere Kaufpreise. Bei einer fehlerhaften Gewichtung können die älteren Kaufpreise im Rahmen der Bodenrichtwertermittlung zu einer Verfälschung des Ergebnisses führen. Vor allem in kaufpreisarmen Gebieten kommt es regelmäßig vor, dass Bodenrichtwerte mangels ausreichender Kaufpreise nicht oder nur unzureichend fortgeschrieben werden.[2346] Bei einer Marktentwicklung mit steigenden Immobilienpreisen weisen die unsachgemäß fortgeschriebenen Bodenrichtwerte dann ein zu niedriges Wertniveau auf. Derart verzerrte Bodenrichtwerte bilden die Wertverhältnisse auf dem Grundstücksmarkt nicht mehr zutreffend ab und können nicht mehr als realitätsgerecht angesehen werden. Der Maßstab ist insoweit strenger anzulegen, da anders als bei der unvermeidbaren Streubreite der Bodenrichtwerte ein verzerrtes Bodenrichtwertniveau durch eine sachgerechte Bodenrichtwertermittlung regelmäßig vermieden werden kann.[2347]

Die Erkenntnisse einzelner Erhebungen über das Wertniveau der Bodenrichtwerte oder theoretische Überlegungen zu typischen Fehlern der Bodenrichtwertermittlung können nicht pauschal auf ein ganzes Bundesland oder das Bundesgebiet übertragen werden. Wegen der unterschiedlichen Datenverfügbarkeit, der unterschiedlichen Ermittlungsmethoden sowie der

---

2344 Vgl. Antrag der Fraktion Bündnis 90/Die Grünen v. 03.12.1996, BT-Drs. 13/6384, S. 11, 16 f.

2345 *P. Zimmermann*, ImmoWertV, 2. Aufl. 2019, § 10, Rn. 7 ff.; *Kleiber*, Verkehrswertermittlung von Grundstücken, 10. Aufl. 2023, § 40 ImmoWertV, Rn. 30 ff.

2346 *Strotkamp*, fub 2018, 97 (98); *Kleiber*, Verkehrswertermittlung von Grundstücken, 9. Aufl. 2020, § 10 ImmoWertV, Rn. 63; *Zeißler*, Zur Ermittlung von Bodenrichtwerten bei fehlenden Kaufpreisen unbebauter Grundstücke, 2012, S. 26 f.; *Streich*, Der Immobilienbewerter 2/2010, 19 (21); gif e. V., Qualitätssicherung bei der Ermittlung von Bodenrichtwerten, 2008, S. 7.

2347 Vgl. *Ache/Krägenbring*, ZfV 2023, 137 (144 f.).

Individualität der regionalen Grundstücksmärkte können sich auch für die verschiedenen Zuständigkeitsbereiche der Gutachterausschüsse unterschiedliche Bodenrichtwertniveaus ergeben. Auch die Organisation und Ausstattung der Gutachterausschüsse im jeweiligen Bundesland hat einen erheblichen Einfluss auf die Marktnähe. Selbst innerhalb eines Zuständigkeitsbereichs kann es – insbesondere wegen der unterschiedlichen Verfügbarkeit von zeitnahen Kaufpreisen – zu unterschiedlichen Wertniveaus kommen.[2348]

(3) Folgen für die steuerliche Bewertung

Das Gebot der realitätsgerechten Werterelation gebietet nach Auffassung des Bundesverfassungsgerichts zumindest für die erbschaftsteuerliche Bewertung, dass die Vermögensgegenstände mit einem Annäherungswert an den gemeinen Wert erfasst werden müssen.[2349] Für die Bewertung von Grundvermögen folgt daraus, dass sich die Steuerwerte innerhalb des Korridors vertretbarer Verkehrswerte bewegen müssen.[2350] Das Bundesverfassungsgericht geht dabei pauschal von einer Streubreite von ± 20 % der Verkaufspreise für ein und dasselbe Objekt aus, innerhalb derer ein festgestellter Verkehrswert als noch vertretbar angesehen werden kann.[2351]

Die Bodenrichtwerte stellen weder Verkehrs- noch Steuerwerte dar. Es handelt sich hierbei lediglich um Bewertungsgrundlagen. Der Bundesrat konnte daher im Gesetzgebungsverfahren zur ImmoWertV 2010 keinen Zusammenhang zu der Erbschaftsteuerentscheidung vom 7. November 2006 erkennen, da sich die Aussagen in dieser Entscheidung auf die Ergebnisse der Wertermittlungsverfahren und nicht auf einzelne Bewertungsgrundlagen bezieht.[2352] Die Bodenrichtwerte führen jedoch letztendlich durch ihre Verwendung im Bodenrichtwertverfahren zu einem Steuer- oder Verkehrswert. Geht man davon aus, dass der Bodenwert sowohl in der

---

2348 *Schmid*, DStZ 1982, 214 (216 f.).

2349 Grundlegend zur VSt BVerfG v. 07.05.1968 – 1 BvR 420/64, BVerfGE 23, 242, 251 (VSt I); zur ErbSt BVerfG v. 07.11.2006 – 1 BvL 10/02, BVerfGE 117, 1, 36 (ErbSt III); s. a. BFH, Beschl. v. 05.07.2018 – II B 122/17, BStBl. II 2018, 660, juris Rn. 19; *Hey*, JZ 2007, 564 (569).

2350 BVerfG v. 07.11.2006 – 1 BvL 10/02, BVerfGE 117, 1, 46 (ErbSt III).

2351 BVerfG v. 07.11.2006 – 1 BvL 10/02, BVerfGE 117, 1, 46 (ErbSt III).

2352 Beschl. des BR v. 15.05.2009 zur ImmoWertV, BR-Drs. 296/09 (Beschl.), S. 4; ebenso *Kredt*, fub 1/2010, 1 (2); a. A. *Grootens*, ErbStB 2012, 113 (114); *Seer*, FR 2019, 941 (947).

Verkehrswertermittlung als auch in der steuerlichen Bewertung im Bodenrichtwertverfahren anhand eines geeigneten Bodenrichtwerts ermittelt wird und Anpassungen in gleichem Maß vorgenommen werden, entspricht der ermittelte Steuerwert dem ermittelten Verkehrswert. Der Steuerwert befindet sich in diesen Fällen stets im Korridor vertretbarer Verkehrswerte. Abweichungen zwischen beiden Werten können sich nur ergeben, wenn der Verkehrswert für den Boden auf andere Weise ermittelt wird, etwa anhand von Vergleichspreisen oder mittels deduktiver Verfahren. Da jedoch nach dem derzeitigen Stand der empirischen Erhebungen nicht davon ausgegangen werden kann, dass die Bodenrichtwerte generell erheblich vom Verkehrswertniveau abweichen, ist anzunehmen, dass die anhand der Bodenrichtwerte ermittelten Bodenwerte auch in diesen Fällen sich noch innerhalb des Korridors vertretbarer Verkehrswerte bewegen. Wird das steuerliche Bodenrichtwertverfahren nach anderen Regeln durchgeführt, als dies bei der Verkehrswertermittlung der Fall ist, etwa weil eine Eignung der Bodenrichtwerte im Einzelfall nicht überprüft wird oder Anpassungen nicht oder nur eingeschränkt zugelassen werden, ergeben sich Abweichungen zwischen Steuer- und Verkehrswerten. Diese Abweichungen beruhen dann allerdings nicht mehr auf den Bodenrichtwerten als Durchschnittswerte, sondern auf der Ausgestaltung des Bodenrichtwertverfahrens. Die sich hieraus ergebenden Implikationen für eine gleichheitskonforme steuerliche Bewertung werden daher erst unter Gliederungspunkt § 3, IV. untersucht.

Die Bodenrichtwerte sind in vielen Fällen mit erheblichen Unsicherheiten und subjektiven Einflüssen behaftet, insbesondere wenn für die Bodenrichtwertermittlung nicht ausreichend Vergleichspreise zur Verfügung stehen. Zu den Bodenrichtwerten existiert für die steuerliche Bodenwertermittlung in kaufpreisarmen Regionen jedoch keine bessere Alternative. Mangels ausreichender Kaufpreise kann der steuerliche Bodenwert nicht im Preisvergleich ermittelt werden. Statistische oder deduktive Verfahren sind im steuerlichen Massenbewertungsverfahren beim derzeitigen Stand der Digitalisierung und Automatisierung nicht umsetzbar. Eine realitätsgerechte steuerliche Bewertung kann bei der Bodenwertermittlung nicht genauer sein als die Bodenwertermittlung für Zwecke der Verkehrswertermittlung. Realitätsgerechtigkeit setzt daher auch voraus, dass die steuerliche Bewertung die generell bei der (Boden-)Wertermittlung bestehenden Unsicherheiten in einem gewissen Maß akzeptiert.[2353] Die Bodenrichtwerte stellen daher grundsätzlich eine realitätsgerechte Bewertungsgrundlage dar. Davon zu unterscheiden ist die Frage, ob die Bodenrichtwerte auch im Einzelfall die Wertverhältnisse realitätsgerecht abbilden und ob die bei ihnen bestehenden Unsicherheiten noch im Rahmen der steuerlichen Bewertung toleriert werden können. Dies ist jedoch eine Frage, die nicht die generelle Eignung der Bodenrichtwerte als Bewertungsgrundlage für eine gleichheitskonforme Bewertung betrifft. Diese Umstände haben jedoch Relevanz für die Verbindlichkeit der Bodenrichtwerte und deren finanzgerichtliche Überprüfung. Hierauf wird daher erst an späterer Stelle eingegangen.[2354]

dd) Aktualität der Bodenrichtwerte

Die Bodenrichtwerte sind nach § 196 Abs. 1 Satz 5 BauGB grundsätzlich jeweils zu Beginn jedes zweiten Kalenderjahres zu ermitteln. Die Bundesländer können in ihrer Gutachterausschussverordnung eine häufigere Ermittlung bestimmen (§ 199 Abs. 2 Nr. 4 BauGB). Für die anlassabhängige Grundbesitzbewertung hat das Bundesverfassungsgericht in seiner Erbschaftsteuerentscheidung vom 7. November 2006 entschieden, dass durch einen ein- bzw. zweijährigen Ermittlungsturnus der Bodenrichtwerte gewährleistet wird, dass für die Grundbesitzbewertung hinreichend aktuelle Bodenrichtwerte vorhanden sind.[2355] Diese Einschätzung teilt auch der Gesetzgeber zum ErbStRG 2009.[2356] Bei der Bewertung für Zwecke der Grundsteuer sind die Bodenrichtwerte auf den Bewertungsstichtag zu ermitteln und deshalb ebenfalls hinreichend aktuell.[2357]

Im Hinblick auf die Ermittlung aktueller Bodenrichtwerte ist jedoch problematisch, dass sich aus den gesetzlichen Regelungen nicht ergibt, wie eine Fortschreibung der Bodenrichtwerte zum nächsten Bodenrichtwertstichtag

---

2353 Vgl. *Seer*, GmbHR 2009, 225 (227).

2354 Siehe zur Verbindlichkeit der Bodenrichtwerte unter Gliederungspunkt § 3, IV., 2., b), aa), (2), (a) und § 3, IV., 3., b), bb), (2), (a); siehe zur finanzgerichtlichen Kontrolle der Bodenrichtwerte ausführlich unter Gliederungspunkt § 4, III.

2355 BVerfG v. 07.11.2006 – 1 BvL 10/02, BVerfGE 117, 1, 58 (ErbSt III).

2356 Empfehlungen der Ausschüsse zum Entwurf des ErbStRG v. 04.02.2008, BR-Drs. 4/1/08, S. 39.

2357 Sofern diese für das GrStG oder das jeweilige LGrStG relevant sind, vgl. § 247 Abs. 2 BewG, § 38 Abs. 2 LGrStG BW.

durchgeführt werden soll. Der Begriff der Fortschreibung wird lediglich in § 196 Abs. 2 BauGB erwähnt, aber ansonsten weder in den §§ 192 ff. BauGB noch in der ImmoWertV konkretisiert. Mangels gesetzlicher Konkretisierung ist daher grundsätzlich davon auszugehen, dass die Bodenrichtwerte erneut zu ermitteln sind. Im Rahmen dieser Fortschreibung können die bisher ermittelten Bodenrichtwerte jedenfalls in kaufpreisarmen Regionen berücksichtigt werden (§ 14 Abs. 2 Satz 1 ImmoWertV). Für Regionen, in denen ausreichend Kaufpreise vorhanden sind, sieht die ImmoWertV hingegen nicht explizit ein Rückgriff auf die in der Vergangenheit ermittelten Bodenrichtwerte vor.[2358] Die in der Praxis nicht selten zu beobachtende unveränderte Übernahme des alten Bodenrichtwerts zum nächsten Bodenrichtwertstichtag kann hingegen nicht als Fortschreibung oder Ermittlung zum neuen Stichtag angesehen werden, es sei denn, der Gutachterausschuss ist nach Überprüfung der Markt- und Wertentwicklung in der Region zu dem Schluss gekommen, dass keine Wertveränderung stattgefunden hat.[2359]

Maßgeblich für die Aktualität der Bodenrichtwerte ist nicht nur der Ermittlungsturnus, sondern vor allem die Aktualität der Daten, die der Bodenrichtwertermittlung zugrunde liegen. Bodenrichtwerte können notwendigerweise nur anhand vergangener Marktinformationen ermittelt werden. Die ImmoWertV enthält für die Bodenrichtwertermittlung im Preisvergleich hingegen keine Vorgaben, wie lange der Zeitpunkt des Abschlusses des Kaufvertrags zurückliegen darf.[2360] Verbindliche Vorgaben lassen sich hierzu nicht aufstellen, da die konjunkturelle Übereinstimmung der Kaufpreise vor allem von der regionalen Marktentwicklung abhängt. In der Literatur wird vertreten,

---

2358 Siehe zur Durchführung von Fortschreibungen der Bodenrichtwerte unter Gliederungspunkt § 1, IV., 7., b) ff.

2359 *Kleiber*, Verkehrswertermittlung von Grundstücken, 9. Aufl. 2020, § 10 ImmoWertV, Rn. 63; *Zeißler*, Zur Ermittlung von Bodenrichtwerten bei fehlenden Kaufpreisen unbebauter Grundstücke, 2012, S. 26; *Strotkamp*, fub 2018, 97 (98); *Streich*, Der Immobilienbewerter 2/2010, 19 (21); gif e. V., Qualitätssicherung bei der Ermittlung von Bodenrichtwerten, 2008, S. 7; *BMVBS (Hrsg.)*, Grundstückswertermittlung im Stadtbau, 2007, S. 41. (dort Fn. 3).

2360 *Kleiber*, Verkehrswertermittlung von Grundstücken, 9. Aufl. 2020, IV., Syst. Darst. Vergleichswertverfahren, Rn. 51.

dass die Kaufpreise nicht älter als zwei[2361] bzw. vier[2362] Jahre sein dürfen. Zumindest Kaufpreise, die zehn Jahre oder älter sind, sollen von vornherein als nicht mehr geeignet angesehen werden können.[2363] Nach Auffassung des Bundesfinanzhofs können zum Preisvergleich für Zwecke der Verkehrswertermittlung auch noch Kaufpreise herangezogen werden, die drei Jahre vor dem Bewertungsstichtag liegen.[2364] Legt der Gutachterausschuss Kaufpreise, die mehrere Jahre alt sind, für die aktuelle Bodenrichtwertermittlung zugrunde, muss er sicherstellen, dass die zwischenzeitliche Wertentwicklung hinreichend berücksichtigt wird, etwa durch Verwendung von Indexreihen. Es ist davon auszugehen, dass die meisten Gutachterausschüsse bei der Auswahl der Kaufpreise in zeitlicher Hinsicht sachgerecht vorgehen. Mangels einschlägiger verbindlicher Vorgaben ist jedoch nicht durchweg gewährleistet, dass die Bodenrichtwerte teilweise auch auf veralteten Datengrundlagen beruhen. Ein in seiner Leistungsfähigkeit eingeschränkter Gutachterausschuss wird sich zur Erfüllung seiner Verpflichtung zum flächendeckenden Ausweis der Bodenrichtwerte zum jeweiligen Bodenrichtwertstichtag mitunter gezwungen sehen, auch auf Kaufpreise zurückzugreifen, die eigentlich nicht mehr für die Wertermittlung verwendet werden können.

Liegt der Bodenrichtwertstichtag bei einem zweijährigen Ermittlungsturnus der Bodenrichtwerte über ein Jahr hinter dem steuerlichen Bewertungsstichtag oder ist auf dem regionalen Grundstücksmarkt in den letzten Monaten eine sehr dynamische Entwicklung zu beobachten gewesen (etwa im Falle einer Wirtschaftskrise), kann grundsätzlich im Rahmen der steuerlichen Bewertung eine Anpassung des Bodenrichtwerts mittels einer geeigneten

---

2361 *Caesperlein/Weippert*, AGIT 3/2017, 237 (238).

2362 *Reuter/Voß/Ziegenbein*, in: Kummer/Kötter/Kutterer/Ostrau (Hrsg.), Das deutsche Vermessungs- und Geoinformationswesen, 2020, S. 639 (681); *Kleiber*, Verkehrswertermittlung von Grundstücken, 9. Aufl. 2020, IV., Syst. Darst. Vergleichswertverfahren, Rn. 51; *Hendricks*, Bodenrichtwertermittlung, 2017, S. 34, 46; *Bötel*, Neue Landwirtschaft 4/2010, 14 (15); *Caesperlein/Weippert*, AGIT 3/2017, 237 (238).

2363 *Kleiber*, Verkehrswertermittlung von Grundstücken, 9. Aufl. 2020, IV., Syst. Darst. Vergleichswertverfahren, Rn. 93.

2364 BFH, Urt. v. 02.07.2004 – II R 55/01, BStBl. II 2004, 703, juris Rn. 12; BFH, Urt. v. 19.05.2020 – X R 27/19, BFH/NV 2021, 15, juris Rn. 42; restriktiver noch BFH, Urt. v. 26.09.1980 – III R 21/78, BStBl. II 1981, 153, juris Rn. 9.

Bodenpreisindexreihe (§ 18 ImmoWertV) in Betracht kommen.[2365] Dies deutet auch die Finanzverwaltung für die Verwendung der Bodenrichtwerte im Rahmen der Grundbesitzbewertung in R B 179.2. Abs. 1 Satz 3 ErbStR an. Den Ausführungen des Bundesverfassungsgerichts lässt sich ein zwingendes Bedürfnis für eine konjunkturelle Anpassung der Bodenrichtwerte im Rahmen der Grundbesitzbewertung jedoch nicht entnehmen.[2366] Im Rahmen der typisierenden steuerlichen Bewertung kann auf eine derartige Anpassung grundsätzlich verzichtet werden, da derartige Bodenpreisindexreihen nicht flächendeckend verfügbar sind und diese – sofern sie vorhanden sind – nicht durchweg belastbar ermittelt wurden.

d) Darstellung der wertbeeinflussenden Grundstücksmerkmale des Bodenrichtwertgrundstücks

Bodenrichtwerte stellen keine reinen Durchschnittswerte dar, sondern beziehen sich stets auf die wertbeeinflussenden Grundstücksmerkmale des Bodenrichtwertgrundstücks (§ 13 Abs. 1 ImmoWertV). Weichen diese Merkmale vom zu bewertenden zonenangehörigen Grundstück ab, spiegelt der Bodenrichtwert nicht die Wertverhältnisse des zu bewertenden Grundstücks wider.[2367] Damit eine ggfs. erforderliche Anpassung des Bodenrichtwerts an die wertbeeinflussenden Grundstücksmerkmale des zu bewertenden Grundstücks erfolgen kann, setzt eine Eignung des Bodenrichtwerts zunächst gemäß § 9 Abs. 1 Satz 1 ImmoWertV voraus, dass derartige Abweichungen überhaupt dem Grunde nach sachgerecht berücksichtigt werden können. Dies stellt letztlich ein Ausfluss der in der Verkehrswertermittlung zu beachtenden Referenzkonformität dar.[2368]

Damit die Wertauswirkungen der Abweichungen zwischen dem Bodenrichtwertgrundstück und dem zu bewertenden Grundstück berücksichtigt werden können, müssen die wertbeeinflussenden Grundstücksmerkmale des Bodenrichtwertgrundstücks zutreffend und vollständig nach Maßgabe

2365 Zur konjunkturellen Anpassung der Bodenrichtwerte in der Verkehrswertermittlung: § 9 Abs. 1 Satz 2 ImmoWertV; siehe auch *Jardin/Roscher*, Die Immobilienwertermittlung aus steuerlichen Anlässen, 2019, Rn. 921.

2366 BVerfG v. 07.11.2006 – 1 BvL 10/02, BVerfGE 117, 1, 58 (ErbSt III).

2367 Siehe hierzu insbesondere unter Gliederungspunkt § 1, III., 1., d), § 1, III., 6., b), dd) und § 3, IV., 2., b), aa), (2), (c).

2368 Siehe hierzu bereits unter Gliederungspunkt § 1, I., 2., b), bb), (3).

von § 16 ImmoWertV dargestellt worden sein.[2369] Die Bodenrichtwerte können ihre Funktion als Bewertungsgrundlage nur insoweit erfüllen, wie die maßgeblichen wertbeeinflussenden Grundstücksmerkmale des Bodenrichtwertgrundstücks bei der Veröffentlichung umfassend und vollständig konkretisiert wurden bzw. feststellbar sind.[2370] Nur so kann festgestellt werden, ob Abweichungen zum Bewertungsobjekt bestehen. Die Mindestangaben umfassen dabei den Entwicklungszustand und die Art der Nutzung sowie bei baureifem Land der beitragsrechtliche Zustand.[2371] Weitere Grundstücksmerkmale des Bodenrichtwertgrundstücks „sind darzustellen, wenn sie wertbeeinflussend sind“[2372] (kein Ermessen des Gutachterausschusses!).[2373] Eine entsprechende Beurteilung der Wertrelevanz durch den Gutachterausschuss setzt voraus, dass die Kaufpreissammlung sachgerecht geführt und ausgewertet wurde und dass zusätzliche Ermittlungen durch die Geschäftsstelle des Gutachterausschusses in erforderlichem Maße durchgeführt wurden. Der Gutachterausschuss kann sich insbesondere nicht darauf berufen, ein Werteinfluss sei nicht darzustellen, da ihm mangels Sachverhaltsaufklärung kein Werteinfluss bekannt sei.

Die Darstellung der Bodenrichtwerte erfolgte in der Vergangenheit bislang uneinheitlich.[2374] In der Praxis genügten die veröffentlichten Bodenrichtwerte in vielen Fällen nicht den Anforderungen der ImmoWertV.[2375] Die Ableitung und Darstellung der Bodenrichtwerte beschränkte sich vielfach auf wenige und unpräzise Angaben. Teilweise wurde nur der Bodenrichtwert angegeben.[2376] Zu den möglichen Gründen zählen insbesondere Unsicherheiten über die Wertrelevanz bestimmter Grundstücksmerkmale, fehlende

---

2369 Siehe zur Darstellung der einzelnen Merkmale des Bodenrichtwertgrundstücks im Einzelnen unter Gliederungspunkt § 1, III., 5., b).

2370 *Kleiber*, Verkehrswertermittlung von Grundstücken, 9. Aufl. 2020, § 10 ImmoWertV, Rn. 93.

2371 § 16 Abs. 2 Satz 1 und 3 ImmoWertV.

2372 § 16 Abs. 2 Satz 2 ImmoWertV.

2373 Siehe hierzu bereits unter Gliederungspunkt § 3, IV., 5., b).

2374 *Hild*, Die Ermittlung von Bodenrichtwerten in der Innenstadt Karlsruhes, 2018, S. 14.

2375 *Kleiber*, Verkehrswertermittlung von Grundstücken, 9. Aufl. 2020, § 10 ImmoWertV, Rn. 94; *Reuter*, immobilien & bewerten 2/2015, 61 (62).

2376 *Kleiber*, Verkehrswertermittlung von Grundstücken, 9. Aufl. 2020, IV., Syst. Darst. Vergleichswertverfahren, Rn. 160.

Kaufpreisuntersuchungen zur Feststellung von Abhängigkeiten des Bodenwerts von Grundstücksmerkmalen sowie eine schlechte Datenbasis in kaufpreisarmen Gebieten.[2377] Manche Gutachterausschüsse verzichten auf die Darstellung des Maßes der baulichen Nutzung und auf Angaben zum Grundstück, insbesondere zur Grundstücksfläche, weil keine Umrechnungskoeffizienten zur wertmäßigen Erfassung von Abweichungen vorliegen oder für nicht ermittelbar gehalten werden.[2378]

Wurden in einer Bodenrichtwertzone tatsächlich vorherrschende grund- und bodenbezogene Grundstücksmerkmale nicht bei der Bodenrichtwertermittlung berücksichtigt, so kann ein Quervergleich mit dem zu bewertenden Grundstück nur eingeschränkt und unvollständig erfolgen. Eine Wertermittlung im Bodenrichtwertverfahren führt daher bereits aus diesem Grund zu unzutreffenden Ergebnissen. Denn eine notwendige Anpassung des Bodenrichtwerts unterbleibt, weil das Bedürfnis für die Anpassung für den Wertermittler nicht offengelegt wird. In der Verkehrswertermittlung ist ein solcher Bodenrichtwert daher als ungeeignet anzusehen.[2379] Dies gilt grundsätzlich auch für die steuerliche Bewertung. Die Wertauswirkungen der Anpassungen sind in vielen Fällen erheblich. Auf eine Anpassung kann daher grundsätzlich auch für steuerliche Zwecke nicht verzichtet werden.[2380] Daher ist die zutreffende und vollständige Darstellung der wertbeeinflussenden Grundstücksmerkmale des Bodenrichtwertgrundstücks auch für steuerliche Zwecke grundsätzlich von besonderer Bedeutung.

Für die besonderen Bodenrichtwerte, die für Zwecke der Bundesgrundsteuer gemäß § 247 Abs. 2 BewG auf den Hauptfeststellungszeitpunkt zu ermitteln sind, gelten die vorstehenden Ausführungen hingegen nur eingeschränkt. Die Bodenrichtwerte sollen nach § 247 Abs. 1 Satz 2 BewG allein an einen abweichenden Entwicklungszustand anzupassen sein. Bei der Veröffentlichung dieser besonderen Bodenrichtwerte könnte der Gutachterausschuss

---

2377 *Reuter*, immobilien & bewerten 2/2015, 61 (62).

2378 *Reuter*, immobilien & bewerten 3/2015, 106 (110); *Hendricks*, Bodenrichtwertermittlung, 2017, S. 146.

2379 *Reuter*, immobilien & bewerten 2/2015, 61 (62); *Reuter/Voß/Ziegenbein*, in: Kummer/Kötter/Kutterer/Ostrau (Hrsg.), Das deutsche Vermessungs- und Geoinformationswesen, 2020, S. 639 (699); *Kleiber*, Verkehrswertermittlung von Grundstücken, 9. Aufl. 2020, IV., Syst. Darst. Vergleichswertverfahren, Rn. 159 f.

2380 Siehe hierzu unter Gliederungspunkt § 3, IV., 3., b), bb), (2), (c).

daher die dargestellten Grundstücksmerkmale des Bodenrichtwertgrundstücks in Abweichung von § 16 ImmoWertV allein auf den Entwicklungszustand beschränken, da den anderen Merkmalen für die steuerliche Bewertung keine Relevanz zukommt. Um zu verhindern, dass der Gutachterausschuss neben diesen besonderen Bodenrichtwerten auch noch gesonderte allgemeine Bodenrichtwerte nach § 196 Abs. 1 Satz 1 BauGB zu ermitteln hat, wird der Gutachterausschuss jedoch darauf bedacht sein, die besonderen Bodenrichtwerte für steuerliche Zwecke so zu ermitteln, dass diese auch als allgemeine Bodenrichtwerte angesehen werden können und wird daher die Vorgaben des § 16 ImmoWertV beachten.

4. Eignung der Bodenrichtwerte für eine relationsgerechte steuerliche Bewertung

Damit die Bodenrichtwerte als Bewertungsgrundlage für eine relationsgerechte steuerliche Bewertung herangezogen werden können, müssen sie gewährleisten, dass die unterschiedlichen zu bewertenden Grundstücke in eine vergleichsfähige Relation zueinander gebracht werden können.[2381] Dies setzt voraus, dass ihnen ein vergleichbarer Aussagegehalt zukommt, weil sie zumindest im Regelfall auf einem einheitlichen Mindestmaß an Marktinformationen beruhen und auf vergleichbare Art und Weise ermittelt werden.[2382] Eine derart vergleichbare Bodenrichtwertermittlung existiert jedoch nicht. Die Bodenrichtwerte werden in der Praxis sehr uneinheitlich ermittelt.[2383] Die von unterschiedlichen Gutachterausschüssen ermittelten Bodenrichtwerte weisen daher eine heterogene Qualität auf und sind nur eingeschränkt

---

2381 Siehe hierzu unter Gliederungspunkt § 3, III., 1.

2382 Entwurf der BReg zum ErbStRG v. 28.01.2008, BT-Drs. 16/7918, S. 48; Entwurf der BReg eines Gesetzes zur Stärkung der Innenentwicklung in den Städten und Gemeinden v. 14.11.2012, BT-Drs. 17/11468, S. 17.

2383 FG Rheinland-Pfalz, Beschl. v. 23.11.2023 – 4 V 1295/23, juris Rn. 480 ff.; *Hey*, ZG 2019, 297 (308); *Kolbe/R. Schulz/Wersing/Werwatz*, ZIÖ 2019, 131 (135); *D. Löhr*, DStR 2019, 1433 (1435); *D. Löhr/Kempny*, DStR 2019, 537 (541); *P. Zimmermann*, ImmoWertV, 2. Aufl. 2019, § 10, Rn. 81; *Graf/Nacke*, NWB 2020, 3874 (3878); *Wilms*, in: Wilms/Jochum, ErbStG/BewG/GrEStG, § 145 BewG, 115. EL, 1/2020, Rn. 40; *Wünnemann/Koller*, BB 2020, 215 (218); *Knittel*, in: Stenger/Loose, Bewertungsrecht, § 247 BewG, 160. EL, 5/2022, Rn. 141; *Degen*, DStR 2023, 2314 (2316 f.); *Kleiber*, Verkehrswertermittlung von Grundstücken, 10. Aufl. 2023, Syst. Darst. Vergleichswertverfahren, Rn. 160.

vergleichbar.[2384] Die Gründe für die Heterogenität der Bodenrichtwerte werden unter Gliederungspunkt a) zusammengefasst. Die Auswirkungen, die dies für die Eignung der Bodenrichtwerte als steuerliche Bewertungsgrundlage hat, werden unter Gliederungspunkt b) analysiert.

a) Vergleichbarkeit der Bodenrichtwerte

aa) Datengrundlage

Die Bodenrichtwerte sind gemäß § 196 Abs. 1 Satz 1 BauGB aufgrund der Kaufpreissammlung i. S. d. § 195 BauGB zu ermitteln. Die Gutachterausschüsse benötigen für die Ermittlung von Grundstückswerten und der für die Wertermittlung erforderlichen Daten, einschließlich der Bodenrichtwerte, ein erhebliches Datenmaterial, um eine zuverlässige Wertermittlung durchführen zu können.[2385] Die Qualität der Bodenrichtwerte wird daher maßgeblich von der Qualität der Kaufpreissammlung bestimmt.[2386] Aufgrund unterschiedlicher tatsächlicher Gegebenheiten auf dem Grundstücksmarkt sowie uneinheitlicher rechtlicher Vorgaben bzgl. der Organisation und Arbeitsweise der Gutachterausschüsse unterscheidet sich die Qualität der Kaufpreissammlungen jedoch erheblich zwischen den Gutachterausschüssen.[2387]

(1) Unterschiedliche regionale Datenverfügbarkeit

Eine vergleichbare Qualität der Bodenrichtwerte setzt zunächst eine vergleichbare Qualität der Datengrundlagen voraus, anhand derer sie ermittelt werden.

[2384] FG Rheinland-Pfalz, Beschl. v. 23.11.2023 – 4 V 1295/23, juris 485; *Bizer/Joeris*, Bodenrichtwerte als Bemessungsgrundlage für eine reformierte Grundsteuer, Finanzwissenschaftliche Diskussionsbeiträge, Nr. 97-3, S. 8; *Thiel*, fub 2018, 229 (232); *D. Löhr*, DStR 2019, 1433 (1435); *Eichholz*, DStR 2020, 1158 (1166); *Stein*, ErbBstg 2021, 295 (295); *Knittel*, in: Stenger/Loose, Bewertungsrecht, § 247 BewG, 160. EL, 5/2022, Rn. 141; *G. Kirchhof*, DB 2023, 1116 (1118); *Kleiber*, Verkehrswertermittlung von Grundstücken, 10. Aufl. 2023, § 13 ImmoWertV, Rn. 47; a. A. wohl *Richter/Wagner*, DB 2023, 1254.

[2385] Schriftlicher Bericht des Ausschusses für Wohnungswesen, Bau- und Bodenrecht über den von der BReg eingebrachten Entwurf eines BBauG v. 22.04.1960, BT-Drs. III/1794, S. 26.

[2386] *Dieterich/Voß*, in: E/Z/B/K, BauGB, § 193 BauGB, 95. EL, 4/2010, Rn. 112; *Dittrich/Plewka/Kinne*, GuG 2018, 147 (148); *Kleiber*, Verkehrswertermittlung von Grundstücken, 10. Aufl. 2023, § 193 BauGB, Rn. 74.

[2387] *G. Kirchhof*, DB 2020, 2600 (2603); *Knittel*, in: Stenger/Loose, Bewertungsrecht, § 247 BewG, 160. EL, 5/2022, Rn. 141; *G. Kirchhof*, DB 2023, 1116 (1118).

Der Datenumfang und die Auswertungsqualität der Kaufpreissammlungen sollten daher idealerweise vergleichbar sein. Idealerweise verfügt der Gutachterausschuss für sämtliche Teilbereiche seines Zuständigkeitsgebiets über ein vergleichbares und für die Wertermittlung ausreichendes Niveau an Marktinformationen. Dieser Idealzustand ist in der Realität jedoch schon bereits aufgrund der regional schwankenden Marktaktivität kaum realisierbar. In ländlichen, strukturschwachen Regionen werden allgemein weniger Grundstücke gehandelt als in den Städten und den umliegenden Regionen. Da für die Bodenrichtwertermittlung primär Kaufpreise für unbebaute Gebiete zur Verfügung stehen sollen, die bestenfalls der jeweiligen Bodenrichtwertzone zuzuordnen sind,[2388] schwankt die Datenqualität auch innerhalb des Zuständigkeitsbereichs des Gutachterausschusses. In den Stadtzentren gibt es regelmäßig keine bebauten Grundstücke mehr, die verkauft werden können, in den Außenbezirken sind Baulücken häufiger vorhanden.

In Gebieten mit einer bestehenden Bebauung (Bestandsgebiete) sind regelmäßig keine Veräußerungen von unbebauten Grundstücken zu verzeichnen. Die Bodenrichtwerte werden deshalb häufig nicht oder nur geringfügig an die allgemeine Marktentwicklung innerhalb des Zuständigkeitsbereichs angepasst. In Neubaugebieten sind demgegenüber regelmäßig eine Vielzahl von zeitnahen geeigneten Kaufpreisen verfügbar. Der Bodenrichtwert kann für diese Neubaugebiete bei steigenden Grundstückspreisen allein wegen der Verfügbarkeit der Vergleichspreise erheblich über dem Bodenrichtwert eines (benachbarten) Bestandsgebiets liegen, ohne dass dies durch eine unterschiedliche Lagewertigkeit gerechtfertigt wäre.[2389] Da sich ein Marktverkehr nicht künstlich erzeugen lässt, sind die Unterschiede in der Verfügbarkeit von Vergleichspreisen unvermeidbar. Leistungsfähige Gutachterausschüsse können diese Unterschiede durch die Erhebung zusätzlicher Daten und die Anwendung aufwendigerer Wertermittlungsverfahren teilweise kompensieren. Generell dürfte allerdings mit der unterschiedlichen regionalen Datenverfügbarkeit auch die Qualität der Bodenrichtwerte schwanken.[2390]

2388 Siehe hierzu unter Gliederungspunkt § 1, IV., 6., a), cc), (1), (b).

2389 *Schmid*, DStZ 1982, 214 (216 f.).

2390 *Wünsche*, BB 2019, 1821 (1822); *Eichholz*, DStR 2020, 1158 (1166).

(2) Unterschiedlich große Zuständigkeitsbereiche

Der Umfang der dem Gutachterausschuss zur Verfügung stehenden Marktdaten hängt nicht nur von der regionalen Marktaktivität ab, sondern auch von den rechtlichen Vorgaben an die Ausgestaltung der Gutachterausschüsse. Die jeweilige Datenverfügbarkeit hängt wesentlich von der Größe des Zuständigkeitsbereichs des Gutachterausschusses ab.[2391] Denn der Zuständigkeitsbereich gibt vor, für welches Gebiet und in welchem Umfang der Gutachterausschuss Marktinformationen erhält.[2392] Für eine sachgerechte Auswertung der Kaufpreissammlung und der Ermittlung der für die Wertermittlung erforderlichen Daten wird in der geodätischen Fachliteratur teilweise angenommen, dass mindestens 1.000 auswertbare Kauffälle pro Kalenderjahr im Zuständigkeitsbereich des Gutachterausschusses anfallen sollten.[2393] Nach anderer Ansicht ist eine Wertermittlung der erforderlichen Daten auch bei 1.000 Kauffällen „*nur mit erheblichen und kaum hinnehmbaren Ungenauigkeiten*" möglich.[2394]

Die ursprünglich in § 137 Abs. 1 BBauG 1960 vorgesehene verbindliche Einrichtung der Gutachterausschüsse bei den kreisfreien Städten und den Landkreisen, die grundsätzlich einen ausreichend großen Zuständigkeitsbereich gewährleistet hätte, wurde im Laufe der Zeit offenbar auf Druck einiger Bundesländer immer weiter aufgeweicht und letztendlich mit Einführung des BauGB vollständig aufgegeben.[2395] Ein Vorstoß der Bundesregierung anlässlich der Einführung des JStG 1997, dass die Zuständigkeitsbereiche mindestens das Gebiet einer kreisfreien Stadt oder eines Landkreises umfassen sollen,[2396] konnte sich im Gesetzgebungsverfahren letztendlich nicht durchsetzen.[2397]

Die Bundesländer sind nach geltender Rechtslage berechtigt, die Zuständigkeitsbereiche der Gutachterausschüsse durch Rechtsverordnung eigenständig

---

2391 *J. Schmidt*, GuG 2008, 150 (155).

2392 Entwurf des BR zum JStG 1997 v. 24.05.1996, BR-Drs. 390/96, S. 90.

2393 *K. Schneider*, BWGZ 9/2018, 330 (331).

2394 *J. Schmidt*, GuG 2008, 150 (155).

2395 Gesetzentwurf der BReg eines Gesetzes über das BauGB, BT-Drs. 10/4630, S. 148 f.

2396 Entwurf des BR zum JStG 1997 v. 24.05.1996, BR-Drs. 390/96, S. 89 f.; Entwurf der BReg zum JStG 1997 v. 26.08.1996, BT-Drs. 13/5359, S. 142.

2397 Zweite Beschl.empfehlung des Finanzausschusses zum JStG 1997 v. 05.11.1996, BT-Drs. 13/5951, S. 87; vgl. hierzu auch *Kleiber*, Verkehrswertermittlung von Grundstücken, 10. Aufl. 2023, § 192 BauGB, Rn. 18 f.

zu bestimmen (§ 199 Abs. 2 Nr. 1 BauGB). Von dieser Regelungskompetenz haben die Bundesländer in unterschiedlichem Umfang Gebrauch gemacht.[2398] In *Baden-Württemberg* sollen die Gutachterausschüsse grundsätzlich für das Gebiet einer Gemeinde eingerichtet werden, in vielen Bundesländern werden sie für das Gebiet eines Landkreises bzw. einer kreisfreien Stadt gebildet. Teilweise umfassen die Zuständigkeitsbereiche auch das Gebiet mehrerer Landkreise. In den meisten Stadtstaaten und im Flächenstaat Sachsen-Anhalt existiert nur ein Gutachterausschuss für das gesamte Landesgebiet.[2399] In der Fachliteratur ist unbestritten, dass Zuständigkeitsbereiche von der Größe einer Gemeinde regelmäßig zu klein sind, um dem den Gutachterausschuss mit ausreichend Marktdaten zu versorgen, um belastbare Marktdaten zu ermitteln.[2400] Als Orientierungswert für eine angemessene Größe der Zuständigkeitsbereiche werden in der Literatur die Bundesländer Niedersachsen (9 Gutachterausschüsse)[2401] und Nordrhein-Westfalen (73 Gutachterausschüsse)[2402] genannt.[2403] Die optimale Größe eines Zuständigkeitsbereichs hängt im Einzelfall von vielen regionalen Faktoren ab, etwa von den Einwohnerzahlen und den Transaktionen auf dem Grundstücksmarkt.[2404]

Viele kleine Zuständigkeitsbereiche bedingen eine Vielzahl an Gutachterausschüssen innerhalb eines Bundeslandes. Eine Vielzahl von Gutachterausschüssen führt zu einer Vielzahl unterschiedlicher Arbeitsweisen. Je mehr Gutachterausschüsse für ein Bundesland gebildet werden, desto vielfältiger können auch die Arbeitsweisen der Gutachterausschüsse sein.[2405] Dies gilt umso stärker, je weniger und je unpräziser die landesrechtlichen Vorgaben

---

2398 Siehe hierzu unter Gliederungspunkt § 1, II., 5., a) und § 3, III., 4., a), aa), (2).

2399 Siehe anschaulich auch AK OGA, Immobilienmarktbericht Deutschland 2023, S. 6.

2400 *Schmidt*, GuG 6/1992, 330 (353); *Schmalgemeier*, GuG 6/2005, 350 (351); *J. Schmidt*, GuG 2008, 150 (155); *Ziegenbein*, fub 3/2008, 97 (104); *Kleiber*, Verkehrswertermittlung von Grundstücken, 10. Aufl. 2023, § 192 BauGB, Rn. 19.

2401 AK OGA, Immobilienmarktbericht Deutschland 2023, S. 7.

2402 AK OGA, Immobilienmarktbericht Deutschland 2023, S. 7.

2403 *Hendricks*, Bodenrichtwertermittlung, 2017, S. 41; *Liebig/Ache*, in: Kummer/Frankenberg/Kötter (Hrsg.), Das deutsche Vermessungs- und Geoinformationswesen 2014, 2013, S. 551 (577).

2404 *J. Schmidt*, GuG 6/1996, 351 (353); *J. Schmidt*, GuG 2008, 150 (155); *K. Schneider*, BWGZ 9/2018, 330 (331).

2405 *BMVBS (Hrsg.)*, Bericht des Sachverständigengremiums zur Überprüfung des Wertermittlungsrechts, 2008, S. 70.

sind, die die Arbeitsweise der Gutachterausschüsse und die Wertermittlung regeln. Dies betrifft insbesondere die Auswertung der Kaufpreissammlungen oder die Ermittlung der sonstigen erforderlichen Daten.[2406] Auch dürfte die Leistungsfähigkeit der Gutachterausschüsse sinken, je mehr Gutachterausschüsse innerhalb eines Bundeslandes vorhanden sind. Eine Vielzahl an Gutachterausschüssen ist daher für eine Vereinheitlichung der Wertermittlungsmethoden nicht förderlich. Zur Gewährleistung einer einheitlicheren Bodenrichtwertermittlung für steuerliche Zwecke kann daher eine Konzentration der Gutachterausschüsse sinnvoll sein. Ein solcher Trend ist derzeit bereits in einigen Bundesländern zu beobachten.[2407]

Werden die Geschäftsstellen der Gutachterausschüsse bei den Gemeinden (oder bei kleineren Landkreisen) eingerichtet, so geht damit häufig eine schlechte personelle und sachliche Ausstattung der Gutachterausschüsse einher.[2408] Eine ausreichende Qualifikation der Gutachter und der Bediensteten der Geschäftsstellen kann häufig nicht gewährleistete werden.[2409] Bei der Angliederung der Geschäftsstellen bei der Kommunalverwaltung fehlt es oft an Personal, welches auf dem Gebiet der Wertermittlung geschult ist und regelmäßig fortgebildet wird.[2410] Zu der schlechten Datenverfügbarkeit der kommunalen Gutachterausschüsse kommt dann noch eine eingeschränkt leistungsfähige Geschäftsstelle – auch wegen der häufig schlechten finanziellen und sachlichen Ausstattung. Dadurch sinken auch die Auswertungsqualität der Kaufpreissammlung im Allgemeinen und die Qualität der Bodenrichtwerte im Speziellen.[2411] In derartigen Konstellationen kann zudem eine Einflussnahme der Kommunalpolitik auf die Arbeit der Gutachterausschüsse

---

2406 *Hendricks*, Bodenrichtwertermittlung, 2017, S. 41; *Friedrichsen/Lözzer*, GuG 4/2017, 209 (213).

2407 *Kleiber*, Verkehrswertermittlung von Grundstücken, 10. Aufl. 2023, § 192 BauGB, Rn. 20.

2408 *Schmidt*, GuG 6/1992, 330 (331); *Deutscher Landkreistag*, Umfrage zur Leistungsfähigkeit der Gutachterausschüsse im Rahmen der Grundsteuerreform, GuG 2000, 164, S. 172; *Kleiber*, Verkehrswertermittlung von Grundstücken, 10. Aufl. 2023, § 192 BauGB, Rn. 19.

2409 *J. Schmidt*, GuG 2008, 150 (155); *Kleiber*, Verkehrswertermittlung von Grundstücken, 10. Aufl. 2023, § 192 BauGB, Rn. 19.

2410 *J. Schmidt*, GuG 6/1996, 351 (352).

2411 Siehe hierzu unter Gliederungspunkt § 1, II., 7., a) ff).

nicht ausgeschlossen werden.[2412] Diese Schwächen in kleinen Gemeinden erkennt auch die steuerrechtliche Fachliteratur.[2413] Es wäre daher zusätzlich sinnvoll, die Einrichtung der Geschäftsstellen bei einer einschlägigen Fachbehörde im BauGB bundeseinheitlich zu regeln, da insoweit grundsätzlich davon ausgegangen werden kann, dass bei einer solchen Behörde ausreichend Fachpersonal vorhanden ist.

Derzeit sind nur noch in *Baden-Württemberg* die Gutachterausschüsse bei den Gemeinden eingerichtet. In der Vergangenheit wurde vor allem aus diesem Grund für Baden-Württemberg eine sehr heterogene Qualität der ermittelten Bodenrichtwerte angenommen.[2414] In *Bayern* war lange Zeit auch teilweise die Bildung bei den kreisfreien Gemeinden vorgesehen. Im geltenden § 1 Abs. 1 BayGaV[2415] ist nun eine Einrichtung bei den Kreisverwaltungsbehörden vorgesehen. Baden-Württemberg, dass in § 1 Abs. 1 Satz 1 GuAVO BW die Einrichtung der Gutachterausschüsse auf Gemeindeebene bestimmt hat, ermöglicht es den Gutachterausschüssen nun seit dem Jahr 2017 immerhin, sich mit anderen Gutachterausschüssen innerhalb eines Landkreises zusammenzuschließen (§ 1 Abs. 1 Satz 2 GuAVO BW[2416]).[2417] Seitdem hat sich die Anzahl der Gutachterausschüsse in Baden-Württemberg von über 1.000[2418] auf derzeit 146[2419] (Stand Juli 2023) verringert. Die Zusammenlegung der Gutachterausschüsse führt nun vermutlich dazu, dass die größeren Zuständigkeitsbereiche der zusammengelegten Gutachterausschüsse eine bessere Datenauswertung ermöglichen. Es kann jedoch nicht im Belieben des jeweiligen Gutachterausschusses stehen, ob er diese Option

2412 *Schmidt*, GuG 6/1992, 330 (330 f.); *Kleiber*, Verkehrswertermittlung von Grundstücken, 10. Aufl. 2023, § 192 BauGB, Rn. 19.

2413 *Hey*, Stellungnahme zur Reform der Grundsteuer, 2019, S. 10.

2414 *Staiber/Meidinger*, GuG 3/2019, 159 (161); *Caesperlein/Weippert*, AGIT 3/2017, 237 (237).

2415 Zuletzt geändert durch die §§ 1 und 2 der Verordnung vom 24. Mai 2022 (GVBl. S. 246).

2416 Verordnung der Landesregierung zur Änderung der Gutachterausschussverordnung v. 26.09.2017 (GBl. Nr. 18 v. 10.10.2017 S. 497).

2417 Vgl. hierzu *K. Schneider*, BWGZ 9/2018, 330; *K. Schneider/Sprenger/Jackisch*, BWGZ 1/2020, 22.

2418 *Kredt*, fub 1/2010, 1 (3); *Deutscher Städtetag*, Zur Zukunft der amtlichen Wertermittlung, GuG 2012, 99, (100).

2419 AK OGA, Immobilienmarktbericht Deutschland 2023, S. 7.

wahrnimmt oder ggfs. aus sachfremden Erwägungen an einem zu kleinen Zuständigkeitsbereich festhält.

Zwar lassen sich die Zuständigkeitsbereiche gesetzlich nicht abstrakt so bestimmen, dass sie allen Gutachterausschüssen eine vergleichbare Datengrundlage gewährleisten. Im Gesetz kann jedoch eine Mindestgröße vorgegeben werden, um im Regelfall zu gewährleisten, dass die verfügbaren Marktdaten eine sachgerechte Ermittlung von Grundstückswerten ermöglichen. Es sollte daher die ursprünglich in § 137 Abs. 1 BBauG 1976 enthaltene Vorgabe an die Zuständigkeitsbereiche (Einrichtung der Gutachterausschüsse bei den kreisfreien Städten und den Landkreisen) in § 192 BauGB aufgenommen werden.[2420] In Abweichung von der alten Regelung sollte es sich hierbei jedoch nur um eine Mindestvorgabe handeln.[2421] Es sollte den Bundesländern ermöglicht werden, größere Zuständigkeitsbereiche zu bilden. Dies ist insbesondere für strukturschwache Regionen oder kleine Landkreise sinnvoll. Wenige große Gutachterausschüsse gewährleisten tendenziell eine einheitlichere Datenerhebung und -verarbeitung und letztendlich auch eine einheitlichere Bodenrichtwertermittlung als viele kleine Gutachterausschüsse. Vorteilhaft sind weniger Gutachterausschüsse auch im Hinblick auf den Fachkräftemangel, da landesweit weniger Personalstellen bei den Geschäftsstellen besetzt und Gutachter bestellt werden müssen.

(3) Auswirkung der Arbeitsweise der Geschäftsstelle auf die Datenqualität

Neben der generellen Datenverfügbarkeit innerhalb des Zuständigkeitsbereichs hängt die Qualität der Kaufpreissammlung wesentlich von der Datenerhebung durch die Geschäftsstellen der Gutachterausschüsse ab.[2422] Den Kaufverträgen, die nach § 195 Abs. 1 Satz 1 BauGB in Abschrift an die Geschäftsstellen zu übersenden sind, lassen sich neben dem Kaufpreis regelmäßig nur wenige für die Ermittlung von Marktdaten relevante Informationen

---

[2420] *J. Schmidt*, GuG 2008, 150 (155); für einen vergleichbaren Zuschnitt der Zuständigkeitsbereiche auch *D. Löhr/Kempny*, DStR 2019, 537 (541).

[2421] Vgl. Entwurf der BReg zum JStG 1997 v. 26.08.1996, BT-Drs. 13/5359, S. 142.

[2422] FG Rheinland-Pfalz, Beschl. v. 23.11.2023 – 4 V 1295/23, juris 481; *Hendricks*, Bodenrichtwertermittlung, 2017, S. 42; *Ache/Krägenbring*, ZfV 2023, 137 (142).

entnehmen.[2423] Für die Abgrenzung der Bodenrichtwertzonen und für die Attributierung der Bodenrichtwertgrundstücke benötigt der Gutachterausschuss weitere Informationen, die zusätzlich von den Geschäftsstellen der Gutachterausschüsse von anderen Behörden oder auf andere Weise zu erheben sind. Auch eine sachgerechte Bodenrichtwertermittlung in kaufpreisarmen Regionen erfordert zusätzliche Marktinformationen.[2424] Eine ausreichende Datenerhebung setzt eine leistungsfähige Geschäftsstelle voraus. Bundesweit einheitliche Regelungen oder Standards, welche Daten zu erheben sind, gibt es nicht. Auch ist nicht bundeseinheitlich geregelt, wie diese Daten in der Kaufpreissammlung zu erfassen und auszuwerten sind.[2425]

Der Erlass von Rechtsverordnungen zu der Führung und Auswertung der Kaufpreissammlungen fällt in den Zuständigkeitsbereich der Bundesländer (§ 199 Abs. 1 Nr. 4 BauGB).[2426] Die Regelungen, die Länder zur Führung und Auswertung der Kaufpreissammlung erlassen haben, unterscheiden sich hinsichtlich Regelungsart, Regelungsumfang und Regelungstiefe teilweise erheblich.[2427] Einfluss auf eine einheitliche Datenerfassung und -auswertung hat auch die zur Führung der Kaufpreissammlung verwendete Software. Die Bundesländer verwenden unterschiedliche Softwarelösungen. Teilweise wird landesweit eine einheitliche Software verwendet. Teilweise wird keine einheitliche Software vorgegeben und es werden innerhalb eines Bundeslandes unterschiedliche Softwarelösungen durch die verschiedenen Gutachterausschüsse verwendet.[2428] Je nach Umfang und Detailgrad der Regelungen zur Führung der Kaufpreissammlungen unterscheidet sich die Datenqualität der Gutachterausschüsse auch innerhalb eines Bundeslandes erheblich. Selbst in Nordrhein-Westfalen, welches generell über leistungsfähige Gutachterausschüsse verfügt, bereitet die Einführung einer zentralen Kaufpreissammlung

---

[2423] Siehe hierzu bereits unter Gliederungspunkt § 1, II., 7., a), bb).

[2424] Siehe hierzu unter Gliederungspunkt § 1, IV., 2. und § 1, IV., 6., b), cc).

[2425] Siehe hierzu ausführlich unter Gliederungspunkt § 1, II., 7., a), ee).

[2426] Die in § 143a Abs. 2 Satz 2 ff. BBauG 1976 enthaltenen bundesweite Vorgaben zur Führung der Kaufpreissammlung wurden mit Einführung des BauGB – wie die Regelung zu den Zuständigkeitsbereichen – aufgehoben, vgl. Gesetzentwurf der BReg eines Gesetzes über das BauGB, BT-Drs. 10/4630, S. 149 f.

[2427] *Freise*, in: Brügelmann, BauGB, § 195 BauGB, 109. EL, 1/2019, Rn. 11; *Voß*, in: E/Z/B/K, BauGB, § 193 BauGB, 141. EL, 2/2021, Rn. 112.

[2428] Siehe hierzu unter Gliederungspunkt § 1, II., 7., a), aa).

aufgrund der Heterogenität der Kaufpreissammlungen der örtlichen Gutachterausschüsse erhebliche Schwierigkeiten. Es ist daher auch für die Bodenrichtwertermittlung von einer stark schwankenden Qualität der Kaufpreissammlungen auszugehen.[2429] Die Kaufpreissammlungen weisen in erheblichem Umfang Datenlücken auf,[2430] die Rückschlüsse auf die Qualität der Bodenrichtwerte zulassen, die auf dieser Datengrundlage ermittelt werden.

Um eine bundesweit vergleichbare Qualität der Kaufpreissammlungen und damit letztendlich auch der Bodenrichtwerte zu gewährleisten, wird seit längerem eine Harmonisierung der Datenerfassung, -haltung und -auswertung gefordert.[2431] Dieses Erfordernis hatte auch der Bundesgesetzgeber gesehen. Im Zuge der Neugestaltung der Bodenrichtwertermittlung durch das ErbStRG 2009 war zunächst auch eine Verordnungsermächtigung für die Führung und Auswertung der Kaufpreissammlungen für den Bund über § 199 Abs. 1 BauGB vorgesehen. Denn nach Auffassung der Bundesregierung erforderte die erbschaftsteuerliche Bewertung eine bundesweit einheitliche Datengrundlage der Bodenrichtwerte.[2432] Der Bund konnte sich im weiteren Gesetzgebungsverfahren jedoch nicht gegen die Bundesländer durchsetzen,[2433] weshalb die geplante Regelung nicht in die finale Gesetzesfassung übernommen wurde. Ein Bedürfnis nach einer bundesweit einheitlichen Regelung besteht jedoch nach wie vor. Auch im Gesetzgebungsverfahren zur ImmoWertV 2021 hatte das Bundesfinanzministerium offenbar entsprechende Wünsche zur Schaffung vergleichbarer Datengrundlagen geäußert,[2434] die jedoch ohne eine Änderung des § 199 BauGB nicht umsetzbar war. Es ist zutreffend, dass eine bundesrechtliche Regelung die Führung und Auswertung der Kaufpreissammlung nicht abschließend regeln kann und

---

2429 FG Rheinland-Pfalz, Beschl. v. 23.11.2023 – 4 V 1295/23, juris Rn. 389 ff., 480 ff.

2430 *Soot*, Immobilienbewertung in Märkten mit geringen Transaktionen, 2021, S. 55.

2431 *Friedrich*, ZfV 3/1978, 94; *Jäger*, NÖV 1/1999, 11 (11); *J. Schmidt*, GuG 2008, 150 (156); *Deutscher Städtetag*, Zur Zukunft der amtlichen Wertermittlung, GuG 2012, 99, (99 f.); *Hendricks*, Bodenrichtwertermittlung, 2017, S. 46; *Dittrich/Plewka/Kinne*, GuG 2018, 147 (157); *Bischoff*, ImmoWertV 2021, 2021, S. 32; *Ache*, GuG 2022, 12 (13); *Ache/Krägenbring*, ZfV 2023, 137 (146).

2432 Entwurf der BReg zum ErbStRG v. 28.01.2008, BT-Drs. 16/7918, S. 22, 48.

2433 Stellungnahme des BR und Gegenäußerung der BReg zum ErbStRG v. 02.03.2008, BR-Drs. 16/8547, S. 11.

2434 *Bischoff*, ImmoWertV 2021, 2021, S. 28; vgl. auch Entwurf zur ImmoWertV 2021 v. 12.05.2021, BR-Drs. 407/21, S. 1 f.

diese zusätzlich durch weitere Verwaltungsvorschriften und Standards der Bundesländer ergänzt werden müsste.[2435] Da es den Bundesländern bislang jedoch nicht gelungen ist, weder im bundesweiten Vergleich noch innerhalb der jeweiligen Bundesländer, eine einheitliche Datenqualität der Kaufpreissammlungen zu schaffen, ist eine Regelung der Mindestinhalte der Kaufpreissammlung durch den Bund zwingend erforderlich.

bb) Bildung und Abgrenzung der Bodenrichtwertzonen

(1) Problemfelder der zonalen Bodenrichtwerte

Die Bodenrichtwerte sind seit der Erbschaftsteuerreform 2009 als sog. zonale Bodenrichtwerte ausgestaltet und flächendeckend zu ermitteln.[2436] Dazu sind nach § 196 BauGB und § 15 ImmoWertV Bodenrichtwertzonen auszuweisen, die innerhalb der Bodenrichtwertzone eine möglichst homogene Lagewertigkeit aufweisen.[2437] Diese Konzeption erfolgte insbesondere, um für die steuerliche Bewertung eine eindeutige Zuordnung zum Bewertungsobjekt zu gewährleisten und dadurch letztendlich einen gleichheitskonformen Vollzug der steuerlichen Bewertung sicherzustellen.[2438] Daher ist nach Auffassung des Bundesfinanzhofs in der typisierenden steuerlichen Bewertung auch stets der Bodenrichtwert heranzuziehen, der der Bodenrichtwertzone zuzuordnen ist, in der das Bewertungsobjekt belegen ist. Die Heranziehung des Bodenrichtwerts der benachbarten Bodenrichtwertzone soll im Steuerrecht unzulässig sein.[2439]

Die Konzeption als zonale Bodenrichtwerte gewährleistet jedoch nicht bereits von sich aus eine materiell gleichmäßige Bewertung. Zonen gleicher Lagewertigkeit entsprechen regelmäßig nicht der Realität, da die

---

2435 Gesetzentwurf der BReg eines Gesetzes über das BauGB, BT-Drs. 10/4630, S. 11.

2436 Entwurf der BReg zum ErbStRG v. 28.01.2008, BT-Drs. 16/7918, S. 48.

2437 Siehe zur Bildung und Abgrenzung der BRW-Zonen ausführlich unter Gliederungspunkt § 1, IV., 4.

2438 Entwurf der BReg zum ErbStRG v. 28.01.2008, BT-Drs. 16/7918, S. 48; *Josten*, GuG 6/1999, 321 (329).

2439 Für die Grundbesitzbewertung: BFH, Urt. v. 18.08.2005 – II R 62/03, BStBl. II 2006, 5, juris 11; FG Nürnberg, Urt. v. 29.03.2001 – IV 565/2000, EFG 2001, 959, juris Rn. 24; FG Nürnberg, Urt. v. 15.01.2009 – 4 K 1831/2007, juris. Für die Bewertung zur ertragsteuerlichen Teilwertermittlung: BFH, Urt. v. 08.09.1994 – IV R 16/94, BStBl. II 1995, 309, juris Rn. 18.

Lagewertigkeit von Grundstück zu Grundstück grundsätzlich graduell verläuft.[2440] Bodenrichtwertzonen, die für ein Gebiet eine einheitliche Lagewertigkeit ausweisen, beruhen daher auf einer Fiktion. Weder herrscht innerhalb der Bodenrichtwertzone die unterstellte Lagehomogenität, noch bestehen zwischen den Bodenrichtwertzonen regelmäßig derart große Wertsprünge. Es werden daher in typisierender Weise innerhalb einer Bodenrichtwertzone Sachverhalte gleich behandelt, die materiell unterschiedlich zu behandeln wären. An den Zonengrenzen entspricht das Maß der Ungleichbehandlung regelmäßig nicht den tatsächlichen materiellen Verhältnissen.

Im Hinblick auf die Eignung der Bodenrichtwerte für eine gleichheitskonforme Bewertung ist außerdem problematisch, dass sich in der Praxis unterschiedliche Vorgehensweisen für die Bildung und Abgrenzung der Bodenrichtwertzonen (nachfolgend auch als Zonierung bezeichnet) herausgebildet haben dürften.[2441] Die fragmentarischen Vorgaben zur Vorgehensweise bei der Bildung und Abgrenzung der Bodenrichtwertzonen in § 196 Abs. 1 Satz 3 BauGB und § 15 ImmoWertV wurden durch einige wenige Bundesländer zwar durch Verwaltungsvorschriften und Standards ergänzt.[2442] Dies scheint jedoch die Ausnahme zu sein. Mangels einheitlicher Regelungen ist davon auszugehen, dass sich die Vorgehensweisen für die Bildung und Abgrenzung der Bodenrichtwertzonen nicht unerheblich unterscheiden.[2443]

Damit die Bodenrichtwerte als steuerliche Bewertungsgrundlage dem Gebot der realitätsgerechten Werterelation entsprechen und nicht nur eine formale Gleichheit bzw. Ungleichheit schaffen, die tatsächlich nicht existiert, müssen zusätzliche Anforderungen an die Ergebnisse der Zonierung gestellt werden. Dazu müssen sie einerseits als Durchschnittswerte so ermittelt werden, dass sie eine möglichst einheitliche Aussage zu sämtlichen

---

2440 *Brachmann*, AVN 11/1967, 478 (478); *Jakob*, Rechtsgutachten zur Bewertungsvereinfachung, 1992, S. 145; *Deutscher Landkreistag*, Umfrage zur Leistungsfähigkeit der Gutachterausschüsse im Rahmen der Grundsteuerreform, GuG 2000, 164, S. 167; *Kleiber*, Verkehrswertermittlung von Grundstücken, 9. Aufl. 2020, § 10 ImmoWertV, Rn. 82; *Hild*, Die Ermittlung von Bodenrichtwerten in der Innenstadt Karlsruhes, 2018, S. 14.

2441 Siehe generell zur Vorgehensweise bei der Bildung und Abgrenzung von Bodenrichtwertzonen unter Gliederungspunkt § 1, IV., 4., b).

2442 Vgl. Nr. 5.6 RiWert RhPf.

2443 Vgl. *D. Löhr/Kempny*, DStR 2019, 537 (541).

zonenangehörigen Grundstücken treffen. Die Bodenrichtwertzonen müssen dazu einerseits so gebildet werden, dass sie ein bestimmtes Mindestmaß an Lage-Homogenität aufweisen (dazu sogleich unter Gliederungspunkt (2)). Andererseits müssen die Bodenrichtwerte auch Grundstücke verschiedener Bodenrichtwertzonen in eine vergleichsfähige Relation setzen können. Problematisch sind insoweit die teils erheblichen Wertsprünge zwischen den Bodenrichtwertzonen, die dazu führen können, dass zwei benachbarte Grundstücke, die durch eine Zonenlinie getrennt sind, für steuerliche Zwecke erheblich anders bewertet werden. Sofern auch zukünftig für steuerliche Zwecke stets nur der Bodenrichtwert der Bodenrichtwertzone herangezogen werden soll, in der das Bewertungsobjekt belegen ist, muss sichergestellt werden, dass die Wertsprünge an den Zonengrenzen ein bestimmtes Maß nicht übersteigen (dazu unter Gliederungspunkt (3)).

(2) Gewährleistung einer für steuerliche Zwecke ausreichenden Zonendichte

Die Bildung und Abgrenzung der Bodenrichtwertzonen ist eine schwierige Aufgabe. Homogene Zonen einheitlicher Lagewertigkeit existieren in der Realität regelmäßig nicht. Der Gutachterausschuss muss daher aufgrund seiner Fachkunde, Erfahrung und Kenntnis des regionalen Grundstücksmarkts entscheiden, welche Zonen vertretbarerweise noch zusammengefasst werden können.[2444] Vor allem die Einschätzung der verschiedenen Lagewertigkeiten erfordert einen umfassenden Überblick über die verschiedenen örtlichen Grundstücksmärkte und eine gründliche Kenntnis der lageüblichen Mieten.[2445] Voraussetzung ist daher eine sachgerecht geführte Kaufpreissammlung.[2446] Schwierigkeiten bereiten häufig die heterogenen tatsächlichen Verhältnisse in dem von der Zonenbildung betroffenen Gebiet. In Mischgebieten und sog. Gemengelagen existieren etwa häufig Abweichungen hinsichtlich der Art und dem Maß der baulichen Nutzung, sodass sich eine vorherrschende Nutzung innerhalb des Gebiets nicht bestimmen lässt. In den zentralen Lagen der Innenstädte ergeben sich oft starke Lageunterschiede. Aufgrund der dargestellten Rahmenbedingungen fällt es schwer, verbindliche

---

2444 *Freise*, in: Brügelmann, BauGB, § 196 BauGB, 109. EL, 1/2019, Rn. 19.
2445 *Seele*, VR 3/1982, 105 (116).
2446 Siehe hierzu insbesondere unter Gliederungspunkt § 1, II., 7., a), bb).

Vorgaben an die Vorgehensweise bei der Zonierung zu stellen. Gesetzliche Regelungen, auch in Verordnungen oder Verwaltungsvorschriften, sind nur eingeschränkt geeignet, eine bewährte Vorgehensweise bei der Zonierung darzustellen und vorzuschreiben.[2447]

Da die Bodenrichtwertzonen in der Vergangenheit häufig für größere Gebiete bemessen waren, in denen eine homogene Lagewertigkeit nur eingeschränkt anzunehmen war, wurde bereits seit längerem eine größere Homogenität der Bodenrichtwertzonen (auch Zonendichte genannt) gefordert.[2448] Nachdem eine Vorgabe an die Zonendichte letztendlich keinen Einfluss in die ImmoWertV 2010 gefunden hatte,[2449] hat der Gesetzgeber im Zuge der Grundsteuerreform zunächst in § 10 Abs. 3 ImmoWertV 2010[2450] und mittlerweile in § 15 Abs. 1 Satz 2 ImmoWertV vorgeschrieben, dass „lagebedingte Wertunterschiede" zwischen den zonenangehörigen Grundstücken und dem Bodenrichtwertgrundstück grundsätzlich nicht mehr als 30 % betragen dürfen. Dadurch soll letztendlich sichergestellt werden, dass in der steuerlichen Bewertung die materielle Gleichheit der Grundstücke innerhalb einer Bodenrichtwertzone besser gewahrt wird.[2451] Der Gesetzgeber geht insbesondere davon aus (damals noch zu § 10 Abs. 3 ImmoWertV 2010), dass durch diese Regelung sichergestellt wird, dass die Bodenrichtwerte ohne eine weitere Anpassung eine geeignete Bewertungsgrundlage für eine relations- und realitätsgerechte Bewertung darstellt.[2452] Die Regelung bezieht sich jedoch ausschließlich auf die „lagebedingten Wertunterschiede". Anderen Grundstücksmerkmale, die ebenfalls Einfluss auf die Höhe des Bodenrichtwerts haben können, werden von der 30 %-Vorgabe nicht erfasst (so nun ausdrücklich § 15 Abs. 1 Satz 3 ImmoWertV). Die Regelung in § 15 Abs. 1 Satz 2 ImmoWertV gewährleistet daher insbesondere nicht, dass der (unangepasste) Bodenrichtwert nicht mehr als 30 % vom Verkehrswert

---

[2447] Besser geeignet sind Richtlinien und Standards. Siehe hierzu unter Gliederungspunkt § 3, III., 4., a), cc), (2), (d).

[2448] *Josten*, GuG 6/1999, 321 (329); *Eisele*, INF 2000, 481 (486); *Schubert*, NWB-EV 2017, 122 (124); *D. Löhr/Kempny*, DStR 2019, 537 (541).

[2449] Entwurf der BReg zur ImmoWertV v. 03.05.2009, BR-Drs. 296/09, S. 8, 47.

[2450] In der Fassung des Art. 16 Nr. 1 des GrStRefG v. 26.11.2019, BGBl. I S. 1794.

[2451] Vgl. Entwurf zum GrStRefG 2019 v. 25.06.2019, BT-Drs. 19/11085, S. 131.

[2452] Gesetzentwurf der BReg vom 17.03.2021 zum Fondsstandortgesetz, BT-Drs. 19/27631, S. 113.

pro Quadratmeter Boden der einzelnen zonenangehörigen Grundstücke abweicht.[2453] Um dem Werteinfluss der vom Bodenrichtwertgrundstück abweichenden Grundstücksmerkmale der zonenangehörigen Grundstücke in der steuerlichen Bewertung hinreichend Rechnung zu tragen, ist deshalb grundsätzlich eine Anpassung des Bodenrichtwerts erforderlich, um eine realitätsgerechte und damit letztendlich auch eine relationsgerechte steuerliche Bewertung zu gewährleisten. § 15 Abs. 1 Satz 2 ImmoWertV gewährleistet allenfalls, dass auf eine Anpassung des Bodenrichtwertes wegen einer vom Bodenrichtwertgrundstück abweichenden Lagewertigkeit des Bewertungsobjekts verzichtet werden kann. Im Hinblick auf eine gleichmäßigere steuerliche Bewertung ist die Vorgabe einer größeren Zonendichte grundsätzlich zu begrüßen. Es bleibt jedoch abzuwarten, ob diese Vorgabe in der Praxis auch tatsächlich umgesetzt werden kann.[2454]

Nach Auffassung des Finanzgerichts Rheinland-Pfalz ist die Vorgabe in § 15 Abs. 1 Satz 2 ImmoWertV hingegen nicht geeignet, eine für (grund-)steuerliche Zwecke hinreichende Homogenität der Bodenrichtwertzonen zu schaffen.[2455] Das Gericht begründet seine Einschätzung mit einem Gedankenspiel. Ein Grundstück mit dem höchstzulässigen Lagewert innerhalb der Bodenrichtwertzone (130 % des Bodenrichtwerts) weise einen Wert auf, der ca. 85 % über dem Wert des Grundstücks liege, welches am unteren Ende der zulässigen lagebedingten Wertgrenze liege (70 % des Bodenrichtwerts). Dadurch werde eine relationsgerechte Bewertung dieser beiden Vergleichsgrundstücke nicht mehr gewährleistet. Die durch § 15 Abs. 1 Satz 2 ImmoWertV zugelassene Schwankungsbreite ist meines Erachtens allerdings hinzunehmen.[2456] Denn hierbei handelt es sich um ein unvermeidliches Phänomen bei der Ermittlung von Werten, welches auch vom Bundesverfassungsgericht grundsätzlich bei der steuerlichen Bewertung anerkannt wird.[2457] Über die Vorgabe in § 15 Abs. 1 Satz 2 ImmoWertV hinausgehende Anforderungen an die Zonendichte können nicht gestellt werden, da die Bodenrichtwerte ansonsten, überspitzt

---

2453 *Grootens*, BBK 2021, 730 (736). Siehe hierzu auch unter Gliederungspunkt § 3, III., 3, c), cc), (1).

2454 Siehe hierzu unter Gliederungspunkt § 1, IV., 4, c).

2455 FG Rheinland-Pfalz, Beschl. v. 23.11.2023 – 4 V 1295/23, juris Rn. 446 ff.

2456 Ebenso wohl *Krumm*, FR 2023, 957 (966).

2457 Siehe hierzu unter Gliederungspunkt § 3, II., 1., a), bb).

gesagt, für jedes Grundstück gesondert ermittelt werden müssten. Es ist zudem zu beachten, dass durch immer kleiner werdende Bodenrichtwertzonen auch die Vergleichbarkeit der Daten abnimmt, da die Kaufpreise grundsätzlich aus der jeweiligen Bodenrichtwertzone stammen sollen.[2458] Insoweit dürften die subjektiven Einflüsse zunehmen, da die Gutachterausschüsse nun eine Entscheidung über die Vergleichbarkeit der herangezogenen Daten mit den (lagebedingten) Wertverhältnissen in der jeweiligen Bodenrichtwertzone treffen müssten. Für die steuerliche Bewertung, die in mehr oder weniger großem Maße Typisierungen zulässt oder sogar erfordert,[2459] ist eine derartige Konzeption der Bodenrichtwerte nicht zu beanstanden. Letztendlich kommt es für eine gleichheitskonforme steuerliche Bewertung auf die Ergebnisse des Bodenrichtwertverfahrens an. Ob sich durch die Anknüpfung an die Bodenrichtwerte ergebende Differenzierungen letztendlich auch in den Steuerwerten niederschlagen, hängt insoweit allerdings von der Ausgestaltung des Bodenrichtwertverfahrens und dem Umstand ab, ob der Steuerpflichtige den Steuerwert durch einen Gegenbeweis widerlegen kann. Hierauf wird unter Gliederungspunkt § 3, IV. noch ausführlich eingegangen.

(3) Wertsprünge an den Zonengrenzen

Für eine materiell gleichmäßige steuerliche Bewertung kommt es nicht nur darauf an, dass die Grundstücke innerhalb einer Bodenrichtwertzone eine vergleichbare Lagewertigkeit haben. Die zonalen Bodenrichtwerte müssen auch gewährleisten, dass Grundstücke, die in unterschiedlichen Bodenrichtwertzonen belegen sind, entsprechend ihrer jeweiligen für die Bodenrichtwertermittlung relevanten Merkmale gleichmäßig oder unterschiedlich im jeweiligen Bodenrichtwert berücksichtigt werden. Dies setzt auch voraus, dass die lagebedingten Wertunterschiede zwischen den Bodenrichtwertzonen sachgerecht differenziert werden. Da zonale Bodenrichtwerte, im Unterschied zu lagetypischen Bodenrichtwerten, starre Zonengrenzen vorsehen, kommt es an den Zonengrenzen oft zu Wertsprüngen zu den benachbarten Bodenrichtwertzonen. Die regelmäßig graduell und nicht sprunghaft verlaufenden Lageunterschiede zwischen zwei benachbarten Grundstücken, die in zwei verschiedenen Bodenrichtwertzonen belegen sind, werden durch diese

---

2458 Siehe hierzu unter Gliederungspunkt § 1, IV., 6., a), cc), (1), (b), (cc).

2459 Siehe hierzu unter Gliederungspunkt § 3, II., 1., b) und c).

Wertsprünge oft nicht sachgerecht abgebildet.[2460] Gerade in Innenstädten sind derartige Wertsprünge erheblich.[2461] Abweichungen der Bodenrichtwerte benachbarter Bodenrichtwertzonen von über 100 % sind nicht unüblich.[2462] Derart hohe Wertsprünge können sich auch an den Grenzen zweier Zuständigkeitsbereiche ergeben. Diese können einerseits innerhalb eines Bundeslandes zwischen zwei Gutachterausschüssen entstehen. Andererseits können auch erhebliche Wertsprünge an den Landesgrenzen bestehen. Der durch die Zoneneinteilung erzeugte Eindruck einer Genauigkeit bzw. Übereinstimmung der Zustandsmerkmale der Grundstücke innerhalb der Bodenrichtwertzone lässt sich aus den tatsächlichen Gegebenheiten vielfach nicht begründet und nachvollziehbar ableiten.[2463] Gleiches gilt für die Zuordnung eines Grundstücks zu der einen oder der anderen Bodenrichtwertzone.[2464]

Mit der Abgrenzung der Bodenrichtwertzonen trifft der Gutachterausschuss somit eine für den Steuerpflichtigen sehr bedeutsame Entscheidung, nämlich zu welcher Bodenrichtwertzone ein zu bewertendes Grundstück im Grenzbereich zweier Bodenrichtwertzonen zugeordnet wird. Durch die Zuordnung des zu bewertenden Grundstücks zu der einen oder der anderen Bodenrichtwertzone wird für den Steuerpflichtigen nach der finanzgerichtlichen Rechtsprechung das Wertniveau einer Bodenrichtwertzone verbindlich für die steuerliche Bewertung festgeschrieben.[2465] Für an den Zonengrenzen belegene Grundstücke können sich infolge der typisierenden und verbindlichen Anknüpfung an die Bodenrichtwerte – vor allem in

2460 BFH, Urt. v. 08.09.1994 – IV R 16/94, BStBl. II 1995, 309, juris Rn. 18; *Deutscher Landkreistag*, Umfrage zur Leistungsfähigkeit der Gutachterausschüsse im Rahmen der Grundsteuerreform, GuG 2000, 164, S. 167; *G. Kirchhof*, DB 2023, 1116 (1119).

2461 *Kötter/Guhl*, fub 1/2013, 1 (4); *Günther*, Forum 1/2003, 28 (32); *Mann*, in: Kummer/Frankenberg/Kötter (Hrsg.), Das deutsche Vermessungs- und Geoinformationswesen 2014, 2013, S. 581 (600 f.); *Wilms*, in: Wilms/Jochum, ErbStG/BewG/GrEStG, § 145 BewG, 115. EL, 1/2020, Rn. 40.

2462 Siehe hierzu die Beispiele unter Gliederungspunkt § 1, IV., 4., d).

2463 *J. Schmidt*, GuG 2008, 150 (153).

2464 *J. Schmidt*, GuG 2008, 150 (153).

2465 Für die Grundbesitzbewertung: BFH, Urt. v. 18.08.2005 – II R 62/03, BStBl. II 2006, 5, juris 11; FG Nürnberg, Urt. v. 29.03.2001 – IV 565/2000, EFG 2001, 959, juris Rn. 24; FG Nürnberg, Urt. v. 15.01.2009 – 4 K 1831/2007, juris. Für die Bewertung zur ertragsteuerlichen Teilwertermittlung: BFH, Urt. v. 08.09.1994 – IV R 16/94, BStBl. II 1995, 309, juris Rn. 18.

Innenstadtlagen – erhebliche Wertverzerrungen bei der steuerlichen Bewertung ergeben.[2466] Die Wertsprünge an den Zonengrenzen können auch nicht durch eine spätere Anpassung des Bodenrichtwerts im Bodenrichtwertverfahren kompensiert werden, da eine abweichende Lagewertigkeit des Bewertungsobjekts zum Bodenrichtwertgrundstück regelmäßig nicht bei der Anpassung zu berücksichtigen ist. Im Ergebnis schlagen sich diese Wertsprünge daher in den Steuerwerten nieder und führen zu einer ungleichmäßigen Bewertung.

In einigen wenigen Bundesländern existieren Verwaltungsvorschriften, nach denen die Sprünge zwischen den Bodenrichtwertzonen höchstens 30 % betragen sollen.[2467] Viele Bundesländer haben hingegen soweit ersichtlich keine Vorgaben gemacht. Aufgrund der erheblichen Auswirkung dieser Wertsprünge für die steuerliche Bewertung ist eine einheitliche Vorgabe in der ImmoWertV zwingend erforderlich. Es sollte daher vorgegeben werden, dass Bodenrichtwerte zweier benachbarter Bodenrichtwertzonen im Regelfall nicht erheblich voneinander abweichen dürfen. Was unter „erheblich" zu verstehen ist, sollte in Verwaltungsanweisungen und Standards der Bundesländer ggfs. für unterschiedliche Gebietstypen konkretisiert werden. Die Länder sollten ergänzend dazu sinnvollerweise vorgeben, dass die Gutachterausschüsse sich am Rande ihrer Zuständigkeitsbereiche mit dem benachbarten Gutachterausschuss abstimmen sollen.[2468]

(4) Eignung zonaler Bodenrichtwerte für eine gleichmäßige steuerliche Bewertung

Bei der Verwendung zonaler Bodenrichtwerte für steuerliche Zwecke besteht ein Spannungsverhältnis zwischen einfach zuordenbaren Bodenrichtwerten für eine gleichheitskonform vollziehbare steuerliche Bewertung einerseits und Bodenrichtwerten, die die tatsächlich bestehenden Wertverhältnisse realitätsnah abbilden und dadurch eine materiell gleichmäßige Bewertung gewährleisten andererseits. Im Hinblick auf eine gleichheitskonform vollziehbare

---

2466 Nach *Seitz* kann ein Grundstück bspw. statt eines Bodenrichtwerts von EUR 30.000 nur einen Bodenwert pro m² von EUR 8.000 aufweisen, vgl. *A. Seitz*, DStR 2022, 1774 (1775).

2467 Vgl. Nr. 5.6.6 RiWert RhPf.

2468 Vgl. Nr. 5.6.7 RiWert RhPf.

steuerliche Bewertung kann grundsätzlich an der derzeitigen Konzeption als zonale Bodenrichtwerte festgehalten werden. Zwar begründen zonale Bodenrichtwerte nicht unerhebliche Bewertungsdifferenzen. Durch zusätzliche Vorgaben an die Bildung und Abgrenzung der Bodenrichtwertzonen können die mit den zonalen Bodenrichtwerten verbundenen Bewertungsdifferenzen jedoch grundsätzlich auf ein erträgliches Maß reduziert werden. Alternativ dazu infrage kommende lagetypische Bodenrichtwerte[2469] könnten im Rahmen der steuerlichen Bewertung hingegen nicht gleichheitskonform verwendet werden und führen zu erheblichen Schwierigkeiten und Streitigkeiten bei der Zuordnung und Anpassung.

Selbst bei Beachtung dieser zusätzlichen Vorgaben wird die Bildung und Abgrenzung der Bodenrichtwertzonen in einer Vielzahl an Fällen mit erheblichen Unsicherheiten behaftet sein. Der konkrete Verlauf einer Zonengrenze lässt sich häufig aufgrund der tatsächlichen Gegebenheiten nicht rational begründen. Da der Gutachterausschuss zur flächendeckenden Ermittlung der Bodenrichtwerte verpflichtet ist, wird er vermutlich trotz der erheblichen Schwierigkeiten und Ungenauigkeiten versuchen, in diesen Regionen eine Bodenrichtwertzone und einen Bodenrichtwert auszuweisen. Lässt die steuerliche Bewertung derartige Unsicherheiten im Sinne einer praktikablen typisierenden Bewertung zu, sollte dem Steuerpflichtigen die Möglichkeit eingeräumt werden, im Wege einer Öffnungsklausel einen niedrigeren gemeinen Wert nachzuweisen,[2470] um die teils erheblichen Bewertungsdifferenzen kompensieren zu können. Im Rahmen dieses Nachweises sollte es dem Steuerpflichtigen entgegen der Rechtsprechung des Bundesfinanzhofs[2471] offenstehen, bei einem Grundstück, welches an eine Zonenlinie angrenzt, den Bodenrichtwert der benachbarten Bodenrichtwertzone heranzuziehen, sofern dieser zu einer sachgerechteren Bewertung führt. Die Eignung des Bodenrichtwerts i. S. d. § 9 Abs. 1 Satz 1 ImmoWertV setzt nicht zwingend

---

2469 Siehe hierzu unter Gliederungspunkt § 1, III., 1., c).

2470 Sofern ein solcher Wertnachweis mit der jeweiligen steuerlichen Bewertungssystematik vereinbar ist. Vgl. insoweit zur Grundsteuer unter Gliederungspunkt § 3, IV., 3., b), dd).

2471 BFH, Urt. v. 08.09.1994 – IV R 16/94, BStBl. II 1995, 309, juris Rn. 18; BFH, Urt. v. 16.09.2020 – II R 1/18, BStBl. II 2021, 594, juris Rn. 17.

voraus, dass der Bodenrichtwert für die Bodenrichtwertzone ermittelt wurde, in der das Bewertungsobjekt liegt.[2472]

cc) Ermittlung der Bodenrichtwerte

Die Ermittlung der Bodenrichtwerte (gemeint ist im Folgenden die Bodenrichtwertermittlung im engeren Sinne[2473]) erfolgt in der Praxis sehr uneinheitlich. Aus diesem Grund sind die Bodenrichtwerte zumindest zwischen den Bundesländern, aber auch innerhalb eines Bundeslandes nur eingeschränkt vergleichbar. Es wird daher seit längerer Zeit eine Vereinheitlichung der Bodenrichtwertermittlung gefordert.[2474] Ein Schritt zur Vereinheitlichung der Bodenrichtwertermittlung stellte die ImmoWertV 2021 dar, mit der wesentliche Vorgaben der unverbindlichen BRW-RL in die ImmoWertV übernommen wurden und somit als verbindliche Regelungen von den Gutachterausschüssen bei der Bodenrichtwertermittlung zu beachten sind.[2475] Diese Maßnahme ist zu begrüßen. Gleichwohl wird sie nicht dazu führen, dass die Vorgehensweisen der Gutachterausschüsse bei der Bodenrichtwertermittlung einen solchen Grad erreichen werden, dass eine bundesweit einheitliche Bodenrichtwertermittlung gewährleistet wird. Denn es bestehen einerseits strukturelle Defizite, die die Vereinheitlichung der Bodenrichtwertermittlung durch zusätzliche Regelungen deutlich erschweren (dazu sogleich unter Gliederungspunkt (1)). Andererseits sind auch die Vorgaben der §§ 12 ff. ImmoWertV 2021 allein nicht ausreichend, um eine hinreichende Vereinheitlichung zu erreichen (dazu unter Gliederungspunkt (2)).

(1) Strukturelle Defizite der Bodenrichtwertermittlung

(a) Konzeption der Gutachterausschüsse

Die Ermittlung der Bodenrichtwerte erfolgt durch Institutionen, die nicht für eine bundes- oder zumindest landeseinheitliche Ermittlung von Werten

---

2472 Siehe hierzu bereits unter Gliederungspunkt § 1, III., 6., b), bb).

2473 Siehe zum Begriff unter Gliederungspunkt § 1, IV., 3.

2474 *Wolf*, DStR 1997, 349 (352); *Thiel*, fub 2018, 229 (232); *Hey*, ZG 2019, 297 (308); *D. Löhr*, DStR 2019, 1433 (1435); *D. Löhr/Kempny*, DStR 2019, 537 (541); *P. Zimmermann*, ImmoWertV, 2. Aufl. 2019, § 10, Rn. 81; *Eichholz*, DStR 2020, 1158 (1166); *Graf/Nacke*, NWB 2020, 3874 (3878); *Wilms*, in: Wilms/Jochum, ErbStG/BewG/GrEStG, § 145 BewG, 115. EL, 1/2020, Rn. 40; *Wünnemann/Koller*, BB 2020, 215 (218).

2475 Entwurf zur ImmoWertV 2021 v. 12.05.2021, BR-Drs. 407/21, S. 1.

konzipiert wurden. Die Gutachterausschüsse sind als selbstständige und unabhängige Behörden konzipiert (§ 192 Abs. 1 BauGB), die außerhalb der Hierarchie des Staatsaufbaus angesiedelt sind.[2476] Durch die Ermittlung von Bodenrichtwerten und sonstigen für die Wertermittlung erforderliche Daten für steuerliche Zwecke werden die Gutachterausschüsse nicht Teil der Finanzverwaltung und sind nicht als Finanzbehörde anzusehen.[2477] Sie bestehen aus dem Vorsitzenden, in der Regel einem Beamten, der die Tätigkeit haupt- oder nebenamtlich ausübt, und weiteren ehrenamtlichen Gutachtern, die neben ihrer Gutachtertätigkeit einem Hauptberuf nachgehen. Sie sind für die Ermittlung von belastbaren Einzelwerten (vgl. § 193 Abs. 1 bis 4 BauGB) sowie für die unverbindliche Ermittlung von Marktinformationen ausgelegt. Diese Konzeption ist jedoch zumindest nur eingeschränkt für die Ermittlung einer Vielzahl an belastbaren Werten für steuerliche Zwecke geeignet. Denn die Selbstständigkeit und Unabhängigkeit der Gutachterausschüsse bedingt, dass diese nicht in eine allgemeine Organisation eingebettet sind, die einheitliche interne Regelungen treffen kann. Die Gutachterausschüsse entscheiden grundsätzlich eigenverantwortlich über die Ermittlung von Grundstückswerten. Je nach Größe der Zuständigkeitsbereiche in einem Bundesland gibt es eine unterschiedliche Anzahl an Gutachterausschüssen, diese kann von einem Gutachterausschüsse für das gesamte Landesgebiet (z. B. Sachsen-Anhalt, Stadtstaaten) bis hin zu einer großen Anzahl kleiner Gutachterausschüsse reichen.[2478] Eine große Anzahl unabhängiger und selbstständiger Gutachterausschüsse begründet grundsätzlich auch eine Vielzahl unterschiedlicher Arbeitsweisen.

Die Gutachter müssen bei der Wertermittlung nach den allgemein anerkannten Regeln der Wertermittlungslehre vorgehen und müssen dabei die einschlägigen Regelungen des BauGB und der ImmoWertV beachten.[2479] Außerdem müssen sie die Regelungen der Gutachterausschussverordnung des

---

2476 OVG Bautzen, Urt. v. 09.05.2014 – 1 C 12/12, BeckRS 2015, 41316; *Schulte/Bodenstein*, NaVKV 4/1986, 322 (323); *Dieterich/Kniep*, GuG 4/2002, 193 (193); *Voß*, in: E/Z/B/K, BauGB, § 192 BauGB, 111. EL, 9/2013, Rn. 14, 18; *Kleiber*, Verkehrswertermittlung von Grundstücken, 10. Aufl. 2023, § 192 BauGB, Rn. 12.

2477 FG Rheinland-Pfalz, Beschl. v. 23.11.2023 – 4 V 1295/23, juris Rn. 110.

2478 AK OGA, Immobilienmarktbericht Deutschland 2023, S. 7.

2479 BGH, Urt. v. 04.03.1982 – III ZR 156/80, NVwZ 1982, 395; OLG Hamm, Urt. v. 29.11.2000 – 11 U 68/00, BauR 2001, 987; *Voß*, in: E/Z/B/K, BauGB, § 192 BauGB,

jeweiligen Bundeslands befolgen.[2480] Da die selbstständigen und unabhängigen Gutachterausschüsse außerhalb der Hierarchie des Verwaltungsaufbaus angesiedelt sind, sind Verwaltungsvorschriften, Richtlinien und Standards für sie regelmäßig nicht verbindlich.[2481] Die Gutachter unterliegen zudem grundsätzlich keinen externen Weisungen.[2482] Eine Vereinheitlichung der Bodenrichtwerte hat daher primär über die Regelungen des BauGB, der ImmoWertV und der Gutachterausschussverordnungen des jeweiligen Bundeslandes zu erfolgen.

(b) Regelungskompetenzen für die Bodenrichtwertermittlung

Eine detaillierte Regelung der Bodenrichtwertermittlung ist nach der derzeitigen Fassung des BauGB nicht möglich. Der Bund ist gemäß § 199 Abs. 1 BauGB nur berechtigt, „gleiche Grundsätze" bei der Ableitung der für die Wertermittlung erforderlichen Daten einschließlich der Bodenrichtwerte zu erlassen. Es wird davon ausgegangen, dass sich die Verkehrswertermittlung nur durch allgemeine Grundsätze und nicht durch Detailregelungen regeln lässt.[2483] Ein allzu starres Regelungskorsett würde verhindern, dass die Besonderheiten des Einzelfalls berücksichtigt werden könnten. Dies würde die Ermittlung eines marktnahen Verkehrswerts erheblich erschweren.[2484] Gleiches dürfte für die Ermittlung marktnaher Bodenrichtwerte angenommen werden. Die ImmoWertV ist hinsichtlich der Wertermittlungsmethoden nicht abschließend.[2485] Eine vollständige Regelung alle Aspekte der Verkehrswertermittlung und der Bodenrichtwertermittlung ist über sie nicht möglich.

---

111. EL, 9/2013, Rn. 15; *Freise*, in: Brügelmann, BauGB, § 192 BauGB, 109. EL, 1/2019, Rn. 7.

2480 *Kleiber*, Verkehrswertermittlung von Grundstücken, 10. Aufl. 2023, § 192 BauGB, Rn. 109.

2481 *Kleiber*, Verkehrswertermittlung von Grundstücken, 10. Aufl. 2023, § 192 BauGB, Rn. 109.

2482 Siehe hierzu unter Gliederungspunkt § 1, II., 2, d).

2483 Entwurf der BReg zum BBauG 1960 v. 16.04.1958, BT-Drs. III/336, S. 107; Schriftlicher Bericht des Ausschusses für Wohnungswesen, Bau- und Bodenrecht über den von der BReg eingebrachten Entwurf eines BBauG v. 22.04.1960, BT-Drs. III/1794, S. 27; BVerwG, Urt. v. 27.11.2014 – 4 C 31/13, NVwZ 2015, 531 (532).

2484 *Sprengnetter/Kierig*, ImmoWertV, 2010, S. 13.

2485 BVerwG, Beschl. v. 16.01.1996 – 4 B 69/95, NVwZ-RR 1997, 155; *Reuter/Voß/Ziegenbein*, in: Kummer/Kötter/Kutterer/Ostrau (Hrsg.), Das deutsche Vermessungs- und

Es könnte daher angenommen werden, dass es Aufgabe der Bundesländer sei, weitere konkretisierende Vorgaben zu der Ermittlung der Bodenrichtwerte zu erlassen. Aus § 199 Abs. 2 BauGB lässt sich eine Verordnungsermächtigung der Bundesländer für die Bodenrichtwertermittlung jedoch nicht unmittelbar herauslesen, allenfalls können hiernach Teilbereiche der Bodenrichtwertermittlung geregelt werden: das Tätigwerden der Gutachterausschüsse und die Mitwirkung der Gutachter (Nr. 1), die Aufgaben des Vorsitzenden (Nr. 2), die Einrichtung und die Aufgabe der Geschäftsstelle (Nr. 3) sowie die Führung und Auswertung der Kaufpreissammlung, die Häufigkeit der Bodenrichtwertermittlung sowie die Veröffentlichung der Bodenrichtwerte und sonstiger Daten der Wertermittlung (Nr. 4). Eine umfassende Berechtigung zur Konkretisierung der Bodenrichtwertermittlung, insbesondere hinsichtlich der nicht in der ImmoWertV geregelten Verfahrensschritte, lässt sich hieraus nicht ableiten.

Es steht den Bundesländern zwar frei, daneben weitere Regelungen in Verwaltungsvorschriften, Standards und Leitfäden zu treffen. Hiervon haben einige Bundesländer Gebrauch gemacht (z. B. RiWert RhPf, KPSErf-RL Brbg, BoRiWerl. NRW, BRW-Leitfaden HE).[2486] Diese Veröffentlichungen sind jedoch für die selbstständigen und unabhängigen Gutachterausschüsse grundsätzlich nicht verbindlich.[2487] Eine Vereinheitlichung der Bodenrichtwertermittlung durch diese unverbindlichen Standards kann nicht erreicht werden. Dies haben die Erfahrungen mit der Bodenrichtwert-Richtlinie gezeigt.[2488]

(2) Unzureichendes Regelungsgeflecht für eine einheitliche Bodenrichtwertermittlung

(a) Regelungslücken bei der Bodenrichtwertermittlung

Da in der ImmoWertV gemäß § 199 Abs. 1 BauGB nur die Grundsätze der Bodenrichtwertermittlung geregelt werden können, ergeben sich insoweit

---

Geoinformationswesen, 2020, S. 639 (651); *Kleiber*, Verkehrswertermittlung von Grundstücken, 10. Aufl. 2023, ImmoWertV (Vorbem.), Rn. 14.

2486 Vgl. Darstellung bei *Kleiber*, in: E/Z/B/K, BauGB, § 10 ImmoWertV, 135. EL, 9/2019, Rn. 60.

2487 *Kleiber*, Verkehrswertermittlung von Grundstücken, 10. Aufl. 2023, § 192 BauGB, Rn. 109.

2488 Vgl. *Ehlers*, Vermessung Brandenburg 1/2014, 4 (5); Entwurf zur ImmoWertV 2021 v. 12.05.2021, BR-Drs. 407/21, S. 1.

große Regelungslücken. Diese betreffen nicht nur Detailfragen, sondern wesentliche Bereiche der Bodenrichtwertermittlung. Nicht geregelt sind in großen Teilen die Bildung und Abgrenzung der Bodenrichtwertzonen und die damit verbundene Attributierung des Bodenrichtwertgrundstücks. Auch bei der Bodenrichtwertermittlung im engeren Sinne ist nicht das gesamte Verfahren geregelt. Der Gutachterausschuss entscheidet etwa mangels verbindlicher Vorgaben, nach welchen mathematisch-statistischen Verfahren der Bodenrichtwert aus den Vergleichspreisen abgeleitet wird und wie die Vergleichspreise hierbei gewichtet werden. Außerdem fehlt es in den meisten Bundesländern an Regelungen zu der Rundung der Bodenrichtwerte. Das in der Praxis bedeutsame Verfahren der Fortschreibung der Bodenrichtwerte ist in § 14 Abs. 2 Satz 1 ImmoWertV allenfalls im Ansatz geregelt. Die gesetzlichen Vorgaben beziehen sich zudem nur auf die isolierte Ermittlung eines einzelnen Bodenrichtwerts. Weder das BauGB noch die ImmoWertV enthalten formelle oder materielle Vorgaben, wie bei der Ermittlung der Bodenrichtwerte für ein ganzes Gebiet vorzugehen ist. Der in der Praxis regelmäßig durchgeführte Verfahrensschritt der Plausibilisierung der Bodenrichtwerte[2489] ist in der ImmoWertV nicht vorgesehen.

Auch hinsichtlich der praktischen Vorgehensweise bei der Bodenrichtwertermittlung gibt es überwiegend keine einheitlichen und verbindlichen Vorgaben. Gesetzlich geregelt ist nur das materielle Verfahren der Bodenrichtwertermittlung, nicht jedoch das formelle Verfahren. Aus § 192 Abs. 2 f. BauGB lässt sich lediglich entnehmen, dass die Bodenrichtwerte mindestens durch drei Gutachter (Vorsitzender, zwei weitere Gutachter) sowie einen Bediensteten der zuständigen Finanzbehörde ermittelt werden sollen. In der Praxis werden die Bodenrichtwerte jedoch ganz überwiegend durch die Geschäftsstelle des Gutachterausschusses in Zusammenarbeit mit dem Vorsitzenden ermittelt. In den Bodenrichtwertsitzungen werden diese dann nur noch durch die Gutachterausschüsse überprüft und beschlossen.[2490] Die Arbeitsweisen bei der Bodenrichtwertermittlung sowie die Kontrolldichte bei der Überprüfung der von der Geschäftsstelle ermittelten vorläufigen Bodenrichtwerte dürften jedoch erheblich variieren.

[2489] Siehe hierzu unter Gliederungspunkt § 1, IV., 7., f).

[2490] Siehe hierzu unter Gliederungspunkt § 1, IV., 7., a)

Soweit keine verbindlichen Regelungen bestehen, steht es im Belieben des Gutachterausschusses, eine sachgerechte Lösung zu finden. Es liegt auf der Hand, dass unterschiedliche Gutachterausschüsse sich für unterschiedliche Vorgehensweisen entscheiden werden und dass die Ermittlung der Bodenrichtwerte aufgrund dessen daher uneinheitlich erfolgt. Dies gilt jedenfalls dann, wenn die Gutachterausschüsse auf sich selbst gestellt und nicht in eine Arbeitsgemeinschaft mit den anderen Gutachterausschüssen des Bundeslandes eingebunden sind. Aber auch wenn den Gutachterausschüssen bekannt ist, wie diese Regelungen sachgerecht auszufüllen sind (etwa aufgrund von unverbindlichen Standards), dürfte es in der Praxis vorkommen, dass in der Leistungsfähigkeit eingeschränkte Gutachterausschüsse sich stattdessen für eine einfachere Vorgehensweise entscheiden.

(b) Unbestimmtheit der Regelungen zur Bodenrichtwertermittlung

Die Regelungen zu der Bodenrichtwertermittlung in den §§ 12 ff. ImmoWertV enthalten eine Vielzahl unbestimmter Rechtsbegriffe. Der Gutachterausschuss entscheidet bei der Bodenrichtwertermittlung, welche Kaufpreise er für die Wertermittlung in qualitativer und zeitlicher Hinsicht als „geeignet" ansieht (§ 9 Abs. 1 Satz 1 ImmoWertV) und welche er unberücksichtigt lässt, weil sie nach seiner Einschätzung „erheblich" von den anderen Kaufpreisen abweichen (§ 9 Abs. 2 Satz 2 ImmoWertV). Er befindet darüber, ob die herangezogenen Kaufpreise „hinreichend übereinstimmen" (§ 12 Abs. 3 bzw. § 25 Satz 1 ImmoWertV). Außerdem beurteilt der Gutachterausschuss, ob eine „ausreichende" Anzahl dieser geeigneten Kaufpreise für den beabsichtigten Preisvergleich vorhanden ist (§ 12 Abs. 2 ImmoWertV). Sollten nicht ausreichend geeignete Vergleichspreise verfügbar sein, beurteilt er, ob Kaufpreise oder Bodenrichtwerte aus „vergleichbaren" Gebieten herangezogen werden können (§ 14 Abs. 2 Satz 1 ImmoWertV). Sofern der Gutachterausschuss der Auffassung ist, dass nicht ausreichend geeignete Kaufpreise vorhanden sind, entscheidet er, welche Verfahrensweise anstelle des Vergleichswertverfahrens „geeignet" ist (§ 14 Abs. 2 Satz 2 ImmoWertV). Auch bei der Bestimmung der Bodenrichtwertzonen und der Bodenrichtwertgrundstücke sind viele unbestimmte Rechtsbegriffe zu beachten, z. B. welche Grundstücksmerkmale in der Bodenrichtwertzone „vorherrschend" sind (§ 13 Abs. 2 Satz 1 ImmoWertV) oder ob diese in der Zone als „wertbeeinflussend" anzusehen sind (§ 16 Abs. 2 Satz 2 ImmoWertV).

Durch die Unbestimmtheit der Regelungen zur Bodenrichtwertermittlung kann der Gutachterausschuss die Besonderheiten des Einzelfalls berücksichtigen und die individuelle Erfahrung der Gutachter in die Wertermittlung einfließen lassen. Derart offene Regelungen führen jedoch auch zu einer uneinheitlichen Bodenrichtwertermittlung. Verwaltungsvorschriften oder Standards, die diese unbestimmten Rechtsbegriffe und Wertermittlungsspielräume konkretisieren oder den Gutachterausschüssen zumindest einen Anhaltspunkt für eine sachgerechte Entscheidung liefern, existieren soweit ersichtlich kaum. Daher wird durch die Vielzahl der unbestimmten Rechtsbegriffe eine uneinheitliche Bodenrichtwertermittlung begünstigt.

(c) Unterschiedliche Konkretisierung der Bodenrichtwertermittlung durch die Bundesländer

Die Bundesländer haben von der Ihnen zugewiesenen Regelungskompetenz in § 199 Abs. 2 BauGB in unterschiedlichem Umfang und in unterschiedlicher Intensität Gebrauch gemacht. Dies betrifft insbesondere die Regelungen zur Führung und Auswertung der Kaufpreissammlungen.[2491] Sehr unterschiedlich gehandhabt wird auch der Erlass zusätzlicher Verwaltungsvorschriften, Richtlinien und Standards, die die Bodenrichtwertermittlung näher konkretisieren und dadurch eine einheitlichere Ermittlung gewährleisten können.[2492] Zwar sind diese grundsätzlich unverbindlich für die Gutachterausschüsse. In *Nordrhein-Westfalen* und *Hessen* wird jedoch vorgeschrieben, dass die gemeinschaftlich erarbeiteten Standards für die Gutachterausschüsse grundsätzlich verbindlich sind.[2493] Ob diese Regelungen über § 199 Abs. 2 BauGB vollumfänglich gedeckt ist, ist fraglich, da die Verordnungsermächtigung nicht die Regelung von Einzelfragen der Bodenrichtwertermittlung umfasst.[2494] Im Sinne einer einheitlicheren Bodenrichtwertermittlung ist sie jedoch zu begrüßen. Einige Bundesländer haben soweit ersichtlich überhaupt keine ergänzenden Verwaltungsvorschriften oder Standards erlassen (z. B. Baden-Württemberg, Bayern)[2495] – vorwiegend mit der Begründung, bei den Gutachterausschüssen

---

[2491] Siehe hierzu unter Gliederungspunkt § 1, II., 7., a), ee).
[2492] Siehe hierzu unter Gliederungspunkt § 1, IV., 1., e) und f).
[2493] § 29 Abs. 3 GrundWertVO NRW; § 22 Abs. 1 BauGB-AV HE.
[2494] Siehe hierzu unter Gliederungspunkt § 3, III., 4., a), cc), (1), (b).
[2495] *Ehlers*, Vermessung Brandenburg 1/2014, 4 (5).

handele es sich um selbstständige und unabhängige Institutionen, die eigenverantwortlich über die Wertermittlung entscheiden.[2496] In vielen Bundesländern wurde vor der ImmoWertV 2021 die Bodenrichtwert-Richtlinie von den Gutachterausschüssen angewendet. Allerdings hatten auch hier nicht alle Bundesländer die Richtlinie für verbindlich erklärt, was zu einer uneinheitlichen Handhabung geführt hat.[2497]

(d) Maßnahmen zur Vereinheitlichung der Bodenrichtwertermittlung

Eine einheitliche Bodenrichtwertermittlung wird durch das bestehende Regelungsgeflecht nicht gewährleistet. Es sind daher weitere Maßnahmen erforderlich, die eine einheitlichere Bodenrichtwertermittlung gewährleisten. Zur Vereinheitlichung menschlicher Entscheidungen kommen nach *Kahneman/Sibony/Sunstein* insbesondere Regeln oder Standards in Betracht.[2498] Eine Regelung präzisiert Details, die bei der Entscheidungsfindung zu beachten sind und enthält eine klare Vorgabe.[2499] Im Hinblick auf die Bodenrichtwertermittlung könnte eine derartige Regelung etwa lauten: „Die Wertsprünge zwischen den Bodenrichtwertzonen dürfen nicht mehr als 30 % betragen" oder „die Geschäftsstellen der Gutachterausschüsse sind bei der Führung der Kaufpreissammlung verpflichtet, eine [nach Art und Umfang definierte Anzahl an Marktdaten] zu erheben". Demgegenüber enthalten Standards regelmäßig weiche Formulierungen, die dem Verwender einen gewissen Spielraum belassen und die sich eher auf die Vorgehensweise als auf das Ergebnis beziehen.[2500] Im Recht sind dies insbesondere Normen mit unbestimmten Rechtsbegriffen sowie mit Beurteilungs- und Ermessensspielräumen. Im Hinblick auf die Bodenrichtwertermittlung könnten derartige Standards etwa wie folgt formuliert sein: „die Wertsprünge zwischen den Bodenrichtwertzonen dürfen nicht ‚erheblich' sein" oder „Die Kaufpreissammlungen sollen derart geführt werden, dass sie in qualitativer und quantitativer Hinsicht ausreichend Daten für eine sachgerechte Bodenrichtwertermittlung enthalten".

2496 Vgl. Antwort des b-w. Ministeriums für Inneres, Digitalisierung und Migration zur kleinen Anfrage des Abg. D. Born, BW LT-Drs. 16/4222, S. 3.

2497 *Ehlers*, Vermessung Brandenburg 1/2014, 4 (5).

2498 Vgl. *Kahneman/Sibony/Sunstein*, Noise, 2021, S. 386 ff.

2499 Vgl. *Kahneman/Sibony/Sunstein*, Noise, 2021, S. 386.

2500 Vgl. *Kahneman/Sibony/Sunstein*, Noise, 2021, S. 386.

Eine einheitliche Bodenrichtwertermittlung wird primär durch verbindliche Regelungen erreicht. Demgegenüber sind Standards zwar besser als eine ungeregelte Bodenrichtwertermittlung. Werden sie nicht durch weitere Maßnahmen konkretisiert, führen Standards jedoch zu einer größeren Streubreite der Bodenrichtwerte.[2501] Die ImmoWertV enthält ganz überwiegend Standards, die sich insbesondere in den unbestimmten Rechtsbegriffen zeigen. Eine Konkretisierung dieser Standards erfolgt überwiegend nicht.

Die Verwendung von Standards wird auch in der Verkehrswertermittlung diskutiert, wobei das Begriffsverständnis zwar ähnlich, aber nicht deckungsgleich mit der soeben dargestellten Differenzierung ist. Unter Standards werden in diesem Bereich *„allgemein anerkannte, einheitliche Verfahrensweisen u. a. zur Herstellung von Produkten bezeichnet“*.[2502] Standards sind hiernach darauf gerichtet, eine Vereinheitlichung von Verfahrensweisen (der Methode, nicht des Ergebnisses) zu erreichen.[2503] In Nordrhein-Westfalen ist in § 24 Abs. 1 GrundWertVO NRW geregelt, dass die Gutachterausschüsse gemeinschaftliche Modell-, Leistungs- und Verfahrensstandards erarbeiten, um eine einheitliche, vollständige und aktuelle Leistungserbringung erreichen und erhalten.[2504] Die erarbeiteten Standards sind als Standardmodelle und Leitfäden des AGVGA NRW über BORIS-NRW öffentlich abrufbar. Die Standards sind regelmäßig in Textziffern gegliedert und können auch Tabellen und Abbildungen enthalten.[2505] Zur Beschreibung einer einheitlichen Vorgehensweise bei der Bodenrichtwertermittlung sind diese daher besser geeignet als ein Gesetzestext. Die Gutachterausschüsse sind nach § 29 Abs. 3 Satz 2 GrundWertVO NRW gehalten, diese gemeinschaftlichen Standards zu beachten.

Im Sinne einer einheitlichen Bodenrichtwertermittlung wäre eine detailliertere verbindliche Regelung der Bodenrichtwertermittlung in der

---

2501 Vgl. *Kahneman/Sibony/Sunstein*, Noise, 2021, S. 392.

2502 *Höhn/Schaar*, NÖV 1/2007, 50 (51).

2503 *Höhn/Schaar*, NÖV 1/2007, 50 (51).

2504 Siehe hierzu unter Gliederungspunkt § 1, II., 4 c) und § 1, IV., 1., f).

2505 Vgl. etwa zur Bodenrichtwertermittlung im Ansatz: AGVGA.NRW, Modell zur Ermittlung von Bodenwerten für Wohnbauland in NRW, Tz. 2.1.1, abrufbar unter https://www.boris.nrw.de/borisfachdaten/agvga/historisch/Modell_zur_Ermittlung_von_Bodenwerten_fuer_Wohnbauland_in_NRW__Stand_2017-05-23.pdf (letzter Abruf 28.09.2025).

ImmoWertV zwar wünschenswert.[2506] Aufgrund der Vielgestaltigkeit der Lebenswirklichkeit und der unterschiedlichen regionalen Verhältnisse lassen sich starre allgemeinverbindliche Regelungen allerdings nur schwer formulieren. Zudem besteht in einigen Bundesländern offenbar eine große Besorgnis, durch Regelungen zu stark in die Arbeitsweise der selbstständigen und unabhängigen Gutachterausschüsse einzugreifen. Die Umsetzung einer bundesweiten Detailregelung der Bodenrichtwertermittlung erscheint daher unrealistisch.[2507] Nach dem Vorbild von Nordrhein-Westfalen sollten die Gutachterausschüsse jedoch in Arbeitsgemeinschaften innerhalb eines Bundeslandes gemeinschaftliche Standards erarbeiten, die für die Gutachterausschüsse im Regelfall für verbindlich erklärt werden. Anschließend kann eine bundesweite Vereinheitlichung dieser Standards über den Arbeitskreis der Oberen Gutachterausschüsse, Zentralen Geschäftsstellen und Gutachterausschüsse in der Bundesrepublik Deutschland (AK OGA) erfolgen.[2508] Die erarbeiteten Standards und auch die übrigen Landesregelungen zur Bodenrichtwertermittlung müssen öffentlich einsehbar sein, idealerweise über das Wertermittlungsportal des jeweiligen Bundeslandes[2509] oder über die Internetseite des Oberen Gutachterausschusses bzw. der Zentralen Geschäftsstelle.

Die Standardisierung der Bodenrichtwertermittlung sollte ergänzt werden durch eine effektive Kontrolle der Geschäftsstellen der Gutachterausschüsse durch die zuständigen Aufsichtsbehörden.[2510] Die Überprüfung sollte insbesondere die Arbeitsweise bei der Führung und Auswertung der Kaufpreissammlung umfassen. Dass zurzeit in sämtlichen Bundesländern eine effektive Kontrolle durch die Aufsichtsbehörde erfolgt, ist zu bezweifeln.[2511] Es haben nur einige Bundesländer in ihren Gutachterausschussverordnungen

---

2506 *Deutscher Landkreistag*, Umfrage zur Leistungsfähigkeit der Gutachterausschüsse im Rahmen der Grundsteuerreform, GuG 2000, 164, S. 171; so noch vor Ergehen der ImmoWertV 2021 *Bock*, in: Viskorf/Schuck/Wälzholz, ErbStG/BewG, 6. Aufl. 2020, § 179 BewG, Rn. 10.

2507 Vgl. *Deutscher Landkreistag*, Umfrage zur Leistungsfähigkeit der Gutachterausschüsse im Rahmen der Grundsteuerreform, GuG 2000, 164, S. 172.

2508 *D. Löhr*, DStR 2019, 1433 (1435).

2509 In NRW sind derartige Standards etwa über BORIS-NRW, dort unter dem Stichwort „Handlungsempfehlungen der AGVGA NRW“, abrufbar.

2510 *Seele*, VR 1/1975, 48 (56); in diese Richtung auch *Bock*, in: Viskorf/Schuck/Wälzholz, ErbStG/BewG, 7. Aufl. 2023, § 179 BewG, Rn. 11.

2511 Vgl. auch FG Rheinland-Pfalz, Beschl. v. 23.11.2023 – 4 V 1295/23, juris Rn. 111.

eine ausdrückliche Regelung dazu getroffen, dass die Gutachterausschüsse der Rechtsaufsicht unterliegen und welche Stelle für die Rechtsaufsicht der Gutachterausschüsse zuständig ist.[2512] Zwar dürfte bei den anderen Bundesländern eine Rechtsaufsicht nach den allgemeinen Bestimmungen durchzuführen sein.[2513] Es bleibt insoweit jedoch zu vermuten, dass dieser Rechtsaufsicht ein nicht allzu großer Stellenwert beigemessen wird.

dd) Unterschiedliche Leistungsfähigkeit der Gutachterausschüsse

(1) Bedeutung einer leistungsfähigen Geschäftsstelle für die Qualität der Bodenrichtwerte

Noch wichtiger für eine gleichmäßige Bodenrichtwertermittlung als eine einheitliche Regelung der Bodenrichtwertermittlung ist eine einheitliche Leistungsfähigkeit der Gutachterausschüsse. Es reicht nicht aus, mehr Vorgaben zur Vereinheitlichung der Bodenrichtwertermittlung zu erlassen, wenn viele Gutachterausschüsse tatsächlich nicht in der Lage sind, diese Vorgaben einzuhalten und die Bodenrichtwerte sachgerecht zu ermitteln. Dies gilt insbesondere für die mit der ImmoWertV 2021 eingeführten weiteren Vorgaben an die Bodenrichtwertermittlung, die für die Gutachterausschüsse zu einer nicht unerheblichen Mehrbelastung bei der Ermittlung der Bodenrichtwerte führen dürften.[2514]

Vor allem die Qualifikation der Bediensteten der Geschäftsstellen und die personelle und sachliche Ausstattung der Geschäftsstellen haben einen erheblichen Einfluss auf die Qualität der Bodenrichtwerte.[2515] Die Geschäftsstelle erhebt zunächst die für die Wertermittlung erforderlichen Daten. Dazu sichtet sie zunächst die eingegangenen Kaufverträge und wertet die hierin enthaltenen Informationen aus. Da die Kaufverträge regelmäßig nur einen Teil der für die Bodenrichtwertermittlung erforderlichen Informationen enthalten, sind zusätzliche Ermittlungen und Auskunftsersuchen erforderlich.[2516] Die Qualität und der Umfang dieser Ermittlungsarbeiten

---

[2512] Vgl. Übersicht bei *Kleiber,* Verkehrswertermittlung von Grundstücken, 10. Aufl. 2023, § 192 BauGB, Rn. 110.

[2513] Vgl. *MWi BW,* Antwort auf die kleine Anfrage zu den Gutachterausschüssen nach § 192 BauGB, LT-Drs. 13/1478, abgedruckt in GuG 2005, 43.

[2514] *Bischoff,* ImmoWertV 2021, 2021, S. 29; *Ehlers,* Vermessung Brandenburg 2/2021, 4.

[2515] *Dittrich/Plewka/Kinne,* GuG 2018, 147 (149); *Freise,* in: Brügelmann, BauGB, § 192 BauGB, 109. EL, 1/2019, Rn. 30.

[2516] Siehe hierzu unter Gliederungspunkt § 1, II., 7., a), bb).

bestimmen letztendlich die Qualität der Bodenrichtwerte. Auch zusätzliche Auswertungen der Geschäftsstelle können hilfreich sein, z. B. aus Kaufverträgen über bebaute Grundstücke abgeleitete Bodenwerte. Für eine belastbare Bodenrichtwertermittlung sind zudem Umrechnungskoeffizienten für verschiedene Grundstücksmerkmale (§ 19 ImmoWertV) sowie (Bodenpreis-) Indexreihen (§ 18 ImmoWertV) erforderlich.[2517] Diese werden regelmäßig durch die Geschäftsstellen ermittelt und setzen ebenfalls eine ausreichende Datengrundlage voraus.[2518] Ohne diese Informationen kann eine belastbare Bodenrichtwertermittlung nicht erfolgen.

Die Leistungsfähigkeit der Geschäftsstelle ist jedoch nicht nur für die Qualität der Datengrundlage, sondern auch für die Qualität der Bodenrichtwerte selbst relevant. Denn in der Praxis werden die vorläufigen Bodenrichtwerte, die in den Bodenrichtwertsitzungen von den Gutachtern beschlossen werden, regelmäßig zunächst durch die Bediensteten der Geschäftsstellen in Zusammenarbeit mit dem Vorsitzenden des Gutachterausschusses ermittelt.[2519] Damit die Bodenrichtwertermittlung sachgerecht und unter Beachtung der geltenden einschlägigen Vorgaben erfolgt, ist eine hinreichende fachliche und personelle Ausstattung der Geschäftsstellen erforderlich. Die von der Geschäftsstelle ermittelten Bodenrichtwerte werden in den Bodenrichtwertsitzungen des Gutachterausschusses nur noch überprüft, einzelne Bodenrichtwerte werden diskutiert und ggfs. geändert. Die Qualität und Aussagekraft der Bodenrichtwerte (und der sonstigen für die Wertermittlung erforderlichen Daten) hängt daher von der Leistungsfähigkeit der Geschäftsstelle ab. Unterschiedlich leistungsfähige Gutachterausschüsse ermitteln daher unterschiedlich aussagekräftige Bodenrichtwerte.

(2) Unterschiedliche personelle und sachliche Ausstattung der Geschäftsstellen

Die personelle und sachliche Ausstattung der Geschäftsstellen der Gutachterausschüsse ist vielfach schlecht (z. B. in Bayern, Baden-Württemberg,

---

2517 *Mann*, in: Kummer/Frankenberg/Kötter (Hrsg.), Das deutsche Vermessungs- und Geoinformationswesen 2014, 2013, S. 581 (583); *Freise*, in: Brügelmann, BauGB, § 196 BauGB, 109. EL, 1/2019, Rn. 30.; vgl. auch Nr. 5.5.2 RiWert RhPf.

2518 Vgl. z. B. AGVGA.NRW, Modellkonforme Wertermittlung, 2016, S. 13.

2519 Siehe hierzu unter Gliederungspunkt § 1, IV., 7., a).

Mecklenburg-Vorpommern, Sachsen oder Schleswig-Holstein).[2520] Dies liegt insbesondere an der Sparpolitik in der öffentlichen Verwaltung.[2521] Die Gutachterausschüsse waren schon von Beginn an unterfinanziert und teilweise schlecht ausgestattet und sind es heute in großen Teilen immer noch.[2522] Im Laufe der Zeit haben die Aufgaben der Gutachterausschüsse und der Geschäftsstellen stetig zugenommen, ohne dass dieser Mehraufwand ausreichend kompensiert wurde.[2523] Zuletzt erfolgte eine erhebliche Mehrbelastung durch die Einbindung der Gutachterausschüsse in die Grundsteuerreform.[2524] Weder den Gesetzgebungsmaterialien zum GrStRefG noch denen zum baden-württembergischen Landesgrundsteuergesetz lassen sich Überlegungen zur Leistungsfähigkeit der Gutachterausschüsse oder zur personellen und sachlichen Ausstattung der Geschäftsstellen entnehmen.[2525] Diese ist insbesondere bei Baden-Württemberg verwunderlich, da der schlechte Zustand des Gutachterausschusswesens und damit verbunden auch die Qualität der Bodenrichtwerte seit langem bekannt sind.[2526]

2520 *Seele*, VR 1/1975, 48 (56); *Josten*, GuG 6/1999, 321 (329); *Reuter*, fub 3/2006, 97 (98); *D. Löhr*, Wirtschaftsdienst 5/2011, 333 (337); *Hendricks*, Bodenrichtwertermittlung, 2017, S. 41; *Dittrich/Plewka/Kinne*, GuG 2018, 147 (157); *D. Löhr/Kempny*, DStR 2019, 537 (541); *Bischoff*, ImmoWertV 2021, 2021, S. 28.

2521 *Reuter*, fub 3/2006, 97 (98); *Hendricks*, Bodenrichtwertermittlung, 2017, S. 41; Antag d. Abg. Julius Redling u. a. SPD und Stellungnahme des Wirtschaftsministeriums v. 01.08.1996, BW LT-Drs. 12/275, S. 2; *Petersen/Schnoor/W. Seitz*, Verkehrswertermittlung von Immobilien, 3. Aufl. 2018, S. 84; *Höhn/Kösters/Schaar/Schmeck*, ZfV 4/2010, 280 (289).

2522 Vgl. für Niedersachsen *Schulte/Bodenstein*, NaVKV 4/1986, 322 (325); vgl. für NRW *Höhn/Kösters/Schaar/Schmeck*, ZfV 4/2010, 280 (282).

2523 *Engelken*, AVN 8+9/1977, 333 (335 f.); *J. Schmidt*, GuG 6/1996, 351 (352); *Schmeck*, NÖV 1/1999, 31 (31); *Höhn/Kösters/Schaar/Schmeck*, ZfV 4/2010, 280 (282); *Kredt*, fub 1/2010, 1 (9); *Ehlers*, Vermessung Brandenburg 1/2014, 4 (4); *Ehlers*, Vermessung Brandenburg 2/2021, 4.

2524 Siehe hierzu unter Gliederungspunkt § 2, II., 3., b), aa), (2) und § 2, II., 3., b), dd).

2525 Entwurf zum GrStRefG 2019 v. 25.06.2019, BT-Drs. 19/11085; *LT BW*, Entwurf eines LGrStG v. 30.09.2020, LT-Drs. 16/8907.

2526 *Rechnungshof Baden-Württemberg*, Denkschrift 1996 zur Haushalts- und Wirtschaftsführung des Landes Baden-Württemberg mit Bemerkungen zur Landeshaushaltsrechnung 1994, S. 100; Antrag d. Abg. Julius Redling u. a. SPD und Stellungnahme des Wirtschaftsministeriums v. 01.08.1996, BW LT-Drs. 12/275, S. 2 f.; *Schmidt*, GuG 6/1992, 330; *J. Schmidt*, GuG 6/1996, 351; *D. Löhr*, Wirtschaftsdienst 5/2011, 333 (337); *Staiber/Meidinger*, GuG 3/2019, 159.

In ihrer Leistungsfähigkeit eingeschränkte Gutachterausschüsse können die Bodenrichtwerte und die sonstigen für die Wertermittlung erforderlichen Daten häufig nicht oder zumindest nur eingeschränkt sachgerecht ermitteln.[2527] Hierdurch entstehen erhebliche Vollzugsdefizite,[2528] die ebenfalls eine heterogene Qualität der Bodenrichtwerte und der sonstigen für die Wertermittlung erforderlichen Daten begründen. Aufgrund der unterschiedlichen Organisation der Gutachterausschüsse in den Bundesländern und insbesondere den unterschiedlichen Stellen, bei denen die Geschäftsstellen eingerichtet werden, variiert die personelle, sachliche und finanzielle Ausstattung der Gutachterausschüsse und ihrer Geschäftsstellen sowohl zwischen den Gutachterausschüssen eines Bundeslandes als auch zwischen den Bundesländern.[2529] Je mehr Gutachterausschüsse ein Bundesland hat, desto größere Unterschiede dürften sich bei der Leistungsfähigkeit der Gutachterausschüsse ergeben. Es liegt auf der Hand, dass ein Gutachterausschuss mit einer Geschäftsstelle mit einem Zuständigkeitsbereich für einen Landkreis, die nur mit zwei Personen besetzt ist,[2530] regelmäßig deutlich ungenauere Bodenrichtwerte ermittelt als eine Geschäftsstelle, die bei einer personell und fachlich ausreichend ausgestatteten Fachbehörde angesiedelt ist. Diese Ausgangssituation begünstigt zudem das Auftreten struktureller Fehler bei der Bodenrichtwertermittlung.[2531] Dadurch kann sich für den Zuständigkeitsbereich des Gutachterausschusses nicht nur eine größere Streubreite der Bodenrichtwerte, sondern auch eine Verzerrung des Bodenrichtwertniveaus ergeben.

Um eine hinreichende Leistungsfähigkeit der Geschäftsstellen zu gewährleisten, müssen diese in personeller und sachlicher Hinsicht so ausgestattet

---

2527 *Josten*, GuG 6/1999, 321 (329); *Reuter*, fub 3/2006, 97 (98); *Hendricks*, Bodenrichtwertermittlung, 2017, S. 41; *Deutscher Landkreistag*, Umfrage zur Leistungsfähigkeit der Gutachterausschüsse im Rahmen der Grundsteuerreform, GuG 2000, 164, S. 169; *Ache/Krägenbring*, ZfV 2023, 137 (142).

2528 *Ache/Krägenbring*, ZfV 2023, 137 (142).

2529 *Tiemann*, AVN 9/1966, 374 (378); *Friedrich*, VR 2/1976, 96 (101 f.); *Hendricks*, Bodenrichtwertermittlung, 2017, S. 42; *Petersen/Schnoor/W. Seitz*, Verkehrswertermittlung von Immobilien, 3. Aufl. 2018, S. 85; *Bischoff*, ImmoWertV 2021, 2021, S. 28.

2530 Vgl. *Streich*, Der Immobilienbewerter 2/2010, 19 (21).

2531 *W.-E. Schulz*, VR 3/1978, 108 (108); *Reuter*, fub 3/2006, 97 (98); *Hendricks*, Bodenrichtwertermittlung, 2017, S. 63; *Staiber/Meidinger*, GuG 3/2019, 159 (161).

sein, dass sie ihre Aufgaben sachgerecht erfüllen können.[2532] In personeller Hinsicht setzt dies insbesondere zunächst voraus, dass die Bediensteten der Geschäftsstellen hinreichend qualifiziert sind, also über Sachkenntnisse bzgl. der Wertermittlung verfügen und mit gesetzlichen Vorgaben umgehen können. Es muss ausreichend qualifiziertes Personal vorhanden sein. Das Personal muss in regelmäßigen Abständen fortgebildet werden. In sachlicher Hinsicht setzt eine ausreichende Ausstattung insbesondere voraus, dass die Geschäftsstellen mit geeigneten Arbeitsmitteln (insbesondere aktuelle Hard- und Software) ausgestattet sind.[2533] Es muss eine ausreichende finanzielle Ausstattung vorhanden sein, um die personelle und sachliche Ausstattung sicherzustellen. Da derartige Voraussetzungen von Fachbehörden regelmäßig besser erfüllt werden können als etwa von Kommunen, sollte die Einrichtung der Geschäftsstellen der Gutachterausschüsse nach Möglichkeit bei einschlägigen Fachbehörden, etwa Kataster- oder Vermessungsämtern, erfolgen.[2534]

b) Steuerrechtliche Anforderungen an eine gleichheitskonforme Bodenrichtwertermittlung

Für die Beurteilung der steuerrechtlichen Anforderungen an eine gleichheitskonforme Bodenrichtwertermittlung kommt es zunächst darauf an, welche Maßstäbe an die gleichmäßige Ermittlung der Bodenrichtwerte aus steuerrechtlicher Sicht anzulegen sind (hierzu sogleich unter Gliederungspunkt aa)). Außerdem stellt sich die Frage, innerhalb welches räumlichen Bereichs (Bundesgebiet, Bundesland, Gemeinde) eine einheitliche Bodenrichtwertermittlung aus gleichheitsrechtlicher Sicht sichergestellt werden muss (dazu unter Gliederungspunkt bb)).

2532 Vgl. *Seer*, DB 2018, 1488 (1491); *Ache/Krägenbring*, ZfV 2023, 137 (142 f.).

2533 *J. Schmidt*, GuG 6/1996, 351 (352); *Petersen/Schnoor/W. Seitz*, Verkehrswertermittlung von Immobilien, 3. Aufl. 2018, S. 85; *Schmalgemeier*, GuG 6/2005, 350 (351); *Seele*, VR 1/1975, 48 (56).

2534 *Bastian*, AVN 9/1973, 338 (342); *Friedrich*, VR 2/1976, 96 (101); *Schulte/Bodenstein*, NaVKV 4/1986, 322 (324); *Schmalgemeier*, GuG 6/2005, 350 (351); *Ziegenbein*, fub 3/2008, 97 (104); *Reuter/Voß/Ziegenbein*, in: Kummer/Kötter/Kutterer/Ostrau (Hrsg.), Das deutsche Vermessungs- und Geoinformationswesen, 2020, S. 639 (655).

aa) Anforderungen an das Maß der Gleichmäßigkeit der Bodenrichtwertermittlung

(1) Allgemeine Anforderungen an steuerliche Bewertungsgrundlagen

Bei der Ausgestaltung der steuerlichen Bewertungssystematik muss der Gesetzgeber das Gebot der realitätsgerechten Werterelation beachten.[2535] Entscheidet sich der Gesetzgeber dabei dafür, an bestimmte Bewertungsgrundlagen anzuknüpfen oder diese gesetzlich festzulegen, so muss er bereits bei der Auswahl der Bewertungsgrundlagen beachten, dass diese geeignet sind, den Belastungsgrund der Steuer folgerichtig zu erfassen und vergleichsfähige Wertrelationen zu gewährleisten. Denn Mängel in den Bewertungsgrundlagen können nur eingeschränkt in den steuerlichen Bewertungsverfahren kompensiert werden. Sind die Bewertungsgrundlagen schon nicht geeignet, vergleichsfähige Relationen zu gewährleisten, so werden dies die anhand dieser Bewertungsgrundlagen ermittelten Steuerwerte ebenfalls nicht sein.[2536]

Bei der Ausgestaltung der steuerlichen Bewertungssystematik kann sich der Gesetzgeber einerseits dafür entscheiden, die Bewertungsgrundlagen in typisierender Weise gesetzlich vorzugeben. Diese gesetzlichen Bewertungsgrundlagen beruhen auf einer Entscheidung des Gesetzgebers und gelten für alle Steuerpflichtige gleichermaßen. Sie beruhen regelmäßig auf statistischen Erhebungen oder bestätigten Erfahrungssätzen, die vom Gesetzgeber im Rahmen seiner Typisierungsbefugnis abstrahiert werden. Die formelle Gleichheit wird durch die gesetzlich vorgegebenen Bewertungsgrundlagen in besonderem Maße gewährleistet. Da die abstrakten Bewertungsgrundlagen nicht für jeden Einzelfall geeignet sind, ergeben sich Defizite hinsichtlich der materiellen Gleichheit, die im Rahmen der verfassungsrechtlichen Grenzen der Typisierung jedoch hinzunehmen sind.[2537]

Es steht dem Gesetzgeber andererseits grundsätzlich frei, in typisierender Weise an Bewertungsgrundlagen anzuknüpfen, die nicht von ihm gesetzlich vorgegeben werden, sondern die von anderen Institutionen ermittelt werden. Bei einer am Verkehrswert orientierten Bewertung betrifft dies insbesondere

---

2535 Siehe hierzu unter Gliederungspunkt § 3, II., 2., c).

2536 BVerfG v. 07.11.2006 – 1 BvL 10/02, BVerfGE 117, 1, 34 f. (ErbSt III); so zuvor grundlegend *Tipke*, GmbHR 1996, 8 (10); *Tipke*, StRO II, 2. Aufl. 2003, S. 1214; ebenso *Seer*, StuW 1997, 283 (286); *Seer*, StuW 2021, 111 (112).

2537 Siehe hierzu allgemein unter Gliederungspunkt § 3, II., 2., d), bb).

die von den Gutachterausschüssen ermittelten Grundstückswerte und zur Wertermittlung erforderlichen Daten, einschließlich der Bodenrichtwerte.[2538] Die steuerlichen Bewertungsgrundlagen müssen nicht zwingend von Stellen innerhalb der Finanzverwaltung ermittelt werden.[2539] Allerdings hat der Gesetzgeber auch bei diesen Bewertungsgrundlagen das Gebot der realitätsgerechten Werterelation zu beachten. Dabei gilt es zu berücksichtigen, dass der Gesetzgeber diese Werte nicht selbst vorgibt, sondern nur an diese anknüpft. Die von den Gutachterausschüssen ermittelten Bewertungsgrundlagen werden nicht für das gesamte Bundesgebiet oder für das Gebiet eines Bundeslandes einheitlich ermittelt. Die Bewertungsgrundlagen beziehen sich entweder auf den Zuständigkeitsbereich des Gutachterausschusses oder einen Teilbereich dieses Zuständigkeitsbereichs (z. B. Liegenschaftszinssätze, Sachwertfaktoren) oder im Falle der Bodenrichtwerte auf die jeweilige Bodenrichtwertzone. Damit diese mehr oder weniger individuell ermittelten Bewertungsgrundlagen vergleichbare Relationen zwischen den Bewertungsobjekten gewährleisten, trifft den Gesetzgeber eine Gewährleistungsverantwortung hinsichtlich der Vergleichbarkeit der Qualität der Bewertungsgrundlagen, nicht bloß hinsichtlich der Regelung der Ermittlung der Bewertungsgrundlagen.[2540] Für eine gleichheitskonforme steuerliche Bewertung ist primär relevant, ob die Bewertungsgrundlagen vergleichsfähige Relationen (tatsächlich) gewährleisten, nicht auf welche Weise diese zustande gekommen sind.

Weisen die Bewertungsgrundlagen keine vergleichbare Qualität auf und möchte der Gesetzgeber an diese Bewertungsgrundlagen anknüpfen, muss er zunächst entsprechende Maßnahmen treffen, die eine vergleichbare Qualität gewährleisten. Dazu kommen in erster Linie detailliertere verbindliche Regelungen für die Ermittlung der Bewertungsgrundlagen in Betracht. Der Gesetzgeber muss allerdings ergänzend durch weitere einheitliche Regelungen betreffend die Organisation der wertermittelnden Stellen sicherstellen, dass die Ermittlung der Bewertungsgrundlagen in der Praxis tatsächlich einheitlich erfolgt. Dazu müssen die wertermittelnden Stellen insbesondere

---

2538 *Krumm*, Steuerliche Bewertung als Rechtsproblem, 2014, S. 303 f.

2539 Hessisches FG, Beschl. v. 09.11.1998 – 3 V 4925/98, StE 1998, 802, juris Rn. 22.

2540 A. A. *Krumm/Paeßens*, GrStG, 2022, Grundlagen, Rn. 111; *Krumm*, FR 2023, 957 (966).

hinreichend leistungsfähig sein, um ihre gesetzlich zugewiesenen Aufgaben unter Beachtung der einschlägigen rechtlichen Vorgaben auch tatsächlich erfüllen zu können. Der Gesetzgeber darf zudem keine Regelungen vorsehen, die tatsächlich nicht umgesetzt werden können. Außerdem muss er durch eine effektive Kontrolle sicherstellen, dass die einschlägigen verbindlichen Vorgaben auch tatsächlich eingehalten werden. Dies gilt auch für die selbstständigen und unabhängigen Gutachterausschüsse, da auch diese als öffentliche Stellen an Recht und Gesetz gebunden sind.[2541] Der Bundesgesetzgeber kann sich auch nicht dahingehend exkulpieren, dass die defizitären Bereiche nicht in seinem Einflussbereich liegen, weil die Regelung dieser Bereiche etwa eine Angelegenheit der Bundesländer ist. Will der Bundesgesetzgeber an diese Bewertungsgrundlagen anknüpfen, muss er entweder die Regelungskompetenz für die Organisation der wertermittelnden Stellen an sich ziehen oder tatsächlich darauf hinwirken, dass die Bundesländer die erforderlichen Maßnahmen treffen. Kann er dies nicht umsetzen, muss er eine andere Bewertungsgrundlage oder eine andere Bewertungssystematik wählen.

(2) Anforderungen an die Bodenrichtwerte

Bodenrichtwerte als anerkannte Bewertungsgrundlagen können grundsätzlich geeignet sein, vergleichsfähige Relationen zu gewährleisten.[2542] Dazu reicht es jedoch nicht aus, dass diese so konzipiert sind, dass sie die tatsächlichen Wertverhältnisse abbilden können. Denn für die steuerliche Bewertung muss primär sichergestellt sein, dass ihnen eine vergleichbare Aussagekraft und Qualität zukommt, damit sie vergleichsfähige Relationen zwischen den zu bewertenden Grundstücken gewährleisten. Die Bodenrichtwerte stellen jedoch keine objektiven Bewertungsgrundlagen dar, die sich ganz überwiegend rein mathematisch-objektiv aus den vorhandenen Marktdaten ableiten lassen.[2543] Eine vergleichbare Aussagekraft wird daher nicht bereits aufgrund der grundlegenden Konzeption der Bodenrichtwerte gewährleistet. Vielmehr setzt eine vergleichbare Aussagekraft und Qualität der Bodenrichtwerte voraus, dass diese im Regelfall aufgrund einer vergleichbaren

2541 Siehe hierzu unter Gliederungspunkt § 1, II., 2., a) und § 1, II., 3.

2542 WD v. 14.09.2018: Überblick zur Grundsteuerreform, WD 4 – 3000 – 147/18, S. 15.

2543 Siehe hierzu ausführlich unter Gliederungspunkt § 3, III., 3., b).

Datengrundlage und in vergleichbarer Weise ermittelt werden. Eine vollständige Homogenisierung ist nicht möglich und kann daher nicht verlangt werden. Die tatsächlichen und rechtlichen Rahmenbedingungen müssen jedoch eine einheitliche Mindestqualität der Bodenrichtwerte gewährleisten.

Im Hinblick auf die Ausgestaltung der Bodenrichtwertermittlung muss der Gesetzgeber die gleichen Maßstäbe anlegen wie für die Ermittlung von Steuerwerten durch die Finanzämter. Die Bodenrichtwerte sind der einzige wertbildende Faktor im steuerlichen Bodenrichtwertverfahren. Sie verkörpern grundsätzlich bereits den anteiligen Bodenwert. Die eigentliche Bodenwertermittlung wird deshalb bereits durch die Gutachterausschüsse bei der Ermittlung der Bodenrichtwerte und nicht durch die Finanzämter im Bodenrichtwertverfahren durchgeführt.[2544] Ursprünglich wurden die (Boden-)Richtwerte von den Finanzämtern für die steuerliche Bewertung ermittelt. Die Ermittlung war in einer bundesweit geltenden Verwaltungsanweisung geregelt.[2545] Mittlerweile haben die Gutachterausschüsse besondere Bodenrichtwerte ausschließlich für Zwecke der Bundesgrundsteuer zu ermitteln (§ 247 Abs. 2 BewG, § 196 Abs. 1 Satz 6, Abs. 2 BauGB).[2546] Die Auslagerung der Boden(richt)wertermittlung auf die Gutachterausschüsse kann jedoch nicht zu einem Absinken der Anforderungen an eine gleichheitskonforme steuerliche Bewertung führen. Würden die Gutachterausschüsse den Finanzämtern keine Bodenrichtwerte zur Verfügung stellen, müssten die Finanzbehörden selbst einen Boden(richt)wert ermitteln (siehe § 179 Satz 4, § 247 Abs. 3 BewG).

Um einen gleichheitskonformen Vollzug der steuerlichen Bewertung zu gewährleisten, muss sich der Gesetzgeber bereits bei Ausgestaltung der Bewertungssystematik Gedanken zu einer gleichmäßigen Vollziehbarkeit der Normen machen.[2547] Um in der Praxis eine gleichmäßige Bewertung der verschiedenen Bewertungsobjekte durch die Finanzämter zu gewährleisten,

---

2544 *Engelken*, AVN 8+9/1977, 333 (335); siehe auch *Kleiber*, in: E/Z/B/K, BauGB, § 196 BauGB, 122. EL, 8/2016, Rn. 24. Allenfalls die Anpassung der Bodenrichtwerte durch das Finanzamt begründet einen eigenständigen Beitrag des Finanzamts zur Bodenwertermittlung.

2545 Richtlinien für die Finanzämter zur Ermittlung der Bodenwerte (Bodenwert-Richtlinien), BStBl. II 1957, S. 30.

2546 A. A. *Ehlers*, Vermessung Brandenburg 2/2021, 4 (15).

2547 Siehe hierzu allgemein unter Gliederungspunkt § 3, II., 1., b).

wird er im Falle von Massenbewertungen regelmäßig detailliertere verbindliche Regelungen für die Bewertung vorgeben müssen.[2548] Die steuerlichen Bewertungsnormen enthalten im Sinne einer gleichmäßigen Vollziehbarkeit regelmäßig viele Typisierungen und Pauschalierungen. Ermessensentscheidungen sind nicht oder in geringem Umfang vorhanden.[2549] Bedient sich der Gesetzgeber unbestimmter Rechtsbegriffe, werden diese regelmäßig durch Verwaltungsvorschriften konkretisiert, die für die Sachbearbeiter in den Finanzämtern verbindlich sind und die erheblich zur Gleichmäßigkeit der Besteuerung beitragen.[2550] Die Bundesländer haben zudem zu gewährleisten, dass der tatsächliche Vollzug der Steuern im Verhältnis der Länder untereinander und der Länder zum Bund eine gewisse Mindesthomogenität aufweist.[2551] Dazu haben die Länder eine gewisse Leistungsfähigkeit der Finanzämter und eine hinreichende Qualifikation der Bediensteten sicherzustellen.

Die Ermittlung der Bodenrichtwerte erfüllt die an die Ermittlung von Steuerwerten gerichteten Anforderungen bei Weitem nicht. Die Bodenrichtwerte werden nicht gleichheitskonform durch die Gutachterausschüsse ermittelt. Eine einheitliche Mindestqualität der Bodenrichtwerte wird durch die derzeit bestehenden tatsächlichen und rechtlichen Rahmenbedingungen nicht gewährleistet. Aufgrund der unzureichenden und uneinheitlichen Regelung der Bodenrichtwertermittlung sowie aufgrund der unterschiedlichen Datengrundlagen und Leistungsfähigkeiten der Gutachterausschüsse schwankt die Qualität der ermittelten Bodenrichtwerte nicht unerheblich. Die existierenden Vorgaben zur Bodenrichtwertermittlung in der ImmoWertV sind nicht geeignet, bundesweit ein ausreichendes Mindestmaß an Einheitlichkeit der Bodenrichtwertermittlung zu gewährleisten. Ebenso wenig reichen die ergänzenden Vorgaben und Standards der Bundesländer, um innerhalb des jeweiligen Bundeslandes eine einheitliche Bodenrichtwertermittlung sicherzustellen. Die Gutachterausschüsse sind unterschiedlich leistungsfähig. Sie

---

2548 *Krumm*, in: DStJG 44, 2022, S. 225 (S. 232 ff.).

2549 *Krumm*, Steuerliche Bewertung als Rechtsproblem, 2014, S. 144, 405, 407 f.; *Werndl*, in: DStJG 7, 1984, S. 399 (401); *Brösel*, BFuP 2006, 128 (138); *Hinz*, BFuP 2011, 304 (321).

2550 BVerfG v. 31.05.1988 – 1 BvR 520/83, BVerfGE 78, 214, 228; *Englisch*, in: Tipke/Lang, Steuerrecht, 24. Aufl. 2021, Rn. 5.32.

2551 *Seer*, in: Tipke/Kruse, AO/FGO, § 85 AO, 147. EL, 1/2017, Rn. 21.

sind – anders als die Finanzämter – nicht in eine Organisation eingebunden, die eine vergleichbare Leistungsfähigkeit gewährleistet und eine hinreichende Qualifikation der Bediensteten sicherstellt. Die personelle und sachliche Ausstattung ist nicht einheitlich und unterscheidet sich teilweise erheblich. Die Bodenrichtwerte dürften aufgrund der aufgezeigten strukturellen Defizite keine vergleichbare Qualität aufweisen und sind für die Schaffung von vergleichsfähigen Relationen in der steuerlichen Bewertung zum gegenwärtigen Zeitpunkt nur eingeschränkt geeignet.

bb) Gleichheitsrechtliche Anforderungen an das Gebiet einer homogenen Bodenrichtwertermittlung

Nach der Feststellung, dass die Bodenrichtwertermittlung sehr uneinheitlich erfolgt und dass die Bodenrichtwerte verschiedener Gutachterausschüsse nicht zwingend vergleichbar sein müssen, wird nun dargestellt, innerhalb welchen Gebiets eine gleichmäßige Ermittlung der Bodenrichtwerte gewährleistet werden muss. Denn eine uneinheitliche Ermittlung der Bodenrichtwerte wäre nicht oder zumindest deutlich geringer zu beanstanden, wenn die Ermittlung aus gleichheitsrechtlicher Sicht nur innerhalb des Zuständigkeitsbereichs eines Gutachterausschusses oder innerhalb des Gemeindegebiets gleichmäßig erfolgen müsste.

Geht man davon aus, dass die Gutachterausschüsse mit den Bodenrichtwerten spezielle Bewertungsgrundlagen für steuerliche Zwecke ermitteln und damit ein Teil der steuerlichen Bewertung auf diese Gutachterausschüsse ausgelagert wurde, so wird man annehmen müssen, dass die Bodenrichtwerte für das Gebiet gleichmäßig ermittelt werden müssen, für das auch die jeweilige steuerliche Bewertungssystematik gilt. Dies dürfte unstreitig für gesetzlich typisierte Bewertungsgrundlagen anzunehmen sein, muss jedoch auch entsprechend für Bewertungsgrundlagen gelten, die von Stellen außerhalb der Finanzverwaltung ermittelt werden. Das Bundesverfassungsgericht hat in seiner Entscheidung zu Grundsteuer vom 10. April 2018 entschieden, dass die Anforderungen an eine gleichheitsgerechte Ausgestaltung der Einheitsbewertung bundesweit gelten, da auch die Regelungen des Bewertungsgesetzes und des Grundsteuergesetzes bundesweit gelten. Dass die Grundsteuer durch die Gemeinden festgesetzt und erhoben wird und die Belastung der Steuerpflichtigen letztendlich erst hierdurch eintritt, hat auf die verfassungsrechtliche Beurteilung der steuerlichen Bewertungsnormen nach der Ansicht des Bundesverfassungsgerichts keinen Einfluss.[2552]

Die *Grundbesitzbewertung* knüpft in § 179 BewG für die Bewertung des Grundvermögens an die Bodenrichtwerte an. Die Regelungen der Grundbesitzbewertung gelten bundesweit. Auf der Grundlage der Ausführungen des Bundesverfassungsgerichts in seiner Entscheidung vom 10. April 2018 dürfte daher anzunehmen sein, dass Art. 3 Abs. 1 GG nicht nur erfordert, dass die Bodenrichtwerte geeignet sein müssen, die zu bewertenden Grundstücke innerhalb eines Bundeslandes in eine vergleichsfähige Relation zueinander zu bringen. Vielmehr müssen sämtliche zu bewertende Grundstücke im Bundesgebiet in eine vergleichsfähige Relation zueinander gebracht werden. Dies erfordert eine *bundesweit* vergleichbare (Mindest-)Qualität der Bodenrichtwerte. Eine bundesweit vergleichbare Qualität der Bodenrichtwerte ist auch deshalb geboten, weil erbschaft- und schenkungsteuerbare Erwerbe oft mehrere Grundstücke (und andere Vermögensgegenstände) umfassen, die in verschiedenen Bundesländern belegen sind und die in einer einheitlichen Bemessungsgrundlage zusammenzufassen sind. Eine gleichheitskonforme Verwendung der Bodenrichtwerte in der Grundbesitzbewertung setzt daher voraus, dass diese bundesweit nach einheitlichen Maßstäben ermittelt werden und eine vergleichbare Qualität aufweisen.[2553]

Auf die reformierte Bewertung für Zwecke der *Grundsteuer* lassen sich die Ausführungen im Grundsteuerurteil grundsätzlich übertragen. Die Regelungen in den §§ 218 ff. BewG gelten grundsätzlich – wie die alten Regelungen zur Einheitsbewertung – auch bundesweit. Allerdings gilt für die Grundsteuer die Besonderheit, dass die Bundesländer nach Art. 72 Abs. 3 Satz 1 Nr. 7 GG befugt sind, vom Bundesgesetz abweichende Regelungen zu treffen. Hiervon haben einige Bundesländer Gebrauch gemacht. Das Bundesgrundsteuergesetz und die dazugehörigen Regelungen des Bewertungsgesetzes in den §§ 218 ff. BewG gelten (teilweise mit kleinen Modifikationen) in elf Bundesländern. In diesen elf Bundesländern sind die Gutachterausschüsse nach § 247 Abs. 2 BewG verpflichtet, die Bodenrichtwerte für steuerliche

---

[2552] BVerfG v. 10.04.2018 – 1 BvL 11/14 u. a., BVerfGE 148, 147, 186 f. (GrSt); ebenso *Hey*, in: Tipke/Lang, Steuerrecht, 24. Aufl. 2021, Rn. 3.151 f.

[2553] Vgl. auch Entwurf der BReg zum ErbStRG v. 28.01.2008, BT-Drs. 16/7918, S. 48.

Zwecke auf den Hauptfeststellungszeitpunkt zu ermitteln. Es muss daher grundsätzlich gewährleistet werden, dass die Bodenrichtwerte in diesen elf Bundesländern für Zwecke der Grundsteuer einheitlich ermittelt werden und eine vergleichbare Qualität aufweisen.[2554]

Eine landesweite Betrachtung wäre nur vorzunehmen, soweit die Bundesländer aktiv von der Möglichkeit Gebrauch gemacht haben, nach Art. 72 Abs. 3 Satz 1 Nr. 7 GG abweichende Bewertungsregelungen zu treffen. Ist dies nicht der Fall, gelten die bundesrechtlichen Regelungen für die Grundsteuerwertermittlung, ohne dass es hierfür eines gesonderten Entschlusses des Bundeslandes bedürfte. Für *Baden-Württemberg, welches* ein eigenes Landesgrundsteuergesetz mit eigenen Bewertungsregelungen erlassen hat, ist daher nur eine landesweit einheitliche Bodenrichtwertermittlung sicherzustellen.

In der finanzgerichtlichen Rechtsprechung und der steuerrechtlichen Literatur wird bzgl. der Grundsteuer teilweise angenommen, dass es aus gleichheitsrechtlicher Sicht allein auf eine einheitliche Bodenrichtwertermittlung innerhalb des Gemeindegebiets ankommen soll, da für Art. 3 Abs. 1 GG letztendlich auf das Gleichmaß im Belastungserfolg abzustellen sei, der in der Steuerfestsetzung durch die Gemeinde liege.[2555] Diese Auffassung ist jedoch abzulehnen. Das Bundesverfassungsgericht ist dieser Auffassung in seiner Grundsteuerentscheidung ausdrücklich entgegengetreten. Bei der verfassungsrechtlichen Überprüfung von Bewertungsnormen ist auf den Geltungsbereich der Bewertungsnorm abzustellen.[2556] Außerdem werden die Grundsteuerwerte durch einen gesonderten Feststellungsbescheid durch das zuständige Feststellungsfinanzamt und nicht durch die Gemeinde festgestellt. Dieser Feststellungsbescheid entfaltet bereits mit Bekanntgabe Bindungswirkung (§ 182 Abs. 1 Satz 1 AO) und muss isoliert angefochten werden (§ 351 Abs. 2 AO). Die Gemeinde hat den festgestellten Grundsteuerwert zu übernehmen und hat keinen Einfluss auf die Bewertung. Ein Feststellungsfinanzamt ist oft für mehrere Gemeinden zuständig. Der (oft historisch gewachsene) Zuständigkeitsbereich des Finanzamts muss nicht notwendigerweise mit dem Zuständigkeitsbereich des zuständigen Gutachterausschusses oder der

---

[2554] Vgl. auch *Wünnemann/Koller*, BB 2020, 215 (218); *Eichholz*, DStR 2020, 1158 (1166).

[2555] BFH, Beschl. v. 22.10.2014 – II R 16/13, BStBl. II 2014, 957, juris Rn. 62; *D. Löhr*, DStR 2019, 1433 (1435).

[2556] BVerfG v. 10.04.2018 – 1 BvL 11/14 u. a., BVerfGE 148, 147, 186 f. (GrSt).

die Grundsteuer festsetzenden Gemeinde übereinstimmen. Es ist daher nicht einleuchtend, weshalb es für die Gleichbehandlung nur auf das Gebiet der Gemeinde ankommen soll, die für die Grundsteuerwertermittlung und die Feststellung des Grundsteuerwerts nicht zuständig ist.

5. Fazit

Die Bodenrichtwerte sind die einzigen Orientierungswerte für Bodenpreise, die auf tatsächlich in der Vergangenheit angefallenen Grundstücksgeschäften beruhen.[2557] In der Verkehrswertermittlung kommen sie bereits seit Jahrzehnten für die Ermittlung des Bodenwerts zur Anwendung. Sie genießen im Rechtsverkehr ein großes Vertrauen der Bürger und der öffentlichen Stellen. Als ein allgemein anerkannter besonderer Vergleichsfaktor für die Bodenwertermittlung können die Bodenrichtwerte daher grundsätzlich für eine am Verkehrswert orientierte steuerliche Bewertung herangezogen werden.

Für die Finanzämter hat eine Bodenwertermittlung anhand der Bodenrichtwerte insbesondere den Vorteil, dass dadurch eine aufwendige und ggfs. streitanfällige Bodenwertermittlung durch das Finanzamt vermieden werden kann.[2558] Die Bodenwertermittlung im Bodenrichtwertverfahren ist grundsätzlich einfach vollziehbar und erfordert keine vertieften Kenntnisse in der (Verkehrs-)Wertermittlung. Sie ist auch wenig streitanfällig, da es sich überwiegend um eine mathematische Berechnung des Bodenwerts handelt. Die eigentliche Ermittlung des Bodenwerts, konzentriert im Bodenrichtwert, bleibt einer Diskussion im Besteuerungsverfahren entzogen, da die Bodenrichtwerte nach Auffassung des Bundesfinanzhofs[2559] und des Gesetzgebers[2560] für die Beteiligten im Steuerrechtsverhältnis verbindlich und einer gerichtlichen Überprüfung regelmäßig nicht zugänglich sein sollen.[2561] Die Bodenrichtwerte gewährleisten somit aus Sicht der Finanzverwaltung eine praktikable steuerliche Bewertung.[2562] Durch die klare Vorgabe des Ermittlungsverfahrens und der einschlägigen Bewertungsgrundlagen lässt

---

2557 AK OGA, Immobilienmarktbericht Deutschland 2023, S. 278.
2558 Siehe hierzu bereits unter Gliederungspunkt § 2, III., 2., a).
2559 BFH, Urt. v. 11.05.2005 – II R 21/02, BStBl. II 2005, 686, juris Rn. 11.
2560 Entwurf zum GrStRefG 2019 v. 25.06.2019, BT-Drs. 19/11085, S. 109.
2561 BFH, Urt. v. 11.05.2005 – II R 21/02, BStBl. II 2005, 686, juris Rn. 11. Siehe weitere Nachweise unter Fn. 1300.
2562 Siehe hierzu bereits unter Gliederungspunkt § 2, III., 2.

sich der steuerliche Bodenwert eindeutig aus dem Gesetz ableiten. Dadurch wird dem Grundsatz der Gesetzmäßigkeit der Besteuerung hinreichend Rechnung getragen.

Eine praktikable steuerliche Bodenwertermittlung gewährleistet zudem eine gleichheitseffiziente Bewertung. Bei der Ausgestaltung der steuerlichen Bewertungsnormen muss der Gesetzgeber sich auch Gedanken dazu machen, dass die Bewertung in der Praxis gleichmäßig vollzogen werden kann.[2563] Die Bewertung im Bodenrichtwertverfahren erfüllt diese Anforderungen grundsätzlich. So ist etwa nach Auffassung des Bundesfinanzhofs der Bodenwertermittlung anhand von Bodenrichtwerten aus Gründen der Gleichmäßigkeit der Besteuerung regelmäßig der Vorzug gegenüber einer Bodenwertermittlung mittels Vergleichspreisen zu gewähren.[2564] Ein weiterer Vorteil ist, dass das Bodenrichtwertverfahren ganz überwiegend zur Anwendung kommen kann, da die Bodenrichtwerte flächendeckend für die steuerliche Bewertung verfügbar sind. Die Finanzverwaltung muss daher nicht auf andere Verfahren ausweichen, die zu uneinheitlicheren Ergebnissen führen. Die steuerliche Bodenwertermittlung kann grundsätzlich einheitlich im Bodenrichtwertverfahren erfolgen.

Die Anknüpfung an Bodenrichtwerte für steuerliche Zwecke bietet auch Vorteile für den Steuerpflichtigen. Sie ermöglichen ihm im Vorfeld einer Disposition das Bewertungsergebnis einzuschätzen und seine Disposition entsprechend danach auszurichten. Ist eine steuerliche Bewertung erforderlich, wird der Steuerpflichtige durch die Bodenrichtwerte entlastet, da das Finanzamt von ihm nur wenige Angaben für die Bodenwertermittlung benötigt. Er muss selbst kein kostenpflichtiges Wertgutachten für den Bodenwert in Auftrag geben. Außerdem kann der Steuerpflichtige nach Erhalt des Feststellungsbescheides einfach überprüfen, ob das Finanzamt den Bodenwert zutreffend ermittelt hat.

Trotz der genannten Vorteile darf jedoch die wesentliche Anforderung an die Bodenrichtwerte nicht aus dem Auge verloren werden. Die Bodenrichtwerte müssen im steuerlichen Bodenrichtwertverfahren geeignet sein,

---

2563 Siehe hierzu bereits allgemein unter Gliederungspunkt § 3, II., 1., b).

2564 BFH, Urt. v. 26.09.1980 – III R 21/78, BStBl. II 1981, 153, juris Rn. 9; BFH, Beschl. v. 21.05.1982 – III B 32/81, BStBl. II 1982, 604, juris Rn. 16; BFH, Urt. v. 21.07.1993 – II R 13/91, BFH/NV 1994, 610, juris Rn. 17.

eine realitätsgerechte Wertrelation zwischen den zu bewertenden Grundstücken zu gewährleisten.[2565] Hierbei handelt es sich um eine Grundvoraussetzung für eine gleichmäßige Lastenverteilung, die sicherstellen soll, dass die Steuerpflichtigen durch das bewertungsabhängige Steuergesetz rechtlich und tatsächlich gleichmäßig belastet werden. Zwar muss eine vergleichsfähige Werterelation erst zwischen den Steuerwerten und nicht bereits zwischen den Bewertungsgrundlagen bestehen. Fehlerhafte und uneinheitliche Bodenrichtwerte können jedoch nicht durch eine Anpassung im steuerlichen Bewertungsverfahren sachgerecht ausgeglichen werden. Da es sich bei den Bodenrichtwerten um die einzige wertbildende Komponente im Bodenrichtwertverfahren handelt, führen Differenzierungsdefizite bei den Bodenrichtwerten zu gleichheitswidrigen Steuerwerten. Daran ändert auch nicht, dass Bodenrichtwerte grundsätzlich einen gleichmäßigen Gesetzesvollzug im Sinne einer formalen Gleichheit gewährleisten. Denn eine gleichmäßige Bewertung anhand von gleichheitswidrigen Bewertungsgrundlagen führt dennoch zu gleichheitswidrigen Bewertungsergebnissen. Die primär erforderliche materielle Bewertungsgleichheit wird hierdurch verfehlt. Damit die Bodenrichtwerte in der steuerlichen Bewertung vergleichsfähige Relationen gewährleisten, muss ihnen eine vergleichbare Qualität und Aussagekraft zukommen.

Aufgrund der Regelungsdefizite der Bodenrichtwertermittlung und den strukturellen und tatsächlichen Unzulänglichkeiten des Gutachterausschusswesens ist zu vermuten, dass die Bodenrichtwerte derzeit sehr uneinheitlich ermittelt werden und deshalb weder bundesweit noch innerhalb eines Bundeslandes eine vergleichbare Qualität aufweisen. Für eine abschließende Aussage hierzu sind jedoch empirische Untersuchungen zu der konkreten Vorgehensweise der Gutachterausschüsse bei der Bodenrichtwertermittlung sowie zu der Qualität der ermittelten Bodenrichtwerte erforderlich. Erhebungen für ein Bundesland oder bundeslandübergreifende Auswertungen existieren derzeit nicht. Dass die Bodenrichtwerte trotz der umfangreichen Unzulänglichkeiten bei der normativen Ausgestaltung der Bodenrichtwertermittlung und der teils erheblichen unterschiedlichen Leistungsfähigkeit der Gutachterausschüsse eine bundes- oder wenigstens landesweit einheitliche Qualität aufweisen, ist

---

[2565] Siehe hierzu allgemein unter Gliederungspunkt § 3, II., 2., c) und bezogen auf die Bodenrichtwerte unter Gliederungspunkt § 3, III., 1.

unwahrscheinlich. Die Bodenrichtwerte sind daher – nach den gegenwärtigen tatsächlichen und rechtlichen Rahmenbedingungen – aufgrund der heterogenen Qualität und der nicht vergleichbaren Aussagekraft zumindest nur eingeschränkt geeignet, um als Bewertungsgrundlage in der steuerlichen Bewertung vergleichsfähige Relationen zwischen den zu bewertenden Grundstücken zu gewährleisten.[2566] Dies gilt zumindest, wenn die steuerliche Bewertungssystematik, wie bei der Grundbesitzbewertung oder der Grundsteuerwertermittlung nach Bundesrecht, für mehr als ein Bundesland gilt.

Eine abschließende Aussage über die Gleichheitskonformität der anhand der Bodenrichtwerte ermittelten Steuerwerte ist hiermit allerdings noch nicht getroffen. Es ist zwar zu vermuten, dass diese Steuerwerte ebenfalls eine uneinheitliche Qualität und Aussagekraft aufweisen, da Unzulänglichkeiten der Bodenrichtwerte im steuerlichen Bodenrichtwertverfahren nicht durch eine etwaige Anpassung der Bodenrichtwerte beseitigt werden können. Ein Verstoß gegen Art. 3 Abs. 1 GG liegt nach Auffassung des Bundesverfassungsgerichts allerdings erst dann vor, wenn in der Gesamtsicht eine in der Relation realitäts- und damit relationsgerechte Bemessung des steuerlichen Belastungsgrundes nicht mehr sichergestellt ist.[2567] Es ist zu erwarten, dass das Bundesverfassungsgericht eine Bewertungssystematik nicht allein aufgrund der uneinheitlichen Qualität der Bodenrichtwerte für verfassungswidrig erklären wird, sondern vielmehr auch die Ausgestaltung des Bodenrichtwertverfahrens und der übrigen Bewertungssystematik in die Beurteilung einbezieht. Aufgrund der bewertungsbedingten Differenzierungen, die sich bei der Anknüpfung an die Bodenrichtwerte ergeben können (selbst wenn diese sachgerecht ermittelt wurden[2568]), hat dabei auch die Möglichkeit, einen niedrigeren gemeinen Wert nachzuweisen, eine erhebliche Auswirkung auf die Gleichheitskonformität der im Bodenrichtwertverfahren erzielten Bewertungsergebnisse. Diese Thematik wird im folgenden Abschnitt für die Bewertung für Zwecke der Erbschaftsteuer und der Bundesgrundsteuer untersucht.

[2566] Ebenso *Degen*, DStR 2023, 2314 (2317).

[2567] BVerfG v. 10.04.2018 – 1 BvL 11/14 u. a., BVerfGE 148, 147, 186 (GrSt).

[2568] Siehe etwa zu den Differenzierungen, die sich durch die Konzeption der Bodenrichtwerte als zonale Bodenrichtwerte ergeben unter Gliederungspunkt § 3, III., 4., a), bb).

IV. Verfassungsrechtliche Überprüfung der steuerlichen Bodenrichtwertverfahren

1. Prüfungsgegenstand

In der steuerlichen Bewertung wird zur Ermittlung des gemeinen Werts eines unbebauten Grundstücks regelmäßig eine Bodenwertermittlung im Bodenrichtwertverfahren durchgeführt. Für die Grundbesitzbewertung, die für Zwecke der Erbschaftsteuer und zur Ermittlung der grunderwerbsteuerlichen Ersatzbemessungsgrundlage zur Anwendung kommt, ist das Bodenrichtwertverfahren gesetzlich in § 179 BewG geregelt. Für die Ermittlung des Grundsteuerwertes für Zwecke der Bundesgrundsteuer findet sich eine entsprechende Regelung in § 247 BewG. Für die baden-württembergische Landesgrundsteuer ist das Bodenrichtwertverfahren in § 38 LGrStG BW geregelt. Für ertragsteuerliche Bewertungsanlässe ist eine Bewertung des Grund und Bodens im Bodenrichtwertverfahren nicht gesetzlich geregelt. Insbesondere sind die §§ 179, 247 BewG nicht entsprechend anwendbar.[2569] Nach ständiger Rechtsprechung des Bundesfinanzhofs ist der Bodenwert jedoch auch für diese Bewertungsanlässe regelmäßig anhand der Bodenrichtwerte in einem Bodenrichtwertverfahren zu ermitteln.[2570]

In diesem Abschnitt soll untersucht werden, ob die gesetzlich geregelten Bodenrichtwertverfahren eine verfassungskonforme Bewertung gewährleisten. Da die steuerliche Bewertung eng mit dem Belastungsgrund der jeweiligen Steuer verknüpft ist und sich die verschiedenen Bodenrichtwertverfahren in ihrer Ausgestaltung unterscheiden, kann eine allgemeine Beurteilung der gesetzlich geregelten Verfahren nicht erfolgen. Die Beurteilung des Bewertungsverfahrens muss sich auf die jeweilige Ausgestaltung und auf die Eignung für eine bestimmte Steuerart beziehen. Die folgende Untersuchung erfolgt exemplarisch für die gesetzlich geregelten Bodenrichtwertverfahren für Zwecke der Erbschaftsteuer (§ 179 BewG) und für Zwecke der Bundesgrundsteuer (§ 247 BewG).

Die Überprüfung der Verfassungsmäßigkeit der Bodenrichtwertverfahren erfolgt ausschließlich am Maßstab des Art. 3 Abs. 1 GG. Die gesetzlich

---

2569 Vgl. *Korn/Strahl*, in: Korn, EStG, § 6, 147. EL, 8/2023, Rn. 524.

2570 BFH, Urt. v. 08.09.1994 – IV R 16/94, BStBl. II 1995, 309, juris Rn. 14; BFH, Urt. v. 21.09.2016 – X R 58/14, BFH/NV 2017, 275, juris Rn. 32; BFH, Urt. v. 19.05.2020 – X R 27/19, BFH/NV 2021, 15, juris Rn. 32 ff.

geregelten Bodenrichtwertverfahren müssen dazu, um dem Gleichheitssatz zu genügen, nach der Rechtsprechung des Bundesverfassungsgerichts geeignet sein, den Belastungsgrund der Steuer folgerichtig zu erfassen und dabei die Relation der Wirtschaftsgüter zueinander realitätsgerecht abzubilden.[2571] Nach dieser Maßgabe ist auch die Untersuchung der einzelnen Bodenrichtwertverfahren gegliedert. Denkbar ist daneben auch Bewertungsnormen an den Freiheitsgrundrechten, insbesondere Art. 14 GG, zu messen.[2572] Das Bundesverfassungsgericht hat seine Überprüfung der Bewertungsnormen bislang jedoch ausschließlich auf Art. 3 Abs. 1 GG gestützt. Weder die Bodenrichtwerte als steuerliche Bewertungsgrundlagen noch die gesetzlichen Bodenrichtwertverfahren geben Anlass zu der Annahme, dass das Bundesverfassungsgericht diese auch am Maßstab von Freiheitsgrundrechten überprüfen könnte. Eine Überprüfung anhand der Freiheitsgrundrechte unterbleibt daher.

2. Beurteilung des Bodenrichtwertverfahrens für Zwecke der Erbschaftsteuer

Im Folgenden wird das Bodenrichtwertverfahren untersucht, welches für die Bestimmung der erbschaftsteuerlichen Bemessungsgrundlage in Betracht kommt. Der Begriff Erbschaftsteuer schließt im Folgenden die Schenkungsteuer mit ein, da sich auf der Bewertungsebene keine Unterschiede zwischen den beiden Steuern ergeben. Untersucht wird das Bodenrichtwertverfahren, welches in der Grundbesitzbewertung für die Bewertung unbebauter Grundstücke in § 179 BewG vorgesehen ist. Dieses Verfahren ist Teil der Bedarfsbewertung von Grundbesitz (§ 151 Abs. 1 Nr. 1 i. V. m. § 157 BewG), welche primär für die Bestimmung der erbschaftsteuerlichen Bemessungsgrundlage (§ 12 Abs. 3 ErbStG) konzipiert wurde.[2573] Mittlerweile findet die Grundbesitzbewertung allerdings auch Anwendung, wenn für Zwecke der Grunderwerbsteuer ein Grundstück ausnahmsweise gesondert zu bewerten

---

[2571] BVerfG v. 10.04.2018 – 1 BvL 11/14 u. a., BVerfGE 148, 147, 185 (GrSt). Siehe hierzu unter Gliederungspunkt § 3, II., 2., c) m. w. N.

[2572] Dazu ausführlich *Krumm*, Steuerliche Bewertung als Rechtsproblem, 2014, S. 426 ff.

[2573] Entwurf des BR zum JStG 1997 v. 24.05.1996, BR-Drs. 390/96, S. 64 ff.; Entwurf der BReg zum JStG 2007 v. 25.09.2006, BT-Drs. 16/2712, S. 86 ff.; Entwurf der BReg zum ErbStRG v. 28.01.2008, BT-Drs. 16/7918, S. 39 ff.

ist (§ 8 Abs. 2 GrEStG, § 151 Abs. 5 BewG).[2574] Die Konzeption der Erbschaftsteuer und der Grunderwerbsteuer unterscheidet sich. In Bezug auf die verfassungsrechtliche Beurteilung der Bewertung des Grundvermögens besteht jedoch eine vergleichbare Ausgangslage. Beide Steuern erfordern eine Bewertung, die am gemeinen Wert ausgerichtet ist und eine realitätsgerechte Werterelation gewährleistet.[2575] Die folgenden Ausführungen können daher grundsätzlich – sofern sie sich nicht speziell auf die Konzeption der Erbschaftsteuer beziehen – auch auf die Bewertung für Zwecke der Grunderwerbsteuer übertragen werden.

a) Folgerichtige Ausgestaltung des Bewertungsverfahrens

Der Gesetzgeber muss bei der Erbschaftsteuer die einmal getroffene Belastungsentscheidung bei der Ausgestaltung der Bewertungsnormen folgerichtig umsetzen.[2576] Dies bedingt zunächst, dass das Ziel der Bewertung geeignet ist, den Belastungsgrund der Steuer in Zahlen auszudrücken.[2577] Auf welche Weise dieses Bewertungsziel erreicht wird, hängt wesentlich vom anzuwendenden Bewertungsmaßstab und der konkretisierenden Bewertungsmethode ab.[2578] Das Bodenrichtwertverfahren stellt für die Erbschaftsteuer ein folgerichtiges Bewertungsverfahren dar, wenn es geeignet ist, das sich aus dem Belastungsgrund der Erbschaftsteuer ergebende Bewertungsziel zu erreichen.

aa) Belastungsgrund der Erbschaftsteuer

Die Erbschaftsteuer besteuert als Erbanfallsteuer nicht den Nachlass als solchen, sondern die beim jeweiligen Empfänger mit dem Erwerb von Todes wegen eintretende Bereicherung.[2579] Ergänzend wird mit der Schenkung-

---

2574 Eingeführt durch Art. 8 Nr. 2 des Steueränderungsgesetzes 2015 v. 02.11.2015, BGBl. I 2015, 1834.

2575 BVerfG v. 07.11.2006 – 1 BvL 10/02, BVerfGE 117, 1, 33 f. (ErbSt III); BVerfG v. 23.06.2015 – 1 BvL 13/11, u. a., BVerfGE 139, 285, 302 ff. (GrESt).

2576 Siehe hierzu unter Gliederungspunkt § 3, II., 2., b).

2577 BVerfG v. 22.06.1995 – 2 BvL 37/91, BVerfGE 93, 121, 142 f. (VSt II); BVerfG v. 23.06.2015 – 1 BvL 13/11, u. a., BVerfGE 139, 285, Rn. 73 (GrESt); *G. Kirchhof*, DStR 2020, 1073 (1074).

2578 *P. Kirchhof*, Die Steuerwerte des Grundbesitzes, 1985, S. 24.

2579 BVerfG v. 22.06.1995 – 2 BvR 552/91, BVerfGE 93, 165, 167 (ErbSt II); BVerfG v. 07.11.2006 – 1 BvL 10/02, BVerfGE 117, 1, 33 (ErbSt III); BFH, Beschl. v. 22.05.2002 – II

steuer auch die Bereicherung besteuert, die durch unentgeltliche Erwerbe unter Lebenden beim Erwerber entsteht.[2580] Mit der Bereicherung geht regelmäßig auch eine Steigerung der wirtschaftlichen Leistungsfähigkeit einher.[2581] Die beim Erwerber durch den Erwerb entstehende Leistungsfähigkeit besteht regelmäßig darin, dass er aufgrund der Bereicherung über Geld oder Wirtschaftsgüter mit einem Geldwert verfügt. Der Gesetzgeber verfolgt nach Auffassung des Bundesverfassungsgerichts mit der Erbschaftsteuer daher das Ziel, „*den durch Erbfall oder Schenkung anfallenden Vermögenszuwachs jeweils gemäß seinem Wert zu erfassen und die daraus resultierende Steigerung der wirtschaftlichen Leistungsfähigkeit (die durch Erbfall oder Schenkung vermittelte Bereicherung) des Erwerbers [...] zu besteuern*".[2582] Der Erbschaft- und Schenkungsteuer liegt somit das Prinzip der Besteuerung nach der wirtschaftlichen Leistungsfähigkeit zugrunde.[2583] Sie erfasst als Subjektsteuer beim Bereicherten den Einkommenszuwachs im weiteren Sinne.[2584] Da die Erbschaftsteuer in der Regel[2585] an einmalige Vorgänge anknüpft, belastet sie den Transfer von Vermögenssubstanz einmalig.[2586]

Die Maßgröße für die Bestimmung des Zuwachses der wirtschaftlichen Leistungsfähigkeit ist die Bereicherung des Erwerbers.[2587] Die Erbschaftsteuer knüpft an die erworbene Vermögenssubstanz an und ist deshalb eine

---

R 61/99, BStBl. II 2002, 598, juris Rn. 125; *P. Kirchhof*, Die Steuerwerte des Grundbesitzes, 1985, S. 29; *Seer*, StuW 1997, 283 (285); *Seer*, StuW 2021, 111 (112).

2580 *Seer*, StuW 2021, 111 (112).

2581 BVerfG v. 22.06.1995 – 2 BvR 552/91, BVerfGE 93, 165, 172 (ErbSt II); BVerfG v. 07.11.2006 – 1 BvL 10/02, BVerfGE 117, 1, 33 (ErbSt III); BFH, Beschl. v. 22.05.2002 – II R 61/99, BStBl. II 2002, 598, juris Rn. 125; *Seer*, in: Tipke/Lang, Steuerrecht, 24. Aufl. 2021, Rn. 15.1. m. w. N.

2582 BVerfG v. 07.11.2006 – 1 BvL 10/02, BVerfGE 117, 1, 33 (ErbSt III).

2583 BFH, Beschl. v. 22.05.2002 – II R 61/99, BStBl. II 2002, 598, juris Rn. 125; *Seer*, StuW 1997, 283 (284 f.); *Tipke*, StRO II, 2. Aufl. 2003, S. 872 f.; *Krumm*, Steuerliche Bewertung als Rechtsproblem, 2014, S. 106.

2584 *Seer*, in: Tipke/Lang, Steuerrecht, 24. Aufl. 2021, Rn. 15.2.

2585 Mit Ausnahme der periodischen Besteuerung des Vermögens von Familienstiftungen und -vereinen (§ 1 Abs. 1 Nr. 4 ErbStG).

2586 BVerfG v. 07.11.2006 – 1 BvL 10/02, BVerfGE 117, 1, 33 (ErbSt III).

2587 *Krumm*, Steuerliche Bewertung als Rechtsproblem, 2014, S. 106; *Seer*, StuW 2021, 111 (112).

Substanzsteuer.[2588] Eine Besteuerung darf konsequenterweise nur dann erfolgen, wenn beim Erwerber auch tatsächlich eine Bereicherung eingetreten ist.[2589] Dementsprechend ist Gegenstand der Bereicherung der Netto-Vermögenszuwachs, also das Bruttovermögen abzüglich der Nachlassverbindlichkeiten.[2590]

bb) Bewertungsziel

Gegenstand des steuerbaren Vermögenserwerbs sind regelmäßig nicht nur Bargeld und Bankguthaben, die bereits in einer Geldeinheit beziffert sind, oder Wirtschaftsgüter, für die sich einfach ein Marktwert bestimmen lässt (z. B. Wertpapiere). Bei einem Erbfall geht regelmäßig das gesamte Vermögen auf die Erben über, welches in der Regel aus verschiedenen Vermögensarten besteht. Hierzu zählen vor allem auch Grundstücke, Unternehmen, Gesellschaftsbeteiligungen sowie vielfältige weitere Vermögensgegenstände, z. B. Pkw, Kunstgegenstände oder Schmuck. Für die Bemessung der Erbschaftsteuer steht daher die Zusammenführung der unterschiedlichen Vermögensgegenstände in einer einheitlichen, in Geld ausgedrückten Bemessungsgrundlage im Mittelpunkt.[2591] Bei einer Schenkung werden zwar regelmäßig nur einzelne oder deutlich weniger Wirtschaftsgüter übertragen. Da Erwerbe von Todes wegen und Erwerbe unter Lebenden grundsätzlich nach den gleichen Vorgaben besteuert werden und mehrere Erwerbe gemäß § 14 Abs. 1 ErbStG innerhalb von zehn Jahren zusammengerechnet werden, ist dieser Aspekt auch für die Besteuerung von Schenkungen von Bedeutung.[2592]

Nach Auffassung des Bundesverfassungsgerichts hängt eine gleichmäßige Besteuerung des Vermögenserwerbs insbesondere davon ab, „daß für die einzelnen zu einer Erbschaft gehörenden wirtschaftlichen Einheiten und Wirtschaftsgüter Bemessungsgrundlagen gefunden werden, die deren Werte

---

2588 BVerfG v. 10.02.1976 – 1 BvL 8/73, BVerfGE 41, 269, 281 (ErbSt I); BVerfG v. 07.11.2006 – 1 BvL 10/02, BVerfGE 117, 1, 33 f. (ErbSt III); *Seer*, GmbHR 2002, 873 (874).

2589 *M. Loose*, Erbschaftsteuerrecht, 5. Aufl. 2022, Rn. A 3.

2590 *Krumm*, Steuerliche Bewertung als Rechtsproblem, 2014, S. 107; *Seer*, StuW 2021, 111 (112).

2591 *Krumm*, Steuerliche Bewertung als Rechtsproblem, 2014, S. 107; vgl. auch *P. Kirchhof*, Die Steuerwerte des Grundbesitzes, 1985, S. 10.

2592 *Seer*, in: Tipke/Lang, Steuerrecht, 24. Aufl. 2021, Rn. 15.4.

in ihrer Relation realitätsgerecht abbilden".[2593] Der Charakter der Erbschaftsteuer als Substanzsteuer gebietet es, dass das erworbene Vermögen mit dem Wert angesetzt wird, der den durch den Erwerb vermittelten Zuwachs an Leistungsfähigkeit zutreffend abbildet.[2594] Geldvermögen, Wertpapiere und ähnliche Vermögensgegenstände fließen in die erbschaftsteuerliche Bemessungsgrundlage daher regelmäßig mit ihrem Nenn- bzw. Kurswert ein. Damit das Geldvermögen in eine vergleichsfähige Relation zu anderen gesondert zu bewertenden Vermögensgegenständen, wie Grundstücken oder Unternehmensvermögen, gebracht werden kann, müssen die gesondert zu bewertenden Vermögensgegenstände in Geld umgerechnet werden. Die durchzuführende Bewertung muss auf die Bestimmung eines fiktiven Veräußerungspreises gerichtet sein, da nur dieser nach der Konzeption der Erbschaftsteuer als Substanzsteuer eine Vergleichsfähigkeit mit dem Nennwert des Geldvermögens gewährleistet.[2595] Dies ist auch deshalb konsequent, weil die durch den Erwerb von zu bewertenden Vermögensgegenständen eingetretenen Steigerung der finanziellen Leistungsfähigkeit zur Realisierung regelmäßig eine Veräußerung des Vermögens voraussetzt und dem Steuerpflichtigen grundsätzlich zugemutet wird, dies auch zu tun, um die Erbschaft- bzw. Schenkungsteuer begleichen zu können.[2596] Eine Zusammenfassung der verschiedenen Vermögensgegenstände in der erbschaftsteuerlichen Bemessungsgrundlage kann nach Auffassung des Bundesverfassungsgerichts daher nur dann gewährleistet werden, wenn sich die Bewertung an dem gemeinen Wert als Bewertungsziel orientiert.[2597] Diese Ansicht teilt die steuerrechtliche

---

2593 BVerfG v. 22.06.1995 – 2 BvR 552/91, BVerfGE 93, 165, 173 (ErbSt II); BVerfG v. 07.11.2006 – 1 BvL 10/02, BVerfGE 117, 1, 33 (ErbSt III); im Ansatz bereits BVerfG v. 10.02.1976 – 1 BvL 8/73, BVerfGE 41, 269, 271 f. (ErbSt I); BVerfG v. 07.05.1968 – 1 BvR 420/64, BVerfGE 23, 242, 252 (VSt I).

2594 BVerfG v. 07.11.2006 – 1 BvL 10/02, BVerfGE 117, 1, 34 (ErbSt III).

2595 BVerfG v. 07.11.2006 – 1 BvL 10/02, BVerfGE 117, 1, 34 (ErbSt III); *Seer*, StuW 1997, 283 (287); *Seer*, ZEV 2007, 101 (102); *Hey*, JZ 2007, 564 (565); *Krumm*, Steuerliche Bewertung als Rechtsproblem, 2014, S. 107.

2596 BVerfG v. 07.11.2006 – 1 BvL 10/02, BVerfGE 117, 1, 34 (ErbSt III); *Tipke*, StRO II, 2. Aufl. 2003, S. 887.

2597 BVerfG v. 07.11.2006 – 1 BvL 10/02, BVerfGE 117, 1, 33 f. (ErbSt III); so zuvor bereits *Jakob*, Rechtsgutachten zur Bewertungsvereinfachung, 1992, S. 123; *Seer*, StuW 1997, 283 (287).

Fachliteratur.[2598] Die vom Bundesverfassungsgericht vorgegebene Orientierung der Grundbesitzbewertung am gemeinen Wert wurde für die Bewertung von Grundvermögen ausdrücklich in § 177 Abs. 1 BewG festgeschrieben.[2599]

cc) Eignung des Bodenrichtwertverfahrens zur Erreichung des Bewertungsziels

Dem Gesetzgeber steht bei der Ausgestaltung der Bewertungsregelungen ein großer Spielraum zu.[2600] Die Bewertungsmethodik muss jedoch prinzipiell geeignet sein, den Belastungsgrund der Steuer zu erfassen. Das sich hieraus ergebende Bewertungsziel muss durch die Bewertungsnormen folgerichtig umgesetzt werden. Bei einer am gemeinen Wert orientierten Bewertung von Grundstücken genügt der Gesetzgeber diesen Anforderungen, wenn er an eine in der Verkehrswertermittlung gebräuchliche Wertermittlungsmethode anknüpft.[2601] Denn der gemeine Wert i. S. d. § 9 Abs. 2 BewG entspricht nach allgemeiner Ansicht (weitestgehend) dem Verkehrswert i. S. d. § 194 BauGB.[2602] Ein Wertermittlungsverfahren, wie das Bodenrichtwertverfahren, welches in der ImmoWertV[2603] geregelt ist und welches in der Verkehrswertermittlung seit Jahrzehnten zur Anwendung kommt,[2604] ist in der steuerlichen Bewertung daher grundsätzlich geeignet, den gemeinen Wert eines unbebauten Grundstücks abzubilden. Einerseits rezipiert der Gesetzgeber ein auf dem Grundstücksmarkt übliches Preisbildungsverhalten. Andererseits ist davon auszugehen, dass dieses Wertermittlungsverfahren

---

2598 *Hey*, JZ 2007, 564 (565); *Krumm*, Steuerliche Bewertung als Rechtsproblem, 2014, S. 107; *Raupach*, DStR 2007, 2037; *Seer*, StuW 1997, 283 (287); *Seer*, GmbHR 2002, 873 (874); *Seer*, in: Tipke/Lang, Steuerrecht, 24. Aufl. 2021, Rn. 15.3; *Tipke*, StRO II, 2. Aufl. 2003, S. 887; *H.-U. Viskorf*, FR 2007, 624 (625); a. A. zuvor *Zitzelsberger*, in: FS Ritter, 1997, S. 661 (670).

2599 Entwurf der BReg zum ErbStRG v. 28.01.2008, BT-Drs. 16/7918, S. 44 f.

2600 BVerfG v. 10.04.2018 – 1 BvL 11/14 u. a., BVerfGE 148, 147, 185 (GrSt).

2601 Vgl. *Krumm*, in: DStJG 44, 2022, S. 225 (236).

2602 R B 177 Satz 2 ErbStR; Entwurf der BReg zum ErbStRG v. 28.01.2008, BT-Drs. 16/7918, S. 45; BFH, Urt. v. 02.02.1990 – III R 173/86, BStBl. II 1990, 497, juris; FG Berlin-Brandenburg, Urt. v. 23.03.2016 – 3 K 3009/16, EFG 2016, 879, juris Rn. 92; *Bock*, in: Viskorf/Schuck/Wälzholz, ErbStG/BewG, 7. Aufl. 2023, § 177 BewG, Rn. 3.

2603 § 40 Abs. 2 i. V. m. § 24 Abs. 2 Nr. 2 ImmoWertV.

2604 Bereits § 5 WertV 1961 sah eine Bodenwertermittlung anhand der (Boden-)Richtwerte vor.

geeignet ist, den gemeinen Wert eines Grundstücks zutreffend abzubilden, zumindest, wenn dieses überwiegend unverändert für die steuerliche Bewertung übernommen wird und die Bodenrichtwerte die Qualität aufweisen, die das Gesetz ihnen zuschreibt. Das Bodenrichtwertverfahren kann daher grundsätzlich als eine folgerichtige Umsetzung des Belastungsgrundes der Erbschaftsteuer angesehen werden.

b) Gewährleistung einer realitätsgerechten Werterelation

Für eine verfassungskonforme Bewertung kommt es entscheidend darauf an, dass die durch das Bodenrichtwertverfahren ermittelten Werte gewährleisten, dass die zu bewertenden Grundstücke in einer vergleichsfähige Wertrelation zueinander stehen. Bei der Erbschaftsteuer muss die Wertrelation jedoch nicht nur innerhalb der Vermögensart des Grundvermögens bestehen. Vielmehr muss die Wertrelation auch zu den anderen Vermögensarten und -gegenständen hergestellt werden, die der Erbschaftsteuer unterliegen. Da der Erbschaftsteuer auch Vermögensgegenstände mit dem Nenn- bzw. Kurswert zugrunde gelegt werden, kommt dem Aspekt der Realitätsgerechtigkeit bei der erbschaftsteuerlichen Grundbesitzbewertung eine gesteigerte Bedeutung zu, um insbesondere eine vergleichsfähige Relation zum Geldvermögen zu gewährleisten. Für eine relationsgerechte Bewertung muss das Bodenrichtwertverfahren daher zumindest sicherstellen, dass die zu bewertenden unbebauten Grundstücke mit einen Annäherungswert an den gemeinen Wert erfasst werden (dazu bereits unter Gliederungspunkt § 3, II., 2., c), bb)).[2605]

aa) Bewertung unbebauter Grundstücke

(1) Überblick über die Ausgestaltung des Bodenrichtwertverfahrens

Nach § 179 Satz 1 BewG bestimmt sich der Wert unbebauter Grundstücke regelmäßig nach ihrer Fläche und den Bodenrichtwerten (siehe zur Ausgestaltung des Verfahrens im Einzelnen unter Gliederungspunkt § 2, II., 2., d), bb)). Es ist gemäß § 179 Satz 3 BewG stets der Bodenrichtwert für die Bewertung anzusetzen, der vom Gutachterausschuss zuletzt vor dem Bewertungsstichtag zu ermitteln war. Darüber hinaus finden sich im Bewertungsgesetz keine weiteren Detailregelungen zum Bodenrichtwertverfahren. Nach Auffassung

2605 Vgl. BVerfG v. 07.11.2006 – 1 BvL 10/02, BVerfGE 117, 1, 36 (ErbSt III).

der Finanzverwaltung[2606] und der finanzgerichtlichen Rechtsprechung[2607] soll stets der Bodenrichtwert der Bodenrichtwertzone herangezogen werden, in der das zu bewertende Grundstück belegen ist. Eine Überprüfung der Eignung der Bodenrichtwerte für die individuelle Bewertung dürfte in der Praxis regelmäßig pauschal unterstellt werden, da nach ständiger Rechtsprechung des Bundesfinanzhofs die Bodenrichtwerte für die Beteiligten im Steuerrechtsverhältnis verbindlich sein sollen.[2608] Eine Anpassung der Bodenrichtwerte soll nach herrschender Meinung in der Literatur[2609] sowie nach Auffassung der Finanzverwaltung[2610] an bestimmte allgemeine Grundstücksmerkmale erfolgen. Die Anpassung soll primär nach Maßgabe der vom regionalen Gutachterausschuss veröffentlichten Umrechnungskoeffizienten erfolgen; hilfsweise mittels pauschaler typisierter Umrechnungskoeffizienten gemäß H B 179.2 ErbStH. Eine Berücksichtigung besonderer objektspezifischer Grundstücksmerkmale erfolgt weder im Bodenrichtwertverfahren[2611] noch in einem gesonderten Bewertungsschritt (§ 177 Abs. 4 BewG). Der Steuerpflichtige hat über § 198 BewG die Möglichkeit, einen niedrigeren gemeinen Wert der wirtschaftlichen Einheit nachzuweisen.

(2) Gleichheitsrechtliche Beurteilung des Bodenrichtwertverfahrens

(a) Verbindliche Anknüpfung an die Bodenrichtwerte

Das für die Grundbesitzbewertung geltende Bodenrichtwertverfahren knüpft ausdrücklich an die Bodenrichtwerte i. S. d. § 196 BauGB als

---

2606 R B 179.2 Abs. 1 Satz 8 ErbStR.

2607 BFH, Urt. v. 18.08.2005 – II R 62/03, BStBl. II 2006, 5, juris Rn. 11; FG Nürnberg, Urt. v. 29.03.2001 – IV 565/2000, EFG 2001, 959, juris Rn. 24.

2608 BFH, Urt. v. 11.05.2005 – II R 21/02, BStBl. II 2005, 686, juris Rn. 11; BFH, Urt. v. 18.08.2005 – II R 62/03, BStBl. II 2006, 5, juris Rn. 10; BFH, Urt. v. 26.04.2006 – II R 58/04, BStBl. II 2006, 793, juris Rn. 25; BFH, Urt. v. 12.07.2006 – II R 1/04, BStBl. II 2006, 742, juris Rn. 7; BFH, Urt. v. 05.12.2007 – II R 70/05, BFH/NV 2008, 757, juris Rn. 11; BFH, Urt. v. 16.12.2009 – II R 15/09, BFH/NV 2010, 1085, juris Rn. 13; BFH, Urt. v. 25.08.2010 – II R 42/09, BStBl. II 2011, 205, juris Rn. 15.

2609 *Christoffel*, DStR 1997, 265 (266); *Jardin/Roscher*, Die Immobilienwertermittlung aus steuerlichen Anlässen, 2019, S. 161; *Halaczinsky*, in: Rössler/Troll, BewG, § 179 BewG, 37. EL, 11/2023, Rn. 10 f.; *Bock*, in: Viskorf/Schuck/Wälzholz, ErbStG/BewG, 7. Aufl. 2023, § 179 BewG, Rn. 26 ff.

2610 R B 179. 3 ErbStR; vgl. zuvor bereits R 161 ErbStR 2003, R 161 ErbStR 1999.

2611 R B 179.2 Abs. 8 ErbStR.

Bewertungsgrundlage an, die von den Gutachterausschüssen nach dem Baugesetzbuch zu ermitteln und den Finanzämtern mitzuteilen sind (§ 179 Satz 1 f. BewG). Hierbei kann es sich um allgemeine Bodenrichtwert oder besondere Bodenrichtwerte handeln, die für steuerliche Zwecke ermittelt wurden.[2612] Nach ständiger Rechtsprechung des Bundesfinanzhofs sind die Bodenrichtwerte für die Beteiligten im Steuerrechtsverhältnis verbindlich und einer gerichtlichen Überprüfung regelmäßig nicht zugänglich.[2613] Diese Aussage enthält zwei Komponenten: einerseits die verbindliche Anknüpfung an die Bodenrichtwerte zur Gewährleistung eines praktikablen Bewertungsverfahrens und andererseits die spätere gerichtliche Überprüfbarkeit der Bodenrichtwerte als Bewertungsgrundlage.[2614] An dieser Stelle soll nur auf die erste Komponente eingegangen werden, da diese für die gleichheitskonforme Bewertung von Bedeutung ist. Die gerichtliche Überprüfbarkeit der Bodenrichtwerte ist primär im Lichte von Art. 19 Abs. 4 GG zu betrachten und wird daher unter Gliederungspunkt § 4, III. gesondert untersucht.

(aa) Gewährleistung einer realitätsgerechten Werterelation durch verbindliche Anknüpfung an die Bodenrichtwerte

Mit der Anknüpfung an die Bodenrichtwerte bezweckt der Gesetzgeber eine Typisierung und Vereinfachung der Grundbesitzbewertung.[2615] Die Bodenrichtwerte werden als Bewertungsparameter typisierend vom Gesetzgeber festgelegt.[2616] Anders als bei den gesetzlich typisierten Bewertungsparametern, die einheitlich für sämtliche Steuerpflichtigen in gleicher Weise gelten, handelt es sich bei den Bodenrichtwerten um gesondert ermittelte Werte, die nicht vom Gesetzgeber beschlossen wurden, sondern die von den eigenständigen und unabhängigen Gutachterausschüssen in einem gesonderten

---

2612 Siehe unter Gliederungspunkt § 2, II., 2., d), bb), (3), (a).

2613 BFH, Urt. v. 11.05.2005 – II R 21/02, BStBl. II 2005, 686, juris Rn. 11. Siehe weitere Rechtsprechungsnachweise und Ausführungen zur Begründung dieser Aussage unter Gliederungspunkt § 2, II., 2., d), bb), (4).

2614 *Krumm/Paeßens*, GrStG, 2022, Grundlagen, Rn. 133.

2615 BFH, Urt. v. 11.05.2005 – II R 21/02, BStBl. II 2005, 686, juris Rn. 11; BFH, Urt. v. 26.04.2006 – II R 58/04, BStBl. II 2006, 793, juris Rn. 25. Siehe hierzu auch unter Gliederungspunkt § 2, III., 2.

2616 So ausdrücklich für die Grundsteuerwertermittlung Entwurf zum GrStRefG 2019 v. 25.06.2019, BT-Drs. 19/11085, S. 109.

Verfahren ermittelt werden. Da jede Wertermittlung unterschiedlich ausfallen kann, kommt den Bodenrichtwerten eine unterschiedliche Aussagekraft zu. Beabsichtigt der Gesetzgeber an diese Bewertungsgrundlagen mit verbindlicher Wirkung für die Beteiligten im Steuerrechtsverhältnis anzuknüpfen, so muss er zunächst sicherstellen, dass diese Bewertungsgrundlagen eine vergleichbare Mindestqualität aufweisen. Andernfalls sind die Bewertungsgrundlagen nicht geeignet, Bemessungsgrundlagen zu gewährleisten, die dem Gebot einer realitätsgerechten Werterelation entsprechen.[2617]

Die Bodenrichtwerte eigenen sich aufgrund ihrer Konzeption grundsätzlich für eine *realitätsgerechte Bewertung* für Zwecke der Erbschaftsteuer (und auch der Grunderwerbsteuer). Sie sollen vorrangig auf der Grundlage der Kaufpreissammlung im Preisvergleich mittels einer ausreichenden Anzahl an Vergleichspreisen ermittelt werden. Sie sind in diesen Fällen geeignet, den gemeinen Wert des Bodens zutreffend abzubilden.[2618] Sind nicht ausreichend Vergleichspreise vorhanden, existieren für die Gutachterausschüsse grundsätzlich qualifizierte Verfahren, die Bodenrichtwerte auf andere Weise zu ermitteln. Von einer generellen Verzerrung des Bodenrichtwertniveaus ist nicht auszugehen.[2619] Insbesondere aufgrund einer regional schlechten Datenverfügbarkeit und/oder einer eingeschränkten Leistungsfähigkeit des Gutachterausschusses kann die Repräsentativität der Bodenrichtwerte in einigen Regionen abnehmen.[2620]

Bodenrichtwerte sind dem Grunde nach auch für eine *relationsgerechte steuerliche Bewertung* geeignet, wenn diese eine vergleichbare Qualität aufweisen und gesetzeskonform ermittelt wurden. Aufgrund der derzeitigen Konzeption der Gutachterausschüsse und deren unterschiedlicher Leistungsfähigkeit sowie den unzureichenden und uneinheitlichen Vorgaben an die Bodenrichtwertermittlung weisen die Bodenrichtwerte keine vergleichbare Qualität auf und sind deshalb für eine relationsgerechte Bewertung nur eingeschränkt geeignet (siehe hierzu bereits ausführlich unter Gliederungspunkt

---

2617 Siehe hierzu bereits ausführlich unter Gliederungspunkt § 3, III., 4., b), aa).

2618 *Seer*, in: Tipke/Lang, Steuerrecht, 24. Aufl. 2021, Rn. 15.54. Siehe hierzu auch bereits unter Gliederungspunkt § 3, III., 2., a).

2619 Siehe hierzu unter Gliederungspunkt § 3, III., 3., c), cc), (2); ebenso *Krumm*, FR 2023, 957 (966).

2620 Siehe hierzu unter Gliederungspunkt § 3, III., 4., a).

§ 3, III., 4.). Die Bodenrichtwerte müssen für Zwecke der Erbschaftsteuer auf einer bundesweit vergleichbaren Datengrundlage und nach Vorgaben ermittelt werden, die eine im Wesentlichen vergleichbare Bodenrichtwertermittlung gewährleisten.[2621] Diese Anforderungen erfüllen die Bodenrichtwerte gegenwärtig nicht. An die Qualität der Bodenrichtwerte sind aus erbschaftsteuerlicher Sicht zudem erhöhte Anforderungen zu stellen. Denn einerseits müssen diese Bewertungsgrundlagen gewährleisten, dass die zu bewertenden (unbebauten) Grundstücke in eine vergleichsfähige Relation zu den anderen Vermögensgegenständen, insbesondere Geldvermögen, gebracht werden. Andererseits werden die im Bodenrichtwertverfahren ermittelten Grundbesitzwerte im Rahmen der Erbschaftsteuer einem Steuersatz von bis zu 50 % unterworfen. Aufgrund der in den letzten Jahren stark gestiegenen Bodenrichtwerte haben diese, insbesondere in Innenstadtlagen und anderen hochpreisigen Lagen, einen erheblichen Einfluss auf die Höhe der Erbschaftsteuer. Der Steuerpflichtige hat daher in besonderem Maße einen Anspruch auf Steuerwerte, die belastbar und gleichmäßig ermittelt wurden.

Bodenrichtwerte, die eine schlechte Qualität aufweisen und die nicht mit anderen Bodenrichtwerten vergleichbar sind, können im Bodenrichtwertverfahren nicht derart angepasst werden, dass hierdurch entstehenden Differenzierungen kompensiert werden. Infolgedessen ergeben sich vermutlich bewertungsbedingte Differenzierungen, die häufig vorkommen und nicht selten erheblich ausfallen dürften. Daher ist im Ergebnis das in § 179 BewG geregelte Bodenrichtwertverfahren nicht geeignet, vergleichsfähige Relationen zwischen den zu bewertenden unbebauten Grundstücken zu gewährleisten. Diese Differenzierungen bestehen in einem gewissen Maß auch im Verhältnis zu bebauten Grundstücken und zu den anderen der Erbschaftsteuer unterliegenden Vermögensgegenständen.

Die durch die Anknüpfung an die Bodenrichtwerte begründeten bewertungsbedingten Differenzierungen führen jedoch nicht per se zur Verfassungswidrigkeit des § 179 BewG. Eine typisierende Anknüpfung an die Bodenrichtwerte kann grundsätzlich durch Praktikabilitätserwägungen gerechtfertigt werden, da eine Bodenwertermittlung auf andere Weise, etwa

---

[2621] Siehe hierzu unter Gliederungspunkt § 3, III, 4., b), bb).

durch Preisvergleich,[2622] deutlich aufwendiger wäre und ebenfalls gleichheitsrechtlichen Bedenken unterläge.[2623] Ein Bedürfnis nach einer praktikablen Bodenwertermittlung besteht auch für die erbschaftsteuerliche Bewertung, die einen moderaten Vollzugsaufwand erfordert.[2624] Eine abschließende Entscheidung über die Rechtfertigung der durch die Bodenrichtwerte begründeten Differenzierungen kann an dieser Stelle nicht getroffen werden. Entscheidend kommt es hierfür auf den jeweils vom Bundesverfassungsgericht angewandten Prüfungsmaßstab an. Dieser Prüfungsmaßstab wird insbesondere vom festgestellten Umfang und dem Ausmaß der Differenzierungen abhängen.[2625] Da es derzeit an gebietsübergreifenden Erhebungen zu der Qualität und der Vergleichbarkeit der Bodenrichtwerte fehlt,[2626] kann eine abschließende Beurteilung nicht erfolgen.

Das Bundesverfassungsgericht wird bei der Überprüfung der Regelungen der Grundbesitzbewertung zudem nicht nur die isolierte Auswirkung der Bodenrichtwerte auf die Grundbesitzwerte überprüfen. Vielmehr wird es für die Beurteilung, ob der Gesetzgeber das Gebot der realitätsgerechten Wertrelation beachtet hat, die Bewertungssystematik insgesamt betrachten. Ob bei einer solchen Gesamtbetrachtung die Bodenrichtwerte als Bewertungsgrundlagen Differenzierungen bei den Steuerwerten begründen, die die Anwendung einer strengen Verhältnismäßigkeitsprüfung gebieten, ist jedoch fraglich. Auch wenn die Grundbesitzbewertung in einzelnen Aspekten gleichheitsrechtlich nicht unproblematisch ist, ist in der Gesamtsicht nicht davon auszugehen, dass die Regelungen der Grundbesitzbewertung eine realitäts- und damit relationsgerechte Bemessung des steuerlichen Belastungsgrundes nicht sicherstellen.[2627] Bei einer Gesamtbetrachtung der Bewertungssystematik wirkt die Öffnungsklausel in § 198 BewG zudem etwaigen

---

2622 Vgl. BFH, Urt. v. 26.09.1980– III R 21/78, BStBl. II 1981, 153, juris Rn. 8; BFH, Beschl. v. 21.05.1982 – III B 32/81, BStBl. II 1982, 604, juris Rn. 16; BFH, Urt. v. 21.07.1993 – II R 13/91, BFH/NV 1994, 610, juris Rn. 16; BFH, Urt. v. 20.10.2004 – II R 34/02, BStBl. II 2005, 256, juris Rn. 12.

2623 Siehe hierzu unter Gliederungspunkt § 2, III., 2., a), bb).

2624 Siehe hierzu unter Gliederungspunkt § 2, II., 2., e).

2625 Siehe hierzu allgemein unter Gliederungspunkt § 3, I., 2., c), bb).

2626 *Bizer/Joeris*, Bodenrichtwerte als Bemessungsgrundlage für eine reformierte Grundsteuer, Finanzwissenschaftliche Diskussionsbeiträge, Nr. 97-3, S. 8.

2627 Ebenso *Krumm*, in: DStJG 44, 2022, S. 225 (239).

bewertungsbedingten Differenzierungen entgegen, die durch die uneinheitliche Qualität der Bodenrichtwerte verursacht werden.[2628] Durch diese können zwar nicht sämtliche Ungleichbehandlungen vermieden werden. Aufgrund dieser Möglichkeit können entstehende Ungleichbehandlungen jedoch in größerem Maße gerechtfertigt werden. Es lässt sich daher für die Grundbesitzbewertung trotz der uneinheitlichen Qualität der Bodenrichtwerte nicht feststellen, dass allein die Anknüpfung an die Bodenrichtwerte in § 179 BewG gegen Art. 3 Abs. 1 GG verstößt.

(bb) Verzicht auf die Überprüfung der Eignung der Bodenrichtwerte

Nach Auffassung des Bundesfinanzhofs folgt aus der Verbindlichkeit der Bodenrichtwerte für die Finanzbehörden, dass diese ungeprüft und ohne eigenen Bewertungsspielraum der Ermittlung des Bedarfswerts zugrunde zu legen sind.[2629] Es erfolgt also abweichend von der Verkehrswertermittlung (§ 26 Abs. 2 i. V. m. § 9 Abs. 1 Satz 1 ImmoWertV) keine Überprüfung, ob die Bodenrichtwerte im Einzelfall geeignet sind.[2630] Eine Überprüfung der Eignung ist auch nicht nach § 177 Abs. 2 Satz 1 BewG[2631] anzunehmen, da diese Vorschrift nur für die „sonstigen" für die Wertermittlung erforderlichen Daten gilt, nicht jedoch für die Bodenrichtwerte (vgl. § 193 Abs. 5 Satz 1 BauGB). Es wird also unterstellt, dass die Bodenrichtwerte stets und in jedem Einzelfall für die Grundbesitzbewertung geeignet sind.

Eine solche ungeprüfte Übernahme der Bodenrichtwerte ist nicht unproblematisch.[2632] Selbst wenn die Bodenrichtwerte sachgerecht ermittelt wurden, kann die Heranziehung des Bodenrichtwerts in Einzelfällen zu nicht marktgerechten Bewertungsergebnissen führen. Zu einer steuerlichen Unterbewertung kann die Heranziehung eines Bodenrichtwerts führen, wenn das Bewertungsobjekt eine tatsächlich höherwertige Qualität als das Bodenrichtwertgrundstück aufweist, insbesondere aufgrund einer besonderen Einzellage

---

2628 Vgl. *G. Kirchhof*, DB 2023, 1116 (1118).
2629 BFH, Urt. v. 12.07.2006 – II R 1/04, BStBl. II 2006, 742, juris Rn. 7.
2630 Vgl. zur Überprüfung der Eignung in einem Verkehrswertgutachten BFH, Urt. v. 16.09.2020 – II R 1/18, BStBl. II 2021, 594, juris Rn. 17.
2631 I. d. F. d. Art. 19 Nr. 3 lit. a) d. JStG 2022 v. 16.12.2022, BGBl. I. S. 2294.
2632 *Kleiber*, Verkehrswertermittlung von Grundstücken, 10. Aufl. 2023, § 13 ImmoWertV, Rn. 51.

(z. B. bei am Wasser belegenen Grundstücken[2633]). Umgekehrt kann es zu einer steuerlichen Überbewertung kommen, wenn die zu bewertende Fläche eine schlechtere Qualität oder eine andere Art der baulichen Nutzung als das Bodenrichtwertgrundstück aufweist, etwa weil es sich bei der zu bewertenden Fläche um eine Grünfläche, Verkehrsfläche oder Gemeinbedarfsfläche handelt (vgl. § 15 Abs. 2 ImmoWertV).

Die typisierende Unterstellung der Eignung des herangezogenen Bodenrichtwerts im Einzelfall ist jedoch aus gleichheitsrechtlicher Sicht noch hinnehmbar.[2634] Das steuerliche Bodenrichtwertverfahren orientiert sich insoweit am typischen Fall, da im Regelfall von einer Eignung ausgegangen werden kann. Allerdings steht auch diese Aussage unter der Grundvoraussetzung, dass eine einheitliche Qualität der Bodenrichtwerte durch bundesweit einheitliche Ermittlungsweisen und eine vergleichbare Leistungsfähigkeit der Gutachterausschüsse gewährleistet wird. Die sich durch den Verzicht auf die Überprüfung der Eignung ergebenden Wertverzerrungen können grundsätzlich durch Praktikabilitätserwägungen gerechtfertigt werden.[2635] Denn eine Überprüfung der Eignung der Bodenrichtwerte nach dem Vorbild des § 9 Abs. 1 Satz 1 ImmoWertV ist für die Finanzämter (aber auch für den Steuerpflichtigen) nach der derzeitigen Konzeption der Bodenrichtwerte nur schwer möglich. Denn eine Begründung der Bodenrichtwerte ist nach § 14 Abs. 5 Satz 2 ImmoWertV ausdrücklich nicht vorgesehen. Zudem verfügen die Lagefinanzämter und Steuerpflichtigen regelmäßig nicht über die Sachkunde und Kenntnis des regionalen Grundstücksmarkts, um die Eignung der Bodenrichtwert vollumfänglich und sachgerecht beurteilen zu können. Eine Überprüfung der Eignung würde zudem zusätzliche (subjektive) Wertungen in das Bodenrichtwertverfahren einfließen lassen. Gegen das Übermaßverbot verstoßende Überbewertungen können durch den Steuerpflichtigen durch den Nachweis eines niedrigeren gemeinen Werts gemäß § 198 BewG

[2633] Vgl. *Ehlers*, Vermessung Brandenburg 1/2014, 4 (9); *Ehlers*, Vermessung Brandenburg 2/2021, 4 (12 f.).

[2634] Ebenso bzgl. der Bundesgrundsteuer *Krumm/Paeßens*, GrStG, 2022, Grundlagen, Rn. 133.

[2635] So u. a. auch BFH, Urt. v. 11.05.2005 – II R 21/02, BStBl. II 2005, 686, juris Rn. 11; BFH, Urt. v. 26.04.2006 – II R 58/04, BStBl. II 2006, 793, juris Rn. 25.

kompensiert werden.[2636] Es verbleiben demnach gleichheitswidrige Unterbewertungen, die zu Lasten der Staatsfinanzen und der anderen Steuerpflichtigen gehen, die jedoch noch als hinnehmbar erscheinen.

Ausnahmen von der typisierenden Anknüpfung müssen jedoch in besonderen Fällen zulässig sein, um im Einzelfall erhebliche Wertverzerrungen zu vermeiden. Dies betrifft vor allem Fälle, in denen der Bodenrichtwert zu einer erheblichen Unterbewertung führt, da auch diese Fälle gleichheitsrechtlich relevant sind und nicht durch eine Nachweismöglichkeit des Steuerpflichtigen kompensiert werden. Außerdem handelt es sich bei den Bodenrichtwerten nicht bloß um Marktinformationen, die im rechtsfreien Raum ermittelt werden. Die Bodenrichtwerte sind gesetzlich definierte Werte, bei deren Ermittlung rechtliche Vorgaben einzuhalten sind.[2637] Ist offensichtlich, dass bei der Ermittlung die einschlägigen rechtlichen Vorgaben missachtet wurden, dürfte die wissentliche Zugrundelegung dieser rechtswidrigen Bewertungsgrundlagen durch das Finanzamt gegen Art. 20 Abs. 3 GG verstoßen. Die Finanzämter haben daher bei der Heranziehung der Bodenrichtwerte zu prüfen, ob deren Höhe nicht außerhalb jeder sachlichen Rechtfertigung liegt und ob diese grob und offensichtlich (rechts-)fehlerhaft sind (z. B. wenn diese als lagetypische Bodenrichtwerte angegeben sind[2638] oder als Bodenrichtwertspanne).[2639] Die Überprüfung ist auf offensichtliche Unrichtigkeiten beschränkt.[2640] Eine detaillierte Überprüfung der Bodenrichtwerte kann hin-

---

2636 BFH, Urt. v. 11.05.2005 – II R 21/02, BStBl. II 2005, 686, juris Rn. 11; vgl. ebenso FG Nürnberg, Urt. v. 27.01.2000 – IV 261/1999, EFG 2000, 610, juris Rn. 3.

2637 Siehe hierzu unter Gliederungspunkt § 3, III., 3., b), aa).

2638 Die Finanzverwaltung ist hingegen der Auffassung, dass auch lagetypische Bodenrichtwerte, die eindeutig gegen § 196 Abs. 1 Satz 3 BauGB und § 15 ImmoWertV verstoßen, der Bewertung zu Grunde gelegt werden sollen, vgl. H B 179.2 ErbStH „lagetypische Bodenrichtwerte“.

2639 FG Nürnberg, Urt. v. 27.01.2000 – IV 261/1999, EFG 2000, 610, juris Rn. 3. Bay. LfSt, Vfg. v. 15.11.2013 – S 3014c, Bew-Kartei BY § 145 Abs. 3 BewG Karte 2; *Halaczinsky*, in: Rössler/Troll, BewG, § 145 BewG, 9. EL, 2/2007, Rn. 21; vgl. auch *Krumm/Paeßens*, GrStG, 2022, § 247 BewG, Rn. 31.

2640 Vgl. allgemein für Mitteilungen der Gutachterausschüsse Nds. FG, Urt. v. 17.09.2015 – 1 K 147/12, EFG 2016, 185, juris Rn. 41; Nds. FG, Urt. v. 07.12.2017 – 1 K 219/15, EFG 2018, 619, juris Rn. 28; Nds. FG, Urt. v. 24.03.2022 – 1 K 267/19, juris Rn. 54; FG Niedersachsen, Urt. v. 01.12.2022 – 1 K 90/19, EFG 2023, 760, juris Rn. 94; ebenso *Bock*, in: Viskorf/Schuck/Wälzholz, ErbStG/BewG, 7. Aufl. 2023, § 179 BewG, Rn. 14.

gegen nicht gefordert werden, da mangels Begründung nicht ersichtlich ist, wie der jeweilige Bodenrichtwert zustande gekommen ist. Sofern ein plausibler Bodenrichtwert vorliegt, hat das Finanzamt diesen der Grundbesitzbewertung verbindlich zugrunde zu legen.[2641] Liegt ein offensichtlich unzutreffender oder rechtswidriger Bodenrichtwert vor, so ist dieser außer Ansatz zu lassen. In diesem Fall kann das Lagefinanzamt entweder dem zuständigen Gutachterausschuss aufgeben, einen neuen Bodenrichtwert zu ermitteln[2642] oder es ermittelt einen eigenen Bodenwert nach § 179 Satz 4 BewG.[2643]

(b) Auswahl des maßgeblichen Bodenrichtwerts

§ 179 BewG enthält keine ausdrückliche Regelung für die Auswahl des maßgeblichen Bodenrichtwerts in räumlicher Hinsicht.[2644] Nach Auffassung der Finanzverwaltung[2645] und der finanzgerichtlichen Rechtsprechung[2646] ist stets der Bodenrichtwert der Bodenrichtwertzone maßgeblich, in der das zu bewertende Grundstück belegen ist. Dies entspricht der Intention des Gesetzgebers, durch die Einführung der zonalen Bodenrichtwerte eine eindeutige Zuordnung des Bodenrichtwerts zum Bewertungsobjekt zu gewährleisten.[2647]

Zuvor wurde bereits dargestellt, dass es an den Zonengrenzen zu erheblichen Wertsprüngen kommen kann, die die tatsächlichen Wertverhältnisse nicht annähernd abbilden.[2648] Der konkrete Verlauf der Zonengrenzen lässt sich häufig nicht intersubjektiv begründen. Die durch den Ausweis der Bodenrichtwertzone suggerierte homogene Lagewertigkeit innerhalb der Zone besteht in vielen Fällen nur eingeschränkt. An den Zonenrändern bildet der jeweilige Zonenwert die Wertverhältnisse nicht zwingend besser ab als der

---

2641 *Halaczinsky*, in: Rössler/Troll, BewG, § 145 BewG, 9. EL, 2/2007, Rn. 21.

2642 Vgl. BFH, Urt. v. 26.04.2006 – II R 58/04, BStBl. II 2006, 793, juris Rn. 29.

2643 *Krumm/Paeßens*, GrStG, 2022, § 247 BewG, Rn. 24, 31.

2644 So ausdrücklich etwa § 38 Abs. 1 Satz 2 LGrStG BW.

2645 R B 179.2 Abs. 1 Satz 8 ErbStR.

2646 BFH, Urt. v. 18.08.2005 – II R 62/03, BStBl. II 2006, 5, juris Rn. 11; BFH, Urt. v. 25.08.2010 – II R 42/09, BStBl. II 2011, 205, juris Rn. 18; FG Nürnberg, Urt. v. 29.03.2001 – IV 565/2000, EFG 2001, 959, juris Rn. 24; FG Hamburg, Zwischenurteil v. 28.08.2014 – 3 K 134/13, juris Rn. 34; vgl. auch zur Auswahl in einem Gutachten zum Nachweis des niedrigeren gemeinen Werts BFH, Urt. v. 16.09.2020 – II R 1/18, BStBl. II 2021, 594, juris Rn. 17.

2647 Entwurf der BReg zum ErbStRG v. 28.01.2008, BT-Drs. 16/7918, S. 48.

2648 Siehe hierzu unter Gliederungspunkt § 3, III., 4., a), bb), (3).

Zonenwert der benachbarten Bodenrichtwertzone. Durch die verbindliche Heranziehung des Bodenrichtwerts der Bodenrichtwertzone, in der das Bewertungsobjekt belegen ist, kann es somit im steuerlichen Bodenrichtwertverfahren, vor allem in Innenstadtlagen, zu erheblichen Bewertungsungenauigkeiten kommen.

Indem stets der jeweilige Zonenwert heranzuziehen ist, wird allerdings eine eindeutige Zuordnung des jeweiligen Bodenrichtwerts zum Bewertungsobjekt gewährleistet. Dadurch wird im Feststellungsverfahren eine Diskussion über die Abgrenzung der Bodenrichtwertzonen und über die Eignung des jeweiligen Zonenwerts vermieden. Dies fördert die Praktikabilität der Bewertung und gewährleistet in der Masse eine gleichmäßige Vorgehensweise der Finanzverwaltung bei der Auswahl der Bodenrichtwerte. Die Konzeption der Bodenrichtwerte als zonale Bodenrichtwerte lässt für die steuerliche Bewertung keine andere praktikable Lösung zu. Da die Bewertungsungenauigkeiten im Einzelfall erheblich sein können, muss für den Steuerpflichtigen jedoch die Möglichkeit bestehen, einen niedrigeren gemeinen Wert nachweisen zu können. Diese Möglichkeit besteht bei der Grundbesitzbewertung über § 198 BewG. Da die Nachweismöglichkeit jedoch keine steuerliche Unterbewertung beseitigt, sollten die Bodenrichtwertzonen nach Möglichkeit so abgegrenzt werden, dass die Wertsprünge ein bestimmtes Mindestmaß nicht überschreiten.[2649]

(c) Anpassung der Bodenrichtwerte

Allein die im Gesetz vorgesehene Multiplikation des unangepassten Bodenrichtwerts mit der Grundstücksfläche gewährleistet weder eine realitäts- noch eine relationsgerechte Bewertung. Die Bodenrichtwerte beziehen sich nicht auf die Bodenrichtwertzone oder die zonenangehörigen Grundstücke. Als durchschnittlicher Lagewert werden sie für ein fiktiv unbebautes Grundstück ermittelt, welches hinsichtlich seiner wertbeeinflussenden Grundstücksmerkmale mit den in der jeweiligen Bodenrichtwertzone vorherrschenden grund- und bodenbezogenen wertbeeinflussenden Grundstücksmerkmalen übereinstimmen soll.[2650] Grundstücke weisen eine Vielzahl an wertbeeinflussenden Grundstücksmerkmalen auf und unterscheiden sich regelmäßig

2649 Siehe hierzu unter Gliederungspunkt § 3, III., 4., a), bb), (3).

2650 § 13 Abs. 1 i. V. m. Abs. 2 Satz 1 ImmoWertV.

voneinander. Das Maß der Heterogenität ist von Gebiet zu Gebiet unterschiedlich. In Gebieten mit einem Bebauungsplan (§ 30 Abs. 1 BauGB) ist grundsätzlich eine hohe Übereinstimmung jedenfalls hinsichtlich der Art und des Maßes der baulichen Nutzung anzunehmen, wobei auch hier Ausnahmen und Befreiungen möglich sind (§ 31 BauGB). Im unbeplanten Innenbereich (§ 34 BauGB) sind regelmäßig größere Abweichungen in den wertbeeinflussenden Grundstücksmerkmalen zu beobachten. Unabhängig von den bauplanungsrechtlichen Vorgaben weisen die Grundstücke eines Gebiets regelmäßig unterschiedliche Grundstücksgrößen und ggfs. -tiefen auf. Da regelmäßig keine Zonen von Grundstücken mit einheitlichen wertbeeinflussenden Grundstücksmerkmalen existieren,[2651] beziehen sich die Bodenrichtwerte jeweils auf ein Bodenrichtwertgrundstück als Referenzobjekt.

Die Bodenrichtwerte können entgegen der Ansicht des Gesetzgebers[2652] und wohl auch des Bundesfinanzhofs[2653] aufgrund der unterschiedlichen Verteilung der Grundstücksmerkmale nicht derart ermittelt werden, dass sich Abweichungen zwischen dem Bodenrichtwertgrundstück und den zonenangehörigen Grundstücken nur im Ausnahmefall ergeben.[2654] Dies wird gerade auch durch den Begriff Boden-„Richtwert" hervorgehoben, der impliziert, dass es sich bei diesem Wert nicht um einen definitiven Wert der zonenangehörigen Grundstücke, sondern um einen Wert handelt, der entsprechend der wertbeeinflussenden Merkmale des zu bewertenden Grundstücks weiter zu modifizieren ist.[2655] An dieser Durchschnittsqualität ändert auch die Vorgabe in § 15 Abs. 1 Satz 2 ImmoWertV (zuvor § 10 Abs. 3 ImmoWertV 2010[2656]) nichts, da sich diese nur auf die „lagebedingten" Wertunterschiede bezieht. Wertunterschiede, die sich aus nicht mit dem Bodenrichtwertgrundstück übereinstimmenden Grundstücksmerkmalen einzelner Grundstücke ergeben

---

2651 Siehe hierzu unter Gliederungspunkt § 1, IV., 4., b).

2652 Gesetzentwurf der Fraktionen CDU/CSU und FDP zum JStG 1997 v. 11.06.1996, BT-Drs. 13/4839, S. 50; Entwurf der BReg zum JStG 1997 v. 26.08.1996, BT-Drs. 13/5359, S. 29; zuletzt zur Verwendung der Bodenrichtwerte bei der Grundsteuer Stellungnahme des BR v. 21.10.2020 zum JStG 2020, BT-Drs. 19/23551, S. 47 f.

2653 BFH, Urt. v. 11.05.2005 – II R 21/02, BStBl. II 2005, 686, juris Rn. 17.

2654 *Krumm*, Steuerliche Bewertung als Rechtsproblem, 2014, S. 246; *Bischoff*, ImmoWertV 2021, 2021, S. 105; *Seer*, in: Tipke/Lang, Steuerrecht, 24. Aufl. 2021, Rn. 15.61.

2655 *Mattiseck/Schaar*, NÖV 2/2011, 37 (38); *G. Kirchhof*, DB 2020, 2600 (2603).

2656 In der Fassung des Art. 16 Nr. 1 des GrStRefG v. 26.11.2019, BGBl. I S. 1794.

(z. B. Grundstücksgröße, (W)GFZ), sind gemäß § 15 Abs. 1 Satz 3 ImmoWertV ausdrücklich bei der Zonenbildung nicht zu berücksichtigen. Dass eine Anpassung des herangezogenen Bodenrichtwerts nicht nur im Ausnahmefall zu erfolgen hat, zeigt auch die neugefasste ImmoWertV 2021. Dort wird die objektspezifische Anpassung der Bodenrichtwerte im Vergleich zur ImmoWertV 2010 besonders hervorgehoben (§ 24 Abs. 2 Nr. 2 i. V. m. § 26 Abs. 2 ImmoWertV). Die Anpassung der Bodenrichtwerte ist gerade Ausfluss des in der Verkehrswertermittlung geltenden Grundsatzes der Referenzkonformität.[2657] Allein der Umstand, dass der Bodenrichtwert nicht mit den wertbeeinflussenden Grundstücksmerkmalen übereinstimmt, macht diesen nicht falsch. Er ist in diesem Fall anzupassen, nicht „zu korrigieren".

Obwohl die Anpassung der Bodenrichtwerte nicht ausdrücklich in § 179 BewG vorgesehen ist, nimmt die Finanzverwaltung gemäß R B 179.2 ErbStR[2658] eine Anpassung der Bodenrichtwerte zumindest für bestimmte Grundstücksmerkmale vor. Dieses Vorgehen hält auch die herrschende Meinung in der Literatur für sachgerecht.[2659] Eine Anpassung der Bodenrichtwerte soll nach den Verwaltungsvorschriften insbesondere für die folgenden Grundstücksmerkmale erfolgen: Geschossfläche,[2660] Grundstücksgröße,[2661] Grundstückstiefe[2662] sowie erschließungsbeitragsrechtlicher Zustand.[2663] Damit werden die Grundstücksmerkmale abgedeckt, die in der Praxis regelmäßig für die Darstellung der Bodenrichtwerte verwendet werden. In einzelnen Bodenrichtwertzonen können auch weitere Grundstücksmerkmale wertbeeinflussend sein, z. B. die Bauweise (§ 16 Abs. 2 Satz 2

2657 Siehe hierzu unter Gliederungspunkt § 1, I., 2., b), bb), (3).

2658 Zuvor bereits zur Bodenwertermittlung nach § 145 Abs. 3 BewG: R 161 ErbStR 1999; R 161 ErbStR 2003.

2659 *Christoffel*, DStR 1997, 265 (266); *Halaczinsky*, in: Simon/Cors/Halaczinsky/Teß, Handbuch der Grundstückswertermittlung, 5. Aufl. 2003, S. 1051 (1072 ff.); *Halaczinsky*, in: Rössler/Troll, BewG, § 179 BewG, 37. EL, 11/2023, Rn. 10 f.; *Jardin/Roscher*, Die Immobilienwertermittlung aus steuerlichen Anlässen, 2019, S. 161; *Bock*, in: Viskorf/Schuck/Wälzholz, ErbStG/BewG, 7. Aufl. 2023, § 179 BewG, Rn. 26 ff.

2660 R B 179.2 Abs. 2 ErbStR.

2661 R B 179.2 Abs. 3 ErbStR.

2662 R B 179.2 Abs. 4 ErbStR.

2663 R B 179.2 Abs. 6 ErbStR.

Nr. 2 ImmoWertV).[2664] Eine Anpassung an diese Grundstücksmerkmale ist nach R B 179.2 Abs. 1 Satz 9 ErbStR möglich, sofern der Gutachterausschuss hierfür Umrechnungskoeffizienten veröffentlicht hat. Praktisch dürfte dies jedoch nur eine geringe Relevanz haben. Der Umfang der in R B 179.2 ErbStR geregelten Anpassungen ist im Rahmen einer typisierenden Bewertung ausreichend. Bewertungsungenauigkeiten können sich ergeben, wenn regionale Umrechnungskoeffizienten fehlen und auf die pauschalen Umrechnungskoeffizienten in H B 179.2 ErbStH zurückgegriffen werden muss, die nicht notwendigerweise den jeweiligen regionalen Grundstücksmarkt zutreffend abbilden. Derartige Bewertungsungenauigkeiten sind jedoch hinzunehmen, da in diesen Fällen eine ungenaue Anpassung besser ist als keine oder eine rein subjektive Anpassung.

In R B 179.2 Abs. 5 ErbStR ist zudem vorgesehen, dass für Frei- und Verkehrsflächen, die als solche ausgewiesen sind, ein angemessener Abschlag vom Bodenrichtwert zu machen ist. Dieses Vorgehen ist nicht sachgerecht, da der jeweilige Bodenrichtwert gemäß § 15 Abs. 2 ImmoWertV nicht für diese Grundstücke gilt. Für die Bewertung dieser Grundstückstypen kann der maßgebliche Bodenrichtwert daher nicht – auch nicht in angepasster Form – herangezogen werden. Richtigerweise müsste das Finanzamt den Bodenwert in diesen Fällen nach Maßgabe von § 179 Satz 4 BewG ermitteln. Die von der Finanzverwaltung gewählte Lösung dieses Problems ist aus gleichheitsrechtlicher Sicht hinnehmbar, sofern durch die Abschläge den tatsächlichen Wertverhältnissen hinreichend Rechnung getragen wird.

Eine Anpassung des Bodenrichtwerts an einen abweichenden Entwicklungszustand oder eine abweichende Art der baulichen Nutzung ist in den Verwaltungsanweisungen richtigerweise nicht vorgesehen.[2665] Der ausgewiesene Bodenrichtwert gilt gemäß § 15 Abs. 2 ImmoWertV nicht für ein zonenangehöriges Grundstück mit einer vom Bodenrichtwertgrundstück

---

[2664] Siehe zu weiteren möglicherweise wertrelevanten Grundstücksmerkmalen: § 16 Abs. 3 ImmoWertV i. V. m. Anlage 5 der ImmoWertV.

[2665] *Bock*, in: Viskorf/Schuck/Wälzholz, ErbStG/BewG, 7. Aufl. 2023, § 179 BewG, Rn. 28; a. A. FG Nürnberg, Urt. v. 27.01.2000 – IV 261/1999, EFG 2000, 610, juris Rn. 3; *Jardin/Roscher*, Die Immobilienwertermittlung aus steuerlichen Anlässen, 2019, S. 161. Siehe hierzu noch ausführlich im Zusammenhang mit dem grundsteuerlichen Bodenrichtwertverfahren unter Gliederungspunkt § 3, IV., 3., b), bb), (2), (b), (bb) und (cc). Die dortigen Ausführungen gelten für die Grundbesitzbewertung entsprechend.

abweichenden Qualität oder Art der baulichen Nutzung. Es liegt somit für das Bewertungsobjekt kein Bodenrichtwert vor. Das Finanzamt hat den Bodenrichtwert in diesen Fällen nach Maßgabe von § 179 Satz 4 BewG zu ermitteln.

Die Verwaltungsanweisungen enthalten auch keine Regelungen zu der generellen Berücksichtigung einer vom Bodenrichtwertgrundstück abweichenden Lagewertigkeit des zu bewertenden zonenangehörigen Grundstücks.[2666] Eine derartige Anpassung kann nach der Konzeption der Bodenrichtwerte zumindest in der steuerlichen Bewertung nicht sachgerecht erfolgen. Die Bodenrichtwerte sind als durchschnittliche Lagewerte nicht an eine bestimmte Lage innerhalb der Bodenrichtwertzone gebunden.[2667] Einige Gutachterausschüsse verorten das Bodenrichtwertgrundstück zwar durch eine Markierung auf der Bodenrichtwertkarte.[2668] Dies stellt jedoch nicht den Regelfall dar. Eine Anpassung an eine abweichende Lage des Bewertungsobjekts innerhalb der Bodenrichtwertzone wird sich zudem weder dem Grunde noch der Höhe nach vollständig intersubjektiv begründen lassen.[2669] Eine objektive Anpassung, etwa durch Umrechnungskoeffizienten, ist nicht möglich. Eine Anpassung an eine abweichende Lage lässt sich im steuerlichen Massenverfahren somit nicht gleichmäßig umsetzen. Bewertungsungenauigkeiten, die durch die Ausweisung einer einheitlichen Lagewertigkeit für die Bodenrichtwertzone entstehen, werden zudem durch § 15 Abs. 1 Satz 2 ImmoWertV begrenzt. Sofern diese Vorschrift bei der Bodenrichtwertermittlung befolgt wird, kann in der typisierenden steuerlichen Bewertung davon ausgegangen werden, dass die Lagewertigkeit des Bodenrichtwertgrundstücks der Lagewertigkeit des zu bewertenden, zonenangehörigen Grundstücks entspricht und dass eine entsprechende Anpassung daher unterbleiben kann.

2666 Vgl. zu einer solchen Anpassung im Rahmen der Verkehrswertermittlung unter Gliederungspunkt § 1, III., 6., b), dd). Die Berücksichtigung einer „Ecklage“ ist von der Finanzverwaltung jedenfalls ausdrücklich ausgeschlossen, vgl. R B 179.2 Abs. 8 ErbStR.

2667 Entwurf zur ImmoWertV 2021 v. 12.05.2021, BR-Drs. 407/21, S. 103; Nr. 13.(2) ImmoWertA.

2668 Siehe hierzu unter Gliederungspunkt § 1, III., 5., b).

2669 *Reuter*, immobilien & bewerten 3/2015, 106 (109); *Reinhardt*, GuG 2011, 8 (11).

(d) Berücksichtigung weiterer wertbeeinflussender Grundstücksmerkmale

Eine Berücksichtigung weiterer wertbeeinflussender Grundstücksmerkmale, wie z. B. Ecklage, Zuschnitt, Oberflächenbeschaffenheit und Beschaffenheit des Baugrundes, Lärm-, Staub- oder Geruchsbelästigungen, Altlasten sowie Außenanlagen, soll nach Auffassung der Finanzverwaltung im Bodenrichtwertverfahren nach § 179 BewG nicht erfolgen.[2670] In der Grundbesitzbewertung ist die Berücksichtigung solcher objektspezifischer Grundstücksmerkmale grundsätzlich ausgeschlossen (§ 177 Abs. 4 BewG). Eine Berücksichtigung dieser Grundstücksmerkmale im Rahmen der Ermittlung der Bodenrichtwerte als Bewertungsgrundlage ist weder vorgesehen noch sachgerecht (§ 16 Abs. 1 Satz 1 ImmoWertV). In der Verkehrswertermittlung werden derartige Grundstücksmerkmale zudem nicht im Bodenrichtwertverfahren, sondern in einem gesonderten Schritt berücksichtigt (§ 8 Abs. 3 Satz 3, § 24 Abs. 4 ImmoWertV). Eine Berücksichtigung dieser „weiteren wertbeeinflussenden Grundstücksmerkmale" durch eine Anpassung der Bodenrichtwerte ist daher nicht sachgerecht.[2671]

In der Literatur ist umstritten, ob eine Berücksichtigung dieser weiteren Grundstücksmerkmale im Rahmen der steuerlichen Bewertung unbebauter Grundstücke zu erfolgen hat.[2672] Anders als bei der Verkehrswertermittlung handelt es sich bei der steuerlichen Grundbesitzbewertung um ein Massenbewertungsverfahren, in dem die Berücksichtigung von besonderen objektspezifischen Grundstücksmerkmalen nicht ohne Weiteres erfolgen kann. Die jeweilige individuelle Auswirkung der weiteren Grundstücksmerkmale auf den Verkehrswert des Grundstücks hängt erheblich von den Umständen des Einzelfalls ab. Eine sach- und gleichheitsgerechte Ermittlung der Wertauswirkungen dieser weiteren Grundstücksmerkmale wird im

---

2670 R B 179.2 Abs. 8 ErbStR.

2671 Siehe hierzu bereits unter Gliederungspunkt § 3, III., 3., c), bb).

2672 Für eine Berücksichtigung: *Seer*, GmbHR 2009, 225 (230); *Seer*, in: Tipke/Lang, Steuerrecht, 24. Aufl. 2021, Rn. 15.61; *Tremel*, DStR 2008, 753 (759); *Krumm*, Steuerliche Bewertung als Rechtsproblem, 2014, S. 246; wohl auch *M. Loose*, Erbschaftsteuerrecht, 5. Aufl. 2022, Rn. D 117; gegen eine Berücksichtigung *Krause/Grootens*, NWB-EV 2011, 297 (300); *Wilms*, in: Wilms/Jochum, ErbStG/BewG/GrEStG, § 145 BewG, 115. EL, 1/2020, Rn. 41; *Bock*, in: Viskorf/Schuck/Wälzholz, ErbStG/BewG, 7. Aufl. 2023, § 179 BewG, Rn. 47.

Besteuerungsverfahren regelmäßig weder durch den Steuerpflichtigen noch durch die Sachbearbeiter der Feststellungsfinanzämter möglich sein. Die konkrete Bezifferung der Wertauswirkung erfordert Erfahrung und Sachkunde auf dem Gebiet der Verkehrswertermittlung und ggfs. auf weiteren Fachgebieten (z. B. Bodenkunde für die Beurteilung von Altlasten) und wird daher in den meisten Fällen die Erstellung eines (Verkehrswert-)Gutachtens durch einen Sachverständigen erforderlich machen. Wegen der in diesem Bereich bestehenden großen Bewertungsunsicherheiten würde eine entsprechende Berücksichtigung zudem in vielen Fällen weitere Streitigkeiten über die Höhe der Wertauswirkung und über die Einbettung dieses Einzelwertnachweises in die steuerliche Bewertungssystematik nach sich ziehen. Es ist davon auszugehen, dass diese Einzelwertnachweise in der Praxis sehr unterschiedlich gehandhabt würden.

In einem typisierenden Massenbewertungsverfahren darf der Gesetzgeber aufgrund der unpraktikablen Berücksichtigung der besonderen objektspezifischen Grundstücksmerkmale auf die Berücksichtigung derartiger Grundstücksmerkmale verzichten. Er muss auch nicht typisierende Abschläge vornehmen, da derartige Grundstücksmerkmale im Regelfall nicht vorkommen und falls sie auftreten, eine fallspezifische Ausprägung aufweisen und sich in unterschiedlichem Umfang auf den jeweiligen Grundstückswert auswirken.[2673] Ein typischer Fall lässt sich mit einem solchen Abschlag nicht abbilden. Ein pauschaler Abschlag, so wie in § 145 Abs. 3 Satz 1 BewG vorgesehen, würde zu einem generellen Absinken der Grundbesitzwerte für unbebaute Grundstücke führen und dadurch die Masse der Grundstücke, die nicht durch diese besonderen objektspezifischen Grundstücksmerkmale beeinflusst ist, ungerechtfertigt privilegieren. Dadurch würde zudem die Werterelation des Grundvermögens zu den anderen Vermögensarten beeinträchtigt. Ein solcher Abschlag wäre nur dann geboten, wenn das Bodenrichtwertniveau erwiesenermaßen bundesweit über dem Niveau der Verkehrswerte liegen würde. Dies ist jedoch – soweit ersichtlich – nicht der Fall.[2674]

Da besondere objektspezifische Grundstücksmerkmale jedoch, wenn sie auftreten, einen erheblichen (oft nachteiligen) Einfluss auf den Grundstückswert haben können, muss eine am Verkehrswert orientierte Bewertung dem

---

2673 *Jakob*, Rechtsgutachten zur Bewertungsvereinfachung, 1992, S. 149.

2674 Siehe hierzu unter Gliederungspunkt § 3, III., 3., c), cc), (2).

Steuerpflichtigen zumindest die Möglichkeit einräumen, einen niedrigeren gemeinen Wert nachzuweisen.[2675] Nach Auffassung des Bundesverfassungsgerichts können auf diese Weise bewertungsbedingte Differenzierungen bereits dem Grunde nach kompensiert werden.[2676] Diese Möglichkeit besteht bei der Grundbesitzbewertung über einen Nachweis nach § 198 BewG.

bb) Bewertung bebauter Grundstücke

Die nach § 179 BewG ermittelten Bodenwerte fließen in die steuerliche Bewertung für bebaute Grundstücke in unterschiedlichem Umfang ein.[2677] Für die Bewertung von Wohn- und Teileigentum sowie für Ein- und Zweifamilienhäuser im Vergleichswertverfahren hat der nach § 179 BewG ermittelte Bodenwert nur einen geringen praktischen Anwendungsbereich (§ 183 Abs. 2 Satz 2 BewG). Bei der Bewertung von Mietwohngrundstücken sowie ggfs. Geschäftsgrundstücken und gemischt genutzten Grundstücken im Ertragswertverfahren fließt der nach § 179 BewG ermittelte Bodenwert als Bewertungskomponente in den Ertragswert ein (§ 184 Abs. 2 BewG). Bei der Bewertung im Sachwertverfahren stellt der nach § 179 BewG ermittelte Bodenwert ebenfalls eine eigenständige Bewertungskomponente dar (§ 189 Abs. 2 BewG).

Die steuerlichen Bewertungsverfahren für bebaute Grundstücke orientieren sich an den in der ImmoWertV geregelten Bewertungsverfahren. Auch in der Verkehrswertermittlung fließt der Bodenwert als gesonderte Komponente in den Ertragswert (§ 28 Satz 1 Nr. 2 ImmoWertV) bzw. den Sachwert (§ 35 Abs. 1 ImmoWertV) ein. Für die Bodenwertermittlung im *Ertragswertverfahren* wird angenommen, dass hierfür problemlos die Bodenrichtwerte herangezogen werden können, wenn das aufstehende Gebäude eine lange Restnutzungsdauer aufweist. Der Bodenrichtwert hat in diesen Fällen nur einen geringfügigen Einfluss auf den Ertragswert. Selbst erhebliche Fehler bei dem Bodenrichtwert sollen sich somit nur wenig auf das Ergebnis auswirken.[2678]

2675 *Blum*, Bewertungsgleichmaß und Verschonungsregelungen, 2012, S. 184; *Bock*, in: Viskorf/Schuck/Wälzholz, ErbStG/BewG, 7. Aufl. 2023, § 179 BewG, Rn. 47.

2676 Siehe hierzu unter Gliederungspunkt § 3, II., 2., c), cc).

2677 Siehe hierzu unter Gliederungspunkt § 2, II., 2., d), cc).

2678 *Freise*, in: Brügelmann, BauGB, § 40 ImmoWertV, 125. EL, 1/2022, Rn. 7; *Kleiber*, Verkehrswertermittlung von Grundstücken, 10. Aufl. 2023, Syst. Darst. Vergleichswertverfahren, Rn. 158.

Bei der Bodenwertermittlung im *Sachwertverfahren* soll hingegen grundsätzlich eine präzisere Bodenwertermittlung geboten sein.[2679] Bei niedrigen Bodenwerten sollen die Bodenrichtwerte jedoch auch bei diesem Verfahren für eine sachgerechte Wertermittlung verwendet werden können.[2680]

Um bei einer am Verkehrswert orientierten steuerlichen Bewertung vergleichsfähige Relationen zu schaffen, ist der Gesetzgeber grundsätzlich gehalten, Bewertungsverfahren einzuführen, die den unterschiedlichen Eigenschaften der zu bewertenden Grundstücke hinreichend Rechnung tragen.[2681] Sofern die Bewertungsobjekte sich stark unterscheiden, kann es geboten sein, verschiedene Bewertungsverfahren einzuführen. Bei der Ausgestaltung der einzelnen Bewertungsverfahren steht dem Gesetzgeber ein großer Spielraum zu. Er muss jedoch gewährleisten, dass das von ihm geschaffene Bemessungssystem in der Gesamtsicht eine in der Relation realitäts- und damit gleichheitsgerechte Bemessung des steuerlichen Belastungsgrundes sicherstellt.[2682] Der Gesetzgeber muss insbesondere sicherstellen, dass die verschiedenen Bewertungsverfahren dasselbe Bewertungsziel ansteuern und grundsätzlich zu vergleichbaren Ergebnissen führen. Da der Gesetzgeber im Rahmen dieser Verfahren typisieren darf und ggfs. sogar muss,[2683] sind Friktionen zwischen den Verfahren in einem gewissen Maß unvermeidbar und hinzunehmen. Der Gesetzgeber muss jedoch gewährleisten, dass die steuerlichen Vergleichs-, Ertrags- und Sachwerte nicht derart auseinanderdriften, dass diese nicht mehr in eine vergleichsfähige Relation zueinander gebracht werden können. Bei einer am Verkehrswert orientierten Bewertung muss er zudem gewährleisten, dass sich die Steuerwerte innerhalb der Spanne vertretbarer Verkehrswerte bewegen.[2684]

Da die nach § 179 BewG ermittelten Bodenwerte je nach Bewertungsverfahren in unterschiedlichem Maß in die Bewertung bebauter Grundstücke einfließen, wirken sich die bei den Bodenrichtwerten bestehenden

---

2679 *Kleiber*, Verkehrswertermittlung von Grundstücken, 9. Aufl. 2020, IV., Syst. Darst. Vergleichswertverfahren, Rn. 157.

2680 *Freise*, in: Brügelmann, BauGB, § 40 ImmoWertV, 125. EL, 1/2022, Rn. 7.

2681 BVerfG v. 10.04.2018 – 1 BvL 11/14 u. a., BVerfGE 148, 147, 185 (GrSt); BVerfG v. 23.06.2015 – 1 BvL 13/11 u. a., BVerfGE 139, 285, 310 (GrESt).

2682 BVerfG v. 10.04.2018 – 1 BvL 11/14 u. a., BVerfGE 148, 147, 185 f. (GrSt).

2683 Siehe hierzu unter Gliederungspunkt § 3, II., 1., c).

2684 Siehe hierzu unter Gliederungspunkt § 3, II., 2., c), bb).

Qualitätsunterschiede[2685] unterschiedlich auf die Grundbesitzwerte bebauter Grundstücke aus. *Vergleichswerte* sind hiervon regelmäßig nicht betroffen. Diese werden regelmäßig anhand von Kaufpreisen für bebaute Grundstücke oder anhand von Vergleichsfaktoren ermittelt. Eine gesonderte Bodenwertermittlung ist in diesen Fällen regelmäßig entbehrlich. Im *Ertragswertverfahren* hängt der Einfluss der Bodenrichtwerte von den Umständen des Einzelfalls ab. Zwar fließt der nach § 179 BewG ermittelte Bodenwert ungekürzt in den Ertragswert ein (§ 184 Abs. 2 f. BewG). Der Werteinfluss wird jedoch durch die bei der Ermittlung des Gebäudeertragswerts vorzunehmende Bodenwertverzinsung (§ 185 Abs. 2 BewG) teilweise kompensiert. Die Höhe der Bodenwertverzinsung ist abhängig vom maßgeblichen Liegenschaftszinssatz (§ 188 BewG). Da die Kompensation des Bodenwerts über den Gebäudeertragswert erfolgt, hängt der Werteinfluss der Bodenrichtwerte letztendlich auch vom Reinertrag des Gebäudes und von dessen Restnutzungsdauer ab. Besonders stark wirken sich die Bodenrichtwerte auf den Ertragswert aus, wenn der Gebäudeertragswert bei null liegt und der Bodenwert als Mindestwertansatz[2686] zur Anwendung kommt. Im *Sachwertverfahren* fließt der Bodenwert in gleicher Gewichtung mit dem Gebäudesachwert in den vorläufigen Sachwert ein (§ 189 Abs. 3 Satz 1 BewG). Die anschließende Anwendung der Wertzahl gemäß § 191 BewG verändert nicht mehr die Gewichtung zwischen den beiden Bewertungskomponenten. Bei einer Wertzahl größer als 1,0 vergrößert sich der absolute Werteinfluss der Bodenrichtwerte allerdings sogar.[2687] Da sich die Bodenrichtwerte als Lageindikator auch für die Bestimmung der Wertzahl nach § 191 Abs. 2 BewG i. V. m. Anlage 25 des BewG auswirken können, kann eine uneinheitliche Qualität der Bodenrichtwerte auch die gleichmäßige Bestimmung dieses Vervielfältigers nachteilig beeinflussen.

Friktionen bei der Bewertung bebauter Grundstücke können sich zudem aus der Konzeption der Bodenrichtwerte ergeben. Diese stellen gesondert ermittelte Bewertungsgrundlagen dar, die zumindest im zweijährigen Turnus aktualisiert werden und grundsätzlich von der Aktivität auf dem regionalen Grundstücksmarkt abhängen. Die Grundbesitzbewertung von

---

2685 Siehe hierzu unter Gliederungspunkt § 3, III., 4.

2686 H B 184 Satz 5 ErbStR.

2687 *Stein*, ErbBstg 2021, 295 (296).

Grundvermögen greift außerdem weitere von den Gutachterausschüssen ermittelten Bewertungsgrundlagen auf, z. B. Liegenschaftszinssätze, Sachwertfaktoren, Bewirtschaftungskosten, Umrechnungskoeffizienten. Neben den von den Gutachterausschüssen ermittelten Bewertungsgrundlagen knüpft die Bewertung jedoch auch an Bewertungsgrundlagen an, die vom Gesetzgeber typisierend in den § 176 ff. BewG oder in den Anlagen zum BewG vorgegeben werden, z. B. im Ertragswertverfahren die Bewirtschaftungskosten (§ 187 Abs. 2 BewG) oder im Sachwertverfahren die Regelherstellungskosten (§ 190 Abs. 1 BewG). Diese typisierten Bewertungsgrundlagen hängen nicht von der dynamischen Entwicklung auf dem (regionalen) Grundstücksmarkt ab und bleiben solange unverändert, bis der Gesetzgeber diese an geänderte Wertverhältnisse anpasst. Hinsichtlich der typisierten gesetzlichen Bewertungsgrundlagen ist der Gesetzgeber verpflichtet, laufend zu überwachen, ob diese Bewertungsgrundlagen noch die Wertverhältnisse realitätsgerecht abbilden und hat diese ggfs. anzupassen.[2688] Eine derartige Anpassung ist für die Grundbesitzbewertung zumindest teilweise mit dem JStG 2022 erfolgt.[2689] Ob und inwieweit es zwischen den verschiedenen Bewertungsgrundlagen zu Friktionen kommt, hängt insbesondere davon ab, wie realitätsnah und aktuell die typisierten Bewertungsgrundlagen ermittelt wurden.

Weitere Friktionen können sich bei bebauten Grundstücken zwischen den Bewertungskomponenten Bodenwert und Gebäudewert ergeben. Der nach § 179 BewG ermittelte Bodenwert wird für ein unbebautes Grundstück ermittelt. Die Bodenrichtwerte sind definitionsgemäß für ein fiktiv unbebautes Grundstück zu ermitteln (§ 13 Abs. 2 Satz 1 ImmoWertV) und berücksichtigen den Werteinfluss einer Bebauung nicht (§ 196 Abs. 1 Satz 2 BauGB). In der Verkehrswertermittlung wird grundsätzlich davon ausgegangen, dass die Bebauung sich nicht nachteilig auf den Boden auswirkt.[2690] In Einzelfällen kann die tatsächliche bauliche Nutzung jedoch den Bodenwert beeinflussen (vgl. § 40 Abs. 5 ImmoWertV). Diese Problematik übergeht die steuerliche Bewertung, indem sie in typisierender Weise unterstellt, dass der Bodenwert durch die Bebauung nicht beeinflusst wird (§ 184 Abs. 2, § 189 Abs. 2 BewG). Dies ist

---

2688 BVerfG v. 22.06.1995 – 2 BvR 552/91, BVerfGE 93, 165, 173 (ErbSt II).

2689 Entwurf der BReg zum JStG 2022 v. 10.10.2022, BT-Drs. 20/3879, S. 118 ff.

2690 *Kleiber*, Verkehrswertermittlung von Grundstücken, 10. Aufl. 2023, § 40 ImmoWertV, Rn. 19.

im typisierenden Bewertungsverfahren sachgerecht, da sich die Bewertungsnormen am typischen Fall orientieren. Die Beeinflussung des Bodenwerts durch die tatsächliche bauliche Nutzung kann fallweise sehr unterschiedlich ausfallen und lässt sich im steuerlichen Massenverfahren nicht typisierend abbilden. Sofern die typisierende steuerliche Bewertung im Einzelfall zu unzutreffenden Ergebnissen führen sollte, kann der Steuerpflichtige einen niedrigen gemeinen Wert über § 198 BewG nachweisen. Dann allerdings nicht bezogen auf den Bodenwert, sondern auf den Wert der wirtschaftlichen Einheit.[2691] Im Rahmen eines Verkehrswertgutachtens kann der Bodenwert des bebauten Grundstücks jedoch nach Maßgabe des § 40 Abs. 5 ImmoWertV ermittelt werden, der im Einzelfall die Berücksichtigung des Werteinflusses der Bebauung auf den Bodenwert zulässt.

c) Fazit

Das in § 179 BewG geregelte Bodenrichtwertverfahren ist dem Grunde nach geeignet, den Belastungsgrund der Erbschaftsteuer, also die mit dem Vermögenserwerb verbundene Steigerung der Leistungsfähigkeit, für unbebaute Grundstücke folgerichtig und realitätsgerecht in Geldeinheiten auszudrücken. Das Bodenrichtwertverfahren knüpft für die Wertermittlung ausschließlich an die von den Gutachterausschüssen ermittelten Bodenrichtwerte an, die derzeit sehr uneinheitlich ermittelten werden und nur eingeschränkt vergleichbar sind. Diese Unzulänglichkeiten der Bodenrichtwerte als Bewertungsgrundlagen können im steuerlichen Bodenrichtwertverfahren nicht kompensiert werden und führen daher zu bewertungsbedingten Differenzierungen. Das in § 179 BewG geregelte Bodenrichtwertverfahren gewährleistet daher bei isolierter Betrachtung keine vergleichsfähigen Wertrelationen der bewerteten unbebauten Grundstücke untereinander. Da die auf diese Weise ermittelten Bodenwerte auch in die Grundbesitzwerte für bebaute Grundstücke einfließen, ist die Qualität der Bodenrichtwerte auch insoweit für eine relationsgerechte Bewertung der bebauten Grundstücke relevant. Der Werteinfluss der Bodenrichtwerte ist insoweit abhängig vom jeweils

[2691] R B 198 Abs. 3 Satz 8 ErbStR 2019; BFH, Urt. v. 11.05.2005 – II R 21/02, BStBl. II 2005, 686, juris Rn. 14; *Grootens*, in: Lippross/Seibel, BK StR, § 198 BewG, 128. EL, 10/2021, Rn. 9; *Grootens*, in: Lippross/Seibel, BK StR, § 179 BewG, 140. EL, 10/2023, Rn. 63; *Krumm*, Steuerliche Bewertung als Rechtsproblem, 2014, S. 177.

maßgeblichen Bewertungsverfahren und von den Umständen des Einzelfalls. Ob in der Gesamtsicht die Bodenrichtwerte zu bewertungsbedingten Differenzierungen führen, die sowohl hinsichtlich ihres Umfangs als auch hinsichtlich des Ausmaßes ein hohes Maß aufweisen und die deshalb am Maßstab einer strengen Verhältnismäßigkeitsprüfung zu überprüfen sind, lässt sich mangels empirischer Untersuchung zur bundesweiten Qualität der Bodenrichtwerte nicht vorhersehen.

Sowohl aus der verbindlichen Anknüpfung an die Bodenrichtwerte als auch aufgrund der steuerspezifischen Ausgestaltung des Bodenrichtwertverfahrens können sich weitere bewertungsbedingte Differenzierungen ergeben, die im Einzelfall erheblich ausfallen können (z. B. Wertsprünge an Zonengrenzen in Innenstadtlagen, Altlasten). In der Masse der Fälle ist schätzungsweise von moderaten bewertungsbedingten Ungleichbehandlungen auszugehen, die in einzelnen Fällen jedoch auch erheblich ausfallen können. Diese sind im typisierenden steuerlichen Massenverfahren hinzunehmen. Sie stehen in einem angemessenen Verhältnis zu dem mit der erbschaftsteuerlichen Bewertung verbundenen Vollzugsaufwand. Sich im Einzelfall ergebende (erhebliche) Überbewertungen können durch die in § 198 BewG vorgesehene Nachweismöglichkeit kompensiert werden. Die letztendlich verbleibenden Unterbewertungen zulasten des Staatshaushalts und der anderen Steuerpflichtigen müssen in einem steuerlichen Massenbewertungsverfahren hingenommen werden. Dies gilt letztendlich auch deshalb, weil es im Vergleich zum Bodenrichtwertverfahren kein praktikableres und gleichheitseffizienter vollziehbares Verfahren der Bodenwertermittlung für steuerliche Zwecke gibt. Trotz der nicht unerheblichen bewertungsbedingten Differenzierungen führt die Bodenwertermittlung nach § 179 BewG nicht offensichtlich zu Bewertungsergebnissen, die in der Gesamtsicht eine relationsgerechte Grundbesitzbewertung nicht mehr gewährleisten, sodass ein Verstoß gegen Art. 3 Abs. 1 GG nicht mit Sicherheit festgestellt werden kann.

3. Beurteilung des Bodenrichtwertverfahrens für Zwecke der Bundesgrundsteuer

Der folgende Abschnitt befasst sich mit der Untersuchung des in § 247 BewG geregelten Bodenrichtwertverfahrens, welches für die Ermittlung des Grundsteuerwerts für die Bundesgrundsteuer zur Anwendung kommt. Die Bundesgrundsteuer gilt für alle Bundesländer, die nicht von der Öffnungsklausel in Art. 72 Abs. 3 Satz 1 Nr. 7 GG Gebrauch gemacht und ein eigenständiges Landesgrundsteuergesetz mit einer gesonderten Bewertungssystematik für das Grundvermögen erlassen haben. Dies sind die Bundesländer Berlin, Brandenburg, Bremen, Mecklenburg-Vorpommern, Nordrhein-Westfalen, Rheinland-Pfalz, Saarland, Sachsen, Sachsen-Anhalt, Schleswig-Holstein und Thüringen.[2692] Soweit im Folgenden zur besseren Lesbarkeit der Begriff Grundsteuer verwendet wird, ist hiermit die Bundesgrundsteuer gemeint, die in den genannten Bundesländern Anwendung findet.

In der Literatur wird teilweise angenommen, dass hinsichtlich § 247 BewG keine verfassungsrechtlichen Bedenken bestehen.[2693] Allein der Umstand, dass Bodenrichtwertverfahren in der steuerlichen Bewertung bereits seit längerer Zeit gebräuchlich sind, stellt jedoch keine Gewähr für ein verfassungsrechtlich unbedenkliches Bewertungsverfahren dar. Entscheidend kommt es neben der Qualität der Bodenrichtwerte auf die konkrete Ausgestaltung des Bodenrichtwertverfahrens an. Ob die konkrete Ausgestaltung des grundsteuerlichen Bodenrichtwertverfahrens den Anforderungen des Art. 3 Abs. 1 GG entspricht, wird im Folgenden untersucht.

a) Folgerichtige Ausgestaltung des Bewertungsverfahrens

Um eine gleichheitskonforme Bewertung zu gewährleisten, muss das in § 247 BewG geregelte Bodenrichtwertverfahren den Belastungsgrund der Bundesgrundsteuer folgerichtig umsetzen.[2694] Dazu muss das Bodenrichtwertverfahren geeignet sein, das sich aus dem Belastungsgrund der Bundesgrundsteuer ergebende Bewertungsziel zu erreichen.

aa) Belastungsgrund der Bundesgrundsteuer

Die Bundesgrundsteuer besteuert inländischen Grundbesitz, also wirtschaftliche Einheiten des Grundvermögens (Grundstücke) und des land- und forstwirtschaftlichen Vermögens (Steuergegenstand, § 2 GrStG). Der Belastungsgrund

---

2692 Das Saarland und Sachsen haben in Landesgesetzen vom Bundesgesetz abweichende landesspezifische Steuermesszahlen für Grundstücke des Grundvermögens festgelegt. Die bundesgesetzliche Bewertungssystematik wird jedoch unverändert in diesen Ländern angewandt.

2693 *Schnitter*, in: GrStG – eKommentar, § 247 BewG, 12/2022, Rn. 9.

2694 Siehe hierzu allgemein unter Gliederungspunkt § 3, II., 2., b). Speziell für die Grundsteuer: *Eichholz*, DStR 2020, 1158 (1161).

der reformierten Bundesgrundsteuer liegt in der (objektiven) Leistungsfähigkeit, die dem Steuerpflichtigen durch den Grundbesitz vermittelt wird.[2695] Die Bundesgrundsteuer besteuert nach dem Willen des Gesetzgebers die durch den Grundbesitz vermittelte Möglichkeit einer ertragsbringenden Nutzung des Grundstücks (Besteuerungsgut).[2696] Dieses Besteuerungsgut wird nach Auffassung des Gesetzgebers durch den Sollertrag des Grundstücks widergespiegelt. Da die Grundsteuer als Objektsteuer an den Grundbesitz anknüpft und die bloße Möglichkeit einer ertragbringenden Nutzung besteuerungserheblich sein soll, sollen die persönlichen Verhältnisse des Steuerpflichtigen unberücksichtigt bleiben. Die Bundesgrundsteuer ist letztendlich auf die Besteuerung der (objektiven) Leistungsfähigkeit ausgerichtet, die durch das Besteuerungsgut dem Steuerpflichtigen vermittelt wird.[2697] Bei der Grundsteuer nach geltendem Bundesrecht handelt es sich somit um eine Sollertragsteuer.[2698] Sie entspricht im Wesentlichen der bisherigen Konzeption der Grundsteuer vor der Reform.[2699] Zwar lassen sich der Gesetzesbegründung auch äquivalenztheoretische Ausführungen entnehmen.[2700] Hierbei handelt es sich jedoch nur um allgemeine Überlegungen. Das Äquivalenzprinzip ist vom Gesetzgeber nicht als ein eigenständiger Belastungsgrund der Bundesgrundsteuer ausgestaltet.[2701] In der Wissenschaft und Literatur ist umstritten, ob die vom Gesetzgeber gewählte Ausgestaltung des Belastungsgrundes sachgerecht ist und ob dem Verfassungsrecht weitere Anforderungen an diesen

---

[2695] Entwurf zum GrStRefG 2019 v. 25.06.2019, BT-Drs. 19/11085, S. 84; BFH, Beschl. v. 27.05.2024 – II B 78/23 (AdV), BStBl. II, 543, juris Rn. 30; *Hey*, ZG 2019, 297 (307); *Seer*, FR 2019, 941 (946); *Krumm/Paeßens*, GrStG, 2022, Grundlagen, Rn. 97; kritisch hierzu *G. Kirchhof*, DB 2023, 1116 (1117 f.); FG Rheinland-Pfalz, Beschl. v. 23.11.2023 – 4 V 1295/23, juris Rn. 427 ff.

[2696] Entwurf zum GrStRefG 2019 v. 25.06.2019, BT-Drs. 19/11085, S. 84.

[2697] Entwurf zum GrStRefG 2019 v. 25.06.2019, BT-Drs. 19/11085, S. 84.

[2698] *Hey*, ZG 2019, 297 (300, 307); *Seer*, FR 2019, 941 (946); *Seer*, in: Tipke/Lang, Steuerrecht, 24. Aufl. 2021, Rn. 16.1.

[2699] Vgl. hierzu etwa BFH, Urt. v. 30.06.2010 – II R 12/09, BStBl. II 2011, 48, juris Rn. 54; BFH, Beschl. v. 22.10.2014 – II R 16/13, BStBl. II 2014, 957, juris Rn. 51.

[2700] Entwurf zum GrStRefG 2019 v. 25.06.2019, BT-Drs. 19/11085, S. 84.

[2701] *Krumm*, Sachverständige Stellungnahme zum Antrag der Fraktion BÜNDNIS 90/DIE GRÜNEN im Landtag Nordrhein-Westfalen vom 01.11.2020, Stellungnahme 17/3252, S. 6; *Schnitter*, in: GrStG – eKommentar, § 247 BewG, 12/2022, Rn. 10.

Belastungsgrund zu entnehmen sind.[2702] Da das Bundesverfassungsgericht die gesetzgeberische Ausgestaltung des steuerlichen Ausgangstatbestandes regelmäßig nur anhand des Willkürverbots überprüft[2703] und die vergleichbare Ausgestaltung der früheren Grundsteuer[2704] vom Bundesverfassungsgericht in seinen bisherigen Entscheidungen nicht beanstandet wurde,[2705] ist zumindest davon auszugehen, dass der vom Gesetzgeber gewählte Belastungsgrund der Bundesgrundsteuer vor dem Bundesverfassungsgericht Bestand haben wird.[2706] Es liegt grundsätzlich nicht in der Zuständigkeit des Bundesverfassungsgerichts, die Steuerwürdigkeitsentscheidungen des Gesetzgebers zu beanstanden.[2707]

bb) Bewertungsziel

(1) Anforderungen an die Ausgestaltung des Bewertungsziels

Das vom Gesetzgeber gewählte Bewertungsziel und der zur Erreichung dieses Bewertungsziels gewählte Bewertungsmaßstab müssen den Belastungsgrund der Steuer und den Steuergegenstand folgerichtig umsetzen.[2708] Dem Gesetzgeber kommt bei der Auswahl des Bewertungsmaßstabs ein großer Spielraum zu, solange dieser nur prinzipiell geeignet ist, den Belastungsgrund

---

2702 Für die Verfassungsmäßigkeit des Belastungsgrundes: *Krumm*, Sachverständige Stellungnahme zum Antrag der Fraktion BÜNDNIS 90/DIE GRÜNEN im Landtag Nordrhein-Westfalen vom 01.11.2020, Stellungnahme 17/3252, S. 5 f.; *Hey*, ZG 2019, 297 (307); *Schnitter*, in: GrStG – eKommentar, § 247 BewG, 12/2022, Rn. 10. Gegen die Verfassungsmäßigkeit des Belastungsgrundes: *Feldner/Stoklassa*, DStR 2019, 2505 (2508); *Leuchtenberg*, NWB 2020, 1372 (1375); *Eichholz*, DStR 2020, 1158 (1161 f.); *G. Kirchhof*, Verfassungsrechtlicher Änderungsbedarf bei den erwogenen Reformen zur Grundsteuer, S. 16 f.; mit gleichen Erwägungen zuvor auch *Tipke*, StRO I, 2. Aufl. 2000, S. 965.

2703 Siehe hierzu unter Gliederungspunkt § 3, I., 1. und § 3, I., 2., b), cc), (2), (b).

2704 Vgl. hierzu etwa BFH, Urt. v. 30.06.2010 – II R 12/09, BStBl. II 2011, 48, juris Rn. 54; BFH, Beschl. v. 22.10.2014 – II R 16/13, BStBl. II 2014, 957, juris Rn. 51.

2705 Entwurf zum GrStRefG 2019 v. 25.06.2019, BT-Drs. 19/11085, S. 84; *Krumm*, Sachverständige Stellungnahme zum Antrag der Fraktion BÜNDNIS 90/DIE GRÜNEN im Landtag Nordrhein-Westfalen vom 01.11.2020, Stellungnahme 17/3252, S. 2, 24.

2706 *Krumm*, Sachverständige Stellungnahme zum Antrag der Fraktion BÜNDNIS 90/ DIE GRÜNEN im Landtag Nordrhein-Westfalen vom 01.11.2020, Stellungnahme 17/3252, S. 27 f.; *Krumm/Paeßens*, GrStG, 2022, Grundlagen, Rn. 97.

2707 BVerfG v. 05.11.2014 – 1 BvF 3/11, BVerfGE 137, 350, 367.

2708 *Jakob*, Rechtsgutachten zur Bewertungsvereinfachung, 1992, S. 121.

der Steuer zu erfassen.[2709] Der Gesetzgeber ist grundsätzlich berechtigt, unter verschiedenen Bewertungsmaßstäben zu wählen und kann sich gleichzeitig auch verschiedener Bewertungsmaßstäbe bedienen, sofern dies aufgrund der Art und Vielfalt der Bewertungsobjekte geboten ist.[2710] Bei der Auswahl des geeigneten Bewertungsmaßstabs darf sich der Gesetzgeber auch von Praktikabilitätserwägungen leiten lassen, die je nach Zahl der zu erfassenden Bewertungsvorgänge an Bedeutung gewinnen und so grundsätzlich auch in größerem Umfang Typisierungen und Pauschalierungen rechtfertigen können.[2711] Anders als bei der Erbschaftsteuer ist das Bewertungsziel der Grundsteuer nicht schon durch Folgerichtigkeitsgesichtspunkte vorgeprägt.[2712] Der Gesetzgeber hat bei der Auswahl des Bewertungsziels mehr Spielraum, er ist bei der Auswahl jedoch nicht vollständig frei. Insbesondere muss der vom Gesetzgeber gewählte Bewertungsmaßstab in der Gesamtsicht eine realitäts- und relationsgerechte Bemessung des steuerlichen Belastungsgrundes sicherstellen.[2713]

Dem Gesetzgeber steht es daher grundsätzlich frei, die grundsteuerliche Bewertung am gemeinen Wert i. S. d. § 9 Abs. 2 BewG oder am Ertragswert auszurichten. Die Einheitsbewertung für Zwecke der Grundsteuer war bisher am gemeinen Wert/Verkehrswert orientiert. Die Einheitswerte sollten nach Auffassung des Gesetzgebers den Verkehrswerten der Grundstücke zumindest nahekommen.[2714] Auch wenn der Verkehrswert die Sollertragsfähigkeit des Grundstücks nicht direkt abbildet, hat das Bundesverfassungsgericht dies in mehreren Entscheidungen nicht beanstandet.[2715] Bei einer am Sollertrag eines Grundstücks orientierten Grundsteuer beruht die Anknüpfung an Verkehrswerte auf der Annahme, dass diese Verkehrswerte die potenziell erzielbaren Erträge des Grundstücks realitäts- und relationsgerecht abbilden

---

2709 BVerfG v. 10.04.2018 – 1 BvL 11/14 u. a., BVerfGE 148, 147, 185 (GrSt).

2710 BVerfG v. 10.04.2018 – 1 BvL 11/14 u. a., BVerfGE 148, 147, 185 (GrSt).

2711 BVerfG v. 10.04.2018 – 1 BvL 11/14 u. a., BVerfGE 148, 147, 185 f. (GrSt).

2712 BVerfG v. 10.04.2018 – 1 BvL 11/14 u. a., BVerfGE 148, 147, 190 (GrSt); BFH, Urt. v. 30.06.2010 – II R 12/09, BStBl. II 2011, 48, juris Rn. 17; BFH, Beschl. v. 22.10.2014 – II R 16/13, BStBl. II 2014, 957, juris Rn. 52.

2713 BVerfG v. 10.04.2018 – 1 BvL 11/14 u. a., BVerfGE 148, 147, 186 (GrSt).

2714 Entwurf der BReg zum ÄndG BewG 1963 v. 01.10.1963, BT-Drs. IV/1488, S. 31.

2715 BVerfG v. 10.02.1976 – 1 BvL 8/73, BVerfGE 41, 269, 280 f. (ErbSt I); BVerfG v. 10.04.2018 – 1 BvL 11/14 u. a., BVerfGE 148, 147, 187 (GrSt).

können.[2716] Diese Annahme ist zumindest insoweit nachvollziehbar, als der Verkehrswert teilweise im Ertragswertverfahren ermittelt wird. Auch in der Literatur wird eine am Verkehrswert orientierte Grundsteuerbewertung überwiegend für verfassungsgemäß gehalten.[2717] Für den Gesetzgeber hat eine Orientierung am Verkehrswert den Vorteil, dass er auf die anerkannten Verfahren der Verkehrswertermittlung zurückgreifen kann und dass hierdurch regelmäßig vergleichsfähige Relationen zwischen den zu bewertenden Grundstücken geschaffen werden können. Die individuelle Wertermittlung ist jedoch aufwendig und muss, um praktikabel zu sein, im grundsteuerlichen Massenbewertungsverfahren eine Vielzahl an Typisierungen und Pauschalierungen enthalten, die wiederum die Realitäts- und Relationsgerechtigkeit der steuerlichen Bewertung beeinträchtigen.

Als alternativer oder ergänzender Bewertungsmaßstab kommt der Ertragswert in Betracht. In der Literatur wird teilweise vertreten, dass als Bewertungsmaßstab für eine als Sollertragsteuer ausgestaltete Grundsteuer primär der Ertragswert geeignet sein soll.[2718] Der Rechtsprechung des Bundesverfassungsgerichts lässt sich eine derartige Beschränkung für die Grundsteuer nicht entnehmen. Das Bundesverfassungsgericht dürfte jedoch bei einer Sollertragsteuer eher zum Ertragswert als zum gemeinen Wert tendieren.[2719] Da es für den Ertragswert keinen gesetzlich definierten Bezugspunkt gibt,[2720] steht dem Gesetzgeber bei der Ausgestaltung der Ertragswerte grundsätzlich ein größerer Spielraum zu. Er muss bei der Wahl des Ertragswerts jedoch deutlich stärker darauf achten, dass die Ertragswerte vergleichsfähige Relationen gewährleisten, da er nicht auf ein bereits bestehendes Wertniveau als Referenz zurückgreifen kann.

2716 *Krumm*, Sachverständige Stellungnahme zum Antrag der Fraktion BÜNDNIS 90/DIE GRÜNEN im Landtag Nordrhein-Westfalen vom 01.11.2020, Stellungnahme 17/3252, S. 7; *Krumm*, in: DStJG 44, 2022, S. 225 (236); *Krumm/Paeßens*, GrStG, 2022, Grundlagen, Rn. 98 ff.

2717 *Seer*, DB 2018, 1488 (1491); *Krumm/Paeßens*, GrStG, 2022, Grundlagen, Rn. 97.

2718 *P. Kirchhof*, Die Steuerwerte des Grundbesitzes, 1985, S. 69; *Zitzelsberger*, in: FS Ritter, 1997, S. 661 (664); *Seer*, in: Tipke/Lang, Steuerrecht, 24. Aufl. 2021, Rn. 15.56.

2719 So zur als Sollertragsteuer ausgestalteten Vermögenssteuer BVerfG v. 22.06.1995 – 2 BvL 37/91, BVerfGE 93, 121, 143 (VSt II).

2720 Anders für den gemeinen Wert (§ 9 BewG) und den Verkehrswert (§ 194 BauGB).

(2) Konzeption des vom Gesetzgeber gewählten Bewertungsziels

Als Bewertungsziel für die Bewertung des Grundbesitzes verwendet der Gesetzgeber den von ihm erfundenen Begriff des „objektiviert-realen Werts".[2721] Für die Bewertung des land- und forstwirtschaftlichen Vermögens handelt es sich bei diesem Wert ausdrücklich um den „objektiviert-realen Ertragswert" des land- und forstwirtschaftlichen Betriebs. Dieser soll zu dem allgemeinen Bewertungsmaßstab des § 9 BewG nicht in Widerspruch stehen.[2722] Für die Bewertung des Grundvermögens gibt der Gesetzgeber als Bewertungsziel ohne weitere Konkretisierungen einen „objektiviert-realen Wert" des Grundstücks an.[2723] Mit diesem Wertbegriff möchte der Gesetzgeber einerseits dem Charakter der Grundsteuer als Sollertragsteuer hinreichend Rechnung tragen.[2724] Daher soll als vorrangige Bewertungsmethode für die grundsteuerliche Bewertung ein vereinfachtes Ertragswertverfahren zur Anwendung kommen.[2725] Andererseits will der Gesetzgeber mit diesem Bewertungsziel *„den objektiviert-realen Wert innerhalb des verfassungsgerichtlich gebotenen Wertekorridors erreichen und strukturell die Bemessungsgrundlage für die Grundsteuer realitätsgerecht abbilden können"*.[2726] Der objektiviert-reale Wert für die Bewertung des Grundvermögens (aber wohl auch der objektiviert-reale Ertragswert des land- und forstwirtschaftlichen Vermögens) soll *„innerhalb eines Wertekorridors des gemeinen Werts im Sinne von § 9 Absatz 1 BewG"* liegen.[2727] Um zu erreichen, dass die Grundsteuerwerte der Grundstücke innerhalb dieses Wertekorridors angesiedelt sind, hat sich der Gesetzgeber bei der Ausgestaltung der maßgeblichen Bewertungsnormen an den anerkannten Vorschriften zur Verkehrswertermittlung von Grundstücken auf der Grundlage des Baugesetzbuches orientiert.[2728]

Mit dem Begriff des objektiviert-realen Grundsteuerwerts werde nach der Auffassung von *Michael Roscher* dem Umstand Rechnung tragen, dass es für

---

[2721] Entwurf zum GrStRefG 2019 v. 25.06.2019, BT-Drs. 19/11085, S. 84–87, 90.
[2722] Entwurf zum GrStRefG 2019 v. 25.06.2019, BT-Drs. 19/11085, S. 85.
[2723] Entwurf zum GrStRefG 2019 v. 25.06.2019, BT-Drs. 19/11085, S. 87.
[2724] Entwurf zum GrStRefG 2019 v. 25.06.2019, BT-Drs. 19/11085, S. 87.
[2725] Entwurf zum GrStRefG 2019 v. 25.06.2019, BT-Drs. 19/11085, S. 86; Roscher, GrStG-Kommentar, Erstkommentierung 2020, Rn. 7.
[2726] Entwurf zum GrStRefG 2019 v. 25.06.2019, BT-Drs. 19/11085, S. 87.
[2727] Entwurf zum GrStRefG 2019 v. 25.06.2019, BT-Drs. 19/11085, S. 90.
[2728] Entwurf zum GrStRefG 2019 v. 25.06.2019, BT-Drs. 19/11085, S. 85.

Grundstücke keinen absoluten und sicher realisierbaren Marktwert gibt, sondern allenfalls ein Marktwertniveau, auf dem sich mit mehr oder weniger großen Abweichungen vertretbare Verkehrswerte bilden.[2729] Der Gesetzgeber habe daher zwecks Unterscheidung zwischen dem punktgenauen Wert (Punktwert) und dem durchschnittlichen Bewertungsniveau den Begriff des „objektiv-realen" Grundsteuerwerts eingeführt.[2730] Nach diesem Verständnis bezieht sich das Bewertungsziel der Grundsteuer nicht auf das Ergebnis einer Bewertung im konkreten Fall, wie es bei der Grundbesitzbewertung (vgl. § 177 Abs. 1 BewG) oder bei der Verkehrswertermittlung der Fall ist. Der Gesetzgeber möchte nicht im Einzelfall eine realitätsgerechte Bewertung erreichen, sondern nur gewährleisten, dass sich bei einer Gesamtbetrachtung die ermittelten Grundsteuerwerte noch innerhalb einer Spanne bewegen, die noch als vertretbare Verkehrswerte angesehen werden können. Das Bewertungsziel wird daher teilweise auch als ein Durchschnittswert möglicher Verkehrswerte begriffen.[2731]

In der Literatur wird überwiegend davon ausgegangen, dass der Gesetzgeber am Bewertungsziel des gemeinen Werts/Verkehrswerts festhalten wollte.[2732] Diese Auffassung teilen nun (ohne nähere Auseinandersetzung mit der vorbeschriebenen Thematik) auch der BFH[2733] und die Finanzverwaltung,[2734] die zumindest als Bewertungsziel eines Wertnachweises den gemeinen Wert ansehen. Auch der Gesetzgeber sieht in dem nachträglich eingeführten § 220 Abs. 2 Satz 1 BewG ausdrücklich vor, dass der gemeine Wert für den Wertnachweis maßgeblich ist. An einem expliziten Bekenntnis des Gesetzgebers zum Bewertungsziel des gemeinen Werts (vgl. etwa § 177 Abs. 1 BewG für

---

2729 *Roscher*, immobilien & bewerten 2/2020, 15 (17). unter Verweis auf BVerfG v. 07.11.2006 – 1 BvL 10/02, BVerfGE 117, 1, 45 f. (ErbSt III). Hierzu bereits ausführlich unter Gliederungspunkt § 3, II., 1., a), bb).

2730 Roscher, GrStG-Kommentar, Erstkommentierung 2020, Rn. 7.

2731 Vgl. *Krumm/Paeßens*, GrStG, 2022, § 250 BewG, Rn. 5; so auch die Finanzverwaltung im Verfahren des FG Rheinland-Pfalz, Beschl. v. 23.11.2023 – 4 V 1295/23, juris Rn. 31.

2732 *Hey*, ZG 2019, 297 (298, 307 f.); *D. Löhr*, fub 4/2020, 171 (171); *Seer*, in: Tipke/Lang, Steuerrecht, 24. Aufl. 2021, Rn. 16.6; *G. Kirchhof*, DB 2023, 1116 (1118).

2733 BFH, Beschl. v. 27.05.2024 – II B 78/23 (AdV), BStBl. II, 543, juris Rn. 31.

2734 A 220.2 Abs. 1 AEBewGrSt 2025; Ländererlasse vom 24.06.2024, BStBl. I S. 1073, Tz. II.

die Grundbesitzbewertung) fehlt es allerdings für die Grundbesitzbewertung weiterhin.

Meines Erachtens war es gerade nicht die Intention des Gesetzgebers als Bewertungsziel den gemeinen Wert im Sinne eines Punktwertes der Bewertungssystematik zu Grunde zu legen. Es wäre für den Gesetzgeber ein Leichtes gewesen, als Bewertungsziel den Verkehrswert/gemeinen Wert anzugeben. Stattdessen hat er einen eigenständigen Wertbegriff erfunden.[2735] Da die Ermittlung von individuellen Verkehrswerten für die Finanzverwaltung sehr aufwendig ist, hatte der Gesetzgeber bereits bei der im Jahr 2016 geplanten Reform der Grundsteuer von dem gemeinen Wert als Bewertungsziel Abstand nehmen wollen.[2736] Bei der nun durchgeführten Grundsteuerreform hatte man sich offenbar nicht getraut, vollständig vom Bewertungsziel des gemeinen Werts abzuweichen und hat sich an der Verkehrswertspanne, nicht am Verkehrswert selbst, orientiert. Die für Zwecke der Grundsteuer ermittelten Steuerwerte weisen nur noch eine Verkehrswertorientierung auf, sie können aber nicht mehr als (individuelle) Verkehrswerte angesehen werden.[2737]

Die in der Gesetzesbegründung enthaltenen Ausführungen zum Bewertungsziel vermitteln den Eindruck, dass der Gesetzgeber die Bewertungssystematik nicht folgerichtig aus dem Belastungsgrund der Grundsteuer entwickelt hat.[2738] Der Gesetzgeber scheint zunächst die einzelnen Bewertungsverfahren nach Praktikabilitätserwägungen ausgewählt und ausgestaltet zu haben und hat anschließend ein schwammiges Bewertungsziel vorgeschoben, mit dem er versucht, mal die eine, mal die andere Bewertungsmethode zu rechtfertigen. Aus der Konzeption des vom Gesetzgeber erfundenen objektiviert-realen Werts wird nicht klar, was dieser Wert letztendlich abbilden soll – den Verkehrswert oder den Ertragswert. Der Gesetzgeber hat es (vermutlich absichtlich) unterlassen, diesen Wertbegriff zu definieren. Allein aus den Attributen objektiviert und real lässt sich nicht ableiten, welches Bewertungsziel denn durch diese Eigenschaften dargestellt werden soll. Es fehlt an einem klaren

---

2735 Vgl. *Scheffler/Feldner*, Umsetzung der Grundsteuerreform in den Bundesländern, ifSt-Schrift 542, 2021, S. 52.

2736 Antrag der Länder Hessen und Niedersachsen vom 12.09.2016 zum Entwurf eines Gesetzes zur Änderung des BewG, BR-Drs. 515/16, S. 36.

2737 *Krumm*, in: DStJG 44, 2022, S. 225 (236).

2738 Ebenso *G. Kirchhof*, DStR 2020, 1073 (1075); *G. Kirchhof*, DB 2023, 1116 (1118).

Bekenntnis zu einem Bewertungsmaßstab, mit welchem das Bewertungsziel der Grundsteuer erreicht werden soll. Auf die erhebliche Bedeutung eines klar definierten Wertbegriffs und des angestrebten Bewertungsziels für die Bewertung im Allgemeinen wurde zu Beginn dieser Untersuchung hingewiesen.[2739] Insoweit bestehende Mängel können auch nicht durch die Ausgestaltung der Bewertungsverfahren (etwa als „Ertragswert“-Verfahren) ersetzt werden. Es macht einen Unterschied, ob mit einem Ertragswertverfahren nun ein gemeiner Wert oder ein Ertragswert angestrebt werden soll.[2740] Dies gilt jedenfalls dann, wenn das aus der ImmoWertV entnommene Ertragswertverfahren für steuerliche Zwecke deutlich entfremdet wurde. Aufgrund der Unbestimmtheit und Ambiguität des Wertbegriffs des objektiviert-realen Werts lässt sich dem GrStRefG kein hinreichend konkretes Bemessungsziel entnehmen. Der Gesetzgeber verstößt insoweit gegen die Vorgaben des Bundesverfassungsgerichts,[2741] das als maßgeblich erachtete Bemessungsziel im Gesetz klar zu benennen.

Der Gesetzgeber muss sich zur Gewährleistung einer realitäts- und relationsgerechten Bewertung an einem klar definierten Punktwert (insbesondere Verkehrswert/gemeiner Wert oder Ertragswert) orientieren. Er darf sich nicht bloß damit begnügen, dass der durch die Bewertung angestrebte Steuerwert schon irgendwie innerhalb eines wie auch immer zu bestimmenden Korridors vertretbarer Verkehrswerte liegt.[2742] Verdeutlichen lässt sich dieses erneut[2743] mit dem Schießen auf eine Zielscheibe.[2744] Der Gesetzgeber muss sich zunächst entscheiden, welchen Wert er als Bewertungsziel auswählt. Dies lässt sich beispielhaft durch die Auswahl einer von mehreren Zielscheiben beschreiben. Hat er sich für einen konkreten Wert entschieden, den er mit seiner Bewertungssystematik erreichen will, muss er das Wertniveau dieses Werts anstreben. Er muss also auf die Mitte der Zielscheibe zielen. Das Bewertungsziel ist weiterhin ein Punktwert und keine Wertspanne. Der Gesetzgeber

---

2739 Siehe hierzu unter Gliederungspunkt § 1, I., 1., c), aa).

2740 BVerfG v. 07.11.2006 – 1 BvL 10/02, BVerfGE 117, 1, 34 (ErbSt III); BVerfG v. 10.02.1976 – 1 BvL 8/73, BVerfGE 41, 269, 280 f. (ErbSt I).

2741 BVerfG v. 10.04.2018 – 1 BvL 11/14 u. a., BVerfGE 148, 147, 185 (GrSt).

2742 So aber Entwurf zum GrStRefG 2019 v. 25.06.2019, BT-Drs. 19/11085, S. 90.

2743 Zuvor allgemein zur steuerlichen Bewertung bereits unter Gliederungspunkt § 3, II., 2., c), bb).

2744 Angelehnt an *Kahneman/Sibony/Sunstein*, Noise, 2021, S. 9 ff.

darf sich bei der „Wahl" des geeigneten Bewertungsmaßstabs nach Auffassung des Bundesverfassungsgerichts zwar auch von Praktikabilitätserwägungen leiten lassen.[2745] Er darf allerdings keine Phantasiewerte anstreben, die überhaupt nicht an dem folgerichtigen Bewertungsziel orientiert sind.[2746]

Erst im nächsten Schritt werden nun die bei der Verkehrswertermittlung bestehenden Unsicherheiten und die mit der typisierenden Bewertung im steuerlichen Massenverfahren notwendig verbundenen Ungenauigkeiten relevant.[2747] Diese bedingen, dass der Gesetzgeber das Bewertungsziel nur annähernd erreichen kann. Die Einschläge auf der Zielscheibe streuen daher innerhalb eines bestimmten Bereichs um den Mittelpunkt. Dies entspricht der Bandbreite möglicher Steuerwerte.[2748] Diese Bandbreite wird auch maßgeblich beeinflusst durch die Anforderungen an eine praktikable Bewertungssystematik, die Einfluss auf die Ausgestaltung der jeweiligen Bewertungsnormen hat. Je nach Konzeption der jeweiligen Steuer und nach Praktikabilitätsbedürfnis ist hier eine engere oder größere Streubreite zulässig.[2749] Um eine Verzerrung des Wertniveaus zu vermeiden, muss diese Streubreite jedoch um den Mittelpunkt der Zielscheibe streuen. Die Bewertungsunsicherheiten rechtfertigen keine Maßstabslosigkeit oder gar Maßstabswillkür.[2750] Es mag zwar sein, dass es den einen Verkehrswert nicht gibt und daher nur eine gewisse Verkehrswert-Streubreite angestrebt werden kann. Bewertungsbedingte Differenzierungen können hierdurch jedoch nur zu einem gewissen Grad gerechtfertigt werden. Einerseits ist anzumerken, dass die im Steuerrecht pauschal angenommene homogene Verkehrswert-Streubreite von ± 20 % nicht existiert und konkret auch nur eingeschränkt bestimmt werden kann.[2751] Die pauschale Behauptung, die Steuerwerte würden innerhalb des Korridors der Verkehrswerte liegen, gewährleistet weder eine folgerichtige noch eine gleichheitskonforme Bewertung. Andererseits kann nicht angenommen werden, dass die Ergebnisse der steuerlichen Bewertung, die zwar an die Verfahren der Verkehrswertermittlung angelehnt ist, die sich aber in vielen

---

2745 BVerfG v. 10.04.2018 – 1 BvL 11/14 u. a., BVerfGE 148, 147, 185 (GrSt).
2746 Vgl. *Seer*, StuW 2021, 111 (113).
2747 Siehe hierzu unter Gliederungspunkt § 3, II., 1., a), aa).
2748 Siehe hierzu unter Gliederungspunkt § 3, II., 1., a), bb).
2749 Siehe hierzu unter Gliederungspunkt § 3, II., 2., c), bb).
2750 *Seer*, GmbHR 2002, 873 (874).
2751 Siehe hierzu ausführlich unter Gliederungspunkt § 3, II., 1., a), bb).

und wesentlichen Punkten erheblich von den Verfahren der ImmoWertV unterscheidet, eine vergleichbare Verteilung der Steuerwerte aufweist wie die Verkehrswerte. Es ist anzunehmen, dass sich die Verteilung der Steuerwerte sowohl in qualitativer als auch in quantitativer Hinsicht erheblich von der Verteilung der Verkehrswerte unterscheiden dürfte.

Ist nicht von Anfang an klar, welchen Wert der Gesetzgeber mit seiner Bewertungssystematik anstrebt – auf welche Zielscheibe er also zielen möchte – und versucht der Gesetzgeber nicht die Mitte der Zielscheibe, sondern nur irgendwie auf der Zielscheibe zu treffen, dürfte die Streuung der Steuerwerte nicht mehr als realitätsgerecht anzusehen sein. Vergleichsfähige Relationen lassen sich aus diesen Steuerwerten nicht mehr ableiten. Das vom Gesetzgeber gewählte Bewertungsziel des objektiviert-realen Werts erlaubt daher weder eine folgerichtige Konkretisierung durch Bewertungsmethoden noch bietet es eine ausreichende Grundlage für eine realitätsgerechte Werterelation.

cc) Eignung des Bodenrichtwertverfahrens zur Erreichung des Bewertungsziels

Der Gesetzgeber geht davon aus, dass der sich unter Anwendung der Bodenrichtwerte auf das jeweilige Grundstück ergebende Grundsteuerwert typisierend den objektiviert-realen Wert für das Grundstück lageabhängig und relationsgerecht widerspiegelt.[2752] Der Gesetzgeber konkretisiert jedoch nicht weiter, ob es sich bei dem nach § 247 Abs. 1 BewG ermittelten Grundsteuerwert um einen gemeinen Wert oder einen Ertragswert handeln soll. Da es sich bei dem Bodenrichtwertverfahren um ein anerkanntes Verfahren der Verkehrswertermittlung handelt und an Bewertungsgrundlagen anknüpft, die grundsätzlich auf die Ermittlung des Verkehrswerts abzielen, kann einerseits davon ausgegangen werden, dass sich dieses Verfahren am Verkehrswert orientieren soll.[2753] Das Bodenrichtwertverfahren ist grundsätzlich – je nach konkreter Ausgestaltung – dazu geeignet, Verkehrswerte für verschiedene Grundstücke realitäts- und relationsgerecht abzubilden.[2754] Andererseits geht der Gesetzgeber jedoch auch davon aus, dass durch die Anknüpfung an die

---

[2752] Entwurf zum GrStRefG 2019 v. 25.06.2019, BT-Drs. 19/11085, S. 86.

[2753] *Grootens*, in: Grootens, GrStG, 2. Aufl. 2022, § 252 BewG, Rn. 148.

[2754] Siehe hierzu unter Gliederungspunkt § 3, IV., 2., b), aa), (2), (a), (aa).

Bodenrichtwerte die nachhaltige Ertragsfähigkeit des Bodens einfach und sachgerecht erfasst wird.[2755] Da es sich bei unbebauten Grundstücken regelmäßig um sog. Reserveobjekte handelt, für die sich eine potenzielle Ertragsfähigkeit nur schwer ermitteln lässt, kann hilfsweise davon ausgegangen werden, dass die Ertragsfähigkeit des Grundstücks durch den Verkehrswert ausgedrückt wird.[2756] Das Bodenrichtwertverfahren ist daher grundsätzlich gleichermaßen geeignet, Steuerwerte (zumindest für unbebaute Grundstücke) zu ermitteln, die das Bewertungsziel gemeiner Wert bzw. Ertragswert realitäts- und relationsgerecht ausdrücken. Von einer folgerichtigen Umsetzung des Belastungsgrundes der Bundesgrundsteuer kann jedoch nicht abschließend ausgegangen werden, da nicht klar ist, welches Bewertungsziel der Gesetzgeber mit dem Bodenrichtwertverfahren konkret erreichen möchte. Ein gleichheitskonform und folgerichtig ausgestaltetes Bewertungsverfahren setzt voraus, dass das Bewertungsziel feststeht.[2757] Dies ist jedoch, wie bereits zuvor ausgeführt, bei der Bundesgrundsteuer nicht der Fall.

b) Gewährleistung einer realitätsgerechten Werterelation

Eine verfassungskonforme Bewertung mittels des Bodenrichtwertverfahrens setzt voraus, dass die anhand dieses Verfahrens ermittelten Werte gewährleisten, dass die zu bewertenden Grundstücke in einer vergleichsfähigen Wertrelation zueinander stehen. Anders als bei der Erbschaftsteuer ist bei der Grundsteuer nur eine Bewertung des Grundbesitzes erforderlich. Die beiden verschiedenen Vermögensarten, Grundvermögen und land- und forstwirtschaftliches Vermögen, unterliegen verschiedenen Bewertungsverfahren und Steuersätzen. Es müssen somit nicht verschiedene Vermögensarten in einer Bemessungsgrundlage zusammengefasst werden. Andere Vermögensarten sind nicht in die Besteuerung einzubeziehen. Dem Aspekt einer realitätsgerechten Bewertung kommt daher bei der Grundsteuer ein geringerer Stellenwert zu als bei der Erbschaftsteuer. Der Gesetzgeber muss jedoch auch bei der Grundsteuer eine gleichheitskonforme Besteuerung gewährleisten.

2755 Entwurf zum GrStRefG 2019 v. 25.06.2019, BT-Drs. 19/11085, S. 109; ebenso Roscher, GrStG-Kommentar, Erstkommentierung 2020, Rn. 154; *Schnitter*, in: GrStG – eKommentar, § 247 BewG, 12/2022, Rn. 11.

2756 Siehe hierzu unter Gliederungspunkt § 3, III., 3., a).

2757 Vgl. *Hey*, JZ 2007, 564 (565).

Dazu muss er insbesondere eine relationsgerechte Bewertungssystematik schaffen, die den einschlägigen Vorgaben des Bundesverfassungsgerichts genügt.[2758] Ob der Gesetzgeber diesen Anforderungen nachgekommen ist, wird im Folgenden untersucht.

aa) Spannungsverhältnis zwischen Praktikabilität und Steuergerechtigkeit

Die Grundsteuerwertermittlung erfolgt in einem Massenverfahren.[2759] Bundesweit sind etwa 36 Mio. wirtschaftliche Einheiten zu bewerten, davon 32 Mio. wirtschaftliche Einheiten des Grundvermögens.[2760] Da sich der Gesetzgeber für eine am Verkehrswert orientierte Bewertung entschieden hat, sind die Grundsteuerwerte in regelmäßigen Zeitabständen zum jeweiligen Hauptfeststellungszeitpunkt erneut zu ermitteln und festzustellen. Um den verfassungsrechtlichen Vorgaben an die grundsteuerliche Bewertung zu genügen, muss der Gesetzgeber ein praktikables Bewertungssystem schaffen, welches von der Finanzverwaltung mit den vorhandenen Kapazitäten auch zukünftig in regelmäßigen Zeitabständen gleichheitseffizient vollzogen werden kann.[2761] Unterbleiben zukünftige Hauptfeststellungen, wächst die Grundsteuer erneut in die Verfassungswidrigkeit hinein.[2762] Um die Vollziehbarkeit der Bewertung zu gewährleisten, hat der Gesetzgeber sich in großem Umfang Typisierungen bedient und die Bewertung größtmöglich darauf ausgelegt, dass diese automatisiert erfolgen kann.[2763] Dies betrifft auch das in § 247 BewG für die Bewertung unbebauter Grundstücke des Grundvermögens geregelt Bodenrichtwertverfahren.

Es genügt jedoch nicht, dass die Finanzverwaltung irgendwelche Grundsteuerwerte ermittelt. Die Bewertungssystematik muss so ausgestaltet sein, dass die Grundsteuerwerte den mit der Steuer verfolgten Belastungsgrund

---

[2758] Siehe hierzu ausführlich unter Gliederungspunkt § 3, II., 2.

[2759] Siehe zur Administrierbarkeit der Grundsteuer unter Gliederungspunkt § 2, II., 3., b), dd).

[2760] Entwurf zum GrStRefG 2019 v. 25.06.2019, BT-Drs. 19/11085, S. 2, 107.

[2761] *Seer*, DB 2018, 1488 (1493); *Seer*, in: Tipke/Lang, Steuerrecht, 24. Aufl. 2021, Rn. 1.57.

[2762] BVerfG v. 10.04.2018 – 1 BvL 11/14 u. a., BVerfGE 148, 147, 187 ff. (GrSt); *Hey*, ZG 2019, 297 (317).

[2763] Entwurf zum GrStRefG 2019 v. 25.06.2019, BT-Drs. 19/11085, S. 80; Entwurf der BReg zum GrStRefG 2019 v. 09.08.2019, BR-Drs. 354/19, S. 84 f.

in der Relation der Wirtschaftsgüter zueinander realitätsgerecht abbilden.[2764] Die vom Bundesverfassungsgericht geforderte realitätsgerechte Werterelation stellt die Grundvoraussetzung dafür dar, dass die Steuerpflichtigen durch ein Steuergesetz rechtlich und tatsächlich gleichmäßig belastet werden. Sie muss durch einen gleichheitseffizienten Vollzug ergänzt werden. Ein gleichheitseffizienter Vollzug eines gleichheitswidrig ausgestalteten Bemessungssystems ist hingegen nicht geeignet, die vom Bundesverfassungsgericht geforderte Lastengleichheit zwischen den Steuerpflichtigen herzustellen. Der Gesetzgeber muss also für die Grundsteuer eine Bewertungssystematik schaffen, die zwar praktikabel vollzogen werden kann, die jedoch weiterhin eine gleichmäßige Belastung der Steuerpflichtigen gewährleistet. Der Gesetzgeber hat somit einen Kompromiss zwischen Steuergerechtigkeit und Praktikabilität zu finden.[2765] Er darf sich bei der grundsteuerlichen Bewertung umfangreicher Typisierungen und Pauschalierungen bedienen, muss jedoch die einschlägigen verfassungsrechtlichen Grenzen beachten.[2766]

bb) Bewertung unbebauter Grundstücke

(1) Überblick über die Ausgestaltung des Bodenrichtwertverfahrens

Der Grundsteuerwert unbebauter Grundstücke wird gemäß § 247 Abs. 1 Satz 1 BewG regelmäßig durch Multiplikation der Grundstücksfläche mit dem jeweiligen Bodenrichtwert ermittelt (siehe zur Ausgestaltung des Verfahrens im Einzelnen unter Gliederungspunkt § 2, II., 3., b), cc), (1)). Es sind gemäß § 247 Abs. 2 BewG stets die besonderen Bodenrichtwerte heranzuziehen, die der zuständige Gutachterausschuss i. S. d. §§ 192 ff. BauGB auf den Hauptfeststellungszeitpunkt ermittelt, veröffentlicht und dem Finanzamt mitgeteilt hat. Nach dem Willen des Gesetzgebers[2767] und wohl auch der Finanzverwaltung[2768] soll – wie bei der Grundbesitzbewertung – stets der Bodenrichtwert maßgeblich sein, der für die Bodenrichtwertzone gilt, in der

---

2764 BVerfG v. 10.04.2018 – 1 BvL 11/14 u. a., BVerfGE 148, 147, 185, 212 (GrSt).

2765 *Josten*, GuG 6/1999, 321 (328); *Rössler*, DStZ 1963, 333 (336).

2766 BVerfG v. 10.04.2018 – 1 BvL 11/14 u. a., BVerfGE 148, 147, 185 f., 213 (GrSt). Siehe hierzu bereits unter Gliederungspunkt § 3, II., 2., c), bb) und § 3, II., 2., d), bb), (2).

2767 Gegenäußerung der BReg v. 02.10.2019 zu der Stellungnahme des BR zum GrStRefG, BT-Drs. 19/13713, S. 2.

2768 Eine entsprechende Regelung findet sich nicht in 247.1 ff. AEBewGrSt 2021, vgl. aber A 257.3 Satz 1 AEBewGrSt 2021.

das jeweilige Bewertungsobjekt belegen ist. Eine Überprüfung der Eignung der Bodenrichtwerte ist vom Gesetzgeber nicht gewollt. Dieser geht davon aus, dass die Rechtsprechung des Bundesfinanzhofs zu der Verbindlichkeit der Bodenrichtwerte im Rahmen der Grundbesitzbewertung[2769] auf das grundsteuerliche Bodenrichtwertverfahren übertragbar ist.[2770] Eine Anpassung der Bodenrichtwerte hat der Gesetzgeber nachträglich durch Einführung des § 247 Abs. 1 Satz 2 BewG[2771] im Regelfall ausdrücklich ausgeschlossen. Eine Anpassung soll nur noch bei einem abweichenden Entwicklungszustand erfolgen. Bei der Wertermittlung sind besondere objektspezifische Grundstücksmerkmale nicht zu berücksichtigen.[2772] Die Möglichkeit, einen niedrigeren Wert nachzuweisen, bestand ursprünglich nicht, wurde allerdings mit dem JStG 2024 in § 220 Abs. 2 BewG geregelt.[2773]

(2) Gleichheitsrechtliche Beurteilung des Bodenrichtwertverfahrens

(a) Verbindliche Anknüpfung an die Bodenrichtwerte

Das in § 247 BewG geregelte Bodenrichtwertverfahren knüpft an die Bodenrichtwerte nach § 196 BauGB an, die von den Gutachterausschüssen für Grundstückswerte nach den §§ 192 ff. BauGB zu ermitteln sind. Bei diesen Bodenrichtwerten handelt es sich nicht um die allgemeinen Bodenrichtwerte, sondern um besondere Bodenrichtwerte nach § 196 Abs. 1 Satz 6 BauGB i. V. m. § 247 Abs. 2 BewG, die auf den Hauptfeststellungszeitpunkt für Zwecke der Grundsteuer (gesondert) zu ermitteln sind.[2774] Der Gesetzgeber geht davon aus, dass die zur Grundbesitzbewertung ergangene Rechtsprechung des Bundesfinanzhofs zur Verbindlichkeit der Bodenrichtwerte[2775] auch auf § 247 Abs. 1 BewG übertragen werden kann. Dem Gesetzgeber

---

2769 Siehe hierzu unter Gliederungspunkt § 2, II., 2., d), bb), (4).

2770 Entwurf zum GrStRefG 2019 v. 25.06.2019, BT-Drs. 19/11085, S. 109.

2771 Eingeführt durch Art. 7 Nr. 1 des Fondsstandortgesetzes (FoStoG) v. 03.06.2021, BGBl. I 2021, 1498.

2772 A 247.2 Abs. 8 AEBewGrSt 2021.

2773 Siehe hierzu unter Gliederungspunkt § 2, II., 3., cc) (4).

2774 Siehe hierzu unter Gliederungspunkt § 1, III., 3., b).

2775 Unter Verweis auf BFH, Urt. v. 26.04.2006 – II R 58/04, BStBl. II 2006, 793, juris; BFH, Urt. v. 12.07.2006 – II R 1/04, BStBl. II 2006, 742, juris; BFH, Urt. v. 25.08.2010 – II R 42/09, BStBl. II 2011, 205, juris. Siehe weitere Fundstellen unter Gliederungspunkt § 2, II., 2., d), bb), (4).

stehe es frei, bestimmte Bewertungsparameter typisierend festzulegen und deren Rechtsverbindlichkeit bei der Bewertung von Grundbesitz anzuordnen, solange die Grenzen der Typisierung eingehalten würden.[2776] Auch die Literatur geht überwiegend von der Übertragbarkeit der Rechtsprechung auf die bundesgrundsteuerliche Bewertung aus.[2777]

(aa) Gewährleistung einer realitätsgerechten Werterelation durch verbindliche Anknüpfung an die Bodenrichtwerte

Mit der Anknüpfung an die Bodenrichtwerte möchte der Gesetzgeber eine realitäts- und damit relationsgerechte Bewertung gewährleisten.[2778] Für eine *realitätsgerechte Bewertung* sind die Bodenrichtwerte grundsätzlich geeignet.[2779] Insbesondere wird durch die gesonderte Ermittlung der Bodenrichtwerte auf den Hauptfeststellungszeitpunkt eine hinreichende Aktualität der Bodenrichtwerte sichergestellt.[2780]

Für eine *relationsgerechte Bewertung* sind die Bodenrichtwerte allerdings derzeit aufgrund uneinheitlicher Datengrundlagen, einer nicht hinreichend konkretisierten Vorgehensweise bei der Bodenrichtwertermittlung und uneinheitlicher und oft nicht ausreichender Leistungsfähigkeit der Gutachterausschüsse allenfalls eingeschränkt geeignet.[2781] Uneinheitlich oder unzureichend ermittelte Bodenrichtwerte können im Bodenrichtwertverfahren nicht derart angepasst werden, dass hierdurch entstehenden Differenzierungen kompensiert werden.[2782] Als Bewertungsgrundlage im Rahmen der bundesrechtlichen Grundsteuerwertermittlung müssen die

---

2776 Entwurf zum GrStRefG 2019 v. 25.06.2019, BT-Drs. 19/11085, S. 109.

2777 *Seer*, FR 2019, 941 (947); *Roscher*, immobilien & bewerten 2/2020, 15 (20); *Bock*, in: Grootens, GrStG, 2. Aufl. 2022, § 247 BewG, Rn. 91; *Knittel*, in: Stenger/Loose, Bewertungsrecht, § 247 BewG, 160. EL, 5/2022, Rn. 80.

2778 Entwurf zum GrStRefG 2019 v. 25.06.2019, BT-Drs. 19/11085, S. 85 f.

2779 Siehe hierzu die Ausführungen unter Gliederungspunkt § 3, IV., 2., b), aa), (2), (a), (aa); ebenso *Krumm*, FR 2023, 957 (966).

2780 WD v. 14.09.2018: Überblick zur Grundsteuerreform, WD 4 – 3000 – 147/18, S. 15. Im Einzelfall können sich an der Aktualität der Bodenrichtwerte jedoch Zweifel ergeben, siehe hierzu unter Gliederungspunkt § 3, III., 3., c), dd).

2781 Siehe hierzu ausführlich unter Gliederungspunkt § 3, III., 4., a). Die Ausführungen zur Relationsgerechtigkeit der Bodenrichtwerte im Rahmen der Grundbesitzbewertung gelten insoweit grundsätzlich entsprechend § 3, IV., 2., b), aa), (2), (a), (aa).

2782 Vgl. FG Rheinland-Pfalz, Beschl. v. 23.11.2023 – 4 V 1295/23, juris Rn. 402.

Bodenrichtwerte jedenfalls in den elf Bundesländern, die diese Bewertungssystematik anwenden, eine vergleichbare Qualität aufweisen. Es ist nicht ausreichend, wenn diese lediglich innerhalb einer Gemeinde einheitlich ermittelt werden.[2783] Die Bodenrichtwerte weisen jedoch eine solche bundeslandübergreifende einheitliche Mindestqualität derzeit nicht auf.

Es ist davon auszugehen, dass die Qualität und die Ermittlungsweise der besonderen Bodenrichtwerte grundsätzlich mit der Qualität und Ermittlungsweise der allgemeinen Bodenrichtwerte vergleichbar sind.[2784] Im Hinblick auf die Vergleichbarkeit der Ermittlung der besonderen Bodenrichtwerte besteht jedoch eine bedeutsame Abweichung zu der Ermittlung der allgemeinen Bodenrichtwerte. Denn die Finanzverwaltung kann nach § 196 Abs. 1 Satz 6 BauGB ergänzende Vorgaben für die Ermittlung dieser besonderen Bodenrichtwerte aufstellen und auf diese Weise auf eine einheitlichere Ermittlung der Bodenrichtwerte zum Hauptfeststellungszeitpunkt hinwirken.[2785] Hiervon hat die Finanzverwaltung so weit ersichtlich allerdings kaum Gebrauch gemacht.[2786] Dies ist insbesondere problematisch im Hinblick auf die für Zwecke der Wertfortschreibungen und Nachfeststellungen gesondert nach § 196 Abs. 2 BauGB zu ermittelnden besondere Bodenrichtwerte. Auf welche Art und Weise die Gutachterausschüsse diese Bodenrichtwerte ermitteln sollen, die abweichend von den regulären Bodenrichtwerten auf die Wertverhältnisse im Hauptfeststellungszeitpunkt bezogen werden sollen, ist derzeit nicht geregelt. Es ist daher zu vermuten, dass die Ermittlung insoweit sehr uneinheitlich gehandhabt wird.

Die durch die Anknüpfung an die Bodenrichtwerte begründeten bewertungsbedingten Differenzierungen führen per se nicht zur Verfassungswidrigkeit des § 247 BewG. Gerade bei der Grundsteuer, die einen großen Vollzugsaufwand begründet,[2787] ist der Gesetzgeber zur Verwendung von Typisierungen in erheblichem Umfang berechtigt.[2788] Dies entbindet ihn allerdings nicht von der Verpflichtung, eine Bewertungssystematik zu

---

2783 Siehe hierzu unter Gliederungspunkt § 3, III., 4., b), bb).

2784 Siehe zur Ermittlung der besonderen Bodenrichtwerte unter Gliederungspunkt § 1, IV., 6., d).

2785 Siehe hierzu unter Gliederungspunkt § 1, IV., 6., d).

2786 Siehe etwa nur A 247.3 Abs. 3 AEBewGrSt 2021.

2787 Siehe hierzu unter Gliederungspunkt § 2, II., 3., b), dd).

2788 BVerfG v. 10.04.2018 – 1 BvL 11/14 u. a., BVerfGE 148, 147, 200 f. (GrSt).

schaffen, die in der Gesamtsicht eine in der Relation realitäts- und damit gleichheitsgerechte Bemessung des steuerlichen Belastungsgrundes sicherstellt.[2789] Aufgrund der hohen Anforderungen an einen praktikablen Vollzug der grundsteuerlichen Bewertung sind insoweit grundsätzlich höhere Bewertungsungenauigkeiten hinzunehmen als bei der Grundbesitzbewertung für Zwecke der Erbschaftsteuer. In welchem Umfang und Ausmaß solche Bewertungsungenauigkeiten eintreten, bedarf weiterer empirischer Erhebungen, sodass insoweit keine abschließende Aussage getroffen werden kann. Auch der vom Bundesverfassungsgericht angewandte Prüfmaßstab und die Prüfungsintensität hängen von diesen Feststellungen ab.[2790] Aufgrund der erheblichen Unzulänglichkeiten der Bodenrichtwertermittlung ist jedoch zu vermuten, dass bereits insoweit erhebliche bewertungsbedingte Differenzierungen anzunehmen sind, die eine relationsgerechte Bewertung, zumindest der unbebauten Grundstücke, nicht mehr gewährleisten.

Bei der Überprüfung der Regelungen der Grundsteuerwertermittlung wird das Bundesverfassungsgericht zudem nicht nur isoliert die Auswirkungen der Anknüpfung an die Bodenrichtwerte auf eine relationsgerechte Bewertung überprüfen. Vielmehr wird es für die Beurteilung, ob der Gesetzgeber das Gebot der realitätsgerechten Wertrelation beachtet hat, die Bewertungssystematik insgesamt betrachten. Denn maßgeblich ist letztendlich, ob die Bewertungssystematik in der Gesamtsicht eine relationsgerechte Bewertung gewährleistet.[2791] Eine solche Gesamtbetrachtung soll erst am Ende dieses Abschnitts erfolgen.[2792] An dieser Stelle sei jedoch bereits erwähnt, dass die Ausgestaltung der Grundsteuerwertermittlung im Übrigen zu erheblichen bewertungsbedingten Differenzierungen führt. Dies übt zusätzlichen Druck auf die Qualität der Bodenrichtwerte aus, die als einzige Bewertungsgrundlage an die tatsächlichen Verhältnisse auf dem regionalen Grundstücksmarkt anknüpfen und somit eine realitäts- und damit relationsgerechte Bewertung gewährleisten sollen.

In Bezug auf die Anknüpfung an die Bodenrichtwerte wirkte sich ursprünglich nachteilig aus, dass der Steuerpflichtige keine Möglichkeit

---

2789 BVerfG v. 10.04.2018 – 1 BvL 11/14 u. a., BVerfGE 148, 147, 186 (GrSt).
2790 Siehe hierzu bereits unter Gliederungspunkt § 3, I., 2., c).
2791 BVerfG v. 10.04.2018 – 1 BvL 11/14 u. a., BVerfGE 148, 147, 186 (GrSt).
2792 Siehe hierzu unter Gliederungspunkt § 3, IV., 3., c).

hatte, einen niedrigeren Bodenwert bzw. Grundsteuerwert nachweisen zu können. Dadurch konnte er eine unzureichende Qualität des herangezogenen Bodenrichtwerts und die sich dadurch teils erheblichen Bewertungsungenauigkeiten nicht kompensieren.[2793] Insoweit fehlte es auch bei der verfassungsrechtlichen Beurteilung der Bewertungssystematik an einem Ventil, welches bewertungsbedingte Differenzierungen kompensiert oder zumindest in größerem Umfang rechtfertigen kann.[2794] Nach den Entscheidungen des BFH vom 27. Mai 2024[2795] und der daraufhin ergangenen gesetzlichen Einführung einer Nachweismöglichkeit in § 220 Abs. 2 BewG[2796] greifen diese Bedenken allerdings nur noch in eingeschränktem Umfang. Die Nachweismöglichkeit ist jedoch nicht geeignet, die grundlegenden Zweifel an der verfassungskonformen Ausgestaltung der Grundsteuerwertermittlung zu zerstreuen.[2797]

(bb) Verzicht auf die Überprüfung der Eignung der Bodenrichtwerte

Durch die verbindliche Anknüpfung an die Bodenrichtwerte wird in typisierender Weise unterstellt, dass diese im Einzelfall stets für die steuerliche Bewertung geeignet sind. Die typisierende Unterstellung der Eignung der Bodenrichtwerte ist auch bei der Grundsteuerwertermittlung grundsätzlich gerechtfertigt.[2798] Zur Vermeidung von Wiederholungen wird auf die Ausführungen zur verbindlichen Anknüpfung an die Bodenrichtwerte bei der Grundbesitzbewertung verwiesen.[2799] Im Vergleich zur Grundbesitzbewertung besteht bei der Grundsteuerwertermittlung ein deutlich größeres Praktikabilitätsbedürfnis, welches auch in größerem Umfang typisierungsbedingte Wertverzerrungen rechtfertigen kann.[2800] Daher kann bei der Grundsteuerwertermittlung grundsätzlich auf eine Überprüfung der Bodenrichtwerte

---

2793 Siehe zu der Höhe der sich ergebenden Wertabweichungen unter Gliederungspunkt § 3, III., 3., c), cc), (2).

2794 Siehe hierzu allgemein unter Gliederungspunkt § 3, II., 2., d), cc).

2795 BFH, Beschl. v. 27.05.2024 – II B 78/23 (AdV), BStBl. II, 543, juris; BFH, Beschl. v. 27.05.2024 – II B 79/23 (AdV), BStBl. II, 546, juris.

2796 Siehe hierzu ausführlich unter Gliederungspunkt § 2, II., 3., cc) (4).

2797 Siehe hierzu noch ausführlich unter Gliederungspunkt § 3, IV., 3., b), dd).

2798 *Krumm/Paeßens*, GrStG, 2022, Grundlagen, Rn. 133.

2799 Siehe hierzu unter Gliederungspunkt § 3, IV., 2., b), aa), (2), (a), (bb).

2800 BVerfG v. 10.04.2018 – 1 BvL 11/14 u. a., BVerfGE 148, 147, 185 f. (GrSt).

durch das Finanzamt verzichtet werden.[2801] Dies setzt allerdings voraus, dass die Bodenrichtwerte grundsätzlich eine einheitliche Mindestqualität aufweisen und die gesetzlichen Vorgaben bei der Ermittlung der Bodenrichtwerte beachtet werden. Ausnahmsweise muss es jedoch auch bei der grundsteuerlichen Bewertung dem Finanzamt möglich sein, Bodenrichtwerte, die offensichtlich unzutreffend oder rechtswidrig sind, von der Bewertung auszuschließen.[2802] Zumindest seit der Einführung der Nachweismöglichkeit in § 220 Abs. 2 BewG mit dem JStG 2024 kann der Steuerpflichtige zudem darauf verwiesen werden, dass er im Verwaltungsverfahren zwar keinen niedrigeren Bodenrichtwert, aber für die gesamte wirtschaftliche Einheit einen niedrigeren gemeinen Wert nachweisen kann.[2803]

(b) Auswahl des maßgeblichen Bodenrichtwerts

(aa) Anknüpfung an die zonalen Bodenrichtwerte

Weder in § 247 BewG noch in den hierzu ergangenen Verwaltungsvorschriften[2804] findet sich eine ausdrückliche Regelung dazu, welcher Bodenrichtwert in räumlicher Hinsicht für die Bewertung heranzuziehen ist. Sowohl der Gesetzgeber[2805] als auch die Finanzverwaltung gehen offenbar davon aus, dass wie bei der Grundbesitzbewertung stets der Bodenrichtwert für die Bodenrichtwertzone heranzuziehen ist, in der das jeweilige Bewertungsobjekt belegen ist. Wie bereits dargelegt,[2806] können sich an den Zonengrenzen, vor allem in Innenstadtlagen, erhebliche Wertsprünge ergeben, die mit den tatsächlichen (Wert-)Verhältnissen nur eingeschränkt intersubjektiv begründet werden können. Bei einer verbindlichen Anknüpfung an den maßgeblichen Zonenwert schlagen sich diese Wertverzerrungen auch in den Steuerwerten nieder und beeinträchtigen dadurch die gebotene Wertrelation.

[2801] *Bock*, in: Grootens, GrStG, 2. Aufl. 2022, § 247 BewG, Rn. 91; *Knittel*, in: Stenger/Loose, Bewertungsrecht, § 247 BewG, 160. EL, 5/2022, Rn. 80.

[2802] *Bock*, in: Grootens, GrStG, 2. Aufl. 2022, § 247 BewG, Rn. 91.

[2803] Siehe hierzu unter Gliederungspunkt § 2, II., 3., cc) (4).

[2804] A 247.1, A 247.2, A 247.3 AEBewGrSt 2021, vgl. jedoch A 257.3 Satz 1 AEBewGrSt 2021.

[2805] Gegenäußerung der BReg v. 02.10.2019 zu der Stellungnahme des BR zum GrStRefG, BT-Drs. 19/13713, S. 2.

[2806] Siehe hierzu unter Gliederungspunkt § 3, III., 4., a), bb), (3).

Aus Gründen der Praktikabilität des Bodenrichtwertverfahrens muss grundsätzlich an der Konzeption der zonalen Bodenrichtwerte und der verbindlichen Anknüpfung an dem betreffenden Zonenwert festgehalten werden. Eine Diskussion über den Verlauf der Zonengrenzen und über den anzuwendenden Bodenrichtwert würde den Vereinfachungseffekt des Bodenrichtwertverfahrens untergraben.[2807] Dies gilt vor allem für die grundsteuerliche Massenbewertung, die in deutlich größerem Maße auf Vereinfachungen angewiesen ist als die Grundbesitzbewertung. Ob sich der Steuerpflichtige durch einen Wertnachweis über die zu bewertende wirtschaftliche Einheit (§ 220 Abs. 2 BewG) der bestehenden Zonenabgrenzung, die den graduellen Verlauf der Lagewertigkeiten nicht berücksichtigt und die nur teilweise intersubjektiv begründet werden kann, entziehen kann, wäre noch durch die Rechtsprechung zu klären.[2808]

(bb) Heranziehung von Bodenrichtwerten mit einem abweichenden Entwicklungszustand

Eine Besonderheit bei der Auswahl des maßgeblichen Bodenrichtwerts besteht bei dem grundsteuerlichen Bodenrichtwertverfahren in der gesetzlich ausdrücklich vorgesehenen Anpassung des maßgeblichen Bodenrichtwerts an einen abweichenden Entwicklungszustand (§ 247 Abs. 1 Satz 2 Nr. 1 BewG). Diese Anpassung impliziert, dass von Gesetzes wegen auch Bodenrichtwerte herangezogen werden sollen, die zwar räumlich für die Bodenrichtwertzone des zu bewertenden Grundstücks ermittelt wurden, die allerdings auf ein Bodenrichtwertgrundstück mit einem abweichenden Entwicklungszustand bezogen sind. Dieses Vorgehen hatte der Bundesfinanzhof bei dem in § 145 Abs. 3 BewG (nun § 179 BewG) für Zwecke der Grundbesitzbewertung geregelten Bodenrichtwertverfahren für unzulässig erklärt.[2809] Indem in § 247 Abs. 1 Satz 2 Nr. 1 BewG nun eine Anpassung an einen abweichenden Entwicklungszustand ausdrücklich vorgesehen wird, gibt der Gesetzgeber

---

2807 Siehe hierzu unter Gliederungspunkt § 3, IV., 2., b), aa), (2), (b).

2808 So zum Wertnachweis nach § 198 BewG: BFH, Urt. v. 16.09.2020 – II R 1/18, BStBl. II 2021, 594, juris Rn. 17.

2809 BFH, Urt. v. 26.04.2006 – II R 58/04, BStBl. II 2006, 793, juris Rn. 28; vgl. insoweit auch *Bock*, in: Viskorf/Schuck/Wälzholz, ErbStG/BewG, 7. Aufl. 2023, § 179 BewG, Rn. 28.

(scheinbar unwissentlich)[2810] entgegen der Rechtsprechung des Bundesfinanzhofs zur Grundbesitzbewertung vor, dass eine derartige Anpassung im Rahmen des grundsteuerlichen Bodenrichtwertverfahrens in typisierender Weise erfolgen kann und soll.

Die Entwicklungszustände (§ 3 ImmoWertV) haben für die Ermittlung der Bodenrichtwerte erhebliche Bedeutung. § 196 Abs. 1 Satz 1 BauGB hebt ausdrücklich hervor, dass die Bodenrichtwerte unter Berücksichtigung unterschiedlicher Entwicklungszustände ermittelt werden sollen. Der Entwicklungszustand des Bodenrichtwertgrundstücks ist stets darzustellen (§ 16 Abs. 2 Satz 1 ImmoWertV). Dieser schlägt sich erheblich in der Höhe des Bodenrichtwerts nieder.[2811] Die Bodenrichtwerte für Flächen der Land- und Forstwirtschaft liegen oftmals im Cent- oder einstelligen Euro-Bereich. Bodenrichtwerte für Bauerwartungsland oder Rohbauland liegen vielfach im zweistelligen Euro-Bereich. Die Spannbreite von Bodenrichtwerten für baureifes Land beginnt im einstelligen Euro-Bereich und kann in Innenstadtlagen auch in den fünfstelligen Euro-Bereich reichen. Nach § 15 Abs. 2 ImmoWertV gilt der Bodenrichtwert nicht für Grundstücke der Bodenrichtwertzone, die eine abweichende Art der Nutzung oder Qualität aufweisen. Zonenangehörige Grundstücke, die einen vom Bodenrichtwertgrundstück abweichenden Entwicklungszustand aufweisen, haben eine komplett andere Qualität.[2812] Wenn schon der Bodenrichtwert nicht für ein Grundstück mit einer abweichenden Art der Nutzung gilt, gilt dies erst recht für ein Grundstück mit einem vom Bodenrichtwertgrundstück abweichenden Entwicklungszustand. Die Bodenrichtwerte sind nicht dafür konzipiert, dass diese an einen abweichenden Entwicklungszustand angepasst werden können.

Eine Anpassung der Bodenrichtwerte an einen abweichenden Entwicklungszustand erfordert zudem sehr große Zu- und Abschläge. Die Heranziehung von Kaufpreisen oder Bodenrichtwerten, die sich auf abweichende Grundstücksmerkmale beziehen, ist in der Verkehrswertermittlung nur zulässig, falls die Abweichungen überhaupt sachgerecht berücksichtigt werden können (§ 9 Abs. 1 Satz 1 ImmoWertV). Die Durchführung eines Preisvergleichs

---

2810 Vgl. Gesetzentwurf der BReg vom 17.03.2021 zum Fondsstandortgesetz, BT-Drs. 19/27631, S. 113.

2811 Vgl. *Krumm*, FR 2023, 957 (961).

2812 *Freise*, in: Brügelmann, BauGB, § 15 ImmoWertV, 123. EL, 7/2022, Rn. 15.

ist nur dann sinnvoll und sachgerecht, wenn Abweichungen ihrem Umfang nach in eine vergleichende Betrachtung eingebracht werden können und nicht das Maß dessen überschreiten, was auch im gewöhnlichen Geschäftsverkehr als abwegig angesehen wird.[2813] Als Maßstab für die Grenzen der „Anpassbarkeit" von Marktdaten wird in der Literatur und Rechtsprechung die Summe der zur Anpassung vorzunehmenden Zu- und Abschläge herangezogen.[2814] Von der Rechtsprechung werden auch Abweichungen von 30 bis 35 %[2815] und im Einzelfall sogar von 40 %[2816] als „nicht unbedenklich", aber „noch vertretbar" eingestuft.[2817] Eine Anpassung eines Bodenrichtwerts mit einem abweichenden Entwicklungszustand dürfte selbst nach dieser Maßgabe nicht mehr zulässig sein. Der sich nach der Anpassung des ursprünglichen Bodenrichtwerts ergebende Wert ist nicht als angepasster Bodenrichtwert anzusehen. Die von der Finanzverwaltung vorgegebenen pauschalen Zu- und Abschläge zur Anpassung eines abweichenden Entwicklungszustandes betragen insoweit bereits 50 % bzw. 75 %.[2818] Die Grundsteuerwerte, die unter Anpassung des Bodenrichtwerts an einen abweichenden Entwicklungszustand des Bewertungsobjekts ermittelt wurden, dürften regelmäßig weit entfernt vom tatsächlichen Verkehrswert liegen. Die pauschalen Abschläge der Finanzverwaltung sind in vielen Fällen nicht geeignet, die tatsächlichen Wertverhältnisse zutreffend abzubilden.[2819] Infolgedessen können sich vor allem aufgrund der Höhe der anzuwendenden Zu- und Abschläge nicht unerhebliche bewertungsbedingte Ungleichbehandlungen ergeben.

Aus gleichheitsrechtlicher Sicht ist die Heranziehung eines Bodenrichtwerts mit einem vom Bewertungsobjekt abweichenden Entwicklungszustand jedoch gerade noch erträglich, sofern die Anpassung nicht als ein Fall des § 247 Abs. 1 Satz 2 BewG, sondern als ein Fall des § 247 Abs. 3 BewG

2813 *Kleiber,* Verkehrswertermittlung von Grundstücken, 9. Aufl. 2020, IV., Syst. Darst. Vergleichswertverfahren, Rn. 45.

2814 *Kleiber,* Verkehrswertermittlung von Grundstücken, 9. Aufl. 2020, IV., Syst. Darst. Vergleichswertverfahren, Rn. 11, 47.

2815 KG, Urt. v. 01.11.1969 – U 1449/68, AVN 1970, 68.

2816 LG Berlin, Urt. v. 11.08.1998 – 29.O.371/97, GuG 1999, 250.

2817 So nun auch im Kontext der Bodenrichtwertermittlung FG Rheinland-Pfalz, Beschl. v. 23.11.2023 – 4 V 1295/23, juris Rn. 247.

2818 A 247.3 Abs. 1 AEBewGrSt 2021.

2819 Vgl. BFH, Urt. v. 26.04.2006 – II R 58/04, BStBl. II 2006, 793, juris Rn. 28.

eingeordnet wird.[2820] Durch die Anpassung des Bodenrichtwerts an einen abweichenden Entwicklungszustand wird der Bodenrichtwert inhaltlich derart verändert, dass der steuerlichen Bewertung nun nicht mehr ein vom Gutachterausschuss ermittelter Wert, sondern nur noch eine Werteinschätzung des Finanzamts zugrunde gelegt wird. Die „Anpassung" des Bodenrichtwerts an einen abweichenden Entwicklungszustand durch das Finanzamt ist insoweit vollständig durch das Finanzgericht überprüfbar.[2821] Sachgerechter wäre es, wenn der Gesetzgeber die ausnahmsweise Anpassung an einen abweichenden Entwicklungszustand aus § 247 Abs. 1 Satz 2 BewG streichen würde. Da in diesen Fällen wegen § 15 Abs. 2 ImmoWertV kein einschlägiger Bodenrichtwert für das Bewertungsobjekt mit einem abweichenden Entwicklungszustand vorliegt, sind die Finanzämter nicht verpflichtet, einen ungeeigneten Bodenrichtwert unsachgemäß anzupassen, sondern können von Anfang an einen eigenen Bodenwert nach § 247 Abs. 3 BewG ermitteln.

(cc) Heranziehung von Bodenrichtwerten mit einer abweichenden Art der baulichen Nutzung

Eine weitere Besonderheit besteht bei dem grundsteuerlichen Bodenrichtwertverfahren in der unangepassten Heranziehung von Bodenrichtwerten, obwohl die Art der baulichen Nutzung des Bodenrichtwertgrundstücks von der des zu bewertenden Grundstücks abweicht. Anders als bei einem abweichenden Entwicklungszustand des Bodenrichtwertgrundstücks ist bei einer abweichenden Art der baulichen Nutzung eine Anpassung des Bodenrichtwerts nicht vorgesehen. Derartige Bodenrichtwerte sollen nach Auffassung des Gesetzgebers[2822] und der Finanzverwaltung[2823] regelmäßig unangepasst für die steuerliche Bewertung herangezogen werden. Eine „Anpassung" an eine abweichende Art der Nutzung kommt nur in Betracht, wenn der Gutachterausschuss überlagernde Bodenrichtwertzonen für unterschiedliche

---

[2820] So etwa *Krumm/Paeßens*, GrStG, 2022, § 247 BewG, Rn. 16.

[2821] So zur Grundbesitzbewertung BFH, Urt. v. 26.04.2006 – II R 58/04, BStBl. II 2006, 793, juris Rn. 28.

[2822] So ursprünglich im Gesetzgebungsverfahren zum GrStRefG: Stellungnahme des BR zum GrStRefG v. 23.09.2019, BT-Drs. 19/13453, S. 20.

[2823] A 247.2 Abs. 7 Satz 1 AEBewGrSt 2021; *Senatsverwaltung für Finanzen Berlin*, Runderlass v. 16.06.2022 – S 3262-1/2022-1, GrStWert-Nr. 3/2022, Tz. 2.

Arten der Nutzung ausgewiesen hat (§ 247 Abs. 1 Satz 2 Nr. 2 BewG).[2824] Da bereits die Heranziehung von Bodenrichtwerten, die für eine abweichende Art der baulichen Nutzung ermittelt wurden, problematisch ist, wird bereits an dieser Stelle auf diese Problematik eingegangen.

Die Art der baulichen Nutzung (§ 5 Abs. 1 ImmoWertV, § 1 ff. BauNVO) hat erheblichen Einfluss auf den Bodenrichtwert.[2825] Sie ist deshalb gemäß § 16 Abs. 2 Satz 1 ImmoWertV stets zusammen mit dem Entwicklungszustand des Bodenrichtwertgrundstücks darzustellen. Wohngebiete weisen regelmäßig einen vielfach höheren Bodenrichtwert auf (z. B. Hannover Südstadt zum 1. Januar 2023: 750 Euro[2826]) als benachbarte Gewerbegebiete (z. B. Hannover Südstadt zum 1. Januar 2023: 215 Euro[2827]). Zwar wird die Art der baulichen Nutzung regelmäßig relativ homogen verteilt sein, da sich die Gutachterausschüsse bei der Abgrenzung der Bodenrichtwertzonen an den Bebauungsplänen orientieren.[2828] Die tatsächlichen Verhältnisse in einigen Gebieten (unbeplanter Innenbereich, Mischgebiete) machen es jedoch nicht durchgehend möglich, Bodenrichtwertzonen mit einer einheitlichen Art der baulichen Nutzung für sämtliche zonenangehörigen Grundstücke auszuweisen. Die Gutachterausschüsse sind nicht verpflichtet, die Bodenrichtwertzonen derart abzugrenzen, dass die zonenangehörigen Grundstücke eine einheitliche Art der baulichen Nutzung aufweisen (vgl. § 15 Abs. 1 Satz 3, Abs. 2 ImmoWertV). Zwar können die Gutachterausschüsse „in begründeten Fällen" sich überlagernde Bodenrichtwertzone für eine unterschiedliche Art der baulichen Nutzung ausweisen (§ 15 Abs. 3 ImmoWertV). Die Umsetzbarkeit erfordert jedoch eine gewisse Ausprägung der unterschiedlichen Arten der baulichen Nutzung innerhalb der Bodenrichtwertzone. Zudem steht dieses Vorgehen im jeweiligen Ermessen des Gutachterausschusses.

Die Heranziehung eines Bodenrichtwerts für die Bewertung eines Grundstücks, welches eine vom zugehörigen Bodenrichtwertgrundstück abweichende Art der baulichen Nutzung aufweist, ist schon deshalb ungeeignet, weil dieser

---

2824 A 247.2 Abs. 7 Satz 2 AEBewGrSt 2021.

2825 Vgl. allgemein zum Einfluss auf den Grundstückswert BFH, Urt. v. 01.04.1998 – X R 150/95, BStBl. II 1998, 569, juris Rn. 37.

2826 Zonennummer des Bodenrichtwerts: 04304102.

2827 Zonennummer des Bodenrichtwerts: 04306116.

2828 Siehe hierzu unter Gliederungspunkt § 1, IV., 4., b).

Bodenrichtwert gemäß § 15 Abs. 2 ImmoWertV nicht für das zonenangehörige Grundstück gilt.[2829] Anders als bei der Heranziehung von Bodenrichtwerten mit einem abweichenden Entwicklungszustand enthält § 247 BewG auch keine Regelung, die so ausgelegt werden kann, dass die Heranziehung abweichend von § 15 Abs. 2 ImmoWertV zulässig sein soll. Außerdem führt eine solche Vorgehensweise zu erheblichen bewertungsbedingten Ungenauigkeiten, wenn der an sich nicht geeignete Bodenrichtwert in unangepasster Form für die steuerliche Bewertung herangezogen wird. Zwar mag es sein, dass derartige Fälle in der Praxis nicht sehr häufig vorkommen. Die sich im Einzelfall ergebenden Wertauswirkungen durch die unangepasste Heranziehung eines solchen Bodenrichtwerts können jedoch erheblich ausfallen. Immerhin hätte der Steuerpflichtige inzwischen die Möglichkeit, einen niedrigeren gemeinen Wert der wirtschaftlichen Einheit nachzuweisen und einer extremen Überbewertung auf diese Weise zu entgehen. Sachgerechter wäre es allerdings, in derartigen Fällen anzunehmen, dass kein geeigneter Bodenrichtwert i. S. d. § 247 Abs. 1 Satz 1 BewG vorliegt. Das Finanzamt hätte in diesen Fällen den Bodenwert nach Maßgabe von § 247 Abs. 3 zu ermitteln, was vermutlich zu realitätsnäheren Ergebnissen und einer besseren Überprüfung der Bodenwerte im Rechtsbehelfsverfahren zu Gunsten des Steuerpflichtigen führen würde.

(b) Anpassung der Bodenrichtwerte

(aa) Typisierende Heranziehung der unangepassten Bodenrichtwerte

Eine Anpassung der Bodenrichtwerte ist im grundsteuerlichen Bodenrichtwertverfahren nach § 247 Abs. 1 Satz 2 BewG – bis auf eine Anpassung an einen abweichenden Entwicklungszustand – ausgeschlossen.[2830] Der Gesetzgeber begründet dies damit, dass die Bodenrichtwerte jeweils für ein abgegrenztes Gebiet (Bodenrichtwertzone) vorliegen würden. Die Bodenrichtwertzonen seien so bemessen, dass die Grundstücksmerkmale für die Mehrheit der zonenangehörigen Grundstücke übereinstimmen und dass

---

2829 So für die Grundbesitzbewertung *Bock*, in: Viskorf/Schuck/Wälzholz, ErbStG/BewG, 7. Aufl. 2023, § 179 BewG, Rn. 28; vgl. zur Verkehrswertermittlung *Baltz/Dietrich/Höhn/Mann/Schaar/Schmeck*, GuG 2017, 281 (287).

2830 Bei § 247 Abs. 1 Satz 2 Nr. 2 BewG handelt es sich nicht um eine Frage der Anpassung, sondern um eine Frage der Auswahl des maßgeblichen Bodenrichtwerts, siehe hierzu unter Gliederungspunkt § 2, II., 3., b), cc), (1), (c), (bb).

innerhalb der Bodenrichtwertzone im Wesentlichen gleiche allgemeine Wertverhältnisse vorliegen würden.[2831] Der Gesetzgeber geht ferner davon aus, dass sich die Bodenrichtwerte auf einen Quadratmeter Grundstücksfläche des fiktiven Bodenrichtwertgrundstücks beziehen. Außerdem würde durch § 10 Abs. 3 ImmoWertV 2010[2832] (nun leicht verändert § 15 Abs. 1 Satz 2 ImmoWertV) sichergestellt, dass die lagebedingten Wertunterschiede zwischen dem Bodenrichtwertgrundstück und den zonenangehörigen Grundstücken nicht mehr als 30 % betragen.[2833] Ein Verzicht auf die individuelle Anpassung der Bodenrichtwerte im grundsteuerlichen Bodenrichtwertverfahren sei einerseits aufgrund der Vielzahl der Bewertungsfälle geboten. Andererseits sei eine derartige Anpassung nicht mit dem Automationsbedürfnis für den praktikablen Vollzug der grundsteuerlichen Massenbewertung vereinbar. Der Verzicht auf die Anpassung der Bodenrichtwerte sei daher durch die weitgehende Typisierungs- und Pauschalierungsbefugnis des Gesetzgebers gedeckt. Die Grenzen der Typisierungsbefugnis würden bereits durch die Vorgaben der Bodenrichtwertermittlung eingehalten werden.[2834]

Der Gesetzgeber knüpft auch nach der Einführung des § 247 Abs. 1 Satz 2 BewG an den Bodenrichtwert an, der durch die wertbeeinflussenden Grundstücksmerkmale des Bodenrichtwertgrundstücks konkretisiert wird.[2835] Er stellt nicht bloß auf die „Bodenrichtwertzahl“ oder den „Zonenwert“[2836] ab. Er unterstellt jedoch, dass im Regelfall die wertbeeinflussenden Grundstücksmerkmale der zu bewertenden zonenangehörigen Grundstücke mit denen des Bodenrichtwertgrundstücks übereinstimmen. Abweichungen vom Bodenrichtwertgrundstück würden die Ausnahme darstellen oder seien ihrer Wertauswirkung nach zu vernachlässigen. Auf eine Anpassung der

---

2831 Gesetzentwurf der BReg vom 17.03.2021 zum Fondsstandortgesetz, BT-Drs. 19/27631, S. 113.

2832 In der Fassung des Art. 16 Nr. 1 des GrStRefG v. 26.11.2019, BGBl. I S. 1794.

2833 Gesetzentwurf der BReg vom 17.03.2021 zum Fondsstandortgesetz, BT-Drs. 19/27631, S. 113.

2834 Gesetzentwurf der BReg vom 17.03.2021 zum Fondsstandortgesetz, BT-Drs. 19/27631, S. 113; so zuvor bereits Stellungnahme des BR v. 21.10.2020 zum JStG 2020, BT-Drs. 19/23551, S. 47.

2835 Gesetzentwurf der BReg vom 17.03.2021 zum Fondsstandortgesetz, BT-Drs. 19/27631, S. 112 f.

2836 So ursprünglich vom Bundesrat gefordert, vgl. Stellungnahme des BR zum GrStRefG v. 23.09.2019, BT-Drs. 19/13453, S. 20.

Bodenrichtwerte könne daher in typisierender Weise verzichtet werden. Die herrschende Meinung in der Literatur hat sich der Auffassung des Gesetzgebers angeschlossen und geht davon aus, dass diese Vorgehensweise vom Typisierungsspielraum des Gesetzgebers gedeckt sei.[2837]

Die Annahme des Gesetzgebers beruht zwar auf der Lektüre der einschlägigen Regelungen zur Ermittlung der Bodenrichtwerte (damals noch ImmoWertV 2010). Der Gesetzgeber verkennt bzw. ignoriert jedoch, dass sich in der Realität vielfach Abweichungen zwischen dem Bodenrichtwertgrundstück und den zonenangehörigen Grundstücken ergeben.[2838] Diese Abweichungen können nicht unerhebliche Wertunterschiede zwischen dem Bodenrichtwertgrundstück und dem jeweiligen zonenangehörigen Grundstück begründen. Eine sachgerechte Verwendung der Bodenrichtwerte und ein sachgerecht ausgestaltetes Bodenrichtwertverfahren sehen daher grundsätzlich eine objektspezifische Anpassung des herangezogenen Bodenrichtwerts vor (vgl. § 26 Abs. 2 ImmoWertV). Die Bedeutung der Anpassung der Bodenrichtwerte für eine realitäts- und relationsgerechte Bewertung hatte auch die Bundesregierung zunächst im Gesetzgebungsverfahren zum GrStRefG erkannt, weshalb ein entsprechender Vorschlag des Bundesrats über den Verzicht einer Anpassung der Bodenrichtwerte abgelehnt wurde.[2839] Letztendlich konnte der Bundesrat jedoch den Verzicht auf eine Anpassung der Bodenrichtwerte über das FoStoG durchsetzen.[2840]

(bb) Anpassung an eine abweichende Grundstücksgröße

In Gebieten, die durch Ein- und Zweifamilienhäuser geprägt sind, ist regelmäßig die Grundstücksgröße wertbeeinflussend.[2841] Dieser Werteinfluss

---

2837 *Mannek*, Die große Grundsteuer-Reform 2020, 2020, S. 246; *Eisele*, in: Rössler/Troll, BewG, § 247 BewG, 34. EL, 12/2021, Rn. 5; *Bock*, in: Grootens, GrStG, 2. Aufl. 2022, § 247 BewG, Rn. 23; *Krumm/Paeßens*, GrStG, 2022, Grundlagen, Rn. 111; *Krumm/Paeßens*, GrStG, 2022, § 247 BewG, Rn. 12.

2838 Siehe hierzu unter Gliederungspunkt § 1, IV., 4., b) und § 3, IV., 2., b), aa), (2), (c).

2839 Gegenäußerung der BReg v. 02.10.2019 zu der Stellungnahme des BR zum GrStRefG, BT-Drs. 19/13713, S. 2.

2840 Gesetzentwurf der BReg vom 17.03.2021 zum Fondsstandortgesetz, BT-Drs. 19/27631, S. 113.

2841 *Kleiber*, Verkehrswertermittlung von Grundstücken, 10. Aufl. 2023, Syst. Darst. Vergleichswertverfahren, Rn. 275 ff.; es gibt jedoch auch Ausnahmen, vgl. z. B. *GAA Aachen*, Grundstücksmarktbericht 2022 für die Städteregion Aachen, S. 45.

gilt gleichermaßen für bebaute als auch für unbebaute Grundstücke, da ein Erwerber eines unbebauten Grundstücks in diesen Gebieten nach dem Erwerb regelmäßig eine gebietstypische Bebauung mit einem Ein- oder Zweifamilienhaus beabsichtigt. Innerhalb einer Bodenrichtwertzone existieren regelmäßig unterschiedliche Grundstücksgrößen, da diese vom individuellen Zuschnitt der Grundstücke abhängig sind und nicht durch Bebauungspläne vereinheitlicht werden.

Für die Bewertung von unbebauten Grundstücken ist eine Anpassung an eine vom Bodenrichtwertgrundstück abweichende Grundstücksfläche nach § 247 Abs. 1 Satz 2 BewG ausgeschlossen. Allerdings ist speziell für die Bewertung von Ein- und Zweifamilienhausgrundstücken im Ertragswertverfahren eine Anpassung des Bodenwerts nach § 257 Abs. 1 Satz 2 BewG i. V. m. Anlage 36 des BewG anhand von typisierten Umrechnungskoeffizienten vorgesehen. Durch dieses Regelungskonzept entstehen Wertverzerrungen in Ein- und Zweifamilienhausgebieten zwischen der Bewertung von unbebauten Grundstücken und der Bewertung von bebauten Grundstücken. Dabei lässt sich den in Anlage 36 des BewG verwendeten Umrechnungskoeffizienten entnehmen, dass der Gesetzgeber davon ausgeht, dass allein eine vom typischen Fall abweichende Grundstücksgröße des zu bewertenden Grundstücks zu einer Erhöhung des Bodenwerts um bis zu 24 % und zu einer Verringerung des Bodenwerts um bis zu 36 % beitragen kann. Je nach Bewertungsobjekt führt die steuerliche Bewertung unbebauter Grundstücke in Ein- und Zweifamilienhausgebieten daher zu einer Über- bzw. Unterbewertung. Daneben kann es aufgrund des generellen Verzichts auf die Anpassung an eine abweichende Grundstücksgröße auch für die Bewertung anderer Grundstücksarten zu Wertverzerrungen kommen, sofern diese Grundstücke innerhalb einer Bodenrichtwertzone belegen sind, in der die Grundstücksgröße wertbeeinflussend ist.

Der generelle Verzicht auf eine Anpassung der Bodenrichtwerte an eine vom Bodenrichtwertgrundstück abweichende Grundstücksfläche und die sich daraus ergebenden bewertungsbedingten Differenzierungen sind verfassungsrechtlich nicht gerechtfertigt.[2842] Dies betrifft jedenfalls die Bewertung unbebauter Grundstücke und die Bewertung von Grundstücken, die nicht für

[2842] FG Rheinland-Pfalz, Beschl. v. 23.11.2023 – 4 V 1295/23, juris Rn. 473 ff.

Wohnzwecke genutzt werden und daher im Sachwertverfahren zu bewerten sind. Die infolge des Anpassungsverzichts entstehenden Bewertungsungenauigkeiten wirken sich bei diesen Grundstücksarten vollständig aus. Betroffen sind allerdings auch im Ertragswertverfahren zu bewertende Mietwohngrundstücke und Eigentumswohnungen.[2843] Aufgrund der im Ertragswertverfahren vorgesehenen Abzinsung des Bodenwerts in Abhängigkeit der Restnutzungsdauer des Gebäudes wirken sich entsprechende Bewertungsungenauigkeiten bei diesen Grundstücksarten jedoch meist weniger stark aus.

Der Verzicht auf eine Anpassung an eine abweichende Grundstücksfläche ist insbesondere nicht erforderlich, um eine praktikable und automatisierte Grundsteuerbewertung zu gewährleisten. Eine Anpassung der Bodenrichtwerte an eine abweichende Grundstücksgröße kann grundsätzlich automatisiert erfolgen und zwar unabhängig davon, ob er für die Bewertung eines bebauten oder unbebauten Grundstücks herangezogen wird. Die wertbeeinflussenden Grundstücksmerkmale des Bodenrichtwertgrundstücks, in diesem Fall die Grundstücksfläche, werden dem Feststellungsfinanzamt nach § 247 Abs. 2 BewG mitgeteilt – zumindest ist dies gesetzlich so vorgesehen und technisch grundsätzlich auch so umsetzbar. Die Grundstücksfläche des zu bewertenden Grundstücks ist dem Finanzamt ebenfalls bekannt. Um eine praktikable und automationsgestützte Anpassung zu gewährleisten, kann auf die Abfrage von Umrechnungskoeffizienten des regionalen Gutachterausschusses verzichtet werden. Es können die typisierten Umrechnungskoeffizienten verwendet werden, die die Finanzverwaltung im Rahmen der Grundbesitzbewertung bereits seit Jahren anwendet (vgl. H B 179.2 ErbStH). Bei der Anpassung mittels dieser Umrechnungskoeffizienten handelt es sich um eine einfach programmierbare Rechenformel. Sollte eine derartige allgemeine Anpassung der Bodenrichtwerte vorgesehen werden, könnte auf die unsachgemäße Anpassung des Bodenwerts im Ertragswertverfahren nach § 257 Abs. 1 Satz 2 BewG[2844] verzichtet werden.

Teilweise wird bezüglich der Bodenwertermittlung für Nicht-Wohngrundstücke behauptet, dass eine Anpassung unterbleiben könne, da die Grundstücksgröße keine nennenswerte Bedeutung für den Verkehrswert

---

[2843] FG Rheinland-Pfalz, Beschl. v. 23.11.2023 – 4 V 1295/23, juris 475.

[2844] Siehe hierzu unter Gliederungspunkt § 2, II., 3., b), cc), (2), (a), (cc).

dieser Grundstücke habe.[2845] Diese pauschale Behauptung entspricht nicht den tatsächlichen Verhältnissen. Hinsichtlich des Anpassungsbedarfs der Bodenrichtwerte ist auf die jeweiligen Verhältnisse in den Bodenrichtwertzonen abzustellen, nicht auf einzelne Grundstückstypen. Zwar wird man nicht generell davon ausgehen dürfen, dass für Bodenrichtwertzonen, in denen diese Grundstücksarten vertreten sind, die Grundstücksgröße ein wertbeeinflussendes Grundstücksmerkmal ist. Ausgeschlossen ist dies jedoch nicht. In der steuerrechtlichen Literatur wird insbesondere kritisiert, dass die Bodenrichtwerte zumindest bei der Bewertung von großen Industriegrundstücken den „tatsächlichen" Bodenwert in vielen Fällen deutlich übersteigen würden.[2846] Hierbei handelt es sich allerdings um eine Problemstellung, die nicht das Bodenrichtwertniveau, sondern vorrangig die Anpassung der Bodenrichtwerte an eine abweichende Grundstücksgröße des Bewertungsobjekts betrifft.[2847] Das Problem dürfte jedoch meiner Einschätzung nach vielfach bereits bei der Ermittlung der Bodenrichtwerte angelegt sein. Denn regelmäßig handelt es sich bei Industriegrundstücken um Spezialfälle. Die betroffenen Grundstücke werden meist nicht oder zumindest nicht isoliert veräußert. Dem Gutachterausschuss wird es häufig schwerfallen, eine Wertrelevanz für die jeweilige Bodenrichtwertzone zu ermitteln. Infolgedessen kann es vorkommen, dass entgegen § 16 Abs. 2 Satz 2 ImmoWertV für das jeweilige Bodenrichtwertgrundstück keine Grundstücksfläche ausgewiesen wird, obwohl diese tatsächlich wertbeeinflussend ist. Selbst wenn man also eine Anpassung an die Grundstücksfläche vorsehen würde, würde das Erfordernis einer Anpassung in diesen Fällen unbemerkt bleiben.[2848] Idealerweise sollten daher für die Bodenrichtwertermittlung für Industriegrundstücke und vergleichbare Grundstücke gemeinschaftliche Standards der Gutachterausschüsse erarbeitet werden. Sofern empirisch feststeht, dass die Bodenrichtwerte für diese Grundstücke typischerweise zu einer Überbewertung führen[2849] und sich in diesen Fällen die Grundstücksfläche des

---

2845 *Krumm/Paeßens*, GrStG, 2022, Grundlagen, Rn. 111.

2846 *Wünnemann/Koller*, BB 2020, 215 (218); *Eichholz*, DStR 2020, 1158 (1166).

2847 *Grootens*, in: Grootens, GrStG, 2. Aufl. 2022, § 258 BewG, Rn. 72; *Eisele*, in: Rössler/Troll, BewG, § 247 BewG, 34. EL, 12/2021, Rn. 14.

2848 Siehe hierzu allgemein bereits unter Gliederungspunkt § 3, III., 3., d).

2849 Gegen eine generelle Wertrelevanz der Grundstücksfläche für Industrie- und Gewerbegrundstücke *Kleiber*, Verkehrswertermittlung von Grundstücken, 10. Aufl. 2023,

Bodenrichtwertgrundstücks nicht eindeutig attributieren lässt, kann speziell für diese Grundstückstypen über einen typisierenden Abschlag auf den Bodenrichtwert nachgedacht werden.[2850] So war etwa für die veraltete Grundbesitzbewertung für die Bewertung von Sonderfällen ein Abschlag von 30 % (anstatt von regulär 20 %) auf den Bodenrichtwert vorgesehen (§ 147 Abs. 2 Satz 1 BewG).

(cc) Anpassung an eine abweichende Grundstückstiefe

Eine Anpassung des Bodenrichtwerts an eine abweichende Grundstückstiefe ist im grundsteuerlichen Bodenrichtwertverfahren nicht vorgesehen. Zwar ist dieses Grundstücksmerkmal für das Bodenrichtwertgrundstück nur darzustellen, sofern es in der jeweiligen Bodenrichtwertzone wertbeeinflussend ist (§ 16 Abs. 2 Satz 2 Nr. 4 ImmoWertV). Eine solche Wertrelevanz liegt jedoch regelmäßig für Gebiete vor, die mit Ein- und Zweifamilienhäusern sowie mit Mehrfamilienhäusern bebaut sind. Bei Grundstücken mit einer besonders großen Grundstückstiefe kann der Bodenwert allein aufgrund dieses Grundstücksmerkmals um bis zu 20 bis 30 % zu reduzieren sein.[2851]

Der Verzicht auf die Anpassung an eine abweichende Grundstückstiefe des Bodenrichtwertgrundstücks und die sich daraus ergebenden bewertungsbedingten Wertverzerrungen sind verfassungsrechtlich nicht gerechtfertigt. Zwar mag der Verzicht noch erforderlich sein, um auf die zusätzliche, wenn auch nur einmalige Abfrage der Grundstückstiefe in den Feststellungserklärungen zu verzichten. Der Steuerpflichtige wird die Grundstückstiefe jedoch regelmäßig ohne größeren Aufwand den Grundstücksunterlagen entnehmen können. Die Grundstückstiefe verändert sich grundsätzlich nicht und kann daher auch für die folgenden Hauptfeststellungen übernommen werden. Eventuell kann sie den Finanzämtern zukünftig auch ohne Mitwirkung des Steuerpflichtigen über die Kataster- und Vermessungsämter mitgeteilt werden. Der Verzicht auf die Berücksichtigung einer abweichenden Grundstückstiefe

---

Syst. Darst. Vergleichswertverfahren, Rn. 281; siehe auch *GAA Aachen*, Grundstücksmarktbericht 2022 für die Städteregion Aachen, S. 47.

2850 *Wünnemann/Koller*, BB 2020, 215 (218); a. A. wohl *Grootens*, in: Grootens, GrStG, 2. Aufl. 2022, § 258 BewG, Rn. 73.

2851 Vgl. *Kleiber*, Verkehrswertermittlung von Grundstücken, 10. Aufl. 2023, Syst. Darst. Vergleichswertverfahren, Rn. 296.

ist nicht angemessen. Das geringfügige Praktikabilitätsbedürfnis, auf die Erhebung einer Angabe zu verzichten, rechtfertigt nicht die sich infolge des Anpassungsverzichts ergebenden Bewertungsdifferenzen für alle zukünftigen Hauptfeststellungen. Eine Anpassung kann auch automatisiert erfolgen. Die Anpassung der Bodenrichtwerte an eine abweichende Grundstückstiefe lässt sich zumindest für Ein- und Zweifamilienhäuser und für Mehrfamilienhäuser mittels typisierter Umrechnungskoeffizienten umsetzen.[2852]

(dd) Anpassung an ein abweichendes Maß der baulichen Nutzung

Der Wert eines Grundstücks wird auch wesentlich durch das Maß der baurechtlich zulässigen Nutzung (§ 16 ff. BauNVO) bestimmt.[2853] In Bezug auf die Bodenrichtwerte ist das Maß der baulichen Nutzung nicht stets wertrelevant. Das Maß der baulichen Nutzung ist daher für das Bodenrichtwertgrundstück nur darzustellen, falls dieses in der jeweiligen Bodenrichtwertzone wertbeeinflussend ist (§ 16 Abs. 2 Satz 2 Nr. 1 ImmoWertV). Häufig wird in Gebieten, die durch eine mehrgeschossige Bebauung gekennzeichnet sind (z. B. Geschosswohnungsbau, Innenstadtlagen), als Maß der baulichen Nutzung die planungsrechtlich zulässige Geschossflächenzahl (GFZ) des Bodenrichtwertgrundstücks dargestellt. Diese gibt nach § 20 Abs. 2 BauNVO an, wie viel Quadratmeter Geschossfläche je Quadratmeter Grundstücksfläche zulässig sind. Sofern die GFZ des Bewertungsobjekts vom Bodenrichtwertgrundstück abweicht, können sich nicht unerhebliche Wertverzerrungen ergeben. Laut den Beispielen in H B 179.2 ErbStH verändert sich der Bodenrichtwerte infolge der Anpassung an eine abweichende GFZ jeweils um mehr als 20 %. Im Einzelfall können sich auch deutlich höhere Wertauswirkungen ergeben.

Wird ein Bodenrichtwert in Abhängigkeit von der GFZ ermittelt, so ist dieser im Rahmen der Grundsteuerwertermittlung weder bei der Bewertung unbebauter noch bei der Bewertung bebauter Grundstücke an eine ggfs. vom Bodenrichtwertgrundstück abweichende GFZ des Bewertungsobjekts anzupassen. Infolgedessen kann es je nach Bewertungsobjekt zu gleichheitswidrigen Über- bzw. Unterbewertungen kommen, die im Einzelfall erheblich ausfallen können. Immerhin könnte diese inzwischen in Extremfällen über

---

2852 Vgl. *Kleiber*, Verkehrswertermittlung von Grundstücken, 10. Aufl. 2023, Syst. Darst. Vergleichswertverfahren, Rn. 296.

2853 BFH, Urt. v. 01.04.1998 – X R 150/95, BStBl. II 1998, 569, juris Rn. 37.

einen gesonderten Wertnachweis des Steuerpflichtigen (§ 220 Abs. 2 BewG) kompensiert werden. Allerdings nur in Fällen der Über-, nicht in Fällen der Unterbewertung.

Der Verzicht auf die Anpassung an eine abweichende GFZ und die sich daraus ergebenden bewertungsbedingten Differenzierungen können nicht verfassungsrechtlich gerechtfertigt werden.[2854] Eine Anpassung an eine abweichende GFZ wäre grundsätzlich mittels pauschaler Umrechnungskoeffizienten im steuerlichen Massenbewertungsverfahren automatisiert möglich (vgl. H B 179.2 ErbStH). Die GFZ des Bodenrichtwertgrundstücks kann der Finanzverwaltung von den Gutachterausschüssen digital über die entsprechende Schnittstelle (§ 247 Abs. 2 BewG) mitgeteilt werden. Die GFZ der zu bewertenden Grundstücke ist den Finanzämtern von den Steuerpflichtigen zu erklären. Teilweise ergibt sich die GFZ aus den Bauunterlagen, teilweise wäre diese jedoch auch erst vom Steuerpflichtigen ggfs. unter Zuhilfenahme eines Sachverständigen zu ermitteln. Teilweise dürfte sie der Finanzverwaltung auch bereits bekannt sein, wenn für das betroffene Grundstück bereits ein Grundbesitzwert ermittelt worden ist. Komplizierter wird eine Anpassung, wenn der Gutachterausschuss den Bodenrichtwert in Abhängigkeit zu der wertrelevanten Geschossflächenzahl (WGFZ) i. S. d. § 16 Abs. 4 ImmoWertV ausgewiesen hat. Denn in diesem Fall wäre stets die WGFZ des Bewertungsobjekts gesondert zu ermitteln, um einen Quervergleich zu ermöglichen. Um die sich hierdurch ergebenden Belastungen der Steuerpflichtigen zu vermeiden, sollte nach § 196 Abs. 1 Satz 6 BauGB den Gutachterausschüssen ergänzend vorgegeben werden, dass diese bei der Ermittlung der Bodenrichtwerte für Zwecke der Grundsteuer keine Bodenrichtwerte in Abhängigkeit der WGFZ ermitteln sollen. Praktikabilitätserwägungen können daher im Ergebnis die sich ergebenden Ungenauigkeiten nicht rechtfertigen, zumal die Erhebung der GFZ einen einmaligen Aufwand bedeutet und die Anpassung ansonsten auch für zukünftige Hauptfeststellungen grundsätzlich automatisiert mittels pauschaler Umrechnungskoeffizienten erfolgen kann.

[2854] A. A. Roscher, GrStG-Kommentar, Erstkommentierung 2020, Rn. 164; *Krumm/Paeßens*, GrStG, 2022, Grundlagen, Rn. 111.

(ee) Zusammenfassende Betrachtung

Der generelle Verzicht auf eine Anpassung der Bodenrichtwerte führt zu Bewertungsungenauigkeiten, die eine Vielzahl an Grundstücken betreffen und die im Einzelfall erheblich ausfallen können. Eine relationsgerechte Bewertung ist daher nicht mehr gewährleistet.[2855] Die Bodenrichtwerte sind bereits aufgrund ihrer Konzeption und ihrer Ermittlungsweise mit erheblichen Ungenauigkeiten und Unsicherheiten behaftet.[2856] Bei der Bodenwertermittlung im Bodenrichtwertverfahren fließen diese Ungenauigkeiten und Unsicherheiten in die Grundsteuerwerte ein. Erfolgt nun keine Anpassung an vom Bodenrichtwertgrundstück abweichende Grundstücksmerkmale der zu bewertenden Grundstücke, erhöhen sich die Bewertungsungenauigkeiten noch einmal erheblich. Dies gilt vor allem dann, wenn der Gutachterausschuss für das Bodenrichtwertgrundstück mehrere wertrelevante Grundstücksmerkmale definiert hat (z. B. Grundstücksfläche und -tiefe) und das Bewertungsobjekt bezüglich mehrerer Merkmale und ggfs. auch noch aufgrund seiner individuellen Lage vom Bodenrichtwertgrundstück abweicht. Diese Ungenauigkeiten bestehen zusätzlich zu den lagebedingten Wertunterschieden, die nach § 15 Abs. 1 Satz 2 BewG bis zu 30 % betragen dürfen.[2857] Besteht Anpassungsbedarf der Bodenrichtwerte, so dürften die nach § 247 Abs. 1 BewG ermittelten Bodenwerte in vielen Fällen um 50 % oder mehr von den Verkehrswerten der zu bewertenden Grundstücke abweichen. Eine realitätsgerechte Relation der Grundsteuerwerte, die sich nach den Vorstellungen des Gesetzgebers grundsätzlich innerhalb des Korridors der gemeinen Werte i. S. d. § 9 Abs. 1 BewG befinden sollen,[2858] wird dadurch nicht mehr gewährleistet.

Zwar handelt es sich bei dem Bodenrichtwertverfahren um ein gebräuchliches Verfahren in der Verkehrswertermittlung. Eine objektspezifische Anpassung des herangezogenen Bodenrichtwerts stellt im Rahmen dieses Verfahren jedoch einen integralen Bestandteil für eine marktkonforme und damit realitätsgerechte Bewertung dar (§ 26 Abs. 2 ImmoWertV). Der Steuergesetzgeber hat dieses Verfahren durch den grundsätzlichen Verzicht auf die Anpassung

---

[2855] Ebenso *G. Kirchhof*, DB 2023, 1116 (1119).
[2856] Siehe hierzu ausführlich unter Gliederungspunkt § 3, III., 3.
[2857] Siehe hierzu unter Gliederungspunkt § 1, IV., 4., c) und § 3, III., 3., c), cc), (1).
[2858] Entwurf zum GrStRefG 2019 v. 25.06.2019, BT-Drs. 19/11085, S. 90.

der Bodenrichtwerte allerdings soweit entfremdet, dass nicht mehr davon ausgegangen werden kann, dass die hiernach errechneten Werte im Durchschnitt noch die Verkehrswerte realitäts- und damit relationsgerecht abbilden.

Zu beachten ist außerdem, dass es infolge des Anpassungsverzichts nicht nur zu Wertverzerrungen zwischen den Grundstücken innerhalb einer Bodenrichtwertzone kommt. Auch das Wertverhältnis zwischen Grundstücken, die in verschiedenen Bodenrichtwertzonen belegenen sind, wird dadurch verfälscht. Denn verschiedene Bodenrichtwerte können eine identische Bodenrichtwertzahl aufweisen, sich jedoch auf unterschiedliche Grundstücksmerkmale beziehen. Beispielsweise kommt einem Bodenrichtwert, der sich auf eine Grundstücksfläche von 500 m^2 bezieht, ein anderer Aussagegehalt zu als ein Bodenrichtwert, der für ein Bodenrichtwertgrundstück mit einer Grundstücksfläche von 700 m^2 ermittelt wurde. Sofern in den betroffenen Bodenrichtwertzonen jeweils ein unbebautes Grundstück mit einer Grundstücksfläche von 500 m^2 zu bewerten wäre, ergäben sich zwei identische Grundsteuerwerte, obwohl der Bodenrichtwert in der Bodenrichtwertzone, in der eine Grundstücksfläche von 700 m^2 wertrelevant ist, mit einem anderen, an das zu bewertende Grundstück angepassten Wert anzusetzen wäre.

Auf die Anpassung kann grundsätzlich auch nicht aus Praktikabilitätserwägungen verzichtet werden, da zumindest pauschale Umrechnungskoeffizienten für die Anpassung der Grundstücksmerkmale vorhanden sind und den Feststellungsfinanzämtern die erforderlichen Informationen bereits bekannt sind oder einfach erhoben werden können. Wesentliche Hindernisse, die gegen eine automatisierte Anpassung der Bodenrichtwerte sprechen, sind nicht ersichtlich. Hinsichtlich der ersten Hauptfeststellung dürften sich jedoch Probleme ergeben, da die digitale Übermittlung der Bodenrichtwerte (§ 247 Abs. 2 BewG) einschließlich der Beschreibung der Bodenrichtwertgrundstücke an die Finanzverwaltung noch nicht funktioniert.[2859] Die Finanzämter müssten für jeden Bewertungsfall den jeweiligen Bodenrichtwert in BORIS nachschlagen und überprüfen, ob eine Anpassung erforderlich ist. Dies wäre im grundsteuerlichen Massenbewertungsverfahren nicht zu bewältigen. Die sich infolge des Anpassungsverzichts ergebenden

2859 *Ehlers*, Vermessung Brandenburg 2/2021, 4 (11); Roscher, GrStG-Kommentar, Erstkommentierung 2020, Rn. 158.

bewertungsbedingten Differenzierungen können bei der ersten Hauptfeststellung daher gerade noch durch Praktikabilitätserwägungen gerechtfertigt werden. Für zukünftige Hauptfeststellungen gilt dies allerdings nicht. Ein Verstoß gegen das Gebot der realitätsgerechten Werterelation kann nicht durch ein Organisationsverschulden der Finanzverwaltung gerechtfertigt werden. Der Gesetzgeber sollte daher bestrebt sein, die für die Anpassung der Bodenrichtwerte erforderlichen Grundstücksinformationen der Finanzverwaltung aus anderen öffentlichen Quellen (insbesondere Kataster- und Vermessungsämter, Baubehörden) zugänglich zu machen. Auch dies wird einige Vorlaufzeit erfordern. Andernfalls müsste er die Angaben bei den Steuerpflichtigen abfragen, welches insgesamt aufwendiger sein dürfte und nicht zur Akzeptanz der Grundsteuer beitragen dürfte.

(d) Berücksichtigung weiterer wertbeeinflussender Grundstücksmerkmale

Eine Berücksichtigung weiterer wertbeeinflussender Grundstücksmerkmale, vor allem besonderer objektspezifischer Grundstücksmerkmale, ist bei der grundsteuerlichen Bewertung ausgeschlossen.[2860] Dies ist prinzipiell hinnehmbar, da eine Berücksichtigung dieser Grundstücksmerkmale in der Massenbewertung nicht sachgerecht erfolgen kann.[2861] Die hiervon betroffenen Grundstücksmerkmale treten nicht im Regelfall auf, sondern sind nur in Einzelfällen vorhanden. Sie weisen eine fallspezifische Ausprägung auf und wirken sich in unterschiedlichem Umfang auf den jeweiligen Grundstückswert aus.[2862] Daher können diese Grundstücksmerkmale auch nicht in typisierender Weise durch einen pauschalen Abschlag auf die Bodenrichtwerte sachgerecht berücksichtigt werden.[2863] Da anfänglich dem Steuerpflichtigen nicht die Möglichkeit eingeräumt wurde, einen niedrigeren Grundsteuerwert nachzuweisen, war diese Situation aufgrund der teils erheblichen Wertauswirkung der besonderen objektspezifischen Grundstücksmerkmale sehr problematisch. Durch Einführung der Nachweismöglichkeit in § 220

2860 A 247.2 Abs. 8 AEBewGrSt 2021.

2861 Vgl. A 220.2 Abs. 1 AEBewGrSt 2025.

2862 *Jakob*, Rechtsgutachten zur Bewertungsvereinfachung, 1992, S. 149.

2863 Für einen solchen Abschlag bei der Bundesgrundsteuer etwa *Eichholz*, DStR 2020, 1158 (1166).

Abs. 2 BewG wurde diese Thematik allerdings zumindest für Fälle einer erheblichen Überbewertung entschärft. Im Übrigen wird auf die entsprechenden Ausführungen zur Grundbesitzbewertung verwiesen.[2864]

cc) Bewertung bebauter Grundstücke

Bebaute Grundstücke sind im Rahmen der Grundsteuerwertermittlung entweder im Ertragswert- oder im Sachwertverfahren zu bewerten. In beiden Verfahren fließt der nach § 247 BewG ermittelte Bodenwert als gesonderte Bewertungskomponente in das jeweilige Verfahren ein.[2865] Den Bodenrichtwerten kommt daher bei der Grundsteuerwertermittlung nicht nur aufgrund der großen Anzahl an Bewertungsfällen, sondern auch aufgrund der Konzeption der Bewertungsverfahren für bebaute Grundstücke eine große praktische Bedeutung zu.

Im *Ertragswertverfahren* fließt der nach § 247 BewG ermittelte Bodenwert als gesonderte Bewertungskomponente in das Bewertungsverfahren ein (§ 257 Abs. 1 Satz 1 BewG). Die Wertauswirkung der Bodenrichtwerte wird jedoch durch die vorzunehmende Abzinsung des Bodenwerts (§ 257 Abs. 2 BewG) (teils erheblich) reduziert. Je länger die Restnutzungsdauer des Gebäudes und je höher der maßgebliche Liegenschaftszinssatz ist, desto geringer ist im Ergebnis der Bodenwertansatz und damit auch der Einfluss der Bodenrichtwerte.[2866] Aufgrund der regelmäßig anzunehmenden Mindestrestnutzungsdauer von 24 Jahren (§ 253 Abs. 2 Satz 5 BewG) dürfte der anhand der Bodenrichtwerte ermittelte Bodenwert höchstens mit rund 70 % anzusetzen sein.[2867] Für Ein- und Zweifamilienhäuser, für die grundsätzlich ein Liegenschaftszinssatz von 2,5 % zur Anwendung kommt, führt dies unter Zugrundelegung der Mindestrestnutzungsdauer zu einem Ansatz des Bodenwerts mit 55,29 %. Bei einer längeren Restnutzungsdauer kann sich bei gleichbleibendem Liegenschaftszinssatz der Wertansatz des Bodenwerts im Grundsteuerwert auf bis zu 8,5 % reduzieren. Es ist daher verwunderlich, dass der Gesetzgeber gerade für die Bewertung von Ein- und Zweifamilienhäusern

---

2864 § 3, IV., 2., b), aa), (2), (d).

2865 FG Rheinland-Pfalz, Beschl. v. 23.11.2023 – 4 V 1295/23, juris Rn. 97 f.

2866 WD v. 31.10.2019: Verfassungsrechtliche Aspekte des GrStRefG, WD 4 – 3000 – 142/19, S. 11; *D. Löhr*, fub 4/2020, 171 (172).

2867 Bei einem Liegenschaftszinssatz von 1,5 %.

im Ertragswertverfahren ausnahmsweise eine Anpassung des Bodenwerts an eine abweichende Grundstücksfläche vorgesehen hat. Aufgrund des gedämpften Werteinflusses der Bodenrichtwerte im Ertragswertverfahren hätte man an dieser Stelle noch eher auf eine Anpassung verzichten können als bei der Bodenwertermittlung bei den anderen Grundstücksarten.

Bei der Bewertung im *Sachwertverfahren* fließt der nach § 247 BewG ermittelte Bodenwert gemäß § 258 Abs. 2 BewG als gesonderte Bewertungskomponente in das Bewertungsverfahren ein. Anders als beim Ertragswertverfahren wird dieser Bodenwert jedoch nicht abgezinst. Er steht als gleichrangige Bewertungskomponente neben dem Gebäudesachwert i. S. d. § 259 BewG (vgl. § 258 Abs. 3 Satz 1 BewG). Da in den vorläufigen Sachwert auch der Gebäudesachwert einfließt und die auf diesen anzuwendende Wertzahl in der Regel kleiner als 1,00 ist, kommt den Bodenrichtwerten jedoch ein geringerer Werteinfluss zu als bei der Bewertung unbebauter Grundstücke. Allerdings sind die Bodenrichtwerte auch bei der Auswahl der maßgeblichen Wertzahl i. S. d. § 260 BewG relevant. Dies kann beispielsweise dann zu zusätzlichen Wertverzerrungen führen, wenn der herangezogene Bodenrichtwert für eine abweichende Art der baulichen Nutzung ermittelt wurde oder die Grundstücksmerkmale des Bewertungsobjekts erheblich von denen des Bodenrichtwertgrundstücks abweichen und somit eigentlich eine Lagewertigkeit anzunehmen ist, die eine andere Wertzahl rechtfertigt.

Der Grundsteuerwert bebauter Grundstücke beträgt gemäß § 251 BewG mindestens 75 % des nach § 247 BewG ermittelten Bodenwerts. Der *Mindestwertansatz* wird in der Praxis vor allem für Grundstücke zum Tragen kommen, die im Ertragswertverfahren zu bewerten sind. Denn bei Wohnimmobilien mit einer langen Restnutzungsdauer und einer guten Lage (sog. Mindestwertgebiete)[2868] kommt es aufgrund der starken Abzinsung der Bodenwerte zu einer systematischen Unterbewertung.[2869] Auch im Sachwertverfahren kann es grundsätzlich zu einem Mindestwertansatz nach § 251 BewG kommen, insbesondere bei hohen Bodenwerten und niedrigen Gebäudesachwerten.[2870]

2868 Siehe zu den sog. Mindestwertgebieten für die Grundbesitzbewertung BVerfG v. 07.11.2006 – 1 BvL 10/02, BVerfGE 117, 1, 50 (ErbSt III). m. w. N.

2869 *Hey*, ZG 2019, 297 (309 f.); vgl. auch Beispiel bei *Bock*, in: Grootens, GrStG, 2. Aufl. 2022, § 251 BewG, Rn. 22.

2870 *Bock*, in: Grootens, GrStG, 2. Aufl. 2022, § 251 BewG, Rn. 21.

Dies dürfte jedoch in deutlich weniger Fällen als beim Ertragswertverfahren der Fall sein. Der Mindestwertansatz nach § 251 BewG ist konzeptionell misslungen und führt zu nicht unerheblichen Wertverzerrungen. Insbesondere der 25%ige Abschlag auf den Bodenwert führt zu verfassungswidrigen Ungleichbehandlungen. Durch diesen Abschlag sollen nach Auffassung des Gesetzgebers in typisierender Weise die Freilegungskosten in Liquidationsfällen abgebildet werden.[2871] Der Abschlag kommt allerdings auch dann zum Tragen, wenn ein Abriss vorhandener Bausubstanz nicht erforderlich ist und der Mindestwertansatz nur aufgrund systematischer Unterbewertungen relevant wird. Bei den sog. Mindestwertgebieten ist der geringe Ertragswert nicht in der Abrissbedürftigkeit des Gebäudes, sondern in dem typisierenden Ansatz des Rohertrags und in der hohen Abzinsung des Bodenwerts begründet ist. Fälle, bei denen tatsächlich ein Abriss der vorhandenen Bausubstanz vorzunehmen ist, dürften eher die Minderheit darstellen. Der Gesetzgeber bildet mit dem typisierenden Abschlag im Hinblick auf den Anwendungsbereich der Norm nicht den typischen Fall ab. Es ist kein sachlicher Grund ersichtlich, weshalb Grundstücke, die aufgrund der verfehlten Bewertungssystematik einen zu niedrigen Ertragswert aufweisen, gegenüber den anderen Grundstücken privilegiert werden sollten. Auch ist nicht ersichtlich, weshalb die Abrissbedürftigkeit der Bausubstanz als individuelles Grundstücksmerkmal in diesem Fall ausnahmsweise berücksichtigungsfähig sein soll, wohingegen eine Berücksichtigung besonderer objektspezifischer Grundstücksmerkmale im Übrigen ausgeschlossen ist. Der typisierende Abschlag verstößt somit gegen die Anforderungen, die nach dem Bundesverfassungsgericht an Typisierungen zu stellen sind.[2872] Im Übrigen wird durch diesen Abschlag die Wertrelation der zu bewertenden Grundstücke erheblich beeinträchtigt, ohne dass hierfür ein hinreichender Grund erkennbar ist.

Da die Ergebnisse des grundsteuerlichen Bodenrichtwertverfahrens (§ 247 BewG) je nach Bewertungsverfahren in unterschiedlichem Maß in die Grundsteuerwerte einfließen, ergeben sich Wertverzerrungen zwischen den verschiedenen Bewertungsverfahren, da sich die unterschiedliche Qualität der Bodenrichtwerte und die Mängel des Bodenrichtwertverfahrens unterschiedlich stark auf die Grundsteuerwerte auswirken. Da der nach

---

2871 Entwurf zum GrStRefG 2019 v. 25.06.2019, BT-Drs. 19/11085, S. 112.

2872 Siehe hierzu allgemein unter Gliederungspunkt § 3, II., 2., d), bb).

§ 247 BewG ermittelte Bodenwert innerhalb dieser Verfahren unterschiedlich stark gewichtet wird, dürften sich insbesondere in Gebieten mit hohen Bodenrichtwerten erhebliche Abweichungen zwischen den verschiedenen Bewertungsverfahren ergeben. Besonders kritisch ist insbesondere die Konzeption des grundsteuerlichen Ertragswertverfahrens zu beurteilen. Infolge des schlechten Zusammenspiels zwischen typisierten Nettokaltmieten und der Abzinsung der Bodenwerte wird es in Gebieten mit hohen Bodenrichtwerten regelmäßig zu Unterbewertungen kommen.[2873] Dadurch wird das Gebot einer realitätsgerechten Werterelation verletzt.[2874] Dieses umfasst alle Grundsteuerwerte und gilt nicht nur innerhalb eines Bewertungsverfahrens. Die unterschiedlichen Bewertungsverfahren müssen zumindest zu annähernd vergleichbaren Grundsteuerwerten führen.[2875]

Die grundsteuerliche Bewertung bebauter Grundstücke ist geprägt durch ein hohes Maß an Typisierungen. Um eine realitäts- und relationsgerechte Bewertung zu gewährleisten, muss der Gesetzgeber diese typisierten Bewertungsgrundlagen derart ausgestalten, dass die hiernach ermittelte Gebäudekomponente mit dem anhand der Bodenrichtwerte ermittelten Bodenwert harmonisiert.[2876] Außerdem muss der Gesetzgeber beachten, dass Veränderungen der allgemeinen Wertverhältnisse bereits bei der Bodenrichtwertermittlung berücksichtigt werden. Er muss daher zukünftig gewährleisten, dass auch die typisierten gesetzlichen Bewertungsgrundlagen zu jedem Hauptfeststellungsstichtag an die allgemeine Wertentwicklung angepasst werden.[2877] Andernfalls kommt es zu Friktionen zwischen den aufgrund der Bodenrichtwerte ermittelten Bodenwerte und der Gebäudekomponente.[2878]

[2873] Kritisch zum Ertragswertverfahren auch *Hey*, ZG 2019, 297 (308 ff.); *Seer*, FR 2019, 941 (948 f.); *Grootens*, in: Grootens, GrStG, 2. Aufl. 2022, § 252 BewG, Rn. 146 ff.; *D. Löhr*, fub 4/2020, 171 (172).

[2874] Zum Ganzen auch *D. Löhr*, fub 4/2020, 171 (172).

[2875] Offenlassend für die Bewertungsergebnisse zwischen Sach- und Ertragswertverfahren bei der Einheitsbewertung BVerfG v. 10.04.2018 – 1 BvL 11/14 u. a., BVerfGE 148, 147, 210 (GrSt).

[2876] WD v. 31.10.2019: Verfassungsrechtliche Aspekte des GrStRefG, WD 4 – 3000 – 142/19, S. 14.

[2877] *Krumm/Paeßens*, GrStG, 2022, Grundlagen, Rn. 99.

[2878] Vgl. FG Rheinland-Pfalz, Beschl. v. 23.11.2023 – 4 V 1295/23, juris 466.

dd) Öffnungsklausel bei der Grundsteuerwertermittlung

Die Regelungen der Grundsteuerwertermittlung sahen ursprünglich für den Steuerpflichtigen keine Möglichkeit vor, einen niedrigeren Wert durch ein Sachverständigengutachten oder einen zeitnahen Verkaufspreis nachzuweisen (sog. Öffnungsklausel).[2879] Die Anknüpfung an die in der Regel unangepassten Bodenrichtwerte stellte somit bei der Ermittlung des Grundsteuerwerts für unbebaute Grundstücke und des Bodenwerts für bebaute Grundstücke nach § 247 BewG eine *„unwiderlegliche Verkehrswerttypisierung"* dar.[2880] Insbesondere durch die Nichtberücksichtigung der besonderen objektspezifischen Grundstücksmerkmale besteht die Gefahr einer systembedingten (strukturellen) Überbewertung.[2881] Im Rahmen der Diskussion zur Grundsteuerreform wurde daher teilweise die Einführung einer Öffnungsklausel gefordert.[2882] Der Gesetzgeber war dieser Forderung jedoch zunächst nicht nachgekommen.[2883]

Nachdem bereits das Finanzgericht Rheinland-Pfalz[2884] und Teile der Literatur[2885] eine solche Nachweismöglichkeit gefordert hatten, folgte diesem auch der BFH mit Entscheidungen vom 27. Mai 2024.[2886] Der BFH begründete die Einführung einer solchen Nachweismöglichkeit mit einer verfassungskonformen Auslegung der §§ 218 ff. BewG. Dies sei erforderlich, um ein Verstoß der typisierenden Bewertungsregelungen gegen das grundgesetzliche

---

2879 *Hey*, ZG 2019, 297 (318); *Seer*, FR 2019, 941 (947 f.); *Krumm/Paeßens*, GrStG, 2022, § 250 BewG, Rn. 5.

2880 *Hey*, ZG 2019, 297 (318).

2881 *Hey*, ZG 2019, 297 (316); *Seer*, FR 2019, 941 (948); *Seer*, in: Tipke/Lang, Steuerrecht, 24. Aufl. 2021, Rn. 16.14.

2882 *Eichholz*, DStR 2020, 1158 (1166); *D. Löhr/Kempny*, DStR 2019, 537 (541); *Wünnemann/Koller*, BB 2020, 215 (218); *Eggert*, BBK 2020, 227 (233); wohl auch *D. Löhr*, DStR 2019, 1433 (1436); a. A. *Hey*, ZG 2019, 297 (318); *Krumm/Paeßens*, GrStG, 2022, § 250 BewG, Rn. 5.

2883 Entwurf der BReg zum GrStRefG 2019 v. 09.08.2019, BR-Drs. 354/19, S. 120.

2884 FG Rheinland-Pfalz, Beschl. v. 23.11.2023 – 4 V 1295/23, juris Rn. 341 ff.

2885 *Grootens*, in: Grootens, GrStG, 2. Aufl. 2022, § 252 BewG, Rn. 109; *Schnitter*, in: GrStG – eKommentar, § 247 BewG, 12/2022, Rn. 11; offenlassend *Bock*, in: Grootens, GrStG, 2. Aufl. 2022, § 247 BewG, Rn. 22; *Weiß*, ErbStB 2023, 111 (120); ablehnend *Krumm/Paeßens*, GrStG, 2022, § 250 BewG, Rn. 5.

2886 BFH, Beschl. v. 27.05.2024 – II B 78/23 (AdV), BStBl. II, 543, juris; BFH, Beschl. v. 27.05.2024 – II B 79/23 (AdV), BStBl. II, 546, juris.

Übermaßverbot zu vermeiden.[2887] Die Finanzverwaltung machte sich diese Entscheidungen zu eigen und der Gesetzgeber führte letztendlich die vom BFH geforderte Nachweismöglichkeit in § 220 Abs. 2 BewG ein.[2888] Dieser ermöglicht es dem Steuerpflichtigen nun ausdrücklich, einen niedrigeren gemeinen Wert der Besteuerung zu Grunde zu legen, wenn der Grundsteuerwert mindestens 40 % über dem nachgewiesenen gemeinen Wert liegt.

Zwar ist eine solche Auslegung bei der bundesgrundsteuerlichen Bewertung für die Steuerpflichtigen zumindest zur teilweisen Kompensierung bzw. Rechtfertigung der erheblichen Differenzierungen verfassungsrechtlich durchaus wünschenswert.[2889] Eine vom BFH in richterlicher Rechtsfortbildung geschaffene Öffnungsklausel verstößt allerdings gegen den Willen des Gesetzgebers und fügt sich nicht friktionsfrei in das Bewertungskonzept ein. Die gleichheitsrechtlichen Bedenken gegen die Bewertungssystematik kann sie nur eingeschränkt beseitigen.

Die vom BFH vorgenommene verfassungskonforme Auslegung verstößt gegen den Willen des Gesetzgebers. Mit der Regelung der Grundsteuerbewertung hat der Gesetzgeber klar zum Ausdruck gebracht, dass er ein praktikables und weitgehend automatisierbares Bewertungsverfahren schaffen wollte.[2890] Daher geht der Gesetzgeber auch davon aus, dass *„auf ein Sachverständigengutachten gänzlich verzichtet werden“* kann.[2891] Nach Auffassung des Bundesverfassungsgerichts kann eine Öffnungsklausel durch die Finanzgerichte gerade dann nicht durch Auslegung geschaffen werden, wenn diese die vom Gesetzgeber verfolgten Ziele unterläuft.[2892] Die Entscheidungen des BFH können daher als unzulässige Rechtsfortbildung angesehen werden.[2893]

Die vom BFH im Eilrechtsschutz nach summarischer Prüfung für möglich gehaltene Nachweismöglichkeit ist zudem unglücklich gewählt, da sie sich nicht harmonisch in die Grundsteuerwertermittlung einfügt. Eine durch Auslegung geschaffene Nachweismöglichkeit setzt insbesondere voraus, dass die Bewertungsmaßstäbe übereinstimmen und die gleichen preis- bzw.

2887 BFH, Beschl. v. 27.05.2024 – II B 79/23 (AdV), BStBl. II, 546, juris Rn. 32.
2888 Siehe hierzu im Einzelnen m. w. N. unter Gliederungspunkt § 2, II., 3., cc) (4).
2889 *G. Kirchhof*, DB 2023, 1116 (1118).
2890 Entwurf zum GrStRefG 2019 v. 25.06.2019, BT-Drs. 19/11085, S. 80, 82 f.
2891 Entwurf zum GrStRefG 2019 v. 25.06.2019, BT-Drs. 19/11085, S. 112.
2892 BVerfG v. 12.10.2010 – 1 BvL 12/07, BVerfGE 127, 224, 254 ff.
2893 Ebenso *Krumm*, DStR 2024, 1897 (1900 f.).

wertbildenden Faktoren berücksichtigt werden.[2894] Anders als bei § 198 BewG orientiert sich die Grundsteuerwertermittlung nicht am gemeinen Wert als Bewertungsziel, sondern am „objektiviert-realen Wert".[2895] Dieser soll zwar einen Wert innerhalb eines Wertkorridors des gemeinen Werts i. S. d. § 9 Abs. 1 BewG abbilden. Das Bewertungsziel der Bundesgrundsteuer ist jedoch nicht der individuelle gemeine Wert, sondern nur ein Durchschnittswert[2896] oder sogar nur eine Wertpanne.[2897] Zwar läge ein nachgewiesener Verkehrswert innerhalb der Spanne vertretbarer Verkehrswerte, die auch der Gesetzgeber zumindest nach eigenen Angaben anstrebt. Tatsächlich ist die Grundsteuerwertermittlung jedoch derart typisiert und vom einzelnen Bewertungsobjekt entindividualisiert, dass ein nachgewiesener individueller Verkehrswert in diesem Wertgefüge einen Fremdkörper darstellen würde.[2898]

Außerdem dürften die vom Steuerpflichtigen für ein Verkehrswertgutachten zu tragenden Kosten in den meisten Fällen außer Verhältnis zu der durchschnittlich geringen Grundsteuerbelastung stehen. Hinzu kommt, dass die Kosten für die Gutachtenerstellung unabhängig davon anfallen, ob die 40 %-Grenze überschritten wird oder nicht (was jedoch bei Beauftragung naturgemäß nicht sicher prognostiziert werden kann). Schließlich müsste ein solches Gutachten für jeden Hauptfeststellungszeitpunkt erneut angefertigt werden.[2899]

Schließlich ist zu beachten, dass der BFH die Nachweismöglichkeit ausschließlich (oder zumindest vorrangig) zur Vermeidung eines Verstoßes gegen das Übermaßverbot fordert.[2900] Bei dem Übermaßverbot handelt es sich um eine freiheitsrechtliche Zugriffsgrenze. Diese stellt einen eigenständigen verfassungsrechtlichen Ansatzpunkt dar.[2901] Die Einführung einer Nachweismöglichkeit ist daher geeignet, einen Verstoß gegen Freiheitsgrundrechte zu

---

2894 BFH, Urt. v. 08.10.2003 – II R 27/02, BStBl. II 2004, 240, juris Rn. 12; BFH, Urt. v. 11.12.2013 – II R 22/11, BFH/NV 2014, 1086, juris Rn. 15; *Krumm*, Steuerliche Bewertung als Rechtsproblem, 2014, S. 273.

2895 Siehe hierzu ausführlich unter Gliederungspunkt § 3, IV., 3., a), bb), (2).

2896 *Krumm/Paeßens*, GrStG, 2022, § 250 BewG, Rn. 5.

2897 Roscher, GrStG-Kommentar, Erstkommentierung 2020, Rn. 7.

2898 *Beck*, Das Grundeigentum 2019, 483 (484); wohl auch *Krumm/Paeßens*, GrStG, 2022, § 250 BewG, Rn. 5.

2899 *Jüptner*, StuW 2005, 126 (130); *Weiß*, ErbStB 2023, 111 (120).

2900 BFH, Beschl. v. 27.05.2024 – II B 78/23 (AdV), BStBl. II, 543, juris Rn. 32.

2901 *Krumm*, DStR 2024, 1897 (1898).

vermeiden oder zumindest teilweise zu kompensieren.[2902] Im Hinblick auf die (an dieser Stelle zu untersuchende) gleichheitsrechtliche Dimension der Bewertung ist eine solche Nachweismöglichkeit bei den teils erheblichen Wertverzerrungen, die sowohl zu Über- als auch zu Unterbewertungen führen dürften, nur eingeschränkt geeignet, die sich ergebenden bewertungsbedingten Differenzierungen zu kompensieren. Denn zum einen können auf diese Weise nur Überbewertungen kompensiert werden, die mindestens 40 % über dem gemeinen Wert des Bewertungsobjekts liegen. Systembedingte Unterbewertungen werden durch diese Nachweismöglichkeit, zu Lasten der übrigen Steuerzahler, nicht ausgeglichen. An dieser Stelle wird hier insbesondere auf die systembedingte Unterbewertung von Wohnimmobilien in Innenstadtlagen hingewiesen.[2903]

Der Gesetzgeber kann sich dem Gebot einer realitätsgerechten Wertrelation nicht allein durch die Einführung einer Öffnungsklausel entziehen. Er muss primär durch die von ihm geschaffene Bewertungssystematik eine gleichheitskonforme Bewertung sicherstellen. Eine Öffnungsklausel ist nur geeignet, sich im Ausnahmefall ergebende Überbewertungen zu kompensieren, die nicht durch die typisierende Bewertung berücksichtigt werden können. Es obliegt allerdings nicht dem Steuerpflichtigen, eine misslungene Bewertungssystematik auf eigene erhebliche Kosten zu kompensieren.

c) Fazit

Der Bundesgesetzgeber hat sich bei der Ausgestaltung der Bewertungssystematik für die reformierte Bundesgrundsteuer dafür entschieden, an einer wertabhängigen Steuerbemessung festzuhalten, die eine periodische Neubewertung sämtlicher Grundstücke (einschließlich der aufstehenden Gebäude) zum Hauptfeststellungszeitpunkt erfordert. Aufgrund des erheblichen Verwaltungsaufwands, der mit einer solchen Bewertung der 32 Mio. wirtschaftlichen Einheiten des Grundvermögens verbunden ist, standen Praktikabilitätserwägungen bei der Ausgestaltung der Bewertungssystematik im Vordergrund.[2904]

2902 Siehe dazu bereits unter Gliederungspunkt § 3, II., 2., d), cc).

2903 Siehe hierzu unter Gliederungspunkt § 3., IV., 3., b), cc).

2904 Siehe zur Administrierbarkeit der Grundsteuer unter Gliederungspunkt § 2, II., 3., b), dd).

Als Bewertungsziel der Grundsteuerwertermittlung gibt der Gesetzgeber den von ihm erfundenen Wertbegriff des objektiviert-realen Werts an. Die Konzeption dieses Wertbegriffs bleibt jedoch unbestimmt und inkonsequent. Infolgedessen lässt sich einerseits nicht abschließend beurteilen, ob die Bewertungsverfahren den Belastungsgrund und das Bewertungsziel folgerichtig abbilden können. Andererseits fügt sich auch die nachträglich eingeführte Öffnungsklausel nicht harmonisch in die Bewertungssystematik ein.[2905] Auch wenn ein Verstoß gegen das Gebot folgerichtiger Ausgestaltung von Steuernormen für sich genommen noch kein Verstoß gegen Art. 3 Abs. 1 GG begründet,[2906] liegt es aufgrund der erheblichen Unzulänglichkeiten bei der generellen Konzeption der Bundesgrundsteuer nahe, dass aufgrund dessen erhebliche bewertungsbedingte Differenzierungen entstehen. Dies ist – wie gleich noch gesondert dargelegt wird – auch der Fall.

Für eine gleichheitsrechtliche Beurteilung kommt es primär darauf an, dass die Grundsteuerwertermittlung eine realitätsgerechte Werterelation gewährleisten kann.[2907] Die Vollziehbarkeit der Bewertung ist zwar auch gleichheitsrechtlich relevant,[2908] allerdings führt ein gleichheitskonformer Vollzug einer gleichheitswidrigen Bewertungssystematik im Ergebnis nicht zu einer gleichmäßigen Belastung der Steuerpflichtigen. Zwar können Praktikabilitätserwägungen bei der grundsteuerlichen Massenbewertung bewertungsbedingte Ungleichbehandlungen auch in größerem Umfang rechtfertigen, sofern die verfassungsrechtlichen Grenzen beachten werden.[2909] Der Gesetzgeber muss jedoch eine gesetzliche Bewertungssystematik schaffen, die in der Gesamtsicht eine in der Relation realitäts- und damit gleichheitsgerechte Bemessung des steuerlichen Belastungsgrundes sicherstellt.[2910] Ein Höchstmaß an Verwaltungsvereinfachung kann die durch die Typisierungen entstehenden Differenzierungen nicht rechtfertigen, sofern die gesetzlichen Bewertungsregelungen im substanziellen Umfang als gleichheitswidrig anzusehen sind.[2911]

2905 Siehe hierzu unter Gliederungspunkt § 3, IV., 3., a), bb), (2).
2906 Siehe hierzu unter Gliederungspunkt § 3, I., 2., b), cc), (2), (a).
2907 Siehe hierzu allgemein unter Gliederungspunkt § 3, II., 2., c).
2908 Siehe hierzu allgemein unter Gliederungspunkt § 3, II., 1., b).
2909 BVerfG v. 10.04.2018 – 1 BvL 11/14 u. a., BVerfGE 148, 147, 185 f. (GrSt).
2910 BVerfG v. 10.04.2018 – 1 BvL 11/14 u. a., BVerfGE 148, 147, 186 (GrSt).
2911 BVerfG v. 10.04.2018 – 1 BvL 11/14 u. a., BVerfGE 148, 147, 201 (GrSt).

Eine solche realitätsgerechte Werterelation wird durch die gesetzlichen Regelungen zur Grundsteuerwertermittlung in den § 218 ff. BewG nicht gewährleistet.[2912] Insbesondere die nach § 247 BewG anhand der Bodenrichtwerte ermittelten Bodenwerte, die sowohl für die Bewertung von unbebauten als auch von bebauten Grundstücken relevant sind, und denen nach Auffassung des Gesetzgebers ein großer Beitrag zur Gewährleistung einer realitätsgerechten Werterelation insgesamt zukommt,[2913] gewährleisten eine gleichheitskonforme Bewertung nicht. Die bei der grundsteuerlichen Bewertung entstehenden Differenzierungen dürften aufgrund der mangelhaften allgemeinen Konzeption der Bewertungssystematik und der konkreten Ausgestaltung der Bewertungsverfahren insgesamt zu erheblichen Wertverzerrungen zwischen den zu bewertenden Grundstücken führen. Die Bewertungsregelungen sind daher als in substanziellem Umfang als gleichheitswidrig anzusehen.

Die Gleichheitswidrigkeit der nach § 247 BewG ermittelten Bodenwerte ist zunächst in der *uneinheitlichen Qualität der Bodenrichtwerte* begründet, die als einzige marktnahe Bewertungsgrundlage eine Berücksichtigung der individuellen Wertverhältnisse gewährleisten sollen. Die Bodenrichtwerte beruhen vielfach auf einer unzureichenden und uneinheitlichen Datengrundlage und werden nicht in hinreichendem Maße einheitlich ermittelt.[2914] Die Bodenrichtwerte müssen jedoch nicht nur innerhalb der jeweiligen Gemeinde, sondern innerhalb sämtlicher Bundesländer, die die bundesgesetzliche Bewertungssystematik anwenden, einheitlich ermittelt werden.[2915] Dies ist derzeit nicht der Fall. Durch die verbindliche Anknüpfung an die Bodenrichtwerte schlagen sich die Mängel der Bodenrichtwerte in den Grundsteuerwerten nieder. Uneinheitlich oder fehlerhaft ermittelte Bodenrichtwerte können im Bodenrichtwertverfahren nicht derart angepasst werden, dass die hierdurch entstehenden Differenzierungen kompensiert oder zumindest reduziert werden.

[2912] Ebenso FG Rheinland-Pfalz, Beschl. v. 23.11.2023 – 4 V 1295/23, juris Rn. 444 ff.; *G. Kirchhof*, DB 2023, 1116 (1118 f.); zweifelnd auch *Eichholz*, DStR 2020, 1217 (1227); *Wünnemann/Koller*, BB 2020, 215 (219); a. A. Sächs. FG, Urt. v. 24.10.2023 – 2 K 574/23, juris; *Krumm*, in: DStJG 44, 2022, S. 225 (240).

[2913] Entwurf der BReg zum GrStRefG 2019 v. 09.08.2019, BR-Drs. 354/19, S. 89.

[2914] Siehe hierzu unter Gliederungspunkt § 3, III., 4., a).

[2915] Siehe hierzu unter Gliederungspunkt § 3, III., 4., b), bb).

Außerdem ergeben sich infolge der typisierten *Ausgestaltung des grundsteuerlichen Bodenrichtwertverfahrens* Wertverzerrungen, die in einer Vielzahl an Fällen auftreten und die im Einzelfall zu erheblichen Über- oder Unterbewertungen führen können. Durch die verbindliche Anknüpfung an die Bodenrichtwerte wird einerseits typisierend unterstellt, dass die Bodenrichtwerte stets für die individuelle Bewertung geeignet sind. Aufgrund ihrer Qualität als Richtwert bzw. Durchschnittswert ist eine derartige Eignung jedoch in vielen Fällen nicht zwingend anzunehmen. Infolgedessen können sich nicht unerhebliche Wertverzerrungen ergeben, falls der maßgebliche Bodenrichtwert tatsächlich nicht geeignet ist.[2916] Außerdem ist für die räumliche Auswahl des maßgeblichen Bodenrichtwerts die Zonenabgrenzung der Gutachterausschüsse verbindlich. Vor allem in Innenstadtlagen mit hohen Wertsprüngen an den Zonengrenzen ergeben sich auf diese Weise jedoch erhebliche, mit den tatsächlichen Wertverhältnissen in vielen Fällen nicht zu rechtfertigende Über- oder Unterbewertungen.[2917] Da eine Anpassung der Bodenrichtwerte grundsätzlich nicht zu erfolgen hat, ergeben sich zudem in einer großen Anzahl an Fällen nicht unerhebliche Wertverzerrungen.[2918] Schließlich sind besondere objektspezifische Grundstücksmerkmale nicht zu berücksichtigten, wodurch im Einzelfall erhebliche Abweichungen zum Verkehrswert auftreten können.[2919] Die dargestellten Mängel des grundsteuerlichen Bodenrichtwertverfahrens können einzeln oder in Kombination zu bewertungsbedingten Differenzierungen führen, die in einer Vielzahl an Fällen auftreten und nicht selten zu einer erheblichen Abweichung vom Verkehrswert führen dürften. Vergleichsfähige Wertrelationen können durch eine solche Bewertungssystematik nicht mehr gewährleistet werden.

Immerhin wird es dem Steuerpflichtigen nun in § 220 Abs. 2 BewG zugestanden, einen niedrigeren gemeinen Wert der wirtschaftlichen Einheit nachzuweisen.[2920] Den gleichheitsrechtlichen Bedenken gegen den Ansatz der Bodenrichtwerte kann hierdurch allerdings nur eingeschränkt entgegengetreten werden. Denn *erstens* können hierdurch nur im Einzelfall erhebliche

---

[2916] Siehe hierzu unter Gliederungspunkt § 3, IV., 3., b), bb), (2), (a), (bb).
[2917] Siehe hierzu unter Gliederungspunkt § 3, IV., 3., b), bb), (2), (b), (aa).
[2918] Siehe hierzu unter Gliederungspunkt § 3, IV., 3., b), bb), (2), (b), (bb) und § 3, IV., 3., b), bb), (c).
[2919] Siehe hierzu unter Gliederungspunkt § 3, IV., 3., b), bb), (2), (d).
[2920] Siehe hierzu unter Gliederungspunkt § 2, II., 3., cc) (4) und § 3, IV., 3., b), dd).

Überbewertungen kompensiert werden. Die Nachweismöglichkeit vermeidet jedoch nicht „unerhebliche“ Überbewertungen (weniger als 40 % – was tatsächlich eine große Anzahl an Fällen sein dürfte) sowie Unterbewertungen. *Zweitens* wird sich ein solcher Wertnachweis für die Mehrheit der Steuerpflichtigen finanziell nicht lohnen und die Erfolgsaussichten sind bei Beauftragung eines Sachverständigen ungewiss, sodass die Inanspruchnahme der Öffnungsklausel wirtschaftlich unsinnig wäre. *Drittens* wäre noch durch die Rechtsprechung zu klären, auf welche Weise der Bodenwert in derartigen Konstellation im Verkehrswertgutachten ermittelt werden darf und ob und in welchem Umfang hierbei andere Bodenrichtwerte herangezogen werden dürfen oder in welchem Umfang diese angepasst werden können. Sollte der für die Besteuerung maßgebliche Bodenrichtwert auch in dieser Konstellation maßgeblich sein,[2921] wäre dem Steuerpflichtigen ggfs. nur teilweise geholfen.

Die nach § 247 BewG ermittelten Bodenwerte fließen auch bei der Bewertung der bebauten Grundstücke in den Grundsteuerwert ein, weshalb die zuvor dargestellten bewertungsbedingten Differenzierungen grundsätzlich auch bei der Bewertung dieser Grundstücke gelten. Im Ertrags- und Sachwertverfahren werden die Bodenwerte jedoch unterschiedlich gewichtet, sodass den Bodenrichtwerten und den im Bodenrichtwertverfahren ermittelten Bodenwerten ein unterschiedlicher Stellenwert zukommt. Die Bodenrichtwerte fließen in den Ertragswert aufgrund der nach § 257 Abs. 2 BewG vorzunehmenden Abzinsung regelmäßig mit einem deutlich geringeren Gewicht ein, sodass insoweit Wertverzerrungen zwischen der Bewertung der Grundstücke im Ertragswertverfahren und der Bewertung der übrigen Grundstücke entstehen können. Vor allem in Gebieten mit hohen Bodenrichtwerten kann diese Abzinsung zu einer systematischen Unterbewertung führen. Kommt in diesen Fällen der Mindestwertansatz nach § 251 BewG zum Tragen, ergibt sich eine weitergehende ungerechtfertigte Privilegierung der betroffenen Grundstücke. Denn in diesen Fällen wird ein Wertabschlag von 25 % auf den nach § 247 BewG zu ermittelnden Bodenwert vorgenommen, der in typisierender Weise die Abrisskosten abbilden soll. Der Mindestwertansatz kommt in diesen Fällen allerdings nicht aufgrund der Abrissbedürftigkeit, sondern der defizitären Ausgestaltung der Bewertungssystematik zum Tragen.

2921 So zur Grundbesitzbewertung: BFH, Urt. v. 16.09.2020 – II R 1/18, BStBl. II 2021, 594, juris Rn. 17.

Die unterschiedliche Berücksichtigung der Bodenwerte in den Bewertungsverfahren gewährleistet somit keine realitätsgerechte Werterelation zwischen den verschiedenen Grundstücksarten.[2922] Aufgrund des hohen Typisierungsgrads der Bewertungsverfahren im Übrigen dürfte es zudem nicht zu einer Kompensation, sondern vielmehr zu einer weiteren Verstärkung der Bewertungsungenauigkeiten kommen.[2923]

Ob die dargestellten erheblichen bewertungsbedingten Ungleichbehandlungen durch das große Praktikabilitätsbedürfnis bei der Grundsteuer gerechtfertigt werden können, hängt letztendlich vom festgestellten Umfang und der Intensität der bewertungsbedingten Differenzierungen im Verfahren vor dem Bundesverfassungsgericht ab.[2924] Der Umfang und die Intensität der bewertungsbedingten Ungleichbehandlungen dürften allerdings aufgrund der defizitären Ausgestaltung der Bewertungssystematik, nicht nur in Bezug auf das Bodenrichtwertverfahren, hoch ausfallen, weshalb eine strenge, am Verhältnismäßigkeitsgrundsatz orientierte verfassungsgerichtliche Überprüfung geboten scheint.[2925] Zwar ist das Vollzugsanliegen bei der Grundsteuer im Rahmen der anzustellenden Abwägung hoch zu gewichten.[2926] Diesem darf jedoch kein höherer Stellenwert zukommen als der Steuergerechtigkeit selbst.[2927] Eine realitätsgerechte Werterelation wird durch die Anknüpfung an die nach § 247 BewG ermittelten Bodenwerte nicht mehr gewährleistet.

Die Steuergerechtigkeit ist auch nicht deshalb niedriger zu gewichten, weil es sich bei der Grundsteuer um eine Objektsteuer handelt.[2928] Denn letztendlich knüpft auch diese nach dem Willen des Gesetzgebers an die durch den Grundbesitz vermittelte Leistungsfähigkeit des Steuerpflichtigen an.[2929] Das Maß der Gleichmäßigkeit in der Besteuerung kann nicht davon

---

2922 Siehe hierzu unter Gliederungspunkt § 3, IV., 3., b), cc).

2923 Vgl. FG Rheinland-Pfalz, Beschl. v. 23.11.2023 – 4 V 1295/23, juris Rn. 450 ff.; *Hey*, ZG 2019, 297 (308 ff.); *Seer*, FR 2019, 941 (948 f.); *G. Kirchhof*, DB 2023, 1116 (1119 f.).

2924 Siehe hierzu allgemein unter Gliederungspunkt § 3., I., 2., c), bb).

2925 Siehe hierzu allgemein unter Gliederungspunkt § 3, I., 2., c), bb) und in Bezug auf Typisierungen unter Gliederungspunkt § 3, II., 2., d), bb), (2).

2926 *Krumm*, in: DStJG 44, 2022, S. 225 (240).

2927 Vgl. BVerfG v. 10.04.2018 – 1 BvL 11/14 u. a., BVerfGE 148, 147, 201 (GrSt); vgl. *Hey*, in: Tipke/Lang, Steuerrecht, 24. Aufl. 2021, Rn. 3.145.

2928 So wohlmöglich im Ansatz Gesetzentwurf der BReg vom 17.03.2021 zum Fondsstandortgesetz, BT-Drs. 19/27631, S. 113.

2929 Entwurf zum GrStRefG 2019 v. 25.06.2019, BT-Drs. 19/11085, S. 84.

abhängig gemacht werden, auf welche Art und Weise dem Steuerpflichtigen die vom Gesetzgeber als besteuerungswürdig erachtete Leistungsfähigkeit zugewiesen wird.

Schließlich können die erheblichen bewertungsbedingten Differenzierungen auch nicht durch das im Regelfall geringe Belastungsniveau der Grundsteuer gerechtfertigt werden.[2930] Zwar hat das Bundesverfassungsgericht in seiner Entscheidung zur Grundsteuer eingeräumt, dass bei einer absolut geringen Steuerbelastung Brüche und Ungleichbehandlungen in den Randbereichen bei der Feststellung der Bemessungsgrundlage eher rechtfertigungsfähig und hinnehmbar wären als bei Steuern mit hoher Belastungswirkung.[2931] Das Gleichbehandlungsgebot ist jedoch auch bei geringen Steuerbelastungen zu beachten. Geringfügigkeitserwägungen können daher zumindest substanzielle und weitgreifende Ungleichbehandlungen im Kernbereich der Steuererhebung nicht rechtfertigen.[2932] Die dargestellten bewertungsbedingten Ungleichbehandlungen betreffen den Kernbereich der bewertungsabhängigen Grundsteuer und sind aufgrund ihres Umfangs und ihrer Intensität nicht mehr zu rechtfertigen. Gegen das Geringfügigkeitsargument bei der Grundsteuer spricht zudem, dass die festgestellten Grundsteuerwerte während des gesamten Hauptveranlagungszeitraums, also grundsätzlich über sieben Jahre hinweg, der Besteuerung zugrunde gelegt werden (§ 16 Abs. 2 GrStG).[2933] Es ist daher nicht auf die jährliche Steuerbelastung, sondern auf die kumulierte Steuerbelastung innerhalb des Hauptveranlagungszeitraums abzustellen. Sollte die Finanzverwaltung zukünftig nicht in der Lage sein, die Hauptfeststellungen in dem Turnus durchzuführen, ergibt sich ggfs. auch ein noch längerer Zeitraum.

Die bewertungsbedingten Differenzierungen bei der grundsteuerlichen Bodenwertermittlung können somit insgesamt nicht gerechtfertigt werden.

2930 So aber der Gesetzgeber anlässlich des Verzichts auf die Anpassung der Bodenrichtwerte, vgl. Gesetzentwurf der BReg vom 17.03.2021 zum Fondsstandortgesetz, BT-Drs. 19/27631, S. 113.

2931 BVerfG v. 10.04.2018 – 1 BvL 11/14 u. a., BVerfGE 148, 147, 204 (GrSt).

2932 BVerfG v. 10.04.2018 – 1 BvL 11/14 u. a., BVerfGE 148, 147, 204 (GrSt); ebenso *Grootens*, in: Grootens, GrStG, 2. Aufl. 2022, § 252 BewG, Rn. 102; *Dötsch*, jurisPR-SteuerR 27/2005, Anm. 1.

2933 *Grootens*, in: Grootens, GrStG, 2. Aufl. 2022, § 252 BewG, Rn. 103; *T. Zimmermann*, EFG, 161 (166).

Die einschlägigen Bewertungsnormen, insbesondere § 247 BewG, verstoßen daher gegen Art. 3 Abs. 1 GG. Will der Gesetzgeber an einer am Verkehrswert orientierten grundsteuerlichen Bewertung festhalten, so wird er diese zur Gewährleistung einer realitätsgerechten Werterelation deutlich präziser ausgestalten müssen, so wie dies etwa bei der Grundbesitzbewertung der Fall ist.[2934] Kommt der Gesetzgeber zu der Erkenntnis, dass eine solche Bewertung bei der Grundsteuer aufgrund der begrenzten Kapazitäten der Finanzverwaltung nicht vollzogen werden kann, so kann er hieraus zwei Schlüsse ziehen. Entweder er schafft eine verkehrswertunabhängige und einfacher vollziehbare Bewertungssystematik (wertunabhängiges Modell) oder er sieht von der Erhebung der Grundsteuer vollständig ab.[2935] Keine Lösung ist hingegen, die Verfahren der Verkehrswertermittlung so weit zu vereinfachen, bis diese in der steuerlichen Massenbewertung vollziehbar werden. Die Abstrahierung der für eine individuelle Verkehrswertermittlung konzipierten Verfahren erreicht zumindest dann ihre Grenzen, wenn vom Gesetzgeber nicht mehr die Ermittlung eines individuellen Werts beabsichtigt ist. Die *Albert Einstein* zugeschriebene Aussage, dass man die Dinge so einfach wie möglich machen soll, aber nicht einfacher, gilt auch für eine am Verkehrswert orientierte grundsteuerliche Bewertung.

[2934] Ebenso *G. Kirchhof*, DB 2023, 1116 (1120).
[2935] *Beck*, Das Grundeigentum 2019, 483 (485).

Verfassungsrechtliche Evaluation der finanzgerichtlichen Kontrolle der Bodenrichtwerte

Im vierten Kapitel wird zunächst dargestellt, über welche Rechtsschutzmöglichkeiten der Steuerpflichtige verfügt, um sich gegen einen fehlerhaften Bodenrichtwertansatz im Steuerbescheid zur Wehr zu setzen bzw. diesen zumindest durch einen eigenen Wertnachweis zu vermeiden (dazu sogleich unter Gliederungspunkt I.). Darauf aufbauend soll zur Beantwortung der zweiten Forschungsfrage untersucht werden, ob eine finanzgerichtliche Kontrolle, nach der die Bodenrichtwerte zumindest im Regelfall nicht überprüft werden, mit Art. 19 Abs. 4 GG vereinbar ist. Dazu wird zunächst abstrakt dargestellt, welche Anforderungen sich aus Art. 19 Abs. 4 GG an die gerichtliche Kontrolldichte von Verwaltungshandeln ergeben und inwieweit eine Einschränkung der gerichtlichen Kontrolle verfassungsrechtlich zulässig ist (dazu unter Gliederungspunkt II.). Schließlich werden die auf diese Weise erarbeiteten verfassungsrechtlichen Anforderungen an einen effektiven Rechtsschutz auf die bestehenden finanzgerichtlichen Rechtsschutzmöglichkeiten gegen die Bodenrichtwerte übertragen. Es wird untersucht, ob die zu den Bodenrichtwerten ergangene finanzgerichtliche Rechtsprechung mit diesen Grundsätzen vereinbar ist und wie eine verfassungskonforme finanzgerichtliche Kontrolle der Bodenrichtwerte zu erfolgen hat (dazu unter Gliederungspunkt III.). Die Ergebnisse dieses Kapitels werden schließlich in einem Fazit zusammengefasst (dazu unter Gliederungspunkt IV.).

I. Rechtsschutzmöglichkeiten gegen typisierende steuerliche Bodenwerte

Die anhand der Bodenrichtwerte ermittelten Steuerwerte fließen in die Bemessungsgrundlage der jeweiligen Steuer ein und wirken sich dadurch letztendlich auf die Höhe der Steuerbelastung aus. Ist der Steuerpflichtige der Auffassung, dass der herangezogene Bodenrichtwert nicht sachgerecht ermittelt wurde und die steuerliche Bemessungsgrundlage aus diesem Grunde zu hoch ist, wird er regelmäßig den entsprechenden Steuerbescheid durch Einspruch und anschließend durch Klage anfechten. Im Folgenden wird zunächst dargestellt, inwiefern die Finanzgerichte Werte und Bewertungsgrundlagen im Allgemeinen und Bodenrichtwerte im Speziellen überprüfen (dazu sogleich unter Gliederungspunkt 1.). Anschließend wird aufgezeigt, in welchen Fällen der Steuerpflichtige von der Bodenwertermittlung im typisierten steuerlichen Bodenrichtwertverfahren abweichen kann und anstelle dieses typisierten Steuerwerts im Rahmen einer Öffnungsklausel einen individuell ermittelten Wert der Besteuerung zugrunde legen kann (dazu unter Gliederungspunkt 2.).

1. Finanzgerichtliche Überprüfbarkeit der steuerlichen Bodenwertansätze

a) Allgemeine finanzgerichtliche Überprüfung von Werten und Bewertungsgrundlagen

aa) Überprüfung von besteuerungsrelevanten Werten

Die Finanzgerichte haben den entscheidungserheblichen Sachverhalt von Amts wegen zu erforschen (§ 76 Abs. 1 Satz 1 FGO). Sie sind dabei verpflichtet, die entscheidungserheblichen Tatsachen selbst soweit zu ermitteln, wie dies zur Überzeugungsbildung des Gerichts erforderlich ist.[2936] Zur Sachverhaltsaufklärung gehört grundsätzlich auch die Überprüfung von gesondert ermittelten Werten,[2937] Wertaufteilungen[2938] und bei der Wertermittlung

---

[2936] BFH, Urt. v. 17.11.2021 – II R 26/20, BFH/NV 2022, 822, juris Rn. 18; *Seer*, in: Tipke/Lang, Steuerrecht, 24. Aufl. 2021, Rn. 22.160.

[2937] Z. B. BFH, Urt. v. 02.12.2020 – II R 5/19, BStBl. II 2022, 15, juris Rn. 25; BFH, Urt. v. 17.11.2021 – II R 26/20, BFH/NV 2022, 822, juris Rn. 20.

[2938] BFH, Urt. v. 10.10.2000 – IX R 86/97, BStBl. II 2001, 183, juris Rn. 28; BFH, Urt. v. 21.07.2020 – IX R 26/19, BStBl. II 2021, 372, juris Rn. 28 ff.

verwendeten Bewertungsgrundlagen und -faktoren.[2939] Dies gilt zumindest dann, wenn die Ermittlung des besteuerungsrelevanten Werts nicht durch steuerrechtlich normierte Bewertungsverfahren (z. B. Grundbesitzbewertung, Grundsteuerwertermittlung) geregelt ist.

Hat der Steuerpflichtige oder das Finanzamt einen steuerrelevanten Wert ermittelt und ist die Höhe und die Ermittlung dieses Werts im finanzgerichtlichen Verfahren streitig, so hat das Finanzgericht die Wertermittlung zu kontrollieren. Bei einem Gutachten handelt es sich grundsätzlich um ein urkundlich belegtes Parteivorbringen, welches der freien Beweiswürdigung durch das Finanzgericht unterliegt.[2940] Im Rahmen der Beweiswürdigung hat das Finanzgericht insbesondere zu überprüfen, ob die Wertermittlung die Umstände des Sachverhalts zutreffend und vollständig berücksichtigt und ob die Wertermittlung erkennbare Mängel oder unlösbare Widersprüche enthält. Auch Zweifel an der Sachkunde oder Unparteilichkeit des Gutachters können zu einer Beanstandung des Gutachtens führen.[2941] Bei einem Verkehrswertgutachten sind insbesondere die einschlägigen Regelungen des BauGB und der ImmoWertV vom Finanzgericht zu überprüfen.[2942] Damit eine entsprechende Prüfung erfolgen kann, muss die Wertermittlung entsprechend intersubjektiv begründet sein.[2943] Der Nachweis gelingt regelmäßig dann, wenn dem Gutachten ohne weitere Aufklärungs- und Ermittlungsmaßnahmen gefolgt werden kann.[2944] Ist ein Gutachten nach Auffassung des Finanzgerichts nicht zu beanstanden, so hat es den vom Steuerpflichtigen ermittelten Wert grundsätzlich der Besteuerung zugrunde zu legen.[2945] Dem Steuerpflichtigen kommt insoweit eine Bewertungsprärogative zu. Innerhalb

2939 BFH, Urt. v. 02.12.2020 – II R 5/19, BStBl. II 2022, 15, juris Rn. 25.

2940 BFH, Urt. v. 11.09.2013 – II R 61/11, BStBl. II 2014, 363, juris Rn. 32; BFH, Urt. v. 05.12.2019 – II R 9/18, BStBl. II 2021, 135, juris Rn. 13.

2941 BFH, Beschl. v. 24.07.2003 – III B 133/02, BFH/NV 2004, 54, juris Rn. 4; BFH, Beschl. v. 21.06.2010 – VII B 247/09, BFH/NV 2010, 2113, juris Rn. 7.

2942 BFH, Urt. v. 24.10.2017 – II R 40/15, BStBl. II 2019, 21, juris Rn. 14.

2943 BFH, Urt. v. 24.10.2017 – II R 40/15, BStBl. II 2019, 21, juris Rn. 20 ff.

2944 BFH, Urt. v. 11.09.2013 – II R 61/11, BStBl. II 2014, 363, juris Rn. 32; BFH, Urt. v. 05.12.2019 – II R 9/18, BStBl. II 2021, 135, juris Rn. 13.

2945 BFH, Urt. v. 24.10.2017 – II R 40/15, BStBl. II 2019, 21, juris Rn. 14.

der zulässigen Grenzen darf er auch einen für ihn möglichst niedrigen vertretbaren Wertansatz anstreben.[2946]

Kommt das Finanzgericht zu der Auffassung, dass das Gutachten nicht der Besteuerung zugrunde gelegt werden kann, so hat das Finanzgericht einen eigenen Wert zu ermitteln.[2947] Auch dies gehört zur Sachverhaltsfeststellung des Finanzgerichts.[2948] Im Fall einer streitigen Grundstücksbewertung ist das Finanzgericht regelmäßig gehalten, nach § 82 FGO i. V. m. § 412 Abs. 1 ZPO ein weiteres Gutachten einzuholen, wenn es nicht selbst ausnahmsweise über die nötige Sachkunde für die Durchführung der Wertermittlung verfügt und diese in den Entscheidungsgründen darlegt.[2949] Das Finanzgericht darf ein solches Gutachten nicht ungeprüft seiner Entscheidung zugrunde legen, sondern hat dieses einer selbstständigen und eigenverantwortlichen Prüfung zu unterziehen.[2950] Das Finanzgericht hat nachvollziehbar darzulegen, aus welchen Gründen es den von ihm für zutreffend erachteten Wert für plausibel und gegenüber einem anderen Wertansatz für vorzugswürdig hält.[2951] Die Wertermittlung durch das Finanzgericht ist für den Bundesfinanzhof grundsätzlich bindend (§ 118 Abs. 2 FGO).[2952] Der Bundesfinanzhof kann jedoch überprüfen, ob die Wertermittlung dem Grunde nach zulässig war, in verfahrensfehlerfreier Weise erfolgt ist und nicht gegen anerkannte Schätzungsgrundsätze, Denkgesetze oder allgemeine Erfahrungssätze verstößt.[2953]

2946 *Krumm*, Steuerliche Bewertung als Rechtsproblem, 2014, S. 500 ff.; *Krumm*, in: DStJG 44, 2022, S. 225 (249 f.).

2947 BFH, Urt. v. 21.07.2020 – IX R 26/19, BStBl. II 2021, 372, juris Rn. 29.

2948 BFH, Urt. v. 21.07.2020 – IX R 26/19, BStBl. II 2021, 372, juris Rn. 32.

2949 BFH, Urt. v. 21.07.2020 – IX R 26/19, BStBl. II 2021, 372, juris Rn. 45; BFH, Urt. v. 02.12.2020 – II R 5/19, BStBl. II 2022, 15, juris Rn. 27; BFH, Beschl. v. 07.01.2015 – I B 42/13, BFH/NV 2015, 1093, juris Rn. 9.

2950 BFH, Beschl. v. 21.05.1982 – III B 32/81, BStBl. II 1982, 604, juris Rn. 17.

2951 BFH, Beschl. v. 30.01.2014 – X B 63/13, BFH/NV 2014, 689, juris Rn. 5; so auch BGH, Urt. v. 25.06.1964 – III ZR 111/61, ZMR 1965, 233. unter III., 2.

2952 BFH, Urt. v. 15.02.2001 – III R 20/99, BStBl. II 2003, 635, juris Rn. 28; BFH, Urt. v. 29.10.2019 – IX R 38/17, BStBl. II 2021, 202, juris Rn. 42; BFH, Urt. v. 21.07.2020 – IX R 26/19, BStBl. II 2021, 372, juris Rn. 32.

2953 BFH, Urt. v. 15.02.2001 – III R 20/99, BStBl. II 2003, 635, juris Rn. 28; BFH, Urt. v. 21.07.2020 – IX R 26/19, BStBl. II 2021, 372, juris Rn. 32; so auch außerhalb des Steuerrechts BVerwG, Urt. v. 27.11.2014 – 4 C 31/13, NVwZ 2015, 531 (533); BGH, Urt. v. 25.06.1964 – III ZR 111/61, ZMR 1965, 233. unter III., 2; siehe auch *Krumm*, in: DStJG 44, 2022, S. 225 (245 f.).

bb) Überprüfung von besteuerungsrelevanten Bewertungsgrundlagen

Der finanzgerichtlichen Überprüfung unterliegen grundsätzlich auch die für die steuerliche Bewertung relevanten Bewertungsgrundlagen. Erfolgt die Ermittlung des besteuerungsrelevanten Werts nicht anhand eines steuerrechtlich normierten Bewertungsverfahrens – dies betrifft insbesondere die Verkehrswertermittlung – so hat das Finanzgericht bei der Überprüfung des Werts nach den vorgenannten Grundsätzen auch die Eingangswerte (also Vergleichspreise, Bewertungsfaktoren) zumindest auf Plausibilität zu überprüfen.[2954] Dies betrifft auch die Frage, ob die Bodenrichtwerte geeignet sind und in der zu überprüfenden Wertermittlung sachgerecht verwendet wurden.[2955]

In der steuerlichen Bewertung, in der Bewertungsnormen ausdrücklich an gesondert ermittelte Bewertungsgrundlagen anknüpfen, erfolgt grundsätzlich auch eine finanzgerichtliche Überprüfung dieser Bewertungsgrundlagen. Dies gilt insbesondere für die von den Gutachterausschüssen ermittelten Daten (Vergleichspreise, Liegenschaftszinssätze, grundsätzlich auch Bodenrichtwerte),[2956] aber auch für Mietspiegel.[2957] Besonders relevant ist die finanzgerichtliche Überprüfung der Bewertungsgrundlagen bei der Grundbesitzbewertung, bei der der Gesetzgeber zur Gewährleistung realitätsgerechter Steuerwerte vielfach an die von den Gutachterausschüssen ermittelten Daten anknüpft. Liegen keine für die steuerliche Bewertung geeigneten Daten vor, kommen subsidiär gesetzlich typisierte Bewertungsgrundlagen zur Anwendung. Ob diese Bewertungsgrundlagen in tatsächlicher Hinsicht vorliegen, dürfte regelmäßig unstreitig sein. Die Finanzgerichte werden sich häufiger mit der Fragestellung beschäftigen müssen, ob diese

---

[2954] BFH, Urt. v. 29.08.1996 – VIII R 15/93, BStBl. II 1997, 317, juris Rn. 24; BFH, Urt. v. 18.04.1991 – IV R 7/89, BStBl. II 1991, 833, juris Rn. 16; FG Berlin-Brandenburg, Urt. v. 19.07.2017 – 3 K 3047/17, EFG 2017, 1499, juris Rn. 44 ff.

[2955] BFH, Urt. v. 19.05.2020 – X R 27/19, BFH/NV 2021, 15, juris Rn. 52 ff.; BFH, Urt. v. 16.09.2020 – II R 1/18, BStBl. II 2021, 594, juris Rn. 17.

[2956] BFH, Urt. v. 18.09.2019 – II R 13/16, BStBl. II 2020, 760, juris Rn. 12; Nds. FG, Urt. v. 17.09.2015 – 1 K 147/12, EFG 2016, 185, juris Rn. 41.

[2957] BFH, Urt. v. 06.02.2018 – IX R 14/17, BStBl. II 2018, 522, juris Rn. 19; *Krumm*, Steuerliche Bewertung als Rechtsproblem, 2014, S. 307 f.

Bewertungsgrundlagen auch für die steuerliche Bewertung geeignet sind.[2958] Die von den Gutachterausschüssen ermittelten sonstigen für die Wertermittlung erforderlichen Daten unterliegen grundsätzlich einer zurückgenommenen finanzgerichtlichen Kontrolle.[2959] Diese soll nach teilweise vertretener Auffassung auf offensichtliche Unrichtigkeiten beschränkt sein.[2960] Allerdings sollen nach der Rechtsprechung des Bundesfinanzhofs die Liegenschaftszinssätze auch dahingehend zu überprüfen sein, ob der Gutachterausschuss bei der Ermittlung die an ihn gerichteten Vorgaben des BauGB sowie der darauf beruhenden Verordnungen eingehalten hat.[2961] Mit dem JStG 2022 wurde nun in § 177 Abs. 2 Satz 1 BewG allgemein eine Überprüfung der Eignung der sonstigen für die Wertermittlung erforderlichen Daten eingeführt.[2962] Dies betrifft primär die Frage, ob die Ableitung der sonstigen erforderlichen Daten weitgehend in demselben Modell erfolgt ist wie die Bewertung (§ 177 Abs. 3 BewG).[2963] Ist dies im finanzgerichtlichen Verfahren streitig, hat das Finanzgericht die Ermittlung der sonstigen erforderlichen Daten zu überprüfen und ggfs. unter Zuhilfenahme eines Sachverständigen zu beurteilen, ob die Wertermittlungsmodelle weitgehend dieselben sind. Damit einhergehen dürfte somit zumindest eine detailliertere finanzgerichtliche Überprüfung der Liegenschaftszinssätze und Sachwertfaktoren.[2964]

2958 *Marquardt/Miethe*, ErbStB 2022, 266 (268 f.).

2959 FG Hamburg, Beschl. v. 07.07.2015 – 3 K 244/14, ZEV 2015, 603, juris Rn. 32 f.; *Marquardt/Miethe*, ErbStB 2022, 266 (270).

2960 Nds. FG, Urt. v. 17.09.2015 – 1 K 147/12, EFG 2016, 185, juris Rn. 41; Nds. FG, Urt. v. 07.12.2017 – 1 K 219/15, EFG 2018, 619, juris Rn. 28; Nds. FG, Urt. v. 24.03.2022 – 1 K 267/19, juris Rn. 54; FG Niedersachsen, Urt. v. 01.12.2022 – 1 K 90/19, EFG 2023, 760, juris Rn. 94; FG Köln, Beschl. v. 11.04.2019 – 4 V 405/19, EFG 2019, 1258, juris Rn. 20.

2961 BFH, Urt. v. 18.09.2019 – II R 13/16, BStBl. II 2020, 760, juris Rn. 12.

2962 Art. 19 Nr. 3 lit. a) d. JStG 2022 v. 16.12.2022, BGBl. I 2022, S. 2294.

2963 Die Überprüfung hat sich jedoch auch auf die verwendeten Modellansätze zu erstrecken, vgl. *Z.-A. Schneider/Niebuhr/Droll*, RFamU 2023, 106 (109).

2964 Vgl. *Marquardt/Miethe*, ErbStB 2022, 266 (270).

b) Überprüfung der Bodenrichtwerte als steuerliche Bewertungsgrundlagen

aa) Anfechtung der Veröffentlichung der Bodenrichtwerte

Es wird allgemein angenommen, dass die Veröffentlichung der Bodenrichtwerte und die Mitteilung der Bodenrichtwerte an das Finanzamt nicht isoliert angefochten werden können.[2965] Dies trifft einerseits für die allgemeinen Bodenrichtwerte i. S. d. § 196 Abs. 1 Satz 1 BauGB zu. Diese sind nicht als anfechtbare Verwaltungsakte oder Allgemeinverfügungen anzusehen, da ihnen mangels Verbindlichkeit[2966] kein Regelungscharakter zukommt.[2967] Es handelt sich hierbei primär um amtliche Marktinformationen. Dass die steuerliche Bewertung teilweise an diese allgemeinen Bodenrichtwerte verbindlich anknüpft, ändert nichts an ihrem grundsätzlichen Charakter. Die Bodenrichtwerte sind nicht stets relevant für die Besteuerung, sondern nur, wenn ein besteuerungserhebliches Ereignis eintritt. Eine Verwaltungsaktqualität und eine damit verbundene isolierte Anfechtung sind daher nicht anzunehmen.[2968]

Auch die besonderen Bodenrichtwerte, die nach § 247 Abs. 2 BewG i. V. m. § 196 Abs. 1 Satz 6 und Abs. 2 BauGB ausschließlich für steuerliche Zwecke auf den Hauptfeststellungszeitpunkt zu ermitteln sind, sind nicht als Verwaltungsakte/Allgemeinverfügungen bzw. steuerliche Grundlagenbescheide anzusehen.[2969] Zwar ist insoweit eine verbindliche Wirkung anzunehmen.[2970] Denn die besonderen Bodenrichtwerte werden speziell für die grundsteuerliche Bewertung ermittelt und sollen nach dem Willen des Gesetzgebers gerade für die Steuerpflichtigen verbindlich sein.[2971] Ihnen fehlt jedoch die Außenwirkung. Die Bodenrichtwerte sind nach § 247 Abs. 2 BewG zu übermitteln

---

2965 FG Rheinland-Pfalz, Beschl. v. 23.11.2023 – 4 V 1295/23, juris Rn. 113 ff.; allgemein für Mitteilungen der Gutachterausschüsse Nds. FG, Urt. v. 17.09.2015 – 1 K 147/12, EFG 2016, 185, juris Rn. 43; *Birgel*, UM 2/2003, 57 (58); *Eisele*, NWB 2003, 565 (589); *Hey*, ZG 2019, 297 (317); a. A. *Steinhauer*, ErbStB 2023, 185 (186).

2966 Siehe hierzu unter Gliederungspunkt § 1, III., 4.

2967 *Freise*, in: Brügelmann, BauGB, § 196 BauGB, 109. EL, 1/2019, Rn. 39.

2968 So im Ergebnis auch *Freise*, in: Brügelmann, BauGB, § 196 BauGB, 109. EL, 1/2019, Rn. 39.

2969 FG Rheinland-Pfalz, Beschl. v. 23.11.2023 – 4 V 1295/23, juris Rn. 115; *Mandler/Schulze/Zochert*, DStR 2023, 1329 (1335); *Krumm*, FR 2023, 957 (962).

2970 *Krumm*, FR 2023, 957 (962).

2971 Entwurf zum GrStRefG 2019 v. 25.06.2019, BT-Drs. 19/11085, S. 109.

und wirken deshalb nur im Innenverhältnis zu der Finanzbehörde.[2972] Eine gesonderte Bekanntgabe gegenüber dem Steuerpflichtigen ist gesetzlich nicht vorgesehen. Eine wirksame öffentliche Bekanntgabe über ein von der Finanzverwaltung betriebenes Onlineportal dürfte im Übrigen auch nicht anzunehmen sein.

Teilweise wird in der steuerrechtlichen Literatur vertreten, dass eine isolierte Anfechtung der Bodenrichtwerte mittels Feststellungsklage im Verwaltungsrechtsweg erfolgen könne[2973] bzw. sogar vorrangig gegenüber dem Finanzrechtsweg erfolgen solle.[2974] Ein solches Vorgehen ist unnötig gekünstelt, unzweckmäßig und daher abzulehnen. Insbesondere im Verwaltungsrecht entspricht es der langjährigen und üblichen gerichtlichen Praxis, dass Bodenrichtwerte, die etwa der Festsetzung von Sanierungsbeiträgen zugrunde gelegt wurden, im Rahmen der Anfechtung der behördlichen Entscheidung inzident kontrolliert werden.[2975] Ein derartiges Vorgehen ist auch bei der gerichtlichen Kontrolle von Bodenrichtwerten sinnvoll, die in Steuerbescheiden zugrunde gelegt wurden. Die Rechtsprechung des Bundesfinanzhofs, wonach eine finanzgerichtliche Kontrolle im Regelfall nicht zulässig sein soll, ist jedenfalls kein Argument,[2976] die Überprüfung der Bodenrichtwerte den Verwaltungsgerichten im Rahmen der subsidiären Feststellungsklage zuzuweisen. Eine inzidente Kontrolle der Bodenrichtwerte im finanzgerichtlichen Verfahren ist rechtlich möglich. Die Finanzgerichte sind in der Lage, das Zustandekommen der Bodenrichtwerte zu überprüfen und müssen dies – wie noch darzulegen wird – auch tun. Einer isolierten Anfechtung des Bodenrichtwerts mittels verwaltungsgerichtlicher Feststellungsklage dürfte insoweit das Rechtsschutzbedürfnis fehlen, da der Steuerpflichtige mit der isolierten Anfechtung des Bodenrichtwerts noch keine Änderung des ihn belastenden Steuerbescheides herbeiführt.[2977]

[2972] FG Rheinland-Pfalz, Beschl. v. 23.11.2023 – 4 V 1295/23, juris Rn. 115.

[2973] *Steinhauer*, ErbStB 2023, 185 (186).

[2974] *Mandler/Schulze/Zochert*, DStR 2023, 1329 (1335).

[2975] Vgl. z. B. VG Hamburg, Urt. v. 19.02.2015 – 7 K 5146/14, juris Rn. 67 ff. und im Übrigen die Nachweise unter Gliederungspunkt § 4, II., 2., b), ee).

[2976] Vgl. mit dieser Begründung *Mandler/Schulze/Zochert*, DStR 2023, 1329 (1335).

[2977] *Krumm*, FR 2023, 957 (966).

bb) *Inzidente Überprüfung der Bodenrichtwerte im finanzgerichtlichen Verfahren*

Die Bodenrichtwerte werden in der steuerlichen Bewertung als unselbstständige Besteuerungsgrundlagen herangezogen. Eine gerichtliche Überprüfung kann daher nach zutreffender Ansicht nur durch Anfechtung des entsprechenden Steuerbescheids erfolgen.[2978] Bei der Grundbesitzbewertung und der Grundsteuerwertermittlung ist dies der Feststellungsbescheid,[2979] bei ertragsteuerlichen Bewertungen der Einkommensteuer- bzw. Körperschaftsteuerbescheid.

Nach ständiger Rechtsprechung des Bundesfinanzhofs sind die Bodenrichtwerte für die Beteiligten im Steuerrechtsverhältnis verbindlich und einer gerichtlichen Überprüfung regelmäßig nicht zugänglich.[2980] Die zu der Grundbesitzbewertung ergangene Rechtsprechung soll nach Auffassung der Gesetzgeber auch auf die grundsteuerliche Bewertung nach dem Bundesrecht[2981] und nach dem baden-württembergischen Landesrecht[2982] übertragen werden. Dabei ist jedoch hervorzuheben, dass der Gesetzgeber jeweils nur explizit auf die Verbindlichkeit der Bodenrichtwerte für die Beteiligten im Steuerrechtsverhältnis und nicht auch auf die eingeschränkte gerichtliche Überprüfbarkeit der Bodenrichtwerte Bezug nimmt. Die steuerrechtliche

2978 FG Rheinland-Pfalz, Beschl. v. 23.11.2023 – 4 V 1295/23, juris Rn. 51 ff., 121; allgemein für Mitteilungen der Gutachterausschüsse Nds. FG, Urt. v. 17.09.2015 – 1 K 147/12, EFG 2016, 185, juris Rn. 43; *Birgel*, UM 2/2003, 57 (58); *Eisele*, NWB 2003, 565 (589); *Hey*, ZG 2019, 297 (317); *Krumm*, FR 2023, 957 (963); a. A. *Mandler/Schulze/Zochert*, DStR 2023, 1329 (1335).

2979 FG Rheinland-Pfalz, Beschl. v. 23.11.2023 – 4 V 1295/23, juris Rn. 49 f., 113; *Eisele*, NWB 2003, 565 (589); *Birgel*, UM 2/2003, 57 (58); *Hey*, ZG 2019, 297 (317).

2980 BFH, Urt. v. 11.05.2005 – II R 21/02, BStBl. II 2005, 686, juris Rn. 11; BFH, Urt. v. 18.08.2005 – II R 62/03, BStBl. II 2006, 5, juris Rn. 10; BFH, Urt. v. 26.04.2006 – II R 58/04, BStBl. II 2006, 793, juris Rn. 25; BFH, Urt. v. 12.07.2006 – II R 1/04, BStBl. II 2006, 742, juris Rn. 7; BFH, Urt. v. 05.12.2007 – II R 70/05, BFH/NV 2008, 757, juris Rn. 11; BFH, Urt. v. 16.12.2009 – II R 15/09, BFH/NV 2010, 1085, juris Rn. 13; BFH, Urt. v. 25.08.2010 – II R 42/09, BStBl. II 2011, 205, juris Rn. 15.

2981 Entwurf zum GrStRefG 2019 v. 25.06.2019, BT-Drs. 19/11085, S. 109; so nun auch die Finanzverwaltung *Senatsverwaltung für Finanzen Berlin*, Runderlass v. 16.06.2022 – S 3262-1/2022-1, GrStWert-Nr. 3/2022, Tz. 5.

2982 *LT BW*, Entwurf eines LGrStG v. 30.09.2020, LT-Drs. 16/8907, S. 81.

Literatur[2983] und die Finanzverwaltung[2984] gehen jedenfalls davon aus, dass die finanzgerichtliche Rechtsprechung auch hinsichtlich der gerichtlichen Überprüfbarkeit der Bodenrichtwerte auf die Grundsteuerwertermittlung zu übertragen ist.

Zumindest im Rahmen der Grundbesitzbewertung gilt daher, dass eine finanzgerichtliche Überprüfung der Bodenrichtwerte im Regelfall ausgeschlossen ist. Wann im Ausnahmefall eine Überprüfung möglich sein soll, ist derzeit nicht geklärt.[2985] Einschlägige Rechtsprechung des Bundesfinanzhofs gibt es hierzu derzeit nicht. Nach einer teilweise von den Finanzgerichten vertretenen Auffassung hat zumindest eine Überprüfung auf offensichtliche Unrichtigkeiten zu erfolgen.[2986] In welchem Umfang Art. 19 Abs. 4 GG eine finanzgerichtliche Überprüfung der Bodenrichtwerte gebietet, wird insbesondere unter Gliederungspunkt § 4, III., 4. dargestellt.

c) Überprüfung der steuerlichen Bodenwertermittlung

Einer gerichtlichen Überprüfung regelmäßig nicht zugänglich sind nach ständiger Rechtsprechung des Bundesfinanzhofs nur die Bodenrichtwerte als Bewertungsgrundlagen, nicht die steuerliche Bodenwertermittlung im Bodenrichtwertverfahren. Einer finanzgerichtlichen Überprüfung unterliegt daher grundsätzlich die Auswahl des maßgeblichen Bodenrichtwerts durch das Finanzamt und in Ausnahmefällen auch dessen Eignung für die

---

2983 *Seer*, FR 2019, 941 (947); *Bock*, in: Grootens, GrStG, 2. Aufl. 2022, § 247 BewG, Rn. 91; *Knittel*, in: Stenger/Loose, Bewertungsrecht, § 247 BewG, 160. EL, 5/2022, Rn. 80, 142; wohl auch *Eichholz*, DStR 2020, 1158 (1166); *Mandler/Schulze/Zochert*, DStR 2023, 1329 (1333).

2984 AE HGrStG zu § 7 (Faktor) Vor Abs. 1 bis 3; *Senatsverwaltung für Finanzen Berlin*, Runderlass v. 16.06.2022 – S 3262-1/2022-1, GrStWert-Nr. 3/2022, Tz. 5; vgl. auch den Vortrag des Finanzamts bei FG Rheinland-Pfalz, Beschl. v. 23.11.2023 – 4 V 1295/23, juris Rn. 30; *Mandler/Schulze/Zochert*, DStR 2023, 1329 (1332 f.).

2985 FG Rheinland-Pfalz, Beschl. v. 23.11.2023 – 4 V 1295/23, juris Rn. 310; *Hey*, Stellungnahme zur Reform der Grundsteuer, 2019, S. 23.

2986 Nds. FG, Urt. v. 17.09.2015 – 1 K 147/12, EFG 2016, 185, juris Rn. 41; Nds. FG, Urt. v. 24.03.2022 – 1 K 267/19, juris Rn. 54; FG Niedersachsen, Urt. v. 01.12.2022 – 1 K 90/19, EFG 2023, 760, juris Rn. 94; FG Köln, Beschl. v. 11.04.2019 – 4 V 405/19, EFG 2019, 1258, juris Rn. 20; *Bock*, in: Viskorf/Schuck/Wälzholz, ErbStG/BewG, 7. Aufl. 2023, § 179 BewG, Rn. 14; *Bock*, in: Grootens, GrStG, 2. Aufl. 2022, § 247 BewG, Rn. 91.

streitgegenständliche Bewertung. Finanzgerichtlich überprüfbar ist außerdem die Anpassung des Bodenrichtwerts durch das Finanzamt an die wertbeeinflussenden Grundstücksmerkmale des Bewertungsobjekts.[2987] Durch diese finanzgerichtliche Überprüfung vermindert sich jedoch nicht das Bedürfnis nach der isolierten Überprüfung der Bodenrichtwerte, da diese das maßgebliche Wertniveau vorgeben. Entsprechende Wertverzerrungen infolge eines fehlerhaften Bodenrichtwerts können nicht durch eine sachgerechte Anpassung der Bodenrichtwerte ausgeglichen werden. Dies gilt beispielsweise auch dann, wenn es der Gutachterausschuss unterlassen hat, wertbeeinflussende Grundstücksmerkmale der Bodenrichtwertzone darzustellen, sodass das Finanzamt in Unkenntnis dieses Umstandes auf eine Anpassung verzichtet hat.[2988] Einer vollständigen gerichtlichen Überprüfung unterliegt auch der vom Finanzamt nach § 179 Satz 4 BewG bzw. § 247 Abs. 3 BewG ermittelte Bodenwert.[2989]

2. Vermeidung des steuerlichen Boden(richt)wertansatzes durch Wertnachweis

In einigen normierten steuerlichen Bewertungssystemen wird dem Steuerpflichtigen die Möglichkeit eingeräumt, einen niedrigeren gemeinen Wert des Bewertungsobjekts nachzuweisen. Gesetzlich geregelt ist eine solche Öffnungsklausel für die Grundbesitzbewertung in § 198 BewG[2990] und für die grundsteuerliche Bewertung in Baden-Württemberg in § 38 Abs. 4 LGrStG BW.[2991] Für die bundesrechtliche grundsteuerliche Bewertung war eine solche Nachweismöglichkeit ursprünglich nicht vorgesehen, wurde dann allerdings mit dem JStG 2024 in § 220 Abs. 2 eingeführt.[2992] Für ertragsteuerliche

---

2987 BFH, Urt. v. 12.07.2006 – II R 1/04, BStBl. II 2006, 742, juris Rn. 13; *Bock*, in: Viskorf/Schuck/Wälzholz, ErbStG/BewG, 7. Aufl. 2023, § 179 BewG, Rn. 14.

2988 Siehe hierzu unter Gliederungspunkt § 3, III., 3., d).

2989 Zur Grundbesitzbewertung: BFH, Urt. v. 26.04.2006 – II R 58/04, BStBl. II 2006, 793, juris Rn. 28; *Halaczinsky*, in: Halaczinsky/Riedel, Das neue Erbschaftsteuerrecht, 2009, (83). Zur Grundsteuerwertermittlung: *Bock*, in: Grootens, GrStG, 2. Aufl. 2022, § 247 BewG, Rn. 116; *Knittel*, in: Stenger/Loose, Bewertungsrecht, § 247 BewG, 160. EL, 5/2022, Rn. 178; *Krumm/Paeßens*, GrStG, 2022, § 247 BewG, Rn. 33; *Schnitter*, in: GrStG – eKommentar, § 247 BewG, 12/2022, Rn. 20; *Weiß*, ErbStB 2023, 111 (114).

2990 Siehe hierzu unter Gliederungspunkt § 2, II., 2., d), ee).

2991 Siehe hierzu unter Gliederungspunkt § 2, II., 3., c), bb).

2992 Siehe hierzu unter Gliederungspunkt § 2, II., 3., cc) (4).

Bewertungen stellt sich das Bedürfnis einer solchen Nachweismöglichkeit grundsätzlich nicht, da es nicht zu einer Bewertung in einem typisierenden Verfahren kommt und es dem Steuerpflichtigen regelmäßig freisteht, den Verkehrswert eines Grundstücks durch ein Gutachten nachzuweisen.[2993]

Da sich infolge der typisierenden steuerlichen Bewertung in einzelnen Fällen erhebliche Wertverzerrungen und Überbewertungen ergeben können, bietet eine Öffnungsklausel dem Steuerpflichtigen die Möglichkeit, aus der ungenauen steuerlichen Grundstücksbewertung herauszuoptieren und stattdessen eine präzisere Wertermittlung nach den Grundsätzen der Verkehrswertermittlung vorzunehmen.[2994] Dadurch können die Umstände des Einzelfalls besser und vollständiger berücksichtigt werden und es kann die im Einzelfall am besten geeignete Bewertungsmethode ausgewählt werden. Außerdem können die Wertauswirkungen besonderer objektspezifischer Grundstücksmerkmale besser berücksichtigt werden.[2995] Der typisierende Steuerwert wird in diesen Fällen nicht der Besteuerung zugrunde gelegt, sondern stattdessen der niedrigere nachgewiesene Wert.[2996] Eine solche Öffnungsklausel stellt ein zentrales Bindeglied zwischen der typisierenden steuerlichen Bewertung und der Einzelfallgerechtigkeit dar.[2997]

Bezogen auf die typisierende steuerliche Bodenwertermittlung anhand der Bodenrichtwerte wird dem Steuerpflichtigen durch eine Öffnungsklausel zwar nicht isoliert die Möglichkeit eingeräumt, einen niedrigeren Bodenrichtwert nachzuweisen. Der Wertnachweis bezieht sich auf das Bewertungsobjekt insgesamt und nicht auf einzelne Bewertungsgrundlagen und -faktoren.[2998] Der Steuerpflichtige kann jedoch der typisierenden steuerlichen Bewertung

---

[2993] Vgl. BFH, Urt. v. 02.02.1990 – III R 173/86, BStBl. II 1990, 497, juris Rn. 28; BFH, Urt. v. 15.02.2001 – III R 20/99, BStBl. II 2003, 635, juris Rn. 29; BFH, Urt. v. 21.09.2016 – X R 58/14, BFH/NV 2017, 275, juris Rn. 30; BFH, Urt. v. 19.05.2020 – X R 27/19, BFH/NV 2021, 15, juris.

[2994] *Krumm*, Steuerliche Bewertung als Rechtsproblem, 2014, S. 304 f.

[2995] *Mannek*, in: Stenger/Loose, Bewertungsrecht, § 198 BewG, 130. EL, 7/2015, Rn. 105.

[2996] Vgl. zur Grundbesitzbewertung *Halaczinsky*, in: Rössler/Troll, BewG, § 198 BewG, 30. EL, 8/2019, Rn. 6.

[2997] *Jardin/Roscher*, Die Immobilienwertermittlung aus steuerlichen Anlässen, 2019, S. 274. Siehe aber unter Gliederungspunkt § 3, II., 2., d), cc) zu der begrenzten Wirkung einer solchen Öffnungsklausel zur Gewährleistung einer realitätsgerechten Werterelation.

[2998] R B 198 Abs. 3 Satz 8 ErbStR 2019; BFH, Urt. v. 11.05.2005 – II R 21/02, BStBl. II 2005, 686, juris Rn. 14; *Krumm*, Steuerliche Bewertung als Rechtsproblem, 2014,

anhand des im Einzelfall fehlerhaften oder ungeeigneten Bodenrichtwerts dadurch entgehen, dass er einen niedrigeren gemeinen Wert für das Bewertungsobjekt insgesamt nachweist.[2999] Durch eine Öffnungsklausel reduziert sich folglich auch das Bedürfnis, die Bodenrichtwerte als Bewertungsgrundlage isoliert anzufechten.[3000] Im Rahmen eines Verkehrswertgutachtens kann der Bodenwert alternativ zum Bodenrichtwertverfahren im Preisvergleich (§ 40 Abs. 1 ImmoWertV) oder mittels deduktiver Verfahren (§ 40 Abs. 3 ImmoWertV) ermittelt werden. Bei der Wertermittlung im Bodenrichtwertverfahren (§ 40 Abs. 2 ImmoWertV) soll eine Heranziehung eines Bodenrichtwerts aus einer anderen Bodenrichtwertzone nach Auffassung des Bundesfinanzhofs hingegen nicht zulässig sein.[3001]

Die kompensierende Wirkung einer solchen Nachweismöglichkeit stellt ein wesentliches Argument des Bundesfinanzhofs dar, mit der er die eingeschränkte gerichtliche Überprüfung der Bodenrichtwerte begründet.[3002] Die mit dieser Rechtsprechung verbundene Einschränkung des Rechtsschutzes wird im Falle des Bestehens einer Öffnungsklausel daher in der Literatur noch als hinnehmbar angesehen.[3003] Ob und in welchem Umfang eine solche Nachweismöglichkeit eine Einschränkung der gerichtlichen Kontrolldichte rechtfertigen kann, wird an späterer Stelle untersucht.[3004]

S. 177; *Grootens*, in: Lippross/Seibel, BK StR, § 198 BewG, 128. EL, 10/2021, Rn. 9; *Grootens*, in: Lippross/Seibel, BK StR, § 179 BewG, 140. EL, 10/2023, Rn. 63.

2999 Vgl. zu den Anwendungsfällen eines Wertnachweises für die Bewertung unbebauter Grundstücke *Bock*, in: Viskorf/Schuck/Wälzholz, ErbStG/BewG, 7. Aufl. 2023, § 179 BewG, Rn. 64.

3000 *Hey*, ZG 2019, 297 (317 f.); WD v. 31.10.2019: Verfassungsrechtliche Aspekte des GrStRefG, WD 4 – 3000 – 142/19, S. 15.

3001 BFH, Urt. v. 16.09.2020 – II R 1/18, BStBl. II 2021, 594, juris Rn. 17.

3002 BFH, Urt. v. 11.05.2005 – II R 21/02, BStBl. II 2005, 686, juris Rn. 11; vgl. ebenso FG Nürnberg, Urt. v. 27.01.2000 – IV 261/1999, EFG 2000, 610, juris Rn. 3.

3003 *Seer*, FR 2019, 941 (948); *Seer*, in: Tipke/Lang, Steuerrecht, 24. Aufl. 2021, Rn. 16.14; *Halaczinsky*, in: Rössler/Troll, BewG, § 179 BewG, 37. EL, 11/2023, Rn. 4.

3004 Siehe hierzu insbesondere unter Gliederungspunkt § 4, III. 2., a), cc), (2), (e).

II. Allgemeine verfassungsrechtliche Anforderungen an die gerichtliche Kontrolle von Verwaltungshandeln

In diesem Abschnitt werden die sich aus Art. 19 Abs. 4 GG ergebenden Anforderungen an die gerichtliche Kontrolle von Verwaltungshandeln dargestellt. Eingegangen wird dabei zunächst auf den generell gebotenen Umfang und die Intensität der gerichtlichen Kontrolle (dazu sogleich unter Gliederungspunkt 1.). Anschließend wird untersucht, in welchen Fällen Ausnahmen von der grundsätzlich gebotenen gerichtlichen Kontrolldichte zulässig sind (dazu unter Gliederungspunkt 2.). Der Schwerpunkt der Darstellung liegt dabei zunächst auf den vom Bundesverfassungsgericht aufgestellten Grundsätzen, die auch von den Finanzgerichten zu beachten sind. Anschließend wird auf die Rechtsprechung der Verwaltungsgerichte zur eingeschränkten Kontrolldichte bei Entscheidungen durch sachverständige Gremien und bei der Wertermittlung durch die Gutachterausschüsse eingegangen.

1. Gebot der Effektivität des Rechtsschutzes

Nach Art. 19 Abs. 4 GG steht für jeden, der durch die öffentliche Gewalt in seinen Rechten verletzt wird, der Rechtsweg offen. Die hierdurch statuierte Rechtsweggarantie gewährleistet nicht nur, dass überhaupt ein Gericht angerufen werden kann, sondern eröffnet auch eine tatsächlich wirksame und möglichst lückenlose gerichtliche Kontrolle.[3005] Die Effektivität des Rechtsschutzes wird vorrangig von den Prozessordnungen gewährleistet, dessen Ausgestaltung grundsätzlich im Gestaltungsspielraum des Gesetzgebers liegt. Zur Inanspruchnahme des Rechtsschutzes kann der Gesetzgeber zusätzliche Voraussetzungen vorsehen.[3006] Der Rechtsweg darf jedoch nicht ausgeschlossen werden und er darf auch nicht in unzumutbarer, aus Sachgründen nicht mehr zu rechtfertigender Weise erschwert werden.[3007]

[3005] BVerfG v. 19.06.1973 – 1 BvL 39/69, BVerfGE 35, 263, 274; BVerfG v. 08.05.1979 – 2 BvR 782/78, BVerfGE 51, 176, 185; BVerfG v. 24.07.2018 – 2 BvR 1961/09, BVerfGE 149, 346, 363 f.; *Sachs*, in: Sachs, GG, 9. Aufl. 2021, Art. 19, Rn. 143. m. w. N.

[3006] BVerfG v. 29.10.1975 – 2 BvR 630/73, BVerfGE 40, 272, 274; BVerfG v. 30.04.1997 – 2 BvR 817/90 u. a., BVerfGE 96, 27, 39; BVerfG v. 27.10.1999 – 1 BvR 385/90, BVerfGE 101, 106, 123; BVerfG v. 24.07.2018 – 2 BvR 1961/09, BVerfGE 149, 346, 366.

[3007] BVerfG v. 12.01.1960 – 1 BvL 17/59, BVerfGE 10, 264, 268; BVerfG v. 06.06.1967 – 2 BvR 375/60 u. a., BVerfGE 22, 49, 81 f.; BVerfG v. 29.10.1975 – 2 BvR 630/73, BVerfGE 40, 272, 274 f.; BVerfG v. 27.10.1999 – 1 BvR 385/90, BVerfGE 101, 106, 123 f.

Eine prinzipale Kontrolle von Akten öffentlicher Gewalt ist nicht zwingend vorzusehen, solange mittels einer inzidenten Rechtskontrolle eine effektive Beseitigung von Rechtsverletzungen möglich ist.[3008] Eine wirksame Inzidentkontrolle erfordert allerdings, dass mit ihr sämtliche rechtsverkürzenden Auswirkungen des in Rede stehenden Verwaltungshandelns auch tatsächlich beseitigt werden können.[3009]

Innerhalb des vom Gesetzgeber eröffneten Rechtswegs steht dem Bürger ein Anspruch auf eine wirksame gerichtliche Kontrolle zu.[3010] Dieser Anspruch umfasst grundsätzlich eine vollständige Kontrolle des Verwaltungshandelns in tatsächlicher und rechtlicher Hinsicht,[3011] also eine vollständige Rechts- und Tatsachenkontrolle.[3012] Das prüfende Gericht ist verpflichtet, die tatsächlichen Grundlagen selbst zu ermitteln und seine rechtliche Auffassung unabhängig von der Verwaltung, deren Entscheidung angegriffen wird, zu gewinnen und zu begründen.[3013] An Tatsachenfeststellungen oder Wertungen der Verwaltung ist das Gericht grundsätzlich nicht gebunden.[3014] Die vom Gericht grundsätzlich vorzunehmende vollständige Rechtsanwendungskontrolle umfasst alle Handlungsschritte der Verwaltung, die für die Rechtsanwendung erforderlich sind, also die Aufklärung des Sachverhalts,

---

3008 BVerfG v. 24.07.2018 – 2 BvR 1961/09, BVerfGE 149, 346, 364; *Huber*, in: v. Mangoldt/Klein/Starck, GG, 7. Aufl. 2018, Art. 19, Rn. 471; *Schmidt-Aßmann*, in: Dürig/Herzog/Scholz, GG, Art. 19 Abs. 4 GG, 92. EL, 8/2020, Rn. 72 ff.

3009 *Huber*, in: v. Mangoldt/Klein/Starck, GG, 7. Aufl. 2018, Art. 19, Rn. 471.

3010 BVerfG v. 30.04.1997 – 2 BvR 817/90 u. a., BVerfGE 96, 27, 39; BVerfG v. 05.12.2001 – 2 BvR 527/99, BVerfGE 104, 220, 232.

3011 BVerfG v. 05.02.1963 – 2 BvR 21/60, BVerfGE 15, 275 (282); BVerfG v. 19.06.1973 – 1 BvL 39/69, BVerfGE 35, 263, 274; BVerfG v. 31.05.2011 – 1 BvR 857/07, BVerfGE 129, 1, 20; *Schmidt-Aßmann*, DVBl. 1997, 281 (283); *Schmidt-Aßmann*, in: Dürig/Herzog/Scholz, GG, Art. 19 Abs. 4 GG, 92. EL, 8/2020, Rn. 180.

3012 *Schmidt-Aßmann*, DVBl. 1997, 281 (283).

3013 BVerfG v. 27.10.1999 – 1 BvR 385/90, BVerfGE 101, 106, 123; *Huber*, in: v. Mangoldt/Klein/Starck, GG, 7. Aufl. 2018, Art. 19, Rn. 469.

3014 BVerfG v. 05.02.1963 – 2 BvR 21/60, BVerfGE 15, 275 (282); BVerfG v. 17.04.1991 – 1 BvR 419/81 u. a., BVerfGE 84, 34, 49; BVerfG v. 31.05.2011 – 1 BvR 857/07, BVerfGE 129, 1, 20; *Schmidt-Aßmann*, in: Dürig/Herzog/Scholz, GG, Art. 19 Abs. 4 GG, 92. EL, 8/2020, Rn. 183; *Huber*, in: v. Mangoldt/Klein/Starck, GG, 7. Aufl. 2018, Art. 19, Rn. 469.

die verbindliche Gesetzesauslegung und die Subsumtion.[3015] Den Gerichten kommt somit grundsätzlich eine Letztentscheidungskompetenz zu.[3016]

In tatsächlicher Hinsicht hat das Gericht den entscheidungserheblichen Sachverhalt eigenständig soweit zu ermitteln, wie dies für die gerichtliche Entscheidungsfindung erforderlich ist (vgl. § 86 Abs. 1 VwGO, § 76 Abs. 1 FGO).[3017] Die richterliche Kontrolle darf sich nicht auf bloße Rechtsfehler beschränken.[3018] Dies gilt selbst dann, wenn das jeweilige materielle Recht der Verwaltung Beurteilungs- oder Ermessensspielräume zugesteht, da sich diese Spielräume nicht auf die Feststellung von Tatsachen erstrecken.[3019] Die Gerichte haben daher zu prüfen, ob die Behörde für ihre Entscheidung alle relevanten Tatsachen berücksichtigt hat.[3020] Ist die Behörde von einem unzutreffenden Sachverhalt ausgegangen, ist die behördliche Entscheidung aufzuheben.[3021]

In rechtlicher Hinsicht hat die Kontrolle des Verwaltungshandelns ausschließlich am Maßstab des Rechts zu erfolgen.[3022] Die gerichtlichen Beurteilungsmaßstäbe sind deshalb identisch mit den an die Exekutive gerichteten Verhaltensnormen. Im Rahmen der gerichtlichen Kontrolle sollen die Gerichte messen, ob diese Verhaltensnormen eingehalten wurden. Sie sollen nicht selbst Grundlagen und Maßstäbe des Messens finden oder entwickeln. Dies ist Aufgabe des Gesetzgebers.[3023] Die gerichtliche Kontrolle umfasst bei der Rechtsanwendung auf den ermittelten Sachverhalt zwei Stufen: die Auslegung des Gesetzesbegriffs und die Subsumtion des ermittelten Sachverhalts unter diesen Begriff.[3024] Die Rechtsanwendung der Behörde ist durch die Gerichte grundsätzlich vollständig zu überprüfen (zu den

---

3015 *Kutscheidt*, NWVBl. 1995, 121 (122); *Kment/Vorwalter*, JuS 2015, 193 (194).
3016 *Ramsauer*, in: GedS Kopp, 2007, S. 72 (80).
3017 BVerwG, Urt. v. 30.10.2019 – 6 C 18/18, BVerwGE 167, 33, juris Rn. 12; *Kutscheidt*, NWVBl. 1995, 121 (123); *Berg*, in: FS Maurer, 2001, S. 529 (535 ff.).
3018 *Papier*, in: HStR VIII, 3. Aufl. 2010, § 177, Rn. 68.
3019 *Papier*, in: HStR VIII, 3. Aufl. 2010, § 177, Rn. 69.
3020 *Bachof*, JZ 1955, 97 (99).
3021 *Papier*, in: HStR VIII, 3. Aufl. 2010, § 177, Rn. 69.
3022 BVerfG v. 08.07.1982 – 2 BvR 1187/80, BVerfGE 61, 82, 111; *Schmidt-Aßmann*, DVBl. 1997, 281 (283); *Papier*, in: HStR VIII, 3. Aufl. 2010, § 177, Rn. 70; *Ramsauer*, in: GedS Kopp, 2007, S. 72 (81); *Kment/Vorwalter*, JuS 2015, 193 (195).
3023 *Papier*, in: HStR VIII, 3. Aufl. 2010, § 177, Rn. 70.
3024 *Kutscheidt*, NWVBl. 1995, 121 (123).

Ausnahmen sogleich).[3025] Dies gilt auch, sofern die behördliche Entscheidung auf unbestimmten Rechtsbegriffen beruht. Auch diese sind vollständig gerichtlich überprüfbar und von den Gerichten zu konkretisieren.[3026]

2. Einschränkung der gerichtlichen Kontrolldichte

a) Einschränkbarkeit von Art. 19 Abs. 4 GG

Die in Art. 19 Abs. 4 GG normierte Rechtsschutzgarantie besitzt selbst Grundrechtsqualität.[3027] Ein Gesetzesvorbehalt, der eine Einschränkung durch Gesetz zulässt, ist für dieses Grundrecht nicht vorgesehen.[3028] Eine Einschränkung ist jedoch nach den allgemeinen Grundsätzen möglich, die für die Einschränkung schrankenlos gewährleisteter Grundrechte entwickelt wurden.[3029] Eine Beschränkung ist daher in den durch das Grundgesetz ausdrücklich vorgesehenen Fällen und durch Grundrechte Dritter oder andere Verfassungsrechtsgüter grundsätzlich möglich.[3030]

Allerdings handelt es sich bei Art. 19 Abs. 4 GG nicht um ein Freiheitsrecht im engeren Sinne. Die Rechtsschutzgarantie findet primär in dem vom Gesetzgeber vorgegebenen gesetzlichen Rahmen für das Verwaltungshandeln Anwendung. Die gesetzesakzessorische gerichtliche Kontrolle ist stets abhängig von den Wertungen des Gesetzgebers. Es ist Aufgabe des Gesetzgebers zu entscheiden, ob und in welchem Umfang Verhaltensmaßstäbe für die Verwaltung zu normieren sind.[3031] Welche Steuerungskraft und Maßstabsfä-

---

3025 BVerfG v. 05.02.1963 – 2 BvR 21/60, BVerfGE 15, 275 (282); BVerfG v. 19.06.1973 – 1 BvL 39/69, BVerfGE 35, 263, 274; BVerfG v. 31.05.2011 – 1 BvR 857/07, BVerfGE 129, 1, 20.

3026 BVerfG v. 17.04.1991 – 1 BvR 419/81 u. a., BVerfGE 84, 34, 49 f.; BVerfG v. 31.05.2011 – 1 BvR 857/07, BVerfGE 129, 1, 21; *Sachs*, in: Sachs, GG, 9. Aufl. 2021, Art. 19, Rn. 146.

3027 BVerfG v. 05.12.2001 – 2 BvR 527/99, BVerfGE 104, 220, 231; BVerfG v. 31.05.2011 – 1 BvR 857/07, BVerfGE 129, 1, 20; BVerfG v. 24.07.2018 – 2 BvR 1961/09, BVerfGE 149, 346, 363; *Papier*, in: HStR VIII, 3. Aufl. 2010, § 177, Rn. 1.

3028 *Papier*, in: HStR VIII, 3. Aufl. 2010, § 177, Rn. 11; *Schulze-Fielitz*, in: Dreier (Hrsg.), GG, Bd. 1, 3. Aufl. 2013, Art. 19 Abs. 4, Rn. 140.

3029 *Huber*, in: v. Mangoldt/Klein/Starck, GG, 7. Aufl. 2018, Art. 19, Rn. 381; *Schulze-Fielitz*, in: Dreier (Hrsg.), GG, Bd. 1, 3. Aufl. 2013, Art. 19 Abs. 4, Rn. 140.

3030 *Schulze-Fielitz*, in: Dreier (Hrsg.), GG, Bd. 1, 3. Aufl. 2013, Art. 19 Abs. 4, Rn. 140.

3031 BVerfG v. 31.05.2011 – 1 BvR 857/07, BVerfGE 129, 1, 22; *Papier*, in: HStR VIII, 3. Aufl. 2010, § 177, Rn. 7; *Eichberger*, NVwZ-Beil. 2013, 18 (20 f.); *Schmidt-Aßmann/T. Groß*, NVwZ 1993, 617 (619).

higkeit den Rechtsnormen zukommen muss, richtet sich nicht nach Art. 19 Abs. 4 GG, sondern nach anderen Verfassungsnormen oder -prinzipien. Zu nennen sind hier insbesondere die Grundrechte sowie das Rechtsstaats- und das Demokratieprinzip und die hieraus folgenden Grundsätze der Bestimmtheit und Normenklarheit.[3032] Es ist primär Aufgabe und Kompetenz des Gesetzgebers, die Macht der Exekutive zu begrenzen.[3033] Die gerichtliche Kontrolle des Verwaltungshandelns endet dort, wo das materielle Recht in verfassungsrechtlich unbedenklicher Weise das Entscheidungsverhalten nicht vollständig determiniert und der Verwaltung einen Einschätzungs- und Auswahlspielraum belässt.[3034]

Bei der Bestimmung der Rechtsschutzintensität ist von den Gerichten auch die grundrechtliche Kompetenzverteilung zwischen Exekutive und Judikative zu beachten.[3035] Der Vollzug der Gesetze ist in Art. 20 Abs. 2 Satz 2, Abs. 3 GG der Verwaltung und nicht den Gerichten zugewiesen. Die Verwaltung verfügt in ihren speziellen Fachgebieten meist über eine größere Erfahrung und Praxisnähe als die Gerichte.[3036] Der Gesetzgeber räumt der Verwaltung daher teilweise Entscheidungsspielräume ein, indem er das Verhalten der Behörde gesetzlich nicht vollständig determiniert.[3037] Selbst wenn der Gesetzgeber das Verhalten der Behörde normiert hat, gibt es innerhalb des gesetzlichen Rahmens häufig mehrere vertretbare Ergebnisse.[3038] Ersetzt das Gericht eine rechtmäßige vertretbare Entscheidung der Behörde durch eine eigene Entscheidung, die es zwar nicht unbedingt für rechtmäßiger, aber für besser geeignet hält, beeinträchtigt dies die zwischen Exekutive und Judikative bestehende Gewaltenteilung. Umgekehrt müssen die Gerichte grundsätzlich nach Art. 19 Abs. 4 GG eine vollständige

---

[3032] BVerfG v. 31.05.2011 – 1 BvR 857/07, BVerfGE 129, 1, 22 f.; BVerfG v. 08.12.2011 – 1 BvR 1932/08, NVwZ 2012, 694 (695); *Schmidt-Aßmann/T. Groß*, NVwZ 1993, 617 (620).

[3033] *Schmidt-Aßmann/T. Groß*, NVwZ 1993, 617 (620); *Papier*, in: HStR VIII, 3. Aufl. 2010, § 177, Rn. 7; *Kment/Vorwalter*, JuS 2015, 193 (193 f.).

[3034] BVerfG v. 16.12.1992 – 1 BvR 167/87, BVerfGE 88, 40, 61; BVerfG v. 31.05.2011 – 1 BvR 857/07, BVerfGE 129, 1, 22; *Papier*, in: HStR VIII, 3. Aufl. 2010, § 177, Rn. 7; *Eichberger*, NVwZ-Beil. 2013, 18 (21).

[3035] BVerfG v. 16.12.1992 – 1 BvR 167/87, BVerfGE 88, 40, 61.

[3036] *Ossenbühl*, in: FS Redeker, 1993, S. 55 (66 f.).

[3037] BVerfG v. 16.12.1992 – 1 BvR 167/87, BVerfGE 88, 40, 61.

[3038] *Bachof*, JZ 1955, 97 (99).

Überprüfung des Verwaltungshandelns auf dessen Gesetzmäßigkeit gewährleisten und sind dabei an Gesetz und Recht gebunden (Art. 20 Abs. 3 GG).[3039] Die Gerichte müssen daher eine Balance zwischen dem Rechtsschutzauftrag nach Art. 19 Abs. 4 GG und der Respektierung der eigenständigen Aufgaben der Exekutive finden.[3040]

Das sich aus Art. 19 Abs. 4 GG ergebende Gebot der Effektivität des Rechtsschutzes darf vom Gesetzgeber und den Gerichten nicht umgangen werden. Der Gesetzgeber darf das materielle Recht nicht so ausgestalten, dass ein effektiver Rechtsschutz vollständig ausgeschlossen oder faktisch unmöglich gemacht wird. Der wirkliche Gehalt einer Entscheidung darf einer richterlichen Überprüfung nicht vorenthalten werden.[3041] Auch die Gerichte dürfen durch Auslegung des materiellen Rechts einen effektiven Rechtsschutz nicht unterlaufen.[3042]

Einschränkungen der gerichtlichen Kontrolle sind zu einem gewissen Maß zulässig.[3043] Diese dürfen jedoch grundsätzlich nur durch ein Gesetz erfolgen.[3044] Außerdem hat der Gesetzgeber, wenn er durch die Ausgestaltung des materiellen Rechts die gerichtliche Kontrolle einschränken möchte, den für Freiheitseingriffe zugeschnittenen Grundsatz der Verhältnismäßigkeit zu beachten.[3045] Dabei hat der Gesetzgeber das vom Grundsatz der Effektivität des

3039 BVerfG v. 27.10.1999 – 1 BvR 385/90, BVerfGE 101, 106, 123; BVerfG v. 31.05.2011 – 1 BvR 857/07, BVerfGE 129, 1, 22; *Huber*, in: v. Mangoldt/Klein/Starck, GG, 7. Aufl. 2018, Art. 19, Rn. 469.

3040 *Schulze-Fielitz*, in: Dreier (Hrsg.), GG, Bd. 1, 3. Aufl. 2013, Art. 19 Abs. 4, Rn. 117.

3041 BVerfG v. 19.06.1973 – 1 BvL 39/69, BVerfGE 35, 263, 267; BVerfG v. 22.03.1983 – 2 BvR 475/78, BVerfGE 63, 343, 376; BVerfG v. 09.01.1991 – 1 BvR 207/87, BVerfGE 83, 182, 198; BVerfG v. 24.07.2018 – 2 BvR 1961/09, BVerfGE 149, 346, 363; BVerwG, Urt. v. 30.10.2019 – 6 C 18/18, BVerwGE 167, 33, juris Rn. 14; *Papier*, in: HStR VIII, 3. Aufl. 2010, § 177, Rn. 9; *Schulze-Fielitz*, in: Dreier (Hrsg.), GG, Bd. 1, 3. Aufl. 2013, Art. 19 Abs. 4, Rn. 127.

3042 BVerfG v. 09.01.1991 – 1 BvR 207/87, BVerfGE 83, 182, 198; BVerfG v. 23.05.2006 – 1 BvR 2530/04, BVerfGE 116, 1, 18; BVerfG v. 31.05.2011 – 1 BvR 857/07, BVerfGE 129, 1, 22; vgl. auch BVerfG v. 08.12.2011 – 1 BvR 1932/08, NVwZ 2012, 694 (697); BVerwG, Urt. v. 13.12.1979 – 5 C 1/79, BVerwGE 59, 213, juris Rn. 14.

3043 BVerfG v. 31.05.2011 – 1 BvR 857/07, BVerfGE 129, 1, 21 f.

3044 BVerfG v. 31.05.2011 – 1 BvR 857/07, BVerfGE 129, 1, 22. Siehe hierzu sogleich unter Gliederungspunkt § 4, II., 2., b), aa).

3045 BVerfG v. 17.04.1991 – 1 BvR 419/81 u. a., BVerfGE 84, 34, 49; BVerfG v. 20.02.2001 – 2 BvR 1444/00, BVerfGE 103, 142 (18 f.); BVerfG v. 23.05.2006 – 1 BvR 2530/04, BVerfGE

Rechtsschutzes Gebotene mit entgegenstehenden Verfassungsrechtsgütern abzuwägen.[3046] Die Abweichung vom Grundsatz der vollständigen gerichtlichen Kontrolle stellt eine begründungsbedürftige Ausnahme dar.[3047] Es bedarf daher für die Einschränkung der gerichtlichen Kontrolle stets eines hinreichend gewichtigen, am Grundsatz eines wirksamen Rechtsschutzes ausgerichteten Sachgrundes.[3048] Welche Anforderungen an einen solchen Sachgrund zu stellen sind, hat das Bundesverfassungsgericht bislang nicht spezifiziert.[3049] In Betracht kommen insoweit insbesondere mit einer umfangreichen gerichtlichen Kontrolle kollidierende Verfassungsrechte.[3050] Dies können insbesondere Grundrechte, aber auch andere Verfassungsprinzipien sein.[3051] Die Rechtfertigung der Einschränkung der gerichtlichen Kontrolle mit hochabstrakten Verfassungsprinzipien ist jedoch in besonderem Ausmaß begründungsbedürftig.[3052] Die Intensität der gerichtlichen Kontrolle muss der Durchsetzung des materiellen Rechts zudem wirkungsvoll dienen, für diesen Zweck also geeignet und angemessen sein.[3053] Dabei sind umso strengere Anforderungen an die Reduzierung der gerichtlichen Kontrolldichte zu stellen, je intensiver die Verwaltungsentscheidung in die Grundrechte einzelner eingreift und je detaillierter das betroffene Grundrecht Vorgaben für die Bestimmtheit der gesetzlichen Ermächtigung liefert.[3054] Je stärker

116, 1, 18 f.; BVerfG v. 31.05.2011 – 1 BvR 857/07, BVerfGE 129, 1, 22 f.; *Schulze-Fielitz*, in: Dreier (Hrsg.), GG, Bd. 1, 3. Aufl. 2013, Art. 19 Abs. 4, Rn. 140; *Seer*, StuW 2001, 3 (6).

3046 BVerfG v. 20.02.2001 – 2 BvR 1444/00, BVerfGE 103, 142 (18 f.); *Huber*, in: v. Mangoldt/Klein/Starck, GG, 7. Aufl. 2018, Art. 19, Rn. 381; *Schulze-Fielitz*, in: Dreier (Hrsg.), GG, Bd. 1, 3. Aufl. 2013, Art. 19 Abs. 4, Rn. 140.

3047 *Schmidt-Aßmann/T. Groß*, NVwZ 1993, 617 (617).

3048 BVerfG v. 31.05.2011 – 1 BvR 857/07, BVerfGE 129, 1, 23; BVerfG v. 08.12.2011 – 1 BvR 1932/08, NVwZ 2012, 694 (696); BVerfG v. 24.07.2018 – 2 BvR 1961/09, BVerfGE 149, 346, 363; *Bachof*, JZ 1955, 97 (102); *Kment/Vorwalter*, JuS 2015, 193 (197).

3049 *Eichberger*, NVwZ-Beil. 2013, 18 (21).

3050 BVerfG v. 17.04.1991 – 1 BvR 419/81 u. a., BVerfGE 84, 34, 53; BVerfG v. 23.05.2006 – 1 BvR 2530/04, BVerfGE 116, 1, 18 f.

3051 BVerwG, Urt. v. 27.05.1983 – 4 C 40/81 u. a., BVerwGE 67, 206, juris Rn. 19; *Schulze-Fielitz*, in: Dreier (Hrsg.), GG, Bd. 1, 3. Aufl. 2013, Art. 19 Abs. 4, Rn. 132.

3052 *Schulze-Fielitz*, in: Dreier (Hrsg.), GG, Bd. 1, 3. Aufl. 2013, Art. 19 Abs. 4, Rn. 132.

3053 BVerfG v. 17.04.1991 – 1 BvR 419/81 u. a., BVerfGE 84, 34, 49, 53.

3054 BVerfG v. 02.05.1984 – 2 BvR 1413/83, BVerfGE 67, 43, 59; *Schulze-Fielitz*, in: Dreier (Hrsg.), GG, Bd. 1, 3. Aufl. 2013, Art. 19 Abs. 4, Rn. 131.

die Einschränkung der gerichtlichen Kontrolle und die damit verbundene Abkehr vom Regel-Ausnahme-Gehalt des Art. 19 Abs. 4 GG, umso höhere Anforderungen sind an die Rechtfertigungsgründe zu stellen.[3055]

Nimmt ein Gericht eine Einschränkung der gerichtlichen Kontrolle aufgrund eines behördlichen Letztentscheidungsrechts an, das mangels gesetzlicher Grundlage nicht besteht, und unterlässt es deshalb die vollständige Prüfung der Behördenentscheidung auf ihre Gesetzmäßigkeit, steht dies nach Auffassung des Bundesverfassungsgerichts nicht nur im Widerspruch zur Gesetzesbindung der Gerichte (Art. 20 Abs. 3, Art. 97 Abs. 1 GG), sondern verletzt vor allem auch das Versprechen wirksamen Rechtsschutzes aus Art. 19 Abs. 4 Satz 1 GG.[3056]

b) Administrative Letztentscheidungskompetenz

aa) Zulässigkeit administrativer Entscheidungsspielräume

Die Gerichte sind gemäß Art. 19 Abs. 4 GG grundsätzlich verpflichtet, das Verwaltungshandeln in tatsächlicher und rechtlicher Hinsicht vollständig zu kontrollieren.[3057] Ausnahmsweise kann sich jedoch nach der ständigen Rechtsprechung des Bundesverfassungsgerichts eine Einschränkung der gerichtlichen Kontrolle ergeben, wenn der Gesetzgeber der Verwaltung durch Gesetz einen Gestaltungs-, Ermessens- oder Beurteilungsspielraum eröffnet hat (sog. normative Ermächtigungslehre).[3058] Das Entscheidungsverhalten der Verwaltung ist innerhalb dieser Bereiche nicht vollständig determiniert. Der Verwaltung steht in Bezug auf die rechtliche Beurteilung eines Sachverhalts ein gewisser Einschätzungs- und Auswahlspielraum zu (sog. administrative Letztentscheidungskompetenz).[3059] Entscheidungen innerhalb dieses

---

3055 BVerfG v. 16.12.1992 – 1 BvR 167/87, BVerfGE 88, 40, 59; *Schulze-Fielitz*, in: Dreier (Hrsg.), GG, Bd. 1, 3. Aufl. 2013, Art. 19 Abs. 4, Rn. 128.

3056 BVerfG v. 31.05.2011 – 1 BvR 857/07, BVerfGE 129, 1, 22.

3057 BVerfG v. 05.02.1963 – 2 BvR 21/60, BVerfGE 15, 275 (282); BVerfG v. 19.06.1973 – 1 BvL 39/69, BVerfGE 35, 263, 274; BVerfG v. 31.05.2011 – 1 BvR 857/07, BVerfGE 129, 1, 20; *Schmidt-Aßmann*, DVBl. 1997, 281 (283); *Schmidt-Aßmann*, in: Dürig/Herzog/Scholz, GG, Art. 19 Abs. 4 GG, 92. EL, 8/2020, Rn. 180.

3058 BVerfG v. 08.07.1982 – 2 BvR 1187/80, BVerfGE 61, 82, 110 f.; BVerfG v. 16.12.1992 – 1 BvR 167/87, BVerfGE 88, 40, 56; BVerfG v. 20.02.2001 – 2 BvR 1444/00, BVerfGE 103, 142 (156 f.); BVerfG v. 31.05.2011 – 1 BvR 857/07, BVerfGE 129, 1, 21 f.

3059 BVerfG v. 31.05.2011 – 1 BvR 857/07, BVerfGE 129, 1, 22; BVerfG v. 08.12.2011 – 1 BvR 1932/08, NVwZ 2012, 694 (695).

Bereiches obliegen alleine der Verwaltung. Die Gerichte haben die vom Gesetzgeber der Verwaltung zugewiesene Entscheidungskompetenz zu beachten und dürfen nur eine eingeschränkte Kontrolle durchführen.[3060]

Über die Einräumung administrativer Entscheidungsspielräume entscheiden nicht primär die Gerichte, sondern der Gesetzgeber, indem er durch Gesetz einen solchen Entscheidungsspielraum regelt. Das Bundesverfassungsgericht begründet dies mit der in der Verfassung vorgesehenen Rollenverteilung zwischen den drei Staatsgewalten, die nicht von den Gerichten in eigener Kompetenz verschoben werden dürfen. Nur der Gesetzgeber ist berechtigt, das durch Art. 19 Abs. 4 GG grundsätzlich fixierte Verhältnis zwischen Judikative und Legislative partiell zu verändern.[3061] Die Gerichte sind daher zur Annahme eines administrativen Entscheidungsspielraums grundsätzlich nicht befugt, wenn hierfür keine gesetzliche Grundlage besteht.[3062]

Die gesetzliche Zuweisung einer administrativen Letztentscheidungskompetenz steht in einem Spannungsverhältnis zu Art. 19 Abs. 4 GG und der Gesetzesbindung der Gerichte nach Art. 20 Abs. 3, Art. 97 Abs. 1 GG.[3063] Gleichwohl verstoßen administrative Gestaltungs-, Ermessens- und Beurteilungsspielräume nach ständiger Rechtsprechung des Bundesverfassungsgerichts nicht von vornherein gegen das Gebot auf effektiven Rechtsschutz.[3064] Der Gesetzgeber muss allerdings beachten, dass er nur in Ausnahmefällen vom Grundsatz der gerichtlichen Letztentscheidungskompetenz abweichen darf.[3065] Im Übrigen erfordert die Einräumung von Entscheidungsspielräumen für die Verwaltung einen hinreichend gewichtigen Sachgrund und die Beachtung des Verhältnismäßigkeitsgrundsatzes.[3066]

3060 BVerfG v. 16.12.1992 – 1 BvR 167/87, BVerfGE 88, 40, 61; BVerfG v. 23.05.2006 – 1 BvR 2530/04, BVerfGE 116, 1, 18; BVerfG v. 31.05.2011 – 1 BvR 857/07, BVerfGE 129, 1, 22.

3061 BVerfG v. 31.05.2011 – 1 BvR 857/07, BVerfGE 129, 1, 22; *Eichberger*, NVwZ-Beil. 2013, 18 (21); *Huber*, in: v. Mangoldt/Klein/Starck, GG, 7. Aufl. 2018, Art. 19, Rn. 516.

3062 BVerfG v. 31.05.2011 – 1 BvR 857/07, BVerfGE 129, 1, 22.

3063 *T. Jacob/Lau*, NVwZ 2015, 241 (242).

3064 BVerfG v. 16.12.1992 – 1 BvR 167/87, BVerfGE 88, 40, 56; BVerfG v. 20.02.2001 – 2 BvR 1444/00, BVerfGE 103, 142 (157); BVerfG v. 31.05.2011 – 1 BvR 857/07, BVerfGE 129, 1, 21 f.

3065 BVerfG v. 31.05.2011 – 1 BvR 857/07, BVerfGE 129, 1, 23; BVerfG v. 08.12.2011 – 1 BvR 1932/08, NVwZ 2012, 694 (696).

3066 Siehe hierzu vorstehend unter Gliederungspunkt § 4, II., 2., a).

bb) Ermessensspielräume

Wenn der Gesetzgeber der Verwaltung auf der Rechtsfolgenseite einen Entscheidungsspielraum einräumt, spricht man von Ermessen.[3067] Der Rechtsanwender kann die Einräumung eines Ermessensspielraums regelmäßig einfach durch die Verwendung der Begriffe „kann", „darf", „ist befugt" oder „sollte" erkennen.[3068] Das Vorliegen eines Ermessensspielraums ist daher meist unproblematisch festzustellen.[3069] Die Gerichte dürfen die Entscheidung der Behörde bezüglich der Rechtsfolgen nur auf Ermessensfehler überprüfen (vgl. § 114 VwGO).[3070] Unter Wahrung der vom Gesetzgeber der Behörde zugewiesenen Entscheidungskompetenz darf das Gericht die Behörde bei Vorliegen eines Ermessensfehlers grundsätzlich nur zur Neubescheidung des Klägers verurteilen.[3071] Die Einräumung eines begrenzt gerichtlich überprüfbaren Ermessensspielraums für die Verwaltung ist grundsätzlich als mit Art. 19 Abs. 4 GG vereinbar anerkannt.[3072] Bei der übrigen Kontrolle, also hinsichtlich der Ermittlung des Sachverhalts und der rechtlichen Beurteilung der Tatbestandsvoraussetzungen, steht den Gerichten jedoch eine vollständige Prüfungskompetenz zu.[3073]

cc) Beurteilungsspielräume

(1) Voraussetzungen für die Annahme eines Beurteilungsspielraums

Der Gesetzgeber kann sich auch entscheiden, der Verwaltung auf der Tatbestandsebene einer Norm einen Entscheidungsspielraum zu gewähren. Anknüpfungspunkt für die Annahme eines solchen Beurteilungsspielraums[3074] stellt die Verwendung unbestimmter Rechtsbegriffe im Tatbestand

---

3067 Statt vieler *Maurer/Waldhoff*, Allgemeines Verwaltungsrecht, 20. Aufl. 2020, § 7, Rn. 7; *Voßkuhle*, JuS 2008, 117 (117 f.).

3068 *Voßkuhle*, JuS 2008, 117 (117); *Kment/Vorwalter*, JuS 2015, 193 (198).

3069 *Schmidt-Aßmann/T. Groß*, NVwZ 1993, 617 (622); *Kutscheidt*, NWVBl. 1995, 121 (124).

3070 Vgl. zu der Ermessensfehlerlehre *Maurer/Waldhoff*, Allgemeines Verwaltungsrecht, 20. Aufl. 2020, § 7, Rn. 19 ff.

3071 *Papier*, in: HStR VIII, 3. Aufl. 2010, § 177, Rn. 73.

3072 Statt vieler *Schulze-Fielitz*, in: Dreier (Hrsg.), GG, Bd. 1, 3. Aufl. 2013, Art. 19 Abs. 4, Rn. 118 m. w. N.

3073 BVerfG, Beschl. v. 10.12.2009 – 1 BvR 3151/07, NVwZ 2010, 435 (438); *Schmidt-Aßmann/T. Groß*, NVwZ 1993, 617 (624).

3074 Hierzu grundlegend *Bachof*, JZ 1955, 97 (98); vgl. zu ähnlichen Ansätzen in der Literatur *Maurer/Waldhoff*, Allgemeines Verwaltungsrecht, 20. Aufl. 2020, § 7, Rn. 31

dar.[3075] Unter dem Begriff des Beurteilungsspielraums wird diskutiert, ob und unter welchen Voraussetzungen ein unbestimmter Rechtsbegriff der rechtsanwendenden Behörde einen Spielraum bei der Sachverhaltsbeurteilung überlässt, der gerichtlich nur eingeschränkt kontrolliert werden kann.[3076] Ausgangspunkt ist dabei der Grundsatz der Effektivität des Rechtsschutzes, der grundsätzlich eine vollständige Überprüfung des Verwaltungshandelns gebietet, auch wenn der Gesetzgeber einen unbestimmten Rechtsbegriff verwendet hat. Nur ausnahmsweise ist beim Vorliegen eines unbestimmten Rechtsbegriffs ein gerichtlich nur eingeschränkt überprüfbarer Beurteilungsspielraum anzunehmen.[3077] Ein solcher Beurteilungsspielraum muss sich nach der vom Bundesverfassungsgericht vertretenen normativen Ermächtigungslehre grundsätzlich aus dem Gesetz ergeben.[3078] Ob sich ausnahmsweise ein gerichtlich nur eingeschränkt nachprüfbarer administrativer Entscheidungsspielraum auch ohne gesetzliche Grundlage ergeben kann, wenn eine weitergehende gerichtliche Kontrolle zweifelsfrei an die Funktionsgrenzen der Rechtsprechung stieße, hat das Bundesverfassungsgericht bislang ausdrücklich offengelassen.[3079]

Der Gesetzgeber kann einen solchen Beurteilungsspielraum ausdrücklich ins Gesetz schreiben.[3080] Regelmäßig wird er von dieser Möglichkeit jedoch keinen Gebrauch gemacht haben.[3081] Das Vorliegen eines Beurteilungsspielraums ist in diesen Fällen von den Gerichten durch Auslegung

---

m. w. N. Siehe aber auch unter Rn. 34 zu Nachweisen zu Gegenmeinungen in der Literatur.

3075 BVerfG v. 17.04.1991 – 1 BvR 419/81 u. a., BVerfGE 84, 34, 50.

3076 *Bachof*, JZ 1955, 97 (98).

3077 BVerfG v. 17.04.1991 – 1 BvR 419/81 u. a., BVerfGE 84, 34, 49 f.; BVerfG v. 31.05.2011 – 1 BvR 857/07, BVerfGE 129, 1, 23; *Schmidt-Aßmann/T. Groß*, NVwZ 1993, 617 (622).

3078 BVerfG v. 31.05.2011 – 1 BvR 857/07, BVerfGE 129, 1, 22; BVerfG v. 08.12.2011 – 1 BvR 1932/08, NVwZ 2012, 694 (695); *Eichberger*, NVwZ-Beil. 2013, 18 (21); *T. Jacob/Lau*, NVwZ 2015, 241 (242).

3079 BVerfG v. 17.04.1991 – 1 BvR 419/81 u. a., BVerfGE 84, 34, 50; BVerfG v. 31.05.2011 – 1 BvR 857/07, BVerfGE 129, 1, 23; BVerfG v. 08.12.2011 – 1 BvR 1932/08, NVwZ 2012, 694 (696).

3080 BVerfG v. 31.05.2011 – 1 BvR 857/07, BVerfGE 129, 1, 22; *Kment/Vorwalter*, JuS 2015, 193 (196 f.); *Schmidt-Aßmann/T. Groß*, NVwZ 1993, 617 (622).

3081 *Kment/Vorwalter*, JuS 2015, 193 (196).

zu bestimmen.[3082] Hierzu haben die Gerichte die allgemein gebräuchlichen Auslegungsmethoden zu verwenden.[3083] Maßgeblich für die Annahme eines Beurteilungsspielraums ist primär der materiell-rechtliche Regelungszusammenhang.[3084] Nach Auffassung des Bundesverwaltungsgerichts ist ein solcher Beurteilungsspielraum insbesondere bei komplexen und wertenden Entscheidungsprozessen anzunehmen, bei denen auch schwer kalkulierbare Prognosen anzustellen sind.[3085] Allein das Vorliegen eines unbestimmten Rechtsbegriffs lässt den Schluss auf einen behördlichen Beurteilungsspielraum nicht zu, wobei das Bundesverfassungsgericht der Unbestimmtheit des gesetzlichen Maßstabs einen heuristischen Wert beimisst.[3086]

Allein die Annahme, der Gesetzgeber habe der Behörde einen gerichtlich nur eingeschränkt überprüfbaren Beurteilungsspielraum einräumen wollen, genügt jedoch nicht für die Reduzierung der gerichtlichen Kontrolldichte. Die Einschränkung ist verfassungsrechtlich nur zulässig, wenn ein hinreichend gewichtiger, am Grundsatz eines wirksamen Rechtsschutzes ausgerichteter Sachgrund existiert und die Einschränkung auch verhältnismäßig ist.[3087] Zudem darf der Gesetzgeber die Effektivität des Rechtsschutzes nicht durch zu zahlreiche oder weitgreifende Beurteilungsspielräume für ganze Sachbereiche oder gar Rechtsgebiete aushebeln.[3088] Beurteilungsspielräume müssen daher die Ausnahme bleiben.[3089]

3082 BVerfG, Beschl. v. 10.12.2009 – 1 BvR 3151/07, NVwZ 2010, 435 (437); BVerfG v. 31.05.2011 – 1 BvR 857/07, BVerfGE 129, 1, 22; *Schmidt-Aßmann/T. Groß*, NVwZ 1993, 617 (622 f.).

3083 *T. Jacob/Lau*, NVwZ 2015, 241 (243); *Kment/Vorwalter*, JuS 2015, 193 (197).

3084 BVerfG, Beschl. v. 10.12.2009 – 1 BvR 3151/07, NVwZ 2010, 435 (437); *T. Jacob/Lau*, NVwZ 2015, 241 (242 f.).

3085 BVerwG, Urt. v. 30.10.2019 – 6 C 18/18, BVerwGE 167, 33, juris Rn. 15.

3086 BVerfG, Beschl. v. 10.12.2009 – 1 BvR 3151/07, NVwZ 2010, 435 (437); *T. Jacob/Lau*, NVwZ 2015, 241 (242 f.).

3087 BVerfG v. 31.05.2011 – 1 BvR 857/07, BVerfGE 129, 1, 22 f.; *T. Jacob/Lau*, NVwZ 2015, 241 (243); *Enders*, in: BeckOK GG, Art. 19, 56. Ed., 8/2023, Rn. 75. Siehe hierzu unter Gliederungspunkt § 4, II., 2., a).

3088 BVerfG v. 31.05.2011 – 1 BvR 857/07, BVerfGE 129, 1, 23.

3089 *Eichberger*, NVwZ-Beil. 2013, 18 (19).

(2) Gerichtliche Kontrolldichte bei Annahme eines Beurteilungsspielraums

Die Annahme eines Beurteilungsspielraums führt nicht dazu, dass die Rechtsanwendung der Behörde in Bezug auf den unbestimmten Rechtsbegriff keiner gerichtlichen Überprüfung unterliegt; die gerichtliche Kontrolle wird lediglich modifiziert. Um die Modifikation der gerichtlichen Kontrolle konkreter zu beschreiben, ist zunächst in Erinnerung zu rufen, dass die Rechtsanwendung durch die Behörde bei Vorliegen unbestimmter Rechtsbegriffe in drei Schritten abläuft: Die Behörde hat zunächst in einem ersten Schritt den einschlägigen Sachverhalt zu ermitteln. In einem zweiten Schritt hat sie den unbestimmten Rechtsbegriff auszulegen. Schließlich hat sie in einem dritten Schritt den festgestellten Sachverhalt unter den unbestimmten Rechtsbegriff zu subsumieren.[3090]

Die Gerichte haben die Tatsachen, die für die Sachverhaltsbeurteilung der Behörde relevant sind (erster Schritt), vollständig zu ermitteln und zu überprüfen.[3091] Die richterliche Kontrolle hat sich auch bei der Annahme eines Beurteilungsspielraums darauf zu erstrecken, ob sich die Behörde bei der Wahrnehmung ihres Beurteilungsspielraums von zutreffenden Annahmen hat leiten lassen.[3092] Für das Gericht kann dies insbesondere bei naturwissenschaftlich-bewertenden Sachverhalten erhebliche Unsicherheiten mit sich bringen. Das Gericht darf seine Überprüfung des Sachverhalts jedoch auch in diesen Fällen nicht darauf beschränken, dass die von der Behörde zugrunde gelegten Tatsachen von der Behörde „in vertretbarer Weise" angenommen worden sind.[3093] Allein die tatsächliche Komplexität des zu beurteilenden Sachverhalts rechtfertigt nicht die Einschränkung der gerichtlichen Sachverhaltsermittlung. Allerdings kann grundsätzlich angenommen werden, dass das Gericht nicht in größerem Umfang zur Sachverhaltsaufklärung

---

[3090] Allgemein zur Anwendung von Gesetzen *Maurer/Waldhoff*, Allgemeines Verwaltungsrecht, 20. Aufl. 2020, § 7, Rn. 3.

[3091] BVerwG, Urt. v. 03.03.1987 – 1 C 16/86, BVerwGE 39, 197, juris; BVerwG, Urt. v. 16.12.1971 – I C 31.68, BVerwGE 39, 197, juris Rn. 23; BVerwG, Urt. v. 30.10.2019 – 6 C 18/18, BVerwGE 167, 33, juris Rn. 13; *Bachof*, JZ 1955, 97 (99); *Papier*, in: HStR VIII, 3. Aufl. 2010, § 177, Rn. 75, 80; *Schulze-Fielitz*, in: Dreier (Hrsg.), GG, Bd. 1, 3. Aufl. 2013, Art. 19 Abs. 4, Rn. 129.

[3092] BVerfG, Beschl. v. 10.12.2009 – 1 BvR 3151/07, NVwZ 2010, 435 (438).

[3093] BVerfG, Beschl. v. 10.12.2009 – 1 BvR 3151/07, NVwZ 2010, 435 (438); *T. Jacob/Lau*, NVwZ 2015, 241 (243).

verpflichtet ist, als dies die Behörde nach den einschlägigen rechtlichen Vorgaben ist.[3094]

Die abstrakte Auslegung des unbestimmten Rechtsbegriffs, also die Bestimmung des allgemeinen Sinngehalts des gesetzlichen Tatbestandsmerkmals (zweiter Schritt), ist eine Rechtsfrage und zumindest nach ganz herrschender Meinung in vollem Umfang einer gerichtlichen Kontrolle zugänglich.[3095] Mit Art. 19 Abs. 4 GG wäre es nicht vereinbar, der Exekutive auf diesem Bereich einen gerichtsfreien Beurteilungsspielraum einzuräumen. Denn die Interpretation der generell-abstrakten Rechtsnorm und der in ihr enthaltenen unbestimmten Rechtsbegriffe ist eine originäre Funktion der Judikative und keine genuine Verwaltungsfunktion.[3096] Die gerichtliche Kontrolle wird nicht durch normkonkretisierende Verwaltungsvorschriften eingeschränkt, da die Gerichte an diese nicht gebunden sind.[3097]

Die mit der Annahme eines Beurteilungsspielraums verbundene Einschränkung der gerichtlichen Kontrolldichte bezieht sich nach ständiger Rechtsprechung des Bundesverfassungsgerichts nur auf die dritte Stufe der Rechtsanwendung, also auf die Anwendung eines unbestimmten Rechtsbegriffs auf den konkreten Sachverhalt (Subsumtion) und ggfs. die erforderliche Abwägung der maßgeblichen Belange.[3098] Es wird angenommen, dass die Behörde die erforderliche Beurteilung aufgrund ihrer Fachkunde und ggfs. situationsbezogener Besonderheiten besser treffen kann als das Gericht.

3094 *T. Jacob/Lau*, NVwZ 2015, 241 (243); vgl. BVerfG v. 31.05.2011 – 1 BvR 857/07, BVerfGE 129, 1, 22.

3095 BVerfG v. 17.04.1991 – 1 BvR 419/81 u. a., BVerfGE 84, 34, 49 f.; BVerfG v. 16.12.1992 – 1 BvR 167/87, BVerfGE 88, 40, 56; BVerfG, Beschl. v. 10.12.2009 – 1 BvR 3151/07, NVwZ 2010, 435 (438); BVerfG v. 31.05.2011 – 1 BvR 857/07, BVerfGE 129, 1, 21; BVerfG v. 08.12.2011 – 1 BvR 1932/08, NVwZ 2012, 694 (695); *Bachof*, JZ 1955, 97 (98); *Papier*, in: HStR VIII, 3. Aufl. 2010, § 177, Rn. 80; *Krumm*, DStR 2011, 2429 (2432); *Kment/Vorwalter*, JuS 2015, 193 (195).

3096 BVerfG, Beschl. v. 10.12.2009 – 1 BvR 3151/07, NVwZ 2010, 435 (438); *Papier*, in: HStR VIII, 3. Aufl. 2010, § 177, Rn. 74. m. w. N.

3097 BVerfG v. 31.05.2011 – 1 BvR 857/07, BVerfGE 129, 1, 21.

3098 BVerfG v. 16.12.1992 – 1 BvR 167/87, BVerfGE 88, 40, 56, 61; BVerfG, Beschl. v. 10.12.2009 – 1 BvR 3151/07, NVwZ 2010, 435 (438); *Bachof*, JZ 1955, 97 (99); *Kment/Vorwalter*, JuS 2015, 193 (195); *Papier*, in: HStR VIII, 3. Aufl. 2010, § 177, Rn. 75; *Schulze-Fielitz*, in: Dreier (Hrsg.), GG, Bd. 1, 3. Aufl. 2013, Art. 19 Abs. 4, Rn. 119, 126.

Letztendlich geht es um das Letztentscheidungsrecht der Verwaltung bei der Anwendung geltenden Rechts.[3099]

Die Annahme eines Beurteilungsspielraums führt jedoch auch bei diesem Rechtsschritt nicht zu einer vollständigen Zurücknahme der gerichtlichen Kontrolle. Auch der administrative Beurteilungsspielraum unterliegt der gerichtlichen Nachprüfung auf die Einhaltung seiner Grenzen.[3100] Das Gericht hat in diesen Fällen zu überprüfen, ob die Behörde *erstens* den Gehalt der anzuwendenden Begriffe und den gesetzlichen Rahmen, in dem sie sich bewegen kann, erkannt hat, *zweitens* von einem zutreffenden und vollständig ermittelten Sachverhalt ausgegangen ist, *drittens* die allgemeingültigen Beurteilungsmaßstäbe und die Regeln des inneren Entscheidungsverfahrens beachtet hat und sich *viertens* nicht von sachfremden Erwägungen hat leiten lassen.[3101] Damit eine entsprechende gerichtliche Überprüfung durchgeführt werden kann, ist eine Begründung der Behörde erforderlich.[3102] Unbeschadet des Vorliegens von Beurteilungsfehlern muss sich das Gericht in jedem Fall stets so weit versichern, dass es die Unrichtigkeit der Verwaltungsentscheidung ausschließen kann.[3103] Werden im Klageverfahren fachliche Einwände vorgebracht, die die Beurteilung der Behörde nachhaltig erschüttern, ist das Gericht grundsätzlich verpflichtet, diesen nachzugehen. Kann es die Richtigkeit der Verwaltungsentscheidung nicht aufgrund eigener Kompetenz beurteilen, muss es sich sachverständiger Hilfe bedienen.[3104]

dd) Generell anerkannte administrative Entscheidungsspielräume

Das Bundesverfassungsgericht erkennt eine Einschränkung der generell gebotenen gerichtlichen Vollkontrolle behördlicher Entscheidungen grundsätzlich

---

[3099] *Papier*, in: HStR VIII, 3. Aufl. 2010, § 177, Rn. 75.

[3100] *Bachof*, JZ 1955, 97 (102).

[3101] BVerfG v. 17.04.1991 – 1 BvR 419/81 u. a., BVerfGE 84, 34, 53 f.; BVerfG, Beschl. v. 10.12.2009 – 1 BvR 3151/07, NVwZ 2010, 435 (438); BVerfG v. 08.12.2011 – 1 BvR 1932/08, NVwZ 2012, 694 (697); BVerwG, Urt. v. 30.10.2019 – 6 C 18/18, BVerwGE 167, 33, juris Rn. 13; *Schmidt-Aßmann*, in: Dürig/Herzog/Scholz, GG, Art. 19 Abs. 4 GG, 92. EL, 8/2020, Rn. 192; *T. Jacob/Lau*, NVwZ 2015, 241 (243); *Schulze-Fielitz*, in: Dreier (Hrsg.), GG, Bd. 1, 3. Aufl. 2013, Art. 19 Abs. 4, Rn. 129.

[3102] BVerwG, Urt. v. 16.12.1971 – I C 31.68, BVerwGE 39, 197, juris Rn. 23.

[3103] BVerfG v. 16.12.1992 – 1 BvR 167/87, BVerfGE 88, 40, 59 f.

[3104] BVerfG v. 16.12.1992 – 1 BvR 167/87, BVerfGE 88, 40, 59 f.

nur an, wenn der Gesetzgeber der Behörde durch Gesetz entweder einen Beurteilungs- oder einen Ermessensspielraum eingeräumt hat. Diese Differenzierung beruht auf der Annahme, dass administrative Entscheidungsspielräume an die konditionale Normstruktur anknüpfen und dass dementsprechend zwischen Spielräumen auf der Tatbestands- und der Rechtsfolgenseite zu unterscheiden ist.[3105] Die vom Bundesverfassungsgericht vorgenommene Zweiteilung zwischen Ermessens- und Beurteilungsspielräumen wird den abgestuften Regelungsspielräumen der geltenden Gesetzesvielfalt nur idealtypisch gerecht.[3106] In der Literatur besteht daher seit langem das Bestreben, einen einheitlichen administrativen Entscheidungsspielraum zu konstruieren.[3107] Auch das Bundesverwaltungsgericht sieht offenbar das Bedürfnis für die Umschreibung von Fallgruppen, in denen eine Einschränkung der gerichtlichen Kontrolle anzunehmen ist.[3108] Nach der Rechtsprechung des Bundesverwaltungsgerichts haben sich insbesondere die folgenden Fallgruppen herausgebildet: Prüfungsentscheidungen, prüfungsähnliche Entscheidungen, beamtenrechtliche Beurteilungen, Prognoseentscheidungen und Risikobewertungen sowie Entscheidungen wertender Art durch weisungsfreie, mit Sachverständigen und/oder Interessenvertretern besetzten Ausschüsse.[3109] Dem Bundesverfassungsgericht sind diese Fallgruppen bekannt. Es sieht diese jedoch nicht als verbindlich an. Maßgeblich ist nicht, ob ein zu entscheidender Fall einer solchen Fallgruppe zugeordnet werden kann, sondern ob der Gesetzgeber bei der Zuweisung des administrativen Entscheidungsspielraums die verfassungsrechtlich vorgegebenen Grenzen beachtet hat.[3110] Dabei ist zu beobachten, dass das Bundesverfassungsgericht die Effektivität der gerichtlichen Kontrolle höher gewichtet und höhere Voraussetzungen

---

3105 *Kment/Vorwalter*, JuS 2015, 193 (195).

3106 *Schulze-Fielitz*, in: Dreier (Hrsg.), GG, Bd. 1, 3. Aufl. 2013, Art. 19 Abs. 4, Rn. 120.

3107 Siehe z. B. *Ramsauer*, in: GedS Kopp, 2007, S. 72 (77). s. a. *Krumm*, DStR 2011, 2429 (2430). m. w. N.

3108 BVerwG, Urt. v. 13.12.1979 – 5 C 1/79, BVerwGE 59, 213, juris Rn. 14; *Schulze-Fielitz*, in: Dreier (Hrsg.), GG, Bd. 1, 3. Aufl. 2013, Art. 19 Abs. 4, Rn. 120.

3109 Statt vieler *Maurer/Waldhoff*, Allgemeines Verwaltungsrecht, 20. Aufl. 2020, § 7, Rn. 37 ff. m. w. N; *Papier*, in: HStR VIII, 3. Aufl. 2010, § 177, Rn. 79 m. w. N.

3110 BVerfG, Beschl. v. 10.12.2009 – 1 BvR 3151/07, NVwZ 2010, 435 (438).

für Ausnahmen vorsieht als die Bundesgerichte, insbesondere das Bundesverwaltungsgericht oder der Bundesfinanzhof.[3111]

Die Rechtsprechung des Bundesverwaltungsgerichts ist für die zu untersuchende finanzgerichtliche Kontrolle der Bodenrichtwerte nicht bindend und soll daher an dieser Stelle nicht im Einzelnen dargestellt werden. Für die Untersuchung der gebotenen gerichtlichen Kontrolldichte der von den Gutachterausschüssen ermittelten Bodenrichtwerte kann jedoch die Rechtsprechung des Bundesverwaltungsgerichts zu der Reduzierung der gerichtlichen Kontrolldichte bei Entscheidungen wertender Art durch weisungsfreie, mit Sachverständigen und/oder Interessenvertretern besetzten Ausschüssen wichtige Erkenntnisse liefern.[3112] Da auch die Gutachterausschüsse für Grundstückswerte als ein solches Gremium angesehen werden können, wird die Rechtsprechung des Bundesverwaltungsgerichts zu dieser Fallgruppe im Folgenden kurz zusammengefasst.

Das Bundesverfassungsgericht ging früher davon aus, dass bereits die gesetzliche Zuweisung einer Entscheidung an ein Gremium, welches weisungsunabhängig, staatsfern und nach besonderen Kriterien zusammengesetzt ist, ausreichen kann, um die Annahme eines Beurteilungsspielraums zu begründen.[3113] Dabei stellte das Bundesverwaltungsgericht insbesondere auf folgende Eigenschaften der Gremien ab, die die Einräumung eines Beurteilungsspielraums rechtfertigen könnten: Weisungsunabhängigkeit und Pluralität der Gremien, Fachkunde und Erfahrung der Mitglieder sowie die justizähnliche Ausgestaltung des Verfahrens und die Entscheidungsfindung innerhalb des Gremiums.[3114]

3111 *Maurer/Waldhoff*, Allgemeines Verwaltungsrecht, 20. Aufl. 2020, § 7, Rn. 36; *Eichberger*, NVwZ-Beil. 2013, 18 (20); vgl. z. B. BVerfG v. 16.12.1992 – 1 BvR 167/87, BVerfGE 88, 40, 61 ff.; BVerfG v. 31.05.2011 – 1 BvR 857/07, BVerfGE 129, 1, 28 ff.

3112 BVerwG, Urt. v. 26.11.1992 – 7 C 20/92, BVerwGE 91, 211, juris; *Voßkuhle*, JuS 2008, 117 (118).

3113 BVerwG, Urt. v. 16.12.1971 – I C 31.68, BVerwGE 39, 197, juris Rn. 22; BVerwG, Urt. v. 13.12.1979 – 5 C 1/79, BVerwGE 59, 213, juris Rn. 14; BVerwG, Urt. v. 25.06.1981 – 3 C 35/80, BVerwGE 62, 331, juris Rn. 33 f.; *Schmidt-Aßmann*, in: Dürig/Herzog/Scholz, GG, Art. 19 Abs. 4 GG, 92. EL, 8/2020, Rn. 195.

3114 BVerwG, Urt. v. 16.12.1971 – I C 31.68, BVerwGE 39, 197, juris Rn. 22; BVerwG, Urt. v. 30.10.2019 – 6 C 18/18, BVerwGE 167, 33, juris Rn. 19; BVerwG, Urt. v. 25.06.1981 – 3 C 35/80, BVerwGE 62, 331, juris Rn. 33; *Papier*, in: HStR VIII, 3. Aufl. 2010, § 177, Rn. 78.

Geprägt wurde diese Fallgruppe insbesondere durch die Rechtsprechung zum sog. Zwölfer-Gremium der Bundesprüfstelle für jugendgefährdende Medien.[3115] Nachdem es den Beurteilungsspielraum dieses Gremiums im Laufe der Zeit zunächst eingeschränkt hatte,[3116] entschied das Bundesverwaltungsgericht mit Urteil vom 30. Oktober 2019 unter Aufgabe seiner bisherigen Rechtsprechung, dass diesem Gremium kein Beurteilungsspielraum mehr zukommt.[3117] Allein die vom Gesetzgeber angeordnete Zuständigkeit dieses Gremiums reiche nicht für die Annahme eines Beurteilungsspielraums aus.[3118] Die Rechtsprechung des Bundesverwaltungsgerichts orientiert sich somit wieder enger an der restriktiveren Rechtsprechung des Bundesverfassungsgerichts. Dieses hatte etwa in seiner Privatgrundschul-Entscheidung vom 16. Dezember 1992 judiziert, dass die Einräumung eines umfassenden administrativen Entscheidungsspielraums weder durch die persönliche Erfahrung oder besondere fachliche Kompetenz der zur Entscheidung berufenen Behördenbediensteten noch durch den Komplexitätsgrad der fachlichen Bewertung begründet wird.[3119]

Die gesetzgeberische Zuweisung der Entscheidungsfindung an ein Gremium kann nach Auffassung des Bundesverwaltungsgerichts nicht mehr für sich genommen einen Beurteilungsspielraum des Gremiums begründen, sondern nur noch dann, wenn zusätzliche Umstände hinzukommen, die die Annahme eines Beurteilungsspielraums rechtfertigen. Ein Beurteilungsspielraum eines Gremiums kann nach neuerer Rechtsprechung etwa dann anzunehmen sein, wenn die von dem Gremium durchzuführenden Entscheidungsprozesse besonders schwierig und komplex sind.[3120] Für die Annahme eines Beurteilungsspielraums kann auch sprechen, wenn die Beurteilung durch das Gremium situationsabhängig ist und sich in einem späteren

---

3115 BVerwG, Urt. v. 16.12.1971 – I C 31.68, BVerwGE 39, 197, juris Rn. 22; BVerwG, Urt. v. 26.11.1992 – 7 C 20/92, BVerwGE 91, 211, juris Rn. 15.

3116 BVerwG, Urt. v. 26.11.1992 – 7 C 20/92, BVerwGE 91, 211, juris Rn. 15.

3117 BVerwG, Urt. v. 30.10.2019 – 6 C 18/18, BVerwGE 167, 33, juris Rn. 18 ff.; BVerwG, Urt. v. 05.11.2020 – 3 C 12/19, BVerwGE 170, 273, juris Rn. 22.

3118 BVerwG, Urt. v. 30.10.2019 – 6 C 18/18, BVerwGE 167, 33, juris Rn. 19.

3119 BVerfG v. 16.12.1992 – 1 BvR 167/87, BVerfGE 88, 40, 57 ff.

3120 BVerwG, Urt. v. 30.10.2019 – 6 C 18/18, BVerwGE 167, 33, juris Rn. 15; BVerwG, Urt. v. 05.11.2020 – 3 C 12/19, BVerwGE 170, 273, juris Rn. 23; *Kenkmann*, NVwZ 2020, 565 (568).

gerichtlichen Verfahren nur noch eingeschränkt reproduzieren lässt (z. B. Entscheidungen des Weintestgremiums oder von Prüfungsausschüssen).[3121]

ee) Wertermittlungsspielräume bei der Ermittlung von Verkehrswerten und Bodenrichtwerten

Neben den dargestellten herkömmlichen Fallgruppen der administrativen Entscheidungsspielräume kann nach der verwaltungsgerichtlichen Rechtsprechung eine eingeschränkte gerichtliche Kontrolldichte auch aufgrund eines der Behörde zustehenden Wertermittlungsspielraums anzunehmen sein. Die Rechtsprechung knüpft an die von den Gutachterausschüssen für Grundstückswerte ermittelten Werte an, sodass insoweit anzunehmen ist, dass diese Rechtsprechung unter die Fallgruppe Entscheidungen wertender Art durch weisungsfreie, mit Sachverständigen und/oder Interessenvertretern besetzter Ausschüsse zu fassen ist. Den Wertermittlungen liegen in diesen Fällen oftmals die von den Gutachterausschüssen ermittelten Bodenrichtwerte zugrunde. Die verwaltungsgerichtliche Rechtsprechung bezieht sich daher auch auf die inzidente gerichtliche Kontrolle der Bodenrichtwerte in diesen Verwaltungsverfahren.[3122] Die Intensität der verwaltungsgerichtlichen Kontrolle der Bodenrichtwerte liefert wichtige Erkenntnisse für die spätere Einordnung und Beurteilung der finanzgerichtlichen Überprüfung der Bodenrichtwerte.

(1) Vorliegen eines Wertermittlungsspielraums

Treten durch städtebauliche Sanierungsmaßnahme Bodenwerterhöhungen ein, so sind die Eigentümer der betroffenen Grundstücke nach § 154 BauGB verpflichtet, einen Ausgleichsbetrag in Geld zu entrichten. Die für die Entscheidung erforderliche Wertermittlung (§ 154 Abs. 2 BauGB) obliegt zwar grundsätzlich der Gemeinde. Die für die Bestimmung der Erhöhung des Bodenwerts erforderlichen Anfangs- und Endwerte werden jedoch regelmäßig anhand von besonderen Bodenrichtwerten bestimmt, die vom örtlich zuständigen Gutachterausschuss für Grundstückswerte ermittelt werden

---

3121 *Kenkmann*, NVwZ 2020, 565 (568 f.); vgl. BVerfG v. 17.04.1991 – 1 BvR 419/81 u. a., BVerfGE 84, 34, 52.

3122 So etwa VG Hamburg, Urt. v. 19.02.2015 – 7 K 5146/14, juris Rn. 67 ff.

(§ 196 Abs. 1 Satz 7 BauGB).[3123] Die Ermittlung der besonderen Bodenrichtwerte erfolgt losgelöst vom gemeindlichen Verwaltungsverfahren, ohne dass es für die selbstständigen und unabhängigen Gutachterausschüsse auf das Ergebnis der Wertermittlung ankommt.[3124] Da den von den Gutachterausschüssen ermittelten Grundstückswerten keine Verbindlichkeit zukommt,[3125] sind diese nicht isoliert als Verwaltungsakte anfechtbar.[3126] Eine Kontrolle dieser Grundstückswerte kann jedoch regelmäßig inzident durch Anfechtung der behördlichen Entscheidung erfolgen, der diese Grundstückswerte zugrunde gelegt wurden.[3127] Dies ist im Rahmen des § 154 BauGB regelmäßig der Bescheid, mit dem der Ausgleichsbetrag durch die Gemeinde festgesetzt wird.

Das aus Art. 19 Abs. 4 GG folgende Gebot der Effektivität des Rechtsschutzes gebietet es in diesen Konstellationen, dass bei der gerichtlichen Kontrolle der Verwaltungsentscheidung grundsätzlich auch die der Entscheidung zu Grunde liegende Wertermittlung in tatsächlicher und rechtlicher Hinsicht zu überprüfen ist.[3128] Allerdings räumt die verwaltungsgerichtliche Rechtsprechung bei der Erhebung von Ausgleichsbeträgen der hierfür zuständigen Gemeinde einen gerichtlich nur eingeschränkt überprüfbaren Wertermittlungsspielraum ein.[3129] Die mit der Einräumung des Wertermitt-

---

3123 VG Hamburg, Urt. v. 19.02.2015 – 7 K 5146/14, juris Rn. 60 ff.; *Kleiber/Fieseler*, in: E/Z/B/K, BauGB, § 154 BauGB, 146. EL, 4/2022, Rn. 123.

3124 *Freudling*, BayVBl. 23, 715 (716).

3125 *Engelken*, NJW 1977, 413 (415); *Gaentzsch*, Die Bodenwertabschöpfung im Städtebauförderungsgesetz, 1975, S. 155–157; Entwurf der BReg zum BBauG 1960 v. 16.04.1958, BT-Drs. III/336, S. 107.

3126 BVerwG, Beschl. v. 29.11.1972 – IV B 102.72, DVBl. 1973, 371; OVG Bremen, Urt. v. 15.05.1972 – II BA 114/72, BauR 1972, 304; *Freudling*, BayVBl. 23, 715 (715); *Kleiber*, Verkehrswertermittlung von Grundstücken, 10. Aufl. 2023, § 192 BauGB, Rn. 5.

3127 OVG Bremen, Urt. v. 15.05.1972 – II BA 114/72, BauR 1972, 304; *Dieterich/Kniep*, GuG 4/2002, 193 (194); *Kleiber*, Verkehrswertermittlung von Grundstücken, 10. Aufl. 2023, § 193 BauGB, Rn. 67.

3128 BVerwG, Urt. v. 27.11.2014 – 4 C 31/13, NVwZ 2015, 531 (532, Rn. 11); BVerwG, Beschl. v. 24.07.2020 – 4 B 18/19, juris Rn. 14; VG Hamburg, Urt. v. 19.02.2015 – 7 K 5146/14, juris Rn. 46; *Kleiber*, Verkehrswertermittlung von Grundstücken, 10. Aufl. 2023, § 193 BauGB, Rn. 67 f.

3129 BVerwG, Urt. v. 17.05.2002 – 4 C 6/01, NVwZ 2003, 211 (213); BVerwG, Urt. v. 27.11.2014 – 4 C 31/13, NVwZ 2015, 531 (532 f.); BVerwG, Beschl. v. 24.07.2020 – 4 B 18/19, juris Rn. 14; OVG Berlin-Brandenburg, Urt. v. 27.01.2022 – OVG 10 B 6.19,

lungsspielraums verbundene Einschränkung der gerichtlichen Kontrolle steht nach Auffassung des Bundesverwaltungsgerichts im Einklang mit Art. 19 Abs. 4 GG. Denn nach ständiger Rechtsprechung des Bundesverfassungsgerichts könne der Gesetzgeber die Kontrolle der Gerichte durch die Regelung von Gestaltungs-, Ermessens- und Beurteilungsspielräumen einschränken.[3130]

Der in diesen Fällen anzunehmende gerichtlich nur eingeschränkt überprüfbare Wertermittlungsspielraum lässt sich nach der verwaltungsgerichtlichen Rechtsprechung den einschlägigen Normen für die Bemessung der Ausgleichsbeträge durch Auslegung entnehmen.[3131] Dieses Auslegungsergebnis ist einerseits in dem Umstand begründet, dass jede Wertermittlung nur eine Schätzung darstellen würde.[3132] Der Gesetzgeber habe daher in der ImmoWertV auch nur allgemeine Grundsätze aufgestellt.[3133] Soweit der Gesetzgeber die Wertermittlung im Einzelnen nicht normiert hat, fehlt es also an Rechtsmaßstäben, an denen die Gerichte das Verwaltungshandeln kontrollieren können. Andererseits seien im Rahmen der Wertermittlung Einschätzungen von verschiedenen wertbeeinflussenden Faktoren und Umständen von hoher Komplexität durchzuführen.[3134] Hierfür sei besondere Erfahrung und Sachkunde erforderlich. Dieser besonderen Sachgesetzlichkeit der Bewertung habe der Gesetzgeber gerade durch die Einrichtung der Gutachterausschüsse Rechnung getragen. Demgegenüber verfügten die nicht sachkundigen Gerichte regelmäßig über weniger Erfahrung und

---

juris Rn. 54; *Kleiber/Fieseler*, in: E/Z/B/K, BauGB, § 154 BauGB, 146. EL, 4/2022, Rn. 116e. m. w. N. zur Rechtsprechung.

3130 BVerwG, Urt. v. 27.11.2014 – 4 C 31/13, NVwZ 2015, 531 (532, Rn. 11); BVerwG, Beschl. v. 24.07.2020 – 4 B 18/19, juris Rn. 14; unter Verweis auf BVerfG v. 31.05.2011 – 1 BvR 857/07, BVerfGE 129, 1, 21 f.

3131 BVerwG, Urt. v. 27.11.2014 – 4 C 31/13, NVwZ 2015, 531 (532 f., Rn. 11 f.); BVerwG, Beschl. v. 24.07.2020 – 4 B 18/19, juris Rn. 14; OVG Berlin-Brandenburg, Urt. v. 27.01.2022 – OVG 10 B 6.19, juris Rn. 54.

3132 BVerwG, Urt. v. 17.05.2002 – 4 C 6/01, NVwZ 2003, 211 (213); BVerwG, Urt. v. 27.11.2014 – 4 C 31/13, NVwZ 2015, 531 (532 f., Rn. 12); BVerwG, Beschl. v. 24.07.2020 – 4 B 18/19, juris Rn. 14. Siehe hierzu allgemein bereits ausführlich unter Gliederungspunkt § 3, II., 1., a), aa).

3133 Vgl. Entwurf der BReg zum BBauG 1960 v. 16.04.1958, BT-Drs. III/336, S. 107; BVerwG, Beschl. v. 24.07.2020 – 4 B 18/19, juris 14.

3134 VG Hamburg, Urt. v. 19.02.2015 – 7 K 5146/14, juris Rn. 50.

Sachkunde als die Mitglieder der Gutachterausschüsse.[3135] Außerdem handele es sich bei den selbstständigen und unabhängigen Gutachterausschüssen um Sachverständigengremien, die besondere Gewähr für eine verobjektivierte, von sachfremden (Interessen-)Erwägungen weitestgehend befreite Entscheidungsfindung gewährleisten würden.[3136] Die Einschränkung der gerichtlichen Kontrolle erfolgt also, weil die Verwaltungsgerichte davon ausgehen, dass es im Rahmen der Wertermittlung den einen „richtigen" Wert nicht gibt und sich die Gerichte nicht in der Lage sehen, innerhalb des gesetzlichen Rahmens, einen realitätsnäheren Wert zu ermitteln als die Gutachterausschüsse.

(2) Gerichtliche Kontrolldichte bei der Annahme eines Wertermittlungsspielraums

Die Annahme eines eingeschränkt gerichtlich überprüfbaren Wertermittlungsspielraums ist im Hinblick auf Art. 19 Abs. 4 GG noch akzeptabel, da ein solcher die gerichtliche Kontrolle nicht vollständig ausschließt, sondern nur modifiziert. Der Wertermittlungsspielraum gilt nur für die Bereiche der Wertermittlung, in denen Entscheidungen zu treffen sind, die auf wertenden Beurteilungen des Wertermittlers beruhen und für die ein Entscheidungsprogramm nicht abschließend gesetzlich determiniert ist.[3137] Der Wertermittlungsspielraum beschränkt sich somit nicht auf die Wertermittlung insgesamt, sondern nur auf einen mehr oder weniger großen Teilbereich, der vom Gesetzgeber nicht durch verbindliche Rechtsnormen konkretisiert wurde.

Soweit der Wertermittlungsspielraum reicht, haben die Gerichte eine eingeschränkte Kontrolle in Form einer Plausibilitätskontrolle durchzuführen.[3138] Im Rahmen der Plausibilitätskontrolle hat das Gericht unter anderem zu überprüfen, ob die Behörde von einem zutreffenden und vollständig

---

3135 BVerwG, Urt. v. 17.05.2002 – 4 C 6/01, NVwZ 2003, 211 (213); BVerwG, Urt. v. 27.11.2014 – 4 C 31/13, NVwZ 2015, 531 (532 f., Rn. 12); VG Hamburg, Urt. v. 19.02.2015 – 7 K 5146/14, juris Rn. 50.

3136 VG Hamburg, Urt. v. 19.02.2015 – 7 K 5146/14, juris Rn. 66; VG Leipzig, Urt. v. 27.02.2018 – 6 K 1760/17, juris Rn. 35.

3137 VG Hamburg, Urt. v. 19.02.2015 – 7 K 5146/14, juris Rn. 51 ff.

3138 BVerwG, Urt. v. 27.11.2014 – 4 C 31/13, NVwZ 2015, 531 (533, Rn. 12); BVerwG, Beschl. v. 24.07.2020 – 4 B 18/19, juris Rn. 15; OVG Berlin-Brandenburg, Urt. v. 27.01.2022 – OVG 10 B 6.19, juris Rn. 79.

ermittelten Sachverhalt ausgegangen ist und ob die allgemein anerkannten Grundsätze der Wertermittlung beachtet wurden.[3139] Die Ausführungen zu der gerichtlichen Kontrolle der Grenzen von Beurteilungsspielräumen gelten insoweit grundsätzlich entsprechend.[3140]

Damit eine Plausibilitätskontrolle in Bezug auf die Wertermittlung erfolgen kann, bedarf es einer nachvollziehbaren Begründung.[3141] Die Begründungspflicht stellt nach Ansicht des Oberverwaltungsgerichts Berlin-Brandenburg ein „Korrelat" des eingeräumten Wertermittlungsspielraums dar.[3142] Versäumt es der Träger des Wertermittlungsspielraums, die aufgrund seines Wertermittlungsspielraums getroffene Entscheidung durch Darlegung der den Wertentscheidungen zugrunde liegenden tatsächlichen Annahmen zu begründen, so folgt aus dem Gebot effektiven Rechtsschutzes, dass das Gericht diese Entscheidung als rechtswidrig aufzuheben hat.[3143] Diese Anforderungen gelten insbesondere auch für die Begründung der besonderen Bodenrichtwerte, die für die Bemessung von Ausgleichsbeträgen zugrunde gelegt werden. Die Begründungspflicht bezieht sich dabei nicht nur auf die Ermittlung der Bodenrichtwerte an sich, sondern auch auf die Bildung und Abgrenzung der Bodenrichtwertzonen.[3144]

Der gerichtlich eingeschränkt überprüfbare Wertermittlungsspielraum umfasst nach der Rechtsprechung des Bundesverwaltungsgerichts ausdrücklich nicht die rechtlichen und tatsächlichen Grundlagen der Bewertung.[3145]

3139 OVG Berlin-Brandenburg, Beschl. v. 25.01.2018 – 2 B 18/16, BeckRS 2018, 888., Rn. 21, 35; OVG Berlin-Brandenburg, Urt. v. 27.01.2022 – OVG 10 B 6.19, juris Rn. 78; OVG Rheinland-Pfalz, Urt. v. 16.02.2017 – 6 A 10137/14.OVG, juris Rn. 65; VG Hamburg, Urt. v. 19.02.2015 – 7 K 5146/14, juris Rn. 68; *Mandler/Schulze/Zochert*, DStR 2023, 1329 (1335).

3140 Siehe hierzu unter Gliederungspunkt § 4, II., 2., b), cc), (2).

3141 VG Hamburg, Urt. v. 19.02.2015 – 7 K 5146/14, juris Rn. 67, 70.

3142 OVG Berlin-Brandenburg, Beschl. v. 25.01.2018 – 2 B 18/16, BeckRS 2018, 888., Rn. 35.

3143 VG Hamburg, Urt. v. 19.02.2015 – 7 K 5146/14, juris Rn. 70; so wohl auch VG Koblenz, Urt. v. 10.10.2005 – 8 K 3415/04.KO, juris Rn. 42.

3144 VG Hamburg, Urt. v. 19.02.2015 – 7 K 5146/14, juris Rn. 71 ff.

3145 BVerwG, Urt. v. 17.05.2002 – 4 C 6/01, NVwZ 2003, 211 (213); BVerwG, Urt. v. 27.11.2014 – 4 C 31/13, NVwZ 2015, 531 (533, Rn. 12); BVerwG, Beschl. v. 24.07.2020 – 4 B 18/19, juris Rn. 15; VG Hamburg, Urt. v. 19.02.2015 – 7 K 5146/14, juris Rn. 69; VG Leipzig, Urt. v. 27.02.2018 – 6 K 1760/17, juris Rn. 35. m. w. N. zur Rechtsprechung.

Die Gerichte haben einerseits zu überprüfen, ob die Bewertung auf zutreffend und vollständig ermittelten Tatsachen beruht. Andererseits haben sie zu kontrollieren, ob der Gutachterausschuss die einschlägigen Rechtsnormen, insbesondere die des BauGB und der ImmoWertV, zutreffend angewendet hat.[3146] Weitere Einschränkungen der gerichtlichen Kontrolle können sich ergeben, wenn eine Auslegung der maßgeblichen Bewertungsregelungen einen gerichtlich nur eingeschränkt überprüfbaren Beurteilungs- oder Ermessensspielraum des Gutachterausschusses ergibt.

Im Unterschied zu der finanzgerichtlichen Rechtsprechung, die eine inzidente gerichtliche Überprüfung der Bodenrichtwerte bei der Anfechtung von Feststellungsbescheiden zumindest im Regelfall vollständig ausschließt,[3147] sind die Bodenrichtwerte bei der Anfechtung von Ausgleichsbetragsbescheiden einer gerichtlichen Überprüfung stets zugänglich. Allein in den Bereichen der Wertermittlung, in denen es an konkreten Bewertungsregelungen fehlt und eine auf Erfahrung und Sachkunde beruhende Wertung anzustellen ist, modifiziert sich die gerichtliche Prüfung zu einer Plausibilitätskontrolle, die das Verwaltungshandeln nachvollzieht und die Einhaltung bestimmter Grenzen überprüft. Die rechtlichen und tatsächlichen Grundlagen der Bewertung sind grundsätzlich ebenfalls durch die Gerichte zu kontrollieren. Es stellt sich daher die Frage, ob die deutlich restriktivere finanzgerichtliche Rechtsprechung, die zur Begründung teilweise auf dieselben Erwägungen abstellt, noch mit Art. 19 Abs. 4 GG vereinbar ist. Dies wird im folgenden Abschnitt untersucht.

3146 VG Koblenz, Urt. v. 10.10.2005 – 8 K 3415/04.KO, juris Rn. 42.

3147 Siehe hierzu unter Gliederungspunkt § 4, I., 1., b), bb).

III. Verfassungsrechtliche Anforderungen an die finanzgerichtliche Kontrolle der Bodenrichtwerte

Die zur Grundbesitzbewertung ergangene Rechtsprechung des Bundesfinanzhofs, wonach die Bodenrichtwerte einer gerichtlichen Überprüfung regelmäßig nicht zugänglich sein sollen,[3148] wird in der steuerrechtlichen Literatur im Hinblick auf Art. 19 Abs. 4 GG noch als erträglich erachtet, weil der Steuerpflichtige nach § 198 BewG (zuvor § 145 Abs. 3 Satz 3 BewG[3149]) über die Möglichkeit verfügt, einen niedrigeren gemeinen Wert des Bewertungsobjekts nachweisen zu können.[3150] Da bei der Grundsteuerwertermittlung nach Bundesrecht eine solche Nachweismöglichkeit ursprünglich nicht bestand,[3151] wurden in der einschlägigen Literatur zur Grundsteuer die Rufe nach einer stärkeren finanzgerichtlichen Kontrolle der Bodenrichtwerte lauter.[3152] Die Forderungen nach mehr Justiziabilität der Bodenrichtwerte blieben jedoch überwiegend an der Oberfläche und beruhten nicht auf einer vertieften Auseinandersetzung mit der sich aus Art. 19 Abs. 4 GG ergebenden Dogmatik.[3153]

Auf der Grundlage der im vorigen Abschnitt gewonnenen Erkenntnisse soll im Folgenden untersucht werden, ob die Forderungen nach einer intensiveren finanzgerichtlichen Überprüfung der Bodenrichtwerte verfassungsrechtlich unterlegt werden können. Ausgehend von der grundsätzlich gebotenen finanzgerichtlichen Kontrolldichte (dazu sogleich unter Gliederungspunkt 1.), wird untersucht, ob eine Einschränkung der finanzgerichtlichen Kontrolle der Bodenrichtwerte möglich ist und gerechtfertigt

3148 BFH, Urt. v. 11.05.2005 – II R 21/02, BStBl. II 2005, 686, juris Rn. 11. Siehe weitere Nachweise unter Fn. 1300.

3149 I. d. F. v. Art. 1 Nr. 36 des JStG 1997 v. 20.12.1996, BGBl. I 1996, S. 2049.

3150 *Seer*, FR 2019, 941 (947 f.).

3151 Siehe hierzu und zur nachträglichen Einführung einer Öffnungsklausel unter Gliederungspunkt § 2, II., 3., b), cc), (4) und § 3, IV., 3., b), dd).

3152 *Hey*, ZG 2019, 297 (318); *Seer*, FR 2019, 941 (947 f.); *Wünnemann/Koller*, BB 2020, 215 (218); *Eichholz*, DStR 2020, 1158 (1166); *G. Kirchhof*, DB 2020, 2600 (2603); *Drüen*, in: Stenger/Loose, Bewertungsrecht, GrStG, Grundsteuer und Verfassungsrecht, 152. EL, 11/2020, Rn. 49; *Bock*, in: Viskorf/Schuck/Wälzholz, ErbStG/BewG, 7. Aufl. 2023, § 179 BewG, Rn. 11, 14; *Degen*, DStR 2023, 2314 (2317); *Steinhauer*, ErbStB 2023, 185 (186); *Krumm*, FR 2023, 957 (963).

3153 Im Ansatz *Seer*, FR 2019, 941 (948); vertiefter *Krumm/Paeßens*, GrStG, 2022, Grundlagen, Rn. 133 ff.; *Krumm/Paeßens*, GrStG, 2022, § 247 BewG, Rn. 18 ff.; *Krumm*, FR 2023, 957 (963 ff.).

werden kann (dazu unter Gliederungspunkt 2.). Anschließend werden die Implikationen dargestellt, die sich aus dem Gebot effektiven Rechtsschutzes für die Begründung der Bodenrichtwerte ergeben (dazu unter Gliederungspunkt 3.). Schließlich wird im Einzelnen herausgearbeitet, welche Teile der Bodenrichtwertermittlung einer finanzgerichtlichen Kontrolle zugänglich sind und in welchen Bereichen gerichtlich nur eingeschränkt überprüfbare administrative Entscheidungsspielräume des Gutachterausschusses bestehen (dazu unter Gliederungspunkt 4.). Die Untersuchung erfolgt beispielhaft für die Verwendung der Bodenrichtwerte im Rahmen der Grundbesitzbewertung (§ 179 BewG) und im Rahmen der Bewertung für Zwecke der Bundesgrundsteuer (§ 247 BewG). Die hieraus gewonnenen Erkenntnisse für die finanzgerichtliche Überprüfung der Bodenrichtwerte lassen sich jedoch grundsätzlich auch auf andere steuerliche Bewertungsanlässe übertragen, bei denen die Bodenrichtwerte herangezogen werden.

1. Grundsätzlich gebotene Kontrolldichte der Finanzgerichte

Die finanzgerichtliche Kontrolle des Handelns der Finanzverwaltung ist an Art. 19 Abs. 4 GG zu messen. Dieses Grundrecht ist auch von den Finanzgerichten bei der Anwendung und Auslegung von Steuergesetzen zu beachten.[3154] Der Schutzbereich des Art. 19 Abs. 4 GG ist im Steuerrecht regelmäßig eröffnet, da die Steuerpflichtigen regelmäßig Adressat von Steuerbescheiden sind und eine Rechtsverletzung, insbesondere in Art. 3 Abs. 1 GG, durch die öffentliche Gewalt, hier die Finanzverwaltung, nach der Adressatentheorie zumindest möglich erscheint.[3155] Die bloße Möglichkeit der Rechtsverletzung genügt für die Eröffnung des Schutzbereichs von Art. 19 Abs. 4 GG.[3156] Die Finanzgerichte haben daher nach ständiger Rechtsprechung des Bundesverfassungsgerichts grundsätzlich eine vollständige

---

3154 BFH, Beschl. v. 27.10.2004 – II B 129/03, BFH/NV 2005, 507, juris Rn. 15; FG Rheinland-Pfalz, Beschl. v. 23.11.2023 – 4 V 1295/23, juris Rn. 118; *Drüen*, IStR 2015, 609 (609 f.); *Seer*, StuW 2001, 3 (3 f.); *Seer*, in: Tipke/Lang, Steuerrecht, 24. Aufl. 2021, Rn. 22.1 ff.; *Krumm*, Steuerliche Bewertung als Rechtsproblem, 2014, S. 303 f.; *Krumm/Paeßens*, GrStG, 2022, Grundlagen, Rn. 133; *Krumm*, FR 2023, 957 (963).

3155 *Teller*, in: Gräber, FGO, 9. Aufl. 2019, § 40, Rn. 83.

3156 BVerfG v. 27.07.1971 – 2 BvR 443/70, BVerfGE 31, 364, 368; *Enders*, in: BeckOK GG, Art. 19, 56. Ed., 8/2023, Rn. 64 f.; *Sachs*, in: Sachs, GG, 9. Aufl. 2021, Art. 19, Rn. 133.

Kontrolle des Verwaltungshandelns in tatsächlicher und rechtlicher Hinsicht durchzuführen.[3157]

Die finanzgerichtliche Kontrolle hat sich auch auf die Bodenrichtwerte zu erstrecken.[3158] Dies gilt sowohl im Rahmen der Grundbesitzbewertung als auch bei der Grundsteuerwertermittlung. Bei den Bodenrichtwerten handelt es sich nicht um gesetzlich vorgegebene typisierte Bewertungsgrundlagen, die als Rechtsnorm einen gerichtlichen Kontrollmaßstab für das Handeln der Finanzbehörde darstellen und die von den Gerichten allenfalls anhand von verfassungsrechtlichen Maßstäben zu beurteilen sind.[3159] Vielmehr handelt es sich bei den Bodenrichtwerten um originär von den Gutachterausschüssen ermittelte Werte, an die der Gesetzgeber für die steuerliche Bewertung zwar in typisierender Weise anknüpft, deren Inhalt er jedoch nicht determiniert hat. Die Bodenrichtwerte weisen erhebliche strukturelle und gleichheitsrechtliche Defizite auf[3160] und dürfen deshalb vom Gesetzgeber nicht mit letztgültiger Verbindlichkeit vorgegeben werden.[3161] Außerdem werden die Bodenrichtwerte von den Gutachterausschüssen als Behörden[3162] in einem gesonderten Verwaltungsverfahren ermittelt. Bei der Ermittlung sind sie verpflichtet, die allgemein anerkannten Regeln der Wertermittlungslehre und insbesondere die Vorschriften des BauGB und der ImmoWertV zu beachten.[3163] Als ein Akt der öffentlichen Gewalt ist die Ermittlung der Boden-

---

[3157] BVerfG v. 05.02.1963 – 2 BvR 21/60, BVerfGE 15, 275 (282); BVerfG v. 19.06.1973 – 1 BvL 39/69, BVerfGE 35, 263, 274; BVerfG v. 31.05.2011 – 1 BvR 857/07, BVerfGE 129, 1, 20. Siehe allgemein zur gebotenen gerichtlichen Kontrolle unter Gliederungspunkt § 4, II., 1.

[3158] FG Rheinland-Pfalz, Beschl. v. 23.11.2023 – 4 V 1295/23, juris Rn. 298; *Krumm*, FR 2023, 957 (963).

[3159] Vgl. FG Rheinland-Pfalz, Beschl. v. 23.11.2023 – 4 V 1295/23, juris Rn. 268 ff., 294.

[3160] Siehe hierzu ausführlich unter Gliederungspunkt § 3, III., 4.

[3161] *G. Kirchhof*, DB 2023, 1116 (1118 f.).

[3162] Gesetzentwurf der BReg eines Gesetzes über das BauGB, BT-Drs. 10/4630, S. 152; BFH, Urt. v. 04.03.2020 – II R 11/17, BStBl. II 2021, 155, juris Rn. 18; VG Leipzig, Urt. v. 27.07.1994 – 4 K 1992/93, GuG 1995, 382; OVG Bautzen, Urt. v. 09.05.2014 – 1 C 12/12, BeckRS 2015, 41316; *Voß*, in: E/Z/B/K, BauGB, § 192 BauGB, 111. EL, 9/2013, Rn. 17; *Freise*, in: Brügelmann, BauGB, § 192 BauGB, 109. EL, 1/2019, Rn. 10; *Krumm/Paeßens*, GrStG, 2022, § 247 BewG, Rn. 27.

[3163] OLG Hamm, Urt. v. 29.11.2000 – 11 U 68/00, BauR 2001, 987 (987). Siehe hierzu im Übrigen unter Gliederungspunkt § 1, II., 3. und § 1, IV., 1.

richtwerte einer gerichtlichen Kontrolle grundsätzlich zugänglich. Dass ein prinzipaler Rechtsschutz gegen die Veröffentlichung der Bodenrichtwerte vom Gesetzgeber nicht vorgesehen ist, kann hingenommen werden, solange eine wirksame inzidente Kontrolle im finanzgerichtlichen Verfahren erfolgen kann.[3164] Die Bodenrichtwerte sind somit Gegenstand und nicht Maßstab der finanzgerichtlichen Kontrolle.

Eine gerichtliche Überprüfung der Bodenrichtwerte lässt sich auch nicht – wie der Bundesfinanzhof meint – mit dem Argument ablehnen, dass der Steuerpflichtige im Ergebnis nicht durch den Bodenrichtwert, sondern durch den festgestellten Grundbesitzwert belastet wird.[3165] Denn der Bodenrichtwert stellt die einzige wertbildende Komponente im Bodenrichtwertverfahren dar und gibt das Wertniveau vor. Fehler bei der Ermittlung der Bodenrichtwerte kann der Steuerpflichtige nicht dadurch kompensieren, dass er eine Anpassung des Bodenrichtwerts begehrt. Eine erforderliche Anpassung sorgt nur dafür, dass ein sachgerecht ermittelter Bodenrichtwert aufgrund seiner Durchschnittsqualität für die Wertermittlung im Einzelfall herangezogen werden kann. Für unsachgemäß oder sogar rechtswidrig ermittelte Bodenrichtwerte führt auch eine Anpassung im Ergebnis nicht zu einem zutreffenden Bodenwert. Im Übrigen steht diese Rechtsprechung im Widerspruch zu jüngerer Rechtsprechung des Bundesfinanzhofs. Mit Urteil vom 18. September 2019 entschied der Bundesfinanzhof, dass Liegenschaftszinssätze, die ebenso von den Gutachterausschüssen ermittelte Bewertungsgrundlagen darstellen und die den Steuerpflichtigen ebenfalls nicht unmittelbar belasten, auf ihre Rechtmäßigkeit zu überprüfen sind.[3166] Die Bodenrichtwerte unterliegen daher als gesondert ermittelte Bewertungsgrundlagen grundsätzlich – vorbehaltlich zulässiger Einschränkungen der Kontrolldichte – einer vollständigen Kontrolle der Finanzgerichte in tatsächlicher und rechtlicher Hinsicht. Ob und inwieweit ausnahmsweise eine Einschränkung der finanzgerichtlichen Kontrolle anzunehmen ist, wird sogleich untersucht.

3164 So allgemein BVerfG v. 24.07.2018 – 2 BvR 1961/09, BVerfGE 149, 346, 364; *Huber*, in: v. Mangoldt/Klein/Starck, GG, 7. Aufl. 2018, Art. 19, Rn. 471; *Schmidt-Aßmann*, in: Dürig/Herzog/Scholz, GG, Art. 19 Abs. 4 GG, 92. EL, 8/2020, Rn. 72 ff.

3165 So BFH, Beschl. v. 27.10.2004 – II B 129/03, BFH/NV 2005, 507, juris Rn. 16.

3166 BFH, Urt. v. 18.09.2019 – II R 13/16, BStBl. II 2020, 760, juris Rn. 12.

2. Einschränkung der finanzgerichtlichen Kontrolldichte

Das Bundesverfassungsgericht lässt in ständiger Rechtsprechung Ausnahmen vom Grundsatz der vollständigen gerichtlichen Kontrolle zu. Eine Einschränkung der gerichtlichen Kontrolldichte kann ausnahmsweise zulässig sein, wenn der Gesetzgeber der Verwaltung durch Gesetz einen Gestaltungs-, Ermessens- oder Beurteilungsspielraum eröffnet hat (sog. normative Ermächtigungslehre).[3167] Eine eingeschränkte finanzgerichtliche Kontrolle der Bodenrichtwerte kann daher mit Art. 19 Abs. 4 GG vereinbar sein, wenn *erstens* eine Auslegung der einschlägigen gesetzlichen Regelungen ergibt, dass der Gesetzgeber den Gutachterausschüssen eine administrative Letztentscheidungskompetenz einräumen wollte und *zweitens* die damit verbundene Einschränkung der finanzgerichtlichen Kontrolldichte gerechtfertigt werden kann, weil die Einschränkung auf einem sachlichen Grund beruht und verhältnismäßig ist. Ob nach diesen Anforderungen eine eingeschränkte finanzgerichtliche Überprüfung mit Art. 19 Abs. 4 GG vereinbar ist, wird im Folgenden untersucht.

a) Normativ eingeräumter administrativer Entscheidungsspielraum

Die Einschränkung der finanzgerichtlichen Kontrolle der Bodenrichtwerte muss sich aus dem Gesetz ergeben. Es obliegt alleine dem Gesetzgeber zu entscheiden, ob er der Verwaltung ein Letztentscheidungsrecht einräumt und dadurch die Grenzen zwischen Gesetzesbindung und grundsätzlich umfassender Rechtskontrolle der Verwaltung verschiebt.[3168] Die Einräumung eines derartigen administrativen Letztentscheidungsrechts kann sich einerseits ausdrücklich aus dem Gesetz ergeben. Hat der Gesetzgeber von dieser Möglichkeit keinen Gebrauch gemacht, können die Finanzgerichte durch Auslegung der einschlägigen Norm ermitteln, ob der Gesetzgeber der Verwaltung einen eingeschränkt gerichtlich überprüfbaren Entscheidungsspielraum gewähren wollte. Das Auslegungsergebnis muss „hinreichend deutlich“ sein.[3169] Ob eine Einschränkung der gerichtlichen Kontrolle der Bodenrichtwerte im

---

[3167] BVerfG v. 08.07.1982 – 2 BvR 1187/80, BVerfGE 61, 82, 110 f.; BVerfG v. 16.12.1992 – 1 BvR 167/87, BVerfGE 88, 40, 56; BVerfG v. 20.02.2001 – 2 BvR 1444/00, BVerfGE 103, 142 (156 f.); BVerfG v. 31.05.2011 – 1 BvR 857/07, BVerfGE 129, 1, 21 f.

[3168] BVerfG v. 31.05.2011 – 1 BvR 857/07, BVerfGE 129, 1, 22. Siehe hierzu auch unter Gliederungspunkt § 4, II., 2. b), aa).

[3169] BVerfG v. 31.05.2011 – 1 BvR 857/07, BVerfGE 129, 1, 22.

Rahmen der Grundbesitzbewertung (§ 179 BewG) und im Rahmen der Grundsteuerwertermittlung (§ 247 BewG) anzunehmen ist, ist daher primär den genannten Normen zu entnehmen. Daneben bietet auch die ImmoWertV Anknüpfungspunkte für die Annahme administrativer Entscheidungsspielräume der Gutachterausschüsse. Eine pauschale Aussage ohne konkreten Normbezug für die Begründung einer administrativen Letztentscheidungsbefugnis der Gutachterausschüsse lässt sich nicht treffen.

aa) § 179 BewG (Grundbesitzbewertung)

Bei der Grundbesitzbewertung bestimmt sich der Wert unbebauter Grundstücke gemäß § 179 Satz 1 BewG regelmäßig nach ihrer Fläche und den Bodenrichtwerten. Darüber hinaus stellt § 179 Satz 2 BewG klar, dass die Bodenrichtwerte von den Gutachterausschüssen nach dem Baugesetzbuch zu ermitteln und den Finanzämtern mitzuteilen sind. Aus diesen Regelungen ergibt sich, dass die steuerliche Bewertung an die Bodenrichtwerte anknüpft und dass der Gesetzgeber die Gutachterausschüsse für Grundstückswerte mit der Ermittlung dieser Bodenrichtwerte betraut hat. Die hiernach ermittelten Bodenwerte fließen auch in die Bewertung bebauter Grundstücke ein.[3170]

Der Gesetzgeber hat in § 179 BewG nicht ausdrücklich bestimmt, dass die zugrunde gelegten Bodenrichtwerte nur eingeschränkt gerichtlich überprüfbar sein sollen. Die Finanzgerichte haben daher durch Auslegung zu bestimmen, ob der Gesetzgeber den Gutachterausschüssen hinsichtlich der Ermittlung der Bodenrichtwerte eine administrative Letztentscheidungskompetenz zuweisen wollte. Dazu kommen die allgemein gebräuchlichen Auslegungsmethoden in Betracht.[3171] Die Auslegung hat am Wortlaut der Norm anzusetzen, muss im Rahmen der systematisch-teleologischen Auslegung aber auch die besondere Stellung, Organisation und Arbeitsweise der betrauten Verwaltungsstelle in die Betrachtung einbeziehen.[3172] Maßgeblich ist der materiell-rechtliche Regelungszusammenhang.[3173] Das Bundesverfassungsgericht geht grundsätzlich von einer

---

3170 Siehe hierzu unter Gliederungspunkt § 2, II., 2., d), cc).

3171 *T. Jacob/Lau*, NVwZ 2015, 241 (243); *Kment/Vorwalter*, JuS 2015, 193 (197).

3172 *Schmidt-Aßmann*, in: Dürig/Herzog/Scholz, GG, Art. 19 Abs. 4 GG, 92. EL, 8/2020, Rn. 187.

3173 BVerfG, Beschl. v. 10.12.2009 – 1 BvR 3151/07, NVwZ 2010, 435 (437); *T. Jacob/Lau*, NVwZ 2015, 241 (242 f.).

vollständigen gerichtlichen Kontrolle aus und nimmt administrative Entscheidungsspielräume nur ausnahmsweise an.[3174] Auch das Bundesverwaltungsgericht, welches bisher deutlich großzügiger bei der Einschränkung der gerichtlichen Kontrolle war, sieht nun in jüngster Zeit deutlich strengere Anforderungen für die Annahme eines administrativen Entscheidungsspielraums vor.[3175]

Eine Auslegung des § 179 BewG, ob ein administrativer Entscheidungsspielraum der Gutachterausschüsse bei der Ermittlung der Bodenrichtwerte anzunehmen ist, der ausnahmsweise eine Einschränkung der durch Art. 19 Abs. 4 GG grundsätzlich gebotenen vollständigen gerichtlichen Kontrolle der Bodenrichtwerte rechtfertigt, haben weder die Finanzgerichte[3176] noch der Bundesfinanzhof[3177] explizit durchgeführt. Der Bundesfinanzhof bezieht sich primär auf die Verbindlichkeit der Bodenrichtwerte für die Beteiligten im Steuerrechtsverhältnis, die insbesondere aufgrund der vorrangigen Kompetenz der Gutachterausschüsse auf dem Gebiet der Wertermittlung und aufgrund von Praktikabilitätserwägungen geboten sei. Mit diesen Argumenten begründet der Finanzgerichtshof ohne nähere Auseinandersetzung mit Art. 19 Abs. 4 GG dann im Ergebnis auch, dass die Bodenrichtwerte einer gerichtlichen Überprüfung nicht zugänglich seien.[3178] Auch wenn die Finanzgerichte bei ihrer Argumentation Art. 19 Abs. 4 GG nicht hinreichend Rechnung getragen haben, lässt sich hieraus zumindest noch kein abschließendes Urteil für die hier maßgebliche Frage entnehmen, ob § 179 BewG durch Auslegung zu entnehmen ist, dass der Gesetzgeber den Gutachterausschüssen einen eingeschränkt gerichtlichen Entscheidungsspielraum einräumen wollte.

3174 BVerfG v. 31.05.2011 – 1 BvR 857/07, BVerfGE 129, 1, 23.

3175 BVerwG, Urt. v. 30.10.2019 – 6 C 18/18, BVerwGE 167, 33, juris Rn. 15; BVerwG, Urt. v. 05.11.2020 – 3 C 12/19, BVerwGE 170, 273, juris Rn. 23. Siehe hierzu ausführlich unter Gliederungspunkt § 4, II., 2., b), dd).

3176 FG Nürnberg, Urt. v. 27.01.2000 – IV 261/1999, EFG 2000, 610, juris Rn. 3; Nds. FG, Urt. v. 19.03.2002 – 1 K 491/98, EFG 2002, 1572, juris Rn. 21.

3177 BFH, Urt. v. 11.05.2005 – II R 21/02, BStBl. II 2005, 686, juris Rn. 11; BFH, Urt. v. 18.08.2005 – II R 62/03, BStBl. II 2006, 5, juris Rn. 10; BFH, Urt. v. 26.04.2006 – II R 58/04, BStBl. II 2006, 793, juris Rn. 25; BFH, Urt. v. 12.07.2006 – II R 1/04, BStBl. II 2006, 742, juris Rn. 7; BFH, Urt. v. 05.12.2007 – II R 70/05, BFH/NV 2008, 757, juris Rn. 11; BFH, Urt. v. 16.12.2009 – II R 15/09, BFH/NV 2010, 1085, juris Rn. 13; BFH, Urt. v. 25.08.2010 – II R 42/09, BStBl. II 2011, 205, juris Rn. 15.

3178 Vgl. bspw. BFH, Urt. v. 11.05.2005 – II R 21/02, BStBl. II 2005, 686, juris Rn. 10 f.

Entscheidendes Argument für die Zuweisung eines administrativen Entscheidungsspielraums der Gutachterausschüsse war bei Ergehen der Rechtsprechung des Bundesfinanzhofs – wie auch der Bundesfinanzhof erkennt[3179] –, dass die Ermittlung der Bodenrichtwerte in hohem Maße von Beurteilungs- und Ermessenserwägungen abhängig ist. Die Bodenrichtwertermittlung war bis zum Inkrafttreten der ImmoWertV 2010 am 1. Juli 2010 gesetzlich kaum geregelt. § 196 BauGB in seiner damaligen Ausgestaltung betraf im Wesentlichen nur die Konzeption der Bodenrichtwerte, nicht jedoch deren Ermittlung. Die Gutachterausschussverordnungen der Bundesländer enthielten ganz überwiegend keine Vorgaben hinsichtlich der materiellen Regelung der Bodenrichtwertermittlung. Daneben existierte seit September 2000 lediglich eine Musterrichtlinie über Bodenrichtwerte, die jedoch für die Gutachterausschüsse unverbindlich war.[3180] Es fehlte somit an gesetzlichen Handlungsmaßstäben, an denen die Finanzgerichte das Handeln der Gutachterausschüsse hätten messen können. Die gerichtliche Kontrolle kann jedoch nach der Rechtsprechung des Bundesverfassungsgerichts nicht weiter reichen als die materiellrechtliche Bindung der Instanz, deren Entscheidung überprüft werden soll.[3181] Es war daher bis zum Inkrafttreten der ImmoWertV 2010 zumindest vertretbar anzunehmen, dass der Gesetzgeber den Gutachterausschüssen einen gerichtlich nur eingeschränkt überprüfbaren administrativen Entscheidungsspielraum zuweisen wollte.

Als weiteres Argument für die Zuweisung eines administrativen Entscheidungsspielraums kommt in Betracht, dass der Gesetzgeber die Ermittlung der Bodenrichtwerte den selbstständigen und unabhängigen Gutachterausschüssen als sachverständige Gremien übertragen hat. Der Bundesfinanzhof spricht den Gutachterausschüssen aufgrund ihrer besonderen Sach- und Fachkenntnis und ihrer größeren Ortsnähe eine vorgreifliche Kompetenz bei der Feststellung der Bodenrichtwerte für Zwecke der Grundbesitzbewertung zu.[3182] Ob die vom Gesetzgeber vorgenommene Zuständigkeitszuweisung allerdings auch einen administrativen Entscheidungsspielraum der Gutachterausschüsse rechtfertigen kann, soll sogleich ausführlich untersucht werden.

3179 BFH, Urt. v. 11.05.2005 – II R 21/02, BStBl. II 2005, 686, juris Rn. 10.

3180 Musterrichtlinie über Bodenrichtwerte, abgedruckt in GuG 2001, 44.

3181 BVerfG v. 31.05.2011 – 1 BvR 857/07, BVerfGE 129, 1, 22.

3182 BFH, Urt. v. 11.05.2005 – II R 21/02, BStBl. II 2005, 686, juris Rn. 10.

Aus dem Wortlaut des § 179 Satz 1 BewG lässt sich allerdings kein Argument für die Annahme eines administrativen Entscheidungsspielraums der Gutachterausschüsse gegenüber den Finanzgerichten gewinnen. Insbesondere fehlt es an unbestimmten Rechtsbegriffen, die nach der Rechtsprechung des Bundesverfassungsgerichts die Annahme eines Beurteilungsspielraums der Gutachterausschüsse rechtfertigen könnten.[3183] Zwar mag die Verwendung des Begriffs „bestimmt sich" nahelegen, dass ausschließlich die von den Gutachterausschüssen ermittelten Bodenrichtwerte für die Beteiligten im Steuerrechtsverhältnis verbindlich sein sollen.[3184] Die Formulierung betrifft jedoch primär die Durchführung des Bodenrichtwertverfahrens durch die Finanzämter. Dass die Finanzgerichte hiernach nicht mehr befugt sein sollen, die wesentliche Bewertungsgrundlage zu kontrollieren, nach denen sich der Grundbesitzwert bestimmt, lässt sich der Formulierung nicht entnehmen. Auch den Gesetzesbegründungen zu § 179 BewG und der Vorgängernorm § 145 Abs. 3 BewG lassen sich nicht ausdrücklich entnehmen, dass der Gesetzgeber mit der jeweiligen Regelung eine Einschränkung der gerichtlichen Kontrolle bezwecken wollte.[3185]

Sofern der Bundesfinanzhof darüber hinaus auf die Verwaltungsvereinfachung abstellt, die vom Gesetzgeber mit der typisierenden Anknüpfung an die Bodenrichtwerte bezweckt gewesen sei, handelt es sich hierbei nicht um einen Aspekt, der geeignet ist, im Rahmen einer Auslegung einen administrativen Entscheidungsspielraum der Gutachterausschüsse zu begründen. Sofern ein solcher Entscheidungsspielraum aus anderen Erwägungen angenommen werden kann, können Gründe der Verwaltungsvereinfachung jedoch grundsätzlich in einem zweiten Schritt geeignet sein, die Einschränkung der gerichtlichen Kontrolldichte zu rechtfertigen. Das Gleiche gilt hinsichtlich der dem Steuerpflichtigen im Rahmen der Grundbesitzbewertung durch § 198 BewG eingeräumten Möglichkeit, den Bodenrichtwertansatz durch einen eigenen Wertnachweis zu vermeiden.

3183 Siehe hierzu unter Gliederungspunkt § 4, II., 2., b), cc), (1).

3184 BFH, Urt. v. 26.04.2006 – II R 58/04, BStBl. II 2006, 793, juris Rn. 25.

3185 Zu § 145 Abs. 3 BewG, vgl. Gesetzentwurf der Fraktionen CDU/CSU und FDP zum JStG 1997 v. 11.06.1996, BT-Drs. 13/4839, S. 50. (dort noch als § 146 BewG). Zu § 179 BewG, vgl. Entwurf der BReg zum ErbStRG v. 28.01.2008, BT-Drs. 16/7918, S. 45.

Zwar konnte bei Ergehen der Rechtsprechung des Bundesfinanzhofs in den Jahren 2005 bis 2009 eine Auslegung des § 179 BewG zumindest dem Grunde nach die Annahme eines administrativen Entscheidungsspielraums der Gutachterausschüsse begründen. Allerdings ist der vom Bundesfinanzhof vorgesehene Ausschluss der finanzgerichtlichen Überprüfbarkeit der Bodenrichtwerte („*einer gerichtlichen Überprüfung regelmäßig nicht zugänglich*"[3186]) nicht mit Art. 19 Abs. 4 GG vereinbar. Denn durch den Ausschluss wird die Ermittlung der Bodenrichtwerte einer gerichtlichen Kontrolle (zumindest im Regelfall) vollständig entzogen. Es kommt nicht bloß zu einer allgemein für zulässig erachteten Reduzierung der gerichtlichen Kontrolldichte. Eine solche Aushöhlung der Rechtsschutzgarantie durch die gerichtliche Auslegung des Rechts ist nach der Rechtsprechung des Bundesverfassungsgerichts nicht zulässig.[3187] Kollidierendes Verfassungsrecht, welches einen vollständigen Ausschluss rechtfertigen kann (sofern eine Rechtfertigung in diesen Fällen überhaupt möglich ist), ist nicht ersichtlich. Insbesondere stellen die vom Bundesfinanzhof angeführten Praktikabilitätserwägungen keinen Rechtfertigungsgrund dar, dem unmittelbar ein Verfassungsrang zukommt.[3188] Nach ständiger Rechtsprechung des Bundesverfassungsgerichts haben die Gerichte selbst bei Annahme von administrativen Entscheidungsspielräumen zumindest eine Plausibilitätskontrolle durchzuführen und zu überprüfen, ob die Behörde die äußeren Grenzen ihres Entscheidungsspielraums eingehalten hat.[3189] Auch dies ist nach Auffassung des Bundesfinanzhofs bei der finanzgerichtlichen Überprüfung der Bodenrichtwerte offenbar nicht durchzuführen.

Die etwas moderatere Rechtsprechung der Finanzgerichte, wonach die finanzgerichtliche Kontrolle von Mitteilungen der Gutachterausschüsse auf offensichtliche Unrichtigkeiten beschränkt ist,[3190] verstößt jedenfalls insoweit gegen Art. 19 Abs. 4 als sie sich auch auf die vom Gutachterausschuss

---

3186 BFH, Urt. v. 11.05.2005 – II R 21/02, BStBl. II 2005, 686, juris Rn. 11.

3187 BVerfG v. 09.01.1991 – 1 BvR 207/87, BVerfGE 83, 182, 198; BVerfG v. 23.05.2006 – 1 BvR 2530/04, BVerfGE 116, 1, 18; BVerfG v. 31.05.2011 – 1 BvR 857/07, BVerfGE 129, 1, 22; vgl. auch BVerfG v. 08.12.2011 – 1 BvR 1932/08, NVwZ 2012, 694 (697); BVerwG, Urt. v. 13.12.1979 – 5 C 1/79, BVerwGE 59, 213, juris Rn. 14.

3188 Siehe hierzu noch unter Gliederungspunkt § 4, III., 2., a), cc), (2), (d).

3189 Siehe zu Beurteilungsspielräumen unter Gliederungspunkt § 4, II., 2., b), cc), (2).

3190 Nds. FG, Urt. v. 17.09.2015 – 1 K 147/12, EFG 2016, 185, juris Rn. 41; Nds. FG, Urt. v. 24.03.2022 – 1 K 267/19, juris Rn. 54; FG Niedersachsen, Urt. v. 01.12.2022 – 1 K

mitgeteilten Bodenrichtwerte beziehen soll. Denn eine solche gerichtliche Kontrolle entspricht nicht der Prüfungsintensität, die vom Bundesverfassungsgericht bei Annahme eines administrativen Entscheidungsspielraums gefordert wird.[3191] Eine vergleichbare Rechtsprechung des Bundesfinanzhofs, wonach Entscheidungen des Statistischen Bundesamts nur auf offensichtlich falsche Ergebnisse zu überprüfen sind, ist nicht mit der grundsätzlich gebotenen vollständigen Kontrolle des angegriffenen Hoheitsakts vereinbar und wurde vom Bundesverfassungsgericht als mit Art. 19 Abs. 4 GG unvereinbar erklärt.[3192]

Ein administrativer Entscheidungsspielraum der Gutachterausschüsse lässt sich zumindest nach der geltenden Rechtslage nicht mehr aus § 179 BewG herleiten. Denn der Gesetzgeber hat mit der Neufassung des § 196 Abs. 1 BauGB durch das ErbStRG 2009[3193] und mit der ImmoWertV 2010 begonnen, verbindliche Vorgaben an die Gutachterausschüsse zu stellen und damit den Bereich der Bodenrichtwertermittlung zumindest in Grundzügen durch Handlungsvorgaben an die Gutachterausschüsse gesetzlich determiniert. Im Zuge der ImmoWertV 2021 wurden nun wesentliche Vorgaben der unverbindlichen BRW-RL in die ImmoWertV übernommen, die für die Gutachterausschüsse verbindlich zu beachten ist (vgl. § 1 Abs. 1 Nr. 2 ImmoWertV).[3194] Dadurch wollte der Gesetzgeber insbesondere erreichen, dass die Bodenrichtwertermittlung nach bundesweit einheitlicheren Vorgaben erfolgt.[3195] Entscheidet sich der Gesetzgeber dazu, die Wertermittlung durch gesetzliche Vorgaben zu determinieren, wirkt sich dies auch auf die gerichtliche Überprüfung der Wertermittlung aus.[3196] Denn auch die Finanzgerichte sind von Verfassungs wegen verpflichtet, bei Ihrer Kontrolle die bestehenden gesetzlichen Vorgaben zu beachten und bei ihren Entscheidungen zu berücksichtigen (Art. 20

90/19, EFG 2023, 760, juris Rn. 94; FG Köln, Beschl. v. 11.04.2019 – 4 V 405/19, EFG 2019, 1258, juris Rn. 20.

3191 Siehe hierzu unter Gliederungspunkt § 4, II., 2., b), cc), (2).

3192 BVerfG v. 31.05.2011 – 1 BvR 857/07, BVerfGE 129, 1, 28 ff.

3193 Art. 4 Nr. 2 des ErbStRG v. 24.12.2008, BGBl. I 2008, 3018.

3194 BVerwG, Urt. v. 17.05.2002 – 4 C 6/01, NVwZ 2003, 211 (212); BVerwG, Urt. v. 27.11.2014 – 4 C 31/13, NVwZ 2015, 531 (532, Rn. 7).

3195 Entwurf zur ImmoWertV 2021 v. 12.05.2021, BR-Drs. 407/21, S. 1 f.

3196 *Schmidt-Aßmann/T. Groß*, NVwZ 1993, 617 (622).

Abs. 3, Art. 97 Abs. 1 GG).[3197] Die vom Gesetzgeber beabsichtigte Vereinheitlichung der Bodenrichtwertermittlung wird zudem nicht alleine durch die Aufstellung von verbindlichen Vorgaben gewährleistet. Es muss auch tatsächlich kontrolliert werden, dass diese Vorgaben eingehalten werden. Die Intensität der gerichtlichen Kontrolle muss der Durchsetzung des materiellen Rechts wirkungsvoll dienen.[3198] Da eine wirksame Kontrolle durch die zuständige Aufsichtsbehörde im Regelfall ausscheiden dürfte[3199] und eine isolierte gerichtliche Überprüfung der Bodenrichtwerte nicht vorgesehen ist,[3200] obliegt es letztlich den Finanzgerichten eine tatsächlich wirksame gerichtliche Kontrolle der Bodenrichtwerte zu gewährleisten.

bb) § 247 BewG (Grundsteuerwertermittlung)

Für Zwecke der Bundesgrundsteuer ermittelt sich der Grundsteuerwert unbebauter Grundstücke nach § 247 Abs. 1 Satz 1 BewG regelmäßig durch Multiplikation ihrer Fläche mit dem jeweiligen Bodenrichtwert. Maßgeblich sind nach § 247 Abs. 2 BewG die Bodenrichtwerte, die von den Gutachterausschüssen im Sinne der §§ 192 ff. BauGB auf den Hauptfeststellungszeitpunkt zu ermitteln, zu veröffentlichen und der zuständigen Finanzbehörde zu übermitteln sind. Abweichungen zwischen den Grundstücksmerkmalen des Bodenrichtwertgrundstücks und des zu bewertenden Grundstücks sind nach § 247 Abs. 1 Satz 2 BewG nur im Ausnahmefall zu berücksichtigen. Aus den genannten Regelungen ergibt sich, dass die steuerliche Bewertung an die Bodenrichtwerte anknüpft und dass der Gesetzgeber die Gutachterausschüsse für Grundstückswerte mit der Ermittlung dieser Bodenrichtwerte betraut hat. Die Berücksichtigung der Abweichungen betrifft das Bodenrichtwertverfahren und nicht die Bodenrichtwerte als Bewertungsgrundlagen selbst.[3201]

Der Gesetzgeber hat in § 247 BewG nicht ausdrücklich geregelt, dass die von den Gutachterausschüssen ermittelten Bodenrichtwerte nur eingeschränkt gerichtlich überprüfbar sein sollen. Die Finanzgerichte werden daher durch Auslegung zu bestimmen haben, ob der Gesetzgeber den Gutachterausschüssen

---

3197 BVerfG v. 31.05.2011 – 1 BvR 857/07, BVerfGE 129, 1, 22.
3198 BVerfG v. 17.40.1991 – 1 BvR 419/81 u. a., BVerfGE 84, 34, 49, 53.
3199 Siehe hierzu unter Gliederungspunkt § 3, III., 4., a), cc), (2), (d).
3200 Siehe hierzu unter Gliederungspunkt § 4, I., 1., b), aa).
3201 Siehe hierzu unter Gliederungspunkt § 1, III., 6., b), dd) und § 3, IV., 3., b), bb), (2), (c).

hinsichtlich der Ermittlung der Bodenrichtwerte eine administrative Letztentscheidungskompetenz zuweisen wollte. Hinsichtlich der Auslegung der Norm gelten die Ausführungen zu § 179 BewG grundsätzlich entsprechend. Es bestehen jedoch die im Folgenden dargestellten Unterschiede:

Die zur Anwendung kommenden Auslegungsmethoden umfassen auch die historische/genetische Auslegung. Dabei ist bei § 247 BewG zu berücksichtigen, dass der Gesetzgeber sich in der Gesetzesbegründung zur Norm ausdrücklich auf die Rechtsprechung des Bundesfinanzhofs zur Verbindlichkeit der Bodenrichtwerte im Rahmen der Grundbesitzbewertung[3202] bezieht.[3203] Allerdings nimmt der Gesetzgeber in der Gesetzesbegründung nur Bezug auf die Verbindlichkeit der Bodenrichtwerte für die Beteiligten im Steuerrechtsverhältnis, also Steuerpflichtiger und Finanzbehörde.[3204] Dass die Bodenrichtwerte, wie vom Bundesfinanzhof postuliert, einer gerichtlichen Überprüfung regelmäßig nicht zugänglich sein sollen, lässt sich der Gesetzesbegründung nicht entnehmen. Ein klares Ergebnis lässt die historische/genetische Auslegung daher nicht zu. Im Übrigen kommt es bei der Auslegung auf den Willen des historischen Gesetzgebers nicht entscheidend an. Die Auslegung orientiert sich primär am Wortlaut und an systematischen Kriterien.[3205]

Der Wortlaut des § 247 BewG enthält – ebenso wie § 179 BewG – keine unbestimmten Rechtsbegriffe, die die Annahme eines Beurteilungsspielraums der Gutachterausschüsse begründen könnten.[3206] Hinzuweisen ist im Vergleich zu § 179 BewG zudem auf den leicht abweichenden Wortlaut. Die Formulierung „bestimmt sich“, an die der Bundesfinanzhof unter anderem die Verbindlichkeit der Bodenrichtwerte im Rahmen des § 179 BewG angeknüpft hat,[3207] wurde nicht in § 247 BewG übernommen. Stattdessen verwendet der Gesetzgeber die etwas weichere Formulierung „ermittelt sich“. Dass der Gesetzgeber mit der geänderte Formulierung eine Aussage zu der

---

3202 BFH, Urt. v. 26.04.2006 – II R 58/04, BStBl. II 2006, 793, juris; BFH, Urt. v. 12.07.2006 – II R 1/04, BStBl. II 2006, 742, juris; BFH, Urt. v. 25.08.2010 – II R 42/09, BStBl. II 2011, 205, juris.

3203 Entwurf zum GrStRefG 2019 v. 25.06.2019, BT-Drs. 19/11085, S. 109 f.

3204 Siehe zum Begriff *Koenig*, in: Koenig, AO, 4. Aufl. 2021, Vorb. zu §§ 33–77, Rn. 4.

3205 *Schmidt-Aßmann*, in: Dürig/Herzog/Scholz, GG, Art. 19 Abs. 4 GG, 92. EL, 8/2020, Rn. 187.

3206 A. A. wohl *Krumm/Paeßens*, GrStG, 2022, § 247 BewG, Rn. 18.

3207 BFH, Urt. v. 26.04.2006 – II R 58/04, BStBl. II 2006, 793, juris Rn. 25.

Verbindlichkeit der Bodenrichtwerte oder der gerichtlichen Überprüfung der Bodenrichtwerte treffen wollte, ist – auch im Hinblick auf die angesprochene Gesetzesbegründung – jedoch nicht anzunehmen.

Eine systematische Auslegung des § 247 BewG lässt ebenfalls nicht die Annahme eines weiten administrativen Entscheidungsspielraums der Gutachterausschüsse bei der Ermittlung der Bodenrichtwerte zu. Die zu § 179 BewG gemachten Ausführungen zu der mittlerweile eingetretenen Normierung der Bodenrichtwertermittlung gelten insoweit entsprechend. Insbesondere ist bei § 247 BewG zu beachten, dass die Bodenrichtwertermittlung gerade im Zuge der Grundsteuerreform eine erhöhte Regelungsdichte erfahren hat. Hinzuweisen ist hier insbesondere auf die Einführung des § 10 Abs. 3 ImmoWertV 2010,[3208] aber auch auf die Novellierung der ImmoWertV im Jahre 2021, die auch maßgeblich die Bedeutung der Bodenrichtwerte für die Grundsteuer zum Anlass hatte.[3209] Die Ermittlung besonderer Bodenrichtwerte, die ausschließlich für Zwecke der Grundsteuer nach Maßgabe der verschärften gesetzlichen Vorgaben ermittelt werden, ist qualitativ bereits als ein Teil der steuerlichen Bewertung anzusehen, auch wenn diese nicht wie sonst durch die Finanzbehörden, sondern durch die Gutachterausschüsse erfolgt. Die an die Gesetze gebundenen Finanzgerichte (Art. 20 Abs. 3, Art. 97 Abs. 1 GG) dürfen diese besonderen Bodenrichtwerte und die an ihre Ermittlung gestellten verbindlichen Vorgaben nicht außer Acht lassen.

Abschließend hinzuweisen ist noch auf den Umstand, dass dem Steuerpflichtigen – anders als bei der Grundbesitzbewertung – ursprünglich keine Möglichkeit eingeräumt worden ist, einen niedrigeren Wert des zu bewertenden Grundstücks nachzuweisen. Dem Steuerpflichtigen blieb somit keine Möglichkeit, die Wertauswirkungen eines fehlerhaften Bodenrichtwerts anderweitig zu kompensieren. Dies stellt zwar keinen Umstand dar, der sich für oder gegen die Begründung eines administrativen Entscheidungsspielraums anführen lässt. Er kann jedoch im Rahmen der Rechtfertigung von administrativen Entscheidungsspielräumen der Gutachterausschüsse, die durch die Normen der ImmoWertV eröffnet werden, von Relevanz sein. Denn durch diesen Umstand und durch die vom Gesetzgeber verbindliche

---

3208 In der Fassung des Art. 16 Nr. 1 des GrStRefG v. 26.11.2019, BGBl. I S. 1794.

3209 Entwurf zur ImmoWertV 2021 v. 12.05.2021, BR-Drs. 407/21, S. 1 f.

Anknüpfung an den Zonenwert ergeben sich höhere Anforderungen an die Qualität und Rechtmäßigkeit der Bodenrichtwerte.[3210]

cc) *Normen der ImmoWertV*

(1) *Anknüpfungspunkte für die Annahme von administrativen Entscheidungsspielräumen in der ImmoWertV*

Eine Einschränkung der finanzgerichtlichen Kontrolle der Bodenrichtwerte lässt sich nach geltender Rechtslage weder aus § 179 BewG noch aus § 247 BewG herleiten. Die Anknüpfung einer eingeschränkten gerichtlichen Kontrolle an diese Normen lässt zudem keine sachgerechte Differenzierung der gerichtlichen Prüfungsintensität zu. Anknüpfungspunkt für die Annahme eines administrativen Entscheidungsspielraums der Gutachterausschüsse bei der Ermittlung der Bodenrichtwerte können jedoch die einzelnen Regelungen der ImmoWertV darstellen. Sofern anzunehmen ist, dass der Gesetzgeber den Gutachterausschüssen bei der Anwendung der jeweiligen Norm einen administrativen Entscheidungsspielraum gewähren wollte, kann grundsätzlich eine Einschränkung der gerichtlichen Kontrolldichte geboten sein. Die Vorgaben der ImmoWertV enthalten eine Vielzahl an unbestimmten Rechtsbegriffen, die es den Gutachterausschüssen ermöglichen sollen, bei der Wertermittlung die Besonderheiten des Einzelfalls zu berücksichtigen und so realitätsnahe Werte zu bestimmen. Häufig ist für die Rechtsanwendung eine auf Wertungen basierende Einschätzung der tatsächlichen Verhältnisse durch die Gutachterausschüsse erforderlich. Diese unbestimmten Rechtsbegriffe können daher dem Grunde nach einen Anknüpfungspunkt für die Annahme von eingeschränkt gerichtlich überprüfbaren Beurteilungsspielräumen darstellen. Auch werden den Gutachterausschüssen bei der Bodenrichtwertermittlung mehrfach Ermessensentscheidungen eingeräumt, die ebenfalls nur eingeschränkt von den Finanzgerichten kontrolliert werden können.

Ob hinsichtlich der für die Bodenrichtwertermittlung geltenden unbestimmten Rechtsbegriffe ein eingeschränkt gerichtlich überprüfbarer Beurteilungsspielraum anzunehmen ist, kann an dieser Stelle nicht für jeden unbestimmten Rechtsbegriff gesondert beantwortet werden. Dies ist durch

---

[3210] FG Rheinland-Pfalz, Beschl. v. 23.11.2023 – 4 V 1295/23, juris Rn. 301; *Hey*, ZG 2019, 297 (317 f.); *Krumm/Paeßens*, GrStG, 2022, Grundlagen, Rn. 134.

Auslegung der entsprechenden Norm zu bestimmen. Grundsätzlich besteht jedoch für die Annahme von Beurteilungsspielräumen innerhalb der ImmoWertV eine vergleichbare Ausgangs- und Interessenlage. Die Argumente, die für oder gegen die Annahme von Beurteilungsspielräumen bei der Bodenrichtwertermittlung sprechen, sollen im Folgenden dargestellt, untersucht und bewertet werden.

(2) Gründe für die Annahme administrativer Entscheidungsspielräume in der ImmoWertV

Die Begründung eines administrativen Entscheidungsspielraums, insbesondere eines Beurteilungsspielraums, setzt nach der vom Bundesverfassungsgericht vertretenen normativen Ermächtigungslehre zunächst voraus, dass sich der administrative Entscheidungsspielraum ausdrücklich aus dem Gesetz ergibt oder durch Auslegung hinreichend deutlich zu ermitteln ist. Ist hiernach ein administrativer Entscheidungsspielraum anzunehmen, ist in einem zweiten Schritt zu prüfen, ob die hiermit verbundene Einschränkung der gerichtlichen Kontrolle im Hinblick auf Art. 19 Abs. 4 GG gerechtfertigt werden kann.[3211] Diese formale Zweiteilung lässt sich jedoch nicht immer einhalten. Gründe, die im Rahmen einer Auslegung für die Annahme eines administrativen Entscheidungsspielraums sprechen, können auch bei der Rechtfertigung dieses Entscheidungsspielraums relevant werden und umgekehrt. Dass die Ermittlung den Gutachterausschüssen als fachkundige Gremien anvertraut wurde (dazu sogleich unter Gliederungspunkt (a)), kann einerseits bei der Begründung aber auch bei der Rechtfertigung der Bodenrichtwerte relevant werden. Das Gleiche gilt für den Umstand, dass die Bodenrichtwertermittlung in hohem Maße von Beurteilungs- und Ermessenserwägungen geprägt ist (dazu unter Gliederungspunkt (b)). Demgegenüber handelt es sich bei dem Bedürfnis nach Einheitlichkeit der Bodenrichtwertermittlung (dazu unter Gliederungspunkt (c)) und Praktikabilität (dazu unter Gliederungspunkt (d)) um Aspekte, die vorwiegend auf der Rechtfertigungsebene zu berücksichtigen sind. Dies gilt auch für den Umstand, dass der Steuerpflichtige einen eigenen Wert nachweisen kann, der alternativ zu dem anhand der Bodenrichtwerte ermittelten Steuerwert der Besteuerung zugrunde zu legen ist (dazu unter

---

[3211] BVerfG v. 31.05.2011 – 1 BvR 857/07, BVerfGE 129, 1, 22 f.

Gliederungspunkt (e)). Im Folgenden werden zunächst die Aspekte, die für die Auslegung und Rechtfertigung relevant sind, isoliert dargestellt und untersucht. Darauf aufbauend wird abschließend festgestellt, ob und ggfs. in welchem Umfang diese Aspekte im Rahmen einer Gesamtbetrachtung eine Einschränkung der finanzgerichtlichen Kontrolldichte rechtfertigen können (dazu unter Gliederungspunkt (f)).

(a) Vorgreifliche Kompetenz der Gutachterausschüsse bei der Feststellung der Bodenrichtwerte

(aa) Annahme der Finanzgerichte

Den Ausschluss der gerichtlichen Überprüfung der Bodenrichtwerte begründet der Bundesfinanzhof vor allem mit der vorgreiflichen Kompetenz der Gutachterausschüsse, die diesen bei der Feststellung der Bodenrichtwerte zukomme.[3212] Dabei nimmt er keine Unterscheidung zwischen der Begründung des administrativen Entscheidungsspielraums, die durch Auslegung zu bestimmen ist, und der Rechtfertigung der mit dieser Annahme verbundenen Einschränkung der gerichtlichen Kontrolle vor. Es ist jedoch davon auszugehen, dass er dieses Argument auf beiden Ebenen anführen würde. Auch in der steuerrechtlichen Literatur wird nicht nur angenommen, dass bereits die Bezugnahme der steuergesetzlichen Bewertungsvorschriften auf die vom Gutachterausschuss festzustellenden Bodenrichtwerte ausreiche, um einen eingeschränkt gerichtlich überprüfbaren Entscheidungsspielraum der Gutachterausschüsse zu begründen.[3213] Die vorgreifliche Kompetenz der Gutachterausschüsse wird auch als Sachgrund angesehen, der die Einschränkung der durch Art. 19 Abs. 4 GG grundsätzlich gebotenen gerichtlichen Vollkontrolle des Verwaltungshandelns zu rechtfertigen vermag.[3214]

Der Bundesfinanzhof begründet die vorgreifliche Kompetenz der Gutachterausschüsse bei der Feststellung der Bodenrichtwerte insbesondere mit der besonderen Sach- und Fachkenntnis und der größeren Ortsnähe der

---

3212 BFH, Urt. v. 11.05.2005 – II R 21/02, BStBl. II 2005, 686, juris Rn. 10; BFH, Urt. v. 26.04.2006 – II R 58/04, BStBl. II 2006, 793, juris Rn. 25; BFH, Urt. v. 16.12.2009 – II R 15/09, BFH/NV 2010, 1085, juris Rn. 13; BFH, Urt. v. 25.08.2010 – II R 42/09, BStBl. II 2011, 205, juris Rn. 15.

3213 *Krumm*, Steuerliche Bewertung als Rechtsproblem, 2014, S. 304; *Krumm/Paeßens*, GrStG, 2022, Grundlagen, Rn. 133.

3214 *Krumm/Paeßens*, GrStG, 2022, Grundlagen, Rn. 133.

Gutachterausschüsse.[3215] In der Literatur wird ergänzend darauf abgestellt, dass es sich bei dem Gutachterausschuss *„um ein unabhängiges Kollegialorgan handelt, womit die Erwartung verbunden ist, dass es mögliche Auffassungsunterschiede bereits in sich zum Ausgleich bringt und die zu treffende Entscheidung damit zugleich versachlicht“*.[3216] Auch der Steuergesetzgeber betont teilweise die Unabhängigkeit der Gutachterausschüsse gesondert.[3217]

Im Folgenden soll nun zunächst untersucht werden, ob die Annahmen zu den Gutachterausschüssen in tatsächlicher Hinsicht zutreffend sind. Anschließend soll dann beurteilt werden, ob auf der Grundlage dieser Erkenntnis eine Einschränkung der gerichtlichen Kontrolldichte mit den Vorgaben des Bundesverfassungsgerichts vereinbar ist.

(bb) Evaluation in tatsächlicher Hinsicht

Die Auffassung des Bundesfinanzhofs und der steuerrechtlichen Literatur fußt offenbar auf der Lektüre des § 192 BauGB. Nach Absatz 1 der Norm sind die Gutachterausschüsse als selbstständige und unabhängige Institutionen zu bilden. Sie bestehen nach Absatz 2 der Norm aus einem Vorsitzenden und ehrenamtlichen weiteren Gutachtern, also aus mindestens drei Gutachtern. Die Mitglieder sollen nach Absatz 3 der Norm insbesondere in der Ermittlung von Grundstückswerten oder sonstigen Wertermittlungen sachkundig und erfahren sein. Bei der Ermittlung der Bodenrichtwerte ist zudem zusätzlich noch ein Bediensteter der zuständigen Finanzbehörde mit Erfahrung in der steuerlichen Bewertung von Grundstücken als Gutachter hinzuzuziehen. Der Gutachterausschüsse bedient sich nach Absatz 4 der Norm einer Geschäftsstelle. Die Gutachterausschüsse sind nach der rechtlichen Konzeption als selbstständige und unabhängige Gremien anzusehen, die sachverständig besetzt sind und deshalb grundsätzlich Gewähr dafür bieten, möglichst realistische und objektive Werte zu ermitteln. Hinzu kommt, dass die Gutachterausschüsse für die Führung und Auswertung der Kaufpreissammlung zuständig sind (§ 193 Abs. 5 Satz 1 i. V. m. § 195 BauGB) und aufgrund dessen mit Abstand über den besten Überblick über die Verhältnisse auf dem regionalen Grundstücksmarkt verfügen.

3215 BFH, Urt. v. 11.05.2005 – II R 21/02, BStBl. II 2005, 686, juris Rn. 10.

3216 *Krumm/Paeßens*, GrStG, 2022, Grundlagen, Rn. 133.

3217 Entwurf zum GrStRefG 2019 v. 25.06.2019, BT-Drs. 19/11085, S. 86; *LT BW*, Entwurf eines LGrStG v. 30.09.2020, LT-Drs. 16/8907, S. 55.

Die vom Bundesfinanzhof angenommene vorgreifliche Kompetenz des Gutachterausschusses beruht insbesondere auf der Annahme der besonderen Sach- und Fachkenntnis. Diese ist jedoch nicht abstrakt in der Institution des Gutachterausschusses vorhanden. Vielmehr können nur die Gutachter in der Gesamtheit dem Gutachterausschuss eine entsprechende Kompetenz vermitteln, wenn auch diese Personen über die entsprechende Erfahrung und Sachkunde auf dem Gebiet der Wertermittlung verfügen und daher entsprechend i. S. d. § 192 Abs. 3 Satz 1 BauGB qualifiziert sind. Über die Qualifikation der Gutachter kann an dieser Stelle keine empirisch belegte Aussage getroffen werden. Insgesamt kann davon ausgegangen werden, dass die Gutachter zum Großteil über eine hinreichende Qualifikation verfügen. Dass die Gutachter über eine vergleichbare Mindestqualifikation verfügen, wird jedoch gesetzlich nicht gewährleistet. Insbesondere fehlt es an gesetzlichen Regelungen oder Verwaltungsanweisungen, die klarstellen, unter welchen Voraussetzungen eine Person „sachkundig" und „erfahren" ist. Zudem ist § 192 Abs. 3 Satz 1 BauGB nur als Sollvorschrift ausgestaltet (anders als zuvor § 139 Abs. 2 BBauG[3218]).[3219] Auch eine „besondere" Sachkunde wird nicht mehr verlangt.[3220]

Die Begriffe „sachkundig" und „erfahren" stellen unbestimmte Rechtsbegriffe dar, die von der Person oder Institution zu beurteilen sind, der die Bestellung der Gutachter obliegt. Der Nachweis der Erfahrung und Sachkunde ist in der Praxis häufig schwierig, da es in Deutschland an einem einschlägigen Berufsbild des Grundstückswertsachverständigen mit entsprechender Aus- und Vorbildung fehlt.[3221] Für die Gutachter wird nicht gefordert, dass diese von einer staatlichen, staatlich anerkannten oder nach DIN EN ISO/IEC 17024 akkreditierten Stelle als Sachverständige oder Gutachter für die Wertermittlung von Grundstücken bestellt oder zertifiziert worden sind. Über diese Qualifikation muss nur der Sachverständige bei einem Wertnachweis nach § 198 Abs. 2 BewG verfügen, nicht jedoch das Mitglied eines Gutachterausschusses. Um zu gewährleisten, dass die Gutachter über die nach § 192 Abs. 3 Satz 1 BauGB geforderte Qualifikation

---

3218 I. d. F. d. BBauG v. 18.08.1976, BGBl. I 1976, 2257.
3219 *Voß*, in: E/Z/B/K, BauGB, § 192 BauGB, 111. EL, 9/2013, Rn. 43.
3220 *Voß*, in: E/Z/B/K, BauGB, § 192 BauGB, 111. EL, 9/2013, Rn. 47.
3221 *Voß*, in: E/Z/B/K, BauGB, § 192 BauGB, 111. EL, 9/2013, Rn. 48.

verfügen, kommt es daher maßgeblich auf die (individuelle) Beurteilung der für die Bestellung der Gutachter berufenen Person oder Institutionen an. Aufgrund der stark unterschiedlichen Organisation und Arbeitsweisen der Gutachterausschüsse gibt es hier jedoch große Unterschiede,[3222] die sich letztendlich auch auf die Qualität der bestellten Gutachter auswirkt. Der Leiter einer Fachbehörde dürfte aufgrund seiner regelmäßig anzunehmenden persönlichen Qualifikation regelmäßig besser geeignet sein, die Sachkunde und Erfahrung eines potenziellen Gutachters zu beurteilen, als ein Bürgermeister oder Landrat. In letzterem Fall kommt es daher darauf an, ob fachkundige Personen in den Auswahl- und Bestellungsprozess eingebunden werden.[3223] Auch eine Einflussnahme der Kommunalpolitik auf die Besetzung des Gutachterausschusses kann in diesen Konstellationen nicht ausgeschlossen werden.[3224] Aufgrund der dargestellten Probleme wird in der Literatur teilweise angenommen, dass zumindest die ehrenamtlichen Gutachter vielfach nicht eine vergleichbare Qualifikation wie öffentlich bestellte und vereidigte oder zertifizierte Sachverständige aufweisen würden.[3225] Es wird daher nicht in jedem Fall gewährleistet, dass der Gutachterausschuss über eine größere Fachkompetenz verfügt als die Richter der Finanzgerichte oder ein im finanzgerichtlichen Verfahren hinzugezogener Sachverständiger.

Der Bundesfinanzhof und die steuerrechtliche Literatur gehen zudem offenbar davon aus, dass die Bodenrichtwerte unmittelbar und ausschließlich durch die Gutachter des Gutachterausschusses ermittelt werden. Dies trifft jedoch nicht zu. In der Praxis erfolgt die eigentliche Ermittlung der Bodenrichtwerte regelmäßig nicht durch die Gutachter selbst. Die Bodenrichtwerte werden ganz überwiegend zunächst durch die Bediensteten der Geschäftsstelle in Zusammenarbeit mit dem Vorsitzenden des Gutachterausschuss ermittelt. Inwieweit die übrigen Gutachter in diesen Prozess eingebunden werden, hängt vom jeweiligen Gutachterausschuss ab. In den Bodenrichtwertsitzungen, in denen die Bodenrichtwerte beschlossen werden, werden

---

3222 Siehe Aufstellung bei *Kleiber*, Verkehrswertermittlung von Grundstücken, 10. Aufl. 2023, § 192 BauGB, Rn. 37.

3223 So wohl in der Praxis üblich *Voß*, in: E/Z/B/K, BauGB, § 192 BauGB, 111. EL, 9/2013, Rn. 48.

3224 Siehe hierzu unter Gliederungspunkt § 1, II., 2., d).

3225 *Petersen/Schnoor/W. Seitz*, Verkehrswertermittlung von Immobilien, 3. Aufl. 2018, S. 85.

die von der Geschäftsstelle ermittelten Bodenrichtwerte dann lediglich von den Gutachtern überprüft und beschlossen. In welchem Umfang und in welcher Intensität eine Überprüfung stattfindet, hängt vom jeweiligen Gutachterausschuss ab.[3226] Bei dieser in der Praxis üblichen Vorgehensweise wird nicht gewährleistet, dass sich die Erfahrung und Sachkunde der Gutachter in den Bodenrichtwerten in hinreichendem Maß niederschlägt, um eine Einschränkung der gerichtlichen Kontrolle zu rechtfertigen. Auch können sich die Vorteile, die ein pluralistisch zusammengesetztes Gremium typischerweise mit sich bringt, bei dieser Vorgehensweise nur eingeschränkt entfalten.

Eine fachliche Qualifikation der Bediensteten der Geschäftsstellen, die in der Praxis die (vorläufigen) Bodenrichtwerte ermitteln und zur Entscheidung den Gutachterausschüssen vorschlagen, ist gesetzlich weder im BauGB noch in den Gutachterausschussverordnungen der Bundesländer vorgeschrieben. In den Bundesländern, bei denen die Geschäftsstellen bei den Kataster- und Vermessungsbehörden eingerichtet sind, kann regelmäßig davon ausgegangen werden, dass die Bediensteten dieser Behörden, die in einer Doppelfunktion[3227] auch für den Gutachterausschuss tätig werden, über die entsprechende Sachkunde und Erfahrung verfügen, um die Aufgaben der Geschäftsstelle sachgerecht durchzuführen. Demgegenüber erfüllen die Bedienten der Geschäftsstellen, die bei der Verwaltung einer Gebietskörperschaft eingerichtet sind, in vielen Fällen nicht die entsprechenden fachlichen Anforderungen. Dies dürfte insbesondere für die Gutachterausschüsse in Baden-Württemberg, bei denen die Geschäftsstellen bei den Gemeindeverwaltungen eingerichtet sind, gelten.[3228] Es ist generell nicht davon auszugehen, dass die Bediensteten der Geschäftsstellen über eine größere Fachkompetenz als ein gerichtlich hinzugezogener Sachverständiger verfügen.

Es kann im Ergebnis nicht davon ausgegangen werden, dass der Gutachterausschuss aufgrund seiner Konzeption ausnahmslos über eine besondere Erfahrung und Sachkunde auf dem Gebiet der Wertermittlung verfügt. Grundsätzlich ist von einer hinreichenden Qualifikation der Gutachter auszugehen. Dies wird jedoch weniger durch die gesetzlichen Vorgaben als

---

3226 Siehe hierzu unter Gliederungspunkt § 1, IV., 7., a).

3227 *Kleiber*, Verkehrswertermittlung von Grundstücken, 10. Aufl. 2023, § 192 BauGB, Rn. 45.

3228 *J. Schmidt*, GuG 6/1996, 351 (352); *Caesperlein/Weippert*, AGIT 3/2017, 237 (241).

durch in der Praxis gebräuchliche Vorgehensweisen bei der Bestellung der Gutachter gewährleistet. Dass die Mitglieder des Gutachterausschusses im Vergleich zu einem gerichtlichen Sachverständigen über deutlich größere Erfahrung und Sachkunde verfügen, kann nicht angenommen werden. Auch von einer größeren Ortsnähe kann nicht pauschal ausgegangen werden. Denn oft weisen die Gutachterausschüsse mittlerweile große Zuständigkeitsbereiche auf, die die Zuständigkeitsbereiche mehrerer Finanzämter umfassen. In Sachsen-Anhalt umfasst der Zuständigkeitsbereich das gesamte Gebiet des Bundeslandes. Außerdem können die Gerichte sich die notwendige Ortskenntnis dadurch aneignen, indem sie einen Sachverständigen hinzuziehen, der mit dem jeweiligen örtlichen Grundstücksmarkt vertraut ist. Schließlich ist auch die Unabhängigkeit der Gutachterausschüsse und damit die Gewähr für eine objektive Wertermittlung in tatsächlicher Hinsicht aufgrund teilweise bestehender Nähe zu der Gebietskörperschaft, bei der sie eingerichtet sind,[3229] oder in rechtlicher Hinsicht aufgrund der landesrechtlichen Regelungen hinsichtlich der Unabhängigkeit der Mitglieder des Gutachterausschusses[3230] nicht durchweg gewährleistet.

(cc) Evaluation in verfassungsrechtlicher Hinsicht

Die Annahme eines gerichtlich eingeschränkt überprüfbaren Entscheidungsspielraums allein aufgrund der vorgreiflichen Kompetenz der Gutachterausschüsse auf dem Gebiet der Bodenrichtwertermittlung ist nicht vereinbar mit der Rechtsprechung des Bundesverfassungsgerichts oder des Bundesverwaltungsgerichts. Eine eigenständige Dogmatik zu der Einschränkung der gerichtlichen Kontrolldichte hat der Bundesfinanzhof nicht entwickelt.

Das *Bundesverfassungsgericht* nimmt behördliche Beurteilungsspielräume nur sehr restriktiv an.[3231] Die Annahme eines solchen Spielraums alleine aufgrund der besonderen fachlichen Kompetenz der zur Entscheidung berufenen Stelle hat es ausdrücklich abgelehnt.[3232] Die Rechtsprechung des Bundesverwaltungsgerichts, die der Prüfstelle für jugendgefährdende Schriften einen

3229 Siehe hierzu unter Gliederungspunkt § 1, II., 2., d).
3230 FG Rheinland-Pfalz, Beschl. v. 23.11.2023 – 4 V 1295/23, juris Rn. 377 ff.
3231 Siehe hierzu bereits unter Gliederungspunkt § 4, II., 2., b), cc).
3232 BVerfG v. 16.12.1992 – 1 BvR 167/87, BVerfGE 88, 40, 58; vgl. auch *T. Jacob/Lau*, NVwZ 2015, 241 (247).

eingeschränkt gerichtlich überprüfbaren Beurteilungsspielraum eingeräumt hatte, hat das Bundesverfassungsgericht für verfassungswidrig erklärt.[3233] Es ist nicht ersichtlich, dass die den Gutachterausschüssen zukommende Fachkompetenz vergleichsweise so viel höher als bei anderen Fachverwaltungen anzusehen ist. Es ist daher davon auszugehen, dass das Bundesverfassungsgericht die Kompetenz der Gutachterausschüsse allein nicht als ausreichend ansehen wird, eine Einschränkung der gerichtlichen Kontrolle zuzulassen.

Auch ein Vergleich mit der Rechtsprechung des *Bundesverwaltungsgerichts* lässt die Annahme einer administrativen Letztentscheidungskompetenz der Gutachterausschüsse nicht (mehr) zu. Zwar hat das Bundesverwaltungsgericht es früher für die Annahme eines administrativen Entscheidungsspielraums allein aus dem Grund ausreichen lassen, dass der Gesetzgeber die Entscheidung einem sachverständigen Gremium zugewiesen hat.[3234] Mittlerweile hat es diese Rechtsprechung jedoch aufgegeben und klargestellt, dass alleine dieser Umstand nicht mehr für die Einschränkung der gerichtlichen Kontrolldichte ausreicht.[3235] Die Bodenrichtwertermittlung durch die Gutachterausschüsse weicht zudem erheblich von den durch das Bundesverwaltungsgericht entschiedenen Fällen ab. Denn in diesen Fällen haben die Mitglieder des Fachgremiums unmittelbar und ausschließlich eine wertende Entscheidung in einem Einzelfall getroffen. Die Ermittlung der Bodenrichtwerte erfolgt jedoch wie dargestellt zu einem wesentlichen Teil nicht durch die Gutachter und in einem Massenverfahren. Im Vergleich dazu bieten die Finanzgerichte, bei deren Entscheidungen regelmäßig drei Berufsrichter und zwei ehrenamtliche Richter mitwirken, sogar die größere Gewähr für eine objektive Beurteilung.

(b) Von Beurteilungs- und Ermessenserwägungen abhängige Wertfindung

Der Bundesfinanzhof stellt zur Begründung der Verbindlichkeit der Bodenrichtwerte und deren eingeschränkten gerichtlichen Kontrolle neben der

---

[3233] BVerfG v. 27.11.1990 – 1 BvR 402/87, BVerfGE 83, 130, 148.

[3234] BVerwG, Urt. v. 16.12.1971 – I C 31.68, BVerwGE 39, 197, juris Rn. 22; BVerwG, Urt. v. 13.12.1979 – 5 C 1/79, BVerwGE 59, 213, juris Rn. 14; BVerwG, Urt. v. 25.06.1981 – 3 C 35/80, BVerwGE 62, 331, juris Rn. 33 f.; *Schmidt-Aßmann*, in: Dürig/Herzog/Scholz, GG, Art. 19 Abs. 4 GG, 92. EL, 8/2020, Rn. 195; *Schulze-Fielitz*, in: Dreier (Hrsg.), GG, Bd. 1, 3. Aufl. 2013, Art. 19 Abs. 4, Rn. 130 m. w. N.

[3235] BVerwG, Urt. v. 30.10.2019 – 6 C 18/18, BVerwGE 167, 33, juris Rn. 19; BVerwG, Urt. v. 05.11.2020 – 3 C 12/19, BVerwGE 170, 273, juris Rn. 22.

vorgreiflichen Kompetenz der Gutachterausschüsse auch auf die in hohem Maße von Beurteilungs- und Ermessenserwägungen abhängige Wertfindung ab.[3236] Gemeint ist damit die Wertspanne, innerhalb der sich mögliche Werte im Allgemeinen und die Bodenrichtwerte im Besonderen bewegen.[3237] Die Bodenrichtwertermittlung ist an vielen Stellen geprägt durch (subjektive) Wertungen und Prognoseentscheidungen des Gutachterausschusses, die in vertretbarer Weise so oder anders ausfallen können.[3238] Die Entscheidungen der Gutachterausschüsse können zwar in diesen Bereichen grundsätzlich durch die Gerichte kontrolliert werden. Da innerhalb der Spanne möglicher Bodenrichtwerte mehrere Werte gleichermaßen vertretbar sind, ist der vom Gericht gefundene Wert nicht zwangsläufig richtiger oder rechtmäßiger als der des Gutachterausschusses.[3239] Sofern das Gericht in diesem Fall trotzdem den eigenen Wert der Entscheidung zugrunde legt, greift es in den Kompetenzbereich der Exekutiven ein. Es spricht daher einiges dafür, den Gutachterausschüssen aus diesem Grund eine gewisse Bewertungsprärogative gegenüber den Gerichten einzuräumen.[3240]

Diese Bewertungsprärogative kann jedoch nicht die gesamte Bodenrichtwertermittlung umfassen. Anders als bei anderen steuerliche Bewertungsanlässen (z. B. § 11 Abs. 2 Satz 2 BewG) ist die Ermittlung der Bodenrichtwerte zumindest in Teilbereichen gesetzlich determiniert. Der Bodenrichtwert ist kein beliebiger Begriff, der durch den Gutachterausschuss zu beurteilen ist. Bei der Bodenrichtwertermittlung müssen rechtliche Vorgaben beachtet werden, damit das Ergebnis der Ermittlung als Bodenrichtwert bezeichnet werden kann.[3241] Anders als der Steuerpflichtige oder Sachverständige sind die Gutachterausschüsse als Teil der vollziehenden Gewalt bei der

---

3236 BFH, Urt. v. 11.05.2005 – II R 21/02, BStBl. II 2005, 686, juris Rn. 10; BFH, Urt. v. 26.04.2006 – II R 58/04, BStBl. II 2006, 793, juris Rn. 25; BFH, Urt. v. 16.12.2009 – II R 15/09, BFH/NV 2010, 1085, juris Rn. 13.

3237 Siehe hierzu bereits unter Gliederungspunkt § 3, II., 1., a), bb).

3238 Widersprüchlich ist es daher, wenn der BFH an späterer Stelle in seiner Argumentation davon ausgeht, dass die Bodenrichtwerte eine objektive Bewertungsgrundlage darstellen würden, vgl. BFH, Urt. v. 11.05.2005 – II R 21/02, BStBl. II 2005, 686, juris Rn. 10.

3239 OVG Rheinland-Pfalz, Urt. v. 16.02.2017 – 6 A 10137/14.OVG, juris Rn. 82; *Krumm/Paeßens*, GrStG, 2022, Grundlagen, Rn. 133; *Seer*, StuW 1997, 283 (289).

3240 Ebenso *Krumm*, FR 2023, 957 (963).

3241 Siehe hierzu auch unter Gliederungspunkt § 3, III., 3, b), aa).

Wertermittlung gemäß Art. 20 Abs. 3 GG an die für sie verbindlichen Vorgaben des BauGB und der ImmoWertV gebunden. Die Wertfindung erfolgt nicht in einem rechtsfreien Raum anhand von unverbindlichen Richtlinien, sondern innerhalb eines rechtlichen Korsetts und muss daher von den Gerichten entsprechend überprüft werden. Die Einräumung einer eingeschränkt gerichtlich überprüfbaren Bewertungsprärogative der Gutachterausschüsse kann nur insoweit erfolgen, als der entsprechende Teilbereich der Bodenrichtwertermittlung gesetzlich nicht determiniert ist oder sofern verbindliche Regelungen bestehen und durch Auslegung anzunehmen ist, dass dem Gutachterausschuss in Teilbereichen der Rechtsanwendung ein Beurteilung- oder Ermessensspielraum zusteht.[3242]

Das *Bundesverfassungsgericht* hat einen mit Art. 19 Abs. 4 GG vereinbaren gerichtlich eingeschränkt überprüfbaren Beurteilungsspielraum (ausschließlich) für juristische bzw. medizinische Staatsprüfungen anerkannt.[3243] Für die Annahme dieses Beurteilungsspielraums war vor allem maßgeblich, dass prüfungsbezogene Entscheidungen durch die persönliche Erfahrung und Eindrücke der zur Entscheidung berufenen Personen geprägt sind und sich die Prüfungssituationen für eine gerichtliche Überprüfung nicht mehr wiederholen lässt.[3244] Der vom Bundesverfassungsgericht angenommene Beurteilungsspielraum bezieht sich daher auch nur auf „prüfungsspezifische Wertungen". Die Gerichte haben in diesen Fällen weiterhin die Einhaltung der Grenzen des Bewertungsspielraums zu überprüfen.[3245] Der Bewertungsspielraum ist überschritten und eine gerichtliche Kontrolle geboten, wenn die Prüfungsbehörden Verfahrensfehler begehen, anzuwendendes Recht verkennen, von einem unrichtigen Sachverhalt ausgehen, allgemeingültige Bewertungsmaßstäbe verletzen oder sich von sachfremden Erwägungen leiten lassen.[3246] Die Gerichte sind darüber hinaus verpflichtet, die Verwal-

---

3242 *Krumm*, FR 2023, 957 (963).

3243 BVerfG v. 17.04.1991 – 1 BvR 419/81 u. a., BVerfGE 84, 34, 50 ff.; BVerfG v. 17.04.1991 – 1 BvR 1529/84 u. a., BVerfGE 84, 59, 77.

3244 BVerfG v. 16.12.1992 – 1 BvR 167/87, BVerfGE 88, 40, 57.

3245 BVerfG v. 17.04.1991 – 1 BvR 419/81 u. a., BVerfGE 84, 34, 53; BVerfG v. 17.04.1991 – 1 BvR 1529/84 u. a., BVerfGE 84, 59, 77 f.

3246 BVerfG v. 17.04.1991 – 1 BvR 419/81 u. a., BVerfGE 84, 34, 53 f.; BVerfG v. 17.04.1991 – 1 BvR 1529/84 u. a., BVerfGE 84, 59, 78.

tungsentscheidung stets so weit zu überprüfen, dass sie die Unrichtigkeit der Verwaltungsentscheidung ausschließen können.[3247]

Die Rechtsprechung des Bundesverfassungsgerichts zu den dargestellten Fallgestaltungen lässt sich zumindest nur eingeschränkt auf die Bodenrichtwertermittlung übertragen. Die Bodenrichtwertermittlung erfordert zwar auch Wertungen und Prognosen, die auf der Erfahrung der Gutachter des Gutachterausschusses beruhen. Die Wertermittlung beruht jedoch auf dauerhaft verfügbaren und größtenteils objektiven Datengrundlagen.[3248] Eine erforderliche Wertung oder Prognose kann daher auch noch zu einem späteren Zeitpunkt, etwa im gerichtlichen Verfahren, wiederholt werden. Der maßgebliche Inhalt der Kaufpreissammlung kann dem Gericht für eine Überprüfung der Bodenrichtwerte zugänglich gemacht werden (§ 195 Abs. 2 Satz 2 BauGB). Außerdem rechtfertigt die Bedeutung persönlicher Erfahrungen für die Verwaltungsentscheidung und die Komplexität bestimmter schwieriger fachlicher Wertungen nicht generell eine Zurücknahme der gerichtlichen Kontrolle.[3249] Auch der Umstand, dass die Entscheidung der Behörde teilweise auf prognostischen Erkenntnissen beruht, schließt eine gerichtliche Überprüfung nach der Rechtsprechung des Bundesverfassungsgerichts nicht von vorneherein aus.[3250]

Sofern man die finanzgerichtliche Überprüfbarkeit der Bodenrichtwerte an den vom *Bundesverwaltungsgericht* aufgestellten Grundsätzen zur Annahme von administrativen Entscheidungsspielräumen misst, lässt sich nur in begrenztem Maß ein Wertermittlungsspielraum annehmen. Das Bundesverwaltungsgericht handhabt die Annahme eines Beurteilungsspielraums in letzter Zeit deutlich restriktiver. Nach der Rechtsprechung des Bundesverwaltungsgerichts ist die Annahme eines Beurteilungsspielraums mittlerweile vor allem dann berechtigt, *„wenn das gesetzlich vorgegebene Entscheidungsprogramm vage ist und sich seine fallbezogene Anwendung als besonders schwierig erweist, weil eine Vielzahl von Bewertungsfaktoren ermittelt, gewichtet und in ein Verhältnis zueinander gesetzt werden müssen, wofür zudem schwer*

3247 BVerfG v. 16.12.1992 – 1 BvR 167/87, BVerfGE 88, 40, 59 f.
3248 Siehe hierzu unter Gliederungspunkt § 1, IV., 2.
3249 BVerfG v. 16.12.1992 – 1 BvR 167/87, BVerfGE 88, 40, 57 ff.
3250 BVerfG v. 16.12.1992 – 1 BvR 167/87, BVerfGE 88, 40, 60.

kalkulierbare Prognosen angestellt werden müssen".[3251] In seiner Entscheidung vom 5. November 2020 ergänzte das Bundesverwaltungsgericht, dass ein Beurteilungsspielraum auch dann anzunehmen sein, „*wenn sich die Entscheidung einer Steuerung durch ein abstrakt-generelles Regelwerk weitgehend entzieht, weil sie von individuellen Einschätzungen und Erfahrungen geprägt ist*".[3252] Allein die Notwendigkeit wertender Erkenntnis oder das aus der Komplexität des zu beurteilenden Sachverhalts folgende Erfordernis einer besonderen Sachkunde rechtfertigt nach Auffassung des Bundesverwaltungsgerichts nicht generell die Annahme, der Gesetzgeber habe von einer umfassenden gerichtlichen Nachprüfung Abstand nehmen wollen.[3253]

Die Rechtsprechung des Bundesverwaltungsgerichts zu den Wertermittlungsspielräumen[3254] lässt sich auf die hier zunächst untersuchte Frage, ob der Gesetzgeber der Verwaltung durch die Verwendung eines unbestimmten Rechtsbegriffs einen Beurteilungsspielraum einräumen wollte, nicht direkt übertragen. Die Wertermittlungsspielräume beziehen sich primär auf die ungeregelten Teilbereiche der Wertermittlung und nicht auf die Begründung und Rechtfertigung von Beurteilungsspielräumen. Die Gerichte haben auch bei Annahme eines Wertermittlungsspielraums die tatsächlichen und rechtlichen Grundlagen der Wertermittlung zu überprüfen.[3255] Es bleibt zudem abzuwarten, inwieweit sich die strengeren allgemeinen Anforderungen des Bundesverwaltungsgerichts an die Annahme von administrativen Entscheidungsspielräumen auf die spezielle Rechtsprechung zu den Wertermittlungsspielräumen der Gutachterausschüsse auswirken werden.

Bei Anwendung der vom Bundesverwaltungsgericht aufgestellten Grundsätze auf die finanzgerichtliche Kontrolle der Bodenrichtwerte ist die Annahme eines eingeschränkt gerichtlich überprüfbaren Wertermittlungsspielraums bei der Bodenrichtwertermittlung grundsätzlich nicht anzunehmen. Denn die im gesetzlichen Regelfall vorgesehene Ableitung der Bodenrichtwerte aus Vergleichspreisen (§ 14 Abs. 1 ImmoWertV) bereitet regelmäßig keine

---

3251 BVerwG, Urt. v. 30.10.2019 – 6 C 18/18, BVerwGE 167, 33, juris Rn. 15; BVerwG, Urt. v. 05.11.2020 – 3 C 12/19, BVerwGE 170, 273, juris Rn. 23.

3252 BVerwG, Urt. v. 05.11.2020 – 3 C 12/19, BVerwGE 170, 273, juris Rn. 23.

3253 BVerwG, Urt. v. 25.11.1993 – 3 C 38/91, BVerwGE 94, 307, juris Rn. 27; *T. Jacob/Lau*, NVwZ 2015, 241 (243).

3254 Siehe hierzu unter Gliederungspunkt § 4, II., 2., b), ee).

3255 Siehe hierzu unter Gliederungspunkt § 4, II., 2., b), ee), (2).

größeren Schwierigkeiten. Die Auswahl der geeigneten Kaufpreise und die Anpassung der Kaufpreise an die wertbeeinflussenden Grundstücksmerkmale des Bodenrichtwertgrundstücks erfordern zwar gewisse Wertungen. Diese sind jedoch nicht so komplex, als sie nicht auch von einem Sachverständigen oder sogar vom Finanzgericht selbst beurteilt werden könnten. In der Praxis werden die Bodenrichtwerte zudem von den Bediensteten der Geschäftsstellen ermittelt, die die Bodenrichtwerte auch ermitteln können, obwohl sie nicht zwingend über eine einschlägige Qualifikation verfügen müssen.[3256]

In bestimmten Konstellationen und Teilbereichen der Bodenrichtwertermittlung ist jedoch die Annahme von gerichtlich eingeschränkt überprüfbaren Beurteilungsspielräumen grundsätzlich sachgerecht. Denn die Bodenrichtwertermittlung erfordert teilweise subjektive Einschätzungen, die auf Erfahrung und Sachverstand und der Kenntnis des regionalen Grundstücksmarkts beruhen müssen. Eine gerichtliche Entscheidung muss auf diesen Gebieten nicht zwangsläufig richtiger oder rechtmäßiger sein.[3257] Auf die im Einzelnen anzunehmenden Beurteilungsspielräume bei der Bodenrichtwertermittlung wird noch ausführlicher unter Gliederungspunkt § 4, III., 4. eingegangen. Grundsätzlich ist jedoch zu beachten, dass mit der Annahme von Beurteilungsspielräumen zurückhalten umzugehen ist, um eine wirksame gerichtliche Kontrolle der Bodenrichtwerte zu gewährleisten.[3258] Die Annahme solcher Beurteilungsspielräume entbindet die Finanzgerichte zudem nicht davon, im Rahmen einer nachvollziehenden Kontrolle zu überprüfen, ob die Gutachterausschüsse auch in diesen Teilbereichen der Bodenrichtwertermittlung sachgerecht vorgegangen sind.[3259] Sie haben durch Auslegung der einschlägigen Normen der ImmoWertV auf eine sachgerechte und einheitliche Bodenrichtwertermittlung hinzuwirken.

Die gerichtliche Überprüfung der für die Bodenrichtwertermittlung einschlägigen Vorgaben des BauGB und der ImmoWertV ist zudem nicht nur aus Art. 19 Abs. 4 GG geboten. Die Gerichte sind gemäß Art. 20 Abs. 3 GG an Gesetz und Recht gebunden. Gesetz meint damit nicht nur die formellen

---

3256 Siehe hierzu zuvor bereits unter Gliederungspunkt § 1, IV., 7., a).

3257 *Krumm*, FR 2023, 957 (963).

3258 Vgl. BVerfG v. 31.05.2011 – 1 BvR 857/07, BVerfGE 129, 1, 23.

3259 Siehe allgemein zum Umfang der gebotenen gerichtlichen Kontrolle bei der Annahme von Beurteilungsspielräumen unter Gliederungspunkt § 4, II., 2., b), cc), (2).

Gesetze, sondern unter anderem auch Rechtsverordnungen.[3260] Eine solche Rechtsverordnung stellt auch die ImmoWertV dar, unabhängig davon, dass in ihr nur die Grundsätze der Wertermittlung geregelt werden. Das Bundesverwaltungsgericht vertritt hingegen die Auffassung, dass die nach § 199 Abs. 1 BauGB erlassene Wertermittlungsverordnung (jetzt ImmoWertV) keine unmittelbare Bindungswirkung für die Gerichte zukommen soll.[3261] Diese Auffassung ist abzulehnen. Sie mag vielleicht für die Fälle zutreffen, in denen ein Verkehrswert in einem Zivilgerichtsverfahren durch einen Sachverständigen zu bestimmen ist oder sofern die behördliche Wertermittlung nicht ausdrücklich an Werte oder Bewertungsgrundlagen anknüpft, die nach Maßgabe der ImmoWertV zu ermitteln sind (so wie bei § 154 Abs. 2 BauGB[3262]). Sofern jedoch die behördliche Wertermittlung aufgrund ausdrücklicher gesetzlicher Bestimmungen anhand der Bodenrichtwerte erfolgen soll, so haben die Verwaltungs- und Finanzgericht bei der Überprüfung entsprechender Verwaltungsentscheidung inzident die Ermittlung der Bodenrichtwerte zu überprüfen und dabei auch die einschlägigen Vorgaben nicht nur des BauGB, sondern auch der ImmoWertV zu beachten. Es ist den Gerichten verwehrt, einen Bodenrichtwert nach eigenen Maßstäben zu ermitteln. Gerichtliche Entscheidungen müssen in diesen Fällen unter Beachtung der einschlägigen gesetzlichen Vorgaben des BauGB und der ImmoWertV zustande kommen.

(c) Bedürfnis nach Einheitlichkeit des Ableitungsvorgangs

Teilweise wird in der steuerrechtlichen Literatur angenommen, die Einschränkung der gerichtlichen Überprüfbarkeit der Bodenrichtwerte sei auch deshalb gerechtfertigt, weil ein großes Bedürfnis nach Einheitlichkeit des Ableitungsvorgangs zumindest im Zuständigkeitsbereich eines Gutachterausschusses gewährleistet werden müsse.[3263] Die Gerichte sollen sich nach dieser Ansicht scheinbar nicht in die Ermittlung der Gutachterausschüsse einmischen, weil diese bei der Ermittlung der angefochtenen Bodenrichtwerte

---

[3260] BVerfG v. 31.05.1988 – 1 BvR 520/83, BVerfGE 78, 214, 227; *Sachs*, in: Sachs (Hrsg.), GG, 9. Aufl. 2021, Art. 20, Rn. 107.

[3261] BVerwG, Urt. v. 17.05.2002 – 4 C 6/01, NVwZ 2003, 211 (212); BVerwG, Urt. v. 27.11.2014 – 4 C 31/13, NVwZ 2015, 531 (532, Rn. 7).

[3262] Siehe hierzu *Kleiber/Fieseler*, in: E/Z/B/K, BauGB, § 154 BauGB, 146. EL, 4/2022, Rn. 116.

[3263] *Krumm/Paeßens*, GrStG, 2022, Grundlagen, Rn. 133.

andere Erwägungen anstellen könnten, als der Gutachterausschuss dies in den übrigen Fällen gemacht hat. Diese Ansicht geht jedoch in die falsche Richtung. Im Sinne einer einheitlichen Ermittlung der Bodenrichtwerte ist eine wirksame finanzgerichtliche Kontrolle gerade geboten. Der Gesetzgeber hat für die Ermittlung der Bodenrichtwerte in der ImmoWertV verbindlich Regelungen vorgesehen, um für steuerliche Zwecke eine einheitlichere Ermittlung der Bodenrichtwerte zu gewährleisten.[3264] Eine vergleichbare Qualität der Bodenrichtwerte erfordert jedoch nicht nur, dass einheitliche verbindliche Regelungen existieren, sondern dass diese Regelungen auch tatsächlich von den Gutachterausschüssen befolgt werden. Weder die Konzeption der Gutachterausschüsse noch die Umstände der Bodenrichtwertermittlung bieten von sich heraus jedoch eine Gewähr dafür, dass diese Vorgaben zwangsläufig beachtet werden. Es kann jedenfalls nicht bundesweit davon ausgegangen werden, dass die allgemeine Beachtung der einschlägigen Vorgaben bei der Bodenrichtwertermittlung durch eine effektive Kontrolle der für die Gutachterausschüsse zuständigen Aufsichtsbehörde sichergestellt wird.[3265]

Um zu gewährleisten, dass die Bodenrichtwerte in vergleichbarer Weise ermittelt werden, ist es gerade die Aufgabe der Finanzgerichte, die Ermittlung zu überprüfen.[3266] Da der Gerichtsbezirk der Finanzgerichte vielfach das gesamte Bundesland oder zumindest einen großen Teil des Bundeslandes umfasst, bewirken die Entscheidungen des Finanzgerichts außerdem, dass die Ermittlung der Bodenrichtwerte durch die verschiedenen Gutachterausschüsse innerhalb des Gerichtsbezirks einheitlicher erfolgt. Aus gleichheitsrechtlicher Sicht müssen die Bodenrichtwerte nicht nur innerhalb eines Zuständigkeitsbereichs eines Gutachterausschusses einheitlich ermittelt werden, sondern länderübergreifend.[3267] Die vereinheitlichende Wirkung der finanzgerichtlichen Überprüfung tritt nicht nur für die entschiedenen Fälle ein. Es ist anzunehmen, dass die Gutachterausschüsse die Rechtsauffassung des Finanzgerichts auch für die zukünftige Bodenrichtwertermittlung beachten werden. Entscheidungen des Bundesfinanzhofs können darüber hinaus

---

3264 Entwurf zur ImmoWertV 2021 v. 12.05.2021, BR-Drs. 407/21, S. 1 f.

3265 Siehe hierzu unter Gliederungspunkt § 3, III., 4., a), cc), (2), (d).

3266 In diese Richtung nun wohl auch *Krumm*, FR 2023, 957 (967).

3267 Siehe hierzu unter Gliederungspunkt § 3, III., 4., b), bb).

sogar dazu beitragen, dass die Bodenrichtwerte bundesweit einheitlicher ermittelt werden.

(d) Praktikabilitätserwägungen

Der Bundesfinanzhof begründet den Ausschluss der finanzgerichtlichen Überprüfung der Bodenrichtwerte insbesondere mit der vom Gesetzgeber beabsichtigten Vereinfachung der Grundbesitzbewertung. Der mittels der Typisierung vom Gesetzgeber angestrebte Vereinfachungseffekt würde nach Auffassung des Bundesfinanzhofs verloren gehen, wenn bei der Rechtsüberprüfung der steuerlichen Bewertung über die richtige Höhe der Bodenrichtwerte gestritten würde. Der Steuerpflichtige habe nur einen Anspruch auf eine Wertermittlung, die dem typisierenden Verfahren entspreche, nicht jedoch auf den Ansatz eines anderen, von ihm für richtiger gehaltenen Bodenrichtwerts, der dem des öffentlich bekannt gemachten nicht entspreche.[3268] Die typisierende Anknüpfung an die Bodenrichtwerte bewirkt nach Auffassung des Bundesfinanzhofs offenbar, dass der steuerlichen Bewertung nicht mehr die Bodenrichtwerte als gesondert ermittelte Bewertungsgrundlage zugrunde gelegt werden, sondern dass es sich bei den Bodenrichtwerten um eine quasi-gesetzliche Bewertungsgrundlage handelt, dessen Richtigkeit von den Finanzgerichten nicht isoliert zu überprüfen ist. Der Bundesfinanzhof sieht in den Bodenrichtwerten daher scheinbar nur ein Maßstab, nicht jedoch einen Gegenstand der finanzgerichtlichen Kontrolle.

In der steuerlichen Bewertung, die meist in einem Massenverfahren erfolgt, haben Praktikabilitätserwägungen eine große Bedeutung. Die steuerliche Bewertung muss vom Gesetzgeber so ausgestaltet werden, dass sie auch tatsächlich von den Finanzbehörden gleichheitskonform vollzogen werden kann. Dazu bedient sich der Gesetzgeber meist gesetzlicher Typisierungen. Die mit der Typisierung notwendig verbundenen Ungleichbehandlungen verstoßen nicht zwangsläufig gegen Art. 3 Abs. 1 GG, da Typisierungs- und Vereinfachungserfordernisse, also Praktikabilitätserwägungen, nach ständiger Rechtsprechung des Bundesverfassungsgerichts als ein sachlicher Grund anerkannt sind, der einen Verstoß gegen Art. 3 Abs. 1 GG grundsätzlich zu rechtfertigen vermag.[3269] An diesen Maßstäben ist auch die Aussage des

---

[3268] BFH, Urt. v. 11.05.2005 – II R 21/02, BStBl. II 2005, 686, juris Rn. 11.

[3269] Siehe zu der Thematik unter Gliederungspunkt § 3, I., 2., c), cc).

Bundesfinanzhofs zu der Verbindlichkeit der Bodenrichtwerte für die Beteiligten im Steuerrechtsverhältnis zu messen.[3270]

Die finanzgerichtliche Kontrolldichte der Bodenrichtwerte ist jedoch nicht anhand von Art. 3 Abs. 1 GG, sondern nach Art. 19 Abs. 4 GG zu beurteilen. Die Interessenlage ist insoweit eine andere, da es nicht darum geht, dass der Gesetzgeber insgesamt eine Bewertungssystematik schafft, die in der Gesamtsicht eine realitätsgerechte Werterelation schafft und Ungleichbehandlungen in geringem Maße hinzunehmen sind. Vielmehr gewährt Art. 19 Abs. 4 GG dem Bürger nach ständiger Rechtsprechung des Bundesverfassungsgerichts einen substanziellen Anspruch auf eine tatsächlich wirksame gerichtliche Kontrolle.[3271] Das Gebot effektiven Rechtsschutzes verlangt im Grundsatz nicht nur, dass jeder potenziell rechtsverletzende Akt der Exekutive in tatsächlicher und rechtlicher Hinsicht einer vollständigen gerichtlichen Kontrolle unterstellt werden kann. Die Gerichte müssen den betroffenen Rechten auch tatsächliche Wirksamkeit verschaffen.[3272] Einschränkungen der gerichtlichen Kontrolle sind ausnahmsweise zulässig, bedürfen jedoch eines hinreichend gewichtigen, am Grundsatz eines wirksamen Rechtsschutzes ausgerichteten Sachgrundes.[3273] Als ein solcher Sachgrund kommen insbesondere mit einer umfangreichen gerichtlichen Überprüfung kollidierende Verfassungsrechte in Betracht.[3274] Dies können widerstreitende Grundrechte, aber auch andere Verfassungsprinzipien sein.[3275]

3270 Siehe zu der Vereinbarkeit der Bindungswirkung mit Art. 3 Abs. 1 GG für die Grundbesitzbewertung unter Gliederungspunkt § 3, IV., 2., b), aa), (2), (a), (aa) und für die Grundsteuerwertermittlung unter Gliederungspunkt § 3, IV., 3., b), bb), (2), (a), (aa).

3271 BVerfG v. 19.06.1973 – 1 BvL 39/69, BVerfGE 35, 263, 274; BVerfG, Beschl. v. 24.03.2009 – 2 BvR 2347/08, juris Rn. 8; BVerfG, Beschl. v. 04.05.2018 – 2 BvR 632/18, NVwZ 2018, 1390 (1391).

3272 BVerfG, Beschl. v. 04.05.2018 – 2 BvR 632/18, NVwZ 2018, 1390 (1391, Rn. 37).

3273 BVerfG v. 31.05.2011 – 1 BvR 857/07, BVerfGE 129, 1, 23; BVerfG v. 08.12.2011 – 1 BvR 1932/08, NVwZ 2012, 694 (696); BVerfG v. 24.07.2018 – 2 BvR 1961/09, BVerfGE 149, 346, 363; *Bachof*, JZ 1955, 97 (102); *Kment/Vorwalter*, JuS 2015, 193 (197).

3274 BVerfG v. 23.05.2006 – 1 BvR 2530/04, BVerfGE 116, 1, 18.

3275 BVerwG, Urt. v. 27.05.1983 – 4 C 40/81 u. a., BVerwGE 67, 206, juris Rn. 19; *Schulze-Fielitz*, in: Dreier (Hrsg.), GG, Bd. 1, 3. Aufl. 2013, Art. 19 Abs. 4, Rn. 132.

Praktikabilitätserwägungen sind nicht per se geeignet, einen hinreichend gewichtigen Sachgrund darzustellen.[3276] Denn es ist stets praktikabler, auf eine gerichtliche Überprüfung zu verzichten. Allerdings kann die Außerachtlassung von Praktikabilitätserwägungen beim Gesetzesvollzug dazu führen, dass Prinzipien von Verfassungsrang beeinträchtigt werden können, die für sich genommen einen hinreichend gewichtigen sachlichen Grund darstellen. So kann eine übermäßig intensive gerichtliche Kontrolle die Verwaltung lähmen und sie in ihrem gesetzlich eingeräumten Kompetenzvorrang beeinträchtigen.[3277] Das Prinzip der Verwaltungseffizienz, welches sich verfassungsrechtlich in Art. 20 Abs. 2 GG und den Art. 83 ff. GG verorten lässt, stellt nach Auffassung des Bundesverwaltungsgerichts ein Verfassungsprinzip dar, welches eine Einschränkung des Gebots der Effektivität des Rechtsschutzes einschränken kann.[3278] Das Rechtsschutzinteresse des Einzelnen sei auch in grundrechtsrelevanten Bereichen nicht als so gewichtig anzusehen, dass zu seiner optimalen Erfüllung die im Interesse der Allgemeinheit zu erfüllenden Aufgaben der Verwaltung übermäßig behindert oder gar nahezu blockiert werden dürften.[3279] Das Bundesverwaltungsgericht verweist insoweit auf die Rechtsprechung des Bundesverfassungsgerichts,[3280] wonach Praktikabilitätserwägungen in einem gewissen Maß geeignet sein können, um einen Verstoß gegen Art. 3 Abs. 1 GG zu rechtfertigen. Ob die zu Art. 3 Abs. 1 GG aufgestellten Grundsätze für die Rechtfertigung von Grundrechtseingriffen ohne Weiteres auch auf Art. 19 Abs. 4 GG übertragen werden können, ist aufgrund der zuvor dargestellten unterschiedlichen Interessenlagen zweifelhaft. Außerdem wird für die Einschränkung des Art. 19 Abs. 4 GG ein hinreichend gewichtiger, am Grundsatz eines wirksamen Rechtsschutzes ausgerichteter Sachgrund gefordert,[3281] wohingegen bei Art. 3 Abs. 1 GG bei einem geringen Ausmaß der Ungleichbehandlung bereits jeder sachlich

---

3276 A. A. *Steinhauer*, ErbStB 2023, 185 (186).

3277 *Ossenbühl*, NVwZ 1982, 465 (469).

3278 BVerwG, Urt. v. 27.05.1983 – 4 C 40/81 u. a., BVerwGE 67, 206, juris Rn. 19.

3279 BVerwG, Urt. v. 27.05.1983 – 4 C 40/81 u. a., BVerwGE 67, 206, juris Rn. 19.

3280 BVerfG v. 14.11.1669 – 1 BvL 4/69, BVerfGE 27, 220, 230; BVerfG v. 19.04.1977 – 1 BvL 17/75, BVerfGE 44, 283, 288 f.

3281 BVerfG v. 31.05.2011 – 1 BvR 857/07, BVerfGE 129, 1, 23; BVerfG v. 08.12.2011 – 1 BvR 1932/08, NVwZ 2012, 694 (696); BVerfG v. 24.07.2018 – 2 BvR 1961/09, BVerfGE 149, 346, 363; *Bachof*, JZ 1955, 97 (102); *Kment/Vorwalter*, JuS 2015, 193 (197).

einleuchtende Grund ausreichen kann.[3282] Der Vollständigkeit zu erwähnen ist außerdem, dass Praktikabilitätserwägungen nach der in Bezug genommenen Rechtsprechung des Bundesverfassungsgerichts Ungleichbehandlungen nur in geringfügigen und besonders gelagerten Fällen rechtfertigen können.[3283] Ein vollständiger Ausschluss der gerichtlichen Kontrolle wäre mit diesem Sachgrund daher ohnehin nicht zu rechtfertigen. Massenverfahren können kein Freibrief sein, das Gesetz außer Acht zu lassen.[3284]

Steuerliche Praktikabilitätserwägungen sind außerdem nur eingeschränkt geeignet, die Annahme eines administrativen Entscheidungsspielraums des Gutachterausschusses zu rechtfertigen. Denn die Annahme eines administrativen Entscheidungsspielraums knüpft in diesem Fall – wie bereits oben dargelegt – nicht an eine steuerrechtliche Norm an. Anknüpfungspunkt ist vielmehr die jeweilige Norm der ImmoWertV, die für die Gutachterausschüsse Vorgaben für die Ermittlung der Bodenrichtwerte aufstellt. Bei den Normen der ImmoWertV handelt es sich jedoch um außersteuerliche Rechtsnormen, die allgemein für die Gutachterausschüsse gelten. Zudem erfolgt die Ermittlung der allgemeinen Bodenrichtwerte nicht primär für steuerliche Zwecke. Steuerliche Praktikabilitätserwägungen können daher im Rahmen einer Verhältnismäßigkeitsprüfung bezüglich der Einschränkung der finanzgerichtlichen Kontrolldichte nicht unmittelbar, sondern allenfalls als mittelbare Folgewirkung einbezogen werden.

Unbeschadet dessen wird eine intensivere gerichtliche Kontrolle der Bodenrichtwerte zumindest zu einer größeren Auslastung der Finanzgerichte führen, da insbesondere bei der Grundsteuer die Bodenrichtwerte in einer sehr großen Zahl an Fällen der steuerlichen Bewertung zugrunde liegen, die potenziell von den Steuerpflichtigen angefochten werden können. Derartige finanzgerichtliche Verfahren werden auch deutlich mehr Kapazitäten der Gutachterausschüsse binden, da diese regelmäßig in das finanzgerichtliche Verfahren einzubeziehen sind. Um eine mögliche Überlastung der Finanzgerichte und Gutachterausschüsse zu vermeiden, käme jedoch vorrangig nur ein vollständiger Ausschluss der gerichtlichen Überprüfbarkeit

---

3282 Siehe hierzu unter Gliederungspunkt § 3, I., 2., c), aa), (1).

3283 BVerfG v. 14.11.1669 – 1 BvL 4/69, BVerfGE 27, 220, 230; BVerfG v. 19.04.1977 – 1 BvL 17/75, BVerfGE 44, 283, 288.

3284 *Kutscheidt*, NWVBl. 1995, 121 (125).

der Bodenrichtwerte in Betracht. Eine partielle Zurücknahme der gerichtlichen Kontrolle in Teilbereichen der Bodenrichtwertermittlung würde hingegen schätzungsweise nur zu einer geringen Entlastung der Finanzgerichte und Gutachterausschüsse beitragen. Denn auch bei Annahme von partiellen Beurteilungs- und Wertermittlungsspielräumen sind die Gerichte verpflichtet, zu überprüfen, auf welcher Tatsachengrundlage die Bodenrichtwerte ermittelt wurden und ob die Grenzen dieser Entscheidungsspielräume eingehalten wurden. Im Übrigen müsste eine reguläre gerichtliche Kontrolle der Ermittlung der Bodenrichtwerte erfolgen, die auch die Einbeziehung der Gutachterausschüsse erfordert.

Ein vollständiger Ausschluss der gerichtlichen Überprüfbarkeit der Bodenrichtwerte ist jedoch mit der ständigen Rechtsprechung zu Art. 19 Abs. 4 GG nicht vereinbar.[3285] Daran ändert auch nicht die Betrachtungsweise des Bundesfinanzhofs, dass der Gesetzgeber nur in typisierender Weise an die Bodenrichtwerte anknüpfe.[3286] Denn die Bodenrichtwerte sind gerade keine vom demokratisch legitimierten Gesetzgeber für jeden Einzelfall vorgegebene Bewertungsgrundlage, sondern müssen von den Gutachterausschüssen in einem gesonderten Verfahren erst noch ermittelt werden. Außerdem rechtfertigen die tatsächlichen Rahmenbedingungen einen solchen Ausschluss nicht. Die Bodenrichtwertermittlung ist entgegen der Annahme des Bundesfinanzhofs[3287] keine objektiv-mathematische Berechnung, bei der kaum Fehler möglich sind.[3288] Es ist auch nicht zwingend, dass diese Fehler nur geringfügige Wertauswirkungen haben. Es können sich erhebliche Differenzen zu den tatsächlichen Werten ergeben.[3289] Zudem gewährleistet die Organisation und Arbeitsweise der Gutachterausschüsse nicht zwangsläufig eine fehlerfreie Bodenrichtwertermittlung.[3290] Eine wirksame Kontrolle der generellen

---

3285 Vgl. BVerfG v. 19.06.1973 – 1 BvL 39/69, BVerfGE 35, 263, 267; BVerfG v. 22.03.1983 – 2 BvR 475/78, BVerfGE 63, 343, 376; BVerfG v. 09.01.1991 – 1 BvR 207/87, BVerfGE 83, 182, 198; BVerfG v. 24.07.2018 – 2 BvR 1961/09, BVerfGE 149, 346, 363; BVerwG, Urt. v. 30.10.2019 – 6 C 18/18, BVerwGE 167, 33, juris Rn. 14; *Papier*, in: HStR VIII, 3. Aufl. 2010, § 177, Rn. 9; *Schulze-Fielitz*, in: Dreier (Hrsg.), GG, Bd. 1, 3. Aufl. 2013, Art. 19 Abs. 4, Rn. 127.

3286 BFH, Urt. v. 11.05.2005 – II R 21/02, BStBl. II 2005, 686, juris Rn. 11.

3287 Vgl. BFH, Urt. v. 11.05.2005 – II R 21/02, BStBl. II 2005, 686, juris Rn. 11.

3288 Siehe hierzu unter Gliederungspunkt § 3, III., 3., b).

3289 Siehe bspw. GAA Rendsburg, Grundstücksmarktbericht 2017, S. 152.

3290 Siehe hierzu unter Gliederungspunkt § 3, III., 4., a), dd).

Ermittlung der Bodenrichtwerte durch eine andere Instanz, insbesondere durch die zuständige Aufsichtsbehörde, ist nicht gewährleistet.[3291]

(e) *Kompensierung fehlender Rechtsschutzmöglichkeiten gegen die Bodenrichtwerte durch gesonderten Wertnachweis*

In seine Überlegungen zum Ausschluss der finanzgerichtlichen Überprüfbarkeit der Bodenrichtwerte bezieht der Bundesfinanzhof den Umstand ein, dass der Steuerpflichtige im Rahmen der Grundbesitzbewertung nach dem damals geltenden Recht über § 145 Abs. 3 Satz 3 BewG[3292] (nun § 198 BewG) die Möglichkeit eingeräumt wird, einen niedrigeren gemeinen Wert nachzuweisen und so eine durch die typisierende steuerliche Bewertung entstehende Überbewertung seines Grundstücks vermeiden zu können.[3293] Durch diese Nachweismöglichkeit wird dem Steuerpflichtigen eine alternative Rechtsschutzmöglichkeit eröffnet, die es nach Auffassung der Finanzgerichte scheinbar erträglicher macht, auf die dem Steuerpflichtigen originär zustehende gerichtliche Kontrolle zu verzichten.[3294]

Die dem Steuerpflichtigen im Rahmen der Grundbesitzbewertung (§ 198 BewG) und nun auch im Rahmen der Grundsteuerwertermittlung (§ 220 Abs. 2 BewG) eröffnete Nachweismöglichkeit ist nicht unmittelbar geeignet, einen administrativen Entscheidungsspielraum des Gutachterausschusses zu begründen. Denn der Anknüpfungspunkt für die Annahme eines administrativen Entscheidungsspielraums sind nach der hier vertretenen Auffassung die einzelnen Normen der ImmoWertV, die losgelöst vom Steuerrecht Vorgaben an die Ermittlung der Bodenrichtwerte enthalten. Betrachtet man jedoch den finanzgerichtlichen Rechtsschutz gegen die Bodenrichtwerte in diesen Bewertungsverfahren insgesamt, lässt sich eine solche Nachweismöglichkeit in die Überprüfung einbeziehen, ob und inwieweit eine Einschränkung der gerichtlichen Kontrolle der Bodenrichtwerte gerechtfertigt ist. Einen eigenständigen hinreichenden sachlichen Grund stellt eine Öffnungsklausel hingegen nicht dar.

3291 Siehe hierzu unter Gliederungspunkt § 3, III., 4., a), cc), (d).

3292 I. d. F. v. Art. 1 Nr. 36 des JStG 1997 v. 20.12.1996, BGBl. I 1996, S. 2049.

3293 BFH, Urt. v. 11.05.2005 – II R 21/02, BStBl. II 2005, 686, juris Rn. 11; so auch *Krumm/Paeßens*, GrStG, 2022, Grundlagen, Rn. 134.

3294 Vgl. in diese Richtung auch Nds. FG, Urt. v. 17.09.2015 – 1 K 147/12, EFG 2016, 185, juris Rn. 43.

Bei genauer Betrachtung ist eine solche Öffnungsklausel nur bedingt geeignet, eine Einschränkung der grundsätzlich gebotenen finanzgerichtlichen Vollkontrolle der Bodenrichtwerte als steuerliche Bewertungsgrundlagen zu rechtfertigen. Im Rahmen eines eigenständigen Wertnachweises (sofern kein zeitnaher Kaufpreis über das Bewertungsobjekt vorliegt) hat der Steuerpflichtige häufig nur eingeschränkt die Möglichkeit, einen Bodenwert bei der Bewertung zu berücksichtigen, der nicht anhand des Bodenrichtwerts ermittelt wird, der auch der steuerlichen Bewertung zugrunde liegt. Denn insbesondere in kaufpreisarmen Lagen fehlt es gerade an geeigneten Kaufpreisen für unbebaute Grundstücke. Der vorrangig im Vergleichswertverfahren zu ermittelnde Bodenwert müsste daher auch in diesen Fällen anhand des maßgeblichen Bodenrichtwerts ermittelt werden (§ 40 Abs. 1 und Abs. 2 ImmoWertV).[3295] Diese weist in diesen Gebieten jedoch häufig keine hinreichend belastbare Qualität auf.[3296] Erschwerend kommt hinzu, dass es dem Steuerpflichtigen nach Auffassung des Bundesfinanzhofs bei einem Wertnachweis mittels Sachverständigengutachten nicht freistehen soll, einen Bodenrichtwert einer benachbarten Bodenrichtwertzone heranzuziehen.[3297] Zwar kann der Bodenwert gemäß § 40 Abs. 3 ImmoWertV auch deduktiv oder in anderer geeigneter Weise ermittelt werden. Derartige Verfahren sind jedoch teils sehr aufwendig. Außerdem bedarf es für derartige Verfahren regelmäßig zusätzlicher Daten (z. B. örtliche Mieten). Diese Informationen sind ggfs. gesondert zu erheben und liegen ggfs. zwar den Gutachterausschüssen, aber regelmäßig nicht dem Sachverständigen in ausreichendem Maß vor. Zudem bestehen Unsicherheiten, ob das konkret gewählte Verfahren zur Ermittlung des Bodenwerts von der Finanzverwaltung[3298] und dem Finanzgericht als sachgerecht anerkannt wird, da es an der dezidierten Regelung dieser Verfahren fehlt (vgl. § 40 Abs. 3 ImmoWertV). Ein Wertnachweis bietet daher regelmäßig keine Gewähr, dass der steuerlichen Bewertung ein marktnäherer Bodenwert zugrunde gelegt wird. Im Gegenteil dürfte ein vom Gutachterausschuss während oder im Anschluss an ein

---

3295 *Halaczinsky*, in: Simon/Cors/Halaczinsky/Teß, Handbuch der Grundstückswertermittlung, 5. Aufl. 2003, S. 1051 (1077).

3296 Siehe hierzu insbesondere unter Gliederungspunkt § 1, IV., 6., b) und § 3, III., 3., c).

3297 BFH, Urt. v. 16.09.2020 – II R 1/18, BStBl. II 2021, 594, juris Rn. 17.

3298 A 220.3 Abs. 5 AEBewGrSt 2025.

finanzgerichtliches Verfahren ermittelter Bodenrichtwert unter Beachtung der im finanzgerichtlichen Verfahren festgestellten Kritikpunkte deutlich sachgerechter und repräsentativer sein.

Der Wertnachweis ist auch kein vollwertiges Äquivalent für eine gerichtliche Kontrolle der Bodenrichtwerte. Bei einer gerichtlichen Überprüfung der Bodenrichtwerte wirken sich Fehler bei der Ermittlung und Veröffentlichung der Bodenrichtwerte zulasten des Staats und zugunsten des Steuerpflichtigen aus.[3299] Sofern kein rechtmäßig ermittelter Bodenrichtwert vorliegt, hat das Finanzamt einen eigenen Bodenwert nach § 179 Satz 4 BewG (bei der Grundbesitzbewertung) bzw. nach § 247 Abs. 3 BewG (bei der Grundsteuerwertermittlung) zu ermitteln. Diese Bodenwertermittlung kann wiederum grundsätzlich vollständig durch das Finanzgericht überprüft werden.[3300] Entscheidet sich der Steuerpflichtige hingegen dazu, einen Wertnachweis durch ein Sachverständigengutachten zu führen (§ 198 Abs. 2 BewG, § 220 Abs. 2 Satz 3 BewG), verschiebt sich die Darlegungs- und Beweislast zuungunsten des Steuerpflichtigen. Den Steuerpflichtigen trifft hierbei eine über eine bloße Darlegungs- und Beweislast hinausgehende Nachweislast.[3301] Fehler bei der Wertermittlung, auch soweit diese den Bodenwert betreffen, gehen zulasten des Steuerpflichtigen. Bei einem Wertnachweis im Rahmen der Grundsteuerwertermittlung kommt hinzu, dass der niedrigere Wert erst dann der Besteuerung zu Grunde gelegt wird, wenn dieser um mindestens 40 % vom Grundsteuerwert abweicht.

Schließlich hat der Steuerpflichtige unabhängig vom Erfolg des Wertnachweises die Kosten für das Gutachten zu tragen, die regelmäßig im vierstelligen Euro-Bereich liegen.[3302] Die Kostentragungspflicht des Steuerpflichtigen gilt

---

3299 BFH, Urt. v. 26.04.2006 – II R 58/04, BStBl. II 2006, 793, juris Rn. 29; BFH, Urt. v. 16.12.2009 – II R 15/09, BFH/NV 2010, 1085, juris Rn. 17.

3300 Zu § 247 Abs. 3 BewG: *Schnitter*, in: GrStG – eKommentar, § 247 BewG, 12/2022, Rn. 20; *Bock*, in: Grootens, GrStG, 2. Aufl. 2022, § 247 BewG, Rn. 116; *Krumm/Paeßens*, GrStG, 2022, § 247 BewG, Rn. 33.

3301 BFH, Urt. v. 10.11.2004 – II R 69/01, BStBl. II 2005, 259; BFH, Urt. v. 11.05.2005 – II R 21/02, BStBl. II 2005, 686, juris; BFH, Urt. v. 11.09.2013 – II R 61/11, BStBl. II 2014, 363, juris Rn. 31; BFH, Urt. v. 17.11.2021 – II R 26/20, BFH/NV 2022, 822, juris Rn. 19.; R B 198 Abs. 1 Satz 2 ErbStR 2019; A 220.2 Abs. 3 AEBewGrSt 2025.

3302 *Jardin/Roscher*, Die Immobilienwertermittlung aus steuerlichen Anlässen, 2019, S. 344 f.

selbst dann, wenn er im finanzgerichtlichen Verfahren ein entsprechendes Gutachten beauftragt.[3303] Der Steuerpflichtige wird sich daher regelmäßig nur in den Fällen für ein Sachverständigengutachten entscheiden, in denen die vermutete steuerliche Auswirkung eines möglichen niedrigeren Wertansatzes die Kosten des Gutachtens rechtfertigt. Die Einholung eines Gutachtens ist daher vorrangig bei Gebäuden mit einem hohen Wert und bei (offensichtlich) großen Wertabweichungen sinnvoll. Steuerpflichtige, die die notwendigen finanziellen Mittel für die Beauftragung eines Sachverständigen nicht aufbringen können, sind faktisch gezwungen, den Bodenrichtwertansatz des Finanzamts zu akzeptieren und im Ergebnis eine höhere Steuer zu zahlen. Immerhin bleibt für diese Steuerpflichtigen die oft unbefriedigende Alternative, das zu bewertende Grundstück zu verkaufen, um so den vereinbarten Kaufpreis gemäß § 198 Abs. 3 BewG bzw. § 220 Abs. 2 Satz 4 BewG (bei zeitnahem Verkauf um den Hauptfeststellungszeitpunkt) als gemeinen Wert der wirtschaftlichen Einheit zugrunde zu legen. Im Ergebnis rechtfertigt die in § 198 BewG für die Grundbesitzbewertung und in § 220 Abs. 2 BewG für die Grundsteuerwertermittlung vorgesehene Nachweismöglichkeit daher keine Einschränkung der finanzgerichtlichen Kontrolle der Bodenrichtwerte.

(f) Zusammenfassende Evaluation

Die Finanzgerichte haben grundsätzlich zu überprüfen, ob die Bodenrichtwerte in rechtlicher Hinsicht, also unter Beachtung der einschlägigen Vorgaben der §§ 192 ff. BauGB und der ImmoWertV, zutreffend ermittelt wurden. An die Entscheidungen der Gutachterausschüsse sind die Finanzgerichte grundsätzlich nicht gebunden. Eine Einschränkung der finanzgerichtlichen Kontrolldichte kann sich insbesondere jedoch dann ergeben, wenn ein Beurteilungsspielraum des Gutachterausschusses anzunehmen ist. Nach der vom Bundesverfassungsgericht vertretenen normativen Ermächtigungslehre muss sich dieser Beurteilungsspielraum aus dem Gesetz ergeben.[3304]

Die Normen der ImmoWertV räumen den Gutachterausschüssen bei der Ermittlung der Bodenrichtwerte nicht ausdrücklich einen Beurteilungsspielraum ein. Für die Annahme von Beurteilungsspielräumen ist es daher erforderlich, dass diese durch Auslegung hinreichend deutlich zu ermitteln

---

3303 BFH, Urt. v. 17.11.2021 – II R 26/20, BFH/NV 2022, 822, juris Rn. 17 ff.

3304 Siehe hierzu unter Gliederungspunkt § 4, II., 2., b), aa).

sind.[3305] Im Rahmen einer systematischen Auslegung kann für die Annahme eines Beurteilungsspielraums nicht der Umstand herangezogen werden, dass die Bodenrichtwerte durch die Gutachterausschüsse ermittelt werden. Allein die Zuständigkeitszuweisung lässt nicht zwangsläufig den Rückschluss auf einen Beurteilungsspielraum zu. Die Gutachterausschüsse verfügen auch nicht durchweg über eine besondere Erfahrung und Sachkunde, die es rechtfertigen würde, dass der Gesetzgeber mit der Zuständigkeitszuweisung auch eine Einschränkung der gerichtlichen Kontrolle bezweckt habe. Auch ein Vergleich mit der Rechtsprechung des Bundesverfassungsgerichts und des Bundesverwaltungsgerichts lässt diese Annahme nicht zu.[3306] Bei einer teleologischen Auslegung lässt sich zwar der Umstand berücksichtigen, dass der Gesetzgeber mit der Verwendung der unbestimmten Rechtsbegriffe gerade bezweckt haben dürfte, dass bei der Wertermittlung die Umstände des Einzelfalls berücksichtigt werden können.[3307] Die bei der regulären Ermittlung der Bodenrichtwerte im Vergleichswertverfahren anzustellenden Wertungen und Prognosen sind jedoch grundsätzlich nicht so komplex, dass sie nicht auch durch das Finanzgericht durchgeführt werden können. Die vom Gutachterausschuss zu treffenden Entscheidungen sind nicht situationsabhängig, sondern beruhen überwiegend auf objektiven Datengrundlagen und können daher vom Finanzgericht nachgeholt werden. In Teilbereichen der Bodenrichtwertermittlung kann die Annahme von Beurteilungsspielräumen jedoch gerechtfertigt sein.[3308] Die Einschränkung der finanzgerichtlichen Kontrolle der Bodenrichtwertermittlung kann somit allenfalls partiell erfolgen. Dadurch wird auch der Rechtsprechung des Bundesverfassungsgerichts hinreichend Rechnung getragen, wonach die Effektivität des Rechtsschutzes nicht durch zu zahlreiche oder weitgreifende Beurteilungsspielräume für ganze Sachbereiche oder gar Rechtsgebiete ausgehebelt werden darf.[3309]

Die Einschränkung der finanzgerichtlichen Kontrolle bedarf jedoch auch in diesen Ausnahmefällen eines hinreichend gewichtigen, am Grundsatz

---

3305 Vgl. BVerfG v. 31.05.2011 – 1 BvR 857/07, BVerfGE 129, 1, 22.

3306 Siehe hierzu unter Gliederungspunkt § 4, III., 2., a), cc), (2), (a).

3307 Siehe hierzu unter Gliederungspunkt § 4, III., 2., a), cc), (2), (b).

3308 Siehe hierzu sogleich unter Gliederungspunkt § 4, III., 4.

3309 BVerfG v. 31.05.2011 – 1 BvR 857/07, BVerfGE 129, 1, 23.

eines wirksamen Rechtsschutzes ausgerichteten Sachgrunds.[3310] Weder die Kompetenz der Gutachterausschüsse noch Besonderheiten bei der Ermittlung der Bodenrichtwerte können einen solchen Sachgrund darstellen.[3311] Eine Zurücknahme der finanzgerichtlichen Kontrolle ist auch nicht im Sinne einer gleichmäßigeren Bodenrichtwertermittlung im Hinblick auf Art. 3 Abs. 1 GG geboten.[3312] Vielmehr obliegt es gerade den Finanzgerichten durch ihre Kontrolle auf eine einheitliche Bodenrichtwertermittlung hinzuwirken. Als Sachgrund lässt sich möglicherweise die Verwaltungseffizienz anführen. Die ausnahmsweise Einschränkung der finanzgerichtlichen Kontrolle der Bodenrichtwerte lässt sich jedoch allenfalls insoweit rechtfertigen, als die finanzgerichtliche Kontrolle sich in diesen Bereichen auf eine nachvollziehende Kontrolle beschränkt und die Grenzen des administrativen Entscheidungsspielraums von den Finanzgerichten überprüft werden. Da eine Auslegung der betreffenden Normen allenfalls nur partiell die Annahme von administrativen Entscheidungsspielräumen erlaubt, kommt ein vollständiger Ausschluss der finanzgerichtlichen Kontrolle der Bodenrichtwerte bereits aus diesem Grund nicht in Betracht. Im Übrigen sind Praktikabilitätserwägungen, sofern sie denn überhaupt einen hinreichend gewichtigen sachlichen Grund darstellen können, nicht geeignet, einen vollständigen Ausschluss der gerichtlichen Kontrolle zu rechtfertigen.

b) Ungeregelte Bereiche der Bodenrichtwertermittlung

Eine finanzgerichtliche Kontrolle der Bodenrichtwerte kann nur am Maßstab der einschlägigen Rechtsnormen erfolgen. Die gerichtliche Kontrolle kann nach Auffassung des Bundesverfassungsgerichts nicht weiter reichen als die materiellrechtliche Bindung der Instanz, deren Entscheidung überprüft werden soll. Sie endet deshalb grundsätzlich dort, wo das materielle Recht das Entscheidungsverhalten nicht vollständig determiniert und der Verwaltung einen Einschätzungs- und Auswahlspielraum belässt.[3313] Wesentliche

---

3310 Vgl. BVerfG v. 31.05.2011 – 1 BvR 857/07, BVerfGE 129, 1, 23.

3311 A. A. *Krumm/Paeßens*, GrStG, 2022, Grundlagen, Rn. 133.

3312 A. A. *Krumm/Paeßens*, GrStG, 2022, Grundlagen, Rn. 133.

3313 BVerfG v. 16.12.1992 – 1 BvR 167/87, BVerfGE 88, 40, 61; BVerfG v. 20.02.2001 – 2 BvR 1444/00, BVerfGE 103, 142 (156 f.); BVerfG v. 31.05.2011 – 1 BvR 857/07, BVerfGE 129, 1, 22; *Schulze-Fielitz*, in: Dreier (Hrsg.), GG, Bd. 1, 3. Aufl. 2013, Art. 19 Abs. 4, Rn. 122.

Teile der Bodenrichtwertermittlung sind derzeit nicht durch verbindliche Handlungsanweisungen an die Gutachterausschüsse determiniert.[3314] Da der Verordnungsgeber in der ImmoWertV ausweislich § 199 Abs. 1 BauGB nur berechtigt ist, die Grundsätze der Bodenrichtwertermittlung zu regeln, verbleibt ein großer Teil der Bodenrichtwertermittlung ungeregelt. Allein das Fehlen verbindlicher Handlungsanweisungen ist nicht an Art. 19 Abs. 4 GG zu messen und daher in diesem Zusammenhang hinzunehmen. Vielmehr wird die gebotene Regelungsdichte primär von den betroffenen Grundrechten und dem Rechtsstaats- und dem Demokratieprinzip und den sich hieraus ergebenden Grundsätzen der Bestimmtheit und Normenklarheit beeinflusst.[3315] Die erforderliche Regelungsdichte der Bodenrichtwertermittlung ist, wie bereits unter Gliederungspunkt § 3, III. dargelegt, primär anhand von Art. 3 Abs. 1 GG zu beurteilen.

Sofern es an einschlägigen Vorgaben an die Bodenrichtwertermittlung fehlt, haben die Gutachterausschüsse aufgrund ihrer Erfahrung und Sachkunde und der Kenntnis des regionalen Grundstücksmarktes zu entscheiden, wie die Ermittlung in den ungeregelten Bereichen im Einzelfall sachgerecht zu erfolgen hat. Zwar könnten die Finanzgerichte insoweit eigene Erwägungen anstellen. Die finanzgerichtliche Kontrolle würde insoweit jedoch nicht mehr am Maßstab des Rechts erfolgen. Sofern das Finanzgericht die Erwägungen des Gutachterausschusses durch eigene Erwägungen ersetzt, die es für sachgerechter (nicht zwingend jedoch für rechtmäßiger) hält, würde dies in unzulässigerweise die zwischen den Gutachterausschüssen und den Finanzgerichten bestehende Kompetenzverteilung verschieben.[3316] Innerhalb des ungeregelten Bereichs der Bodenrichtwertermittlung lässt sich daher grundsätzlich ein eingeschränkt gerichtlich überprüfbarer administrativer Entscheidungsspielraum annehmen, zumindest sofern die maßgebliche Entscheidung eine wertende oder prognostische Einschätzung des Gutachterausschusses erfordert. Die Grundsätze, die die Verwaltungsgerichtsbarkeit für die Wertermittlungen der Gutachterausschüsse entwickelt hat,[3317] lassen sich grundsätzlich auf die finanzgerichtliche Überprüfung der

3314 Siehe hierzu unter Gliederungspunkt § 3, III., 4., a), cc), (2), (a).

3315 BVerfG v. 31.05.2011 – 1 BvR 857/07, BVerfGE 129, 1, 22 f.

3316 Vgl. allgemein BVerfG v. 16.12.1992 – 1 BvR 167/87, BVerfGE 88, 40, 61.

3317 Siehe hierzu unter Gliederungspunkt § 4, II., 2., b), ee).

Bodenrichtwerte übertragen. Unter Bezugnahme auf die Rechtsprechung des Bundesverwaltungsgerichts soll dieser administrative Entscheidungsspielraum auch an dieser Stelle als Wertermittlungsspielraum (im engeren Sinne) bezeichnet werden. Die Annahme eines solchen Wertermittlungsspielraums bedeutet jedoch nicht, dass die Finanzgerichte in diesem Bereich die Augen verschließen dürfen. Vielmehr müssen sie im Wege einer nachvollziehenden Kontrolle insbesondere überprüfen, ob der Gutachterausschuss von einem zutreffenden Sachverhalt ausgegangen ist, die Entscheidung mit den Grundsätzen der ImmoWertV vereinbar ist und keine sachfremden Erwägungen angestellt wurden.[3318] Dafür ist erforderlich, dass der Gutachterausschuss die Ermittlung des Bodenrichtwerts zumindest im finanzgerichtlichen Verfahren hinreichend begründet.

c) Überschreitung der Funktionsgrenzen der Rechtsprechung

Vom Bundesverfassungsgericht ausdrücklich bislang noch nicht entschieden ist, ob ein gerichtlich nur eingeschränkt nachprüfbarer Entscheidungsspielraum der Verwaltung ausnahmsweise auch ohne gesetzliche Grundlage von Verfassungs wegen dann anzunehmen ist, wenn eine weitergehende gerichtliche Kontrolle zweifelsfrei an die Funktionsgrenzen der Rechtsprechung stieße.[3319] Mit Funktionsgrenzen meint das Bundesverfassungsgericht nicht die tatsächliche Überlastung der Gerichte aufgrund einer Vielzahl von Verfahren. Vielmehr bezieht sich der Begriff auf die konkrete Prüfungstätigkeit der Gerichte, die insbesondere bei unbestimmten Rechtsbegriffen wegen hoher Komplexität oder besonderer Dynamik der geregelten Materie so vage und ihrer Konkretisierung im Nachvollzug der Verwaltungsentscheidung so schwierig ist und deshalb die Gerichte an den Rand ihrer Funktionsgrenzen bringen kann.[3320] Die Bodenrichtwertermittlung stellt einen solchen Fall jedoch nicht dar. Die hierbei auftretenden Fragen lassen

---

[3318] Vgl. OVG Berlin-Brandenburg, Beschl. v. 25.01.2018 – 2 B 18/16, BeckRS 2018, 888., Rn. 21, 35; OVG Berlin-Brandenburg, Urt. v. 27.01.2022 – OVG 10 B 6.19, juris Rn. 78; OVG Rheinland-Pfalz, Urt. v. 16.02.2017 – 6 A 10137/14.OVG, juris Rn. 65; VG Hamburg, Urt. v. 19.02.2015 – 7 K 5146/14, juris Rn. 68.

[3319] BVerfG v. 17.04.1991 – 1 BvR 419/81 u. a., BVerfGE 84, 34, 50; BVerfG v. 31.05.2011 – 1 BvR 857/07, BVerfGE 129, 1, 23; BVerfG v. 08.12.2011 – 1 BvR 1932/08, NVwZ 2012, 694 (696).

[3320] BVerfG v. 17.04.1991 – 1 BvR 419/81 u. a., BVerfGE 84, 34, 50.

sich ganz überwiegend durch einen Blick in die einschlägige Fachliteratur oder durch Heranziehung eines Sachverständigen lösen. Die Finanzgerichte haben es auch bisher vermocht, die Bodenrichtwertermittlung im Einzelfall nachzuprüfen.[3321]

d) Zwischenfazit

Ein genereller Ausschluss der finanzgerichtlichen Kontrolle der Bodenrichtwerte ist mit Art. 19 Abs. 4 GG unvereinbar. Die Finanzgerichte haben grundsätzlich eine vollständige Kontrolle der Bodenrichtwerte in tatsächlicher und rechtlicher Hinsicht durchzuführen. Eine Einschränkung der finanzgerichtlichen Kontrolldichte der Bodenrichtwerte kann nur partiell in Teilbereichen der Bodenrichtwertermittlung angenommen werden. Dies betrifft einerseits die ungeregelten Bereiche der Bodenrichtwertermittlung (Wertermittlungsspielraum im engeren Sinne). Andererseits können sich aus den bestehenden Regelungen zur Bodenrichtwertermittlung in § 196 BauGB und in der ImmoWertV gerichtlich eingeschränkt überprüfbare Beurteilungs- und Ermessensspielräume ergeben. Zusammenfassen lassen sich die genannten administrativen Entscheidungsspielräume unter dem Begriff des Wertermittlungsspielraums im weiteren Sinne.

Die Annahme solcher Wertermittlungsspielräume führt nicht dazu, dass die Finanzgerichte diese Teilbereiche der Bodenrichtwertermittlung nicht mehr kontrollieren. Vielmehr modifiziert sich die finanzgerichtliche Kontrolle zu einer nachvollziehenden Kontrolle. Die Finanzgerichte haben bei Annahme dieser Wertermittlungsspielräume zu überprüfen, ob der Gutachterausschuss von einer zutreffenden und ausreichenden Tatsachengrundlage ausgegangen ist, er die allgemeinen Grundsätze der Wertermittlung beachtet hat und keine sachfremden oder sachwidrigen Überlegungen angestellt hat. Im Übrigen, soweit kein Wertermittlungsspielraum der Gutachterausschüsse anzunehmen ist, haben die Finanzgerichte die Bodenrichtwertermittlung

---

3321 Vgl. z. B. BFH, Urt. v. 21.07.1993 – II R 13/91, BFH/NV 1994, 610, juris Rn. 22 ff.; BFH, Urt. v. 08.09.1994 – IV R 16/94, BStBl. II 1995, 309, juris Rn. 18; BFH, Urt. v. 19.05.2020 – X R 27/19, BFH/NV 2021, 15, juris Rn. 44; FG Rheinland-Pfalz, Beschl. v. 23.11.2023 – 4 V 1295/23, juris Rn. 388 ff.

vollständig in tatsächlicher und rechtlicher Hinsicht zu überprüfen.[3322] Auch wenn die Finanzgerichte es scheuen mögen, in die Tiefen der Sachverhaltsermittlung abzutauchen und sich mit nichtsteuerlichen Aspekten der Verkehrswertermittlung im Allgemeinen und der Bodenrichtwertermittlung im Besonderen zu beschäftigen,[3323] werden sie dies zukünftig nicht vermeiden können.

3. Begründung der Bodenrichtwerte

Die Bodenrichtwerte sind entgegen ihres subjektiven Charakters[3324] und entgegen des Bedürfnisses nach objektiven oder zumindest intersubjektiven Werten im Steuerrecht[3325] gemäß § 14 Abs. 5 Satz 2 ImmoWertV nicht zu begründen. Für den Verwender der Bodenrichtwerte ist daher nicht ersichtlich, auf welche Art und Weise der Bodenrichtwert zustande gekommen ist. In *formeller Hinsicht* kann der Verwender der Bodenrichtwerte zwar grundsätzlich darauf vertrauen, dass der jeweilige Bodenrichtwert auch vom örtlich und sachlich zuständigen Gutachterausschuss ermittelt wurde. Nicht überprüfbar ist hingegen insbesondere, ob und in welchem Umfang die Gutachter bei der Ermittlung des Bodenrichtwerts beteiligt wurden oder ob der Bodenrichtwert ausschließlich durch die Geschäftsstelle des Gutachterausschuss oder sogar durch einen privaten Dienstleister ermittelt wurde. Es ist nicht ersichtlich, ob der Gutachterausschuss bei der Ermittlung der Bodenrichtwerte in der durch die Gutachterausschussverordnung vorgegebenen Mindestbesetzung tätig geworden ist und ob bei der Ermittlung auch ein Bediensteter der zuständigen Finanzbehörde hinzugezogen worden ist. In *materieller Hinsicht* kann ein Verwender der Bodenrichtwerte insbesondere nicht beurteilen, ob der Bodenrichtwert im regulär vorgesehenen Vergleichswertverfahren ermittelt wurde und ob und in welcher Anzahl geeignete Kaufpreise zur Verfügung standen. Es wird nicht offengelegt, in welchem Umfang Kaufpreise angepasst wurden und wie lange die Kaufpreiszeitpunkte zurückliegen. Die Gewichtung der

---

3322 FG Rheinland-Pfalz, Beschl. v. 23.11.2023 – 4 V 1295/23, juris Rn. 313; *Krumm*, FR 2023, 957 (963).

3323 Vgl. *Wilke*, Die Kontrollfunktion der Verwaltungsgerichte, in: Merten (Hrsg.), Gewaltentrennung im Rechtsstaat, 1989, S. 135 (139); *Kutscheidt*, NWVBl. 1995, 121 (124).

3324 Siehe hierzu unter Gliederungspunkt § 3, III., 3., b), cc).

3325 Siehe hierzu unter Gliederungspunkt § 2, I., 5.

einzelnen Vergleichspreise wird nicht veröffentlicht. Der Verwender kann nicht einschätzen, in welchem Umfang der Bodenrichtwert mit statistischen Unsicherheiten behaftet ist. Der Umstand, dass der Bodenrichtwert nicht im Regelverfahren ermittelt wurde (und das dürfte nicht selten der Fall sein), wird nicht offenbart. Es ist nicht ersichtlich, welches Verfahren in diesem Fall als geeignet angesehen und wie dieses durchgeführt wurde. Es ist absurd, dass für die Bodenrichtwertermittlung auch intersubjektive Verfahren geeignet sein sollen,[3326] wenn eine intersubjektive Begründung[3327] nicht erforderlich ist. Ein Verwender kann somit im Ergebnis nicht beurteilen, ob der Bodenrichtwerte unter Beachtung der einschlägigen Vorgaben ermittelt wurde oder ob er auf bloßer Spekulation beruht. Der Verwender der Bodenrichtwerte befindet sich somit regelmäßig in einem Verifikationsdefizit.[3328]

Immerhin soll nach § 14 Abs. 5 Satz 1 ImmoWertV das oder die angewendeten Verfahren für die Ermittlung der Bodenrichtwerte dokumentiert werden. Die Reichweite dieser Dokumentationspflicht ist jedoch ungewiss. Aus der Bezugnahme auf die Ermittlung „der Bodenrichtwerte" wird zumindest deutlich, dass es hierbei nicht um die Dokumentation der Ermittlung jedes einzelnen Bodenrichtwerts geht, sondern vielmehr um die generelle Vorgehensweise des Gutachterausschusses bei der Ermittlung der Bodenrichtwerte insgesamt. Überwiegend bestehen keine weiteren konkretisierenden Regelungen durch die Bundesländer (vgl. aber z. B. § 21 Abs. 3 BauGB-AV HE). In der Literatur wird gefordert, dass sich aus der Dokumentation insbesondere die Beschaffenheit der Daten ergeben soll, die der Bodenrichtwertermittlung zugrunde gelegen haben.[3329] In der Praxis wird sich die Dokumentation vermutlich nur auf die Bodenrichtwertsitzung des Gutachterausschusses und die dort gefassten Beschlüsse beziehen[3330] und nicht auf die vorgelagerte Ermittlung der Bodenrichtwerte durch die Geschäftsstellen. Eine Veröffentlichung dieser Dokumentation ist nicht vorgesehen. Die Veröffentlichungs- und

---

[3326] Siehe hierzu unter Gliederungspunkt § 1, IV., 6., b), cc), (3).

[3327] Siehe hierzu unter Gliederungspunkt § 1, I., 1., c), bb).

[3328] Vgl. allgemein zu den Daten der Gutachterausschüsse *Krumm*, Steuerliche Bewertung als Rechtsproblem, 2014, S. 308.

[3329] *Kleiber*, Verkehrswertermittlung von Grundstücken, 10. Aufl. 2023, § 14 ImmoWertV, Rn. 32.

[3330] *Homa/Weigt*, fub 1/2012, 9 (13); *Bischoff*, ImmoWertV 2021, 2021, S. 79. Vgl. auch § 21 Abs. 3 Nr. 4 und 5 BauGB-AV HE.

Auskunftspflicht nach § 196 Abs. 3 Satz 2 BauGB soll sich nicht auf diese Dokumentation erstrecken.[3331] Eine intersubjektive Begründung der Bodenrichtwerte kann diese Dokumentation somit nicht ersetzen.

Damit die Finanzgerichte die Bodenrichtwerte in tatsächlicher und rechtlicher Hinsicht unter Beachtung des Gebots der Effektivität des Rechtsschutzes überprüfen können, muss die Ermittlung jedes Bodenrichtwerts hinreichend dokumentiert werden und in einem späteren finanzgerichtlichen Verfahren nachvollziehbar offengelegt werden können.[3332] Nur unter dieser Voraussetzung ist es überhaupt möglich, dass den Gutachterausschüssen in Teilbereichen der Bodenrichtwertermittlung ein eingeschränkt gerichtlich überprüfbarer Entscheidungsspielraum zugesprochen werden kann.[3333] Eine Dokumentation der Bodenrichtwertermittlung im Einzelfall ist nicht nur als sinnvoll oder wünschenswert zu erachten. Sie ist durch Art. 19 Abs. 4 GG verfassungsrechtlich geboten. Denn das Gebot der Effektivität des Rechtsschutzes kann nach der Rechtsprechung des Bundesverfassungsgerichts Vorwirkungen für das Verwaltungsverfahren entfalten, die sich unter anderem in Dokumentationspflichten der Behörde auswirken.[3334] Ein effektiver Rechtsschutz wird durch diese Dokumentationspflicht erst möglich.[3335] Eine solche Dokumentationspflicht ist auch für die Ermittlung der Bodenrichtwerte anzunehmen, sofern diese in der steuerlichen Bewertung verwendet werden sollen.[3336] Nur anhand einer solchen Dokumentation kann überprüft werden, ob die Bodenrichtwerte rechtmäßig zustande gekommen

---

[3331] Nr. 14.(5) ImmoWertA; a. A. *Kleiber*, Verkehrswertermittlung von Grundstücken, 10. Aufl. 2023, § 14 ImmoWertV, Rn. 33.

[3332] FG Rheinland-Pfalz, Beschl. v. 23.11.2023 – 4 V 1295/23, juris Rn. 316; *Krumm*, FR 2023, 957 (964).

[3333] OVG Berlin-Brandenburg, Beschl. v. 25.01.2018 – 2 B 18/16, BeckRS 2018, 888., Rn. 35; VG Hamburg, Urt. v. 19.02.2015 – 7 K 5146/14, juris Rn. 70; *Krumm*, Steuerliche Bewertung als Rechtsproblem, 2014, S. 414.

[3334] BVerfG v. 08.07.1982 – 2 BvR 1187/80, BVerfGE 61, 82, 110; BVerfG v. 24.04.1985 – 2 BvF 2/83 u. a., BVerfGE 69, 1, 49; BVerfG v. 20.02.2001 – 2 BvR 1444/00, BVerfGE 103, 142 (160); BFH, Urt. v. 25.03.2015 – X R 20/13, BStBl. II 2015, 743, juris Rn. 49; *Bachof*, JZ 1955, 97 (102); *Huber*, in: v. Mangoldt/Klein/Starck, GG, 7. Aufl. 2018, Art. 19, Rn. 494; *Schmidt-Aßmann*, in: Dürig/Herzog/Scholz, GG, Art. 19 Abs. 4 GG, 92. EL, 8/2020, Rn. 255.

[3335] BVerfG v. 20.02.2001 – 2 BvR 1444/00, BVerfGE 103, 142 (160).

[3336] *Krumm/Paeßens*, GrStG, 2022, Grundlagen, Rn. 134.

sind. Das Gericht muss durch diese Dokumentation grundsätzlich in die Lage versetzt werden, eine vollständige tatsächliche und rechtliche Überprüfung der Bodenrichtwertermittlung vornehmen zu können. Das in der Literatur teilweise geäußerte Argument, dass eine Begründung aufgrund des Wertermittlungsspielraums des Gutachterausschusses nicht erforderlich sei,[3337] läuft mithin leer, da ein solcher Spielraum nicht unbeschränkt, sondern nur innerhalb der vom Bundesverfassungsgericht aufgezeigten Grenzen besteht. Die ausnahmsweise Gewährung eines gerichtlich nur eingeschränkt überprüfbaren Wertermittlungsspielraums setzt eine Begründung der Wertermittlung gerade voraus.[3338]

Die Dokumentation hat nicht nur die Bodenrichtwertermittlung im engeren Sinne, sondern auch die Bestimmung der Bodenrichtwertzonen und der wertbeeinflussenden Merkmale der Bodenrichtwertgrundstücke zu umfassen.[3339] Eine solche Dokumentation dürfte wegen der hiermit verbundenen Selbstkontrolle des Gutachterausschusses als positiver Nebeneffekt zu einer Steigerung der Qualität der Bodenrichtwertermittlung führen.[3340] Erfüllt die im finanzgerichtlichen Verfahren vorgelegte Dokumentation nicht diesen Anforderungen, wird der entsprechende Bodenrichtwert bereits aus diesem Grund nicht der Besteuerung zugrunde gelegt werden können.[3341]

Zur Gewährleistung eines effektiven Rechtsschutzes gegen die Bodenrichtwerte reicht die interne Dokumentation der Bodenrichtwertermittlung nicht aus. Die Vorwirkungen des Art. 19 Abs. 4 GG auf das Verwaltungsverfahren kann es nach der Rechtsprechung des Bundesverfassungsgerichts auch gebieten, dass die Verwaltungsentscheidung substanziell und nachvollziehbar begründet wird.[3342] Bezogen auf die finanzgerichtliche Kontrolle

---

3337 *Ache/Krägenbring/Voß*, ZfV 2022, 86 (95).

3338 OVG Berlin-Brandenburg, Beschl. v. 25.01.2018 – 2 B 18/16, BeckRS 2018, 888., Rn. 35.

3339 *Krumm*, FR 2023, 957 (964); vgl. VG Hamburg, Urt. v. 19.02.2015 – 7 K 5146/14, juris Rn. 72 ff.

3340 *Homa/Weigt*, fub 1/2012, 9 (12).

3341 *Krumm*, FR 2023, 957 (964). Siehe zur Nichtberücksichtigung unzureichend begründeter Bodenrichtwerte bei der Festsetzung von sanierungsbedingten Werterhöhungen: VG Hamburg, Urt. v. 19.02.2015 – 7 K 5146/14, juris Rn. 89.

3342 BVerfG v. 16.12.1992 – 1 BvR 167/87, BVerfGE 88, 40, 60; BVerfG v. 20.02.2001 – 2 BvR 1444/00, BVerfGE 103, 142 (160); *Schmidt-Aßmann*, in: Dürig/Herzog/Scholz, GG, Art. 19 Abs. 4 GG, 92. EL, 8/2020, Rn. 254.

der Bodenrichtwerte muss der Steuerpflichtige vor Anfechtung des Steuerbescheids in der Lage sein, die Ermittlung des Bodenrichtwerts zumindest in Grundzügen zu verstehen und zu hinterfragen.[3343] Der Forderung nach einer Begründung der Bodenrichtwerte in der steuerrechtlichen[3344] und geodätischen Fachliteratur[3345] ist daher zuzustimmen. Insoweit wird man jedoch keine vollumfassende Begründung, die mit einem Verkehrswertgutachten vergleichbar ist, fordern können.[3346] Die Bodenrichtwerte werden in einem Massenverfahren ermittelt und können nicht die Qualität eines Verkehrswerts aufweisen. Eine Begründung stößt auch dort an ihre Grenzen, wo eine Offenlegung der Informationen, insbesondere der Kauffälle, datenschutzrechtlich unzulässig ist.[3347] Es sind jedoch wenigstens die Eckdaten der Ermittlung des jeweiligen Bodenrichtwerts erforderlich.[3348] Die Begründung hat jedenfalls Angaben zu der jeweiligen Datengrundlage und zu dem angewendeten Verfahren zu enthalten, also insbesondere, ob der Bodenrichtwert auf der Grundlage einer ausreichenden Anzahl an geeigneten Kaufpreisen im Vergleichswertverfahren ermittelt wurde oder ob für die Ermittlung deduktive oder intersubjektive Verfahren angewandt wurden.[3349] Die Begründung kann weniger umfangreich ausfallen als die Dokumentation der Ermittlung des Bodenrichtwerts.[3350] Da die Bodenrichtwerte heutzutage ganz überwiegend

---

3343 *Krumm/Paeßens*, GrStG, 2022, Grundlagen, Rn. 134; *Knittel*, in: Stenger/Loose, Bewertungsrecht, § 247 BewG, 160. EL, 5/2022, Rn. 141.

3344 *Bizer/Joeris*, GuG 3/1998, 132 (133); *Josten*, GuG 6/1999, 321 (329); *Wünnemann/Koller*, BB 2020, 215 (218); *Eichholz*, DStR 2020, 1158 (1166); *Knittel*, in: Stenger/Loose, Bewertungsrecht, § 247 BewG, 160. EL, 5/2022, Rn. 141; *Krumm/Paeßens*, GrStG, 2022, Grundlagen, Rn. 134; *Krumm*, FR 2023, 957 (964).

3345 *W.-E. Schulz*, VR 3/1978, 108 (111); *BMVBS (Hrsg.)*, Grundstückswertermittlung im Stadtbau, 2007, S. 56; gif e. V., Qualitätssicherung bei der Ermittlung von Bodenrichtwerten, 2008, S. 4; *Schwenk*, Forum 3/2009, 138 (141); *Homa/Weigt*, fub 1/2012, 9 (12); *Kötter/Guhl*, fub 1/2013, 1 (8); *Hendricks*, Bodenrichtwertermittlung, 2017, S. 33 f., 146.

3346 *Freise*, in: Brügelmann, BauGB, § 196 BauGB, 109. EL, 1/2019, Rn. 31; *Bischoff*, ImmoWertV 2021, 2021, S. 79; *Krumm*, FR 2023, 957 (964).

3347 Vgl. zum steuerlichen Vergleichswertverfahren *Siegmund/Ungemach*, DStZ 2009, 475 (477 f.).

3348 Vgl. BVerwG, Urt. v. 27.11.2014 – 4 C 31/13, NVwZ 2015, 531 (532, Rn. 8).

3349 *Homa/Weigt*, fub 1/2012, 9 (12); ebenso *Hendricks*, Bodenrichtwertermittlung, 2017, S. 146 f.

3350 *Krumm*, FR 2023, 957 (964).

digital veröffentlicht werden, kann der Abruf der Begründung durch die Auswahl der Bodenrichtwertzone im Bodenrichtwertinformationssystem etabliert werden. Sinnvoll wäre es zu diesem Zweck bundesweit einheitliche Vorgaben an die Veröffentlichung der Bodenrichtwerte einzuführen.

Bei der Begründung der Ermittlung der Bodenrichtwerte ist zu berücksichtigen, dass die Bodenrichtwerte nicht im Einzelfall, sondern in einer Vielzahl von Fällen zu ermitteln sind. Für jeden Gutachterausschuss können in Abhängigkeit von der Größe des Zuständigkeitsbereichs mehrere Tausend Bodenrichtwerte zu ermitteln sein, für die allesamt eine Dokumentation und Begründung zu erstellen wäre. In der geodätischen Fachliteratur wird daher teilweise eine formale Begründung der Bodenrichtwerte als wirtschaftlich nicht sachgerecht erachtet.[3351] Eine formelle Dokumentation und Begründung jedes einzelnen Bodenrichtwerts ist aufwendig und zeitintensiv. Die Gutachterausschüsse und die Geschäftsstellen dürften in vielen Fällen bereits ohne diese zusätzlichen Pflichten am Rande ihrer Belastungsgrenzen sein. Allein Überlegungen der Wirtschaftlichkeit oder Praktikabilität reichen jedoch nicht aus, um auf eine vollständige Begründung zu verzichten. Dadurch würde der durch Art. 19 Abs. 4 GG gebotene effektive Rechtsschutz gegen die Bodenrichtwerte zu stark beeinträchtigt. Als Konsequenz müssten daher tatsächliche und rechtliche Schritte unternommen werden, dass diese Pflichten von den Gutachterausschüssen erfüllt werden können. Dazu ist jedenfalls eine deutliche Steigerung der Leistungsfähigkeit der Gutachterausschüsse erforderlich. Überdenken sollte der Gesetzgeber außerdem, ob die massenhafte Ermittlung gerichtlich belastbarer Bodenrichtwerte durch die hierfür zuständigen Gutachterausschüsse in ihrer derzeitigen Konzeption noch sachgerecht ist. Sofern entsprechende Schritte nicht durchgeführt werden, hat dies im Ergebnis zur Folge, dass die Bodenrichtwerte in einer Vielzahl an Fällen nicht mehr der steuerlichen Bewertung zugrunde gelegt werden können. In diesen Fällen müsste der zuständige Gutachterausschuss dann entweder einen neuen und ausreichend begründeten Bodenrichtwert ermitteln oder das Finanzamt müsste eine eigenständige Bodenwertermittlung nach § 179 Satz 4 BewG bzw. § 247 Abs. 3 BewG vornehmen. Insbesondere die

---

3351 *Freise*, in: Brügelmann, BauGB, § 196 BauGB, 109. EL, 1/2019, Rn. 31.

Vollziehbarkeit der grundsteuerlichen Wertermittlung nach Bundesrecht dürfte hierunter erheblich leiden.

4. Gebotene finanzgerichtliche Kontrolle der Bodenrichtwerte

Aufbauend auf den abstrakten Überlegungen zur finanzgerichtlichen Kontrolle der Bodenrichtwerte soll in diesem Abschnitt dargelegt werden, inwieweit die finanzgerichtliche Kontrolle der Bodenrichtwerte konkret zu erfolgen hat. Es soll aufgezeigt werden, welche Teile der Bodenrichtwertermittlung einer vollständigen finanzgerichtlichen Kontrolle unterliegen und in welchen Bereichen Wertermittlungsspielräume des Gutachterausschusses im weiteren Sinne bestehen. Um diesen Abschnitt nicht zu überfrachten, kann nicht auf sämtliche Detailregelungen und Aspekte der Bodenrichtwertermittlung eingegangen werden. Die Darstellung beschränkt sich daher auf die wesentlichen Bereiche der Bodenrichtwertermittlung.

a) Allgemeine Bemerkungen zur finanzgerichtlichen Kontrolle

Die Bodenrichtwerte unterliegen grundsätzlich einer vollständigen finanzgerichtlichen Kontrolle in tatsächlicher und rechtlicher Hinsicht. In Teilbereichen der Bodenrichtwertermittlung ist den Gutachterausschüssen ein eingeschränkt gerichtlich überprüfbarer Wertermittlungsspielraum im weiteren Sinne zu gewähren.[3352] Dieser Wertermittlungsspielraum im weiteren Sinne setzt sich zusammen aus dem Wertermittlungsspielraum im engeren Sinne, der für die ungeregelten Bereiche der Bodenrichtwertermittlung bestehen kann,[3353] und den Beurteilungs- und Ermessensspielräumen, die durch Auslegung der positiven Regelungen des BauGB und der ImmoWertV zu bestimmen sind.[3354] Wertermittlungsspielräume sind den Gutachterausschüssen nicht pauschal bei der gesamten Ermittlung der Bodenrichtwerte zu gewähren.[3355] Bei einer Orientierung am Grundsatz eines wirksamen Rechtsschutzes sind die Wertermittlungsspielräume nur partiell anzunehmen und nur sofern für den jeweiligen Teilbereich der Bodenrichtwertermittlung

[3352] FG Rheinland-Pfalz, Beschl. v. 23.11.2023 – 4 V 1295/23, juris Rn. 298 ff.; *Krumm*, FR 2023, 957 (963).

[3353] Siehe hierzu unter Gliederungspunkt § 4, III., 2., b).

[3354] Siehe hierzu unter Gliederungspunkt § 4, III., 2., a)

[3355] *Krumm*, FR 2023, 957 (963).

die Annahme eines solchen Wertermittlungsspielraums begründet und gerechtfertigt ist.[3356] Insbesondere bei Anwendung der Regelungen der ImmoWertV ist dem Gutachterausschuss ein Beurteilungsspielraum nur dann zu gewähren, wenn ein unbestimmter Rechtsbegriff vorhanden ist.[3357] Der Beurteilungsspielraum umfasst nur die Anwendung des unbestimmten Rechtsbegriffs auf den Sachverhalt und die dabei ggfs. anzustellenden Wertungen und Abwägungen.[3358] Selbst bei Annahme eines Wertermittlungsspielraums hat die finanzgerichtliche Kontrolle diesen Bereich zu umfassen. Allerdings wandelt sich die gerichtliche Kontrolle in diesen Fällen von einer Vollkontrolle zu einer nachvollziehenden Kontrolle, die nur die Einhaltung der Grenzen des Entscheidungsspielraums überprüft.[3359] Im Übrigen, sofern kein Wertermittlungsspielraum betroffen ist, unterliegt die Bodenrichtwertermittlung einer vollständigen finanzgerichtlichen Kontrolle. Insbesondere obliegt die Auslegung der unbestimmten Rechtsbegriffe der ImmoWertV grundsätzlich den Finanzgerichten.[3360]

Zwar müssen die Finanzgerichte nicht in jedem Bewertungsfall eine derart umfassende Kontrolle des Bodenrichtwerts durchführen. Allerdings ist eine derartige Kontrolle geboten, sofern der Steuerpflichtige das Zustandekommen oder die Qualität des Bodenrichtwerts beanstandet.[3361] In diesem Fall hat die finanzgerichtliche Überprüfung der Bodenrichtwertermittlung sich auch nicht bloß auf offensichtliche Unrichtigkeiten zu beschränken.[3362] Die Finanzgerichte haben die Ermittlung der Bodenrichtwerte stets in dem Umfang zu

3356 Vgl. BVerfG v. 31.05.2011 – 1 BvR 857/07, BVerfGE 129, 1, 22 f.

3357 Siehe hierzu unter Gliederungspunkt § 4, II., 2., b), cc), (1).

3358 Siehe hierzu allgemein unter Gliederungspunkt § 4, II., 2., b), cc), (2).

3359 *Krumm/Paeßens*, GrStG, 2022, § 247 BewG, Rn. 22.; vgl. VG Hamburg, Urt. v. 19.02.2015 – 7 K 5146/14, juris Rn. 67 f. Siehe hierzu auch unter Gliederungspunkt § 4, II., 2., b), cc), (2) und § 4, II., 2., b), ee), (2).

3360 *Krumm*, FR 2023, 957 (963). Siehe hierzu auch unter Gliederungspunkt § 4, II., 2., b), cc), (2).

3361 *Krumm*, FR 2023, 957 (964); vgl. BVerfG v. 16.12.1992 – 1 BvR 167/87, BVerfGE 88, 40, 59 f.

3362 So aber bislang Nds. FG, Urt. v. 17.09.2015 – 1 K 147/12, EFG 2016, 185, juris Rn. 41; Nds. FG, Urt. v. 07.12.2017 – 1 K 219/15, EFG 2018, 619, juris Rn. 28; Nds. FG, Urt. v. 24.03.2022 – 1 K 267/19, juris Rn. 54; FG Niedersachsen, Urt. v. 01.12.2022 – 1 K 90/19, EFG 2023, 760, juris Rn. 94; FG Köln, Beschl. v. 11.04.2019 – 4 V 405/19, EFG 2019, 1258, juris Rn. 20.

überprüfen, dass sie eine Rechtswidrigkeit des Bodenrichtwerts ausschließen können. Fehlt ihnen für die Beurteilung die erforderliche Sachkunde und Erfahrung, so haben sie sich eines Sachverständigen zu bedienen, der idealerweise über Kenntnisse des regionalen Grundstücksmarkts verfügt.[3363]

Aufgrund der bei der Bodenrichtwertermittlung bestehenden Wertermittlungsspielräume des Gutachterausschusses im weiteren Sinne ist es den Finanzgerichten grundsätzlich verwehrt, einen eigenen Bodenrichtwert zu ermitteln.[3364] Die Finanzgerichte haben insoweit die zwischen Finanzgerichten, Finanzämtern und Gutachterausschüssen bestehende Kompetenzverteilung zu beachten. Kommt ein Finanzgericht zu der Auffassung, dass der streitige Bodenrichtwert rechtswidrig ist, so hat das Finanzgericht den betreffenden Steuerbescheid aufzuheben (§ 100 Abs. 1 Satz 1 FGO). Das Finanzamt hat die Möglichkeit, den zuständigen Gutachterausschuss aufzufordern, einen geänderten Bodenrichtwert zu erlassen, den der Gutachterausschuss nach den ergänzenden Vorgaben des Finanzamts zu ermitteln hat (§ 196 Abs. 1 Satz 6 BauGB). Als ergänzende Vorgaben sollten dem Gutachterausschuss die Erwägungen des Finanzgerichts mitgeteilt werden.[3365] Kommt der Gutachterausschuss dieser Aufforderung nicht nach, hat das Finanzamt gemäß § 179 Satz 4 bzw. § 247 Abs. 3 BewG einen eigenen Bodenrichtwert zu ermitteln.[3366] Ermittelt der zuständige Gutachterausschuss vor Ergehen einer rechtskräftigen Entscheidung im finanzgerichtlichen Verfahren einen neuen Bodenrichtwert soll nach Auffassung des Bundesfinanzhofs bereits dieser Bodenrichtwert im finanzgerichtlichen Verfahren berücksichtigt werden können.[3367] Nach rechtskräftiger Entscheidung über den betreffenden Steuerbescheid kann ein nachträglich mitgeteilter Bodenrichtwert jedoch nicht mehr berücksichtigt werden. Im Ausnahmefall kann

---

3363 BFH, Urt. v. 21.07.2020 – IX R 26/19, BStBl. II 2021, 372, juris Rn. 45; BFH, Urt. v. 02.12.2020 – II R 5/19, BStBl. II 2022, 15, juris Rn. 27; BFH, Beschl. v. 07.01.2015 – I B 42/13, BFH/NV 2015, 1093, juris Rn. 9.

3364 Vgl. OVG Hamburg, Urt. v. 02.02.2012 – 4 Bf 75/09, juris Rn. 45; OVG Berlin-Brandenburg, Urt. v. 10.07.2017 – OVG 2 B 1/16, LKV 2017, 563, juris Rn. 67 f.; VG Hamburg, Urt. v. 19.02.2015 – 7 K 5146/14, juris Rn. 91; VG Koblenz, Urt. v. 10.10.2005 – 8 K 3415/04.KO, juris Rn. 70.

3365 Vgl. BFH, Urt. v. 18.08.2005 – II R 62/03, BStBl. II 2006, 5, juris Rn. 18; BFH, Urt. v. 26.04.2006 – II R 58/04, BStBl. II 2006, 793, juris Rn. 29. Siehe auch *Krumm/Paeßens*, GrStG, 2022, § 247 BewG, Rn. 24.

3366 *Krumm/Paeßens*, GrStG, 2022, § 247 BewG, Rn. 24; *Krumm*, FR 2023, 957 (965).

3367 BFH, Urt. v. 04.03.2020 – II R 11/17, BStBl. II 2021, 155, juris Leitsatz 2 und Rn. 17.

das Finanzgericht den vom Gutachterausschuss ermittelten Bodenrichtwert ändern, wenn durch die Änderung nicht in den Wertermittlungsspielraum des Gutachterausschusses im weiteren Sinne eingegriffen wird.[3368]

b) Eigenschaften des Bodenrichtwerts

Bodenrichtwerte müssen bestimmte gesetzliche Eigenschaften aufweisen, um als Bodenrichtwerte bezeichnet werden zu können. Ob der Gutachterausschuss ein zutreffendes Verständnis von der gesetzlichen Konzeption der Bodenrichtwerte hat, unterliegt der vollständigen finanzgerichtlichen Kontrolle. Dies betrifft insbesondere die Vorgaben des § 196 Abs. 1 BauGB. Bodenrichtwerte müssen hiernach als zonale Bodenrichtwerte ermittelt werden (Satz 1). Anders als die Finanzverwaltung meint,[3369] können lagetypische Bodenrichtwerte daher in keinem Fall der Besteuerung zugrunde gelegt werden. Die Bodenrichtwerte sind außerdem für ein fiktiv unbebautes Bodenrichtwertgrundstück zu ermitteln (Satz 2 und 4). Die Berücksichtigung eines „dämpfenden“ Einflusses der Bebauung kann in der Praxis teilweise beobachtet werden,[3370] ist mit der gesetzlichen Konzeption des Bodenrichtwerts jedoch nicht vereinbar. Auch die Ermittlung eines Bodenrichtwerts aus dem Durchschnitt der Kaufpreise einer Bodenrichtwertzone ohne Rückführung auf ein Bodenrichtwertgrundstück verstößt gegen die gesetzliche Konzeption.[3371] Weitere Anforderungen an die Konzeption der Bodenrichtwerte ergeben sich aus der ImmoWertV, insbesondere aus § 13 ImmoWertV. Die Bodenrichtwerte haben sich nach Absatz 1 der Norm insbesondere nicht auf die Bodenrichtwertzone, sondern auf das Bodenrichtwertgrundstück zu beziehen. Die Angabe einer Bodenrichtwertspanne ist unzulässig (§ 13 Abs. 2 Satz 2 ImmoWertV). Ein Wert, der nicht unter Beachtung der einschlägigen Vorgaben an die Konzeption der Bodenrichtwerte ermittelt wurde, ist von den Finanzgerichten aufzuheben, ohne dass es einer näheren Prüfung der Ermittlung bedarf.

3368 Vgl. VG Hamburg, Urt. v. 19.02.2015 – 7 K 5146/14, juris Rn. 91.

3369 H 179.2 ErbStH „lagetypische Bodenrichtwerte“.

3370 *P. Zimmermann*, ImmoWertV, 2. Aufl. 2019, § 10, Rn. 7 ff.; *Kleiber*, Verkehrswertermittlung von Grundstücken, 10. Aufl. 2023, § 40 ImmoWertV, Rn. 30 ff.

3371 *Reuter*, immobilien & bewerten 2/2015, 61 (64); *Freise*, in: Brügelmann, BauGB, § 196 BauGB, 109. EL, 1/2019, Rn. 33; *Kleiber*, Verkehrswertermittlung von Grundstücken, 10. Aufl. 2023, § 14 ImmoWertV, Rn. 6.

c) Datengrundlage der Bodenrichtwertermittlung

Die Finanzgerichte sind grundsätzlich von Amts wegen zur Sachverhaltsaufklärung verpflichtet (§ 76 Abs. 1 FGO). Wendet sich der Kläger gegen den herangezogen Bodenrichtwert, so hat das Finanzgericht grundsätzlich sämtliche Tatsachen aufzuklären, die für die Ermittlung der Bodenrichtwerte relevant sind.[3372] Die gerichtliche Sachverhaltsaufklärung unterliegt bei der Bodenrichtwertermittlung jedoch Besonderheiten. Denn die tatsächlichen Bewertungsgrundlagen ergeben sich für die Bodenrichtwertermittlung aus der von dem Gutachterausschuss zu führenden Kaufpreissammlung i. S. d. § 195 BauGB und ggfs. aus weiteren Datenbeständen (z. B. Mieten, bauplanungsrechtliche Informationen). Es ist gerade die Aufgabe der Gutachterausschüsse, diese Daten zu sammeln und auszuwerten (§ 193 Abs. 5 Satz 1 BauGB). Erst auf der Grundlage der ausgewerteten Daten ist eine sachgerechte Bodenrichtwertermittlung möglich.[3373] Eine gesonderte Ermittlung und Auswertung dieser Daten in einem finanzgerichtlichen Verfahren ist weder möglich noch ist dies zielführend. Denn die Finanzgerichte dürften ohnehin keinen eigenen Bodenrichtwert ermittelten.

Die Finanzgerichte haben sich jedoch einerseits zu versichern, dass die Kaufpreissammlung des Gutachterausschusses generell sachgerecht und unter Beachtung der einschlägigen landesrechtlichen Vorgaben (vgl. § 199 Abs. 2 Nr. 4 BauGB) geführt wird. Sofern keine oder nicht ausreichende landesrechtliche Vorgaben für die Führung der Kaufpreissammlung vorhanden sind, muss das Finanzgericht ggfs. allgemeine Grundsätze aus § 193 Abs. 5 Satz 1 BauGB ableiten, wie eine sachgerechte Führung und Auswertung der Kaufpreissammlung zu erfolgen hat, um eine rechtmäßige Ermittlung der Bodenrichtwerte zu gewährleisten. Sind in dem Bundesland untergesetzliche Richtlinien und Standards vorhanden,[3374] kann das Finanzgericht grundsätzlich von einer ordnungsgemäß geführten Kaufpreissammlung auszugehen, wenn der Gutachterausschuss diese beachtet hat. Das Gericht ist an diese Standards hingegen nicht gebunden und kann eigene Vorgaben aufstellen,

---

3372 *Krumm*, FR 2023, 957 (963).

3373 Siehe hierzu unter Gliederungspunkt § 1, II., 7., a).

3374 Vgl. z. B. für Brandenburg KPSErf-RL Brbg v. 18.12.2012 oder für die Zentrale Kaufpreissammlung in NRW VO ZKPS NRW v. 14.02.2017.

sofern diese aus den für die Bodenrichtwertermittlung geltenden Rechtsnormen abgeleitet werden können.

Die Finanzgerichte haben außerdem die Datengrundlage zu überprüfen, auf deren Grundlage der angefochtene Bodenrichtwert ermittelt wurde.[3375] Dabei ist nicht auf die durch den Gutachterausschuss vorselektierten Kaufpreise abzustellen, sondern es sind sämtliche Kaufpreise einzubeziehen, die für die Ermittlung des betreffenden Bodenrichtwerts generell infrage kommen. Ob ein Kaufpreis durch ungewöhnliche oder persönliche Verhältnisse beeinflusst wurde oder „erheblich" von den Kaufpreisen vergleichbarer Fälle abweicht (§ 9 Abs. 2 ImmoWertV), unterliegt grundsätzlich der finanzgerichtlichen Kontrolle.[3376] Den Gutachterausschüssen ist insoweit kein Beurteilungsspielraum zu gewähren, da es insoweit nicht auf besonders komplexe Wertungen ankommt. Die Rechtsanwendung unterliegt in diesem Bereich einer vollständigen finanzgerichtlichen Kontrolle.[3377] Eine gerichtliche Kontrolle dieses Bereiches ist in besonderem Maße geboten. In der Praxis zeigt sich, dass ein Großteil der in Frage kommenden Kaufpreise ohne zwingende Notwendigkeit von der Wertermittlung ausgeschlossen wird.[3378] Weist die Führung der Kaufpreissammlung allgemeine systemische Mängel auf oder sind dem Gutachterausschuss bei der Erhebung, Auswertung und Selektion der dem Bodenrichtwert liegenden Daten erhebliche Fehler unterlaufen, ist der Bodenrichtwerte bereits aus diesem Grund nicht der steuerlichen Bewertung zugrunde zu legen.[3379]

Den Finanzgerichten ist zur Durchführung der Kontrolle insoweit Einsicht in die Kaufpreissammlung zu gewähren (§ 195 Abs. 2 Satz 2 BauGB). Weisen die Vergleichsgrundstücke besondere objektspezifische Grundstücksmerkmale auf (dies ist vom Gutachterausschuss offenzulegen), hat das Finanzgericht zumindest nachzuvollziehen, ob die Bereinigung der Wertauswirkung

---

3375 FG Rheinland-Pfalz, Beschl. v. 23.11.2023 – 4 V 1295/23, juris Rn. 313; *Krumm/Paeßens*, GrStG, 2022, § 247 BewG, Rn. 22; *Krumm*, FR 2023, 957 (963).

3376 Vgl. BFH, Urt. v. 19.05.2020 – X R 27/19, BFH/NV 2021, 15, juris Rn. 37.

3377 Siehe hierzu allgemein *Kleiber*, Verkehrswertermittlung von Grundstücken, 10. Aufl. 2023, § 9 ImmoWertV, Rn. 39 ff. m. w. N.

3378 FG Rheinland-Pfalz, Beschl. v. 23.11.2023 – 4 V 1295/23, juris Rn. 397; *Soot*, Immobilienbewertung in Märkten mit geringen Transaktionen, 2021, S. 45 ff. Siehe hierzu auch unter Gliederungspunkt § 1, IV., 6., a), cc), (1), (a).

3379 FG Rheinland-Pfalz, Beschl. v. 23.11.2023 – 4 V 1295/23, juris Rn. 399.

dieser besonderen objektspezifischen Grundstücksmerkmale sachgerecht erfolgt ist (§ 9 Abs. 1 Satz 4 ImmoWertV).[3380]

d) Bildung und Abgrenzung der Bodenrichtwertzonen

Die Vorgehensweise bei der Bildung und Abgrenzung der Bodenrichtwertzone ist nur im Ansatz geregelt.[3381] Insbesondere die konkrete Abgrenzung der Bodenrichtwertzonen ist von der Erfahrung der Gutachter abhängig und enthält in großem Maße subjektive Wertungen.[3382] Die Finanzgerichte könnten insoweit nur zu einer anderen, nicht jedoch zwangsläufig zu einer „richtigeren" oder rechtmäßigeren Abgrenzung kommen. Es ist daher grundsätzlich sachgerecht, den Gutachterausschüssen insoweit einen nur eingeschränkt gerichtlich überprüfbaren Wertermittlungsspielraum zu gewähren.[3383] Dieser setzt jedoch insbesondere voraus, dass der Gutachterausschuss die Bildung und Abgrenzung der Bodenrichtwertzone in hinreichendem Maße intersubjektiv begründet hat.[3384] Die Finanzgerichte haben insoweit insbesondere zu überprüfen, ob der Gutachterausschuss von zutreffenden Tatsachen ausgegangen ist. Die Abgrenzung der Bodenrichtwertzonen darf nicht willkürlich oder nach sachfremden Erwägungen erfolgen.[3385]

Nicht vom Wertermittlungsspielraum im engeren Sinne umfasst sind die einschlägigen gesetzlichen Vorgaben an das Ergebnis der Zonenbildung, die grundsätzlich einer finanzgerichtlichen Kontrolle zugänglich sind. Die Bodenrichtwertzonen müssen nach § 196 Abs. 1 Satz 3 BauGB ein Gebiet umfassen, das nach Art und Maß der Nutzung weitgehend übereinstimmt. Wann eine „weitgehende Übereinstimmung" anzunehmen ist, liegt grundsätzlich im Beurteilungsspielraum des Gutachterausschusses. Der vollen finanzgerichtlichen Kontrolle unterliegt, ob die Bodenrichtwertzone aus einem räumlich zusammenhängenden Gebiet besteht (§ 15 Abs. 1 Satz 1 ImmoWertV). Wurde der Bodenrichtwert für werdendes Bauland ermittelt, haben die

---

3380 Siehe zur Bereinigung der besonderen objektspezifischen Grundstücksmerkmale bei der Erfassung der Kaufpreise unter Gliederungspunkt § 1, II., 7., a), cc).

3381 Siehe hierzu unter Gliederungspunkt § 1, IV., 4., a).

3382 Siehe hierzu unter Gliederungspunkt § 1, IV., 4., d).

3383 *Krumm*, FR 2023, 957 (963).

3384 *W.-E. Schulz*, VR 3/1978, 108 (111 f.); VG Hamburg, Urt. v. 19.02.2015 – 7 K 5146/14, juris 7.

3385 Vgl. *Krumm/Paeßens*, GrStG, 2022, § 247 BewG, Rn. 22; *Krumm*, FR 2023, 957 (963).

Finanzgerichte die Beachtung der zusätzlichen Vorgaben in § 15 Abs. 4 ImmoWertV zu überprüfen.

Einer vollständigen finanzgerichtlichen Kontrolle unterliegt grundsätzlich auch § 15 Abs. 1 Satz 2 ImmoWertV, wonach lagebedingte Wertunterschiede zwischen den zonenangehörigen Grundstücken und dem Bodenrichtwertgrundstück grundsätzlich nicht mehr als 30 % betragen dürfen.[3386] Offen ist jedoch, ob diese Vorgabe auch tatsächlich von den Gerichten überprüft werden kann, denn die Lagewertigkeit der Grundstücke ist keine feststehende Größe. Die Einhaltung der 30 %-Grenze lässt sich nicht mit der suggerierten mathematischen Genauigkeit feststellen.[3387] Häufig beruht die Einschätzung der Lagewertigkeit auf subjektiven Erwägungen. Kaufpreise sind innerhalb einer Bodenrichtwertzone regelmäßig nur sehr wenig vorhanden und müssten ohnehin entsprechend angepasst werden, um eine Vergleichbarkeit herstellen zu können. Von den Finanzgerichten zu klären wäre außerdem, ob der Bodenrichtwert bereits rechtswidrig ist, wenn die Grenze allgemein in der Bodenrichtwertzone überschritten wird oder ob § 15 Abs. 1 Satz 2 ImmoWertV bei einer finanzgerichtlichen Überprüfung einschränkend dahingehend auszulegen ist, dass ein Verstoß erst bei einer relevanten Abweichung der Lagewertigkeit des streitgegenständlichen Grundstücks von der des Bodenrichtwertgrundstücks anzunehmen ist. Da insoweit ein konkretes Bezugspaar besteht, scheint die zweite Alternative deutlich praktikabler.

Ob der herangezogene Bodenrichtwert gemäß § 15 Abs. 2 ImmoWertV ausnahmsweise nicht für das zu bewertende Grundstück gilt, weil die Art der Nutzung oder die Qualität des Bewertungsobjekts vom Bodenrichtwertgrundstück abweicht, ist keine Frage, die sich auf das rechtmäßige Zustandekommen des Bodenrichtwerts und die Abgrenzung der Bodenrichtwertzone bezieht.[3388] Sie betrifft vielmehr den Umstand, ob überhaupt ein geeigneter Bodenrichtwert für das Bewertungsobjekt vorliegt und bezieht sich auf die Auswahl des Bodenrichtwerts im Bodenrichtwertverfahren durch das Finanzamt. Dieses Handeln der Finanzbehörde unterliegt der vollständigen finanzgerichtlichen Kontrolle.

3386 *Krumm/Paeßens*, GrStG, 2022, § 247 BewG, Rn. 21.

3387 So wohl auch *Freise*, in: Brügelmann, BauGB, § 15 ImmoWertV, 123. EL, 7/2022, Rn. 27.

3388 So aber wohl *Krumm/Paeßens*, GrStG, 2022, § 247 BewG, Rn. 20.

e) Attributierung des Bodenrichtwertgrundstücks

Nach § 196 Abs. 1 Satz 4 BauGB sind die wertbeeinflussenden Merkmale des Bodenrichtwertgrundstücks darzustellen. Konkrete gesetzliche Handlungsanweisungen für die Vorgehensweise bei der Bestimmung der wertbeeinflussenden Grundstücksmerkmale in der jeweiligen Bodenrichtwertzone existieren nicht.[3389] Je nach Umfang der erforderlichen Wertungen und Prognosen kann dem Gutachterausschuss in diesem Bereich ein Wertermittlungsspielraum im weiteren Sinne gewährt werden.[3390] Dies gilt insbesondere für die Einschätzung des Entwicklungszustands bei werdendem Bauland (§ 3 Abs. 2 und Abs. 3 ImmoWertV).

Nicht vom Wertermittlungsspielraum im weiteren Sinne umfasst sind die gesetzlichen Vorgaben, die § 16 ImmoWertV an die Darstellung der wertbeeinflussenden Grundstücksmerkmale stellt, also an das Ergebnis der Attributierung des Bodenrichtwertgrundstücks. Die Finanzgerichte haben insbesondere zu überprüfen, ob die Darstellung des Bodenrichtwerts die Mindestanforderungen aus § 16 Abs. 2 Satz 1 und Satz 3 f. ImmoWertV erfüllt. Ein Bodenrichtwert, der diese Voraussetzungen nicht erfüllt, kann nicht der Besteuerung zugrunde gelegt werden. Darüber hinaus haben die Finanzgerichte auch zu überprüfen, ob ggfs. weitere Grundstücksmerkmale darzustellen sind, wenn diese in der Bodenrichtwertzone wertbeeinflussend sind (§ 16 Abs. 2 Satz 2 ImmoWertV). Der Gutachterausschuss ist verpflichtet, eine entsprechende Prüfung nach dieser Norm vorzunehmen.[3391] Ob einzelne Grundstücksmerkmale in der jeweiligen Bodenrichtwertzone „vorherrschend“ und „wertbeeinflussend“ sind, obliegt vorrangig der Einschätzung des Gutachterausschusses. Die Finanzgerichte haben allerdings zu überprüfen, ob der Gutachterausschuss in ausreichendem Maße Ermittlungen zu den grund- und bodenbezogenen Grundstücksmerkmalen innerhalb der jeweiligen Bodenrichtwertzone angestellt hat und ob er aus diesen Erkenntnissen nachvollziehbare Schlüsse gezogen hat. Die Darstellung der Grundstücksmerkmale des Bodenrichtwertgrundstücks, die sich auch auf die Höhe des Bodenrichtwerts auswirken, ist nur dann als rechtmäßig anzusehen, wenn diese auf einer ausreichenden Datengrundlage beruht, um eine

---

3389 Siehe zur Vorgehensweise in der Praxis unter Gliederungspunkt § 1, IV., 5., b).

3390 *Krumm*, FR 2023, 957 (963).

3391 Siehe hierzu bereits unter Gliederungspunkt § 1, IV., 5., b).

derartige Beurteilung treffen zu können.[3392] Dies erfordert regelmäßig gesonderte Ermittlungen der Geschäftsstelle, die insbesondere bei eingeschränkter Leistungsfähigkeit nicht oder nur eingeschränkt vorgenommen werden.

Die vollständige und zutreffende Darstellung der wertbeeinflussenden Grundstücksmerkmale des Bodenrichtwertgrundstücks ist für eine gleichheitskonforme Verwendung der Bodenrichtwerte in den steuerlichen Bodenrichtwertverfahren von erheblicher Bedeutung. Denn sind in der Bodenrichtwertzone wertbeeinflussende Grundstücksmerkmale vorherrschend und werden diese nicht dargestellt, unterbleibt im Bodenrichtwertverfahren unerkannter Weise eine Anpassung an diese Grundstücksmerkmale, falls das Bewertungsobjekt insoweit vom Bodenrichtwertgrundstück abweicht. Infolgedessen kommt es zu Wertverzerrungen, die nicht unerheblich ausfallen können.[3393]

f) Ermittlung der Bodenrichtwerte

Die Bodenrichtwertermittlung im engeren Sinne richtet sich primär nach § 14 ImmoWertV. Die Einhaltung der einzelnen Vorgaben unterliegt grundsätzlich einer vollständigen finanzgerichtlichen Kontrolle. Beurteilungsspielräume sind nur anzunehmen, sofern unbestimmte Rechtsbegriffe dies zulassen und die Annahme eines Beurteilungsspielraums gerechtfertigt ist.

Die Gutachterausschüsse sind bei der Bodenrichtwertermittlung bei der Wahl des Verfahrens nicht frei. Die Bodenrichtwerte sind gemäß § 14 Abs. 1 Satz 1 ImmoWertV „vorrangig" im Vergleichswertverfahren zu ermitteln. Die in § 14 Abs. 2 ImmoWertV geregelten alternativen Ermittlungsmethoden kommen nur in Gebieten ohne oder mit geringem Grundstücksverkehr zur Anwendung. Ob dies im Einzelfall anzunehmen ist, unterliegt der Kontrolle des Finanzgerichts.

Die Bodenrichtwertermittlung im Vergleichswertverfahren nach den §§ 24 ff. ImmoWertV enthält an vielen Stellen unbestimmte Rechtsbegriffe (z. B. „ausreichende Anzahl von Vergleichspreisen", „hinreichend übereinstimmende Grundstücksmerkmale", „hinreichende zeitliche Nähe"). Diese unbestimmten Rechtsbegriffe unterliegen grundsätzlich einer vollständigen

---

3392 Vgl. FG Rheinland-Pfalz, Beschl. v. 23.11.2023 – 4 V 1295/23, juris Rn. 313.

3393 Siehe zum Erfordernis einer vollständigen Darstellung des BRWG unter Gliederungspunkt § 3, III., 3., d). Siehe zur Auswirkung der Abweichungen unter Gliederungspunkt § 3, IV., 3., b), bb), (c).

finanzgerichtlichen Kontrolle.[3394] Die insoweit vom Gutachterausschuss zu treffenden Entscheidungen sind nicht derart komplex und situationsbezogen, dass sie nicht auch im finanzgerichtlichen Verfahren ggfs. unter Hinzuziehung eines Sachverständigen wiederholt werden könnten. Das Vergleichswertverfahren kommt auch für die Ermittlung von Verkehrswerten zur Anwendung. Die Finanzgerichte sehen sich generell in der Lage, eine Wertermittlung im Vergleichswertverfahren vollständig gerichtlich zu überprüfen.[3395]

Hinsichtlich der ungeregelten Bereiche des Vergleichswertverfahrens kommt den Gutachterausschüssen grundsätzlich kein Wertermittlungsspielraum im engeren Sinne zu. Die Auswahl des maßgeblichen statistischen Verfahrens für die Zusammenführung der Vergleichspreise zu einem Bodenrichtwert hängt primär von der Zusammensetzung des Datenmaterials ab. Welches statistische Verfahren im Einzelfall am besten geeignet ist, kann auch vom Finanzgericht (ggfs. unter Zuhilfenahme eines Sachverständigen) im späteren gerichtlichen Verfahren beurteilt werden. Komplexe und prognostische Wertungen des Gutachterausschusses sind insoweit nicht erforderlich. In Ausnahmefällen kann ein Wertermittlungsspielraum anzunehmen sein, etwa bei der Gewichtung der Kaufpreise.[3396] Die in der Praxis übliche Rundung der Bodenrichtwerte ist abzulehnen.[3397] Jedenfalls ist diese vollständig gerichtlich überprüfbar, da insoweit keine besonderen Wertungen anzustellen sind.

Die obigen Ausführungen gelten grundsätzlich auch für die Bodenrichtwertermittlung im erweiterten Vergleichswertverfahren nach § 14 Abs. 2 Satz 1 ImmoWertV. Die Finanzgerichte haben hier jedoch zusätzlich zu überprüfen, ob die Anwendungsvoraussetzung („Gebiete ohne oder mit geringem Grundstücksverkehr") vorliegen. Der Begriff dürfte auch solche Gebiete erfassen, in denen zwar ein Grundstücksverkehr stattgefunden hat, es allerdings an Kaufpreisen für unbebaute Grundstücke fehlt, die für die Bodenrichtwertermittlung maßgeblich sind (also insbesondere in Innenstadtlagen). Ob die herangezogenen Kaufpreise und Bodenrichtwerte aus „vergleichbaren Gebieten" stammen, fällt in den Beurteilungsspielraum des

---

3394 A. A. wohl *Krumm/Paeßens*, GrStG, 2022, § 247 BewG, Rn. 21.

3395 Vgl. BFH, Urt. v. 26.09.1980 – III R 21/78, BStBl. II 1981, 153, juris Rn. 9; BFH, Urt. v. 19.05.2020 – X R 27/19, BFH/NV 2021, 15, juris Rn. 32 ff.

3396 *Krumm/Paeßens*, GrStG, 2022, § 247 BewG, Rn. 21; *Krumm*, FR 2023, 957 (963).

3397 Siehe hierzu unter Gliederungspunkt § 1, III., 5., a).

Gutachterausschusses. Die Finanzgerichte sollten insoweit jedoch kritisch überprüfen, ob der Gutachterausschuss sich überhaupt Gedanken dazu gemacht hat, ob die Gebiete vergleichbar sind und ob er seine Entscheidung nachvollziehbar begründet hat.

Sofern ein Gebiet ohne oder mit geringem Grundstücksverkehr anzunehmen ist, kann die Bodenrichtwertermittlung alternativ unter Verwendung deduktiver oder anderer geeigneter Verfahrensweisen ermittelt werden. Hierbei handelt es sich um Rechtsbegriffe, die in hohem Maße unbestimmt sind. Die ImmoWertV enthält keine Regelungen zu einer deduktiven Bodenrichtwertermittlung. Deshalb bleibt es umso mehr vage, was denn nun andere Verfahrensweisen sind. Es obliegt gerade den Finanzgerichten durch Auslegung dieser unbestimmten Rechtsbegriffe zu bestimmen, wie diese Verfahrensweisen beschaffen sind und welche konkreten Verfahren zur Bodenrichtwertermittlung als geeignet angesehen werden können. Ausreichend Ansätze für solche Verfahren sind in der geodätischen Fachliteratur vorhanden.[3398] Bei der Anwendung dieser Verfahren kommt den Gutachterausschüssen allerdings ein großer Beurteilungs- bzw. Wertermittlungsspielraum zu.[3399] Sie müssen allerdings in diesem Bereich die Bodenrichtwertermittlung in besonderem Maße intersubjektiv begründen. Ohne eine solche Begründung bzw. Dokumentation kann der ermittelte Wert nicht als Bodenrichtwert anerkannt werden. Die Finanzgerichte haben im Rahmen einer nachvollziehenden Kontrolle zu überprüfen, ob die Gutachterausschüsse bei Anwendung dieser Verfahren von einem ausreichend ermittelten Sachverhalt ausgegangen sind, die allgemeinen Regelungen der Wertermittlung beachtet haben und nicht von willkürlichen oder sachfremden Erwägungen ausgegangen sind.[3400]

3398 Siehe hierzu unter Gliederungspunkt § 1, IV., 6., b), cc).

3399 *Krumm*, FR 2023, 957 (963).

3400 *Krumm/Paeßens*, GrStG, 2022, § 247 BewG, Rn. 22.

IV. Zusammenfassung

Die ständige Rechtsprechung des Bundesfinanzhofs zur Grundbesitzbewertung, wonach die Bodenrichtwerte einer gerichtlichen Kontrolle regelmäßig nicht zugänglich sind,[3401] ist zumindest seit Einführung der ImmoWertV 2010, die erstmals verbindliche Regelungen an die Bodenrichtwertermittlung stellte, nicht mehr mit Art. 19 Abs. 4 GG vereinbar. Auch eine entsprechende Auslegung des § 247 BewG bei der Grundsteuerwertermittlung wäre verfassungswidrig. Ein vollständiger Ausschluss der finanzgerichtlichen Kontrolle der Bodenrichtwerte ist mit dem Gebot effektiven Rechtsschutzes nicht vereinbar.[3402] Eine grundsätzlich mögliche Einschränkung der finanzgerichtlichen Kontrolle der Bodenrichtwerte lässt sich nur partiell begründen, sofern der jeweilige Teilbereich der Bodenrichtwertermittlung nicht normiert ist oder eine Auslegung der einschlägigen Normen die Annahme eines gerichtlich eingeschränkt überprüfbaren Beurteilungs- oder Ermessensspielraum rechtfertigt.[3403] Das Gebot effektiven Rechtsschutzes erfordert daher grundsätzlich, dass die Finanzgerichte die Ermittlung der Bodenrichtwerte in tatsächlicher und rechtlicher Hinsicht vollständig überprüfen.[3404] Eine solche qualifizierte finanzgerichtliche Kontrolle wird zeigen, ob die Bodenrichtwerte flächendeckend als belastbare und möglichst objektive Bewertungsgrundlage herangezogen werden können. Bislang wurde dies vom Bundesfinanzhof nur behauptet.[3405] Einer massenhaften gerichtlichen Überprüfung wurden die Bodenrichtwerte bislang nicht unterzogen.

Die durch Art. 19 Abs. 4 GG gebotene finanzgerichtliche Kontrolle der Bodenrichtwerte wird insbesondere im Hinblick auf die Grundsteuer dazu führen, dass die Vollziehbarkeit der grundsteuerlichen Bewertung nach Bundesrecht und nach dem baden-württembergischen Landesgrundsteuergesetz deutlich eingeschränkt wird. Die finanzgerichtliche Kontrolle bindet nicht nur deutlich mehr Kapazitäten bei den Finanzgerichten, sondern auch bei

---

3401 Grundlegend BFH, Urt. v. 11.05.2005 – II R 21/02, BStBl. II 2005, 686, juris Rn. 11. Siehe weitere Nachweise unter Gliederungspunkt § 4, I., 1., b), bb).

3402 Siehe hierzu ausführlich unter Gliederungspunkt § 4, II., 2., a) und § 4, III., 2., a), aa).

3403 Siehe hierzu allgemein unter Gliederungspunkt § 4., II., 2., b) und § 4, III., 2., a), cc), (1).

3404 Siehe hierzu unter Gliederungspunkt § 4, III., 1.

3405 BFH, Urt. v. 11.05.2005 – II R 21/02, BStBl. II 2005, 686, juris Rn. 11.

den Finanzämtern und den Gutachterausschüssen. Zwar lässt sich mit Art. 3 Abs. 1 GG vereinbaren, dass die steuerliche Bewertung aus Praktikabilitätsgründen in typisierender Weise an die Bodenrichtwerte anknüpft und diese für die Beteiligten im Steuerrechtsverhältnis verbindlich sind. Die gerichtliche Überprüfbarkeit der Bodenrichtwerte ist jedoch an Art. 19 Abs. 4 GG zu messen. Auch wenn bei der Grundsteuer ein sehr hohes Praktikabilitätsbedürfnis besteht, ist dieses zumindest nicht geeignet, die finanzgerichtliche Kontrolle der Bodenrichtwerte vollständig auszuschließen. Um insbesondere einen praktikablen Vollzug der grundsteuerlichen Bewertung zu gewährleisten, sollte der Gesetzgeber für zukünftige Hauptfeststellungen die Ausgestaltung der Rechtsschutzmöglichkeiten gegen die Bodenrichtwerte überdenken. Um die Finanzgerichte und die Finanzämter zu entlasten, kann es sich anbieten, den Rechtsschutz gegen die gesondert zu ermittelnden Werte vorzuverlegen und Präklusionsregelungen vorzusehen.[3406] Insoweit hatte bereits *Michael Wolf* bei der erstmaligen Einführung der Bodenrichtwerte als Bewertungsgrundlage im Rahmen der Grundbesitzbewertung vorgeschlagen, dass die Bodenrichtwerte einer vorgezogenen Bestandskraft unterzogen werden könnten, vergleichbar mit den Ergebnissen der Bodenschätzung für landwirtschaftlich nutzbare Flächen (vgl. § 13 BodSchätzG).[3407] Da eine solche vorgezogene Bestandskraft der Bodenrichtwerte nach der geltenden Rechtslage nicht vorgesehen ist und die Finanzämter und Finanzgerichte durch eine qualifizierte finanzgerichtliche Kontrolle nicht unerheblich belastet werden würden, wird offenbar von Vertretern aus der Finanzverwaltung vertreten, dass die Bodenrichtwerte allein durch die Verwaltungsgerichte zu kontrollieren sein sollen.[3408] Dies ist jedoch nicht überzeugend.[3409]

Zu einer zusätzlichen Entlastung der Finanzgerichte kann die Einführung von Standards für die Bodenrichtwertermittlung führen.[3410] Diese können nicht nur zu einer einheitlicheren Bodenrichtwertermittlung beitragen. Sie entlasten auch die Finanzgerichte. Denn sofern die Gutachterausschüsse einen

---

3406 Vgl. *Ossenbühl*, NVwZ 1982, 465 (472).

3407 *Wolf*, DStR 1997, 349 (352).

3408 *Mandler/Schulze/Zochert*, DStR 2023, 1329 (1335).

3409 Siehe hierzu unter Gliederungspunkt § 4, I., 1., b), aa).

3410 Vgl. *Ache/Krägenbring*, ZfV 2023, 137 (139). Siehe hierzu auch bereits unter Gliederungspunkt § 3, III., 4., a), cc), (2), (d).

einheitlichen Standard erarbeitet haben, können die Finanzgerichte auf diesen zurückgreifen. Dies kann insbesondere hilfreich sein, um unbestimmte Rechtsbegriffe auszulegen oder um nachzuvollziehen, ob die Vorgehensweise des Gutachterausschusses von den Grenzen des Wertermittlungsspielraums gedeckt ist. Hat der Gutachterausschuss einen solchen Standard beachtet, reduziert sich der Umfang der erforderlichen Begründung der Bodenrichtwertermittlung entsprechend. Bei der Rechtsanwendung sind die Finanzgerichte jedoch nicht an derartige Standards gebunden. Eine kritische Auseinandersetzung mit diesen Standards kann förderlich sein, um die Qualität der Bodenrichtwerte weiter zu verbessern.

Eine wirksame finanzgerichtliche Kontrolle sichert nicht nur den Anspruch des Steuerpflichtigen auf einen effektiven Rechtsschutz gegen die Bodenrichtwerte. Die Finanzgerichte können mit ihrer Rechtsprechung auch ein Beitrag dazu leisten, dass die Bodenrichtwerte zukünftig einheitlicher ermittelt werden. Dies dürfte sich letztendlich auch positiv auf die allgemeine Qualität der Bodenrichtwerte auswirken.[3411] Im Sinne einer gerechten Besteuerung sollten sich die Finanzgerichte dieser Aufgabe beherzt annehmen.

[3411] *Krumm*, FR 2023, 957 (967).

Abschließende Betrachtung

Die Erkenntnisse dieser Untersuchung sollen abschließend in Bezug zueinander gesetzt werden. Da die wesentlichen Ergebnisse bereits am Ende der jeweiligen Kapitel oder Abschnitte zusammengefasst worden sind, erübrigt sich eine ausführliche Wiederholung dieser Zusammenfassungen. Diese Schlussbetrachtung soll kapitelübergreifend die wesentlichen Einsichten festhalten und zusammenfassend den Verbesserungsbedarf herausstellen, der für eine gleichheitskonforme steuerliche Bodenwertermittlung und eine verfassungskonforme finanzgerichtliche Überprüfung der Bodenrichtwertansätze erforderlich ist.

I. Ermittlung der Bodenrichtwerte für steuerliche Zwecke

1. Ermittlung der Bodenrichtwerte durch die Gutachterausschüsse

Die Bodenrichtwerte haben in der steuerlichen Bewertung steuerartübergreifend eine große Bedeutung. Sie werden vorrangig für die Ermittlung des Bodenwerts von unbebauten und überwiegend auch von bebauten Grundstücken herangezogen. Teilweise werden die Bodenrichtwerte in den gesetzlich geregelten Bewertungsverfahren auch bei der Auswahl oder Anpassung anderer Bewertungsfaktoren herangezogen oder dienen als Lageindikator.[3412]

[3412] Siehe hierzu unter Gliederungspunkt § 2, II.

Die steuerliche Bewertung knüpft regelmäßig an die *allgemeinen Bodenrichtwerte* i. S. d. § 196 Abs. 1 Satz 1 ff. BauGB an,[3413] die die Gutachterausschüsse für Grundstückswerte zur Schaffung von Markttransparenz und als eine Bewertungsgrundlage für die Verkehrswertermittlung flächendeckend ermitteln und veröffentlichen. Der Bewertung für Zwecke der Grundsteuer liegen hingegen in den meisten Bundesländern *besondere Bodenrichtwerte* i. S. d. § 196 Abs. 1 Satz 6 und Abs. 2 BauGB[3414] zugrunde, die die Gutachterausschüsse ausschließlich für steuerliche Zwecke nach ergänzenden Vorgaben der Finanzverwaltung auf den jeweiligen Hauptfeststellungszeitpunkt ermitteln.

Die Bodenrichtwerte i. S. d. § 196 BauGB sind durchschnittliche Lagewerte für den Boden, die unter Berücksichtigung des jeweiligen Entwicklungszustands für das Gebiet einer Bodenrichtwertzone ermittelt werden und die sich auf einen Quadratmeter Grundstücksfläche eines unbebauten und fiktiven Bodenrichtwertgrundstücks beziehen, dessen Grundstücksmerkmale weitgehend mit den vorherrschenden grund- und bodenbezogenen wertbeeinflussenden Grundstücksmerkmalen in der betreffenden Bodenrichtwertzone übereinstimmen.[3415]

Die Bodenrichtwerte werden von den Gutachterausschüssen für Grundstückswerte i. S. d. § 192 BauGB ermittelt. Diese bestehen aus einem Vorsitzenden und mehreren ehrenamtlichen Gutachtern. Bei der Ermittlung der Bodenrichtwerte und der sonstigen für die Wertermittlung erforderlichen Daten werden sie von einem Bediensteten der Finanzverwaltung unterstützt.[3416] Die Organisation und Arbeitsweise der Gutachterausschüsse wird gemäß § 199 Abs. 2 BauGB durch die Bundesländer in Landesverordnungen geregelt. Die Gutachterausschusswesen in den Bundesländern unterscheiden sich infolgedessen teilweise erheblich. Gemein ist den Gutachterausschüssen jedoch, dass es sich um Behörden auf Landes- oder Kommunalebene handelt,

---

3413 Siehe zum Begriff unter Gliederungspunkt § 1, III., 3., a).

3414 Siehe zum Begriff unter Gliederungspunkt § 1, III., 3., b).

3415 Siehe zur Definition und Konzeption der Bodenrichtwerte unter Gliederungspunkt § 1, III., 1.

3416 Siehe zur Zusammensetzung der Gutachterausschüsse im Einzelnen unter Gliederungspunkt § 1, II., 5.

die selbstständig und unabhängig organisiert sind und sich deshalb außerhalb des allgemeinen Verwaltungsaufbaus befinden.[3417]

Die Bodenrichtwerte sind von den Gutachterausschüssen aufgrund der von diesen zu führenden Kaufpreissammlung (§ 193 Abs. 5 Satz 1, § 195 BauGB) flächendeckend zu ermitteln.[3418] Die Ermittlung der Bodenrichtwerte ist in groben Zügen in § 196 BauGB geregelt. Weitere Grundsätze zur Ermittlung der Bodenrichtwerte, die von den Gutachterausschüssen verbindlich zu beachten sind, enthalten die §§ 12 ff. ImmoWertV. Vorrangig soll die Ermittlung anhand geeigneter Kaufpreise im Vergleichswertverfahren erfolgen (§ 14 ImmoWertV).[3419] Sofern nicht ausreichend Kaufpreise vorhanden sind – was häufig der Fall ist[3420] – hat eine Ermittlung entweder im erweiterten Vergleichswertverfahren oder mittels anderer geeigneter Verfahrensweisen zu erfolgen.[3421] Diese Verfahrensweisen und weitere große Bereiche der Bodenrichtwertermittlung sind derzeit jedoch nicht durch Detailregelungen normiert.[3422] Teilweise wird die Bodenrichtwertermittlung durch Verwaltungsanweisungen oder Standards der Bundesländer konkretisiert, die jedoch im Regelfall für die Gutachterausschüsse nicht verbindlich sind und deshalb nur eingeschränkt eine gleichmäßige Ermittlung der Bodenrichtwerte gewährleisten können.[3423]

2. Qualität der Bodenrichtwerte

Als steuerliche Bewertungsgrundlage müssen die Bodenrichtwerte eine vergleichbare Qualität und Aussagekraft aufweisen, um vergleichsfähige Relationen zwischen den verschiedenen zu bewertenden Grundstücken gewährleisten zu können.[3424] Da es sich bei den Bodenrichtwerten nicht um

---

3417 Siehe zur Organisation und Ausgestaltung der Gutachterausschüsse im Einzelnen unter Gliederungspunkt § 1, II.

3418 Siehe zur Führung und Auswertung der Kaufpreissammlung im Einzelnen unter Gliederungspunkt § 1, II., 7., a).

3419 Siehe hierzu unter Gliederungspunkt § 1, IV., 6., a).

3420 Siehe hierzu unter Gliederungspunkt § 1, IV., 6., a), cc), (3), (b).

3421 Siehe hierzu unter Gliederungspunkt § 1, IV., 6., b).

3422 Siehe hierzu unter Gliederungspunkt § 3, III., 4., a), cc), (2).

3423 Siehe zu den Rechtsgrundlagen der Bodenrichtwertermittlung im Einzelnen unter Gliederungspunkt § 1, IV., 1.

3424 Siehe hierzu unter Gliederungspunkt § 3, III., 1.

eine Bewertungsgrundlage handelt, deren jeweiliger materieller Gehalt im Einzelfall durch den Gesetzgeber vorgegeben wird, kann die grundsätzlich erforderliche Mindestqualität der Bodenrichtwerte vom Steuergesetzgeber nicht einheitlich durch Gesetz festgelegt werden. Sofern der Gesetzgeber zur Ausgestaltung einer gleichheitskonformen steuerlichen Bewertungssystematik an die Bodenrichtwerte anknüpfen möchte, muss er daher sicherstellen, dass die Rahmenbedingungen für die Ermittlung der Bodenrichtwerte durch die Gutachterausschüsse eine vergleichbare Mindestqualität der Bodenrichtwerte gewährleisten.[3425] Bei den Bodenrichtwerten als dynamisch sich verändernde Bewertungsgrundlage muss die Mindestqualität zudem nicht nur bei der erstmaligen Anknüpfung gewährleistet werden. Der Gesetzgeber hat fortlaufend zu überwachen, ob diese Mindestqualität auch zu späteren Zeitpunkten noch sichergestellt ist.

Die derzeitigen tatsächlichen und rechtlichen Rahmenbedingungen für die Ermittlung der Bodenrichtwerte sind nicht für die Ermittlung von Bodenrichtwerten mit einer vergleichbaren Qualität und Aussagekraft geeignet.[3426] Die Datengrundlagen und die Vorgehensweisen bei der Ermittlung unterscheiden sich von Gutachterausschuss zu Gutachterausschuss teilweise erheblich. Die uneinheitliche Ermittlung und Qualität ist *erstens* in der unterschiedlichen Qualität der Kaufpreissammlungen begründet, auf deren Grundlage die Bodenrichtwerte ermittelt werden. *Zweitens* ist das existierende Regelungsgeflecht für die Bodenrichtwertermittlung nicht geeignet, eine einheitliche Vorgehensweise zu gewährleisten. *Drittens* unterscheiden sich die Organisationen und Arbeitsweisen der Gutachterausschüsse in den Bundesländern teilweise erheblich. Die Gutachterausschüsse weisen eine unterschiedliche finanzielle, sachliche und personelle Ausstattung auf und sind deshalb nicht in gleichem Maße in der Lage, eine qualifizierte Ermittlung der Bodenrichtwerte durchzuführen.

Zwar fehlt es derzeit an gebietsübergreifenden empirischen Untersuchungen zu der Vorgehensweise bei der Ermittlung und zu der Qualität der Bodenrichtwerte. Aufgrund der erheblichen Mängel liegt es jedoch auf der Hand, dass die Bodenrichtwerte bereits innerhalb vieler Bundesländer keine vergleichbare Qualität aufweisen dürften. Jedenfalls ist aufgrund der großen Unterschiede

---

3425 Siehe hierzu unter Gliederungspunkt § 3, III., 4., b), aa).

3426 Siehe hierzu zusammenfassend unter Gliederungspunkt § 3, III., 5.

zwischen den Bundesländern eine bundeslandübergreifende Vergleichbarkeit der Qualität und Aussagekraft der Bodenrichtwerte nicht anzunehmen.

3. Maßnahmen zur Vereinheitlichung der Bodenrichtwertermittlung

Im Folgenden sollen die wesentlichen Defizite der Bodenrichtwertermittlung dargestellt werden. Außerdem werden Maßnahmen aufgezeigt, die für eine Vereinheitlichung der Bodenrichtwertermittlung geboten sind.

a) Führung und Auswertung der Kaufpreissammlungen

Die Qualität der Bodenrichtwerte hängt zunächst maßgeblich von der Qualität der Kaufpreissammlung des jeweiligen Gutachterausschusses ab. Eine ordnungsgemäß geführte und ausgewertete Kaufpreissammlung ist Voraussetzung für die Ermittlung belastbarer Bodenrichtwerte.[3427] Dazu sollten zum einen sämtliche Kauffälle innerhalb des Zuständigkeitsbereichs des Gutachterausschusses fehlerfrei, vollständig und zeitnah erfasst werden. Für eine qualifizierte Bodenrichtwertermittlung sind neben den Kaufpreisen diverse andere Daten durch die Geschäftsstelle des Gutachterausschusses zu erheben (z. B. für die Abgrenzung der Bodenrichtwertzonen oder für die Bestimmung der Merkmale des Bodenrichtwertgrundstücks). Insbesondere in kaufpreisarmen Regionen kommt der Erhebung zusätzlicher Marktinformationen eine gesteigerte Bedeutung zu.[3428]

Die Qualität der Kaufpreissammlungen unterscheidet sich teilweise erheblich.[3429] Dies liegt *erstens* an der unterschiedlichen Größe der Zuständigkeitsbereiche der Gutachterausschüsse. Viele Gutachterausschüsse weisen einen zu kleinen Zuständigkeitsbereich auf. Die innerhalb des Zuständigkeitsbereichs anfallenden Transaktionen reichen in diesen Fällen oft nicht aus, um belastbare statistische Auswertungen vorzunehmen. Zur Gewährleistung einer einheitlichen Mindestqualität sollte daher im BauGB eine bundeseinheitlich zu beachtende Mindestgröße der Zuständigkeitsbereiche vorgegeben werden.[3430]

[3427] Siehe hierzu unter Gliederungspunkt § 1, IV., 2., a).

[3428] Siehe zur Führung und Auswertung der Kaufpreissammlung im Einzelnen unter Gliederungspunkt § 1, II., 7., a).

[3429] Siehe hierzu unter Gliederungspunkt § 3, III., 4., a), aa).

[3430] Siehe hierzu unter Gliederungspunkt § 3, III., 4., a), aa), (2).

Zweitens existieren keine einheitlichen Vorgaben für die Führung und Auswertung der Kaufpreissammlungen. Diese weisen daher zwischen den Bundesländern oder auch innerhalb eines Bundeslandes stark unterschiedliche Datenstrukturen auf. Derzeit obliegt es den Bundesländern, hierfür landesweite Regelungen zu treffen (§ 199 Abs. 2 Nr. 4 BauGB). Der Umfang und die Intensität der hierzu ergangenen landesrechtlichen Regelungen unterscheiden sich erheblich. Aufgrund der großen Bedeutung, die die Qualität der Kaufpreissammlung für die Ermittlung von Bodenrichtwerten und den sonstigen für die Wertermittlung erforderlichen Daten hat, sind zumindest die wesentlichen Pflichtinhalte einer Kaufpreissammlung durch Bundesverordnung vorzugeben. Hierfür ist eine Änderung des § 199 BauGB erforderlich.[3431]

Da die Führung und Auswertung der Kaufpreissammlung durch die Bediensteten der Geschäftsstellen erfolgt, ist zudem *drittens* zu gewährleisten, dass ausreichend qualifizierte Bedienstete in der Geschäftsstelle vorhanden sind. Hierfür kann es sich anbieten, die Geschäftsstellen der Gutachterausschüsse bundeseinheitlich bei den einschlägigen Fachbehörden einzurichten (etwa bei den Kataster- oder Vermessungsämtern). Derzeit ist vor allem bei den Geschäftsstellen, die bei einer Kommunalverwaltung eingerichtet sind, häufig zu beobachten, dass eine hinreichende Leistungsfähigkeit nicht gewährleistet ist.[3432]

Viertens sollte als zusätzliche Aufgabe der Oberen Gutachterausschüsse und Zentralen Geschäftsstellen in § 198 BauGB die Führung und Auswertung einer zentralen Kaufpreissammlung für das jeweilige Landesgebiet vorgeschrieben werden.[3433] Auf die sich hieraus ergebenden Datenauswertungen können die Gutachterausschüsse zurückgreifen, um eine fehlende Datenverfügbarkeit zumindest teilweise zu kompensieren. Außerdem erfordert die Errichtung einer solchen Kaufpreissammlung eine einheitliche Datenqualität der Kaufpreissammlungen der regionalen Gutachterausschüsse, sodass sich auch insoweit eine weitere Vereinheitlichung ergibt.

3431 Siehe hierzu unter Gliederungspunkt § 3, III., 4., a), aa), (3).
3432 Siehe hierzu unter Gliederungspunkt § 1, II. 7., a), ff).
3433 Siehe hierzu unter Gliederungspunkt § 1, II., 4, b).

b) Vorgehensweise bei der Ermittlung der Bodenrichtwerte

Eine einheitliche Vorgehensweise der Gutachterausschüsse bei der Ermittlung der Bodenrichtwerte wird wesentlich durch verbindliche Vorgaben gewährleistet, die die Gutachterausschüsse bei der Ermittlung zu beachten haben.[3434] Durch das bestehende Regelungsgeflecht wird eine einheitliche Ermittlung allerdings nicht gewährleistet. Denn viele und auch wesentliche Teilbereiche der Bodenrichtwertermittlung sind derzeit nicht durch verbindliche Regelungen vorgegeben.[3435] Die existierenden Regelungen enthalten außerdem in großem Umfang unbestimmte Rechtsbegriffe.[3436] Eine Vereinheitlichung der Vorgehensweise und der Rechtsanwendung bei der Bodenrichtwertermittlung durch Verwaltungsanweisungen kann aufgrund der Konzeption der Gutachterausschüsse als Stellen außerhalb des regulären Verwaltungsaufbaus nur eingeschränkt erfolgen. Viele Bundesländer haben keine konkretisierenden Verwaltungsanweisungen oder Standards erlassen. Sofern diese vorhanden sind, unterscheiden sich diese hinsichtlich Regelungsintensität und -umfang teilweise erheblich.[3437]

Eine Detailregelung der Bodenrichtwertermittlung wird über die ImmoWertV nicht möglich sein, da § 199 Abs. 1 BauGB den Verordnungsgeber nur ermächtigt, die „Grundsätze" der Wertermittlung zu regeln.[3438] Die ImmoWertV muss jedoch Grundsätze zu allen wesentlichen Teilbereichen der Bodenrichtwertermittlung enthalten. Es sind daher insbesondere weitere Regelungen aufzunehmen, die die zonenübergreifende Ermittlung der Bodenrichtwerte (einschließlich einer Verplausibilisierung und Abstimmung des Bodenrichtwertgefüges) und die Vorgehensweise bei der Fortschreibung der Bodenrichtwerte regeln. Außerdem ist eine Regelung aufzunehmen, dass die Bodenrichtwertzonen so gegeneinander abgegrenzt werden müssen, dass erhebliche Wertsprünge zwischen den Zonen im Regelfall vermieden werden.

Eine weitergehende Vereinheitlichung der Bodenrichtwertermittlung hat neben den Vorgaben des BauGB und der ImmoWertV insbesondere durch einheitliche Standards zu erfolgen, die von den Gutachterausschüssen

---

3434 Siehe hierzu insbesondere unter Gliederungspunkt § 3, III., 4., a), cc), (2), (d).
3435 Siehe hierzu unter Gliederungspunkt § 3, III., 4., a), cc), (2), (a).
3436 Siehe hierzu unter Gliederungspunkt § 3, III., 4., a), cc), (2), (b).
3437 Siehe hierzu unter Gliederungspunkt § 3, III., 4., a), cc), (2), (c).
3438 Siehe hierzu unter Gliederungspunkt § 3, III., 4., a), cc), (1), (b).

gemeinschaftlich zu erarbeiten sind und denen für die Ermittlung der Bodenrichtwerte zumindest im Regelfall verbindliche Wirkung zukommen sollte (z. B. zur Vorgehensweise bei der Bodenrichtwertermittlung in kaufpreisarmen Regionen).[3439] Vorsorglich sollte in § 199 BauGB klargestellt werden, dass die Bundesländer befugt sind, die Bodenrichtwertermittlung durch derart verbindliche Standards im Detail zu regeln. Aufgrund der rechtlichen und tatsächlichen Besonderheiten der Bodenrichtwertermittlung und der Konzeption der Gutachterausschüsse kommt diesen Standards eine herausgehobene Bedeutung für eine Vereinheitlichung der Bodenrichtwertermittlung zu. Die Gutachterausschüsse in Nordrhein-Westfalen sind bei der gemeinschaftlichen Erarbeitung von Standards bereits auf einem guten Weg. In vielen anderen Bundesländern besteht allerdings noch erhebliches Verbesserungspotenzial.

Zur Vereinheitlichung der Qualität der besonderen Bodenrichtwerte, die die Gutachterausschüsse für Zwecke der Grundsteuer ermitteln, sollte die Finanzverwaltung die ihr gesetzlich zur Verfügung stehenden Möglichkeiten besser nutzen. Bei der Ermittlung der besonderen Bodenrichtwerte für Zwecke der steuerlichen Bewertung haben die Gutachterausschüsse die ergänzenden Vorgaben der Finanzverwaltung zu beachten (§ 196 Abs. 1 Satz 6 BauGB). Dazu bieten sich insbesondere Vorgaben in Form von Verwaltungsanweisungen an. Von dieser Möglichkeit wurde, so weit ersichtlich, bislang allerdings kaum Gebrauch gemacht.[3440]

c) Konzeption und Leistungsfähigkeit der Gutachterausschüsse

Eine Vereinheitlichung der Bodenrichtwertermittlung durch zusätzliche verbindliche Regelungen wird nicht eintreten, wenn die Gutachterausschüsse tatsächlich nicht in der Lage sind, die Bodenrichtwerte unter Beachtung der bestehenden und einzuführenden Vorgaben zu ermitteln.[3441] Die Leistungsfähigkeit der Gutachterausschüsse ist von Bundesland zu Bundesland und häufig auch innerhalb eines Bundeslandes sehr unterschiedlich. Aufgrund der Einsparungen in der öffentlichen Verwaltung und der in den vergangenen Jahrzehnten stetig zugenommenen Aufgaben der Gutachterausschüsse sind

---

3439 Siehe hierzu unter Gliederungspunkt § 1, II. 3; § 1, IV., 1., f) und § 3, III., 4., a), cc), (2), (d).

3440 Siehe hierzu unter Gliederungspunkt § 1, IV., 6., d).

3441 Siehe hierzu unter Gliederungspunkt § 1, V.

viele Gutachterausschüsse nicht in ausreichendem Maße leistungsfähig, um sämtliche ihnen zugewiesenen Aufgaben sachgerecht zu erfüllen. Durch die Regelungen des BauGB wird eine hinreichende Qualifikation der Gutachter und der Bediensteten der Geschäftsstellen nicht gewährleistet.[3442] Die Gutachterausschüsse und deren Geschäftsstellen verfügen häufig nicht über eine ausreichende personelle, sachliche und finanzielle Ausstattung.[3443] Zwar obliegt es den Bundesländern und nicht dem Bund für eine angemessene Ausstattung der Gutachterausschüsse zu sorgen. Sofern der Bundesgesetzgeber allerdings an die Bodenrichtwerte für die steuerliche Bewertung anknüpfen möchte, muss er darauf hinwirken, dass die Länder ihren entsprechenden Verpflichtungen nachkommen.[3444] Sieht er sich hierzu nicht in der Lage, muss er, um eine gleichheitskonforme Bewertung zu gewährleisten, auf eine Anknüpfung an die Bodenrichtwerte verzichten oder die Struktur des Gutachterausschusswesens verändern.

Im Sinne einer einheitlichen Ermittlung der Bodenrichtwerte für steuerliche Zwecke sollte die bestehende Konzeption der Gutachterausschüsse überdacht werden.[3445] Diese sind als selbstständige und unabhängige Behörden ausgestaltet, die außerhalb der Hierarchie des Verwaltungsaufbaus angesiedelt sind. Die Gutachter des Gutachterausschusses bestehen zudem zum Großteil aus ehrenamtlichen Gutachtern, die für den Gutachterausschuss nicht dauerhaft, sondern in der Regel nur nebenberuflich tätig werden. Diese Ausgestaltung mag für die Wahrnehmung der traditionellen Aufgabenbereiche der Gutachterausschüsse sinnvoll sein. Für eine einheitliche Ermittlung gerichtsfester Bodenrichtwerte für steuerliche Zwecke ist diese Ausgestaltung jedoch nicht geeignet. Denn einerseits lassen sich die Arbeitsweisen der verschiedenen Gutachterausschüsse nur eingeschränkt vereinheitlichen. An Verwaltungsanweisungen sind die Gutachterausschüsse grundsätzlich nicht gebunden. Andererseits ist die Regelbesetzung der Gutachterausschüsse nicht dafür zugeschnitten, periodisch wiederkehrend und flächendeckend massenhaft belastbare Bodenrichtwerte zu ermitteln.

3442 Siehe hierzu unter Gliederungspunkt § 4, III., 2., a), cc), (2), (a), (bb).
3443 Siehe hierzu unter Gliederungspunkt § 1, II., 5., cc) und § 1, V.
3444 Siehe hierzu unter Gliederungspunkt § 3, III., 4., b), aa), (1).
3445 Siehe hierzu unter Gliederungspunkt § 1, V.

II. Steuerliche Bodenwertermittlung anhand der Bodenrichtwerte

Allein aus der Feststellung, dass die Bodenrichtwerte nicht aufgrund einheitlicher Datengrundlagen und nach vergleichbaren Verfahrensweisen ermittelt werden und deshalb eine unterschiedliche Qualität und Aussagekraft aufweisen, lässt sich noch keine Aussage über die Gleichheitskonformität von Steuerwerten ableiten, die anhand dieser Bodenrichtwerte ermittelt wurden. Für eine gleichheitsrechtliche Beurteilung sind letztendlich die Steuerwerte maßgeblich, die sich unter Anwendung der Bodenrichtwerte aus dem steuerlichen Bodenrichtwertverfahren ergeben. Diese müssen nach der ständigen Rechtsprechung des Bundesverfassungsgerichts in der Gesamtsicht eine in der Relation realitäts- und damit relationsgerechte Bemessung des steuerlichen Belastungsgrundes sicherstellen.[3446]

Zwar schlägt eine heterogene Qualität der Bodenrichtwerte auch auf die Steuerwerte durch, die anhand der Bodenrichtwerte ermittelt werden. Denn Mängel bei der Vergleichbarkeit und Aussagekraft der Bodenrichtwerte können im steuerlichen Bodenrichtwertverfahren nicht kompensiert werden und beeinträchtigen daher die Wertrelation zwischen den bewerteten Grundstücken. Für eine abschließende gleichheitsrechtliche Beurteilung ist jedoch maßgeblich, welche Anforderungen sich aus der jeweiligen Steuer und der Bewertungssystematik für die erforderliche Qualität der Bodenrichtwerte als steuerliche Bewertungsgrundlagen ableiten lassen. Hierbei ist auch zu berücksichtigen, welche Anforderungen sich aus der Steuer für das Gebiet ergeben, innerhalb dessen die Bodenrichtwerte eine vergleichbare Qualität aufweisen müssen. Relevant ist außerdem, wie häufig die anhand der Bodenrichtwerte ermittelten Bodenwerte den Steuerwerten in der Gesamtzahl zugrunde gelegt werden und welches Gewicht die Boden(richt)werte bei diesen Bewertungen haben.

Neben der Qualität der Bodenrichtwerte hat auch die Ausgestaltung des Bodenrichtwertverfahrens großen Einfluss auf die Realitäts- und damit Relationsgerechtigkeit der Steuerwerte. Das Verfahren besteht nicht nur aus einer mathematischen Multiplikation des Bodenrichtwerts mit der Grundstücksfläche. Eine sachgerechte Verwendung der Bodenrichtwerte in diesem

---

[3446] Siehe hierzu unter Gliederungspunkt § 3, II., 2., c).

Verfahren setzt grundsätzlich die Überprüfung der Eignung und ggfs. eine Anpassung des herangezogenen Bodenrichtwerts an die individuellen Verhältnisse des zu bewertenden Grundstücks voraus. Typisierungen wirken sich insoweit nachteilig auf die Realitäts- und damit Relationsgerechtigkeit der in diesem Verfahren ermittelten Steuerwerte aus.

Die Eignung der Bodenrichtwerte als Bewertungsgrundlage und die Ausgestaltung der Bodenrichtwertverfahren für eine gleichheitskonforme Bewertung werden im Folgenden für die in dieser Ausarbeitung untersuchten Steuern, die Erbschaftsteuer und die Bundesgrundsteuer, dargestellt.

1. Grundbesitzbewertung für Zwecke der Erbschaftsteuer

Im Rahmen der Bewertung für Zwecke der Erbschaft- und Schenkungsteuer kommen die Bodenrichtwerte zur Anwendung, wenn der Grundbesitzwert einer erworbenen Immobilie zu ermitteln ist. § 179 BewG sieht für die Bewertung unbebauter Grundstücke eine Bodenwertermittlung mittels der Bodenrichtwerte im Bodenrichtwertverfahren vor.[3447] Der auf diese Weise ermittelte Bodenwert kommt auch bei der Bewertung bebauter Grundstücke im Ertrags- oder Sachwertverfahren zur Anwendung.[3448] Nach ständiger Rechtsprechung des Bundesfinanzhofs sind die Bodenrichtwerte für die Beteiligten im Steuerrechtsverhältnis verbindlich und einer gerichtlichen Überprüfung regelmäßig nicht zugänglich.[3449] Der Steuerpflichtige hat allerdings über § 198 BewG die Möglichkeit, einen niedrigeren gemeinen Wert der wirtschaftlichen Einheit nachzuweisen.[3450]

a) Bodenrichtwerte als steuerliche Bewertungsgrundlagen

Für die Beurteilung der Eignung der Bodenrichtwerte für eine gleichheitskonforme Bewertung für Zwecke der Erbschaftsteuer ist zum einen zu berücksichtigen, dass der Erbschaftsteuer verschiedene Arten von Vermögensgegenständen unterliegen, die in eine vergleichsfähige Relation zueinander gebracht werden müssen. Zum anderen kommt es häufig vor, dass diese Vermögensgegenstände, vor allem auch Grundstücke, über das

3447 Siehe hierzu unter Gliederungspunkt § 2, II., 2., d), bb).
3448 Siehe hierzu unter Gliederungspunkt § 2, II., 2., d), cc).
3449 Siehe hierzu unter Gliederungspunkt § 2, II., 2., d), bb), (4).
3450 Siehe hierzu unter Gliederungspunkt § 2, II., 2., d), ee).

gesamte Bundesgebiet (oder darüber hinaus) verteilt sind. Um vergleichsfähige Relationen zwischen den verschiedenen Vermögensgegenständen zu gewährleisten, müssen diese mit einem Annäherungswert zum gemeinen Wert bewertet werden.[3451]

Damit die anhand der Bodenrichtwerte ermittelten Grundbesitzwerte mit den anderen Vermögensgegenständen in eine vergleichsfähige Relation gebracht werden können, kommt dem Aspekt der Realitätsgerechtigkeit der Bodenrichtwerte eine gesteigerte Bedeutung zu.[3452] Diese erfordert, dass die Bodenrichtwerte sachgerecht und belastbar ermittelt werden und daher die jeweiligen Marktverhältnisse zutreffend abbilden. Gesteigerte Anforderungen an die Qualität der Bodenrichtwerte ergeben sich außerdem aufgrund der Höhe der potenziellen Steuerbelastung. Infolge hoher Grundbesitzwerte und aufgrund der Steuersätze, die mit der Höhe des steuerpflichtigen Erwerbs stufenweise zunehmen und bis zu 50 % betragen können (§ 19 ErbStG), haben die Bodenrichtwerte erhebliche Auswirkung auf die absolute Höhe der Steuer.[3453] Es kann zwar generell angenommen werden, dass die Bodenrichtwerte in der Masse, also das generelle Bodenrichtwertniveau, eine solche Annäherung an den gemeinen Wert (Verkehrswert) gewährleisten.[3454] Allerdings ist aufgrund der aufgezeigten Mängel bei der Ermittlung der Bodenrichtwerte nicht von einer geringen Schwankungsbreite der Bodenrichtwerte (Bodenrichtwertbandbreite) auszugehen.[3455] In vielen Fällen dürften die Bodenrichtwerte daher aufgrund der unterschiedlichen Aussagekraft und Qualität nicht geeignet sein, die zu bewertenden Vermögensgegenstände in eine vergleichsfähige Relation zueinander zu bringen.[3456]

Für Zwecke der Erbschaftssteuer erfordert eine relationsgerechte Bewertung, dass die Bodenrichtwerte bundesweit eine einheitliche Qualität aufweisen.[3457] Da ein Erbfall oder eine Schenkung Grundstücke (oder andere Vermögensgegenstände) in verschiedenen Bundesländern umfassen kann, müssen diese insbesondere anhand vergleichbarer Bewertungsgrundlagen

---

3451 Siehe hierzu unter Gliederungspunkt § 3, II., 2., c), bb) und § 3, IV., 2., a), bb).
3452 Siehe hierzu unter Gliederungspunkt § 3, II., 2., c), bb).
3453 Siehe hierzu unter Gliederungspunkt § 3, IV., 2., b), aa), (2), (a), (aa).
3454 Siehe hierzu unter Gliederungspunkt § 3, III., 3., c), cc), (2).
3455 Siehe hierzu unter Gliederungspunkt § 3, III., 3., c), cc), (1).
3456 Siehe hierzu unter Gliederungspunkt § 3, III., 4., b), aa), (2).
3457 Siehe hierzu unter Gliederungspunkt § 3, III., 4., b), bb).

ermittelt werden. Dies gilt auch schon deshalb, weil die Regelungen der Grundbesitzbewertung und die gesetzlich typisierten Bewertungsgrundlagen ebenfalls bundesweit gelten.

Die Bodenrichtwerte weisen jedenfalls bundesweit keine vergleichbare Qualität auf und sind deshalb als Bewertungsgrundlagen im Rahmen der Grundbesitzbewertung zur Schaffung vergleichsfähiger Relationen nur eingeschränkt geeignet. Die Anknüpfung an die Bodenrichtwerte beeinträchtigt mithin die Gleichheitskonformität der Grundbesitzbewertung.

In der Gesamtsicht sind die sich hieraus ergebenden bewertungsbedingten Differenzierungen allerdings voraussichtlich noch hinzunehmen. Denn ein großer Teil der Grundstücke (Ein- und Zweifamilienhäuser, Eigentumswohnungen) ist vorrangig im Vergleichswertverfahren zu bewerten (§ 182 Abs. 2 BewG), bei dem die Bodenrichtwerte nur ausnahmsweise zur Anwendung kommen.[3458] Bei der Bewertung von bebauten Grundstücken im Ertrags- oder Sachwertverfahren kommen die Bodenrichtwerte mal mehr, mal weniger stark zur Geltung. Die Bewertungsfälle für unbebaute Grundstücke dürften im Vergleich dazu eher einen kleineren Teil ausmachen. Bei der Bewertung dieser Grundstücke kommt es infolge der Anknüpfung an die Bodenrichtwerte zwar zu Wertverzerrungen. In der Gesamtsicht dürften diese Wertverzerrungen allerdings wohl noch hinnehmbar sein, da das Gesamtkonzept der Grundbesitzbewertung und die Ausgestaltung der einzelnen Bewertungsverfahren keine erheblichen Mängel aufweisen. Die typisierungsbedingten Wertverzerrungen stehen in einem angemessenen Verhältnis zu den damit verfolgten Praktikabilitätserwägungen. Schließlich steht dem Steuerpflichtigen im Wege einer Öffnungsklause die Möglichkeit zu, einen niedrigeren gemeinen Wert nachzuweisen und im Rahmen dieser Bewertung den Bodenwert auf andere Weise zu ermitteln.[3459]

b) Ausgestaltung des Bodenrichtwertverfahrens

Bei dem in § 179 Satz 1 BewG geregelten Bodenwertermittlung ist eine Überprüfung der Eignung des maßgeblichen Bodenrichtwerts für die Bewertung im Einzelfall nicht vorgesehen. Es wird grundsätzlich in typisierender Weise

---

3458 Siehe hierzu unter Gliederungspunkt § 2, II., 2., d), cc), (1).

3459 Siehe hierzu unter Gliederungspunkt § 3, IV., 2., b), aa), (2), (a), (aa) und § 3, IV., 2., c).

unterstellt, dass der Bodenrichtwert der Bodenrichtwertzone maßgeblich und geeignet ist, in der das zu bewertende Grundstück gelegen ist. Da eine solche Eignung häufig nicht anzunehmen ist, ergeben sich Wertverzerrungen, die im Einzelfall erheblich ausfallen können. Dies ist allerdings noch hinzunehmen, da der Steuerpflichtige über einen Wertnachweis nach § 198 BewG grundsätzlich die Möglichkeit hat, im Rahmen einer Verkehrswertermittlung die individuellen Besonderheiten des zu bewertenden Grundstücks besser zu berücksichtigen.[3460]

Außerdem soll zumindest nach herrschender Ansicht eine Anpassung des herangezogenen Bodenrichtwerts erfolgen, falls die Grundstücksmerkmale des zu bewertenden Grundstücks von denen des jeweiligen Bodenrichtwertgrundstücks abweichen.[3461] Eine Anpassung soll nur an bestimmte allgemeine Grundstücksmerkmale erfolgen. Vorrangig sollen für die Anpassung vom zuständigen Gutachterausschuss veröffentlichte Umrechnungskoeffizienten (und Indexreihen) herangezogen werden. Fehlen diese, kommen die von der Finanzverwaltung typisierten Umrechnungskoeffizienten zur Anwendung. Die Anpassung ist insgesamt als sachgerecht zu bewerten.[3462] Die insoweit vorgenommen Typisierungen bleiben im zulässigen Rahmen. Unschädlich ist insbesondere, dass keine Berücksichtigung von sog. besonderen objektspezifischen Grundstücksmerkmalen erfolgt, da die Wertauswirkungen dieser Grundstücksmerkmale in einer steuerlichen Massenbewertung nicht in typisierender Weise berücksichtigt werden können.[3463] Dem Steuerpflichtigen steht auch hier die Nachweismöglichkeit nach § 198 BewG zu, um im Einzelfall eine Überbewertung vermeiden zu können. Die Bodenwertermittlung nach § 179 BewG ist trotz der uneinheitlichen Qualität der Bodenrichtwerte und trotz bestehender Wertverzerrungen durch die Ausgestaltung des Bodenrichtwertverfahrens noch als gleichheitskonform anzusehen.[3464]

2. Grundsteuerwertermittlung nach Bundesrecht

Der Grundsteuer unterliegen der inländische Grundbesitz, also sämtliche inländische Grundstücke und Betriebe der Land- und Forstwirtschaft. Für

3460 Siehe hierzu unter Gliederungspunkt § 3, IV., 2., b), aa), (2), (a), (bb).
3461 Siehe hierzu unter Gliederungspunkt § 2, II., 2., d), bb), (5).
3462 Siehe hierzu unter Gliederungspunkt § 3, IV., 2., b), aa), (2), (c).
3463 Siehe hierzu unter Gliederungspunkt § 3, IV., 2., b), aa), (2), (d).
3464 Siehe hierzu zusammenfassend unter Gliederungspunkt § 3, IV., 2., c).

die beiden Vermögensarten kommen unterschiedliche Bewertungssysteme und Steuersätze zur Anwendung.[3465] Für die Bewertung der Grundstücke sieht das bundesrechtliche Bewertungskonzept eine Orientierung am Verkehrswert vor und erfordert daher eine flächendeckende und turnusmäßige Ermittlung der Grundsteuerwerte auf den jeweiligen Hauptfeststellungszeitpunkt.[3466] Dadurch entsteht ein hoher Verwaltungsaufwand. Damit die Bewertung von der Finanzverwaltung mit den vorhandenen Ressourcen tatsächlich vollzogen werden kann, müssen die Bewertungsnormen umfangreiche Typisierungen und Pauschalierungen enthalten.[3467]

Die Bodenrichtwerte haben bei der Ermittlung der Grundsteuerwerte für das Grundvermögen einen großen Anwendungsbereich. Die nach § 247 BewG anhand der Bodenrichtwerte ermittelten Bodenwerte kommen sowohl für die Bewertung von unbebauten als auch von sämtlichen bebauten Grundstücken zur Anwendung.[3468] In dem Bewertungssystem, welches durch erhebliche Typisierungen und Pauschalierungen geprägt ist, kommt den Bodenrichtwerten eine herausgehobene Bedeutung zu, da diese als einzige Bewertungsgrundlage die individuellen Wertverhältnisse der zu bewertenden Grundstücke realitäts- und relationsgerecht abbilden sollen. Die Bodenrichtwerte sollen nach dem Willen des Gesetzgebers auch bei der Grundsteuerwertermittlung mit verbindlicher Wirkung der Besteuerung zugrunde gelegt werden.[3469]

a) Bodenrichtwerte als steuerliche Bewertungsgrundlagen

Anders als bei der Erbschaftsteuer ist im Rahmen der Grundsteuerwertermittlung jeweils nur eine Vermögensart isoliert zu bewerten. Dementsprechend müssen nur die zu bewertenden Grundstücke einerseits und die Betriebe der Land- und Forstwirtschaft andererseits jeweils untereinander in vergleichsfähige Relationen zueinander gebracht werden. Dadurch ergeben sich insbesondere geringere Anforderungen an die Realitätsgerechtigkeit

---

[3465] Siehe hierzu unter Gliederungspunkt § 2, II., 3., b), aa).

[3466] Siehe hierzu insbesondere unter Gliederungspunkt § 2, II, 3., b), aa), (1) und § 3, IV., 3., a), bb), (2).

[3467] Siehe hierzu unter Gliederungspunkt § 2, II., 3., b), aa) (1) und § 2, II., 3., b), dd).

[3468] Siehe hierzu unter Gliederungspunkt § 2, II., 3., b), cc).

[3469] Siehe hierzu unter Gliederungspunkt § 2, II., 3., b), cc), (1), (d).

der Grundsteuerwerte.[3470] Die Bewertungssystematik muss allerdings in der Gesamtsicht zumindest eine relationsgerechte Bewertung gewährleisten.[3471]

Aufgrund der unterschiedlichen Qualität und Aussagekraft der Bodenrichtwerte werden solche vergleichsfähige Relationen zwischen den zu bewertenden Grundstücken allerdings auch bei der Grundsteuer nicht gewährleistet. Im Gesamtkontext der in hohem Maße typisierten Bewertung müssen zumindest die Bodenrichtwerte, durch die die individuellen Wertverhältnisse im Grundsteuerwert Berücksichtigung finden sollen, eine einheitliche Mindestqualität aufweisen. Die Wertverzerrungen, die sich durch die umfangreichen Typisierungen und Pauschalierungen ergeben, können bei einer solchen Mindestqualität teilweise abgeschwächt oder kompensiert werden. Allerdings weisen die Bodenrichtwerte eine solche einheitliche Mindestqualität derzeit nicht auf.

Problematisch ist außerdem, dass die Bodenrichtwerte in den unterschiedlichen Bewertungsverfahren mit teilweise stark unterschiedlichem Gewicht einfließen. Während sich Qualitätsunterschiede bei der Bewertung von unbebauten Grundstücken und regelmäßig auch bei der Bewertung von bebauten Grundstücken im Sachwertverfahren direkt auf die Grundsteuerwerte auswirken, werden die Bodenrichtwerte bei der Bewertung bebauter Grundstücke im Ertragswertverfahren aufgrund der Abzinsung mit einem deutlich geringeren Gewicht berücksichtigt.[3472]

Zur Gewährleistung einer relationsgerechten Bewertung müssen die Bodenrichtwerte zumindest in allen elf Bundesländern, die keine vom Bundesrecht abweichenden Bewertungsverfahren für die Grundsteuer geregelt haben, eine einheitliche Mindestqualität aufweisen.[3473] Die gleichheitsrechtliche Beurteilung einer steuerlichen Bewertungssystematik und damit auch der dieser Bewertungssystematik zu Grunde liegenden Bewertungsgrundlagen hat sich nach der Rechtsprechung des Bundesverfassungsgerichts auf den Geltungsbereich der Bewertungsregelungen zu erstrecken. Wenn schon die gesetzlich typisierten Bewertungsgrundlagen einheitlich gelten und die Finanzverwaltungen der beteiligten Bundesländer die Grundsteuerwerte

---

3470 Siehe hierzu unter Gliederungspunkt § 3, II., 2., c), bb).

3471 Siehe hierzu unter Gliederungspunkt § 3, IV., 3., b), bb), (2), (a), (aa).

3472 Siehe hierzu unter Gliederungspunkt § 3, IV., 3., b), cc).

3473 Siehe hierzu unter Gliederungspunkt § 3, III., 4., b), bb).

nach einheitlichen Verwaltungsanweisungen ermitteln, müssen auch die Bodenrichtwerte eine einheitliche (Mindest-)Qualität aufweisen und nach einheitlichen Verfahren ermittelt werden. Insbesondere kommt es nicht lediglich auf eine einheitliche Ermittlung innerhalb des Gemeindegebietes an. Denn die Grundsteuerwerte werden durch Feststellungsbescheid durch die Finanzämter festgesetzt. Diese legen die Bodenrichtwerte bei der Bewertung zugrunde. Die Gemeinden sind an die Feststellungen der Grundsteuerwerte durch die Finanzämter gebunden. Sie haben auf das Zustandekommen der Grundsteuerwerte keinen Einfluss.[3474]

Aufgrund der herausgehobenen Stellung der Bodenrichtwerte in der Grundsteuerwertermittlung ergeben sich infolge der teils erheblichen Qualitätsunterschiede bei den Bodenrichtwerten Wertverzerrungen zwischen den Grundsteuerwerten, die in der Gesamtsicht keine relationsgerechte Bewertung mehr gewährleisten dürften. Dies gilt jedenfalls in der Zusammenschau mit den anderen zahlreichen und erheblichen bewertungsbedingten Differenzierungen, die bei den anderen Teilbereichen der Grundsteuerwertermittlung entstehen können. Hiervon betroffen ist auch die Ausgestaltung des Bodenrichtwertverfahrens.

b) Ausgestaltung des Bodenrichtwertverfahrens

Auch bei dem in § 247 BewG geregelten Bodenrichtwertverfahren ist eine Überprüfung der Eignung des maßgeblichen Bodenrichtwerts für die Bewertung im Einzelfall nicht vorgesehen.[3475] Maßgeblich ist insoweit auch hier stets der Bodenrichtwert der Bodenrichtwertzone, in der das zu bewertende Grundstück gelegen ist. Zusätzliche Friktionen ergeben sich bei der Grundsteuerwertermittlung allerdings dadurch, dass nach § 247 Abs. 1 Satz 2 Nr. 1 BewG auch ein Bodenrichtwert für die Bewertung herangezogen werden soll, der einen abweichenden Entwicklungszustand aufweist. Zwar soll dieser angepasst werden, infolge der Anpassung ergeben sich allerdings erhebliche Wertverzerrungen.[3476] Nach Auffassung der Finanzverwaltung soll der Bewertung regelmäßig auch ein unangepasster Bodenrichtwert zugrunde gelegt werden, der für eine abweichende Art der baulichen Nutzung ermittelt

---

3474 Siehe hierzu unter Gliederungspunkt § 3, III., 4., b), bb).
3475 Siehe hierzu unter Gliederungspunkt § 3, IV., 3., b), bb), (2), (a), (bb).
3476 Siehe hierzu unter Gliederungspunkt § 3, IV., 3., b), bb), (2), (b), (bb).

wurde.[3477] Die auf diese Weise ermittelten Bodenwerte dürften vielfach erheblich von den tatsächlichen Bodenwerten i. S. d. § 40 ImmoWertV abweichen.

Eine Anpassung der Bodenrichtwerte soll – bis auf eine nicht sachgerechte Anpassung an einen abweichenden Entwicklungszustand[3478] – nicht erfolgen.[3479] Der Gesetzgeber verkennt dabei, dass die Bodenrichtwerte nur Durchschnittswerte sind und sich Abweichungen zwischen den Bodenrichtwertgrundstücken und den zonenangehörigen Grundstücken in einer Vielzahl an Fällen ergeben (vgl. nur § 15 Abs. 1 Satz 3 ImmoWertV). Die typisierende Zugrundelegung des unangepassten Bodenrichtwerts stellt daher keine realitätsgerechte Typisierung dar und führt in einer Vielzahl an Fällen zu Grundsteuerwerten, die die tatsächlichen Wertverhältnisse nicht zutreffend abbilden.[3480]

Nachdem der Gesetzgeber nun nachträglich eine Öffnungsklausel eingeführt hat,[3481] können die Steuerpflichtigen nun im Einzelfall ein Verstoß gegen das Übermaßverbot durch Nachweis eines niedrigeren gemeinen Werts vermeiden. Die Bedenken gegen die Gleichheitskonformität der Bewertungssystematik können hierdurch jedoch nur sehr eingeschränkt entkräftet werden. Denn einerseits fügt sich diese Nachweismöglichkeit nicht friktionsfrei in das Bewertungssystem ein. Andererseits ermöglicht die Öffnungsklausel nur für einen kleinen Ausschnitt der Grundsteuerwerte, nämlich erhebliche Überbewertungen, eine Korrektur unzutreffender Bewertungen. Der Gesetzgeber hat jedoch eine Bewertungssystematik zu schaffen, die bereits bei Vollzug eine gleichheitskonforme Bewertung in der Masse gewährleistet. Durch eine Nachweismöglichkeit im Einzelfall und auf Kosten der Steuerpflichtigen können keine grundlegenden systematischen Mängel behoben werden.[3482]

Die im Bodenrichtwertverfahren nach § 247 BewG ermittelten Grundsteuerwerte bzw. Bodenwerte bebauter Grundstücke gewährleisten daher nicht nur infolge der uneinheitlichen Qualität der Bodenrichtwerte als Bewertungsgrundlagen keine vergleichsfähigen Relationen, sondern auch

---

[3477] Siehe hierzu unter Gliederungspunkt § 3, IV., 3., b), bb), (2), (b), (cc).
[3478] Siehe hierzu unter Gliederungspunkt § 3, IV., 3., b), bb), (2), (b), (bb).
[3479] Siehe hierzu unter Gliederungspunkt § 2, II., 3., b), cc), (1), (e).
[3480] Siehe hierzu unter Gliederungspunkt § 3, IV., 3., b), bb), (2), (c).
[3481] Siehe hierzu unter Gliederungspunkt § 2, II., 3., b), cc), (4).
[3482] Siehe hierzu unter Gliederungspunkt § 3, IV., 3., b), dd).

aufgrund der erheblichen typisierungsbedingten Wertverzerrungen bei der Durchführung des Bodenrichtwertverfahrens.[3483] Die Wertverzerrungen bei der Anknüpfung an die Bodenrichtwerte und bei deren Verwendung treten nicht in seltenen Fällen und nicht isoliert auf. Vielfach dürften sich gleich auf mehreren Ebenen bewertungsbedingte Differenzierungen ergeben, die sich in der Gesamtbetrachtung nicht aufheben, sondern verstärken. Hinzu kommen die erheblichen Wertverzerrungen, die sich bei der Bewertung der Gebäude im Übrigen ergeben.[3484] Eine Öffnungsklausel, die nur erhebliche Überbewertungen erfasst, kann diese Wertverzerrungen nicht kompensieren.

Gesetzliche Regelungen, die – wie in diesem Fall – in substanziellem Umfang gleichheitswidrig sind, können nicht durch ein Höchstmaß an Verwaltungsvereinfachung gerechtfertigt werden. Auch die Ausgestaltung der Grundsteuer als Objektsteuer und die geringe Höhe der jährlich festgesetzten Grundsteuer vermögen eine solche gleichheitswidrige Bewertung nicht zu rechtfertigen. Die Grundsteuerwertermittlung nach den §§ 218 ff. BewG verstößt somit, zumindest aufgrund der uneinheitlichen Bewertungsergebnisse des in § 247 BewG geregelten Bodenrichtwertverfahrens, gegen Art. 3 Abs. 1 GG.[3485]

3483 Siehe hierzu unter Gliederungspunkt § 3, IV., 3., c).

3484 Siehe hierzu unter Gliederungspunkt § 3, IV., 3., c).

3485 Siehe hierzu unter Gliederungspunkt § 3, IV., 3., c).

III. Finanzgerichtliche Überprüfung der Bodenrichtwerte

Nach ständiger Rechtsprechung des Bundesfinanzhofs zu der Bodenwertermittlung in der Grundbesitzbewertung sind die Bodenrichtwerte einer finanzgerichtlichen Überprüfung regelmäßig nicht zugänglich.[3486] Es wird überwiegend angenommen, dass diese Rechtsprechung auf die Bodenwertermittlung nach § 247 BewG im Rahmen der Bundesgrundsteuer übertragbar ist.[3487]

Die bisher zur finanzgerichtlichen Kontrolle der Bodenrichtwerte ergangene Rechtsprechung des Bundesfinanzhofs ist nicht mit Art. 19 Abs. 4 GG vereinbar, da ein vollständiger Ausschluss der gerichtlichen Kontrolle nicht zulässig ist.[3488] Zwar ist eine Einschränkung der finanzgerichtlichen Kontrolle in Teilbereichen denkbar. Dabei ist jedoch zu beachten, dass anders als beim Ergehen der grundlegenden Entscheidung des Bundesfinanzhofs am 11. Mai 2005 mittlerweile verbindliche rechtliche Vorgaben an die Bodenrichtwertermittlung existieren. Die Ermittlung der Bodenrichtwerte erfolgt inzwischen in einem gesetzlich zumindest teilweise determinierten Raum. Bei der Ermittlung der Bodenrichtwerte handelt es sich nicht (mehr) um reine Schätzungen der Gutachterausschüsse, die nicht am Maßstab des Rechts zu messen sind. Inzwischen bestehen mehr oder weniger detaillierte Regelungen, die ein einheitliches Vorgehen bei der Bodenrichtwertermittlung gewährleisten sollen und deshalb von den Gutachterausschüssen zu beachten sind.[3489]

Es besteht eine Wechselwirkung zwischen der gleichheitsrechtlich gebotenen Regelungsdichte der Bodenrichtwertermittlung und der finanzgerichtlichen Kontrolle der Bodenrichtwerte. Denn je mehr verbindliche Vorgaben der Gesetzgeber einführt, die von den Gutachterausschüssen bei der Ermittlung der Bodenrichtwerte zu beachten sind, desto mehr rechtliche Maßstäbe bestehen, anhand derer die Finanzgerichte die ermittelten Bodenrichtwerte zu überprüfen haben. Eine detailliertere Regelung der Bodenrichtwertermittlung korrespondiert somit mit einer detaillierteren Kontrolle der Bodenrichtwerte durch die Finanzgerichte. Eine gleichheitskonforme Ermittlung

[3486] Siehe hierzu unter Gliederungspunkt § 4, I., 1., b), bb).
[3487] Siehe hierzu unter Gliederungspunkt § 2, II., 3., b), cc), (1), (d).
[3488] Siehe hierzu unter Gliederungspunkt § 4, II., 2., a) und § 4, III., 2., a), aa).
[3489] Siehe hierzu unter Gliederungspunkt § 4, III., 2., a), cc), (2), (b).

der Bodenrichtwerte kann nur dann erreicht werden, wenn die Vorgaben an die Ermittlung der Bodenrichtwerte durch eine effektive gerichtliche Kontrolle ergänzt werden. Da eine isolierte Anfechtung der Bodenrichtwerte im verwaltungsgerichtlichen Verfahren nicht zulässig ist[3490] und eine Kontrolle der Gutachterausschüsse auch nicht anderweitig, etwa durch eine wirksame Überwachung durch die zuständigen Aufsichtsbehörden,[3491] sichergestellt wird, obliegt es daher gerade den Finanzgerichten durch eine effektive Kontrolle nicht nur die Beachtung der Vorgaben im Einzelfall zu überprüfen. Durch eine wirksame Überprüfung fördern sie auch eine gleichmäßigere Bodenrichtwertermittlung und wirken dadurch auf eine vergleichbare Mindestqualität der Bodenrichtwerte hin.

Die Bodenrichtwerte unterliegen grundsätzlich einer vollständigen finanzgerichtlichen Kontrolle in tatsächlicher und rechtlicher Hinsicht.[3492] In Teilbereichen kann den Gutachterausschüssen ein gerichtlich nur eingeschränkt überprüfbarer Wertermittlungsspielraum im weiteren Sinne zukommen, sofern die Entscheidung des Gutachterausschusses nicht an eindeutigen rechtlichen Maßstäben gemessen werden kann. Die Annahme solcher Wertermittlungsspielräume hat jedoch restriktiv zu erfolgen.[3493] Die Wertermittlungsspielräume betreffen nicht die gesamte Ermittlung des Bodenrichtwerts, sondern nur Teilschritte der Wertermittlung. Die Annahme eines Wertermittlungsspielraums führt nicht zum Ausschluss der gerichtlichen Kontrolle für diesen Teilbereich. Vielmehr wandelt sich die finanzgerichtliche Kontrolle zu einer nachvollziehenden Kontrolle.[3494] Die Finanzgerichte haben auf dem Gebiet eines Wertermittlungsspielraums zu überprüfen, ob die Gutachterausschüsse von einem zutreffenden und vollständig ermittelten Sachverhalt ausgegangen sind und ob sie die Grenzen des Wertermittlungsspielraums beachtet haben. Im Übrigen haben die Finanzgerichte den streitigen Bodenrichtwert vollständig zu überprüfen.

3490 Siehe hierzu unter Gliederungspunkt § 4, I., 1., b), aa).

3491 Siehe hierzu unter Gliederungspunkt § 3, III., 4., a), cc), (2), (d).

3492 Siehe hierzu unter Gliederungspunkt § 4, III., 4., a).

3493 Siehe hierzu zu den einzelnen Teilbereichen der Bodenrichtwertermittlung unter Gliederungspunkt § 4, III., 4.

3494 Siehe hierzu unter Gliederungspunkt § 4, III., 2., d).

Um eine effektive gerichtliche Kontrolle der Bodenrichtwerte zu ermöglichen, ist eine hinreichende Dokumentation erforderlich. Aus dieser muss sich einerseits ergeben, auf welcher Datengrundlage die Bodenrichtwertermittlung beruht und von welchen Annahmen der Gutachterausschuss ausgegangen ist. Andererseits muss der Gutachterausschuss im Einzelfall darlegen können, wie der streitige Bodenrichtwert zustande gekommen ist und wie er die ihm zukommenden Entscheidungsspielräume ausgefüllt hat. Zur Gewährleistung eines effektiven Rechtsschutzes sind die Bodenrichtwerte zudem bei Veröffentlichung mit einer Begründung zu versehen, aus der sich die wesentlichen Rahmenbedingungen der Ermittlung ergeben. Eine solche Dokumentation und Begründung ist aufgrund der Vorwirkungen des sich aus Art. 19 Abs. 4 GG ergebenden Gebots auf effektiven Rechtsschutz verfassungsrechtlich geboten. § 14 Abs. 5 Satz 2 ImmoWertV, der eine solche Begründung ausdrücklich ausschließt, ist daher verfassungswidrig.

Die Gutachterausschüsse haben bei der Ermittlung der Bodenrichtwerte nicht nur eine zunehmende Anzahl an verbindlichen Vorgaben zu beachten. Um zukünftig zu gewährleisten, dass die Bodenrichtwerte vor den Finanzgerichten Bestand haben werden, müssen die Gutachterausschüsse nun auch darauf achten, dass diese Vorgaben in der Praxis akribisch eingehalten werden. Bisher konnten sich die Gutachterausschüsse hinter der Rechtsprechung des Bundesfinanzhofs, die im Regelfall einen Ausschluss der gerichtlichen Kontrolle der Bodenrichtwerte vorsah, verstecken. Gerade Gutachterausschüsse, die in ihrer Leistungsfähigkeit eingeschränkt waren, dürften vielfach aus „Praktikabilitätsgründen“ auf die Beachtung einzelner Vorgaben verzichtet haben. Dies wird nun zukünftig nicht mehr möglich sein. Hinzu kommt, dass die Bodenrichtwerte für die Bewertungen der Bundesgrundsteuer in einer sehr großen Anzahl an Fällen der steuerlichen Bewertung zugrunde gelegt werden, die einer finanzgerichtlichen Kontrolle zugänglich sein müssen. Die Gerichtsverfahren werden zeigen, ob und inwieweit die Bodenrichtwerte eine belastbare steuerliche Bewertungsgrundlage darstellen.

Eine effektive finanzgerichtliche Kontrolle der Bodenrichtwerte wird dazu führen, dass die Auslastung der Gutachterausschüsse weiter zunehmen wird. Um eine effektive gerichtliche Kontrolle der Bodenrichtwerte zu gewährleisten, werden die Gutachterausschüsse voraussichtlich in einer Vielzahl an Gerichtsverfahren herangezogen werden, um die Ermittlung des jeweils streitigen Bodenrichtwerts darzulegen. Dadurch wird die Leistungsfähigkeit vieler Gutachterausschüsse weiter abnehmen. Sofern es infolgedessen an Kapazitäten für eine qualifizierte Ermittlung der Bodenrichtwerte fehlt, kann ein Teufelskreis entstehen, da rechtswidrig ermittelte Bodenrichtwerte weitere Gerichtsverfahren nach sich ziehen und Korrekturen der Bodenrichtwerte durch den Gutachterausschuss erforderlich machen. Die Bundesländer sollten im eigenen Interesse entsprechende Vorkehrungen treffen, damit die Gutachterausschüsse dieser Herausforderung gewachsen sind. Durch rechtswidrig ermittelte Bodenrichtwerte, die von den Finanzgerichten aufgehoben werden, fallen den Ländern nicht nur die Kosten der Gerichtsverfahren zur Last. Es drohen auch Steuerausfälle, die sich nachteilig auf die Haushalte der Bundesländer auswirken können.

Literaturverzeichnis

Ache, Peter, Nachgefragt: Drei Interviews zur ImmoWertV 2021 und der geplanten ImmoWert-A, GuG 2022, 12–14.

Ache, Peter/Bethmann, Folkmar/Teuber, Andreas, Der Immobilienmarktbericht Deutschland, fub 2020, 49–58.

Ache, Peter/Krägenbring, Robert, ImmoWertA – Muster-Anwendungshinweise zur Immobilienwertermittlung, ZfV 2023, 137–146.

Ache, Peter/Krägenbring, Robert/Voß, Winrich, Die neue Immobilienwertermittlungsverordnung (ImmoWertV 2021) – ein Paradigmenwechsel?, ZfV 2022, 86–96.

Arconanda Valbuena, Dario/Rennar, Thomas, Fragliches „Flächen-Lage-Modell" durch Länderöffnungsklausel: Ist das Niedersächsische Grundsteuergesetz am Ende verfassungswidrig?, AStW 2022, 400–413.

Aurnhammer, Hans Eberhard, Verfahren zur Bestimmung von Wertminderungen bei Bau-Mängeln und Bau-Schäden, BauR 1978, 356–367.

Aurnhammer, Hans Eberhard, Wert und Bewerten; einige grundsätzliche Gedanken zum Wert-Problem, BauR 1981, 139–151.

Bachof, Otto, Beurteilungsspielraum, Ermessen und unbestimmter Rechtsbegriff im Verwaltungsrecht, JZ 1955, 97–102.

Balke, Michael, Einheitswert oder Verkehrswert von Grundbesitz im Erbschaftsteuer- und Schenkungsteuerrecht?, Theoretische und praktische Argumente, Bd. 26 – Schriften zum Steuerrecht, Berlin 1984.

Ballwieser, Wolfgang/Küting, Karlheinz/Schildbach, Thomas, Fair value – erstrebenswerter Wertansatz im Rahmen einer Reform der handelsrechtlichen Rechnungslegung?, BFuP 2004, 529–549.

*Baltz, Ricarda/Dietrich, Thekla/Höhn, Rainer/*Wilfried Mann/Schaar Wolfgang, Schmeck, Joachim, Modellkonforme Wertermittlung, GuG 2017, 281–289.

Bastian, K.-H., Die Mitwirkung der Staatlichen Katasterämter des Landes Rheinland-Pfalz im Städtebau, AVN 1973, 338–348.

Battis, Ulrich/Krautzberger, Michael/Löhr, Rolf-Peter (Begr.), Baugesetzbuch, Kommentar, 15. Aufl., München 2022.

Bauer, Werner, Verkehrswertermittlung bebauter Grundstücke mit Hilfe automatisch erstellter Vergleichswerttabellen, AVN 1978, 138–149.

Beck, Hans-Joachim, Die geplante Grundsteuerreform: Gegen den Entwurf des BMF gibt es auch verfassungsrechtliche Bedenken, Das Grundeigentum 2019, 483–485.

BeckOK BauGB, hrsg. v. Spannowsky, Willy/Uechtritz, Michael, 60. Ed., München 2023.

BeckOK Grundgesetz, hrsg. v. Epping, Volker/Hillgruber, Christian, 56. Ed., München.

Berg, Wilfried, Die Verwaltung und ihr Richter, Bindungswirkungen von Verwaltungsentscheidungen im Prozeß, in: Geis, Max-Emanuel (Hrsg.), Staat, Kirche, Verwaltung: Festschrift für Hartmut Maurer zum 70. Geburtstag, München 2001, 529–543 (zitiert als Berg, in: FS Maurer, 2001).

Berhardt, Herbert/Ache, Peter, Ermittlung von Bodenpreisindexreihen, NaVKV 1995, 262–280.

Bernert, Andreas, Das Bundesverfassungsgericht und die Erbschaftsteuer, Baden-Baden 2017 (zugl. Diss. Regensburg 2017).

Birgel, Karl, Steuerliche Bewertung unbebauter Grundstücke, UM 2003, 57–60.

Birk, Dieter, Das Leistungsfähigkeitsprinzip als Maßstab der Steuernormen, Ein Beitrag zu den Grundfragen des Verhältnisses Steuerrecht und Verfassungsrecht, Köln 1983 (zugl. Habil. München 1981).

Birk, Dieter, Rechtfertigung der Besteuerung des Vermögens aus verfassungsrechtlicher Sicht, in: Birk, Dieter (Hrsg.), Steuern auf Erbschaft und Vermögen, DStJG-Bd. 22, Köln 1999, 7–24 (zitiert als Birk, in: DStJG 22).

Bischoff, Bernhard, Modellkonformität: Theorie und Realität, Anforderungen an Sachverständige und nicht nur an Gutachterausschüsse, fub 2018, 114–121.

Bischoff, Bernhard, ImmoWertV 2021, Das ist neu bei der Immobilienbewertung, Kulmbach 2021.

Bischoff, Bernhard/Vogel, Roland, Bodenrichtwerte und Berechnung der sanierungsbedingten Bodenwerterhöhung, Das Grundeigentum 2016, 1314–1318.

Bizer, Kilian/Joeris, Dagmar, Bodenrichtwerte als Bemessungsgrundlage für eine reformierte Grundsteuer, Finanzwissenschaftliche Diskussionsbeiträge, Nr. 97-3.

Bizer, Kilian/Joeris, Dagmar, Zur Eignung der Bodenrichtwerte als Bemessungsgrundlage für die Grundsteuer, GuG 1998, 132–135.

Blum, Thomas, Bewertungsgleichmaß und Verschonungsregelungen, Gleichmäßigkeit der Besteuerung im Erbschaft- und Schenkungsteuerrecht, Frankfurt am Main 2012 (zugl. Diss. Bochum 2012).

Bodenstein, Hermann, Modell Niedersachsen aktualisiert, NaVKV 1988, 199–217.

Böser, W./Preuss, R., Aufspaltung des Gesamtkaufpreises in Bodenwert und Gebäudewert und die sich daraus ergebenden Probleme in Großstadtraum Karlsruhe, AVN 1982, 449–456.

Bötel, Gordon, Ist noch Verlass auf Bodenrichtwerte?, Neue Landwirtschaft 2010, 14–17.

Brachmann, Rolf, Über die Problematik der Richtwerte, AVN 1967, 478–479.

Bräutigam, Rainer/Weber, Uli, Die Grundsteuerreform geht in die Verlängerung – Von Bescheiden, möglichen Einspruchsverfahren und Anzeigepflichten, DStR 2023, 739–746.

Breinersdorfer, Stefan, Der Gestaltungsspielraum des Steuergesetzgebers – einige Überlegungen anhand der Rechtsprechung des BVerfG und des EuGH, StuW 2009, 211–220.

Brill, Wolfgang, Ableitung sanierungsbedingter Werterhöhungen nach dem Modell »Niedersachsen«, NaVKV, 1986 170–181.

Brösel, Gerrit, Eine Systematisierung der Nebenfunktionen der funktionalen Unternehmensbewertungstheorie, BFuP 2006, 128–143.

Brückner, O., Wertbegriffe, AVN 1969, 453–455.

Brückner, Sascha/Neumann, Lorenz, Die Haftung des Sachverständigen nach neuem Delikts- und Werkvertragsrecht, MDR 2003, 906–912.

Brügelmann, Hermann (Begr.), Baugesetzbuch, Kommentar, Loseblatt, Stand 125. EL, 1/2023, Stuttgart (u. a.).

Caesperlein, Toni/Weippert, Heike, Ermittlung und automatisierte Führung von Bodenrichtwerten in einem GIS, AGIT 2017, 237–242.

Christoffel, Günther, Überblick über das Jahressteuergesetz 1997, DStR 1997, 265.

Debus, Michael/Helbach, Christine, Ist der Bodenwertansatz beim Verkauf bei bebauten Objekten von Bedeutung?, GuG 2012, 65–74.

Degen, Herbert, Zur Grundsteuer bebauter Grundstücke ab dem 01.01.2025 – Ein Vergleich des Bundesmodells mit dem Flächenmodell des Freistaates Bayern, DStR 2023, 2314–2321.

Desens, Marc, Die Verwirklichung des Leistungsfähigkeitsprinzips als Maßstab der Steuernormen in der Rechtsprechung des BVerfG, StuW 2016, 240–255.

Dicke, Manfred, Ermittlung von Bodenrichtwerten bei eingeschränkter Verfügbarkeit von Kaufpreisen, NÖV 1998, 57–61.

Dreier, Horst (Hrsg.), Grundgesetz-Kommentar, Band I: Präambel, Artikel 1–19, 3. Aufl., Tübingen 2013.
Fuisting, Bernhard, Die preußischen direkten Steuern, Bd. II, Berlin 1899.
Dieterich, Hartmut, Verkehrswert oder Verkehrswertspanne?, ZfBR 1979, 223–226.
Dieterich, Hartmut, Der Verkehrswert als zentraler Begriff der Wertermittlung, in: Dieterich, Hartmut/Kleiber, Wolfgang (Hrsg.), Ermittlung von Grundstückswerten, Bonn 1991, S. 13–27.
Dieterich, Hartmut/Kniep, Klaus, Anfechtbarkeit von Gutachten der Gutachterausschüsse?, GuG 2002, 193–195.
Dieterich, Hartmut/Koch, Jürgen, Vergleich deduktiver Bodenwertermittlungsmethoden, GuG 2003, 331–335.
Dietrich, Thekla/Schaar, Hans-Wolfgang, 50 Jahre Arbeitsgemeinschaft der Vorsitzenden der Gutachterausschüsse für Grundstückswerte in NRW, GuG 2018, 304–306.
Dittrich, Frank/Plewka, Jana/Kinne, Bärbel, Bodenrichtwerte für landwirtschaftliche Nutzflächen, Aspekte zur Datenerfassung, Erstellung und Verwendbarkeit sowie Berechnungsmodelle für kaufpreisarme Lagen, GuG 2018, 147–157.
Döring, Steffen/Garz, Felix, Das Folgerichtigkeitsgebot im Lichte des Vorlagebeschlusses des BFH v. 17.11.2020 – VIII R 11/18, FR, 2021, 834–839.
Dötsch, Franz, Einheitsbewertung im Ertragswertverfahren weiterhin zulässig, jurisPR-SteuerR 2005, Anm. 1.
Drosdzol, Wolf-Dietrich, Baulandsteuer und Bodenwertsteuer – Neue Perspektiven für die Grundsteuer, DStZ 1994, 205–207.
Drosdzol, Wolf-Dietrich, Steuerliche Immobilienbewertung in Deutschland – Reformversuche ohne Erfolg?, DStZ 2001, 689–696.
Drosdzol, Wolf-Dietrich, Bodenrichtwerte und Bedarfsbewertung, INF 2005, 858–861.
Drosdzol, Wolf-Dietrich, Nochmals: Bodenrichtwerte und Bedarfsbewertung, Anmerkungen zum BFH-Urt. vom 26.04.2006, II R 58/04, INF 2006, 786–788.
Drosdzol, Wolf-Dietrich, Erbschaftsteuerreform: Die Bewertung des Grundvermögens, ZEV 2008, 10–16.
Drüen, Klaus-Dieter, Systembildung und Systembindung im Steuerrecht, in: Mellinghoff, Rudolf/Schön, Wolfgang/Viskorf, Hermann-Ulrich (Hrsg.), Steuerrecht im Rechtsstaat. Festschrift für Wolfgang Spindler

zum 65. Geburtstag, Köln 2011, S. 29–50 (zitiert als Drüen, in: FS Spindler, 2011).

Drüen, Klaus-Dieter, § 158 – Bemessungsgrundlage, in: Kube, Hanno/ Mellinghoff, Rudolf/Morgenthaler, Gerd, Palm, Ulrich/Puhl, Thomas/ Seiler, Christian (Hrsg.), Leitgedanken des Rechts: Paul Kirchhof zum 70. Geburtstag, Band 2, Heidelberg/München, u. a. 2013, S. 1709–1720 (zitiert als Drüen, in: Leitgedanken des Rechts, Bd. II 2013, § 158).

Drüen, Klaus-Dieter, Richterseminar K: Effektiver Rechtsschutz für Steuerpflichtige – Garantie und Herausforderungen, IStR 2015, 609–616.

Duden, Fremdwörterbuch, Ein Nachschlagewerk für den täglichen Gebrauch, Band 5, 6. Aufl., Mannheim 2012.

Dürig, Günther (Mitbegr.)/Herzog, Roman/Scholz, Rupert (Hrsg.), Grundgesetz, Kommentar, Loseblatt, Stand 102. EL 8/2023, München.

DVW e.V., Zur Eignung von Bodenrichtwerten für ein neues Grundsteuermodell, GuG, 2000, 142–147.

Eckhoff, Rolf, Rechtsanwendungsgleichheit im Steuerrecht, Die Verantwortung des Gesetzgebers für einen gleichmäßigen Vollzug des Einkommensteuerrechts, Köln 1999 (zugl. Habil. Münster (Westfalen) 1999).

Eckhoff, Rolf, § 148 – Gleichmäßigkeit der Besteuerung, in: Kube, Hanno/Mellinghoff, Rudolf/Morgenthaler, Gerd, Palm, Ulrich/Puhl, Thomas/Seiler, Christian (Hrsg.), Leitgedanken des Rechts: Paul Kirchhof zum 70. Geburtstag, Band 2, Heidelberg/München, u. a. 2013, S. 1601–1610 (zitiert als Eckhoff, in: Leitgedanken des Rechts, Bd. II 2013, § 148).

Eggert, Wolfgang, Überblick zur Reform der Grundsteuer, Wie sich Steuerberater und ihre Mandanten auf die Neuberechnung vorbereiten sollten, BBK 2020, 227–238.

Ehlers, Beate, Die Umsetzung der Bodenrichtwertrichtlinie im Land Brandenburg, Vermessung Brandenburg 2014, 4–14.

Ehlers, Beate, Die Übersendungspflicht für Kaufverträge an die Gutachterausschüsse für Grundstückswerte, NotBZ 2020, 128–133.

Ehlers, Beate, Grundsteuerreform – neue Aufgaben für die Vermessungs- und Katasterverwaltung?, Vermessung Brandenburg 2021, 4–15.

Eichberger, Michael, Die Rechtsschutzgarantie vor Bundesverwaltungs- und Bundesverfassungsgericht, Aspekte eines Kooperationsverhältnisses anhand der Beispiele von Beurteilungsspielraum und Vollprüfungsanspruch, NVwZ-Beil. 2013, 18–24.

Eichberger, Michael, Der Gleichheitssatz im Steuerrecht, in: Drüen, Klaus-Dieter/Hey, Johanna/Mellinghoff, Rudolf (Hrsg.), 100 Jahre Steuerrechtsprechung in Deutschland 1918–2018, Band I, Köln 2018, S. 501–518 (zitiert als Eichberger, in FS BFH 100 I, 2018).

Eichholz, Meik, Novellierung der Grundsteuer, Überblick über die wesentlichen Änderungen und Konsequenzen der Grundsteuer-Reform sowie kritische Beurteilung ausgewählter Aspekte (Teil I), DStR 2020, 1158–1167.

Eichholz, Meik, Novellierung der Grundsteuer, Überblick über die wesentlichen Änderungen und Konsequenzen der Grundsteuer-Reform sowie kritische Beurteilung ausgewählter Aspekte (Teil II), DStR 2020, 1217–1227.

Eisele, Dirk, Bodenrichtwerte bei der Bedarfsbewertung des Grundbesitzes, INF 2000, 481–486.

Eisele, Dirk, Die Bedarfsbewertung des Grundbesitzes, NWB 2003, 565–680.

Eisele, Dirk, Bodenrichtwerte bei der erbschaftsteuerlichen Immobilienbewertung, StW 2006, 175–179.

Eisele, Dirk, Bodenrichtwertrelevanz bei der Grundbesitzbewertung: Aktuelle Entwicklungen infolge von ImmoWertV und Bodenrichtwertrichtlinie, NWB 2011, 2289–2300.

Eisele, Dirk, Erbschaftsteuerliche Immobilienbewertung: Ausgewählte Einzelfragen und erste praktische Erfahrungen mit dem neuen Recht, NWB 2011, 127–140.

Eisele, Dirk, Einheitsbewertung des Grundvermögens für Zwecke der Grundsteuer verfassungswidrig, Urt. des BVerfG v. 10.04.2018, NWB 2018, 1299–1307.

Engelken, Klaas, Die Preislimitierung bei den Vorkaufsrechten der Gemeinde, Zur Auslegung des neuen § 28a BBauG, NJW 1977, 413–418.

Engelken, Klaas, Grenzen der Anforderungen an Richtwerte und Grenzen der Aufgabenverlagerung auf Geschäftsstellen, AVN 1977, 333–337.

Englisch, Joachim, Folgerichtiges Steuerrecht als Verfassungsgebot, in: Tipke, Klaus (Hrsg.), Festschrift für Joachim Lang zum 70. Geburtstag. Gestaltung der Steuerrechtsordnung, Köln 2011, S. 167–220 (zitiert als Englisch, in: FS Lang, 2011).

Ernst, Werner/Zinkahn, Willy/Bielenberg, Walter (Begr.), Baugesetzbuch, Kommentar, Loseblatt, Stand 151. EL 8/2023 (zitiert als: *Bearbeiter* in: E/Z/B/K, BauGB).

Feldner, Michael/Stoklassa, Sven-Oliver, Verfassungsrechtliche Fragen zur sog. Länderöffnungsklausel im Rahmen der Grundsteuerreform, DStR 2019, 2505–2509.

Freikamp, Gerhard, GrSt-Wertermittlung: Bodenwerte bei bebauten Grundstücken mit (Teil-)Flächen im Außenbereich, DB 2023, 2785–2791.

Freise, Jörn, Bodenwert bebauter Grundstücke, VR 1977, 57–68.

Freudling, Fritz, Wertgutachten der Gutachterausschüsse, BayVBl. 715–716.

Freudling, Fritz, Zur Begutachtung des Verkehrswertes, BayVBl. 1982, 108–111.

Freund, Volker, Die neue Grundsteuer (Teil 2): eine Chance für das Äquivalenzprinzip, jM 2022, 203–208.

Friedrich, Horst, Verbesserung der Funktionsfähigkeit der Gutachterausschüsse durch Weiterentwicklung der maßgebenden Rechtsvorschriften, VR 1976, 96–102.

Friedrich, Horst, Richtlinien zur Führung der Kaufpreissammlungen nach dem Baugesetzbuch, ZfV 1978, 94–100.

Friedrichsen, Stefanie/Lözzer, Hannah Lisa, Strukturen und Modellansätze der Gutachterausschüsse in Deutschland, GuG 2017, 209–217.

Frisch, Christian, Eignung der Richtwerte für die Ermittlung von Bodenwerten. Zum Begriff „Verkehrswert“, AVN 1970, 445–447.

Gaentzsch, Günter, Die Bodenwertabschöpfung im Städtebauförderungsgesetz, Siegburg 1975 (zugl. Diss. Münster 1974).

Geiß, Willibald, Bewertung von Grundstücken für Zwecke der Erbschaft-/Schenkungsteuer und der Grunderwerbsteuer, ZEV 1998, 13–16.

Gerardy, Theo, Richtwertermittlung – an Beispielen aus dem Großraum Hannover erläutert, NaVKV 1965, 163–170.

Gerth, Martin/Groth, Julia, Der Griff nach Omas Häuschen, Wirtschaftswoche 32/2022 v. 05.08.2022.

gif e. V., Das Kalkulationsverfahren für werdendes Bauland, GuG 1998, 223–226.

gif e.V., Qualitätssicherung bei der Ermittlung von Bodenrichtwerten, 2008.

Gläser, B., Problematik der Richtwerte, AVN 1969, 456–457.

Gräber, Fritz (Begr.), Finanzgerichtsordnung mit Nebengesetzen, Kommentar, 9. Aufl., München 2019.

Graf, Wolfgang/Nacke, Alois, Kaufpreisaufteilung auf Grund und Gebäude mittels Arbeitshilfe des BMF ist rechtswidrig, NWB 2020, 3874–3878.

Grootens, Mathias, Ermittlung des Bodenwerts bei der Grundbesitzbewertung, Ableitungsmöglichkeiten der Finanzverwaltung, ErbStB 2012, 113–117.
Grootens, Mathias, Diskussionsbedarf bei der Reform der Grundsteuer, Änderungsvorschläge des Bundesrates und Verabschiedung des Gesetzentwurfs durch den Bundestag, NWB-EV 2019, 381–385.
Grootens, Mathias, BMF-Arbeitshilfe 2.0 zur Kaufpreisaufteilung bei Grundstücken, BBK 2021, 730–745.
Grootens, Mathias, Die Grundsteuerreform geht in die Zielgerade, Erklärungsvordrucke, Anwendungserlasse und Ländergesetze, NWB-EV 2022, 110–116.
Grootens, Mathias (Hrsg.), Grundsteuergesetz, Bewertungsgesetz – Kommentar, Inklusive Kommentierungen der Landesgrundsteuergesetze, 2. Aufl., Herne 2022.
Groß, Rudolf, Residualwertverfahren, in: Sandner, Siegfried/Weber, Ulrich (Hrsg.), Lexikon der Immobilienwertermittlung, 2. Aufl., Köln 2007, 557–558.
GrStG – eKommentar, hrsg. v. Michael Roscher, Stand 24.10.2023, Bonn.
Grunow, Stefan, Die verfassungsrechtliche Rechtfertigung der Steuerlast und Steuererhebung, 2017 (Zugl.: Augsburg, Univ., Diss., 2017).
Gudat, René/Hoffmann, Nadine/Weigelt, Frank, Die Ermittlung der sanierungsbedingten Bodenwerterhöhung mit der Zielbaummethode ist kein Betrug!, GuG 2020, 306–309.
Günther, Ellen, Bodenrichtwertermittlung bei mangelnden Kaufpreisen unbebauter Grundstücke, Forum 2003, 28.
Hagedorn, Wolfgang, Verkehrswerte im Vergleich: Direkter Preisvergleich, DS 2014, 147–154.
Halaczinsky, Raymond, Grundbesitzwert, in: Simon, Jürgen/Cors, Klaus G./Halaczinsky, Raymond/Teß, Wolfgang (Hrsg.), Handbuch der Grundstückswertermittlung, 5. Aufl., München 2003, 1051–1118.
Halaczinsky, Raymond, Wertbegriffe, in: Simon, Jürgen/Cors, Klaus G./Halaczinsky, Raymond/Teß, Wolfgang (Hrsg.), Handbuch der Grundstückswertermittlung, 5. Aufl., München 2003, 1–8.
Halaczinsky, Raymond, § 4 Bewertung des Grundvermögens, in: Halaczinsky, Raymond/Riedel, Christopher (Hrsg.), Das neue Erbschaftsteuerrecht, 2009, 79–115.
Halaczinsky, Raymond/Teß, Wolfgang, Grundbesitzbewertung für Erbfall und Schenkung, Handbuch mit Erläuterungen, 2. Aufl., Köln 2004.

Hansche, Hanno, Verzicht auf Bodenrichtwerte-Sorglosigkeit oder Vorsicht?, GuG 2003, 141–143.

Hartermann, Wolfgang, Wenn von Wert keine Rede mehr ist, GuG 2012, 89–94.

Hebbel, Hartmut, Ist die Zielbaummethode ein geeigneter Schätzer zur Ermittlung der sanierungsbedingten Bodenwerterhöhung (Ausgleichsbetrag) im Sinne des Baugesetzbuchs (BauGB)?, GuG 2017, 228–236.

Helmert, Friedrich, Der Wert im Vermögenssteuerrecht, 1984 (zugl. Diss. Münster 1984).

Hendricks, Andreas, Bodenrichtwertermittlung, Schriftenreihe des Instituts für Geodäsie der Universität der Bundeswehr München, Heft 93, Neubiberg 2017 (zugl. Habil. München 2017).

Hensel, Albert, Steuerrecht, 3. Aufl., Herne/Berlin 1933 (Reprintausgabe 1986).

Hey, Johanna, Steuerplanungssicherheit als Rechtsproblem, Köln 2002 (zugl. Habil. Köln 2001).

Hey, Johanna, BVerfG zur Erbschaftsteuer: Bewertungsgleichmaß und Gemeinwohlzwecke, JZ 2007, 564–574.

Hey, Johanna, Rechtsprechung des Bundesverfassungsgerichts zum Steuerrecht im Wandel?, in: Piltz, Detlev J./Günkel, Manfred/Niemann, Ursula (Hrsg.), Steuerberater-Jahrbuch 2007/2008, Köln 2008, S. 19–58 (zitiert als Hey, in: StBJb 2007/2008).

Hey, Johanna, Zur Geltung des Gebots der Folgerichtigkeit im Unternehmensteuerrecht – Zugleich Besprechung der Entscheidung des BVerfG zum Verbot von Jubiläumsrückstellungen vom 12.05.2009, DStR 2009, 2561–2568.

Hey, Johanna, Entwicklungslinien und Zukunftsfragen des Steuerverfassungsrechts, in: Drüen, Klaus-Dieter/Hey, Johanna/Mellinghoff, Rudolf (Hrsg.), 100 Jahre Steuerrechtsprechung in Deutschland 1918–2018, Band I. Festschrift für den Bundesfinanzhof, Köln 2018, S. 451–500 (zitiert als Hey, in: FS BFH 100 I).

Hey, Johanna, Stellungnahme zu dem Entwurf der Fraktionen der CDU/CSU und SPD, Grundsteuer-Reformgesetz (BT-Drucksache 19/11085), sowie dem Antrag der FDP-Fraktion (Grundsteuer – Einfaches Flächenmodell – BT-Drucksache 19/11144) zur Öffentlichen Anhörung im Finanzausschuss am 11.09.2019, abrufbar unter: https://www.bundestag.de/resource/blob/656092/1417af2f0455d387d0484f5393ec

26c5/09-Prof-Hey-data.pdf (letzter Abruf 28.09.2025) (zitiert als Hey, Stellungnahme zur Reform der Grundsteuer, 2019).
Hey, Johanna, Grundsteuerreform 2019: Gibt der Gesetzgeber die richtigen Antworten auf das Grundsteuerurteil des BVerfG vom 10. April 2018?, ZG 2019, 297–323.
Hey, Johanna, Der Gleichheitssatz im Steuerrecht: BVerfG vom 19.11.2019 zu den Aufwendungen der Erstausbildung, FR, 2020 578–586.
Hild, Tim Christopher, Die Ermittlung von Bodenrichtwerten in der Innenstadt Karlsruhes, Hamburg 2018.
Hildebrandt, Hubertus, Bewertung in der Sanierung mit Hilfe relativer Lagewerte, VR 1976, 65–69.
Hiller, Matthias, Teilwert, gemeiner Wert, beizulegender Zeitwert und Fremdvergleichswert, Ubg 2016, 341.
Hintzsche, Manfred, Eignung der Richtwerte für die Ermittlung von Bodenwerten nach dem Vergleichswertverfahren, AVN 1968, 111–112.
Hinz, Michael, Unternehmensbewertung im Rahmen erbschaft- und schenkungsteuerlicher Zwecke – Ein Vergleich des vereinfachten Ertragswertverfahrens mit „üblichen“ Bewertungskalkülen nach den Grundsätzen des IDW S 1 i. d. F. 2008, BFuP 2011, 304–328.
Hofmann, Ruth, Die Bewertung des Vermögens, in: Friauf, Karl Heinrich (Hrsg.), Steuerrecht und Verfassungsrecht, DStJG-Bd. 12, Köln 1989, S. 145–155 (zitiert als R. Hofmann, in: DStJG 12).
Höhn, Rainer/Kösters, Susanne/Schaar, Hans-Wolfgang/Schmeck, Joachim, Wandel in der behördlichen Wertermittlung – die Gutachterausschüsse in Nordrhein-Westfalen stellen sich, ZfV 2010, 280.
Höhn, Rainer/Schaar, Hans-Wolfgang, Standards im behördlichen Gutachterausschusswesen – Notwendigkeit oder Bürokratismus?, NÖV 2007, 50–56.
Homa, Ulrich/Weigt, Dietmar, Rechtliche Grundlagen der Ermittlung von Bodenrichtwerten, BauGB – ImmoWertV – BRW-RL, fub 2012, 9–15.
Isensee, Josef, Die typisierende Verwaltung, Gesetzesvollzug im Massenverfahren am Beispiel der typisierenden Betrachtungsweise des Steuerrechts, Schriften zum Öffentlichen Recht, Bd. 288, Berlin 1976.
Isensee, Josef, Vom Beruf unserer Zeit für Steuervereinfachung, StuW 1994, 3–14.
Isensee, Josef/Kirchhof, Paul (Hrsg.), Handbuch des Staatsrechts der Bundesrepublik Deutschland, Band V, 2. Aufl. 2000, Band V, 3. Aufl.

2007 (zitiert als: *Bearbeiter* in: HStR V), Band VIII, 3. Aufl. 2010 (zitiert als: *Bearbeiter* in: HStR VIII), Heidelberg.

Jacob, Peter, Rechtsschutz gegen Verkehrswertgutachten der Gutachterausschüsse nach § 193 BauGB, NVwZ 2011, 1419–1425.

Jacob, Thomas/Lau, Marcus, Beurteilungsspielraum und Einschätzungsprärogative, Zulässigkeit und Grenzen administrativer Letztentscheidungsmacht am Beispiel des Naturschutz- und Wasserrechts, NVwZ 2015, 241–248.

Jacoby, Jürgen, Kaufpreisaufteilung für bebaute Grundstücke, Problematik und Lösungsansätze, Karlsruhe 2018 (zugl. Diss. Karlsruhe 2018).

Jäger, Ulrich, Empfehlungen der Expertengruppe Grundstückswertermittlung im Arbeitskreis Liegenschaftskataster der AdV, NÖV 1999, 11–13.

Jakob, Wolfgang, Zur Ermittlung des gemeinen Wertes von Geschäftsgrundstücken bei einer Betriebsaufgabe, BB 1986, 364–366.

Jakob, Wolfgang, Möglichkeiten einer Vereinfachung der Bewertung des Grundbesitzes sowie Untersuchung einer befristeten Anwendung von differenzierten Zuschlägen zu den Einheitswerten, Schriftenreihe des Bundesministeriums der Finanzen, Heft 48, Bonn 1992.

Janssen, Das Verhältnis des Verkehrswertes zum Einheitswert, NaVKV 1972, 40–53.

Jarass, Hans/Pieroth, Bodo (Begr.), Grundgesetz für die Bundesrepublik Deutschland, Kommentar, 17. Aufl., München 2022.

Jardin, Andreas, Nachgefragt: Drei Interviews zur ImmoWertV 2021 und der geplanten ImmoWert-A, GuG 2022, 15–17.

Jardin, Andreas/Roscher, Michael, Die Immobilienwertermittlung aus steuerlichen Anlässen, Herne 2019.

Jeschke, Anja, Flächenhafte Ermittlung von Bodenrichtwerten mittels Lagewertverfahren, fub 2011, 1–7.

Joeris, Dagmar/Simon, Jürgen, Die Ermittlung des Bodenwerts bebauter Grundstücke, in: Rössler, Rudolf/Langer, Johannes (Begr.), Schätzung und Ermittlung von Grundstückswerten, 8. Aufl., Neuwied 2005, 147–189.

Joeris, Dagmar/Simon, Jürgen, Die Ermittlung des Bodenwerts unbebauter Grundstücke, in: Rössler, Rudolf/Langer, Johannes (Begr.), Schätzung und Ermittlung von Grundstückswerten, 8. Aufl., Neuwied 2005, 47–146.

Josten, Rudolf, Die Bodenwertsteuer – eine Reformmöglichkeit für die Grundsteuer?, GuG 1999, 321–331.

Junge, Volker, Was ist ein Bodenrichtwert und was nicht?, GuG 2017, 180–181.
Junge, Volker, Zum Begriff des gewöhnlichen Geschäftsverkehrs, GuG 2021, 95–99.
Jüptner, Roland, Bedarfsbewertung bei der Erbschaft- und Schenkungsteuer, StuW 2005, 126–147.
Kahneman, Daniel/Sibony, Olivier/Sunstein, Cass R., Noise: Was unsere Entscheidungen verzerrt – und wie wir sie verbessern können, München 2021.
Kanngieser, Erich/Bodenstein, Hermann, Sanierungsbedingte Werterhöhungen, Teil 1: Gebietsklassifikation, ZfV 1985, 233–242.
Kanngieser, Erich/Bodenstein, Hermann, Sanierungsbedingte Werterhöhungen Teil 2: Empirische Bestimmung, ZfV 1985, 410–416.
Kanngieser, Erich/Bodenstein, Hermann, Bestimmung von Bodenwerterhöhungen infolge städtebaulicher Sanierungsmaßnahmen, ZfV 1989, 529–535.
Kanngieser, Erich/Dorn, Frank/Focht, Axel, Vergleich des Hagedorn-Modells zur Ermittlung sanierungsbedingter Werterhöhungen mit dem Modell der DSW Hamburg, GuG 2000, 17–23.
Kempny, Simon, Gedanken zum „Leistungsfähigkeitsprinzip“: Rekonstruktion eines Schlüsselbegriffs als Beitrag zur Rationalisierung des Diskurses über Steuergerechtigkeit, StuW 2021, 85–110.
Kenkmann, Anne-Kathrin, Abschied von der klassischen Fallgruppe des Beurteilungsspielraums von pluralistischen, weisungsfreien Gremien?, NVwZ 2020, 565–569.
Kirchhof, Ferdinand, Der Weg zur verfassungsgerechten Besteuerung – Bestand, Fortschritt, Zukunft, StuW 2002, 185–200.
Kirchhof, Gregor, Bodenwertsteuer und Grundgesetz: Das aktuelle Grundsteuergesetz Baden-Württembergs verletzt die Verfassung, DB 2020, 2600–2605.
Kirchhof, Gregor, Der Belastungsgrund von Steuern – zum verfassungsrechtlichen Auftrag, die Grundsteuer zu reformieren, DStR 2020, 1073–1082.
Kirchhof, Gregor, Das GrStG des Bundes: kompetenzrechtlicher Konstruktionsfehler – verfassungsrechtlicher Reformauftrag, DB 2023, 1116–1121.
Kirchhof, Paul, Steuergleichheit, StuW 1984, 297–314.
Kirchhof, Paul, Verfassungsrechtliche Maßstäbe für die Einheitsbewertung des Grundbesitzes, DStR 1984, 575–583.

Kirchhof, Paul, Der verfassungsrechtliche Auftrag zur Besteuerung nach der finanziellen Leistungsfähigkeit, StuW 1985, 319–329.
Kirchhof, Paul, Die Steuerwerte des Grundbesitzes, Köln 1985.
Kirchhof, Paul, Die Widerspruchsfreiheit im Steuerrecht als Verfassungspflicht, StuW 2000, 316–327.
Kirchhof, Paul, Die freiheitsrechtliche Struktur der Steuerrechtsordnung, StuW 2006, 3–21.
Kleiber, Wolfgang, Neue Rechtsgrundlagen für die Wertermittlung von Grundstücken, AVN 1987, 33–45.
Kleiber, Wolfgang, Deduktive Bodenwertermittlung, in: Sandner, Siegfried/ Weber, Ulrich (Hrsg.), Lexikon der Immobilienwertermittlung, 2. Aufl., Köln 2007, S. 192–193.
Kleiber, Wolfgang, Türmchen Republic, GuG aktuell 2016, 41.
Kleiber, Wolfgang, Was ist mein Bodenrichtwert und was soll er darstellen, GuG 2017, 243.
Kleiber, Wolfgang, Authentizität und Vollkommenheit, GuG aktuell 2018, 9–10.
Kleiber, Wolfgang, Verkehrswertermittlung von Grundstücken, Kommentar und Handbuch zur Ermittlung von Marktwerten (Verkehrswerten) und Beleihungswerten sowie zur steuerlichen Bewertung unter Berücksichtigung der ImmoWertV, 9. Aufl., Köln 2020.
Kleiber, Wolfgang, Verkehrswertermittlung von Grundstücken, Kommentar und Handbuch zur Ermittlung von Marktwerten (Verkehrswerten) und Beleihungswerten sowie zur steuerlichen Bewertung unter Berücksichtigung der ImmoWertV, 10. Aufl., Köln 2023.
Kment, Martin/Vorwalter, Sebastian, Beurteilungsspielraum und Ermessen, JuS 2015, 193–201.
Knospe, Frank/Schaar, Hans-Wolfgang, Zonale Bodenrichtwerte – das Essener Modell, GuG 2011, 193–199.
Koenig, Ulrich (Hrsg.), Abgabenordnung, Kommentar, Beck'sche Steuerkommentare, 4. Aufl., München 2021.
Kolbe, Jens/Schulz, Rainer/Wersing, Martin/Werwatz, Axel, Bodenwertermittlung mit statistischen Methoden, ZIÖ, 2019, 131–154.
Kompart, Helmut/Stoffers, Frank/Volle, Günter, Ableitung von Bodenrichtwerten aus Geschäftsraummieten, NaVKV 2004, 21–29.
Korn, Klaus (Hrsg.), Einkommensteuergesetz, Kommentar, Loseblatt, Stand 148. EL 9/2023, Bonn.

Kötter, Theo/Guhl, Silvie, Zur Ableitung von Bodenrichtwerten – eine vergleichende Analyse und Bewertung der methodischen Ansätze, fub 2013, 1–8.

Krause, Ingo, Hebeln die Gutachterausschüsse die Grundbesitzbewertung aus?, BFH urteilt: Ohne Bodenrichtwerte keine Grundbesitzwertfeststellung, NWB-EV 2011, 27–30.

Krause, Ingo/Grootens, Mathias, Ermittlung von Bodenrichtwerten durch die Gutachterausschüsse, Vorstellung und Kommentierung der Bodenwertrichtlinie, NWB-EV 2011, 297–301.

Kredt, Matthias, Erbschaftsteuerreformgesetz (ErbStRG) und Immobilienwertermittlungsverordnung (ImmoWertV) – Anmerkungen aus der kommunalen Praxis, fub 2010, 1–9.

Kreutziger, Stefan/Schaffner, Margit/Stephany, Ralf, Bewertungsgesetz, Kommentar, 5. Aufl., München 2021.

Kröll, Ralf, Was macht die Modellkonformität mit der Wertqualität?, GuG 2016, 84–90.

Krumm, Marcel, Verbindliche Auskunft und gerichtliche Kontrolle – Zu den Voraussetzungen und Grenzen einer administrativen Letztentscheidungskompetenz bei verbindlichen Auskünften, DStR 2011, 2429–2436.

Krumm, Marcel, Steuerliche Bewertung als Rechtsproblem: Eine juristische Untersuchung steuergesetzlicher Bewertungsnormen unter besonderer Berücksichtigung der Verkehrswerte, Köln 2014 (zugl. Habil. Bochum 2013).

Krumm, Marcel, Bewertung und Verschonung von sog. großen (Familien-) Unternehmen nach der Entscheidung des BVerfG v. 17.12.2014 zur Erbschaftsteuer, FR 2015, 481–496.

Krumm, Marcel, Sachverständige Stellungnahme vom 01.11.2020 zum Antrag der Fraktion BÜNDNIS 90/DIE GRÜNEN (LT-Drs. 17/10625) – Schriftliche Anhörung durch den Haushalts- und Finanzausschuss, abrufbar unter: https://www.landtag.nrw.de/portal/WWW/dokumentenarchiv/Dokument/MMST17-3252.pdf (letzter Abruf 28.09.2025).

Krumm, Marcel, Bewertung von Immobilien für die Besteuerung, in: Drüen, Klaus-Dieter (Hrsg.), Immobilien im Steuerrecht, DStJG-Bd. 44, Köln 2022, S. 225–251 (zitiert als Krumm, in: DStJG 44).

Krumm, Marcel, Bodenrichtwerte im grundsteuerlichen Bewertungsrecht und Rechtsschutz, FR, 2023, 957–967.

Krumm, Marcel, Die AdV-Beschlüsse des II. BFH-Senats zur Grundsteuerwertfeststellung und die Reaktionen von Gesetzgeber und Finanzverwaltung, DStR 2024, 1897–1903

Krumm, Marcel/Paeßens, Petra, Grundsteuergesetz mit Bewertungsgesetz (Auszug) und Landesgrundsteuergesetzen, Kommentar, München 2022.

Kube, Hanno, Verfassungsrechtlicher Rahmen von Vermögensteuer und Vermögensabgabe, DStR-Beih. 2013, 37–51.

Kühbach, Theo, Intersubjektive Einschätzungen bei der Immobilienbewertung, NÖV 2017, 44–48.

Kulzer, Thomas, Die Bewertung von Grundvermögen im Steuerrecht, Frankfurt am Main u. a. 2000 (zugl. Diss. Regensburg 2000).

Kutscheidt, Ernst, Verfahrensbeschleunigung und richterliche Kontrolldichte, NWVBl. 1995, 121–126.

Lammers, Lutz, Entscheidung des Bundesverfassungsgerichts zur Verfassungswidrigkeit der Grundsteuer, DStZ 2018, 866–873.

Lang, Joachim, Konkretisierung und Restriktionen des Leistungsfähigkeitsprinzips, in: Drenseck, Walter/Seer, Roman (Hrsg.), Festschrift für Heinrich Wilhelm Kruse zum 70. Geburtstag, Köln 2001, S. 313–338 (zitiert als Lang, in: FS Kruse).

Lang, Joachim, Das verfassungsrechtliche Scheitern der Erbschaft- und Schenkungsteuer, StuW 2008, 189–205.

Lepsius, Oliver, Anmerkung zu BVerfG, Urt. v. 09.12.2008 – 2 BvL 1/07, 2/07 u. a., JZ 2009, 255–263.

Leuchtenberg, Peter, Grundsteuer 2020: Ist auch die aktuelle Erhebung verfassungswidrig?, NWB 2020, 1372–1376.

Liebig, Siegmar/Ache, Peter, Immobilienmärkte in Deutschland – Strukturen und Trends, in: Kötter, Theo/Kummer, Klaus/ Frankenberger, Josef (Hrsg.), Das deutsche Vermessungs- und Geoinformationswesen 2014, Berlin 2013, 551–579.

Lippross, Otto-Gerd/Seibel, Wolfgang (Hrsg.), Basiskommentar Steuerrecht, Loseblatt, Stand 140. EL, 10/2023, Köln (zitiert als: *Bearbeiter* in: Lippross/Seibel, BK StR).

Löhr, Dirk, Reform der Grundsteuer: Zu einem blinden Fleck in der Stellungnahme des Wissenschaftlichen Beirats beim Bundesministerium der Finanzen, Wirtschaftsdienst 2011, 333–338.

Löhr, Dirk, Entwurf zum Grundsteuer-Reformgesetz: Die große Unvollendete, DStR 2019, 1433–1439.

Löhr, Dirk, Flächensteuer: Eine Mogelpackung?, BB 2019, 2589–2593.

Löhr, Dirk, Grundsteuerreform: Panne auf der Zielgeraden?, ZKF 2019, 169–176.
Löhr, Dirk, Grundsteuerreform: Die neue Unübersichtliche, fub 2020, 171–179.
Löhr, Dirk, Niedersächsisches Grundsteuergesetz: Auf unsicheren Pfaden, BB 2022, 87–93.
Löhr, Dirk/Kempny, Simon, Zur Grundsteuerreform: Grundzüge eines Bodenwertsteuergesetzes, DStR 2019, 537–543.
Loose, Dirk, Marktnähe von Bodenrichtwerten in mittleren und unterdurchschnittlichen Lagen, GuG 2009, 216–220.
Loose, Matthias, Erbschaft- und Schenkungsteuer auf dem ständigen Prüfstand der Verfassung, AD LEGENDUM 2022, 195–201.
Loose, Matthias, Erbschaftsteuerrecht einschließlich Schenkungsteuer und Bewertung, 5. Aufl., München 2022.
Loritz, Karl-Georg, Verfassungsrechtlicher Rahmen für eine vernünftige Neubewertung des Grundbesitzes, DStR-Beih. 1995, 3.
Mampel, Dietmar, Erhebung von Ausgleichsbeträgen nach dem Baugesetzbuch (Städtebauförderungsgesetz), DÖV 1992, 556–564.
Mandler, Peter/Schulze, Michael/Zochert, Maik, Rechtlosigkeit, Schutzlosigkeit, Ratlosigkeit? Der Bodenrichtwert bei der neuen Grundsteuer: Überlegungen zum Rechtsschutz am Beispiel des hessischen Modells, DStR 2023, 1329–1337.
Mangoldt, Hermann von (Begr.)/Huber, Peter/Voßkuhle, Andreas (Hrsg.), Grundgesetz, Band 1: Präambel, Artikel 1–19, 7. Aufl., München 2018. (zitiert als: Bearbeiter, in: v. Mangoldt/Klein/Stark, GG).
Mann, Wilfried, Markttransparenz durch Boden- und Immobilienrichtwerte, in: Kötter, Theo/Kummer, Klaus/Frankenberger, Josef (Hrsg.), Das deutsche Vermessungs- und Geoinformationswesen 2014, Berlin 2013, 581–618.
Mann, Wilfried, Zur Ableitung von Umrechnungskoeffizienten und Indexreihen und deren Anwendung im Vergleichswertverfahren, ZfV 2016, 161–168.
Mann, Wilfried, Effizienz bei der Führung von Kaufpreissammlungen, GuG 2023, 35.
Mannek, Wilfried, Die große Grundsteuer-Reform 2020: Textausgabe mit Einführung, Gesetzesmaterialien und Erläuterungen zu den wichtigsten Neuerungen, einschließlich Grundsteuer C zur Baulandmobilisierung, Köln 2020.

Mannek, Wilfried/Roscher, Michael, Die Bewertung des Grundvermögens für Zwecke der Erbschaft- und Schenkungsteuer, ZNotP 2010, 455–478.
Mannek, Wilfried/Roscher, Michael, Bewertung der Sonderfälle des Grundvermögens für Zwecke der Erbschaft- und Schenkungsteuer, ZNotP 2011, 162–171.
Marchtaler, Andreas, Bewertung, in: Sandner, Siegfried/Weber, Ulrich (Hrsg.), Lexikon der Immobilienwertermittlung, 2. Aufl., Köln 2007, 150–151.
Marquardt, Robert/Miethe, Reinhard, Die Verwendung der Marktdaten der Gutachterausschüsse i. R. d. Grundbesitzbewertung, ErbStB, 2022, 266–271.
Marx, Franz Jürgen, Entwurf eines Landesgrundsteuergesetzes Baden-Württemberg, DStZ 2020, 758–764.
Mattiseck, Klaus/Schaar, Hans-Wolfgang, Die Gutachterausschüsse hebeln die Grundbesitzbewertung nicht aus!, Anmerkungen zum Beitrag „Hebeln die Gutachterausschüsse die Grundbesitzbewertung aus?“ von Ingo Krause in NWB-EV 1/2011, NÖV 2011, 37–40.
Maurer, Hartmut/Waldhoff, Christian, Allgemeines Verwaltungsrecht, Grundrisse des Rechts, 20. Aufl., München 2020.
Mayer, Christian, Perspektiven und Schranken einer Grundsteuer-Reform nach dem BVerfG-Urt. vom 10.04.2018, DB 2018, 2200–2212.
Meissner, W., Problematik der Richtwerte?, AVN 1967, 535–536.
Mellinghoff, Rudolf, Verfassungsbindung und weiter Gestaltungsspielraum des Gesetzgebers, in: Mellinghoff, Rudolf/Schön, Wolfgang/Viskorf, Hermann-Ulrich (Hrsg.), Steuerrecht im Rechtsstaat: Festschrift für Wolfgang Spindler zum 65. Geburtstag, Köln 2011, S. 153–169 (zitiert als Mellinghoff, in: FS Spindler).
Mellinghoff, Rudolf, Der Beitrag der Rechtsprechung zur Systematisierung des Steuerrechts am Beispiel des Gebots der Folgerichtigkeit, Ubg 2012, 369–375.
Möckel, Rainer, Bodenwert bebauter Grundstücke, in: Sandner, Siegfried/Weber, Ulrich (Hrsg.), Lexikon der Immobilienwertermittlung, 2. Aufl., Köln 2007, 170–174.
Moll-Amrein, Marianne, Modell- und Referenzkonformität, GuG 2020, 106.
Moll-Amrein, Marianne, Hedonische Bewertung, GuG 2023, 349.
Müller, Herbert K. R., Die städtische Grundrente und die Bewertung von Baugrundstücken, Tübingen 1952.
Niebuhr, Marco-Marcel, Abendsymposium zur Grundsteuerreform – der niedersächsische Weg, NWB 2020 860–862.

Oelfke, Anlage und Führung der Kaufpreissammlung, NaVKV 1972, 2–14.
Ossenbühl, Fritz, Verwaltungsverfahren zwischen Verwaltungseffizienz und Rechtsschutzauftrag, NVwZ 1982, 465–472.
Ossenbühl, Fritz, Gedanken zur Kontrolldichte in der verwaltungsgerichtlichen Rechtsprechung, in: Bender, Bernd (Hrsg.), Rechtsstaat zwischen Sozialgestaltung und Rechtsschutz: Festschrift für Konrad Redeker zum 70. Geburtstag, München 1993, S. 55–70 (zitiert als Ossenbühl, in: FS Redeker).
Osterloh, Lerke, Gesetzesbindung und Typisierungsspielräume bei der Anwendung der Steuergesetze, Baden-Baden 1992 (zugl. Habil. Berlin 1988/1989).
Osterloh, Lerke, Unterschiedliche Maßstäbe bei der Bewertung von Vermögen, in: Birk, Dieter (Hrsg.), Steuern auf Erbschaft und Vermögen, DStJG-Bd. 22, Köln 1999, S. 177–189 (zitiert als Osterloh, in: DStJG 22).
Paul, Günther, Zur Korrelation von Geschäftsraummieten und Bodenwerten in Kernbereichen, VR 1983, 141–149.
Pausenberger, Ehrenfried, Wert und Bewertung, Stuttgart 1962.
Pesch, Ralph/Schwenker, Jörg, Die neue Grundsteuer: Leider nur einseitig voll digital – Praxishilfen und -fragen bei verschiedenen Anwendungsgruppen, DStR 2022, 1088–1094.
Petersen, Hauke/Schnoor, Jürgen/Seitz, Wolfgang, Verkehrswertermittlung von Immobilien: Praxisorientierte Bewertung, 3. Aufl., München u. a. 2018.
Plenker, Herbert/Plenker, Sina, Der determinierte Verkehrswert aus der Sicht des Konstruktivismus (Teil 2), GuG 2006, 282–291.
Ramsauer, Ulrich, Zur Kontrolldichte im Verwaltungsprozess, in: Heckmann, Dirk (Hrsg.), Modernisierung von Justiz und Verwaltung: Gedenkschrift für Ferdinand O. Kopp, Stuttgart u.a. 2007, S. 72–93 (zitiert als Ramsauer, in: GedS Kopp).
Raupach, Arndt, Der Verkehrswert als alleiniger Bewertungsmaßstab für Zwecke der Erbschaft- und Schenkungsteuer, DStR 2007, 2037–2042.
Reinhardt, Wilfried, Bodenrichtwerte, GuG 2009, 321–334.
Reinhardt, Wilfried, Ermittlung von Bodenrichtwerten – Probleme und Fehler bei der Richtwertermittlung (Teil 1), GuG 2011, 8–18.
Reuter, Franz, Zur Umsetzung des Verkehrswertbegriffes in Wertermittlungsmethoden, Bonn 1989 (zugl. Diss. Bonn 1989).
Reuter, Franz, Zur Umsetzung des Verkehrswertbegriffs in Wertermittlungsmethoden, VR 1989, 377–386.

Reuter, Franz, Zur praktikablen Verwendung des Residualverfahrens bei der Ermittlung von Verkehrswerten, WertermittlungsForum Aktuell 2002, 112–118.

Reuter, Franz, Zur Ermittlung von Bodenrichtwerten in kaufpreisarmen Lagen, fub 2006, 97–107.

Reuter, Franz, Anmerkungen zum deduktiven Preisvergleich für werdendes Bauland unter Beachtung der ImmoWertV, fub 2009, 193–201.

Reuter, Franz, Zur Eignung der Bodenrichtwerte für die Bodenwertermittlung (Teil 1), immobilien & bewerten 2015, 61–65.

Reuter, Franz, Zur Eignung der Bodenrichtwerte für die Bodenwertermittlung (Teil 2), immobilien & bewerten 2015, 106–111.

Reuter, Franz, Intersubjektiver Preisvergleich – Auf ein Wort, immobilien & bewerten 2018, 100–104.

Reuter, Franz/Voß, Winrich/Ziegenbein, Werner, Immobilienwertermittlung, in: Kummer, Klaus/Kötter, Theo/Kutterer, Hansjörg/Ostrau, Stefan (Hrsg.), Das deutsche Vermessungs- und Geoinformationswesen, Berlin 2020, S. 639–730.

Richter, Wolfram/Wagner, Franz, Sind Bodenrichtwerte verfassungswidrig?, DB 2023, 1254.

Roscher, Michael, GrStG-Kommentar, Erstkommentierung zum reformierten Grundsteuergesetz mit Bewertungsrecht vom 26.11.2019, Freiburg 2020.

Roscher, Michael, Grundbesitzbewertung bei fehlenden Bodenrichtwerten, DStR 2012, 122–125.

Roscher, Michael, Eine „Jahrhundert-Reform", die Reform des Grundsteuer- und Bewertungsrechts, ist vollbracht!, immobilien & bewerten 2020, 15–21.

Roscher, Michael, Reform der Grundsteuer – Teil 2: Bewertung der bebauten Grundstücke, immobilien & bewerten 2020, 33–41.

Rössler, Rudolf, Gedanken zu einer Neubewertung des Grundbesitzes, DStZ 1963, 333–337.

Rössler, Rudolf/Troll, Max (Begr.), Bewertungsgesetz mit Ländergrundsteuergesetzen, Kommentar, Loseblatt, Stand 37. EL 11/2023, München.

Rothkegel, Walter, Schätzungslehre für Grundbesitzungen: Die wirtschaftswissenschaftlichen Grundbegriffe und die theoretische und praktische Schätzungslehre der Landwirtschaft, Bd. 1, Berlin 1930.

Sachs, Michael (Hrsg.), Grundgesetz, Kommentar, 9. Aufl., München 2021.

Sandner, Siegfried, Verkehrswert (Marktwert), in: Sandner, Siegfried/ Weber, Ulrich (Hrsg.), Lexikon der Immobilienwertermittlung, 2. Aufl., Köln 2007, 689–692.

Sattler, Herbert/Sattler, Jörg, Ermittlung der Ausgleichsbeträge für Grundstücke in Sanierungsgebieten, marktkonform, rechtssicher, rationell und transparent, durch Anwendung einer geeigneten Zielbaummethode, GuG 2020, 241–249.

Schaar, Hans-Wolfgang, Indexreihen, in: Sandner, Siegfried/Weber, Ulrich (Hrsg.), Lexikon der Immobilienwertermittlung, 2. Aufl., Köln 2007, S. 369–370.

Schaar, Hans-Wolfgang, Umrechnungskoeffizienten, in: Sandner, Siegfried/ Weber, Ulrich (Hrsg.), Lexikon der Immobilienwertermittlung, 2. Aufl., Köln 2007, S. 661–664.

Scheffler, Wolfram/Feldner, Michael, Umsetzung der Grundsteuerreform in den Bundesländern – Auswirkungen und verfassungsrechtliche Beurteilung, ifSt-Schrift 542, 2021.

Schlegtendal, G., Zum Begriff des Verkehrswertes, AVN 1965, 271–275.

Schmalgemeier, Helmut, Bodenpreisanalyse für den Innenstadtbereich einer Großstadt, VR 1977, 422–437.

Schmalgemeier, Helmut, Grundstücksmarkttransparenz – sind die Gutachterausschüsse „am Puls der Zeit“?, GuG 2005, 350–357.

Schmeck, Joachim, Für die Wertermittlung erforderliche Daten, NÖV 1999, 27–30.

Schmeck, Joachim, Neue Standards zur Förderung der Zusammenarbeit der Gutachterausschüsse, NÖV 1999, 31–32.

Schmid, Wilhelm, Die Neubewertung unbebauter Grundstücke des Grundvermögens – Probleme bei der Ermittlung der Bodenpreise, DStZ 1982, 214–217.

Schmidbauer, Willi, Wert ist nicht gleich Wert: Wertbegriffe müssen präziser werden – ein Vorschlag, DS 2008, 258–260.

Schmidt, Probleme der Gutachterausschüsse in Baden-Württemberg, GuG 1992, 330.

Schmidt, Fritz, Grundsteuer: Das Landesgrundsteuergesetz Baden-Württemberg: Ein Überblick über die Neuregelung, NWB-EV 2021, 64–66.

Schmidt, Ingo, Neue Grundsteuer als Herausforderung für die Kommunen, KommP spezial 2021, 120–123.

Schmidt, Jürgen, Die Gutachterausschüsse, bewährte und unverzichtbare Einrichtungen für Verwaltung und Wirtschaft, GuG 1996, 351–353.

Schmidt, Jürgen, Änderung der Wertermittlungsvorschriften in §§ 193, 196, 198 und 199 BauGB im Rahmen des Erbschaftsteuerreformgesetzes (ErbStRG), GuG 2008, 150–157.

Schmidt-Aßmann, Eberhard, Die Kontrolldichte der Verwaltungsgerichte: Verfassungsgerichtliche Vorgaben und Perspektiven, DVBl. 1997, 281–289.

Schmidt-Aßmann, Eberhard/Groß, Thomas, Zur verwaltungsgerichtlichen Kontrolldichte nach der Privatgrundschul-Entscheidung des BVerfG, NVwZ 1993, 617–625.

Schmidt-Eichenstädt, Gerd, Rechtsprobleme bei der Anwendung der Zielbaummethode zur Berechnung der Ausgleichsbeträge nach § 154 BauGB, GuG 2004, 129–139.

Schneider, Karlheinz, Die Änderung der Gutachterausschussverordnung 2017, BWGZ 2018, 330–332.

Schneider, Karlheinz/Sprenger, Stefanie/Jackisch, Ulf, Gutachterausschüsse 2020 – auf dem richtigen Weg, BWGZ 2020, 22–24.

Schneider, Zacharias-Alexis/Niebuhr, Marco-Marcel/Droll, Sebastian, Änderung des Bewertungsgesetzes durch das Jahressteuergesetz 2022: Modifizierte Immobilienbewertung für Zwecke der Erbschaft- und Schenkungsteuer sowie der Grunderwerbsteuer, RFamU 2023, 106–118.

Schnick, Else, Werte und Wertanschauungen im Steuerrecht: Eine wirtschaftswissenschaftliche Untersuchung der steuerlichen Wertbegriffe und ihrer Anwendungsregeln, ZfhF 1923, 81–171.

Schön, Wolfgang, Leitideen des Steuerrechts, oder: Nichtwissen als staatswissenschaftliches Problem, StuW 2013, 289–297.

Schubert, Helge, Bewertung von Immobilien für die Schenkungsteuer und Erbschaftsteuer, NWB-EV 2017, 122–128.

Schulte, Hermann/Bodenstein, Hermann, 25 Jahre Gutachterausschüsse, NaVKV 1986, 322–331.

Schulz, Wolf-E., Methoden zur Entwicklung von Richtwertzonengrenzen und Richtwerten aus Kaufpreisen und deren Darstellung in einer Karte, VR 1978, 108–123.

Schütz, Peter, Aspekte der Durchführung des Preisvergleichs, NaVKV 1995, 345–350.

Schwarz, Kyrill-Alexander, „Folgerichtigkeit“ im Steuerrecht, Zugleich eine Analyse der Rechtsprechung des Bundesverfassungsgerichts zu Art. 3 Abs. 1 GG, in: Depenheuer, Otto (Hrsg.), Staat im Wort: Festschrift für Josef Isensee, Heidelberg 2007, S. 949–964 (zitiert als Schwarz, in: FS Isensee).

Schwenk, Walter, Von der WertV 88 zur ImmoWertV (2), Forum 2009, 138–144.
Seele, Walter, Ausgleich von Werterhöhungen infolge städtebaulicher Entwicklung oder Neugestaltung – Zur Problematik des Planungswertausgleichs, VR 1975, 48–63.
Seele, Walter, Ausgleich maßnahmenbedingter Bodenwerterhöhungen: Gutachten über Möglichkeiten und Grenzen der Ermittlung und Abschöpfung bzw. Nichtberücksichtigung von Bodenwerterhöhungen infolge von städtebaulichen Planungs-, Ordnungs-, Erschließungs- und (sonstigen) öffentlichen Infrastrukturmaßnahmen, Bonn 1976.
Seele, Walter, Wertermittlung bei der Preisprüfung und Ungewißheit des Verkehrswertes, VR 1982, 105–121.
Seele, Walter, Wertermittlung bei der Preisprüfung und Ungewißheit des Verkehrswertes, VR 1982, 105–121.
Seele, Walter, Zur Bedeutung und Ermittlung des aktuellen Bodenwertes bebauter Grundstücke, VR 1988, 363, VR 1988, 363–375.
Seele, Walter, Bodenwertermittlung durch deduktiven Preisvergleich, VR 1998, 393–411.
Seer, Roman, Die Besteuerung der Alterseinkünfte und das Gleichbehandlungsgebot (Art. 3 Abs. 1 GG), StuW 1996, 323–336.
Seer, Roman, Die neue Erbschaft- und Schenkungsteuer auf dem verfassungsrechtlichen Prüfstand, StuW 1997, 283–298.
Seer, Roman, Defizite im finanzgerichtlichen Rechtsschutz – zugleich eine kritische Auseinandersetzung mit dem 2. FGO-Änderungsgesetz vom 19.12.2000, StuW 2001, 3–18.
Seer, Roman, Erbschaft- und Schenkungsteuergesetz nun erneut auf dem Prüfstand des BVerfG!, Der Vorlagebeschluß des II. Senats des BFH vom 22.05.2002 – II R 61/99, GmbHR, 2002, 873–880.
Seer, Roman, Reform des Veranlagungsverfahrens, StuW 2003, 40–59.
Seer, Roman, Der Beschl. des BVerfG zur Erbschaftsteuer vom 07.11.2006 – Analyse und Ausblick, ZEV 2007, 101–107.
Seer, Roman, Reform der Erbschaft- und Schenkungsteuer: Breite Bemessungsgrundlage – niedriger Steuertarif!, ZRP 2007, 116–120.
Seer, Roman, Die Erbschaft- und Schenkungsteuer im System der Besteuerung nach wirtschaftlicher Leistungsfähigkeit: Zugleich eine kritische Würdigung des Erbschaftsteuerreformgesetzes v. 24.12.2008, GmbHR 2009, 225–237.
Seer, Roman, Verrechnungspreise, Einkünfteverlagerung – Gestaltung und Abwehr: Verfahrensrechtliche Instrumente (Dokumentationspflichten,

APA) als Alternativen zur Bewältigung eines materiellen Bewertungsproblems?, in: Achatz, Markus (Hrsg.), Internationales Steuerrecht, DStJG-Bd. 36, Köln 2013, S. 337–354 (zitiert als Seer, in: DStJG 36).

Seer, Roman, Grundsteuer nach dem Urt. des BVerfG vom 10.04.2018 – Analyse und Folgerungen, DB 2018, 1488–1495.

Seer, Roman, Reform der Grundsteuer nach dem Entwurf der Bundesregierung, FR 2019, 941–950.

Seer, Roman, Erbschaftsteuerliche Behandlung des Unternehmens(anteils-)erwerbs – nach wie vor ein Fall für das BVerfG, StuW 2021, 111–130.

Seer, Roman, Steuervereinfachung – Postulat des Rechts, BB 2021, 1433.

Seitz, Albert M., Zeit für Neues: Ein Modellvorschlag zur Kaufpreisaufteilung, GuG 2017, 142–151.

Seitz, Albert M., Immobilienwertermittlung im steuerlichen Kontext – Hinzuziehung von Sachverständigenleistungen, DStR 2022, 1774–1779.

Seitz, Wolfgang, Zielbaumverfahren – Wertermittlung oder Willkür?, GuG 2011, 216–227.

Siegmund, Olaf/Ungemach, Markus, Die Übertragung von Immobilienvermögen nach dem Erbschaftsteuerreformgesetz unter Berücksichtigung der Auffassung der Finanzverwaltung, DStZ 2009, 475–487.

Simon, Herman Veit, Die Bilanzen der Aktiengesellschaften und der Kommanditgesellschaften auf Aktien, Berlin/Leipzig 1886.

Simon, Jürgen, Verkehrswert, in: Simon, Jürgen/Cors, Klaus G./Halaczinsky, Raymond/Teß, Wolfgang (Hrsg.), Handbuch der Grundstückswertermittlung, 5. Aufl., München 2003, S. 9–296.

Simon, Jürgen/Simon, Thore, Grundbegriffe und Grundsätze der Wertermittlung, in: Rössler, Rudolf/Langer, Johannes (Begr.), Schätzung und Ermittlung von Grundstückswerten, 8. Aufl., Neuwied 2005, 1–45.

Simon, Thore, Statistische Methoden bei der Grundstückswertermittlung, in: Rössler, Rudolf/Langer, Johannes (Begr.), Schätzung und Ermittlung von Grundstückswerten, 8. Aufl., Neuwied 2005, 611–679.

Simon, Thore/Dreiocker, Stephanie, Analyse von Vergleichskaufpreisen, GuG 2007, 326–332.

Smith, Adam, Der Reichtum der Nationen, Bd. 2, hrsg. von Heinrich Schmidt, Leipzig 1910.

Soot, Matthias, Immobilienbewertung in Märkten mit geringen Transaktionen: Möglichkeiten statistischer Auswertungen, Dresden 2021 (zugl. Diss. Dresden 2021).

Soot, Matthias/Dorndorf, Alexander/Alkhatib Hamza/Weitkamp, Alexandra, Möglichkeiten und Grenzen der Integrationsfähigkeit unterschiedlicher Daten für die Bewertung in realen kaufpreisarmen Lagen, AVN 2019, 247–258.

Soot, Matthias/Weitkamp, Alexandra/Dorndorf, Alexander/Alkhatib Hamza, Expertenwissen in der Immobilienbewertung, fub 2017, 82–91.

Soot, Matthias/Zaddach, Sebastian/Teuber, Andreas/Homes, Martin/ Schweden, Christian/Weitkamp, Alexandra, Standards für die Bereitstellung von amtlichen Wertermittlungsdaten – eine Analyse mit Handlungsempfehlungen, ZfV 2023, 277–289.

Soot, Matthias/Zaddach, Sebastian/Weitkamp, Alexandra/Käker, René/ Ziems, Marcel, Weiterentwicklung der AKS – Implementierung neuer Auswertungsmethoden und Steigerung der Nutzer-Interaktion, ZfV 2018, 24–35.

Sprengnetter, Hans Otto/Kierig, Jochem, ImmoWertV: Das neue Wertermittlungsrecht – Kommentar zur Immobilienwertermittlungsverordnung, Sinzig 2010.

Sprengnetter, Hans Otto/Kierig, Jochem, Grundsätze marktkonformer Immobilienbewertung 3.0, immobilien & bewerten 2016, 52–56.

Staiber, Markus/Meidinger, Charline, Vollerhebung der Gutachterausschüsse in Baden-Württemberg und Auswertung der Grundstücksmarktberichte, GuG 2019, 159–165.

Stein, Thomas, Schenkungsteuer und Immobilienbewertung: Die Bodenrichtwerte werden zum 01.01.2022 angepasst – Folgen und Handlungsempfehlungen, ErbBstg, 2021, 295–297.

Steinbrecher, Diana, Prognose von Immobilienwerten – Die Expertenbefragung als Prognoseinstrument, fub 2017, 35–44.

Steinhauer, Maximilian, Rechtsschutz gegen Bodenrichtwerte im Hinblick auf die Grundsteuerveranlagung, ErbStB 2023, 185–187.

Stenger, Alfongs (Mitbegr.)/Loose, Matthias (Hrsg.), Bewertungsrecht: Kommentar zum BewG, ErbStG und GrStG, Loseblatt, Stand 167. EL 11/2023, Köln.

Steuerlein, Pia/Staiber, Markus, Die Anpassung von Bodenrichtwerten durch Umrechnungskoeffizienten, Grundstücksmarktberichte von Großstädten im Fokus, GuG 2016, 178–179.

Streich, Jürgen Wilhelm, Vorsicht Richtwert, Der Immobilienbewerter 2010, 19–22.
Strotkamp, Hans-Peter, Ermittlung von Bodenwertänderungen aufgrund von Lage- und/oder GFZ-Unterschieden mittels Mietsäulenverfahren, fub 2006, 108–113.
Strotkamp, Hans-Peter, Ermittlung von Anfangs- und Endwerten bzw. von sanierungsbedingten Bodenwerterhöhungen – Hinweise aus der Praxis zum „Modell Niedersachsen", fub 2009, 202–206.
Strotkamp, Hans-Peter, Ermittlung von Anfangs- und Endwerten bzw. von sanierungsbedingten Bodenwerterhöhungen – Hinweise aus der Praxis zum „Modell Niedersachsen" (Teil 2), fub 2010, 16–21.
Strotkamp, Hans-Peter, Ermittlung von Boden(richt)werten mittels Zielbaummethode – Zur Renaissance der Zielbaummethode, immobilien & bewerten 2011, 106–112.
Strotkamp, Hans-Peter, Revision der Bodenrichtwerte – Hinweise zur Qualitätsverbesserung der Bodenrichtwerte insbesondere in den kaufpreisarmen Lagen, fub 2018, 97–108.
Szczesny, Michael, Allgemeine Vorschriften zum Bewertungsrecht, in: Horschitz, Harald/Groß, Walter/Lahme, Stefan/Zipfel, Lars/Knak, Elisabeth/Szczesny, Michael/Rüttenauer, Holger (Hrsg.), Erbschaft- und Schenkungsteuer, Bewertungsrecht, 19. Aufl., Freiburg 2018, S. 139–169.
Täffner, Bernd, Wertermittlung von Immobilien ohne Nachfrage, Lösungsvorschläge für die Wertermittlungspraxis, DS 2015, 16–25.
Thiel, Fabian, Die neue (alte) Bundesregierung, die Bodenpolitik und die Immobilienwertermittlungsrichtlinie (ImmoWertR), fub 2018, 229–235.
Thietz-Bartram, Jochim, Zur Bodenbewertung im Immobilienrecht der neuen Länder, VIZ 2002, 390–396.
Thomsen, Oliver/Nitsch, Harald, Hedonische Modellierung von Bodenrichtwerten, GuG 2010, 82–86.
Tiemann, Martin, Tätigkeit und Wirkung der Gutachterausschüsse, AVN 1966, 374–378.
Tipke, Klaus, Anwendung des Gleichheitssatzes im Steuerrecht – Methode oder irrationale Spekulation, zugleich Besprechung des BFH-Urt.s vom 25.04.1972 zur Erhebung der Schaumweinsteuer, BB 1973, 157.
Tipke, Klaus, Steuerrecht, Ein systematischer Grundriß, 7. Aufl., Köln 1979.
Tipke, Klaus, Die Steuerrechtsordnung, Band I, Köln 1993 (zitiert als Tipke, StRO I, 1993).
Tipke, Klaus, Über die Grenzen der Vermögenssteuer, GmbHR, 1996, 8–16.

Tipke, Klaus, Die Steuerrechtsordnung, Band I, 2. Aufl., Köln 2000 (zitiert als Tipke, StRO I, 2. Aufl. 2000).
Tipke, Klaus, Die Steuerrechtsordnung, Band II, 2. Aufl., Köln 2003 (zitiert als Tipke, StRO II, 2. Aufl. 2003).
Tipke, Klaus, Mehr oder weniger Entscheidungsspielraum für den Steuergesetzgeber?, JZ 2009, 533–540.
Tipke, Klaus, § 146 – Steuergerechtigkeit, in: Kube, Hanno/Mellinghoff, Rudolf/Morgenthaler, Gerd, Palm, Ulrich/Puhl, Thomas/Seiler, Christian (Hrsg.), Leitgedanken des Rechts: Paul Kirchhof zum 70. Geburtstag, Band 2, Heidelberg/München, u. a. 2013, S. 1583–1590 (zitiert als Tipke, in: Leitgedanken des Rechts, Bd. II 2013, § 146).
Tipke, Klaus, Mehr oder weniger Gestaltungsfreiheit für den Steuergesetzgeber?, Erörtert unter besonderer Berücksichtigung zweier Beiträge von Prof. Dr. Michael Droege und Prof. Dr. Andreas Musil über Zukunftsfragen der deutschen Steuergesetzgebung, StuW 2014, 273–285.
Tipke, Klaus/Kruse, Heinrich Wilhelm (Begr.), Abgabenordnung, Finanzgerichtsordnung, Loseblatt, Stand 178. EL, 11/2023, Köln.
Tipke, Klaus/Lang, Joachim (Begr.), Steuerrecht, 20. Aufl., Köln 2010.
Tipke, Klaus/Lang, Joachim (Begr.), Steuerrecht, 24. Aufl., Köln 2021.
Tremel, Ulrike, Die zukünftige Grundstücksbewertung nach dem „ErbStRG“ und der „GrBewV“, DStR 2008, 753–759.
Troll, Max (Begr.)/Gebel, Dieter/Jülicher, Marc/Gottschalk, Paul Richard (Bearb.), Erbschaftsteuer- und Schenkungsteuergesetz mit Bewertungsrecht und Verfahrensrecht, Kommentar, Loseblatt, Stand 67. EL 11/2023, München.
Urbach, Elmar, Bewertung von Grundvermögen im Rahmen der Erbschaftsteuer, KÖSDI 2023, 23145–23157.
Viskorf, Hermann-Ulrich, Verfassungsrechtliche Fragen der Erbschaftsteuer und der geplanten gesetzgeberischen Neuregelung, FR 2007, 624–630.
Viskorf, Hermann-Ulrich/Schuck, Stephan/Wälzholz, Eckhard (Hrsg.), Erbschaftsteuer- und Schenkungsteuergesetz, Bewertungsgesetz, Kommentar, 6. Aufl., Herne 2020.
Viskorf, Hermann-Ulrich/Schuck, Stephan/Wälzholz, Eckhard (Hrsg.), Erbschaftsteuer- und Schenkungsteuergesetz, Bewertungsgesetz, Kommentar, 7. Aufl., Herne 2023.
Vogel, Klaus, Verkehrswert, Ertragswert und andere Werte, Bemerkungen zum Begriff des „Wertes“ im Steuerrecht, DStZ 1979, 28–33.
Vogels, Manfred, Grundstücks- und Gebäudebewertung – marktgerecht, 5. Aufl., Wiesbaden, Berlin 1996.

Voigt, Karl-Heinz, AKS – 25 Jahre Nutzungsvereinbarung, Vermessung Brandenburg 2017, 4–16.

Voßkuhle, Andreas, Grundwissen – Öffentliches Recht: Entscheidungsspielräume der Verwaltung, JuS, 2008, 117–119.

Walterspiel, Klaus, Der Wertbegriff im Sachverständigengutachten, DS 1975, 132–134.

Wälzholz, Eckhard, Verfassungswidrigkeit der Erbschaftsteuer – Kritik und Folgerungen zum BVerfG-Beschl. vom 07.11.2006, ZErb 2007, 111–120.

Weber-Grellet, Heinrich, Das Koordinatensystem des BVerfG bei der Prüfung von Steuergesetzen, FR 2011, 1028–1034.

Weigt, Dietmar/Fitzner, Desiree/Sloot, Stefan, Immobilienrichtwerte – Ansätze und Methoden ihrer Ermittlung, GuG 2020, 204–212.

Weiß, Sören, Zweifelsfragen bei der Grundsteuerbewertung im Grundvermögen (Bundesmodell), ErbStB 2023, 111–120.

Weitkamp, Alexandra/Alkhatib Hamza, Die Bewertung kaufpreisarmer Lagen mit multivariaten statistischen Verfahren – Möglichkeiten und Grenzen robuster Methoden bei der Auswertung weniger Kauffälle, AVN 2014, 3–12.

Weitkamp, Alexandra/Köhler, Tine/Ortner, Andreas, Bodenwertermittlung – Eine automatisierbare Aufgabe, fub 2017, 25–34.

Werndl, Josef, Unternehmensbewertung im Steuerrecht – Geschäftswert und Anteilsbewertung, in: Raupach, Arndt (Hrsg.), Werte und Wertermittlung im Steuerrecht, DStJG-Bd. 7, Köln 1984, S. 399–437 (zitiert als Werndl, in: DStJG 7).

Wilke, Dieter, Die Kontrollfunktion der Verwaltungsgerichte, in: Merten, Detlef (Hrsg.), Gewaltentrennung im Rechtsstaat: Zum 300. Geburtstag von Charles de Montesquieu: Vorträge und Diskussionsbeiträge der 57. Staatswissenschaftlichen Fortbildungstagung 1989 der Hochschule für Verwaltungswissenschaft Speyer, Berlin 1989, S. 135–150.

Wilms, Heinrich (Begr.)/Jochum, Georg/Götz, Hellmut/Meßbacher-Hönsch, Christine (Hrsg.), Erbschaftsteuer- und Schenkungsteuergesetz mit Bewertungsgesetz und Grunderwerbsteuergesetz, Kommentar, Loseblatt, Stand 128. EL 11/2023, Bonn (zitiert als Bearbeiter, in: Wilms/Jochum, ErbStG/BewG/GrEStG).

Wolf, Michael, Probleme der neuen Bedarfsbewertung von Immobilien für Zwecke der Erbschaftsteuer, DStR 1997, 349–354.

Wünnemann, Monika/Koller, Benjamin, Die Grundsteuerreform – ein Resümee aus Sicht der Industrie, BB 2020, 215–219.

Wünsche, Sybille, Grundsteuerreform: Es währt schon lange, wird es auch gut?, BB 2019, 1821–1826.

Zaddach, Sebastian/Soot, Matthias/Käker, René/Weikamp, Alexandra/Ziems, Marcel, Entwicklung neuer Auswertungsmethoden in der Automatisierten Kaufpreissammlung (AKS), NaVKV 2016, 3–11.
Zeißler, Maik, Zur Ermittlung von Bodenrichtwerten bei fehlenden Kaufpreisen unbebauter Grundstücke, Hannover 2012 (zugl. Diss. Hannover 2012).
Ziegenbein, Werner, Bodenrichtwerte für die Innenstadt von Hannover, VR 1999, 383–392.
Ziegenbein, Werner, Wertermittlungsinformationssystem Niedersachsen, NaVKV 1999, 121–126.
Ziegenbein, Werner, Stand der behördlichen Grundstückwertermittlung – Markttransparenz erreicht?, fub 2008, 97–104.
Zimmermann, Peter, Immobilienwertermittlungsverordnung, Kommentar, 2. Aufl., München 2019.
Zimmermann, Thomas, Anmerkung zu FG Düsseldorf, Urt. vom 14. August 2008 – 11 K 900/06 BG, EFG 161–166.
Zitzelsberger, Heribert, Über Einheitswerte, Verkehrswerte, Ertragswerte und andere Werte im Steuerrecht, in: Kley, Max Dietrich/Sünner, Eckart/Willemsen, Arnold (Hrsg.), Festschrift für Wolfgang Ritter zum 70. Geburtstag, Köln 1997, S. 661–671 (zitiert als Zitzelsberger, in: FS Ritter).

Verzeichnis der zitierten Gesetze, Verordnungen und Verwaltungsanweisungen

I. Gesetze und Bundesverordnungen

1. Gesetze

AO	Abgabenordnung i. d. F. d. Bekanntmachung v. 01.10.2002 (BGBl. I S. 3866; 2003 I S. 61), zuletzt geändert durch Art. 24 d. G. v. 22.12.2023 (BGBl. I Nr. 411).
BBauG 1960	Bundesbaugesetz (BBauG) v. 23.06.1960, BGBl. I S. 341.
BBauG 1976	Bundesbaugesetz v. 18.08.1976, BGBl. I S. 2256.
BauGB 1986	Gesetz über das Baugesetzbuch v. 08.12.1986, BGBl. I S. 2191.
BewG	Bewertungsgesetz i. d. F. d. Bekanntmachung v. 01.02.1991 (BGBl. I S. 230), zuletzt geändert durch Art. 36 d. G. v. 02.12.2024 (BGBl. 2024 I Nr. 387).
ErbStRG 2009	Gesetz zur Reform des Erbschaftsteuer- und Bewertungsrechts (Erbschaftsteuerreformgesetz – ErbStRG) v. 24.12.2008, BGBl. I S. 3018.
EStG	Einkommensteuergesetz i. d. F. d. Bekanntmachung v. 08.10.2009 (BGBl. I S. 3366, 3862), zuletzt geändert durch Art. 20. d. G. v. 22.12.2023, (BGBl. I Nr. 411).
FoStoG	Gesetz zur Stärkung des Fondsstandorts Deutschland und zur Umsetzung der Richtlinie (EU) 2019/1160 zur Änderung der Richtlinien 2009/65/EG und 2011/61/EU im Hinblick auf den grenzüberschreitenden Vertrieb von Organismen für gemeinsame Anlagen (Fondsstandortgesetz) v. 03.06.2021, BGBl. I S. 1498.

GrEStG	Grunderwerbsteuergesetz i. d. F. d. Bekanntmachung v. 26.02.1997 (BGBl. I S. 418, 1804), zuletzt geändert durch Art. 30 d. G. v. 22.12.2023 (BGBl. I Nr. 411).
GrStG	Grundsteuergesetz v. 07.08.1973 (BGBl. I S. 965), zuletzt geändert durch Art. 21 d. G. v. 16.12.2022 (BGBl. I S. 2294).
GrStRefG	Gesetz zur Reform des Grundsteuer- und Bewertungsrechts (Grundsteuer-Reformgesetz) v. 26.11.2019, BGBl. I S. 1794.
JStG 1997	Jahressteuergesetz 1997 v. 20.12.1996, BGBl. I S. 2049.
JStG 2007	Jahressteuergesetz 2007 v. 13.12.2006, BGBl. I S. 2878.
JStG 2022	Jahressteuergesetz 2022 v. 16.12.2022, BGBl. I S. 2294.
JStG 2024	Jahressteuergesetz 2024 v. 02.12.2024, BGBl. I 2024, Nr. 387.

2. Bundesverordnungen

WertV 1961	Verordnung über Grundsätze für die Ermittlung des Verkehrswertes von Grundstücken v. 07.08.1961, BGBl. I S. 1183.
WertV 1972	Verordnung über Grundsätze für die Ermittlung des Verkehrswertes von Grundstücken (Wertermittlungsverordnung) i. d. F. v. 15.08.1972, BGBl. I S. 1416.
WertV 1988	Verordnung über Grundsätze für die Ermittlung des Verkehrswertes von Grundstücken (Wertermittlungsverordnung) v. 06.12.1988, BGBl. I S. 2209.
ImmoWertV	Verordnung über die Grundsätze für die Ermittlung der Verkehrswerte von Immobilien und der für die Wertermittlung erforderlichen Daten (Immobilienwertermittlungsverordnung) v. 14.07.2021, BGBl. I S. 2805.
ImmoWertV 2010	Verordnung über Grundsätze für die Ermittlung des Verkehrswertes von Grundstücken (Immobilienwertermittlungsverordnung) v. 19.05.2010, BGBl. I S. 639, zuletzt geändert durch Art. 16 d. Gesetzes v. 26.11.2019 (BGBl. I S. 1794).

II. Verwaltungsanweisungen des Bundes

1. Steuerrechtliche Verwaltungsanweisungen

AEBewGrSt 2021	Koordinierte Erlasse der obersten Finanzbehörden der Länder vom 09.11.2021 Anwendung des Siebenten Abschnitts des Zweiten Teils des Bewertungsgesetzes zur Bewertung des Grundbesitzes (allgemeiner Teil und Grundvermögen) für die Grundsteuer ab 01.01.2022, BGBl. I S. 2334 (A 218–A 231; A 243–A 266.2) Anwendung des Siebenten Abschnitts des Zweiten Teils des Bewertungsgesetzes zur Bewertung des Grundbesitzes (land- und forstwirtschaftliches Vermögen) für die Grundsteuer ab 01.01.2022, BGBl. I S. 2369 (A 232.1–A 242).
AEBewGrSt 2025	Koordinierten Erlasse der obersten Finanzbehörden der Länder vom 30.04.2025 zur Anwendung des Grundsteuergesetzes ab 01.01.2025, BStBl. I S. 1296.
AEBewGrV 2009	Gleich lautende Erlasse der obersten Finanzbehörden der Länder zur Umsetzung des Gesetzes zur Reform des Erbschaftsteuer- und Bewertungsrechts v. 05.05.2009, BStBl. I S. 590.
AEBew JStG 2022	Gleich lautende Erlasse vom 20.03.2023 betr. die Anwendung der Vorschriften für die Bewertung des Grundvermögens im Sechsten Abschnitt des Zweiten Teils des Bewertungsgesetzes in der Fassung des Jahressteuergesetzes 2022 vom 16. Dezember 2022 (BGBl. I S. 2294), BStBl. I S. 738.
BewRGr	Allgemeine Verwaltungsvorschrift über die Richtlinien zur Bewertung des Grundvermögens v. 19.09.1966 (BewRGr), BStBl. 1966 I S. 890.
Bodenwert-Richtlinien	Richtlinien für die Finanzämter zur Ermittlung der Bodenwerte (Bodenwert-Richtlinien), BStBl. II 1957, S. 29.
ErbStR	Allgemeine Verwaltungsvorschrift zur Anwendung des Erbschaftsteuer- und Schenkungsteuerrechts (Erbschaftsteuer-Richtlinien 2019) v. 16.12.2019, BStBl. I Sondernummer 1/2019, 2.
ErbStH	Gleich lautende Erlasse der obersten Finanzbehörden der Länder v. 16.12.2019, Hinweise zu den ErbStR 2019, BStBl. I Sondernummer 1/2019, 151.

ErbStR 1999	Allgemeine Verwaltungsvorschrift zur Anwendung des Erbschaftsteuer- und Schenkungsteuerrechts (Erbschaftsteuer-Richtlinien) v. 21.12.1998, BStBl. I 1998, Sondernummer 2/1998, 2.
ErbStR 2003	Allgemeine Verwaltungsvorschrift zur Anwendung des Erbschaftsteuer- und Schenkungsteuerrechts (Erbschaftsteuer-Richtlinien) v. 17.03.2003, BStBl. I Sondernummer 1/2003, 2.

2. Wertermittlungsrichtlinien

BRW-RL	Richtlinie des BMVBS zur Ermittlung von Bodenrichtwerten (Bodenrichtwertrichtlinie) v. 11.01.2011, Az. SW 11 – 4124.4/1, in BAnz.-AT Nr. 24/2011 v. 11.02.2011, S. 597 (gegenstandslos mit Inkrafttreten der ImmoWertV 2021).
ImmoWertA	Muster-Anwendungshinweise zur Immobilienwertermittlungsverordnung (ImmoWertV-Anwendungshinweise – ImmoWertA), vorgelegt am 20.09.2023, abrufbar unter https://www.bmwsb.bund.de/SharedDocs/downloads/DE/veroeffentlichungen/wohnen/immowerta.pdf?__blob=publicationFile&v=1 (letzter Abruf 28.09.2025).
SW-RL	Richtlinie des BMVBS zur Ermittlung des Sachwerts (Sachwertrichtlinie) v. 05.09.2012 – AZ. SW 11 – 4124.4/2, in BAnz.-AT v. 18.10.2012 B1 (gegenstandslos mit Inkrafttreten der ImmoWertV 2021).
VW-RL	Richtlinie des BMU zur Ermittlung des Vergleichswerts und des Bodenwerts (Vergleichswertrichtlinie) v. 20.03.2014, Az. SW 11 – 4124.4/3, in BAnz.-AT Nr. 11.4.2014 B3 (gegenstandslos mit Inkrafttreten der ImmoWertV 2021).
EW-RL	Richtlinie des BMU zur Ermittlung des Ertragswerts (Ertragswertrichtlinie) v. 12.11.2015, in BAnz. AT v. 04.12.2015, S. 1 (gegenstandslos mit Inkrafttreten der ImmoWertV 2021).

III. Gesetze, Verordnungen und Verwaltungsanweisungen der Bundesländer

Baden-Württemberg

AE LGrStG BW	Erlass des Ministeriums für Finanzen Baden-Württemberg: Anwendung des Landesgrundsteuergesetzes für die Grundsteuer ab dem 01.02.2025 v. 05.07.2022 – FM3-S 3000-1/30, GABl. 2022, 638.
GuAVO BW	Verordnung der Landesregierung von Baden-Württemberg über die Gutachterausschüsse, Kaufpreissammlungen und Bodenrichtwerte nach dem Baugesetzbuch (Gutachterausschussverordnung – GuAVO) v. 11.12.1989, GBl. 1989, 541, zuletzt geändert durch Art. 146 der VO v. 21.12.2021 (GBl. 2022, S. 1, 18).
LGrStG BW	Gesetz zur Regelung einer Landesgrundsteuer v. 04.11.2020, GBl. 2020, 974, zuletzt geändert durch G. v. 13.06.2023 (GBl. S. 170).

Bayern

AEBayGrSt	Anwendungserlass v. 02.09.2022 zum Bayerischen Grundsteuergesetz und zum Siebenten Abschnitt des Zweiten Teils des Bewertungsgesetzes zur Bewertung des Grundbesitzes – allgemeiner Teil und Grundvermögen – für die Grundsteuer ab 01.01.2022 und zum Grundsteuergesetz ab 01.01.2025 (Bayerischer Anwendungserlass-Grundsteuer), Az. 34-G 2010-1.
BayGaV	Gutachterausschussverordnung (BayGaV) vom 05.04.2005 (GVBl. S. 88, BayRS 2130-2-B), zuletzt geändert durch die §§ 1 und 2 der VO v. 24.05.2022 (GVBl. S. 246).
BayGrStG	Bayrisches Grundsteuergesetz v. 10.12.2021, BayGVBl. 2021, 638, zuletzt geändert durch Art. 9 d. G. v. 21.04.2023 (GVBl. S. 128).

Berlin

DVO-BauGB Berlin	Verordnung zur Durchführung des Baugesetzbuchs (DVO-BauGB) v. 05.06.2018 (GVBl. 2018, 407), zuletzt geändert durch Art. 3 des Gesetzes v. 27.09.2021 (GVBl. S. 1119).

Brandenburg

BbgGAV	Verordnung über die Gutachterausschüsse für Grundstückswerte des Landes Brandenburg (Brandenburgische Gutachterausschussverordnung – BbgGAV) v. 12.05.2010 (GVBl.II/10, Nr. 27), zuletzt geändert durch Verordnung vom 21.09.2017 (GVBl. II/17, Nr. 52).
BRW-RL BB	Verwaltungsvorschrift zur Ermittlung von Bodenrichtwerten im Land Brandenburg (Brandenburgische Bodenrichtwertrichtlinie – RL BRW-BB) vom 20.09.2011, zuletzt geändert durch Verwaltungsvorschrift vom 16.03.2016 (außer Kraft seit dem 15.03.2021).
KPSErf-RL Brbg	Verwaltungsvorschrift des Ministeriums des Innern zur einheitlichen Erfassung der Kauffälle in der automatisiert geführten Kaufpreissammlung im Land Brandenburg, Erfassungsrichtlinie (KPSErf-RL) v. 18.12.2012, Az. 13-584-30, zuletzt geändert durch Erlass v. 20.12.2021.

Bremen

GAVO Br	Verordnung über die Gutachterausschüsse für Grundstückswerte nach dem Baugesetzbuch vom 24.09.2008 (Brem.GBl. 2008, S. 321), zuletzt geändert durch Verordnung vom 17.06.2014 (Brem.GBl. S. 314).

Hamburg

AEHmbGrStG	Erlass der Finanzbehörde der Freien und Hansestadt Hamburg v. 08.07.2022 u. a. zur Anwendung des Hamburgischen Grundsteuergesetzes v. 24.08.2021, Az. FB5.G1200-2022/001-53.
GAVO HH	Verordnung über den Gutachterausschuss für Grundstückswerte v. 12.05.2009 (HmbGVBl. 2009, 124).

HmbGrStG	Hamburgisches Grundsteuergesetz v. 24.08.2021, HmbGVBl. 2021, 600.

Hessen

AE HGrStG	Anwendungserlass zum Hessischen Grundsteuergesetz v. 30.05.2022, G1030 A-061-II6a/10, StAnz. 2022, 642.
BauGB-AV HE	Ausführungsverordnung zum BauGB (BauGB-AV) v. 15.06.2018, zuletzt geändert durch VO v. 30.09.2021 (GVBl. S. 602, ber. S. 701).
BRW-Leitfaden HE	Zentrale Geschäftsstelle der Gutachterausschüsse für Immobilienwerte des Landes Hessen (ZGGH), Leitfaden IV – Bodenrichtwerte, Stand Juli 2021.
HGrStG	Hessisches Grundsteuergesetz v. 15.12.2021, HE GVBl. 2021, 906.

Mecklenburg-Vorpommern

GutALVO M-V	Landesverordnung über die Gutachterausschüsse für Grundstückswerte Mecklenburg-Vorpommern (Gutachterausschusslandesverordnung – GutALVO M-V) v. 29.06.2011, (GVOBl. M-V S. 441), zuletzt geändert durch Art. 1 Erste ÄndVO v. 14.12.2023 (GVOBl. M-V S. 945).

Niedersachsen

AENGrStG	Anwendungserlass zum Niedersächsischen Grundsteuergesetz (NGrStG) zur Bewertung des Grundvermögens für die Grundsteuer ab 01.01.2022 (AENGrStG) vom 22.02.2022, Nds. MBl. 2022, 326.
Nds. DVO-BauGB	Niedersächsische Verordnung zur Durchführung des Baugesetzbuches (DVO-BauGB) i. d. F. v. 24.05.2005, zuletzt geändert durch VO v. 11.10.2022 (Nds. GVBl. S. 634).

NGrStG	Niedersächsisches Grundsteuergesetz v. 07.07.2021, Nds. GVBl. 2021, 502.

Nordrhein-Westfalen

GrundWertVO NRW	Verordnung über die amtliche Grundstückswertermittlung Nordrhein-Westfalen (Grundstückswertermittlungsverordnung Nordrhein-Westfalen – GrundWertVO NRW) v. 08.12.2020, GV.NRW 2020 S. 1137; zuletzt geändert durch Art. 1 der VO v. 09.06.2021 (GV. NRW. S. 751).
VO ZKPS NRW	Verordnung über die Zentrale Kaufpreissammlung der amtlichen Grundstückswertermittlung Nordrhein-Westfalen (VO ZKPS NRW) v. 14.02.2017 (GV. NRW. S. 287), zuletzt geändert durch Art. 2 der VO v. 09.06.2021 (GV.NRW S. 751).
BoRiWerl. NRW	Bodenrichtwert-Erlass NRW, RdErl. D. Innenministeriums v. 02.03.2004, Az. 36-9210, MBl. NRW 2004 S. 331.

Rheinland-Pfalz

GAVO RhPf	Landesverordnung über Gutachterausschüsse, Kaufpreissammlungen und Bodenrichtwerte (Gutachterausschussverordnung – GAVO) v. 20.04.2005, zuletzt geändert durch Art. 29 des Gesetzes v. 19.12.2018 (GVBl. S. 448).
RiWert RhPf	Richtlinien des Ministeriums des Innern und für Sport zur Ermittlung von Grundstückswerten nach dem Baugesetzbuch (Wertermittlungsrichtlinien – RiWert) von Rheinland-Pfalz, Stand Januar 2018, abrufbar unter https://gutachterausschuesse.rlp.de/fileadmin/lvermgeo/pdf/rechtsgrundlagen/RiWert_Januar_2018.pdf (letzter Abruf 28.09.2025).

Saarland

GutVO SL	Verordnung über die Gutachterausschüsse, Kaufpreissammlungen und Bodenrichtwerte nach dem Baugesetzbuch (Gutachterausschussverordnung – GutVO) v. 21.08.1990, zuletzt geändert durch Art. 87 des Gesetzes v. 08.12.2021 (Amtsbl. I S. 2629).
GrStG-Saar	Gesetz Nr. 2040 zur Einführung einer Landesgrundsteuer (Saarländisches Grundsteuergesetz) v. 15.09.2021, Sarl. Amtsblatt I 2021, 2372.

Sachsen

SächsGrStMG	Sächsisches Gesetz über die Festsetzung der Steuermesszahlen bei der Grundsteuer (Sächsisches Grundsteuermesszahlengesetz), erlassen als Art. 1 des Gesetzes zur Bestätigung des Grundsteuermesszahlengesetzes und zur redaktionellen Anpassung des Gesetzes zur Finanzierung des Ausbildungsverkehrs im Öffentlichen Personennahverkehr v. 21.12.2021, SächsGVBl. 2022, 9.
SächsGAVO	Sächsische Gutachterausschussverordnung vom 15.11.2011 (SächsGVBl. S. 598), zuletzt geändert durch die VO v. 25.03.2021 (SächsGVBl. S. 426).

Sachsen-Anhalt

GutVO SA	Verordnung über den Gutachterausschuss für Grundstückswerte von Sachsen-Anhalt (GutVO) v. 18.12.2013 (GVBl. LSA 2013, 555), zul. geändert durch Art. 13 des Gesetzes v. 07.07.2020 (GVBl. LSA S. 372, 373).

Schleswig-Holstein

GAVO SH	Landesverordnung über die Bildung und das Tätigwerden der Gutachterausschüsse und der Zentralen Geschäftsstelle (Gutachterausschussverordnung – GAVO) v. 27.04.2022 (GVOBl. 2022, 588).

Thüringen

ThürGAVO	Thüringer Verordnung über die Gutachterausschüsse für Grundstückswerte nach dem Baugesetzbuch (Thüringer Gutachterausschussverordnung – ThürGAVO) v. 30.06.2021 (GVBl. 2021, 356).

Länderübergreifend

Bekanntmachung der Verwaltungsvereinbarung über die Zusammenarbeit auf dem Gebiet der amtlichen Grundstückswertermittlung v. 20. April 2016 (BAnz AT 13.05.2016 B2).

Stichwortverzeichnis

www.ingramcontent.com/pod-product-compliance
Ingram Content Group UK Ltd.
Pitfield, Milton Keynes, MK11 3LW, UK
UKHW021824290926
8980IPUK00004B/245

9 783631 945339